민사소송법

김일룡

法 文 社

머 리 말

2008년 9월에 처음 대학교수로서 민사소송법을 강의하기 시작했으니 이제 만 15년이 지났다. 거기에 1992년 사법시험을 합격하고 사법연수원을 수료한 직후부터 소송실무를 접하면서 민사소송법의 매력에 빠져있다가 본격적인 연구를 위하여 1997년에 박사과정에 입학한 것까지 합하면 민사소송법과 한 세대를 함께 한 셈이다.

그동안 필자는 이런저런 이유로 몇 권의 책을 출간했는데, 그중 2013년에 『민사소송법강의』라는 교재를 펴낸 적이 있다. 그때는 변호사시험이 처음 시행되는 시점이었으므로 민사소송법의 공부방법이나 변호사시험의 출제경향을 알지 못해 곤란해 하는 학생들을 위하여 민사소송법의 내용을 요약하고 각 절의 말미에 중요 판례의 판결요지와 출제가능성 있는 문제를 제시하고 그 풀이를 싣는 형식으로 엮었었다.

그런데 이제는 변호사시험이 올해로 12회에 이르렀고 매년 3회의 모의시험을 합치면 기출문제만 하더라도 막대한 양이 되었으므로 출제경향의 파악은 문제될 것이 없고, 오히려 많은 양의 기출문제에 의존하여 공부하는 것 자체가 비효율적인 상황이 되었다. 이에 맞추어 교과서의 서술형태도 달라져야 한다고 생각하여 이 책에서는 먼저 번의 책과는 완전히 다른 체제로 구성하게 되었다. 아래에서 이 책의 특징을 간단하게 설명하고자 한다.

첫째, 민사소송법의 제도적 원리를 기초부터 충실하게 다루었다. 제도적 원리에 대한 학습은 법학적인 사고형성의 바탕이 되므로 이 부분이 제대로 되어 있지 않으면 법학의 체계가 잡히지 않는다. 개념 정의에 그치지 않고 간략하게나마 연혁적 · 비교법적 · 비판적 고찰을 담아 서술한 이유가 바로 여기에 있다. 수험생 중에 열심히 공부하였음에도 얼마 지나지 않아 거의 기억나지 않는다든지, 쟁점을 혼동하여 엉뚱한 답안을 작성하거나 백지에 가까운 답안을 제출한 경험이 있다면 원리를 경시한 공부를 해 온 것은 아닌지 자문해 보아야 할 것이다.

둘째, 이 책을 넘겨보면 본문 중간 중간에 질문과 이에 대한 풀이가 삽입되어 있는 것을 볼 수 있을 것이다. 이는 본문의 내용을 입체적으로 이해하는 데 도움을 주고 평면적인 문장을 읽어내려 가는 데에서 오는 단조로움을 벗어나게 하여 독자들로 하여금 주의력을 높일 수 있도록 기획한 것이다. 민사소송법을 처음 접하는 독자들에게 도움이 될 만한 것에서부터 본문을 좀 더 깊이 이해시키기 위한 설명 등 다양한 내용으로 구성되어 있으므로 적절히 활용한다면 매우 유용하리라 본다.

셋째, 민사소송법의 이해에 필요한 학설을 충실히 소개하였다. 학설의 대립은 일반적으로 특정 제도에 대한 시각의 차이에서 비롯되므로 민사소송법의 원리를 깊이 이해하는 데 필수적일 뿐만 아니라 현행 판례의 입장을 정확하게 이해하고 이를 응용하는 데까지 나아가기 위해서는 학설 대립의 핵심을 제대로 파악해 두지 않으면 안 된다. 학설을 소개함에 있어 필자 개인의 견해를 일일이 밝히지는 않았는데, 독자의 입장에서는 이미 존재하는 여러 학설 중 필자가 선호하는 학설이 어느 것인지는 크게 흥미롭지 않을 것이기 때문이다. 다만 민사소송법의 전체 체계와 관련되어 있거나 특정 제도의 본질을 이해함에 있어 별도의 논의가 필요하다고 생각되는 경우에는 부득이 필자의 견해를 밝혀두었다.

넷째, 가급적 최신의 정보를 전달하려고 애썼다. 모든 참고문헌은 입수 가능한 최신의 것을 인용하였고, 판례는 2023년 7월에 선고된 것까지 반영하였다. 법령 또한 최신의 것으로 인용하였는데, 민사소송법은 2023. 10. 19. 시행 예정인 법을 기준으로 하였다.

나만의 강의안을 책의 형태로 세상에 내놓는다는 것은 언제나 두려운 일이다. 필자는 수많은 훌륭한 스승과 그분들의 저작으로부터 분에 넘치는 가르침을 받아 왔지만 제대로 이해하지 못하여 이 책에 잘못 인용하였을 수도 있고, 판례의 입장을 비판하거나 나름의 의견을 제시함에 있어서 오해에서 비롯된 잘못을 저질렀을지도 모르기 때문이다. 그럼에도 불구하고 이 책을 출간하는 이유는 필자가 그르친 부분이 있다면 독자들의 비판과 질정을 통하여 이를 바로잡을 기회가 될 수 있고, 기출문제를 풀고 최신 판례의 암기에 매달리는 것이 지루하고 재미없지만 민사소송법을 공부하는 최선의 방법이라 믿고 있는 수험생들에게 지적 호기심이 자극되는 민사소송법 학습의 길을 알려주고 싶었기 때문이다. 일분일초가 아까운 수험생의 입장에서 두꺼운 책은 이해하기 어렵고 시간이 많이 걸린다고 생각할 수도 있다. 그러나 실제로 공부해 보면 원리를 깊이 알게 되므로 암기할 내용이 줄어들고, 자세하게 설명되어 있으므로 이해하기 쉬우니 그런 생각은 잘못된 것이다. 모쪼록 민사소송법을 쉽고 깊게 그리고 재미있게 이해하고자 하는 독자들에게 이 책이 도움이 되었으면 한다.

끝으로 어려운 출판사정에도 불구하고 본서 출간에 응해주신 법문사 관계자 여러분들께 고마움을 표하며, 특히 필자와 수시로 연락을 취하면서 책의 편집과 출간에 정성을 다한 영업부 정해찬 과장님과 편집부 김용석 차장님의 수고에 깊이 감사드린다.

원광대학교 법학전문대학원 연구실에서
저자 識

차 례

제1편 총 론

제 2 편 소송의 주체

제 1 장 법 원 (47~103)

제 3 편 제1심의 소송절차

제 4 편 소송의 종료

제 1 장 종 설 (603~606)

제 2 장 당사자의 행위에 의한 종료 (607~644)

제 5 편 상소심절차

제 1 장 총 설 (767~779)

제 2 장 항 소 (780~807)

제 6 편 재심절차

제 7 편 간이소송절차

제 1 장 소액사건심판절차 (867~873)

주요 참고문헌 및 약어

강현중, 『민사소송법(제8판)』, 박영사, 2023.	강현중
김용진, 『Advocate 민사소송법』, 피앤씨미디어, 2016.	김용진
김홍규 · 강태원, 『민사소송법(제5판)』, 삼영사, 2020.	김홍규 · 강태원
김홍엽, 『민사소송법(제11판)』, 박영사, 2023.	김홍엽
송상현 · 박익환, 『민사소송법(신정7판)』, 박영사, 2014.	송상현 · 박익환
박재완, 『민사소송법강의(제4판)』, 박영사, 2021.	박재완
이시윤, 『신민사소송법(제16판)』, 박영사, 2023.	이시윤
전병서, 『강의 민사소송법(제4판)』, 박영사, 2023.	전병서
전원열, 『민사소송법강의(제3판)』, 박영사, 2022.	전원열
정동윤 · 유병현 · 김경욱, 『민사소송법(제9판)』, 법문사, 2022.	정동윤 · 유병현 · 김경욱
정영환, 『신민사소송법(개정신판)』, 법문사, 2019.	정영환
한충수, 『민사소송법(제3판)』, 박영사, 2021.	한충수
호문혁, 『민사소송법(제14판)』, 법문사, 2020.	호문혁

법원실무제요, 『민사소송(Ⅰ)~(Ⅲ)(개정판)』, 법원행정처, 2017.
오석락, 『입증책임론(신판)』, 박영사, 2002.
이시윤 · 조관행 · 이원석, 『판례해설 민사소송법(제4판)』, 박영사, 2021.
편집대표 민일영, 『주석 민사소송법(Ⅰ)~(Ⅶ)(제8판)』, 한국사법행정학회, 2018.

岡 伸浩, 『民事訴訟法の基礎(第2版)』, 法学書院, 2008.
兼子 一 原著, 『条解 民事訴訟法(第2版)』, 弘文堂, 2011.
高橋宏志, 『民事訴訟法概論』, 有斐閣, 2017.
高橋宏志, 『重点講義 民事訴訟法(上・下)(第2版)』, 有斐閣, 2011(上), 2012(下).
藤田広美, 『講義 民事訴訟(第3版)』, 東京大学出版会, 2013.
藤田広美, 『解析 民事訴訟(第2版)』, 東京大学出版会, 2013.
瀬木比呂志, 『民事訴訟法(第2版)』, 日本評論社, 2022.
三ケ月章, 『民事訴訟法(第3版)』, 弘文堂, 2008.
三ケ月章 代表: 民事訴訟法典現代語化研究会, 『各国民事訴訟法参照条文』, 信山社, 1995.
三木浩一 · 笠井正俊 · 垣内秀介 · 能田雄郷, 『民事訴訟法(第4版)』, 有斐閣, 2023.
上田徹一郎,『民事訴訟法(第7版)』, 法学書院, 2011.
小島武司, 『民事訴訟法』, 有斐閣, 2013.

松本博之・上野泰男,『民事訴訟法(第8版)』, 弘文堂, 2015.
新堂幸司,『新民事訴訟法(第6版)』, 弘文堂, 2019.
伊藤 真,『民事訴訟法(第6版)』, 有斐閣, 2018.
中野貞一郎・松浦 馨・鈴木正裕 編,『新民事訴訟法講義(第3版)』, 有斐閣, 2018.
川嶋四郎,『民事訴訟法』, 日本評論社, 2013.
河野正憲,『民事訴訟法』, 有斐閣, 2009.

Othmar Jauernig(김홍규 역),『독일민사소송법』, 신원문화사, 1993.
Arthur Best, *Evidence*(6th ed. 2007).
Christopher B. Mueller & Laird C. Kirkpatrick, *EVIDENCE*(4th ed. 2009).
Deborah Jones Merritt & Rie Simmons, *LEARNING EVIDENCE: from the federal rules to the courtroom* (1st ed. 2009).
Jack H. Friedenthal, *et al.*, *CIVIL PROCEDURE*(4th ed. 2005).
Joseph W. Glannon, *CIVIL PROCEDURE*(6th ed. 2008).
Kenneth S. Broun, *et al.*, *McCormick on Evidence*(6th ed. 2006).
Paul C. Giannelli, *Understanding Evidence*(5th ed. 2018).
Peter L. Murray & Rolf Stürner, *German Civil Justice*(1st ed. 2004).
Richard D. Freer, *CIVIL PROCEDURE*(2nd ed. 2009).
Roger C. Park, et al., *Evidence Law: A Student's Guide to the Law of Evidence as Applied in American Trials*(3rd ed. 2011).

법령 약어표

가사소송법	가소
가사소송규칙	가소규
개인정보 단체소송규칙	개인정보단규
개인정보 보호법	개인정보법
국가를 당사자로 하는 소송에 관한 법률	국가소송
국제사법	국사
근로기준법	근기
디자인보호법	디자인
민법	민
민사소송 등 인지법	민인
민사소송 등 인지규칙	민인규
민사조정법	민조
민사조정규칙	민조규
민사집행법	민집
방문판매 등에 관한 법률	방문판매법
법원조직법	법조
변호사법	변호
부동산등기법	부등
비송사건절차법	비송
사법보좌관규칙	사보규
상법	상
상고심절차에 관한 특례법	상특
상표법	상표
소비자기본법	소기
소비자단체소송규칙	소단규
소액사건심판법	소심
소액사건심판규칙	소심규
소송촉진 등에 관한 특례법	소촉법
약관의 규제에 관한 법률	약관
언론중재 및 피해구제 등에 관한 법률	언론중재법
의료사고 피해구제 및 의료분쟁조정 등에 관한 법률	의료분쟁조정법
자동차손해배상보장법	자배법
전자상거래 등에서의 소비자보호에 관한 법률	전자상거래법
중재법	중재

증권관련 집단소송규칙	증집규
증권관련 집단소송법	증집소
집합건물의 소유 및 관리에 관한 법률	집합건물법
채무자 회생 및 파산에 관한 법률	채무자회생법
특허법	특허
할부거래에 관한 법률	할부거래법
행정소송법	행소
헌법	헌
헌법재판소법	헌재
형사소송법	형소

일러두기

(1) 본문에서 "민사소송법"은 줄여서 "민소법"으로, "민사소송규칙"은 "민소규칙"이라고 약칭하였다.

(2) 본문에 해당조문을 표시할 때에는, 예컨대 "제22조 제3항 제1호"는 "22조 3항 1호"로 표시하였다.

(3) 괄호 안에 조문을 표시할 때에는, 예컨대 어떤 조문이 "제22조 제3항 제1호 가목"이라면 (22③(1)가)의 형식을 사용하였다.

(4) 괄호 안에 아무런 언급 없이 숫자만 기재한 것은 민사소송법의 해당조문을 의미하고, "규" 뒤에 숫자를 기재한 것은 민사소송규칙의 해당조문을 의미한다.

(5) 판례에서 언급된 법조문이 그 후 법의 개정으로 인하여 조문의 순서가 바뀐 경우에는 독자의 편의를 위하여 현행법의 해당규정으로 수정하여 표기하였다.

(6) 판례의 원문을 그대로 게재하는 것이 곤란한 경우에는 전후의 문맥 등을 고려하여 원문의 취지를 훼손하지 않는 범위 내에서 문장의 일부를 생략하거나 축약하였다.

제1편

총　론

제1절 민사소송법의 개념
제2절 민사소송제도의 목적과 소권론
제3절 민사소송절차의 개관
제4절 민사소송의 이상과 신의성실의 원칙

제1절 민사소송법의 개념

Ⅰ. 민사소송법의 개념과 성격

1. 개 념

민사소송법(이하 이 책에서는 '민소법'으로 약칭한다)이란 실질적 의미에서는 민사소송제도 및 작용을 규율하는 법규의 체계를 말한다. 민소법은 민사적인 분쟁을 해결하는 국가기관인 법원의 조직과 권한, 민사분쟁에 관여하는 자의 능력·자격, 민사소송의 작용으로서의 재판을 포함한다. 실질적 의미로서의 민소법의 법원(法源)으로는 형식적 의미로서의 '민사소송법'이라는 명칭을 가진 법률 외에도 다양한 법률(예컨대 법원조직법, 민사소송비용법, 민사집행법, 집행관법, 변호사법, 가사소송법, 행정소송법, 채무자 회생 및 파산에 관한 법률, 국제민사사법공조법 등)이나 조약(헤이그 증거협약, 헤이그 송달협약, 영사관계에 관한 비엔나협약, 외교관계에 관한 비엔나협약 등)이 있다.

헌법 108조는 대법원으로 하여금 법률에 저촉되지 않는 범위 안에서 소송에 관한 절차, 법원의 내부규율과 사무처리에 관한 규칙을 제정할 수 있도록 하고 있어 헌법이 직접 인정하는 일종의 입법권을 행사하도록 규정하고 있다. 이들 규칙도 실질적 의미의 민소법의 법원에 포함된다. 다만, 대법원의 규칙제정권은 법률에 저촉되지 않는 범위 내에서만 행사할 수 있으므로 제정된 위 규칙은 법률에 우선할 수 없다.

2. 성 격

(1) 공법으로서의 민사소송법

민소법은 공권력의 주체로서의 국가와 재판권에 복종하는 사인 사이의 재판권 행사의 관계를 규율하는 법규라는 점에서는 성질상 공법(公法)에 속한다. 민소법은 사법(私法)에 의해 규율되는 사인간의 관계에서 발생하는 사건을 처리하지만, 소송에 의한 분쟁해결 자체가 사인이 국가의 재판권에 복종하는 것을 전제로 하기 때문이다.

(2) 민사법으로서의 민사소송법

다른 한편으로, 민소법은 국가가 민사사건, 즉 사인간의 생활관계상 분쟁 또는 이해대립문제의 해결조정을 위한 법규라는 점에서 보면 사법인 민법·상법과 공통되고, 이들과 함께 민사법의 한 부문을 구성한다.

사법과 민소법은 민사사건을 처리하는 경우에 상호 공동하여 재판이나 집행을 가능하게 하고, 이에 따라 사인간의 생활관계를 구체적으로 조정하게 된다. 다만 사법은 어떠한 내용의 재판을 할 것인가 또는 어떠한 권리를 줄 것인가를 정하는 법규로서 재판이나 집행의 실체적인 면을 규율하는데 반하여, 소송법은 어떠한 방법으로 이를 실현할 것인지에 대한 법규로서 재판이나 집행의 절차적·형식적인 면을 규율한다고 할 수 있다. 이 점에서 전자를 실체법, 후자를 절차법 또는 형식법이라고 부른다. 이들 실체법과 절차법·형식법은 민사사건의 처리라는 상호 공통의 목적을 위해 봉사한다.

사법은 사인간의 생활관계의 규율을 내용으로 하고 있어 생활관계규범이라고 할 수 있음에 반하여, 민소법은 법원이 사인간의 분쟁을 소송으로 해결하는 경우의 규준이 된다는 점에서 분쟁해결규범이라고 할 수 있다. 그러나 이는 일반적인 기능 또는 역할이 그렇다는 것일 뿐, 실질적 의의로서의 사법과 민소법은 서로 혼재할 수 있다. 예컨대 민법·상법에서 소제기의 권능에 관한 규정(민 9, 상 380 등), 소송능력이나 소송상 대리권에 관한 규정(민 950) 등은 실질적으로 절차법에 해당하고, 반대로 민소법에서 소송비용 부담의 원칙(98), 소송상 담보에 대한 권리관계(123), 가집행 실효시의 배상의무(215)와 같은 규정은 실질적으로 실체법에 속한다. 추정규정이나 증명책임 분배규정도 사건의 실체에 대하여 어떠한 재판을 하여야 할 것인가를 정하는 것이므로 실체법으로 볼 수 있다. 실체법인가 절차법인가의 구별은 특히 국제사법상 준거법으로서 외국법을 적용하여야 할 경우에 실익이 있다. 즉 국내에서 행해지는 소송절차에는 원칙적으로 법정지법(*法廷地法*, *lex fori*)에 따라 우리의 소송법이 적용되고 외국의 소송법은 적용되지 않는다.

사법과 민소법은 규율대상도 다르고 고려해야 할 이념도 다르므로 학문적으로는 별개의 법체계로 연구된다. 사법은 다양한 생활관계에 있어서의 분쟁에 대하여 국가가 어떻게 해결하는 것이 이상적이고 정책에 부합될 것인가, 경제적 이익을 어떻게 분배하는 것이 공평한가를 정하는 것이 주된 관심사인데 반하여, 민소법은 소송사건을 적정 · 공평하게 심판하고, 신속 · 경제적으로 처리하려면 어떠한 방법에 의하는 것이 합리적인가를 정하는 것이 주된 관심사가 된다. 그러나 양자는 개인 상호간에 자주적으로 처분할 수 있는 이익분쟁의 해결과 조정을 목적으로 한다는 점에서는 상호 관련되어 있다. 특히 사법의 적용을 받아 소송에서 그 효력이 판단의 대상이 되는 소송외의 이익처분행위(예컨대 권리의 포기 · 양도)나 이익취득행위(예컨대 소멸시효의 원용) 및 소송법의 적용 하에 당사자의 소송수행상 행위(예컨대 청구의 포기 · 인낙, 주장, 자백)를 구체적인 분쟁에서 어떻게 해결할 것인가의 점에서는 결국 실체사법과 동일한 작용 및 효과를 발생시키게 된다. 소송법상 소송능력이 사법상 행위능력에 준해서 정해진다거나 실체법상 사적자치 · 이익처분의 자유가 소송법상 처분권주의 · 변론주의의 기초로 기능하는 이유가 여기에 있다.

Ⅱ. 소송법규의 해석과 종류

1. 소송법규의 해석

(1) 형식성 · 획일성의 강조

법률해석의 목적이 법규정으로부터 합리적 의미를 추출하는 것에 있다는 점은 소송법규의 경우에도 마찬가지이다. 형식법이라고 해서 그 해석이 엄격하게 형식적 · 개념적이어야 한다는 원리가 있는 것은 아니다. 다만 실체법규의 해석의 목표는 주로 구체적 타당성, 즉 개별적인 사안에 입각한 해석의 당부인데 비하여 소송법규를 해석하고 적용함에 있어서는 절차를 규율하는 법이라는 특질을 염두에 두어야 한다. 하나의 소송은 개별 당사자에게는 인생에서 한 번도 겪어보지 못한 대단한 사건일 수 있지만 법원의 입장에서 보면 대량 · 집단현상의 하나일 뿐이기 때문에 주로 소송법규는 획일적이고 절차의 안정을 기하는 것을 목적으로 할 수밖에 없고 그 결과의 당부도 일반화하여 검토되어야 한다. 따라서 소송절차는 적정 · 공평 · 신속 · 경제라는 민사소송의 이상에 입각하되, 당사자간의 신뢰라는 개별적인 보호가 요구되는 경우에는 민사소송의 이상에서 벗어나지 않는 범위 내에서 고려된다.

(2) 공익성의 강조와 이용자의 입장 보호

민소법은 국가가 그 재판권에 복종하는 자에 대하여 절차에 따라 재판권을 행사하도록 규정해 놓은 것이므로 공익성이 강조되는 해석론이 정당화된다. 그러나 공익성을 너무 강조하면 자칫 이 제도를 운영하는 법원의 입장만 대변하는 이론에 치우칠 수 있다. 실제로 의식적이든 그렇지 않든 간에 종래의 민사소송법학은 법원의 입장을 강조해 온 점이 없지 않았다. 이제는 민사소송제도의 이용자 측에 서서 소송제도를 바라볼 필요가 있다. 그렇지만 법원을 도외시한 채 당사자를 위한 절차보장 내지 불의의 타격방지라는 하나의 관점으로 모든 제도를 해석하려고 시도해서도 안 될 것이다. 개개의 문제에 대하여 공익성의 측면에서 누가 어떠한 이익을 구체적으로 주장하고 있는가를 분석함과 아울러 그 이익주장과 이용자의 이해관계를 개별적으로 비교형량하는 법해석이 필요하다고 본다. 결국 민소법의 어떤 제도든지 당사자의 입장, 즉 원고측 입장과 피고측 입장 및 법원의 입장이라는 세 측면에서 바라보아 가장 타당한 해석론을 도출하도록 노력하여야 할 것이다. 이것이 적정 · 공평 · 신속 · 경제라는 민사소송의 이상을 실질적으로 실현하는 방법일 것이다.

2. 소송법규의 종류

민소법은 소송법규의 해석 · 운용상 분류로서 법규의 준수요구의 강도에 따라 다음과 같이 분류한다.

(1) 효력규정과 훈시규정

효력규정은 이에 위반하면 그 행위나 절차의 효력이 영향을 받는 유형의 규정인데 대하여, 훈시규정은 위반하여도 소송법상 효력에 영향을 주지 않는 유형의 규정이다. 훈시규정은 이른바 직무규정에 많다. 민소법 85조 2항(소송고지의 방식), 199조(종국판결의 선고기간), 207조 1항(선고기일의 제한), 210조 1항(판결서의 송달기간), 400조(항소기록의 송부기간), 428조 2항(답변서의 송달기간), 438조(소송기록의 송부기간) 등이 훈시규정이다. 이와 별도로 당사자의 소송행위에 대하여 그 규정에 반하는 소송행위를 하였지만 제재가 없는 경우에도 훈시규정이라고 칭하는 경우가 있다. 민소규칙에서 소장의 기재사항이나 첨부서류에 관한 당사자의 행위의무를 정한 규정(규 62, 65) 등이 이에 해당한다.

(2) 강행규정과 임의규정

효력규정은 다시 강행규정과 임의규정으로 구분할 수 있다.

강행규정은 소송제도의 기초를 확보하고 소송절차의 안정을 유지하는 고도의 공익적 요구로 인하여 반드시 준수되어야 하고 소송주체인 법원이나 당사자의 의사나 태도에 따라 그 준수를 배제할 수 없는 유형의 규정으로서, 그 위반 유무는 법원이 직권으로 조사하여야 한다. 예컨대 법원의 구성, 법관의 제척, 전속관할, 당사자능력, 소송능력, 심판의 공개, 불변기간 등에 관한 규정이 이에 속한다.

임의규정은 사법에서는 당사자가 이와 달리 정하면 달리 정한 내용이 우선하고 그 규정의 적용이 배제되는 것을 지칭하는 것이 일반적이지만, 소송법에서는 소송의 방법·절차의 획일성을 담보할 필요가 있기 때문에 당사자가 개별적으로 소송의 형태를 정하는 이른바 임의소송은 인정되지 않는다. 이처럼 일반적으로 미리 법규와 달리 정하여 그 적용을 배제하는 것은 민소법에서는 원칙적으로 허용되지 않으므로 사법에서와 같은 유형의 임의규정은 거의 존재하지 않는다.

다만 ① 관할의 합의(29), 불항소합의(390①단서)와 같이 명문으로 당사자간의 합의를 허용하는 규정이 약간 있다. 또한 소송에서도 당사자는 소송의 목적인 계쟁물을 자유로이 처분할 수 있고, 이에 대응하여 소송수행상 어떤 행위를 할 것인지 여부를 자유롭게 결정할 수 있으므로 그 제한을 목적으로 하는 합의 또는 특약은 소송상 합의로서 허용될 수 있다. 이러한 유형의 합의는 단순히 사법상 합의로서의 구속력뿐만 아니라 소송상으로도 그 효력을 고려하여야 한다. 소송상 합의나 자백은 이 유형의 합의가 소송상 제도화된 것이라고 할 수 있고, 조문의 근거는 없어도 부제소의 특약, 소를 취하하겠다는 합의, 증거계약, 집행계약 등은 이러한 유형의 합의에 속하는 것으로서 소송상 효력을 부여할 수 있다. ② 또한 법규의 위반이 있어도 불이익을 받는 당사자측이 이를 감수하고 이의를 하지 않는다면 그 하자가 치유되고, 더 이상 행위의 효력을 문제삼지 않는 규정도 적지 않다. 소송법에서는 이러한 종류의 규정도 임의규정으로 본다. 그 위반은 직권조사할 필요가 없고 당사자가 이의할 때를 기다려서 고려하면 되며, 당사자는 이의권을 포기할 수 있다. 예컨대 당사자의 소송행위의 방식 위반, 법원의 증거조사의 방식 위반, 소송절차의 중단이나 중지 등에 관한 규정은 대체로 여기에 속한다. 이러한 종류의 임의규정이 존재하는 것은 일단 진행한 절차를 나중에 뒤집는 것을 가급적 줄이려는 절차안정의 요청과 당사자 사이에 절차수행상 신의칙의 요청이 발현된 것이라고 할 수 있다.

훈시규정과 임의규정이 존재하는 이유는 소송이란 진행·발전해 가는 절차이고, 이를 조성하는 소송행위를 규율하는 것이 소송법규라는 특성으로 설명될 수 있다. 나아가 강행규정도 그 위반여부 또는 어떠한 형태로 위반하였는지는 실체법에서와 같이 평면적으로 취급할 수는 없고 절차의 진행단계를 고려하여 고찰하여야 한다. 따라서 소송절차는 종국재판을 목표로 하여 여기에 도달하면 일단락되기 때문에 재판 전의 절차위반은 즉각 이의신청을 할 수 있게 하고, 일단 종국재판이 있으면 그 이전의 절차위반은 종국재판에 대한 항소 등 불복의 이유로 주장할 수 있는 한도 내에서만 문제로 되는 데 불과하다. 또한 재판이 확정되어 소송절차가 종결되어버리면 확정재판의 취소를 구하는 재심사유로 규정된 경우에 한하여 재심을 통하여 고려될 뿐이다.

(3) 행위규범과 평가규범

절차에 관한 이의권의 상실을 인정하는 임의규정뿐만 아니라 강행법규위반도 절차의 진행단계와 관련하여 고찰하여야 한다는 것을 소송법규의 작용면에서 보면 소송법규는 소송절차의 방향을 규율하는 것으로서 1차적으로 소송상 어떤 행위를 하여야 하는지, 그 행위는 어떻게 해야 하는지를 정하는 기준으로 작용하기도 하고(행위규범적 측면), 다른 한편 그 행위규범에 반한 소송행위가 이루어졌음에도 그 효과가 배제되지 않고 후속절차가 진행되어버린 경우에 어떠한 법적 효과를 줄 것인가의 형태로 작용하기도 한다(평가규범적 측면). 즉 행위규범이란 지금부터 절차를 진행하려고 할 때의 절차규범이고, 평가규범이란 이미 이루어진 절차의 효과를 평가할 때의 기준이 되는 규범을 말한다. 이 양자가 민소법에서는 미묘하게 다른 것이다.

소송법이 행위규범으로 작용하는 경우에는 그 내용은 획일적 처리의 요청에 응하여야 하지만 평가규범으로 작용하는 경우, 특히 그 후에 소송행위가 이미 누적적으로 진행된 경우에는 획일적 요청보다는 절차의 안정이나 당사자 사이의 신뢰 보호가 보다 중요하고, 이를 위해서는 그 기준이 개별적으로 음미될 필요가 있다. 그 결과로 소송법규는 행위규범으로 기능하는 경우의 내용과 평가규범으로 기능하는 경우의 내용이 분리될 수 있다. 이에 반하여 사법법규는 개인이 목표로 하는 법률효과를 얻기 위하여 평가규범이 그대로 행동의 준칙이 되기 때문에 행위규범과 평가규범이 분리되지 않는다.

소송법규의 해석에 있어서는 이러한 특색을 고려하여 행위규범 측면에서의 논의인가, 아니면 평가규범 측면에서의 논의인가를 구분하여 고려할 필요가 있다. 다만 사후적으로 행위규범의 일탈을 평가할 때 신의칙 등의 일반조항을 사용하여 동일한 결과를 이끌어낼 수도 있겠지만 일반조항으로의 도피는 가급적 피하고 가능한 한 평가규범의 명확화를 모색하여야 할 것이다.

Ⅲ. 민사분쟁과 그 해결방법

1. 민사분쟁

민사분쟁이란 대등한 사인간의 분쟁을 말한다. 행정청의 처분을 둘러싼 분쟁은 광의로는 민사분쟁이라 할 수 있지만 협의로는 민사분쟁에서 제외된다. 소송으로 비화된 경우도 행정청의 처분을 둘러싼 분쟁은 행정소송법의 대상이고 민사소송법의 대상은 아니다. 부부관계나 친자관계를 둘러싼 분쟁도 광의로는 민사분쟁이지만 협의로는 민사분쟁이 아니어서 민소법이 아니라 가사소송법이 적용된다. 요컨대 대등한 사인간에 돈을 받고 싶다, 물건을 인도받고 싶다, 건물에서 내보내고 싶다, 소음을 나지 않게 하고 싶다, 토지소유권자는 나다, 주주총회의 결의를 취소하고 싶다는 등의 분쟁이 전형적인 민사분쟁이다. 이에 비하여 형사분쟁은 국가·사회의 기본적 질서의 문제이고, 형벌도 사람의 생명·신체·재산에 대한 국가권력의 행사로서 민사분쟁과는 판이하다.

민사분쟁이라고 해서 반드시 재판을 통하여 해결할 필요는 없다. 예컨대 빌려준 돈을 반환받고 싶을 때 법원의 재판을 거치지 않고 당사자 사이에 합의로 해결해도 문제는 없다. 여기에서 재판을 대체할 수 있는 다양한 분쟁해결제도를 살펴볼 필요성이 있다.

2. 대체적 분쟁해결제도(ADR)

모든 민사분쟁을 소송으로 해결하려 한다면 사건의 폭주로 인하여 사건처리의 질적인 저하가 초래되고, 소송비용이 과다해지며, 재판의 경직성으로 인하여 당사자간에 윈윈(win-win)의 해결책을 모색할 수 없는 문제가 발생할 수 있다. 실제로 민사분쟁의 해결에 대해서는 재판 이외에 다양한 처리·해결수단이 존재한다. 해결의 기구도 법원뿐만 아니라 변호사회의 법률상담센터, 민간업계의 상담센터, 시청의 법률상담창구 등 다양하다. 이것들은 소송에 갈음하는 분쟁해결제도(Alternative Dispute Resolution, ADR)로 총칭되고 주목을 끌고 있다. 이러한 기구들을 분쟁처리·해결의 "절차"라는 각도에서 보면 화해, 조정, 중재로 분류할 수 있는데, 각각 당사자 사이의 합의적 요소와 강제적 요소의 조합이 다르다. 다만, 이러한 자주적 분쟁해결방식을 너무 강조하면 쉽게 양보하는 자가 손해 보는 상황이 올 수 있기 때문에 보편적 정의관념 및 법치주의가 마비되지 않도록 유의하여야 할 것이다.[1)]

물론 분쟁이 발생하였음에도 분쟁 당사자 일방이 고집불통이거나 남의 탓만 하는 당사자여서 합의에 응하지 않으면 화해, 조정, 중재로 분쟁을 해결·처리할 수 없다. 그렇다고 하여 분쟁을 영원히 방치한다면 국가·사회적으로도 바람직스럽지 않다. 이럴 때 합의에 기초하지 않고 강제적 요소로 일관하는 소송이라는 제도가 필요한 것이다. 나아가 소송이라는 절차가 최후 수단으로 존재하고 있으므로 고집을 부려도 소용없음을 알게 되어 화해나 조정으로 타협이 이루어지는 측면도 있다. 즉 소송은 공권력에 의한 강제성 때문에 제도로서는 민사분쟁처리의 최후수단이자 화해·조정·중재에 의한 해결을 배후에서 지지한다고 할 수 있다. 소송은 합의에 기초를 두지 않으므로 판단의 기준 및 절차의 흐름은 법률로 엄격하게 규율된다. 판단의 기준이 되는 법이 민법·상법 등의 실체법이고 절차의 흐름을 규율하는 법이 민소법이다. 이하에서는 화해·조정·중재에 대하여 간략히 살펴보기로 한다.

가. 화 해

화해에는 재판외 화해와 재판상 화해가 있다. 재판외 화해는 민법상 화해(민 731 이하)로서 당사자가 서로 양보하여 분쟁을 끝낼 것을 약정하는 것이므로 민법에 의해 규율된다. 재판상 화해는 다시 제소전화해와 소송상 화해로 나눌 수 있다. 제소전화해는 민사상 다툼이 소송으로 발전하는 것을 막기 위하여 소송계속 전에 당사자가 법원에 출석하여 화해하는 제도이며(385 이하), 소송상 화해는 일단 소송이 개시되어 소송계속 중 당사자가 서로 양보하여 합의한 내용을 법원에

---

1) 이시윤, 18쪽; 정동윤·유병현·김경욱, 19쪽; 정영환, 32쪽.

진술하여 재판에 의하지 않고 소송을 종료시키는 제도이다(220). 그 외에도 화해의 촉진을 위한 제도로서 서면화해제도(148③), 화해권고결정제도(225 이하)가 있고, 형사피고사건에서 피고인과 피해자 사이의 민사상 다툼에 관한 화해제도(소촉법 36 이하) 등이 있다.

재판상 화해가 성립되어 화해조서에 기재되거나 화해권고결정이 확정된 경우 또는 형사피고사건에 있어서 합의가 공판조서에 기재된 경우에는 확정판결과 같은 효력이 있다(220, 231, 소촉법 36⑤). 재판상 화해에 대한 자세한 내용은 후술한다.

나. 조 정

(1) 민사조정

이를 규율하는 법으로는 민사조정법이 있는데, 이 법은 민사에 관한 분쟁을 조정 절차에 따라 당사자의 자주적·자율적 분쟁 해결 노력을 존중하면서 적정·공정·신속하고 효율적으로 해결함을 목적으로 한다(민조 1). 가사조정은 가사소송법에 특별한 규정이 없으면 원칙적으로 민사조정법의 규정이 준용된다(가소 49). 조정담당기관이 합의안을 제시하는 것이 통상적인데, 이를 최종적으로 수락할지 여부는 당사자의 자유로운 의사에 위임되어 있다.

조정은 신청 또는 항소심판결 선고 전까지 수소법원의 직권으로 조정에 회부함으로써 개시된다(민조 2, 6). 조정은 원칙적으로 조정담당판사가 처리하나, 상임조정위원 내지 조정위원회로 하여금 처리하게 하거나 수소법원이 스스로 처리할 수도 있다(민조 7).

조정절차에서는 소송절차와 달리, 당사자나 이해관계인의 진술에 대한 사실조사에 국한하며, 증거조사까지는 나아가지 아니한다(민조 22). 조정은 당사자 사이에 합의된 내용을 조서에 기재함으로써 성립하고(민조 28), 조정조서는 재판상 화해와 동일한 효력이 있다(민조 29). 합의가 성립되지 않거나 당사자 사이에 성립된 합의의 내용이 적당하지 않다고 인정한 사건은 조정담당판사가 직권으로 조정을 갈음하는 결정을 할 수 있다(민조 30). 실무상 이를 "강제조정"이라고 한다.

조정을 신청하였으나 조정을 하지 않기로 하는 결정이 있는 때, 조정이 성립되지 않은 것으로 사건이 종결된 때, 조정을 갈음하는 결정에 대하여 이의가 있는 때 등의 경우에는 조정신청을 한 때에 소가 제기된 것으로 본다(민조 36①).

이 경우 조정절차에서의 당사자 또는 이해관계인의 의견과 진술은 민사소송에서 원용하지 못한다(민조 23). 이와 같은 원용제한 규정을 둔 이유를 비송절차인 조정절차와 소송절차의 준별에서 찾는 견해가 있으나,[2] 당사자 중 어느 한쪽이 조정절차 중에 대폭 양보하였지만 조정이 성립되지 않은 경우에 후속된 소송절차에서 조정 당시 양보한 내용을 상대방이 주장하여 이익을 취하는 것을 방지함으로써 마음 놓고 조정에 임할 수 있도록 하여 조정의 활성화를 도모하고 합의 성립을 위하여 애써 양보한 노력이 소송절차에서 오히려 불리하게 작용하지 않도록 하려는데 그 취지가 있다고 할 것이다.

신청인이 조정기일에 2회 불출석한 후 1월 이내에 기일지정신청을 할 수 있는가?

신청인이 조정기일에 출석하지 않은 때에는 다시 기일을 정하여 통지하며, 새로운 기일 또는 그 후의 기일에도 출석하지 않으면 조정신청이 취하된 것으로 본다(민조 31). 따라서 민소법 268조 2항은 적용되지 않으므로 유효한 기일지정신청을 할 수 없다. 만약 피신청인이 조정기일에 출석하지 아니하면 조정담당판사는 상당하다고 인정하는 때에는 직권으로 조정을 갈음하는 결정을 할 수 있다(민조 32).

(2) 행정위원회 조정

법원이 아닌 행정위원회가 하는 조정에는 건설분쟁조정위원회, 건축분쟁조정위원회, 금융분쟁조정위원회, 소비자분쟁조정위원회, 약관분쟁조정협의회, 의료분쟁조정위원회, 집합건물분쟁조정위원회, 하자분쟁조정위원회, 환경분쟁조정위원회, 한국저작권위원회, 노동위원회의 조정 등이 있다.

이중에서 약관분쟁조정협의회, 집합건물분쟁조정위원회의 조정은 조정조서와 동일한 민법상 화해가 성립된 것으로 보고 있으나(약관 28①, 집합건물법 52조의9 ②), 그 외의 조정은 일반적으로 합의된 내용을 조정조서에 기재함으로써 재판상 화해와 같은 효력을 갖는다(건설산업기본법 78④, 건축법 96④, 금융소비자 보호에 관한 법률 39, 소비자기본법 67④, 의료사고 피해구제 및 의료분쟁 조정 등에 관한 법률 37④, 공동주택관리법 44④, 환경분쟁 조정법 35조의2, 저작권법 117⑤). 이와 같이 행정위원회의 조정에 재판상 화해와 같은 효력을 인정하여 확정판결과 마찬가

2) 김홍엽, 17쪽; 정동윤 · 유병현 · 김경욱, 21쪽. 판례도 같다(대법원 2015.8.13. 선고 2015다 213322 판결).

지로 집행력과 기판력을 부여하는 것(220)은 중립적인 법관에 의한 관여를 배제하고 있다는 점에서 헌법상 국민의 재판을 받을 권리의 침해가 우려된다는 견해가 있다.[3] 과거 국가배상법 16조에서 조정의 실질을 갖는 국가배상심의회의 배상결정에 재판상 화해와 같은 효력을 부여하였다가 법관에 의한 재판을 받을 권리를 침해한다는 이유로 위헌결정을 받아 삭제된 적이 있다.[4]

다. 중 재

분쟁의 당사자가 제3자(중재인)에게 해결을 위임하고 그 판단에 따르기로 약속한 후(중재합의), 그 합의에 기하여 이루어지는 분쟁처리 · 해결방법을 중재라고 한다. 중재는 양 당사자가 선정한 중재인이 중재판정을 하면 그 내용에 승복하는 것에 특색이 있으므로(중재 3①), 비유적으로는 사적인 재판이라고 해도 좋다. 화해나 조정은 해결내용에 불만이 있으면 승복하지 않을 수 있지만, 중재는 중재합의를 한 이상 판정내용에 불만이 있어도 이를 거부할 수 없다. 중재인에 대한 신뢰에 기초를 둔 절차이고 연혁적으로도 중재의 상당부분은 서구에서 동업자 사이의 분쟁을 업계의 장로가 판단하고 해결해 온 것이 그 배경이기 때문이다.

중재는 집성촌이나 업계의 장로가 판정하는 경우에는 사회적 신뢰도가 높은 양질의 판정을 얻을 수 있다. 또한 해결의 기준을 국가법에 두는가, 건전한 양식에 두는가, 업계의 관행에 두는가를 양 당사자가 결정할 수 있으며, 증거조사를 어떻게 할 것인가, 애당초 증거조사를 하지 않을 것인가, 어디에서 심리할 것인가 등 절차의 진행방법도 양 당사자가 합의할 수 있다. 그러한 의미에서 자체적인

---

3) 김홍엽, 19쪽; 이시윤, 22쪽; 전원열, 5쪽; 정동윤 · 유병현 · 김경욱, 23쪽; 정영환, 37쪽.

4) 헌법재판소 1995.5.25. 선고 91헌가7 전원재판부 결정. 그러나 특수임무수행자보상심의위원회가 결정한 보상금 등의 지급결정에 신청인이 동의한 때에는 재판상 화해가 성립된 것으로 보는 "특수임무수행자 보상에 관한 법률" 17조의2에 대하여, 헌법재판소는 "보상법상의 위원회는 국무총리 소속으로 관련분야의 전문가들로 구성되고, 임기가 보장되며 제3자성 및 독립성이 보장되어 있는 점, 위원회 심의절차의 공정성 · 신중성이 충분히 갖추어져 있는 점, 보상금은 보상법 및 시행령에서 정하는 기준에 따라 그 금액이 확정되는 것으로서 위원회에서 결정되는 보상액과 법원의 그것 사이에 별 다른 차이가 없게 되는 점, 청구인이 보상금 지급결정에 대한 동의여부를 자유롭게 선택할 수 있는 상황에서 보상금 지급결정에 동의한 다음 보상금까지 수령한 점 등을 감안하면, 이 사건 법률조항으로 인하여 재심절차 이외에는 더 이상 재판을 청구할 수 있는 길이 막히게 된다고 하더라도 위 법률조항이 입법재량을 벗어나 청구인의 재판청구권을 과도하게 제한하였다고 보기는 어렵다"고 하였다(헌법재판소 2011.2.24. 선고 2010헌바199 전원재판부 결정). 그 외 행정위원회의 결정에 재판상 화해와 동일한 효력을 인정한 판례로는 대법원 2014.3.13. 선고 2012다45603 판결; 대법원 2015.1.22. 선고 2012다204365 전원합의체 판결 등이 있다.

기준·절차로 해결할 수 있는 장점도 있다. 더욱이 비공개이므로 분쟁의 존재 자체를 숨기고 싶은 당사자에게 편리하다. 그러나 중재합의가 체결되어 있어야 하고, 재판과 달라서 중재판정의 내용에 불복이 있을 때에 상급심에 상소할 수 없으므로(단심제), 당사자 양쪽 모두 신뢰하는 중재인이 아니면 중재합의 자체가 체결되기 어렵다는 단점이 있다. 중재인에 의한 중재판정의 효력은 법원의 확정판결과 동일한 효력을 가진다(중재 35). 그런데 중재인은 국가(법관)가 아닌 사인이 행하는 사적 재판이므로 중재판정의 내용에 심각한 하자가 존재할 가능성이 있다. 이 경우를 대비하여 중재판정으로 집행을 하기 위해서는 법원으로부터 중재판정에 대한 승인을 받도록 규정하고 있다(중재 37).

중재에 의하기로 하는 당사자간의 합의가 있었음에도 소를 제기한 경우에는 피고의 항변이 있으면 소의 이익(권리보호의 자격)이 없어 부적법하므로 판결로 소를 각하한다(중재 9).

현재도 분쟁의 양 당사자가 중재인을 구체적으로 선정하여 행하는 중재가 없지는 않고 유럽의 기업간 분쟁에서는 그 예가 적지 않다. 우리나라에서는 중재인후보자의 추천, 선례의 조사, 중재판단서의 초고작성·정서·보관 등의 사무처리를 해 온 상설중재기관에 사건을 부탁하는 일이 많다. 우리나라의 상사분쟁에 관한 상설중재기관으로는 중재법에 따라 설립된 사단법인 대한상사중재원이 있으며(중재 40), 중재산업의 진흥을 위하여 "중재산업진흥에 관한 법률"이 제정되어 있다.

3. 소송사건과 비송사건

가. 개 요

민사소송절차의 심리와 판결은 원칙적으로 공개된 법정에서 이루어져야 한다(헌 109). 이처럼 민사소송절차는 당사자에 대하여 그 절차상 권한이나 절차의 형식에 대하여 제도적으로 두텁게 보장하는 것이 헌법상 요청이다. 여기에서 이러한 헌법상 절차적 보장의 요청이 어떠한 사건에, 어떠한 한도에서 요구되는가가 문제된다. 특히 법원이 취급하는 민사사건에는 통상의 민사소송사건 이외에 '비송사건'으로 칭해지는 일련의 절차가 있는데, 그 절차는 일반적으로 위와 같은 헌법상 요청에서 벗어나 있다.

19세기 후반에 독일에서 소송법전이 정비될 즈음, 법원에서 행해지는 민사사건 중 일부는 소송절차에 의하지 않고 처리되는 것으로 규정되었다. 이것이 비송사건인데, 1898년 독일 비송사건절차법 제정 당시에 거기에 예정되어 있었던 고전적 비송사건은 후견사건, 양자사건, 호적사건, 재산상속사건(상속포기의 수령, 유언집행자의 선임·해임, 상속재산의 분할), 선박저당권사건(선박저당권의 등기절차), 상사사건(감사, 임시이사, 청산인의 선임·해임, 회사재산·영업상태의 보고명령, 상업등기), 공익법인등기·부부재산등기, 개시선서, 물건의 보관·질물 매각에 관한 사건, 증서작성사건 등인데 그중 후견사건이 핵심이었다. 절차의 주된 특색은 당사자대립구조를 취하지 않는다는 점, 처분권주의·변론주의의 완화와 직권주의의 도입, 사실의 탐지라 불리는 자유로운 증명, 비공개주의, 대리인 자격의 완화, 조서작성의 불필요, 판결 아닌 결정으로 재판, 항소 아닌 항고로 불복신청, 사정변경에 의한 결정의 취소·변경 가능, 판단내용의 재량성 등이라고 할 수 있다. 이러한 비송사건의 일반적 취급은 우리나라에서는 비송사건절차법이 규정하고 있다.

나. 비송사건의 본질에 관한 학설과 그 검토

(1) 목적설

사법질서의 형성과 장래침해의 예방을 목적으로 하는 사건은 비송, 사법질서의 유지와 확정 및 현재의 침해에 대한 회복을 목적으로 하는 사건은 소송이라는 견해이다.

(2) 대상설

국가의 작용을 기준으로 국가에 의한 사인간의 생활관계에의 후견적 개입을 대상으로 하는 사건(民事行政)은 비송, 원·피고간의 법적 분쟁을 대상으로 하는 사건(民事司法)은 소송이라는 견해이다.[5)]

(3) 실정법설

비송사건의 본질에 관한 개념정의를 포기하고 입법자가 비송사건으로 분류한 사건은 비송, 그렇지 않으면 소송사건이라는 견해이다.[6)]

5) 강현중, 7쪽; 이시윤, 14쪽; 정영환, 27쪽.
6) 정동윤·유병현·김경욱, 15쪽.

(4) 절충설

원칙적으로 실정법설에 의하되, 법률의 규정이 불명확한 경우에는 법원이 합목적적 재량 하에 모든 사정을 감안하여 유효적절한 조치의 강구가 필요한 경우와 절차의 간이·신속성이 요구되는 경우에는 비송사건, 그 외의 경우에는 소송사건으로 보는 견해이다.[7] 판례의 입장이다.[8]

(5) 검 토

소송과 비송을 구분하는 이유는 소송절차(재판절차)에는 헌법상 재판을 받을 권리(헌 27①), 쌍방심리주의(헌 11①) 및 공개주의(헌 109)가 적용되지만 비송사건에는 그러한 요청이 없다는 데 있다. 그런데 실정법설에 의하면 소송으로 분류되어야 할 유형의 사건임에도 비송사건절차법에 포함시켜 규정해버리면 비송사건이 되므로 위헌성여부에 대한 다툼이 원천적으로 봉쇄된다. 이와 같이, 입법자에게 무한한 재량권을 주는 것은 헌법의 정신에 위배될 뿐만 아니라 국민의 기본권 침해로 이어질 소지가 크다. 목적설이나 대상설도 어느 한 기준을 일도양단으로 적용하려는 견해여서 적절하지 않다. 결국 분쟁을 다면적으로 살펴보고 유형화하여 대립당사자가 존재하는 등 쟁송성이 강하고 공개적인 심리와 판결에 의할 필요가 있는 사건이라고 판단되는 경우에는 소송사건으로 보고, 그럴 필요가 없는 사건을 비송사건으로 보는 것이 타당할 것이다.

다. 비송사건의 종류 및 특질

비송사건에는 비송사건절차법에서 규정하는 민사비송사건(법인, 법인등기, 신탁, 재판상대위, 보존, 공탁, 보관, 감정, 부부재산약정의 등기), 상사비송사건(회사해산 등과 경매, 회사채 등), 과태료사건이 있고, 가사소송법에서 규정하는 라류·마류 가사비송사건이 있다. 민사조정 및 가사조정도 비송사건에 속하고(민조 39, 가소 49), 등기관의 처분에 관한 이의에도 비송사건절차법을 준용한다(부등 105②). 또한 확정판결에 의한 가족관계등록부의 정정(가족관계의 등록 등에 관한 법률 107) 이외에 가정법원의 허가에 의한 정정도 비송사건이다(동 법률 104).[9]

---

7) 김홍규·강태원, 58쪽; 김홍엽, 12쪽.
8) 대법원 1984.10.5. 자 84마카42 결정; 대법원 1990.12.7. 자 90마674,90마카11 결정.
9) 사람의 출생일시나 사망일시의 정정은 비송사건이다(대법원 2012.4.13. 자 2011스160 결정).

공유물분할의 소, 경계확정의 소, 부를 정하는 소, 법정지상권상 지료결정청구의 소 등은 형식적으로는 소송사건으로 분류되지만 실질은 비송이다. 이를 형식적 형성의 소라고 한다(후술).

비송사건절차는 공개주의가 적용되지 않고(비송 13), 마류 가사비송사건을 제외하고는 당사자대립구조를 취하지 않는다. 또한 변론주의가 적용되지 않아 재판의 기초가 되는 자료를 법원이 수집하는 직권탐지주의에 의하므로(비송 11), 당사자의 주장이나 자백에 구속되지 않는다. 비송사건은 검사가 참여하여 의견을 진술하는 경우가 있고(비송 15), 자유로운 증명으로 족하며, 기판력이 없어 결정에 대한 취소나 변경이 자유롭다는 특색이 있다(비송 19).

비송사건절차법에 의해 처리할 사건을 통상의 민사소송절차로 제소하면 법원은 어떻게 해야 하는가?

판례는 비송사건절차법에 규정된 사건을 민사소송사건으로 제소하면 의거할 실체법의 규정이 없으므로 각하하여야 한다는 입장이다.[10] 이에 대하여, 비송사건도 통상의 민사법원의 재판권에 속하는 것이므로 재판권의 흠이라고 볼 수 없다는 이유로 직분관할위반의 경우를 유추하여 민소법 34조 1항에 의하여 이송하는 것이 타당하다는 견해가 있다.[11]

라. 소송사건의 비송화 경향과 그 한계

소송의 비송화경향이라 함은 종전에 소송사건으로 처리하던 사건을 비송사건의 형태로 처리하려는 경향을 말한다. 이러한 경향은 자유주의적 법치국가 이념에서 복지국가 이념으로 강조점이 넘어가면서 법률환경이 개인에 대한 국가의 후견적 기능의 강화로 변화되었기 때문에 발생하는 것이다. 또한 개인간의 법률관계가 종전과 달리 복잡 · 다양화되면서 소송을 통한 승소 아니면 패소식의 처리가 아니라 여러 사정을 종합 판단하여 서로의 이해관계를 조정할 필요성이 증대되는 것도 하나의 원인이라고 할 수 있다. 대표적으로 민사조정제도와 가사조정제도의 확충이 그 예가 될 것이다.

그러나 소송의 비송화 경향에는 한계가 있다. 헌법에서 보장하고 있는 재판을 받을 권리와 공개주의를 근본적으로 침해하는 소송의 비송화는 위헌의 문제를 야

10) 대법원 1956.1.12. 선고 4288민상126 판결; 대법원 1963.12.12. 선고 63다449 판결.
11) 이시윤, 15쪽.

기할 수 있다. 입법적으로도 상대방이 있어 쟁송성이 강하고 소송사건적 성격을 띠는 마류 가사비송사건의 경우에는 대립당사자구조, 조정전치주의, 필수적 심문절차 등을 도입함으로써 위헌논란을 피하고 있다.

4. 민사소송과 가사소송

신분관계에 관한 분쟁을 대상으로 하는 가사사건은 재산권상 분쟁을 대상으로 하는 민사사건과 차이가 있다. 가사사건은 가사소송법 2조 1항에서 가사소송사건과 가사비송사건으로 분류하고 있으며, 가정법원은 위 각 사건 및 다른 법률이나 대법원규칙에서 정한 사항을 심리 · 재판한다(가소 2②).

가. 가사소송사건의 종류 및 특질

가사소송사건은 가사소송법에 특별한 규정이 없으면 민소법을 준용하므로(가소 12), 가사소송법에 특별한 규정이 없으면 비송사건절차법을 준용하는 가사비송사건과 다르다(가소 34).

가사소송사건은 가류(신분관계의 무효 등) · 나류(신분관계의 취소 등) · 다류(신분관계의 무효 · 취소 등으로 인한 손해배상 · 원상회복 등)로 나뉘는데, 가류와 나류 사건은 변론주의를 후퇴시켜 직권탐지주의에 의하도록 하고 있고(가소 17), 청구인용의 확정판결은 제3자에게도 효력이 있다고 규정함으로써 대세효를 부여하고 있다(가소 21①). 또한 나류와 다류 사건은 조정전치주의가 적용된다(가소 50).

나. 가사비송사건의 종류 및 특질

가사비송사건은 라류 · 마류로 분류된다. 라류 가사비송사건은 순수한 가사비송사건으로서 상대방이 없어 당사자대립구조를 취하지 않으며, 법원의 후견적 허가나 감독처분이 요구되는 사건이므로 조정전치주의가 적용되지 않는다. 이에 비하여 마류 가사비송사건은 법원이 후견적 입장에서 재량에 의하여 판단할 사건이지만 상대방이 있어 쟁송성을 가지고 있으므로 당사자대립구조, 조정전치주의, 필수적 심문절차를 취한다(가소 47, 48, 50①).

그 외의 내용은 앞의 비송사건 부분에서 설명하였다.

다. 소송의 이송

나류 가사소송사건과 마류 가사비송사건은 통상의 민사사건과는 다른 종류의 소송절차에 따르는 것이므로 원칙적으로 위와 같은 가사사건에 관한 소송에서 통상의 민사사건에 속하는 청구를 병합할 수는 없다.[12] 또한 일반 민사사건을 가사사건으로 잘못 알아 가정법원에 소를 제기하거나 그 반대로 가사사건임에도 민사사건으로 잘못 알아 민사법원에 소를 제기한 경우에는 해당 법원은 관할위반을 이유로 정당한 관할법원으로 이송하여야 한다(가소 13③, 민소 34①).

이혼 후 청구 시까지의 자녀에 대한 과거의 양육비와 그 이후 장래의 양육비 2개의 청구를 병합하여 한꺼번에 가정법원에 청구할 수 있는가?

현재와 장래의 양육비는 민법 837조 2항, 가사소송법 2조 1항 2호 나목 3)에 규정되어 있으나, 과거의 양육비에 관해서는 명확한 규정이 없으므로 두 경우를 나누어 전자는 가사비송으로, 후자는 민사소송사건으로 처리하여야 하는가의 문제가 발생한다. 판례는 민법 837조 2항은 장래의 양육비의 경우에만 적용되는 것이 아니라 과거의 양육비에 대해서도 적용되므로 이를 청구할 수 있다는 전제 하에, 다만 과거의 양육비에 대해서는 부모 중 한쪽이 자녀를 양육하게 된 경위와 그에 소요된 비용의 액수, 그 상대방이 부양의무를 인식하였는지 여부와 그 시기, 그것이 양육에 소요된 통상의 생활비인지 아니면 이례적이고 불가피하게 소요된 다액의 특별한 비용(치료비 등)인지 여부와 당사자들의 재산 상황이나 경제적 능력과 부담의 형평성 등 여러 사정을 고려하여 적절하다고 인정되는 분담의 범위를 정할 수 있다고 보아 과거의 양육비에 대한 청구도 민사소송사건이 아니라 장래의 양육비와 함께 비송사건으로 처리하여야 한다고 하였다(만약 민사소송사건이라고 한다면 법원이 적절한 분담의 범위를 정할 수 없고 인정된 양육비 전액에 대하여 지급을 명해야 한다).[13] 한편, 제1차 부양의무인 부부간 상호부양의무는 가사비송사건임에 반하여 제2차 부양의무인 성년의 자녀에 대한 부양의무에 터잡아 부부의 일방에 대하여 상대방의 친족이 구하는 상환청구는 민사소송사건이다.[14]

---

12) 대법원 2006.1.13. 선고 2004므1378 판결.
13) 대법원 1994.5.13. 자 92스21 전원합의체 결정; 대법원 1994.6.2. 자 93스11 결정.
14) 대법원 2012.12.27. 선고 2011다96932 판결.

제2절 민사소송제도의 목적과 소권론

Ⅰ. 민사소송제도의 목적

1. 민사소송제도의 목적론

민사소송제도의 목적이 무엇인가의 문제는 민사소송제도를 설치·운영하고 있는 국가가 민사소송제도에 의해 무엇을 실현할 것인가 또는 민사소송제도를 통하여 무엇이 실현되어야 하는가의 문제로서, 민소법의 각 규정의 해석 및 적용, 향후 개정의 방향을 어디에 둘 것인가의 문제와 결부되어 있다. 이에 대하여 아래와 같은 학설이 있다.

2. 학설의 대립

(1) 권리보호설(사권보호설)

이 입장은 과거에는 권리자의 권리가 침해되는 경우에 자력구제가 허용되었지만 법치국가에서는 자력구제가 원칙적으로 금지되므로 대신 국가가 나서서 국민의 권리를 보호해 주어야 하는데 이것이 민사소송제도의 목적이라고 보는 견해이다.[15] 독일의 유력한 학설이다.

(2) 사법(私法)질서유지설

이 입장은 민사소송이라는 국가의 제도는 개인의 권리보호를 위한 것만은 아니고 민사소송제도를 설치·운영하는 국가의 공적인 역할도 중요시되어야 한다는 견해이다. 따라서 국가가 개인의 권리의무관계를 정한 민법·상법 등 사법질서를 유지하고 이를 현실의 생활관계에서 제대로 실현시키는 것이 민사소송제도의 목적이라고 주장한다.

(3) 분쟁해결설

이 입장은 분쟁의 해결이 민사소송의 목적이라는 견해로서,[16] 소송에 의한 분

15) 강현중, 27쪽; 정동윤·유병현·김경욱, 27쪽; 정영환, 46쪽.
16) 김홍규·강태원, 37쪽. 다만 이 견해도 분쟁해결설을 근간으로 하여 권리보호의 목적이나 법질서유지의 목적 또는 절차보장의 목적이 조화될 수 있도록 포섭되어야 한다고 본다.

쟁해결의 요청은 실체법이 있기 전부터 판례의 집적을 통하여 발전되어 왔으므로 실체법에 선행한다는 인식을 전제로 국가나 개인에 의한 전(前) 법률적인 요청으로서의 분쟁해결에 초점을 둔다. 그러나 이러한 고전적인 분쟁해결설은 분쟁을 해결할 수 있다면 그 내용이 어떻든 상관없다는 발상에서 비롯된 것이므로 법치국가사상에 반한다는 비판을 받았다. 이러한 비판에 따라 실체법이 제정된 오늘날 민사소송제도의 목적은 실체법을 기준으로 한 법적인 분쟁해결로 보아야 한다는 수정된 법적 분쟁해결설이 주장되고 있다.

(4) 절차보장설

절차보장이란 민사소송상 심리를 함에 있어 양 당사자에게 주장·증명의 기회를 보장하는 것을 말한다. 절차보장이 민사소송에서의 지도이념의 하나라는 것은 오늘날 다툼이 없지만, 이 입장에서는 이를 민사소송제도의 목적으로까지 고양시켜 이해함으로써 민사소송의 당사자에게 공격방어를 다할 수 있는 기회를 부여하는 것이 민사소송의 목적이고, 판결은 그 결과에 불과하다고 주장한다.

(5) 다원설

이 입장은 민사소송제도의 목적을 권리보호, 사법질서유지, 분쟁해결, 절차보장의 어느 것 하나로 집약하는 것은 곤란하고 이 모든 것이 민사소송제도의 목적으로서, 개별사안에서 어떤 가치를 중요시할 것인가 하는 선택의 문제로 보아야 한다는 설이다.[17]

3. 학설에 대한 검토

권리보호설은 19세기 개인주의적 야경국가관의 반영으로서 소송절차에서 당사자주의를 강조한 결과 소송지연 등의 병폐를 가져왔고, 사법질서유지설은 분쟁해결설이 출현할 때까지 지배적인 견해였으나 공익을 강조하는 전체주의적 국가관을 반영한 것이었다. 또한 분쟁해결설은 분쟁이 없는데도 소송이 있을 수 있고(청구의 인낙의 경우), 소송에 의하지 않고도 분쟁이 해결될 수 있다는 점(조정, 중재, 화해 등)을 간과하고 있다. 절차보장설은 스포츠적 소송관에 치우쳐서 당사자에게

---

17) 다만 권리보호설과 사법질서유지설을 합친 다원설을 취하는 견해도 있고(이시윤, 4쪽), 권리보호, 사법질서유지, 분쟁해결의 세 가지 요청을 상호 조정하여 타당한 결론을 도출하여야 한다는 견해도 있다(김홍엽, 2쪽).

실질적 정의와 구체적 타당성을 구현시키는 바른 내용의 판결을 해야 한다는 민사소송의 중요한 기능을 도외시하고 있다는 점이 문제라는 비판을 받는다.[18)]

결론으로서, 문제되는 개별사안에 따라 특히 중시해야 할 민소법상 목적이 무엇인지에 대하여 정도의 차이가 발생할 수 있음은 부정할 수 없으므로 권리보호, 사법질서의 유지, 분쟁해결, 절차보장의 어느 것이나 민사소송제도의 목적이 되고, 그중에서 사안별로 중시하여야 할 목적을 선택하여 민소법을 해석하여야 한다는 점에서 다원설이 타당하다.

Ⅱ. 소권론

1. 소권론의 의의

국민이 국가가 설치 · 운영하는 민사소송제도를 이용하는 경우, 그 법적인 관계를 어떻게 이해해야 할 것인가의 문제는 19세기 후반에 이르러 통일된 국가를 형성한 독일에서 민사소송법학의 학문적 과제였다.

이에 대한 민소법학의 이론은 당시 학문적으로 앞서 발전하였던 민법학 및 공법학의 영향을 받아 형성된 것이다. 이에 따라 소송제도의 이용자인 국민과 그 설치 · 운영자인 법원의 관계를 권리 · 의무관계로 이해하게 되었다. 이것을 소권론이라고 한다.

2. 소권론의 전개

(1) 사법(私法)적 소권론

독일은 오랜 기간 다수의 영주에 의한 국가로 나누어져 있다가 1871년 프로이센(프러시아)의 주도 하에 국가통일이 실현되어 1877년에는 제국 내에서 통용되는 제국민사소송법이 성립하였다. 이 법률이 제정되기 이전까지는 각 영주국 사이에 분립한 법체제에 공통의 학문적 기초를 제공해 온 독일보통법의 소송절차에 의하였는데, 이는 로마법의 악치오(*actio*, 소권)에 근거를 둔 학문적 체계에서 비롯된 것이었다. 독일보통법학의 대학자인 사비니(Savigny, 1779~1861)는 소권론의 체계를 구상하여 법원에 의한 구제의 법적 근거를 당사자 사이의 사권이 침해되

18) 정동윤 · 유병현 · 김경욱, 27쪽.

면 소권으로 변하게 되어 이에 기하여 소를 제기할 수 있는 것으로 설명하였다. 이러한 악치오의 관념에 의한 민사소송의 이해는 빈트샤이트(Windscheid, 1817~1892)에 의해 발전되었다. 그에 의하면 로마인은 악치오가 원형이라고 생각하였지만 현행법질서는 권리의 질서이고 악치오에 대신하여 상대방 당사자에 대한 실체법상 청구권 개념이 도입되어 있다고 보았다. 이로써 권리침해를 당한 경우에는 그 침해의 상대방 당사자에 대한 청구권과 국가기관인 법원에 대한 '사권의 재판상 행사'로서의 소권이 함께 발생하는 것으로 관념하였다. 여기에서 말하는 소권은 사권과 다른 것이 아니라 실체법상 청구권의 속성으로 이해된 것이므로 일반적으로 "사법적 소권론"으로 불린다. 이 견해는 법원에 대한 관계에서 소권을 특별하게 이론화한 것은 아니지만 사인과 법원의 관계에 대해서 처음으로 소권을 인정한 점에 그 의의가 있다. 그러나 사법적 소권론은 ① 실체법적으로는 확인청구권이 존재하지 아니함에도 권리 없는 자가 의무를 부담하지 않는 자를 상대로 제기하는 소극적 확인소송이 허용되는 점을 설명하지 못하고, ② 청구기각을 당한 경우에는 실체법적 소권을 설명할 수 없다는 비판에 직면하여 공법적 소권론으로 바뀌게 되었고, 여기에서 형식적 당사자 개념이 탄생되었다(형식적 당사자 개념에 대해서는 후술).

(2) 공법적 소권론 - 구체적 소권설에서 본안판결청구권설로

빈트샤이트와의 논쟁에서 무투(Muthu, 1826~1878)는 악치오의 법원에 대한 측면을 강조함으로써 그 후의 소권론은 공법학설의 영향을 받아 개인과 개인의 관계인 청구권과 달리 개인과 국가기관인 법원과의 관계를 설명하는 공법적인 개념으로 구성되었다(**공법적 소권설**). 특히 민사소송에서는 소송 전에 존재하는 사권이 침해된 경우에 사권과 별개로 법원에 대하여 그 회복을 요구하는 권리가 발생한다고 생각하는 견해가 유력해졌다(Wach, 1843~1926; Hellwig, 1856~1913). 이것을 **구체적 소권설**(권리보호청구권설 또는 승소판결청구권설)이라고 한다.[19] 이 설에 의하면 순수한 일반적 소송요건 외에 승소판결을 받기 위한 소송적 권리보호요건과 실체적 권리보호요건을 구별하고 소송적 권리보호요건(권리보호의 자격·이익, 당사자적격 등)을 흠결한 경우에도 청구기각판결을 하여야 한다고 보았다(오늘날에는 이 경우 소를 각하한다). 이 견해는 민사소송제도의 목적에 관한 사권보호설

19) 강현중, 59쪽.

과 관련되어 있다.

구체적 소권설에 맞서, 소송 전에는 사권이 부존재한다거나(Büllow, 1837~1907), 소권은 당사자가 소송 전 단계에서 법원에 대하여 스스로 유리한 판결을 요구할 수 있다는 것 이상은 아니라는 주장도 있었다. 즉 당사자가 법원에 청구할 수 있는 것은 "일정한 판결을 해야 한다"는 추상적 요구에 불과하다는 것이다. 이는 소권이 구체적 내용의 판결을 구하는 권리가 아니라 법원에 대하여 단순히 판결을 구할 추상적인 요구에 그치는 것으로 이해하기 때문에 **추상적 소권설**이라고 불린다. 그러나 이 견해는 법원을 상대로 구하는 내용이 매우 추상적이어서 소권이라는 개념을 구성하는 의미가 없다는 비판을 받게 되어 다수의 지지를 얻지 못했다.

이러한 반성 위에서 당사자가 법원에 구하는 것은 권리관계의 존부라는 본안에 대한 판단이라고 보는 **본안판결청구권설**이 주장되었다(Goldschmidt, 1874~1940; Bley, 1890~1953).[20] 이 견해는 민사소송제도의 목적에 관한 분쟁해결설과 관련되어 있다. 그러나 이 견해는 청구기각판결을 받아도 소권이 실현되었다고 보는 것은 소권이 개인의 권리라는 근본취지에 어긋난다는 비판을 받고 있다.

(3) 사법(司法)행위청구권설

본안판결청구권설에 반대하여, 소권을 소송의 최종단계에서 내려지는 판결내용과 연결시키지 않고 법원에 대하여 일정한 행위를 요구하는 국민의 권리라고 주장하는 사법행위청구권설도 유력하다. 이 견해는 민사소송제도의 목적에 관한 사법질서유지설과 관련되어 있다. 소권을 헌법상 재판을 받을 권리(헌 27)라는 측면에서 접근하여 법원에 사법행위를 요구할 재판청구권으로 보는 학설이다. 즉 소권이란 법원에 대하여 구체적 상황과 단계에 따라 법률상 필요한 행위를 요구할 수 있는 권리(기일지정청구권, 소장송달청구권, 심리청구권 등)라는 견해이다.[21] 이 견해에서는 소권을 실효의 원칙에 의한 상실여부, 소송상 제척기간, 소송비용에 의한 소제기의 장애, 소송대리의 제한 등 법원에의 접근 장애와 관련하여 논의한다.

(4) 신권리보호청구권설

과거의 권리보호청구권설이 무조건 유리한 판결을 청구하는 권리를 소권으로

---

20) 김홍규 · 강태원, 296쪽; 송상현 · 박익환, 206쪽.
21) 김홍엽, 260쪽; 이시윤, 221쪽; 정동윤 · 유병현 · 김경욱, 29쪽; 정영환, 52쪽.

본데 대하여, 법에 따라 심리하여 판단한 결과 원고의 청구가 이유 있으면 승소 판결을 해 달라는 권리가 소권이라고 보는 견해이다. 즉 법관은 재판을 할 직무상 의무를 부담하는 것을 전제로 하여 그에 대응하는 당사자의 권리보호청구권을 인정할 수 있고, 그 내용은 소송법과 재판규범을 포함한 법률의 규정대로 권리보호를 청구하는 권리라는 견해이다.[22]

3. 판례의 입장

판례는 헌법재판소 재판관의 위법한 직무집행의 결과 잘못된 각하결정을 함으로써 청구인으로 하여금 본안판단을 받을 기회를 상실하게 한 이상, 설령 본안판단을 하였더라도 어차피 청구가 기각되었을 것이라는 사정이 있다고 하더라도 잘못된 판단으로 인하여 헌법소원심판 청구인의 위와 같은 합리적인 기대를 침해한 것이고 이러한 기대는 인격적 이익으로서 보호할 가치가 있다고 할 것이므로 그 침해로 인한 정신상 고통에 대하여는 위자료를 지급할 의무가 있다고 판시하고 있어,[23] 본안판결청구권설의 입장을 취하고 있는 것으로 보인다.

4. 소권논쟁의 현대적 의의

소권론은 소송제도를 이용하는 국민과 법원의 관계를 청구권을 기초로 하는 권리관계의 개념으로 설명하려는 점에 특색이 있다. 소권론을 통하여 민사소송이론의 체계가 구축된 점, 소송제도의 목적을 둘러싼 대립관계를 명확히 한 점, 소권논쟁의 과정에서 소송요건의 존재가 발견된 점 등은 그 공적을 충분히 인정받아야 할 것이다. 그러나 헌법상 재판을 받을 권리(헌 27)가 당연시된 현시점에서 민사소송절차의 이용과 관련하여 국민과 법원의 관계를 소권을 전제로 하여 설명해야 할 필요는 없다고 본다.

---

22) 호문혁, 95쪽.
23) 대법원 2003.7.11. 선고 99다24218 판결.

제3절 민사소송절차의 개관

1. 소의 제기

(1) 소장제출주의

처분권주의에 따라 민사소송은 법원의 직권이 아니라 당사자가 소장을 제출해야 개시된다(248). 다만 소장제출주의의 예외로서 소액사건에서 구술제소와 당사자 쌍방의 임의출석에 의한 제소가 있다(소심 4,5).

(2) 소장의 기재내용

소장에는 당사자와 법정대리인, 청구의 취지와 원인을 적어야 하는데, 이는 필수적 기재사항이다(249).

(3) 소장의 첨부서류

소장에는 소가산정에 필요한 자료(공시지가확인원, 토지대장등본 등), 인지, 송달료 납부서, 대표자 또는 관리인의 자격을 증명하는 서면을 붙여야 한다(64, 58, 규 63①), 그 외에도 부동산에 관한 사건에서는 부동산의 등기사항증명서, 친족·상속관계 사건에서는 가족관계기록사항에 관한 증명서, 어음 또는 수표사건에서는 어음 또는 수표사본, 그 외 계약관계소송에서는 계약서 등의 등본 또는 사본을 붙여야 한다(254, 규 63②). 입증서류는 피고의 수만큼 사본을 함께 제출하여야 하고, 법원사무관등은 소장 접수시 사본이 빠진 것이 확인되면 이를 제출하도록 권고할 수 있다(규 5③).

(4) 잠정적 조치의 필요성

청구권을 보전하기 위하여 채무자의 일반재산이나 다툼의 대상에 대한 현상변경을 금지시키는 처분(보전처분)을 함께 신청하는 경우가 있다.

(5) 원고는 소장이외에 독촉절차에 의한 지급명령을 신청할 수도 있고, 법원은 소액사건인 경우에 변론 없이 이행권고결정을 할 수도 있다. 그러나 이들 명령이나 결정에는 기판력이 인정되지 않는다(소심 5조의8, 민집 58①).

2. 소장의 심사

(1) 소장접수단계에서의 심사

접수담당 법원사무관등은 소장을 접수하면서 형식적 기재사항의 구비여부 등을 심사한다. 여기에는 소가산정과 첩부인지액의 적정여부, 필수적 기재사항의 기재여부, 관할의 유무, 첨부서류의 구비여부, 기본적 서증의 첨부여부 등을 포함한다. 접수담당 법원사무관등이 소장을 심사한 결과 흠이 있다고 인정되면 제출자에게 그 흠을 보정하도록 촉구한다.

(2) 배당 후 참여사무관의 심사

사건이 재판부에 배당되면 참여사무관은 형식적 기재사항의 구비여부 등을 다시 심사한다. 심사한 결과 소장각하의 대상이 되지 않는 사항에 대하여는 보정권고를 한다.

(3) 재판장의 심사

필수적 기재사항에 대한 보정이나 인지보정과 같이 보정명령 불이행 또는 보정 불가능 시 소장 각하의 제재가 따르게 되는 흠이 있는 경우에는 재판장의 이름으로 보정명령을 하거나, 재판장의 위임에 따라 법원사무관 명의로 보정명령[24]을 한다(254①).

3. 소장부본의 송달

법원은 소장에 보정할 사항이 없으면 바로 피고에게 소장부본을 송달하여야 하는데(255①, 규 64①), 소장부본에는 소송절차 안내서 및 필요하다고 판단되는 경우 답변서 요약표도 함께 송달하여 피고에게 그 제출을 요구할 수 있다.

송달한 기관은 송달에 관한 사유를 법원에 알려야 하는데(193), 송달한 기관은 서면으로 이를 통지하되, 다만 법원이 상당하다고 인정하는 때에는 전자통신매체를 이용한 통지로 서면통지에 갈음할 수 있다(규 53). 2007. 3. 12.부터는 우편

---

24) 실무에서 재판장의 위임에 따라 참여사무관 이름으로 보정명령을 하는 경우에는 보정명령서 말미에 "이 보정명령은 재판장의 명에 따른 것으로 위 기한 안에 보정하지 아니하면 소장이 각하될 수 있습니다(민사소송법 제254조 제2항)."라는 문구가 기재되어 있다[법원실무제요, 민사소송(Ⅱ), 638쪽 참조].

집배원이 송달현장에서 PDA에 송달결과를 입력하면 연계서버를 통하여 법원에 곧바로 송달여부에 대한 결과가 통지되는 시스템을 운영하고 있다.

4. 피고의 답변서 제출

공시송달 외의 방법으로 소장부본을 송달받은 피고는 30일 안에 답변서를 제출하여야 한다(256①). 답변서를 제출하지 않은 경우에는 청구의 원인이 된 사실을 자백한 것으로 보고 변론 없이 판결(무변론 판결)할 수 있으므로 바로 선고기일을 지정하고(257①), 무변론 판결을 할 수 없는 예외[25]적인 경우에는 바로 변론기일을 지정하거나(258②), 보정명령을 내리는 등 후속절차를 진행한다.

답변서에는 준비서면에 관한 규정을 준용하므로(256④), 공격 또는 방어의 방법, 상대방의 청구[26]와 공격 또는 방어의 방법에 대한 진술, 사실상 주장을 증명하기 위한 증거방법과 상대방의 증거방법에 대한 의견(274①②), 소장에 기재된 개개의 사실에 대한 인정여부, 항변과 이를 뒷받침하는 구체적 사실 및 이에 대한 증거방법을 적어야 한다(규 65①).

답변서는 우선 참여사무관이 심사한 후 기록과 함께 재판장에게 인계하고, 재판장은 석명준비명령 등으로 필요한 서증이나 증거설명서 등의 제출을 촉구하게 된다.

5. 사건의 분류

재판장은 답변서의 내용을 확인한 후 변론준비절차에 부칠 사건, 변론기일을 지정할 사건, 조정이나 화해에 부칠 사건 등으로 분류함으로써 효율적인 쟁점정리와 집중증거조사를 통한 사건의 적정한 해결 또는 화해·조정을 통한 화해적 해결을 도모한다.

건물인도청구사건, 임대차보증금청구사건, 배당이의사건, 청구이의사건과 같이 신속한 처리가 요청되는 사건 또는 쟁점이 정리되었거나 쟁점정리가 용이한 사건 등은 변론기일을 바로 지정하는 것이 원칙이다.

예외적으로 쟁점정리가 필요하여 변론준비절차에 회부할 사건은 ① 조기 변론준비기일 지정방식(기일방식)과 ② 서면에 의한 쟁점정리방식(서면방식) 중 하나

---

25) 여기에는 공시송달사건, 직권조사사항이 있는 경우, 형식적 형성소송인 경우 등이 있다.
26) 피고가 소장의 청구취지에 대하여 다툴 경우에는 소각하 또는 청구기각 등으로 답변하게 된다.

이상을 선택한다. ①의 경우는 쟁점정리를 위한 변론준비기일의 지정은 필요하되 서면공방의 필요성은 크지 않은 사건에서 활용하는데 '변론준비기일통지서'를 송달하며, ②의 경우는 피고의 답변서를 원고에게 송달하면서 원고에게 일정한 기한 안에 반박 준비서면과 필요한 증거를 제출하도록 하는 재판장 명의의 '준비명령'을 보내는 것으로 시작한다. 이때 원고에게 소송절차안내서도 함께 보낸다. 서면공방의 횟수는 재판장이 정하게 되는데, 재판장이 특별한 지시를 하지 아니한 때에는 원칙적으로 피고의 실질적 답변서에 대한 원고의 반박 준비서면까지 제출된 상태 정도로 제한하고, 그 공방이 끝나면 참여사무관은 원고의 반박 준비서면을 피고에게 송달한 후 곧바로 재판장에게 기록을 인계하는 방식으로 운영하며, 지정한 기일 내에 반박 준비서면 등을 제출하지 아니하면 바로 변론준비기일 또는 제1회 변론기일을 지정한다.

6. 변론준비기일의 진행

변론준비기일에는 당사자가 말로 변론의 준비에 필요한 주장과 증거를 정리하여 진술하거나 법원이 당사자에게 말로 해당사항을 확인하여 정리하여야 한다(규70조의2). 재판장은 청구원인 · 항변 · 재항변 순으로 쟁점을 구분하여 절차를 진행할 수 있다.

재판장 등은 이 과정에서 당사자에게 사실상 또는 법률상 사항에 관한 질문을 함으로써 불명확한 쟁점을 명확히 정리할 수 있고, 증명을 촉구하는 등 석명권을 행사할 수 있으며, 당사자가 간과하였음이 분명하다고 인정되는 법률상 사항을 쟁점에 포함시키도록 하여야 한다(286, 136①④).

재판장 등은 변론준비기일에 변론의 준비를 위하여 필요하다고 인정하면 증거신청에 대한 채부를 결정할 수 있고(281①), 변론이 효율적이고 집중적으로 실시될 수 있도록 필요한 범위 안에서 증거조사를 할 수 있다(279①). 변론준비기일이 종결되면 실권효가 발생하므로(285), 재판장 등은 변론준비기일의 종결단계에서 변론준비기일이 종결된 후에는 정리된 쟁점과 증거 이외의 다른 공격방어방법은 소송에서 제외되어 제출할 수 없음을 명확히 고지하여 변론이 집중될 수 있도록 한다.

재판장 등은 쟁점의 정리가 마쳐진 때는 물론, 변론의 준비를 계속하여야 할 상당한 이유가 있는 때를 제외하고는 ① 사건을 변론준비절차에 부친 뒤 6월이 지난 때, ② 민소법 280조 1항 및 규칙 69조 2항에 의하여 미리 고지된 기간 이내에 준비서면 등을 제출하지 아니하거나 증거신청을 하지 아니한 때, ③ 당사자가 출석하지 아니한 때 준비절차를 종결할 수 있다(284①). 재판장 등은 변론준비기일을 종결하는 경우 당사자의 의견을 들어 변론기일을 미리 지정할 수 있다(284②, 규 72②).

변론준비기일에서의 진행상황은 참여사무관이 변론준비기일조서에 기재한다. 변론기일조서는 형식적 기재사항 외에 당사자의 진술에 따라 '공격 또는 방어의 방법', '상대방의 청구와 공격 또는 방어의 방법에 대한 진술'을 적도록 하고 있고, 특히 '증거에 관한 진술'은 명확히 기재하도록 하고 있으며(283①), 그 외에도 '변론준비절차의 시행결과'를 기재하도록 하고 있다(규 71①).

7. 변론기일의 진행

변론기일은 직권 또는 당사자의 신청에 따라 재판장이 지정하되, 첫 변론기일의 변경은 현저한 사유가 없는 경우라도 당사자들이 합의하면 이를 허가한다(165).

재판장은 당사자로 하여금 쟁점에 관한 중요한 사실상 또는 법률상 주장을 정리하여 진술하게 한다. 쟁점에 관한 증명책임을 지는 당사자가 먼저 주장을 펼치고, 상대방이 이를 논박하는 형태로 진행하며, 재판장은 필요한 경우 재반박·재재반박 등의 기회를 부여할 수 있다. 종래 소송계속 중 변론기일 전에 당사자가 준비서면을 제출한 경우, "소장 및 원고의 2021. 1. 10.자 준비서면 진술"과 같이 재판장이 말하고 넘어가는 형식적·기계적인 방식은 구술주의원칙을 형해화시키므로 바람직스럽지 않다. 따라서 재판장은 구술주의가 제대로 구현되도록 당사자로 하여금 사실상·법률상 주장의 요지와 이를 뒷받침하는 핵심적인 증거의 내용을 대조해가며 말로 설명하게 함이 바람직하다.

변론준비기일을 거친 사건의 경우에는 그 결과로서 얻어진 자료를 변론에 현출시켜 소송자료로 삼기 위하여 변론기일에 이를 상정하는 절차가 필요하다. 따라서 당사자는 변론기일에서 변론준비기일의 결과를 진술하여야 한다(287②). 이러한 변론에의 상정절차는 변론준비기일에 재판장이 인식한 쟁점과 증거조사결과를 당사자와 대리인에게 명확하게 확인시켜 줌으로써 결론에 대한 예측을 가능하게 하고, 재판 진행에 관한 신뢰와 판결결과에 대한 설득력을 높이는 역할을 하며,

나아가 합의부의 1인이 변론준비기일을 진행한 경우 직접주의를 훼손하지 않도록 하고, 단독재판장의 경우에도 변론공개의 원칙을 지키도록 기능한다. 변론에의 상정은 재판장이 "변론준비기일의 결과를 변론에 상정합니다."라고 형식적인 언급을 하는데 그쳐서는 안 되고, 당사자가 변론상정의 대상인 정리된 쟁점과 증거조사 결과의 요지를 진술하거나, 재판장이 당사자에게 해당사항을 확인하는 방식으로 진행하여야 한다(규 72조의2).

8. 증거조사

다툼 없는 사실은 재판상 자백으로서 법원은 그대로 재판의 기초로 하지만(288), 다툼 있는 사실은 변론 전체의 취지와 증거조사의 결과를 참작하여 자유심증주의에 따라 판단한다. 만약 법원이 사실의 존부에 대한 심증을 얻을 수 없는 진위불명의 상태에 빠지게 되면 증명책임에 따라 승패를 결정하게 된다. 민소법은 공격 또는 방어의 방법은 소송의 정도에 따라 적절한 시기에 제출하도록 하여 적시제출주의를 채택하고(146), 증인 및 당사자신문은 당사자의 주장과 증거를 정리한 뒤 집중적으로 하여야 한다고 규정하고 있다(293). 증거의 신청과 조사는 변론기일 또는 그 전에도 할 수 있다(289②).

서증은 소장, 답변서, 준비서면 등 주장서면에 그 사본을 붙여 제출하는 것을 원칙으로 하며, 제출된 서증의 사본은 그 주장서면과 함께 상대방에게 송부하여 미리 검토할 기회를 부여함으로써 증거의 정리가 효율적으로 이루어질 수 있도록 하여야 한다. 원고의 경우에는 갑호증, 피고의 경우에는 을호증이라고 기재하여 제출한다. 또한 문서를 가지고 있는 사람에게 그 문서를 보내도록 촉탁할 것을 신청하는 문서송부촉탁의 방법으로 서증신청을 할 수도 있다(352). 일반적인 문서송부촉탁절차는 "당사자의 신청 → 법원의 문서소지자에 대한 촉탁서 발송 → 문서소지자가 송부촉탁된 문서를 복사하거나 신청한 당사자가 문서소지자에게 찾아가서 해당 문서를 지정·복사 → 법원으로 송부 → 법원의 신청 당사자에 대한 도착고지 → 당사자가 서증으로 제출할 문서를 선별하여 갑 또는 을호증을 붙여 증거신청"의 순으로 진행된다.

검증·감정·사실조회 등의 신청이 있으면 상대방에게 증거채부에 관한 의견진술의 기회를 부여한 후 그 채부를 결정하며, 이후 감정결과·사실조회 결과 등이 도착하면 변론기일에 이를 상정한다. 여기에서의 상정은 재판장이 변론기일 외에서 이루어진 증거조사결과로서 인식한 내용을 변론기일에서 확인·제시하고 당사자에게 증거조사의 결과에 관한 의견진술의 기회를 주는 것을 뜻한다.

증인신청의 경우에는 통상 입증취지와 증인의 성명을 구술로 신청하여 법원이 채택하면 증인신청서를 제출하는 방식에 의한다. 법에서 정한 증인조사의 방식은 ① 증인신문사항 제출방식, ② 증인진술서 제출방식, ③ 서면에 의한 증언방식 등 세 가지가 있다.

변론기일에 증인신문까지 모두 마쳐져 변론이 종결될 상태에 이르게 된 경우 그동안의 주장 및 증거조사결과, 특히 상대방이 제출한 증거자료에 대한 의견 등을 종합하여 최종적으로 사건 전반에 대한 요약진술을 할 필요가 있을 수 있다. 이를 위하여 민소법은 당사자 본인의 변론기일에서의 최종의견 진술규정을 두고 있다(규 28조의3). 이때는 적절한 방법으로 재판부가 주장의 취지를 잘 이해할 수 있도록 하면 될 것이다. 특히 변론기일에는 증인 및 당사자 본인에 대한 신문이 이루어지는 것이 통례이므로 이에 대한 의견을 진술할 필요는 더욱 크다. 만약 당사자가 주장하지 못한 내용이 증인의 증언 중에 나타났을 때는 그에 대한 주장을 하여야만 그것이 재판의 자료가 될 수 있으므로(사실자료와 증거자료의 구별), 증거자료를 원용하여 주장에 편입시킬 필요가 있다.

9. 판결서의 작성 및 선고

변론이 종결되면 합의사건의 경우 "합의부원 사이의 합의 → 판결초고 작성 → 검토·수정 후 판결원본 작성 및 서명·날인"의 과정을 거쳐 지정된 판결선고 기일에 판결원본에 따른 판결선고가 이루어지게 된다. 판결서는 법규를 대전제로 하고, 구체적인 요건사실을 소전제로 하여 후자가 전자에 부합되면 법규에 의한 법률효과를 인정하는 법적 3단 논법에 따라 작성하며, 소송비용과 가집행선고는 당사자가 신청하지 않아도 법원이 직권으로 붙일 수 있다.

판결은 변론이 종결된 날로부터 2주 이내에 선고하여야 하고, 복잡한 사건이나 그 밖의 특별한 사정이 있는 때에도 변론이 종결된 날로부터 4주를 넘겨서는 안 된다(207①). 판결은 주문을 읽어 선고하되, 주문의 내용이 복잡한 경우에는 그 취지를 설명하여 주도록 한다(206). 판결은 당사자가 출석하지 않아도 선고할 수 있고(207②), 소액사건의 경우에는 원칙적으로 이유를 판결서에 기재할 필요가 없으므로 주문을 읽은 후 이유의 요지를 구술로 설명하여야 한다(소심 11조의2②, ③).

10. 상 소

상소가 있으면 원심 판결은 확정되지 않고(확정차단효), 사건은 항소법원에 이심된다(이심효).

항소심은 사실심이므로 새로운 사실이나 증거를 제출할 수 있고, 여기에다 원심에서 제출한 사실과 증거를 합쳐서 판결의 기초로 삼는다. 이 의미에서 항소심의 구조는 속심이다.

상고심은 원심판결의 당부를 법률적인 측면에서만 심사하기 때문에 법률심이라고 부른다.

제4절 민사소송의 이상과 신의성실의 원칙

Ⅰ. 민사소송의 이상

민소법 1조 1항은 법원에 공정(**공**평＋적**정**)하고 신속하며 경제적으로 소송절차를 진행할 책무를 부담시키고(민사소송의 이상), 같은 조 2항은 당사자와 소송관계인에게 신의에 따라 성실하게 소송을 수행할 책무를 부담시키고 있는데(신의성실의 원칙), 이 두 가지는 민사소송절차의 전체를 지배하는 대원칙이다.

1. 적 정

적정이란 재판의 내용에 과오가 없는 것을 말한다. 민소법은 적정의 이상을 실현하기 위하여 합의제, 심급제도(390 이하), 재심제도(451 이하), 구술주의(134), 직접주의(204), 석명권 · 지적의무(136), 교호신문제도(327), 직권증거조사(292), 법관의 제척 · 기피 · 회피제도(41 이하) 등을 두고 있다.

2. 공 평

공평은 소송의 심리에 있어서 양 당사자에게 균등한 기회를 주고 어느 한쪽에 치우치지 않게 대하는 것을 말한다. 민소법은 이를 위하여 법관의 제척 · 기피 · 회피제도(41 이하), 심리의 공개(법조 57), 쌍방심리주의, 준비서면에 적지 아니한 사실의 주장금지(276), 소송절차의 중단·중지제도(233 이하), 법정대리인제도(55 이하) 등을 두고 있다.

3. 신 속

신속한 재판을 받을 권리는 헌법상 기본권이므로(헌 27③), 이를 위반하면 기본권의 침해로서 헌법소원의 대상이 되어야 한다는 견해도 존재하지만,[27] 구체적인 입법이 없는 이상 헌법규정으로부터 신속한 재판을 위한 직접적이고 구체적인 청구권이 직접 발생하는 것이 아니므로 법원의 재판지연은 헌법 및 법률상 작위의무 위반이라 볼 수 없어 이에 대한 헌법소원은 부적법하다는 것이 헌법재판소의 입장이다.[28] 민소법은 신속한 권리구제를 위하여 독촉절차, 제소전화해절차, 소액사건심판절차를 두고 있고, 소송절차의 직권진행(135), 소송지연 목적의 제척·기피신청 각하(45), 변론의 집중(272), 소장과 답변서의 기재 충실화(254, 256), 변론준비절차제도(279) 및 위 절차에서의 증거조사(281), 변론준비기일의 종결효(285), 준비서면의 주장사실에 대한 증거방법의 기재 의무화(274), 적시제출주의 및 시기에 늦은 공격·방어방법의 각하(146, 149), 소송절차를 현저히 지연시키는 청구의 변경·반소제기·보조참가의 불허(262①단서, 269①본문, 71 단서), 기일불출석에 대한 제재인 자백간주(150), 진술간주(148), 쌍불취하제도(268), 소구채권의 지연손해금의 인상(소촉법 3) 등의 규정을 두고 있다.

4. 경 제

소송제도는 당사자와 법원이 최소한의 비용과 노력으로 최대한의 효과를 얻게 하는 것이 이상적이다. 민소법은 이를 위하여 소송구조제도(128 이하), 소송비용의 국고대납제(규 20, 21), 변호사보수의 소송비용산입(109), 청구의 병합(253), 소송의 이송(34~36), 공동소송제도(65 이하), 사물관할제도(법조 32, 7④) 등을 두고 있다.

5. 네 가지 이상의 관계

민사소송의 이상 중 적정·공평과 신속·경제는 상충할 수 있으므로 운용의

---

27) 이시윤, 28쪽.
28) 헌법재판소 1999.9.16. 선고 98헌마75 결정.

묘를 살려야 한다. 아울러 인적·물적 시설의 확충을 통한 제도적 개선을 도모하여야 할 것이다.

Ⅱ. 신의성실의 원칙

1. 총 설

(1) 신의성실의 원칙이란 당사자와 소송관계인(대리인, 보조참가인, 증인, 감정인, 조사촉탁을 받은 공공기관 등 단체)이 상대방의 신뢰를 헛되이 하지 않도록 신의에 따라 성실하게 소송을 수행하여야 한다는 원칙을 말한다(1②).

(2) 신의성실의 원칙이 민소법상 구현된 제도로는 소송지연 목적의 제척·기피신청 각하(45), 실기한 공격·방어방법의 각하(149), 소송구조의 취소(131), 권리의 신장이나 방어에 불필요한 행위로 인한 소송비용의 승소당사자 부담(99), 종국판결선고 후에 소를 취하한 경우의 재소금지(267), 자백취소를 원칙적으로 불허하는 규정(288단서), 문서제출명령의 불응 또는 증명방해의 경우의 불이익규정(349, 350), 소액사건심판법 적용 목적의 분할청구 불허규정(소심 5조의2) 등이 있다. 그러나 신의칙 규정은 그 외의 명문규정의 해석기준이 됨과 동시에 명문이 없는 경우에도 개별적 문제의 처리기준이 되므로, 이를 민소법 1조에 규정함으로써 민사소송 전체에 걸쳐 적용되는 대원칙임을 명확히 하였다.

(3) 신의칙과 민사소송의 이상과의 관계

당사자와 소송관계인이 신의칙에 따라 행동할 때(수단), 법원은 민사소송의 이상을 실현할 수 있다(목적).

2. 신의칙의 적용범위

(1) 신의칙의 보충성

신의칙은 개별규정이나 개별적 해석론이 없는 경우에만 보충적으로 적용되는가? 법적 안정성을 확보하기 위해서는 신의칙 같은 일반조항으로의 도피를 경계해야 하며, 일정한 소송행위가 신의칙에 반하고 권리남용에 해당한다고 하려면 법규나 제도의 요건에 어긋나지는 않지만 그래도 이를 인정하는 것이 일반인의 정의관념에 도저히 맞지 않는다고 볼 만한 특별한 사정이 있어야 한다.[29] 판례의 입

장도 같다.[30)]

(2) 신의칙의 상대방

신의칙은 당사자뿐만 아니라 소송관계인에게도 적용된다. 여기서 소송관계인이란 보조참가인, 법정·임의대리인, 증인·감정인, 조사·송부촉탁을 받은 자 등이 포함된다. 나아가 소송과정이 법원·당사자·소송관계인 등 3자간의 협동작업이라는 이유로 당사자뿐만 아니라 법원도 여기에 포함되는 것으로 해석하는 견해가 다수설이다. 법원의 행위도 신의칙을 적용하여 상급법원이 하급법원의 소송행위 일체를 평가할 수 있다거나,[31)] 당사자 및 소송관계인들 사이의 신의칙은 상대방의 원용을 기다려 법원이 이를 참작하면 되지만, 당사자와 법원 사이의 신의칙은 법원이 직권으로 고려하여야 한다는 견해도 있다.[32)] 그러나 민소법 1조가 법원의 책무와 당사자 등의 책무를 명백히 구별하고 있으므로 법원 사이에는 신의칙의 규제를 받지 않는다고 보는 것이 타당하다.[33)]

(3) 신의칙과 권리남용금지의 원칙

엄격한 의미에서의 신의칙은 당사자간의 특별한 관계를 근거로 특정한 행위의 효력을 제한하려는 원칙인데 대하여, 권리남용금지의 원칙은 특별한 관계가 없는 사람 사이에 제도적 또는 공공적 견지에서 행위의 효력을 제한하는 원칙이므로 구별된다. 그러나 넓은 의미의 신의칙은 권리남용금지의 원칙을 포함하는 개념으로 사용된다.

---

29) 김홍엽, 22쪽; 호문혁, 51쪽.

30) 대법원 2004.1.27. 선고 2003다45410 판결; 대법원 2007.1.25. 선고 2006다25257 판결; 대법원 2015.10.15. 선고 2012다64253 판결.

31) 정영환, 123쪽.

32) 정동윤·유병현·김경욱, 39쪽.

33) 『민사소송법 개정내용 해설』, 법원행정처, 2002, 12쪽; 김홍엽, 22쪽; 김용진, 6쪽. 이와 관련하여, 제1심이 원고의 주장 자체로 이유 없다고 보아 청구기각 하였고, 원고가 항소하면서 청구를 변경하였는데 항소심이 피고에게 발송송달의 방법으로 변론기일통지서를 송달한 후 그가 불출석하자 청구원인사실을 자백한 것으로 보아 원고승소판결을 한 것에 대하여, 대법원은 항소심이 석명권을 적정하게 행사하지 아니하였다는 등의 이유로 파기환송한 사건이 있다(대법원 2017.4.26. 선고 2017다201033 판결). 이 판결에 대하여, 항소심이 석명권 행사 없이 제1심 판단과 정반대로 판단한 것은 위법하다는 취지로서 법원 사이에 신의칙을 인정한 것이라는 주장이 있으나(강현중, 2017.11.20.자 법률신문), 민소법 1조 1항에 적시된 법원의 책무를 강조한 것이라고 보는 견해(전병서, 2018.3.22.자 법률신문)가 타당하다고 생각한다.

3. 신의칙의 발현형태

신의성실의 원칙이 일반조항으로서 기능하는 경우에 그 내용이 불명확하여 법적 안정성과 예측가능성을 저해할 위험성이 있다. 따라서 신의칙의 내용을 유형화·객관화할 필요가 있다. 일반적으로 신의칙의 발현형태를 다음과 같은 네 가지 유형으로 분류한다.

가. 소송상태의 부당형성의 배제

(1) 의 의

당사자 일방이 소송절차상 지위를 취득하기 위하여 그 기초가 되는 사실을 고의로 만들어 내거나 그 사실의 발생을 방해하는 경우에는 신의칙을 근거로 그 효과가 부정된다. 국내에 주소도 재산도 없는 자를 상대로 국내에서 제소하기 위하여 억지로 재산을 국내에 끌어들여 재판적을 만드는 행위(11), 상대방이 주소가 있음에도 주소불명이라 주장하여 공시송달로 재판이 진행되게 하는 행위 등이 대표적인 경우이다.

(2) 판 례

판례는 ① 갑이 을 상대로 채권이 있는 것처럼 꾸며 돈을 받아낼 목적으로 갑이 증거를 만들기 위하여 병에게 소송을 신탁한 후 병이 을 상대로 소송을 제기하게 하고 갑이 증인으로 출석하는 경우,[34] ② 병합청구의 재판적(25②)을 취득할 목적으로 제소할 의사가 없는 자를 병합하여 피고와 함께 소를 제기한 경우,[35] ③ 주권교부의무를 이행하지 아니한 자가 주주총회결의 부존재확인 청구를 하는 경우,[36] ④ 선박을 편의치적시켜 소유·운영할 목적으로 설립한 형식상 회사가 그 선박의 실제소유자와 외형상 별개의 회사라는 이유로 그 선박의 소유권을 주장하여 그 선박에 대한 가압류집행의 불허를 구하면서 제3자 이의의 소를 제기하는 경우,[37] ⑤ 채권자가 채권을 확보하기 위하여 제3자의 부동산을 채무자에게 명의신탁하도록 한 다음 동 부동산에 대하여 강제집행을 하는 경우[38]에 소송상

34) 대법원 1983.5.24. 선고 82다카1919 판결.
35) 대법원 2011.9.29. 자 2011마62 결정.
36) 대법원 1991.12.13. 선고 90다카1158 판결.
37) 대법원 1988.11.22. 선고 87다카1671 판결.
38) 대법원 1981.7.7. 선고 80다2064 판결.

신의칙을 위반한 것이라고 하였다.

나. 선행행위와 모순되는 거동의 금지(소송상 금반언)

(1) 의 의

당사자가 이미 행한 소송행위와 모순되는 소송행위를 하는 경우에 모순된 후행행위의 효력을 그대로 인정하면 선행행위를 신뢰한 상대방의 이익을 부당하게 해치는 결과가 된다. 따라서 후행의 모순된 행위의 효력은 신의칙에 의해 부정되어야 한다는 것이다.

(2) 적용요건

소송상 금반언이 인정되기 위한 요건으로서는, ① 당사자가 소송상 또는 소송외에서 일정한 태도(선행행위)를 취한 후 이와 모순되는 소송상 행위를 하였을 것, ② 상대방이 당사자의 선행행위를 신뢰하여 이를 기반으로 자신의 행동을 정하였을 것, ③ 당사자의 선행행위와 모순된 후행행위의 효력을 그대로 인정하게 되면 선행행위를 신뢰한 상대방의 이익을 부당하게 해하는 결과를 초래할 것이라는 세 가지 요건이 필요하다.

(3) 판 례

판례는 ① 무효인 공정증서상에 집행채무자로 표시된 자가 그 공정증서를 집행권원으로 한 경매절차가 진행되고 있는 동안에 공정증서의 무효를 주장하여 경매절차를 저지할 수 있었음에도 불구하고 그러한 주장을 일체 하지 않고 이를 방치하였을 뿐 아니라, 오히려 공정증서가 유효임을 전제로 변제를 주장하여 매각허가결정에 대한 항고절차를 취하였고 매각허가결정확정 후에 매각대금까지 배당받은 후 매수인에 대하여 공정증서가 무효라는 이유로 이에 기하여 이루어진 강제경매도 무효라고 주장하는 경우,[39] ② 원고가 매매계약의 무효 또는 해제를 주장하면서 그 매매대금의 반환을 구하는 소를 제기하고 그 소송계속 중에 이중의 이득을 얻으려는 목적으로 매매계약이 유효함을 주장하여 그 이행을 구하는 별도의 소를 제기한 경우라든지, 원고와 피고 사이에 매매계약을 무효 또는 해제하기로 하는 합의가 있었거나 원고가 피고에게 매매계약에 기한 소유권이전등기청구를

39) 대법원 1992.7.28. 선고 92다7726 판결.

하지 않는다는 신뢰를 부여하는 행위를 하였고, 피고가 이를 신뢰할 정당한 이유가 있음에도 이를 위반하여 매매계약의 이행을 구하는 소를 제기한 경우[40]에는 신의칙에 위반되는 것으로서 허용될 수 없다고 판시하였다.

(4) 적용의 제한

소송상 금반언은 일방당사자의 모순된 거동에 대하여 상대방의 신뢰를 보호할 것인지 여부가 문제되는 것이므로 선행행위와 후행행위가 모순되는 점이 있더라도 모순의 정도나 상대방의 불이익의 정도가 크지 않은 경우 및 전소와 후소의 쟁점이 서로 다른 경우,[41] 법률적 평가를 달리하여 주장하는 경우[42]에는 신의칙 적용이 인정되지 않을 수 있고, 객관적 진실을 우선시켜야 하는 혼인관계와 같은 신분관계를 둘러싼 소송에는 그 적용을 제한해야 할 것이다.

다. 소송상 권한의 실효

(1) 의 의

위에서 본 소송상 금반언은 당사자의 적극적인 외관작출을 상대방이 신뢰한 경우인데 반하여, 소송상 권한(소권)의 실효는 당사자가 소극적인 부작위로 자신의 권한을 방치하여 상대방이 더 이상 권한행사가 없으리라고 신뢰하고 이에 따라 행동한 경우 소권은 실효된 것으로 보아 행사가 허용되지 아니한다는 원칙이다. 이 원칙은 장기간의 불행사(시간적 계기) 이외에 권리를 행사하지 않으리라는 정당한 기대(상황적 계기)를 요건으로 한다.

---

40) 대법원 2005.12.23. 선고 2004다55698 판결.

41) 별소에서 피고의 점유사실을 부인하고 피고의 취득시효주장을 다투던 원고가 본소에서 피고의 불법점유를 원인으로 부당이득금반환 청구를 함에 이르렀다 하여도 별소에서 원고가 시효취득 요건사실을 부인하고 반증을 제출한 것은 상대방의 시효취득주장에 대한 방어방법으로서의 진술 및 입증에 불과한 것이며, 그 소송에서 피고가 패소한 것은 피고가 그 주장사실에 대한 입증을 다하지 못한데 기인한 것이고, 또 별소에서는 피고가 이건 부동산을 1959.3.13.부터 20년간 소유의 의사로 평온, 공연하게 점유함으로써 시효취득하였는지 여부가 그 쟁점임에 반해서 본소에서는 피고가 이건 부동산을 1972.1.1.부터 1981.12.31.까지 점유하고 있었는지 여부가 쟁점으로서 두 소송의 쟁점이 서로 다른 것이라면 본 소송이 신의칙에 반하는 것으로서 권리보호의 이익이 없는 부적법한 것이라고 할 수 없다(대법원 1984.10.23. 선고 84다카855 판결).

42) 원고가 제1심에서는 이 사건 제1차 이사회의 소집절차가 적법함을 전제로 한 주장을 하였다가 원심에 이르러서는 그 소집절차에 하자가 있었다고 주장하였다고 하더라도, 이는 어떤 사실에 관한 법률적 평가를 달리하여 주장하는 것일 뿐이므로 그러한 주장이 금반언의 원칙이나 신의성실의 원칙에 반한다고 할 수 없다(대법원 2010.6.24. 선고 2010다2107 판결).

(2) 적용범위

소송상 권한이 기간의 정함이 없는 각종의 신청, 즉 통상항고나 이의인 경우에는 실효의 원칙이 적용된다고 보는 것이 일반적이다. 또한 판결의 편취 등에서 판결정본이 피고의 거짓주소에 송달되게 하여 그 송달이 무효가 되어 항소기간이 진행하지 않는 경우에도 엄격한 요건 하에 실효의 원칙을 적용할 수 있을 것이다(항소권의 실효).[43] 이에 대하여, 소제기의 권한(소권)은 공권 내지 기본권이고 법치국가의 이념을 떠받드는 기능을 하므로 소권 자체는 실효될 수 없고 소권 남용의 문제로 보아야 한다는 견해가 있다.[44] 또한 이 경우에 소권의 실효가 아니라 실체법상 권리의 실효(권리남용금지, 민 2②)로 보아, 소를 각하해서는 안 되고 청구기각판결을 해야 한다는 견해도 있다.[45] 그러나 전자의 견해는 소권 실효의 요건과 소권 남용의 요건이 다르다는 것을 간과한 것이고, 후자의 견해는 실체법적 권리와 무관하게 제기하는 확인소송이나 소로써만 허용되는 형성소송의 신의칙 위반을 처리할 수 없다는 문제가 있다.

(3) 판 례

판례는 ① 이의의 유보나 조건의 제기 없이 퇴직금 등을 수령하고 해임 및 의원면직된 후 9년이 지나 해고무효확인소송을 제기한 경우,[46] ② 근로자들이 면직 후 바로 아무런 이의 없이 퇴직금을 수령하였으며 그로부터 9년 후 1980년해직공무원의보상등에관한특별조치법 소정의 보상금까지 수령한 후 면직일로부터 10년이 다 되어 면직처분무효확인의 소를 제기한 경우,[47] ③ 당연무효인 수용결정에 대하여 아무런 이의 없이 보상금을 수령하고 수용자의 점유를 12년간 용인하여 온 후, 수용결정의 하자를 이유로 그 소유권이전등기의 말소를 구하는 경우[48] 등에 소송상 권한의 실효를 인정하였다. 그러나 시일이 오래 지났다고 하더라도 권리를 행사하지 않으리라는 신뢰가 발생한 것으로 볼 수 있는 특단의 사정이 없다면 실효의 원칙을 적용하지 않는다. 예컨대 부(父)가 사위(편취)판결을 받

43) 김홍엽, 27쪽.
44) 정동윤 · 유병현 · 김경욱, 37쪽.
45) 호문혁, 50쪽.
46) 대법원 1993.5.25. 선고 91다41750 판결.
47) 대법원 1992.12.11. 선고 92다23285 판결.
48) 대법원 1995.9.26. 선고 94다54160 판결.

아 자(子) 소유의 부동산을 넘겨간 것을 알고도 4년간 아무런 법적 조치를 취하지 않던 중, 부가 그 부동산을 타인에게 처분한 사실을 듣고 항소를 제기한 경우,[49] 해고의 효력을 인정하지 아니하고 이를 다투고 있었다고 볼 수 있는 객관적인 사정이 있다거나 그 외에 상당한 이유가 있는 상황 하에서 퇴직금을 수령하는 등 반대의 사정이 있음이 엿보이는 경우,[50] 피상속인이 사망할 때까지 비록 17년여 동안 장기간에 걸쳐 공동상속인 중 1인 명의로 원인 없이 경료된 소유권이전등기의 말소등기청구권을 다른 상속인들이 행사하지 않았지만 그 의무자측의 입장에서 권리자가 그 권리를 행사하지 않으리라고 신뢰할 만한 정당한 기대를 갖게 되었다고 볼 수 있는 특단의 사정이 없는 경우[51]에는 실효의 원칙의 적용을 부정하였다.

라. 소송상 권한의 남용금지

(1) 의 의

외형상으로는 소송상 권한을 행사하는 것으로 보이지만 실제로는 사법제도를 부당하게 이용하는 경우에도 신의칙에 반하므로 허용되지 않는다. 소권의 실효는 시간적 계기와 상황적 계기를 요건으로 함에 비하여, 소권의 남용금지는 권리 본래의 사회적 목적에 반하는 방향으로 소송절차를 이용하는 행위에 적용되고 소권 자체는 존속한다는 점에서 양자는 구별된다.

(2) 적용범위

소송을 지연시키려는 의도로 기피권을 행사하거나(45①), 기일신청권(165)을 남발하는 것은 소권을 남용한 것이 된다. 물론 헌법상 재판을 받을 권리(헌 27①)와의 관계에서 소의 제기는 원칙적으로 정당한 행위로 인정되어야 하므로 소권의 남용에 대한 판단은 신중하여야 한다.[52]

---

49) 대법원 1996.7.30. 선고 94다51840 판결.
50) 대법원 1996.3.8. 선고 95다51847 판결.
51) 대법원 1995.2.10. 선고 94다31624 판결.
52) 전소와 당사자와 사실관계가 동일하지만 소송물을 달리하는 소제기는 소권남용이나 신의칙 위반에 해당한다고 볼 수 없고(대법원 2006.7.13. 선고 2004다36130 판결), 종국판결 후 소를 취하하였다가 피고가 그 소 취하의 전제조건인 약정을 위반하여 약정이 해제 또는 실효되는 사정변경이 생겼음을 이유로 다시 동일한 소를 제기하는 것은 재소금지의 원칙에 위배되지 않으며(대법원 2000.12.22. 선고 2000다46399 판결), 증거자료에의 접근이 훨씬 용이한 일방 당사자가 상대방의 증명활동에 협력하지 않는다고 하여 상대방의 입증을 방해하는 것이라고 단정할

(3) 판 례

판례는 ① 이미 배척된 재심사유로 거듭 재심을 신청하는 경우,[53] ② 학교법인이나 현 이사로부터 오로지 금품을 지급받을 목적만으로 이사회결의부존재확인의 소를 제기한 경우,[54] ③ 실질상의 1인 주주로서 대표이사직에 있던 자가 주권을 발행하지 아니하고 있다가 자금난으로 회사를 경영할 수 없어 그 주식을 모두 양도한 후, 그 양수인들이 회사의 부채를 정리하고 경영하던 중 주권발행 전의 주식양도라는 이유로 그 주식양도의 효력을 다투는 경우,[55] ④ 대여금채권이 없음에도 있다고 허위로 증언하여 승소판결을 얻도록 협력한 사람이 협력대가 약정금의 지급을 구하는 경우,[56] ⑤ 사실심에 일부청구가 계속 중이어서 청구취지의 확장으로 용이하게 청구할 수 있음에도 불구하고 별도로 소를 제기한 경우,[57] ⑥ 원고의 접속통화료 지급소송에서 패소한 피고는 다시 원고에 대하여 동액 상당의 손해배상을 청구할 수 있어 원고가 소권을 행사하더라도 이익이 없는 경우(순환소송)[58] 등에서 소권의 남용을 인정한다.

4. 신의칙 위반의 효과

가. 신의칙과 직권조사사항

신의칙 위반여부에 대한 판단은 법원의 직권조사사항이므로 당사자의 항변이 있어야 비로소 법원이 조사를 개시할 수 있는 것은 아니지만, 현실적으로 당사자의 주장에 의하여 직권조사가 발동되는 경우가 많을 것이다. 판례는 민법상 신의칙 위반 또는 권리남용(민 2)뿐만 아니라,[59] 민소법상 신의칙 위반도 직권으로 판

수 없으며, 민소법 1조에서 규정한 신의성실의 원칙을 근거로 하여 대등한 사인간의 법률적 쟁송인 민사소송절차에서 일방 당사자에게 소송의 승패와 직결되는 상대방의 증명활동에 협력하여야 할 의무가 부여되어 있다고 할 수 없으므로, 일방 당사자가 요증사실의 증거자료에 훨씬 용이하게 접근할 수 있다고 하는 사정만으로는 상대방의 증명활동에 협력하지 않는다고 하여 이를 민소법상 신의성실의 원칙에 위배되는 것이라고 할 수 없다(대법원 1996.4.23. 선고 95다23835 판결).

53) 대법원 2005.11.10. 선고 2005재다303 판결.
54) 대법원 1974.9.24. 선고 74다767 판결.
55) 대법원 1983.4.26. 선고 80다580 판결.
56) 대법원 1983.5.24. 선고 82다카1919 판결.
57) 대법원 1996.3.8. 선고 95다46319 판결.
58) 대법원 2017.2.15. 선고 2014다19776,19783 판결. 같은 취지로는, 대법원 2015.7.23. 선고 2014다42202 판결이 있다.

단할 수 있다는 입장이다.[60)]

나. 신의칙 위반의 효과

(1) 소송법적 효과

취효적 소송행위가 신의칙에 위반하면 부적법 각하한다(기피신청이 권리남용에 해당되는 경우 등). 나아가 민소법 219조의2에서는 소권 남용에 대한 제재로서, 원고가 소권(항소권을 포함한다)을 남용하여 청구가 이유 없음이 명백한 소를 반복적으로 제기한 경우에는 법원은 결정으로 500만원 이하의 과태료에 처하도록 규정하고 있다(2023. 10. 19. 시행).

여효적 소송행위가 신의칙에 위반하면 무효로 된다(신의칙에 반하여 관할합의를 이끌어낸 경우 등).

양자에 모두 해당하는 소송행위의 경우에는 취효적 소송행위와 같이 취급한다(소의 제기나 상소의 제기 등에서 신의칙을 위반한 경우 등).

신의칙에 위반한 소송행위는 재판 확정 전에는 상소로 취소할 수 있으나, 확정되면 당연무효의 판결이라 할 수 없다. 물론 판결의 편취와 관련하여 재심사유가 될 가능성은 있으며(451①⑾),[61)] 신의칙에 위반하여 확정판결에 기한 강제집행을 하거나 부집행합의에 반하여 강제집행을 하는 경우에는 변론종결 후의 이의사유로 보아 청구이의의 소(민집 44)를 제기할 수 있다.[62)]

(2) 실체법적 효과

판결의 부당취득의 경우 등은 위법행위로서 손해배상책임이 발생할 수 있으며,[63)] 경우에 따라 그 행위가 무효이거나 금지청구의 대상이 될 수 있다.

---

59) 대법원 1989.9.29. 선고 88다카17181 판결; 대법원 1995.12.22. 선고 94다42129 판결. 다만 부정한 방법으로 실체권리관계와 다른 확정판결을 취득(편취판결)하여 집행하는 경우, '확정판결의 내용이 실체적 권리관계에 배치된다는 점'은 확정판결에 기한 강제집행이 권리남용이라고 주장하며 집행 불허를 구하는 자가 주장 · 증명하여야 한다(대법원 2017.9.21. 선고 2017다232105 판결).

60) 부제소합의를 해 놓고도 이를 위배하여 제기한 소의 경우 권리보호의 이익이 없고 신의성실의 원칙에도 위배되어 직권으로 소의 적법여부를 판단할 수 있다(대법원 2013.11.28. 선고 2011다80449 판결).

61) 대법원 1985.7.9. 선고 85므12 판결.

62) 대법원 1997.9.12. 선고 96다4862 판결; 대법원 2008.11.13. 선고 2008다51588 판결.

63) 소제기나 응소행위가 권리실현이나 권리보호를 빙자하여 상대방의 권리나 이익을 침해하거나 상당한 이유 없이 상대방에게 고통을 주려는 의사로 행하여지는 등 고의 · 과실이 인정되고, 그

것이 공서양속에 반하는 정도에 이른 것인 경우에만 위법성을 띠고 불법행위를 구성한다(대법원 2013.3.14. 선고 2011다91876 판결).

제2편

소송의 주체

제1장
법 원

제1절 민사재판권

Ⅰ. 법원의 의의와 구성

민사소송절차는 소의 적법여부 및 청구의 당부에 대하여 법원이 심리·판단하는 절차이다. 따라서 절차의 구조상 우선 어떤 법원이 어떤 기준에 의해 소를 심판할 책임을 지는가를 법으로 정해놓을 필요가 있다. 심판의 책임을 부담하는 법원을 수소법원이라고 한다.

국민 사이의 구체적인 권리관계에 관한 분쟁에 대해서는 대법원을 정점으로 하는 사법권에 의한 해결이 보장되어야 한다는 것은 헌법 101조가 규정하고 있다. 이러한 의미의 법원은 재판기관으로서의 법원이다. 현행법 하에서 재판기관으로서의 법원의 종류로는 대법원, 고등법원, 특허법원, 지방법원, 가정법원, 행정법원, 회생법원의 7종류가 있다(법조 3①). 대법원 이외의 법원을 하급법원이라고 한다.

법원은 이를 구성하는 법관의 수에 따라 합의제와 단독제로 구분할 수 있다. 대법원은 항상 합의제로 구성되며, 대법원장을 포함한 대법관 전원의 3분의 2 이상의 합의체에 의하여 심판하는 경우와 3인 이상으로 구성된 부에서 심판하는 경우가 있다(법조 7①). 고등법원과 특허법원 및 행정법원의 심판권은 판사 3인으로 구성된 합의부에서 행하는 것이 원칙이다(법조 7③). 이에 반하여 지방법원·가정법원·회생법원과 그 지원, 가정지원 및 시·군법원의 심판권은 단독판사가 행하는 것이 원칙이고, 합의심판을 하여야 하는 경우에 한하여 3인의 합의부가 구성된다(법조 7④,⑤).

합의제와 단독제를 비교하면 다음과 같은 기능적 특징이 지적될 수 있다. 즉 합의제에서는 이를 구성하는 여러 판사가 지식경험을 상호 보충할 수 있고, 그 결과 개개 판사의 개성을 떠나 합리적인 판단을 기대할 수 있다. 그러나 합의제는 다수의 판사를 필요로 하게 되어 사법제도로서의 효율성이 떨어진다는 단점이 있다. 반대로 단독제는 이 점에서 합의제보다 우월하고 통일된 개인의 전인격적 판단을 기대할 수 있다는 장점이 있지만 여러 판사의 지식 경험을 상호 보충할 수 없어 비합리적인 판단을 할 우려가 있다. 법원의 구성을 합의제로 할 것인가, 아니면 단독제로 할 것인가는 입법정책의 문제로서 입법자는 양 제도의 장단점을 고려하여 양자 중 어느 하나를 선택할 수 있다.

합의제의 경우, 판결은 판사 전원의 합의로 결정하여 선고하는 것이지만, 그 외 소송운영에 관한 사항에 대하여는 재판기관으로서의 활동을 효율적이고 원활하게 하기 위하여 합의제 구성원 중 1인이 재판장이 되어 소송지휘 등을 행하고 (135), 법정된 사항을 수명법관으로 하여금 행하게 한다(145, 164조의6, 225, 280, 297, 313, 335 등).[1] 재판장 이외의 구성원을 배석판사라고 한다.

Ⅱ. 재판권

1. 재판권의 의의

재판권(사법권)이란 법질서실현을 위하여 재판을 할 수 있는 개별 국가의 권능을 말하며, 이는 국가주권으로부터 파생된다. 보통 재판권은 형사재판권, 민사재판권, 헌법재판권으로 대별된다. 재판권을 행정기관에 일임할 수는 없고, 한 차례라도 사법권에 심사기회가 부여되어야 한다. 따라서 행정기관의 심사인 해양안전심판원, 특허심판원, 노동위원회, 조세심판원, 공정거래위원회 등은 전심(前審)이다.

2. 민사재판권

민사재판권이란 법원이 사인간의 권리관계의 다툼을 해결하기 위해 행사할 수 있는 권능의 총칭을 말한다. 따라서 재판뿐만 아니라 강제집행, 보전처분도 포함되며, 관계인에 대하여 소송관계의 서류를 송달하고 증거의 제출을 명하며, 변론기일에의 출석통지, 판결을 선고할 권능 등이 포함된다. 민사재판권이 미치는 범위가 어디까지인가는 인적 범위와 물적 범위, 장소적 범위로 나누어 살펴볼 수 있다. 민사재판권이 미치는 것을 전제로 하여 어느 법원이 재판권을 행사할 수

1) 수명법관제도는 다른 법원에 속하는 판사에게 수소법원이 증거조사 등을 촉탁하는 수탁판사제도와 구별된다(139②, 297).

있는가를 결정하는 것이 관할권의 문제이다.

가. 인적 범위

(1) 기본원칙

민사재판권은 국가의 대인주권으로 인하여 대한민국 국적을 가지고 있는 모든 사람에게 미치며, 국가의 영토주권으로 인하여 대한민국 내에 있는 모든 사람에게 미친다. 대통령도 예외가 아니다.[2)]

(2) 대인적 제약(재판권 면제자)

1) 직무상 면제자

① 외교관의 개인 부동산에 관한 소송을 제외한 외교사절단의 구성원과 그 가족(외교관계에 관한 비엔나협약),
② 영사관원과 그 사무직원(영사관계에 관한 비엔나협약),
③ 외국의 원수, 수행원 및 그 가족,
④ 국제연합기구 및 산하 특별기구, 그 기구의 대표자 · 직원(유엔헌장 105)은 민사재판권이 면제된다.

2) 외국국가

국제법상 제한으로서, 외국국가에 대하여 민사재판권을 행사할 수 있는가가 문제된다. 19세기에 풍미한 **절대적 면제주의** 하에서는 외국국가는 조약에 특별한 규정이 있는 경우 또는 외국국가가 면제특권을 포기하는 경우를 제외하고 민사재판권에 복종하지 않는다고 본다. 그러나 오늘날에는 국가활동의 다양화와 함께 행위의 성질을 기준으로 외국의 주권적 행위가 아니라 사법(私法)적 또는 사경제주체적 행위에 대해서는 재판권면제를 인정하지 않는 **상대적(제한적) 면제주의**를 취하는 것이 일반적이다.

판례도 우리나라의 영토 내에서 행하여진 외국의 사법(私法)적 행위가 그 국가의 주권적 활동에 속하는 것이거나 이와 밀접한 관련이 있어서 이에 대한 재판권의 행사가 외국의 주권적 활동에 대한 부당한 간섭이 될 우려가 있는 등의 특별한 사정이 없는 한, 외국의 사법적 행위에 대하여는 당해 국가를 피고로 하여

---

2) 일본판례는 천황에 대한 민사재판권의 행사를 면제하고 있다(日最判 1989.11.20. 民集 43巻 10号 1160面).

우리나라의 법원이 재판권을 행사할 수 있다고 하였다(상대적 면제주의 중 행위성질기준설).[3] 구체적으로 살펴보면, 피고 국가가 토지의 경계를 침범하여 인접한 원고 소유 토지의 일부를 피고의 주한대사관 건물의 부지 또는 그 부속토지로 사용하고 있는데 대하여 원고가 피고를 상대로 위 건물 중 경계 침범 부분의 철거와 그 부분 토지의 인도 및 차임 상당 부당이득반환을 청구한 사건에서, 대법원은 피고 건물의 일부 철거 및 토지의 인도 청구 부분은 외교공관의 직무 수행을 방해할 우려가 있어 우리나라 법원에 재판권이 없지만, 해당 국가를 상대로 차임 상당의 부당이득반환을 구하는 부분은 특별한 사정이 없는 한 그러한 우려가 있다고 할 수 없다는 이유로 청구를 허용하였다.[4] 다만 채권압류 및 추심명령은 제3채무자에 대한 집행권원이 아니라 집행채권자의 채무자에 대한 집행권원만으로 일방적으로 발령되는 것이고, 제3채무자는 집행당사자가 아님에도 지급금지명령, 추심명령 등 집행법원 강제력 행사의 직접적인 상대방이 되어 이에 복종하게 되는 점을 고려하면 제3채무자가 외국인 경우에는 우리나라 법원의 압류 등 강제조치에 대하여 명시적으로 동의하거나 우리나라 내에 그 채무의 지급을 위한 재산을 따로 할당해 두는 등 재판권 면제주장을 포기한 것으로 볼 수 있는 경우 외에는 우리나라가 압류 및 추심명령을 발령할 재판권을 가진다고 볼 수 없고, 집행채권자의 해당 외국상대의 추심금소송에 대한 재판권 역시 인정되지 않는다고 판시하였다.[5]

3) 주한미군

주한미군의 구성원과 고용원의 공무집행 중의 불법행위에 대하여는 한국법원의 민사재판권이 면제된다(한미행정협정[6] 23(5)). 이때에는 대한민국을 피고로 하여야 하고, 국가배상법이 적용된다. 판례도 미군에 의하여 매향리 지역에 설치된 사

---

3) 대법원 1998.12.17. 선고 97다39216 전원합의체 판결. 이 판례는 미군부대의 식당종업원이 해고되자 미국정부를 상대로 해고무효확인 및 임금을 청구한 사례인데, 대법원은 미국정부의 위와 같은 행위는 외국의 사법(私法)적 행위로 보아 우리나라 영토 내에서 행해진 경우에는 당해 국가를 피고로 하여 우리나라 법원이 재판권을 행사할 수 있다고 하였다. 외국국가에 대한 기존의 절대적 면제주의(대법원 1975.5.23. 자 74마281 결정)를 변경하여 상대적(제한적) 면제주의의 입장을 취한 최초의 판례이다.
4) 대법원 2023.4.27. 선고 2019다247903 판결.
5) 대법원 2011.12.13. 선고 2009다16766 판결.
6) 정확하게는, "대한민국과 아메리카합중국간의 상호방위조약 제4조에 의한 시설과 구역 및 대한민국에서의 합중국군대의 지위에 관한 협정"이다.

격장에서 발생하는 소음 등으로 인하여 지역주민이 입은 손해에 대하여 피고인 대한민국이 배상하여야 한다고 하였다.[7)]

이와 달리 이들의 공무집행과 무관한 불법행위에 대하여는 대한민국 당국의 배상금 결정 및 그 결정을 통보받은 미군 당국의 배상금 지급제의가 있은 후 이에 불복이 있는 경우에 가해자인 미군이나 고용원 등을 상대로 제소할 수 있다(한미행정협정 23(6)).

나. 물적 범위(국제재판관할권)

(1) 의 의

민사재판권의 물적 범위란 구체적인 사건을 전제로 하여 당사자 및 심판의 대상인 소송물의 관점에서 민사재판권이 어디까지 미치는가의 문제이다. 즉 외국과 관련된 요소가 있는 민사사건인 경우에 어느 범위까지 우리나라에서 재판할 수 있는가를 정하는 것을 말한다(국내적 성질의 사건에는 우리나라의 재판권이 당연히 미친다). 이는 결국 국제재판관할권의 문제로 귀착되는데, 당사자의 입장에서 보면 어느 나라의 법원에 제소해야 하는가의 문제로 되며, 특정 국가의 입장에서 보면 당해 사건을 자국에서 재판할 수 있는가의 문제로 되는 것이다. 따라서 이는 일단 민사재판권이 우리나라로 정해진 후에 ① 어느 나라의 소송법을 적용할 것인가 또는 ② 어느 나라의 실체법을 적용할 것인가를 결정하는 문제와 구별된다.[8)]

(2) 국제재판관할권의 결정에 관한 이념적 기초

국제재판관할을 결정함에 있어서의 이념적 기초로는 국가주의, 국제주의, 보편주의가 있다. **국가주의**란 국제재판관할권을 결정함에 있어 외국적 요소를 고려하지 않고 자기 나라와 자기 국민의 이익을 고려하여 결정하는 것을 말하고, **국제주의**는 국제재판관할권의 결정기준을 국제법상 국가주권의 저촉문제로 보아 국제법상 영토주권 및 대인주권의 개념에 의하여 결정하려는 입장이다. 이에 대하여 **보편주의**는 그 결정기준을 국가 사이의 주권의 문제로 보지 아니하고 국제적으로

---

7) 대법원 2004.3.12. 선고 2002다14242 판결. 대법원 2023.6.29. 선고 2023다205968 판결도 같은 취지.

8) 대법원 2021.2.4. 선고 2017므12552 판결(준거법은 어느 국가의 실질법 질서에 따라 분쟁을 해결하는 것이 적절한지의 문제인 반면 국제재판관할권은 분쟁이 된 사안에 대하여 당사자의 공평, 재판의 적정, 신속과 경제 등에 비추어 어느 국가의 법원에 재판관할을 인정할 것인지의 문제로서, 이 둘은 서로 다른 이념에 따라 지배된다).

협력하여 재판기능을 분배함에 있어 민소법의 기본이념인 적정·공평·신속·경제의 측면에서 어느 나라의 법원이 사건을 다루는 것이 가장 합리적인가를 기준으로 하려는 입장이다. 세계화시대와 민소법의 이념에 비추어 보편주의가 타당하다는 견해가 우세한데,[9] 국제재판관할권을 결정하는 구체적 기준은 다음과 같다.

(3) 국제재판관할권의 기준

1) 학 설

(가) 역추지설(토지관할규정유추설)

우리 민소법의 규정상 토지관할권(피고의 주소지, 계약의 이행지, 불법행위지, 재산소재지 등, 2～24)이 국내에 있는 사건이면 국내법원에 국제재판관할권이 있는 것으로 보자는 견해이다. 이 학설의 이념적 기초는 국가주의 내지 국제주의이다. 이에 대하여는 국내사건이 토지관할에 위반되면 토지관할이 있는 곳으로 이송할 수 있지만 우리나라에 토지관할이 없는 사건은 외국으로 이송할 여지가 없고, 일단 국제재판관할권이 국내로 정해진 후에 비로소 우리나라의 법원 중 어느 곳에서 심판할 것인가라는 토지관할의 문제가 정해지는 것임에도 역추지설은 이를 역전시킨 논리로서 부당하다는 비판이 있다.

(나) 관할배분설(조리설)

외국적 요소가 있는 사건에 대한 심판은 민소법의 기본이념인 적정·공평·신속·경제 등을 고려하여 조리에 따라 가장 합리적인 국가가 수행하여야 한다는 견해이다.[10] 이 학설의 이념적 기초는 보편주의이다. 이 견해에 대해서는 관할권을 정하는 기준이 추상적이어서 예측가능성이나 법적 안정성이 저해된다는 비판이 있다.

(다) 수정역추지설(특단의 사정설)

원칙적으로는 국내 민소법의 토지관할의 규정을 참작하여 국제재판관할권의 유무를 정하되, 민사소송의 이념을 고려할 때 우리나라에서 재판관할권을 갖는 것이 심히 부당한 '특단의 사정'이 있는 경우에는 관할배분설의 기준에 의하여야 한다는 입장이다.[11]

---

9) 정동윤·유병현·김경욱, 127쪽; 정영환, 167쪽.
10) 강현중, 135쪽; 정동윤·유병현·김경욱, 128쪽; 정영환, 169쪽.

(라) 유형적 이익형량설

국내 토지관할규정의 기능을 재점검하여, 반드시 이에 얽매이지 않고 당해 사건과 우리나라와의 밀접성을 중심으로 전체적인 이익형량을 행하여 유연하게 대응해야 한다는 입장이다. 이 견해에 의하면 역추지설에 의하여 국내관할권이 부정되어도 밀접성이 존재하면 이를 인정할 수 있을 것이지만, 이 견해도 법적 안정성이 저해될 가능성이 있다는 비판이 있다.

2) 국제사법의 규정

현행 국제사법(2022.7.5. 시행)은 2조에서 국제재판관할의 일반원칙을 제시하고 있는데, 1항은 '대한민국 법원(이하 "법원"이라 한다)은 당사자 또는 분쟁이 된 사안이 대한민국과 실질적 관련이 있는 경우에 국제재판관할권을 가진다. 이 경우 법원은 실질적 관련의 유무를 판단할 때에 당사자간의 공평, 재판의 적정, 신속 및 경제를 꾀한다는 국제재판관할 배분의 이념에 부합하는 합리적인 원칙에 따라야 한다.'고 규정하고, 2항은 '이 법이나 그 밖의 대한민국 법령 또는 조약에 국제재판관할에 관한 규정이 없는 경우 법원은 국내법의 관할 규정을 참작하여 국제재판관할권의 유무를 판단하되, 제1항의 취지에 비추어 국제재판관할의 특수성을 충분히 고려하여야 한다."고 규정하고 있다. 즉 국제사법 2조 1항에서는 국제재판관할을 정하는 일반적 기준을 우리나라와 당사자 또는 사안 사이에 "실질적 관련성"이 있는지 여부에 기초하고, 실질적 관련성을 판단하는 요소로서 "국제재판관할 배분의 이념"인 적정 · 공평 · 신속 · 경제를 들고 있으므로 관할배분설의 입장을 취하고 있다. 반면 동조 2항에 의하면 국제사법이나 그 밖의 대한민국 법령 또는 조약에 국제재판관할에 관한 규정이 없는 경우에는 원칙적으로 민사소송법상 토지관할 규정 또는 가사소송법상 토지관할 규정이 정하는 재판적(관할)이 대한민국 내에 있는 경우에는 대한민국에 국제재판관할권을 인정하면서도 국제재판관할의 특수성을 충분히 고려할 것을 요구하고 있으므로 수정역추지설의 입장이라 할 수 있다. 그런데 현행 국제사법에서는 국제재판관할에 관하여 다수의 규정을 정치하게 두고 있어 사안에 해당하는 개별규정이 적용될 것이기 때문에 위 제2조는 국제재판관할의 일반원칙을 표방한 것이고 개별규정이 부존재하는 경우에 한하여 제한적으로 적용될 뿐이다.

---

11) 이시윤, 62쪽.

현행 국제사법은 제1장 총칙에서 국제재판관할에 관하여 여러 규정을 두고 있을 뿐만 아니라, 제2장 사람, 제5장 지식재산권, 제6장 채권, 제7장 친족, 제8장 상속, 제9장 어음·수표, 제10장 해상에 이르기까지 국제재판관할에 대한 각칙 규정을 세세하게 규정하고 있다. 이 규정들에 대한 구체적인 해석론은 국제사법학의 연구영역이라 할 수 있으므로 여기에서는 더 이상의 논의는 생략하기로 한다. 다만 국제사법의 총칙에서 규정하고 있는 내용들에 대해서는 필요한 범위 내에서 관련된 민사소송법의 항목을 다룰 때 함께 살펴보기로 한다.

3) 판례의 입장

'국제사법'이 시행된 2001년 이전의 법률인 '섭외사법'에는 국제재판관할권에 대한 규정이 존재하지 않았다. 따라서 대법원은 "섭외사건의 국제재판관할에 관하여 일반적으로 승인된 국제법상 원칙이 아직 확립되어 있지 아니하고 이에 관한 우리나라의 성문법규도 없는 이상, 섭외사건에 관한 외국 법원의 재판관할권 유무는 당사자간의 공평, 재판의 적정, 신속을 기한다는 기본이념에 따라 조리에 의하여 결정함이 상당하고, 이 경우 우리나라의 민사소송법의 토지관할에 관한 규정 또한 그 기본이념에 따라 제정된 것이므로, 그 규정에 의한 재판적이 외국에 있을 때에는 이에 따라 외국법원에서 심리하는 것이 조리에 반한다는 특별한 사정이 없는 한 그 외국법원에 재판관할권이 있다고 봄이 상당하다."고 판시하였다.[12)]

2001년 시행 국제사법에 이르러 국제재판관할에 관한 규정이 삽입되었다(구 국사 2). 이에 따라 대법원은 "국제재판관할을 결정함에 있어서는 당사자간의 공평, 재판의 적정, 신속 및 경제를 기한다는 기본이념에 따라야 할 것이고, 구체적으로는 소송당사자들의 공평, 편의 그리고 예측가능성과 같은 개인적인 이익뿐만 아니라 재판의 적정, 신속, 효율 및 판결의 실효성 등과 같은 법원 내지 국가의 이익도 함께 고려하여야 할 것이며, 이러한 다양한 이익 중 어떠한 이익을 보호할 필요가 있을지 여부는 개별 사건에서 법정지(法廷地)와 당사자와의 실질적 관련성 및 법정지와 분쟁이 된 사안과의 실질적 관련성을 객관적인 기준으로 삼아 합리적으로 판단하여야 할 것이다."라고 하여 위 국제사법 2조에 규정된 실질적 관련성 개념을 수용하여 판시하였다.[13)] 위 판례들에 대하여는 대체로 관할배분설

12) 대법원 1995.11.21. 선고 93다39607 판결. 이러한 방식의 판결을 '4단계 구조'라고 부르기도 한다. 대법원 1992.7.28. 선고 91다41897 판결; 대법원 2000.6.9. 선고 98다35037 판결 등도 같은 취지.

의 입장이라고 이해되고 있다.[14)]

근래 대법원은 "민사소송법의 관할 규정은 국제재판관할권을 판단하는 데 가장 중요한 판단 기준으로 작용한다."고 판시함으로써,[15)] 민소법의 관할규정에 보다 중점을 두는 경향이 있었지만, 전면 개정된 현행 국제사법은 구체적인 사안에 적용할 개별규정들을 명문화하고 있으므로 위와 같은 추상적인 선언은 국제재판관할에 대한 명문규정이 없는 경우에만 적용될 것이다.

다. 장소적 범위

영토주권의 원칙에 의하여 국내재판권은 자국 내에서만 미치므로 외국에 소송서류를 송달함에 있어 집행관이나 우편집배원에 의하여 송달을 실시할 수 없고, 외국에서 증거조사가 필요할 때에도 국내법관이 출장조사할 수 없다.

다만 외국에서 하여야 하는 송달이나 증거조사는 외국주재 대사·공사·영사 또는 외국의 관할 공공기관에 촉탁할 수 있는데(191, 296①). 전자를 직접실시방식, 후자를 간접실시방식이라 한다. 우리나라가 맺은 다자조약인 헤이그 송달협약은 2000. 8. 1. 발효되었고, 헤이그 증거협약은 2010. 2. 12. 발효되었다. 이와 별도로 사법공조조약인 양자조약은 호주(2000.1.16. 발효), 중국(2005.4.27. 발효), 몽골(2010.5.8. 발효), 우즈베키스탄(2013.8.11. 발효), 태국(2015.4.16. 발효)과 체결되

13) 대법원 2005.1.27. 선고 2002다59788 판결; 대법원 2010.7.15. 선고 2010다18355 판결; 대법원 2015.1.15. 선고 2012다4763 판결; 대법원 2015.2.12. 선고 2012다21737 판결(집행판결. 미국 플로리다 주에 본점을 둔 갑 기업이 국내 기업인 을 주식회사가 미국 뉴욕 주에 본점을 둔 병 기업에 주문자상표부착방식으로 제작·수출한 전기압력밥솥을 다시 구매하여 미국 전역에 판매하였다가 위 밥솥의 하자로 피해를 입은 소비자들에게 손해배상금을 지급하고 합의한 다음 을 회사와 그로부터 분할·설립된 정 주식회사를 상대로 미국 뉴욕 남부 연방지방법원에 구상금 청구소송을 제기하여 정 회사로 하여금 구상금 지급을 명하는 판결을 선고받은 사안에서, 정 회사와 미국 뉴욕 주 사이에 실질적 관련성이 있다고 보기 어려워 위 법원에 국제재판관할권이 없다고 한 사례).

14) 김홍엽, 41쪽; 정영환, 175쪽.

15) 대법원 2019.6.13. 선고 2016다33752 판결; 대법원 2021.2.4. 선고 2017므12552 판결(부부의 국적이나 주소가 해외에 있더라도 부부의 한 쪽이 대한민국에 상당 기간 체류함으로써 부부의 별거상태가 형성되어 있고, 이혼과 함께 청구된 재산분할사건에서 대한민국에 있는 재산이 재산분할대상인지 여부가 첨예하게 다투어지고 있다면 대한민국과 해당 사안간의 실질적 관련성이 인정된다); 대법원 2021.3.25. 선고 2018다230588 판결(A 중국 회사 등이 B 주식회사가 중국법에 따라 설립한 C 중국 회사와 물품공급계약을 체결하고 C 회사에 물품을 공급한 후 물품대금 일부를 지급받지 못하자, C 회사의 1인 주주인 B 회사를 상대로 미지급 물품대금 채무에 대하여 C 회사와 연대책임을 부담하여야 한다고 주장하며 대한민국 법원에 물품대금의 지급을 구하는 소를 제기한 사안에서, 제반 사정에 비추어 위 소는 대한민국과 실질적 관련이 있다고 한 사례).

어 있다. 한편 미국은 비체약국이지만 1976. 2. 3. 사법공조에 응할 의사를 천명하였으므로 송달 및 증거조사에 대한 사법공조를 받을 수 있다.

우리나라 중앙당국이 외국의 공공기관으로부터 촉탁을 받아 송달이나 증거조사 등의 소송행위를 하거나 외국의 관할 공공기관이 우리나라 중앙당국의 촉탁을 받아 송달 등 소송행위를 한 때에는 어느 나라의 소송법 규정이 적용되는가?

원칙적으로 송달이나 증거조사 등이 행해지는 국가의 법(법정지법)이 적용된다. 다만 우리나라 중앙당국의 촉탁을 받아 외국에서 시행한 증거조사는 그 나라의 법률에 어긋나더라도 우리 민소법에 어긋나지 않으면 효력이 있다(296②).

3. 재판권 없을 때의 효과

민사재판권은 소송요건이며 직권탐지사항이다. 처음부터 재판권의 부존재가 명백하면 부적법한 소이므로 소장각하명령을 하고, 심리결과 재판권의 부존재가 판명되면 판결로써 소를 각하하여야 한다. 이를 간과한 판결은 상소는 가능하나 재심청구는 허용되지 않으며, 재판권이 없는 판결은 확정되어도 아무런 효력이 발생하지 않는다.

다만 외국국가가 피고인 경우에는 상대적 면제주의의 입장에서 외국국가의 사법적 행위에 대하여는 우리나라의 법원이 민사재판권을 행사할 수 있는 경우가 있고, 그 외의 경우에도 재판권면제를 포기할 여지가 있으므로 곧바로 소장각하명령을 하면 안 되고,[16] 일단 소장부본의 송달과 기일통지를 하여야 한다.

재판권의 면제를 받는 자에 대해서는 강제집행이나 가압류·가처분을 할 수 없으며, 증인이나 감정인적격이 없다(물론 증인으로 스스로 출석하여 증언하면 증언거부권을 포기한 것으로 되어 증언의 효력이 있다). 다만 재판권 면제자가 스스로 원고가 되어 제소하거나 경매신청을 하는 것은 무방하며, 이 경우에 상대방의 방어소송 내지 부수소송인 반소, 재심의 소, 청구이의의 소, 제3자이의의 소 등에서 피고가 될 수 있다. 또한 면제자가 그 특권을 명시적으로 포기하면 피고 내지 상대방이 될 수 있다.

16) 과거 절대적 면제주의의 입장에서는 곧바로 소장각하명령을 하게 된다(대법원 1975.5.23. 자 74마281 결정).

제2절 법관의 제척 · 기피 · 회피

Ⅰ. 제도의 의의와 적용범위

재판의 공정성을 유지하기 위하여 법관이 자기가 담당하는 구체적 사건과 인적·물적으로 특수한 관계가 있는 경우 그 사건의 직무집행에서 배제되는 제도가 법관의 제척·기피·회피제도이다. 이 제도는 법관뿐만 아니라 사법보좌관(사보규 9), 법원사무관등에도 준용되며(50), 전문심리위원은 제척·기피규정(164조의5)이, 집행관은 제척규정(집행관법 13)이, 감정인에게는 기피규정(336)이 준용된다.

Ⅱ. 법관의 제척·기피의 이유

1. 제척의 이유

법관이 계속 중인 당해 사건의 당사자 또는 당해 사건의 심리와 관련하여 법에서 정한 관계가 있을 때 당연히 그 사건에 관한 직무집행에서 제외되는 것을 제척이라고 한다. 제척의 이유는 열거규정이지 예시규정 아니며, 민소법 41조 1·2·4호의 이유는 법관이 사건의 당사자와 관계되는 경우이고, 동조 3·5호의 이유는 법관이 사건의 심리에 이미 관여한 경우이다.

가. 법관 또는 그 배우자나 배우자였던 사람이 사건의 당사자가 되거나, 사건의 당사자와 공동권리자 · 공동의무자 또는 상환의무자의 관계에 있는 때(41⑴)

이때의 배우자란 법률혼 관계가 있는 자를 의미하므로 사실혼관계나 약혼관계는 포함되지 않는다.

여기에서의 당사자에는 각종 소송참가인, 선정당사자(53), 탈퇴한 당사자(80, 82), 제3자가 소송담당을 하는 경우(예컨대 파산관재인이 당사자인 경우 파산자 본인)와 같이 분쟁에 관하여 실질적 이해관계가 있어 기판력이나 집행력 등이 미치는 자를 말한다.

공동권리자·공동의무자·상환의무자의 관계란 비록 판결의 기판력을 받을 관계가 아니라고 하더라도 공유자, 연대채무자, 어음법상 소구의무자, 주채무자와 보증인 등과 같이 소송의 목적이 된 권리관계에 관하여 공통의 법률상 이해관계가 있어 재판의 공정성을 의심할 만한 사정이 존재하는 경우를 말한다. 판례는 종중총회결의 무효확인의 소에 있어서 재판부의 구성법관이 그 종중의 구성원이면 당사자와 공동권리자 · 공동의무자의 관계에 있어 제척이유가 된다는 입장이다.[17] 그러나 사실상 경제적 · 간접적 영향을 받을 경우, 예컨대 당사자가 주식회사인 경우에 법관이 그 회사의 주주 또는 회사채권자라고 하더라도 이에 해당되지 않는다.

나. 법관이 당사자와 친족의 관계에 있거나 그러한 관계가 있었을 때(41⑵)

친족의 범위는 민법에 따른다(민 777).

다. 법관이 사건에 관하여 증언이나 감정을 하였을 때(41⑶)

이때의 사건이란 현재 계속 중인 당해 사건을 말한다.

라. 법관이 사건당사자의 대리인이었거나 대리인이 된 때(41⑷)

소송상 대리인이라면 소송대리인이든 법정대리인이든 불문하며, 동일분쟁사건의 조정 · 제소전화해 · 독촉절차에 관여하는 것을 포함한다.

마. 법관이 불복사건의 이전심급의 재판에 관여한 때(41⑸)

이는 다른 이유와는 달리 재판의 불공정을 배제하려는 것이 아니라 이미 당해 사건에 대하여 전심에서 관여하였으므로 당해 사건에 예단을 가지고 상소심 재판에 임함으로써 심급제도의 취지를 무력화할 우려를 불식시키고자 하는 데 있다.

여기서의 '관여'란 실질적으로 전심재판에 관여한 것을 말하므로, 전심에서 변론준비, 변론, 증거조사, 기일지정과 같은 소송지휘 또는 판결의 선고에만 관여하였을 뿐 최종변론, 판결의 합의, 판결서 작성에 관여하지 않았다면 제척이유에 해당하지 않는다.[18]

또한 '이전심급의 재판'이란 하급심재판을 말하며,[19] 전심에 관여한 사건과 동

---

17) 대법원 2010.5.13. 선고 2009다102254 판결.
18) 대법원 1997.6.13. 선고 96다56115 판결.
19) '이전심급의 재판'에는 종국재판뿐만 아니라 중간재판도 포함한다(대법원 1997.6.13. 선고 96다

일사건이어야 제척사유가 된다. 따라서 집행권원에 해당하는 재판과 이를 근거로 한 강제집행사건,[20] 본안소송과 그에 앞선 보전소송에서의 재판, 조정절차와 그것이 성공하지 못해 제기된 소송,[21] 재심대상 판결과 재심사건의 재판[22]은 이에 해당하지 않는다. 상고심에서 환송·이송되기 전의 원심판결은 환송 후의 법원과의 관계에서 하급심재판이 아니므로 이 규정에 해당하지는 않지만, 민소법 436조 3항에서 별도로 제척규정을 두고 있다.

법은 특히 다른 법원의 촉탁에 따라 그 직무를 수행한 경우에는 제척사유가 될 수 없음을 명시하고 있다(41⑸단서). 이때의 직무수행이란 증거조사를 말하는데(297), 위에서 본 바와 같이 수탁판사가 증거조사를 한다고 해서 실질적으로 전심재판에 관여한 것은 아니기 때문에 이는 주의적 규정이라 할 수 있다.

2. 기피의 이유

법률상 정해진 제척이유 이외에 재판의 공정을 기대하기 어려운 사정이 있는 경우 당사자의 신청에 의하여 비로소 직무집행에서 배제되는 것을 기피라고 한다(43①). 제척의 재판은 이미 존재하는 제척사유에 대한 확인적 의미를 가지지만 기피의 재판은 재판에 의하여 비로소 직무집행에서 배제된다는 점에서 형성적 의미를 가진다.

제척이유를 제외하고 법관에게 공정한 재판을 기대하기 어려운 객관적 사정이 기피이유에 해당한다. 따라서 당사자와 약혼·사실혼관계·친밀한 우정관계·친족 아닌 친척관계·원한관계, 법관이 당사자인 법인의 주주 등 구성원이거나 법률상담을 해 준 때 등은 기피이유가 된다. 그러나 단순히 소송지휘에 대한 불만 또는 주관적 의혹(소송대리인과 당사자의 친동생이 판사실에 드나들었다거나,[23] 절차를 밟지 않은 증인신청의 철회를 종용하였다거나,[24] 채택한 증거를 일부 취소하였다거나,[25] 재판장이 변경되자 당사자가 소송대리인을 바꾼 경우,[26] 재판장이 '이 사람아'라고

56115 판결).

20) 본안사건에 관여한 법관이 그 집행문부여 이의의 소나 강제집행정지 신청사건에 관여할 수 없는 것이 아니다(대법원 1969.11.4. 자 69그17 결정).

21) 법정화해에 관여한 법관이 그 화해내용에 따라 목적물의 인도를 구하는 소송에 관여하였다고 해서 전심재판에 관여한 것이라고 볼 수 없다(대법원 1969.12.9. 선고 69다1232 판결).

22) 대법원 2000.8.18. 선고 2000재다87 판결.

23) 대법원 1968.9.3. 자 68마951 결정.

24) 대법원 1966.4.26. 자 66마167 결정.

25) 대법원 1993.8.19. 자 93주21 결정.

칭하여 모욕감을 느낀 경우[27] 등)는 기피이유가 되지 못한다.

또한 같은 종류의 사건에 대하여 판결을 하였다거나,[28] 과거 논문으로 어느 당사자에게 불리한 내용의 견해를 발표한 바 있다는 것, 법관의 품행·건강·능력 등 일반적 사정은 탄핵이나 징계사유는 될지언정 기피이유는 되지 않는다.

그러나 평균적 일반인으로서의 당사자의 관점에서 법관이 불공정한 재판을 할 수 있다는 합리적인 의심을 가질 만한 객관적인 사정이 있는 때에는 실제로 그 법관에게 편파성이 존재하지 아니하거나 헌법과 법률이 정한 바에 따라 공정한 재판을 할 수 있는 경우에도 기피가 인정될 수 있다.[29]

Ⅲ. 제척·기피의 절차

1. 신청방식

제척이유가 있는 법관은 당연히 직무집행으로부터 배제되지만 제척이유의 유무에 관하여 다툼이 있을 경우에는 직권 또는 당사자의 신청에 의하여 제척의 재판을 한다(42). 이에 반하여 기피이유가 있다고 생각되는 경우에는 당사자의 신청에 의해서만 참작된다(43).

합의부의 법관에 대한 제척·기피는 그 합의부에, 수명법관·수탁판사·단독판사에 대한 경우에는 그 법관에게 이유를 밝혀 신청하여야 한다(44①). 제척 및 기피이유와 소명방법은 신청일로부터 3일 이내에 서면으로 제출하여야 한다(44②).

대법원의 경우에는 대법관 전원에 대한 기피신청을 하거나 대법원에 합의체를 구성할 수 없는 수의 대법관을 동시에 제척·기피신청 하면 이를 결정할 바로 위의 상급법원이 없으므로 법률상 허용되지 않는다.[30]

당사자가 기피이유가 있음을 알고도 본안에 관하여 변론하거나 변론준비기일

26) 대법원 1992.12.30. 자 92마783 결정.
27) 대법원 1987.10.21. 자 87두10 결정.
28) 대법원 1984.5.15. 선고 83다카2009 판결; 대법원 1993.6.22. 선고 93재누97 판결.
29) 대법원 2019.1.4. 자 2018스563 결정. 이 사건에서 대법원은 기피신청 대상 법관이 사건 당사자가 속한 기업 내부의 임원에게 10여건의 사적인 문자메시지를 보낸 것 등에 대하여, 우리 사회의 평균적인 일반인의 관점에서 볼 때, 법관과 사건과의 관계로 인하여 법관이 불공정한 재판을 할 수 있다는 의심을 할 만한 객관적인 사정이 있고, 그러한 의심이 단순한 주관적 우려나 추측을 넘어 합리적인 것이라고 볼 여지가 있다고 판시하였다.
30) 대법원 1966.6.2. 자 64주2 결정.

에서 진술한 때에는 기피신청을 하지 못한다(43②).

제척이나 기피신청은 서면으로 하여야 하는가?

제척이나 기피신청은 서면으로 하여야 한다는 별도의 규정이 없으므로 민소법 161조 1항에 의하여 말로도 할 수 있다. 다만 제척 또는 기피이유와 소명방법은 3일 내에 서면으로 제출하여야 한다(44②).

2. 재 판

신청을 받은 법원 또는 법관은 그 신청이 민소법 44조의 방식에 어긋나는 경우 또는 소송의 지연을 목적으로 하는 것이 분명한 경우에는 결정으로 이를 각하한다(45①). 이를 **간이각하**[31]라 하는데, 후자의 경우는 종래 판례가 인정해 오던 것을 명문화한 것이다.

재판은 제척 또는 기피신청을 받은 법관이 소속된 법원의 다른 합의부가 결정으로 한다(46①). 이 경우에 제척 또는 기피신청을 받은 법관은 제척 · 기피재판에 관여하지 못하지만 의견을 진술할 수 있다(46②). 또한 제척 · 기피신청이 방식에 어긋나는 경우 또는 소송의 지연을 목적으로 하는 것이 분명한 경우를 제외하고는 제척 · 기피신청을 받은 법관은 의견서를 제출하여야 한다(45②).[32] 제척 · 기피신청을 받은 법관의 소속 법원이 합의부를 구성하지 못하는 경우에는 바로 위의 상급법원이 결정하여야 한다(46③).

제척 · 기피신청이 이유 있다는 결정에 대하여는 불복하지 못하지만(47①), 제척 · 기피신청을 각하하거나 기각한 결정에 대하여는 즉시항고를 할 수 있는데(47②), 간이각하결정에 대한 즉시항고는 집행정지의 효력이 없다(47③). 항소법원의

31) 소송의 지연을 목적으로 하는 것이 분명한 경우의 간이각하 제도에 대하여, 헌법재판소는 비록 소송절차가 정지되지 않지만 즉시항고에 의한 불복을 허용하고 있으므로(47, 48), 기피 · 제척신청인의 공정한 재판을 받을 권리를 침해하는 것이 아니라고 하였다(헌법재판소 2008.6.26. 선고 2007헌바28,55 결정).

32) 민소법 45조 2항은 법관의 의견서 제출이 필수적인 것으로 규정하고 있음에 반하여 민소법 46조 2항에서는 임의적인 것으로 규정하고 있어서 혼선이 발생한다. 법관이 의견서를 제출하지 아니하여도 제척 또는 기피신청에 대한 재판은 하여야 한다는 점 및 법관 기피신청 사건에 있어 민소법 45조 2항 규정에 의하여 기피신청을 당한 법관의 의견서에 대하여 판단하지 아니하고 같은 법 46조 2항 단서의 규정에 따른 같은 법관의 의견진술절차를 거치지 아니하였다고 하더라도 심리미진의 위법이 없다는 대법원 판례(대법원 1992.12.30. 자 92마783 결정)의 입장을 참작하면 위 45조 2항의 의견서 제출도 임의제출로 보는 것이 타당할 것이다.

결정에 대하여는 대법원에 재항고하는 방법으로 다투어야 하므로(442), 지방법원 항소부가 소속법원에 대한 제척이나 기피신청을 각하 또는 기각한 경우에는 대법원에 재항고하는 방법으로 다투어야 한다.[33)]

Ⅳ. 제척·기피의 효과

1. 소송절차의 정지

제척·기피신청이 있으면 그 재판이 확정될 때까지 소송절차를 정지하여야 한다(48 본문).

제척·기피신청이 있음에도 소송절차를 정지하지 않고 소송행위를 하면 위법하다. 따라서 상소나 재심사유가 된다. 그렇다면 소송절차를 정지하지 않고 소송행위를 하였는데, 나중에 기피신청이 이유 없다는 재판이 확정되면 절차상 위법의 흠이 치유되는가가 문제된다. 학설로는 위법성이 치유된다는 **긍정설**[34)]과 위법성이 치유된다고 보면 소송절차의 정지를 규정하고 있는 법의 취지에 어긋난다는 이유로 치유되지 않는다는 **부정설**[35)]도 있으나, 기피신청인이 충분한 소송활동을 하여 불이익을 입지 않았다면 위법성이 치유된다고 보는 **제한적 긍정설**이 다수설이다.[36)] 과거의 판례는 나중에 기피신청에 대한 재판에서 각하 또는 기각으로 확정된 때에는 그 소송행위의 위법은 치유된다고 하였으나,[37)] 이후 기피신청인이 충분한 소송활동을 할 수 있었다는 사정 등의 특별한 사정이 없는 이상 위법이 치유되지 않는다고 하였다.[38)] 소송절차상 위법성과 제척·기피신청의 부적법 내지 신청사유의 부존재는 별개이므로 긍정설에 찬동하기는 어렵다.

---

33) 대법원 2008.5.2. 자 2008마427 결정.

34) 송상현·박익환, 82쪽.

35) 전병서, 54쪽; 한충수, 108쪽.

36) 김홍규·강태원, 148쪽; 김홍엽, 62쪽; 이시윤, 91쪽; 정동윤·유병현·김경욱, 119쪽; 정영환, 242쪽.

37) 대법원 1978.10.31. 선고 78다1242 판결.

38) 대법원 2010.2.11. 선고 2009다78467,78474 판결. 통상 간이각하는 당사자가 법정에 출석하여 기피신청을 하고 이에 대하여 법원이 즉시 각하결정을 하므로 －설령 신청자가 간이각하결정에 대하여 즉시항고를 하더라도(47③)－ 소송절차의 정지는 문제되지 않지만, 판결의 사안은 당사자가 법정에 출석하지 아니한 채 기피신청을 함으로써 각하결정을 고지함에 있어 시간의 경과가 발생한 예외적인 경우이다. 이러한 예외적인 경우에는 통상적으로는 소송절차를 정지할 필요가 없는 간이각하의 경우라고 할지라도 그 결정이 고지되기 전에 신청인의 출석 없이 변론기일을 진행할 수는 없고, 항소취하간주로 소송이 종료된 것으로 볼 수도 없다는 취지이다.

2. 소송절차 정지의 예외

민소법 45조 1항의 신청방식위배 또는 소송지연을 목적으로 하는 것이 분명한 제척 · 기피신청이라는 이유로 제척 · 기피신청을 각하한 경우 또는 종국판결을 선고하거나 가압류 · 가처분명령이나 멸실의 염려가 있는 물건에 대한 증거조사와 같이 긴급을 요하는 행위를 하는 경우에는 소송절차를 정지하지 않을 수 있다(48 단서).

따라서 변론종결 후에 관여 법관에 대한 기피신청이 있는 때에는 소송절차를 정지하지 아니하고 종국판결을 선고할 수 있는데,[39] 이 경우에는 그 종국판결에 대한 불복절차인 항소, 상고로 다투어야 하며, 별도로 항고할 수 없다.[40]

3. 제척결정의 효력

제척의 사유가 있는지 여부는 직권조사사항이다. 제척의 이유가 있음이 명백한 경우에는 스스로 물러나며, 의문이 있는 경우에는 직권으로 또는 당사자의 신청에 따라 제척의 재판을 한다. 제척의 이유 있는 법관이 소송에 관여한 경우 그 소송행위는 무효가 되며, 판결확정 전에는 절대적 상고이유가 되고(424①⑵), 판결이 확정된 후에는 재심사유(451①⑵)가 된다. 제척의 인용재판의 주문은 "판사 ○○○를 ○○법원 2023가합○○ 손해배상사건의 직무집행으로부터 제척한다"의 방식으로 기재하는데, 이 재판은 확인적 성격을 가지므로 제척의 이유가 있는 때로 소급하여 효력이 발생한다.

4. 기피결정의 효력

당사자의 신청에 따라 기피의 재판을 한다. 기피의 인용재판의 주문은 "○○

39) 민소법 48조 단서에 대한 위헌법률심판제청신청에서 대법원은, 이미 변론이 종결되어 종국판결의 선고만이 남은 상태에서는 사안의 실체에 대한 구체적인 자료가 대부분 드러나 법원이 어느 쪽이든 내심의 심증을 형성하고 있을 터이어서 당사자가 법원의 심증방향을 추단하여 자신에게 불이익한 판결을 피해보고자 하는 의도로 기피신청에 이르는 등 기피제도를 악용할 가능성이 높고 그렇지 아니한 경우라도 이러한 기피신청은 너무 시기에 늦은 신청이어서 이로 인하여 반대당사자의 신속한 재판을 받을 권리를 지나치게 제약하고 법관의 독립성을 침해하는 결과가 초래되기 때문에 이를 방지하기 위한 것이므로 합리성이 있고, 기피제도의 본질적인 내용을 침해하여 당사자의 공정한 재판을 받을 권리를 침해하고 입법재량의 한계를 일탈하였다고 볼 사유가 없다고 판시하였다(대법원 2007.6.18. 자 2007아9 결정).

40) 대법원 2000.4.15. 자 2000그20 결정.

법원 2023가합○○ 손해배상사건에 관하여 판사 ○○○에 대한 기피는 이유 있다"의 방식으로 기재하며, 이 재판은 형성적 성격을 가지므로 이 결정이 있는 때에 비로소 기피의 효력이 발생한다. 따라서 그때부터 그 재판에 관여할 수 없게 되므로 이후 기피신청의 인용재판을 받은 법관이 당해 사건에 관하여 소송행위를 하였다면 이는 무효이다.

V. 법관의 회피

법관의 회피란 법관 스스로 제척 또는 기피이유가 있다고 인정하여 자발적으로 직무집행을 피하는 것을 말한다(49). 감독권 있는 법원의 허가를 얻어서 회피하여야 하므로 임의로 직무집행을 거부할 수는 없다. 감독권 있는 법원이란 사법행정상 직접 감독권이 있는 법관을 말하는 것으로서 법관이 소속한 법원의 원장이나 지원장을 가리킨다.[41] 회피의 허가는 재판이 아니라 사법행정상 처분에 불과하므로 일단 회피의 허가를 받은 법관이 그 뒤에 어떠한 사정으로 그 사건에 관하여 직무를 행하였다고 하더라도 당연히 그 행위가 무효로 되는 것은 아니다.

법관이 회피를 하는 것은 권능이지 의무는 아니다. 또 회피의 시기는 언제라도 상관없다. 법관이 제척이나 기피신청을 당한 경우에도 그 재판 전에 회피할 수 있음은 물론이다. 실무에서는 정식의 회피절차가 아니라 다른 재판부로 사건의 재배당신청을 함으로써 사실상 회피의 목적을 달성하는 것이 일반적이다.

---

41) 즉 지방법원 판사이면 지방법원장, 지방법원 지원 판사이면 그 지원장, 고등법원 판사이면 고등법원장, 대법관이면 대법원장이 된다.

제3절 관 할

Ⅰ. 관할의 의의와 종류

1. 관할의 의의

관할이란 어떤 법원이 어떤 사건을 담당하여 처리하느냐 하는 재판권의 분담관계를 정해 놓은 것, 즉 법원 사이에 재판권을 행사할 수 있는 범위를 말한다. 관할권은 여러 법원 중에서 어느 법원이 심리·재판할 것인가의 문제로서 당해 법원에 관할권이 없으면 결정으로 관할권 있는 법원으로 이송한다(34①). 앞서 본 재판권은 법원이 심리·재판할 수 있는 사건인가 아닌가의 문제로서 재판권이 없으면 소장각하명령 또는 소각하 판결을 하게 되므로 관할권은 재판권의 존재를 전제로 하는 개념이다.

관할은 일반적으로 소를 제기한 때(즉, 소장을 법원에 제출한 때, 소액사건의 경우 구술에 의한 소를 제기한 때, 화해신청 내지 지급명령신청을 한 때, 조정신청을 한 때 등)를 표준으로 결정되므로(33), 소송계속 중 피고의 주소변경과 같은 토지관할의 원인사유가 변경되거나 소의 일부취하, 소송참가, 일부판결 또는 법원에 의한 변론의 분리나 병합이 있더라도 토지 또는 사물관할에 변동을 가져오지 아니한다.[42)]

2. 관할의 종류

가. 법정관할, 재정관할, 당사자의 거동에 의한 관할

관할의 결정(발생)근거를 기준으로 분류한 것이다.

법정관할은 법률의 규정에 의한 관할로서, 직분관할, 사물관할, 토지관할이 여기에 속하는데, 토지관할은 재판적에 따라 보통재판적(2 내지 6), 특별재판적(7 내지 24), 관련재판적(25)으로 나뉜다.

재정관할(또는 지정관할)은 법원의 지정에 의한 관할로서 민소법 28조에서 이를 규정하고 있다.

당사자의 거동에 의한 관할로서는 합의관할(29)과 변론관할(30)이 있다.

---

42) 이에 비하여, 다른 소송요건들은 사실심 변론종결시를 기준으로 하여 결정되는 것이 원칙이다.

나. 전속관할과 임의관할

소송법상 효과(강제력)의 차이에 의한 분류방법이다.

(1) 전속관할

법정관할 중 재판의 적정·공평 등 고도의 공익적 견지에서 배타적으로 정해놓은 관할이 전속관할인데, 전속관할인 경우에는 오로지 해당법원만이 배타적으로 관할권을 갖는다. 직분관할 중 심급관할은 비약상고(422②, 390①단서) 외에는 전속관할이며, 사물관할이나 토지관할은 법률이 전속관할로 명백히 정해놓은 경우에만 전속관할이고 나머지는 임의관할이다.[43)]

직분관할인 재심사건(453, 재심제기할 판결을 한 법원), 정기금판결에 대한 변경의 소(252②, 제1심 판결법원), 담보취소신청(125, 담보제공결정법원 또는 기록보관법원), 독촉절차(463, 채무자주소지 지방법원 등), 공시최고절차(476, 권리자의 보통재판적 지방법원 등), 민사집행사건(민집 21)은 전속관할이다.

토지관할 중 부당한 관할합의를 막기 위해 할부거래에 관한 소송은 매수인의 주소지·거소지(할부거래법 44), 특수판매업자(방문판매, 전화권유판매, 다단계판매 및 계속거래 등)와의 거래에 관한 소송은 소비자의 주소지·거소지를 관할하는 지방법원의 전속관할로 하였다(방문판매법 53).

전속관할은 법원의 직권조사사항이며, 합의관할(29)이나 변론관할(30)이 인정되지 않는다(31). 또한 보통재판적(2)이나 특별재판적(7~24)에 관한 규정이 적용되지 아니하므로 이를 따질 것 없이 전속관할법원에 소를 제기하여야 하며, 관할위반의 경우를 제외하고는 소송의 이송이 허용되지 않는다. 또한 전속관할법원을 여러 개 규정하고 있는 독촉절차(463)를 제외하고는 관할의 경합이 생길 수 없다(다만 특허권 등 지식재산권에 관한 소는 전속관할임에도 불구하고 관할경합과 재량이송이 허용된다. 24, 36).[44)] 위반시 상소의 대상으로서 취소 또는 파기되어야 하지만

43) 시·군법원 관할사건은 법원조직법 34조 1항에 규정되어 있다. 따라서 위 규정에 적시되지 않은 사건, 예컨대 건물인도사건이나 소송목적의 값이 3,000만원을 초과하는 금전청구사건 등을 시·군법원에서 처리하는 경우에는 전속관할인 직분관할을 위반한 것이다. 그러나 거꾸로 지방법원이나 그 지원에서 시·군법원 관할사건을 처리하는 경우에는 임의관할인 토지관할 위반에 불과하므로 합의관할이나 변론관할을 인정해야 할 것이다. 왜냐하면 시·군법원의 토지관할의 경우에 전속관할이라는 명문의 규정이 없기 때문이다(법원실무제요, 민사소송(Ⅰ), 49쪽 참조).

44) 드물게 법률 간에 전속관할이 경합할 수 있다. 배당이의의 소는 배당을 실시한 집행법원이 속한 지방법원의 관할에 전속하고(민집 21, 156①), 파산관재인의 부인의 소와 부인의 청구사건은 파

재심사유는 아니다.

국제재판관할과 관련하여 대한민국 법원에만 관할권이 인정되는 소가 있는가?

소송의 대상인 분쟁의 성질상 하나의 국가에만 국제재판관할을 인정하는 경우가 있는데, 이를 전속적 국제재판관할(전속관할)이라 한다. 국제사법 10조 1항에서는 대한민국 법원에만 제기할 수 있는 소를 나열하고 있는데, ① 대한민국의 공적 장부의 등기 또는 등록에 관한 소(다만, 당사자간의 계약에 따른 이전이나 그 밖의 처분에 관한 소로서 등기 또는 등록의 이행을 청구하는 경우는 제외[45]), ② 대한민국 법령에 따라 설립된 법인 또는 단체의 설립 무효, 해산 또는 그 기관의 결의의 유효 또는 무효에 관한 소, ③ 대한민국에 있는 부동산의 물권에 관한 소 또는 부동산의 사용을 목적으로 하는 권리로서 공적 장부에 등기나 등록이 된 것에 관한 소, ④ 등록 또는 기탁에 의하여 창설되는 지식재산권이 대한민국에 등록되어 있거나 등록이 신청된 경우 그 지식재산권의 성립, 유효성 또는 소멸에 관한 소, ⑤ 대한민국에서 재판의 집행을 하려는 경우 그 집행에 관한 소가 그것이다. 다만 이에 해당하는 사항이라도 다른 소의 선결문제가 되는 경우에는 그러하지 아니하다(국사 10③).

(2) 임의관할

임의관할은 당사자의 편의와 공평을 위한 사익적 견지에서 정하여진 것이므로 합의관할과 변론관할이 인정되고, 법원에 의한 재량이송이 허용된다. 임의관할을 위반한 제1심 판결에 대하여는 항소심에서 다툴 수 없으므로(411), 이를 이유로 상소심에서 취소할 수 없다. 사물관할이나 토지관할은 원칙적으로 임의관할이며, 직분관할 중 심급관할은 비약상고의 경우에 한하여 임의관할이다.

산계속법원의 관할에 전속한다(채무자회생법 396③). 대법원은 파산관재인이 부인권을 행사하면서 원상회복으로서 배당이의의 소를 제기하는 경우에, 전속관할을 규정한 법률규정의 취지, 당사자간의 공평이나 편의, 예측가능성, 재판의 적정 및 신속이 어느 법원에서 더 확보될 수 있을지 등을 종합하면, 민사집행법상의 전속관할 규정이 적용되도록 하는 것이 타당하다고 판시하였다(대법원 2021.2.16. 자 2019마6102 결정).

45) 위 단서조항은, 그 주된 분쟁 및 심리의 대상이 특허권의 성립, 유·무효 또는 취소와 관계없는 특허권 등을 양도하는 계약의 해석과 효력 유무일 뿐인 그 양도계약의 이행을 구하는 소는 등록국이나 등록이 청구된 국가 법원의 전속관할에 속하는 것으로 볼 수 없다고 판시한 대법원 2011.4.28. 선고 2009다19093 판결을 수용하여 조문화한 것이다.

Ⅱ. 직분관할

1. 개 념

직분관할은 담당직분(재판작용, 재판업무의 내용)의 차이를 기준으로 분담을 정해놓은 관할로서 명문의 규정이 없어도 전속관할이다.

2. 수소법원과 집행법원의 직분관할

소송사건의 접수·심판은 수소법원이, 강제집행절차는 집행법원이 담당한다(집행법상 업무는 단독판사가 담당하는 것이 원칙이지만 사법보좌관규칙의 제정으로 사법보좌관이 상당부분 관여하고 있다). 다만, 수소법원은 당해사건의 증거보전절차(376), 가압류·가처분절차(민집 278,303), 담보취소신청,[46] 작위·부작위를 목적으로 하는 청구의 집행(민집 260,261)도 담당한다.

3. 지방법원 단독판사와 지방법원 합의부 및 본원합의부의 직분관할

(1) 지방법원 단독판사의 직분관할

간이한 사항이나 급속을 요하는 사항, 즉 특수한 증거보전절차(376①후문), 제소전화해절차(385), 법관의 공조(297①)는 지방법원 단독판사의 관할이다.

(2) 지방법원 합의부의 직분관할

중요하거나 신중한 판단을 요하는 사항, 즉 정정보도청구의 소(언론중재법 26⑤), 지방법원 판사에 대한 제척·기피사건(법조 32①(5))은 지방법원 합의부의 관할이다.

(3) 지방법원 본원합의부의 직분관할

증권관련 집단소송(증집 4), 소비자단체소송(소기 71), 개인정보 단체소송(개인정보 52) 등은 지방법원 지원이 아닌 본원합의부의 관할이다.

4. 심급관할

3심제인 심급관할도 직분관할이며, 심급관할 중 비약상고(422②, 390①단서)를

46) 대법원 2011.6.30. 자 2010마1001 결정.

제외하고는 전속관할이다.[47] 심급은 소 또는 상소의 제기로 개시되며, 종국판결정본의 송달로 종료된다.

제1심은 지방법원과 그 지원의 단독판사 및 합의부가 관할하며, 항소심은 지방법원 본원 또는 춘천지방법원 강릉지원의 합의부(법조 32②, 40②), 고등법원 또는 그 부(지방법원소재지의 고등법원 원외재판부) 관할이고(법조 27④), 상고심은 대법원이 관할한다.

민소법 24조 2항 및 3항에 따른 특허권 등의 지식재산권에 관한 소의 항소사건은 특허법원의 전속관할이다(법조 28조의4(2)).

Ⅲ. 사물관할

1. 개 념

제1심 소송사건에 있어서 사건의 경중을 표준으로 단독판사와 합의부 간의 분담관계를 정해놓은 것을 사물관할이라고 한다. 제1심 소송사건의 심판은 단독판사에 의하는 것이 원칙이므로 법률이 단순히 지방법원의 관할에 속한다고 규정한 경우는 모두 단독판사가 심판하게 된다. 청구 및 변론의 병합을 포함한 소가(訴價) 2억원 이하 단독판사 사건의 항소심은 지방법원 항소부(지방법원 본원 합의부 및 춘천지방법원 강릉지원 합의부)이고, 이를 초과한 단독판사 사건 및 합의부 사건의 항소심은 고등법원이다(민사 및 가사소송의 사물관할에 관한 규칙 4). 사물관할은 법률이 전속관할로 명백히 정한 경우에만 전속관할이며, 전속관할이 아닌 한 임의관할이다.

2. 합의부의 관할

가. 일반적 기준

(1) 민사사건에서 ① 단독사건이지만 합의부에서 심판할 것으로 합의부(재정결정부)가 결정한 사건과 ② 대법원규칙으로 정하는 사건은 합의부가 관할한다(법조 32①). 위 ①을 재정합의사건이라고 하는데, 사안이 복잡하거나 중요한 사건인

---

47) 심급관할은 제1심 법원의 존재에 의하여 결정되는 전속관할이어서 항소심에서 추가되거나 변경된 청구에 대하여도 이미 정하여진 항소심에서 그대로 심판할 수 있다(대법원 1992.5.12. 선고 92다2066 판결).

경우 등이 이에 해당한다(34②,③).[48)]

(2) 위 ②에 해당하는 대법원 규칙이란 "민사 및 가사소송의 사물관할에 관한 규칙"[49)]을 말하는데, 위 규칙 2조에 의하면 소송목적의 값(소가)이 5억원을 초과하는 민사사건 및 민사소송 등 인지법 2조 4항의 규정에 해당하는 민사사건(일부 예외 사건은 단독판사의 관할)을 제1심으로 심판할 때에는 합의부가 하도록 규정하고 있다. 다만, 소송목적의 값을 기준으로 하는 단독사건에서 소송목적의 값이 2억원을 초과하는 경우 당사자의 합의로 제1회 변론기일 전에 합의부에서 심판받기를 신청하고 재정결정부가 이를 인정한 사건은 합의부가 관할한다.[50)]

(3) 민사소송 등 인지법 2조 4항의 규정에 해당하는 민사사건이란 "재산권에 관한 소로서 그 소송목적의 값을 계산할 수 없는 것과 비재산권을 목적으로 하는 소송"을 말하는데, 이에 해당하는 사건의 소가는 원칙적으로 5,000만원이고 예외적으로 1억원이지만(민인규 18조의2), 위 사물관할에 관한 규칙 2조에 의하여 합의부의 관할에 속한다.

1) 재산권에 관한 소로서 소가를 산출할 수 없는 경우

재산권에 관한 소이기는 하나 소가를 산정하기 곤란한 경우가 이에 해당한다. 도랑과 같이 기준시가가 없는 토지에 관한 소, 상호사용금지의 소, 주주의 대표소송 또는 이사의 위법행위 유지청구의 소 및 회사에 대한 신주발행유지 청구의 소, 무체재산권에 관한 소 등을 말한다. 이와 유사한 낙찰자 지위확인의 소, 소음, 악취, 일조방해 등 생활방해금지청구(민 217)와 같은 소가산정이 곤란한 경우도 동일하게 보아야 할 것이다.

2) 비재산권을 목적으로 하는 소송

경제적 이익을 목적으로 하지 않는 권리관계에 관한 소이므로 소가를 산정할 수 없는 경우이다. 성명권, 초상권의 침해중지 등 인격권에 관한 소송, 비영리법인의 사원권확인, 해고무효확인, 상법상 회사관계소송, 회사 이외의 단체에 관한 소, 소비자기본법 및 개인정보 보호법에 따른 금지·중지청구에 관한 소송 등이 이에 속한다. 그러나 명예훼손에 의한 손해배상청구와 같이 경제적 이익을 내용으로 하고 있는 경우에는 재산권에 관한 소에 속한다.

---

48) 법관 등의 사무분담 및 사건배당에 관한 예규(재판예규 제1843호) 12조 1항.
49) 2022.1.28. 개정(제3028호).
50) 법관 등의 사무분담 및 사건배당에 관한 예규(재판예규 제1843호) 13조 4항 3호.

나. 관련청구

본소가 합의부 관할일 때 이에 병합제기하는 반소, 중간확인의 소, 독립당사자참가 등의 관련청구는 소가에 관계없이 합의부에서 관할한다. 또한 소가의 계산 및 사물관할은 **소제기시를 표준**으로 하므로 청구취지가 감축되거나 청구의 교환적 변경으로 소가가 5억원 이하로 내려가도 합의부가 관할한다. 합의부의 제1심 판결 · 결정 · 명령에 대한 항소 또는 항고사건의 심급관할은 고등법원이다(법조 28(1)).

3. 단독판사의 관할

제1심 민사사건 중 합의부 관할이 아닌 것으로 민사 및 가사소송의 사물관할에 관한 규칙 2조 본문에 의한 소가 5억원 이하인 사건 및 동 조 단서에 규정된 사건은 단독판사의 관할이다.

가. 구체적 관할사항

(1) **소가 5억원 이하의 사건**(위 사물관할에 관한 규칙 2 본문의 반대해석에 의함)

(2) **사안이 단순한 사건**

소가와 관계없이 어음 · 수표금 청구사건(위 규칙 2(1)), 금융기관 등이 원고인 대여금, 구상금, 보증금 청구사건(위 규칙 2(2)), 자동차나 원동기장치자전거 · 철도차량운행, 산업재해로 인한 손해배상 청구사건과 이에 관한 채무부존재 확인사건(위 규칙 2(3))은 단독판사의 관할이다. 이 사건들은 소가에 관계없이 항소심은 지방법원 항소부가 심판한다(위 규칙 4).

(3) **재정단독사건**

단독판사가 재판할 것으로 합의부가 결정한 사건(위 규칙 2(4)). 이 사건도 소가에 관계없이 항소심은 지방법원 항소부이다(위 규칙 4).

(4) **관련사건**

본소가 단독판사의 관할일 때에 이에 병합제기하는 독립당사자참가, 청구의 변경, 반소, 중간확인의 소 등이 합의부 관할에 속하면 법원은 직권 또는 당사자의 신청에 따라 사건의 전부를 합의부로 이송하여야 한다(269②본문). 다만 이 경우에 상대방이 관할위반의 항변을 하지 않고 본안에 관하여 변론하거나 변론준비기일에서 진술하면 원래의 단독판사에 변론관할이 생기므로 단독판사가 계속 심리한다(269②단서). 물론 변론관할이 생기지 않아도 합의부의 재정단독결정을 받아 계속하여 단독판사가 심리할 수 있다(위 규칙 2(4)).

나. 소액사건과 사물관할

소송목적의 값이 3,000만원 이하인 소액사건은 소액사건심판법에 따라 처리된다. 소액사건은 통상의 단독사건이지만 소액사건심판법에 따라 심판에 있어서의 특례가 적용된다(후술).

소액사건이 청구의 변경으로 소송목적의 값이 소액사건의 범위를 초과하거나, 소액사건이 아닌 당사자참가, 중간확인의 소 또는 반소를 소액사건과 병합심리하게 된 경우 및 소액사건이 아닌 사건과 변론을 병합한 경우에는 소액사건심판법의 대상에서 제외된다(소심규 1조의2). 그러나 소액사건의 범위 내에 있는 여러 사건을 병합심리 함으로써 그 소가의 합산액이 소액사건의 소가를 초과한 경우에는 여전히 소액사건이다.[51]

4. 소송목적의 값(소가)

가. 소가의 의의

소송목적의 값, 즉 소가(訴價)란 소로 주장하는 이익 내지 원고가 소로써 달성하려는 목적이 갖는 경제적 이익을 화폐단위로 평가한 금액을 말한다(26①). 소가는 사물관할을 정하는 표준이고, 소장 등을 제출할 때 납부할 인지액의 기준이 된다.

나. 소가의 산정방법

(1) 소가는 원고가 청구취지로써 구하는 범위 내에서 원고의 입장에서 보아 전부 승소할 경우에 직접 받게 될 경제적 이익을 객관적으로 평가하여 금액으로 정한다(민인규 6). 그러나 동시이행판결을 구한다고 해서 반대급부의 가치를 공제하지는 않는다. 민사소송 등 인지법은 재산권에 관한 소로서 그 소가를 계산할

51) 대법원 1992.7.24. 선고 91다43176 판결.

수 없는 것과 비재산권을 목적으로 하는 소가는 대법원 규칙에서 정하도록 규정하고 있는데(민인 2④), 민사소송 등 인지규칙에 의하면 이들 소의 소가는 5,000만원으로 하되, 주주대표소송 등 회사관계 또는 회사 이외의 단체관계 소송(해고무효확인의 소 제외), 소비자기본법 또는 개인정보 보호법상 금지·중지 청구에 관한 소송, 특허소송, 무체재산권에 관한 소송 등의 경우에는 각 그 소가는 1억원으로 한다(민인규 18조의2).

(2) 구체적인 계산방법

1) 소 가

금전지급청구의 소는 청구금액, 물건의 인도·명도 또는 방해배제를 구하는 소를 소유권에 기하여 청구하는 경우에는 목적물건의 가액(토지는 개별공시지가, 건물은 시가표준액에 50/100을 곱한 금액)의 1/2, 점유권에 기하여 청구하는 경우에는 목적물건 가액의 1/3, 소유권의 이전을 목적으로 하는 계약에 기한 동산인도청구는 목적물건의 가액, 소유권이전등기의 경우에는 목적물건의 가액, 지상권 또는 임차권의 설정·이전을 구하는 경우에는 목적물건가액의 1/2, 담보물권·전세권의 설정·이전을 구하는 경우에는 채권최고액 또는 피담보채권액이 소가이다(민인규 9, 12, 13).

2) 인지액

소장의 경우 1,000만원 미만은 소가×50/10,000, 1,000만원 이상 1억원 미만은 소가×45/10,000+5,000원, 1억원 이상 10억원 미만은 소가×40/10,000+55,000원, 10억원 이상은 소가×35/10,000+555,000원이다(민인 2①), 항소장의 경우는 소장의 1.5배, 상고장의 경우는 소장의 2배이다(민인 3). 다만 재산권에 관한 소로서 소가를 산출할 수 없거나 비재산권을 목적으로 하는 소의 경우에는 패소한 당사자가 항소·상고하더라도 소가는 1심과 동일하다.[52] 인지액이 1만원 이상인 때에는 그 인지액 상당의 금액 전액을 현금으로 납부하여야 한다(민인규 27①).

다. 소가산정의 표준시기

소가산정은 소제기시를 표준으로 한다(민인규 7). 다만 소제기 후 청구취지를

52) 대법원 2009.6.25. 자 2008마1930 결정.

확장하여 5억원을 초과하면 사물관할이 달라지므로 변론관할이 생기지 않는 한 합의부로 이송하여야 한다. 청구가 감축될 경우에는 이송할 필요가 없다.

라. 청구병합의 경우의 소가

(1) 합산의 원칙

1개의 소로써 여러 개의 청구를 하는 경우 그것이 독립된 경제적 이익이면 그 가액을 합산한다(27①). 이는 원고가 제기한 여러 청구가 병합된 경우를 의미하는 것이고, 피고의 반소 등과 합산하지는 않는다.

(2) 예 외

1) 중복청구의 흡수

청구의 선택적·예비적 병합이나 여러 연대채무자에 대한 청구, 목적물의 인도청구와 집행불능의 경우를 대비한 대상청구의 병합, 같은 권원에 기한 확인청구 및 이행청구의 병합과 같이 여러 개의 청구의 경제적 이익이 하나이거나 중복되는 때에는 합산하지 않고 가장 액수가 큰 청구의 가액을 소가로 한다(민인규 20).

2) 수단인 청구의 흡수

토지인도청구와 함께 그 지상 건물 철거를 청구하는 경우 건물철거 청구는 토지인도 청구의 수단에 불과하다. 이러한 경우에는 토지인도청구만 소가가 된다. 다만 수단인 청구의 가액이 주된 청구의 가액보다 많은 경우에는 그 가액을 소가로 한다(민인규 21).

3) 부대청구의 불산입

주된 청구와 그 부대청구로서 천연 또는 법정과실, 지연손해금이나 지연이자, 위약금, 비용 등을 1개의 소로써 함께 청구하는 때에는 부대청구의 가액은 소가에 산입하지 않는다(27②). 예를 들어 원고가 원금과 이자를 함께 청구할 때는 이자는 소가 산정에서 무시한다. 그러나 부대청구가 아니라 그 자체를 주된 청구로 소를 제기하는 경우에는 소가를 계산하여야 한다.[53]

---

53) 대법원 2014.4.24. 선고 2012다47494 판결(약정금에 대한 손실보상금 청구와 함께 제기한 위약금 청구는 부대청구가 아니다); 대법원 1992.1.7. 자 91마692 결정(원인무효로 인한 부동산 소유권이전등기 및 근저당권설정등기의 말소, 유체동산의 인도와 불법행위로 인한 손해배상청구가 병합된 경우 금원의 지급청구 부분은 등기의 말소청구등과 독립하여 하는 청구이지 이에 부대하여 청구하는 민소법 27조 2항의 과실, 손해배상, 위약금 또는 비용이라고 볼 수 없다. 위 규

4) 비재산권에 관한 소와 재산권에 관한 소의 병합

비재산권과 재산권에 관한 소를 1개의 소에 병합하는 경우에는 각 청구의 소가를 합산한다(민인규 23①). 그러나 1개의 소로서 수개의 비재산권을 목적으로 하는 소송과 그 소송의 원인이 된 사실로부터 발생하는 재산권에 관한 소송을 병합한 경우에는 액수가 많은 소가에 따라 인지를 붙인다(민인 2⑤).

Ⅳ. 토지관할

1. 의의와 종류

가. 의 의

토지관할이란 소재지를 달리하는 같은 종류의 법원 사이에 재판권의 분담관계를 정해 놓은 것을 말한다. 토지관할 발생의 근거(원인)가 되는 인적·물적 관련 사유를 재판적이라고 한다. 토지관할은 법률이 전속관할로 명백히 정한 경우에만 전속관할이며, 전속관할이 아닌 한 임의관할이다.

나. 재판적의 종류

(1) 보통재판적과 특별재판적

사건의 종류를 묻지 않고 공통적으로 적용되는 재판적이 보통재판적이고, 특별한 종류와 내용의 사건에 대해서만 제한적으로 적용되는 재판적을 특별재판적이라고 한다. 특별재판적에는 독립재판적(다른 사건과 관계없이 인정되는 재판적)과 관련재판적이 있다.

(2) 인적재판적과 물적재판적

당사자(특히 피고)와 관계되어 인정되는 재판적을 인적재판적이라 하고, 소송물과 관계되어 인정되는 재판적을 물적재판적이라 한다. 보통재판적은 항상 인적재판적이지만 특별재판적은 인적재판적도 있고 물적재판적도 있다.

정에서 소송의 목적의 가액에 산입하지 아니하는 '소송의 부대목적이 되는 손해배상'이라 함은 주된 청구의 이행을 지연하였기 때문에 생기는 지연배상을 의미한다).

(3) 재판적의 경합과 관할의 선택

전속관할 외에는 여러 곳의 법원이 관할권을 갖게 되는 재판적의 경합이 일반적인데, 원고는 그중 하나를 임의로 선택하여 소를 제기할 수 있다.

2. 보통재판적

소(訴)는 피고의 보통재판적이 있는 곳의 법원에 제기하여야 한다(2). 원고는 소를 제기할 때를 선택할 수 있으므로 그것을 할 수 없는 피고에게는 본거지에서 응소할 수 있도록 하여 공평을 도모하려는 취지이다. 때와 장소에 의한 균형 조정이다.

(1) 피고가 사람인 경우

피고가 사람인 경우의 보통재판적은 피고의 주소지가 된다. 만약 피고에게 주소가 없거나 피고의 주소를 알 수 없는 경우에는 피고의 거소지가 보통재판적이 되며, 거소가 일정하지 아니하거나 거소도 알 수 없으면 피고의 마지막 주소지가 보통재판적이 된다(3).

(2) 피고가 법인 그 밖의 사단 또는 재단인 경우

피고가 법인, 그 밖의 사단 또는 재단인 경우의 보통재판적은 피고의 주된 사무소 또는 영업소가 있는 곳이다. 만약 피고에게 사무소와 영업소가 없는 경우에는 피고의 주된 업무담당자의 주소지가 보통재판적이다(5①). 피고가 외국법인 등의 경우에는 우리나라 내의 사무소·영업소 소재지 또는 업무담당자의 주소지가 보통재판적이 된다(5②).

(3) 대사, 공사 등의 보통재판적

대사·공사 그 밖에 외국의 재판권 행사대상에서 제외되는 한국인이 제3조에 의한 보통재판적이 없는 경우에는 그 보통재판적은 대법원이 있는 곳으로 한다(4). 외국에 나가 있는 외교관들을 상대로 국내에서 민사소송을 제기할 수 있게 한 규정이다.

(4) 피고가 국가인 경우

피고가 국가인 경우에는 국가를 대표하는 관청인 법무부가 있는 곳(과천시) 또는 대법원이 있는 곳(서울 서초구)이 보통재판적이 되므로 수원지방법원 안양지원 또는 서울중앙지방법원이 관할한다(6).

(5) 보통재판적을 정할 수 없는 경우

예컨대 대한민국에 마지막 주소도 없었던 재외동포·외국인·외국법인 등을 피고로 하는 때에는 대법원 소재지가 보통재판적이다(규 6).

제1심법원이 토지관할을 위반한 경우에는 항소심에서도 관할위반을 주장할 수 있는가?

토지관할과 같이 일반적으로 임의관할의 경우에는 제1심법원에서 이를 위반하더라도 항소심에서 제1심법원의 관할위반을 주장하지 못하며(411본문), 재심사유도 아니다(451①). 이와 달리 제1심법원이 전속관할을 위반한 경우에는 상소심에서 주장할 수 있다(411단서, 424①(3)). 다만 이 경우에도 재심사유는 아니다.

국제재판관할상 일반관할은 어떻게 규정되어 있는가?

민사소송법상 '보통재판적'에 해당하는 용어를 국제사법에서는 '일반관할'이라고 한다. 현행 국제사법의 일반관할을 보면, 대한민국에 일상거소(habitual residence)를 가지는 사람 및 일상거소가 어느 국가에도 없거나 이를 알 수 없는 사람의 거소가 대한민국에 있다면 그 사람을 피고로 삼아 소를 제기하는 경우에는 우리나라 법원에 국제재판관할이 있다고 규정하고 있다(국사 3①). 여기에서 '일상거소'와 민소법상 재판적의 하나인 '주소' 사이의 관계가 문제될 수 있는데, 일상거소는 주소보다 객관적인 거주사실을 중시하는 개념이지만, 독일·프랑스·스위스 등과 달리 우리나라의 경우 주소에 정주의 의사를 필요로 하지 않는다는 점에서 실무상 양자는 대부분 일치할 것이다. 또한 외국에 나가 있는 대사, 공사 그 밖에 외국의 재판권 행사대상에서 제외되는 대한민국 국민을 피고로 하는 소는 일상거소나 거소가 없어도 우리나라 법원에 국제재판관할이 있다(국사 3②). 법인이나 단체의 주된 사무소·영업소 또는 정관상의 본거지나 경영의 중심지가 대한민국에 있거나 그 법인이나 단체가 대한민국 법에 따라 설립되었다면 그를 상대로 한 소송은 우리나라 법원에 국제재판관할이 있다(국사 3③).

3. 특별재판적

특별재판적은 특별한 사건에 대하여 보통재판적 이외에 법규정에 의하여 특별히 토지관할을 인정하는 재판적이다. 특별재판적은 민소법의 이념인 적정, 신속 등을 고려하여 정해지지만 대체로 원고에게 유리하고 사건과 증거에 가까운 법원이 관할인 경우가 많다.

(1) 근무지

피고가 사무소 또는 영업소에 계속하여 근무하는 사람이라면 그 사무소 또는 영업소가 있는 곳을 관할하는 법원에 소를 제기할 수 있다(7). 피고의 근무지 관할법원에 소를 제기하면 피고의 주소지에 소를 제기하는 것보다 피고에게 편리하고, 원고에게도 별다른 불리함이 없기 때문이다.

(2) 거소지

재산권에 관한 소를 제기하는 경우에는 피고의 거소지의 법원에 제기할 수 있다(8전단). 원래 거소지는 피고의 주소가 없거나 알 수 없는 때 보충적인 보통재판적이지만 재산권에 관한 소의 경우에는 피고의 주소지를 알고 있는 경우에도 그의 거소지에 소제기를 할 수 있도록 독립재판적으로 인정한 것이다.

(3) 의무이행지

재산권에 관한 소를 제기하는 경우에는 의무이행지의 법원에 제기할 수 있다(8후단). 의무이행지는 당사자의 특약, 법규정, 의무의 성질 등에 따라 달라지지만 다른 약정이나 관행이 없는 한 특정물인도청구 이외의 채무에 대해서는 지참채무의 원칙이 적용되므로(민 467②), 채권자인 원고의 현주소지가 의무이행지로 되고, 영업에 관한 채무의 변제는 채권자의 현영업소[54]가 의무이행지로 된다. 계약상 의무이행지 관할법원에는 그 계약관계의 확인청구는 물론, 계약불이행으로 인한 손해배상, 계약해제로 인한 원상회복의 소도 제기할 수 있으며, 계약뿐만 아니라 불법행위, 부당이득, 사무관리상 청구의 경우도 포함한다.[55] 나아가 채권자의 지점에서의 상행위로 인한 채무이행의 장소가 그 행위의 성질 또는 당사자의 의사표시

54) 민법 467조 2항의 '영업에 관한 채무'는 영업과 관련성이 인정되는 채무를 의미하고, '현영업소'는 변제 당시를 기준으로 그 채무와 관련된 채권자의 영업소로서 주된 영업소(본점)에 한정되는 것이 아니라 그 채권의 추심 관련 업무를 실제로 담당하는 영업소까지 포함된다. 따라서 영업에 관한 채무의 이행을 구하는 소는 제소 당시 채권 추심 관련 업무를 실제로 담당하는 채권자의 영업소 소재지 법원에 제기할 수 있다(대법원 2022.5.3. 자 2021마6868 결정).

55) 대법원 1971.3.31. 자 71마82 결정. 이 규정은 피고의 보통재판적이 있는 곳에서 소제기를 하도록 한 민소법 2조의 원칙을 무의미하게 만든다는 점에서 입법론상 문제가 있다는 견해도 있고(이시윤, 106쪽), 계약으로 이행지를 정한 경우에만 적용하도록 법을 개정하여야 한다는 견해도 있다(호문혁, 177쪽).

에 의하여 특정되지 아니한 경우 특정물인도 외의 채무이행은 그 지점을 이행장소(의무이행지)로 보므로(상 56),[56] 그곳을 관할하는 법원에 소를 제기하여야 한다.[57] 한편, 판례는 사해행위취소의 소에 있어서의 의무이행지는 '취소의 대상인 법률행위의 의무이행지'가 아니라 '취소로 인하여 형성되는 법률관계에 있어서의 의무이행지'라고 보아야 한다는 입장으로서, 소유권이전등기 말소등기의무의 이행지는 원고의 주소지가 아니라 그 등기관서의 소재지라고 판시하였다.[58]

(4) 어음·수표지급지

어음·수표에 관한 소를 제기하는 경우에는 지급지의 법원에 제기할 수 있다. 어음·수표의 의무이행지는 채권자의 주소지가 아니라 지급지이기 때문이다.[59] 주채무자와 배서인들을 상대로 한꺼번에 소를 제기하는 경우의 편의를 위한 것이다(9).

(5) 재산이 있는 곳

국내에 주소가 없거나 주소를 알 수 없는 사람을 피고로 하는 재산권에 관한 소는 청구의 목적 또는 담보의 목적이나 압류할 수 있는 피고의 재산이 있는 곳의 법원에 제기할 수 있다(11). 즉 이 경우에는 피고의 재산소재지의 법원이 관할권을 갖기 때문에 피고의 재산이 유체물일 경우에는 그 소재지, 채권일 경우에는 제3채무자의 주소·영업소 또는 그 채권에 대한 책임재산이 있는 곳 등이 관할법원이 된다. 강제집행을 용이하게 할 목적으로 규정한 것이다.

---

56) 위 상법 56조는 여러 개의 지점망을 가진 채권자라고 하더라도 각 지점의 거래는 지점단위로 관리된다는 점을 염두에 둔 것이다.

57) 2010년 상법개정 전에는 현행법과 달리, "지점에서의 거래"로 인한 채무이행에 관해 그 지점을 이행장소로 본다고 하였으므로 채무자의 지점에서 생긴 거래에 관해서도 적용된다고 해석할 소지가 있었다. 그런데 이와 같이 해석하면 채무자의 지점에서 생긴 채무는 추심채무가 되는데, 지점거래라고 해서 지참채무의 원칙에 예외를 인정할 이유가 없으므로 입법착오임이 명백하여 현행법에서 동조의 적용대상을 채권자의 지점으로 한정하였다.

58) 대법원 2002.5.10. 자 2002마1156 결정. 그 이유로서, 채권자가 사해행위의 취소와 함께 수익자 또는 전득자로부터 책임재산의 회복을 구하는 사해행위취소의 소를 제기한 경우 그 취소의 효과는 채권자와 수익자 또는 전득자 사이의 관계에서만 생기는 것이므로, 수익자 또는 전득자가 사해행위의 취소로 인한 원상회복 또는 이에 갈음하는 가액배상을 하여야 할 의무를 부담한다고 하더라도 이는 채권자에 대한 관계에서 생기는 법률효과에 불과하고 채무자와 사이에서 그 취소로 인한 법률관계가 형성되는 것은 아닐 뿐만 아니라, 이 경우 채권자의 주된 목적은 사해행위의 취소 그 자체보다는 일탈한 책임재산의 회복에 있는 것이기 때문이라고 한다.

59) 대법원 1973.11.26. 자 73마910 결정; 어음·수표금 채권자인 소지인의 주소지는 의무이행지가 아니다(대법원 1980.7.22. 자 80마208 결정).

(6) 사무소 · 영업소가 있는 곳

피고의 사무소 · 영업소의 업무와 관련이 있는 소를 제기하는 경우에 그 사무소 또는 영업소가 있는 곳이 재판적이 된다(12). 이 규정으로 인하여 지점망을 거느리는 대기업회사 · 외국회사를 피고로 할 경우에 본점까지 갈 필요가 없어 소제기가 용이하게 된다. 여기서의 업무는 영업뿐만 아니라 공익사업 · 행정사무도 포함하며, 계약관계에 한하지 않고 업무경영에 부수되어 생기는 불법행위, 부당이득청구 등도 포함한다.

(7) 불법행위지

불법행위에 관한 소에 있어서는 행위지가 재판적이다(18①). 불법행위가 발생한 현지의 법원에서 재판하는 것이 증거조사 등 사실규명을 하는 데 용이하기 때문이다. 불법행위의 요건사실 중 어느 한 가지에만 해당하더라도 그곳에 재판적이 생기므로 가해행위지와 손해발생지가 다르면 재판적이 경합하여 발생한다. 민법 · 국가배상법 · 자동차손해배상보장법 등 특별법에 의한 손해배상책임도 이에 해당하며, 공동행위 · 방조행위 · 사용자책임 등을 포함한다. 채무불이행도 넓은 의미에서 위법행위이므로 여기에 포함된다는 견해가 있으나,[60] 불법행위와 채무불이행은 요건이 달라 문언에도 맞지 않고 판례에 의하면 양자는 소송물도 다르므로 불법행위가 병합되지 않은 단순히 채무불이행만 문제되는 경우에는 이에 해당하지 않는다고 볼 것이다.[61]

(8) 부동산이 있는 곳

부동산에 관한 소에 있어서는 부동산(토지 · 건물)이 있는 곳이 재판적이다(20). 이때의 부동산에는 정착물뿐만 아니라 공장재단, 광업재단 등 부동산으로 취급되는 것도 포함되나, 이동성이 있는 선박, 자동차, 중기, 항공기 등에는 적용되지 않는다. 부동산에 관한 물권적인 소(점유권, 소유권의 존부확인의 소, 인도청구 혹은 방해배제청구, 지상권, 전세권, 저당권 등에 관한 소) 및 채권적인 소(부동산의 이전등기나 인도를 구하는 소) 모두를 포함하지만, 부동산 자체에 관한 소에 제한되므로 부동산에 대한 매매대금청구의 소, 임대료 지급청구의 소는 여기에 속하지 않고 민

60) 송상현 · 박익환, 97쪽; 정영환, 203쪽.
61) 김홍엽, 80쪽; 이시윤, 107쪽.

소법 8조의 특별재판적의 적용을 받는다.

(9) 등기·등록할 공공기관이 있는 곳

등기·등록에 관한 소를 제기하는 경우에는 등기 또는 등록할 공공기관이 있는 곳의 법원에 제소할 수 있다(21). 등기에 관한 소로서는 부동산에 관한 소송이 일반적인데, 이에 대하여는 부동산이 있는 곳을 특별재판적(20)으로 두고 있을 뿐만 아니라 통상 부동산 소재지와 등기지가 일치하여 등기지의 특별재판적은 별다른 실익이 없다.[62] 그러나 자동차 등 특정동산저당법이 적용되는 건설기계·소형선박·자동차·항공기 등의 경우에는 그 등록지가 특별재판적이 되므로 실익이 있다. 또한 동산·채권 등의 담보에 관한 법률에 따라 담보등기(동산담보권, 채권담보권의 경우) 또는 담보등록(지식재산권담보권의 경우)을 한 경우에도 그 등기·등록지가 특별재판적이 된다.

(10) 고등법원이 있는 곳의 지방법원

여기에는 두 가지가 있다. ① 특허권 등(특허권, 실용신안권, 디자인권, 상표권, 품종보호권)을 제외한 지식재산권과 국제거래에 관한 소는 민소법 2조 내지 23조에 따른 재판적이 있는 곳의 지방법원에도 소제기를 할 수 있지만, 그 지방법원을 관할하는 고등법원이 있는 곳(서울, 대전, 대구, 부산, 광주, 수원)의 지방법원에도 소를 제기할 수 있도록 하였다. 다만 서울고등법원이 있는 곳의 지방법원은 서울중앙지방법원으로 한정한다(24①). 예컨대 인천에 거주하는 원고가 청주에 거주하는 피고를 상대로 저작권 침해를 원인으로 하는 손해배상청구의 소를 제기하는 경우 피고의 보통재판적 소재지인 청주지방법원이나 의무이행지인 인천지방법원이 통상적인 관할법원이 되지만, 청주를 관할하는 고등법원 소재지의 지방법원인 대전지방법원과 인천을 관할하는 고등법원 소재지의 지방법원인 서울중앙지방법원도 경합하여 관할권을 가지므로 원고는 위 법원들 중 어느 하나를 선택하여 소를 제기할 수 있다. ② 특허권 등의 지식재산권에 관한 소는 민소법 2조 내지 23조에 따른 재판적이 있는 곳의 지방법원 중 그 지방법원을 관할하는 고등법원이 있는 곳(서울, 대전, 대구, 부산, 광주, 수원)의 지방법원에만 소를 제기하여야 한다(전속관할). 다만 서울고등법원이 있는 곳의 지방법원은 서울중앙지방법원으로

62) 김홍엽, 81쪽.

한정한다(24②). 나아가 특허권 등의 지식재산권에 관한 소의 경우에는 전국 어느 곳에 재판적이 있는 사건이든 서울중앙지방법원에도 소를 제기할 수 있도록 하였다(24③, 선택적 중복관할). 한편, 민소법 24조 2항 및 3항, 즉 특허권 등의 지식재산권에 관한 소의 항소심은 특허법원의 전속관할이다(법조 28조의4(2)).[63]

전속관할이 있는 사건도 보통재판적이나 특별재판적이 있는 곳에 소를 제기할 수 있는가?

임의관할이 경합하는 경우에 원고는 임의로 그중의 하나를 선택할 수 있지만, 전속관할로 규정된 사건인 경우에는 보통재판적이나 특별재판적을 따질 것 없이 전속관할법원에 소를 제기하여야 한다.

국제재판관할상 특별관할은 어떻게 규정되어 있는가?

민사소송법상 '특별재판적'에 해당하는 용어를 국제사법에서는 '특별관할'이라고 한다. 국제사법 제1장 총칙 편에서는 '사무소·영업소 소재지 등의 특별관할'과 '재산소재지의 특별관할' 두 가지를 규정하고 있다. 즉 국제사법 4조에서는 대한민국에 사무소·영업소가 있는 사람·법인 또는 단체에 대한 대한민국에 있는 사무소 또는 영업소의 업무와 관련된 소는 우리나라 법원에 제기할 수 있고(동조 1항), 대한민국에서 또는 대한민국을 향하여 계속적이고 조직적인 사업 또는 영업활동을 하는 사람·법인 또는 단체에 대하여 그 사업 또는 영업활동과 관련이 있는 소는 우리나라 법원에 제기할 수 있도록 하고 있는데(동조 2항), 전자는 민소법 12조에 대응하는 국제재판관할 규정이고, 후자는 대한민국에 사무소 또는 영업소 없이 인터넷 홈페이지 등을 이용하여 영업활동을 하는 경우에 적용 가능한 규정이다. 나아가 국제사법 5조에서는 재산권에 관한 소는 청구의 목적 또는 담보의 목적인 재산이 대한민국에 있는 경우(동조 1호) 또는 압류할 수 있는 피고의 재산이 대한민국에 있는 경우(동조 2호)에 우리나라 법원에 제기할 수 있도록 하고 있다. 그러나 후자의 경우에 재산의 소재를 근거로 당해 재산에 관한 소송뿐만 아니라 '재산권에 관한 소' 일반에 대해 광범위한 특별관할을 인정하는 것은 전형적인 과잉관할(exorbitant jurisdiction)에 해당하므로 이를 피하기 위하여, '다만, 분쟁이 된 사안이 대한민국과 아무런 관련이 없거나 근소한 관련만 있는 경우 또는 그 재산의 가액이 현저하게 적은 경우는 제외한다'는 단서규정을 부가하고 있다.

---

63) 대법원 2017.12.22. 선고 2017다259988 판결(특허권침해 손해배상 사건); 대법원 2020.2.27. 선고 2019다284186 판결(상표권침해 손해배상 사건); 대법원 2019.4.10. 자 2017마6337 결정(특허권 지분의 귀속의무 불이행을 원인으로 하는 손해배상 사건).

4. 관련재판적(병합청구의 재판적)

가. 의의와 목적

관련재판적이란 다른 사건과 관련하여 인정되는 재판적을 말한다. 관련재판적은 하나의 소로 여러 개의 청구를 하거나(청구의 병합), 당사자가 여럿인 경우에(공동소송) 그중 하나의 청구 또는 공동소송인 중 한 사람에 대한 관할권이 있으면 본래 관할권이 없는 다른 청구 또는 다른 공동소송인에 대하여도 관할권이 생기는 것을 말한다(25). 원고의 편의를 도모하고 피고로서도 어차피 응소할 바에야 하나의 법원에서 재판을 받는 이점이 있는 점을 고려한 것이다.

나. 적용범위

(1) 청구의 병합과 관련재판적

1인의 원고가 1인의 피고를 상대로 여러 청구를 병합하여 하나의 소를 제기하는 경우에 그중 하나의 청구에 대한 재판적이 있으면 다른 청구에 대해서도 재판적이 생긴다(25①). 이는 법정관할 이외에 변론관할이나 관할합의에 의하여 어느 한 청구에 재판적이 생긴 경우에도 적용할 수 있다.[64] 다만 소의 객관적 병합은 토지관할에만 적용될 뿐, 소가를 합산하는 방법으로 정해지는 사물관할이나 고도의 공익적 목적을 달성하기 위하여 규정한 전속관할에는 적용되지 않는다(31).

(2) 공동소송(소의 주관적 병합)과 관련재판적

1인의 원고가 복수의 피고에 대하여 여러 청구를 하나의 소에 병합하는 경우(소의 주관적 병합)에 피고 1인에 대하여 재판적을 가지면 다른 피고에 대해서도 재판적을 가지는가? 민소법 25조 2항은 "소송목적이 되는 권리나 의무가 여러 사람에게 공통되거나 사실상 또는 법률상 같은 원인으로 말미암아 그 여러 사람이 공동소송인으로서 당사자가 되는 경우"에는 관련재판적을 인정한다. 즉 소의 주관적 병합의 경우에 관련재판적이 인정되는 사안은 공동소송에 관한 규정인 민소법 65조 전문의 경우에 한정하고 있다. 이는 공동피고간에 실질적인 견련관계가 없는 민소법 65조 후문과 달리, 실질적 견련관계가 인정되는 65조 전문의 공동소송이면 어느 한 피고에 대하여 관할권이 있는 법원에 다른 피고에 대한 청구도 공

64) 김홍엽, 83쪽; 이시윤, 111쪽; 호문혁, 183쪽. 반대: 한충수, 73쪽.

통의 관할권을 인정하여 그곳에서 한꺼번에 병합 제기할 수 있게 한 것이다. 예컨대 채권자가 연대채무자 갑·을을 상대로 A법원에 공동소송을 제기한다면 피고 갑에 대해서는 관할권이 있지만 피고 을에 대해서는 관할권이 없는 때에도 피고 을을 피고 갑과 병합하여 A법원에 소를 제기할 수 있다. 필수적 공동소송의 경우에는 당연히 관련재판적이 허용된다.[65]

공동소송에서 어느 1인과의 사이에 법정관할이 아니라 변론관할이나 관할합의에 의하여 재판적이 생긴 경우에 민소법 65조의 전문에 해당하는 다른 공동소송인에 대해서도 관련재판적이 인정되는가? 이를 긍정하는 견해도 있으나,[66] 민소법 25조는 변론관할(30)과 합의관할(29)을 포함하지 않고 있음에도 동일한 상대방도 아닌 다른 공동소송인에게 관련재판적을 인정한다면 그 공동소송인의 관할의 이익을 이유 없이 박탈하는 것이 되므로 부정하여야 할 것이다.[67]

관할만을 발생시킬 목적으로 본래 제소할 의사도 없이 공동소송으로 청구를 병합한 것이 분명한 때에는 관할선택권의 남용으로 신의칙에 위배되어 허용될 수 없으므로 이러한 경우에는 관련재판적에 관한 민소법 25조의 규정을 적용할 수 없다.[68]

다. 국제재판관할권과 관련관할[69]

국제사법 6조 1항은 여러 개의 '청구'가 밀접한 관련이 있는 경우 하나의 청구에 대하여 법원의 국제재판관할이 인정되면 다른 청구에 대하여도 국제재판관할을 인정한다. 밀접한 관련이 있는 사건임에도 각각 다른 국가에서 재판이 이루어짐으로써 발생하는 판결의 모순·저촉을 피하는 한편, 증거자료의 수집 편의 등 효율적인 심리를 도모하고 피고에 대한 부당한 응소 강요 및 과잉관할[70]을 방

65) 대법원 1994.1.25. 선고 93누18655 판결.

66) 김홍엽, 83쪽(민소법 31조의 반대해석에 의함); 이시윤, 111쪽. 이와 관련하여, 전속적 합의관할은 법정의 전속관할과는 달리 그 성질이 임의관할에 해당하므로, 민소법 25조의 관련재판적에 관한 규정은 전속적 합의관할이 있는 경우에도 그 적용이 배제되지 아니한다는 항고심 결정이 있다(서울고등법원 2010.12.23. 자 2010라1725 결정). 그러나 채권자와 보증인 사이의 관할의 합의는 주채무자에게 미치지 않는다는 점(대법원 1988.10.25. 선고 87다카1728 판결)을 고려해 볼 때, 위 결정은 타당하다고 할 수 없다.

67) 한충수, 73쪽; 호문혁, 183쪽.

68) 대법원 2011.9.29. 자 2011마62 결정.

69) 민소법에는 '재판적'이라는 용어를 사용하고 있으나, 국제사법에서는 동일한 의미로 '관할'이라는 용어를 사용한다.

70) 과잉관할이란 어느 한 국가에서 국제재판관할의 발생근거로 규정하였지만 국제기준에 비추어

지하기 위함이다. 민소법 25조 1항과 비교해 보면, '밀접한 관련'의 요건이 추가되어 있음을 알 수 있다. 가사사건의 경우에도 주된 청구인 이혼, 파양 등에 대하여 법원에 국제재판관할이 있는 경우에는 친권자 및 양육자 지정, 부양료 지급 등의 부수적 청구에 대하여도 주된 청구가 계속된 법원에 소를 제기할 수 있다(국사 6③). 그러나 부수적 청구에 대해서만 법원에 국제재판관할이 있는 경우에는 주된 청구에 대한 소를 법원에 제기할 수 없다(국사 6④).

국제사법 6조 2항에서는 '공동소송'에 있어서 관련관할의 허용요건을 규정하고 있다. 즉 공동피고 가운데 1인의 피고에 대하여 대한민국 법원이 일상거소 등 국제사법 3조에 따른 일반관할을 가지는 때에는 그 피고와 다른 피고들에 대한 청구가 밀접한 관련이 있어서 모순된 재판의 위험을 피할 필요가 있는 경우에만 관련관할을 허용한다. 민소법은 공동소송인이라고 할 뿐이고 공동소송인이 원고인지 피고인지 구별하지 않으나 국제재판관할에서는 공동피고에 한한다.

V. 지정관할

1. 의 의

지정관할이란 구체적 소송사건과 관련된 법원과 공통되는 바로 위의 법원이 관할법원을 지정함으로써 생기는 관할을 말한다(28). 재정관할(裁定管轄)이라고도 한다.

2. 사 유

(1) 관할법원이 재판권을 법률상 또는 사실상 행사할 수 없는 때(28①(1))

예컨대 법관 전원이 제척・기피 또는 회피에 의하여 직무수행이 불가능하거나 질병 또는 천재지변으로 직무를 행할 수 없는 경우가 여기에 해당한다.

(2) 법원의 관할구역이 분명하지 아니한 때(28①(2))

예컨대 장소는 특정되지만 측량 등이 명백하지 않아 어느 법원의 관할에 속하

다른 국가에서는 수용될 수 없는 관할을 말한다. 예를 들어 어느 국가가 재산의 소재를 근거로 당해 재산에 관한 소송뿐만 아니라 '재산권에 대한 소' 전반에 대하여 광범위한 특별관할을 인정하여 소제기를 허용하고 판결을 선고한 경우에 추후 집행과정에서 과잉관할이라는 이유로 다른 나라에서 그 판결이 승인되지 않을 수 있다.

는지 모호한 경우 또는 항공기가 추락하면서 산불이 발생하여 사고지점이 불분명하거나 심야열차 속에서의 난투극처럼 사실발생지가 불분명한 경우가 이에 해당한다. 한편 가사소송법에서는 가정법원과 지방법원 사이에 관할이 분명하지 아니한 경우에는 관계법원의 공통되는 고등법원이 관할법원을 지정하도록 하고 있다(가소 3).

3. 절 차

관계법원 또는 당사자의 신청에 의한다.

바로 위의 상급법원이란 공통되는 한 단계 위의 법원을 말한다. 하나의 고등법원 관내 지방법원 사이에서는 그 고등법원이, 고등법원이 다른 지방법원 사이에서는 공통되는 고등법원이 존재하지 않으므로 대법원이 바로 위 상급법원이 된다.

소제기 후 지정신청이 있으면 긴급하게 필요한 행위를 해야 하는 경우를 제외하고는 그 결정이 있을 때까지 소송절차가 정지된다(규 9).

관할지정결정에 대해서는 불복할 수 없다(28②). 다만 지정신청기각의 결정에 대해서는 항고할 수 있다(439).

4. 효 력

지정된 법원에 창설적으로 관할권이 발생한다.

소송계속 중인 경우 바로 위 상급법원에 의해 관할이 다른 법원으로 지정되었다면 결정정본과 소송기록을 지정된 법원에 보내야 한다(규 8③).

Ⅵ. 합의관할

1. 의 의

합의관할이란 당사자간에 합의에 의하여 생기는 관할을 말한다(29). 합의관할은 임의관할에 한하여 허용되므로 전속관할이 정해져 있는 경우에는 관할합의가 허용되지 않는다.

2. 성 질

관할의 합의는 법률상 명문의 규정을 두고 있는 소송상 합의(소송계약)로서 관할의 발생이라는 소송법상 효과를 낳는 소송행위이다. 따라서 그 행위가 유효하려면 소송능력이 있어야 하지만 법원을 상대로 하는 소송행위가 아니라 당사자 사이에 소송 외에서 하는 합의이므로 민법상 의사표시의 하자이론(사기·강박 등)이 유추적용될 수 있다.

관할합의약정은 실체법상 계약에 문제가 생긴 경우에 이를 해결하기 위하여 관할법원을 정하는 것을 내용으로 하기 때문에, 당사자 사이의 계약이 실체법상 무효·취소 또는 해제되었다고 하더라도 원칙적으로 관할합의의 효력에 영향이 없다.

3. 요 건

(1) 제1심법원의 임의관할에 한함(29①)

따라서 상소심 법원에 대한 관할은 합의의 대상이 아니고, 특정 재판부나 특정 법관에게 재판을 받기로 하는 합의는 관할이 아닌 사무분담에 관한 합의이므로 무효이다. 전속관할이 정해져 있는 경우에는 합의할 수 없다(31).

(2) 합의 대상의 특정(29②)

따라서 당사자간에 향후 발생할 모든 법률관계에 관한 소송에 대한 관할합의와 같은 포괄적 합의는 무효이다.

(3) 합의의 방식이 서면일 것(29②)

(4) 합의의 시기

관할의 합의는 일반적으로 소제기 전에 한다. 소를 제기하면 관할이 정해지므로 그 후에 관할합의를 하더라도 관할이 변경되지 않는다.[71] 이러한 관할합의는 현저한 손해를 피하기 위한 소송이송의 전제로서 의미가 있을 뿐이다(35).

(5) 관할법원의 특정

전국의 모든 법원이나 원고가 지정하는 법원에 관할권을 인정하는 합의는 피고에게 심하게 불공평하므로 무효이다.[72] 또한 모든 법원의 관할을 배제하는 합의

---

71) 일본의 경우는 소제기 후 관할의 합의는 필수적 이송사안인 점에서 우리와 달리 규정하고 있다(日民訴 19①).

72) 대법원 1977.11.9. 자 77마284 결정.

는 부제소 합의로 보아야 한다.

사물관할도 합의할 수 있는가?

제1심 법원이라면 토지관할뿐만 아니라 사물관할에 관하여도 합의할 수 있다. 사물관할도 토지관할과 마찬가지로 원칙적으로 임의관할이기 때문이다. 따라서 제1심 합의사건을 단독판사가 심판하는 것으로 합의할 수 있다. 제2심 법원에 관하여는 관할의 합의를 할 수 없다.

4. 모 습

(1) 전속적 합의와 부가적 합의

특정한 법원을 관할법원으로 정한 경우에는 전속적 합의라고 풀이하는 것이 당사자의 의사에 합치한다는 견해[73]도 있고, 당사자 사이에 다툼이 있는 경우에는 굳이 법정관할을 배제할 사유가 있다고 보는 것은 무리이므로 부가적 합의라고 보아야 한다는 견해[74]도 있으나, 판례[75]와 다수설은 법정관할권이 있는 여러 법원 중에서 어느 한 법원으로 합의한 경우에는 그 법원에만 관할권을 인정하는 전속적 합의로, 법정관할권이 없는 곳의 법원으로 합의하였는데 당사자가 다른 법정관할법원을 배제할 의사가 명백하지 않은 때에는 법정관할 외에 관할을 추가하는 부가적 합의로 본다. 심판의 편의에 의한 이송(34②, 35, 36)이 인정되므로 별다른 실익이 없는 논의라 생각한다.

(2) 약관에 의한 관할합의

보통거래약관으로 "고객에게 부당하게 불리한 소송제기 금지조항 또는 재판관할의 합의 조항"이 있는 때에는 무효가 된다(약관 14(1)). 판례는 전속적 관할합의 약관조항이 고객에게 부당한 불이익을 주는 행위인지 여부는 그 약관조항에 의하여 고객에게 생길 수 있는 불이익의 내용과 불이익 발생의 개연성, 당사자들 사이의 거래과정에 미치는 영향, 관계 법령의 규정 등 제반 사정을 종합하여 볼 때, 당사자 중 일방이 지정하는 법원을 관할법원으로 한다는 것과 다를 바 없거나, 사업자가 그 거래상 지위를 남용하여 사업자의 영업소를 관할하는 지방법원을 전

---

73) 김홍규 · 강태원, 171쪽; 정동윤 · 유병현 · 김경욱, 167쪽.
74) 호문혁, 195쪽.
75) 대법원 1963.5.15. 선고 63다111 판결; 대법원 2008.3.13. 선고 2006다68209 판결.

속적 관할로 하는 약관조항을 작성하여 고객과 계약을 체결함으로써 건전한 거래질서를 훼손하는 등 고객에게 부당하게 불이익을 주었다고 인정되는 경우라면, 그 약관조항은 위 법조항에 위반되어 무효라고 볼 것이라고 하였다.[76)]

합의관할은 임의관할에 한하여 인정되는 것이므로, 약관에 의한 합의관할을 배제하기 위하여 법률로써 전속관할로 규정하는 경우가 있다. 즉 할부거래 및 선불식 할부거래와 관련된 소(할부거래법 44)와 특수판매(방문판매, 전화권유판매, 다단계판매 및 계속거래 등)를 업으로 하는 자와의 거래에 관련된 소(방문판매법 53), 통신판매업자와의 거래에 관련된 소(전자상거래법 36)에 있어서는 소제기 당시 소비자의 주소를, 주소가 없는 경우에는 거소를 관할하는 지방법원의 전속관할로 하고 있다. 따라서 이 경우에는 관할의 합의가 허용되지 않는다.

(3) 국제재판관할과 합의관할

종래 우리 판례는 대한민국 법원의 관할을 배제하고 외국의 법원을 관할법원으로 하는 전속적인 국제관할의 합의가 유효하기 위해서는, ① 당해 사건이 대한민국 법원의 전속관할에 속하지 아니할 것, ② 지정된 외국법원이 그 외국법상

---

76) 대법원 2009.11.13. 자 2009마1482 결정. 이 사안은 원고가 부산에 거주하고 있고 소외 회사가 분양하는 사천시 소재 아파트에 대하여 피고 대한주택보증 주식회사가 분양을 보증하였는데 보증약관에 따르면 피고의 관할영업점 소재지(서울, 부산, 대구, 광주, 대전 등) 법원을 관할법원으로 한다고 규정되어 있었다. 그 후 위 소외 회사의 회생절차 개시로 보증사고가 발생함에 따라 피고가 위 분양관련 업무를 처리하게 되었고, 그 업무는 부산이 아닌 대구영업소로 이관되었는데, 원고는 피고를 상대로 부산동부지원에 보증채무금반환소송을 제기하자 피고가 사건을 대구지방법원으로 이송 신청한 사건이다. 원심은 '상대방의 관할 영업점 소재지 법원'에는 '상대방의 업무이관 등으로 인하여 변경된 관할 영업점 소재지 법원'도 포함된다고 보았으나, 대법원은 원심과 같이 해석할 경우 내부적인 업무조정만으로 당사자 중 일방이 지정하는 법원에 관할권을 인정한다는 관할합의조항과 다를 바 없는 결과를 초래하게 되고 거래상 지위를 남용함으로써 고객에게 부당하게 불이익을 주는 것으로서 무효인 약관조항이므로, 위 약관조항은 보증계약이 체결될 당시 이를 관할하던 상대방의 영업점 소재지 법원(부산동부지원)을 의미하는 것으로 봄이 상당하다고 판시하였다. **반대로** 무효인 약관조항이 아니라고 본 판례도 있다. 대구지방검찰청 경주지청에서 기소중지된 채 경주시에 거주하던 재항고인이 대구에 있는 변호사에게 형사사건을 의뢰하고 자수하여 형사재판을 받은 후 변호사를 상대로 수임료 중 일부를 반환하라는 소송을 서울북부지방법원에 제기하자 위 법원은 관할합의를 이유로 대구지방법원으로 이송결정을 하였다. 이에 대하여 재항고인은 위 관할합의조항은 부당하게 불리한 것으로서 무효이므로 이송결정이 위법하여 취소되어야 한다고 주장하였으나, 대법원은 재항고인이 위임계약서에 기재된 조항 중 2개를 삭제하고 1개의 특약사항을 추가한 후 스스로 서명·날인한 점 등에 비추어 볼 때 수정·보충된 위임계약에 편입된 관할합의조항이 재항고인에게 부당하게 불이익을 주는 무효인 약관조항에 해당한다고 보기 어렵다고 판시하였다(대법원 2008.12.16. 자 2007마1328 결정).

당해 사건에 대하여 관할권을 가질 것, ③ 당해 사건이 그 외국법원에 대하여 합리적인 관련성을 가질 것, ④ 전속적인 관할 합의가 현저하게 불합리하거나 불공정함으로써 공서양속에 반하는 법률행위에 해당하지 않을 것이라는 요건을 갖추어야 한다는 입장이었다.[77] 국제사법은 국제재판관할의 합의에 관한 기존의 판례와 외국의 입법례를 참조하여 8조에서 국제재판관할의 합의규정을 신설하였는데, 종래 비판받아온 위 ③의 합리적 관련성 요건을 제외하였다.

국제사법 8조의 규정을 살펴보면 아래와 같다. 1항에서는, 당사자가 일정한 법률관계로 말미암은 소에 관하여 국제재판관할합의를 할 수 있도록 하되, 그 합의가 유효하지 않은 경우를 네 가지로 유형화하였다. 첫째 합의로 지정된 국가의 법에 따르면 그 합의가 효력이 없는 경우, 둘째 합의를 한 당사자가 합의를 할 능력이 없었던 경우, 셋째 그 소가 대한민국의 법령 또는 조약에 따라 합의로 지정된 국가가 아닌 다른 국가의 국제재판관할에 전속하는 경우, 넷째 합의의 효력을 인정하면 소가 계속된 국가의 선량한 풍속이나 그 밖의 사회질서에 명백히 위반되는 경우가 그것이다. 2항에서는, 국제재판관할합의는 서면으로 하여야 한다는 원칙을 규정하되, 중재법을 참고하여 이메일 등 전자적 의사표시에 의하여 국제재판관할합의를 하는 경우에도 서면성을 구비한 것으로 보아 정보통신기술의 발전에 따른 편의를 도모하고 있다. 3항에서는, 당사자가 달리 정하지 않는 경우 국제재판관할합의는 전속적인 것으로 추정하는 점을 입법으로 명백히 하였다. 따라서 합의된 법원이 전속관할을 가지는지는 당사자가 결정할 사항이나 분명하지 않는 경우 전속적인 것으로 추정되므로 이와 다른 주장을 증명할 책임은 상대방에게 있다. 4항에서는 국제재판관할합의가 포함된 계약 중 다른 조항의 효력은 관할합의조항의 효력에 영향을 미치지 않는 것으로 하여 관할조항의 독립성을 명시하였다. 5항에서는 외국 법원을 선택하는 유효한 전속적 국제재판관할합의가 있는 경우 대한민국 법원에 그 소가 제기된 때에는 그 소를 각하하되, 그 합의가 위 1항의 네 가지 사유로 효력이 없는 경우, 국제사법 9조에 따라 변론관할이 발생하는

77) 대법원 1997.9.9. 선고 96다20093 판결; 대법원 2004.3.25. 선고 2001다53349 판결. 마찬가지로, 외국 법원의 관할을 배제하고 대한민국 법원을 관할법원으로 하는 전속적인 국제관할의 합의가 유효하기 위해서는, ① 당해 사건이 외국 법원의 전속관할에 속하지 아니할 것, ② 대한민국 법원이 대한민국법상 당해 사건에 대하여 관할권을 가질 것, ③ 당해 사건이 대한민국 법원에 대하여 합리적인 관련성을 가질 것, ④ 전속적인 관할 합의가 현저하게 불합리하고 불공정하여 공서양속에 반하는 법률행위에 해당하지 않을 것이라는 요건을 갖추어야 한다는 것이 입장이었다(대법원 2011.4.28. 선고 2009다19093 판결).

경우, 합의에 따라 국제재판관할을 가지는 국가의 법원이 사건을 심리하지 않기로 하는 경우, 합의가 제대로 이행될 수 없는 명백한 사정이 있는 경우는 예외로 한다고 규정하고 있다.

소비자계약과 근로계약과 관련하여, 관할합의에 관하여 개정 전 국제사법과 동일한 취지로 소비자계약과 근로계약에 관한 조문에서 개정법 8조에 대한 특칙을 두고 있다(국사 42③, 43③).

5. 효 력

(1) 관할의 변동

전속적 합의인 경우 법정관할법원의 관할권이 소멸하고 합의된 법원에만 관할권이 발생한다. 그러나 합의관할은 임의관할인 경우에 인정되는 것이므로 원고가 합의를 무시한 채 다른 법정관할법원에 소를 제기하여도 피고가 이의 없이 본안에 대한 변론을 하면 변론관할이 생기며(30), 전속적으로 합의된 법원이라도 현저한 지연을 피한다는 공익상 필요가 있을 때에는 법원은 다른 법정관할법원에 이송할 수 있다(35).

(2) 효력의 주관적 범위

관할의 합의는 당사자간의 소송상 합의이므로 당사자와 승계인에게만 미친다.

1) 당사자의 일반승계인

상속인 등 일반승계인은 당사자의 지위를 포괄적으로 승계하므로 당사자간의 소송상 합의인 관할합의도 일반승계인에게 미친다.

2) 당사자의 특정승계인

특정승계인인 경우에는 두 가지로 나누어보아야 한다. **채권**의 경우에는 당사자가 그 내용을 자유롭게 정할 수 있으므로 당해 채권관계의 승계인은 관할에 관한 합의도 승계하지만,[78] **물권**의 경우에는 당사자가 권리관계의 내용을 자유롭게

---

78) 대법원 2006.3.2. 자 2005마902 결정. 다만 관할합의는 그 약정이 이루어진 국가 내에서 재판이 이루어질 경우를 예상한 것이라고 해석되므로 채권관계라고 하더라도 외국인 당사자 사이에 전속적 관할합의를 한 후 내국인이 그 채권을 양수받은 경우에는 외국인 당사자 사이에 약정한 전속적 관할합의의 효력은 양수인에게 미치지 않고 우리나라에 재판관할권이 성립될 수 있다는 것이 판례의 입장이다(대법원 2008.3.13. 선고 2006다68209 판결).

정할 수 없을 뿐 아니라(물권법정주의), 물권은 공시되어야 하는데 이를 공시할 수도 없으므로 물권관계의 승계인은 관할에 관한 약정을 승계하지 않는다.[79] 권리의 내용이 정형화되어 있는 어음이나 수표채권도 물권관계에 준하여 해석하여야 할 것이다.

3) 제3자

일반승계인도 특정승계인도 아닌 자에게는 관할의 합의의 효력이 미치지 않는다. 예컨대 채권자와 보증채무자간의 합의 또는 채권자와 연대채무자 중의 1인간의 합의의 효력은 각각 주채무자나 다른 연대채무자에게 미치지 않는다.[80]

Ⅶ. 변론관할

1. 의 의

변론관할이란 원고가 관할권 없는 법원에 소를 제기하였는데, 피고가 이의 없이 본안에 대하여 변론 또는 진술함으로써 생기는 관할이다(30). 구법에서는 응소관할이라고 하였다. 변론관할은 임의관할에만 인정된다.

2. 요 건

(1) 원고가 관할권 없는 제1심법원에 소를 제기하였을 것

처음에는 관할권이 있었으나 청구취지의 확장·반소 등으로 사물관할위반이 된 경우에도 상대방이 이의 없이 본안에 관하여 변론하면 변론관할이 생긴다(269②).

(2) 피고가 이의 없이 본안에 대하여 변론 또는 변론준비기일에서 진술하였을 것

피고가 관할위반의 항변을 제출하지 아니하고 본안에 관하여 현실적으로 변론하거나 변론준비기일에서 진술하여야 한다. 따라서 피고가 불출석하거나 출석하여도 변론하지 아니한 경우, 청구기각 등 본안에 관하여 답변서 등 준비서면을 제출하고 불출석함으로써 그것이 진술간주된 경우, 피고가 출석하였더라도 본안이

79) 대법원 1994.5.26. 자 94마536 결정.
80) 대법원 1988.10.25. 선고 87다카1728 판결.

아닌 기피신청·기일변경신청·소각하판결신청을 하는 데 그친 경우 등은 현실적으로 변론을 한 것이 아니므로 변론관할이 발생하지 않는다.[81] 나아가 피고가 주위적으로 소각하판결을, 예비적으로 청구기각판결을 구한 경우에는 본안에 대하여 변론 내지 진술을 한 것이 아니다.[82]

(3) 피고의 관할위반의 항변이 없을 것

관할위반의 항변은 묵시적으로도 가능하며, 피고가 관할위반의 항변을 하면서 이것이 받아들여지지 않을 것을 조건으로 변론을 한 경우에는 관할위반의 항변을 한 것으로 볼 수 있다.

3. 효 과

관할권이 생기는 시점은 관할위반의 항변 없이 본안에 관하여 변론 또는 진술을 한 때이다. 따라서 일단 관할권이 없는 법원에 변론관할이 생기면 새로운 관할이 창설된 것이므로 나중에 관할위반의 항변은 허용되지 아니한다. 변론관할은 당해 사건에 한하는 것이므로 소의 취하 또는 각하 후에 다시 소를 제기하는 경우에는 그 효력이 없다.

당사자 사이에 외국의 법원을 위한 전속적 관할합의가 있는 경우에 피고가 법정지인 한국법원에 출석하여 본안에 관하여 변론하였다면 한국법원에 국제재판관할권이 인정되는가?

국제사법 9조는, 피고가 국제재판관할이 없음을 주장하지 아니하고 본안에 대하여 변론하거나 변론준비기일에서 진술하면 법원에 그 사건에 대한 국제재판관할이 있다고 규정한다. 즉 위와 같은 요건을 갖추었다면 대한민국 법원은 해당 사건에 관하여 국제재판관할권을 가지게 된다. 이러한 의미에서 변론관할은 관할합의에 우선하여 적용된다.[83] 다만 외국법원에 전속관할이 인정되는 경우에는 위의 요건을 갖추었다고 하더라도 한국법원에 변론관할이 생기지 않는다(국사 10②).

---

81) 대법원 1980.9.26. 자 80마403 결정.
82) 대법원 2010.7.22. 선고 2009므1861 판결.
83) 대법원 2014.4.10. 선고 2012다7571 판결(일본법원에 합의관할이 존재하고 당사자 또는 분쟁이 된 사안과 법정지인 대한민국 사이에 실질적 관련성이 없지만 피고가 대한민국 법원의 1심에서 변론함으로써 변론관할에 의해 대한민국 법원에 관할을 인정한 사안).

Ⅷ. 관할권의 조사

1. 직권조사

관할권의 존재는 소송요건 중의 하나이므로 법원은 본안판결의 전제로서 관할권의 존재를 확인할 필요가 있다. 문제는 어떠한 방식으로 법원이 이 판단을 하는가이다. 소송요건에 관한 심리의 일반적인 원칙은 직권조사가 타당하다. 직권조사 하에서는 특정 소송요건의 존부에 대하여 당사자의 주장이 없는 경우에도 법원은 직권으로 이를 고려하여야 하므로 관할도 소송요건인 한 직권조사의 대상이 된다. 다만 피고가 관할위반을 다투지 않는 경우에는 변론관할이 성립하므로 전속관할을 제외하고는 법원이 별도로 판단할 필요가 없다.

임의관할 위반인 경우에는 제1심법원에서만 조사한다. 즉 피고가 제1심에서 관할위반의 항변을 하여 변론관할이 생기지 않았는데, 제1심법원이 적법한 관할법원으로 이송하지 않은 채 재판을 하였다고 하더라도 상소심에서는 관할위반을 다툴 수 없다(411본문). 다만 전속관할 위반인 경우에는 상소심에서 관할위반을 다툴 수 있으므로 상소법원에서도 조사하여야 한다(411단서).

2. 조사의 정도 · 자료

관할의 원인이 본안의 내용과 관련이 있는 때에는 원고가 소장에서 주장한 청구원인에 기재된 사실관계에 따라 판단한다. 이는 본안청구의 당부의 판단과는 무관하므로 본안심리에 들어가기 전에 원고의 주장사실이 모두 인정된다는 가정 하에 판단하면 된다.[84)]

이에 반하여 관할의 원인이 본안의 내용과 관계없이 법원과 특수관계에 의하여 정하여지는 경우, 예컨대 관할에 대한 합의 유무, 관할구역 내에 주소 · 거소 또는 재산의 존재여부, 불법행위지가 관할 구역 내인지 여부의 경우에는 증거조사를 하여야 한다.

직권조사에 의하여 관할을 판단한다고 하더라도 판단을 위한 자료를 어떠한 방법으로 수집할 것인가는 별개의 문제이다. 이에 대하여 민소법 32조는 직권조사의 가능성을 규정하고 있다. 직권으로 조사할 수 있다는 것은 법원이 직권으로

---

84) 대법원 2004.7.14. 자 2004무20 결정.

증거를 탐지·수집할 수 있다는 의미이지만 현재의 지배적 해석은 이 규정의 적용범위를 다음과 같이 제한하고 있다. 즉 직권탐지가 행해지는 것은 관할 중에서도 공익성이 강한 **전속관할**에 대해서만이고, 토지관할 등 임의관할에 대해서는 변론주의가 타당하다고 본다. 따라서 임의관할에 대해서는 그 판단을 위한 자료의 제출책임은 당사자에게 있고, 자백의 성립가능성도 있다. 현실적인 문제로서 피고가 임의관할 위반을 다투면서도 그 판단자료를 충분하게 제출하지 않는다면 변론주의에 따라 판단하면 될 것이다. 물론 변론주의가 적용되는 임의관할의 경우이든 직권탐지주의가 적용되는 전속관할의 경우이든 관할원인이 불명확하면 객관적 증명책임이 적용되어 관할원인의 존재를 주장하는 쪽에 불리한 판단이 내려질 것이다.

3. 관할결정의 표준시기

법원의 관할은 소를 제기한 때를 표준으로 정한다(33, 관할고정의 원칙). 따라서 소제기 시에 관할이 인정되면 그 후에 주소이전 등 사정변경이 있어도 관할에 영향이 없다. 소송 도중에 피고가 이사했다고 해서 법원의 관할이 없어지면 이미 개시된 절차가 무용지물이 되는 불합리가 초래되기 때문이다. 그러나 거꾸로 소제기 시에 관할이 없는 경우라도 사실심 변론종결시까지 변론관할 등에 의하여 관할원인이 생겼으면 관할위반의 흠은 치유된다.

4. 조사의 결과

관할권이 있으면 그대로 심리를 진행하며, 당사자간에 다툼이 있으면 중간판결(201)이나 종국판결의 이유에서 판단하면 된다. 조사결과 관할권이 없다고 판단되면 관할권 있는 법원으로 직권으로 이송한다(34①).

지급명령신청에 있어서 관할위반이 있는 경우에도 관할법원으로 이송하여야 하는가?

독촉절차의 경우에는 채무자의 보통재판적이 있는 곳의 지방법원 등에 지급명령을 신청할 수 있으나 관할을 위반한 경우에는 이송이 아니라 각하하여야 한다(465①).

Ⅸ. 소송의 이송

1. 의 의

소송의 이송이란 어느 법원에 일단 계속된 소송을 그 법원의 재판에 의하여 다른 법원으로 이전하는 것을 말한다. 소송의 이송은 다시 소를 제기함으로 인한 원고의 시간 · 노력 · 비용을 줄일 수 있고, 시효의 중단 및 제척기간 준수의 효력 등 소제기의 효과를 유지시켜 불의의 타격을 방지할 수 있다. 소송의 이송과 구별해야 할 개념에 '이부(移部)'가 있다. 이부는 동일법원 내에서 다른 재판부에 관련사건이 계속 중일 때 한 쪽으로 합치는 재배당절차에 불과하다.

'상소장의 송부'란 무엇인가?

소송의 이송과 구별해야 할 개념으로 '상소장의 송부'가 있다. 상소를 하려는 당사자는 원심법원에 상소장을 제출하여야 하는데(397①), 다른 법원에 상소장을 제출함으로써 상소법원이 상소장을 원심법원에 송부하는 경우가 이에 해당한다. 상소장의 송부는 사건이 법원에 계속된 상태도 아니고 법원의 재판으로 이송하는 것도 아니므로 소송의 이송과 구별된다. 이 경우에는 상소제기의 효력이 없고, 상소장의 송부는 사실행위일 뿐이므로 상소기간의 준수여부는 상소법원에 최초로 상소장이 제출된 때가 아니라 상소장이 원심법원에 송부되어 접수된 때를 기준으로 판단한다.[85) 다만 서울고등법원에 상고장을 제출할 의도였는데 서울중앙지방법원에 제출한 경우에는 접수처가 하나의 건물에 있어 혼동 · 착각에 의한 것이므로 예외적으로 상고제기기간의 준수여부를 서울중앙지방법원에 접수한 때를 기준으로 함이 타당하다는 판결이 있다.[86)]

2. 이송의 원인(이송요건)

가. 관할위반에 의한 이송(34①)

관할권이 없는 법원에서 있는 법원으로 소송을 옮기는 것을 말한다. 전속관할뿐만 아니라 임의관할에서도 변론관할이 생기지 아니하는 한 인정된다.

85) 대법원 1992.4.15. 자 92마146 결정; 대법원 1985.5.24. 자 85마178 결정; 대법원 2010.12.9. 선고 2007다42907 판결.
86) 대법원 1996.10.25. 자 96마1590 결정.

(1) 적용범위

1) 사물관할·토지관할위반의 소제기

사물관할이나 토지관할의 위반이 있는 경우에는 소송을 관할법원으로 이송하여야 한다. 다만 예외적으로 지방법원 합의부는 그 관할에 속하지 않는 사건이라도 상당한 경우에는 이송하지 않을 수 있지만(34③), 그 경우에도 전속관할 위반이라면 이송하여야 한다(34④).

2) 심급관할위반의 소제기

제1심법원에 소를 제기하여야 할 것을 상급심법원에 제기한 경우 또는 상급심법원에 제기할 소를 제1심법원에 제기한 경우 해당 심급 관할법원으로 이송한다. 예컨대 항소심의 확정판결에 대하여 재심의 소를 제기하려면 그 항소법원이 재심관할법원이므로 그곳에 제기해야 하는데, 제1심법원에 재심의 소를 제기하였다면 법원은 소를 각하할 것이 아니라 항소법원으로 이송하여야 한다.[87)]

3) 기록송부의 잘못

상소인이 상소장을 원심법원에 제대로 제출하였으나 법원이 정당한 상소법원이 아니라 다른 상소법원으로 기록을 잘못 송부한 경우에는 그 기록을 받은 법원은 정당한 상소법원으로 소송을 이송하여야 한다.[88)] 특별항고의 경우에 그 외관을 갖추지 못하였다고 하더라도 접수 받은 법원은 특별항고로 선해하여 대법원에 이송하여야 하며,[89)] 일반항고를 특별항고로 잘못 알고 특별항고장을 제출함으로써 대법원에 기록송부가 된 경우, 대법원은 사건을 관할 고등법원으로 이송하여야 한다.[90)]

4) 민사소송사항으로 혼동하여 소제기

가사소송사건을 민사소송사건으로 잘못 알고 민사법원에 소제기한 경우에는 이송하여야 한다는 것이 통설·판례[91)]이다. 행정사건의 경우에도 마찬가지이다(행소 7).[92)] 다만 행정소송의 경우에 전심절차 및 제소기간의 도과, 처분의 부존재

87) 대법원 1984.2.28. 선고 83다카1981 전원합의체 판결.
88) 대법원 2004.4.28. 자 2004스19 결정; 대법원 1995.1.20. 자 94마1961 전원합의체 결정.
89) 대법원 2016.6.21. 자 2016마5082 결정(이 경우에 항고법원이 항고심으로서 재판하였더라도 이는 결국 권한 없는 법원의 재판에 귀착된다).
90) 대법원 2011.5.2. 자 2010부8 결정.
91) 대법원 1980.11.25. 자 80마445 결정.

등 소송요건이 갖추어져 있지 않아 어차피 부적법한 경우에는 행정법원의 허가를 얻어 다른 행정소송으로 변경될 수 없는 한 각하하여야 한다.[93] 비송사건을 민사소송사건으로 혼동하여 제소한 경우에도 다수설은 관할법원으로 이송하여야 한다는 입장이지만, 소수설은 비송사건절차법에 의한 간이하고 경제적인 특별구제절차가 있음에도 불구하고 민사소송으로 제기한 경우에는 소의 이익(권리보호의 자격)이 없는 경우이므로 소를 각하하여야 한다고 본다.[94] 판례도 소수설과 같은 입장이다.[95]

5) 법원과 행정기관 사이

행정기관의 일종인 특허심판원에 제기할 것을 특허법원에 제기하였을 때에는 법원간의 이송이 아니므로 각하하여야 한다.[96]

(2) 직권이송

청구가 병합된 경우 사건 전체가 관할을 위반한 경우에는 소송전부를 이송하고, 일부가 전속관할에 해당되어 관련재판적이 인정되지 않을 때에는 그 일부만을 다른 법원에 이송한다. 관할위반에 의한 이송은 직권이송이다. 직권이송은 법문상 당사자에게 이송신청권을 인정하지 않으므로(민소법 34조 1항에는 다른 이송의 경우와는 달리 '당사자의 신청'이라는 문구가 없다), 당사자가 이송신청을 하더라도 이는 법원의 직권발동을 촉구하는 의미밖에 없다. 다만, 당사자에게 이송신청권이 없다

92) 다만, 행정소송법상 항고소송으로 제기하였어야 할 소를 민사소송으로 제기하였다 하더라도 그 항소심 법원이 항고소송에 대한 관할을 동시에 가지고 있다면, 당사자 권리구제나 소송경제의 측면에서 항고소송에 대한 제1심 법원으로서 사건을 심리·판단하여야 하고(대법원 1996.2.15. 선고 94다31235 전원합의체 판결; 대법원 2018.7.26. 선고 2015다221569 판결; 대법원 2020.1.16. 선고 2019다264700 판결), 행정사건 제1심판결에 대한 항소사건은 법원조직법 28조 1호에 의하여 고등법원에서 심판해야 하므로, 원고가 고의나 중대한 과실 없이 행정소송으로 제기하여야 할 사건을 민사소송으로 잘못 제기하고 단독판사가 제1심판결을 선고한 경우에도 그에 대한 항소사건은 고등법원의 전속관할이다(대법원 2022.1.27. 선고 2021다219161 판결).

93) 대법원 2009.9.17. 선고 2007다2428 전원합의체 판결; 대법원 2020.10.15. 선고 2020다222382 판결.

94) 김홍엽, 100쪽; 호문혁, 205쪽.

95) 대법원 2013.11.28. 선고 2013다50367 판결; 대법원 2013.3.28. 선고 2012다42604 판결(상법 제391조의3 제4항의 규정에 의한 이사회 의사록의 열람 등 허가사건은 비송사건절차법 제72조 제1항에 규정된 비송사건이므로 민사소송의 방법으로 이사회 회의록의 열람 또는 등사를 청구하는 것은 허용되지 않는다. 원심이 이 사건 소 중 이사회 의사록 열람·등사 청구 부분이 부적법하다고 판단한 것은 이러한 법리에 따른 것으로 정당하다).

96) 대법원 1994.10.21. 선고 94재후57 판결.

고 하여 관할위반이 있음에도 소송의 이송여부를 법원이 재량으로 결정할 수 있다는 의미는 아니다(34①).

나. 심판의 편의에 의한 이송

(1) 현저한 손해 또는 지연을 피하기 위한 이송(35)

이 경우의 이송은 관할위반에 의한 이송이 아니라 당해 법원에 관할권이 있음에도 현저한 손해 또는 지연을 피하기 위하여 다른 법원으로 이송하는 경우이다. 예컨대 1개의 소송에 대하여 갑·을 두 법원이 관할 법원일 때 원고가 갑 법원을 택하여 소제기를 하였지만, 갑 법원보다는 을 법원에서 재판하는 것이 손해 또는 지연을 피하는 길일 때에 을 법원으로 이송하는 것을 말한다.

'현저한 손해'는 주로 피고에게 비용증가·불편 등 소송수행상 부담이 생겨 소송불경제가 된다는 **사익적 측면**을 고려한 것이고, '지연'은 법원이 사건을 처리함에 있어 증인의 주소, 검증물의 소재지 등 증거조사상 시간과 노력이 크게 소요되어 소송촉진이 저해된다는 **공익적 측면**을 고려한 것이다.

이송은 신청 또는 직권으로 하며, 전속관할의 경우에는 이송이 허용되지 않는다. 판례는 양쪽 당사자의 부담의 증감관계, 심리의 대상과 방법 및 그에 따른 법원의 심리상 편의 등 사정을 종합적으로 비교·고량하여 이송여부를 결정하여야 한다는 입장이지만,[97] 이송을 인정하는 데 인색하다.[98]

---

97) 대법원 2007.11.15. 자 2007마346 결정.

98) 대전교도소에 수감된 원고가 피고 대한민국을 상대로 대전지방법원에 손해배상청구를 한 사안에서, 원고가 목포교도소로 이감되자 대전지방법원이 사건을 광주지방법원 목포지원으로 이송결정한 데 대하여, 원고는 증인들이 대전에 소재하고, 자신은 머지않아 다른 교도소로 이감될 예정이라는 이유로 이송결정이 부당함을 주장하였다. 대법원은 '현저한 손해'라 함은, 주로 상대방(피고) 측의 소송수행상 부담을 의미하는 것이기는 하지만 원고측의 손해도 도외시하여서는 안되고, 수형자의 민사소송 수행을 위한 장거리 호송에 소요되는 상당한 인적·물적 비용은 대한민국이 소송 상대방(피고)으로서 부담하는 것이 아니라 제1심 법원에 적극적으로 소를 제기한 수형자인 재항고인(원고)의 관리주체로서 부담하는 것이라 할 것인데, 이러한 행정적 부담까지 민소법 35조의 손해에 포함된다고 볼 수는 없다고 보아 원심결정을 파기하고 사건을 대전지방법원으로 환송하였다(대법원 2010.3.22. 자 2010마215 결정). 또한 현저한 손해라 함은, 물론 피고측의 소송수행상 부담을 주로 의미하는 것이기는 하나 원고측의 손해도 도외시하여서는 아니 된다 할 것이고, 피고측이 소송을 수행하는 데 많은 비용과 시간이 소요된다는 사정만으로는 같은 법 제35조에서 말하는 현저한 손해 또는 소송의 지연을 가져올 사유가 된다고 단정할 수 없다거나(대법원 1998.8.14. 자 98마1301 결정), 신청인이 소송을 수행하는데 많은 비용과 시간이 소요된다거나 관련사건이 다른 법원에서 따로 심리되므로 말미암아 결론을 달리하는 판결이 선고될 우려가 있다는 사정만으로는 손해나 지연을 피하기 위한 이송사유가 있다고 볼 수 없다는 판시도 있다(대법원 1979.12.22. 자 79마392 결정).

(2) 지법 단독판사로부터 같은 지법 합의부로의 이송(34②)

여기에서 상당하다고 인정하는 경우란 사건의 난이도나 복잡성, 관련사건의 합의부 계속 등의 사유를 말한다. 신청 또는 직권으로 이송하며, 소액사건의 경우도 여기에 해당한다. 다만 전속관할이 정해진 소의 경우에는 적용되지 않는다(34④).

(3) 지식재산권 등에 관한 소송의 이송(36)

여기에는 두 가지가 있다. ① 특허권 등을 제외한 지식재산권과 국제거래에 관한 소의 경우에는 민소법 24조 1항에 특별재판적이 마련되어 있으나, 원고가 일반원칙에 따라 고등법원이 없는 지방법원에 제기한 경우에 소송의 전부 또는 일부를 고등법원이 있는 지방법원으로 이송할 수 있도록 한 제도이다. 이는 전문재판부의 활성화 및 사건의 효율적 처리를 고려한 것이다. 당사자의 신청 또는 직권에 의하나, 이송으로 소송절차가 현저하게 지연된다면 이송하지 못한다(36① 단서). 전속관할인 때에도 이송이 허용되지 않는다(36②). ② 특허권 등 지식재산권에 관한 소의 경우에는 민소법 24조 2항에 따라 고등법원이 있는 지방법원의 전속관할이지만, 현저한 손해 또는 지연을 피하기 위해 필요한 경우 직권 또는 당사자의 신청에 따라 원래의 보통재판적과 특별재판적(2조 내지 23조)에 따른 지방법원으로 이송할 수 있다(36③). 소송과정에서 소송당사자의 피해를 방지하고 사법접근성을 보장하기 위한 규정으로 이해할 수 있다.

다. 반소제기에 의한 이송(269②)

본소가 단독사건인데 피고가 지방법원 합의부의 사물관할에 속하는 반소청구를 한 경우(예컨대 본소가 소송물가액 4억 6천만 원의 단독사건인데, 소송물가액 5억 1천만 원의 반소가 제기된 경우)에는 원고가 반소청구에 대하여 합의부에서 심리를 받는 이익을 박탈하지 않기 위해, 직권 또는 당사자의 신청에 의하여 본소와 반소를 일괄하여 합의부로 이송하여야 한다. 다만 원고가 반소청구에 관하여 관할위반의 항변을 하지 아니하고 본안에 관하여 변론을 하면 변론관할(30)이 생기므로 이송할 필요가 없다.

변론관할이나 합의관할이 성립한 경우에는 소송의 이송을 할 수 없는가?

변론관할이나 합의관할이 성립한 경우에도 소송의 이송을 할 수 있다. 심판의 편의에 의한 이송이 가능하기 때문이다.

3. 이송절차

가. 이송신청 및 재판

이송을 신청하는 이유를 밝혀 서면 또는 기일에 출석하여 말로 한다(규 10). 다만 앞에서 본 바와 같이 관할위반에 따른 이송신청권은 인정되지 않는다. 이송신청에 대한 재판은 결정으로 한다. 법원은 이송에 대한 결정을 하기에 앞서 신청에 의한 경우에는 이송신청인의 상대방에게 의견진술의 기회를 주어야 하며, 직권에 의한 경우에는 당사자의 의견을 들을 수 있다(규 11, 관할위반에 의한 경우는 제외).

나. 불복방법

이송결정시에는 이송신청인의 상대방이, 이송신청의 기각결정에 대하여는 이송신청인이 즉시항고를 할 수 있다(39). 그러나 관할위반에 의한 이송의 경우(34①)에는 당사자에게 이송신청권이 없으므로 법원의 이송신청 기각결정에 대하여 즉시항고나 특별항고가 허용되지 않는다. 따라서 법원은 당사자의 이송신청에 대하여 아무런 결정을 할 필요가 없는데, 그럼에도 법원이 **이송신청 기각결정을 한 경우**에 만약 신청인이 항고하였다면 이는 부적법한 항고이므로 각하하여야 한다는 것이 대법원의 입장이다(재항고의 경우에도 동일).[99] 한편, 법원이 당사자의 신청에 따라 직권발동으로 **이송결정을 한 경우**에는 신청인의 상대방에게 즉시항고가 허용되지만(39), 당사자에게 이송신청권이 인정되지 않는 이상 항고심에서 당초의 이송결정이 취소되었다 하더라도 이에 대한 신청인의 재항고는 허용되지 않는다는 것이 판례이다.[100] 생각건대, 관할위반에 의한 이송의 경우에도 관할 있는 법원에서 재판받을 피고의 이익이 보호되어야 하므로 이송신청권과 즉시항고권을 명문화할 필요가 있다.[101]

---

99) 대법원 1993.12.6. 자 93마524 전원합의체 결정; 대법원 1996.1.12. 자 95그59 결정(특별항고도 항고의 이익이 없다).

100) 대법원 2018.1.19. 자 2017마1332 결정.

101) 일본은 당사자의 신청으로도 가능하도록 규정되어 있다(日民訴 16①).

4. 이송의 효과

가. 구속력(기속력)

소송을 이송받은 법원은 이송결정에 따라야 한다(38①). 즉 잘못된 이송이라고 하더라도 다시 이송한 법원으로 되돌리는 반송이나 다른 법원으로 넘기는 전송을 할 수 없다(38②). ① 민소법 38조는 소송지연을 막고 당사자의 곤혹을 덜어주기 위한 규정이고 전속관할을 제외하고 있지 않으므로 전속관할을 위반하여 이송된 경우에도 구속력이 있다고 보는 견해가 일반적이다. 이에 대하여, 전속관할위반은 절대적 상고이유(424①(3))가 되는 점 등을 들어 전속관할법원으로 다시 이송해야 한다는 견해가 있다.[102] 판례는, 전속관할을 위반한 이송의 경우에도 예외일 수 없고, 심급관할을 위배하여 이송한 경우에는 이송결정의 기속력이 이송받은 상급심 법원에도 미친다고 한다면 당사자의 심급의 이익을 박탈하여 부당할 뿐만 아니라, 이송을 받은 법원이 법률심인 대법원인 경우에는 직권조사사항을 제외하고는 새로운 소송자료의 수집과 사실확정이 불가능한 관계로 당사자의 사실에 관한 주장・입증의 기회가 박탈되는 불합리가 생기므로 심급관할을 위배한 이송결정의 기속력은 이송받은 상급심 법원에는 미치지 않지만(즉 심급관할을 위반하여 상급심으로 이송한 경우에는 대법원을 포함한 모든 상급심이 기속되지 아니함), 그 기속력이 이송받은 하급심 법원에도 미치지 않는다고 한다면 사건이 하급심과 상급심 법원 사이에 반복하여 전전이송되는 불합리한 결과를 초래하게 될 가능성이 있어 이송결정의 기속력을 인정한 취지에 반할뿐 아니라 민사소송의 심급구조상 상급심의 이송결정은 특별한 사정이 없는 한 하급심을 구속한다는 법리에도 반하게 되므로 심급관할을 위배한 이송결정의 기속력은 이송받은 하급심 법원에는 미친다고 하였다.[103] ② 이송 받은 뒤에 소의 변경 등으로 새로 전속관할이 생긴 경우에는 구속력이 미치지 않으므로 다시 다른 법원으로 사건을 이송할 수 있다.

나. 소송계속의 이전

이송결정이 확정되었을 때에는 소송은 처음부터 이송을 받은 법원에 계속된

102) 송상현・박익환, 115쪽.

103) 대법원 1995.5.15. 자 94마1059 결정; 대법원 2009.4.15. 자 2007그154 결정. 판례에 반대하여, 심급관할을 위반한 이송결정은 상급심과 하급심 모두에게 기속력이 발생하지 않으므로 이송해야 한다는 견해도 있다(김홍엽, 109쪽; 한충수, 89쪽).

것으로 본다(40①). 이 점에서 '상소장의 송부'와는 다르다. 따라서 처음 소제기에 의한 시효중단, 기간준수의 효력은 법원이 바뀌어도 그대로 유지된다(소송계속의 일체성).[104] 이송 전에 행한 소송행위는 이송 후에도 유효하지만 법관이 바뀌었으므로 변론을 갱신하여야 한다(204②).

다. 소송기록의 송부

이송결정이 확정되면 이에 따르는 사실상 조치로서 그 결정의 정본을 소송기록에 붙여 이송 받을 법원에 보내야 한다(40②). 이송결정이 확정된 뒤라도 소송기록이 이송법원에 있는 동안에는 급박한 사정이 있을 때에는 직권이나 당사자의 신청에 의하여 증거조사나 가압류·가처분 등의 필요한 처분을 할 수 있다(37).

104) 대법원 2007.11.30. 선고 2007다54610 판결.

제2장
당 사 자

제1절 당사자의 확정

Ⅰ. 당사자의 의의

1. 당사자대립주의

소송절차에서는 서로 대립하는 두 당사자의 존재가 반드시 필요하다. 이 점이 비송사건과 다르다. 따라서 절차보장이나 변론주의 등을 적용함에 있어서도 항상 양 당사자의 이익을 고려하여야 하며, 소송계속 후에 상속이나 합병 등의 사유에 의하여 일방 당사자의 지위가 상대방 당사자에게 승계되면 소송계속도 소멸하게 된다.

물론 다수당사자소송과 같이 어느 한쪽 또는 양쪽 당사자가 여러 명이 될 수도 있고 독립당사자참가소송과 같이 세 당사자 사이에 소송법률관계가 성립하는 경우도 있지만, 기본이 되는 것은 양 당사자 대립구조이다.

2. 형식적 당사자 개념

민소법상 당사자 개념에는 두 가지가 있다. 실체적 당사자개념과 형식적 당사자개념이 그것이다. 19세기까지의 독일 민소법학에서는 이행소송만을 염두에 두어 소송물인 실체적 권리·의무관계의 주체가 정당한 당사자이고, 이러한 실체적 권리·의무관계의 주체라고 주장하는 자가 당사자라는 실체적 당사자개념이 주를 이루었다. 즉 실체법상 법률관계를 소송법상 당사자론에 투영하는 방식이다. 예컨대 매매대금청구소송이라면 자기가 매도인이라고 주장하는 자가 원고이고, 원고에 의해 매수인이라고 주장되는 자가 피고가 된다. 이러한 실체적 당사자개념에 의하면 원고의 주장 자체로 매수인 아닌 자가 피고로 되어 있는 경우에는 청구기각판결이 아니라 소각하 판결을 하게 된다.

예컨대 원고 X가 Y를 상대로 자신이 A에 대한 채권자이고 Y(피고)는 A에 대한 채권자가 아니라는 확인의 소를 제기하는 경우에 채권채무관계의 실체적 귀속 주체는 X와 A이고 피고 Y가 아니므로 Y는 실체적으로 보면 당사자가 아니어서 이러한 확인의 소는 확인의 이익이 있더라도 소각하 판결을 해야 한다는 문제가 생긴다. 나아가 파산관재인 등과 같이, 본인의 소송대리인도 아니고 실체법상 권리의무의 주체(파산자)도 아닌 자가 당사자로서 소송을 수행하는 제3자 소송담당을 설명하기도 어렵게 된다. 19세기 말경까지 독일 소송법이론에서는 소송물인 권리관계의 주체가 당사자라는 실체적 당사자개념이 지배하고 있었으므로 위와 같이 타인간의 권리관계를 확인하는 소송이나 제3자 소송담당에서의 당사자를 당사자 개념의 범위 내로 포괄할 수 없는 난점이 있었다.

실체적 당사자개념은 위와 같은 결함으로 인하여 폐기되었고 오늘날에는 형식적 당사자개념이 통설이 되었다. 형식적 당사자개념에 의하면 당사자를 "그의 이름으로 소를 제기하는 자(원고) 또는 그의 이름으로 소제기를 받는 자(피고)"라고 형식적으로 파악함으로써 당사자 개념을 통일적으로 설명할 수 있게 되었다. 즉 소송상 당사자란 소를 제기하거나 소의 제기를 당함으로써 자기의 이름으로 판결을 받는 자를 말하는 것에 불과하므로, 참칭권리자를 상대로 한 소송과 같이 타인간의 권리관계를 확인하는 경우에 그 참칭권리자도 당사자(피고)가 되고, 파산관재인 · 선정당사자 · 선장 등 타인의 소송담당자는 소송상 대리인이 아니라 당사자이다. 이에 비하여, 다른 사람의 이름으로 판결을 구하는 법정대리인이나 소송대리인은 당사자가 아니며, 보조참가인은 소송에 관여하지만 자기의 이름으로 판결을 구하는 자가 아니므로 종된 당사자의 지위에 머문다.

형식적 당사자개념에는 문제가 없는가?

당사자의 개념을 형식적으로 파악하게 되면 당사자의 범위가 너무 넓어져 무익한 소송이 남발할 우려가 있다. 누가 당사자가 되어야 하는가에 대한 기준이 없기 때문이다. 이러한 사태를 방지하기 위하여 개발된 이론이 당사자적격이고, 넓게는 확인의 이익을 포함한 소의 이익도 여기에 포함된다(후술).

3. 당사자권

당사자의 소송절차상 지위는 최종적으로는 청구에 대하여 심판을 받는다는 것에 집약되어 있지만, 당사자에게는 공평하고 적정한 심판을 받기 위한 소송절차상 각종의 권리가 보장되어 있다. 이들 권리를 총칭하여 당사자권이라고 한다. 여기에는 이송신청권(34조 1항 제외), 제척·기피신청권, 소송대리인 선임권, 소장·판결의 송달을 받을 권리, 기일지정 신청권, 기일통지를 받을 권리, 구문권, 소송절차에 관한 이의권, 소송기록열람권, 심판의 대상을 정하는 권리, 소의 취하나 청구의 포기·인낙, 재판상 화해 등 소송의 처분권, 변론권, 상소권 등이 열거된다.

위와 같이 당사자권에는 여러 내용의 권리가 포함되어 있지만, 그 성질에 따라 크게 나누어 본다면, ① 심판의 대상을 정하고 소송의 개시·종료를 결정하는 권능, ② 소송절차상 공평하게 공격방어를 할 수 있는 권능의 두 가지로 나눌 수 있다. 이들 권리는 헌법 10조의 인간으로서의 존엄과 가치에서 보장된 권리이며, 헌법 27조 1항의 법률에 의한 재판을 받을 권리에서 파생되어 민소법에서 구체적으로 규정하고 있다. 따라서 당사자권이 소송절차에서 충분히 보장되지 못하였다면 손해배상이나 상소 또는 재심의 이유가 되기도 하고, 소송의 비송화에 대한 한계를 설정하는 기준이 되기도 한다.

4. 당사자와 관계된 개념 상호간의 관계

당사자와 관계된 개념으로는 당사자의 확정, 당사자능력, 소송능력 및 당사자적격 등이 있다. 형식적 당사자개념을 전제로 하여 누가 누구에 대하여 소송상 청구를 하는가를 확정하는 것이 당사자 확정의 문제이다. 당사자가 확정되어야 그 당사자에게 본안판결을 하는 것이 허용되는지 여부를 고려할 수 있다. 이것이 소송요건의 문제인데, 당사자능력, 소송능력 및 당사자적격이 여기에 속한다. 당사자능력이란 민사소송에 있어서 당사자로 될 수 있는 일반적인 자격이고, 소송능력이란 당사자가 스스로 유효하게 소송행위를 하거나 받기 위하여 필요한 능력을 말한다. 당사자적격이란 특정한 소송상 청구에서 당사자로서 소송을 수행하고 본안판결을 구할 수 있는 자격을 말한다.

Ⅱ. 당사자의 확정

1. 의 의

소의 제기에서 시작하여 판결의 확정에 이르기까지 소송절차는 당사자를 중심으로 진행된다. 따라서 당사자는 소송의 개시와 관련하여 소장의 송달, 관할, 제척 및 기피 등을 결정하는 기준이 되고, 소송의 종료와 관련하여 누구에게 확정판결 등의 효력을 받게 할 것인가에 대한 기준이 되기 때문에 우선 누구를 당사자로 볼 것인지를 확정할 필요가 있다.

2. 당사자 확정의 기준에 관한 학설

19세기까지는 소송목적인 권리·의무관계의 주체인 사람을 당사자로 보는 실질적 당사자 개념을 전제로 하여 당사자를 확정하려는 실체법설이 있었으나, 현재는 형식적 당사자개념을 전제로 당사자를 확정하려는 견해가 지배적임은 앞서 살펴보았다. 다만, 형식적 당사자 개념 하에서도 당사자를 어떻게 확정할 것인가를 두고 학설이 나뉘어 있다.

(1) 의사설

원고나 법원이 당사자로 삼으려는 사람이 당사자라는 설이다. 예컨대 갑이 을을 상대로 제소하고 싶었으나 을의 성명을 병이라고 잘못 알고 소장에 피고를 병이라고 표시하였더라도 피고는 을이라는 견해이다. 이에 대하여는 누구의 의사를 기준으로 할 것인가가 문제되는데, 원고의 의사를 기준으로 한다면 원고 자신의 확정은 어떻게 할 것인지 분명하지 않고, 법원의 의사를 기준으로 한다면 처분권주의에 반한다는 비판이 있다.

(2) 행위설(행동설)

당사자로 행동하는 사람이 당사자라는 견해이다. 예컨대 갑이 병이라고 속이고 을을 상대로 소송을 진행하는 경우에 소장에는 병이라고 되어 있더라도 실제로 원고 행세를 한 갑이 원고라는 설이다. 이 견해에 대하여는 당사자다운 행동이 무엇인가가 분명하지 않다는 비판이 있다.

(3) 표시설

소장에 나타난 당사자의 표시를 기준으로 객관적으로 당사자를 확정하여야 한다는 견해이다(형식적 표시설). 위 각 예에서 모두 병이 당사자라는 입장이다. 오늘날에는 소장에 기재된 당사자의 표시뿐만 아니라 청구취지, 청구원인사실 등 소장의 전체 취지를 합리적으로 해석하여 당사자를 확정하여야 한다는 **실질적 표시**

설이 통설 · 판례이다. 물론 실질적 표시설에 의하더라도 당사자가 누구인지 불명확한 경우에 법원은 석명권을 행사하여 당사자를 명확히 한 후에 본안에 대하여 심리판단을 하여야 한다.[1)]

(4) 규범분류설

소송의 진행정도에 따라 당사자확정의 기준을 달리하자는 견해이다. 즉 민소법을 행위규범과 평가규범으로 나누어 지금부터 절차를 진행하는 상황에서는 실질적 표시설에 의하되(행위규범), 이미 행해진 소송행위의 효력을 평가하는 경우에는 실제로 절차에 관여할 기회, 즉 절차보장이 부여되었던 자를 당사자로 보아야 한다는 견해이다(평가규범).[2)] 이 견해에 대해서는 형식적 당사자개념을 절차의 진행에 따라 차별하는 이유가 분명하지 않다는 비판이 있다.

3. 당사자표시의 정정(변경)

실질적 표시설에 의하여 당사자를 확정하는 경우에, 당사자의 이름을 잘못 표시하였거나 누락하였다가 바로잡는 경우 및 애당초 당사자능력 또는 당사자적격이 없는 자를 당사자로 잘못 표시한 것이 분명한 경우에는 당사자의 **표시**를 정정할 필요가 있는데, 판례도 당사자능력이 없는 자를 당사자로 표시한 경우와 같이, 당사자표시의 정정이 필요한 경우에 법원이 정정 조치를 취하지 않고 바로 소를 각하하여서는 안 된다고 판시하였다.[3)] 당사자 표시정정신청을 받은 법원으로서는 당사자를 확정한 연후에 원고가 정정신청한 당사자 표시가 확정된 당사자의 올바른 표시이며 동일성이 인정되는지 여부를 살피고, 그 확정된 당사자로 표시를 정정하도록 하는 조치를 취하여야 한다.[4)] 이와 같이, 당사자**표시**의 정정(변경)은 정정 전후의 당사자가 동일한 경우에 한하며, 동일성이 인정되지 않는 당사자(피고)로 변경하는 것은 당사자 변경의 한 유형인 피고의 경정(260)이지,[5)] 당사자표시정정(변경)의 문제가 아니다.[6)]

---

1) 대법원 1987.4.14. 선고 84다카1969 판결.
2) 新堂幸司, 『新民事訴訟法(第六版)』, 弘文堂, 2019, 137面.
3) 대법원 2001.11.13. 선고 99두2017 판결.
4) 대법원 2021.6.24. 선고 2019다278433 판결(비법인사단이 원고로 된 경우, 법원은 직권으로 단체의 실체를 파악하여 당사자능력의 존부를 판단하여야 한다).
5) 당사자 중 원고를 추가하는 경우는 필수적 공동소송인의 추가(68)와 예비적 · 선택적 공동소송인의 추가(70①)가 있으나, 원고를 교체하는 경우는 민소법에 규정이 없어 학설상 피고의 경정규정(260)의 유추적용에 대하여 찬반론이 있으나, 판례는 이를 인정하지 않는다.

(1) 명백히 잘못 표시된 당사자를 정정하는 것

소장에 가족관계등록부, 주민등록표, 법인등기부 · 부동산등기기록 등 공부상 기재에 비추어 당사자의 이름을 잘못 기재하거나 누락한 것이 명백한 경우에는 당사자표시정정이 허용된다. 판례도 '학성이씨 월진파 종중'에서 '학성이씨 월진파 시진공 종중'으로 표시를 바꾸는 것과 같이 공동선조가 동일한 경우 그 명칭을 정확하게 하기 위하여 정정하는 것을 허용하였다.[7]

(2) 당사자능력 또는 당사자적격이 없는 자를 당사자로 잘못 표기한 것이 명백한 경우

① 예컨대 점포주 대신 점포 자체, 민사소송에서 대한민국 대신에 관계행정관청, 본점 대신에 지점, 학교법인 대신에 학교[8]를 기재한 경우처럼 **당사자능력**이 없는 자를 당사자로 잘못 표시한 경우에 당사자표시정정이 허용된다. 판례는 전국운수노동조합 전북지부 정읍미화분회가 전라북도 항운노동조합으로 편입되어 법인격이 없어졌으므로 위 항운노동조합으로의 당사자표시정정은 적법하다고 하였다.[9] 또한 판례는 피고의 사망사실을 몰랐던 원고가 사망자를 피고로 삼아 소를 제기한 경우에는 소제기 후에 사망자의 상속인으로의 당사자표시정정을 허용하였는데,[10] 이 판례가 의사설의 입장이라는 견해도 있다.[11] 그러나 이후 대법원은 피고의 사망사실을 알고 있었지만 피고의 상속인이 누구인지 알 수 없어 우선 피상속인을 상대로 소를 제기한 경우에, '당사자가 누구인지는 소장에 기재된 표시 및 청구의 내용과 원인 사실 등 소장의 전취지를 합리적으로 해석하면' 처음부터 실질적인 피고는 사망자의 상속인이므로 소송계속 중 상속인을 확인한 다음 이들을 피고로 하는 표시정정신청을 할 수 있다고 판시함으로써,[12] 전체적으로 실질적 표

---

6) 대법원 2012.7.26. 선고 2010다37813 판결(당사자표시변경은 당사자로 표시된 자와 동일성이 인정되는 범위 내에서 표시만을 변경하는 경우에 한하여 허용되는 것인데, 갑 회사와 을 회사는 법인격의 동일성이 있다고 볼 수 없으므로 당사자표시변경의 대상이 된다고 볼 수 없다).

7) 대법원 1967.11.28. 선고 67다1737 판결.

8) 학교는 교육시설, 유치원은 유치원시설의 명칭으로서 민사소송에서 당사자능력이 인정되지 않는다(대법원 2019.3.25. 자 2016마5908 결정; 대법원 2019.11.15. 선고 2019다247712 판결). 노인요양원이나 노인요양센터는 노인의료복지시설의 명칭으로서 당사자능력이 인정되지 아니한다(대법원 2018.8.1. 선고 2018다227865 판결).

9) 대법원 1999.11.26. 선고 98다19950 판결.

10) 대법원 2006.7.4. 자 2005마425 결정.

11) 이시윤, 138쪽; 정영환, 254쪽.

12) 대법원 2011.3.10. 선고 2010다99040 판결.

시설의 입장에 있다고 봄이 타당할 것이다.[13] ② 또한 **당사자적격**이 없는 자를 당사자로 잘못 표시한 경우에도 당사자표시정정이 인정된다. 판례는 피고를 회생채무자로 표시하였으나 원고가 회생채무자에 대한 회생절차개시결정이 된 사실을 알았더라면 그 관리인(소송담당)을 피고로 표시하여 청구하였을 것으로 짐작된다면 원고는 단지 소장상 피고의 표시를 당사자적격이 없는 자로 잘못 표시하였음에 지나지 않으므로 피고표시정정을 허용하여야 한다고 하였고,[14] 갑 등 83명이 갑을 선정당사자로 선정하여 제기한 경우에, 제1심이 이 사건 원고의 표시를 '대한예수교장로회 순천순광교회 대표자 담임목사 갑'에서 '원고(선정당사자) 갑'으로 변경한 것은 당사자의 동일성이 인정되는 범위 내에서의 당사자표시정정에 지나지 않는다고 판시하였다.[15]

(3) **당사자 변경(경정)과의 차이**

위에서 본 바와 같이, 당사자표시의 정정은 당사자의 동일성이 유지되는 범위 내에서만 인정되므로 당사자의 동일성이 없는 피고의 경정(260, 261)과는 다르다. 피고의 경정은 당사자 변경의 한 유형이다. 판례는 소장제출 시 원고를 '주식회사 A백화점 대표이사 B'라고 기재하였다가 당사자 선정에 착오를 일으켰다는 이유로 나중에 원고를 'B'로 당사자표시정정을 신청하는 것은 실질적으로 당사자가 변경되는 것이므로(회사 A에서 개인 B로) 허용할 수 없다고 하였다.[16] 또한 종회의 대표자 개인을 그 종회 자체로 변경하거나,[17] 단체의 명칭을 정정함으로 인하여 종중에서 종중유사단체로 변경되거나,[18] 종중의 공동선조를 달리 주장하는 경우에도 당사자가 변경되는 것이므로 허용되지 않는다고 본다.[19] 나아가 회사 대표이사가

---

13) 김홍엽, 114쪽.

14) 대법원 1999.1.26. 선고 97후3371 판결. 나아가 대법원은 A에 대하여 회생절차를 개시하면서 별도로 관리인을 선임하지 아니하고 A를 관리인으로 본다는 내용의 회생절차개시결정이 있은 후 B 주식회사가 A를 상대로 사해행위 취소의 소를 제기한 사안에서, 원심으로서는 B회사를 상대로, A를 채무자 본인으로 본 것인지 아니면 관리인으로 본 것인지에 관하여 석명할 필요 없이 관리인의 지위에 있는 A를 상대로 소를 제기한 것으로 보고 관리인으로서 A의 지위를 표시하라는 취지로 당사자 표시정정의 보정명령을 내렸어야 하는데도, 그와 같은 조치를 취하지 않고 A가 당사자적격이 없다는 이유로 소를 각하한 원심판결에 법리오해 등의 잘못이 있다고 판시하였다(대법원 2013.8.22. 선고 2012다68279 판결).

15) 대법원 1996.12.20. 선고 95다26773 판결.

16) 대법원 1986.9.23. 선고 85누953 판결.

17) 대법원 1996.3.22. 선고 94다61243 판결.

18) 대법원 1994.5.10. 선고 93다10866 판결.

19) 대법원 1994.10.11. 선고 94다19792 판결. 다만 종중의 법적 성격에 관한 당사자의 법적 주장

개인 명의로 소를 제기한 후 회사를 당사자로 추가하면서 개인 명의의 소를 취하하는 방법으로 당사자 표시정정의 효과를 얻고자 하는 경우에도 이는 결과적으로 당사자가 변경되는 것이므로 허용되지 않는다고 본다.[20]

피고의 경정과 당사자표시정정의 소송법상 효과의 차이는 무엇인가?

피고의 경정은 새로운 피고가 소송에 개입하는 경우이므로 그의 심급의 이익을 보호하기 위하여 제1심 변론종결시까지만 허용하지만(260①), 당사자표시정정의 경우에는 당사자의 동일성이 인정되기 때문에 심급의 이익과 무관하므로 상급심에서도 허용된다.[21] 마찬가지 이유로 피고의 경정은 경정신청서를 법원에 제출한 때에 새로운 피고에 대한 시효중단·기간준수의 효과가 발생하지만(265), 당사자표시정정은 당초 소제기로 인한 시효중단·기간준수의 효과가 표시정정 후에도 그대로 유지된다. 나아가 소송에서 피고의 표시를 바꾸면서 피고경정의 방법을 취하였다 하더라도 변경 전후 당사자의 동일성이 인정되어 표시정정의 대상으로서의 성질을 지닌다면 피고표시정정으로서의 법적성질 및 효과를 잃지 않는다.[22]

(4) 당사자표시정정 없이 행한 판결의 효력

당사자가 동일한지 여부에 대하여는 석명을 통하여 확정하여야 한다. 소장 표시로 보아 당사자능력이 없어도 소장 전체의 취지를 합리적으로 해석할 때에 당사자능력자로 고칠 수 있는 경우에는 바로 소를 각하할 것이 아니라 민소법 59조(소송능력 등의 흠에 대한 조치)를 유추적용하여 표시정정의 형태로 당사자능력자로의 보정을 시켜야 한다.[23] 또한 비록 소장의 당사자 표시가 착오로 잘못 기재되었음에도 소송계속 중 당사자표시정정이 이루어지지 않아 잘못 기재된 당사자를 표시한 본안판결이 선고·확정된 경우에 그 확정판결을 당연무효라고 볼 수는 없고, 그 확정판결의 효력은 잘못 기재된 당사자와 동일성이 인정되는 범위 내에서

이 무엇이든 실체에 관하여 당사자가 주장하는 사실관계의 기본적 동일성이 유지되고 있다면 법적 주장의 추이를 가지고 당사자변경에 해당한다고 할 것은 아니다(대법원 2016.7.7. 선고 2013다76871 판결).

20) 대법원 1998.1.23. 선고 96다41496 판결.

21) 대법원 1978.8.22. 선고 78다1205 판결; 대법원 2021.6.24. 선고 2019다278433 판결.

22) 대법원 2009.10.15. 선고 2009다49964 판결(채권자가 채무자의 사망 이후 그 1순위 상속인의 상속포기 사실을 알지 못하고 1순위 상속인을 상대로 소를 제기하였다가 실제 상속인을 피고로 하는 피고경정신청을 한 경우). 다만 이 판결에 대해서는, 채권자가 상속포기한 1순위 상속인을 상대로 소송을 진행하였다면 소각하가 아니라 청구기각판결이 선고되었을 것이라는 점을 고려해보면 의문이 남는다.

23) 대법원 2013.8.22. 선고 2012다68279 판결.

실제 당사자에 대하여 미친다고 보아야 한다.[24] 다만 당사자능력이 있는 자인데 그 표시만 잘못 기재한 경우와 달리, 소제기 당시 이미 사망하였거나 당사자능력 자체가 흠결된 자를 상대로 소를 제기한 경우에 당사자표시정정 없이 그대로 판결이 선고되었다면 당연무효이다.[25]

4. 성명모용소송

(1) 의 의

성명모용소송이란 A가 갑 이름으로 소를 제기하여 소송을 수행하거나(원고측 모용), 을을 상대로 한 소송에 A가 을인 것처럼 소송을 수행하는 경우(피고측 모용)처럼 모용자가 피모용자의 명의를 차용 내지 도용하여 소송수행을 하는 것을 말한다. 일종의 대역(代役)소송이라고 할 수 있다.

(2) 성명모용소송과 재판

의사설에 의하면 원고측이 모용된 경우에는 모호하나, 피고측이 모용된 경우에는 원고의 의사대로 피모용자인 을이 당사자가 되므로 그에게 판결의 효력이 미친다고 본다.

행동설(행위설)에 의하면 모용자 A가 당사자로 되므로 피모용자 갑 또는 을에게 판결의 효력이 미치지 아니한다고 본다.

표시설에 의하면 갑과 을이 당사자이고, A는 당사자가 아니다. 따라서 소송계속 중 모용사실이 **밝혀진 경우에는** 원고측이 모용되었으면 무권대리인의 행위와 같이 피모용자가 그 소를 추인하지 않는 한 부적법 각하하여야 하며, 소송비용은 모용자가 부담한다(108). 피고측이 모용되었으면 모용자의 소송관여를 배척하고 피모용자에게 새로 변론기일 통지를 하여야 한다. 만약 소송계속 중 모용사실이 **밝혀지지 않은 채 본안판결이 선고된 경우에는** 그 판결은 피모용자에게 미치므로 확정 전이면 상소(424①⑷), 확정 후이면 재심(451①⑶)으로 취소를 구해야 한다. 다만 피모용자에게 유리한 판결일 때에는 피모용자가 그 판결을 자신에 대한 것

---

24) 대법원 2011.1.27. 선고 2008다27615 판결. 대법원은 임야의 소유자인 갑이 매도증서에 자신의 성명을 을로 잘못 기재함에 따라 임야에 관한 등기기록 및 구 토지대장에도 소유명의자가 을로 잘못 기재된 본건 사안에서, 위 등기기록상 소유명의자인 을을 상대로 진정명의회복을 원인으로 한 소유권이전등기절차의 이행을 구하는 소송을 제기하여 공시송달에 의하여 받은 승소확정판결의 효력이 동일한 당사자로 인정되는 갑에게 미친다고 하였다.

25) 대법원 1980.5.27. 선고 80다735 판결.

으로 원용할 수 있을 것이다.[26)]

규범분류설에 의하면 피모용자는 절차상 소송수행의 지위와 기회가 보장된 바 없기 때문에 판결의 효력을 받지 않는다. 그러나 이때에도 피모용자는 상소 또는 재심의 이익이 있다고 본다.

판례는 표시설의 입장에서 피모용자가 피고인 경우에 피모용자는 판결 확정 전에는 상소, 판결 확정 후에는 재심의 소(451①(3))로써 불복을 신청할 수 있다고 본다.[27)] 그러나 판례는 이러한 원칙에 대하여 예외를 인정한다. 즉 원고가 상대방의 주소를 허위로 기재함으로써 그 허위주소로 소송서류가 송달되어 그로 인하여 상대방 아닌 다른 사람이 그 서류를 받아 의제자백의 형식으로 원고 승소의 판결이 선고되고 그 판결정본 역시 허위의 주소로 보내어져 송달된 것으로 처리된 경우에는 상대방에 대한 판결의 송달은 부적법하여 무효라 할 것이므로 상대방은 아직도 판결정본의 송달을 받지 않은 상태에 있어 이에 대하여 **상소**를 제기할 수 있을 뿐만 아니라 만약 위 판결에 기하여 부동산에 관한 소유권이전등기나 말소등기가 경료된 경우에는 **별소**로서 위 등기의 말소를 구할 수도 있다고 하였다.[28)] 이러한 판례는 피모용자인 피고의 입장에 볼 때, 표시설에 의한 해결인 재심에 의한 취소보다 권리구제의 범위를 더 넓혔다는 데 의미가 있다.[29)]

5. 사망자를 당사자로 한 소송

(1) 소제기 전에 사망한 경우

표시설에 의하면 사망한 자를 상대로 소를 제기한 경우 당사자 일방이 부재하여 대립당사자주의가 충족되지 아니하므로 소는 부적법 각하의 대상이다.[30)] 나아가 소송계속이 되기 전에 이미 사망하였으므로 소송계속 중 사망한 경우와는 달리, 상속인들에 의한 소송수계도 허용되지 않는다(233). 법인격 소멸 후 법인을

---

26) 이시윤, 143쪽.
27) 대법원 1964.3.31. 선고 63다656 판결.
28) 대법원 1995.5.9. 선고 94다41010 판결; 대법원 1981.3.24. 선고 80다2220 판결; 대법원 1992.4.24. 선고 91다38631 판결; 대법원 1978.5.9. 선고 75다634 전원합의체 판결. 이 판례들은 원고가 피고의 주소를 허위로 적어 송달불능되게 한 뒤 공시송달 신청을 함으로써 법원으로 하여금 피고에 대한 판결정본을 **공시송달**로 처리하게 한 경우에는 송달 자체는 유효하여 판결이 확정되므로 추후보완항소 또는 재심의 소로 구제하여야 한다는 판례(대법원 1994.10.21. 선고 94다27922 판결; 대법원 1985.7.9. 선고 85므12 판결)와 구별하여야 한다.
29) 강현중, 200쪽.
30) 대법원 1990.10.26. 선고 90다카21695 판결; 대법원 2015.8.13. 선고 2015다209002 판결.

상대로 한 소송도 같다.[31] 사망여부에 대한 조사는 법원의 직권조사사항이다. 이를 간과하고 본안판결을 하였을 때에는 판결이 확정되어도 당연무효이고 상소나 재심의 대상이 되지 않는 것이 원칙이다.[32]

그러나 이에 대해서는 예외가 있다. 앞에서도 살펴본 바와 같이, 판례는 원고가 소제기 전에 피고가 이미 사망한 사실을 모르고 소를 제기한 경우[33]뿐만 아니라, 피상속인의 사망사실을 알고서도 상속인을 알 수 없어 피상속인을 피고로 하여 제소한 경우에도 피고는 처음부터 (상속포기를 하지 않은) 상속인[34]이고 소장의 표시에 잘못이 있었던 것에 불과하므로 당사자표시를 정정할 수 있다는 입장인데,[35] 이는 소제기로 인한 소멸시효 중단이나 제소기간 준수의 효과를 상속인에게 발생시키는 것이 바람직하다는 현실적인 요청에 의한 것이라고 할 수 있다.[36]

또한 소송대리인에게 소송위임을 한 다음 원고가 사망하였는데 소송대리인이 이를 모르고 사망한 당사자를 원고로 표시하여 소를 제기하였다면 이러한 소의 제기는 적법하고 시효중단 등 소제기의 효력은 상속인들에게 귀속한다는 것이 판례이다.[37] 원고가 사망하더라도 소송대리인의 소송대리권은 소멸하지 않기 때문이라는 것이 그 이유이지만(95(1)), 당사자능력이 없는 자도 소를 제기할 수 있는 예외를 인정한다는 점에서 소송절차의 안정성, 획일성에 반한다는 비판이 있다. 위 판례에 의하면 이 경우에는 민소법 233조 1항이 유추적용되어 사망한 사람의 상속인이 그 소송절차를 수계하여야 한다는 입장이지만, 수계 없이 판결이 선고되어도 그 판결은 유효하므로 상속인이 불복 항소한다면 그 시점에서 수계절차를 거치면 되고 제1심 소송절차 내에서 수계할 의무가 있다고 볼 수는 없다.[38]

원고가 피고의 사망사실을 간과하여 소를 제기한 경우에 사망한 사람의 상속인이 현실적으로 소송에 관여하여 소송수행을 한 경우에는 신의칙상 상속인에게

---

31) 이러한 법리는 회생절차 또는 파산의 경우에도 동일하게 적용된다(대법원 2017.5.17. 선고 2016다274188 판결; 대법원 2018.6.15. 선고 2017다289828 판결).
32) 대법원 1980.5.27. 선고 80다735 판결; 대법원 2000.10.27. 선고 2000다33775 판결.
33) 대법원 2014.10.2. 자 2014마1248 결정.
34) 상속인으로 당사자표시정정을 하였으나 그가 상속포기신고를 한 경우 그 다음 순위의 상속인으로 당사자표시정정을 하는 것도 가능하다(대법원 2006.7.4. 자 2005마425 결정).
35) 대법원 2011.3.10. 선고 2010다99040 판결.
36) 박재완, 69쪽.
37) 대법원 2016.4.29. 선고 2014다210449 판결.
38) 대법원 1972.10.31. 선고 72다1271 판결(당사자가 사망하더라도 소송대리인이 있어 소송절차가 중단되지 않은 경우에 상속인은 소송절차를 수계하지 못한다는 뜻으로 풀이될 수는 없다).

소송수행의 결과 및 판결의 효력을 인수하게 할 수 있다는 견해가 다수설이나,[39] 판례는 부정적이다.[40]

(2) **소제기 후 소송계속 직전에 사망한 경우**

소송계속은 피고에게 소장이 송달되어야 발생하므로 그 전에 피고가 사망한 경우에는 소제기 전에 사망한 경우와 마찬가지로 피고의 표시를 상속인 명의로 정정하여야 한다. 만약 소제기 후 소송계속 전에 피고가 사망하였음에도 상속인 명의로 표시정정 없이 제1심 판결이 선고되었다면 그 판결은 당연무효로서 더 이상의 항소나 소송수계신청은 부적법하며, 당사자표시정정도 허용되지 않는다는 것이 판례인데,[41] **원고**가 사망한 경우에도 마찬가지로 보고 있다.[42] 선고된 제1심 판결에 아무런 효력이 없다면 이에 대한 항소나 소송수계신청, 당사자표시정정도 모두 무의미하다는 취지이다.

(3) **소송계속 후 변론종결 전에 사망한 경우**

이 경우에는 일신전속적 권리관계에 관한 소송이 아닌 이상 상속인에게 당연승계되므로 소가 부적법해지지 않는다. 다만 소송수계사유(233)가 되므로 상속인이 그 소송상 지위를 수계할 때까지 소송절차가 중단되지만, 소송대리인이 있으면 소송절차가 중단되지 않는다(238).

중단사유가 있음에도 이를 간과하고 판결을 선고한 경우에도 당연무효는 아니며, 대리인에 의하여 적법하게 대리되지 않았던 경우와 동일하게 대리권의 흠을 이유로 확정 전이면 상소(424①(4)), 확정 후이면 재심(451①(3))에 의한 취소사유가 될 뿐이다.

한편 수계절차는 상소심이 아니라 원심에서만 수계절차를 결정하도록 규정하고 있지만(243②), 판례는 소송계속 중 당사자 일방의 사망에 의한 소송절차 중단

---

39) 이시윤, 144쪽; 정동윤 · 유병현 · 김경욱, 205쪽; 정영환, 260쪽.

40) 대법원 2017.5.17. 선고 2016다274188 판결(설령 지급명령이 상속인에게 송달되는 등으로 형식적으로 확정된 것 같은 외형이 생겼다고 하더라도 사망자를 상대로 한 지급명령이 상속인에 대하여 유효하게 된다고 할 수는 없다).

41) 대법원 2015.1.29. 선고 2014다34041 판결.

42) 대법원 2018.6.15. 선고 2017다289828 판결(원고와 피고의 대립 당사자 구조를 요구하는 민사소송법의 기본원칙상 사망한 사람을 피고로 하여 소를 제기하는 것은 실질적 소송관계가 이루어질 수 없어 부적법하다. 사망한 사람을 원고로 표시하여 소를 제기하는 것 역시 특별한 경우를 제외하고는 적법하지 않다).

을 간과하고 판결이 선고된 후 적법한 상속인들이 수계신청을 하여 판결을 송달받아 상고하거나 또는 사실상 송달을 받아 상고장을 제출하고 상고심에서 수계절차를 밟은 경우에도 그 수계와 상고를 부적법하다고 보아 각하해야 할 것은 아니라고 본다. 나아가 이 경우에 민소법 424조 2항을 유추하여 볼 때 당사자가 판결 후 명시적 또는 묵시적으로 원심의 절차를 적법한 것으로 추인하면 위와 같은 상소사유 또는 재심사유는 소멸한다고 하였다.[43]

또한 판례는 강제집행과 관련하여, 당사자가 사망하였음에도 불구하고 사망한 당사자 명의로 판결이 선고된 경우에는 소송대리인이 있어 소송절차가 중단되지 않은 경우에는 소송수계인을 당사자로 경정하면 되고,[44] 소송대리인이 없어 소송절차가 중단되었는데도 수계절차를 밟지 않은 경우에는 대리권 흠결을 이유로 상소 또는 재심에 의하여 취소되지 않는 한 승계인 명의로 승계집행문을 받아 강제집행을 할 수 있다는 입장이다.[45]

(4) 변론종결 후에 사망한 경우

이 경우에는 판결선고를 할 수 있고(247①), 사망자 명의로 된 그 판결은 변론종결 후의 승계인인 상속인에게 기판력이 미친다(218①). 다만 판결선고 전 사망하였다면 판결선고와 동시에 소송절차가 중단되므로 상속인에 대한 상소기간이 진행될 수 없다(243②, 247②).[46]

6. 법인격부인과 당사자의 확정

(1) 법인격부인의 의의

기존회사가 채무면탈의 목적으로 기업의 형태·내용이 기존회사와 실질적으로 동일한 신설회사를 설립하였다면 신설회사의 설립은 기존회사의 채무면탈이라는 위법한 목적을 위하여 회사제도를 남용한 것이므로 기존회사의 채권자에 대하여 위 두 회사가 별개의 법인격이라고 주장하는 것은 신의칙상 허용되지 않는다. 이를 법인격부인론이라고 한다. 개인이 자신의 채무면탈을 목적으로 형식적으로 회사를 설립하여 지배주주가 되는 경우도 마찬가지이다.

---

43) 대법원 2003.11.14. 선고 2003다34038 판결.
44) 대법원 2002.9.24. 선고 2000다49374 판결.
45) 대법원 1998.5.30. 자 98그7 결정.
46) 대법원 2007.12.14. 선고 2007다52997 판결.

(2) 피고적격

법인격이 부인되는 경우 형식적 회사와 실질적 회사를 모두 피고로 할 수 있다. 즉 원고는 그중 하나 또는 그들 모두를 피고로 하여 소를 제기할 수 있다.[47] 모두를 피고로 하는 경우에는 연대채무관계 내지 부진정연대채무관계로 보아 통상공동소송의 형태가 된다.[48]

(3) 피고의 교체

형식적 회사에서 실질적 회사로 피고를 변경할 수 있는가에 대하여는 견해의 대립이 있다. 양 회사 사이에 당사자의 동일성이 유지되지 않으므로 당사자표시정정의 방법은 불가능하며, 법률에 규정이 없는 임의적 당사자변경은 허용되지 않는다는 전제 하에 피고경정의 요건을 갖춘 경우에는 이에 의할 것이라는 견해(피고경정설),[49] 법률에 규정이 없는 임의적 당사자변경도 허용된다는 전제 하에, 임의적 당사자변경의 방식으로 해야 한다는 견해(임의적 당사자변경설),[50] 일반적인 경우에는 임의적 당사자변경으로, 상대방에 대한 채무면탈을 목적으로 구회사와 인적 구성이나 영업목적이 실질적으로 같은 회사를 설립한 경우에는 예외적으로 당사자표시정정으로 가능하다는 견해(수정 임의적 당사자변경설),[51] 소송절차의 승계에 준하여 처리하는 것이 타당하다고 보는 견해(소송승계설)[52] 등이 있다.

판례는 실체법상 법인격부인의 법리는 인정하면서도 변경 전·후의 당사자는 실체법상 별개의 독립한 책임주체로서 당사자의 동일성이 유지되지 않으므로 당사자표시정정의 방법은 불가능하다는 입장이다.[53] 이 경우 피고경정(260)의 방법을 생각해 볼 수는 있겠으나, 피고경정의 요건으로서 '원고가 피고를 잘못 지정한 것이 분명할 것'에 대한 판단은 소장의 청구취지나 청구원인의 기재내용 자체를 기준으로 하는 것이지, 증거조사를 거쳐 사실을 인정하고 그 인정사실에 터잡아 법률판단을 하여 보니 비로소 피고를 잘못 지정한 것으로 확인된 경우에는 여기

47) 대법원 2001.1.19. 선고 97다21604 판결; 대법원 2008.9.11. 선고 2007다90982 판결; 대법원 2010.1.14. 선고 2009다77327 판결; 대법원 2016.4.28. 선고 2015다13690 판결.
48) 김홍엽, 132쪽.
49) 김홍엽, 133쪽.
50) 송상현·박익환, 124쪽.
51) 김홍규·강태원, 195쪽; 이시윤, 142쪽.
52) 정동윤·유병현·김경욱, 208쪽.
53) 대법원 2003.3.11. 선고 2002두8459 판결.

에 포함되지 않으므로,[54] 본안심리의 결과 비로소 배후의 주체가 밝혀진 경우에는 피고의 경정도 허용되지 않는다고 본다.

나아가 판례는 갑 회사와 을 회사가 기업의 형태 · 내용이 실질적으로 동일하고, 갑 회사는 을 회사의 채무를 면탈할 목적으로 설립된 것으로서 갑 회사가 을 회사의 채권자에 대하여 을 회사와는 별개의 법인격을 가지는 회사라는 주장을 하는 것이 신의성실의 원칙에 반하거나 법인격을 남용하는 것으로 인정되는 경우에도, 권리관계의 공권적인 확정 및 그 신속 · 확실한 실현을 도모하기 위하여 절차의 명확 · 안정을 중시하는 소송절차 및 강제집행절차에 있어서는 그 절차의 성격상 을 회사에 대한 판결의 기판력 및 집행력의 범위를 갑 회사에까지 확장하는 것은 허용되지 않는다고 판시함으로써 형식적 회사에 대한 판결로 실질적 회사에 대하여 집행하기 위한 승계집행문의 부여를 허용하지 않고 있다.[55] 따라서 이러한 경우 처음부터 양쪽을 모두 공동피고로 삼아 소를 제기하는 것이 현명한 방법일 것이다.[56]

제2절 당사자능력 · 소송능력 · 변론능력

Ⅰ. 당사자능력

1. 의 의

당사자능력이란 민사소송에서 소송의 주체(원고 · 피고 등), 즉 당사자가 될 수 있는 일반적인 자격을 말한다.

당사자능력은 소송사건의 내용이나 성질에 관계없는 일반적인 자격이므로 구체적인 특정사건에서 정당한 당사자로서 본안판결을 받기에 적합한 자격을 뜻하는 당사자적격과 구별되며, 현재 계속 중인 소송의 당사자를 누구로 볼 것인가를 정하는 당사자확정의 문제와도 다르다.

당사자능력의 유무는 민법상 권리능력을 기준으로 하여 결정되는 것이 원칙이다(51). 민법상 권리능력은 자연인과 법인에게 인정된다. 따라서 자연인과 법인은

---

54) 대법원 1997.10.17. 자 97마1632 결정.
55) 대법원 1995.5.12. 선고 93다44531 판결.
56) 대법원 2019.12.13. 선고 2017다271643 판결; 대법원 2004.11.12. 선고 2002다66892 판결.

민사소송에서도 당사자능력이 있다. 그러나 민사소송에서는 어떤 자를 당사자로 하면 분쟁이 적절하게 해결될 것인가의 관점에서 민법상으로는 권리능력이 없는 법인 아닌 사단 · 재단에 대해서도 소송법상 당사자능력을 인정한다(52).

2. 당사자능력자

가. 자연인(민 3)

자연인은 민법상 생존하는 동안 권리와 의무를 지닐 수 있는 지위, 즉 권리능력을 가지므로 민소법상 당사자능력이 있다(51). 외국인도 당사자능력이 있으며, 재판권 면제자도 원고로서 소를 제기할 수 있고 재판권 면제를 포기하면 피고가 될 수 있다. 사람이 아닌 산, 바다, 강, 새, 물고기, 도롱뇽[57] 등은 당사자능력이 없다.

태아도 아직 사람이 아니므로 당사자능력이 없다. 다만 민법은 불법행위로 인한 손해배상청구(민 762), 재산상속(민 1000③), 대습상속(민 1001), 유증(민 1064) 등 일정한 경우에는 이미 출생한 것으로 본다고 규정하고 있는데, '이미 출생한 것으로 본다'는 의미가 태아에게 당사자능력을 인정하는 취지로 해석할 수 있는가가 문제된다. 이에 대하여 판례는 태아로 있는 기간에는 권리능력을 취득할 수 없고 설사 태아가 권리를 취득한다고 하더라도 현행법상 이를 대행할 기관이 없으므로 당사자능력이 없고, 살아서 출생한 때에 출생시기가 문제된 사건의 시기까지 소급하여 그때에 태아가 출생한 것과 같이 법률상 취급하는 것에 불과하다는 견해(정지조건설)를 취하고 있으나,[58] 태아에게도 증거보전과 집행보전의 필요성이 있는 점, 태아의 사망률이 낮아진 점 등을 고려하여 위 각 규정을 해석함에 있어 태아에게 당사자능력을 인정하여 법정대리인이 대리할 수 있도록 하자는 해제조건설이 다수설이다.

나. 법인(민 34)

법인(내국 · 외국 · 영리 · 비영리 · 사단 · 재단법인)은 정관의 목적범위 내에서 권리능력이 있으므로 그 범위 내에서 소송법상 당사자능력을 가진다. 따라서 법인이 해산 · 파산한 경우에도 정관의 목적을 벗어나지 않는 범위 내인 청산 · 파산의 목

---

57) 대법원 2006.6.2. 자 2004마1148,1149 결정.
58) 대법원 1976.9.14. 선고 76다1365 판결.

적 범위 내에서 청산이 종결될 때까지는 당사자능력이 있다.[59] 이는 법인 아닌 사단의 경우에도 동일하다.[60]

공법인인 국가 · 지방자치단체 · 영조물법인 · 공공조합 등도 민법상 권리능력이 있으므로 당사자능력이 있다. 그러나 국가의 기관인 행정청, 즉 국회, 농지위원회 등은 행정소송법상 피고능력은 있지만 민소법상 당사자능력은 없다.

법인의 기관인 학교장, 그 지방조직, 내부부서에 불과한 지점, 분회, 지방자치단체인 군의 하부행정구역인 읍 · 면 등은 당사자능력이 없다.

다. 법인이 아닌 사단 · 재단(52)

단체가 법인격을 취득하기 위해서는 법률에 규정된 요건을 갖추고 등기 · 등록 또는 신고 · 인가 · 허가 등의 절차가 필요한데, 그러한 절차를 거치지 않은 채 사회활동을 하는 단체가 존재한다. 이러한 단체를 법인 아닌 사단 · 재단이라고 부른다. 민법상 권리능력 없는 사단의 재산은 총유이므로(민 275, 권리능력 없는 재단에 유추적용), 소송법상 당사자로서의 주체성을 부인한다면 그 구성원 전원을 찾아내 그들을 피고로 소송을 제기하거나 구성원 전원이 원고가 되어 소송을 제기해야 하는 어려움이 있다. 이를 해소하기 위하여 법인 아닌 사단이나 재단도 '대표자나 관리인이 있는 경우'에는 민법상 권리능력은 없어도 소송법상 당사자능력을 인정한다(52). 물론 민소법 52조가 존재한다고 하여 그 구성원 전원이 원고 또는 피고가 되어 소송을 수행하는 것을 금지하는 것은 아니다.

(1) 법인 아닌 사단

어떤 단체가 법인 아닌 사단으로서 그 단체에 속한 개인으로부터 독립된 권리 · 의무의 주체가 될 수 있는 사단성이 인정되기 위해서는, ① 어떤 단체가 고유의 목적을 가지고 사단적 성격을 가지는 규약을 만들어 이에 근거하여 의사결정기관 및 집행기관인 대표자를 두는 등의 조직을 갖추고, ② 기관의 의결이나 업무집행방법이 다수결의 원칙에 의하여 행하여지며, ③ 구성원의 가입 · 탈퇴 등으로 인한 변경에 관계없이 단체 그 자체가 존속되고, ④ 그 조직에 의하여 대표

59) 다만 판례는 청산종결등기가 경료되었거나, 상법 520조의 2(휴면회사의 해산)에 의하여 회사가 해산되고 그 청산이 종결된 것으로 보게 되는 회사라도 권리관계가 남아 있어 현실적으로 정리할 필요가 있는 때에는 그 범위 내에서는 아직 당사자능력이 있다고 본다(대법원 2003.2.11. 선고 99다66427,73371 판결; 대법원 1991.4.30. 자 90마672 결정).

60) 대법원 2007.11.16. 선고 2006다41297 판결.

의 방법, 총회나 이사회 등의 운영, 자본의 구성, 재산의 관리 기타 단체로서의 주요사항이 확정되어 있어야 한다.[61] 학회, 동창회, 설립중의 회사, 노동조합, 정당, 동민회, 자연부락, 직장이나 지역 주택조합,[62] 재건축조합, 천주교회[63] 또는 신천지예수교회[64]를 제외한 일반교회, 일반사찰,[65] 신도회, 문중, 종중,[66] 수리계 등 농민단체, 집합건물의 관리단, 공동주택의 입주자대표회의, 아파트부녀회, 상가번영회, 채권단 내지 채권청산위원회 등이 이에 속한다. 물론 위 각 단체는 일반적으로 판례가 제시하는 사단성 요건을 갖추고 있다는 점에서 법인 아닌 사단이라고 할 수 있지만, 사단성 요건을 갖추지 못하였다면 명칭 여하를 불문하고 법인 아닌 사단으로 볼 수 없다.[67] 또한 단체의 내부기관(또는 내부기구)에 불과한 노동조합의 선거관리위원회,[68] 대한불교조계종 총무원,[69] 전국버스운송사업조합연합회 공제조합[70] 등은 당사자능력이 없다는 것이 판례의 입장이다.[71]

---

61) 대법원 1999.4.23. 선고 99다4504 판결. 법인 아닌 사단으로서 당사자능력이 있는지 여부는 소송요건으로서 사실심 변론종결시를 기준으로 하여 판단한다(대법원 2008.5.29. 선고 2007다63683 판결).

62) 대법원 2021.12.30. 선고 2017다203299 판결.

63) 천주교회의 경우에는 개별교회에 당사자능력이 인정되지 않고 교구별로 설립되어 있는 천주교회유지재단에 당사자능력이 있다(대법원 2007.12.27. 선고 2006도8870 판결 참조).

64) 대법원은 신천지예수교의 소속 지교회에 대하여, 그 대표자(담임)를 총회장 또는 12지파의 장이 임명하고 지교회의 운영은 총회에서 정하는 내규에 의하도록 규정되어 있으며 지교회 별도의 독립된 의사결정기구나 재정 등을 갖고 있지 못하므로(즉 중앙집권식 구조이므로), 총회 내지 12지파와 구분되는 별도의 비법인사단으로 인정하기 어렵다고 판시하였다(대법원 2022.8.11. 선고 2022다227688 판결).

65) 전통사찰보존법에 따라 불교단체로 등록되어 그 기본재산을 소유하고 아울러 그 주지 등이 임명되어 왔다면 그때부터 불교단체인 사찰로서 독립하여 권리의 귀속주체가 된다(대법원 1994.10.28. 선고 94다24442 판결). 그러나 단체성을 갖추지 아니한 사찰은 개인사찰이나 불교목적시설에 불과하므로 당사자능력이 부정된다(대법원 2005.6.24. 선고 2003다54971 판결).

66) 종중은 공동선조의 분묘수호와 제사 및 종중원 상호간의 친목 등을 목적으로 하여 성년의 남녀가 구성원이 되어 구성되는 자연발생적인 종족집단이다. 공동선조의 후손 중 특정 지역 거주자나 특정범위 내의 사람들(예를 들어 남자)만으로 구성된 조직체는 종중은 아니지만 사단성 요건을 갖추면 종중 유사의 법인 아닌 사단으로서 인정할 수 있다(대법원 2019.2.14. 선고 2018다264628 판결: 대법원 2011.2.24. 선고 2009다17783 판결). 다만 이러한 종중유사단체의 실체가 고유의 의미의 종중이라면 남자 종중원에게만 소집통지를 하여 총회에서 이루어진 대표자선출결의는 무효이고 따라서 이 소는 적법한 대표자에 의해 제기된 것이 아니어서 부적법하다(대법원 2021.11.11. 선고 2021다238902 판결).

67) 대법원 1999.4.23. 선고 99다4504 판결.

68) 대법원 1992.5.12. 선고 91다37683 판결.

69) 대법원 1967.7.4. 선고 67다549 판결.

70) 대법원 1991.11.22. 선고 91다16136 판결.

71) 그러나 판례는 단체의 하부조직의 하나라고 하더라도 스스로 단체로서의 실체를 갖추고 독자적인 활동을 하고 있다면 단체와는 별개의 비법인사단으로 볼 수 있다고 한다. 따라서 중앙조직과

(2) 법인 아닌 재단

법인 아닌 재단은 일정한 목적에 따른 재산이 있으며, 출연자로부터 독립하여 존재하고 관리・운영되는 단체를 말한다. 사회사업을 위해 모집한 기부재산, 육영회, 대학교장학회, 유치원, 전통사찰[72] 등이 이에 속한다. 다만 학교는 교육을 위한 시설(영조물)에 불과하여 당사자능력이 없고, 국・공립학교는 국가나 자치단체, 사립학교는 학교법인, 그 외의 학교는 설립자 등 각 운영주체에게 당사자능력이 인정된다.

(3) 소송상 취급

법인과 마찬가지로 법인 아닌 사단・재단 그 자체가 당사자가 되며, 그 대표자나 관리인은 법정대리인에 준하여 취급된다(64). 대표자에게 적법한 대표권이 있는지는 소송요건에 관한 것으로서 법원의 직권조사사항이다.[73] 판결의 효력도 당사자인 사단이나 재단에만 미치므로 사단의 구성원 또는 출연자 개인은 그 효력을 받지 않고, 강제집행의 대상도 사단이나 재단의 고유재산에 한한다.

라. 민법상 조합

(1) 민법상 조합

민법상 조합이라 함은 2인 이상이 서로 출자하여 공동사업(=동업)을 할 목적으로 결합된 단체를 말하며(민 703①),[74] 그 법적 성질은 계약이다. 민법상 조합과

연관이 있으나 독자적인 정관 또는 규약을 가지고 이에 근거하여 총회의 의사결정기관 및 업무집행기관을 두고 결산처리, 활동을 하는 중앙조직 산하 시민연합은 비법인사단으로서의 당사자능력이 있다는 입장이다(대법원 2009.1.30. 선고 2006다60908 판결). 항만물류협회 산하 항만근로자 퇴직충당금 관리위원회에도 당사자능력을 인정하였다(대법원 2018.4.26. 선고 2015다211289 판결).

72) 대법원 1991.6.14. 선고 91다9336 판결; 대법원 2019.3.28. 선고 2018다287904 판결. 위와 같이 현재 대법원 판례는 사찰에 대하여 법인 아닌 사단으로 보는 판결, 법인 아닌 재단으로 보는 판결 및 양쪽의 어느 하나로 특정하지 않은 판결(대법원 1996.1.26. 선고 94다45562 판결; 대법원 2005.11.16. 자 2003마1419 결정)이 혼재되어 있으나, 일반적으로 사찰에 대한 독립적 당사자능력의 인정여부는 불교종단에의 등록여부에 따라 결정하는 것으로 보인다.

73) 대법원 2022.4.28. 선고 2021다306904 판결(비법인사단인 집합건물의 관리단의 대표자에게 적법한 대표권이 있는지 문제된 사안).

74) 대법원 2007.6.14. 선고 2005다5140 판결('공동의 목적 달성'을 위해 상호 협력한 것에 불과하고 이를 넘어 '공동사업을 경영할 목적'이 있었다고 인정되지 않으면 이들의 법률관계는 공유관계에 불과할 뿐 민법상 조합이 아니다); 대법원 2008.7.10. 선고 2007다44965 판결(민법상의 조합계약은 2인 이상이 상호 출자하여 공동으로 사업을 경영할 것을 약정하는 민법 703조의 계약

권리능력 없는 사단의 구별기준에 관하여, 판례는 민법상 조합과 법인격은 없으나 사단성이 인정되는 비법인사단을 구별함에 있어서는 일반적으로 그 단체성의 강약을 기준으로 판단한다. 조합은 2인 이상이 상호간에 금전 기타 재산 또는 노무를 출자하여 공동사업을 경영할 것을 약정하는 계약관계에 의하여 성립하므로 어느 정도 단체성에서 오는 제약을 받게 되는 것이지만 구성원의 개인성이 강하게 드러나는 인적 결합체인 데 비하여, 비법인사단은 구성원의 개인성과는 별개로 권리의무의 주체가 될 수 있는 독자적 존재로서의 단체적 조직을 가지는 특성이 있다고 본다.[75] 따라서 민법상 조합의 명칭을 가지고 있는 단체라고 하더라도 실질에 따라 법인격 없는 사단으로 볼 수 있는 경우도 있다. 또한 법무조합은 민법상 조합이지만 당사자능력이 인정되고 있으며(변호사법 58조의26), 농업협동조합·수산업협동조합 등은 명칭은 조합이지만 실질은 법인이다. 반면에 영농조합법인은 법인격을 전제로 한 것을 제외하고는 민법의 조합에 관한 법리가 적용된다.[76]

(2) 민법상 조합의 당사자능력 인정여부

법인 아닌 사단보다 단체성이 약한 민법상 조합인 경우에는 조합원 전원이 원고 또는 피고가 되어 소송을 수행하여야 하는 필수적 공동소송의 형태로 되는 것이 원칙이다. 한편, 민법상 조합에도 당사자능력을 인정할 수 있는가에 대하여 긍정설과 부정설로 견해가 대립되어 있다. 상법에 신설된 합자조합의 경우에도 같다(합자조합에 대하여는 상법 또는 조합계약에 다른 규정이 없으면 민법 중 조합의 규정에 관한 규정을 준용한다. 상 86조의8④).

1) 긍정설

긍정설은 사단과 조합의 구별이 어렵고, 조합도 대외적 거래관계에 있어서 거래의 주체로서 활동하며, 조합원 전원이 원고가 되거나 피고가 되어야 하는 소송수행상 불편과 번잡을 덜어줄 필요가 있다는 것을 근거로 한다. 우리나라의 소수

으로서 특정한 사업을 공동 경영하는 약정에 한하여 이를 조합계약이라고 할 수 있고, 공동의 목적달성이라는 정도만으로는 조합의 성립요건을 갖추지 못하였다고 할 것이다); 대법원 2009.7.9. 선고 2007다42617 판결(점포주들이 자신들의 점포에 대한 내부구조를 변경하여 전자제품매장으로 조성한 후 재임대한다는 공동의 목적달성을 위한 모임에 불과하다면 조합의 성립요건을 갖추었다고 보기 어렵다).

75) 대법원 1992.7.10. 선고 92다2431 판결.

76) 대법원 2018.4.12. 선고 2016다39897 판결. 따라서 영농조합법인의 채권자는 민법 712조에 따라 채권 발생 당시의 각 조합원에 대하여 해당 채무의 이행을 청구할 수 있다.

설이고,[77] 일본 판례의 입장이다.[78]

2) 부정설

부정설은 민법상 조합에는 구성원의 개인적인 목적으로부터 독립한 조합 고유의 목적이 없고, 조합의 재산관계를 합유관계로 정하고 있는 점, 조합에 당사자능력을 인정한다고 하더라도 조합 자체에 대한 판결로써 조합원에게 책임을 추구할 수 없어 별다른 실익이 없다는 것을 근거로 들고 있다. 부정설이 우리나라의 다수설[79] · 판례[80]의 입장이다.

3) 검 토

생각건대 민법상 조합의 경우에는 법인이나 법인 아닌 사단 · 재단과 달리, 조합구성원의 개성이 강하여 조합의 관리운영에 적극적으로 관여하는 경우가 일반적이다. 그런데 조합 자체에 당사자능력을 긍정하게 되면 그 대표자만 소송을 수행하게 되므로 조합 구성원들의 의사가 소송절차에 제대로 반영되지 않을 우려가 있다. 이러한 조합의 성격에 비추어 볼 때, 조합구성원 전원이 당사자가 되어 변론권을 행사할 수 있다고 보는 부정설이 타당하다고 생각한다. 다만, 부정설의 입장을 취할 경우 필수적 공동소송의 복잡 · 불편을 해소할 방안으로는, ① 조합원 중에서 선정당사자를 뽑아 그를 내세우거나(53), ② 조합원들이 업무집행조합원에게 임의적 소송신탁을 하여 그의 이름으로 당사자가 되어 소송수행을 하게 하거나,[81] ③ 업무집행조합원은 업무집행의 대리권이 있는 것으로 추정되므로(민 709), 그에게 민소법 92조의 법률상 소송대리권이 있다고 해석하여, 그를 내세우면 조합에 관한 소송을 단순화시킬 수 있다고 본다.[82]

---

77) 강현중, 212쪽, 김홍규 · 강태원, 204쪽; 전병서, 226쪽.

78) 日最判 1962.12.18. 民集 16巻 12号 2422面.

79) 김홍엽, 144쪽; 이시윤, 152쪽; 정동윤 · 유병현 · 김경욱, 214쪽; 호문혁, 236쪽.

80) 대법원 1999.4.23. 선고 99다4504 판결; 대법원 1991.6.25. 선고 88다카6358 판결.

81) 대법원 1984.2.14. 선고 83다카1815 판결; 대법원 1997.11.28. 선고 95다35302 판결. 다만 소송행위를 하게 하는 것이 주목적인 채권양도계약은 무효이다(대법원 2004.3.25. 선고 2003다20909,20916 판결).

82) 다만 부정설의 입장에서도 위 ③의 방안에 대하여는, 민법 709조는 재판상 대리에 관하여 명시적인 규정을 두고 있지 않을 뿐만 아니라 업무집행조합원을 법률상 소송대리인으로 보는 경우 대리권의 범위가 지나치게 불명확하여 법원이나 상대방에게 예측할 수 없는 불이익을 줄 수 있으므로 업무집행조합원을 법률상 소송대리인으로 보기 어렵다는 견해도 있다(김홍엽, 146쪽).

3. 당사자능력의 조사와 그 능력 없을 때의 효과

당사자능력은 소송요건 중의 하나이므로 법원의 직권조사사항이다.[83] 따라서 당사자능력이 없으면 당사자 표시정정을 하도록 보정시킨 후 이것이 불가능할 때 부적법 각하한다. 당사자능력의 유무는 사실심 변론종결시를 기준으로 판단하여야 하므로,[84] 처음에는 당사자능력이 없었으나 변론종결 당시에 당사자능력을 취득하였으면 각하의 대상이 아니다.

소제기 후 소송계속 중 당사자가 사망·합병 등으로 당사자능력을 상실하면 소송은 중단되며(233, 234), 승계인이 있으면 그가 당사자로서 소송절차를 수계한다. 다만 이혼소송과 같이 승계할 성질의 권리관계가 아닐 때에는 소송이 종료된다.

당사자능력에 이의가 있으면 조사를 한 후에 당사자능력이 없다고 판단되면 소를 각하하고 당사자능력이 있는 것으로 인정되면 중간판결을 하거나 종국판결의 이유에서 판단한다. 법원은 법인 아닌 사단 또는 재단이 당사자인 때에는 정관·규약, 그 밖에 그 당사자의 당사자능력을 판단하기 위하여 필요한 자료를 제출하게 할 수 있다(규 12). 당사자능력이 없다고 판단 받은 당사자도 이를 다투어 상소를 제기할 수 있으므로 이러한 경우 항소심에서 이 부분을 심리하지 아니하고 상소를 각하하여서는 아니 된다.

당사자가 실재하지 않거나 소제기 전 이미 사망하여 당사자능력이 없음에도 이를 간과하여 판결하였다면 그 판결은 무효라는 데에 이견이 없다. 그러나 조합과 같이 사단성이 없음에도 당사자능력을 인정하여 판결하였다면 확정 전이면 상소할 수 있지만 확정 후이면 재심사유가 아니고 그 사건에서는 사단성을 인정받는다는 것이 다수설이다.[85] 다만 이에 대하여 재심으로 취소할 수 있다는 견해도 있고,[86] 그러한 판결은 무효라는 견해도 있다.[87]

---

83) 대법원 2013.4.25. 선고 2012다118594 판결(비법인사단이 당사자인 사건에서 대표자에게 적법한 대표권이 있는지는 소송요건에 관한 것으로서 법원의 직권조사사항이므로 비법인사단 대표자의 대표권 유무가 의심스러운 경우에 법원은 이를 직권으로 조사하여야 하고, 비법인사단이 총유재산에 관한 소송을 제기할 때에는 정관에 다른 정함이 있다는 등의 특별한 사정이 없는 한 사원총회 결의를 거쳐야 하므로 비법인사단이 이러한 사원총회 결의 없이 그 명의로 제기한 소송은 소송요건이 흠결된 것으로서 부적법하다).

84) 대법원 2010.3.25. 선고 2009다95387 판결.

85) 강현중, 214쪽; 김홍규·강태원, 206쪽; 김홍엽, 150쪽; 송상현·박익환, 133쪽; 이시윤, 154쪽.

86) 정동윤·유병현·김경욱, 218쪽. 이 견해는 조합이 강제집행을 저지할 필요가 있음을 이유로 민소법 451조 1항 3호의 유추적용을 주장한다.

Ⅱ. 소송능력

1. 의 의

소송능력이란 소송당사자로서 단독으로 유효하게 소송행위를 하거나 받기 위해 필요한 능력을 말한다. 예를 들면 갓난아이도 당사자능력이 있지만 법정에서 진술할 수는 없으므로 소송능력이 없다. 이러한 경우에는 법정대리인이 대신 진술하도록 규율하는 것이다. 이처럼 민소법상 당사자능력이 민법의 권리능력에 대응하는데 비하여 민소법상 소송능력은 민법의 행위능력에 대응하는 제도이다. 소송능력제도의 취지는 행위능력과 마찬가지로 능력을 가지지 못한 자의 보호에 있다. 따라서 미성년자라고 하더라도 다른 사람의 소송대리인으로서 소송행위를 할 수 있다(민 117).[88] 다만 법정대리인이 될 수는 없다(민 937).

당사자는 소송절차 내의 행위에 한하여 소송능력이 필요한가?

소송능력은 소송절차 내의 행위에 한하지 않는다. 즉 변호사에게 소송을 위임한다든지, 관할의 합의, 소취하의 합의를 하는 경우와 같이 소송절차 외의 행위라고 하더라도 그것이 소송행위인 경우에는 소송능력이 없으면 무효로 된다. 이들 행위도 소송절차 전체에 영향을 미치므로 절차안정을 위한 소송능력의 규율이 필요하기 때문이다.

민법상 행위능력이 없는 자의 행위의 효과와 민소법상 소송능력이 없는 자의 행위의 효과는 어떻게 다른가?

민법상 행위능력이 없는 자의 행위는 취소할 수 있는 행위가 된다. 이에 대하여 민소법상 소송능력이 없는 자의 행위는 취소할 수 있는 행위가 아니라 무효인 행위로 되는 점이 다르다.

---

87) 호문혁, 241쪽. 이 견해는 조합에 대하여 승소확정판결을 받아 조합재산으로 지급받는다고 해도 이는 결국 각 조합원의 채무이므로 조합 자체에 대한 집행권원으로는 어려움이 따르게 된다는 것을 이유로 한다.

88) 소송무능력자인 대리인의 개입에 의하여 피해를 입어서는 안 되기 때문에, 대리위임을 받은 변호사는 소송능력이 있어야 한다는 견해도 있으나(이시윤, 164쪽), 대리인은 행위능력자임을 요하지 아니하며(민 117), 변호사시험의 응시결격사유에 미성년자는 포함되지 않으므로(변호사시험법 6), 대리위임을 받은 변호사가 미성년자일 수도 있음을 상정해본다면 반드시 위와 같이 해석해야 할 것은 아니라고 본다.

2. 소송능력자

소송능력의 유무는 민소법에 별도의 규정이 없으면 민법, 그 밖의 법률에 의한다(51). 독립하여 거래할 능력을 민법상 행위능력이라고 하는데, 민법에서는 만 19세에 이른 자에게 행위능력을 인정하므로(민 4), 행위능력자는 원칙적으로 모두 소송능력을 가진다.

외국인의 행위능력은 그 본국법에 의하므로(국사 28①), 소송능력도 그 본국법에 의한다. 다만 외국인은 그 본국법에 따르면 소송능력이 없는 경우라도 대한민국의 법률에 따라 소송능력이 있는 경우에는 소송능력이 있는 것으로 본다(57).

법인 및 법인 아닌 사단·재단은 소송무능력자임을 전제로 그 대표자 또는 관리인을 법정대리인에 준하여 취급한다(52, 64).

소송능력자라고 하더라도 의사능력이 없는 자(만취자, 치매·정신박약자 등)의 소송행위는 원칙적으로 무효이나, 소송행위의 내용이나 종류에 따라 의사능력의 유무가 달라질 수 있다. 예컨대 항소의 취하는 무효이지만 항소의 제기는 유효한 것으로 볼 수 있다.

3. 제한능력자(미성년자, 피성년후견인, 피한정후견인)의 소송능력

(1) 2011년에 개정된 민법은 피성년후견인이나 피한정후견인에 대하여 종전의 '행위무능력자'라는 개념을 폐기하고 '제한능력자'라는 개념을 사용함과 동시에 미성년자도 이에 포함되는 것으로 규정하고 있다. 이에 따라 2016년에 개정된 민소법 55조·62조에서는 개정된 민법의 규율에 상응하여 위 3자를 포괄하여 제한능력자라는 용어를 사용하고 있다. 그러나 민소법 51조의 '소송무능력자'라는 용어는 개정에서 누락되어 아직 존속하므로 혼란스러운 상황이다. 이 책에서는 민소법의 조문을 종합적으로 고려하여 협의로는 피한정후견인을 제한소송능력자, 미성년자 및 피성년후견인을 소송무능력자로 각각 표현하기로 하고, 광의로는 위 3자를 포괄하여 제한소송능력자라는 용어를 사용하되, 언급대상의 범위에 맞추어 적절하게 혼용하기로 한다.

(2) 미성년자

미성년자는 만 19세에 달하지 않은 사람으로서 원칙적으로 단독으로 법률행위를 하지 못한다(민 4, 5, 826조의2). 따라서 민소법상으로도 원칙적으로 소송무능력자로서, 법정대리인인 친권자나 후견인에 의해서만 소송행위를 할 수 있다(55① 본문). 다만 미성년자가 법정대리인으로부터 허락을 얻은 특정한 영업에 관하여는 포괄적으로 행위능력을 취득하므로 당해 법률관계에 대해서는 소송능력이 있으며(민 8), 근로계약의 체결(근기 67), 임금의 청구(근기 68)[89]와 관련된 소송에 대해서도 소송능력이 인정된다(55①(1)). 또한 미성년자는 혼인하면 성년자로 보므로(민 826조의2), 완전한 소송능력을 가진다. 한편, 민법에서는 미성년자가 법정대리인의 동의를 얻으면 법률행위를 할 수 있다고 규정되어 있지만(민 5①), 민소법상 소송행위는 동의를 얻어도 할 수 없다. 왜냐하면 개별 소송행위에 대하여 동의여부에 따라 소송능력이 달라진다면 소송절차의 연쇄적 성격으로 인하여 절차 전체에 불안정을 초래하기 때문이다. 같은 맥락에서, 법정대리인으로부터 처분을 허락받은 재산(민 6)에 관한 소송행위도 미성년자 스스로 할 수 없다.

(3) 피성년후견인

피성년후견인은 질병, 장애, 노령, 그 밖의 사유로 인한 정신적 제약으로 사무를 처리할 능력이 지속적으로 결여된 사람으로서 가정법원이 성년후견개시의 심판을 한 사람이다(민 9). 피성년후견인은 소송무능력자이므로 법정대리인인 성년후견인에 의해서만 소송행위를 할 수 있다(55①본문, 민 938①). 민법상으로는 피성년후견인의 법률행위는 원칙적으로 성년후견인이 취소할 수 있지만(민 10①), 가정법원이 취소할 수 없다고 정한 범위 내의 법률행위(민 10②) 및 일용품의 구입 등 일상생활에 필요하고 그 대가가 과도하지 않은 법률행위는 성년후견인이 취소할 수 없다고 규정하고 있다(민 10④단서). 위와 같이 피성년후견인도 일정한 범위에서 법률행위를 할 수 있는데, 그렇다고 하여 그 범위 내에서 모두 소송능력이 인정된다고 볼 수는 없다. 민소법은 위 두 규정 중 민법 10조 2항에 의한 법률행위에 대해서만 피성년후견인에게 소송능력을 인정한다(55①(2)). 민법상으로는 위 두 규정 모두 취소할 수 없는 법률행위로 규정되어 있지만, 민법 10조 2항은 거주이전 · 서신교환 · 의학적 치료 등과 같이 피성년후견인의 행위능력을 회복시켜야 하는 경우이고 후견등기에 공시되므로 기준이 명확한데 비하여, 같은 조 4항은 성년후견인의 취소권을 배제시켜야 하는 경우로서 그 입법취지가 다를 뿐

89) 대법원 1981.8.25. 선고 80다3149 판결.

만 아니라 기준이 불명확하기 때문이다.[90] 한편, 가정법원은 성년후견인이 가지는 법정대리권의 범위를 정할 수 있으므로(민 938②), 성년후견인의 법정대리권의 범위에 소송행위가 포함되지 않는 경우도 생길 수 있다. 이때에는 법정대리인이 없는 경우에 해당하므로 법원은 민소법 62조에 따라 특별대리인을 선임할 수 있다.

(4) 피한정후견인

피한정후견인은 질병, 장애, 노령, 그 밖의 사유로 인한 정신적 제약으로 사무를 처리할 능력이 부족한 사람으로서 가정법원이 한정후견개시의 심판을 한 사람이다(민 12). 피한정후견인은 원칙적으로 소송능력이 있지만 민법상 행위능력이 제한되는 경우에는 소송능력 또한 제한된다. 즉 민법 13조 1항에 따라 가정법원이 한정후견인의 동의가 필요하도록 정한 행위(예컨대 특정 부동산에 관한 매매계약이나 근저당권설정계약의 체결 또는 일정한 액수 이상의 금융거래 등)의 범위 내에서는 피한정후견인의 소송능력은 부인되며, 대리권 있는 한정후견인에 의해서만 소송행위가 가능하다(55②). 이처럼 민소법은 민법상 가정법원이 한정후견인의 동의가 필요하도록 정한 법률행위인 경우에 한정후견인의 동의를 얻으면 소송행위도 할 수 있도록 규정하지 않고 그 범위 내에서는 피한정후견인의 소송능력을 아예 인정하지 않고 있는데, 이는 법률행위와 구분되는 소송행위의 특수성과 현실을 고려한 것이다. 한편, 미성년후견과 성년후견에 대해서는 민법 938조 1항에서 후견인이 피후견인의 법정대리인이 됨을 명시하고 있으나, 한정후견인에 대해서는 가정법원이 대리권 수여의 심판을 할 수 있도록 규정되어 있으므로(민 959조의4①), 대리권 수여의 심판을 받지 않은 한정후견인은 피한정후견인의 법정대리인의 자격으로 소송행위를 할 수 없다. 이를 의식하여 민소법 55조 2항은 "…대리권 있는" 한정후견인에 의해서만 소송행위를 할 수 있다고 규정하였다. 즉 법원이 한정후견인의 동의를 받도록 정한 특정의 법률행위에 대한 소송행위는 한정후견인이 가정법원으로부터 대리권을 수여받아야 법정대리인으로서 소송을 수행할 수 있다.

(5) 피특정후견인

피특정후견인은 소송무능력자나 제한소송능력자가 아니다. 다만 특정후견인에게 대리권이 수여된다면 그 범위 내에서 피특정후견인의 행위능력이 제한되므로

90) 법무부, 『2017 개정 민사소송법 해설서』, 2017, 45쪽.

소송능력도 인정되지 않는다는 견해가 있다. 그 이유로서, 가정법원은 특정후견인에게도 대리권을 수여할 수 있도록 규정하고 있으므로(민 959조의11①), 만약 대리권을 수여한다면 특정후견인은 그 기간이나 사무와 대리권의 범위 안에서 임의대리인이 아닌 법정대리인이며, 법정대리인이 있는데 피후견인이 행위능력을 갖고 있다거나 소송능력이 있다고 할 수는 없는 것이어서 특정후견인의 법정대리권의 범위 안에서 피특정후견인은 소송능력이 없다는 것이다.[91] 이에 대하여, 특정후견은 본인의 의사에 반해 할 수 없으며(민 14조의2②), 피특정후견인이 행위를 하는데 특정후견인의 동의를 얻어야 한다는 등의 제약이 없다는 점 등을 고려하면 피특정후견인의 소송능력은 제한되지 않는다고 보는 것이 타당하다는 반대 견해도 있다.[92]

4. 소송능력의 소송법상 효과

가. 소송행위의 유효요건

소송능력은 유효한 소송행위를 하거나 상대방의 소송행위를 유효하게 받을 요건이므로 소송능력이 없는 자의 소송행위는 무효이다. 절차 안정의 요청 때문에 민법과 같이 행위능력에 흠결이 있어도 일단 유효한 것으로 해두었다가 나중에 취소하여 절차를 소멸시키는 방식을 택할 수는 없다.

무능력자 등의 소송행위는 무효이므로 추후 있을 추인을 전제로 하여 소송절차를 진행하거나 그 소송행위의 결과를 판결의 기초로 삼을 수 없으며, 소송능력이나 필요한 수권에 흠이 있는 경우에, 소의 제기와 같이 소송행위의 성질이 법원에 대한 신청인 경우에 법원은 소송행위의 효력에 대한 판단으로서 소의 부적법을 이유로 각하 판결을 하여야 한다. 법원이 소각하 판결을 하는 것은 본안에 대한 판단을 구하는 신청 자체가 무효로 된다는 것을 의미하는 것이다.

변론기일에 무능력자가 출석하여 변론하는 경우 법원은 소송관여를 배척하고 기일불출석으로 처리하며, 소송무능력자에게 할 송달은 법정대리인에게 해야 한다(179). 따라서 판결정본이 무능력자에게만 송달되고 법정대리인에게 송달되지 않았다면 상소기간이 진행되지 않으므로 판결이 확정되지 않는다.[93] 또한 소송계속

91) 호문혁, 265쪽.
92) 한충수, 138쪽.
93) 김홍엽, 177쪽; 이시윤, 166쪽; 정영환, 281쪽.

중에 성년후견개시의 심판 등에 의해 소송능력이 없게 된 때에는 소송대리인이 없다면 소송절차가 중단되는데(235, 238), 이것도 소송무능력자의 소송행위를 배제하기 위한 조치이다.

나. 추 인

소송능력이 없는 자의 행위를 일단 유효한 것으로 해두었다가 나중에 취소할 수 있게 하는 것은 절차 안정의 요청 때문에 부적절하지만, 거꾸로 무효인 행위를 유효로 전환시키는 것은 상관없으며 오히려 환영할 일이다. 그래서 민소법은 소송능력이 없는 자의 행위는 무효이지만 나중에 추인할 수 있도록 규정하고 있다(60). 즉 법원이 소송능력의 흠결을 발견한 경우에는 그 자의 소송행위를 금지해야 하지만 무능력자가 한 소송행위에 대해서도 본인이 소송능력자가 된 후에 추인하거나 법정대리인이 기왕의 무능력자의 소송행위를 추인하고 장래의 소송행위를 이어갈 수 있게 한 것이다. 이에 따라 민소법 59조는 법원이 당사자에 대하여 소송능력 흠결의 보정을 명하여야 하고, 보정이 지연됨으로써 무능력자에게 손해가 생길 염려가 있는 때에는 그 무능력자에게 일시적으로 소송행위를 하게 할 수 있다고 규정하고 있다. 물론 나중에 추인되지 않은 경우에는 그 소송행위는 무효로 된다.

추인은 상고심에서도 가능하다.[94] 추인을 할 수 있는 시기는 흠 있는 행위가 확정적으로 배척되기 전까지이므로, 예컨대 소각하 등에 의해 추인할 소송행위가 배척되면 더 이상 추인을 할 수 없다. 소송절차의 안정성의 요청에서 추인은 소송행위 전체에 대해서 하여야 하지만, 예컨대 소의 취하를 제외한 나머지 일체의 행위를 추인하는 것과 같이, 절차의 혼란을 가져올 염려가 없는 경우에는 일부추인도 허용된다.[95]

추인의 방식에 대해서는 법에 특별히 정함이 없으므로 말로 하거나 또는 묵시적으로도 할 수 있다. 법정대리인이 무능력자에 의한 종래의 소송행위에 대하여 무효를 주장하지 않고 오히려 종래의 소송행위를 전제로 소송행위를 행한 경우에는 묵시의 추인이 있는 것으로 볼 수 있다.[96] 또한 추인의 의사표시는 소송행위이므로 원래는 법원에 대하여 해야 할 것이지만 상대방에 대해서 한 경우에도 효력

94) 대법원 1997.3.14. 선고 96다25227 판결; 대법원 2010.12.9. 선고 2010다77583 판결.
95) 대법원 1973.7.24. 선고 69다60 판결.
96) 대법원 1981.7.28. 선고 80다2534 판결.

이 인정된다.

다. 소송능력의 흠결 등을 간과한 판결

소송능력에 흠결이 있는 판결은 소송법상 위법하지만 무효인 판결은 아니다. 당사자의 소송행위가 소송능력의 흠결 때문에 무효로 되더라도 판결 자체는 법원의 소송행위이므로 판결이 곧바로 무효로 되는 것은 아니기 때문이다. 다만 당사자는 상소에 의하여 취소를 구할 수 있고, 확정된 후에는 재심(451①(3))에 의하여 취소할 수 있다.[97)]

라. 소송능력 유무에 관한 다툼과 법원의 조치

소송능력 유무는 직권조사사항이다. 이에 관하여 당사자 사이에 다툼이 있는 경우 조사결과 소송능력이 없으면 소를 각하하고, 소송능력이 있으면 중간판결(201①) 또는 종국판결의 이유에서 판단한다.

소송능력이 없다고 판단된 사람이라도 이를 다투기 위한 소송행위는 유효하게 할 수 있다. 따라서 그 범위 내에서 그러한 사람에 대한 송달은 유효하고 상소기간도 진행되며, 상소제기도 허용된다.

X는 미성년자이지만 법정대리인 없이 스스로 Y를 상대로 소송을 수행하여 패소판결을 받은 경우에 X는 항소할 수 있는가?

X가 소송능력이 없음에도 제1심 법원이 이를 간과하여 부적법 각하판결을 하지 않은 채 본안판결을 한 경우에는 제1심 판결이 잘못된 것이기 때문에 법정대리인은 당연히 상소할 수 있지만 소송능력이 없는 X 자신도 상소할 수 있다. 잘못된 판결의 시정을 위한 상소의 기회를 넓게 보장하기 위해서는 소송능력이 없는 자에게도 상소권을 줄 필요가 있기 때문이다. 다만 항소심에서 X의 소송능력 흠결이 확인된 경우에는 권한 있는 자의 추인이 없는 한 소각하 판결을 하여야 한다.

X는 미성년자이지만 법정대리인 없이 스스로 성년자 Y를 상대로 소송을 수행하여 승소판결을 받은 경우에 Y는 X가 미성년자인 것을 이유로 상소할 수 있는가?

---

97) 소송능력이 없는 자에 대한 판결정본의 송달은 무효이므로 송달이 없는 것이 되어 상소기간은 진행하지 않고 판결이 확정되지 않는다고 해석하는 견해도 있다(高橋宏志, 『民事訴訟法概論』, 有斐閣, 2017, 15面). 이 견해에 의하면 소송능력이 없는 자가 상소를 제기하지 않아도 판결이 확정되지 않으므로 그를 더욱 두텁게 보호할 수 있다.

Y는 원칙적으로 상소할 수 없다고 본다(다수설). 소송능력제도는 소송능력이 없는 자를 보호하기 위한 것이므로 패소한 상대방으로 하여금 소송능력의 흠을 주장하게 할 필요가 없기 때문이다. 이에 대하여 흠결 있는 판결의 시정을 구할 상대방의 이익을 보호할 필요가 있으므로 상소할 수 있다는 반대설도 있다.

X가 미성년자라는 이유를 들어 법원이 소각하판결을 한 경우에 법정대리인 없이 X가 스스로 항소할 수 있는가?

미성년자 X는 스스로 항소할 수 있다.[98] 왜냐하면 소송능력제도는 소송무능력자 또는 제한소송능력자 본인을 보호하기 위한 제도이므로 X에게 그러한 심리를 구할 이익이 있을 뿐만 아니라 항소심에서 실제로 소송능력이 있다고 판단될 수도 있고, 소송계속 중 법정대리인 등 권한 있는 자가 추인할 수도 있기 때문이다.

제1심에서 소송능력이 없다고 하여 소를 각하하였지만 항소심에서 소송능력이 있다고 판단한 경우에 항소심은 소각하의 제1심 판결을 어떻게 해야 하는가?

항소심에서 소송능력이 있다고 판단한 때에는 소각하의 제1심 판결을 취소하고 사건을 제1심 판결로 환송하여야 한다. 당사자의 심급의 이익을 보호할 필요가 있기 때문이다. 다만 제1심에서 본안판결을 할 수 있을 정도로 심리가 된 경우 또는 당사자의 동의가 있는 경우에는 항소심 법원이 스스로 본안판결을 할 수 있다(418).

Ⅲ. 변론능력

1. 의 의

법원에 대하여 유효하게 변론을 하기 위하여 필요한 능력을 변론능력이라고 한다. 변론능력은 당사자를 보호하기 위해서라기보다는 소송의 원활·신속·사법제도의 적절한 운영이라는 공익적 필요에 의한 제도로서, 증권관련 집단소송과 소비자단체소송은 변호사 강제주의를 채택하고 있으므로(증집소 5①, 소기 72), 당사자 본인은 소송능력이 있어도 변론능력은 없다. 그 외의 소송에서는 당사자가 소송능력이 있으면 변론능력도 있다.

---

98) 김홍엽, 178쪽; 이시윤, 168쪽; 정동윤·유병현·김경욱, 226쪽.

2. 변론무능력자

가. 진술금지의 재판(144)

변론능력은 법정에서 현실적으로 변론을 하기 위한 자격을 말하므로, 당사자 또는 대리인이 소송관계를 분명하게 하기 위해 필요한 진술을 하지 못하는 경우에 법원은 진술을 금지할 수 있다(144①). 진술금지의 재판을 받으면 변론능력을 상실하며, 그때부터 당해 소송절차 내에서는 변론할 수 없다. 이 경우에 법원은 변호사의 선임을 명할 수 있는데(144②), **소 또는 상소를 제기한 사람**이 변호사 선임명령에 불응하면 결정으로 소 또는 상소를 각하할 수 있으며(144④),[99] 이에 대하여는 즉시항고를 할 수 있다(144⑤). 다만 대리인에게 진술을 금지하거나 변호사를 선임하도록 명하였을 때에는 본인에게 그 취지를 통지하여 변호사의 선임 여부를 결정할 수 있는 기회를 부여하여야 한다(144③).[100]

나. 변호사대리의 원칙(87)

변호사가 아닌 사람은 원칙적으로 다른 사람의 소송에 소송대리인의 자격이 없다. 따라서 변호사 아닌 사람은 소송대리인으로서의 변론능력이 없다.

다. 발언금지 명령을 받은 자(135②, 286)

재판장은 발언을 허가하지 않은 사람 또는 명령에 따르지 아니하는 사람의 발언을 금지하는 명령을 할 수 있다. 이는 소송지휘권 행사의 일환이므로 민소법 144조와는 달리 법원이 아니라 재판장의 결정사항이다. 발언금지명령을 받은 사람은 해당 기일에만 변론능력이 없다.

---

99) 민소법 144조 4항의 규정에 대하여, ① 소각하 또는 상소각하를 남용하면 당사자의 재판을 받을 권리가 침해될 가능성이 있고, ② 경제적인 문제로 변호사선임을 할 수 없는 경우에는 소송구조제도를 적극 활용하게 할 필요가 있으며, ③ 피고 등 소극적 당사자가 선임명령을 받은 경우에는 아무런 제재가 없어 소송절차가 파행에 이를 수 있고, 당사자평등의 원칙에 어긋난다는 지적이 있다(이시윤, 172쪽).

100) 법원이 소송관계를 명료하게 하기 위하여 선정당사자에게 진술을 금하고 변호사의 선임을 명하는 경우, 민소법 144조 3항의 규정을 유추 적용하여 선정자들에게 그 취지를 통지하여야 하며, 그러한 통지가 없는 경우에는 변호사를 선임하지 아니하였다 하여도 소를 각하할 수는 없다(대법원 2000.10.18. 자 2000마2999 결정).

라. 듣거나 말하는 데 장애가 있는 자(143①)

변론에 참여하는 사람이 우리말을 하지 못하거나, 듣거나 말하는 데 장애가 있으면 통역인에게 통역하게 하여야 한다. 이러한 사람을 변론무능력자로 보는 견해가 있다.[101)]

마. 진술보조인제도(143조의2)

의사능력이나 소송능력은 있으나 질병, 장애, 연령, 그 밖의 사유로 인한 정신적·신체적 제약으로 소송관계를 분명하게 하기 위하여 필요한 진술을 하기 어려운 당사자가 법원의 허가를 받아 진술을 도와주는 사람과 함께 출석하여 진술할 수 있는데, 이것이 진술보조인제도이다. 당사자의 배우자, 직계친족, 형제자매, 가족, 그 밖에 동거인으로서 당사자와의 생활관계에 비추어 상당하다고 인정되는 경우 및 당사자와 고용, 그 밖에 이에 준하는 계약관계를 맺고 있는 사람으로서 그 사람이 담당하는 사무의 내용 등에 비추어 상당하다고 인정되는 경우에 법원의 허가를 받아 진술보조인이 될 수 있다(규 30조의2①). 법원의 허가를 받은 진술보조인은 변론기일에 당사자 본인과 동석하여 당사자 본인의 진술 및 법원과 상대방, 그 밖의 소송관계인의 진술을 상호 이해할 수 있도록 중개하거나 설명하는 행위를 할 수 있다(규 30조의2③). 진술보조허가신청은 심급마다 서면으로 하여야 하는데(규 30조의2②), 법원은 언제든지 위 허가를 취소할 수 있다(143조의2②).

3. 변론능력 없을 때의 효과

가. 소송행위의 무효

변론능력은 소송요건은 아니지만 소송행위의 유효요건이므로 변론무능력자의 소송행위는 무효이다. 변론무능력으로 인하여 무효인 소송행위에 대하여 변론능력자가 추인할 수 있는지에 대하여는 의견이 나뉜다.

나. 기일불출석의 불이익

진술금지의 재판을 받은 자가 차후에 출석하여도 기일불출석의 불이익(자백간주, 취하간주)을 받는다(150③본문, 268, 286).

---

101) 송상현·박익환, 150쪽.

다. 소·상소각하

진술금지의 재판을 받은 자가 새 기일까지 변호사를 선임하지 아니하면 법원은 결정으로 소나 상소를 각하할 수 있고, 이에 대하여는 즉시항고할 수 있다(144 ④,⑤).

라. 변론능력의 흠을 간과한 판결의 효력

변론능력이 없는 사람의 소송행위를 법원이 배척하지 않고 묵인하였을 때에는 그 흠이 치유되어 그 소송행위가 유효하게 되므로 상소나 재심의 대상이 아니다.

제3절 당사자적격

Ⅰ. 당사자의 개념과 당사자적격

현대에 이르러 당사자 개념은 형식적으로 파악되고 있으므로 소송상 당사자는 실체법에서의 권리의무자와는 무관하게 정해진다. 다만 형식적 당사자개념에 대하여는 그 개념이 아무런 내용을 담고 있지 않아 남소(濫訴)를 방지할 수 없다는 점이 문제로 지적되고 있다. 즉 실질적으로 누가 당사자여야 하는가를 보여주지 못하고 있다는 것이다. 여기에서 형식적 당사자개념의 결함을 보충하기 위하여 고안된 것이 당사자적격이라는 개념이다. 즉 당사자적격은 형식적 당사자개념을 전제로 누가 정당한 당사자인가의 기준을 제시하기 위하여 도입된 것이다.

누가 당사자인가의 문제와 당사자적격의 문제는 구별된다. **누가 당사자인가**는 당사자 일반론에 속하고 구체적 소송에서는 당사자 확정의 문제로 처리된다. 이에 반하여 당사자적격은 구체적 소송에서 **누가 당사자가 되어야 하는가**의 문제이다. 따라서 먼저 당사자가 확정되고 나서 그 자에게 당사자적격이 있는가를 논하는 순서로 고찰하게 된다. 당사자적격은 분쟁해결의 필요성·실효성의 관점에서 논해지는 것이므로 고려해야 할 것은 원고·피고·법원의 이익이다. 나아가 판결효가 확장되는 경우에는 판결효를 받는 자의 이익도 고려하여 정하여야 한다.

Ⅱ. 당사자적격의 의의

당사자적격이란 특정의 청구에 대하여 당사자로서 소송을 수행하고 본안판결을 구할 수 있는 자격을 말한다. 당사자로 된 자 중에 그 자에게 본안판결을 하는 것이 분쟁해결에 필요하고 유효적절한가를 선별할 필요가 있는데, 그 선별의 기준이 되는 것이 당사자적격의 유무이다. 즉 당사자적격을 논하는 이유는 자신과 무관한 일에 아무나 나서서 소송을 제기하는 민중소송을 막고 실질적 이익귀속주체로서의 정당한 자격을 가진 당사자만 본안판결을 받게 하려는 것이다.

일반적인 이행의 소에서는 소송물인 이행청구권을 가진다고 주장하는 자가 원고적격을 가지고 원고에 의해 의무자라고 불린 자가 피고적격을 가진다. 이행의 소는 통상 이러한 형태로 소가 제기되므로 당사자적격이 기능하는 국면이 크지 않다. 또한 확인의 소에서는 확인의 이익의 판단 중에 누구를 당사자로 하는가도 포함되는 것이 보통이므로 당사자적격을 독자적으로 생각할 필요성이 적다. 형성의 소 역시 법률에 당사자가 정해져 있는 경우가 많아 특별히 당사자적격을 고려해야 하는 것은 예외적인 경우이다.

따라서 당사자적격의 문제는 실제로는 실체법상 권리·의무주체가 아닌 자가 당사자로 되는 경우에 표면화된다. 권리·의무주체가 아닌 자가 당사자로 되는 현상을 제3자의 소송담당이라 부르는데, 당사자적격이 효용을 발휘하는 것은 이 제3자의 소송담당의 설명에 있어서이다. 소의 이익이 일반적인 개념임과 동시에 문제가 되는 주요 측면이 확인의 이익인 것과 유사하게, 당사자적격도 일반적인 개념임과 동시에 문제가 되는 주요 측면이 제3자의 소송담당인 것이다. 당사자적격은 소송수행권을 의미하기 때문에 제3자의 소송담당은 당사자 이외의 자가 소송수행권을 가지는 경우라고 할 수 있다. 이들은 자기의 이름으로 소송수행을 하므로 대리인이 아니다. 제3자의 소송담당의 경우에 담당자인 제3자가 받은 판결은 소송당사자인 당해 제3자뿐만 아니라(218①), 실질적 이익귀속주체인 본인에게도 판결의 효력이 미치는 것이 원칙이다(218③).

당사자적격의 이론적 근거는 무엇인가?

당사자적격은 형식적 당사자개념이 보편화됨에 따라 남소의 가능성이 커지자 이를 방지하기 위하여 도입된 개념이다. 따라서 그 이론적 근거는 실체법상 관리처분권과 법적 이익이 존재하는 자에 대해서만 정당한 당사자로 인정하자는 주장에서 출발하였다(Helwig). 처음에는 실체법상 관리처분권은 이행소송의 영역에서, 법적 이익은 확인소송의 영역에서 정당한 당사자인지 여부에 대한 판단 기준으로 사용되었다. 그러나 오늘날에는 여기에서 한걸음 더 발전하여 소송수행권의 존재여부를 기준으로 삼는다. 물론 소송수행권을 관리처분권과 법적 이익을 포함하여 '소송의 결과에 중요한 이익'으로 보기 때문에 과거의 논의와 대립되는 개념은 아니다. 판례도 비법인 사단이 총유재산에 관한 소송을 제기할 때에는 정관에 다른 정함이 없는 한 사원총회의 결의를 거쳐야 하는 것이므로 이러한 결의 없이 그 명의로 소송을 제기하면 소송요건이 흠결된 것으로 본다.[102] 이러한 입장은 실체법상 관리처분권의 부존재, 즉 소송요건 중 당사자적격에 흠결이 있다는 의미로 이해할 수 있다.

Ⅲ. 당사자적격을 갖는 자 – 일반적인 경우

1. 이행의 소

자기에게 이행청구권이 있음을 주장하는 자가 원고적격을 가지며, 그로부터 이행의무자로 주장된 자가 피고적격을 가진다. 형식적 당사자 개념에 의하므로 실체법상 권리를 가지고 있어야 하는 것은 아니며, 실체법상 권리자인지 여부는 본안심리에서 가려질 문제이다.[103]

다만 판례는 예외적으로 등기의무자(등기명의인 또는 그 포괄승계인)가 아닌 자 또는 아무런 이해관계가 없는 자를 상대방으로 한 등기말소청구[104] 또는 압류 및

102) 대법원 2011.7.28. 선고 2010다97044 판결.
103) 대법원 1994.6.14. 선고 94다14797 판결.
104) 대법원 1994.2.25. 선고 93다39225 판결(부동산의 합유자 중 일부가 사망한 경우 합유자 사이에 특별한 약정이 없는 한 사망한 합유자의 상속인은 합유자로서의 지위를 승계하는 것이 아니므로 해당 부동산은 잔존 합유자가 2인 이상일 경우에는 잔존 합유자의 합유로 귀속되고 잔존 합유자가 1인인 경우에는 잔존 합유자의 단독소유로 귀속된다할 것이므로 사망한 합유자의 상속인을 상대로 합유등기의 말소를 구하는 것은 말소의무자로서의 당사자적격이 없는 자를 상대로 한 부적법한 소이다); 대법원 2000.4.11. 선고 2000다5640 판결 · 대법원 1995.5.26. 선고 95다7550 판결(근저당권의 양도에 의한 부기등기는 기존의 근저당권설정등기에 의한 권리의 승계를 등기부상 명시하는 것뿐으로, 그 등기에 의하여 새로운 권리가 생기는 것이 아닌 만큼 근저당권설정등기의 말소등기청구는 양수인만을 상대로 하면 족하고, 양도인은 그 말소등기청구에 있어서 피고적격이 없다); 대법원 2009.10.15. 선고 2006다43903 판결(가등기가 이루어진 부동산에 관하여 제3취득자 앞으로 소유권이전등기가 마쳐진 후 그 가등기가 말소된 경우 그와 같이 말소된 가등기의 회복등기절차에서 회복등기의무자는 가등기가 말소될 당시의 소유자인 제3취득자이고, 가등기 당시의 원래의 소유자를 상대로 한 소는 부적법하여 각하하여야 한다).

추심명령이 있은 후 추심채권자가 아니라 채무자가 제기하는 이행의 소[105]의 경우에는 주장 자체만으로도 당사자적격을 그르친 위법이 있다고 보아 본안심리에 들어갈 필요 없이 각하하여야 한다는 입장이다. 현재의 등기명의인이 아닌 자를 상대로 한 진정한 등기명의의 회복을 위한 소유권이전등기청구의 경우에도 마찬가지이다.[106] 그러나 위의 각 경우 피고의 지위는 실체법의 해석에 의하여 정해지므로 본안사항으로 보아 청구기각 판결을 하는 것이 옳다는 견해가 있다. 이는 소유권에 기한 목적물 반환청구소송에서 피고가 목적물의 점유자가 아닌 경우에 청구기각 판결을 하는 것과 마찬가지로, 등기명의인이 아닌 자에 대한 말소등기청구도 본안의 문제로서 청구기각으로 처리해야 할 사안이라고 주장하는 견해로서,[107] 기판력도 각하보다는 청구기각 쪽이 강하므로 이렇게 보는 것이 분쟁해결에 더 도움이 된다는 것이다.[108] 한편, 판례는 허무인 또는 실체가 없는 단체가 등기명의인으로 기재되어 있는 경우에는 소유자가 실제 등기행위를 한 자를 피고로 삼아 그 등기의 말소를 구할 수 있다는 입장이다.[109]

2. 확인의 소

확인의 이익을 가지는 자가 원고적격자, 이에 대립되는 자가 피고적격자이다. 확인의 이익은 실체법상 권리의 존부와 무관하므로 누구나 확인의 이익을 가지는 자는 원고적격자가 되며, 실체법상 권리자라도 확인의 이익이 없으면 원고적격이

105) 대법원 2000.4.11. 선고 99다23888 판결. 나아가 채권압류 및 추심명령 결정정본이 제3채무자인 피고에게 적법하게 송달되지 아니하였다면 채권자인 원고는 추심금청구의 소를 제기할 당사자적격이 없음에도 본안판단에 들어가 청구기각을 한 원심의 판단은 잘못이라는 판결도 있다(대법원 2016.11.10. 선고 2014다54366 판결).

106) 대법원 2017.12.5. 선고 2015다240645 판결. 공유물분할청구의 소에서 원고가 제3자에게 근저당권설정등기를 해주었다면 원고는 등기의무자가 아니므로 그에게 근저당권설정등기의 말소절차 이행을 명할 수 없다(대법원 2020.8.20. 선고 2018다241410,241427 판결).

107) 이시윤, 155쪽; 한충수, 210쪽 참조. 대법원은 사해행위인 매매예약에 기하여 수익자 앞으로 가등기를 마친 후 전득자 앞으로 가등기 이전의 부기등기 및 가등기에 기한 본등기까지 마친 경우에는 수익자에 대하여 말소등기청구에 대한 피고적격을 인정할 수는 없지만 매매계약의 취소와 가액반환은 청구할 수 있다고 판시하였는데(대법원 2015.5.21. 선고 2012다952 전원합의체 판결), 이는 당사자적격의 범위를 기존의 입장보다 약간 넓힌 판결로 이해할 수 있을 것이다.

108) 이에 대하여, 당사자적격은 원래 무익·불필요한 소를 배제함으로써 피고를 응소의 부담에서 해방시키는 기능을 하는데, 그 기능을 적극 활용하고 있는 판례의 입장이 오히려 바람직스럽다는 주장도 있다(일본 학자의 견해).

109) 대법원 2019.5.30. 선고 2015다47105 판결.

없다. 따라서 원칙적으로 확인소송에서의 당사자적격과 확인의 이익은 표리일체의 관계에 있다.110)

판례는 단체의 내부분쟁의 일종인 단체의 대표자선출결의 무효·부존재확인의 소에서 피고를 단체로 하지 않고 문제된 결의에 의하여 선출된 대표자 개인을 피고로 함은 확인의 이익이 없으므로 소를 각하하여야 한다는 입장이다.111) 단체 이외의 사람에 대하여 청구인용판결이 선고되더라도 그 판결의 효력은 당해 단체에 미친다고 할 수 없으므로 당사자들 사이의 분쟁을 근본적으로 해결하는 유효적절한 방법이 될 수 없다는 것이 그 이유이다.112) 물론 대표자 내지 반대이익을 가진 사람은 보조참가 등의 소송참가를 할 수는 있다.

3. 형성의 소

형성의 소는 그 자체가 법에 명문으로 규정되어 있고, 당사자적격 즉 누가 당사자로 되어야 하는가에 대해서도 법이 미리 정해놓고 있다. 만약 법에 명문의 규정이 없다면 가장 강한 이해관계에 있고 충실한 소송수행을 기대할 수 있는 자가 당사자적격을 가진다.

회사관계소송 가운데 형성의 소에 해당하는 경우는 일반적으로 원고가 주주·이사 또는 감사이고, 피고는 당해 회사이다. 또한 채권자가 사해행위의 취소와 함께 책임재산의 회복을 구하는 사해행위취소의 소(민 406①)에 있어서는 수익자 또

---

110) 대법원 2011.9.8. 선고 2009다67115 판결(교육부장관이 선임한 임시이사로 구성된 임시이사회가 갑 등을 포함한 7인을 새로운 을 학원의 정식이사로 선임하는 결의를 하였고, 그 후 을 학원의 이사회가 병 등을 이사 내지 이사장으로 선임하는 결의를 한 사안에서, 임시이사들로 구성된 임시이사회가 정식이사를 선임한 이사회결의는 선임권한 없이 이루어진 것으로서 무효이고, 그와 같이 무효인 이사회결의에 의하여 선임된 정식이사들 내지 그 정식이사들에 의하여 선임된 후임 이사들이 한 결의 역시 모두 무효라고 할 것이므로, 결국 갑 등은 을 학원의 이사 지위를 갖지 아니할 뿐만 아니라 각 이사회결의의 내용도 갑 등의 신분이나 권리에 직접적인 관련이 없으므로, 갑 등에게 각 이사회결의의 무효확인을 구할 원고적격이나 법률상 이익이 없다고 한 사례).

111) 대법원 1982.9.14. 선고 80다2425 전원합의체 판결; 대법원 2011.2.10. 선고 2006다65774 판결(갑이 을 재단의 이사 내지 사찰의 주지인 병 등 개인을 상대로 하여 주지 지위의 확인을 구한 사안에서, 을 재단이 사찰재산인 토지 등에 관하여 완전한 소유권을 취득한 이상 그 재산관리권 등을 가지는 주지의 임면권은 궁극적으로 을 재단에 귀속되고 따라서 주지 지위의 확인을 구하는 소는 오직 을 재단만을 상대로 제기할 수 있다고 한 사례).

112) 대법원 2023.6.1. 선고 2020다211238 판결; 대법원 1992.5.12. 선고 91다37683 판결. 다만 임시의 지위를 정하기 위한 이사직무집행정지가처분에 있어서 피신청인이 될 수 있는 자는 그 성질상 당해 이사이고, 회사에게는 피신청인의 적격이 없다는 판례가 있다(대법원 1982.2.9. 선고 80다2424 판결).

는 전득자에게만 피고적격이 있고 채무자에게는 피고적격이 없다.[113)]

4. 고유필수적 공동소송

고유필수적 공동소송은 반드시 당사자를 공동으로 하여야 당사자적격이 있으므로 공동소송인 일부만이 소송을 제기하거나 일부만을 상대로 소송을 제기하면 당사자적격의 흠으로 인하여 소가 부적법해진다. 다만 제1심 변론종결 전까지 빠뜨린 당사자를 추가할 수 있다(68).

법인 아닌 사단의 재산은 총유이므로(민 275, 법인 아닌 재단에 유추적용), 공유나 합유의 경우처럼 보존행위는 구성원 각자가 할 수 있다는 민법 265조 단서 또는 272조 단서와 같은 규정이 없기 때문에 보존행위를 포함한 총유재산에 관한 소송은 법인 아닌 사단이 그 명의로 사원총회의 결의를 거쳐 하거나 또는 그 구성원 전원이 당사자가 되어 필수적 공동소송의 형태로 할 수 있을 뿐, 구성원 개인에게는 당사자적격이 없다.[114)]

Ⅳ. 당사자적격을 갖는 자 – 제3자의 소송담당

제3자의 소송담당에는 본인의 의사가 아니라 법률의 규정에 의해 제3자가 당연히 소송수행권을 가지는 경우(법정소송담당)와 본인의 수권에 의해 제3자가 소송수행권을 취득하는 경우(임의적 소송담당) 및 법원허가에 의한 소송담당(재정소송담당)으로 나눌 수 있다.

1. 법정소송담당

실질적 이익귀속주체(본인)의 권리나 법률관계를 내용으로 하는 소송물에 대하여 법률이 제3자에게 소송수행권을 부여한 경우를 법정소송담당이라고 한다. 최

113) 대법원 2009.1.15. 선고 2008다72394 판결; 대법원 2021.2.4. 선고 2018다271909 판결(채권자가 수익자와 전득자를 공동피고로 삼아 채권자취소의 소를 제기하면서 청구취지로 '채무자와 수익자 사이의 사해행위취소 청구'를 구하는 취지임을 명시한 경우 전득자에 대한 관계에서 채무자와 수익자 사이의 사해행위를 취소하면서 채권자취소권을 행사한 것으로 보아야 한다. 사해행위 취소를 구하는 취지를 수익자에 대한 청구취지와 전득자에 대한 청구취지로 분리하여 각각 기재하지 않았다고 하더라도 취소를 구하는 취지가 수익자에 대한 청구에 한정된 것이라고 볼 수는 없다).

114) 대법원 2005.9.15. 선고 2004다44971 전원합의체 판결.

근 독일이나 일본의 학설은 법정소송담당을 다음과 같이 분류하는 경우가 대세이다. 첫째로 본인의 권리나 법률관계에 대하여, 법률이 제3자에게 관리처분권을 부여함으로써 이에 기하여 소송수행권이 인정되는가, 아니면 법률이 제3자에게 관리처분권을 부여함이 없이 소송수행권을 인정하는가로 분류한다. 전자를 **관리처분권의 부여로 인한 법정소송담당**이라고 하고 후자를 **직무상 당사자**라고 한다. 둘째로 관리처분권의 부여로 인한 법정소송담당을 둘로 나누어, 주로 담당자 자신을 위하여 소송을 수행하게 하는가, 아니면 본인에 의한 소송수행이 부적절하여 본인 대신 담당자로 하여금 소송을 수행하게 하는가로 분류한다. 전자를 **담당자를 위한 법정소송담당**이라 하고 후자를 **본인을 위한 법정소송담당**이라 한다.

이러한 분류방식의 실익은 다음과 같다. ① 담당자를 위한 법정소송담당의 경우에는 대체로 본인의 당사자적격이 상실되지 않아 스스로 소송수행권을 가지므로 본인은 소송담당과 타인 사이에 계속 중인 소송에 당사자로서 공동소송참가(83) 등을 통하여 자신의 이익을 보호할 수 있다. 이에 비하여 본인을 위한 법정소송담당은 본인이 소송을 수행하는 것이 부적절하여 소송담당이 본인 대신 관리처분권을 가지고 소송을 수행하는 구조이므로 본인의 이익 보호를 위한 제도의 필요성이 크지 않아 본인에게는 통상의 보조참가(71)나 공동소송적 보조참가(78)를 허용하는 정도에 그친다. ② 담당자를 위한 법정소송담당의 경우에는 담당자가 사망하면 민소법 237조가 아니라 민소법 233조가 적용되어 소송절차가 중단됨에 비하여, 본인을 위한 법정소송담당의 경우에는 담당자가 사망하면 자격상실에 관한 민소법 237조가 적용되어 소송절차가 중단된다. ③ 직무상 당사자는 관리처분권의 부여로 인한 법정소송담당과는 달리, 관리처분권이 없지만 일정한 직무에 있다는 이유로 소송수행권이 부여되는 점에 특색이 있다.

가. 관리처분권의 부여로 인한 법정소송담당

(1) 담당자를 위한 법정소송담당

1) 권리의무의 귀속주체(본인)의 권리·법률관계에 대하여 법률에 의하여 제3자에게 관리처분권이 부여되고 이에 기하여 소송담당이 인정되는 경우이다. 예컨대 채권추심명령을 받은 압류채권자(민집 229②),[115] 주주대표소송의 주주(상 403),

115) 담당자를 위한 법정소송담당 중에 채권에 대한 압류 및 추심명령이 있는 경우에는 채무자에게 관리처분권이 인정되지 않는다. 왜냐하면 민사집행법 229조 2항에 의하여 채무자(본인)의 제3

채권자대위권자(민 404), 채권질의 질권자(민 353), 공유자 전원을 위하여 보존행위를 하는 공유자(민 265) 등이 여기에 속한다.

2) 이러한 유형의 법정소송담당은 담당자가 자신의 이익을 위하여 법률에 의하여 부여된 담당자 자신의 관리처분권, 즉 소송수행권에 기하여 소송을 수행하는 것이다. 그런데 본인의 입장에서 생각해 보면 자신의 재산에 대한 관리처분권은 자신이 행사하여야 함에도 제3자인 담당자가 행사하는 것이므로 담당자의 이익과 본인의 이익이 충돌할 가능성이 존재한다. 왜냐하면 이 경우에 담당자가 받은 판결은 승소·패소를 불문하고 그 효력이 본인에게 미치기 때문이다(218③). 그렇다면 소송담당자가 소송을 제기한 때에 권리의무의 귀속주체(본인)는 자신의 이익보호를 위하여 그 소송에 당사자로 참가하여 소송을 수행하도록 허용할 필요가 있는데, 현행법상 참가의 유형으로는 공동소송참가(83①)와 독립당사자참가(79①)가 이에 해당하고, 소송담당자가 본인에게 소송고지를 함으로써 참가를 유도하는 경우가 있다(민 405①, 상 404②). 견해에 따라서는 본인이 별도의 소를 제기할 수 있음에도 소송담당자가 받은 패소판결의 효력조차 권리의무의 귀속주체에게 확장시키는 것은 가혹하다고 할 것이므로 본인이 소송에 참가하거나 소송고지를 받은 경우에 한하여 판결효를 확장시키는 것이 절차적 정의에 부합한다는 주장도 있다(민소법 218조 3항의 제한해석).[116)]

3) 채권자대위소송

통설[117)]에 의하면 채권자대위소송을 제기한 채권자(민 404)의 유형을 병행형

채무자에 대한 추심권이 박탈되기 때문이다. 따라서 채무자는 별소제기는 물론, 당사자적격의 존재를 전제로 하는 공동소송참가나 독립당사자참가도 허용되지 아니한다. 판례도 제3채무자에 대한 이행의 소는 추심명령을 받은 추심채권자만이 제기할 수 있고 채무자는 피압류채권에 대한 이행소송을 제기할 당사자적격을 상실한다고 판시하였다(대법원 2000.4.11. 선고 99다23888 판결).

116) 이러한 견지에서, 대위채권자, 채권질의 질권자, 채권추심명령을 받은 압류채권자 등은 자기의 권리를 행사하는 것일 뿐 법정소송담당이 아니라는 견해가 주장된다(호문혁, 256-257쪽). 그러나 이 견해에 의하면 채권자가 피고(제3채무자)를 상대로 제기한 소에서 패소 확정되어도 그 판결의 기판력이 채무자에게 미치지 않게 되어 채무자는 다시 피고를 상대로 소를 제기할 수 있다는 결론에 이르게 되어, 피고는 여러 번 소를 제기당하는 불편을 부담하게 되는 문제가 발생한다.

117) 통설은 법정소송담당을 ① 제3자에게 관리처분권이 부여된 결과 소송수행권을 갖게 된 때와 ② 직무상 당사자로 나누고, 위 ①의 경우에는 다시 제3자가 실질적 이익귀속주체와 함께 소송수행권을 갖는 **병행형**으로서 채권자대위소송에서의 채권자, 주주대표소송의 주주, 채권질의 질권자, 공유자 전원을 위하여 보존행위를 하는 공유자 등으로, 제3자가 실질적 이익귀속주체에 갈음하여 소송수행권을 갖는 **갈음형**으로서 파산재단에 관한 소송을 하는 파산관재인, 회생

법정소송담당이라고 하면서도, 채무자(본인)가 당사자로서 소송에 참가할 수 있는가에 대하여, 먼저 제기한 담당자의 소송과 본인의 소송이 중복소송이 된다거나 담당자의 소송수행을 알게 된 후에는 관리처분권(나아가 소송수행권)이 상실된다는 등의 이유로 본인이 당사자로서 소송에 참가하는 것을 허용하지 않는다.[118] 이에 대하여, 채권자는 자신의 실체법상 권리인 대위권을 행사하는 것일 뿐 법정소송담당이 아니라는 견해도 있고,[119] 채권자가 채권자대위권에 기하여 채무자(본인)의 권리를 행사하고 있다는 사실을 채무자가 어떠한 경위로든 알게 된 후에 그 권리를 처분한 것은 채권자에게 대항할 수 없고(민 405②),[120] 이러한 경우에는 채무자의 처분행위가 제한되고 채무자의 관리처분권이 채권자에게 이전되어 본인의 관리처분권이 상실되므로(비송 49②), 결국 채무자가 대위소송 사실을 알기 전에는 채무자의 관리처분권이 상실되지 아니하여 채무자는 당사자적격을 가진다고 보아야 하고(병행형), 채무자가 대위소송 사실을 안 후에는 관리처분권이 상실되어 당사자적격을 잃는다고 보아야 한다(갈음형)는 견해도 있다.[121] 그러나 채권자의 대위권 행사사실을 알고 있는 채무자가 변제를 수령하거나 제3채무자로부터 채무자 명의로 등기를 넘겨받는 것은 처분행위가 아님을 판례도 인정하고 있고,[122] 일반적으로 소제기행위는 자신의 권리를 확보하려는 관리 또는 보존행위의 일환일 뿐 자신의 권리를 처분하는 행위라고 볼 수 없음을 고려해 보면,[123] 채무자는 대위채권자의 소송에 당사자로서 공동소송참가 또는 독립당사자참가를 함으

채무자의 재산에 관한 소송을 하는 관리인, 채권추심명령을 받은 압류채권자, 유언에 관한 소송에서 유언집행자 등으로 나누어 설명하고 있다.

118) 이와 같이, 통설이 채권자대위소송을 병행형으로 분류하면서도 채무자에게 당사자로서의 소송수행권을 허용하지 않아 실제로는 갈음형에서의 본인과 그 지위가 같아지므로 이러한 분류법은 별다른 실익이 없다.

119) 호문혁, 257쪽.

120) 대법원 1975.5.13. 선고 74다1664 전원합의체 판결; 대법원 2012.5.17. 선고 2011다87235 전원합의체 판결.

121) 김홍엽, 158쪽.

122) 대법원 1991.4.12. 선고 90다9407 판결.

123) 이를 채권(가)압류에 준하여 생각해 볼 수도 있다(민집 227① 참조). 대법원은 채권(가)압류가 된 경우 제3채무자는 채무자에 대하여 채무의 지급을 하여서는 안 되고, 채무자는 추심, 양도 등의 처분행위를 하여서는 안 되지만, 이는 이와 같은 변제나 처분행위를 하였을 때에 이를 가압류채권자에게 대항할 수 없다는 것이며, 채무자가 제3채무자를 상대로 **이행의 소를 제기**하여 집행권원을 얻더라도 이에 기하여 제3채무자에 대하여 강제집행을 할 수는 없다고 볼 수 있을 뿐이고 그 집행권원을 얻는 것까지 금하는 것은 아니라고 할 것이라고 판시하였다(대법원 1989.11.24. 선고 88다카25038 판결).

로써 자신의 이익을 보호할 수 있어야 할 것이다.[124)]

한편, 판례는 채권자대위권 행사의 실체법상 요건인 ① 채권자의 채무자에 대한 채권, 즉 피보전권리가 있을 것,[125)] ② 채권자가 자기의 채권을 보전할 필요가 있을 것,[126)] ③ 채무자가 그의 권리를 스스로 행사하지 않을 것,[127)] ④ 채권자의 채권이 이행기에 있을 것,[128)] ⑤ 채무자가 제3채무자에 대하여 일정한 권리, 즉 피대위권리를 가지고 있을 것 중 ① 내지 ④의 요건을 갖추지 못하면 소송담당자(대위채권자)에게 당사자적격이 없어 소가 부적법하므로 소를 각하하여야 하고,[129)] ⑤의 요건만 본안심리의 대상(소송물)으로서, 피대위권리가 인정되지 않으면 청구를 기각하여야 한다는 입장이다.[130)]

채권자대위소송을 제기한 채권자의 채무자에 대한 피보전채권이 인정되지 않는 경우에 법원은 어떤 판결을 하여야 하는가?

대위채권자는 법정소송담당이라는 통설·판례[131)]의 견해에 의하면, 대위채권자에게

---

124) 일본은 2017. 6. 2. 민법을 개정하여, 채권자가 피대위권리를 소송상 행사한 경우에도 채무자는 처분권이 제한되지 않아 당사자로서 소송수행을 할 수 있고, 이 경우에 제3채무자는 채무자에게 이행해도 된다고 규정하고 있다(日民 423조의5).

125) 대법원 1994.11.8. 선고 94다31549 판결; 대법원 2005.9.29. 선고 2005다27188 판결. 대법원은 채권자가 채권자대위권을 행사하는 방법으로 제3채무자를 상대로 소송을 제기하였다가 채무자를 대위할 피보전채권이 인정되지 않는다는 이유로 소각하 판결을 받아 확정된 경우 그 판결의 기판력이 채권자가 채무자를 상대로 피보전채권의 이행을 구하는 소송에 미치는 것은 아니라고 판시하였다(대법원 2014.1.23. 선고 2011다108095 판결). 대위채권자의 제3채무자를 상대로 한 소송이 채무자인 본인에게 미치는 기판력(218③)은 소송물인 피대위채권에 대하여 발생하는 것이지 대위채권자와 채무자 사이의 채권인 피보전채권에 발생하는 것이 아니기 때문이다.

126) 대법원 1993.2.12. 선고 92다25151 판결: 대법원 2012.8.30. 선고 2010다39918 판결. 대법원의 다수의견은, 피보험자가 임의 비급여 진료행위에 따라 요양기관에 진료비를 지급한 다음 실손의료보험계약상 보험자에게 청구하여 진료비와 관련한 보험금을 지급받았는데, 진료행위가 위법한 임의 비급여 진료행위로서 무효인 동시에 실손의료보험계약상 보험금 지급사유에 해당하지 아니하여 보험자가 피보험자에 대하여 보험금 상당의 부당이득반환채권을 갖게 된 경우, 채권자인 보험자가 위 부당이득반환채권을 보전하기 위하여 채무자인 피보험자를 대위하여 제3채무자인 요양기관을 상대로 진료비 상당의 부당이득반환채권을 행사하는 형태의 채권자대위소송에서 채무자가 자력이 있는 때에는 보전의 필요성이 인정된다고 볼 수 없다고 판시하였다(대법원 2022.8.25. 선고 2019다229202 전원합의체 판결).

127) 대법원 1992.11.10. 선고 92다30016 판결. 이 경우 권리의 행사란 채무자의 제3채무자에 대한 소송이 승소하든 패소하든 마찬가지이다.

128) 대법원 1995.2.10. 선고 94다39369 판결.

129) 위 ①의 요건에는 피대위자인 채무자가 실존인물이 아니거나 사망한 경우를 포함한다(대법원 2021.7.21. 선고 2020다300893 판결).

130) 대법원 1989.6.27. 선고 88다카9111 판결.

피보전채권이 인정되지 않으면 그에게 소송담당으로서의 당사자적격이 인정되지 않으므로 소 각하판결을 하여야 한다고 본다. 이에 대하여 대위채권자는 자신의 대위권을 행사하는 것이므로 이는 당사자적격의 문제가 아니라 본안판단의 문제이어서 청구기각을 하여야 한다는 소수설이 있다.[132)]

대위채권자가 항소심 계속 중 소를 취하하여 소송이 종료된 후, 피대위자인 채무자가 제3채무자를 상대로 피대위채권을 청구하는 소를 제기할 수 있는가?

판례는 채권자대위권에 의한 소송이 제기된 사실을 피대위자가 알게 된 이상, 대위소송에 관한 종국판결이 있은 후 그 소가 취하된 때에는 피대위자도 재소금지규정의 적용을 받아 그 대위소송과 동일한 소를 제기하지 못한다는 입장이다.[133)] 따라서 이 경우에는 채무자가 당사자로서 대위소송에 참가함으로써 대위채권자가 소를 취하하더라도 전체소송의 종료를 막을 필요가 있으므로 공동소송참가가 허용되어야 한다(후술 '공동소송참가' 부분 참조). 이에 대하여 채권자대위소송은 소송담당이 아니라고 보는 입장에서는 기판력이나 재소금지의 효력이 채무자에게 미치지 않으므로 재소금지 규정의 적용을 받지 않는다고 본다.[134)]

대위채권자가 채권자대위소송의 소송계속 중 다른 채권자가 동일한 피대위채권을 소송물로 하여 채권자대위소송을 제기한다면 그 다른 대위채권자의 소제기는 적법한가?

판례는 이 경우에 중복소송이므로 후소를 각하하여야 한다는 입장이다.[135)] 그러나 새로운 소를 제기한 것이 아니라 기존의 채권자대위소송에 공동소송참가를 한다면 이러한 참가신청은 적법하다는 것이 판례이다.[136)]

---

131) 대법원 1988.6.14. 선고 87다카2753 판결; 대법원 1992.7.28. 선고 92다8996 판결; 대법원 2014.3.27. 선고 2009다104960,104977 판결. 채권자가 채권자대위소송을 제기한 경우, 제3채무자는 채무자가 채권자에 대하여 가지는 항변권이나 형성권 등과 같이 권리자에 의한 행사를 필요로 하는 사유를 들어 채권자의 채무자에 대한 권리가 인정되는지 여부를 다툴 수 없지만, 채권자의 채무자에 대한 권리의 발생원인이 된 법률행위가 무효라거나 위 권리가 변제 등으로 소멸하였다는 등의 사실을 주장하여 채권자의 채무자에 대한 권리가 인정되는지 여부를 다투는 것은 가능하고, 이 경우 법원은 제3채무자의 주장을 고려하여 채권자의 채무자에 대한 권리가 인정되는지 여부에 관하여 **직권으로** 심리 · 판단하여야 한다(대법원 2015.9.10. 선고 2013다55300 판결).

132) 호문혁, 258쪽.

133) 대법원 1996.9.20. 선고 93다20177,20184 판결.

134) 호문혁, 808쪽.

135) 대법원 1994.2.8. 선고 93다53092 판결.

136) 대법원 2015.7.23. 선고 2013다30301,30325 판결.

4) 주주대표소송

발행주식 총수의 1/100 이상의 주식을 보유한 주주는 회사가 이사를 불법행위에 대한 책임을 추궁하지 않을 때 우선 책임을 추궁할 것을 청구할 수 있고, 회사가 그 청구를 받은 날로부터 30일 이내에 소를 제기하지 아니한 때에 그 주주는 이사를 상대로 직접 소를 제기할 수 있다(상 403①②). 이를 주주대표소송이라고 하는데, 그 주주가 법정소송담당으로서 소송을 수행하게 된다. 판례는 주주대표소송의 소송계속 중 회사가 참가하는 경우(상 404①)에 당사자적격을 긍정하여 공동소송참가를 인정한 바 있는데 그 이유에 대해서, "주주의 대표소송에 있어서 원고 주주가 원고로서 제대로 소송수행을 하지 못하거나 혹은 상대방이 된 이사와 결탁함으로써 회사의 권리보호에 미흡하여 회사의 이익이 침해될 염려가 있는 경우 그 판결의 효력을 받는 권리귀속주체인 회사가 이를 막거나 자신의 권리를 보호하기 위하여 소송수행권한을 가진 정당한 당사자로서 그 소송에 참가할 필요가 있"다고 판시함으로써,[137] 본인(회사)의 이익보호를 참가 허용의 주된 이유로 삼고 있다. 주주대표소송은 채권자대위소송과 함께 담당자의 이익과 본인의 이익이 충돌된다는 점에서 담당자를 위한 법정소송담당의 전형적인 예라고 할 수 있는데, 대법원은 이들의 대립하는 이익을 조정하기 위하여 본인(회사)에게 당사자적격을 인정하여 담당자가 제기한 소송에 당사자로서 소송을 수행할 수 있도록 공동소송참가를 허용하고 있는 것이다.[138]

(2) 본인을 위한 법정소송담당

권리의무의 귀속주체(본인)가 소송을 수행하는 것이 부적절한 경우에 법률에 의하여 본인 대신 그 재산의 관리·처분을 담당하는 제3자에게 소송수행권이 부

---

137) 대법원 2002.3.15. 선고 2000다9086 판결. 이 판례에 대해서는 당사자로서 참가하는 공동소송참가는 중복소송이므로 허용되지 않고 당사자적격이 없는 자가 참가하는 공동소송적 보조참가만 허용된다는 견해가 있으나(이시윤, 796쪽), 중복제소금지(259)는 기존의 소송이 계속 중임에도 이와 동일한 소송을 재차 제기함으로써 두 판결 사이에 모순·저촉이 발생하는 것을 방지할 목적으로 도입된 제도인데, 소송참가제도는 기존의 계속 중인 소송에 당사자 등이 참가할 뿐이므로 하나의 소송절차만 존재하고 판결 또한 하나가 선고될 뿐이어서 판결의 모순·저촉의 여지가 없다할 것이므로 참가 유형에 따른 허용여부와 중복소송을 관련짓는 것은 타당하지 않다고 본다.

138) 주주대표소송을 병행형 법정소송담당이라고 하면서도 회사가 그 소송에 당사자로서 공동소송참가 하는 것은 중복소송이므로 허용되지 않는다는 입장(이시윤, 796쪽)은 앞의 채권자대위소송에서 살펴본 바 있듯이 병행형·갈음형의 분류방식이 실익이 없음을 보여준다.

여되는 소송담당을 말한다. 여기에서 '본인을 위한'이라는 것은 "소송담당자 자신의 이익을 위해서가 아닌"이라는 의미로서, 권리의무의 귀속주체인 본인의 소송수행이 부적절하여 담당자가 그를 대신하여 소송수행권을 가진다는 의미이다. 따라서 본인에게는 그 범위 내에서 더 이상 소송수행권이 주어지지 않는다.[139] 이와 같이, 본인을 위한 법정소송담당의 경우에는 소송담당자가 관리처분권을 가지고 본인을 대신하여 소송을 수행한다. 따라서 본인에게는 당사자적격이 없어 당사자로서 소송에 참가하는 공동소송참가나 독립당사자참가는 허용되지 않고 통상의 보조참가 또는 공동소송적 보조참가만 허용되므로 그만큼 본인의 보호에 소홀해질 수밖에 없지만, 애당초 사안의 성격상 본인으로 하여금 소송을 수행하게 하는 것이 부적절하여 소송담당자가 대신 소송을 수행하는 경우임을 고려하면 이를 수긍할 수 있다.

이에 해당하는 유형으로는 파산재단에 관한 소송을 하는 파산관재인(채무자회생법 359), 회생채무자의 재산에 관한 소송을 하는 관리인(동 78), 유언에 관한 소송에서 유언집행자(민 1101) 등이 이에 속한다. 판례는 유언집행자,[140] 상속재산관리인[141]을 법정대리인이 아니라 법정소송담당자로 본다. 이들을 직무상 당사자로 보는 견해도 있지만,[142] 이들에게는 관리처분권이 부여되어 있다는 점에서 그렇지 않은 직무상 당사자와는 구별되어야 할 것이다. 한편 부재자 재산관리인의 경우에는 부재자만 당사자적격을 가지고 부재자 재산관리인은 부재자의 법정대리인이다(민 22, 23).

본인을 위한 법정소송담당과 법정대리인을 가르는 기준은 무엇인가?

유언집행자는 유증의 목적인 채권·채무 등 재산의 관리 기타 유언의 집행에 필요한 행위를 할 권리의무가 있다(민 1101). 유언집행자에게는 상속재산 등에 대한 관리처분권이 부여되어 있는 것이다. 만약 유언과 직접 관련있는 상속인에게 유증 재산의 관리처분권을 주면 그 권한을 불공정하게 행사함으로써 분쟁이 해결되지 않을

139) 대법원 2001.3.27. 선고 2000다26920 판결; 대법원 2018.6.15. 선고 2017다289828 판결(파산선고 전에 채권자가 채무자를 상대로 소를 제기하였더라도 그 소장 부본이 송달되기 전에 채무자에게 파산선고가 이루어졌다면 채무자는 당사자적격이 없으므로 그 소는 부적법한 것으로서 각하되어야 하고, 이 경우 파산선고 당시 법원에 소송이 계속되어 있음을 전제로 한 파산관재인의 소송수계신청 역시 적법하지 않으므로 허용되지 않는다).

140) 대법원 2001.3.27. 선고 2000다26920 판결.

141) 대법원 2007.6.28. 선고 2005다55879 판결.

142) 강현중, 223쪽; 정영환, 294쪽.

가능성이 높다. 따라서 상속인(본인)은 관리처분권의 행사자로서는 부적절하다고 할 수 있다. 상속인의 법정대리인도 상속인의 권리의무를 대리하는 자이므로 상속인에게 유리하도록 처리할 우려가 있다. 이에 비하여, 유언집행자는 상속인으로부터 독립하여 중립적 입장에서 직무를 수행하는 자이므로 상속인에 갈음하여 그에게 관리처분권을 부여하면 공정한 처리가 가능하다. 또한 유언집행에 있어서는 유언집행자와 상속인이 재산을 둘러싸고 원·피고가 되는 경우가 많은데, 이 경우 유언집행자를 법정대리인이라고 하면 원·피고 사이에 혼동이 발생하여 소송이 성립될 수 없다. 이러한 이유로 유언집행자는 상속인의 대리인으로 본다는 규정(민 1103①)이 있음에도 불구하고 판례는 이들을 상속인의 대리인이 아니라 법정소송담당이고 위 규정은 유언집행자가 한 행위의 효과가 상속인에게 귀속함을 표현한 것에 불과한 것으로 제한 해석하여야 한다는 입장이다.[143] 상속재산관리인(민 1053)에 대하여도 동일한 법리를 적용할 수 있다.[144] 다만 부재자재산관리인(민 22)은 원칙적으로 부재자의 재산보존에 이익되는 행위를 하는 데 그치므로(민 24②), 법정소송담당이 아니라 법정대리인으로 본다.

나. 직무상 당사자

소송물의 내용을 이루는 권리·의무에 관한 법률관계의 귀속주체가 사망·소송능력 상실·불특정 기타의 사유로 소송수행이 불가능 내지 곤란한 경우에 당사자의 이익을 보호하여야 할 직무에 있는 자가 법률상 당사자로서 소송을 담당하는 경우를 말한다. 직무상 당사자는 관리처분권의 부여로 인한 법정소송담당과는 달리, 관리처분권이 없지만 일정한 직무에 있다는 이유로 소송수행권이 부여되는 것이므로 법률상 당연한 소송담당자인 점이 특징이다.

여기에는 ① 자 사망 후의 친생부인의 소(민 849), 인지청구의 소(민 864), 친생자관계 존부확인의 소(민 865②), 혼인의 무효·취소의 소 및 이혼의 무효·취소의 소(가소 24③), 아버지를 정하는 소(가소 27④), 인지의 무효·취소의 소 및 인지에 대한 이의의 소(가소 28), 입양의 무효·취소의 소 및 파양의 취소의 소(가소 31) 등에 있어서 피고적격자 사망 후의 검사, ② 피성년후견인의 친생부인의 소에서 성년후견인(민 848①), ③ 해양사고구조료지급청구에 있어서의 불특정 구조료채무자를 대신하는 선장(상 894②) 등이 있다.

---

143) 대법원 2001.3.27. 선고 2000다26920 판결.

144) 대법원 2007.6.28. 선고 2005다55879 판결. 다만 민법 1053조 2항에서 상속재산관리인에 대하여 부재자재산관리인에 관한 규정인 민법 22조 내지 26조를 준용하고 있다는 이유로 법정대리인으로 보는 견해가 있다(이시윤, 174쪽).

2. 임의적 소송담당

가. 의 의

제3자의 소송담당 중에 본래의 권리의무의 주체가 제3자에게 관리처분권을 주어 제3자가 본래의 권리의무의 주체에 대신하여 당사자적격을 가지게 되는 경우를 임의적 소송담당이라고 한다. 본래의 권리의무의 주체가 당사자를 임의로 선임하는 것이므로 "임의적" 소송담당이라고 불린다. 이 경우에는 본인 스스로 소송담당에게 관리처분권을 넘겼으므로 본인은 당사자적격, 즉 소송수행권을 상실한다고 보아야 할 것이다.

나. 명문의 규정이 있는 경우

민소법 53조의 선정당사자가 대표적이다. 그 외에도 추심위임배서(어음 18①, 77①(1), 수표 23①)를 받은 피배서인,[145] 금융기관의 연체대출금 회수위임을 받은 한국자산관리공사(금융회사부실자산 등의 효율적 처리 및 한국자산관리공사의 설립에 관한 법률 26①)가 임의적 소송담당에 해당한다.

다. 명문의 규정이 없는 경우

명문의 규정이 없음에도 임의적 소송담당을 확장하여 인정하면 변호사대리의 원칙(87)과 소송신탁금지(신탁법 6)를 실질적으로 탈법화할 가능성이 있다. 추심위임배서를 인정하면서도 소송행위를 하게 하는 것을 그 주된 목적으로 하는 경우에는 신탁법 6조에 위반되므로 무효라는 판례가 대표적이다.[146]

다만 학설[147]과 판례[148]는 당사자가 여럿인 경우에 그중의 한 사람을 소송당사

145) 다만 추심위임배서를 받은 피배서인은 임의적 소송담당이 아니라 법률상 소송대리인으로 보는 견해도 있다(송상현 · 박익환, 139쪽; 호문혁, 251쪽). 양자의 차이는 피배서인을 임의적 소송담당자로 보는 경우에는 피배서인이 자신의 이름으로 소를 제기하는데 반하여, 법률상 소송대리인으로 보는 경우에는 피배서인이 배서인의 대리인으로서 배서인의 이름으로 소를 제기한다는데 있다. 따라서 피배서인을 임의적 소송담당으로 보게 되면 배서인은 피배서인의 소송에 참가할 수 있으나 피배서인을 법률상 소송대리인으로 보면 소송참가를 할 수 없다. 판례는 피배서인은 소송담당이라는 입장이다(대법원 1982.3.23. 선고 81다540 판결).

146) 대법원 1982.3.23. 선고 81다540 판결; 대법원 2007.12.13. 선고 2007다53464 판결. 채권양도가 소송행위를 하게 하는 것을 주된 목적으로 한 경우에도 무효(대법원 2018.10.25. 선고 2017다272103 판결).

147) 이시윤, 160쪽; 정동윤 · 유병현 · 김경욱, 239쪽.

148) 대법원 2012.5.10. 선고 2010다87474 판결.

자로 삼아 소송수행을 하게 하면 피담당자와 상대방에게 편리하고 법원의 소송운영도 간편하므로 변호사대리의 원칙과 소송신탁을 금지하는 법의 취지를 위반할 염려가 없다면 피담당자의 절차권이 실질적으로 보장되고 이를 인정할 합리적 필요가 있을 때에는 제한적으로 임의적 소송담당을 인정한다.

판례는 집합건물의 관리단으로부터 관리업무를 위임받은 위탁관리회사가 구분소유자 등을 상대로 관리비를 청구하는 경우,[149] 또는 민법상 조합의 경우 조합규약이나 조합결의에 의하여 자기 이름으로 조합재산을 관리하고 대외적 업무를 집행할 권한을 수여받은 업무집행 조합원이 조합재산에 관한 소송에 관하여 조합원으로부터 임의적 소송신탁을 받아 자기 이름으로 소송을 수행하는 것을 허용하며,[150] 아파트입주자 대표회의에 대해서는 입주민들에게 고유하게 공유지분별로 귀속되는 권리관계가 아닌, 하자보수청구권과 같이 단체적으로 귀속되는 권리관계에 관하여 입주민들의 공동이익을 위한 소송수행권을 인정한다.[151] 다만 아파트입주자대표회의가 하자보수청구권 외에 그에 갈음한 손해배상청구권을 가진다고 할 수는 없으나,[152] 이러한 손해배상청구도 입주민들로부터 그 권리를 양도받은 경우에는 위 입주자대표회의에 당사자적격을 인정한다.[153]

환경분쟁에서 집단적 이익을 대변하는 단체에게 당사자적격을 인정할 수 있는가?

환경오염 사건은 피해자 개개인의 권리만이 중요한 것이 아니라 집단적인 이익이 문제되는 경우가 많아서 관계자가 ○○환경보호회 같은 단체를 구성하여 문제제기, 여론환기, 상대방과의 교섭을 행하고 피해자를 통합시키는 것이 통상적이다. 이러한 단체가 소위 분쟁을 관리하고 해결을 위해 노력하였음에도 불구하고 소송에 이르게 되면 개개인이 원고로서 통상공동소송이 될 뿐이라면 불합리하다. 여기에서 분쟁을 관리해 온 단체에 당사자적격을 긍정해야 한다는 견해가 있는데, 이를 분쟁관리권설

149) 대법원 2016.12.15. 선고 2014다87885,87892 판결; 대법원 2022.5.13. 선고 2019다229516 판결. 다만 임의적 소송담당인 위탁관리회사가 집합건물의 공용부분에 대해 재판상 방해배제청구를 하거나 사업주체를 상대로 하자보수에 갈음한 손해배상청구를 할 수 있는지는 불분명하다. 향후 위탁관리업자가 자신의 이름으로 소송을 수행할 수 있는 구체적 기준과 범위를 명확히 할 필요가 있다.

150) 대법원 1984.2.14. 선고 83다카1815 판결.

151) 대법원 2003.6.24. 선고 2003다17774 판결; 대법원 2003.8.22. 선고 2002다4290 판결; 대법원 2017.3.16. 선고 2015다3570 판결.

152) 대법원 2006.8.24. 선고 2004다20807 판결.

153) 대법원 2008.12.24. 선고 2008다48490 판결.

이라 한다.[154] 이 학설은 분쟁관리권을 가지는 단체에 소송담당을 인정해야 한다는 것으로, 분쟁의 실상을 바탕으로 법적인 구성을 하였다는 점에서 경청할 만하다.

3. 법원허가에 의한 소송담당(재정소송담당)

현행법상 법원의 허가를 얻어 소송수행권을 가지는 경우로는, 증권관련집단소송에서는 구성원 중 법원의 허가를 받아 대표당사자가 될 수 있도록 한 것(증집소 21①)과 소비자단체소송에서 일정한 소비자단체가 법원의 허가를 받아 소송을 수행할 수 있도록 한 것이 있다(소기 73, 74). 개인정보단체소송에서도 단체가 법원의 허가를 얻어 소송수행을 할 수 있다(개인정보법 54, 55).

4. 제3자의 소송담당과 기판력

제3자가 소송담당자로서 소송을 수행한 결과 받은 판결은 권리관계의 주체인 본인에게도 미친다(218③). 그 범위에 대하여 다음과 같은 논의가 있다.

본인을 위한 소송담당의 경우에 본인에게 기판력이 미친다는 점에 대하여는 다툼이 없다(218③의 원칙적 적용).

담당자를 위한 소송담당의 경우에는 본인이 소가 제기된 것을 알고 소송참가로 자기측이 패소되는 것을 막을 기회를 갖는 등 절차보장이 되었을 때 기판력이 미친다고 본다(다만, 채권추심명령을 받은 압류채권자의 채무자는 추심권이 박탈되어 소제기가 불가능하므로 예외이다. 민집 227①).[155] 소송담당자가 불성실한 소송수행을 할 경우에도 무조건 본인에게 기판력이 미친다고 하면 본인의 소송수행권이 침해·상실되기 때문이다(218③의 제한적 적용). 판례는 채권자대위소송에서 이를 명확히 하였다.[156] 물론 채권자대위소송은 채권자의 실체법상 고유의 권리에 기한 것일 뿐, 법정소송담당에 해당하지 않는다는 입장에서는 처음부터 본인에게 기판력이 미칠 이유가 없다고 한다.[157]

---

154) 伊藤 真, 『民事訴訟の当事者』, 弘文堂, 1978, 119面.

155) 대법원 2000.4.11. 선고 99다23888 판결.

156) 대법원 1975.5.13. 선고 74다1664 전원합의체 판결(채권자가 채권자대위권을 행사하는 방법으로 제3채무자를 상대로 소송을 제기하고 판결을 받은 경우에는 채권자가 채무자에 대하여 민법 405조 1항에 의한 보존행위 이외의 권리행사의 통지, 또는 민소법 84조에 의한 소송고지 혹은 비송사건절차법 49조 1항에 의한 법원에 의한 재판상 대위의 허가를 고지하는 방법 등을 위시하여 어떠한 사유로 인하였던 적어도 채권자대위권에 의한 소송이 제기된 사실을 채무자가 알았을 경우에는 그 판결의 효력은 채무자에게 미친다고 보는 것이 상당하다).

증권관련집단소송에서 대표당사자가 받은 판결은 제외신청을 하지 아니한 구성원에게도 기판력이 미치며(증집소 37), 소비자단체소송·개인정보단체소송에서 단체가 패소판결을 받았을 때에 원칙적으로 그 효력은 동일한 사안에 대해서는 다른 단체에도 미치므로 다른 단체는 다시 단체소송을 제기할 수 없다(소기 75, 개인정보법 56).

V. 당사자적격이 없을 때의 효과

1. 소송요건

당사자에게 당사자적격이 흠결되어 있으면 본안판결을 할 필요가 없다. 당사자적격은 소송요건의 하나이기 때문이다. 당사자적격의 존부는 법원이 직권으로 조사해야 하지만 증거수집에 있어서는 변론주의의 원칙이 적용된다. 다만 판결이 대세효를 가지는 때에는 제3자의 권리에도 영향을 미치기 때문에 직권탐지가 인정된다.

2. 법원의 조치

당사자적격에 흠이 있으면 소각하 판결을 한다. 채권자대위소송을 하는 원고가 채권자라고 주장하여도 실제로 피보전채권이 없는 것으로 판명되면 소송담당자인 채권자는 원고적격이 없게 되어 소를 각하하여야 한다. 다만 채권자대위소송을 소송담당으로 보지 않는 입장에서는 당사자적격의 문제가 아니라 본안에 대한 문제가 되므로 청구기각사유가 될 따름이라고 한다.[158]

3. 당사자적격의 흠을 간과한 판결의 효력

당사자적격이 없음을 간과한 채 내린 본안판결은 상소로써 취소할 수 있으나(423), 확정되면 재심사유는 아니다. 당사자적격이 없는 사람이 받은 판결은 기판력이나 형성력이 발생하지 않는다는 의미에서 무효이다. 예컨대 부부를 당사자로 하지 않은 혼인무효·취소의 판결이나 주주 아닌 자가 제기하여 받은 주주총회결의 취소의 판결, 법원이 소송계속 중 일방당사자에 대한 회생절차 개시결정 사실

157) 호문혁, 254쪽.
158) 호문혁, 258쪽.

을 알지 못한 채 관리인의 소송 수계가 이루어지지 않은 상태 그대로 소송절차를 진행하여 선고한 판결 등은 무효이다.[159] 다만 판례는 공동의 이해관계가 없는 여러 사람이 선정당사자를 선정함으로써 선정당사자의 자격에 흠이 있는 경우라고 하더라도 선정자가 소송수행권을 수여하는 선정행위를 하였으므로 그 선정자로서는 실질적인 소송행위를 할 기회 또는 적법하게 당해 소송에 관여할 기회를 박탈당한 것이 아니라는 이유로 이를 간과한 판결도 확정되면 유효하다고 본다.[160]

제4절 소송상 대리인

민사소송에 있어 대리인이란 당사자본인에게 소송행위의 효과(따라서 결국은 판결의 효력)을 귀속시키기 위하여 당사자본인의 이름으로 당사자를 대신하여 대리인 자신의 의사결정에 따라 상대방 당사자나 법원과의 관계에서 소송행위를 하거나 받는 자를 말한다.

앞에서 설명한 바와 같이, 미성년자나 피성년후견인과 같은 소송무능력자는 예외적인 경우를 제외하면 스스로 유효하게 소송행위를 할 수 없으므로 법정대리인(친권자 · 미성년후견인 또는 성년후견인)에 의해서만 소송수행이 허용된다(민 911, 928, 938). 또한 피한정후견인과 같이 원칙적으로 소송능력이 있지만 가정법원이 피한정후견인에 대하여 일정한 법률행위를 함에 있어서 한정후견인의 동의를 받도록 정하는 심판을 한 경우에는 그 범위 내에서 소송능력이 없으므로 한정후견인에 의해서만 소송행위를 할 수 있다(55②, 민 13). 이를 위하여 법원은 한정후견인에게 (법정)대리권을 부여하는 취지의 심판을 할 수 있다(민 959조의4①).

소송무능력자 · 제한소송능력자 외에 소송능력을 가진 당사자라고 하더라도 그의 의사에 따라 대리인을 선임하는 것을 인정할 필요가 있다. 왜냐하면 실체법상 법률행위에 대해서 대리가 인정되고 있으므로(민 114~136), 소송행위에 대하여 대리를 금지할 이유가 없고, 소송행위에 대하여는 실체법뿐만 아니라 절차법에 대한 지식 및 사실관계의 정확한 파악이 필요하므로 법률전문가에게 소송행위를 위임하는 것이 합리적이기 때문이다.

159) 대법원 2011.10.27. 선고 2011다56057 판결.
160) 대법원 2007.7.12. 선고 2005다10470 판결.

소송대리는 민법상 대리와 마찬가지로 대리인이 당사자 본인을 위하여 한다는 것을 표시하고 소송행위를 행하거나 소송행위의 상대방이 된다. 그러나 민법상 법률행위의 대리와 달리, 소송행위의 대리에 대해서는 사안마다 개별적으로 대리하는 것은 원칙적으로 허용되지 않으며, 민소법상 대리권의 증명(89), 대리권 소멸의 통지(63①, 97), 대리권 범위의 법정(56, 90) 등에 대하여 특별규정을 두고 있다. 소송절차 안정의 요청 때문이다.

소송상 대리인은 첫째 **법정대리인**과 **임의대리인(소송대리인)**으로 나눌 수 있다. 법률의 규정에 의하여 대리인이 된 자를 법정대리인이라 하고, 본인의 의사에 의하여 대리인이 된 자를 임의대리인이라 한다. 법정대리인에는 실체법상 법정대리인과 소송법상 특별대리인이 있고, 임의대리인에는 법률상 소송대리인과 소송위임에 의한 소송대리인이 있다. 둘째 **포괄적 대리인**과 **개별적 대리인**으로 나눌 수 있다. 소송상 대리인은 원칙적으로 포괄적 대리인이지만 예외적으로 특정 소송행위만 국한하여 대리할 수 있는 개별적 대리인도 인정된다. 예컨대 군사용의 청사 또는 선박에 속하여 있는 사람에 대한 송달은 그 청사 또는 선박의 장(181)이, 교도소·구치소·유치장에 있는 자에 대한 송달영수는 교도소·구치소·국가경찰관서의 장(182)이 개별적 대리인이다. 또한 신고된 송달영수인이 있으면 그 자가 송달영수를 대리한다(184).

단순히 다른 사람의 소송행위를 전달하거나 사실상 소송행위를 수령하는 자(송달보조자 등)는 소송대리인이 아니다. 또한 소송대리인은 제3자의 소송담당과 구별해야 한다. 소송상 대리인이든 제3자의 소송담당이든 본인 이외의 제3자가 소송행위를 하고 그 효과가 본인에게 귀속한다는 점에서는 공통하지만, 제3자의 소송담당은 권리·의무관계의 주체인 본인에 대신하여 제3자가 소송을 수행하고 판결을 받을 자격이 인정되는 경우이다. 따라서 제3자의 소송담당에 있어서 제3자는 대리인이 아니라 당사자라는 점에서 소송상 대리인과 다르다.

Ⅰ. 법정대리인

1. 개 념

본인의 의사에 의하지 아니하고 된 대리인이 법정대리인이다. 법정대리인 제도는 소송능력이 없는 자 등을 보호하기 위한 것이다. 법정대리인에는 본인과의 신분관계에서 당연히 되는 경우(실체법상 법정대리인)와 법원에 의하여 선임되는 경우(소송법상 특별대리인)가 있다. 다만 법원의 선임명령(144)에 의하여 본인이 선택하여 선임한 변호인은 임의대리인이지 법정대리인이 아니다.

2. 종 류

가. 실체법상 법정대리인

실체법상 법정대리인의 지위에 있는 자는 소송법상으로도 법정대리인이 된다. 왜냐하면 민소법 51조는 소송무능력자의 법정대리는 민소법에 특별한 규정이 없으면 민법, 그 밖의 법률에 따른다고 규정하고 있기 때문이다. 이 규정에 의하여 소송무능력자(이하 제한소송능력자를 포함한다)에 대하여 누가 법정대리인이 될 것인가 또는 법정대리권의 범위 · 변경 · 소멸은 어떻게 할 것인가에 관하여 모두 민법 그 밖의 법률에 따르게 된다. 소송능력에 대한 규율을 실체법상 행위능력의 규율에 준하는 것으로 규정한 이상, 소송능력의 보충인 법정대리에 대해서도 동일하게 규율하려는 취지이다.

미성년자에 대하여는 친권자인 부모(민 909, 911) 또는 미성년후견인(민 928)이, 피성년후견인에 대해서는 성년후견인이(민 936, 938), 피한정후견인의 경우 한정후견인에게 대리권이 수여되었다면(민 959조의4①) 그 한정후견인이 법정대리인으로 된다.[161] 그 외 본인과 법정대리인 사이의 이해상반행위에 대하여는 법원이 선임하는 민법상 특별대리인(민 64, 921, 949조의3)도 법정대리인이다. 나아가 피특정후견인을 위해 소송행위에 관한 대리권을 부여받은 특정후견인도 법정대리인으로서 소송행위를 할 수 있다(959조의11①). 판례는 상속재산관리인(민 1053)과 유언집행자(민 1101)에 대하여는 법정소송담당으로 보는데 비하여,[162] 법원이 선임한 부재자 재산관리인(민 22 내지 26)은 법정대리인으로 본다(당사자적격 부분 참조).

---

161) 한정후견의 개시를 청구한 사건에서 의사의 감정 결과 등에 비추어 성년후견 개시의 요건을 충족하고 본인도 성년후견의 개시를 희망한다면 법원이 성년후견을 개시할 수 있고, 성년후견 개시를 청구하고 있더라도 필요하다면 한정후견을 개시할 수 있다(대법원 2021.6.10 자 2020스596 결정).

162) 대법원 2007.6.28. 선고 2005다55879 판결; 대법원 2001.3.27. 선고 2000다26920 판결.

나. 소송법상 특별대리인

(1) 제한능력자를 위한 특별대리인

미성년자 · 피한정후견인 · 피성년후견인에게 실체법상 법정대리인이 없거나 법정대리인이 있더라도 대리권을 행사할 수 없는 등의 경우에는 유효하게 소송행위를 할 수 없으므로 이는 소제기 전뿐만 아니라 소송계속 중에도 문제가 될 수 있다. 이러한 문제를 해결하기 위하여 민소법 62조에서 이들을 위한 소송법상 특별대리인 제도를 두고 있다. 즉 이들에게 법정대리인이 없거나 법정대리인에게 소송에 관한 대리권이 없는 경우, 법정대리인이 사실상 또는 법률상 장애로 대리권을 행사할 수 없는 경우, 법정대리인이 불성실하거나 미숙한 대리권 행사로 소송절차의 진행이 현저하게 방해받는 경우에 이들의 친족, 이해관계인(미성년자 · 피한정후견인 · 피성년후견인을 상대로 소송행위를 하려는 사람 포함), 대리권 없는 성년후견인, 대리권 없는 한정후견인,[163] 지방자치단체의 장 또는 검사는 소송절차가 지연됨으로써 손해를 볼 염려가 있다는 것을 소명하여 수소법원에 특별대리인을 선임하여 주도록 신청할 수 있다(62①). 법원은 소송계속 후 필요하다고 인정하는 경우 직권으로 특별대리인을 선임 · 개임하거나 해임할 수 있고(62②), 특별대리인의 선임 · 개임 또는 해임은 법원의 결정으로 하며, 그 결정은 특별대리인에게 송달하여야 한다(62④). 법원이 직권으로 하는 선임 · 개임 · 해임에 대해서는 당사자의 신청권이 인정되지 않으므로 불복할 수 없지만 선임신청의 기각결정에 대해서는 통상항고가 가능하다.[164] 특별대리인으로 선임된 변호사는 정당한 이유가 없는 한 취임을 거부할 수 없다(변 27②). 특별대리인은 법정대리인 중 대리권 있는 후견인과 같은 권한이 있으며,[165] 특별대리인의 대리권의 범위에서 법정대리인의 권한

---

163) 민법에 의하면 성년후견의 경우에는 가정법원에서 피성년후견인의 잔존능력을 감안하여 성년후견인의 법정대리권의 범위를 정할 수 있고(민 938②), 한정후견의 경우에는 가정법원에서 특정의 법률행위에 대하여 대리권을 수여하는 심판을 할 수 있을 뿐이어서(민법 959조의4) 성년후견인이나 한정후견인이라 할지라도 대리권이 없는 경우가 있을 수 있기 때문에 이들을 신청권자에 포함시킨 것이다.

164) 대법원 2018.9.18. 자 2018무682 결정(민소법 62조의2의 경우에도 같다).

165) 민소법 62조에 의하여 선임된 특별대리인은 당해 소송에 있어서는 법정대리인으로서의 권한을 보유한다 할 것이므로 특별대리인은 당해 소송행위를 할 권한뿐만 아니라 당해 소송에 있어서 공격방어의 방법으로서 필요한 때에는 사법상 실체적 권리도 이를 행사할 수 있다 할 것이나, 무권리자의 부동산처분행위에 대한 추인과 같은 행위는 부동산에 관한 권리의 소멸변경을 초래하는 것이어서 민법 950조 1항 4호의 '부동산 또는 중요한 재산에 관한 권리의 득실변경을 목적으로 하는 행위'에 해당되어 후견감독인에 의한 특별수권이 없는 한 이를 할 수 없다(대법

은 정지된다(62③). 법정대리인의 권한을 정지시키는 이유는 민소법 62조 1항 3호에 의해 법정대리인과 특별대리인이 동시에 존재할 가능성이 있기 때문에 이를 조정하기 위함이다. 특별대리인의 권한은 원칙적으로 선임된 당해소송에 국한되고, 특별대리인의 보수, 선임비용 및 소송행위에 관한 비용은 소송비용에 포함된다(62⑤).

(2) 의사무능력자를 위한 특별대리인

성년후견제도 만으로는 ① 성년후견개시심판을 받기를 원하지 않아 후견인이 없는 의사무능력자 또는 ② 성년후견개시심판을 받았지만 성년후견인에게 소송대리권이 없어 여전히 소송능력이 있는 의사무능력자의 발생가능성을 막을 수 없다. 이러한 자들을 위하여 민소법 62조의2에서 의사무능력자를 위한 특별대리인 제도를 두고 있다. 즉 의사능력[166]이 없는 사람을 상대로 소송행위를 하려고 하거나 의사능력이 없는 사람이 소송행위를 함에 있어 필요한 경우 특별대리인의 선임 등에 관하여는 위에서 본 미성년자·피한정후견인·피성년후견인을 위한 특별대리인에 관한 규정(62조)을 준용한다. 다만 특정후견인 또는 임의후견인도 특별대리인의 선임을 신청할 수 있다(62조의2①). 이 단서 규정은 민소법 62조가 특정후견·임의후견의 경우에는 적용되지 않아 피특정후견인 또는 임의후견을 받는 본인이 소송계속 중에 의사능력을 상실한 경우에 특정후견인과 임의후견인도 의사무능력자의 특별대리인 선임신청권자로 추가함으로써 민소법 62조의 특별대리인 제도를 이용할 수 있도록 하는데 그 취지가 있다. 의사무능력자를 위한 특별대리인이 소의 취하, 화해, 청구의 포기·인낙 또는 독립당사자참가소송(80)에서 탈퇴하는 경우 법원은 그 행위가 본인의 이익을 명백히 침해한다고 인정할 때에는 그 행위가 있은 날부터 14일 이내에 결정으로 이를 허가하지 아니할 수 있도록 하였다(62조의2②). 특별대리인은 후견인과 같은 권한이 있으므로(62③), 후견인이 위와 같은 소송행위를 하기 위해서는 민소법 56조 2항에 따라 후견감독인으로부터 특별수권이 있어야 하는 것이 원칙이지만, 민소법 62조의2의 경우에는 후견감독인이 존재하지 아니하므로 부득이 법원에 후견감독인의 역할을 부담시킨 것이다.

원 1993.7.27. 선고 93다8986 판결).

166) 의사능력이란 자기 행위의 의미나 결과를 정상적인 인식력과 예기력을 바탕으로 합리적으로 판단할 수 있는 정신적 능력이나 지능을 말한다(대법원 2022.12.1. 선고 2022다261237 판결).

(3) 법인 등을 위한 특별대리인

법인의 대표자 또는 법인 아닌 사단·재단의 대표자나 관리인에게는 법정대리와 법정대리인에 관한 규정이 준용되므로(64), 법인 등에 대표자·관리인이 없거나 있더라도 대표권을 행사할 수 없는 경우에는 특별대리인 선임을 신청할 수 있다.[167] 판례는 법인 대표자의 자격이나 대표권에 흠이 있어 수소법원에 의하여 특별대리인이 선임된 후 소송절차가 진행되던 중에 그 흠이 보완된 경우, 특별대리인에 대한 수소법원의 해임결정이 있기 전이라도 그 대표자가 법인을 위하여 소송행위를 할 수 있다고 하였다.[168]

(4) 판결절차 이외의 특별대리인

증거보전절차(378), 상속재산에 대한 집행절차(민집 52②)에도 특별대리인 제도가 있다.

3. 권 한

가. 법정대리권의 범위

법정대리인의 대리권의 범위에 관하여 민소법에 특별한 규정이 없으면 민법 그 밖의 법률에 따른다(51).

(1) 친권자인 경우

친권자는 미성년자를 대리하여 아무런 제약 없이 모든 소송행위를 할 수 있다(민 920).

친권자가 미성년자를 대리하여 소의 취하,[169] 화해, 청구의 포기·인낙 또는 소

---

167) 대법원 2015.4.9. 선고 2013다89372 판결(도시 및 주거환경정비법에 따른 조합의 이사가 자기를 위하여 조합을 상대로 소를 제기하는 경우 그 소송에 관하여는 감사가 조합을 대표하므로, 조합에 감사가 있는 때에는 조합장이 없거나 조합장이 대표권을 행사할 수 없는 사정이 있더라도 조합은 특별한 사정이 없는 한 민소법 64조, 62조에 정한 '법인의 대표자가 없거나 대표자가 대표권을 행사할 수 없는 경우'에 해당하지 아니하여 특별대리인을 선임할 수 없다. 나아가 수소법원이 이를 간과하고 특별대리인을 선임하였더라도 특별대리인은 이사가 제기한 소에 관하여 조합을 대표할 권한이 없다).

168) 대법원 2011.1.27. 선고 2008다85758 판결. 다만 이 판례는 2016년에 개정된 민소법 62조 2항 및 3항 2문의 규정을 고려해볼 때, 개정법 하에서도 특별대리인에 대한 법원의 해임결정 없이 법정대리인 또는 대표자가 소송행위를 할 수 있는지는 의문이다.

169) 대법원 1974.10.22. 선고 74다1216 판결.

송탈퇴를 하는 경우에도 아무런 제약이 없다. 민소법 56조 2항의 '법정대리인'은 같은 조 1항의 법정대리인에 한정되므로 친권자는 포함되지 않기 때문이다. 그러나 친권자와 그 자 사이에 이해 상반되는 소송행위를 하는 경우 및 친권에 따르는 여러 명의 자 사이에 이해 상반되는 소송행위를 하는 경우에는 특별대리인의 선임을 청구하여야 하며(민 921), 이에 위반하면 무권대리행위로 취급된다.[170]

미성년자에게 소송능력이 인정되는 경우에는 법정대리인이 미성년자를 대리하여 소송행위를 할 수 없는가?

민소법 55조에 의하면 미성년자는 법정대리인에 의하여서만 소송행위를 할 수 있다고 규정함과 동시에(55①본문), 미성년자가 독립하여 법률행위를 할 수 있는 경우에는 그러하지 아니하다고 규정함으로써 후자의 경우에는 미성년자가 스스로 소송행위를 할 수 있을 뿐만 아니라 법정대리인도 소송행위를 할 수 있다는 취지를 담고 있다(55①단서(1)). 따라서 법정대리인으로부터 허락을 받은 특정한 영업행위(민 8) 또는 임금의 청구(근기 68) 등의 경우에는 미성년자 본인에게 소송능력이 있을 뿐만 아니라, 친권자 등 법정대리인도 소송행위를 할 수 있다고 보아야 한다. 다만 이 경우에는 법정대리인이 본인의 의사에 반하여 본인에게 불리한 소송행위(예컨대 소의 취하, 화해, 청구의 포기·인낙, 소송탈퇴 등)를 한다면 이는 효력이 없다고 할 것이다. 친권자가 그 자에 대한 법률행위의 대리권 또는 재산관리권을 행사함에는 자기의 재산에 관한 행위와 동일한 주의를 하여야 하는데(민 922), 이에 부합하지 않는 행위를 한다면 권리남용이 될 것이기 때문이다. 이렇게 해석하는 것이 미성년자에게 별도로 소송능력을 인정하는 취지에 부합할 것이다.

(2) 후견인인 경우

후견인이 피후견인을 대리하여 능동적 소송행위(소제기, 상소제기)를 할 때에는 후견감독인이 있으면 그의 동의(특별수권)를 받아야 한다(민 950①(5)). 그러나 수동적 소송행위의 경우에는 후견감독인으로부터 특별수권을 받을 필요가 없다(56①).

후견인 기타 법정대리인이 소송계속 중 판결에 의하지 않고 소송을 종료시키는 소의 취하, 화해, 청구의 포기·인낙 또는 소송탈퇴를 할 때에는 후견감독인이 있으면 그로부터 특별수권이 있어야 하며, 후견감독인이 없는 경우에는 (수소법원

---

170) 대법원 2013.1.24. 선고 2010두27189 판결(친권자가 미성년자와 이행가 상반되는 행위를 특별대리인에 의하지 않고 한 경우에는 특별한 사정이 없는 한 그 행위는 무효이다).

이 아니라!)가정법원으로부터 특별한 권한을 받아야 한다(56②). 특별한 권한을 나중에 취득하면 소송행위 시에 소급하여 그 효력이 생기고 그 권한의 취득은 상고심에서도 할 수 있다.[171]

(3) 민법상 특별대리인(민 64, 921)은 당해소송에 관하여는 일체의 소송행위를 할 수 있다.

(4) 민소법 62조 및 62조의2에 의한 소송법상 특별대리인은 후견인과 같은 권한이 있다(62③, 62조의2①). 그러나 판례는 민소법 62조에 따라 선임된 특별대리인은 그 선임결정에 따라서 상대방이 제기한 소송에 응소할 수 있을 뿐만 아니라 스스로 소송을 제기하고 이를 수행할 수 있고, 그와 같은 소송행위를 함에는 후견감독인 등에 의한 특별수권을 필요로 하지 않는다는 입장이다.[172] 민소법 62조의2에 의한 특별대리인의 경우에는 후견감독인이 아니라 법원의 통제를 받도록 하고 있음은 앞에서 살펴본 바와 같다(62조의2②). 한편, 법인 등을 위한 특별대리인의 경우에는 법인 또는 법인 아닌 사단의 대표자와 동일한 권한을 가져 소송수행에 관한 일체의 소송행위를 할 수 있으므로, 특별한 사정이 없는 한 법인을 대표하여 수행하는 소송에 관하여 상소를 제기하거나 이를 취하할 권리가 있다.[173]

나. 공동대리

공동대리는 실체법상 공동대리에 관한 규정이 있는 경우에 한하여 인정된다. 즉 혼인 중의 부모(민 909②), 공동성년후견인(민 949조의2①), 합명회사 · 합자회사의 공동대표사원(상 208①, 269), 주식회사 · 유한회사의 공동대표이사(상 389②, 562③), 공동청산인(상 542②, 389②), 주식회사 감사위원회의 공동대표위원(상 415의2④) 등의 경우에 공동대리의 문제가 발생한다.

이 경우에 법정대리인이 여럿이라면 소송행위를 받아들이는 송달의 수령은 단독으로 할 수 있지만(180. 다만 송달영수인을 지정하여 신고한 때에는 그 대리인에게

171) 대법원 2001.7.27. 선고 2001다5937 판결.

172) 대법원 1983.2.8. 선고 82므34 판결. 법인의 경우에도 같다. 대법원 2018.12.13. 선고 2016다210849 판결(소송법상 특별대리인은 법인 또는 법인 아닌 사단의 대표자와 동일한 권한을 가져 그 소송수행에 관한 일체의 소송행위를 할 수 있으므로, 소송법상 특별대리인은 특별한 사정이 없는 한 법인을 대표하여 수행하는 소송에 관하여 상소를 제기하거나 이를 취하할 권리가 있다).

173) 대법원 2018.12.13. 선고 2016다210849 판결.

하여야 한다. 규 49), 소·상소의 제기를 비롯하여 민소법 56조 2항 소정의 소송행위(소의 취하, 화해, 청구의 포기·인낙, 소송탈퇴)를 할 때는 명시적으로 공동으로 하지 않으면 무효라는 것이 다수설이다(56조 2항의 유추적용).[174] 그 외의 소송행위는 단독으로 하여도 다른 대리인이 묵인하면 공동으로 한 것으로 본다(다수설). 공동대리인의 행위가 서로 모순되는 경우에는 본인에게 보다 유리한 쪽에 효력을 인정하여야 할 것이다.[175]

다. 대리권의 증명

대리권의 증명은 가족관계증명서, 법인등기부의 등·초본 등 서면으로 하여야 한다(58①). 법원은 이를 소송기록에 붙여야 한다(58②).

4. 지 위

법정대리인은 당사자 본인이 아니므로 법관의 제척이나 재판적을 정하는 표준이 되지 아니하며 판결의 효력도 받지 않는다.

그 외에는 당사자 본인에 준하여 생각하면 된다. 즉 ① 법정대리인의 표시는 소장이나 판결의 필수적 기재사항(208, 249)이며, ② 소송수행에 있어서 당사자본인의 간섭이나 견제를 받지 않고(94조의 반대해석), ③ 소송무능력자의 소송능력을 보충하는 자이므로 본인이 할 수 있는 일체의 행위를 할 수 있고, ④ 본인에 대한 송달은 법정대리인에게 하여야 하며(179), ⑤ 본인이 출석하여야 할 경우에는 대신 출석하고(140, 145), ⑥ 법정대리인의 사망·대리권의 소멸은 본인의 사망, 능력의 상실에 준하여 소송절차가 중단되며(235), ⑦ 당해 소송에서 보조참가인이나 증인이 될 수 없고, ⑧ 법정대리인을 신문할 때에는 당사자신문의 규정에 의한다(372).

---

174) 이에 대하여, 민소법 67조를 유추적용하여야 한다는 소수설이 있다. 소수설에 의하면 공동대리인 중에서 한 사람의 행위가 본인에게 유리한 경우에는 다른 공동대리인과의 일치를 기다릴 필요 없이 그 행위는 효력이 있으나 공동대리인의 행위가 본인에게 불리한 경우에는 공동대리인 전원이 일치할 때만 효력이 있다고 풀이한다(강현중, 254쪽).

175) 이시윤, 179쪽. 한편, 공동대리인의 행위가 서로 모순되는 경우에는 각 대리행위는 아무런 효력이 없다고 보는 견해도 있다(송상현·박익환, 158쪽).

5. 법정대리권의 소멸

가. 대리권의 소멸원인

법정대리권의 소멸원인도 민법 그 밖의 법률에 의하므로, 본인·법정대리인의 사망, 법정대리인이 성년후견의 개시 또는 파산선고를 받은 경우에는 법정대리권이 소멸한다(민 127). 본인이 소송능력을 갖게 되거나(미성년자의 혼인, 성년도달 등), 법정대리인의 자격을 상실한 경우(친권상실, 후견인의 사임·해임, 소송법상 특별대리인의 해임 등)에도 법정대리권이 소멸한다.

나. 소멸의 통지

법정대리권의 소멸통지는 상대방에게 변론(준비)기일에 말로 하거나 법정 밖에서 서면으로 할 수 있지만, 소멸통지를 한 사람은 그 취지를 법원에 신고하여야 한다(규 13①). 법정대리권의 소멸은 본인 또는 대리인이 상대방에게 통지하지 않으면 그 효력이 없다(63①본문). 따라서 대리권의 소멸통지가 상대방에게 도달할 때까지는 종전대리인이 한 또는 종전대리인에 대한 소송행위는 유효하다. 소송절차의 안정을 위한 규정이다. 판례는 민소법 56조 2항의 소송행위뿐만 아니라 항소취하의 경우에도 이 법리를 확대적용하고 있다.[176] 다만 법정대리권의 소멸사실이 법원에 알려진 뒤에는 종전대리인은 민소법 56조 2항의 소송행위를 할 수 없는데(63①단서), 이는 대리권 또는 대표권이 소멸된 종전대리인 내지 종전대표자가 상대방과 통모하여 본인에게 손해를 가하는 행위를 방지하기 위한 것이다.

법정대리인 자신이 사망하거나 성년후견개시심판을 받았을 때에는 통지가 이루어질 것을 기대할 수 없기 때문에 사망·성년후견개시심판 시에 소멸의 효과가 생긴다(통설).

법정대리권의 소멸통지는 법인 등의 대표자의 경우에도 준용된다(64).

다. 소송절차의 중단

소송 진행 중에 법정대리권이 소멸하면 새로 수계절차를 받을 때까지 소송절차가 중단된다(235). 그러나 소송대리인이 선임되어 있으면 중단되지 않는다(238).

---

176) 대법원 2007.5.10. 선고 2007다7256 판결.

6. 법인 등의 대표자

가. 서 설

법인 또는 법인 아닌 사단이나 재단도 당사자능력은 갖지만(51, 52), 법인 등이 그 자체로서 소송행위를 한다는 것은 있을 수 없으므로 소송무능력자로 취급된다. 즉 법인 등의 대표자인 자연인이 소송행위를 하고 그 효과가 법인에 귀속하는 것이다. 이는 정확히 갓난아이가 소송행위를 할 수 없어 법정대리인이 대신하는 것과 같다. 그래서 민소법은 법인 등의 대표자를 법정대리와 법정대리인의 규정에 준해서 취급하는 것으로 하였다(64).

나. 법인 등의 대표기관

(1) 사법인 · 법인 아닌 사단의 경우

민법상 법인의 대표기관은 이사이며(민 59), 주식회사의 대표기관은 대표이사(상 389), 청산인(상 542, 255), 대표이사 직무대행자(상 408)이다. 다만 회사가 이사의 책임을 추궁할 때에는 감사가 회사를 대표한다(상 394). 법인 아닌 사단의 일종인 종중 · 문중의 경우에 종중의 대표자는 종중의 규약이나 관례가 있으면 그에 따라 선임하고 그것이 없다면 종장 또는 문장이 그 종원 중 성년 이상의 사람을 소집하여 선출하며, 평소에 종중에 종장이나 문장이 선임되어 있지 아니하고 선임에 관한 규약이나 관례가 없으면 현존하는 연고항존자가 종장이나 문장이 되어 종원에게 통지하여 종중총회를 소집하고 그 회의에서 종중대표자를 선임한다.[177]

(2) 공법인의 경우

국가는 법무부장관이 대표자가 된다(국가소송 2). 법무부장관은 소송대리인을 선임하는 입장에서 검사, 공익법무관, 관계행정청의 직원 중에서 소송수행자를 지정하여 국가를 대리하게 한다(지정대리인 제도). 지방자치단체의 경우에는 시장, 도지사, 군수, 구청장 등 단체장이 자치단체를 대표한다. 다만 특별시 · 광역시 · 도 등 광역지방자치단체의 경우에 교육 · 과학 · 기술 · 체육 그 밖의 학예에 관한 소관사무로 인한 소송에 대해서는 교육감이 당해 지방자치단체를 대표한다(지방교육자치에 관한 법률 18).

---

177) 대법원 2010.12.9. 선고 2009다26596 판결.

다. 대표자의 권한과 지위

법인 등의 대표자는 법정대리인의 소송상 권한과 지위에 준하므로(64), 법인의 목적 범위 내에서 일체의 소송행위를 할 수 있다.

법인의 대표이사 직무대행자는 소송대리인의 선임·보수계약의 체결 등 회사의 일상업무에 속하는 것은 할 수 있다. 그러나 청구의 인낙, 항소의 취하, 항소권의 포기 등은 일상업무가 아니므로 법원의 특별수권을 얻어야 한다(상 408).[178)]

적법한 대표자 자격이 없는 법인 등의 대표자가 한 소송행위는 후에 대표자 자격을 적법하게 취득한 대표자가 그 소송행위를 추인하면 행위 시에 소급하여 효력을 갖게 되고, 이러한 추인은 상고심에서도 할 수 있다.[179)]

라. 소장에 대표자 표시를 잘못 기재한 경우 법원의 조치

소장에 표시된 대표자에게 적법한 대표권이 없다고 인정되면 법원은 적법한 대표권이 있는 사람으로 정정하도록 보정명령을 한 다음(59, 64), 그 보정에 따라 표시정정된 적법한 대표자에게 다시 소장부본을 송달하고 그로 하여금 소송에 참여하게 하여 소송절차를 진행하여야 한다.[180)]

다만 소송을 제기한 자에게 적법한 대표권이 있는지 여부가 상대방의 항변으로 소송의 쟁점이 되어 항소심에 이르기까지 이에 중점을 둔 당사자들의 공격방어와 법원의 심리 등을 거쳐 그에게 적법한 대표권이 없다는 사실이 밝혀지게 된 경우라면, 법원은 이 사유를 들어 소를 각하하면 족한 것이지 이러한 경우에까지 그 대표권의 흠결에 관하여 보정을 명한다거나 그 종중에 대표자 표시 정정을 촉구할 의무가 법원에 있다고는 할 수 없다.[181)]

Ⅱ. 임의대리인

1. 개 념

본인의 의사에 따라 대리권을 수여받은 소송대리인을 임의대리인이라고 한다.

---

178) 대법원 2006.1.26. 선고 2003다36225 판결.
179) 대법원 2010.3.25. 선고 2009다95387 판결.
180) 대법원 2011.7.28. 선고 2009다86918 판결.
181) 대법원 1995.9.29. 선고 94다15738 판결.

여기에는 법률상 소송대리인과 소송위임에 의한 소송대리인의 2종류가 있다. 단순히 소송대리인이라고 하는 때에는 일반적으로 소송위임에 의한 소송대리인을 가리킨다.

법률상 소송대리인이란 일정한 지위를 취득한 자에게 법률이 소송대리권을 인정한다고 규정하고 있기 때문에 소송대리인으로 된 자를 말하고, 소송위임에 의한 소송대리인이란 특정 사건에 대하여 소송수행을 목적으로 하는 포괄적인 대리권을 위임받은 자를 말한다.

2. 법률상 소송대리인

가. 의 의

일정한 지위를 취득한 자에게 법률이 본인을 위해 재판상 행위를 할 수 있는 것으로 인정한 자를 법률상 소송대리인이라고 한다(87, 92). 법률은 이들에게 통상 재판외 또는 재판상 일체의 행위를 할 수 있다고 규정하고 있다.

여기에는 지배인(상 11), 선적항 외에서의 선장(상 749①), 공유선박의 선박관리인(상 765①), 농협·수협 및 그 중앙회의 간부직원(농협법 56③, 131⑥, 수협법 59④, 136③), 국가소송수행자(국가소송 3) 등이 있다. 국가소송수행자는 복대리인을 선임할 수 없는 외에는 일체의 재판상 행위를 할 수 있으므로 법무부장관 등으로부터 별도의 권한의 수여 없이 청구의 인낙도 할 수 있다.[182] 다만 국가가 아닌 지방자치단체를 당사자로 하는 경우에는 이 법이 적용되지 않는다.[183]

법정대리인과 법률상 소송대리인은 어떻게 다른가?

법정대리인과 법률상 소송대리인은 그 지위가 본인의 의사에 의한 것인지 여부에 차이가 있다. 법정대리인은 본인의 의사와 무관하게 그 지위를 취득하는 자임에 반하여, 법률상 소송대리인은 실체법상 일정한 지위인 지배인이나 선장 등으로 임명할 것인지 여부가 본인의 의사에 달려있다는 점에서 법정대리인과 다르다.

나. 권 한

본인이 대리인의 지위를 상실하게 할 수 있으므로 임의대리인이다. 그러나 본

182) 대법원 1995.4.28. 선고 95다3077 판결.
183) 대법원 2006.6.9. 선고 2006두4035 판결.

인에 갈음해 당연히 일체의 행위를 할 수 있고, 변호사에게 소송을 위임할 수 있다는 점에서 법정대리인과 유사한 면이 있다. 법률상 소송대리인의 소송대리권의 범위는 각 해당 법률의 규정에 따라 정하여지므로 소송위임에 의한 소송대리권의 범위에 관한 민소법 90조와 91조가 적용되지 않는다(92).

민소법 92조에 의하면 민소법 91조의 규정을 적용하지 않는다고 규정하고 있는데, 이는 법률상 소송대리인의 경우에는 91조의 본문과 달리 그 대리권을 제한할 수 있다는 취지인가?

아니다. 통설은 민소법 92조의 규정은 민소법 91조의 단서 규정을 법률상 소송대리인에 적용하지 않는다는 규정으로 이해한다. 즉 변호사 아닌 소송대리인에 대해서는 본인이 소송대리권을 제한할 수 있다는 것이 민소법 91조 단서의 취지인데, 민소법 92조는 이 단서 규정을 적용하지 않는다는 것이므로 결국 법률상 소송대리인의 경우에는 변호사가 아니어도 본인이 소송대리권을 제한할 수 없는 것으로 이해한다. 또한 민소법 92조에서 민소법 90조를 적용하지 않도록 규정한 이유는 법률상 소송대리인의 경우에는 각 해당 법률에서 소송대리권의 범위를 정해놓고 있기 때문이다.

법률상 소송대리인은 변호사가 아니어도 재판상 행위를 할 수 있다(87). 법원은 지배인·선장 등 법률상 소송대리인의 자격 또는 권한을 심사할 수 있고 그 심사에 필요한 때에는 그 소송대리인·당사자 본인 또는 참고인을 심문하거나 관련 자료를 제출하게 할 수 있으며, 법률상 소송대리인이 그 자격 또는 권한이 없다고 인정하는 때에는 재판상 행위를 금지하고 당사자 본인에게 그 취지를 통지하여야 한다(규 16).

법률상 소송대리인인 지배인의 경우에는 여러 지배인에게 공동으로 대리권을 행사하게 할 수 있는 공동지배인을 둘 수 있는데(상 12①), 이 경우 그 가운데 한 사람에게 송달을 하면 그 효력이 있다(180, 상 12②).

법률상 소송대리인이 되기 위해서는 변호사자격을 가지고 있어야 하는가?

법률상 소송대리인은 변호사자격이 필요 없다(87). 그러므로 변호사자격을 가지고 있지 않더라도 법률을 잘 아는 사람에게 오로지 소송을 맡기려는 목적으로 지배인을 선임하여 소송을 행하게 하는 경우가 발생할 수 있는데, 이러한 경우에는 변호사법위반에 해당한다.[184] 일본 판례는 그러한 지배인의 행위는 무효이고,[185] 본인의

184) 판례는 변호사 사무원으로 있으면서 3개 회사의 지배인으로 등기된 것은 그 회사들이 순전히

추인도 허용하지 않는다.[186]

3. 소송위임에 의한 소송대리인

가. 의 의

소송위임에 의한 소송대리인이란 특정한 사건에 대하여 소송수행을 위임받아 그로 인하여 대리권을 수여받은 대리인을 말한다.

소송위임에 의한 소송대리인은 원칙적으로 변호사(법무법인, 유한법무법인, 법무조합 등 포함)이어야 한다(변호사대리의 원칙, 87).

나. 소송대리인의 자격

(1) 원 칙

우리나라는 증권관련집단소송, 소비자·개인정보단체소송, 헌법재판을 제외하고는 변호사강제주의를 채택하지 않고 있으므로 본인이 직접 소송을 할 수 있지만, 소송대리인을 선임하려면 변호사를 선임해야 한다. 다만 다음과 같은 예외가 있다.

(2) 예 외

1) 단독판사가 심리·재판하는 사건 가운데 일정한 금액 이하인 사건에서 대법원규칙에서 정한 범위 내의 사건(88)

① 사안이 단순한 어음·수표 등 사건, 재정단독사건 등 민사 및 가사소송의 사물관할에 관한 규칙 2조의 각호에 해당하는 사건, ② 그 외의 사건으로서 소송목적의 값이 1억원을 초과하지 않는 사건과 이를 본안으로 하는 신청사건 및 이에 부수하는 신청사건에 대해서만 비변호사대리가 허용된다(규 15①). 기준 시점은 소제기 당시이지만 나중에 청구취지의 확장으로 1억원이 초과되면 소송대리허가를 취소하고 그 취지를 당사자 본인에게 통지하여야 한다(규 15④. 다만 위 ①에 해당하는 사건은 제외). 상소심은 당연히 합의사건이므로 변호사대리의 원칙이 적

변호사법을 어겨 변호사가 아닌 자로 하여금 그 회사의 소송사건을 맡아 처리할 수 있도록 하기 위한 하나의 방편에 불과하여 변호사법 위반에 해당한다고 하였다(대법원 1978.12.26. 선고 78도2131 판결).

185) 札幌高判 1965.3.4. 高民集 18巻 2号 174面.

186) 東京高判 1971.5.21. 高民集 24巻 2号 195面; 仙台高判 1984.1.20. 下民集 35巻 15号 7面. 다만 추인을 인정한 판례도 있다(千葉地判 2002.3.13. 判タ 1088号 286面).

용된다.

이러한 사건에서 법원의 허가를 받아 소송대리인이 될 수 있는 사람은 당사자의 배우자, 4촌 이내 친족으로서 당사자와 생활관계에 비추어 상당하다고 인정되는 사람, 당사자와 고용이나 그 밖에 이에 준하는 계약관계를 맺고 그 사건에 관한 통상사무를 처리·보조하는 사람으로서 그 사람이 담당하는 사무와 사건의 내용 등에 비추어 상당하다고 인정되는 사람에 한한다(88①, 규 15②).

당사자는 서면으로 소송대리허가신청을 하여야 한다(규 15③). 법원의 허가가 있은 후이어야 소송대리인이 되며, 법원은 허가의 재판을 언제든지 취소할 수 있다(88③). 법원은 신중히 자격을 검토하여야 하며, 보수를 받을 목적으로 소송대리를 하려는 사람을 가려내야 한다.

2) 배상명령신청

형사소송절차에 부대하여 청구하는 배상신청도 배우자, 직계혈족 또는 형제자매에게 법원의 허가를 조건으로 소송대리를 인정한다(소촉법 27).

3) 소액사건

소가 3,000만 원 이하의 소액단독사건의 제1심에서 배우자·직계혈족 또는 형제자매는 법원의 허가 없이도 소송대리인이 될 수 있다(소심 8①).

4) 가사소송사건

가사소송사건은 합의사건이라고 하더라도 원칙적으로 본인출석주의이나, 재판장의 허가를 얻어 (변호사 아닌)대리인이 출석할 수 있다(가소 7).

5) 특허소송

변리사는 특허, 실용신안, 디자인 또는 상표에 관한 사항의 소송대리인이 될 수 있다(변리사법 8). 그러나 특허침해소송(특허 등의 침해로 인한 손해배상, 침해금지 등의 민사소송사건)의 경우처럼 특허법원이 아니라 일반법원의 사건에 관하여는 변리사에게 소송대리권이 인정되지 않는다.[187)]

6) 비송사건

비송사건은 본인이 출석하도록 명령을 받은 때를 제외하고 소송능력자이면 소

---

187) 헌법재판소 2012.8.23. 선고 2010헌마740 전원재판부 결정; 대법원 2012.10.25. 선고 2010다108104 판결.

송대리인이 될 수 있다(비송 6).

다. 소송대리권의 수여

(1) 법적 성질

대리권을 주는 수권행위는 단독행위이며, 이를 취소하더라도 소급효가 없다. 소송대리인의 보수청구권과 성실의무는 내부관계인 위임계약에 의하여 발생하지만 대외적 효력이 생기는 대리권수여행위는 이와 별개의 단독적 소송행위이다.

(2) 소송위임 시 본인에게 소송능력이 있어야 한다. 물론 법정대리인이나 법률상 소송대리인도 소송위임이 가능하다. 상대방 당사자에게 소송대리인의 선임을 위임하는 것은 금지된다.

(3) 대리권 수여의 방식은 자유이나, 대리권의 존재와 범위는 서면으로 증명해야 한다(89①). 그 대리권을 증명하지 못하면 법원은 그 소 또는 상소가 소송대리인이 없는 사람에 의하여 제기된 부적법한 것임을 이유로 각하할 수 있다. 소송위임에 의한 소송대리인의 경우에는 대부분 소송위임장이나 가족관계증명서를 제출하며, 법률상 소송대리인은 회사등기사항증명서 내지 지배인등기사항증명서 등을 제출함으로써 증명한다. 제출된 서면이 사문서인 경우에 법원은 공증인 등의 인증을 받아올 것을 명할 수 있다(89②).[188] 다만 당사자가 말로 소송대리인을 선임하고, 법원사무관등이 조서에 그 진술을 적어 놓은 경우에는 서면증명 또는 인증이 필요 없다(89③). 이 부분에서 무조건 서면증명을 요구하는 법정대리인의 경우(58)와 다르다.

소송대리권의 수여는 행위능력에 의해 규율되는가, 소송능력에 의해 규율되는가?

소송대리권의 수여는 민법상 행위능력이 아니라 민소법상 소송능력에 의해 규율된다. 따라서 소송능력이 없는 자의 소송대리권의 수여는 (유동적)무효이다. 민법상 취소할 수 있는 행위라고 하면 소송절차의 안정을 해하기 때문이다.

---

188) 소송대리인의 대리권 존부는 법원의 직권조사사항이라 할 것이고, 그 소송대리권의 위임장이 사문서인 경우 법원이 소송대리권 증명에 관하여 인증명령을 할 것인지 여부는 법원의 재량에 속한다고 할 것이나, 상대방이 다투고 있고 또 기록상 그 위임장이 진정하다고 인정할 만한 뚜렷한 증거가 없는 경우에는 법원은 그 대리권의 증명에 관하여 인증명령을 하거나 또는 달리 진정하게 소송대리권을 위임한 것인지 여부를 심리하는 등 대리권의 흠결여부에 관하여 조사하여야 한다(대법원 2009.10.29. 선고 2008다37247 판결).

법무법인 스스로가 사건당사자일 때에 그 법무법인 소속 변호사를 지정하여 소송수행을 할 수 있는가?

변호사법 50조 1항에 따라 법무법인이 법인 명의로 수행하는 '업무'는 법무법인이 제3자의 위임이나 위촉 등에 의하여 소송행위 등 법률 사무를 처리하는 경우를 의미하고, 법무법인이 당사자로서 소송행위 등 법률 사무를 처리하는 경우는 포함되지 않는다고 해석함이 타당하다. 따라서 법무법인이 당사자인 경우에는 상법 중 합명회사에 관한 규정에 따라 등기된 법무법인의 대표자만이 법무법인을 대표하여 업무를 수행할 수 있을 뿐 담당변호사가 법무법인을 대표하여 해당 업무를 수행할 수 없다. 이러한 법리는 변호사법 50조가 준용되는 법무법인(유한)의 경우에도 마찬가지이다(변호사법 58조의16).[189] 요컨대 법무법인이 사건당사자이면 소속 변호사를 지정하여 담당변호사로 내보낼 수 없다.

라. 소송대리권의 범위

소송위임에 의한 소송대리인의 대리권의 범위는 민소법에 규정되어 있는데, 변호사인 소송대리인의 경우에는 제한할 수 없고(91본문), 변호사대리의 원칙의 예외의 경우에는 본인이 대리권을 제한할 수 있다(91단서).

의뢰인과 변호사인 소송대리인 사이에 민소법 90조 1항의 권한을 제한한 경우에 그 제한은 상대방이나 법원에 대하여 유효인가, 무효인가?

민소법 90조 1항은 법률이 변호사인 소송대리인에게 당연하게 부여한 권한이므로 의뢰인과 소송대리인인 변호사 사이에 이 권한을 제한하더라도 외부관계(상대방이나 법원)에 대하여 무효이다.[190] 이는 민소법 91조 본문에서 명문화하고 있다. 상대방이 이를 알고 있는 경우에도 무효이다.

의뢰인과 변호사인 소송대리인 사이의 내부관계에서 민소법 90조 1항의 권한을 제한할 수 있는가? 예컨대 변호사인 소송대리인이 변제의 영수를 하지 못하게 한 제한은 의뢰인과의 내부관계에서는 유효한가?

의뢰인과 소송대리인 사이의 내부관계에서는 민소법 90조 1항의 권한을 제한할 수 있다. 이 내부관계에서의 제한에 변호사가 위반한 경우에는 그를 상대로 손해배상청구가 가능하며, 그 변호사는 변호사회의 징계를 받을 수도 있다.

---

189) 대법원 2022.5.26. 선고 2017다238141 판결.
190) 대법원 1995.4.28. 선고 95다3077 판결.

(1) 소송대리권의 법정범위(90①)

본인으로부터 개별적인 수권이 없어도 대리행위가 허용되는 경우로서 주로 통상적인 소송행위가 이에 해당한다.

1) 소제기, 청구의 변경, 중간확인의 소, 상대방이 제기한 반소 또는 제3자의 소송참가에의 대응, 공격방어방법의 제출과 그 소송에 대한 강제집행, 가압류·가처분 등은 개별적인 수권이 없어도 대리행위가 가능하다. 주된 소송절차의 대리권은 그에 부수·파생되는 소송절차(판결경정절차, 소송비용액 확정절차, 집행정지절차, 위헌제청절차 등)에도 미친다. 다만 수권행위로서의 소송위임장에 기재된 민소법 90조 1항에 따른 소송대리권의 범위는 대리인의 권한범위를 의미하는 것일 뿐 그의 의무범위를 의미하는 것은 아니고 소송대리인의 의무의 범위는 의뢰인과 변호사 사이의 사법상 위임계약에 의하여 정해진다.[191]

2) 변제의 영수는 예시적인 것이고, 소송대리인은 본인의 상계권, 취소권, 해지·해제권, 백지어음의 보충권, 매매예약완결권 등 사법상 형성권도 행사할 수 있다.[192] 다만 재판 외의 소송행위, 예컨대 재판 외의 화해계약은 대리권의 범위에 당연히 포함된다고 할 수 없다.

(2) 특별수권사항(90②)

본인으로부터 개별적인 수권이 있어야 대리행위를 할 수 있는 경우로서 주로 본인에게 중대한 결과를 미치는 소송행위가 이에 해당한다.

1) 반소의 제기

이때의 반소는 대리인이 반소를 제기하는 것을 의미한다(민소법 90조 1항의 반소와 대비된다).

---

191) 소송위임장의 위임권한 란에 민소법 90조 1항이 규정하는 소송대리권의 법정 범위에 속하는 가압류·가처분에 관한 소송행위 및 같은 법 제90조 제2항이 규정하는 특별수권사항인 반소의 제기·복대리인의 선임 등의 사항이 기재되어 있다 하더라도, 이는 이 사건 이전등기소송을 수행함에 있어서 피고가 행사할 수 있는 소송대리권의 범위를 명확하게 한 것일 뿐이고 변호사와 의뢰인 사이의 사법상의 위임계약의 내용까지 법정한 것은 아니므로, 본안소송을 수임한 변호사가 그 소송을 수행함에 있어 강제집행이나 보전처분에 관한 소송행위를 할 수 있는 소송대리권을 가진다고 하여 의뢰인에 대한 관계에서 당연히 그 권한에 상응한 위임계약상의 의무를 부담한다고 할 수는 없고, 변호사가 처리의무를 부담하는 사무의 범위는 변호사와 의뢰인 사이의 위임계약의 내용에 의하여 정하여진다(대법원 1997.12.12. 선고 95다20775 판결).

192) 대법원 2015.10.29. 선고 2015다32585 판결.

2) 소의 취하, 화해, 청구의 포기 · 인낙 또는 소송탈퇴

다만 상대방이 소를 취하하는 데 대한 동의는 통상대리권의 범위 내에 있다.

3) 상소의 제기 또는 취하

상소의 제기 또는 취하뿐만 아니라 불항소의 합의, 상소권의 포기도 특별수권을 요한다. 상대방이 제기한 상소에 응소하는 것은 어떤가? 심급대리의 원칙상 맡은 심급이 끝나면 대리권도 소멸하므로 상대방의 상소에 대한 응소행위에는 특별수권이 필요하다고 새기는 것이 다수설[193] · 판례이다.[194] 한편, 판례는 상급심에서 원심판결이 파기환송되었을 경우에는 환송 전 원심의 상태로 환원되었으므로 환송 전의 옛 소송대리인의 대리권이 다시 부활한다고 판시하였으나(따라서 항소심 소송대리인은 환송 후 항소심 사건의 소송사무까지 처리하여야만 비로소 위임사무의 종료에 따른 보수를 청구할 수 있다),[195] 이에 대하여는 파기환송판결은 종국판결이므로 심급대리의 원칙에 어긋나는 점, 옛 소송대리인과는 이미 신뢰관계가 소멸되었고, 파기환송판결도 종국판결[196]이라는 점을 들어 부당하다고 보는 것이 다수설이다.[197] 그런데 판례는 위와 같은 상황에서 다시 상고했을 때는 환송 전 상고심의 옛 대리인의 대리권이 부활하는 것은 아니라는 입장이다.[198] 한편, 재심은 신소제기이므로 다시 소송위임을 받아야 한다.[199]

---

193) 통설은 법정대리인의 경우에는 상대방의 소제기 또는 상소에 대한 응소는 후견감독인으로부터 특별수권을 받을 필요가 없다는 민소법 56조 1항의 규정이 있지만 소송대리인의 경우에는 이러한 규정이 없으므로 본인으로부터 특별수권을 받아야 한다거나, 한 심급이 끝날 때마다 본인이 그 소송대리인의 활동에 관하여 평가를 하여 상급심에서도 소송위임을 할지 여부를 결정할 수 있어야 함을 이유로 한다(김홍규 · 강태원, 237쪽; 김홍엽, 216쪽; 송상현 · 박익환, 168쪽; 정동윤 · 유병현 · 김경욱, 262쪽; 호문혁, 289쪽). 이에 대하여 소수설은 법문상 '상소의 제기' 만을 특별수권사항으로 규정하고 있으므로, 반대해석상 상대방이 제기한 상소에 대해 대응하는 응소행위는 통상의 소송대리권에 포함되는 것으로 볼 수 있다고 한다(이시윤, 189쪽; 전병서, 69쪽).

194) 대법원 1994.3.8. 선고 93다52105 판결.

195) 대법원 2016.7.7. 선고 2014다1447 판결; 대법원 1985.5.28. 선고 84후102 판결; 대법원 1984.6.14. 선고 84다카744 판결.

196) 대법원 1995.2.14. 선고 93재다27,34(반소) 전원합의체 판결.

197) 이시윤, 190쪽; 정동윤 · 유병현 · 김경욱, 263쪽; 호문혁, 290쪽. 다만 이에 대하여는 원심과 상고심의 소송대리인이 동일한 경우에는 판례의 입장이 타당하다는 견해도 있고(정영환, 325쪽), 환송판결이 종국판결이라는 것은 상급심을 이탈한다는 의미에 불과할 뿐이고, 신뢰관계가 소멸되었다면 당사자가 소송대리인을 해임하면 된다는 점에서 판례의 태도를 긍정하는 견해도 있다(김홍엽, 218쪽).

198) 대법원 1996.4.4. 자 96마148 결정.

199) 대법원 1991.3.27. 자 90마970 결정.

4) 복대리인의 선임

복대리인의 선임은 특별수권사항이다. 복대리인은 직접 본인의 대리인으로서, 원칙적으로 통상의 소송대리인과 같은 권한을 가지므로 민소법 90조 1항의 대리인의 권한범위를 넘어설 수 없다. 따라서 복대리인이 재복대리인을 선임할 수 없으며, 소송대리인의 해임 또는 사임이 상대방에게 통지되었다고 하더라도 소송복대리인의 대리권이 함께 소멸하는 것은 아니다.[200)]

마. 소송대리인의 지위

(1) 제3자로서의 지위

소송대리인의 행위의 효력 및 판결의 효력은 본인에게만 미치며 대리인에게 미치지 아니한다. 따라서 소송대리인은 소송의 제3자로서 증인·감정인능력이 있다.

(2) 소송수행자로서의 지위

소송대리인은 자기의 의사로 소송행위를 하는 자이므로 그 전제로서 어느 사정을 알았거나 과실로 알지 못하여 소송법상 효과에 영향을 미칠 때(43②, 77, 149, 173, 285, 451①)에는 대리인을 표준으로 결정한다(민 116①).

다만 당사자는 자기가 안 사정 또는 과실로 인하여 알지 못한 사정에 관하여 대리인의 몰랐음을 내세워 자기의 이익으로 원용할 수 없다(민 116②).

(3) 당사자의 경정권

본인(또는 법정대리인)이 소송대리인과 함께 법정에 나와 소송대리인의 **사실상** 진술을 듣다가 이를 지체 없이 취소하거나 경정하면 그 진술은 효력이 없다(94). 이를 당사자의 경정권(更正權)이라고 한다. 소송대리인이 선임되어 있더라도 본인의 소송수행권이 없어지는 것은 아니고, 사실관계에 대해서는 본인이 대리인보다 더 잘 알고 있는 것이 통상적이기 때문이다. 따라서 자백과 같이 구속력이 발생하는 대리인의 진술은 본인이 곧 취소하거나 경정할 수 있다.

당사자의 경정권은 구체적인 사실에 대한 진술에 한한다. 따라서 각종 신청이나 소송물의 처분행위(소의 취하, 화해, 청구의 포기·인낙 등) 또는 법률상 의견이

---

200) 김홍엽, 219쪽. 다만 소송복대리인에 대한 특별수권은 인쇄된 위임장에 의하여 이루어지고, 실제로는 소송대리인의 필요에 의하여 일시적으로 선임되는 경우가 많아 위와 같은 결론이 적용될 사안은 현실적으로는 거의 없을 것이다.

나 경험법칙에 관한 진술은 **법률상** 진술이므로 이에 해당하지 않는다.

(4) 개별대리의 원칙

같은 당사자에 대하여 여러 소송대리인이 있을 때라도 대리인 각자가 당사자를 대리한다(93①). 당사자가 이와 다른 약정을 한다면 내부적으로는 유효하지만 법원이나 상대방에 대한 관계에서는 무효이다(93②). 이는 법정대리인이 여럿인 경우에 민소법 56조 2항 소정의 소송행위는 명시적으로 공동으로 하여야 한다는 원칙과 다르다.

소송대리인들이 서로 모순되는 행위가 때를 같이하여 이루어진 경우에는 어느 것도 효력이 없다. 만약 서로 모순되는 행위가 때를 달리하여 이루어진 경우에는 앞의 행위가 철회될 수 있는 행위라면 뒤의 행위가 앞의 행위를 철회하는 효력을 가진다. 만약 앞의 행위가 자백, 소취하, 청구의 포기·인낙, 화해 등과 같이 철회될 수 없는 행위라면 뒤의 행위는 효력이 없다. 물론 앞의 행위가 철회될 수 없는 행위라고 하더라도 당연무효사유가 존재한다면 기일지정신청을 하는 것과 같은 뒤의 행위는 효력을 가진다.[201]

소송대리인이 여럿인 경우 소송서류의 송달은 수송달자가 지명신고되어 있으면 반드시 그 대리인에게 하여야 하나(규 49), 그렇지 않으면 개별대리의 원칙상 모두 당사자 본인을 위하여 소송서류를 송달받을 지위에 있으므로 법원은 소송대리인에게 각각 송달을 하여야 한다. 따라서 법정대리인 등 공동대리의 경우에 적용되는 민소법 180조의 규정은 적용되지 아니한다. 판결정본 송달의 효력은 소송대리인 중 한 사람에게 최초로 판결정본이 송달되었을 때 발생하므로 이때부터 상소기간을 기산한다.[202] 변호사 보수는 여러 변호사가 소송대리를 하였더라도 1명의 변호사가 한 것으로 본다(109②).

바. 소송대리권의 소멸

(1) 불소멸사유(95, 96)

소송대리권은 ① 당사자의 사망 또는 소송능력의 상실, ② 당사자인 법인의 합병에 의한 소멸, ③ 당사자인 수탁자의 신탁임무의 종료, ④ 법정대리인의 사

201) 김홍엽, 221쪽.
202) 대법원 2011.9.29. 자 2011마1335 결정.

망, 소송능력의 상실 또는 법정대리권의 소멸·변경(법인의 대표자 교체를 포함한다), ⑤ 제3자의 소송담당의 경우 소송담당자(선정당사자나 회생회사 관리인 등)의 자격상실에 의하여 소멸하지 않는다. 이는 민법과 달리 소송절차의 신속·원활한 진행을 목적으로 하기 때문이다. 또한 원래 위와 같은 사유는 소송절차의 중단사유로 되지만 소송대리인이 존재하면 중단되지 않으며, 위임인의 승계인을 위한 대리인으로서 소송을 수행할 수 있다(238). 다만 그 대리권은 심급대리의 원칙에 따라 그 심급의 종료와 동시에 소멸하므로 그때부터는 소송대리인이 없는 상태로 되어 소송절차가 중단된다.

(2) 소멸사유

1) 소송대리인의 사망, 성년후견의 개시 또는 파산 등의 경우에는 소송대리권이 소멸한다(민 127).

2) 위임사무의 종료

상소제기에 관한 특별수권이 없는 한 심급대리의 원칙상 당해 심급의 판결정본 송달로 대리사무와 위임사무는 함께 종료한다. 다만 상소제기에 관한 특별수권이 없더라도 그 판결을 점검하여 의뢰인에게 그 판결의 내용과 상소하는 때의 승소가능성 등에 대하여 구체적으로 설명하고 조언하여야 할 선관주의의무가 있다.[203)]

3) 기본관계의 소멸

변호사의 해임·사임 등 소송위임계약의 해지(민 689), 본인의 파산(민 690)에 의하여 대리인의 대리권도 소멸된다. 그러나 소송대리인이 사임서를 법원에 제출하여도 상대방에게 그 사실을 통지하지 않은 이상 그 대리인의 대리권은 존속한다(97, 63). 다만 상대방에게 그 사실이 통지되지 않았어도 법원에 대리권의 소멸사실이 알려진 뒤에는 그 대리인이 소의 취하, 화해, 청구의 포기·인낙, 소송탈퇴를 할 수는 없다(97, 63단서).

소송대리권의 소멸사유가 발생하면 즉시 소송대리권의 소멸의 효과가 발생하는가?

203) 대법원 2004.5.14. 선고 2004다7354 판결.

소송대리권의 소멸사유가 발생하여도 상대방에게 통지를 하지 않는 한 대리권 소멸의 효과는 발생하지 않는다(97, 63). 상대방의 이익을 보호하고 절차의 안정을 기하려는 취지이다. 다만 소송대리인의 사망·성년후견개시·파산·변호사자격상실의 경우에는 대리인으로부터의 통지를 기대할 수 없다. 일본에서는 이 경우에 ① 통지가 없어도 대리권이 소멸한다고 보아야 한다는 견해와 ② 이러한 경우에도 본인에 의한 통지는 가능하고, 통지 없이 소송대리권 소멸의 효과를 인정하면 상대방의 불이익이나 소송절차가 불안정해진다는 이유로 통지가 있어야 대리권이 소멸하는 것으로 보아야 한다는 견해가 대립한다. 반면에 **법정대리인**이 사망하거나 성년후견개시심판을 받았을 때에는 통지할 수 없는 상황일 뿐 아니라 전 법정대리인이 계속하여 소송행위를 할 가능성이 없기 때문에 사망·성년후견개시심판 시에 소멸의 효과가 생긴다고 보는 견해가 일반적이다.[204)]

Ⅲ. 무권대리인

1. 개 념

대리권 없는 대리인을 무권대리인이라 한다. ① 소송위임에 의한 소송대리인이 본인으로부터 대리권을 수여받지 못한 경우, ② 법정대리인이 무자격인 경우, ③ 법정대리인 또는 소송위임에 의한 소송대리인이 특별수권 없이 대리행위를 한 경우(56②, 90②), ④ 대리권을 서면으로 증명하지 못한 경우, ⑤ 개별적 대리인의 경우 송달받을 권한이 없는 자에게 잘못 송달된 경우를 포함한다. 법인이나 법인 아닌 사단 또는 재단의 대표자가 대표권이 없는 경우에도 무권대리인에 준한다(64).

2. 소송상 취급

가. 무권대리와 추인

(1) 소송행위의 유효요건

대리권의 존재는 소송행위의 유효요건이다. 따라서 무권대리인에 의한 또는 무권대리인에 대한 소송행위는 보정되지 않는 한 무효이고, 소 각하의 대상이 된다. 보정 후 당사자 본인이나 정당·적법한 대리인이 추인하면 소급하여 유효하

---

204) 김홍엽, 196쪽; 이시윤, 180쪽; 송상현·박익환, 160쪽; 정동윤·유병현·김경욱, 253쪽; 호문혁, 283쪽.

게 된다(60, 97). 따라서 추인을 하게 되면 시효중단의 효력도 추인한 때가 아니라 무효인 소송행위 시로 소급하여 유효하다.[205)]

(2) 추인의 시기와 방법

추인은 상소심(항소심 · 상고심)에서도 할 수 있으며,[206)] 법원 또는 상대방에 대하여 한다.[207)] 특별수권을 받지 않은 제1심 소송대리인이 제기한 항소에 대하여 적법한 소송대리인이 본안에 관하여 변론을 하면 묵시적 추인으로서 유효하다.[208)]

추인은 원칙적으로 소송행위 전체를 대상으로 하여야 하며, 그 일부의 소송행위만을 추인하는 것은 소송절차의 안정을 해하므로 '특별한 사정'이 없는 한 허용되지 않는다. 예컨대 직무집행이 정지된 회사의 대표이사가 회사를 대표하여 소송을 진행하여 오다가 상고를 제기하였는데, 그 후 적법하게 선임된 대표이사가 상고행위만 추인하고 그 외의 소송행위에 대하여 추인을 거절하였다면 상고행위 이전의 소송행위가 모두 무효인 상태로 남아있어 소송절차의 안정을 해하므로 이러한 추인을 인정할 수는 없다.[209)] 다만 소송절차의 안정을 해하지 않는 '특별한 사정'이 있는 경우에는 예외적으로 일부추인도 허용된다. 예컨대 무권대리인이 변호사에게 위임하여 소를 제기하여 승소하였는데, 상대방의 항소로 소송이 2심에 계속 중 그 소를 취하한 일련의 소송행위 중 소취하 행위만을 제외하고 나머지 소송행위를 추인하는 것은 소송의 혼란을 일으킬 우려가 없고 소송경제상으로도 적절하여 그 추인은 유효하다.[210)]

---

205) 대리권의 흠결이 있는 자가 조정을 갈음하는 결정에 관한 이의신청을 한 후 당사자 본인이나 보정된 대리인이 이의신청행위를 추인한 경우에도 마찬가지이다(대법원 2023.7.13. 선고 2023다225146 판결).

206) 대법원 1997.3.14. 선고 96다25227 판결; 대법원 2012.4.13. 선고 2011다70169 판결.

207) 다만 집행증서의 흠의 추인은 당해 집행증서를 작성한 자(공증인 등)에 대하여 추인의 의사표시를 공증하는 방식으로 하지 않으면 그 집행증서는 무효이다(대법원 1991.4.26. 선고 90다20473 판결).

208) 대법원 1995.7.28. 선고 95다18406 판결; 대법원 2007.2.22. 선고 2006다81653 판결.

209) 대법원 2008.8.21. 선고 2007다79480 판결. 이 판결은 나중에 선임된 적법한 소송대리인이 그 전의 무권대리인에 의한 상고제기행위만을 추인하고 나머지는 추인을 거절하였다가 다시 모든 소송행위를 추인한 사안인데, 대법원은 추인행위는 원칙적으로 소송행위의 전체를 대상으로 해야 하므로 상고제기행위만을 추인하는 것은 허용되지 않고, 나아가 일단 추인거절의 의사표시가 있었던 이상, 무권대리행위는 확정적으로 무효로 귀착되므로 그 후에 이를 다시 추인할 수는 없다고 판시하였다.

210) 대법원 1973.7.24. 선고 69다60 판결.

본인이 무권대리인의 소송행위를 추인한 경우, 선의의 제3자에게 대항할 수 없는가?

예컨대, 종중을 대표할 권한 없는 자가 종중을 대표하여 한 소송행위는 그 효력이 없으나 나중에 종중이 총회결의에 따라 위 소송행위를 추인하면 그 행위 시로 소급하여 유효하게 된다. 민법 제133조 단서 규정은 배타적 권리를 취득한 제3자에 대하여 그 추인의 소급효를 제한하고 있는 것으로서, 위와 같은 하자있는 소송행위에 대한 추인의 경우에 피고에게 선의의 제3자 지위를 인정할 수는 없다.[211] 다만, 무권대리인의 상대방이 취득한 권리와 제3자의 권리가 모두 배타적 효력이 있는 경우에는 선의의 제3자가 보호된다. 예컨대, 을(무권대리인)이 갑(본인)의 병(상대방)에 대한 채권의 변제를 수령한 후(90①), 갑의 채권자 정(제3자)이 그 채권을 압류하여 전부명령을 받은 경우에는 갑이 을의 수령행위를 추인하여도 정의 권리를 해하지 못한다.

나. 무권대리의 심리와 재판

대리권의 유무는 법원의 직권조사사항이지만 직권으로 탐지하여야 하는 것이 아니므로,[212] 그 사실의 존부가 불분명한 경우에는 입증책임의 원칙이 적용되어야 할 것이다. 소제기의 단계에서 대리권의 존재가 증명되면 원고가 본안판결을 받는 유리한 점이 있으므로 대리권의 존재에 대한 입증책임은 원고에게 있다.[213]

무권대리인으로 밝혀진 경우에는 그 사람의 소송관여를 배척하여야 한다. 따라서 기일불출석의 불이익을 받는다. 다만 법원은 기간을 정하여 이를 보정하도록 명하고 만일 보정이 지연됨으로써 손해가 생길 염려가 있는 경우에는 보정을 조건으로 무권대리인으로 하여금 일시적으로 소송행위를 하게 할 수 있다(59).

무권대리인이 제기한 소·상소는 변론종결시까지 보정되지 않는 한 종국판결로써 소·상소를 각하하여야 한다. 이러한 경우에는 무권대리인이 소송비용을 부담한다(108).

무권대리를 간과한 판결에 대하여는 판결확정 전에는 상소(424①⑷), 판결확정 후에는 재심의 소(451①⑶)를 제기할 수 있다.

---

211) 대법원 1991.11.8. 선고 91다25383 판결.
212) 대법원 1997.10.10. 선고 96다40578 판결.
213) 대법원 1997.7.25. 선고 96다39301 판결.

3. 쌍방대리의 금지

가. 통상의 쌍방대리

당사자 한쪽이 상대방을 대리하거나 동일인이 당사자 양쪽을 대리하는 것은 허용되지 않지만, 실제로 쌍방대리를 하였다면 이를 무권대리로 보아 본인이 미리 허락하였거나[214] 사후에 추인하면 그 흠의 치유가 인정된다. 법정대리인의 경우에는 실체법상 규정을 두고 있는데(민 64, 921, 949조의3), 이에 위배된 쌍방대리행위도 무권대리행위로 취급된다.

나. 변호사법 31조 위반의 대리행위

(1) 위반행위의 모습

변호사법 31조에 의하면 변호사는 다음의 4가지 사건에 대하여는 대리인으로서 직무를 행할 수 없다. 다만 위 법 31조 1항 1·2호에 대하여는 변호사 2명 이상이 사건의 수임·처리나 그 밖의 변호사 업무수행 시 통일된 형태를 갖추고 수익을 분배하거나 내용을 분담하는 형태로 운영되는 법률사무소라면 법무법인, 법무법인(유한), 법무조합이 아니어도 변호사 1명으로 본다(변호 31②).

1) 당사자 일방으로부터 상의를 받아 그 수임을 승낙한 사건의 상대방이 위임하는 사건(변호 31①(1))

의뢰인측을 위하여 업무를 수행하겠다는 의사표시를 한 후에 상대방이 이와 동일한 사건을 위임하는 사건을 변호사가 수임하는 경우이다. 법문상으로는 명백하지 않지만 변호사법 31조 1항 2호에 '다른 사건'의 쌍방대리를 금지하고 있음을 고려하면 여기에서의 사건은 '동일한 사건'을 의미하는 것으로 보아야 한다. '동일한 사건'이란 기초된 분쟁의 실체가 동일하다면 민사·형사로 성질이 나뉘거나 소송물이 동일하지 않더라도 동일한 사건이다.[215] 현재 수임하고 있는 사건뿐만 아니라 수임인의 사건이 종료된 경우도 포함한다.[216]

2) 수임하고 있는 사건의 상대방이 위임하는 다른 사건(변호 31①(2))

여기에는 현재 수임하여 직무를 수행하고 있는 사건을 의미하므로 수임사무가

---

214) 대법원 1973.10.23. 선고 73다437 판결.
215) 대법원 2003.11.28. 선고 2003다41791 판결.
216) 대법원 2003.5.30. 선고 2003다15556 판결.

종료된 경우는 포함되지 않는다. 다른 사건이란 현재 수임하고 있는 사건과 동일성이 없는 별개의 사건을 말한다. 다만 이미 수임하여 직무를 수행하고 있는 사건의 위임인이 동의한 때에는 상대방이 위임하는 사건도 대리할 수 있다(변호 31①단서).

3) 공무원·조정위원 또는 중재인으로서 직무상 취급하거나 취급하게 된 사건(변호 31①(3))

당해 사건의 변론에 관여한 재판장이 사직하고 그 사건을 소송대리하는 경우, 당해 사건을 수사한 검사가 사직 후에 변호사로서 그 사건을 소송대리하는 경우, 법무법인이나 합동법률사무소의 이름으로 공증한 사건에 관하여 그 소속 변호사가 소송대리를 하는 경우 등이 이에 속한다.[217]

4) 재직기관의 사건(변호 31③④)

소위 전관예우 방지를 위하여 법원·검찰 등 재직기관의 사건은 퇴직 1년이 경과하지 않으면 변호사로서 수임할 수 없도록 하고 있다.

(2) 위반행위의 효과

1) 변호사법 31조에 위반하면 변호사법위반에 해당되어 사안에 따라 징계사유가 되거나, 31조 1항 3호의 경우에는 1년 이하 징역 또는 1천만원 이하 벌금의 형사처벌을 받는다(변호 91, 113).

2) 문제는 변호사법 31조 1항 1·2호를 위반한 대리행위의 소송법상 효력인데, 이에 대하여는 견해의 대립이 있다.

(가) 무효설

이 규정의 목적은 변호사의 직무집행의 공정성 확보 또는 품위유지라고 하는 공익적인 것이므로 본조에 위반한 소송행위는 무효로 해석하여야 한다는 견해이다.

(나) 유효설

이 규정은 오로지 직무상 훈시규정이므로 소송행위의 효력과는 무관하고 본조에 위반하더라도 대리행위 자체는 유효로 취급되어야 한다는 견해이다. 이에 위반한 행위는 변호사에 대한 징계처분으로 대처하면 된다고 본다.

---

217) 대법원 1975.5.13. 선고 72다1183 전원합의체 판결.

(다) 추인설

이 규정의 목적은 의뢰인의 이익보호와 변호사의 직무집행의 공정성 확보 혹은 품위유지에 있다고 본다. 따라서 이에 위반한 대리행위는 무권대리행위로 되며, 따라서 당사자(또는 적법한 소송대리인) 쌍방의 추인이 있으면 유효하다는 견해이다.[218]

(라) 이의설

상대방이 이의를 제기하고 그 이의가 정당한 것으로 인정되면 법원은 그 소송행위를 효력이 없는 것으로 취급해야 하며, 한편 상대방 당사자가 위반사실을 알았거나 알 수 있었던 경우에 지체 없이 이의를 제기하지 않으면 금반언의 법리 또는 이의권의 상실(151)에 해당되어 더 이상 주장할 수 없게 된다는 견해이다.[219] 판례의 주류는 이의설을 취하고 있다.[220]

3) 검 토

무효설과 유효설은 본조의 취지의 일면만을 강조한 것으로 타당하지 않고, 추인설은 배신감을 느끼는 자는 먼저 의뢰한 본인임에도 불구하고 쌍방으로부터 추인을 요한다는 점에서 타당하다고 볼 수 없다. 결론적으로 이의설이 타당하다.

4. 소송행위와 표현대리

가. 문제의 소재

상대방이 무권대리인의 소송행위를 유권대리로 믿고 그를 상대로 소송수행을 하였고, 이를 믿은데 정당한 사유가 있다면 표현대리의 법리에 의하여 보호받을 수 있는가? 원칙적으로 무권대리인의 소송행위는 소송절차의 안정과 소송행위의 명확성의 요청상 실체법상 표현대리의 규정(민 125, 상 395 등)이 유추적용되지 않는다.

---

218) 송상현 · 박익환, 156쪽.

219) 김홍엽, 231쪽; 이시윤, 198쪽; 정동윤 · 유병현 · 김경욱, 273쪽; 정영환, 334쪽.

220) 대법원 1990.11.23. 선고 90다4037,4044 판결; 대법원 1975.5.13. 선고 72다1183 전원합의체 판결; 대법원 1995.7.28. 선고 94다44903 판결. 다만 판례는 이의의 제출기간을 '사실심 변론종결시'까지라고 판시함으로써(대법원 2003.5.30. 선고 2003다15556 판결), '바로 이의를 제기하지 아니하면 그 권리를 잃는다'는 민소법 151조의 소송절차에 관한 이의권에서 그 근거를 찾는 것이 아님을 시사하고 있다.

대법원도 무권대리인의 촉탁에 의하여 작성된 공정증서는 채권자는 물론 합동법률사무소나 공증인이 대리권이 있는 것으로 믿은 여부나 믿을 만한 정당한 사유의 유무에 관계없이 집행권원으로서의 효력을 부정하여야 할 것이라고 판시함으로써 소송행위에는 표현대리의 법리가 적용될 수 없다는 입장에 있다.[221)]

다만, 법인의 대표자에 관하여 실체법상 표현대리의 규정이 유추적용되는지에 관하여는 견해의 대립이 있다. 예컨대 갑이 을 법인을 상대로 소를 제기하면서 법인등기부에 등재된 대표자 A를 현재의 진정한 대표자로 믿고 그를 상대방으로 소송을 수행하여 승소확정되었는데, 나중에 을 법인이 A는 진정한 대표자가 아니었다는 이유로 재심(451①(3))을 청구할 수 있는가 하는 문제이다. 이는 법인의 재판절차에서의 절차보장과 등기를 믿은 원고의 신뢰보호라는 대립되는 이익 중 어느 쪽을 보호할 것인가의 문제이다.

나. 학 설

(1) 표현대리 적용부정설(소극설)

실체법상 표현대리의 법리는 원래 거래의 안정을 위한 것이므로 거래행위와 달리 절차의 안정을 중시해야 하는 소송행위에는 적용되어서는 안 된다고 보아, 표현대리 적용긍정설에 의하면 상대방의 선의·악의에 따라 대표권의 유무가 좌우되는 것이 되어 절차의 안정을 해하므로 실체법상 표현대리의 법리를 유추적용할 수 없다는 입장이다. 또한 진정한 대표자에 의해 재판을 받을 법인의 권리가 침해되어서는 안 된다는 점 및 표현지배인에 관한 상법 14조 1항 단서가 소송행위를 제외하고 있다는 점도 그 근거로 든다. 이 견해[222)]에 의하면 위의 예에서 법인은 재심을 청구할 수 있다는 결론에 이른다.

(2) 표현대리 적용긍정설(적극설)

민소법은 실체법상 권리관계를 실현시키는 절차이고 실체법상 거래행위의 연장이라고 볼 수 있으며, 만약 표현대리의 법리를 적용하지 않는다면 원고는 등기말소를 해태한 법인을 보호하기 위하여 등기를 신뢰한 상대방을 희생시킬 수밖에 없어 공평의 관념에 반하며, 외관존중의 요청은 소송행위에도 적용된다고 보는 견

221) 대법원 1983.2.8. 선고 81다카621 판결; 대법원 1984.6.26. 선고 82다카1758 판결; 대법원 1994.2.22. 선고 93다42047 판결; 대법원 2001.2.23. 선고 2000다45303,45310 판결.

222) 김홍엽, 233쪽; 송상현·박익환, 154쪽; 호문혁, 300쪽.

해이다. 이 견해에 의하면 위의 예에서 법인은 재심을 청구할 수 없다는 결론에 이른다.

(3) 절충설

과거의 대표자를 등기부상 정리하지 아니하여 생긴 부실등기의 원인이 법인의 고의적 태만 때문이거나 법인이 고의로 부실의 등기를 한 경우라면 표현대리의 법리를 유추적용해도 좋지만, 그 외의 경우에는 법인의 절차보장, 즉 진정한 법인 대표자에 의하여 재판을 받을 권리(헌 27)를 존중하는 의미에서 표현대리 적용부정설이 타당하다는 견해이다.[223)]

다. 학설에 대한 평가

소송법상 표현대리의 인정여부에 대한 직접적인 규정은 없으므로 다른 규정에서 학설의 당부를 확인해 볼 필요가 있다. 대표권의 흠결을 절대적 상고이유로 규정한 민소법 424조 1항 4호, 재심사유로 규정한 민소법 451조 1항 3호에 의하면, 이에 해당하는 경우에는 기존의 절차를 소멸시켜도 좋다는 규정이므로 **적용부정설(소극설)**에 유리한 규정이라고 할 수 있다. 또한 상법 14조도 재판상 행위는 제외하고 있어 재판상으로는 표현대리의 법리가 적용되지 않는다는 것이므로 적용부정설에 유리하다고 볼 수 있지만, 표현지배인에 관한 이 규정은 등기되어 있지 않은 표현지배인을 염두에 둔 것임을 고려하면 등기가 된 자에게도 똑같이 표현대리의 법리가 적용 내지 준용되지 않는다는 논리를 이끌어내기에는 무리가 있다. 한편, 대리권이 소멸해도 그것을 상대방에게 통지하기까지는 대리권이 소멸하지 않는다는 민소법 63조 1항은 **적용긍정설(적극설)**에 유리한 규정이라고 할 수 있다. 대리권이 소멸된 자도 상대방에게 통지하기까지는 대리인으로 행동해도 좋다는 것이므로 진실한 대표자가 아닌 자도 진실한 대표자의 등기가 있기까지는 대표자로서 소송행위를 할 수 있다고 해석할 수 있기 때문이다. 그러나 민소법 63조 1항은 한번이라도 진실한 대표자가 소송에 등장한 후에 소멸한 경우에 적용되는 규정인 반면, 법인의 대표자에 대한 표현대리의 문제는 진실한 대표자가 한 번도 소송에 등장하지 않은 것이므로 동일하게 볼 수 없다는 반론이 있을 수 있다. 결국 민소법의 규정에서 어느 한쪽에 설득력 있는 근거를 찾기는 어려우므로,

---

223) 이시윤, 199쪽; 정동윤 · 유병현 · 김경욱, 271쪽; 정영환, 331쪽.

법인측에 등기를 해태하였다는 귀책성이 있음에도 상대방의 희생으로 법인에게 유리하게 취급하는 것은 적절하지 않다는 견해와 법인에는 사원 기타 다수의 관계자가 존재하므로 진실한 대표자에 의하여 소송을 할 이익을 박탈당하지 않아야 한다는 견해의 대립으로 귀결된다. 생각건대, 법인측이 고의나 과실로 현황에 맞는 등기를 해태하였고 상대방이 이를 알 수 없었다면 상대방의 소송행위를 희생시키면서까지 법인을 보호해야 할 이유는 없으므로 이러한 경우에는 표현대리의 법리를 적용 내지 준용하여야 한다는 입장이 타당하다고 생각한다(상법 39조 유추적용).

5. 비변호사의 대리행위

가. 개 념

소송위임에 의한 소송대리인은 원칙적으로 변호사가 아니면 안 된다(87). 이를 변호사대리의 원칙이라고 한다. 징계에 의하여 정직 중인 변호사, 제명 등으로 등록 취소된 변호사뿐만 아니라 법무사·소송브로커 등의 소송대리행위도 변호사대리의 원칙에 어긋난다. 따라서 법원은 변호사가 아닌 소송대리인이 행한 소송행위를 배척하여야 하는 것은 당연하지만, 이미 행해진 소송행위의 효력을 어떻게 보아야 하는가에 대해서는 견해의 대립이 있다.

(1) 유효설

소송대리인의 자격은 일종의 변론능력의 제한에 불과하고 소송행위의 성립요건도 대리권의 발생요건도 아니므로 비변호사가 행한, 또는 비변호사에게 행해진 소송행위도 유효하다는 견해이다.

(2) 무효설

소송의 기술성·전문성 및 비변호사의 사건장악의 배제라는 입법목적을 중시하면 변호사 자격은 대리권의 발생·존속의 요건으로 해석해야 하므로 변호사자격이 없는 소송대리인에 의한 소송행위는 무효라는 견해이다.

(3) 추인설

비변호사의 소송행위는 대리권이 없음에도 불구하고 대리인으로 소송행위를 한 경우와 유사하므로 대리인에게 수권이 흠결된 경우(60, 97)에 준하여 추인에 의해 유효로 된다고 해석하여야 하므로 비변호사의 소송행위는 무효이지만 무권대리행위로서 당사자본인의 추인에 의해 유효하게 된다는 견해이다.

(4) 한정추인설

변호사대리의 원칙의 취지에서 보면 본인이 변호사 아닌 소송대리인인 사실을 알고 있었던 경우에까지 추인을 인정하는 것은 타당하지 않으므로 본인이 이를 몰랐던 경우에만 추인을 인정하여야 한다는 견해이다.

나. 사안별 검토

우리나라에서는 어느 한 견해로 일관하는 입장은 없고 사안에 따라 나누어 설명하는 경우가 일반적이다.[224)]

(1) 징계에 의하여 정직 중인 변호사가 대리한 경우에는 이러한 변호사는 곧 업무복귀가 가능하고 이를 무권대리로 처리하면 당사자에게 오히려 불이익이 된다는 점에서 유효하다고 본다(**유효설**).

(2) 징계에 의하여 제명된 변호사자격 상실자, 1억원 초과 단독사건 및 합의사건에서 변호사 아닌 자, 법무사 또는 소송브로커 등 변호사자격 없이 소송대리행위를 한 경우에는 당사자 본인이 변호사 아님을 **알지 못하였다면** 무효라고 해석해야 한다. 변호사자격의 존재는 당사자 보호를 주된 목적으로 하므로 절차안정보다 진정한 변호사에 의해 대리되어야 할 이익을 우선하여야 하기 때문이다. 물론 당사자 본인으로부터의 추인은 가능하다(**한정추인설**). 위의 경우에 만약 본인이 변호사 아님을 **알고 있었다면** 그 대리인이 변호사법 109조에 의하여 처벌되는 경우를 제외하고는 무효라고 주장할 수는 없다고 해석할 것이다(**유효설**). 어느 경우든 의뢰인이 아니라 상대방 당사자는 무효를 주장할 수 없다고 해석해야 한다. 상대방 당사자가 주장입증의 기회를 박탈당하였다고 볼 수는 없기 때문이다.

(3) 변호사 아닌 사람이 다른 사람의 소송행위를 이익을 목적으로 또는 영업으로 대리한 경우에는 강행규정으로서 처벌규정인 변호사법 109조 위반(징역 7년 이하 또는 벌금 5천만원 이하)에 해당하므로 추인의 여지없이 무효이다(**무효설**).[225)]

---

224) 김홍엽, 234쪽; 이시윤, 199쪽; 정동윤 · 유병현 · 김경욱, 274쪽; 정영환, 335쪽.
225) 대법원 1978.5.9. 선고 78다213 판결.

제3편

제1심의 소송절차

제1장
소송의 개시

제1절 소의 의의와 종류

Ⅰ. 소의 의의

소(訴)란 법원에 대하여 심판을 구하는 원고의 신청을 말한다. 즉 원고가 법원을 상대로 재판을 해 달라는 요구를 소라고 한다. 소에서 요구하는 내용을 소송상 청구 또는 줄여서 청구(25①, 220, 249, 253, 262, 263, 269)라고 하므로, 소는 형식이고 소송상 청구는 내용이다.

소에 의하여 법원이 해야 할 심판은 본안(본래의 안건)의 심리 및 판결이다. 법원은 심리의 결과 본안판결(=실체판결), 즉 본안에 이유[1]가 있으면 청구인용판결을, 이유가 없으면 청구기각판결을 한다. 그 전제조건(심리의 전제가 아니라 판결의 전제)으로서 소송요건의 구비가 필요하며, 이를 흠결한 경우에는 소 각하의 소송판결을 한다. 소에 대한 판결청구권은 헌법상 재판을 받을 권리(헌 27)의 일부이다.

원고가 소를 제기하면 어떠한 절차나 효과가 발생하는가?

소장이 제출되면 재판장 등에 의한 소장심사 및 기일이 지정된다. 소장부본과 기일통지서의 송달 등이 이루어지며, 시효중단이나 기간준수의 효과가 발생한다.

피고에게 소장이 송달되어 소송계속이 되면 어떠한 효과가 발생하는가?

피고에게 소장이 송달되어 소송계속이 되면 중복된 소제기가 금지되고, 참가승계, 인수승계, 소송고지, 반소, 중간확인의 소의 제기 및 청구의 변경 등이 가능해진다.

---

1) 여기에서의 '이유'란 일반적으로 '법적 근거' 정도로 이해하면 될 것이다.

Ⅱ. 소의 종류

1. 단일의 소와 병합의 소

한 사람의 원고가 한 사람의 피고를 상대로 하나의 청구를 하는 형태의 소를 '단일의 소'라고 한다. 단일의 소가 병합된 형태의 소를 '병합의 소'라고 한다. 병합의 소에는 한사람의 원고가 한사람의 피고를 상대로 여러 개의 청구를 하는 형태가 있고(소의 객관적 병합 또는 청구의 병합), 여러 명의 원고 또는 여러 명의 피고를 상대로 하나의 소를 제기하는 형태(소의 주관적 병합 또는 공동소송)도 있다. 즉 병합의 소에는 이전등기청구소송과 소유권확인청구의 병합처럼 청구가 복수인 경우도 있고, 주채무자에 대한 청구와 보증인에 대한 청구를 병합하는 경우와 같이 당사자가 복수인 경우도 있다.

2. 독립의 소와 소송중의 소

다른 소송절차와 관계없이 새로운 판결절차를 개시시키는 소를 독립의 소라고 한다. 이에 대하여 이미 다른 소송에 의해 개시되어 있는 소송절차 내에서 이와 병행심리를 구하면서 제기하는 소를 소송중의 소라고 한다.

소송중의 소에는 구체적으로 어떤 것이 있는가?

당사자 사이의 소송중의 소에는 청구의 변경(262), 중간확인의 소(264), 반소(269)가 있다. 제3자가 당사자 사이에서 개시된 절차에 병합되는 소송중의 소에는 독립당사자참가(79), 공동소송참가(83), 참가승계(81), 인수승계(82) 등이 있다. 소송중의 소는 이미 개시되어 있는 절차를 이용한다는 것이 특징이다. 따라서 소송중의 소는 소의 제기에 일정한 방식을 요하고, 병합요건을 충족할 필요가 있다.

3. 이행의 소, 확인의 소, 형성의 소

(1) 개 념

소를 이행의 소, 확인의 소, 형성의 소로 분류하기도 한다. 청구가 인용된 경우의 판결의 효과 내지 내용에 따른 분류이다. 이 분류는 법원에 요구하는 청구인용판결의 형식상 차이를 기준으로 한다. 이 세 가지 유형은 역사적인 발전에 따라 하나씩 인정된 것으로서, 이행의 소는 유사 이래 존재하였지만 확인의 소는

19세기 중반에 법치주의의 의식이 높아지면서 인정되었고, 형성의 소는 19세기 말에서 20세기 초에 독일과 프랑스에서 처음으로 인정되었다.

(2) 이행의 소

원고의 피고에 대한 이행청구권의 주장과 법원에 대한 이행판결의 요구를 청구내용으로 하는 소를 이행의 소라고 한다. 이행에는 금전의 지급, 물건의 인도 등의 작위 또는 부작위가 포함되므로 청구를 인용하여 피고에게 작위 또는 부작위를 명하는 판결을 이행판결이라고 한다. 이행의 소를 인용하는 판결이 확정되면 강제집행을 할 수 있는데, 그 판결의 효력을 집행력이라 한다. 이행의 소는 집행력이 있다는 점에서 확인의 소 또는 형성의 소와 다르다. 이행의 소의 청구인용판결의 주문은 "피고는 원고에게 돈 1,000만원을 지급하라"와 같이 명령의 형태로 표시된다. 등기절차이행청구소송도 피고의 의사표시를 요구하는 이행소송이다. 기각된 이행판결은 청구권의 부존재를 확정하는 확인판결이다.

이행의 소를 이행의무의 시기에 착안하면 어떻게 나눌 수 있는가?

이행의 소는 이행의무의 시기에 따라 현재이행의 소와 장래이행의 소(251)로 나눌 수 있다. 이행의무가 현존한다는 것을 주장하는 것이 현재이행의 소이고 장래에 현실화될 이행청구권을 미리 주장하는 소가 장래이행의 소이다. 현재이행의 소에서는 원칙적으로 상대방에게 소장부본이 송달된 다음날부터 지연손해금(연 12%)을 가산할 수 있고, 장래이행의 소는 미리 청구할 필요가 있어야 소의 이익이 있으므로 현재이행의 소와 소의 이익에서 차이가 있다.

(3) 확인의 소

확인의 소는 권리관계·법률관계의 존재 또는 부존재의 확인을 구하는 형태의 소이다. 청구인용판결은 "별지목록기재 토지가 원고의 소유임을 확인한다"와 같이 기재된다. 19세기 중반까지는 권리의 내용과 소송의 형식을 일체화시킨 악치오 체계가 통용되었지만, 그 후 민법전의 제정 등으로 실체권의 내용이 명확해지고 일반화되었다. 이에 따라 소송법도 개개의 권리에 대응하는 형태가 아닌, 어떤 권리에도 대응하는 일반적인 소의 형태를 인정할 필요성이 있었으며, 한편으로는 그즈음 법원이 판결을 선고하면 반드시 강제로 집행하지 않고도 판결에 따라 행동할 정도로 사람들의 준법정신이 고양되어 있었다. 즉 승·패소에 기판력만 주고 집행력을 부여하지 않아도 고양된 준법정신에 의하여 판결내용에 따라 스스로 행동을 취하는 수준에 이르게 된 것이다. 이로써 법원이 권리관계·법률관계의 확인만 선언하는 확인판결도 유용하다는 것이 인정되었는데, 이것이 확인의 소가 탄생하게 된 배경이다. 따라서 확인판결은 집행력이 발동되지 않는다는 측면에서는 그 효력이 약하다고 할 수 있지만 근원적인 권리, 예컨대 건물명도, 등기절차, 파손에 대한 손해배상 등 여러 청구권의 근원이 되는 소유권의 존부를 확인함으로써 거기에서 파생되는 개개의 문제들을 한꺼번에 해결할 수 있는 효용성을 가진다. 이러한 의미에서 다른 소의 유형보다 분쟁해결의 폭이 넓다고 할 수 있다.

이처럼 확인의 소는 권리관계·법률관계의 확인을 구하는 형태의 소로써 ① 법률적 불안을 제거하거나, ② 기본적인 권리·법률관계를 명확히 함으로써 그로부터 발생하는 각종 청구권에 바탕을 둔 다양한 이행소송의 발생을 방지할 목적으로 이용된다. 확인의 소에는 **적극적 확인의 소**(예컨대 어떤 물건의 소유권자가 원고라는 확인), **소극적 확인의 소**(예컨대 원고는 피고에게 부담하는 일정한 채무가 존재하지 않는다는 것에 대한 확인), **중간확인의 소**(264) 등이 있다. 확인의 소는 확인의 이익이 있어야 하며, 이행의 소 등을 제기할 수 없거나 시효중단 등의 목적으로 제기하는 경우에 한하여 허용된다는 의미에서 보충성이 요구된다.

확인의 소에는 권리·법률관계의 확인 외에 다른 대상을 확인하는 형태도 있는가?

권리·법률관계의 확인을 구하는 것이 확인의 소의 본래적 형태이지만, 법률관계를 증명하는 서면이 진정하게 작성된 것인지 여부(문서가 원고에 의해 주장된 특정인의 의사에 의해 작성된 것인지 여부), 즉 사실의 확인을 구하는 증서의 진정여부를 확인하는 소도 예외적으로 허용된다(250).

(4) 형성의 소

실정법이 정한 일정한 형성요건이 존재한다고 주장함으로써 종래의 권리·법률관계를 변동시키기 위한 형성판결의 요구를 청구내용으로 하는 소를 형성의 소라고 한다. 형성의 소를 인용하는 판결을 형성판결이라 하고, 권리·법률관계를 변동시키는 확정판결의 효력을 형성력이라고 한다. 형성판결은 관념적인 것이어서 가족관계등록부의 등록 등 광의의 집행은 별론으로 하고 강제집행과 무관하다. 형성의 소는 원칙적으로 법률상 각각의 권리관계의 변동을 소송을 통해 법원에 요구할 수 있다는 규정이 있는 경우에 한하여 인정되는 특수한 소를 총칭한다. 즉 형성의 소는 실정법이 특별히 인정한 경우에만 허용되며, 법률상 명문의 규정이 없음에도 이 소를 제기하면 부적법하므로 각하된다.[2)]

실체법상 형성권과 형성의 소의 다른 점은 무엇인가?

실체법에서 말하는 형성권과 소송법에서 말하는 형성의 소는 대응하지 않는다. 실체법상 형성권은 권리자가 일방적인 의사표시로 법률관계를 발생·변경·소멸시킨다는 의미에서 형성적 작용을 본질로 하는 사법상 권리이다. 민사상 해제권, 해지권, 취소권, 상계권, 추인권, 지상물매수청구권 등이 여기에 해당한다. 실체법상 형성권의 경우는 의사표시에 의해 권리관계의 변동이 있은 후에 이에 기초하여 소송법상 이행의 소 또는 확인의 소를 제기하게 된다. 이에 반하여 형성의 소의 경우에는 판결이 확정되어야 비로소 권리관계가 변동된다.

실체법상 형성권 외에 형성의 소를 둔 이유는 무엇인가?

사회생활의 기본이 되는 신분관계 또는 다수의 이해관계인이 관여하는 회사관계에 해당하는 사건과 같이 법률관계의 안정이 요구되는 경우에 실체법상 형성권의 행사, 즉 일방적인 의사표시만으로 권리관계가 변동되도록 하면 심각한 사회적 불안정을 초래할 우려가 있으므로 법원이 형성의 소를 통하여 그 변동에 관여할 필요가 있기 때문이다.

형성력은 원칙적으로 판결확정시에 발생한다. 형성의 소가 제기되어 인용판결이 확정되면 형성력(권리관계를 변동시키는 효력)과 형성요건의 존재에 대하여 기판력이 발생한다. 반면에 청구기각 판결이 선고되면 그 기각판결은 확인판결로서의 성질을 가지고, 그것이 확정되면 형성요건의 부존재에 대하여 기판력이 발생한다. 형성판결은 확정되지 않은 한 당해 법률관계의 변동을 누구도 주장할 수 없다는 점이 이행판결이나 확인판결과 다른 특징이다. 이행의 소는 장래이행의 소의 형태로, 확인의 소는 증서의 진정여부를 확인하는 소의 형태로 민소법전에 규정되어

---

2) 대법원 2001.1.16. 선고 2000다45020 판결(조합의 이사장 및 이사가 조합업무에 관하여 위법행위 및 정관위배행위 등을 하였다는 이유로 그 해임을 청구하는 소송은 형성의 소에 해당하는데, 이를 제기할 수 있는 법적 근거가 없으므로 조합의 이사장 및 이사 직무집행정지 가처분은 허용될 수 없다). 학교법인의 이사장에 대한 해임청구의 소 및 이를 본안으로 하는 직무집행정지 및 직무대행자선임의 가처분(대법원 1997.10.27. 자 97마2269 결정), 조합의 청산인에 대한 위각 가처분(대법원 2020.4.24. 자 2019마6918 결정)도 마찬가지.

있지만 형성의 소라는 용어는 민소법전에 없다.

형성의 소는 실체법상 형성의 소와 소송법상 형성의 소, 형식적 형성의 소로 분류할 수 있다. ① 실체법상 형성의 소는 가사소송(다만 판례는 가류 사건[3] 및 나류 사건 중 사실혼관계존부확인의 소는 확인의 소라는 입장이다[4]), 회사관계소송(다만 판례는 주주총회결의부존재·무효확인소송은 확인의 소라는 입장이고,[5] 상법 380조가 상법 190조의 단서를 준용하지 않아 소급효가 인정되므로 판례의 입장이 타당하다는 견해도 있다[6]), 행정처분의 취소·변경을 목적으로 하는 항고소송, 선거무효, 당선무효의 소, 위헌제청, 헌법소원, 탄핵심판, 정당해산심판 등이 이에 해당한다고 본다.[7] 사해행위취소의 소는 사해행위의 취소 및 재산반환을 함께 청구하므로 형성의 소와 이행의 소의 병합이라는 것이 판례의 입장이다.[8] ② 소송법상 형성의 소는 소송법상 법률관계의 변동을 목적으로 하는 것으로서 재심의 소(451), 준재심(461), 정기금 판결에 대한 변경의 소(252), 중재판정 취소의 소(중재 36), 제권판결에 대한 불복의 소(490) 등이 여기에 속한다. 형식적 형성의 소는 아래에서 별도로 고찰한다.

형성의 소가 다른 유형의 소와 구별되는 특징을 예를 들어 설명하라.

주주총회결의취소의 소와 주주총회결의무효확인의 소를 대비해보자. 주주총회결의무효확인의 소는 반대설이 있지만 판례는 확인의 소라는 입장이므로 판결이 없어도 법적으로는 무효의 효과가 실체법적으로 이미 발생하고 있다고 관념된다. 따라서 당해 주주총회결의에서 선임된 이사를 상대로 급여반환청구소송을 제기하고 그 소송 중에 결의무효사유를 주장하여 승소할 수 있다. 급여반환청구소송이라는 이행의 소의 전제문제로서 결의무효사유를 주장할 수 있는 것이다. 그러나 결의취소소송은 형

3) 대법원 1983.9.27. 선고 83므22 판결; 대법원 2013.9.13. 선고 2013두9564 판결.
4) 대법원 1977.3.22. 선고 75므28 판결.
5) 대법원 1992.9.22. 선고 91다5365 판결.
6) 김홍엽, 244쪽.
7) 이시윤, 207쪽.
8) 대법원 1980.7.22. 선고 80다795 판결; 대법원 2004.8.30. 선고 2004다21923 판결. 물론 양자를 따로 청구할 수도 있다(대법원 2013.4.26. 선고 2011다37001 판결). 법기술적으로 형성소송의 대상은 다른 소송의 전제문제로 주장할 수 없다. 왜냐하면 소송이 확정되어야 비로소 형성력이 발생하기 때문이다. 사해행위취소소송의 본질이 원상회복에 있음을 이유로 이행소송으로 보는 견해가 있으나(한충수, 181쪽), 민법 406조 1항에 의하면 사해행위는 법원에 청구하는 방법으로만 취소할 수 있음을 명확히 하고 있으므로 이행소송이라 할 수 없다. 대법원도 사해행위의 취소는 법원에 소를 제기하는 방법으로 청구할 수 있을 뿐 소송상 공격방어방법으로 주장할 수 없다는 입장이다(대법원 1995.7.25. 선고 95다8393 판결).

성의 소이므로 취소사유가 존재하고 있어도 법적으로는 취소의 효과가 발생하지 않는다. 따라서 당해 주주총회결의에서 선임된 이사를 상대로 급여반환청구소송를 제기하고 그 소송 중에 결의취소사유가 이미 존재하고 있다고 주장해도 법원이 받아들이지 않는다. 주주총회결의취소의 소의 승소판결을 받아야 비로소 결의가 취소되었다고 주장할 수 있고, 이에 따라 급여반환청구소송에서 승소할 수 있는 것이다. 즉 결의취소의 소와 급여반환청구소송의 두 개의 소가 필요하게 된다(형성의 소에 이행의 소를 병합청구할 수 있는 경우에 대해서는 후술하는 소의 이익 중 형성의 소 부분 참조). 이처럼 형성의 소는 판결이 있어야 비로소 권리관계·법률관계의 변동이 발생하므로 권리관계·법률관계의 변동이 명확하고 안정화되며 다수인 사이의 법적 문제를 획일적으로 처리할 수 있다. 따라서 형성의 소는 회사를 포함한 단체관계, 신분관계, 행정소송에 많이 보인다.

4. 형식적 형성의 소

가. 개 요

판결이 확정되어야 비로소 그 결과에 효력이 부여되는 형성의 소 중에서 다른 형성의 소와는 달리 실체법에 요건사실이 구체적으로 정해져 있지 않고 청구기각판결을 할 수 없어 법관의 건전한 재량에 의해 결론을 내려야 하는 형성의 소가 있다. 이러한 소는 실질적으로는 민사행정인 비송사건이지만 형식적으로는 법정에서 쌍방심리·공개심리 및 판결로 선고되는 소송의 형태를 띠고 있으므로 형식적 형성의 소라고 한다. 형식적 형성의 소도 소송의 형식으로 이루어지므로 기판력이 발생한다.[9)]

형식적 형성의 소에 해당되는 소송으로는 공유물분할의 소(민 269), 경계확정의 소,[10)] 부를 정하는 소(민 845, 가소2①나류, 27), 법정지상권에 있어서 지료결정의 소(민 366 단서)[11)] 등이 거론된다.

나. 공유물분할의 소

하나의 물건을 여러 사람이 일정한 비율에 따라 공동으로 소유하는 것을 공유

---

9) 대법원 1981.3.24. 선고 80다1888,1889 판결.

10) 대법원 2001.6.26. 선고 2000다24207 판결.

11) 대법원 2003.12.26. 선고 2002다61934 판결; 대법원 2001.3.13. 선고 99다17142 판결(법정지상권의 경우 지료액 또는 그 지급시기 등 지료에 관한 약정은 이를 등기하여야만 제3자에게 대항할 수 있는 것이고, 법원에 의한 지료의 결정은 당사자의 지료결정청구에 의하여 형식적 형성소송인 지료결정판결로 이루어져야 제3자에게도 그 효력이 미친다고 할 것이다).

라고 하는데, 각 공유자가 가지는 소유권의 비율을 지분이라고 한다. 각 공유자가 지분에 대하여 가지는 권리를 지분권이라고 하는데, 공유자들은 각자 하나의 소유권을 가지지만 목적물이 하나이기 때문에 그 각 공유자의 권리는 서로 제한되어 있고, 그 내용의 총화가 하나의 소유권의 내용이 된다.

공유에서는 공동소유자 각자가 각각의 지분을 가지고 그 지분을 자유로이 양도·처분할 수 있으며, 원칙적으로 언제라도 공유물을 처분할 수 있다. 공유자 사이에 협의가 이루어지지 않은 때에는 공유물의 분할을 법원에 청구할 수 있는데 이 소가 공유물분할의 소이다(민 269①). 분할의 기준에 대해서는 특별히 정해진 것은 없고 법원으로서는 여러 사정을 참작하여 분할하면 되기 때문에 형식적 형성소송에 속한다고 보는 것이 일반적이다.

예를 들면, 어떤 토지를 공유자의 공유지분에 따라 분할해 줄 것을 구하는 공유물분할의 소에서는 토지의 방위 또는 도로에 인접해 있는지 산 쪽에 있는지 등 조건이 천차만별이어서 지분 분할을 단순하게 기계적으로 하면 형평에 어긋난다. 그렇다고 해서 실체법에서 어떻게 분할하여야 한다는 요건사실이 정해져 있지 않아 법관이 건전한 재량에 의하여 분할할 수밖에 없다. 소가 부적법한 경우에 소각하 판결을 할 수는 있지만 분할하지 않는다는 청구기각판결은 할 수 없다. 형식적 형성소송의 특색이 여기에 있다. 공유물분할판결은 형성판결로서 그대로 확정될 경우 분할된 부분에 관한 소유권을 취득하므로 이를 근거로 단독으로 등기를 신청하면 되고, 그 부분 소유권이전등기절차를 이행하라는 의사의 진술을 명하는 판결(이행판결)을 별도로 받을 필요가 없다.[12)]

공유물은 현물분할이 원칙이지만, 판례는 다양한 분할의 방법을 인정한다. 즉, 공유관계의 발생원인과 공유지분의 비율 및 분할된 경우의 경제적 가치, 분할 방법에 관한 공유자의 희망 등의 사정을 종합적으로 고려하여 당해 공유물을 특정한 자에게 취득시키는 것이 상당하다고 인정되고, 다른 공유자에게는 그 지분의 가격을 취득시키는 것이 공유자간의 실질적인 공평을 해치지 않는다고 인정되는 특별한 사정이 있는 때에는 공유물을 공유자 중의 1인의 단독소유 또는 여러 명의 공유로 하되 현물을 소유하게 되는 공유자로 하여금 다른 공유자에 대하여 그 지분의 적정하고도 합리적인 가격을 배상시키는 방법에 의한 분할도 현물분할의 하나로 허용된다고 하였으며,[13)] 여러 사람이 공유하는 물건을 현물분할하는 경우

12) 대법원 2020.8.20. 선고 2018다241410,241427 판결.

에는 분할청구자의 지분한도 안에서 현물분할을 하고 분할을 원하지 않는 나머지 공유자는 공유로 남는 방법도 허용되지만, 분할청구자가 상대방들을 공유로 남기는 방식의 현물분할을 청구하고 있다고 하여 상대방들이 그들 사이만의 공유관계의 유지를 원하고 있지 아니한데도 상대방들을 여전히 공유로 남기는 방식으로 현물분할을 하여서는 아니 된다고 하였다.[14] 한편 판례는, 경매분할은 현물분할 원칙의 예외로서 불가피하게 경매분할을 할 수밖에 없는 요건에 관한 객관적·구체적인 심리 없이 단순히 공유자들 사이에 분할의 방법에 관하여 의사가 합치하고 있지 않다는 등의 주관적·추상적인 사정을 들어 함부로 경매분할을 명하는 것은 허용될 수 없고, 특히 공유자 일부의 지분에 대한 경매 등으로 새롭게 공유지분을 취득한 사람이 공유물의 점유·사용에 관한 기존의 명시적 또는 묵시적 합의를 무시하고 경매분할의 방법으로 분할할 것을 주장하는 경우라면 법원이 경매분할을 선택하기 위해서는 현물로 분할할 수 없거나 현물로 분할하게 되면 그 가액이 현저히 감손될 염려가 있다는 사정이 분명하게 드러나야 하고, 현물분할을 위한 금전적 조정에 어려움이 있다고 하여 경매분할을 명하는 것에는 신중하여야 한다고 판시하였으며,[15] 또한 공유물분할청구권도 채권자대위권의 목적이 될 수 있지만 채권자가 자신의 금전채권을 보전하기 위하여 부동산 공유자인 채무자를 대위하여 그 부동산의 공유물분할청구를 하는 것은 책임재산의 보전과 직접적인 관련이 없고 채무자의 자유로운 재산관리행위에 대한 부당한 간섭이 되므로 보전의 필요성을 인정할 수 없다는 입장이다.[16]

다. 부(父)를 정하는 소

재혼한 여자가 아이를 출산한 경우 민법 844조(부의 친생자의 추정)의 규정에 의하여 그 아이의 아버지를 정할 수 없는 때에는 법원이 당사자의 청구에 의하여

13) 대법원 2004.10.14. 선고 2004다30583 판결. 이때 그 가격배상의 기준이 되는 '지분가격'이란 공유물분할 시점의 객관적인 교환가치에 해당하는 시장가격 또는 매수가격을 의미하는 것으로, 그 적정한 산정을 위해서는 분할 시점에 가까운 사실심 변론종결일을 기준으로 변론과정에 나타난 관련 자료를 토대로 최대한 객관적·합리적으로 평가하여야 하므로, 객관적 시장가격 또는 매수가격에 해당하는 시가의 변동이라는 사정을 일절 고려하지 않은 채 그러한 사정이 제대로 반영되지 아니한 감정평가액에만 의존하여서는 안 된다(대법원 2022.9.7. 선고 2022다244805 판결).

14) 대법원 2015.3.26. 선고 2014다233428 판결.

15) 대법원 2023.6.29. 선고 2020다260025 판결; 대법원 2023.6.29. 선고 2022다294107 판결.

16) 대법원 2020.5.21. 선고 2018다879 전원합의체 판결.

이를 정할 수 있다(민 845). 아이의 출산일이 후혼(後婚)의 성립일로부터 200일 후이고 전혼(前婚)의 종료일로부터 300일 이내인 경우는 전남편의 자녀로 추정됨과 동시에 후남편의 자녀로 친생자 추정이 중복되어 아이의 아버지를 정하여 줄 필요가 있는데, 이 소송이 바로 부를 정하는 소이다(가소 27).

부를 확정하여야 할 경우에 다른 증거조사에 의하여 심증을 얻지 못한 때에는 가정법원은 검사를 받을 사람의 건강과 인격의 존엄을 해치지 않는 범위에서, 당사자 또는 관계인에게 혈액채취에 의한 혈액형의 검사 등 유전인자의 검사나 그 밖에 적당하다고 인정되는 방법에 의한 검사를 받을 것을 명할 수 있다(가소 29 ①). 이 소는 제소기간의 제한이 없으므로 부를 확정할 필요가 있으면 언제든지 제소할 수 있으며, 이 소의 판결이 확정된 뒤에는 제3자에게도 효력이 미치므로 친생부인의 소를 제기할 수 없다.

이 소는 가사소송법 2조 1항 1호의 나류 가사소송사건으로서, 소의 성질은 형식적 형성소송이다.

라. 경계확정의 소

경계확정의 소는 인접토지의 경계가 오래 방치되거나 태풍의 영향 등으로 불명확하게 되어 다툼이 있을 때 법원이 경계선을 설정해 주는 소이다. 공적 장부(지적공부)상 경계선은 이론상 어딘가에 반드시 있을 것이므로 증명책임을 적용하여 원고의 청구를 기각하는 것은 허용되지 않고 경계선이 증명되지 않은 때에는 법원이 건전한 재량에 의하여 어딘가에 경계선을 그으라는 소송이다. 다만, 기술적인 착오로 지적도상 경계가 진실한 경계선과 다르게 잘못 작성되었다고 인접토지 소유자 사이에 다툼이 있는 경우에도 경계확정소송의 권리보호이익이 인정된다.[17]

따라서 이 소는 원칙적으로 토지소유권의 범위의 확정을 목적으로 하는 것이 아니라 경계선만을 확정하는 소송이다. 경계선을 확정할 때에는 당사자의 주장의 내용이나 범위에 구속됨이 없이 형평의 관점에서 재량에 의한다. 경계확정소송의 성질에 대하여 통설은 형성의 기준이 되는 형성요건이 별도로 규정되어 있지 않

---

17) 대법원 2021.8.19. 선고 2018다207830 판결; 대법원 2016.5.24. 선고 2012다87898 판결(지적도를 작성하면서 기점을 잘못 선택하는 등 기술적인 착오로 말미암아 지적도의 경계선이 진실한 경계선과 다르게 작성되었다는 등과 같은 특별한 사정이 있는 경우에는 토지의 경계는 실제의 경계에 의하여야 한다).

고, 법률적 주장으로서의 청구에 구애되지 않는다는 이유로 형식적 형성소송에 속한다고 본다.[18] 판례도 동일하며,[19] 토지소유권확인의 소와는 별개의 소송이다.[20]

경계확정의 소를 제기한 경우, 원고는 특정한 경계선의 존재를 주장할 필요가 있는가?

경계확정의 소에서 원고는 특정한 경계선의 존재를 주장할 필요가 없다. 즉 "몇 번지의 토지와 몇 번지의 토지의 경계확정을 구한다"는 주장으로 충분하다. 만약 당사자가 특정한 경계선의 존재를 주장하더라도 법원은 이에 구속되지 않는다. 실질은 비송이라는 형식적 형성의 소의 특질이 바로 이것이다.

경계확정의 소는 항소심에서 불이익변경금지의 원칙이 적용되는가?

경계확정의 소는 실질적으로는 비송이기 때문에 항소심에서 처분권주의의 발현인 불이익변경금지의 원칙이 적용되지 않는다.[21]

당사자의 합의만으로 토지의 경계를 확정할 수 있는가?

공적 장부상 토지의 경계는 공법적 성격을 가지는 것이므로 당사자의 합의에 의해 변동되는 것이 아니다. 즉 당사자의 합의만으로 토지의 경계를 확정할 수 없다. 따라서 당사자의 자백, 소송상 화해, 청구의 포기·인낙이 허용되지 않는다.

---

18) 김홍엽, 246쪽; 이시윤, 209쪽; 정동윤·유병현·김경욱, 79쪽; 정영환, 349쪽.

19) 대법원 1993.11.23. 선고 93다41792,41808 판결(토지경계확정의 소는 인접한 토지의 경계가 사실상 불분명하여 다툼이 있는 경우에 재판에 의하여 그 경계를 확정하여 줄 것을 구하는 소송으로서, 토지소유권의 범위의 확인을 목적으로 하는 소와는 달리, 인접한 토지의 경계가 불분명하여 그 소유자들 사이에 다툼이 있다는 것만으로 권리보호의 필요가 인정된다. 토지경계확정의 소에 있어서 법원으로서는 원·피고 소유의 토지들 내의 일정한 지점을 기초점으로 선택하고 이를 기준으로 방향과 거리 등에 따라 위치를 특정하는 등의 방법으로 지적도상의 경계가 현실의 어느 부분에 해당하는지를 명확하게 표시할 필요가 있고, 당사자 쌍방이 주장하는 경계선에 기속되지 아니하고 스스로 진실하다고 인정하는 바에 따라 경계를 확정하여야 한다).

20) 대법원 1993.10.8. 선고 92다44503 판결(토지경계확정의 소는 인접하는 토지의 경계확정을 구하는 소이고 그 토지에 관한 소유권의 범위나 실체상 권리의 확인을 목적으로 하는 것은 아니므로 당사자가 토지 일부를 시효취득하였는지 여부는 토지경계확정소송에서 심리할 대상이 되지 못한다); 대법원 1997.7.8. 선고 96다36517 판결(경계확정소송의 대상이 되는 '경계'란 공적으로 설정 인증된 지번과 지번과의 경계선을 가리키는 것이고, 사적인 소유권의 경계선을 가리키는 것은 아니다. 건물의 경계는 공적으로 설정 인증된 것이 아니고 단순히 사적관계에 있어서의 소유권의 한계선에 불과함을 알 수 있고, 따라서 사적자치의 영역에 속하는 건물 소유권의 범위를 확정하기 위하여는 소유권확인소송에 의하여야 할 것이고, 공법상 경계를 확정하는 경계확정소송에 의할 수는 없다).

21) 김홍엽, 1177쪽; 이시윤, 885쪽.

제2절 소송요건

제1관 총 설

원고가 승소판결을 받기 위해서는 ① 소장의 적식여부→② 소의 적법성→③ 주장자체의 정당성→④ 주장사실의 증명의 순서로 심리된다. ①의 '적식을 갖춘 소장의 제출'은 소송을 성립시키기 위한 요건으로서, 방식에 어긋난 소장을 제출한 경우에는 보정하지 않으면 재판장에 의한 소장각하명령(254②)의 대상이 되는데 반하여, ②는 소송요건에 해당되어 이를 갖추지 않으면 본안판결을 할 수 없는 부적법한 소로서 소각하판결의 대상이므로 이 둘은 구별하여야 한다. ③의 경우, 즉 소장에 현행법상 허용되지 않는 권리를 주장하거나 도박자금으로 빌려준 돈을 청구하는 등 원고의 주장 자체가 정당하지 않은 경우에는 피고가 다투는지 여부를 불문하고 더 이상 증거조사를 할 필요 없이 청구기각(원고패소)의 판결을 선고하게 된다. 심리결과 위 ①, ②, ③에 아무런 문제가 없고, 원고의 청구원인 사실에 대하여 피고가 다투는 경우에는 증거에 의하여 당사자의 주장을 판단하게 된다.

Ⅰ. 소송요건의 의의

법원은 원고가 소로써 신청한 내용, 즉 본안에 대하여 심리하고 판결하여야 한다(203). 하지만 청구인용 내지 청구기각이라는 본안판결을 선고하려면 그 조건으로서 당해사건에 대하여 그 법원이 관할권을 가질 것 및 당사자가 당사자능력을 가질 것 등 후술하는 바와 같이 각각의 목적에 따라 설정된 소송요건을 구비하고 있어야 한다. 이러한 소송요건이 구비되어 있지 않은 것으로 판명되면 보정이 되지 않는 한 본안판결을 할 수 없다.[22] 소송요건이 불비된 경우에는 변론을 종결하고 본안판결이 아닌 "이 사건 소를 각하한다"는 소송판결을 선고하여야 하

22) 대법원 1997.6.27. 선고 97후235 판결(소송·심판요건에 흠결 등이 있어서 본안에 들어가 판단을 할 수 없는 경우에 있어서는 그 소송·심판은 부적법하다 하여 각하하여야 하고 본안에 대하여는 판단을 할 수 없으므로, 이러한 경우에 본안에 대한 판단이 없다 하여 이를 판결·심결 결과에 영향이 있는 판단유탈이라고 할 수 없다).

고, 이로써 소송이 종료된다. 즉 소송요건이란 본안판결을 하기 위한 요건이다. 과거 로마법에서는 소송요건 개념이 소송의 성립요건이었으므로 흠이 있으면 소송이 성립되지 않고 판결을 선고하더라도 당연무효로 처리되었지만, 오늘날의 소송요건 개념은 소송을 성립시키기 위한 요건도 아니고 심리를 하기 위한 요건도 아닌, 본안판결의 요건으로 이해하게 되어 흠이 있어도 소송이 성립되고 본안심리를 개시하여 진행할 수 있다. 민소법에는 소송요건에 대한 통일적인 규정이 없고, 각 해당부분에 산재되어 있다.

소송요건은 피고의 주장에 의하여 조사가 개시되는 경우도 있지만, 대부분의 소송요건은 그 요건이 구비되었는지 여부에 의심이 생기면 피고가 주장하지 않더라도 원칙적으로 법원이 스스로 조사를 개시해야 한다(직권조사사항). 그러나 조사를 직권으로 개시한다고 하더라도 그 판단의 기초 되는 자료의 수집 · 제출에 대한 책임이 당사자와 법원 중 어느 쪽에 있는가는 개개의 소송요건에 따라 다르다.

소송요건은 소 전체가 적법하기 위해 갖추어야 할 요건이므로 개개의 소송행위의 유효요건(보조참가요건 등)과는 다르다. 개개의 소송행위의 유효요건은 흠이 있으면 당해 소송행위만 무효가 된다.

소송요건에 흠이 있다고 의심되더라도 법원이 본안에 대한 심리를 할 수 있는가?

소송요건은 본안판결을 할 때 갖추어야 할 요건일 뿐, 본안심리를 할 때 갖추어야 할 요건이 아니다. 따라서 소송요건의 심리를 본안의 심리보다 먼저 하여야 하는 것은 아니므로 본안의 심리와 병행하여 심리할 수 있다. 물론 법원이 소송요건에 흠이 있다는 판단에 도달하면 소각하 판결을 하여야 하므로 소송요건의 존재가 의심스러울 때는 합리적인 소송운영자라면 소송요건에 대한 심리를 먼저 진행할 것이다. 이것이 일반적이기는 하지만 본안을 먼저 심리한다고 해도 위법은 아니다(다만, 민소법 119조의 방소항변은 예외).

Ⅱ. 소송요건의 종류

(1) 법원에 관한 것

① 피고에 대한 재판권, ② 국제재판관할권, ③ 민사소송사항일 것, ④ 토지 · 사물 및 직분관할권 등이 있다.

(2) 당사자에 관한 것

① 당사자의 실재(2당사자대립주의), ② 당사자능력, ③ 당사자적격, ④ 소송능력, 법정대리권, 소송대리권, ⑤ 원고가 소송비용의 담보를 제공할 필요가 없거나 담보제공의 필요가 있으면 담보를 제공할 것(117, 상 176③, 237, 377) 등이 있다. 다만 변론능력은 소송요건이 아니며, 변론능력이 없는 경우에는 기일불출석의 불이익을 받을 뿐이다.

(3) 소송물에 관한 것

① 소송물의 특정,[23] ② 권리보호의 자격 또는 이익 내지 필요(소의 이익), ③ 중복된 소제기의 금지(259)・재소금지(267②)에 저촉되지 않을 것, ④ 기판력의 부존재(반복금지설의 입장) 등이 있다.

(4) 특수소송에 관한 것(특수소송요건)

① 병합소송에서 각 그 필요요건의 구비, 장래이행의 소에서 '미리 청구할 필요', 확인의 소에서 확인의 이익, 상소에서 상소요건, ② 채권자대위소송에서 피보전채권의 존재여부,[24] ③ 소제기기간의 준수 등이 있다.

소송요건에 흠이 있는 경우에도 소를 각하하지 않는 경우도 있는가?

소송요건에 흠이 있으면 원칙적으로 소를 부적법 각하한다. 그러나 ① 소가 제기된 법원에 관할권의 흠이 있는 경우에는 관할권을 가진 법원으로 이송하고(34),[25] ② 유효하게 소송계속이 된 후에 소송능력을 상실한 경우에는 소송요건에 흠이 있다는 이유로 소를 각하하는 것이 아니라 그 후의 소송행위는 무효이므로 법정대리인이 수계하기까지 소송계속이 중단될 뿐이다.

---

23) 대법원 2011.3.10. 선고 2010다87641 판결(민사소송에서 당사자가 소송물로 하는 권리 또는 법률관계의 목적인 물건은 특정되어야 하고, 소송물이 특정되지 아니한 때에는 법원이 심리・판단할 대상과 재판의 효력범위가 특정되지 않게 되므로, 토지소유권확인소송의 소송물인 대상 토지가 특정되었는지 여부는 소송요건으로서 법원의 직권조사사항에 속한다).

24) 대법원 2009.4.23. 선고 2009다3234 판결.

25) 소의 병합의 경우 병합요건에 흠이 있더라도 소를 각하할 것이 아니라 별소로 취급하여야 한다는 견해가 다수설이다.

Ⅲ. 소송요건의 모습

(1) 적극적요건과 소극적요건

전자는 그 존재가 소를 적법하게 하는 요건(재판권, 관할권, 당사자능력 등)을 말하고, 후자는 그 부존재가 소를 적법하게 하는 요건(중복소송, 기판력, 중재합의 등)을 말한다.

(2) 직권조사사항과 항변사항

소송요건의 대부분은 직권조사사항이나, 변론관할, 부제소합의,[26] 소·상소취하계약, 중재합의, 조정합의, 소송비용의 담보제공 신청(117①) 등은 당사자의 항변을 기다려 비로소 조사한다. 그중 변론관할(30), 소송비용의 담보제공(118), 중재합의(중재 9②)의 항변은 본안에 관한 최초변론 전까지 제출하여야 하며, 본안심리에 들어간 후에는 제출할 수 없는 항변이다.[27] 담보제공을 신청한 피고는 원고가 담보를 제공할 때까지 소송에 응하지 않을 수 있다(119).

원고에게 담보를 제공하도록 규정한 민소법 117조의 입법취지는 무엇인가?

소송비용의 상환을 확보하기 위한 것이다. 원고가 대한민국 내에 생활상·사업상 본거지를 두고 있지 않은 경우에는 피고가 승소한다고 하더라도 그가 지출한 소송비용의 상환을 원고로부터 받지 못하는 수가 있다. 이러한 이유로 원고가 대한민국 내에 생활상·사업상 본거지를 두지 아니한 경우에 법원은 피고의 신청 또는 직권으로 소송비용에 대한 담보를 명하도록 규정한 것이다.

담보제공의무위반에 대한 피고의 거부권(119)은 소송요건인가?

일반적인 소송요건은 본안심리의 요건이 아니라 본안판결의 요건이므로 소송요건과 본안의 병행심리가 허용되지만, 피고의 거부권(119)은 원고가 담보를 제공할 때까지 피고측에서 소송에 응하지 아니할 수 있는 권리가 부여되므로 법원이 본안을 심리해서는 안 된다. 따라서 법원은 이 경우에 소의 적법여부만 심리할 수 있을 뿐이므로 진정한 의미에서의 방소항변(妨訴抗辯)이라고 할 수 있다. 다소 특이한 규정이지만 통설은 이것도 소송요건의 하나로 보고 있다.

---

26) 다만 판례는 부제소합의와 불항소합의를 직권조사사항이라고 한다(대법원 2013.11.28. 선고 2011다80449 판결; 대법원 1980.1.29. 선고 79다2066 판결).

27) 대법원 1991.4.23. 선고 91다4812 판결.

Ⅳ. 소송요건의 조사

(1) 직권조사사항

항변사항을 제외한 소송요건은 소송제도의 유지에 필요한 공익적 성격을 띠고 있어 직권조사사항이다. 직권조사사항이란 조사의 개시를 직권으로 할 수 있다는 의미일 뿐이므로, 그 판단자료의 수집방법에 있어서는 공익성이 극히 강한 경우(재판권, 전속관할, 당사자의 실재 등)에는 직권탐지주의에 의하며, 그 밖의 경우(임의관할, 당사자적격, 소의 이익 등)에는 당사자가 제출한 자료에 의존하는 변론주의에 의한다.

(2) 소송요건의 증명

소송요건은 원칙적으로 본안판결을 받을 이익이 있는 원고에게 증명책임이 돌아가지만, 항변사항인 소송요건은 피고가 증명해야 한다. 원칙적으로 엄격한 증명에 의하여야 하나, 외국법규·경험법칙은 자유로운 증명으로 족하다.

(3) 소송요건 존재의 표준시

소송요건은 제소당시에는 부존재하더라도 사실심의 변론종결시까지 이를 구비하면 된다. 따라서 제소 당시에는 소송요건이 구비되어 있더라도 그 뒤 소멸하면 부적법하게 된다.

사실심의 변론종결시를 기준으로 하지 않는 소송요건도 있는가?

① 관할권의 존부는 소제기 당시에만 갖추면 되고(33), ② 당사자능력, 소송능력, 법정대리권 등은 소제기 단계에서는 소송요건이지만 소송계속 후에는 소송행위의 유효요건일 뿐이다. 나아가 판례에 의하면, 사실심의 변론종결시까지 당사자적격이 없다가 상고심에서 당사자적격을 갖춘 경우에 소송요건의 흠의 치유를 인정하였는데, 사실심 변론종결 이후에 추심채권자가 압류 및 추심명령 신청의 취하 등에 따라 추심권능을 상실하게 되면 채무자는 당사자적격을 회복하며, 이는 직권조사사항으로서 상고심에서도 그 치유를 인정하는 반면,[28] 적법한 소가 상고심에 계속 중 소의 이익에 흠이 있게 된 경우에 그 소는 부적법하다고 본다.[29]

---

28) 대법원 2010.11.25. 선고 2010다64877 판결; 대법원 2007.11.29. 선고 2007다63362 판결.
29) 대법원 2020.1.16. 선고 2019다247385 판결.

(4) 소송요건 조사의 순서

일반적인 것에서 특수한 것으로, 추상적인 것에서 구체적인 것으로 조사하여 나가되, 특히 소의 이익, 당사자적격[30]은 실체법적 권리의 판단과 밀접한 관련이 있으므로 마지막에 판단한다. 다만 소송요건 사이에 심리순서를 어겼다고 하여 판결이 위법한 것은 아니다.

Ⅴ. 조사결과와 재판

(1) 소송요건 심리의 선순위성여부

소송요건에 대한 심리 이전에 본안을 먼저 심리해도 되고 소송요건 심리와 본안심리를 병행해도 되지만, 소송요건에 흠이 있음에도 소각하 판결을 하지 않고 본안에 대한 심리결과 원고청구가 이유 없다는 취지의 청구기각판결을 하는 것은 허용되지 않는다는 것이 다수설[31]·판례[32]의 입장이다. 이에 대하여, 소송요건이 재판권이나 직무관할, 당사자의 실재 등과 같이 공적이익과 관련되어 있는 경우에는 소각하판결을 하여야 하지만, 임의관할위반, 중재합의·부제소특약의 존재 등과 같이 항변사항인 경우에는 청구기각판결을 할 수 있다는 소수설이 있다.[33] 어느 견해든 소송요건의 흠을 심리하지 않은 채 원고의 청구가 이유 있음이 명백하다는 이유로 청구인용판결을 할 수 없다는 점에 대해서는 의견이 일치한다. 청구인용판결과 소각하 판결은 승패가 뒤바뀌는 것이기 때문이다.

(2) 소송요건을 구비한 경우의 재판

피고가 소송요건의 흠을 다투는 것을 본안전항변이라고 하는데, 이 경우 소송요건이 갖추어져 있으면 중간판결(201)이나 종국판결의 이유에서 판단하여야 한다.

(3) 소송요건을 구비하지 못한 경우의 재판

조사결과 소송요건에 흠이 있으면 소를 부적법 각하한다(소송판결 또는 본안전판결). 소각하판결은 소송요건의 부존재에 기판력이 생기지만 소송요건을 충족한

30) 이러한 이유로 당사자적격을 소의 이익에 포함시켜 논하는 경우도 있다(한충수, 209쪽 이하).
31) 김홍엽, 257쪽; 송상현·박익환, 203쪽; 정동윤·유병현·김경욱, 422쪽; 한충수, 243쪽.
32) 대법원 1997.6.27. 선고 97후235 판결.
33) 김홍규·강태원, 304쪽; 전병서, 189쪽.

후에는 다시 제소할 수 있다. 또한 관할위반의 제소인 경우에는 관할법원으로 이송하여야 하며(34①), 보정이 가능하면 바로 소각하할 것이 아니라 보정을 기다려야 한다.

(4) 소송요건의 흠을 간과한 판결

소송요건의 흠을 간과한 판결에 대하여는 확정 전이면 상소(424①⑷ 등)를, 확정 후에는 재심사유에 해당하는 경우에 한하여 재심(451①⑶ 등)을 제기할 수 있다. 소송요건이 갖추어져 있음에도 소송요건의 흠을 이유로 각하한 판결은 상소심에서 원심판결을 취소·파기하고 환송하여야 한다(418, 425). 다만, 소송요건 가운데 전속관할을 위반하였음에도 이를 간과한 판결에 대하여는 상소심 법원은 원심판결을 취소·파기하고 적법한 관할법원에 이송하여야 한다(419, 436①).

제2관 소의 이익

Ⅰ. 개 념

소의 이익이란 특정한 청구내용에 관하여 본안판결을 할 필요성 및 실효성을 음미하기 위해 존재하는 요건이다. 본안판결을 하기 위한 요건이 소송요건이므로 소의 이익도 소송요건 중의 하나이다. 따라서 소의 이익에 흠이 있는 때에는 원칙적으로 소를 각하하여야 한다.

소의 이익 개념은 개개의 소송에서의 청구내용을 대상으로 분쟁해결의 필요성·실효성에 이바지하는지 여부를 선별함으로써 불필요한 소송을 걸러내는 장치이다. 예를 들어, 자신이 키우던 고양이가 교통사고가 아닌 병으로 죽었다는 사실의 확인을 길 가던 사람을 피고로 삼아 소를 제기하는 것을 허용한다면 세금으로 운영되는 법원이 취급하기에는 어울리지 않을 뿐만 아니라, 그러한 확인의 상대방이 된 피고는 아무런 이유 없이 소송에 휘말리게 된다. 따라서 소의 이익을 너무 넓게 인정하면 남소의 우려가 있다. 그러나 그렇다고 너무 좁게 인정하면 당사자의 재판을 받을 권리가 박탈될 수 있으므로 소의 이익은 원고·피고·법원의 입장과 이해관계의 적절한 조정 하에 결정되어야 한다.

소의 이익은 당사자적격과 마찬가지로 개별·구체적인 소송에서의 청구내용과 밀접한 관련성을 가지고 판단되는 소송요건이다. 따라서 소의 이익은 일반적으로

① 청구의 내용이 본안판결을 받기에 적합한 일반적 자격이 있을 것(권리보호의 자격 또는 청구의 자격), ② 원고가 청구에 대하여 판결을 구할 현실적인 필요성이 있을 것(권리보호의 이익 또는 필요)을 말하지만, 광의로는 당사자적격, 즉 '당사자가 제대로 소송수행을 하고 본안판결을 받기에 적합한 정당한 당사자일 것'도 포함하는 개념이다.

소의 이익이 가장 문제로 되는 것이 확인의 소인 이유는 무엇인가?

확인의 소는 실체법상 규정된 권리관계에 기반을 둔 것이 아니어서 확인의 대상이 성질상 무한정하므로, 이행의 소 또는 형성의 소에 비하여 소의 이익에 의한 제한의 필요성이 높기 때문이다. A학설보다 B학설이 더 정당하다든가, 여러 종교 중 어느 하나의 종교만 선하다든가, 여러 그림 중 A그림이 가장 아름답다는 등의 확인을 구하는 소를 제기하는 경우를 상정해 보면 제한의 필요성을 쉽게 알 수 있을 것이다. 또한 확인판결의 경우에는 확정되어도 집행력이 없어서 분쟁을 완전하게 해결할 수 없는 경우가 많으므로 굳이 이를 넓게 인정할 필요가 없기 때문이기도 하다.

소의 이익의 존부가 판명되기 전에 법원이 원고의 청구에 이유가 없음을 확신한 경우라면 청구기각판결을 할 수 있는가?

다수설은 소의 이익도 소송요건 중의 하나이므로 청구기각판결을 할 수는 없다고 본다. 즉 본안판결을 하기 위해서는 항상 소의 적법성이 확정되어 있을 것을 요한다. 따라서 소의 적법요건보다 먼저 청구가 이유없음이 명백해졌다고 하더라도 소의 적법성에 의문이 있는 한 청구기각판결을 할 수는 없다.

Ⅱ. 각종의 소에 공통된 소의 이익 - 권리보호의 자격

권리보호의 자격은 소의 유형이 이행의 소이든 확인의 소이든 형성의 소이든 불문하고 공통적으로 적용되는 소의 이익을 말한다. 다만 판례는 이에 해당하는 경우에도 뒤에서 살펴볼 '권리보호의 이익'과 혼용한다.[34] 큰 틀에서는 권리보호의 자격도 권리보호의 이익으로 수렴된다.

34) 대법원 2009.12.24. 선고 2009다64215 판결; 대법원 2005.6.10. 선고 2005다14861 판결; 대법원 1977.6.7. 선고 76다558 판결.

1. 재판할 수 있는 구체적인 권리 또는 법률관계에 관한 청구일 것

(1) 재판할 수 있는 청구일 것

따라서 ① 자연채무는 소의 이익이 없고, ② 소로써만 행사할 수 있는 형성권이 아닌 실체법상 형성권 행사를 위한 형성의 소도 소의 이익이 없다. ③ 약혼의 강제이행(민 803) 또는 법을 제정해 달라는 청구도 허용되지 않는다.

(2) 구체적인 권리 또는 법률관계에 대한 청구일 것

따라서 ① 법원은 '법률적 쟁송'에 대해서만 심판할 권한이 있으므로 권리 또는 법률관계가 아닌 '사실의 존부에 대한 쟁송'은 소의 이익이 없다(법조 2①). 예컨대 통일교가 기독교 종교단체인가의 확인청구, 족보의 등재를 금지 또는 변경을 구하는 청구, 지적도경계 오류정정신고의 이행청구, 임야등 대장상 명의말소·변경청구, 어느 사찰이 특정종파에 속한다는 확인청구 등은 소의 이익이 없다. 또한 ② '구체적인 쟁송'이 아니면 소의 이익이 없으므로 추상적인 법령의 효력이나 해석의견을 다투는 소송, 법률이나 명령의 합헌성여부 등은 소의 이익이 없다. ③ '정치적 쟁송'도 소의 이익이 없다. 즉 법원의 권한이 아닌 고도의 정치적 성격을 띠는 통치행위는 법률상 쟁송사항이 아니다.[35] 다만 통치행위라고 하더라도 국민의 기본권에 영향을 주는 경우에는 사법심사의 대상이 된다.[36] ④ 정당·종교단체·대학과 같은 '특수한 단체의 내부분쟁'은 법률상 쟁송사항이 아니다. 즉 종교단체에서의 임원의 징계결의 등은 그 단체의 내부적인 제재에 지나지 않으므로 그 절차의 중대한 하자가 있다고 하더라도 '현저히 정의관념에 반하지 않고 사법상 특정한 권리의무와 무관하다면' 원칙적으로 사법심사의 대상이 아니라고 본다.[37] 따라서 만약 판단의 내용이 종교교리의 해석에 관련되어 있는 것이 아니거나 단체 내부의 규정이 선량한 풍속 기타 사회질서에 위반된다면 사법심사의 대상이 된다.

---

35) 대법원 1981.4.28. 선고 81도874 판결.

36) 대법원 2010.12.16. 선고 2010도5986 전원합의체 판결; 헌법재판소 1996.2.29. 자 93헌마186 결정.

37) 대법원 2006.2.10. 선고 2003다63104 판결; 대법원 2011.10.27. 선고 2009다32386 판결; 대법원 2014.12.11. 선고 2013다78990 판결; 대법원 1978.12.26. 선고 78다1118 판결(대한예수교장로회 총회의 재판국이 목사, 장로 등에 대하여 정직, 면직 등에 처하는 결의(재판)는 종교단체 내부의 규제에 지나지 아니하고 그것이 교인 개인의 특정한 권리·의무에 관계되는 법률관계를 규율하는 것이 아니므로 그 무효확인을 구하는 것은 법률상의 쟁송사항에 관한 것이라 할 수 없다).

대장·명부 등의 명의변경을 구하는 청구는 언제나 소의 이익이 없는가?

대장이나 명부는 일정한 사실을 명확히 함으로써 행정상 편의를 위하여 비치하는 것에 불과하므로 대장이나 명부상 등재여부는 권리관계에 아무런 영향을 미치지 않는 것이 원칙이어서 소의 이익이 없다. 그러나 명부의 등재로 인하여 일정한 권리자로 인정받는 경우에는 소의 이익이 있어 장부상 명의변경을 소로써 청구할 수 있다. 예컨대 무허가건물대장상 건물주명의는 철거보상금을 지급받을 수 있는 보상청구권 또는 시영아파트를 특별분양 받을 수 있는 시영아파트분양권의 권리자로 인정되고,[38] 건축 중인 건물의 양수인은 건축공사 완료 후 부동산등기법 등에 따른 소유권보존등기상 소유자로 인정되는 데에 필요하므로 그가 제기한 건축허가에 관한 건축주명의 변경의 소는 소의 이익이 있으며,[39] 골프장클럽의 회원명부는 골프장시설의 우선적 이용권자로 인정되므로 이러한 경우 이들 대장이나 명부의 명의변경을 구하는 소는 소의 이익이 있다.[40]

단체의 내부적 분쟁이지만 소의 이익이 있는 경우를 예시하라.

단체의 내부분쟁이라고 하더라도 물권인 부동산의 소유권의 귀속과 같이 국가의 강행법규를 적용하여야 할 법률적 분쟁인 경우,[41] 단순히 종교상 지위를 넘어서 재산의 관리처분권이라는 구체적인 권리 또는 법률관계와 관련된 사찰의 주지 또는 교회대표자의 지위의 확인,[42] 단체내부규약이 회원의 기본적인 권리의 본질적인 내용

---

38) 대법원 1998.6.26. 선고 97다48937 판결.

39) 대법원 2007.12.27. 선고 2006다60229 판결; 대법원 2010.7.15. 선고 2009다67276 판결(원심이 다세대주택 중 소유권보존등기가 되지 아니한 일부 전유부분에 관한 건축주명의변경절차의 이행을 명한 것은 피고에게 원고를 위 다세대주택 전체에 관한 건축허가의 공동건축주로 추가하고, 사용승인 신청시 특정 전유부분을 원고에게 귀속시킬 의무가 있음을 나타내는 취지로 볼 수 있고, 최소한 원심판결이 건축법 시행규칙 제11조에서 말하는 건축관계자명의변경신고에서 원고를 공동건축주로 추가할 권리관계의 변경사실을 증명할 수 있는 서류의 역할을 할 수 있어 집행가능성이 없다고는 볼 수 없으므로, 건축주명의변경을 구하는 소의 이익이 있다고 한 사례).

40) 대법원 1986.6.24. 선고 85다카2469 판결. 나아가 건축물대장에 건축물 대지로 잘못 기재된 지번의 토지 소유자라고 주장하는 자가 지번의 정정신청을 거부하는 건축물 소유자를 상대로 건축물대장 지번의 정정을 신청하라는 의사의 진술을 구하는 소는 토지 소유권의 방해배제를 위한 유효하고도 적절한 수단으로서 소의 이익이 있다(대법원 2014.11.27. 선고 2014다206075 판결).

41) 대법원 1991.12.13. 선고 91다29446 판결.

42) 대법원 2005.6.24. 선고 2005다10388 판결(사찰의 주지는 종교상의 지위와 아울러 사찰의 대표자로서의 지위를 겸유하면서 사찰재산의 관리처분권 등을 갖는다); 대법원 2007.11.16. 선고 2006다41297 판결(교회의 담임목사는 예배 및 종교활동을 주재하는 종교상의 지위와 아울러 교회 재산의 관리처분과 관련한 대표권을 가지므로 재산의 관리처분과 관련한 교회 대표자 지위에 관한 분쟁은 구체적인 권리 또는 법률관계를 둘러싼 분쟁에 해당하여 그 대표자 지위의 부존재 확인을 구하는 것은 소의 이익이 있다); 대법원 2011.5.13. 선고 2010다84956 판결(징계결의를 명의신탁 해지 등의 원인으로 주장하는 등 갑의 권리 또는 법률관계에 영향이 있다고 보이므로 징계결의의 무효확인을 구하는 소는 구체적 권리의무관계에 관한 법률적 쟁송에 해당한다).

을 침해하는 등 단체의 본질이나 설립목적에 크게 위배되는 경우[43]에는 사법심사의 대상이 된다.

2. 법률상 · 계약상 소제기금지사유가 없을 것

(1) 법률상 소제기 금지의 사유

법률상 소제기 금지의 사유로는 중복소제기금지(259), 재소금지(267②)가 있다.

(2) 계약상 제소금지사유

이는 부제소특약(부제소합의)을 의미하는데, 부제소특약을 하고도 소를 제기하면 소의 이익이 없다는 것이 판례이다.[44] 다만 부제소특약이 유효하려면 ① 당사자가 자유로이 처분할 수 있는 권리관계의 범위 내의 것이어야 하며,[45] ② 합의 당시에 각 당사자가 예상할 수 있는 상황에 관한 것이어야 하고, ③ 특정한 권리관계에 관한 것이어야 하며(포괄합의는 무효),[46] ④ 불공정한 방법에 의한 것(민 104조 위반)이 아니어야 한다.[47] 중재합의를 한 경우에도 부제소특약에 준하여 소의 이익이 없다고 본다. 계약상 제소금지사유가 있는 경우에는 피고에게 항변권이 인정된다(방소항변).[48]

3. 특별구제절차가 없을 것

법규가 간이하고 경제적인 특별구제절차를 마련해 놓고 있는 경우에는 소를 제기하지 못한다.

---

43) 대법원 2006.10.26. 선고 2004다47024 판결(종중이 종원에 대하여 10년 내지 20년간 종원의 자격(각종 회의에의 참석권 · 발언권 · 의결권 · 피선거권 · 선거권)을 정지시킨다는 내용의 처분을 한 것은 종원이 가지는 고유하고 기본적인 권리의 본질적인 내용을 침해하므로 그 효력을 인정할 수 없다).

44) 대법원 2011.6.24. 선고 2009다35033 판결.

45) 대법원 1998.8.21. 선고 98두8919 판결; 대법원 1999.1.26. 선고 98두12598 판결(공법상 권리에 관한 부제소합의는 무효). 한편 판례는 퇴직금과 관련하여, 퇴직 전 이에 대한 포기 또는 부제소합의는 강행법규인 근로자퇴직급여 보장법에 위반되어 무효라고 보면서도(대법원 1998.3.27. 선고 97다49732 판결), 퇴직금을 수령하면서 퇴직금과 관련된 향후의 분쟁에 대하여 부제소합의를 하는 것은 유효하다는 입장이다(대법원 2006.12.8. 선고 2005다36762 판결; 대법원 2018.7.12. 선고 2018다21821,25502 판결).

46) 대법원 1999.3.26. 선고 98다63988 판결.

47) 대법원 1994.12.9. 선고 93다43873 판결; 대법원 2017.5.30. 선고 2017다201422 판결.

48) 다만 판례는 부제소합의에 위배된 소의 적법여부는 직권조사사항이라는 입장이다(대법원 2013.11.28. 선고 2011다80449 판결; 대법원 2005.6.10. 선고 2005다14861 판결).

예컨대 ① 소송비용액 확정절차(110)에 의하지 않고 소송비용상환청구의 소를 제기한 경우,[49] ② 비송사건절차법에 의하여야 하는 임시이사선임취소 사안을 통상의 소로 제기한 경우,[50] ③ 등기관의 직권사항인데도 부기등기, 경정등기, 표시변경등기말소의 소를 제기한 경우, ④ 집행법상 절차에 의하여야 함에도 가처분등기말소의 소, 경매불허의 소를 제기한 경우,[51] ⑤ 공탁금출급절차를 밟아야 함에도 공탁공무원을 상대로 민사소송으로 지급을 청구한 경우,[52] ⑥ 상소로 다툴 것을 다투지 아니하여 확정시켜 놓고 별도의 소를 제기하는 경우[53] 등은 소의 이익이 없다.

4. 원고가 동일청구에 대하여 승소확정의 판결을 받은 경우가 아닐 것

원고가 이행의 소에서 승소확정판결을 받았다면 상대방의 불이행시 강제집행을 하면 되기 때문에 또다시 이행판결을 받을 소의 이익이 없다.[54] 또한 채권자취소소송에서 승소확정 및 원상회복이 되었다면 그 범위 내에서 그 후에 제기한 채무자의 다른 채권자에 의한 채권자 취소소송은 소의 이익이 없다.[55] 다만 판결원본의 멸실,[56] 판결채권의 시효중단의 필요,[57] 판결내용의 불특정으로 인한 집행불가[58] 등 특별한 사정이 있는 경우 및 집행증서를 소지하고 있더라도 기판력 확보를 위한 이행의 소제기는 예외적으로 소의 이익이 인정된다.

기판력은 없고 집행력만 있는 집행증서(민집 56⑷, 59③), 지급명령(474, 민집 58③), 배상명령(소촉법 34①,④), 이행권고결정(소심 5조의7①, 5조의8③)은 별도로 소를 제기할 이익이 있다.

---

49) 대법원 2011.3.24. 선고 2010다96997 판결.
50) 대법원 1976.10.26. 선고 76다1771 판결.
51) 대법원 1987.3.10. 선고 86다152 판결.
52) 대법원 1991.7.12. 선고 91다15447 판결.
53) 대법원 2002.9.4. 선고 98다17145 판결. 이 판결의 사안은 법원이 주위적 청구를 배척하면서 예비적 청구에 대한 판단을 명시하지 않은 경우인데, 당사자가 상소를 통하여 다투지 않고 확정시켰다면 그 후에는 예비적 청구의 전부나 일부를 소송물로 하는 별도의 소송을 새로 제기함은 소의 이익이 없다고 한 판결이다.
54) 대법원 2009.12.24. 선고 2009다64215 판결.
55) 대법원 2014.8.20. 선고 2014다28114 판결.
56) 대법원 1981.3.24. 선고 80다1888,1889 판결.
57) 대법원 1987.11.10. 선고 87다카1761 판결; 대법원 2018.4.24. 선고 2017다293858 판결; 대법원 2018.7.19. 선고 2018다22008 전원합의체 판결(소멸시효 중단을 위한 재판상 청구는 1회로 제한되지 않는다).
58) 대법원 1998.5.15. 선고 97다57658 판결.

5. 신의칙위반의 소제기가 아닐 것

신의칙에 반하는 소제기는 권리보호의 가치가 없는 소송으로서 소의 이익이 부인된다. 판례는 사례금을 받아 낼 욕심으로 이사회의 결의가 무효라는 소를 제기하였다면 비록 이사회소집절차에 하자가 있다 할지라도 권리보호의 자격 내지 소의 이익이 없는 부적법한 소라고 하였다.[59] 또한 다액의 채권을 소액사건심판법의 적용을 받을 목적으로 분할하여 청구하는 경우에는 소권의 남용으로서 소의 이익이 인정되지 아니하므로 소를 각하하여야 한다(소심 5조의2).

신의칙 위반을 소송요건으로 보는 통설·판례의 입장에 대하여, 소제기가 신의칙에 위반된다는 것은 실체법상 권리를 신의칙에 위반되게 행사한 것이므로 이는 실체법상 문제이지 소송요건에 관한 문제가 아니라고 보는 견해도 있고,[60] 신의칙은 근본규범이므로 상위개념인데 반하여 소의 이익은 이보다 하위개념으로서, 상위개념인 신의칙이 하위개념인 소의 이익에 포섭된다는 것은 논리가 맞지 않는다고 보는 견해도 있다.[61]

Ⅲ. 각종의 소에 특수한 소의 이익 – 권리보호의 이익 또는 필요

1. 이행의 소

가. 현재의 이행의 소

현재의 이행의 소는 사실심 변론종결시까지 이행기가 도래하는 청구권의 이행을 구하는 소이므로 원칙적으로 권리보호의 이익이 인정된다. 상대방이 무일푼이라거나, 최종 등기명의자에 대한 패소확정 후 중간명의자에 대한 등기의 말소청구,[62] 가압류·가처분되어 있는 채권의 이행청구[63] 등과 같이 사실상 또는 법률상

---

59) 대법원 1977.6.7. 선고 76다558 판결.
60) 호문혁, 320쪽.
61) 정영환, 376쪽.
62) 대법원 2008.6.12. 선고 2007다36445 판결.
63) 일반적으로 채권에 대한 가압류가 있더라도 이는 채무자가 제3채무자로부터 현실로 급부를 추심하는 것만을 금지하는 것일 뿐 채무자는 제3채무자를 상대로 그 이행을 구하는 소송을 제기할 수 있고 법원은 가압류가 되어 있음을 이유로 이를 배척할 수는 없는 것이 원칙이다. 왜냐하면 채무자로서는 제3채무자에 대한 그의 채권이 가압류되어 있다 하더라도 집행권원을 취득할 필요가 있고 또는 시효를 중단할 필요도 있는 경우도 있을 것이며 또한 소송 계속 중에 가압류가 행하여진 경우에 이를 이유로 청구가 배척된다면 장차 가압류가 취소된 후 다시 소를 제기

집행이 불가능하거나 현저히 곤란한 상태라고 하더라도 판결절차는 분쟁의 관념적 해결절차이므로 소의 이익이 있다.[64)]

소제기 전에 원고가 피고에게 이행의 최고를 하지 않고 소를 제기한 경우에도 소의 이익이 인정되는가?

소제기 전에 원고가 피고에게 이행의 최고를 하였는지는 소의 이익과는 무관하다. 또한 피고가 이행을 거절하였는지, 피고가 임의로 이행할 의사가 없는지도 문제되지 않는다. 다만 이행최고로 인하여 임의이행을 기대할 수 있었던 경우라면 원고가 승소하더라도 그에게 소송비용을 부담시킬 수 있다(99).

제3자를 위한 계약에서 요약자가 제3자의 권리와는 별도로 낙약자에 대하여 제3자에게 급부를 이행할 것을 요구할 수 있는 권리를 가지는가?

이행의 소는 원칙적으로 원고가 이행청구권의 존재를 주장하는 것으로서 권리보호의 이익이 인정되고, 이행판결을 받아도 집행이 사실상 불가능하거나 현저히 곤란하다는 사정만으로 그 이익이 부정되는 것은 아니다. 제3자를 위한 계약에서 제3자는 채무자(낙약자)에 대하여 계약의 이익을 받을 의사를 표시한 때에 채무자에게 직접 이행을 청구할 수 있는 권리를 취득하고(민 539), 요약자는 제3자를 위한 계약의 당사자로서 원칙적으로 제3자의 권리와는 별도로 낙약자에 대하여 제3자에게 급부를 이행할 것을 요구할 수 있는 권리를 가진다. 이때 낙약자가 요약자의 이행청구에 응하지 아니하면 특별한 사정이 없는 한 요약자는 낙약자를 상대로 제3자에게 급부를 이행할 것을 소로써 구할 이익이 있다.[65)]

하여야 하는 불편함이 있는데 반하여 제3채무자로서는 이행을 명하는 판결이 있더라도 집행단계에서 이를 저지하면 될 것이기 때문이다(대법원 2002.4.26. 선고 2001다59033 판결). 다만 **소유권이전등기**를 명하는 판결은 의사의 진술을 명하는 판결로서 이것이 확정되면 채무자는 일방적으로 이전등기를 신청할 수 있고 제3채무자는 이를 저지할 방법이 없으므로 이와 같은 경우에는 **가압류의 해제를 조건**으로 하지 아니하는 한 법원은 이를 인용하여서는 안 된다(대법원 1992.11.10. 선고 92다4680 전원합의체 판결).

64) 대법원 2013.4.26. 선고 2011다37001 판결(채권자가 원상회복청구의 소에서 패소할 것이 예상된다는 이유로 사해행위 취소의 소에 대하여 소의 이익을 부정할 수 없다).

65) 대법원 2022.1.27. 선고 2018다259565 판결(호텔 구분소유자들로 구성된 甲 관리단과 위 호텔의 공중위생관리법상 영업자인 乙 주식회사가 '甲 관리단이 새로운 위탁운영사를 선정하면 乙 회사는 호텔영업을 완전히 종료하고, 그 영업신고 명의를 새 위탁운영사로 변경하여 주기로 하는 내용'의 합의를 하고, 이에 따라 甲 관리단이 선정한 새로운 위탁운영사 丙 주식회사가 乙 회사를 상대로 영업권 양수의 의사를 표시한 사안에서, 위 합의는 제3자를 위한 계약에 해당하므로, 丙 회사는 제3자로서 乙 회사에 대하여 영업자 지위승계신고절차 이행의 소를 제기할 수 있고, 요약자인 甲 관리단 역시 乙 회사에 대하여 丙 회사 앞으로 영업자 지위승계신고절차를 이행할 것을 구할 소의 이익이 있다고 하여 이를 부정한 원심판결을 파기한 사례).

그러나 청구의 목적이 실현된 경우 또는 실익 없는 청구는 소의 이익이 없다. 예컨대 ① 전부 승소한 원심판결에 대해서는 비록 그 판결 이유에 불만이 있더라도 상고를 제기할 이익이 없어 허용될 수 없고,[66] ② 근저당권설정등기의 말소등기절차의 이행을 구하는 소송 도중에 그 근저당권설정등기가 경매를 원인으로 하여 말소된 경우,[67] 건물이 전부 멸실된 후 그 건물에 대하여 이전등기말소청구를 하는 경우[68], 채권자취소소송이 계속 중에 사해행위가 해제 또는 해지된 경우[69]에는 소의 이익이 인정되지 않으며, ③ 피고측 위원들이 피고의 지시에 따를 법적 의무가 없다면, 피고를 상대로 피고측 위원들로 하여금 특정의사를 표시하게 하라는 '의사의 진술을 명하는 소'의 제기는 소의 이익이 없다.[70]

부동산을 매도한 사람이 이를 매수한 사람을 상대로 소유권이전등기신청절차를 인수하라는 소송을 제기할 수 있는가?

판례는, 부동산등기법 23조 4항에 의하면 '판결에 의한 등기는 등기권리자 또는 등기의무자가 단독으로 신청한다'고 규정하고 있는바, 위 법조에서 승소한 등기권리자 외에 등기의무자도 단독으로 등기를 신청할 수 있게 한 것은, 통상의 채권채무 관계에서는 채권자가 수령을 지체하는 경우 채무자는 공탁 등에 의한 방법으로 채무부담에서 벗어날 수 있으나 등기에 관한 채권채무 관계에 있어서는 이러한 방법을 사용할 수 없으므로 등기의무자가 자기 명의로 있어서는 안 될 등기가 자기 명의로 있음으로 인하여 사회생활상 또는 법상 불이익을 입을 우려가 있는 경우에는 소의 방법으로 등기권리자를 상대로 등기를 인수받아 갈 것을 구하고 그 판결을 받아 등기를 강제로 실현할 수 있도록 한 것이라고 함으로써,[71] 매수인은 소유권이전등기청구권 등의 권리만을 가질 뿐, 아무런 의무를 부담하고 있지 아니함에도 권리를 강제로 인수시킨다는 것은 법률상 불가능할 뿐만 아니라 그 청구가 인용된다고 하더라도 그 판결을 집행할 방법이 없어 아무런 이익이 없다는 매수인측의 주장을 배척

66) 대법원 2008.12.24. 선고 2008다51649 판결; 대법원 2013.7.11. 선고 2011다18864 판결.
67) 대법원 2003.1.10. 선고 2002다57904 판결. 다만, 채무자와 수익자 사이의 근저당권설정계약이 사해행위인 이상 그로 인한 근저당권설정등기가 매각으로 인하여 말소되었다고 하더라도 수익자로 하여금 근저당권자로서의 배당을 받도록 하는 것은 민법 406조 1항의 취지에 반하므로, 수익자에게 그와 같은 부당한 이득을 보유시키지 않기 위하여 그 근저당권설정등기로 인하여 해를 입게 되는 채권자는 근저당권설정계약의 취소를 구할 이익이 있다(대법원 1997.10.10. 선고 97다8687 판결; 대법원 2012.11.15. 선고 2012다65058 판결).
68) 대법원 1994.6.10. 선고 93다24810 판결.
69) 대법원 2008.3.27. 선고 2007다85157 판결.
70) 대법원 2016.9.30. 선고 2016다200552 판결.
71) 대법원 2001.2.9. 선고 2000다60708 판결.

하였다. 이와 관련하여, 자동차 양수인이 양도인으로부터 자동차를 인도받고서도 등록명의의 이전을 하지 않는 경우에 양도인이 양수인을 상대로 소유권이전등록의 인수절차 이행을 구할 수 있으나, 자동차가 전전 양도되었는데 중간생략등록의 합의가 없는 경우에는 양도인이 전전 양수인에 대하여 직접 양수인 명의로 소유권이전등록의 인수절차 이행을 구할 수 없다는 판례가 있다.[72)]

나. 장래의 이행의 소

(1) 사실심 변론종결시까지 기한이 도래하지 않는다든가, 조건이 성취되지 않는 경우에는 원칙적으로 이행을 청구할 수 없다. 그러나 채무의 이행기가 도래하더라도 채무자가 그 채무를 자진하여 이행하지 않을 것이 명백히 예상되는 경우에도 채권자는 이행기가 도래할 때까지 속수무책으로 기다렸다가 비로소 그 이행기가 도래한 부분에 한하여 현재의 이행의 소만을 제기하여야 한다면 채권자의 보호가 충분하지 못하므로, '미리 청구할 필요'가 있다면 이행기 도래 전에 미리 장래에 이행할 채무의 이행기에 있어서의 이행을 청구하는 확정판결을 받아 두었다가 그 이행기가 도래하면 즉시 강제집행을 할 수 있게 할 필요가 있다. 이 '미리 청구할 필요'를 '장래이행의 소에 있어서의 소의 이익'이라고 한다(251).[73)] 결국 장래이행의 소의 이익이 인정된다는 것은 원고가 판결을 받을 이익・필요성이 높다는 이유로 그것을 우선시킴으로써 피고의 방어권을 후퇴시키는 의미가 된다. 따라서 원고의 이익・필요성이 높지 않다면 장래의 이행의 소의 이익은 부정되어 소를 각하해야 한다는 점에서 원・피고 사이의 이해관계의 적절한 조정이 관건이다.[74)] 한편, 장래이행의 소는 이행기에 이르거나 조건성취 시에 채무자의 임의이행의 거부에 대비하는 것일 뿐, 무자력 등으로 향후 강제집행이 곤란해질 것에 대비하기 위한 것은 아니다. 강제집행의 곤란에 대비하는 제도는 가압류・가처분이다.

---

72) 대법원 2020.12.10. 선고 2020다9244 판결.

73) 대법원 1975.4.22. 선고 74다1184 전원합의체 판결.

74) 대법원은 임대인이 임차인을 상대로 임대차계약의 기간만료를 이유로 건물인도를 구하는 소를 제기하였으나 제1심에서 임차인이 계약갱신요구권을 행사하였다는 이유로 기각되자, 항소심에서 장래이행의 소로서 계약갱신요구권 행사에 따른 10년의 임대차기간이 만료하면 건물을 인도할 것을 구하는 예비적 청구를 구한데 대하여, '미리 청구할 필요'가 있다고 단정할 수 없다고 판시하였다(대법원 2023.3.13. 선고 2022다286786 판결).

(2) 청구적격

기한부청구권 · 정지조건부청구권, 그 밖의 장래 발생할 청구권에 관한 장래의 이행의 소가 적법하려면, ① 그 청구권 발생의 기초가 되는 법률상 · 사실상 관계가 사실심 변론종결 당시 성립되어 있고, ② 그러한 상태가 계속될 것이 예상되어야 하며, ③ 미리 청구할 필요가 있어야 한다.[75] 따라서 법률상 · 사실상 관계가 성립되어 있지 않거나 조건성취의 개연성이 희박하여 현재로서는 아무런 재산가치가 없는 경우에는 장래이행의 소의 대상이 아니다. 판례는 토지거래허가구역 내의 토지거래계약은 허가를 받지 않는 이상 매수인과 매도인 사이의 채권계약은 무효(즉, 법률상 관계 불성립)이므로 토지매수인이 매도인을 상대로 장차 허가를 받을 것을 조건으로 소유권이전등기청구를 할 수 없다는 입장이고,[76] 양도인에 의한 통지 또는 채무자의 승낙 없이 채권을 양수받은 자는 대항요건을 갖추지 못하였으므로 채권양수인의 입장에서는 현재로서는 채무자와 사이에 아무런 법률관계가 없어 권리주장을 할 수 없기 때문에 채무자를 상대로 양도인으로부터 양도통지를 받은 다음 채무를 이행하라는 청구는 장래의 이행의 소로서의 요건을 갖추지 못하여 부적법하다고 본다.[77] 반면, 학교법인이 감독청의 허가 없이 기본재산인 부동산에 관한 매매계약을 체결하는 한편 그 부동산에서 운영하던 학교를 당국의 인가를 받아 신축교사로 이전하고 준공검사까지 마친 경우, 위 매매계약이 감독청의 허가 없이 체결되어 아직은 효력이 없다고 하더라도 위 매매계약에 기한 소유권이전등기절차이행청구권의 기초가 되는 법률관계는 이미 존재한다고 볼 수 있고 장차 감독청의 허가에 따라 그 청구권이 발생할 개연성 또한 충분하므로, 매수인으로서는 미리 그 청구를 할 필요가 있는 한, 감독청의 허가를 조건으로 그 부동산에 관한 소유권이전등기절차의 이행을 청구할 수 있고,[78] 농지매매에 있어 소재지관서의 증명이 없더라도 당사자 사이의 채권계약의 효력까지 발생하지 않는 것은 아니고 소유권이전의 효과가 발생하지 않는다는 의미이므로, 매수인은 그

---

75) 대법원 1997.11.11. 선고 95누4902,4919 판결.

76) 대법원 1991.12.24. 선고 90다12243 전원합의체 판결. 가처분과 관련하여서는, **토지거래허가신청절차청구권**을 피보전권리로 한 매매목적물의 처분금지가처분신청은 허용되지만(대법원 2013.5.23. 선고 2010다50014 판결), 토지거래계약에 관한 허가를 받을 것을 조건으로 한 **소유권이전등기청구권**을 피보전권리로 한 부동산처분금지가처분신청은 허용되지 않는다(대법원 2010.8.26. 자 2010마818 결정).

77) 대법원 1992.8.18. 선고 90다9452,9469(참가) 판결.

78) 대법원 1998.7.24. 선고 96다27988 판결.

필요가 있는 한 장래 이행의 소로 사실심 변론종결까지 농지매매증명이 발급되는 것을 조건으로 미리 농지에 관한 소유권이전등기절차의 이행을 청구할 수 있다[79]는 것이 판례의 입장이다.

선이행청구의 경우, 즉 원고가 피고에 대하여 먼저 자기의 채무를 이행하여야 비로소 이행청구권을 행사할 수 있는 경우에는 자기의 채무를 이행하는 것을 조건으로 선이행청구를 할 수는 없다. 예컨대 저당채무자가 자신의 피담보채무의 변제를 조건으로 저당권설정등기말소청구를 제기할 수 없다. 다만 채권자가 피담보채무의 액수를 다투거나, 양도담보·가등기담보에 있어서 상대방이 그 등기가 담보목적으로 경료된 것이 아니라고 주장하는 경우에는 피담보채무를 변제한다고 하더라도 채권자가 등기말소에 협력할 것으로 기대할 수 없으므로 채무자는 피담보채무의 변제를 조건으로 그 등기말소를 미리 청구할 수 있다.[80]

(3) 미리 청구할 필요

1) 정기(定期)행위에 대한 이행청구의 경우

일정한 시점에 이행하지 않으면 의미가 없는 정기행위의 경우(예, 크리스마스에 맞추어 공급받아야 할 트리 공급계약 등, 민 545) 또는 이행지체를 하면 회복할 수 없는 손해가 발생하는 경우(예, 기초적 생활비의 지급채무 등)에는 채무의 성질 자체로 인하여 미리 청구할 필요가 인정된다. 이 경우에는 채무자가 이행을 확약하더라도 장래의 이행의 소의 이익이 인정된다.

2) 계속적·반복적 행위에 대한 이행청구의 경우

계속적 또는 반복적인 이행의무에 있어서 현재 이행기에 있는 부분에 대하여 불이행이 있는 경우에는 장래 부분의 이행도 기대할 수 없으므로 장래 이행의 소의 이익이 있다. 다만, 이 경우에 현재의 이행과 아울러 장래의 이행을 명하는 판결을 하기 위해서는 채무의 이행기가 장래에 도래하는 것뿐만 아니라 의무불이행 사유가 그때까지 존속한다는 것을 변론종결당시에 확정적으로 예정할 수 있는 것이어야 하며, 이러한 책임기간이 불확실하여 변론종결당시에 확정적으로 예정할 수 없는 경우에는 장래의 이행을 명하는 판결을 할 수 없다. 대법원은 서울시(피

---

79) 대법원 1994.12.9. 선고 94다42402 판결. 나아가 농지매매증명의 발급신청절차에 협력하지 않는 매도인에 대하여 협력의무의 이행을 소송으로써 구할 수 있다(대법원 1994.7.29. 선고 94다9986 판결).

80) 대법원 1992.7.10. 선고 92다15376,92다15383 판결.

고)가 개인 소유의 토지에 도로포장공사를 하여 통행로로 사용하게 한 사안에서 원심이 1990년까지라는 장래의 기간을 한정하여 임료상당 부당이득금 반환청구를 인용한데 대하여, 이는 의무불이행의 사유가 1990년까지 계속하여 존속한다는 것을 전제로 하는데 그 시기 이전에 피고가 이 사건 토지를 수용하거나 도로폐쇄조치를 하여 점유사용을 그칠 수도 있고 원고가 위 토지를 계속하여 소유하지 못할 수도 있기 때문에 변론종결 당시에 확정적으로 시기를 예정할 수 없어 장래의 이행을 명하는 판결을 할 수 없다는 이유로 파기환송하였고,[81] 피고가 점유한 토지에 대하여 연도를 특정하지 않고 "인도일까지" 임료상당의 부당이득을 명한 경우에도 토지를 인도하지 않은 채 토지의 사용·수익을 종료할 수도 있기 때문에 의무불이행 사유가 인도하는 날까지 존속한다는 것을 변론종결 당시에 확정적으로 예정할 수 없어 장래의 이행을 명하는 판결을 할 수 없다고 판시하였다.[82] 나아가 피고가 점유한 토지에 대하여 "원고가 소유권을 상실하는 날까지" 임료상당의 부당이득반환청구 또한 원고가 소유권을 상실하지 않더라도 소유권을 상실하는 날 이전에 점유를 종료할 수도 있으므로 변론종결 당시에 확정적으로 예정할 수 있는 경우에 해당한다고 단정할 수 없어 이러한 청구는 허용될 수 없다고 하였다.[83] 요컨대 관련 판례를 종합해 보면, ① 의무불이행 사유가 계속되는 최종 일자를 확정적으로 예정할 수 없다면 장래의 일자를 특정하여 손해배상 또는 부당이득금의 반환청구는 허용되지 않고, ② **건물**에 대한 인도청구의 경우에는 "인도일까지" 부당이득이 발생할 것이 확정적으로 예정되므로 임료상당의 부당이득금의 반환청구가 허용되며,[84] ③ **토지**에 대한 인도청구의 경우에는 "인도일까지" 또는 "원고가 소유권을 상실하는 날까지" 부당이득이 발생한다는 것은 확정적으로 예정할 수 없으므로 허용되지 않지만, 피고의 "점유 종료일까지" 부당이득이 발생하리라는 것은 확정적으로 예정되므로 임료상당의 부당이득금의 반환청구가 허용된다는

---

81) 대법원 1987.9.22. 선고 86다카2151 판결.
82) 대법원 2002.6.14. 선고 2000다37517 판결.
83) 대법원 2023.7.27. 선고 2020다277023 판결. 이 부분에 대한 대법원의 판례변경 추이를 살펴보면 다음과 같다. 대법원 1993.3.9. 선고 91다46717 판결 및 대법원 1994.9.30. 선고 94다32085 판결에서는 '원고가 소유권을 상실하는 날까지' 부당이득이 발생하는 것은 확정적으로 예정되어 있으므로 이러한 청구방식은 허용된다고 하였다. 그 후 대법원 2019.2.14. 선고 2015다244432 판결에서 위와 같은 표현은 원고의 소유권 상실이 피고측의 청구이의사유에 불과하다는 등의 이유로 이행판결의 주문표시로서 바람직하지 않다고 판시하였고, 급기야 본문에서와 같은 이유를 들어 허용할 수 없다는 판례를 선고하기에 이르렀다.
84) 대법원 2018.7.26. 선고 2018다227551 판결; 대법원 1987.9.22. 선고 86다카2151 판결.

취지로 보인다.[85)]

3) 의무의 존재를 다투는 경우

의무자가 미리 의무의 존재를 다투는 경우에는 이행기에 이르거나 조건이 성취되어도 즉시 이행을 기대할 수 없음이 명백하므로 미리 청구할 필요가 있다.[86)]

4) 현재의 주된 청구에 장래의 부수적 청구를 병합하는 경우

원금에 완제일까지의 지연이자를 덧붙여 청구하는 경우가 대표적인데, 미리 청구할 필요가 인정된다. 또한 본래의 이행청구에 그 집행불능에 대비한 대상청구를 병합하는 경우, 예컨대 "○○보석을 인도하라. 만약 보석인도의 강제집행이 불능이라면 돈 ○○원을 지급하라"는 소는 "만약" 이하의 청구가 대상청구이고 조건부이므로 장래 이행의 소이지만 이것을 보석인도라는 현재이행의 소에 병합하여 제기할 때에는 장래 이행의 소의 이익이 있다.

2. 확인의 소

확인의 대상은 원칙적으로 권리 또는 법률관계의 존부이다. 확인의 소는 확인의 대상이 성질상 무한정하므로 소의 이익에 의한 제한의 필요성이 크다. (현재) 이행의 소는 소송물의 성질로부터 필연적으로 소의 이익이 인정되고, 형성의 소는 실정법이 개별적으로 그 필요성이 인정되는 경우에 법이 이를 인정하고 있으므로 규정이 있는 이상 소의 이익이 인정된다는 점에서 확인의 소와 대비된다. 실제로 소의 이익 문제는 확인소송의 등장으로 비로소 논의되기 시작하여 다른 소송유형으로 파급됨으로써 현재와 같이 일반화한 것이다. 확인의 소의 이익은 확인의 대상적격과 확인의 이익으로 나누어서 설명하는 것이 보통이다. 전자는 정태적으로 청구의 취지(소송물)를 관찰하여 소의 이익이 있는가를 판단하는데 비하여, 후자는 당해사안을 구체적 · 동태적으로 고찰하여 원고에게 현실적으로 불안 · 위험이 있는가, 있다면 확인판결을 선고하는 것이 원고의 불안 · 위험의 제거에 유효한가를 판단한다. 다만 판례[87)]는 구체적 사안을 해결한 결과물에 해당되므로 양자가

85) 대법원 1993.3.9. 선고 91다46717 판결; 대법원 1994.9.30. 선고 94다32085 판결.
86) 대법원 2004.1.15. 선고 2002다3891 판결.
87) 확인의 소에서 '확인의 이익'이란 당사자의 권리 또는 법률상 지위에 현존하는 불안 · 위험이 있고, 이를 제거함에 확인판결을 받는 것이 가장 유효적절한 수단일 때 인정된다(대법원 2022.10.27. 선고 2017다9732,9749,9756 판결).

혼합되어 있어 일도양단으로 나누어 설명할 수 없는 경우가 많다.

가. 확인의 대상적격

확인의 이익이 있는지 여부를 판단하는 기준으로서 우선 확인의 대상이 되는지 여부가 문제된다. 이는 해결해야 할 법적분쟁이 존재한다는 점을 전제로 어떠한 소송물로 구성할 것인가의 문제로서, 어떤 대상을 소송물로 하여 확인판결을 하는 것이 분쟁해결의 실효성을 높일 수 있는가 하는 관점에서 논의된다. 이에 대하여 종래 세 가지 유형으로 나누어 논해왔다. 즉 확인의 대상은 ① 사실관계보다는 권리 또는 법률관계일 것, ② 과거·미래보다는 현재의 법률관계일 것, ③ 소극적인 확인보다는 적극적인 확인을 구할 것을 요한다.

(1) 사실관계보다는 권리 또는 법률관계일 것

1) 확인소송을 제기하는 경우에는 그 소송물의 내용으로 사실의 확인을 구하여서는 안 되고 권리 또는 법률관계의 확인을 구하여야 하는 것이 원칙이다.[88] 따라서 단군이 우리의 국조라는데 대한 확인청구, 어느 학설의 타당성여부, 배상청구를 하지 않고 과실의 유무에 대한 독립된 확인청구, 종물의 확인청구, 의·수족이 필요하다는 사실의 확인청구 등은 확인의 이익이 없다.[89]

원고가 20년간 점유하였음을 이유로 시효에 의한 소유권취득을 주장하는 경우에 "20년간의 점유"라는 사실관계를 확인하는 소는 확인의 이익이 있는가?

20년간 점유하였음을 이유로 시효에 의한 소유권취득을 주장하는 경우에 그 20년간의 점유라는 사실 자체는 소송을 통하여 확인하더라도 분쟁의 직접적인 해결책이 될 수 없다. 따라서 직접적인 권리 또는 법률관계인 시효로 '소유권'을 취득하였음

88) 이와 관련하여, 대법원 2018.10.18. 선고 2015다232316 전원합의체 판결의 다수의견에 의하면, 전소 판결로 확정된 채권의 시효를 중단시키기 위한 조치, 즉 '재판상 청구'가 있다는 점에 대하여만 확인을 구하는 형태의 '새로운 방식의 확인소송'이 허용된다는 입장인데 이 판결에 대하여, 재판상 청구가 있어 시효중단이라는 법적 효과가 발생하는 것은 이행의 소든 확인의 소든 소제기의 효과일 뿐이고, 실제로는 전소 판결이 확정된 '사실'과 그 시효중단을 위해 후소를 제기한다는 '사실'을 이유로 확인의 소를 제기하는 것이어서 이 확인의 소는 권리·법률관계의 확인이 아니라 사실관계의 확인에 불과하므로 확인의 대상적격이 없어 부적법 각하되어야 하는 전형적인 경우라는 비판이 있다(호문혁, 2019.3.21.자 법률신문).

89) 대법원 2012.9.13. 선고 2010다88699 판결(공동선조에 대한 제사를 지내는 종중 내에서 단순한 제사주재자의 자격에 관한 시비 또는 제사 절차를 진행할 때에 종중의 종원 중 누가 제사를 주재할 것인지 등과 관련하여 제사주재자 지위의 확인을 구하는 것은 그 확인을 구할 법률상 이익이 있다고 할 수 없다).

을 확인의 대상으로 해야 한다.

2) 증서의 진정여부를 확인하는 소(250)

예외적으로 법률로 사실관계의 확인청구를 허용하는 경우가 존재하는데, 이것이 증서의 진정여부를 확인하는 소이다. 이때의 증서는 처분문서(어음수표 등 유가증권 · 정관 · 매매계약서 · 차용증서와 같이 법률행위가 문서자체에 의하여 이루어진 것)를 의미하므로, 보고문서(대차대조표 · 회사결산보고서[90] · 당사자본인신문조서 · 세금계산서[91] · 임대차계약금의 영수증 등과 같이 이미 존재하는 사실을 증명하는 것)는 증서진부확인의 소의 대상이 아니다. 여기에서 '진정여부'란 서면이 그 작성명의자에 의하여 작성된 것인가 아니면 위조 · 변조되었는가를 말하는 것이지, 내용이 진실한지 여부를 의미하는 것이 아니다. 증서의 진정여부를 확인하는 소도 일반적인 확인의 소와 마찬가지로 확인의 이익을 요하므로 원고의 권리 또는 법적 지위의 위험 · 불안을 제거하기 위하여 문서의 진부확인이 필요하고 적절한 수단이어야 한다. 따라서 서면에 의하여 증명되는 법률관계에 대해 당사자간에 다툼이 없거나 법률관계가 소멸되면 확인의 이익이 없다. 이미 권리나 법률관계를 다투는 소가 제기되어 있는 경우에도 그 소송에서 분쟁을 해결하면 되므로 별도로 서면의 진부를 가리는 확인의 소를 제기할 이익이 없다.[92]

증서의 진정여부를 확인하는 소의 대상에는 사실관계를 증명하는 서면도 포함되는가?

증서의 진정여부를 확인하는 소는 어떤 증서에 작성명의인이 존재할 때 그 증서가 그 명의인이 작성한 것인지 여부를 확인하는 소이므로 사실관계의 확인을 인정하는 소이지만, 대상이 되는 증서 자체는 법률관계를 증명하는 것이어야 하고 사실관계를 증명하는 증서는 이에 해당하지 않는다.

어떤 소송의 계속 중 소송대리인(변호사)의 대리권의 존부가 다투어지는 경우에 그 대리권의 존부를 확인하기 위하여 별소를 제기할 이익이 있는가?

소송대리인의 대리권의 존부를 별소로 다툴 이익은 없다. 당해소송 중에서 판단하면

90) 대법원 1967.3.21. 선고 66다2154 판결.
91) 대법원 2001.12.14. 선고 2001다53714 판결.
92) 다만, 증서의 진정여부를 확인하는 소가 제기되고 나서 이행의 소가 제기된 경우에는 그로 인하여 증서의 진정여부를 확인하는 소가 부적법하게 되는 것은 아니다(대법원 2007.6.14. 선고 2005다29290,29306 판결).

족하기 때문이다. 즉 원칙적으로 소송계속 중 본안판결의 전제로 된 절차문제의 확인을 별소로 구할 이익이 없다. 소 취하 효과의 존부, 소송요건이 충족되었는지 여부, 소송절차의 중단의 유무, 소송승계의 유무 등도 마찬가지이다.

(2) 과거 · 미래보다는 현재의 권리 · 법률관계일 것

확인의 대상은 '현재'의 권리 · 법률관계여야 하므로 '과거' 또는 '미래'의 권리 · 법률관계의 존부확인은 청구할 수 없는 것이 원칙이다. 과거의 법률관계는 이를 확인하더라도 그 후 현재에 이르기까지 법률관계가 변동되었다면 그러한 확인청구는 무용하므로 현재의 법률관계를 직접 확인의 대상으로 하는 것이 보다 타당하기 때문이다.[93]

그러나 혼인 · 입양 · 유언과 같은 신분관계나 회사의 설립 · 주주총회의 결의 무효 · 취소와 같은 사단적 관계, 행정처분과 같은 행정관계와 같이 그것을 전제로 하여 수많은 법률관계가 발생하고 그에 관하여 일일이 개별적으로 확인을 구하는 번잡한 절차를 반복하는 것보다 과거의 법률관계 그 자체의 확인을 구하는 편이 현재의 관련된 분쟁을 일거에 해결하는 유효적절한 수단이 되는 경우에는 예외적으로 확인의 이익이 인정된다.[94]

93) 대법원 2013.8.23. 선고 2012다17585 판결(근저당권의 피담보채무에 관한 부존재확인의 소는 근저당권이 말소되면 과거의 권리 또는 법률관계의 존부에 관한 것으로서 확인의 이익이 없게 된다); 대법원 2018.12.27. 선고 2018다235071 판결(당초 해임결의가 무효라고 할지라도 다시 개최된 이사회결의에서 종전 결의를 그대로 추인하거나 재차 해임결의를 하였다면 특별한 사정이 없는 한 종전 이사회결의의 무효확인을 구하는 것은 과거의 법률관계 내지 권리관계의 확인을 구하는 것에 불과하여 권리보호의 요건을 결여한 것이라고 봄이 상당하다); 대법원 2020.1.16. 선고 2019다247385 판결(경매절차에서 유치권이 주장되었으나 소유부동산 또는 담보목적물이 매각되어 그 소유권이 이전됨으로써 소유권을 상실하거나 근저당권이 소멸하였다면, 소유자와 근저당권자는 유치권의 부존재 확인을 구할 법률상 이익이 없다); 대법원 2022.2.10. 선고 2019다227732 판결(원피고 사이의 임대차계약 관계가 종료된 이상, 이 사건 임대차계약이 갱신되기 전에 있었던 피고의 갱신거절 의사표시나 계약해지에 관하여 무효 확인을 구하는 것은 과거의 법률관계에 대하여 무효 확인을 구하는 것으로서 확인의 이익이 없다).

94) 대법원 1995.3.28. 선고 94므1447 판결(사실혼관계에 있던 당사자 일방이 사망하였더라도, 현재적 또는 잠재적 법적 분쟁을 일거에 해결하는 유효적절한 수단이 될 수 있는 한, 그 사실혼관계 존부확인청구에는 확인의 이익이 인정되고, 이러한 경우 친생자관계존부확인청구에 관한 민법 865조와 인지청구에 관한 민법 863조의 규정을 유추적용하여, 생존 당사자는 그 사망을 안 날로부터 1년 내에 검사를 상대로 과거의 사실혼관계에 대한 존부확인청구를 할 수 있다고 보아야 한다). 다만 청구인과 피청구인 사이의 혼인관계가 이미 협의이혼신고에 의하여 해소되었다면 청구인이 주장하는 위 혼인관계의 무효확인은 과거의 법률관계의 확인으로서 그것이 청구인의 현재의 법률관계에 영향을 미친다고 볼 자료가 없는 이 사건에 있어서 단순히 여자인 청구인이 혼인하였다가 이혼한 것처럼 호적상 기재되어 있어 불명예스럽다는 사유만으로는 확인의 이익이 없다(대법원 1984.2.28. 선고 82므67 판결).

판례는 기간을 정하여 임용된 사립학교 교원이 임용기간 만료 전에 직위해제 또는 면직 처분을 받은 후 그 임용기간이 만료된 경우, 위 직위해제 또는 면직 처분의 무효확인을 구할 이익이 없지만,[95] 교원이 징계에 의하여 파면 또는 해임되면 3년간 공직 또는 교원으로 임용될 수 없고 그 결격기간이 경과한 뒤라도 징계해임을 당한 전력은 공직 또는 교원으로 임용되는 데에 있어서 불이익한 장애사유로 작용하므로 과거의 법률관계라고 하더라도 이러한 처분이 존속함으로 인하여 현재의 권리 또는 법률상 지위에 대한 위험이나 불안이 있다면 이를 제거하기 위한 파면·해임처분의 무효확인을 구할 이익이 있다고 보며,[96] 산업재해보상보험법상 유족급여의 수급권을 둘러싼 법적 분쟁을 제거하기 위하여 사실상혼인관계존부확인청구가 허용되고,[97] 감사지위 확인의 소의 심리도중 회사의 감사로서의 임기가 만료되고 후임 감사가 선임되었더라도 위 소는 임기 중 보수를 지급받지 못한 데 따른 손해배상청구 등 후속분쟁을 보다 근본적으로 해결하는 유효·적절한 수단이 될 수 있으므로 확인의 이익이 있다고 하였으며,[98] 복수 노조 중 A 노조가 B 노조를 상대로 B가 설립 당시 이미 노동조합법상 주체성·자주성 등의 실질적 요건을 흠결하였음을 들어 노조설립무효확인을 구할 수 있다고 하였다.[99]

---

95) 대법원 2000.5.18. 선고 95재다199 전원합의체 판결.

96) 대법원 1993.7.27. 선고 92다40587 판결. 이와 유사한 사안으로, 고등학교에서 정학 2일의 징계를 받은 뒤 징계무효 확인의 소를 제기하여 계속 중 학교를 졸업하였더라도 학교생활기록부의 기재사항은 준영구적으로 보존되므로 이후 대상자에게 여러 방면에 상당한 영향을 미칠 수 있다는 이유로 확인을 구할 법률상 이익이 인정된다는 판례가 있다(2023.2.23. 선고 2022다207547 판결).

97) 대법원 1995.3.28. 선고 94므1447 판결. 다만 사망자 사이 또는 생존하는 자와 사망한 자 사이에서는 혼인이 인정될 수 없으므로 사실혼 배우자의 일방이 사망한 경우 생존하는 당사자가 혼인신고를 하기 위한 목적으로서는 사망자와의 과거의 사실혼관계 존재확인을 구할 소의 이익이 있다고는 할 수 없다(대법원 1995.11.14. 선고 95므694 판결).

98) 대법원 2020.8.20. 선고 2018다249148 판결. 다만 甲 주식회사의 이사로 근무하다가 임기가 만료된 乙이 자신의 임기만료 후 개최된 주주총회의 결의에 모두 하자가 존재하여 이사 정원에 결원이 발생하였으므로 자신의 이사 지위가 계속 유지된다고 주장하면서 이사 지위의 확인을 구하는 소를 제기하였다가, 소송 계속 중 새로운 이사가 선임되자 자신이 임기가 만료된 때부터 약 2년 4개월 동안 이사의 지위에 있었음에 대한 확인을 구하는 것으로 청구를 변경한 사안에서, 乙에게는 위 기간 동안 이사로서의 보수를 청구할 권리가 있다는 점 외에 현재 甲 회사 등과 어떠한 법률적 다툼이 존재한다고 볼 만한 구체적 사정을 찾을 수 없고, 乙이 보수청구권을 가진다고 하여 그것만으로 과거 이사 지위에 있었음에 대한 확인을 구할 이익이 곧바로 긍정되는 것도 아니며, 확인의 소로 乙의 과거 이사 지위가 확인되더라도 적정 보수액 등을 둘러싼 추가적인 분쟁 등까지 일거에 해소될 수 있다고 보기 어려워, 위 확인의 소가 보수청구권과 관련된 분쟁을 해결할 수 있는 유효·적절한 수단이라고 단정할 수 없다는 판례가 있다(대법원 2022.6.16. 선고 2022다207967 판결).

99) 대법원 2021.2.25. 선고 2017다51610 판결. 이러한 확인의 소는 복수노조가 존재하는 경우에는

미래의 권리나 법률관계의 확인도 원칙적으로 허용되지 않는다. 예컨대 상속개시 전 상속권확인청구나 유언자 생전에 유언무효확인청구는 허용될 수 없다. 그러나 확인의 소로써 위험·불안을 제거하려는 법률상 지위는 반드시 구체적 권리로 뒷받침될 것을 요하지 아니하고 그 법률상 지위에 터잡은 구체적 권리 발생이 조건 또는 기한에 걸려 있거나 법률관계가 형성과정에 있는 등의 원인으로 불확정적이라고 하더라도 보호할 가치 있는 법적 이익에 해당하는 경우에는 확인의 이익이 인정될 수 있다. 판례도 취소 전 입찰절차에서의 제2순위 적격심사대상자는 추후 진행되는 적격심사에서 제1순위 적격심사대상자가 부적격판정을 받거나 계약을 체결하지 아니하면 적격심사를 받아 낙찰자 지위를 취득할 수도 있으므로 취소 전 입찰절차상 제2순위 적격심사대상자로서의 지위에 대한 확인과 위 입찰절차의 취소 및 새로운 입찰공고가 무효임의 확인을 구하는 소가 단순한 사실관계나 과거의 법률관계의 존부 확인에 불과하다고 할 수 없다고 판시하였다.[100)]

(3) 소극적인 확인보다는 적극적인 확인을 구할 것

확인의 소의 소송물을 선택함에 있어서는 원칙적으로 소극적인 확인이 아니라 적극적인 확인을 구하여야 한다.[101)] 예컨대 토지의 소유권자가 원·피고 중 누구인지가 다툼이 있는 경우에 원고가 자신에게 소유권이 있다는 적극적 확인을 구하여 승소한 때에는 소유권이 원고에게 있다는 데에 기판력이 생긴다. 그런데 원고가 피고를 상대로 피고에게 소유권이 없다는 소극적 확인을 구하여 승소한 경우에는 피고에게 소유권이 없다는 것에 기판력이 생길 뿐 소유권이 누구에게 있는지 확정되지 않는다. 따라서 적극적 확인을 구하는 쪽이 소극적 확인을 구하는 경우보다 분쟁해결의 실효성이 높다고 할 수 있다. 판례는 독립당사자참가인이 참가인과 피고 사이에 전속계약이 존재한다는 확인을 구하지 않고 원·피고 사이에

교섭창구를 단일화하지 않은 채 어느 한 노조가 독자적으로 단체교섭권 등을 행사할 수 없도록 규정하고 있기 때문에 제기된다(노동조합 및 노동관계조정법 29조의2 등).

100) 대법원 2000.5.12. 선고 2000다2429 판결; 대법원 2010.10.14. 선고 2010다36407 판결(소속 회사의 취업규칙에 따라 갑이 징계처분으로 인하여 정직기간 동안 임금을 전혀 지급받지 못하는 법률상 불이익을 입게 된 이상 징계처분은 정직기간 동안의 임금 미지급 처분의 실질을 갖는 것이고, 이는 갑의 임금청구권의 존부에 관한 현재의 권리 또는 법률상 지위에 영향을 미치고 있으므로, 갑으로서는 비록 징계처분에서 정한 징계기간이 도과하였다 할지라도 징계처분의 무효여부에 관한 확인 판결을 받음으로써 가장 유효·적절하게 자신의 현재의 권리 또는 법률상 지위에 대한 위험이나 불안을 제거할 수 있어 확인의 이익이 있다).

101) 대법원 2016.5.24. 선고 2012다87898 판결.

전속계약이 존재하지 아니한다는 소극적 확인을 구하는 것은 확인의 이익이 없다고 하였다.[102)]

그러나 자신에게 의무가 없다는 것을 이유로 한 채무부존재확인소송처럼 사안에 따라서는 소극적 확인을 구하는 것이 보다 적절할 수도 있다. 또한 제1순위 저당권자가 저당권의 실행으로 경매신청을 했을 때 제2순위 저당권자가 제1순위 저당권자의 경매를 저지하기 위해서는 제1순위 저당권자가 사실은 저당권자가 아니라는 소극적 확인을 구하는 쪽이 유용하다. 판례는 원고에게 내세울 소유권이 없고 피고의 소유권이 부인되면 그로써 원고의 법적 지위에 대한 불안이 제거되어 분쟁이 해결될 수 있는 경우에는 상대방에게 소유권이 없음을 확인하는 소송도 허용된다고 하였다.[103)]

원고가 소극적 확인을 구하는 소를 제기하자 피고가 반소로서 이행을 구하는 소를 제기하면 원고의 소극적 확인의 소는 소의 이익이 상실되는가?

일본판례는 이 경우 이행을 구하는 피고의 반소에서 채무의 존부에 대해서 판단되므로 원고의 소극적 확인의 소는 피고의 소에 흡수됨으로써 확인의 이익을 인정할 수 없어 부적법 각하되어야 한다고 본다.[104)] 그러나 우리 대법원은 이미 소송요건을 구비하여 적법하게 제기된 원고의 청구가 그 후에 상대방이 제기한 반소로 인하여 소송요건에 흠이 생겨 다시 부적법하게 되는 것은 아니라고 판시하였다.[105)] 예컨대 원고가 피고로부터 반소가 제기되자 본소를 취하하였는데 그 후 피고가 일방적으로 반소를 취하하면(민소법 271조는 본소가 취하된 때에는 피고는 원고의 동의 없이 반소를 취하할 수 있다고 규정) 원고가 당초 추구한 기판력을 취득할 수 없는 사태가 발생할 수 있는데, 판례는 이처럼 원고가 부적법 각하를 염두에 두고 한 소의 취하로 인하여 입는 불이익을 방지하려는 취지로 보인다.[106)]

---

102) 대법원 2012.6.28. 선고 2010다54535 판결.

103) 판례는 원고가 대리인을 통하여 부동산을 매수하였는데, 그 대리인이 아무런 권한 없이 그 부동산을 원고와 다른 2명의 공동소유로 이전등기한데 대하여, 원고 이외의 각 1/3 지분등기가 무효라면 그 지분권은 매도인에게 남아 있는 셈이 되어 원고로서는 적극적으로 자기의 지분권을 주장할 수 없으므로, 이와 같은 경우에 원고가 그 다른 2명을 상대로 소유권의 소극적 확인을 구하는 소는 확인의 이익이 있다고 하였다(대법원 1984.3.27. 선고 83다카2337 판결).

104) 日最判 2004.3.25. 民集 58巻 3号 753面.

105) 대법원 1999.6.8. 선고 99다17401,17418 판결.

106) 대법원 2010.7.15. 선고 2010다2428,2435 판결.

나. 확인의 이익

(1) 확인의 소의 보충성

확인소송 이외의 분쟁해결수단이 존재하는 경우에는 원칙적으로 확인의 이익이 없다. 즉 다른 분쟁해결수단이 없는 때에 확인의 소가 허용된다. 청구권에 기한 이행의 소는 기판력에 더하여 집행력도 있으므로 이행의 소가 가능한 이상 기판력밖에 없는 청구권의 확인을 구할 이익은 없다는 것이다. 예컨대 경매에 있어서 가장임차인을 상대로 부당이득금 반환청구를 할 수 있음에도 불구하고 배당금 지급청구권의 부존재확인을 구하는 것은 확인의 이익이 없고,[107] 주식을 취득한 자는 주권을 제시하여 주식을 발행한 회사를 상대로 명의개서를 청구할 수 있음에도 불구하고 회사를 상대로 주주권 확인을 청구하는 것은 확인의 이익이 없다.[108] 이러한 의미에서 확인의 소는 보충적이다.

다만 원고의 채권액이 확정되지 아니하여 불분명한 상태이고, 피고가 그 채권의 존재 자체를 다투면서 그 이행을 거절하고 있는 경우에는 원고는 그 채권의 존재확인의 소를 청구할 수 있고,[109] 청구이의의 소는 집행권원이 가지는 집행력의 배제를 목적으로 하는 것일 뿐, 당해 집행권원의 원인이 된 실체법상 권리관계에 기판력이 미치지 않으므로 공정증서에 대한 청구이의의 소를 제기하지 않고 공정증서의 작성원인이 된 채무에 관하여 채무부존재확인의 소를 제기하였다고 하더라도 그 목적이 오로지 공정증서의 집행력 배제에 있는 것이 아닌 이상 청구이의의 소를 제기할 수 있다는 사정만으로 채무부존재확인소송이 확인의 이익이 없다고 할 수 없다.[110]

물건인도청구의 이행소송을 할 수 있음에도 물건에 대한 소유권확인청구를 제기한다면 확인의 소의 보충성에 위배되는가?

아니다. 확인의 소의 보충성은 '동일한 권리'에 관하여 이행청구를 할 수 있음에도

107) 대법원 1996.11.22. 선고 96다34009 판결; 대법원 1995.5.26. 선고 94다59257 판결.
108) 대법원 2019.5.16. 선고 2016다240338 판결; 대법원 2022.6.9. 선고 2018다228462,228479 판결(주주는 대표소송에 의하여 그 책임을 추궁하는 소를 제기하는 등 회사의 영업에 간접적으로 영향을 미칠 수 있을 뿐이므로 … 직접 제3자와의 거래관계에 개입하여 회사가 체결한 계약의 무효 확인을 구할 이익이 없다).
109) 대법원 2005.7.14. 선고 2004다36215 판결.
110) 대법원 2013.5.9. 선고 2012다108863 판결; 대법원 2013.5.9. 선고 2012다4381 판결.

확인청구를 하는 경우에 문제되는 것이지, 서로 다른 권리의 이행청구와 확인청구에서 문제되는 것이 아니다. 물건인도청구는 '인도청구권'을 주장하여 하는 것이고 소유권확인청구는 '소유권'을 주장하여 하는 것이므로 확인의 소의 보충성과는 무관하다(실제로 실무에서 물건인도청구소송의 계속 중 피고가 위 물건에 대한 소유권을 다투는 경우에 그 소유권이 원고에게 있음을 확인한다는 취지의 중간확인의 소를 병합 제기하는 경우가 많다). 그러나 만약 물건을 인도하라는 이행의 소를 제기하지 않고 물건에 대한 인도청구권의 확인을 구한다면 확인의 소의 보충성에 위배된다.

(2) 즉시확정의 현실적 필요(분쟁의 성숙성)

확인의 소가 인정되기 위해서는 원고의 권리 또는 법적 지위에 불안·위험이 있고, 그 불안·위험은 현실적인 것이어야 한다.

1) 원고의 권리·법적 지위에 대한 불안·위험

원고의 권리 또는 법적 지위에 불안·위험이 없다면 확인의 소를 제기할 이유가 없다.[111] 통상적으로 원고의 권리·법적 지위를 피고가 부정하거나 원고의 권리·법적 지위에 저촉되는 권리·법적 지위를 주장하는 경우에 원고에게 불안·위험이 발생한 것이다. 예컨대 원고가 어떤 부동산의 등기와 점유를 하고 있어도 피고가 그 소유권이 자신에게 있다고 주장하는 경우에는 원고의 법적 지위에 불안·위험이 있다. 또한 원·피고간의 권리관계가 아니라 타인간의 권리관계라 하여도 자기의 권리관계에 대한 불안이나 위험을 제거할 수 있는 유효하고 적절한 수단이 되는 경우에는 확인의 이익이 있다.[112] 예컨대 물상보증인이 근저당권자의 채권에 대하여 다투고 있는 경우 근저당권자가 물상보증인을 상대로 제기한 확인의 소는 확인의 이익이 있고,[113] 부동산을 매수하였으나 제3자가 매도인의 소유권을 다투고 있다면 매수인은 매도인을 대위하여 제3자에 대하여 매도인의 소유권확인을 구할 이익이 있으며,[114] 근저당권자는 유치권 신고를 한 사람을 상

111) 보수감액결의의 무효확인소송은 권리나 법적 지위가 아니라 사실상·경제상 이익에 대한 불안이나 위험으로서 확인의 이익이 없고, 나아가 이러한 경우에는 감액된 보수의 지급을 구하는 것이 분쟁해결의 직접적인 수단이다(대법원 2017.3.30. 선고 2016다21643 판결).

112) 대법원 2016.5.12. 선고 2013다1570 판결. 다만 이 판결에서는 토지 등 소유자가 주민총회결의 무효확인을 구한 사안에서, 주민총회결의의 효력에 구속력이 없는 이상, 토지 등 소유자의 권리 또는 법적 지위에 어떠한 위험이나 불안이 야기되었다고 보기 어려워 그 법률관계를 확인의 대상으로 삼아 원·피고 간의 확인판결에 의하여 즉시 확정할 필요가 있다고 할 수 없으므로 소가 확인의 이익이 없어 부적법하다고 판시하였다.

113) 대법원 2004.3.25. 선고 2002다20742 판결.

114) 대법원 1976.4.27. 선고 73다1306 판결; 대법원 2013.2.14. 선고 2011다109708 판결(주권발행

대로 유치권 전부의 부존재뿐만 아니라 경매절차에서 유치권을 내세워 대항할 수 있는 범위를 초과하는 액수에 대한 유치권의 부존재확인을 구할 법률상 이익이 있다.[115)]

피고가 원고의 권리 · 법적 지위를 다투지 않는 때에도 예외적으로 확인의 이익이 긍정되는 경우가 있는가?

① 소멸시효 중단을 위한 확인의 소제기의 경우,[116)] ② 원고의 주장과 반대되는 공부상 기재가 있거나, ③ 토지가 미등기이고 토지대장이나 임야대장상에 등록명의자가 없거나 등록명의자가 누구인지 알 수 없을 때에도 법적 불안이 있는 것으로 볼 수 있다. 위 ③의 경우에는 국가를 상대로 확인의 이익이 있다.[117)] 다만 아예 건축물대장이 생성되어 있지 않은 **건물**에 대하여 소유권보존등기를 마칠 목적으로 국가를 상대로 제기한 소유권확인청구의 소는 가옥대장의 비치 · 관리업무는 국가사무라고 할 수도 없고 또한 건물의 소유권에 관하여 국가가 이를 특별히 다투고 있지도 아니하므로 국가는 그 소유권 귀속에 관한 직접 분쟁의 당사자가 아니어서 이를 확인하여 주어야 할 지위에 있지 않으므로 확인의 이익이 없다.[118)]

전 주식에 관하여 주주명의를 신탁한 사람이 수탁자에 대하여 명의신탁계약을 해지하면 그 주식에 대한 주주의 권리는 해지의 의사표시만으로 명의신탁자에게 복귀하는 것이고, 이러한 경우 주주명부에 등재된 형식상 주주명의인이 실질적인 주주의 주주권을 다투는 경우에 실질적인 주주가 주주명부상 주주명의인을 상대로 주주권의 확인을 구할 이익이 있다. 이는 실질적인 주주의 채권자가 자신의 채권을 보전하기 위하여 실질적인 주주를 대위하여 명의신탁계약을 해지하고 주주명의인을 상대로 주주권의 확인을 구하는 경우에도 마찬가지이고, 그 주식을 발행한 회사를 상대로 명의개서절차의 이행을 구할 수 있다거나 명의신탁자와 명의수탁자 사이에 직접적인 분쟁이 없다고 하여 달리 볼 것은 아니다).

115) 대법원 2016.3.10. 선고 2013다99409 판결; 대법원 2004.9.23. 선고 2004다32848 판결; 대법원 2011.12.22. 선고 2011다84298 판결. 다만, 갑 소유의 부동산에 관하여 을 명의의 소유권이전등기청구권가등기가 마쳐진 후 위 부동산에 관하여 가압류등기를 마친 병 주식회사가 위 가등기가 담보목적 가등기인지 확인을 구한 사안에서, 병 회사의 위 가압류등기가 직권으로 말소되는지가 위 가등기가 순위보전을 위한 가등기인지 담보가등기인지에 따라 결정되는 것이 아니므로 병 회사의 법률상 지위에 현존하는 불안 · 위험이 존재한다고 볼 수 없고, 만약 위 가등기가 담보가등기임에도 을이 청산절차를 거치지 않은 채 본등기를 마친다면, 병 회사로서는 갑을 대위하여 본등기의 말소를 구할 수 있고 그에 따라 위 가압류등기도 회복시킬 수 있을 것이므로, 담보가등기라는 확인의 판결을 받는 것 외에 달리 구제수단이 없다고 보기 어려운데도, 병 회사의 청구가 확인의 이익이 있다고 본 원심판단에 법리오해의 잘못이 있다(대법원 2017.6.29. 선고 2014다30803 판결).

116) 대법원 2018.10.18. 선고 2015다232316 전원합의체 판결(전소 판결로 확정된 채권의 시효를 중단시키기 위한 조치, 즉 '재판상 청구'가 있다는 점에 대하여만 확인을 구하는 형태의 '새로운 방식의 확인소송'이 허용된다).

117) 대법원 2001.7.10. 선고 99다34390 판결. 이 경우에는 토지대장상 토지소유자의 채권자도 소유권보존등기의 신청을 위하여 토지소유자를 대위하여 국가를 상대로 소유권확인을 구할 이익이 있다(대법원 2019.5.16. 선고 2018다242246 판결).

2) 원고의 불안·위험의 현실성

원고의 불안·위험이 현실적이어야 한다.[119] 장래의 법률관계나 법적 지위는 일반적으로 장래 그 문제가 본격화한 때에 소송을 하면 충분하고, 현시점에서 이를 확인할 이익은 없기 때문이다. 일반적으로 계약 당사자 사이에서 그 계약상 급부책임의 존부나 범위에 관하여 다툼이 있는 경우에는 권리 또는 법률상 지위에 현존하는 불안·위험이 있으므로 채무자가 채권자를 상대로 소극적 확인소송을 제기할 수 있다.[120] 이와 관련하여 채무부존재확인의 소에 있어서 특수한 상황을 생각해 볼 수 있다. 예컨대 교통사고 피해자가 아직 입원치료 중이어서 가해자에게 청구할 손해배상금이 특정되지 않음에도 가해자 내지 가해자측 보험회사가 얼마 이상의 채무는 존재하지 아니한다는 확인을 구하는 소를 제기한다면 피해자의 입장에서는 배상액에 대한 주장·입증을 제대로 준비할 수 없어 불리한 판결을 받을 우려가 있다. 이러한 경우에 법원은 분쟁이 아직 성숙하지 않아 즉시확정의 이익이 없다는 이유로 소를 각하하는 판결을 고려할 수 있을 것이다.[121]

3. 형성의 소

(1) 원 칙

형성의 소는 법률에 규정이 있는 경우에 한하여 제기할 수 있으므로 해당 규정에서 정한 요건을 갖춘 이상 원칙적으로 소의 이익이 있다. 예외적으로 권리보

---

118) 대법원 1995.5.12. 선고 94다20464 판결. 또한 무허가건물이어서 건축물대장이 없는 경우에도 사용승인 없이 확인판결을 통하여 소유권보존등기를 하는 탈법을 방지하여야 하므로 관할 지방자치단체를 상대로 한 소유권보존등기를 마칠 목적으로 제기한 소유권확인청구의 소는 확인의 이익이 없다(대법원 2011.11.10. 선고 2009다93428 판결).

119) 대법원 2017.7.11. 선고 2017다216271 판결(시장·군수·구청장 등으로부터 면허를 받아 어업권을 취득하기 전이라면 법적으로 보호되는 어촌계의 업무구역이 존재한다고 할 수 없으므로, 설사 면허를 받게 될 업무구역의 경계에 관하여 다른 어촌계와 다툼이 있을 여지가 있다고 하더라도 그러한 사정만으로 원고의 현재의 권리 또는 법률상 지위에 어떠한 구체적인 불안이나 위험이 있다고 할 수 없다).

120) 대법원 2009.1.15. 선고 2008다74130 판결.

121) 이와 관련하여, 대법원에서 보험계약자 등(보험계약자, 피보험자, 보험수익자)이 보험계약이나 관계 법령에서 정한 범위를 벗어나 사회적으로 상당성이 없는 방법으로 보험금 지급을 요구하는 경우 또는 보험계약의 체결이나 보험금 청구가 보험사기에 해당하는 경우와 같이 즉시확정의 이익이 있다고 볼만한 '특별한 사정'이 있어야 확인의 이익이 인정되어 소극적 확인의 소를 제기할 수 있다는 주장이 있었으나(반대의견), 다수의견은 기존의 입장(위 대법원 2009.1.15. 선고 2008다74130 판결)을 재확인하는데 그쳤다(대법원 2021.6.17. 선고 2018다257958,2018다257965 전원합의체 판결).

호의 이익이 없는 경우는 아래와 같다.

(2) 예 외

1) 소송의 목적이 실현된 경우

회사 해산 후 회사설립무효의 소(상 328), 공유물 분할 협의 후 분할청구의 소,[122] 사해행위의 취소 및 원상회복을 구하는 소송계속 중 사해행위가 해제 또는 해지되고 사해행위의 취소에 의해 복귀를 구하는 재산이 채무자에게 복귀한 경우,[123] 이혼판결 뒤 혼인취소의 소(나류 가사소송사건)는 소로써 구할 이익이 없다. 그러나 이혼판결 뒤 혼인무효의 소를 제기하는 것은 소의 이익이 있다. 혼인무효의 소는 소급효가 인정되기 때문이다.

2) 사정변경에 의해 원상회복이 불가능해진 경우

영업정지처분 취소소송의 계속 중 영업정지기간이 경과한 경우, 제3자이의의 소의 계속 중 강제집행이 끝난 경우, 건물철거 대집행계고 취소소송의 계속 중 대상건물이 철거된 경우, 같은 내용의 제2결의가 유효하게 성립된 후 제1결의에 대한 취소소송을 제기한 경우, 사해행위의 취소 및 원상회복을 구하는 소송계속 중 사해행위가 해제 또는 해지되고 사해행위의 취소에 의해 복귀를 구하는 재산이 채무자에게 복귀한 경우[124]에는 소의 이익이 없다. 다만 근로자가 부당해고 구제신청을 하여 해고의 효력을 다투던 중, 정년에 이르거나 근로계약기간이 만료하는 등의 사유로 원직에 복직하는 것이 불가능하게 된 경우에도 해고기간 중의 임금 상당액을 지급받을 필요가 있다면 임금 상당액 지급의 구제명령을 받을 이익이 유지되므로 구제신청을 기각한 중앙노동위원회의 재심판정을 다툴 소의 이익이 있다.[125]

(3) 형성의 소에 이행의 소 등을 병합청구할 수 있는지 여부

형성의 소는 그 판결이 확정되어야 비로소 권리변동의 효력이 발생하므로 법이 명문으로 예외를 허용하지 않는 한 형성의 소에 의하여 형성되는 법률관계를 전제로 이행소송을 병합할 수는 없다.[126]

122) 대법원 1995.1.12. 선고 94다30348,94다30355 판결.
123) 대법원 2018.6.15. 선고 2018다215763,215770 판결.
124) 대법원 2015.5.21. 선고 2012다952 전원합의체 판결.
125) 대법원 2020.2.20. 선고 2019두52386 전원합의체 판결.
126) 대법원 2013.9.13. 선고 2012다36661 판결(제권판결 불복의 소와 같은 형성의 소는 그 판결이

1) 법이 명문으로 허용하는 경우

사해행위취소와 원상회복 청구(민 406), 양육자 지정청구와 양육비 지급청구(민 837②,④), 재판상 이혼청구에 이혼이 성립되는 경우를 대비한 위자료 청구 내지 재산분할청구(가소 14①) 등이 있다.

2) 재심의 소와의 병합여부

판례는 재심의 소(통설은 형성소송으로 본다)를 제기하면서 재심대상판결의 취소와 그 본소청구의 기각을 구하는 외에 재심대상판결의 취소에 따른 원상회복의 청구를 병합(예컨대 본소청구의 기각을 구하는 외에 본소 원고 명의의 소유권이전등기의 말소를 구하는 청구의 병합)하는 것은 허용되지 않는다고 보고 있으므로 이 경우에는 별소로 제기하여야 한다.[127] 이에 대하여는 분쟁의 1회적 해결을 위해서는 이를 허용하여야 한다는 견해도 있고,[128] 재심의 소는 비상구제절차이므로 통상의 소와 같은 성질의 소송절차가 아니라는 점에서 청구의 병합이 허용되지 않는다고 보는 견해도 있다.[129]

Ⅳ. 소의 이익의 소송상 취급

소의 이익은 소송요건이므로 직권조사사항으로서 당사자의 주장여부에 관계없이 직권으로 판단하여야 한다.[130] 소의 이익은 본안판결의 요건이며, 흠결 시 부적법 각하판결을 하여야 한다.

확정됨으로써 비로소 권리변동의 효력이 발생하게 되므로 이에 의하여 형성되는 법률관계를 전제로 하는 이행소송 등을 병합하여 제기할 수 없는 것이 원칙이다). 또한 공유물분할청구에 병합하여 분할판결이 날 경우에 대비하여 소유권이전등기를 구하는 청구도 허용될 수 없는데, 이는 공유물에 대한 분할판결이 확정되면 소유자가 되므로(민 187), 단독으로 이전등기신청을 할 수 있어 소의 이익이 없기 때문이다.

127) 대법원 1997.5.28. 선고 96다41649 판결.

128) 이시윤, 679쪽.

129) 김홍엽, 311쪽.

130) 대법원 2006.3.9. 선고 2005다60239 판결.

제3절 소송물이론

Ⅰ. 소송물의 개념

1. 소송물의 의의

민사소송에서 심판의 대상이 되는 것은 “원고가 피고를 상대로 법원에 대하여 행하는 권리·법률관계의 존부의 주장”이다. 법원은 원고가 피고를 상대로 한 이 ‘심판의 대상’이 정당한지 여부를 심리·판단하게 된다.

민소법은 원고에 의하여 주장되는 특정한 대상을 ‘소송목적이 되는 권리나 의무(25②, 65)’, ‘소송목적인 권리 또는 의무(81, 82)’ 혹은 단순히 ‘소송목적(26, 67, 79, 83)’이라고 표현하는데, 이를 **소송물**이라 한다. 따라서 소송물이란 원고가 소송을 통하여 해결하고자 하는 대상(권리·법률관계)을 의미한다.

한편 민소법에는 ‘청구(25①, 220, 249, 253, 262, 263, 269)’라는 용어도 사용되고 있는데, 이는 실체법상 청구권과는 별개로서 소송상 청구를 의미하는 것이다. 소송상 청구란, 협의로는 원고의 피고에 대한 특정한 권리·법률관계의 주장을 의미하고, 광의로는 여기에다 법원에 대하여 이행·확인·형성판결 중 어떤 형식의 판결을 구하는가의 요구를 합친 것으로 정의된다. 채권자가 원고가 되어 채무자를 상대로 금전지급청구를 한 경우와 채무자가 원고가 되어 채권자를 상대로 그 채무의 부존재확인청구를 한 경우를 예로 들어보면, 원고가 채권자인 경우와 채무자인 경우, 즉 주체가 다르므로 협의의 소송상 청구가 다르고, 이행판결과 확인판결, 즉 판결의 형식이 다르므로 광의의 소송상 청구도 다르다. 민소법에서의 청구 개념은 대체로 광의의 소송상 청구로 사용되지만, 협의의 소송상 청구의 구성요소 중 하나가 소송물이므로 광의·협의를 막론하고 소송상 청구가 다르면 소송물도 다르게 된다.

토지인도소송에서의 토지 또는 건물철거소송에서의 건물은 청구의 목적물(218①) 혹은 계쟁물이지 심판의 대상인 소송물이 아니다. 소송물은 처분권주의에 의하여 원칙적으로 원고가 특정할 책임이 있는데 반하여, 청구의 목적물 혹은 계쟁물은 법원의 직권조사사항이다. 다만 기판력의 주관적 범위(218) 및 소송승계(81, 82)와 관련하여 계쟁물의 승계가 소송물의 승계와 동일하게 취급되는 경우가 있다(후술).

종국판결의 효력에 구속되는 당사자, 특히 피고의 입장에서는 심판의 대상이 특정되지 않은 채 심리가 개시되면 무엇에 대하여 어떠한 공격방어를 전개해야 할지 명확하게 알 수 없어 불의의 타격을 받을 위험에 직면하게 되는데, 이는 결국 피고에게 보장된 당사자권이 사실상 무력화되는 것이다. 따라서 소송의 주제인 소송물은 소의 제기 당시부터 명확하게 특정되어야 한다. 또한 절차의 진행 중에 심판대상을 변경하기 위해서는 원고가 그 변경을 명시적으로 구하여야 한다. 이러한 의미에서 소송물은 재판의 진행과정을 인도하는 기능을 할 뿐만 아니라 법원에 의한 판단의 한계를 정하는 기능 및 당사자에 의한 공격·방어방법의 지침이 되는 기능을 한다.

2. 소송물의 실천적 의미

소송물이 특정되면 그 범위 내에서만 법원이 심리·판단하게 되고, 그 판단의 효력도 특정된 소송물에 한해서만 발생한다는 원칙에는 이견이 없다. 그러나 특정된 소송물의 범위 내에 있는지 이를 벗어났는지 여부는 소송물의 범위를 어떻게 보는가에 따라서 달라진다. 결국 소송물이 동일한가 아니면 다른 소송물인가는 특정된 소송물의 범위를 어디까지로 보는가에 대한 견해의 차이에서 비롯되는데, 이는 구체적으로 ① 청구의 병합(253)에 해당하는지 아니면 단순히 공격·방어방법의 추가에 불과한지 여부, ② 소송물의 변경(262)에 해당하는지 여부, ③ 중복된 소제기의 금지(259)가 미치는 범위 내에 있는지 여부, ④ 기판력(216①) 또는 재소금지(267②)의 범위 내에 있어 후소제기가 저지되는지 여부, ⑤ 처분권주의에 위배되는지 여부라는 다섯 가지 중요한 문제에서 극명한 입장 차이를 보이고 있다.

소송물은 그 외에도 소송절차의 개시면에서 토지관할, 사물관할을 결정하는 기준이 되고, 실체법적으로 소제기에 의한 시효중단, 제척기간 준수의 범위를 결정하는 기준이 되기도 한다.

Ⅱ. 소송물에 관한 논쟁

1. 이행 · 형성의 소에 있어서의 소송물

가. 구실체법설(구소송물이론)

민사소송절차의 역사에서 로마법은 악치오를 소송의 대상으로 이해하고 있었다. 전술한 소권론에서 보았듯이, 그 후 독일보통법의 소송절차에 이르러 악치오에는 상대방에 대한 '청구권'과 국가에 대한 '소권'이라는 양면이 있고(빈트샤이트), 그중에 '청구권'이 심판의 대상이라고 이해되기 시작하였다. 소송물에 관한 이와 같은 전통적 관점에 따르면 소송물로서 민사소송절차의 심리 · 판단의 대상이 되는 것은 실체법상 권리나 법률관계의 주장이므로, 소송에서는 이러한 권리 또는 법률관계 존부의 주장으로서의 소송물이 특정되어야 한다고 본다. 이처럼 소송물을 실체법상 권리 또는 법률관계 존부의 주장으로 이해하는 관점은 배후에 실체법상 청구권을 상정하고 있는 것이므로 실체법상 1개의 청구권을 주장하는 경우라면 소송물은 1개이고, 실체법상 청구권이 복수로 존재하는 경우라면 이에 대응하여 소송물도 복수로 존재하는 것이 된다.[131] 형성소송에서의 형성권 내지 형성요건도 이를 발생시키는 실체법적 규정마다 소송물이 별개로 된다.

따라서 이 견해에 의하면 사실관계가 1개인 사건이라고 하더라도 청구권(또는 형성권 내지 형성요건)을 발생시키는 실체법상 법률규정이 여러 개라면 각 청구권(또는 형성권 내지 형성요건)마다 별개의 소송물이므로, 예컨대 택시를 타고 가다가 운전자의 과실로 교통사고가 발생함으로써 승객이 다친 경우에 그 승객이 민법 390조에 근거하여 운송계약불이행에 기한 손해배상청구(갑)와 민법 750조에 근거하여 불법행위에 기한 손해배상청구(을)를 한다면, ① 경합된 갑과 을 두 개의 권리를 동시에 주장하면 청구의 병합이고, ② 갑 권리에서 을 권리로 바꾸면 청구의 변경이며, ③ 갑 권리에 관한 소송의 계속 중 을 권리에 기하여 신소를 제기하여도 중복소송이 아니고, ④ 갑 권리에 기한 소가 패소 확정된 뒤에 을 권리에 기하여 신소를 제기하여도 기판력에 저촉되지 않으며, ⑤ 갑 권리에 기하여 청구한 경우에 을 권리에 기하여 심판하면 처분권주의에 위배되는 것으로 본다. 요컨대 청구취지가 같고 실체법상 권리근거규정이 같으면 동일 소송물이고, 청구취지

---

131) 김홍엽, 315쪽; 한충수, 225쪽.

가 같더라도 실체법상 권리근거규정이 다르면 다른 소송물이며, 청구취지가 달라도 권리근거규정이 같으면 같은 소송물로 본다.

구실체법설에 대해서는, ① 하나의 사회적·경제적 분쟁임에도 실체법상 권리마다 별개의 소송으로 갈라서 소송을 여러 차례 반복하는 것을 허용함으로써 분쟁의 신속한 해결을 저해하고, ② 피고에 대한 반복적 응소강제와 수회의 재판권 발동에서 오는 사회·국가적 손실, ③ 원고가 하나의 소송에서 모든 소송자료를 제출해놓고 총력전을 펴는 집중심리주의적 소송운영에 지장을 주며, ④ 법원의 법률적 관점의 선택의 부자유로 인하여 당사자가 실체법상 권리관계를 잘못 주장하면 패소할 위험이 있다는 비판이 제기된다. 그러나 변호사강제주의를 채택하지 아니하여 법을 잘 모르는 당사자 본인이라도 스스로 소송을 할 수 있는 것이 원칙인 우리의 현행법 하에서는 기판력의 범위를 최대한 좁게 해석함으로써 후소에 의한 권리구제의 가능성을 열어놓을 필요가 있을 뿐만 아니라 만약 구실체법설을 채택함으로써 불합리한 결론이 도출되는 경우가 있다면 사안에 따라 신의칙 등을 통하여 보정할 수 있을 것이다.

나. 소송법설(신소송물이론)

소송법설에서 소송물이란 실체법상 청구권과는 무관한 소송법상 개념이고 그 확정은 오로지 소송적 규율원리에 따라야 한다는 견해이다. 이 견해는 당초 독일에서 주장되었는데, 소송물을 특정하는 요소를 실체적 권리관계와 무관하게 소송법상 개념인 '신청'만으로 특정할 것인가(일분지설), '신청'만으로는 부족하고 다시 '사실관계'도 고려할 것인가(이분지설)를 두고 다투어졌으며, 오늘날 독일에서는 이분지설이 통설이다.

(1) 일분지설(一分肢說, 일지설, 일원설)

일분지설은 개개의 실체법상 청구권 또는 형성권 내지 형성요건을 포괄하는 상위개념으로서의 일정한 이행 또는 형성판결을 요구할 수 있는 법적 지위에 있다는 권리주장이 소송물이라고 한다. 이 견해에 의하면 소송물은 오직 '신청(=청구취지)'에 의해 결정되므로 청구원인에 기재되는 사실관계는 소송물의 구성요소가 아니라고 본다. 즉 청구취지만이 소송물이 하나인가 둘인가, 같은가 다른가를 식별하는 기준이라고 보는 견해로서, 일분지설을 취하는 학자는 민소법 216조 1

항을 이론적 근거로 제시한다. 즉 기판력은 판결주문에 미치며 판결주문은 청구취지에 대응하는 판단이므로 청구취지를 기준으로 소송물의 단복·이동을 논하는 것이 가장 타당하다는 것이다.

예컨대 매매대금에 기한 금전지급을 청구하면서 물건을 매매한 사실(갑)과, 어음금청구를 하면서 위 매매대금의 담보를 위하여 어음을 발행받은 사실(을)은 사회적으로 서로 다른 사실관계를 기반으로 한 것이지만 청구취지가 같으므로, ① 경합하는 갑, 을 두 개의 권리를 주장하여도 청구의 병합이 아니고, ② 갑 권리를 주장하다가 을 권리로 바꾸어도 청구의 변경이 아니며, ③ 갑 권리에 기한 소송계속 중 을 권리를 주장하며 신소를 제기할 경우 중복소송이 되고, ④ 갑 권리에 기하여 청구하여 패소 확정된 뒤에 을 권리에 기하여 신소를 제기하면 기판력에 저촉되며, ⑤ 갑 권리만을 주장하였다 하여도 을 권리에 기하여 청구를 인용할 수 있으므로 처분권주의의 위반이 아니다.

다만 일분지설에 의하더라도 청구취지만으로는 소송물의 단복·이동을 결정할 수 없는 경우, 예를 들면 손해금과 대여금 등의 금전지급청구를 한꺼번에 신청하는 경우에 청구취지에는 합산금액만 기재될 뿐 명목이 기재되지 않으므로 내용이 너무 단순하고 간단하여 판결신청이 하나인지 여러 개를 합산한 것인지, 또는 같은 유형인지 아닌지에 대하여 별도의 해석이 필요하게 되는데, 이때에는 사실관계의 보충을 받아 비로소 소송물이 특정된다고 한다. 그러나 이 경우에도 사실관계는 소송물의 구성요소가 아니라 보충적 요소에 불과하다고 본다.[132)]

일분지설에 대해서는, ① 기판력의 범위에 일분지설을 철저하게 적용하면 사실관계가 다른 경우, 예컨대 매매대금청구의 소에서 패소하면 이와 관련된 어음금청구의 소도 기판력 때문에 후소를 제기할 수 없다고 하여야 하는데, 이는 패소당사자에게 너무 가혹한 결과를 초래한다(이러한 문제점을 해소하기 위하여 독일에서는 일분지설을 주장하는 학자들도 전소에서 제출한 소송자료와 무관계한 사실관계는 기판력의 시적 한계에 의하여 차단되지 않는다고 본다). ② 법원이 모든 법률적 관점을 포괄적으로 심사하여야 하므로 재판부담이 가중되며, ③ 피고가 어느 실체법적 쟁점을 방어해야 할지 몰라 방어권행사를 곤란하게 한다는 비판이 제기된다.

---

132) 이시윤, 247쪽.

(2) 이분지설(二分肢說, 이지설, 이원설)

이 견해는 '신청(=청구취지)'과 '사실관계(=청구원인)'로 소송물이 구성된다고 본다. 따라서 신청과 사실관계 중 어느 하나가 다르면 소송물은 별개가 된다. 예컨대 청구취지가 다르면 청구원인이 같더라도 소송물이 별개이다. 이때 사실관계란 개개법규의 요건사실이 아니라 사회적·역사적으로 볼 때 하나인 일련의 사실관계를 뜻한다. 이분지설을 취하는 학자는 민소법 249조에서 소장에는 당사자, 청구취지와 청구원인을 반드시 기재하도록 규정하고 있다는 점[133] 및 청구의 변경은 청구취지와 청구원인의 변경이라고 규정한 민소법 262조를 이론적 근거로 제시한다.[134]

이분지설에 의할 때 청구취지와 사실관계가 모두 같은 경우에는 일분지설과 동일하게 된다. 앞의 택시사고의 예에서, ① 경합하는 갑, 을 두 개의 권리를 주장하여도 청구의 병합이 아니고, ② 갑 권리를 주장하다가 을 권리로 바꾸어도 청구의 변경이 아니며, ③ 갑 권리에 기한 소송계속 중 을 권리를 주장하며 신소를 제기할 경우 중복소송이 되고, ④ 갑 권리에 기하여 청구하여 패소 확정된 뒤에 을 권리에 기하여 신소를 제기하면 기판력에 저촉되며, ⑤ 갑 권리만을 주장하였다 하여도 을 권리에 기하여 청구를 인용할 수 있으므로 처분권주의의 위반이 아니다.

그러나 청구취지가 같아도 사실관계가 다른 경우, 즉 앞의 매매대금청구와 어음금청구의 예에서는 사회적으로 서로 다른 사실관계를 기반으로 한 것이므로 소송물은 다른 것이 되어 위 ① 내지 ⑤에서의 결론이 반대로 된다.

이분지설에 대해서는, ① '사실관계'라는 모호한 개념을 소송물의 구성요소로 함으로써 소송물의 한계획정이 어렵다는 비판이 있다. 이분지설을 취하는 학자들 중에서도 각각의 이혼사유는 사실관계가 다르다고 보는 견해도 있고,[135] 동일한 사실관계의 범위 내라고 주장하는 견해[136]도 있는 것이 그 예이다. 또한 사실관계를 좁게 해석하면 권리의 발생원인사실과 같아져 구실체법설과 결론이 동일해질 가능성이 있다. ② 이분지설에 의하더라도 확인의 소에서만은 예외적으로 청

133) 호문혁, 125쪽.
134) 정동윤·유병현·김경욱, 293쪽.
135) 호문혁, 136쪽.
136) 정동윤·유병현·김경욱, 284쪽.

구취지만으로 특정된다는 견해가 일반적인데, 논리적 일관성이 없다는 비판이 제기된다.

다. 신실체법설

구실체법설의 청구권 개념을 변형하여 소송법설과 동일한 결론을 도출해내려는 시도 하에, 로마법의 악치오에 대응하는 각 청구권 규정에 따라 별개로 각각의 청구권을 인정할 것이 아니라 청구권 개념을 넓혀서 소송법설이 주장하는 소송물 개념의 범위와 일치시킬 것을 주장하는 견해가 신실체법설이다. 그리하여 종래 청구권이 경합한다고 보던 것을 청구권 규정이 경합하는 것에 지나지 않고 실체법상 청구권은 하나뿐이라고 설명한다. 신실체법설의 구체적인 내용은 학자에 따라 다소간의 차이는 있으나,[137] 급부가 1개인 이상 청구권이 여러 개일 수는 없다는 사고의 출발점은 일치한다.[138]

이 범주에 드는 견해로는, 예컨대 기차전복사고의 피해승객이 손해배상청구를 계약불이행 규정(상 148)과 불법행위 규정(민 750)에 근거하여 청구할 수 있는 경우에, 이는 청구권의 경합이라기보다 단지 근거가 되는 법규가 여러 개일 뿐이며, 이 여러 개의 청구권 규정에 입각한 하나의 통일적 청구권만 성립한다거나(청구권규범경합설, Georgiades 등), 처분가능성이라는 경제적 기능을 소송물 결정의 기준으로 삼아 여러 개의 청구권 규정이 있더라도 양도 가능한 권리가 하나라면 소송물도 하나이지만, 어음채권과 원인채권에 기한 이행청구처럼 양도 가능한 처분권이 별도로 성립하는 경우에는 사회적 실재로서의 청구권이 구별되므로 소송물도 다르다는 견해(처분대상으로서의 청구권, Henckel) 등이 있다.

신실체법설에 대해서는, ① 신실체법설에서의 새로운 포괄적인 청구권 개념은 실체법적 청구권 성립의 요건, 관할법원, 시효, 증명책임, 상계의 허용여부 등의 규정이 각각 다른 현행 실체법 체제와 맞지 않고, ② 확인의 소나 형성의 소는 확인청구권이나 형성청구권에 기반을 둔 소송이 아니므로 모든 소에 공통된 소송물 개념을 상정할 수 없다는 점에서 일관성 있는 체계를 세우기 어렵다는 비판이 제기된다.[139]

---

137) 신실체법설에 포섭되는 학설로서 법조경합설, 청구권자유경합설, 청구권상호영향설, 청구권규범경합론을 들기도 한다[김주, "기판력의 확장에 관한 연구", 고려대학교 박사학위논문, 2010, 51쪽].

138) 김형배, 『민법학연구』, 박영사, 1989, 422쪽.

라. 상대적 소송물론

이 견해는 민사소송이나 소송물과 관련된 모든 문제에 타당한 통일적인 소송물개념을 상정할 필요는 없고, 소송물이 역할을 하는 개개의 규정(청구의 병합, 소의 변경, 중복소제기, 기판력 등)의 목적에 대응하여 소송물을 정하는 것이 적절하다고 본다. 이에 의하면, ① 청구의 병합에 관한 규정(253)의 목적은 청구의 병합에 의하여 소송경제를 도모하려는 데에 있으므로 예컨대 원고가 원인관계에 기초한 청구권과 원인관계채무의 이행을 위하여 교부된 어음에 기초한 청구권의 병합을 주장하는 경우에는 소송경제의 관점에서 하나의 소송물(일분지설)로 인정하는 것이 타당하다고 하며, ② 청구의 변경에 관한 규정(262)은 소송 중에 새로운 청구에 직면하는 피고의 불이익을 방지하려는 목적도 있지만 원고는 원칙적으로 변론종결에 이르기까지 새로운 사실의 제출이 금지되지 않고 피고는 원고가 사실주장을 변경하지 않는다는 신뢰를 가질 수 없는 관계에 있기 때문에 일분지설과 같이 이해하는 것이 타당하며, ③ 중복소제기의 금지는 판결의 모순저촉을 방지하기 위한 것이므로 어음금청구와 원인관계에 기초한 청구와 같이 사실관계가 다르면 하나의 소송에서 인용되고 다른 소송에서 기각되어도 판결의 모순이 발생하지 않으므로 소송물의 동일성을 이분지설에 의하여 판단할 것이며, ④ 기판력의 판단에 대해서는 일분지설이 기판력을 확장한 결과 생각지도 못한 기판력에 의한 실권을 초래하게 되는데, 이를 피하기 위해서는 원고는 문제된 청구권을 모두 주장하여야 하고, 법원은 모든 청구권이 소송에 현출되도록 석명을 행사할 것이 요청되는데, 그 결과 심리가 복잡해지는 것을 막을 수 없으므로 결국 동일한 소송관계의 경우에 한하여 기판력에 의한 실권을 인정하는 이분지설이 타당하다고 본다.

상대적 소송물설에 대해서는, ① 모든 경우에 통일적인 소송물개념이 가능하다면 그 편이 나을 것이며,[140] ② 소송물 개념 자체를 상대화하는 것은 심판대상의 절차 내에서의 의의를 불명확하게 하고 결국 그 이론적 기초를 상실하는 것이 될 뿐만 아니라, ③ 기판력의 범위를 어떻게 설정할 것인가의 문제에 대해서는 일분지설과 이분지설의 사이를 오가고 있을 뿐, 이를 극복한 이론은 아니므로 일분지설과 이분지설에서의 비판이 그대로 타당하다는 점에서 독자적인 학설로 평

139) 호문혁, 135쪽.
140) 정동윤 · 유병현 · 김경욱, 295쪽.

가하기는 어렵다는 비판이 있다.

마. 사실관계 일지설(핵심설)

최근 소송물은 오로지 사실관계(청구원인사실)만에 의하여 구성되고, 신청(=청구취지)은 소송물의 구성요소가 아니라는 주장이 등장하였다. 당사자들이 관심을 가지고 있는 것은 구체적 사실관계를 둘러싼 분쟁의 해결이므로 분쟁의 대상은 핵심적 사실관계라고 보는 견해이다.[141] 이 견해는 주로 독일의 부양료 소송과 관련하여 최초의 부양료 지급판결 이후 부양료의 증액 또는 감액을 구하는 변경의 소는 전후 양 소에서의 청구취지가 상이함에도 불구하고 동일한 소송물이라고 한 독일 법원의 판례 및 사실관계가 동일한 경우에 확인의 소와 이행의 소 사이에는 어느 것이 먼저 제기되었든지 중복소송이라고 한 유럽연합법원의 입장을 바탕으로 한다.

그러나 이 견해에 대하여는, ① 이 기준을 일반론으로 적용하면 소송물 식별이 매우 불투명해져 법원의 심판범위가 모호해질 뿐만 아니라 피고의 방어방법 행사에 곤란을 겪게 되고, ② 이 기준을 확인의 소와 이행의 소의 중복소제기 문제에 한정하여 적용할 수 있다는 견해[142]에 대해서도 이는 중복소제기의 문제가 아니라 확인의 소의 보충성의 문제로 보아야 한다는 비판이 있다.[143]

① 같은 사실에 기한 불법행위(민 750)와 채무불이행(민 390)으로 인한 손해배상청구, ② 같은 사실에 기한 소유권(민 213)과 임대차계약 종료(민 654, 615)에 의한 인도청구, ③ 같은 부동산에 관한 매매계약(민 568)과 취득시효 완성(민 245)을 원인으로 한 소유권이전등기청구, ④ 어음채권(어음법 9)과 원인(매매)채권(민 568)의 이행청구, ⑤ 같은 혼인관계에 관한 부정한 행위(민 840(1))와 악의의 유기(민 840(2))를 원인으로 한 이혼청구의 경우에 소송물에 관한 입장에 따라서 소송물이 같은지 다른지 구별하라.

- 구실체법설에 의하면 ① 내지 ⑤의 경우는 실체법상 청구권의 발생근거규정이 모두 다르므로 소송물이 다르고,
- 이분지설에 의하면 청구취지는 모두 동일하나, ③, ④, ⑤는 사실관계가 서로 다르기 때문에 소송물이 다르고 ①, ②의 경우는 동일한 사실관계를 전제로 하므로

141) 정동윤 · 유병현 · 김경욱, 288쪽.
142) 정동윤 · 유병현 · 김경욱, 293쪽.
143) 호문혁, 131쪽.

소송물이 동일하다(다만 ③, ④의 경우에만 사실관계가 달라 소송물이 다르고, ①, ②, ⑤의 경우에는 사실관계가 같으므로 소송물이 동일하다는 견해도 있다).[144)]

- 일분지설에 의하면 ① 내지 ⑤ 모두 청구취지가 같으므로 소송물이 동일하다고 본다.
- 신실체법설 중 청구권규범경합설에 의하면 사실관계가 달라 청구권이 여러 개가 발생하는 ③, ④의 경우에는 소송물이 다르고 나머지는 동일하며, 신실체법설 중 처분대상으로서의 청구권설에 의하면 처분대상이 다른 ④의 경우만 소송물이 다르고 나머지는 동일하다고 본다.
- 사실관계 일지설에 의하면 사실관계가 다른 ③, ④, ⑤의 경우에는 소송물이 다르고 나머지는 동일하다고 본다.

2. 확인의 소에 있어서의 소송물

소송물논쟁은 이행소송과 형성소송의 소송물에 대한 특정기준을 둘러싼 논쟁이고, 확인소송의 소송물에 관해서는 신·구소송물이론 사이에 차이가 없다고 보는 것이 다수설이다. 확인의 소의 대상이 되는 것은 권리 또는 법률관계의 존부이고, 이는 신청(청구취지)만으로 특정되기 때문이다. 예컨대 소유권확인소송에서는 특정 물건에 대한 소유권의 존재 주장이 소송물이 되고, 소유권의 취득원인인 매매, 증여, 상속, 시효취득 등은 공격방법일 뿐이다. 따라서 매매에 의하여 취득한 소유권, 증여에 의하여 취득한 소유권 등으로 세분화된 소송물은 없고 판결주문에서 판단되는 것은 당해 소유권의 존부일 뿐이며, 이를 기초지우는 사실관계는 판결이유 중의 판단에 불과하다는 것이다. 다만 신소송물이론 중 이분지설의 입장에서 민소법 249조가 소장의 기재사항으로서 청구의 취지뿐만 아니라 청구의 원인도 필수적으로 기재하도록 하고 있으므로 확인의 소에서도 권리취득원인인 사실관계까지 참작하여 소송물을 정하는 것이 민소법의 체계에 부합한다는 소수설(일관설)이 있다.[145)]

Ⅲ. 판례의 입장

(1) 판례는 기본적으로 구실체법설(구소송물이론)의 입장을 취한다. 즉 소송물

144) 정동윤 · 유병현 · 김경욱, 284쪽.
145) 정영환, 426쪽; 호문혁, 141쪽.

을 실체법상 권리 또는 법률관계의 발생근거규정별로 세분하여 그 각각을 소송물이라고 이해한다. 따라서 실체법상 근거규정을 달리하는 채무불이행으로 인한 손해배상청구와 불법행위로 인한 손해배상청구,[146] 부당이득반환청구와 불법행위로 인한 손해배상청구,[147] 어음·수표금 청구와 그 원인관계에 기한 청구,[148] 동일한 목적물의 소유권에 기한 반환청구와 점유권에 기한 반환청구,[149] 등기원인을 달리하는 각 소유권이전등기청구,[150] 이혼소송에 있어서 이혼사유를 달리하는 청구,[151] 재심의 소에 있어서 재심사유를 달리하는 청구[152] 등은 모두 소송물이 다르다고 본다. 따라서 이들 사유를 병합하여 청구하면 청구의 병합, 이들 사유를 변경하면 청구의 변경이 되며, 원고가 청구한 소송물과 다른 소송물을 법원이 심리·판단하면 처분권주의에 반한다.

(2) **원본채권과 이자채권**

금전채권의 이행을 청구하면서 원본과 이에 대한 이자를 함께 청구하는 경우에도 이는 별개의 소송물이다. 따라서 원금과 이자 부분을 각각 따로 판단하여야 하며, 별개의 소송물을 합산한 전체금액의 범위 내라고 하더라도 원금청구액을 넘어선 원금의 인용은 허용되지 않는다.[153] 나아가 소송물은 원금·이율·기간 등 3개의 인자에 의하여 정해지므로 비록 원고의 이자청구액을 초과하지 않았지만 3개의 기준 중 어느 것이나 원고 주장의 기준보다 넘어서면 처분권주의에 반한다고 본다.[154]

---

146) 대법원 1963.7.25. 선고 63다241 판결; 대법원 2021.6.24. 선고 2016다210474 판결.
147) 대법원 2013.9.13. 선고 2013다45457 판결(부당이득반환청구권과 불법행위로 인한 손해배상청구권은 서로 실체법상 별개의 청구권으로 존재하고 그 각 청구권에 기초하여 이행을 구하는 소는 소송법적으로도 소송물을 달리하므로, 채권자로서는 어느 하나의 청구권에 관한 소를 제기하여 승소 확정판결을 받았다고 하더라도 아직 채권의 만족을 얻지 못한 경우에는 다른 나머지 청구권에 관한 이행판결을 얻기 위하여 그에 관한 이행의 소를 제기할 수 있다). 대법원 2011.2.10. 선고 2010다81285 판결(원고가 피고를 상대로 부당이득반환청구의 소를 제기하였다고 하여 이로써 원고의 피고에 대한 채무불이행으로 인한 손해배상청구권의 소멸시효가 중단될 수는 없다고 할 것이다).
148) 대법원 1966.3.22. 선고 65다2635 판결; 대법원 1965.11.30. 선고 65다2028 판결.
149) 대법원 1996.6.14. 선고 94다53006 판결.
150) 대법원 1992.3.27. 선고 91다40696 판결; 대법원 1997.4.25. 선고 96다32133 판결.
151) 대법원 1963.1.31. 선고 62다812 판결.
152) 대법원 1992.10.9. 선고 92므266 판결.
153) 대법원 2009.6.11. 선고 2009다12399 판결.
154) 대법원 2000.2.11. 선고 99다49644 판결.

(3) 인신사고로 인한 손해배상청구

대법원은 일반적인 불법행위로 인한 손해배상청구소송에서는 재산적 손해와 정신적 손해(위자료)로 소송물을 2분하지만,[155] 신체상해 또는 사망으로 인한 손해배상청구는 적극적 손해(치료비 등), 소극적 손해(일실수익), 정신적 손해라는 3개의 소송물을 병합한 것으로 본다(손해3분설).[156] 따라서 당사자는 각 손해마다 금액을 특정하여야 하며, 법원도 이를 따로따로 심리하여야 할 뿐만 아니라 어느 하나를 넘어서는 판단을 하면 판결된 전체 손해액이 청구금 총액보다 적더라도 처분권주의에 반한다고 본다.[157] 학설에 따라서는 인신사고에 대한 소송물을 재산상 손해와 정신적 손해의 2개로 보는 견해도 있고,[158] 모든 손해를 1개의 소송물로 보는 견해도 있다.[159]

(4) 한편 판례는 환매약관부매매를 원인으로 한 토지인도청구에 대해 양도담보로 평가하여 그 인도청구를 인용하여도 위법이 없다고 하였고,[160] 법원은 당사자가 등기원인으로 표시한 법률판단에 구애됨이 없이 정당한 법률해석에 의하여 등기원인을 바로 잡을 수 있다고 판시하였는데,[161] 이는 당사자가 주장한 권리관계가 법률해석의 잘못에서 비롯된 경우에 이를 바로잡을 수 있다는 취지에 불과하므로,[162] 소송물이론과는 무관하다.

---

155) 대법원 2020.12.24. 선고 2017다51603 판결.

156) 대법원 2002.9.10. 선고 2002다34581 판결. 다만 판례는 위자료의 산정시점은 원칙적으로 불법행위시이지만 불법행위시와 변론종결시 사이에 장기간의 세월이 경과함으로써 과잉배상의 문제가 발생하는 경우에는 예외적으로 사실심 변론종결시부터 기산할 수도 있다고 본다. 다만 이러한 경우에는 위자료 원금을 적절히 증액할 수 있다고 한다(대법원 2012.3.29. 선고 2011다38325 판결).

157) 다만 판례는 원고가 재산상 손해(소극적 손해)에 대하여는 형식상 전부 승소하였으나 위자료에 대하여는 일부 패소하였고, 이에 대하여 원고가 패소부분에 불복하는 형식으로 항소를 제기하여 사건 전부가 확정이 차단되고 소송물 전부가 항소심에 계속되게 된 경우에는, 재산상 손해나 위자료는 단일한 원인에 근거한 것인데 편의상 이를 별개의 소송물로 분류하고 있는 것에 지나지 아니한 것이므로 이를 실질적으로 파악하여, 항소심에서 위자료는 물론이고 재산상 손해(소극적 손해)에 관하여도 청구의 확장을 허용하는 것이 상당하다고 판시함으로써 손해3분설의 경직성을 완화하고 있다(대법원 1994.6.28. 선고 94다3063 판결).

158) 호문혁, 393쪽.

159) 이시윤, 321쪽.

160) 대법원 1966.2.22. 선고 65다2604 판결.

161) 대법원 1980.12.9. 선고 80다532 판결.

162) 대법원 1994.11.25. 선고 94므826,833 판결.

구실체법설에 의하면 건물인도청구소송에 있어서 소유권에 기한 인도청구와 임대차종료에 기한 인도청구는 소송물이 몇 개인가?

구실체법설에 의하면 이 경우에는 실체법상 청구권발생의 근거규정이 다르므로 소송물이 두 개가 된다. 따라서 원고가 이 두 개의 청구권을 한꺼번에 주장하면서 소를 제기하면 청구의 병합이 되고, 하나의 청구권에서 다른 하나의 청구권으로 변경하면 청구의 변경이 되며, 하나의 청구권에 기한 소송이 계속 중에 다른 하나의 청구권을 별소로 제기하여도 중복된 소제기가 아니고, 하나의 청구권을 주장하여 소송을 제기하였으나 패소 확정된 경우에도 다른 청구권을 주장하여 다시 소송을 제기할 수 있다. 일분지설에 의하면 소송물이 하나이므로 결론이 반대로 된다.

원고가 소유권에 기한 건물인도소송에서 피고가 임대차계약의 존재를 항변으로 주장하여 원고청구가 기각되어 확정되었다면 원고는 다시 임대차종료를 이유로 건물인도청구소송을 제기할 수 있는가?

원고가 소유권에 기한 건물인도소송에서 피고가 임대차계약의 존재를 항변으로 주장하였다면 원고는 이에 대하여 임대차계약이 이미 종료했다는 재항변을 제출하였을 것이 상정되지만 원고청구가 기각된 것이다. 그렇다면 원고가 다시 임대차종료를 이유로 건물인도청구소송을 제기할 수 없는 것이 아닌가하는 의문이 들 수도 있다. 그러나 이 소송의 소송물은 원고가 특정하여 제기한 소유권에 기한 건물인도소송이고 기판력은 확정판결의 주문에 포함된 부분에 대해서만 미치는 것으로서(216), 항변사항에 대한 판단은 판결이유 중의 판단에 불과할 뿐 주문에 포함되어 있지 않으므로, 원고는 별개의 소송물인 임대차종료를 이유로 한 건물인도청구소송을 다시 제기할 수 있다.

Ⅳ. 각종의 소의 소송물과 그 특정

1. 이행의 소의 소송물

가. 이전등기청구의 소송물

점유권과 소유권, 소유권과 계약, 법정해지와 약정해지, 매매와 취득시효의 완성,[163] 명의신탁해지와 신탁관계종료,[164] 대물변제예약과 매매,[165] 위임사무약정과

163) 대법원 1968.3.19. 선고 68다123 판결.
164) 대법원 1980.12.9. 선고 79다634 전원합의체 판결.
165) 대법원 1997.4.25. 선고 96다32133 판결.

매매[166] 등 등기원인을 달리하는 소유권이전등기청구권의 경우 구실체법설(판례)에 의하면 소송물이 별개이고, 일분지설에 의하면 하나의 소송물이다.

나. 말소등기청구의 소송물

말소등기청구의 소송물에 대하여, 판례는 위에서 본 이전등기청구의 경우와는 논지를 달리한다. 즉 말소등기청구의 소송물은 당해 등기의 말소등기청구권이고 그 동일성 식별의 표준이 되는 청구원인, 즉 말소등기청구권의 발생원인은 당해 '등기원인의 무효'이며, 등기원인의 무효를 뒷받침하는 개개의 사유는 공격방어방법에 불과하여 별개의 청구원인을 구성하는 것이 아니므로 전소에서 원고가 주장한 사유나 후소에서 주장하는 사유들은 모두 등기의 원인무효를 뒷받침하는 공격방법에 불과할 뿐 별개의 청구원인을 구성한다고 볼 수 없고, 모두 전소의 **사실심 변론종결 전**에 발생한 사유라면 전소와 후소는 그 소송물이 동일하여 후소에서의 주장사유들은 전소의 확정판결의 기판력에 저촉되어 허용될 수 없는 것이라고 판시하였다.[167] 전소의 변론종결 전에 발생한 사유라면 원시적 무효 외에 취소·해제로 인한 물권적 효과로서 후발적으로 실효가 되는 경우에도 같은 원리가 적용된다.[168]

다만 판례는 후발적 실효사유가 전소의 **사실심 변론종결 후**에 발생하였다면 이를 이유로 한 말소등기청구의 소송물은 전소인 원인무효에 기한 말소등기청구의 소송물과는 별개의 소송물이라고 본다. 예컨대 소유권이전등기가 원인무효임을 이유로 그 말소등기를 청구하였다가 패소하자 전소의 변론종결 후에 담보목적으로 경료된 소유권이전등기의 피담보채무를 변제하였음을 이유로 말소등기를 청구하는 것은 소송물이 동일하다고 볼 수 없으므로 전소판결의 기판력에 구속되지 않는다고 하였고,[169] 전소에서 소유권에 기한 방해배제청구권의 행사를 원인으로 소유권이전등기말소청구를 제기하였다가 패소하자 전소의 사실심 변론종결 후에 매매계약을 해제하고 이에 기하여 원상회복을 원인으로 하는 소유권이전등기말소

---

166) 대법원 1996.8.23. 선고 94다49922 판결.
167) 대법원 1993.6.29. 선고 93다11050 판결. 다만 사기에 의한 의사표시취소를 원인으로 한 근저당권설정등기의 말소청구와 피담보채무의 부존재를 원인으로 한 근저당권설정등기의 말소청구는 별개의 독립된 소송물이라는 판례가 있으나(대법원 1986.9.23. 선고 85다353 판결), 이는 기판력이 아니라 재소금지와 관련된 사안이다.
168) 김홍엽, 321쪽.
169) 대법원 1983.3.8. 선고 82다카1203 판결.

청구를 제기하였다면 전소의 기판력이 후소에 미칠 수 없는 것이라고 하여 소송물이 다르다고 판단하였다.[170] 말소등기청구에 대한 위 판례들을 종합해 보면, 전소의 소송물과 후소의 소송물의 동일성여부를 기판력의 객관적 범위(216)가 아니라 시적 범위(218, 민집 44②), 즉 실권효(차단효)의 문제로 해결하고 있음을 알 수 있다.

다. 부당이득반환청구소송에서의 소송물

판례는 부당이득반환청구에서 법률상 원인 없는 사유를 계약의 불성립, 취소, 무효, 해제 등으로 주장하는 것은 공격방법에 지나지 아니하므로 그중 어느 사유를 주장하여 패소한 경우에 다른 사유를 주장하여 청구하는 것은 기판력에 저촉되어 허용할 수 없다고 본다. 즉 부당이득반환청구의 소송물은 부당이득반환청구권 자체이고 부당이득의 개별적 발생원인은 공격방법에 불과할 뿐 별개의 소송물이 아니라는 것이다.[171]

라. 진정명의회복을 위한 소유권이전등기청구와 말소등기청구의 소송물

판례는 진정한 등기명의의 회복을 위한 소유권이전등기청구는 이미 자기 앞으로 소유권을 표상하는 등기가 되어 있었거나 법률에 의하여 소유권을 취득한 자가 진정한 등기명의를 회복하기 위한 방법으로 현재의 등기명의인을 상대로 그 등기의 말소를 구하는 것에 갈음하여 허용되는 것이므로 말소등기에 갈음하여 허용되는 진정명의회복을 원인으로 한 소유권이전등기청구권과 무효등기의 말소청구권은 어느 것이나 진정한 소유자의 등기명의를 회복하기 위한 것으로서 실질적으로 그 목적이 동일하고 두 청구권 모두 소유권에 기한 방해배제청구권으로서 그 법적 근거와 성질이 동일하므로 비록 전자는 이전등기, 후자는 말소등기의 형식을 취하고 있다고 하더라도 그 소송물은 실질상 동일한 것으로 보아야 하고, 따라서 소유권이전등기말소청구소송에서 패소확정판결을 받았다면 그 기판력은 그 후 제기된 진정명의회복을 원인으로 한 소유권이전등기청구소송에도 미친다고 판시하였다.[172]

위 판례에 대하여 사실관계 일지설로 설명할 수 있다는 견해가 있으나,[173] 실

---

170) 대법원 1993.9.14. 선고 92다1353 판결.
171) 대법원 2000.5.12. 선고 2000다5978 판결.
172) 대법원 2001.9.20. 선고 99다37894 전원합의체 판결.

체법적 청구권(민 214 전단)의 성질이 동일하다면 청구취지가 다르더라도 소송물은 실질적으로 동일하다는 의미에서 판례의 입장인 구실체법설에 어긋나지 않는다.

마. 후유증에 기한 확대손해와 소송물

변론종결 후에 발생한 후유증에 의한 확대손해는 어느 소송물이론을 취하든지 관계없이 별개의 소송물이라고 본다. 다만 그 근거로서, ① 전소의 표준시 후에 생긴 치료비의 추가청구는 전소의 청구를 명시적 일부청구로 의제함으로서 추가청구를 잔부청구로 보아 허용된다는 입장(명시설=잔부청구설), ② 전소판결의 표준시까지 구체화되지 않은 손해는 표준시 후의 새로운 사유에 해당되어 후소의 제기가 허용된다는 입장(기판력의 시적 한계설), ③ 후유증에 기한 확대손해가 전소의 변론종결시까지 예견할 수 없었던 새로운 손해라면 별개의 소송물이라는 입장(별개의 소송물설)이 있다. 판례는 불법행위로 인한 적극적 손해의 배상을 명한 전소송의 변론종결 후에 새로운 적극적 손해가 발생한 경우에 그 소송의 변론종결당시 그 손해의 발생을 예견할 수 없었고 또 그 부분 청구를 포기하였다고 볼 수 없는 등 특별한 사정이 있다면 전 소송에서 그 부분에 관한 청구가 유보되어 있지 않다고 하더라도 이는 전소송의 소송물과는 별개의 소송물이므로 전소송의 기판력에 저촉되는 것이 아니라고 하여 '별개의 소송물설'의 입장에 있다.[174)]

바. 일부청구와 소송물

다수설 및 판례는 명시설의 입장이므로 가분채권에 대한 이행청구를 하면서 일부청구임을 명시하였다면 소송물은 그 일부청구 부분에 한정되고 그 확정판결의 기판력도 잔부청구에는 미치지 않으므로 잔부는 별도로 청구할 수 있으나 일부청구임을 명시하지 않았다면 전체가 하나의 소송물이므로 기판력은 잔부청구에까지 미쳐서 잔부에 대하여 다시 청구할 수 없다고 한다(자세한 내용은 후술).[175)]

2. 확인의 소의 소송물

앞에서 본 바와 같이 확인을 구하는 권리 또는 법률관계는 청구취지만으로 동일성이 특정된다는 것이 다수설이다. 즉 확인의 소에 있어서는 신·구소송물이론

173) 정동윤·유병현·김경욱, 294쪽.
174) 대법원 1980.11.25. 선고 80다1671 판결; 대법원 2007.4.13. 선고 2006다78640 판결.
175) 대법원 1989.6.27. 선고 87다카2478 판결.

을 막론하고 신청(＝청구취지)에 의하여 소송물이 특정된다고 본다(다만, 이분지설 가운데 일관설은 제외).

판례는 특정토지에 대한 소유권확인의 본안판결이 확정되면 그에 대한 권리 또는 법률관계가 그대로 확정되는 것이므로 변론종결 전에 그 확인의 원인이 되는 다른 사실이 있었다 하더라도 그 확정판결의 기판력은 거기까지도 미치기 때문에 전소의 변론종결 이전에 타인이 그 토지를 매수하였다거나 취득시효의 완성으로 소유권을 취득하였음을 이유로 제기된 후소는 전소판결의 기판력에 저촉된다고 하여 다수설과 동일한 취지로 판시한 것도 있고,[176] 부동산을 선친으로부터 증여받았음을 이유로 한 소유권확인청구의 전소와 그 부동산의 일정 지분을 상속받았음을 이유로 한 소유권확인청구의 후소는 소송물을 달리한다고 판시한 것도 있어 불분명하다.[177]

생각건대 물권의 확인을 구하는 경우의 청구취지는 "○○건물이 원고의 소유임을 확인한다."는 형식을 취하게 되는데, 그 이유는 물권의 경우에는 동일 주체가 동일 목적물에 대하여 가지는 동일 종류의 권리가 여러 개 있을 수 없기 때문이다. 따라서 물권을 확인하는 소의 경우에는 동일 주체 사이의 소송물을 확정하기 위하여 사실관계를 참작할 필요가 없다고 할 수 있다.[178] 결국 물권의 확인을 구하는 소의 경우에는 청구취지만으로 소송물이 특정되므로 후소에서 사실관계나 권리관계를 달리 주장하더라도 소송물이 동일하여 전소의 기판력이 후소에 미친다고 할 것이다.

그런데 채권의 확인을 구하는 경우의 청구취지는 "○○건물에 관하여 원고와 피고 사이의 2022. 4. 12. 임대차계약에 의한 기간 2년, 임차보증금 50,000,000원, 차임 매월 500,000원으로 된 임차권이 원고에게 있음을 확인한다."의 형식을 취하게 되는데, 이러한 형식을 취하는 이유는 동일 당사자 사이에도 동일한 내용의 권리가 발생원인(사실관계)을 달리하여 여러 개 존재할 수 있기 때문이다. 그렇지만 청구취지 자체에 특정 권리의 구체적인 내용이 모두 기재되므로 물권의 확인을 구하는 경우와 마찬가지로 별도의 청구원인에 의한 뒷받침 없이 청구취지만으로 소송물의 특정이 가능하다. 다만 이 경우에 물권의 확인을 구하는 경우와

176) 대법원 1987.3.10. 선고 84다카2132 판결.
177) 대법원 1991.5.28. 선고 91다5730 판결.
178) 물론 물권의 경우에도 전소와 후소의 당사자가 달라서 전소의 기판력이 후소에 미치지 않는 경우라면 확인판결의 상대적 효력으로 인하여 전후의 소송물이 동일하다고 할 수 없다.

다른 점은 동일 당사자 사이에도 동종의 권리가 여러 개 존재할 수 있기 때문에 후소에서 다른 발생원인(사실관계)을 주장하면 소송물이 달라 전소의 기판력이 후소에 미치지 않는다고 보아야 한다는 것이다. 이렇게 새기는 것이 기판력의 객관적 범위는 주문에 포함된 것에 한한다는 민소법 216조 1항의 규정에도 부합한다고 본다. 사실관계의 동일성여부가 소송물의 동일성여부를 판단하는 기준이 되는 것은 소극적 확인소송의 경우에도 마찬가지이다. 소극적 확인소송의 경우에 청구취지는 "원고의 피고에 대한 2022. 4. 12. 금전소비대차계약에 기한 채무는 존재하지 아니함을 확인한다."의 형식이 되고, 원고가 특정된 청구에 대하여 채무발생원인사실을 부정하는 주장을 하면 피고는 원고에게 채무가 존재하는데 대한 요건사실을 주장·증명할 책임이 있다.[179] 만약 원고가 부존재한다고 주장하는 바로 그 청구권의 성립요건사실과 수액에 대하여 피고가 주장·입증하지 않고 다른 사실관계에 대하여 주장·입증한다면 원고가 제기한 소극적확인의 소는 이유 있어 인용될 것이기 때문에 사실관계가 소송물의 동일성을 정하는 기준이 된다고 보아야 하고, 따라서 전소와 다른 사실관계를 주장하면서 제기된 부존재확인의 후소에 전소의 기판력을 인정하여서는 안 된다.

3. 형성의 소의 소송물

(1) 의 의

형성의 소의 소송물이 무엇인가에 대하여, 법에 규정된 개개의 사유를 소송상 구할 수 있는 형성소권으로 보는 구실체법설의 입장과 청구취지에 표시된 법률관계의 형성을 구할 수 있는 법적 지위로 보는 소송법설의 입장이 대립한다. 그런데 소송법설의 입장에서는 법적 지위를 어떻게 보느냐에 따라 소송물의 범위가 달라질 수 있다. 예컨대, 동일한 당사자 사이의 이혼관계의 해소와 같이 형성을 구할 수 있는 법률관계가 동일하고 분쟁의 기초가 된 사회적 생활관계가 동일한 경우에, 이혼원인의 형성요건이 여러 개 존재하는 것으로 본다면 소송물인 형성을 구하는 법적 지위는 여러 개가 되지만, 이혼을 구하는 법적 지위를 이혼을 계속할 수 없는 중대한 사정으로 넓게 보고 배우자의 부정 또는 악의의 유기 등 개개의 이혼사유는 그 예시에 불과하다고 해석한다면 이혼사유가 무엇이든 소송물은

---

179) 대법원 1998.3.13. 선고 97다45259 판결.

하나라고 볼 수도 있다. 판례는 각 이혼사유마다 독립된 이혼청구원인이 되므로 법원은 원고가 주장한 이혼사유에 관해서만 심판하여야 한다는 구실체법설의 입장이다.[180]

(2) 재심소송과 소송물

구실체법설은 각각의 재심사유를 별개의 소송물이라고 보기 때문에 여러 사유를 한꺼번에 주장하면 각각의 사유에 대하여 기간준수의 효력 등을 따져야 할 것이다. 이분지설도 각 재심사유별로 각기 다른 사실관계를 주장하는 것이므로 별개의 소송물이라고 본다. 이에 비하여 일분지설은 각 재심사유는 단순한 공격방법에 불과한 것으로 보기 때문에 만약 새로운 재심사유를 추가·변경하더라도 이는 공격방법의 추가·변경에 불과하므로 재심기간의 준수여부는 당초에 소를 제기한 때를 기준으로 한다. 판례는 민소법 451조 1항 각호 소정의 재심사유는 각각 별개의 청구원인에 해당한다고 보므로 구실체법설의 입장이다.[181]

(3) 회사관계소송

회사설립무효의 소(상 328)에 있어서 소송물은 회사의 설립무효를 구하는 청구권이며 구체적인 무효사유는 공격방법에 불과하다.[182]

판례는 회사의 주주총회결의부존재확인청구나 무효확인청구(판례는 이들 소송을 확인소송으로 보고 있으나 학자에 따라서는 형성소송으로 보기도 한다)는 모두 법률상 유효한 결의의 효과가 현재 존재하지 아니함을 확인받고자 하는 점에서 동일한 것이므로 법률상 부존재로 볼 수밖에 없는 총회결의에 대하여 결의무효확인을 구하고 있다 하여도 이는 부존재확인의 의미로 무효확인을 구하는 취지라고 풀이하여 받아들일 수 있다고 판시하였다.[183]

한편 주주총회결의부존재확인소송과 주주총회결의취소소송은 별개의 소송물로 보는 것이 판례의 입장이다.[184] 다만 주주총회결의취소소송은 결의한 날로부터 2

180) 대법원 1963.1.31. 선고 62다812 판결.
181) 대법원 1992.10.9. 선고 92므266 판결.
182) 대법원 1992.2.14. 선고 91다31494 판결.
183) 대법원 1983.3.22. 선고 82다카1810 전원합의체 판결. 이 판결에 대하여, 1983년 당시에는 부존재확인의 소가 상법에 존재하지 않았으므로 부득이한 처리였을 뿐 소송물이 동일하다는 취지의 판결이 아니며, 1984년 상법개정으로 부존재확인의 소가 신설되었는데, 이 소가 무효확인의 소와 소송물이 동일하다면 별도로 신설할 이유가 없었을 것이라는 견해가 있다(한충수, 235쪽).

월 내에 제기하여야 할 것이나(상 376①), 부존재확인의 소가 취소소송의 제소기간 내에 제기되어 있다면 결의한 날로부터 2월이 경과한 후 취소소송으로 소를 변경 또는 추가한 경우에도 부존재확인의 소제기 시에 결의취소의 소가 제기된 것과 동일하게 취급하여 제소기간을 준수한 것으로 보아야 한다는 판례가 있는데,[185] 이는 주주총회결의무효확인과 주주총회결의취소소송 사이에서도 마찬가지이다.[186] 이에 대하여는 이들 소송의 소송물을 동일하게 본 것으로 이해하여 소송법설과 맥락을 같이한다는 견해도 있고,[187] 이들 소송은 별개의 소송물인 점을 전제로 부존재확인소송과 취소소송을 선택적 내지 예비적으로 병합할 수 있다는 취지에 불과하다는 견해도 있다.[188]

제4절 일부청구

Ⅰ. 일부청구의 의의

금전 기타 대체성이 있는 물건 등과 같이, 수량적으로 분할급부가 가능한 급여를 목적으로 하는 특정한 채권에 대하여 먼저 그 일부를 청구하여 판결을 받은 후 재차 소를 제기하여 그 채권의 나머지 부분, 즉 잔부(殘部)를 청구할 수 있는가가 일부청구에서 가장 중요한 논점이지만, 그 외에도 일부청구는 중복된 소제기 여부, 시효중단의 범위, 과실상계 및 상계의 범위 등 여러 문제와 관련해서도 쟁점이 존재한다.

원고가 한꺼번에 전액을 청구할 수 있음에도 우선 일부를 청구하는 데에는 여러 가지 이유가 있을 수 있다. ① 소송비용 부담을 절약하려는 의도 하에 승소의 가능성이나 인용액의 범위를 미리 알아보기 위해 전체채권 중 일부를 시험적으로 청구하는 경우(**시험소송형**), ② 소제기의 시점에서는 채권총액이 불분명하기 때문에 우선 산정 가능한 금액으로 소를 제기하고 피고의 응소나 법원의 소송지휘 내

---

184) 대법원 1978.9.26. 선고 78다1219 판결.
185) 대법원 2003.7.11. 선고 2001다45584 판결.
186) 대법원 2007.9.6. 선고 2007다40000 판결.
187) 이시윤, 261쪽. 사실관계 일지설의 입장에서 이들 소송 사이에 소송물이 동일한 것으로 보는 견해에 대해서는 정동윤 · 유병현 · 김경욱, 309쪽 참조.
188) 김홍엽, 329쪽.

용에 따라 자신의 채권총액을 결정하려는 경우(**총액불명형**), ③ 소제기 당시에 피고의 자력이 채권총액에 미치지 못하여 어차피 집행이 불가능할 금액을 미리 공제하고 제기하는 경우(**자력고려형**), ④ 피고로부터 과실상계나 상계항변이 예상되는 경우에 소송비용의 절약, 패소판결의 회피, 심리의 신속화 등의 목적으로 상계 등에 의해 소멸될 금액을 미리 공제하고 제기하는 경우(**상계고려형**), ⑤ 전체 채권이 여러 청구권의 집합체로서 각 청구권에 관한 입증수단이나 배상방법 등이 서로 달라 한꺼번에 심판받기 곤란한 경우에 특정 청구권을 제외하고 제기하는 경우(**청구권항목 한정형**) 등을 들 수 있다. 일괄하면, 일부청구에는 법원이 어떤 판단을 할지 불안하거나 또는 전액으로 소를 제기하기 곤란한 사정이 있는 경우에 채권전액으로 청구하면 신청수수료(소장의 첩용인지액)만 허비할 수 있으므로 채권의 일부만을 청구함으로써 수수료를 절약하려는 원고의 의도가 깔려있다. 따라서 신청수수료가 소송물가액과 연동되는 독일·일본·우리나라의 경우에는 일부청구가 허용되어야 한다는 주장이 많지만, 신청수수료가 정액인 미국에서는 일부청구가 허용되지 않는다는 주장이 압도적이다.

현행 소액사건심판법 5조의2에서는 소액사건심판법의 적용을 받을 목적으로 청구를 분할하여 그 일부만을 청구하면 각하판결을 하도록 규정하고 있다. 따라서 일부청구의 문제는 소액사건심판법의 위 규정이 적용되지 않는 일반적인 경우를 대상으로 논의하는 것이다.

Ⅱ. 일부청구의 허용성(기판력의 범위)

일부청구의 허용성에 대한 문제는 일부만을 청구한 최초의 소가 허용되는지를 문제 삼는 것이 아니다. 일부에 한정한 최초의 청구는 민소법 203조(처분권주의)에 의해 적법하므로 1,000만원의 채권 중 1원에 대해서만 소제기하는 것과 같은 극단적인 경우를 제외하고는 문제가 없기 때문이다. 일부청구는 이 최초의 청구가 적법하게 판결이 확정되었음을 전제로, 나중에 제기된 잔부에 대한 청구의 소에 전소의 기판력이 미치는지 여부가 문제되는 것이다. 따라서 '일부청구 후 잔부청구의 허용성'이라고 부르는 것이 정확한 표현이지만 관행에 따라 '일부청구의 허용성'이라고 칭하기로 한다. 요컨대 일부청구의 허용성 문제는 후소가 전소의 기판력에 저촉되는지 여부이다.

1. 학 설

가. 일부청구 긍정설

(1) 의 의

원고가 전소에서 일부청구임을 명시하였는지 여부와 관계없이 전소의 기판력은 전소의 판단에만 생기고 새로운 잔부청구에는 미치지 않으므로 후소는 허용된다는 견해이다.[189]

(2) 근 거

처분권주의 원리상 당연하며, 판결주문에만 기판력이 미친다는 명문(216①)의 취지에 따라야 한다는 것이다. 만약 원고가 전소에서 진정으로 전부청구를 할 의사였음에도 다시 후소를 청구한 것으로 인정되면 이는 채권의 잔부에 대한 실체법상 포기 또는 그 잔부를 소로써 주장할 것을 포기한 것으로 볼 것이며, 그렇다면 잔부청구는 실체법적으로 이유 없는 것이지, 기판력 때문에 부적법해지는 것은 아니라는 것이다. 다만 묵시적 일부청구까지 허용할 때 생기는 문제점으로 지적되는 상대방의 신뢰보호를 어떻게 해결할 것인가에 대해서는, ① 잔부청구를 유보하였다는 것을 밝히지 않은 것에 실체법상 포기(채무면제)의 효과를 부여하거나, ② 전소에서 원고가 마치 잔부청구를 하지 않을 것처럼 행동하고 뒤에 다시 잔부청구를 하는 것은 소송법상 금반언 또는 실효의 원칙을 적용하여 소를 각하하거나 실체법상 신의칙 위반으로 보아 청구를 기각하면 된다고 본다. 그러나 일부만을 청구하는 최초의 청구는 처분권주의가 적용되어 원고의 자유이고 적법하다는 것에 문제가 없지만, 후소인 잔부청구를 무제한으로 인정하면 실체법의 세계에서는 문제되지 않았던 피고의 응소의 부담, 법원의 이중심리의 부담, 재판의 모순저촉의 위험이라는 소송법적 문제가 추가로 발생한다. 따라서 잔부청구까지도 자유롭게 허용되어야 한다는 견해는 실체법에 경도된 주장으로서 적절하지 않다.

나. 일부청구 부정설

(1) 의 의

채권액 중 청구의 일부와 잔부 사이에 담보권의 유무, 이행기의 차이, 정기금

---

189) 호문혁, 752쪽.

채권에서의 각 기(期)의 지분채권 등과 같은 식별 기준이 있는 경우에는 일부청구를 허용하되, 단순히 기계적 · 수량적으로 분할해서 청구하는 일부청구의 경우에는 부정하여야 한다는 설이다.

(2) 근 거

① 비록 소송 밖에서 권리의 분할행사가 자유롭게 인정되더라도 분쟁의 공권적 해결을 위하여 국가가 설치 · 운영하는 민사소송에 이를 그대로 도입하면 민사소송제도의 목적에 비추어 허용될 수 없고, 더욱이 분쟁해결의 일회성, 일사부재리의 이념, 법원이나 피고의 부담, 기판력의 범위의 명확성 등을 고려하면 원고가 국가제도를 자의적으로 이용하는 것은 인정되지 않는다는 점, ② 소송물의 특정에 있어서 원고가 채권의 일부를 명시해서 분할청구한 경우에 그것만으로는 채권의 어느 일부라는 것이 특정되지 않으므로 법원으로서는 채권의 모든 부분의 존부에 대하여 심리하지 않으면 이 청구를 배척할 수 없게 된다. 따라서 명시적 일부청구의 경우라도 그것은 전부청구라고 보아야 하고, 이에 대한 판결도 전부판결이므로 그 판결이 확정되면 기판력은 원고의 승패를 불문하고 채권 전액에 미치는 것으로 보아야 한다는 점, ③ 손해배상청구소송에 있어서 손해액의 예측이 곤란한 경우가 있다는 것을 이유로 분쟁을 분할할 수 있다는 것은 논리의 비약이며, 전소에서 통상의 주의를 하더라도 예견할 수 없었던 후유증으로 인한 배상청구는 기판력의 표준시 이후에 생긴 사유이므로 제2의 소송이 허용된다는 점 등을 근거로 들고 있다. 이 학설에 대해서는 국가주의적 소송관에 경도되어 있다는 비판이 있다.

다. 명시설(절충설)

(1) 의 의

명시설은 당사자가 전소에서 일부청구임을 밝혔는지 여부에 따라 잔부청구에 대한 법적 규율을 달리하자는 견해이다. 즉 당사자가 전소에서 일부청구임을 밝힌 경우에는 그 일부만이 소송물이 되고 따라서 그에 관한 확정판결의 기판력은 잔부청구에 미치지 않지만, 전소에서 일부청구임을 밝히지 않은 경우에는 그 청구가 채권 전체를 주장한 것으로 보아 채권 전부가 소송물이 되므로 잔부청구는 전소판결의 기판력에 저촉되어 허용되지 않는다고 본다. 우리나라의 통설이다.[190]

(2) 근 거

전소에서 일부청구임을 명시하지 않고 있다가 후소에서 전소가 일부청구라고 하면서 잔부청구를 한다는 것은 소송상 신의칙에 반하며, 명시여부는 기준이 명확하고, 피고는 그 범위 내에서 소송을 수행하든가 잔부 부존재의 중간확인의 반소를 제기하여 심판범위를 잔부에까지 확장할 수 있고, 일부청구임을 명시하지 않은 책임은 원고 자신에게 있으므로 잔부청구를 한 후소를 전소의 기판력에 의하여 차단시켜도 원고에게 가혹하지 않다는 점을 든다.

2. 판 례

판례는 피해자가 일부청구임을 명시하여 그 손해의 일부만을 청구한 경우 그 일부청구에 대한 판결의 기판력은 청구의 인용여부에 관계없이 청구의 범위에 한하여 미치는 것이고, 잔액 부분 청구에는 미치지 아니한다고 하여 명시설의 입장에 있다.[191] 즉 후소의 잔부청구가 전소의 일부청구에 대한 확정판결의 기판력에 저촉되지 않으려면 양 청구가 다르다는 것이 인식될 수 있다는 것만으로는 부족하고 전소가 일부청구임을 '명시'해야 한다.[192] 명시의 방법으로는 반드시 전체 금액을 특정하여 그중 일부만을 청구하고 나머지 금액에 대한 청구를 유보하는 취지임을 밝혀야 할 필요는 없고, 일부청구하는 금액의 범위를 나머지 부분의 청구와 구별하여 그 심리의 범위를 특정할 수 있는 정도의 표시를 하여 전체 금액의 일부로서 우선 청구하고 있는 것임을 밝히면 충분하다.[193]

명시설에 따라 원고에게 일부청구를 허용하면 피고는 여러 번 소송을 당할 수 있으므로 그에게 불리하지 않는가?

명시설에 의하면, 만약 원고가 일부청구임을 명시하지 않은 경우에는 기판력이 청구 전체에 미쳐서 잔부청구가 허용되지 않으므로 피고에게 불리하지 않고, 일부청구임

---

190) 김홍엽, 278쪽; 송상현 · 박익환, 449쪽; 이시윤, 258쪽; 정동윤 · 유병현 · 김경욱, 315쪽; 정영환, 1176쪽.

191) 대법원 2008.12.24. 선고 2008다51649 판결.

192) 대법원 1993.6.25. 선고 92다33008 판결.

193) 대법원 1986.12.23. 선고 86다카536 판결; 대법원 1989.6.27. 선고 87다카2478 판결; 대법원 2016.6.10. 선고 2016다203025 판결. 일부청구임을 명시하였는지 판단할 때에는 소장, 준비서면 등의 기재뿐만 아니라 소송의 경과 등도 함께 살펴보아야 한다(대법원 2016.7.27. 선고 2013다96165 판결).

을 명시하였다면 잔부에는 시효가 진행되므로 시효소멸로 인하여 잔부청구의 가능성이 낮아질 뿐만 아니라, 원고가 잔부청구를 예고하였으므로 피고로서는 이에 충분히 대응할 수 있으며, 원고가 일부청구를 해 온 경우에 피고는 잔부청구가 존재하지 않는다는 중간확인의 반소를 제기하여 심판범위를 잔부에까지 확장할 수 있기 때문에 명시설에 의하더라도 피고에게 그다지 불리할 것은 없다.

Ⅲ. 일부청구와 중복소제기

1. 논의의 전제

당사자는 이미 법원에 계속하고 있는 사건과 동일한 사건에 대하여 다시 소를 제기할 수 없다(259). 이는 무익한 이중의 소송수행을 금지함으로써 소송경제와 판결의 모순방지를 도모하려는 데 그 목적이 있다. 일부청구의 소송계속 중 별소로 잔부청구를 하는 경우 중복소제기에 해당하는지가 문제된다.

2. 학설과 판례

가. 일부청구 긍정설의 입장

일부청구 긍정설 내에서는 다음과 같이 견해가 나뉜다.

일부청구의 소송계속 중에 잔부를 더 청구하고자 하면 동일소송절차 내에서 청구취지를 확장하면 되고 별소로 청구할 필요는 없으므로, 특정여부를 불문하고 후소는 중복된 소제기에 해당한다는 견해가 있다. 이 견해는 기판력이 서로 저촉될 우려도 하나의 이유로 들고 있다.

일부청구인 전소가 소송계속 중일 때에는 잔부청구인 후소는 중복된 소제기가 아니라고 할 것이지만, 가능하면 이송 등으로 변론을 병합하는 것이 타당하고 그렇지 않으면 양소는 별개로 진행하여야 한다는 견해도 있다.[194)]

나. 일부청구 부정설의 입장

이 입장에서는 일부청구의 소송계속 중에 잔부에 대하여 별소를 제기하는 것은 당연히 중복된 소제기에 해당하여 부적법하다고 한다. 소송물이 동일하다고 보기 때문이다. 이 경우 전소에서 청구를 확장하는 방법에 의하여야 할 것이라고

---

194) 호문혁, 159쪽.

한다.

다. 명시설(절충설)의 입장

일부임을 명시한 경우에는 그 일부만이 소송물이므로 별소로 잔부청구를 제기하여도 중복된 소제기에 해당하지는 않지만 묵시적 일부청구의 경우에는 채권의 전부가 소송물이므로 별소로 잔부청구를 하는 것은 중복된 소제기에 해당한다고 보는 견해가 있다.[195]

명시설을 취하면서도 일부청구가 묵시적이든 명시적이든 중복소송에 해당하지는 않지만 청구취지의 확장으로 쉽게 추가 청구할 수 있는 경우에 잔부를 별소로 제기하는 것은 소권 남용으로 보아 후소를 각하하여야 한다는 견해도 있다. 한편, 두 청구가 동일 심급의 별개 법원에 소송계속 중일 때에는 이송으로, 동일 법원의 별개 재판부에 소송계속 중일 때에는 이부(移部)로, 동일 재판부에 소송계속 중일 때에는 변론의 병합으로 절차의 단일화를 시도하는 것이 타당하다는 입장이 있다(단일절차 병합설).[196]

라. 판 례

판례는 전소가 묵시적 일부청구인 경우에는 중복소송이라고 본다.[197] 또한 명시적 일부청구라고 하여 후소인 잔부청구가 언제나 허용되는 것은 아니고 후소가 소권의 남용에 해당하는 경우에는 부적법 각하한다. 즉 전소가 명시적 일부청구로서 **법률심**인 대법원에 계속 중인 경우에는 유보된 나머지 청구(잔부청구)를 별도 소송으로 제기하여도 중복소송이 아니라고 보지만,[198] 전소가 명시적 일부청구로서 **사실심**에 계속 중인 경우에는 원고는 위 종전 소송에서 청구취지의 확장으로 해결할 수 있으므로 별소로 잔부청구인 후소 청구를 하는 것은 소권남용에 해당하여 부적법하다고 본다.[199]

---

195) 정동윤 · 유병현 · 김경욱, 312쪽.
196) 이시윤, 293쪽.
197) 대법원 1985.4.9. 선고 84다552 판결의 반대해석.
198) 대법원 1985.4.9. 선고 84다552 판결.
199) 대법원 1996.3.8. 선고 95다46319 판결.

Ⅳ. 일부청구와 시효중단

1. 의 의

일부청구의 경우에 그 일부청구에 포함된 채권 부분에 대하여 시효중단의 효력이 미치는 것은 당연하다. 그러나 잔부채권에 대해서도 시효중단의 효력이 미치는가에 대해서는 견해가 나뉘어 있다.

2. 학설과 판례

가. 일부중단설

일부청구의 경우 명시여부를 불문하고 청구한 일부에 대하여만 시효중단의 효력이 미칠 뿐 잔부채권에 대해서는 시효중단의 효력이 미치지 않는다는 견해이다. 일부청구 긍정설의 원칙적인 논리적 귀결이라고 할 수 있다.

나. 전부중단설

명시여부를 불문하고 시효중단의 효력은 채권 전부에 대하여 미친다는 견해이다. 명시적 일부청구를 한 경우에도 잔부청구에 대하여 권리 위에 잠자지 않는다는 점을 표현한 것이기 때문이라고 한다. 이 견해는 명시여부를 가리지 않고 그 권리관계의 전부에 대하여 시효중단의 효력이 미친다고 보는 것이 시효제도의 취지에 가장 충실한 결론이라고 한다. 일부청구 부정설의 원칙적인 논리적 귀결이라고 할 수 있지만, 원칙적으로는 명시설을 지지하면서도 이 입장에 서는 학자도 있다.[200]

다. 명시설(절충설)

일부청구임을 명시한 경우에는 그 한도 내에서 시효가 중단되며, 명시하지 아니한 경우에는 동일한 채권의 범위 내에서 그 전부에 대하여 시효가 중단된다고 보는 견해이다.[201]

명시설에 의하면 묵시적 일부청구인 경우에는 전부를 청구한 것으로 보기 때문

200) 송상현 · 박익환, 290쪽; 정동윤 · 유병현 · 김경욱, 313쪽; 정영환, 468쪽.
201) 김홍엽, 384쪽; 이시윤, 298쪽.

에 그 판결이 확정되면 기판력으로 인하여 잔부를 청구할 수 없다. 그렇다면 이 경우에 잔부에 대하여 시효가 중단되었다고 하더라도 아무런 의미가 없는 것이 아닌가?

후술하듯이, 판례는 상소의 이익의 존부에 대하여 형식적 불복설을 취하고 있지만, 묵시적 일부청구의 경우에는 예외적으로 전부 인용하는 판결이 선고되어도 잔부청구를 위한 항소를 인정한다. 이 경우 항소심에서 상대방이 잔부에 대한 소멸시효 항변을 하더라도 받아들여지지 않는다는 점에서 의미가 있다.

라. 판 례

판례는 한 개의 채권 중 일부에 관하여만 판결을 구한다는 취지를 명백히 하여 소송을 제기한 경우에는 소제기에 의한 소멸시효 중단의 효력이 그 일부에 관하여만 발생하고, 나머지 부분에는 중단의 효력이 발생하지 않는다고 하여 명시설(절충설)의 입장에 있다.[202)]

다만 소장에서 청구의 대상으로 삼은 채권 중 일부만을 청구하면서 소송의 진행경과에 따라 장차 청구금액을 확장할 뜻을 표시하고 당해 소송이 종료될 때까지 실제로 청구금액을 확장한 경우에는 소제기 당시부터 채권 전부에 관하여 판결을 구한 것으로 해석되므로 이러한 경우에는 소제기 당시부터 채권 전부에 관하여 재판상 청구로 인한 시효중단의 효력이 발생한다고 판시하였다.[203)] 이 판례의 입장에 대하여 명시설의 예외라는 견해도 있으나,[204)] 추후 청구취지의 확장을 전제로 우선 일부만 청구하겠다는 것일 뿐 소제기 당시 이미 전부청구의 의사가 있었기 때문에 일부청구가 아니라는 것이므로 명시설에서 벗어난 것이 아니다.[205)] 그렇다면 소장에서 청구의 대상으로 삼은 채권 중 일부만을 청구하면서 소송의 진행경과에 따라 장차 청구금액을 확장할 뜻을 표시하였으나 당해 소송이 종료될 때까지 **실제로 청구금액을 확장하지 않은 경우**에 시효중단의 범위는 어떻게 되는

202) 대법원 1975.2.25. 선고 74다1557 판결.

203) 대법원 1992.12.8. 선고 92다29924 판결; 대법원 1992.4.10. 선고 91다43695 판결. 이러한 법리는 추후 확장시킨 손해배상채권의 지연손해금에도 적용된다(대법원 2001.9.28. 선고 99다72521 판결).

204) 이시윤, 299쪽.

205) 대법원 2022.11.17. 선고 2022두19 판결(소장에서 청구의 대상으로 삼은 채권 중 일부만을 청구하면서 소송의 진행경과에 따라 장차 청구금액을 확장할 뜻을 표시하고 해당 소송이 종료될 때까지 **실제로 청구금액을 확장한 때에는** 소 제기 당시부터 채권 전부에 관하여 판결을 구한 것으로 해석되므로, 이러한 경우에는 소 제기 당시부터 채권의 동일성의 범위 내에서 그 전부에 관하여 재판상 청구로 인한 시효중단의 효력이 발생한다).

가? 판례는 실제로 청구금액을 확장한 경우와는 달리, 이 경우에는 소송의 경과에 비추어 볼 때 채권 전부에 관하여 판결을 구한 것으로 볼 수 없으므로 나머지 부분에 대하여는 재판상 청구로 인한 시효중단의 효력이 발생하지 아니한다는 입장이다. 다만, 당해 소송이 계속 중인 동안에는 나머지 부분에 대하여 권리를 행사하겠다는 의사가 표명되어 최고에 의해 권리를 행사하고 있는 상태가 지속되고 있는 것으로 보아야 하고, 채권자는 당해 소송이 종료된 때부터 6월 내에 민법 174조에서 정한 조치(재판상 청구 등)를 취함으로써 나머지 부분에 대한 소멸시효를 중단시킬 수 있다고 하였다.[206] 한편, 소장에서 청구의 대상으로 삼은 채권 중 일부만을 청구하면서 소송의 진행경과에 따라 장차 청구금액을 확장할 뜻을 표시하였더라도 그 후 채권의 특정 부분을 청구범위에서 명시적으로 제외하였다면, 그 부분에 대하여는 애초부터 소의 제기가 없었던 것과 마찬가지이므로 재판상 청구로 인한 시효중단의 효력이 발생하지 않는다.[207] 또한, 원고가 위자료 및 적극적 손해 중 기왕치료비 액수는 특정하여 청구하고 향후치료비에 대해서는 '추후 신체감정 결과에 따라 액수를 정하되 우선 ○○원만 청구하겠다'는 식으로 청구하였는데 신체감정이 이루어지지 않은 채 자백간주에 의하여 원고승소판결이 확정되자(전소), 원고가 다시 동일사안으로 손해배상을 구한 사건(후소)에서, 대법원은 전소의 위자료와 적극적 손해 중 기왕치료비 부분은 물론, 향후치료비 중 명시적 일부청구인 우선청구 부분은 전소의 기판력이 후소에 미치지만, 그 외 전소에서 신체감정을 하지 않아 액수가 정해지지 않은 향후치료비 부분은 잔부청구로서 전소의 기판력이 미치지 않으므로 후소에서 배상판결이 허용된다고 판시하였다.[208]

V. 일부청구와 과실상계

1. 문제의 소재

법원은 처분권주의에 따라 당사자가 신청하지 아니한 사항에 대하여는 판결하지 못한다(203). 따라서 일부만 청구한 경우에는 그 범위를 넘어서 판결하지 못하는데, 과실상계를 인정하는 경우에 이를 어떤 방법으로 참작할지 문제된다. 예컨

206) 대법원 2020.2.6. 선고 2019다223723 판결; 대법원 2022.5.26. 선고 2020다206625 판결.
207) 대법원 2021.6.10. 선고 2018다44114 판결.
208) 대법원 2016.7.27. 선고 2013다96165 판결.

대 총 1억원의 금액 가운데 6,000만원을 일부청구한 경우에 과실상계의 비율이 30%라고 하자.

2. 학설과 판례

(1) 외측설

전체금액을 기준으로 과실상계를 한 후[전체금액－(전체금액×과실비율/100)], 청구금액의 범위 내에서 인정한다. 이것이 원고의 통상적인 의사이고 분쟁의 일회적 해결을 위하여 타당하기 때문이라고 한다. 위의 예에서 1억원－(1억원×30/100)＝7,000만원이지만 처분권주의에 따라 청구액 6,000만원을 인용한다. 다수설이다.[209)]

(2) 내측설

청구금액에서 전체금액을 과실비율로 감액한 액을 공제한다[청구금액－(전체금액×과실비율/100)]. 즉 위의 예에서 6,000만－(1억×30/100)＝3,000만원을 인용한다.

(3) 안분설

처분권주의상 원고가 청구한 금액을 기준으로 과실도 비율에 따라 감액한다[청구금액－(청구금액×과실비율/100)]. 일부청구임을 명시한 경우에는 그 일부만이 소송물이 되기 때문이라고 한다. 위의 예에서 6,000만－(6,000만×30/100)＝4,200만원을 인용한다.

(4) 판 례

판례는 원고가 손해배상청구액 중 일부청구를 하고 있는 경우에 손해배상액을 제한함에 있어서는 손해의 전액에서 책임감경사유나 책임제한비율을 적용하여 산정한 손해배상액이 일부청구액을 초과하지 않을 경우에는 손해배상액을, 일부청구액을 초과할 경우에는 일부청구액을 인용하여 줄 것을 구하는 것이 당사자의 통상적인 의사라고 보아야 할 것이라고 판시[210)]함으로써 외측설의 입장이다.

---

209) 김홍규 · 강태원, 373쪽; 이시윤, 322쪽; 전병서, 101쪽.
210) 대법원 1976.6.22. 선고 75다819 판결; 대법원 1994.10.11. 선고 94다17710 판결; 대법원 2008.12.24. 선고 2008다51649 판결.

3. 평 가

판례의 태도에 대하여, 우선 법원이 석명을 통하여 원고의 의사가 무엇인지 확인하여 원고가 자기에게 과실이 있어 스스로 미리 감액하여 일부만 청구하는 것이라고 인정하면 외측설에 의하여 산출하여도 무방하겠지만, 원고가 그러한 진술을 전혀 하지 않고 명시적으로 잔부를 더 청구할 뜻을 밝히면서 일부를 청구하는 경우에는 오히려 안분설에 따르는 것이 당사자의 의사에 더 합당할 것이라는 견해가 있다.[211)]

이에 대하여 잔액을 유보하여 둔 경우라도 반드시 잔부를 청구해야 하는 것은 아니므로 과실상계 등을 전체적으로 하는 것이 바람직하며, 명시적 일부청구를 하더라도 과실상계를 예상하여 전소에서 청구취지를 확장할 수 있는 점 등을 고려해 보면 판례가 취하는 외측설이 타당하다는 견해도 있다.[212)]

Ⅵ. 일부청구와 상계항변

1. 의 의

원고가 총액 중 일부만 청구하였는데, 피고가 자신의 자동채권으로 상계항변을 한 경우 그 상계항변이 이유 있을 때 인용하는 방법도 학설에 따라 다르다.

2. 학설과 판례

(1) 외측설

원고의 채권전액을 확정하여 그 금액에서 자동채권(반대채권)의 금액을 공제하고서 잔여 채권액을 확정한 후 청구액이 잔여 채권액을 넘지 않는 때에는 청구액의 전액을 인용하는 판결을 하고, 청구액이 잔여 채권액을 넘는 때에는 잔여 채권액의 한도에서 청구를 인용하는 판결을 해야 한다는 입장이다.

(2) 내측설

원고주장의 채권전액이 일부청구액을 넘어 존재하는 경우 일부청구액에서 반

---

211) 이시윤, 322쪽; 호문혁, 394쪽.
212) 김홍엽, 411쪽.

대채권의 전액을 공제하고 그 잔액에 대하여 청구를 인용하여야 한다는 견해이다.

(3) 안분설

내측설과 마찬가지로 일부청구액에서 반대채권의 액을 공제하지만 공제하는 액은 반대채권의 전액이 아니라 채권총액에 대한 일부청구액의 비율로 안분한 금액을 반대채권의 액으로 하자는 견해이다.

(4) 판 례

판례는 원고가 피고에게 금전채권 중 일부를 소송상 청구하는 경우에 이를 피고의 반대채권으로써 상계함에 있어서는 위 금전채권 전액에서 상계를 하고 그 잔액이 청구액을 초과하지 아니할 경우에는 그 잔액을 인용할 것이고 그 잔액이 청구액을 초과할 경우에는 청구의 전액을 인용하는 것으로 해석하는 것이 일부청구를 하는 당사자의 통상적인 의사이고 원고의 청구액을 기초로 하여 피고의 반대채권으로 상계하여 그 잔액만을 인용한 원심판결은 상계에 관한 법리를 오해한 위법이 있다고 판시함으로써 외측설의 입장에 있다.[213] 판례는 손익상계의 경우에도 동일한 법리를 적용한다.[214]

갑은 을에 대하여 500만원의 채권을 가지고 있지만 우선 350만원에 대해서만 변제를 요구하는 소를 제기하였고, 을은 반대채권 250만원으로 상계의 항변을 하였다. 판례에 의하면 법원이 지급을 명해야 하는 금액은 얼마인가?

갑의 채권전액인 500만원에서 상계를 하여야 한다. 잔액 250만원이 청구액을 초과하지 않으므로 250만원을 인용하는 판결을 선고하여야 한다. 이와 달리, 만약 을이 100만원으로 상계의 항변을 하였다면 갑의 채권은 400만원이 남게 되는데, 이를 모두 인용하면 처분권주의에 위배되므로 갑이 청구한 범위 내인 350만원만을 인용하여야 한다.

Ⅶ. 일부청구와 청구의 확장 및 감축

1. 청구의 확장

예컨대 1억원의 채권 가운데 7,000만원의 지급청구를 하였다가 1억원으로 변

---

213) 대법원 1984.3.27. 선고 83다323,83다카1037 판결.
214) 대법원 1996.8.23. 선고 94다20730 판결.

경하는 경우 또는 건물의 일부인도를 청구하였다가 전부인도로 변경하는 경우 등이 이에 해당한다. 이러한 양적 확장에 있어서 명시적 일부청구를 하였다가 잔부청구에까지 확장하는 것은 별개의 소송물의 추가이므로 추가적 변경으로 보게 되나, 묵시적 일부청구에서 잔부청구에까지 확장하는 것은 소송물의 변동이 없으므로 엄밀한 의미에서는 청구의 변경이 아니라고 볼 수도 있다. 그러나 피고의 방어범위의 확대에 따른 피고의 방어권의 보장을 위하여 청구의 변경(추가적 변경)으로 취급함이 타당하다.[215] 판례도 같다.[216]

2. 청구의 감축

특정물인도청구의 대상범위 감축의 경우에는 청구의 변경이 있다고 보는 쪽이 타당하지만 금전기타 종류물의 인도청구의 경우에는 그렇지 않다. ① 일부청구부정설의 입장에서는 청구의 일부포기로 보게 된다. 왜냐하면, 예를 들어 원고가 1억원의 지급청구를 하였다가 7,000만원의 지급청구로 감액하여도 나중에 3,000만원의 지급을 별소로 구할 수 없기 때문이다. ② 명시설(통설)에 의하면 감액청구는 청구의 변경에 해당하지 않고 명시여부에 따라 소의 일부취하 내지 청구의 일부포기라고 본다. 당사자의 의사가 분명하지 않는 경우에는 원고에게 유리하게 소의 일부취하로 보아야 하므로 피고가 본안에 관하여 소송에 응한 뒤에는 피고의 동의를 요하며, 나중에 이 부분에 대한 청구가 가능하다. 판례는 청구금액을 감축한 것은 소의 일부취하를 뜻하는 것으로 보므로 명시설의 입장이다.[217]

Ⅷ. 일부청구와 후유증에 의한 손해배상청구

1. 문제의 제기

불법행위의 경우에 전소의 사실심 변론종결시 이후에 예측하지 못하였던 후유증에 의한 손해가 발생하는 일이 있는데, 이 경우에 후유증에 의한 손해배상청구를 허용하기 위한 근거로서 일부청구의 이론을 원용하는 경우가 있다.

---

215) 김홍엽, 947쪽; 정동윤 · 유병현 · 김경욱, 316쪽.
216) 대법원 1963.12.12. 선고 63다689 판결; 대법원 1997.4.11. 선고 96다50520 판결.
217) 대법원 1983.8.23. 선고 83다카450 판결; 대법원 2004.7.9. 선고 2003다46758 판결.

2. 학설과 판례

(1) 일부청구 부정설(기판력의 시적 한계설)의 입장

일반적으로 일부청구 부정설에 의할 경우에도 채권의 일부가 특정표지를 가지는 경우에는 그 부분의 일부청구를 인정하는 설과 이러한 경우에도 일부청구를 부정하는 설(철저한 부정설)로 구분될 수 있다. 다만, 양 설 모두 후발손해의 배상청구인 경우에는 기판력의 객관적 범위의 문제가 아니라 시적 한계의 문제로서 해결되어야 하는 것으로 보고 별소를 긍정하고 있다. 요컨대 일부청구 부정설에 의하면 예상불가능한 후유증은 전소의 기판력의 시적 한계를 넘어서 있으므로 별소를 제기해도 전소의 기판력이 미치지 않는다는 입장이어서 일부청구 후의 잔액청구와는 경우가 다르다고 본다. 이에 대하여는 후유증은 전소에서 이미 판단된 사고에 기인한 것이므로 변론종결 후에 별도의 사유가 발생하였다고 보기는 어렵다는 비판이 있다.

(2) 명시설(=잔부청구설)의 입장

명시설은 '일부청구인 취지의 명시'의 실질적 의미를 한 번의 소송으로 분쟁의 전체적인 해결이 합리적으로 기대되지 않을 때 후소의 여지를 남겨놓은 것이라고 보고, 명시하였다고 볼 수 있는지 여부도 이와 같은 각도에서 결정되어야 한다는 입장이다. 따라서 전소 당시 예측할 수 없었던 후유증·후발손해가 나중에 발생하였다면 전소의 판결내용만으로는 분쟁이 전체적으로 해결된 것으로 합리적으로 기대할 수 없으므로 비록 전소에서 일부청구라고 명시하지 않았다고 하더라도(즉 묵시적 일부청구였다고 하더라도), 이를 명시적 일부청구와 동일하게 취급하여 그 판결의 기판력이 후소에 미치지 않는 것으로 보아 후유증·후발손해 부분에 대한 잔부청구를 허용해야 한다고 본다.[218] 이에 대하여는 전소에서 일부청구임을 명시한 바 없음에도 명시적 일부청구로 의제한다는 점에서 근거가 빈약하다는 비판이 있다.

---

218) 대법원은 후유증에 의한 손해배상청구와 관련된 사안은 아니지만, 장래 이행기 도래분까지의 정기금의 지급을 명하는 판결이 확정된 경우 그 소송의 사실심 변론종결 후에 액수 산정의 기초가 된 사정이 뚜렷하게 바뀜으로써 당사자 사이의 형평을 크게 해할 특별한 사정이 생긴 때에는 전소에서 명시적인 일부청구가 있었던 것과 동일하게 평가하여 전소판결의 기판력이 차액 부분에는 미치지 않는다(대법원 2011.10.13. 선고 2009다102452 판결)고 판시하였는데, 이는 위에서 설명한 명시설의 입장에 의한 것으로 보인다.

(3) 판례(별개의 소송물설)

판례는 불법행위로 인한 적극적 손해의 배상을 명한 전소송의 변론종결 후에 새로운 적극적 손해가 발생한 경우에 그 소송의 변론종결당시 그 손해의 발생을 예견할 수 없었고 또 그 부분 청구를 포기하였다고 볼 수 없는 등 특별한 사정이 있다면 전소송에서 그 부분에 관한 청구가 유보되어 있지 않다고 하더라도 이는 전소송의 소송물과는 별개의 소송물이므로 전소송의 기판력에 저촉되는 것이 아니라고 하여 일부청구이론으로 해결하지 않는다.[219)]

Ⅸ. 일부청구와 상소의 이익

1. 문제의 소재

상소의 이익은 상소를 제기함에 있어 그 재판에 의하여 불복을 주장하는 이익을 말한다. 상소의 이익은 당사자의 신청과 판결주문을 비교하여 후자가 전자보다 적은 때에 인정된다고 이해하는 것이 통설·판례이다(형식적 불복설). 형식적 불복설에 따르면 신청이 전부 인용된 당사자에게는 상소의 이익이 없다.

2. 통설·판례의 입장

통설은 형식적 불복설의 예외로서 묵시적 일부청구를 전부 인용한 판결에 대하여 원고는 상소의 이익을 가진다고 본다.

판례도 묵시적 일부청구의 경우에는 전부승소자라도 잔부청구를 추가하기 위한 항소를 인정한다. 그 이유로서, 가분채권에 대한 이행청구의 소를 제기하면서 그것이 나머지 부분을 유보하고 일부만 청구하는 것이라는 취지를 명시하지 아니한 경우에는 그 확정판결의 기판력은 나머지 부분에까지 미치는 것이어서 별소로 나머지 부분에 관하여 다시 청구할 수는 없는 것이므로 일부 청구에 관하여 전부 승소한 채권자는 나머지 부분에 관하여 청구를 확장하기 위한 항소가 허용되지 아니한다면 나머지 부분을 소구할 기회를 상실하는 불이익을 입게 될 것이기 때문이라고 한다.[220)]

219) 대법원 1980.11.25. 선고 80다1671 판결; 대법원 2007.4.13. 선고 2006다78640 판결.
220) 대법원 1997.10.24. 선고 96다12276 판결.

제2장
소의 제기

제1절 소제기의 방식

Ⅰ. 소장제출주의

재판은 원고의 소장제출 → 법원의 소장심사 → 법원의 피고에 대한 소장송달·답변서 제출의무 고지 → 피고의 답변서 제출(→ 변론준비절차) → 변론·증거조사 → 판결로 이어진다.

소를 제기하려는 자는 법원에 소장을 제출하여야 한다(248①). 증권관련집단소송과 소비자단체소송을 제외하고는 소의 제기에 법원의 허가가 필요 없으며, 우편으로도 제출이 가능하다. 다만 3,000만원 이하의 소액사건은 말로써 소를 제기할 수 있으며, 이 경우에는 법원사무관등이 제소조서를 작성한다(소심 4).

소장에는 인지를 붙여야 한다(민인 2①). 다만 인지액이 1만원 이상인 때에는 인지액 상당의 금액 전액을 현금 또는 인지납부대행기관을 통하여 신용카드 등으로 납부하여야 한다(민인규 27①, 28조의2①). 소장에 붙일 인지액을 기준으로 항소장에는 1.5배, 상고장에는 2배를 붙여야 한다(민인 3). 법원은 소장에 붙이거나 납부한 인지액이 '민사소송 등 인지법' 13조 2항 각 호에서 정한 금액에 미달하는 경우 소장의 접수를 보류할 수 있다(248②－2023. 10. 19. 시행). 법원에 제출한 소장이 접수되면 소장이 제출된 때에 소가 제기된 것으로 본다(248③－2023. 10. 19. 시행).

소장에는 ① 피고의 수만큼의 소장 부본(규 48①), ② 피고가 소송무능력자일 때에는 법정대리인의 가족관계증명서 등을, 법인이나 법인이 아닌 사단이나 재단인 때에는 그 대표자 또는 관리인의 자격을 증명하는 법인등기부등본 등의 서면(규 63①), ③ 부동산에 관한 사건이면 부동산등기사항증명서, 친족상속사건이면 가족관계증명서, 어음·수표사건이면 어음·수표 사본, 그 외에도 증거로 된 문서

가운데 중요한 것의 사본(규 63②)을 붙여야 한다.

Ⅱ. 소제기의 간주

① 독촉절차에 의한 지급명령에 대하여 채무자의 이의가 있는 경우(472), ② 제소전화해의 불성립으로 소제기신청이 있는 때(388), ③ 조정이 성립되지 아니하거나 조정을 갈음하는 결정에 이의신청을 한 때(민조 36)에는 소송절차로 이행되는데, 이 경우 지급명령신청, 화해 또는 조정신청을 한 때에 소가 제기된 것으로 간주한다.

Ⅲ. 소장의 기재사항

1. 필수적 기재사항

소장에는 당사자와 법정대리인, 청구의 취지와 원인을 필수적으로 적어야 한다(249①). 소장에 필수적 기재사항이 제대로 적혀있지 않으면 재판장은 직접 보정명령을 하거나 법원사무관등으로 하여금 보정명령을 하게 하고, 이에 응하지 않으면 재판장이 소장각하명령을 한다(254).

가. 당사자 · 법정대리인

당사자는 소장의 기재에 의하여 확정되며(표시설), 이를 표준으로 당사자능력 · 소송능력 · 당사자적격 · 재판적의 유무 등이 결정되므로 그 이름 · 주소와 연락처(전화번호 · 팩시밀리번호 또는 전자우편주소 등)를 적어야 한다(규 2①(2)).[1]

당사자가 소송능력이 있으면 법정대리인이 필요 없으므로 이를 기재하지 않아도 되지만 미성년자일 경우에는 친권자인 부모 등을, 피성년후견인 · 피한정후견인일 경우에는 후견인을 반드시 기재하여야 한다. 또한 추후 당사자의 표시정정은 허용되지만 피고를 변경하기 위해서는 피고경정의 요건을 갖추어야 한다(원고의 교환적 변경에 대한 규정은 부존재). 소송대리인은 존재하더라도 필수적 기재사항이 아니지만 송달의 편의를 위해 적는다.

---

1) 대법원 1974.12.10. 선고 74다1633 판결(원고명의의 도장이 찍혀 있지 않은 소장이라도 원고 본인이 소장을 제출한 경우에는 적법한 소장이다).

나. 청구의 취지

청구의 취지는 원고가 어떠한 내용과 종류의 판결을 구하는지를 밝히는 판결신청이고, 소의 결론부분이다. 일반적으로 원고가 전부승소하면 소장의 청구취지 기재내용과 판결서의 주문기재 내용이 일치한다.

청구의 취지를 기준으로 소송물의 단복이동, 심판의 범위, 소가산정, 사물관할, 상소의 이익 유무, 소송비용의 분담비율, 시효중단의 범위, 기판력의 범위 등이 정해지므로 구체적으로 명확하게 기재하여야 한다.[2)]

1) 이행의 소는 강제집행을 전제로 하므로 청구취지는 강제집행에 의문이 없도록 기재하여야 한다. 금전청구의 경우에는 집행의 목적인 금액만 특정하면 되고 그 금액의 성질이 대여금인지, 손해배상금인지 등은 기재할 필요가 없다. 강제집행을 하는데 금액의 성질이 무엇인지는 불필요하기 때문이다. 특정물청구의 경우에는 목적물의 지번, 구조, 면적 등을 명확하게 표시해야 하고(그 내용이 많으면 목록을 별지로 첨부하고 청구취지에서 이를 인용하는 것이 일반적이다),[3)] 목적물의 일부에 대한 청구일 때에는 강제집행을 위하여 별지로 도면을 첨부하는 방법으로 정확하게 특정할 필요가 있다.

이행의 소의 청구취지의 기재례를 들어보라.

① 피고는 원고에게 10,000,000원 및 이에 대한 2019. 7. 14.부터 다 갚는 날까지 연 12%의 비율에 의한 돈을 지급하라(금전지급청구).

② 피고는 원고에게 서울 강남구 삼성대로 756－18 대 200㎡ 및 같은 대로 757－5 대 300㎡ 양 지상 벽돌조 기와지붕 단층 주택 90㎡를 철거하고 위 각 대지를 인도하라(특정물인도청구).

③ 피고는 원고에게 별지 목록 기재 부동산에 관하여 2012. 4. 13. 매매(또는 교환·증여)를 원인으로 한 소유권이전등기절차를 이행하라(소유권이전등기청구).

2) 확인의 소는 청구취지에서 확인을 구하는 권리관계의 대상·내용과 함께 확인판결을 구하는 취지를 표시하여야 한다. 물권의 확인을 구하는 경우에는 목적

---

2) 물론, 어느 소송물이론을 취하는가에 따라 차이가 있음은 앞에서 본 바와 같다.

3) 대법원 1955.4.14. 선고 4288민상32 판결(주식인도, 주주명부 및 주권의 명의개서절차이행 등 청구소송에 있어서는 청구의 목적인 주권의 종류, 번호, 개수 등을 특정하지 아니하면 이를 청구할 수 없는 것이므로 이를 확정하지 아니함은 심리미진이라 아니할 수 없다).

물과 주체 및 종류(제한물권의 경우에는 내용까지)만 명백히 하면 법률관계의 동일성을 인식하는 데 문제가 없지만, 채권의 확인을 구하는 경우에는 동일 당사자 사이에 동일한 내용의 권리가 발생원인을 달리하여 여러 개 존재할 수 있기 때문에 채권의 존재 또는 채무의 부존재의 확인을 구하는 경우에는 채권의 목적·범위뿐만 아니라 발생원인(즉 소비대차계약에 기한 대여금채권인지, 임대차계약에 기한 보증금채무인지)까지도 명백히 기재하여야 법률관계의 동일성을 인식할 수 있다.

확인의 소의 청구취지의 기재례를 들어보라.

① 별지 목록 기재 부동산이 원고의 소유임을 확인한다(물권에 대한 확인의 소).

② 원고의 피고에 대한 2012. 3. 1. 금전소비대차계약에 기한 채무는 (10,000,000원을 초과하여서는) 존재하지 아니함을 확인한다(채무부존재확인의 소).

③ 원고를 매도인, 피고를 매수인으로 하여 2012. 5. 1.자로 작성된 별지 사본과 같은 매매계약서는 진정하게 성립된 것이 아님을 확인한다(증서의 진정여부 확인의 소).

3) 형성의 소는 청구취지에서 형성의 대상·내용과 함께 형성판결을 구하는 취지를 명시하여야 한다. 다만 공유물분할의 소나 경계확정의 소와 같은 형식적 형성의 소에서는 어떠한 내용의 판결을 할 것인가는 법관의 재량에 맡겨져 있으므로 그 기초가 청구취지에 나타나 있으면 되지만, 실무에서는 이 경우에도 구체적으로 특정하여 기재한다.

형성의 소의 청구취지의 기재례를 들어보라.

① 원고와 피고는 이혼한다(재판상 이혼).

② 피고의 주주총회가 2006. 6. 1.에 한 별지 기재 결의를 취소한다(주주총회결의취소의 소).

③ 별지 목록 기재 토지를, 별지 도면 표시 ㄱ,ㄴ,ㄷ,ㄹ,ㄱ의 각 점을 차례로 연결한 선내 ㉮ 부분 70㎡는 원고의 소유로, 같은 도면 표시 ㄴ,ㅁ,ㅂ,ㄷ,ㄴ의 각 점을 차례로 연결한 선내 ㉯ 부분 30㎡는 피고의 소유로 분할한다(공유물분할의 소).

④ 피고의 원고에 대한 부산지방법원 2012. 3. 15. 선고 2007가합39 판결에 기초한 강제집행을 불허한다(청구이의의 소).

청구취지는 확정적일 것을 요하므로 액수를 정하지 않은 금전지급청구는 허용되지 않으며, 소송외적인 조건이나 기한을 붙인 청구취지는 허용되지 아니한다. 다만 소송내적인 조건, 즉 예비적 청구(주위적으로 매매대금의 지급을 청구하고 예비적으로 계약을 해제하면서 목적물의 반환을 청구하는 경우), 예비적 반소(원고청구의 인용을 조건으로 한 반소, 예컨대 원고가 소유권이전등기를 청구한 경우 피고가 반소로서 매매대금의 지급청구를 하는 경우), 예비적 공동소송(무권대리가 의심되는 경우 주위적으로는 본인에게 표현대리를 이유로 계약대로의 이행청구, 예비적으로는 대리인에게 손해배상청구)은 허용된다.

다. 청구의 원인

청구취지의 기재만으로 청구의 동일성이 특정되는 **확인의 소**의 경우에는 청구원인의 기재를 요하지 않는다는 것이 다수설이다. 예컨대 소유권확인의 소에서는 청구의 취지에서 권리자, 토지의 소유권 등의 기재만으로 소송물을 특정할 수 있으므로(일물일권주의), 매매, 시효취득 등의 기재는 소유권취득을 이유 있게 하는 사실로서 공격방어방법에 불과하다. 채권의 확인에 있어서도 통상 청구취지에 권리나 법률관계의 성립일자 등이 기재되므로 소송물을 특정함에 있어 청구원인이 불필요한 경우가 대부분이다.

이에 비하여 **이행의 소**에서는 동일한 당사자 사이에서 매매 · 임대차 · 불법행위 등 각각의 원인에 따라 동일내용의 이행, 예컨대 금전지급을 구하는 청구가 여러 개 성립할 수 있을 뿐만 아니라 동일 금액의 매매대금청구도 일시를 달리하여 여러 개 성립할 수 있다. 따라서 주장된 이행청구권을 청구원인에서 구체적으로 표시하지 않으면 청구가 특정되었다고 할 수 없다. 이는 **형성의 소**에서도 마찬가지이다. 여기에서 청구를 특정하기 위하여 청구원인에 '구체적으로 표시하여야 한다'는 의미가 무엇인가에 대하여 두 가지 견해가 있을 수 있다. 즉 청구원인은 청구를 이유 있게 하는 사실, 즉 원고측이 주장 · 입증할 사실관계(요건사실)뿐만 아니라 널리 청구를 정당화하는 공격방어방법상 사실관계를 포함하는 것으로 이해할 수도 있고(넓은 의미의 청구원인), 소송물을 특정하는 데 필요한 사실관계로 이해할 수도 있다(좁은 의미의 청구원인).

필수적 기재사항으로서의 청구원인에는 넓은 의미의 청구원인을 기재해야 한다는 입장을 **이유기재설**이라고 한다. 민사소송규칙 62조는 소장의 청구원인에 청구를 뒷받침하는 구체적 사실(실체법상 권리근거사실), 피고가 주장할 것이 명백한 방어방법에 대한 구체적인 진술, 증명이 필요한 사실에 대한 증거방법까지 적도록 규정하고 있으므로 이유기재설에 입각하고 있다. 그러나 민소법은 동시제출주의가 아니라 적시제출주의를 채택하고 있기 때문에 변론준비절차 또는 변론기일에서 청구를 정당화하거나 이유 있게 할 사실관계를 추가 보충해도 실권의 제재를 받지 않으므로, 소장상 청구원인은 필수적 기재사항이기는 하지만 넓은 의미의 청구원인을 모두 기재해야 할 필요는 없으며, 이를 모두 기재하지 않았다고 하여 소장이 각하되지도 않는다. 결국 민사소송규칙 62조는 훈시규정에 불과하다.

이러한 이유로 통설은 필수적 기재사항으로서의 청구원인에는 좁은 의미의 청구원인만을 기재하면 족하다는 입장인데, 이를 **식별설**이라고 한다. 다만 식별설 내에서도 ① 구실체법설의 입장에서 청구원인에 적어야 할 사항은 소송물인 권리 또는 법률관계의 요건사실이므로 구체적인 요건사실을 열거할 필요가 있다는 **구식별설**과, ② 소송법설의 입장에서 금전을 수회 대여한 경우에 어느 대여금을 청구하는지 특정하는 경우와 같이, 청구원인에는 당해 소송상 청구와 다른 소송상 청구를 구별하는 데 필요한 사실만 기재하면 된다는 **신식별설**이 대립한다. 생각건대, 이행의 소 및 형성의 소에 있어서 청구원인의 기재로 인하여 피고에 의한 청구의 포기 · 인낙 및 피고가 불출석한 경우에 의제자백에 의한 청구인용판결이 있는 경우에 그 효력의 범위가 명확할 정도로 소송물이 특정되었다면 필수적 기재사항으로서의 청구원인의 기재로 충분하다고 할 것이다.

법원은 원고가 기재한 사실관계를 토대로 법적 판단을 하기 때문에 청구원인에는 법조문이나 법률용어를 사용할 필요가 없을 뿐만 아니라 이를 사용하더라도 법원은 원고가 주장하는 법률적 관점에 구속되지 않는다. 다만 구실체법설에서는 소송물의 특정을 위하여 실체법상 어느 규정에 의하여 소송상 청구를 한 것인지 청구원인에 적시할 필요가 있다.

‘청구의 원인’의 의미는 무엇인가?

‘청구의 원인’ 혹은 ‘청구원인’, ‘청구원인사실’이라는 용어는 민소법상 세 가지의 다른 의미로 사용된다. 첫째는 민소법 249조의 ‘청구의 원인’으로서 소송물을 특정함에 필요한 사실, 즉 좁은 의미의 청구원인이라고 할 수 있다(식별설과 관련). 둘째는 민소규칙 62조의 “청구를 뒷받침하는 구체적 사실”도 청구원인 혹은 청구원인사실이라고 불리는 경우가 있다. 이는 실체법상 권리근거사실을 말하는 것으로서, 예컨대 소유권확인소송에서 매수 또는 상속 등 자신에게 소유권이 귀속되는 실체법상 권리근거사실을 말하는 것이다. 이러한 사실을 넓은 의미의 청구원인이라고 할 수 있다(이유기재설과 관련). 셋째는 민소법 201조의 '청구의 원인'이 있는데, 예를 들면 불법행위에 기한 손해배상이 성립하기 위해 필요한 사실 중 배상액수 이외의 일체의 사정을 의미한다. 이 일체의 사정을 심리하여 불법행위의 성립이 인정되면 중간판결을 할 수 있고, 그 이후에는 손해배상의 액수에 관하여 심리하게 된다. 이론상으로는 각각 구분해야 하지만 실무에서 '청구의 원인' 혹은 '청구원인'이라고 하면 둘째의 의미로 사용되는 경우가 일반적이다.

2. 임의적 기재사항

소장에는 필수적 기재사항 외에 준비서면에 기재할 내용도 적을 수 있다(249②). 소장의 임의적 기재사항으로서, ① 관할원인 등 소송요건에 기초가 될 사실의 기재, ② 청구를 이유 있게 할 사실의 주장과 예상되는 피고측의 방어방법에 대한 구체적 진술의 기재(규 62), ③ 청구원인사실에 대응하는 증거방법의 구체적 기재(254④) 등 추후 준비서면으로 제출하여도 될 사항을 소장에 미리 적을 수 있다.

위 ③의 경우에는 재판장이 소장심사단계에서 제출을 명령할 수 있으나(254④), 이에 불응하더라도 소장각하명령의 사유는 아니다. 소장각하명령은 소장의 필수적 기재사항의 보정 불응에 대해서만 할 수 있기 때문이다(254①,② 참조).

제2절 소제기 후의 조치

Ⅰ. 재판장 등의 소장심사

1. 개 설

제1회 변론기일을 열기 전에 법원은 ① 재판장의 소장심사 → ② 피고에 대한 소장 부본의 송달과 답변서 제출의무의 고지 → ③ 피고로부터 답변서를 제출받는 절차를 진행한다. 이 상태에서 필요하다고 판단되면 변론준비절차에 부칠 수 있다(258①단서).

실무상 소장심사는 1차로 접수담당 법원사무관등이 원고에게 보정을 촉구한다. 사건이 담당법관에게 배당된 후에는 소장각하의 대상이 되지 않는 사항에 대하여는 참여 법원사무관등 명의로 보정권고를 하고, 소장각하의 대상이 되는 사항에 대하여는 재판장이 직접 보정을 명하거나 법원사무관등으로 하여금 보정명령을 하게 한다(254①).[4)]

이론적으로 소장심사가 소송요건 및 청구의 당부보다 먼저 심사되어야 하는 것이지만(소장심사의 선순위성), 실제로는 소송요건과 소장심사를 동시에 하여 소송요건의 미비 시에 바로 각하판결을 해도 무방하다고 본다. 왜냐하면, 예컨대 보정불능인 소송요건의 흠(제소기간 경과 후의 소의 제기나 변론종결 후의 반소의 제기 등)이 있는 경우여서 어차피 각하될 상황임에도 소장에 첩부된 인지가 부족하다는 이유로 보정명령으로 인지액을 더 내게 한 뒤 소송요건의 흠을 이유로 각하하는 것은 가혹하기 때문이다.[5)]

2. 소장심사

(1) 소장심사의 대상

재판장의 소장심사의 대상은 민소법 254조에 규정되어 있다. 즉 ① 소장의 필수적 기재사항의 적시여부와 인지첩부(254①) 및 ② 청구원인사실에 대응하는 증거방법의 기재 또는 소장에서 인용된 서증의 등본 또는 사본을 붙였는지 여부가 심사의 대상이다(254④).

(2) 소장심사의 정도

소장에 피고 또는 법정대리인의 주소에 대한 기재가 없거나 불분명한 경우 또는 청구취지와 청구원인이 기재되어 있지 않은 경우에 보정명령의 대상이 됨은 명백하다. 그러나 청구취지와 청구원인이 기재되어 있기는 하나 그 내용이 불명확하여 파악하기 어려운 경우에도 보정명령의 대상이 되는가? 판례는 소장에 일응 청구의 특정이 가능한 정도로 청구취지 및 원인이 기재되어 있다면 비록 그것이 불명확하여 파악하기 어렵다 하더라도 그 후는 석명권 행사의 문제로서 민소법 254조 1항의 소장심사의 대상이 되지는 않는다고 할 것이고, 석명권 행사에 의하여도 원고의 주장이 명확하게 되지 않는 경우에는 원고의 **청구를 기각**할 수 있을 뿐, 소장각하명령의 대상이 아니라고 하였다.[6)] 나아가 판례는 소장에 일응 대표자

---

4) 사건관리방식에 관한 예규(재일 2001-2, 재판예규 제1646호).
5) 이시윤, 273쪽. 반대: 김홍규 · 강태원, 125쪽.
6) 대법원 2004.11.24. 자 2004무54 결정.

의 표시가 되어 있는 이상, 설령 그 표시에 잘못이 있다고 하더라도 이를 정정 표시하라는 보정명령을 하고 그에 대한 불응을 이유로 소장각하명령을 하는 것은 허용되지 아니하고, 이러한 경우에는 오로지 판결로써 소를 각하할 수 있을 뿐이라는 입장이다.[7]

(3) 소장심사의 준용규정

소장에 피고 또는 법정대리인의 주소 등에 대한 기재가 있어 필수적 기재사항에 흠이 없을지라도 피고가 이사를 간 경우 등으로 소장 부본을 피고에게 송달할 수 없는 경우가 생길 수 있다. 이러한 경우에도 민소법 255조 2항의 규정에 의하여 민소법 254조 1항 내지 3항이 준용된다.

3. 보정명령

(1) 보정명령의 대상

소장의 필수적 기재사항의 적시여부와 인지첩부에 흠이 있을 때 및 청구원인 사실에 대응하는 증거방법의 기재 또는 소장에서 인용된 서증의 등본 또는 사본을 붙였는지 여부가 보정명령의 대상이므로 이는 소장심사의 대상과 일치한다. 이 경우에 재판장은 상당한 기간을 정하여 그 기간 내에 흠을 보정하도록 보정명령을 하거나 법원사무관등으로 하여금 보정명령을 하게 한다(254).

(2) 보정 후 소장제출의 취급시기

피고나 그 법정대리인의 주소 등을 보정한 경우 및 인지부족을 보정한 경우에는 소장을 제출한 때로 소급하여 적법한 소장이 제출된 것으로 보는 데에는 이견이 없지만, 청구취지 및 청구원인의 기재 잘못으로 청구의 내용이 특정되지 않아 재판장이 보정명령을 발하고 원고가 이에 응하여 보정한 경우에도 소장제출시로 소급하는지에 대해서는 의견이 나뉜다. 이 경우에는 보정한 때에 비로소 소장이 제출된 것으로 보아야 한다는 입장이 다수설이지만, 이 경우에도 원고가 청구의 의사를 명백히 한 것은 소장을 제출한 때이고 내용의 특정은 어디까지나 보정에 불과하며, 소장제출 시에 적법한 소장이 제출된 것으로 보아야 원고가 소멸시효 등에서 불이익을 입지 않는다는 견해가 존재한다.[8]

---

7) 대법원 2013.9.9. 자 2013마1273 결정.
8) 송상현・박익환, 253쪽; 호문혁 111쪽.

(3) 보정명령에 대한 불복

재판장의 보정명령에 대하여는 독립하여 불복할 수 없다. 판례도 소장 또는 상소장에 관한 재판장의 인지보정명령은 민소법에서 일반적으로 항고의 대상으로 삼고 있는 민소법 439조 소정의 '소송절차에 관한 신청을 기각하는 결정이나 명령'에 해당하지 아니하고 또 이에 대하여 불복할 수 있는 특별규정도 없으므로 인지보정명령에 대하여는 독립하여 이의신청이나 항고를 할 수 없고, 다만 인지보정명령에 따른 인지를 보정하지 아니하여 소장이나 상소장이 각하되면 그 각하명령에 대하여 즉시항고로 다툴 수밖에 없다고 하였다.[9)]

4. 소장각하명령

(1) 개 요

당사자가 보정명령을 받고도 소장의 흠을 보정하지 않는 때에 재판장은 명령으로 소장을 각하하여야 한다(254②).[10)] 소장심사 또는 보정명령의 대상에서 민소법 254조 4항 부분을 제외한 나머지 사항에 대해서만 소장각하명령을 한다. 소장각하명령을 한 경우에는 납부한 인지액의 절반을 원고에게 돌려준다(민인 14①(1)). 한편, 원고가 소장을 제출하면서 소정의 인지를 붙이지 아니하고 소송구조신청을 한 경우에는 구조신청에 대한 기각결정이 확정되기 전에는 소장각하명령을 해서는 안 된다.[11)]

인지보정명령에 따라 인지액 상당의 현금을 수납은행에 납부하면서 잘못하여 인지로 납부하지 아니하고 송달료로 납부한 경우에도 인지 보정의 효과가 발생하는가?

---

9) 대법원 2015.3.3. 자 2014그352 결정; 대법원 1995.6.30. 자 94다39086,94다39093(참가) 결정. 또한 대법원 2008.8.28. 자 2008마1073 결정(인지보정명령에 따라 그 보정기간 안에 인지액을 납부한 이상, 납부서를 법원에 제출하지 아니하였다고 하여 보정의 효과를 부정할 수는 없다) 참조.

10) 대법원 1969.12.26. 선고 67다1744,1745,1746 판결(인지첩부의 보정을 명한 바 없다면 부적법한 소로서 그 흠결을 보정할 수 없는 경우라 하여 각하할 수 없다). 다만 형식적으로는 청구취지 보정의 기회가 주어지지 아니하였어도 실질적으로는 이러한 기회가 주어졌다고 볼 수 있을 만한 특별한 사정이 있는 경우(예컨대 청구취지의 특정여부가 다툼의 대상이 되어 당사자 간에 이에 대하여 여러 차례 준비서면을 제출한 경우)에는 보정명령 없이 소를 각하하더라도 이를 위법하다고 할 수 없다는 판례가 있다(대법원 2011.9.8. 선고 2011다17090 판결).

11) 대법원 2002.9.27. 자 2002마3411 결정.

인지와 송달료는 납부절차, 관리주체, 납부금액의 처리방법 등에 차이가 있는 점 등을 고려하면, 신청인이 인지의 보정명령에 따라 인지액 상당의 현금을 수납은행에 납부하면서 잘못하여 인지로 납부하지 아니하고 송달료납부서에 의하여 송달료로 납부한 경우에는 인지가 납부되었다고 할 수 없어 인지 보정의 효과가 발생되지 아니한다. 그러나 소장 등을 심사하는 재판장으로서는 곧바로 소장이나 상소장을 각하하여서는 아니 되고, 인지액 상당의 현금이 송달료로 납부된 사실이 있는지를 관리은행 또는 수납은행에 전산 기타 적당한 방법으로 확인한 후, 만일 그러한 사실이 확인되는 경우라면 신청인에게 인지를 보정하는 취지로 송달료를 납부한 것인지에 관하여 석명을 구하고 다시 인지를 보정할 수 있는 기회를 부여하여야 한다. 이러한 보정의 기회를 부여하지 아니한 채 소장이나 상소장을 각하하는 것은 석명의무를 다하지 아니하여 심리를 제대로 하지 아니한 것으로서 위법하다.[12)]

(2) 소장각하명령의 종기(終期)

소장각하명령을 언제까지 행사할 수 있는가에 대하여는 소장부본이 피고에게 송달되기 전까지라는 견해(소송계속시설)[13)]와 변론개시 전까지라는 견해(변론개시시설)[14)]가 있다. 변론개시시설은 재판장의 소장각하명령은 합의부원 및 당사자 모두가 관여하는 변론을 열기에 앞서 소장의 명백한 흠을 간단한 방법으로 처리함으로써 소송경제를 도모할 수 있다는 입장이지만, 소장부본이 피고에게 송달되면 절차는 재판장의 손을 떠나 이제는 수소법원·원고·피고 사이에 3면적 법률관계가 형성되는 소송계속이 있게 되는데, 수소법원이 소장의 불비를 이유로 사건을 재판장에게 다시 보내 소장각하명령을 하게 하는 것은 절차를 소송계속 이전으로 되돌리는 것이어서 절차안정의 요청상 부적절하므로 이 경우에는 수소법원이 판결로서 소를 부적법 각하해야 한다. 따라서 소송계속시설이 타당하다. 단독재판부인 경우에는 수소법원과 재판장이 동일한 단독판사에 의하여 이루어지지만 그 자격이 서로 다르므로 합의부의 경우와 달리 볼 이유가 없다.

판례는 항소심 재판장의 항소장 각하명령은 항소장 송달 전까지만 가능하다는 입장이다.[15)]

---

12) 대법원 2014.4.30. 자 2014마76 결정; 대법원 2021.3.11. 자 2020마7755 결정.

13) 강현중, 353쪽; 김홍규·강태원, 126쪽; 김홍엽, 341쪽; 한충수, 251쪽; 호문혁, 112쪽.

14) 송상현·박익환, 254쪽; 이시윤, 276쪽; 정동윤·유병현·김경욱, 97쪽; 정영환, 448쪽.

15) 대법원 2020.1.30. 자 2019마5599,5600 결정(항소심 재판장은 항소장 부본을 송달할 수 없는 경우 항소인에게 상당한 기간을 정하여 그 기간 이내에 흠을 보정하도록 명해야 하고, 항소인이 이를 보정하지 않으면 항소장 각하명령을 해야 하는데, 이러한 항소심 재판장의 항소장 각하명령은 항소장 송달 전까지만 가능하다. 따라서 항소장이 피항소인에게 송달되어 항소심법원과 당

(3) 즉시항고

보정불응을 이유로 한 소장각하명령에 대하여는 즉시항고를 할 수 있다(254③). 보정명령 자체에 대하여 즉시항고를 할 수 없음은 앞에서 본 바와 같다.

판례는 소장각하명령에 대하여 즉시항고를 제기하고 흠을 보정하였다고 하여 재도의 고안으로 각하명령을 취소할 수 없다는 입장이다.[16] 이에 대하여, 항고심은 속심이므로 항고심의 심리종결시까지 보정하면 적법한 것으로 보아야 한다는 견해도 있고,[17] 법원이 기간을 정하여 일정한 사실을 증명할 서류를 제출하도록 명하거나 일정한 사실에 관하여 보정하도록 명한 경우에는 항고심이 속심이라는 성격과 관계없이 항고심에서 원심법원의 결정이나 명령을 취소할 수 없다고 보아 판례의 입장에 찬성하는 견해도 있다.[18]

Ⅱ. 소장부본의 송달

(1) 소장부본의 송달

소장을 심사한 결과, 흠이 없으면 소장 부본을 피고에게 송달하여야 한다(255①). 소장부본의 송달이 불능이 된 경우 민소법 254조를 준용하여 재판장이 원고에게 상당한 기간을 정하여 주소보정을 명하며, 이에 응하지 않으면 재판장은 명령으로 소장을 각하한다(255②).

(2) 소장부본 송달의 효과

소장부본을 피고에게 송달함으로써 소송계속의 효과가 발생한다. 또한 원고가 소장에 실체법상 최고, 해지, 해제 등의 의사표시를 한 경우 피고가 소장부본을 송달받으면 그 의사표시의 효력이 발생한다.

사자들 사이의 소송관계가 성립하면 항소심재판장은 더 이상 단독으로 항소장 각하명령을 할 수 없다).

16) 대법원 1996.1.12. 자 95두61 결정; 대법원 2013.7.31. 자 2013마670 결정.

17) 이시윤, 276쪽; 정동윤 · 유병현 · 김경욱, 97쪽; 정영환, 448쪽.

18) 김홍엽, 343쪽.

Ⅲ. 피고의 답변서 제출의무와 무변론판결

1. 답변서 제출의무

(1) 의 의

공시송달 외의 방법으로 소장부본을 송달받은 피고는 원고의 청구를 다툴 의사가 있으면 송달받은 날로부터 30일 이내에 답변서를 제출하여야 한다(256①). 법원은 피고에게 소장부본을 보낼 때 답변서 제출 및 미제출시의 불이익 등이 기재된 안내서(민사소송절차안내서)를 함께 보낸다(256②).

(2) 답변서의 기재사항

답변서에는 준비서면에 관한 규정을 준용하므로(256④), 민소법 274조의 준비서면에 기재할 사항을 적어야 한다. 민소규칙 65조는 이에 더하여, ① 소장에 기재된 개개의 사실에 대한 인정여부, ② 항변과 이를 뒷받침하는 구체적 사실, ③ 그 증거방법 및 중요한 서증의 사본을 첨부하여야 하며, ④ 위와 같은 답변서의 방식을 지키지 않은 답변서가 제출된 때에는 재판장은 법원사무관등으로 하여금 방식에 맞는 답변서를 제출하도록 촉구하는 규정을 두고 있으므로, 답변서를 형식적으로 적거나 청구원인에 관한 답변을 뒤로 미루는 것은 원칙적으로 허용될 수 없다. 이는 과거에 원고의 청구를 일응 전면 부인하면서 답변서에 "구체적인 내용은 추후 제출하겠다"는 식으로 기재해 온 관행을 타파하려는 것이 목적이다. 피고로부터 답변서가 제출되면 법원은 답변서 부본을 원고에게 송달하여야 하고(256③), 사건을 검토하여 변론준비절차에 부칠 사건과 변론기일을 정할 사건으로 분류한다.

2. 무변론판결

가. 의 의

무변론판결제도는, ① 피고가 소장부본을 송달받은 날로부터 30일 이내에 답변서를 제출하지 아니한 때(257①)와 ② 피고가 청구원인사실에 대해 모두 자백하는 취지의 답변서를 제출하고 따로 항변을 제출하지 아니한 때(257②)에 원고의 청구원인사실에 대하여 피고가 자백한 것으로 보고 변론 없이 판결을 선고할 수 있도록 한 제도이다.

이 제도는 과거부터 규정되어 있었던 민소법 150조의 자백간주판결제도의 문제점을 보완하고자 새로 도입한 것이다. 자백간주판결제도의 경우에는 피고가 원고의 청구를 다투지 않는 경우에도 반드시 변론을 열어야 하고 원고는 그 기일에 출석하여야 하였으나, 피고에게 방어의사가 없음에도 굳이 원고를 변론기일에 출석하게 하는 것은 무의미하고 비경제적이라는 이유로 변론 없이 판결을 선고할 수 있게 한 것이다.

나. 무변론판결의 예외

(1) 답변서가 제출되지 않았더라도 공시송달사건(256①단서), 직권조사사항이 있는 사건이나 답변서 제출기간이 지났더라도 무변론 판결을 선고할 때까지 피고가 원고의 청구를 다투는 취지의 답변서를 제출한 사건은 무변론의 판결선고를 할 수 없다(257①단서).[19]

(2) 사건의 성질상 변론주의의 적용이 일부 제한되는 형식적 형성소송, 가류·나류 가사소송사건이나 자백간주의 법리가 적용되지 않는 사건은 피고의 답변서 제출여부에 관계없이 무변론 판결선고를 할 수 없다.

(3) 소액사건의 경우

소액사건의 경우에는 소가 제기되면 원칙적으로 이행권고결정을 하도록 하고 있으므로(소심 5조의3), 이에 대하여 피고가 이의를 하면 원고가 주장한 사실을 다툰 것으로 보게 되어 바로 변론기일을 지정하여야 한다(소심 5조의4). 따라서 실무운영상 소액사건에는 무변론판결을 활용할 여지가 적다.

원고의 주장자체로 청구가 이유 없는 경우에 법원은 변론 없이 원고청구 기각판결을 할 수 있는가?

소액사건이라면 이러한 경우 변론 없이 원고의 청구를 기각할 수 있지만(소심 9①), 소액사건이 아닌 경우에는 명문의 규정이 없으므로 이 경우에 무변론 원고청구 기각판결은 원칙적으로 허용되지 않는다고 본다.[20] 판례도 같다.[21]

---

19) 피고가 답변서 제출기간을 도과하였으나 무변론판결 선고기일을 통지받고 선고 이틀 전에 답변서를 제출하였음에도 무변론판결을 선고하였다면 위법하다(대법원 2020.12.10. 선고 2020다255085 판결).

20) 김홍엽, 347쪽.

다. 무변론판결의 재판

답변서 부제출에 의한 무변론판결은 청구인용판결이 일반적인데, 지연손해금의 이율이나 기산점에 착오가 있는 등 그 흠이 사소한 때에는 청구일부기각판결도 허용된다.[22)]

무변론판결시 판결서의 판결이유는 청구를 특정함에 필요한 사항만 간략하게 표시할 수 있다(208③(1)).

Ⅳ. 변론기일의 지정

원고의 청구를 다투는 취지의 답변서가 제출되었을 때에 재판장은 바로 변론기일을 지정하는 것이 원칙이고, 예외적으로 쟁점정리가 필요한 사건은 변론준비절차에 부칠 수 있다(258①).

제3절 소송구조

Ⅰ. 의 의

소송구조제도는 '소송사건'에 관하여 소송수행상 필요한 비용을 감당할 수 없는 경제적 약자를 위하여 미리 비용을 들이지 않고 소송을 할 수 있도록 하는 제도이다. 비송사건절차법에서는 민소법의 소송구조에 관한 규정을 준용하지 않고 있으므로 비송사건에서의 소송구조신청은 부적법하다.[23)]

소송구조제도는 경제적 약자에게 헌법상 '재판을 받을 권리'의 실질적 보장을 위하여 마련된 제도이다. 소송구조에 대한 구체적인 내용은 민사소송규칙과 '소송구조제도의 운영에 관한 예규'[24)]에서 정한다.

---

21) 무변론판결은 원고의 청구를 인용할 경우에만 가능하고, 원고의 청구가 이유 없음이 명백하더라도 변론 없이 하는 청구기각 판결은 인정되지 아니한다(대법원 2017.4.26. 선고 2017다201033 판결).

22) 김홍엽, 347쪽; 이시윤, 279쪽; 정영환, 451쪽.

23) 대법원 2009.9.10. 자 2009스89 결정.

24) 소송구조제도의 운영에 관한 예규(재일 2002-2) 재판예규 1726호.

Ⅱ. 요 건

'소송비용'을 지출할 '자금능력이 부족한 사람'이 '패소할 것이 분명한 경우가 아닐 때' 법원으로부터 소송구조를 받을 수 있다(128①).

(1) 소송비용

법정비용뿐만 아니라 소송을 수행하면서 당연히 지출을 필요로 하는 경비, 나아가 조사연구비나 변호사 비용도 포함한다.

(2) 자금능력이 부족한 사람

자금능력이 부족한 사람이란 반드시 무자력자나 극빈자에 한하지 않고 소송비용을 전부 지출하게 되면 자기나 그 동거가족이 통상의 경제생활에 위협을 받게 될 경우를 말한다. 1990년 민소법 개정 전에는 '자금능력이 없는 자'라 하였다가 개정법에서 요건을 완화한 것이다. 위 예규에서는 국민기초생활보장법, 한부모가족지원법, 기초연금법, 장애인연금법, 북한이탈주민의 보호 및 정착지원에 관한 법률에 따른 수급자, 지원대상자, 보호대상자 및 차상위계층을 자금능력이 부족한 자로 보고 다른 요건의 심사만으로 소송구조여부를 결정할 수 있게 하였다.[25]

(3) 패소할 것이 분명한 경우가 아닐 것

1990년 개정 전에는 '승소의 가망이 없는 것이 아닐 것'이었는데, 요건을 완화한 것이다. 판례는 법원이 소송구조 신청 당시까지의 재판절차에서 나온 자료를 기초로 하여 패소할 것이 명백하다고 판단할 수 있는 경우가 아니면 구조요건을 구비한 것으로 보아야 하고,[26] 제1심에서 패소하였다는 사실만으로 항소심에서도 패소할 것이 명백하다고 추정되는 것은 아니라고 하였다.[27] 패소할 것이 분명한 경우에는 소송구조 신청에 필요한 소송비용과 불복신청(즉시항고-133)에 필요한 소송비용에 대하여도 소송구조를 하지 아니한다(128②, 2023. 10. 19. 시행).

---

25) 소송구조제도의 운영에 관한 예규(재일 2002-2) 3조의2.
26) 대법원 2001.6.9. 자 2001마1044 결정.
27) 대법원 2018.8.16. 자 2018무635 결정.

Ⅲ. 소송구조의 절차

(1) 서면신청 또는 직권

소송구조는 구조받을 사람의 신청 또는 법원의 직권으로 할 수 있다(128①). 신청은 서면으로 하여야 하며(규 24①), 신청인은 구조사유를 소명하여야 하는데(128③), 신청서에 신청인과 그 가족의 자금능력을 적은 서면을 붙여야 한다(규 24②). 그러나 이는 예시규정이므로 반드시 서면으로 소명할 필요는 없고 다른 방법으로 소명하는 것도 가능하다.[28] 소송구조신청에 대하여는 소송기록을 보관하고 있는 법원이 결정으로 재판한다(128④). 이는 상소를 하면서 상소장의 인지대에 대한 구조신청을 할 때 소송기록이 있는 원심에서 결정하게 함으로써 소송지연을 방지하기 위한 것이다.[29] 소송구조신청을 인용할 때에는 소장의 인지액, 변호사비용, 감정료 등 구조결정의 범위를 명확하게 기재하여야 한다(위 예규 3①). 인지보정명령의 보정기간 내에 소송구조신청을 한 경우, 그 신청의 기각결정이 확정되면 다시 인지보정명령을 할 필요는 없지만 종전의 인지보정명령에 따른 보정기간 전체가 다시 진행되어 그 기간이 경과한 때에 비로소 소장 등에 대한 각하명령을 할 수 있다.[30]

(2) 구조신청기각결정에 대한 즉시항고(133)

소송구조신청을 기각하는 결정에 대하여는 즉시항고를 할 수 있다. 다만 소송구조신청의 인용결정에 대하여 상대방은 소송비용담보의 면제결정(129①(3))을 제외하고는 즉시항고할 수 없다(133). 원고가 소장에 인지를 붙이지 아니하고 소송구조 신청을 한 경우에는 소송구조 신청에 대한 기각결정이 확정되기 전에 인지미보정을 이유로 소장을 각하할 수 없다.[31]

(3) 구조결정의 취소(131)

구조결정 후에 구조받은 자가 소송비용을 납입할 자금능력이 있음이 판명되거나 그 자금능력이 회복된 때에는 구조결정을 취소하고 유예한 비용의 납입을 명

28) 대법원 2003.5.23. 자 2003마89 결정.
29) 대법원 2003.5.13. 자 2003마219 결정.
30) 대법원 2008.6.2. 자 2007무77 결정; 대법원 2018.5.4. 자 2018무513 결정.
31) 대법원 2002.9.27. 자 2002마3411 결정.

할 수 있다(131).

Ⅳ. 소송구조의 효과

가. 구조의 범위

재판비용(인지액, 송달료, 검증비용, 감정료, 증인의 일당 · 여비, 감정료 · 통역료, 법관 등의 증거조사에 필요한 비용)이 **납입 유예**된다(129①(1)). 다만 당사자비용(당사자가 소장 · 준비서면의 작성 · 제출을 위한 비용이나 자신의 여비 · 증거수집비용)은 여기에 포함되지 아니한다. 재판비용은 국고에서 지출되며, 구체적으로는 법원사무관등이 서면이나 재판사무시스템을 이용한 전자적인 방법으로 경비출납공무원에게 그 소송비용의 대납지급을 요청하여 지급받는다(규 25).

변호사 및 집행관의 보수와 그 체당금(변호사나 집행관이 직무집행을 위하여 먼저 지출한 비용)은 **지급 유예**되며(129①(2)), 민소법 117조에 의한 소송비용의 **담보면제**, 그 외에 대법원규칙이 정하는 비용도 유예 또는 면제된다. 위 비용 중 일부에 대해서도 소송구조할 수 있다(129①단서). 변호사나 집행관의 보수는 구조결정을 한 법원이 보수를 받을 사람의 신청에 따라 그 심급의 소송절차가 완결된 때 또는 강제집행절차가 종료된 때에 지급하며(규 26①), 그 보수액은 변호사보수의 소송비용 산입에 관한 규칙 또는 집행관수수료규칙을 참조하여 재판장의 감독 하에 법원사무관등이 정한다(규 26②). 변호사의 기본보수액은 심급마다 100만원이고 이행권고결정 · 지급명령 · 자백판결 · 자백간주나 무변론판결로 완결된 사건 등은 그 1/2로 한다(위 예규 11). 다만 법원사무관등은 사건과 관련된 여러 사정을 고려하여 필요한 때에는 재판장의 허가를 받아 기본보수액의 1배 범위에서 증액 또는 기본보수액의 1/2의 범위에서 감액할 수 있다(위 예규 11조의2).

나. 일신전속성

소송구조의 효과는 일신전속적이므로 승계인에게 미치지 않는다(130①). 따라서 법원은 미루어 둔 비용의 납입을 소송승계인에게 명할 수 있다(130②).

다. 추심 등

소송구조결정은 원칙적으로 비용의 지급유예이지 비용면제가 아니므로 구조받은 자가 나중에 패소하여 소송비용부담의 재판을 받았으면 이를 지급하여야 하며, 무자력이라면 결국 국고부담이 된다.

만약 구조 받은 자가 승소하여 상대방이 소송비용을 부담하는 재판을 받은 경우에는 국가가 상대방에 대해 직접 추심권을 갖는다(132①).[32] 변호사나 집행관에게도 추심권이 인정된다(132②③). 이들이 보수를 받지 못하는 때에는 마치 국선변호인처럼 국고에서 상당한 금액을 지급한다(129②).

Ⅴ. 법률구조제도

민소법의 소송구조제도와 별도로 경제적으로 어렵거나 법을 몰라서 법의 보호를 충분히 받지 못하는 사람에게 법률구조를 효율적으로 추진하기 위하여 대한법률구조공단이 설립되어 있다(법률구조법 8).

법률구조제도는 법률상담, 변호사나 공익법무관(변호사의 자격이 있는 군대체복무자)에 의한 소송대리, 그 밖에 법률사무에 관한 지원을 하며(법률구조법 2), 대한법률구조공단은 정부의 출연금 등에 의하여 운영된다(법률구조법 24).

제4절 소제기의 효과

Ⅰ. 소제기의 소송법상 효과

1. 소송계속

가. 소송계속의 의의

소송계속(訴訟係屬)이란 특정한 청구에 대하여 법원에 '판결절차'가 현실적으로 존재하는 상태, 즉 법원이 판결하는 데 필요한 행위를 할 수 있는 상태를 말한다. 따라서 판결절차가 아닌 강제집행절차, 증거보전절차, 중재절차가 존재하더라도 소송계속이라 할 수 없다. 다만 보전처분절차는 보전소송절차와 보전집행절차로 나눌 수 있는데, 그중 보전소송절차에는 보전처분의 성질에 반하지 않는 한 민사

32) 대법원 2023.7.13. 자 2018마6041 결정(국가가 추심 가능한 소송비용에는 납입이 유예된 재판비용(인지, 송달료 등) 외에 민소법 129조 2항에 의하여 국고에서 지급된 소송구조 변호사의 보수 등이 포함된다).

소송절차가 준용되므로 이 범위 내에서는 소송계속을 인정할 수 있다.

독촉절차(472)와 제소전화해절차(388), 민사조정절차(민조 36①)는 판결절차로 이행할 수 있으므로 소송계속이 있다고 보는 것이 다수설이다.

나. 소송계속의 발생시기

소송계속은 원·피고와 법원 사이에 법률관계가 형성되는 시점인, 피고에게 소장부본이 송달된 때 발생한다고 보는 것이 통설·판례[33]이다.

소송요건에 흠이 있어도 소송계속이 있다.

다. 소송계속의 효과

법원에 계속되어 있는 사건에 대하여 당사자는 다시 소를 제기하지 못하고 (259, 중복된 소제기의 금지), 소송이 법원에 계속 중이라면 제3자가 이에 참가하거나(71, 78, 79, 81, 82, 83, 보조참가, 공동소송적 보조참가, 독립당사자참가, 승계·인수참가, 공동소송참가), 당사자가 제3자에게 소송고지(84)를 할 수 있다.

또한 소송계속 중에는 청구의 변경(262), 중간확인의 소(264) 및 반소(269)가 가능하다.

라. 소송계속의 종료

판결확정시에 소송계속이 종료된다. 또한 소각하결정(144④), 이행권고결정·화해권고결정의 확정, 화해조서나 청구의 포기·인낙조서의 작성 또는 소의 취하·취하간주(268)에 의하여도 소송계속은 소멸한다.

선택적 병합청구의 경우에 어느 한 청구를 인용한 판결 또는 주위적·예비적 청구의 경우에 주위적 청구를 인용한 판결이 확정되면 심판을 받지 않은 다른 청구나 예비적 청구의 소송계속은 소급적으로 소멸한다.

소송계속 종료의 효과를 다투는 방법으로는 기일지정신청이 있다. 이 경우에 심리 결과 그 이유가 없거나 소송계속의 종료를 간과한 채 심리를 진행하였음이 확인되면 판결로써 소송종료선언을 하여야 하고, 이유 있으면 필요한 후속 재판을 계속 진행한다.

---

33) 대법원 1989.4.11. 선고 87다카3155 판결.

판결이 선고되면 소송계속이 종료되는가?

판결이 선고되어도 아직 확정 전이라면 상소할 수 있고 상소가 제기되면 상소심에 여전히 소송계속이 있게 되므로 판결 선고는 소송계속의 종료사유가 아니다.

2. 중복된 소제기의 금지

가. 의 의

당사자는 소송계속이 있는 사건과 동일한 사건을 다시 제기할 수 없다는 원칙을 중복된 소제기(중복제소) 금지의 원칙이라고 한다(259). 이중(중복)소송금지의 원칙이라고도 한다.

중복소송금지는 이중응소로 인한 피고의 부담방지, 이중심리로 인한 법원의 낭비방지, 기판력의 모순방지를 목적으로 한다. 기판력 모순은 민소법 451조 1항 10호에서 규정하고 있으므로 재심에 의해 해소될 수 있지만 재심을 제기하게 하는 것 자체가 당사자에게 제소의 부담을, 법원에 심리의 부담을 지우는 것이므로 애당초 기판력이 모순되는 판결이 발생하지 않도록 중복된 소송을 금지하는 것이다.

중복소송금지와 기판력의 관계는 어떠한가?

중복소송금지는 소송이 병행하여 계속하는 경우에 문제되는 것이고, 기판력은 소송이 끝나서 판결이 확정된 후의 문제이다. 따라서 '중복소송이므로 기판력에 저촉된다'는 식의 주장은 성립하지 않는다. 또한 민소법에서 중복소송이라고 할 때는 소송계속이 병행하고 있음을 전제로 하는 것이므로 소송계속이 병행하지 않은 채 전후 2개가 있는 때에는 중복소송이 아니라 재소금지(267②) 또는 기판력의 문제일 가능성이 크다. 만약 소송계속이 병행하고 있는 단계에서 중복소송금지가 작동함에도 후소가 각하되지 않고 있던 중에 어느 한 소송의 판결이 선고·확정되면 먼저 확정된 판결의 기판력이 계속 중인 사건에 미치게 된다. 먼저 확정된 소송이 후소이고 계속 중인 사건이 전소라 하더라도 마찬가지이다.

나. 중복소송의 요건

(1) 당사자의 동일

중복소제기라고 하려면 전·후 소송의 당사자가 동일하거나 당사자와 동일하게 취급되는 제3자와의 소송이어야 한다.

갑이 을을 상대로 소유권확인청구를 제기하여 소송계속 중에 을이 갑 상대로 소유권부존재확인청구를 별소로 제기하는 경우와 같이 원·피고가 바뀌어도 동일사건이다. 이 경우에도 향후 재판이 확정되면 기판력의 모순·저촉이 발생할 가능성이 존재하기 때문이다.

전후 양소의 당사자가 동일하지 않으면 원칙적으로 동일사건이라고 할 수 없으나, 당사자가 동일하지 않더라도 후소의 당사자가 기판력의 확장으로 전소의 판결의 효력을 받게 될 경우(218)에는 동일사건이다. 예컨대 사실심의 변론종결 후에 소송물을 양수한 승계인이 전소가 소송계속 중임에도 같은 당사자에 대하여 별도로 소를 제기한 경우 또는 선정당사자가 소제기한 뒤에 선정자가 별도로 소를 제기한 경우에는 동일사건이다.

동일한 토지의 소유권확인소송에서 X의 Y에 대한 확인소송과 X의 Z에 대한 확인소송은 중복소송인가?

Z가 Y의 승계인이 아닌 이상 이러한 경우에는 중복소송이 되지 않는다. 당사자가 다르기 때문이다. 나아가 Z가 X·Y의 소송에 독립당사자참가를 한다든지(79), 법원이 재량으로 양 소송을 병합하는 것(141)은 가능할 뿐만 아니라 적절한 경우도 많고, 이것들은 중복소송금지의 문제가 아니다. 왜냐하면 참가 혹은 소송의 병합은 같은 소송을 별소로서 중복하여 제기한 것이 아니기 때문이다.

채권자대위소송과 중복소송여부에 대하여는 ① 채권자대위소송이 계속 중 채무자가 동일한 피고를 상대로 동일한 사건의 소송을 제기한 경우,[34] ② 반대로 채무자가 자신의 소송을 하는 중에 채권자가 동일한 내용의 채권자대위소송을 제기한 경우[35] 및 ③ 채권자대위소송의 계속 중에 같은 채무자의 다른 채권자가 동일한 소송물에 대하여 채권자대위소송을 제기한 경우[36]에는 모두 실질상 당사자가 동일한 소송이므로 후소(소송계속이 늦은 소)가 중복제소금지에 저촉되는 부적법한 소로서 각하되어야 한다는 것이 다수설·판례[37]의 태도이다. 이에 대하여 채

---

34) 대법원 1995.4.14. 선고 94다29256 판결; 대법원 1992.5.22. 선고 91다41187 판결.

35) 대법원 1981.7.7. 선고 80다2751 판결. 다만 대법원은 이 경우에 중복소송에 대한 판단 없이, 채무자가 제3채무자를 상대로 권리를 재판상 행사하였다면 채권자가 제3채무자를 상대로 채무자의 권리를 행사할 당사자적격이 없다고 판시한 경우도 있는데(대법원 1992.11.10. 선고 92다30016 판결; 대법원 2009.3.12. 선고 2008다65839 판결; 대법원 2016.4.12. 선고 2015다69372 판결), 이는 채권자대위소송에 한정하여 그 행사의 요건을 중시한 판례로서, 다른 법정소송담당의 경우에는 당사자적격여부보다는 중복소송여부가 먼저 판단되어야 한다).

36) 대법원 1994.2.8. 선고 93다53092 판결.

권자대위소송은 대위채권자가 채무자에 대신하여 제기하는 제3자 소송담당이 아니라 채권자가 자신의 대위권을 행사하는 것이므로 채무자와는 무관하기 때문에 위의 어느 경우에나 중복소송의 문제가 발생하지 않는다는 소수설이 있다.[38]

채권자대위소송이 이미 제기되어 있는 경우에 피담당자인 채무자는 자기의 권리를 어떠한 방법으로 주장할 수 있는가?

채권자대위소송이 이미 제기되어 있는 경우에 채무자는 그 소송에 공동소송적 보조참가를 할 수 있다는 것이 다수설이다. 그 근거로서 채무자가 별소를 제기하면 당사자적격은 있지만(병행형), 중복소송에 해당하므로 이를 피하기 위해서는 공동소송적 보조참가를 해야 한다거나,[39] 채무자가 참가로서 자기의 권리를 주장하는 경우라면 채권자대위소송이 계속 중인 사실을 알고 있다는 것이어서 대위의 대상이 된 권리에 관한 처분권을 상실하므로 더 이상 제3채무자를 상대로 소를 제기할 당사자적격이 없어서 공동소송적 보조참가를 하여야 한다는 것이다.[40] 그러나 채무자가 제3채무자를 상대로 소를 제기하는 것은 자신의 권리를 실현하려는 것이지 처분하려는 것이라 할 수 없고, 기존의 소송절차에 참가하는 것은 별소제기가 아니어서 중복소제기에 해당하지 않으며, 공동소송적 보조참가로는 대위채권자의 소취하를 막을 수 없으므로,[41] 대위채권자의 소의 취하를 막는 등 채무자의 권리를 제대로 보호하기 위해서는 당사자적격을 가진 자의 참가형태인 공동소송참가(내지 독립당사자참가)가 가능하다고 보아야 한다.

채권자취소소송의 경우 동일한 채권자가 피보전채권을 달리하여 동일한 법률행위의 취소 및 원상회복을 구하는 채권자취소의 소를 이중으로 제기하는 경우 전소와 후소는 소송물이 동일하다고 보아야 하므로 중복소송에 해당하지만,[42] 소

---

37) 이와 같은 중복소송금지와 관련된 판례의 입장에 대하여, 기판력(대법원 1994.8.12. 선고 93다52808 판결)과 재소금지(대법원 1996.9.20. 선고 93다20177,20184 판결)의 경우에는 채무자가 채권자 대위소송이 계속 중임을 알았을 때에 한하여 그 효력이 미친다는 판례의 입장과 합치하지 않는다는 비판이 있다(이시윤, 287쪽).

38) 호문혁, 152쪽. 나아가 이 입장에서는 채권자대위소송의 계속 중 채무자가 제3채무자를 상대로 피대위채권을 청구하거나, 채무자가 제3채무자를 상대로 피대위채권을 청구하는 소의 계속 중에 대위채권자가 채권자대위소송을 제기하면 민법 404조 1항의 해석상 '채권자대위소송은 채무자가 채권을 행사하지 않을 것'의 요건을 갖추지 못하였으므로 채권자대위소송을 기각해야 한다고 본다(호문혁, 153쪽).

39) 이시윤, 820쪽.

40) 김홍엽, 354쪽.

41) 대법원 2013.3.28. 자 2012아43 결정.

42) 대법원 2012.7.5. 선고 2010다80503 판결(채권자가 사해행위취소 및 원상회복청구를 하면서 보전하고자 하는 채권을 추가하거나 교환하는 것은 사해행위취소권과 원상회복청구권을 이유 있

송계속 중 다른 채권자가 동일한 사해행위에 대하여 채권자취소소송을 제기한 경우에는 중복제소가 아니라는 것이 판례의 입장이다.[43] 후자의 경우, 각 채권자는 채권자대위소송의 경우와는 달리 소송담당자가 아니고 자기의 고유권리로서 채권자취소권을 행사하는 것이므로 전후 소송의 당사자가 다르다는 이유에서이다.

추심채권자의 추심금청구소송계속 중에 채무자가 자신의 권리를 이행하라는 후소를 제기한 경우에는 양 소송이 동일하므로[44] **중복소송**임과 동시에, 채무자의 제3채무자에 대한 금전채권 등에 대하여 압류 및 추심명령이 있으면 채무자는 압류 및 추심명령이 있는 채권에 대하여 제3채무자를 상대로 이행의 소를 제기할 **당사자적격을 상실**하므로 이중으로 부적법하게 된다. 다만 당사자적격은 본안판결시까지 흠이 치유되면 본안에 대한 판결을 할 수 있음에 비하여, 중복소송은 후소를 제기하는 즉시 성립하므로 중복소송이 당사자적격의 유무보다 먼저 판단되며, 따라서 부적법각하의 이유는 중복소송이 된다. 그렇다면 거꾸로 채무자가 자신의 권리에 관한 이행소송의 계속 중에 압류채권자가 추심금청구의 소를 제기하면 중복소송인가? 판례는 채무자가 제3채무자를 상대로 제기한 이행의 소가 법원에 계속되어 있는 경우에도 압류채권자는 제3채무자를 상대로 압류된 채권의 이행을 청구하는 추심의 소를 제기할 수 있고, 그 추심의 소는 채무자가 제기한 이행의 소에 대한 관계에서 민소법 259조가 금지하는 중복된 소제기에 해당하지 않는다고 봄이 타당하다는 입장이다.[45] 그 이유로서, 후소의 본안에 관하여 심리·판단한다고 하여 제3채무자에게 불합리하게 과도한 이중 응소의 부담을 지우고 본안 심리가 중복되어 당사자와 법원의 소송경제에 반한다거나 판결의 모순·저촉의 위험이 크다고 볼 수 없고, 압류채권자의 입장에서는 사실심에서는 전소에 참가할 수 있지만(81, 79), 참가할 의무가 있는 것도 아니고 상고심에서는 아예 참가할 수 없으므로 후소에 중복소송금지의 원칙을 적용하여서는 안 된다는 것이

게 하는 공격방법에 관한 주장을 변경하는 것일 뿐이지 소송물 또는 청구 자체를 변경하는 것이 아니므로, 채권자가 보전하고자 하는 채권을 달리하여 동일한 법률행위의 취소 및 원상회복을 구하는 채권자취소의 소를 이중으로 제기하는 경우 전소와 후소는 소송물이 동일하다고 보아야 하고, 이는 전소나 후소 중 어느 하나가 승계참가신청에 의하여 이루어진 경우에도 마찬가지이다).

43) 대법원 2022.8.11. 선고 2018다202774 판결; 대법원 2003.7.11. 선고 2003다19558 판결.

44) 금전채권에 대하여 압류 및 추심명령이 있더라도 채권이 압류채권자에게 이전되거나 귀속되는 것이 아니다(대법원 1997.3.14. 선고 96다54300 판결). 따라서 채무자에 의한 이행의 소와 추심채권자에 의한 추심의 소는 당사자 및 청구가 실질적으로 동일하다고 할 수 있다.

45) 대법원 2013.12.18. 선고 2013다202120 전원합의체 판결.

다. 이 판결은 전소와 후소의 소송물이 동일함을 전제로 압류 및 추심명령이 있으면 제3채무자에 대한 이행의 소는 추심채권자만이 제기할 수 있고 채무자는 피압류채권에 대한 이행소송을 제기할 당사자적격을 상실한다는 점[46]에서 오히려 전소가 각하되어야 한다는 점을 의식한 것으로 보이지만, 중복소송금지의 원칙은 전소가 소송요건을 구비하지 못한 부적법한 소라고 하더라도 적용된다는 점에 비추어 대법원이 내세우는 다른 여러 이유를 고려하더라도 그다지 설득력이 있어 보이지 않으므로 중복소송의 요건을 모두 갖춘 위 사안을 두고 중복소송이 아니라고 판단한 결론에 찬동할 수 없다. 생각건대 민소법 259조는 중복소송이 금지된다고만 규정하고 있을 뿐, 실제로 소송이 중복된 경우에 그 처리방법에 대해서는 아무런 규정을 두고 있지 않다. 따라서 중복소송의 경우에는 무조건 후소를 각하해야 한다는 고정관념에 얽매여 후소 각하를 면하게 할 의도로 중복소송이 아니라는 무리한 결론을 도출할 것이 아니라, 위와 같은 사안의 중복소송에 대해서는 사건의 이송·이부를 통하여 전소와 후소를 병합·심리함으로써 모순 없는 판결을 해야 함을 밝힘과 동시에 그 구체적 기준을 제시하였더라면 합리적인 처리방안을 모색한 판결이라는 평가를 받았을 것이다.[47]

(2) 사건의 동일

중복소송의 금지의 요건 중 사건의 동일성에 대해서는 소송물을 기준으로 판단하여야 한다는 것이 통설이다.

1) 청구취지가 같은 경우

청구취지가 같더라도 실체법상 권리가 다르면 동일사건이 아니므로 중복소송에 해당되지 않는다는 것이 구실체법설의 입장이다. 이에 비하여 소송법설 중 일분지설에서는 청구취지가 같다면 중복소송에 해당되는 것으로 보고, 이분지설에서는 청구취지가 같고 사실관계가 같다면 동일사건으로서 중복소송에 해당되지만 청구취지가 같더라도 사실관계가 다르면 동일사건이 아니므로 중복소송에 해당되지 않는다고 본다. 따라서 소송물이론에 따라 중복소송이 되는 후소의 범위도 달라진다. 구실체법설의 입장에서는 중복소송의 범위가 좁고 소송법설의 입장에서는

46) 대법원 2000.4.11. 선고 99다23888 판결.
47) 채무자의 이행의 소와 채권자의 추심의 소는 각자 자기의 채권을 실현하려는 것이므로 당연히 중복된 소가 아니라는 견해도 있다(호문혁, 150쪽).

그 범위가 넓다.

2) 청구취지가 다른 경우

구실체법설에 의하면 청구취지가 다르더라도 실체법적 권리 · 법률관계가 발생하는 근거규정이 동일하다면 소송물이 같다고 본다. 진정명의회복을 위한 소유권이전등기청구와 말소등기청구의 소송물이 동일하다는 판례가 대표적이다.[48] 이러한 경우를 제외하고는 일반적으로 청구취지가 다르면 소송물이 다르므로 청구취지가 다른 경우에는 중복소송에 해당되지 않는다고 할 수 있다. 그러나 중복소송금지의 취지가 심리의 중복 및 판결의 모순 · 저촉을 방지하고자 하는 데 있으므로 청구취지가 다르더라도 중복소송을 유추적용할 수 있는 경우가 있다. 아래의 경우는 중복소송에 관한 규율을 유추 적용할 수 있는지 여부가 문제되는 사안이다.

(가) 일방형

원고가 어떤 부동산에 대하여 소유권확인의 소를 제기한 후 별소로 동일한 부동산에 대하여 건물인도청구소송을 제기한 경우 또는 그 반대 순서로 소를 제기한 경우에 중복소송인지에 대하여 논의가 있다. 이에 대하여 **제1설**은 심리 · 재판의 중복과 판결의 모순이 생길 수 있고 동일절차 내에서 청구를 병합할 수 있음에도 별소로 제기한 것은 중복소송이라는 견해,[49] **제2설**은 이행의 소는 확인의 소와는 달리 집행력이 있다는 점을 근거로 이행의 소가 먼저 제기되고 확인의 소가 제기되었으면 중복소송이지만 확인의 소가 먼저 제기되고 이행의 소가 제기된 경우에는 중복소송이 아니라는 견해,[50] **제3설**은 이러한 경우에는 청구취지가 다르므로 중복소송의 문제가 될 수 없고 이행의 소가 계속되면 확인의 소는 전후를 불문하고 확인의 이익이 없으므로 각하되어야 한다는 견해[51] 등으로 나누어져 있다. 다만 제1설에서도 전소가 상고심에 계속되어 있는 경우에는 청구취지의 변경이나 병합이 불가능하므로 중복소송에 해당되지 않는다고 본다.[52] 생각건대, 중복

48) 대법원 2001.9.20. 선고 99다37894 전원합의체 판결.
49) 김홍규 · 강태원, 313쪽; 송상현 · 박익환, 285쪽; 정동윤 · 유병현 · 김경욱, 324쪽(사실관계일지설의 입장에서 주장).
50) 이시윤, 292쪽; 정영환, 460쪽.
51) 호문혁, 160쪽.
52) 김홍규 · 강태원, 313쪽. 자경농지를 원인으로 하는 토지인도청구에는 당연히 그 경작권의 확인청구도 포함되었다 할 것이므로 위의 토지인도청구의 소를 제기하여 본안판결을 받은 후 그 소를 취하한 자는 이후 경작권확인청구의 소를 제기하지 못한다는 대법원 1958.3.6. 선고 4290민상784 판결이 제1설의 입장이라고 소개하고 있으나, 의문이다.

소송인가 아닌가의 문제는 전·후소 판단의 모순·저촉 가능성이 있는지 여부에 달려있다. 따라서 전소가 사실심에 계속 중이라면 청구를 변경하거나 병합하는 방법으로 이러한 문제를 방지할 수 있어 굳이 별소로써 후소를 제기할 필요가 없으므로 후소를 중복소송으로 볼 것이다. 그러나 만약 전소가 법률심인 상고심에 계속 중에 있다면 청구의 변경이나 병합이 불가능하므로 별도로 후소를 제기할 수 있어야 한다. 이 경우에 특히 전소가 확인소송인데 후소가 이행소송이라면 집행력을 확보해주어야 하므로 후소를 중복소송이라고 하여 각하해서는 안 된다. 그렇다면 상고심에 계속된 전소가 이행소송인데 확인소송을 별소로 제기하면 중복소송인가? 이 경우 후소의 청구취지는 전소의 판결이유에 기재되는 데 불과하여 전소의 기판력이 미치지 않으므로(216),[53] 중복소송금지의 주요한 목적인 기판력의 모순방지와 무관하다. 따라서 이러한 후소는 허용되어야 할 것이다. 요컨대 전소가 사실심에 계속 중인 때에는 청구의 변경이나 병합이 가능하므로 별소를 제기하면 중복소송이지만, 전소가 법률심에 계속 중인 때에는 별소를 제기해도 중복소송이 아니라고 보는 것이 타당하다.[54] 전소가 이행소송인데 후소로 확인소송을 제기하는 경우에는 후소에 확인의 이익이 인정되어야 함은 물론이다.

(나) 대향형

① 동일 권리에 관한 원고의 **적극적 확인청구**(전소)에 대하여 피고가 **소극적 확인청구**(후소)를 별소로 제기한 경우에는 피고의 소극적 확인청구는 원고의 청구에 대한 기각판결을 구하는 것 이상의 의미가 없으므로 중복소송으로 보는 견해가 일반적이다. ② 동일 권리에 관한 원고의 **소극적 확인청구**(전소)에 대하여 피고가 **이행청구**(후소)의 별소를 제기한 경우에는 중복소송이 아니다. 왜냐하면 피고가 원고의 소송절차에 편승하여 반소를 제기할 수도 있지만,[55] 항소심에서의 반소는 상대방의 심급의 이익을 해할 우려가 없거나 상대방의 동의가 있는 경우에 한하므로(412①), 별소를 허용할 필요가 있기 때문이다.[56] ③ 동일 권리에 관한 원고의 **이행청구**(전소)에 대하여 피고가 **소극적 확인청구**(후소)를 별소로 제기한

---

53) 대법원 1973.9.12. 선고 72다1436 판결.

54) 김홍엽, 365쪽.

55) 판례는 손해배상채무에 대한 부존재확인소송이 계속되는 동안에 그 채무의 이행을 구하는 반소가 제기되어도 본소가 확인의 이익이 소멸하여 부적법하게 되는 것은 아니라고 한다(대법원 1999.6.8. 선고 99다17401,17418 판결).

56) 김홍엽, 364쪽.

경우에 중복소송에 해당한다는 견해도 있으나,[57] **판례**는 청구취지와 청구원인이 서로 다르므로 중복소송에 해당하지는 않지만 피고는 원고의 이행청구소송에서 청구기각을 구하는 방법으로 다툴 수 있으므로 별도로 확인을 구할 이익이 없다고 보아 각하하여야 한다는 입장으로서, 확인의 이익문제로 처리한다.[58]

동일부동산에 관하여 원고의 피고에 대한 소유권확인소송과 피고의 원고에 대한 소유권확인소송은 소송물이 동일한가?

같은 권리에 관한 원고의 적극적 확인청구와 피고의 적극적 확인청구는 소송물이 동일하지 않다. 왜냐하면 원고의 적극적 확인청구가 기각되었다고 해서 피고에게 소유권이 있음이 확인되는 것이 아니기 때문이다. 따라서 중복소송에 해당하지 않는다. 다만 이러한 경우에는 병합 심리하는 것이 바람직할 것이다.

(다) 상계항변과 별소제기

예컨대 동시이행항변 또는 유치권항변 등은 판결 주문이 아니라 판결이유 중에서 판단하므로 기판력이 없고, 따라서 기판력의 저촉문제가 발생하지 않아 중복소송여부를 논할 필요가 없다. 그러나 상계항변의 경우에는 기판력이 있어(216②), 별소를 인정하면 두 소송에서 상계여부 및 액수에 대하여 각기 모순되는 판결이 확정되어 기판력에 저촉될 위험이 있으므로 일반적인 항변과는 달리 보아야 한다. 상계항변은 현재 계속 중인 소송에서 상계의 항변에 사용한 채권을 별소로 청구하는 경우(항변선행형 내지 상계후 소구형)와 현재 계속 중인 별소의 소송물인 채권을 상대방이 제기한 소송에서 상계의 항변에 사용하는 경우(항변후행형 내지 소구후 상계형)의 두 가지로 행사할 수 있는데, 소송상 취급은 동일하다. 판례는 소구후 상계형[59]뿐만 아니라 상계후 소구형[60]도 중복소송이 아니라고 하였다. 학설 중에는 기판력이 어긋나는 것을 방지하기 위해서는 상계항변의 경우에도 중복소송금지의 법리를 유추적용하여야 한다는 입장도 있으나,[61] 다수설은 상계항변을

57) 김홍엽, 363쪽.
58) 대법원 2001.7.24. 선고 2001다22246 판결. 이 판결의 쟁점은 채권자가 채무인수자를 상대로 제기한 채무이행청구소송(전소)과 채무인수자가 채권자를 상대로 제기한 원래 채무자의 채권자에 대한 채무부존재확인소송(후소)의 관계에 대한 것이다.
59) 대법원 1975.6.24. 선고 75다103 판결; 대법원 2001.4.27. 선고 2000다4050 판결.
60) 대법원 2022.2.17. 선고 2021다275741 판결. 나아가 이 사건에서 후소 원고는 전소에서 피고였는데 상계항변을 하였다가 항소심에서 철회한 바 있다. 대법원은 상계항변의 철회는 소송상 방어방법의 철회에 불과하므로 재소금지 원칙이 적용되지 않는다고 판시하였다.
61) 강현중, 363쪽.

하였다고 하더라도 모두 심리되거나 받아들여지는 것도 아니고(특히 예비적 상계항변의 경우), 상계항변에 사용한 채권에 대하여도 집행권원이 필요한 경우도 있으므로 상계항변에 사용한 채권을 별소로 제기하는 것을 막으면 안 되고, 후소에서 상계항변을 하기 위하여 전소를 취하해야 한다면 상대방이 소취하에 동의를 해주지 않는 경우에는 상계항변 자체가 불가능해진다는 결론이 되므로 결국 어느 경우에도 중복소송이 아니라고 한다. 다만 다수설에 의하더라도 전·후 두 소송을 사실심에서 이부·이송·변론의 병합 등을 통하여 반소로 병합되도록 석명권을 적절히 행사하여 기판력의 모순·저촉을 방지할 필요가 있다고 본다.[62]

(라) 일부청구와 잔부청구

동일채권의 일부청구 계속 중 별소로 잔부를 청구하는 것은 중복소송인가? 학설은 나뉘어 있는데, 명시설의 입장에서 묵시적 일부청구의 경우에는 채권의 전부가 소송물이므로 별소로 잔부청구를 하는 것은 중복소송에 해당하지만 명시적 일부청구의 소송계속 중에 잔부청구를 하는 것은 동일한 소송물이 아니어서 중복소송에 해당하지 않는다는 견해,[63] 명시적 일부청구의 경우에도 전소가 사실심에 계속 중인 경우에는 청구취지의 확장으로 가능하므로 동일소송으로 유추 또는 이에 준하여 중복소송에 해당한다고 보고 전소가 법률심인 대법원에 계속 중인 경우에는 중복소송이 아니라는 견해,[64] 일부청구가 묵시적이든 명시적이든 청구취지의 확장으로 가능함에도 별소를 제기하는 것은 소권의 남용이지만 우선 이부·이송하여 병합해보고 명백히 소권의 남용에 해당하면 후소를 각하하여야 한다는 견해 등이 있다.[65] 한편 **판례**는 명시적 일부청구의 경우 나머지 유보된 청구는 중복소송은 아니지만,[66] 명시적 일부청구를 한 경우라고 하더라도 (법률심이 아닌) 사실심에 계속된 경우라면 청구취지를 확장하지 아니하고 별소로 잔부청구를 하는 것

---

62) 이시윤, 291쪽; 정영환, 462쪽. 판례의 취지도 유사하다(상계의 항변을 제출할 당시 이미 자동채권과 동일한 채권에 기한 소송을 별도로 제기하여 계속 중인 경우, 사실심의 담당재판부로서는 전소와 후소를 같은 기회에 심리·판단하기 위하여 이부, 이송 또는 변론병합 등을 시도함으로써 기판력의 저촉·모순을 방지함과 아울러 소송경제를 도모함이 바람직하였다고 할 것이나, 그렇다고 하여 특별한 사정이 없는 한 별소로 계속 중인 채권을 자동채권으로 하는 소송상 상계의 주장이 허용되지 않는다고 볼 수는 없다. 대법원 2001.4.27. 선고 2000다4050 판결).

63) 정동윤·유병현·김경욱, 312쪽.

64) 김홍엽, 366쪽.

65) 이시윤, 293쪽.

66) 대법원 1985.4.9. 선고 84다552 판결.

은 소권의 남용이라고 판시하였다.[67)]

(3) 전소의 계속 중에 후소를 제기하였을 것

원고가 제기한 소송절차 내에서 피고가 반소를 제기한 경우와 같이, 하나의 소송절차를 이용하여 소를 제기한 경우에는 독립하여 별소를 제기한 것이 아니어서 심리의 중복이나 판결의 모순·저촉의 문제가 생기지 않으므로 중복소송이 아니다. 같은 이유로 기존의 소송에 당사자로서 참가하는 경우도 중복소송에 해당하지 않는다.

전소·후소의 기준은 소송계속의 발생시기, 즉 소장부본이 피고에게 송달된 때로 판단한다.[68)] 또한 같은 법원에 제기되었든 다른 법원에 제기되었든 가리지 않으며, 후소가 독립된 소인 경우는 물론이고 다른 청구와 병합되어 있든, 다른 소송에서 소의 변경·반소 또는 소송참가의 방법으로 제기되었든 불문한다.

중복소송금지라는 소제기의 제한은 언제까지 지속되는가?

전소가 '법원에 계속'하고 있는 동안은 별소의 제기가 제한된다(259). 소송계속은 판결의 확정, 소의 취하·각하, 화해조서의 작성, 청구의 포기·인낙조서의 작성 등에 의해 소멸된다. 이들 사유에 의해 전소의 소송계속이 소멸되면 중복소송금지의 제한은 없어지고 전소와 후소 간에 재소금지 또는 기판력의 저촉문제로 바뀐다.[69)]

전소가 소송요건을 구비하지 못한 부적법한 소라도 무방하다. 따라서 전소가 소송요건에 흠이 있어 부적법하다고 할지라도 후소의 변론종결시까지 전소가 취하·각하 등에 의하여 그 계속이 소멸되지 아니한 이상, 후소는 중복소송에 해당되어 각하를 면치 못한다.[70)]

---

67) 대법원 1996.3.8. 선고 95다46319 판결.

68) 대법원 1994.11.25. 선고 94다12517,94다12524 판결(가압류, 가처분 등의 보전절차가 선행되어 있다 하더라도 이를 기준으로 가릴 것은 아니다).

69) 대법원 2017.11.14 선고 2017다23066 판결(당사자와 소송물이 동일한 소송이 시간을 달리하여 제기된 경우 전소(전소)가 후소(후소)의 변론종결 시까지 취하·각하 등에 의하여 소송계속이 소멸되지 않으면 후소는 중복제소금지에 위반하여 제기된 소송으로서 부적법하다. 한편 확정된 승소판결에는 기판력이 있으므로 승소 확정판결을 받은 당사자가 전소의 상대방을 상대로 다시 승소 확정판결의 전소와 동일한 청구의 소를 제기하는 경우, 특별한 사정이 없는 한 후소는 권리보호의 이익이 없어 부적법하다).

70) 대법원 1998.2.27. 선고 97다45532 판결.

다. 중복소송의 효과

중복된 소제기는 소극적 소송요건으로서 직권조사사항이므로 이에 해당하면 항변을 기다릴 필요 없이 후소를 부적법 각하한다. 다만 이송·이부 등을 통하여 전소에 병합할 수 있는 경우에는 그러하지 아니할 것이나,[71] 이는 처분권주의에 위반되지 않고 이송·이부가 허용되는 범위 내에서만 타당할 것이다.

중복된 소제기를 간과한 판결은 상소로 다툴 수 있으며, 두 판결이 확정되었는데 서로 저촉되면 제기된 소의 전후에 관계없이 나중에 확정된 판결이 재심대상이다(451①⑽). 재심으로 취소되기 전까지는 양 판결은 저촉되는 상태 그대로 모두 기판력이 있다는 것이 판례의 입장이다.[72]

후소에 대한 본안판결이 먼저 선고되어 확정된 경우, 아직 계속 중인 전소에 대하여 그 확정된 후소판결의 기판력이 미치는가?

후소의 본안판결이 먼저 확정되면 그 기판력이 아직 계속 중인 전소에 미친다. 따라서 전소에서 이미 확정된 후소 판결에 저촉되는 판결을 선고할 수는 없다.

후소가 중복소송에 해당되면 부적법각하의 방법밖에 없을까?

민소법 259조는 "법원에 계속되어 있는 사건에 대하여 당사자는 다시 소를 제기하지 못한다"라고만 규정하고 있을 뿐, 후소를 각하해야 한다고 규정하고 있지는 않다. 따라서 최근 일본 등에서는 판결의 모순을 회피할 수 있는 다른 방법이 있다면 굳이 후소의 부적법각하를 고집할 이유가 없다는 견해가 주장되고 있다. 이 견해는 사건의 동일성여부를 소송물을 기준으로 판단하는 통설과 달리, 소송물이 달라도 '청구의 기초' 또는 '주요한 쟁점'이 공통되는 경우에는 소의 변경이나 반소에 의해 동일한 소송절차 내에서 후소의 제기가 가능한 것과 마찬가지로 후소를 이부·이송 또는 후소의 정지를 활용할 것을 주장한다. 예컨대, X가 Y를 상대로 매매계약의 대금지급청구를 제기하자 Y가 별소로 X를 상대로 목적물 인도청구를 제기하였다면 매매계약의 존재가 양 소송의 주요한 쟁점을 이루고 있으므로 이중심리나 판결모순이 발생할 여지가 있는데, 이러한 경우에는 후소를 각하할 것이 아니라 양 사건을 하나의 법원으로 이송시켜 병합심리 후 모순 없이 처리해야 한다는 것이다. 이 견해는 소송물의 동일성 요건을 부적법각하의 경우보다 완화하여 넓게 인정한다는데 특색이 있다. 전술한 바와 같이, 우리나라의 경우에도 소송물이 같은 경우뿐만 아니

71) 이시윤, 294쪽.
72) 대법원 1997.1.24. 선고 96다32706 판결.

라 소송물이 다르지만 중복소송금지의 원칙을 유추적용하여 해결하려는 방안 중에 이송·이부가 거론되고 있는데, 위 견해와 일맥상통한다고 할 수 있다. 그러나 위 견해에 대해서는 사건의 강제적 병합이나 소송절차의 정지에 대한 민소법상 근거규정이 존재하지 않고, 사건에 따라서는 서로 관할이 달라 후소를 이송·이부할 수 없는 상황이 발생할 수도 있다는 점을 간과하고 있다는 비판이 있다.

라. 국제적 소송경합

(1) 의 의

국제적 소송경합의 문제는 외국법원에 소가 제기되어 계속 중 동일한 사건이 국내법원에 제소되었을 때 중복소송으로 보아야 하는지에 대한 문제이다.

(2) 학설과 판례

1) 규제소극설(부정설, 소극설)

민소법 259조의 '법원'에는 외국법원이 포함되지 않으므로 중복소송금지의 규정은 외국법원과 국내법원 사이에는 적용되지 않는다는 견해이다. 따라서 외국법원에 소를 제기한 후라도 국내법원에 동일한 소송을 제기할 수 있다고 본다.[73] 이 견해에 대해서는 국가주의적 사고에 바탕을 둔 것으로서 오늘날과 같은 세계화시대에는 적절하지 않다는 비판이 있다.[74]

2) 승인예측설(적극설)

외국법원의 재판이 민소법 217조에 의하여 향후 우리나라에서 승인받을 가능성이 예측되는 때에는 소송계속으로 보아 국내법원에 동일한 사건을 제기하면 중복소송으로 보아야 한다는 견해로서, 다수설이다.[75] 하급심 판결 중에는, 일제강점기하에 일본 정부에 의하여 강제징용되어 일본국 내 기업에서 강제노동에 종사한 대한민국 국민이 위 기업을 상대로 불법행위로 인한 손해배상청구를 한 사안에서, 동일한 사건이 일본국 최고재판소에 소송계속 중이라고 하더라도 위 법원의 판결 결과를 예측하기 어렵고, 다수의 과거 일본국 재판소의 판결 내용에 비추어 볼 때 일본국 최고재판소의 판단이 대한민국의 법원과 그 견해를 달리할 가능성을 배제할 수 없으므로, 향후 일본국 재판소가 결론내린 확정판결의 효력을 그대로

---

73) 정동윤·유병현·김경욱, 329쪽.
74) 이시윤, 295쪽.
75) 김홍엽, 370쪽; 송상현·박익환, 286쪽; 이시윤, 295쪽; 전병서, 295쪽; 정영환, 464쪽.

승인하는 것이 대한민국의 공익이나 정의관념 및 국내법질서 등에 비추어 허용될 수 없는 결과를 전혀 예상 못 할 바 아니어서, 대한민국 법원에 위 소를 제기하는 것이 중복제소에 해당하지 않는다고 판시함으로써,[76] 승인예측설의 입장을 따랐다.[77] 다만 학설에 따라서는 외국법원의 재판에 대하여 승인이 예측되더라도 국내사건을 즉시 각하하지 말고 기일의 추후지정으로 변론을 사실상 중지시킬 필요가 있고, 외국의 사건이 지나치게 지연될 때에는 국내에서의 소송을 허용하여야 할 것이라는 견해가 있다.[78]

3) 비교형량설(권리보호이익설)

어느 나라의 법원에서 재판하는 것이 적절한가를 비교형량하여 국내에서 다시 소를 제기할 권리보호의 이익이 있으면 국내제소가 적법하다고 결정할 것이라는 견해이다. 국제재판관할권의 기준에 관한 학설 중 관할배분설(조리설)과 같은 맥락이다.

(3) 국제사법의 입장

국제사법 11조는 같은 당사자 간에 외국법원에 계속 중인 사건과 동일한 소가 대한민국 법원에 다시 제기된 경우에 외국법원의 재판이 대한민국에서 승인될 것으로 예상되는 때에는 법원은 직권 또는 당사자의 신청에 의하여 결정으로 소송절차를 중지할 수 있다고 규정함과 동시에, 이에 대한 예외로서 전속적 국제재판관할합의에 따라 대한민국 법원에 국제재판관할이 있는 경우 또는 대한민국 법원에서 해당 사건을 재판하는 것이 외국법원에서 재판하는 것보다 더 적절함이 명백한 경우에는 그러하지 아니하다고 규정하고 있다(국사 11①). 즉 현행 국제사법은 위 승인예측설과 비교형량설을 변형하여 수용한 것으로 이해할 수 있다. 이때 소송절차의 중지여부를 결정하는 경우 소의 선후는 소를 제기한 때를 기준으로 하며(국사 11⑤), 법원이 소송절차 중지 결정을 한 경우에 당사자는 즉시항고

76) 부산지법 2007.2.2. 선고 2000가합7960 판결. 실제 이 판결의 상고심에서 원고 패소의 일본판결에 대하여 공서양속위반을 이유로 승인하지 않았다(대법원 2012.5.24. 선고 2009다22549 판결).

77) 그 밖에 승인예측설에 입각한 하급심 판결로는 서울지방법원 2002.11.29. 선고 2000가합90940 판결이 있다(외국법원에 소가 제기되어 있는 경우 그 외국법원의 판결이 장차 민소법 217조에 의하여 승인받을 가능성이 예측되는 때에는 민소법 259조 소정의 소송계속으로 보아야 할 것이므로 이와 동일한 사건에 대하여 우리나라 법원에 제소한다면 중복소송에 해당하여 부적법하여 각하).

78) 이시윤, 295쪽; 전병서, 295쪽.

를 할 수 있도록 하였다(국사 11②). 위의 경우에 소송절차를 중지할 수 있도록 한 이유는 민사소송법이 세세한 토지관할규정을 두고 있음에도 35조를 두어 예외적으로 법원의 재량에 의한 이송을 허용하고 있듯이, 국제소송에서도 필요한 경우 이송을 하는 것이 마땅하나 그것이 불가능하므로 대신 소송을 중지할 수 있도록 하자는 것이다. 국제적 소송이 경합하는 경우 소 각하가 아니라 소송절차의 중지로 해결함으로써 소 각하 시 시효중단과 관련된 기존의 쟁점[79]도 입법적으로 해결되었다.

위와 같은 대한민국 법원의 재판 중지는 외국법원이 재판을 적절하게 하는 것을 전제로 하는 것이므로 그렇지 않은 사정이 있으면 재판을 계속할 수 있어야 한다. 이에 따라 국제사법은 외국법원이 본안에 대한 재판을 하기 위하여 필요한 조치를 하지 아니하는 경우 또는 외국법원이 합리적인 기간 내에 본안에 관하여 재판을 선고하지 아니하거나 선고하지 아니할 것으로 예상되는 경우에 당사자의 신청으로 대한민국 법원은 중지된 사건의 심리를 계속할 수 있도록 하였다(국사 11④).

나아가 국제사법은 대한민국 법령 또는 조약에 따른 승인 요건을 갖춘 외국의 재판이 있는 경우 같은 당사자간에 그 재판과 동일한 소가 대한민국 법원에 제기된 때에는 그 소를 각하하여야 한다고 규정한다(국사 11③). 이때의 소 각하에는 외국법원이 동일한 소에 대하여 이미 재판을 선고하였음에도 같은 당사자가 동일한 사건을 대한민국 법원에 제기한 경우뿐만 아니라, 외국 법원에 소가 계속 중이라는 이유로 대한민국 법원에 제기된 소가 중지되어 있었는데 그 후 외국 법원에서 재판이 선고된 경우도 포함한다.

Ⅱ. 소제기의 실체법상 효과

1. 총 설

소를 제기하면 그때부터 시효(본인의 소멸시효, 상대방의 취득시효)가 중단되고,

---

79) 부연하면, 외국법원에 소가 제기되어 계속 중이라면 비록 국내법원에 제기된 소가 각하되더라도 계속된 권리에 시효중단의 효력을 인정하여야 하는가의 문제가 종래부터 논의되어 왔다. 승인예측설에 따라 그 외국법원의 재판이 우리나라에 승인될 것이 예측되면 시효중단의 효력을 인정하여야 한다는 견해도 있었고, 승인이 예측되더라도 외국의 소송이 지나치게 오래 걸리거나 국내법상 권리의 시효중단의 필요성 등 국내에서의 소제기를 허용할만한 법률상 필요성이 있다면 국내에서의 소제기는 중복소제기에 해당하지 않는다고 보아야 한다는 견해도 있었다.

제척기간의 경우 법률상 그 기간을 지킨 효과가 발생한다(265). 중간확인의 소장, 피고경정신청서 및 청구취지변경신청서가 제출된 경우에도 원칙적으로 그때부터 이러한 효과가 발생한다. 소액사건심판법상 말로써 소를 제기하는 경우(소심 4)에는 진술한 때에 이 효과가 발생한다. 이 효과의 발생시점을 피고의 소장부본 송달시를 기준으로 하지 않는 이유는 송달기간의 차이와 같은 우연한 사유를 원고의 불이익으로 돌려서는 안 되기 때문이다. 원고의 재판상 청구가 각하, 기각,[80] 또는 취하되면 민법 174조의 최고로서의 효력이 인정될 뿐이므로 6개월 내에 재판상 청구 등의 조치를 취하여야 처음 시효중단의 효력이 유지된다(민 170①②).[81] 또한 일단 시효가 중단되면 소송계속 중에는 시효가 다시 진행하지 않지만 판결이 확정되어 소송계속이 소멸되면 그 시점부터 새로이 시효가 진행한다(민 178).

그 밖에 점유자는 선의로 점유한 것으로 추정하지만(민 197①), 선의의 점유자가 본권에 관한 소에서 패소 확정된 때에는 그 소가 제기된 때로부터 악의의 점유자였던 것으로 간주하는데(민 197②), 이 경우 '소가 제기된 때'란 소송이 계속된 때, 즉 소장 부본이 피고에게 송달된 때를 말한다.[82] 또한 배서인의 재상환청구권의 시효는 6개월인데, 그 기산점은 자기의 상환의무를 이행하여 어음을 환수한 경우에는 그 환수한 날부터, 상환의무를 이행하지 아니하여 어음소지인으로부터 소송상 청구를 받은 경우에는 소제기된 날부터 6월을 기산한다(어 70③).[83]

소송계속이 있은 다음날부터 효과가 발생하는 경우로는, 연 12%의 지연손해금의 발생을 들 수 있다(소촉법 3).

소장에 최고, 계약의 취소, 해제·해지, 상계의 의사표시를 기재한 때에는 소장부본이 피고에게 송달된 때에 실체법상 그 의사표시를 한 것이 되지만, 이러한 의사표시는 소의 제기가 아닌 다른 방법으로도 할 수 있으므로 소의 제기에 수반

80) 채권양도의 대항요건을 갖추기 전에 양도인이 채무자를 상대로 제기한 재판상 청구가 소송 중에 채무자가 채권양도의 효력을 인정하는 등의 사정으로 기각되고, 그 후 6월내에 양수인이 재판상 청구 등을 한 경우, 양도인의 최초의 재판상 청구로 인하여 시효가 중단된다(대법원 2009.2.12. 선고 2008두20109 판결). 나아가 소송절차의 수계신청에 대하여 법원이 이유 없다고 인정한 때에는 기각결정을 하게 되는데(243①), 그 후 실제 수계권자가 6개월 내에 수계신청을 하였다면 최초의 수계신청시에 시효가 중단된 것으로 보아야 할 것이다.

81) 대법원 1987.12.22. 선고 87다카2337 판결.

82) 대법원 2016.12.29. 선고 2016다242273 판결.

83) 다만 선의점유자의 악의의 간주나 재상환청구권의 소멸시효기간은 모두 소가 제기된 때가 아니라 소장부본의 송달 시에 발생한다는 견해가 있다(정동윤·유병현·김경욱, 329쪽).

하는 실체법상 효과라고 볼 수는 없다.

2. 시효의 중단

가. 시효중단의 근거

소를 제기하면 시효가 중단되는 근거에 대하여는 권리 위에 잠자는 자가 아님을 보여주었기 때문이라는 **권리행사설**이 통설 · 판례[84]이다. 이에 대하여 시효중단이 발생하는 권리관계의 존재가 판결에 의해 확정됨으로써 지금까지 계속되어 온 사실상태가 법적으로 부정된다는 점에 그 근거가 있다는 **권리확정설**이 있다. 권리확정설은 원고가 패소한 때에는 시효중단이 문제되지 않는다는 점에 착안한 견해이다. 다만 이 견해에 의하더라도 시효중단의 효과는 판결의 확정시가 아니라 소의 제기 시에 발생하는 것으로 이해하는데, 이는 소송의 진행 속도가 사건마다 다르기 때문에 소송 도중에 시효가 완성해버리는 것을 방지하기 위해서는 일률적으로 소의 제기 시로 볼 필요가 있기 때문이라고 설명한다.

보조참가를 하여 권리를 주장하더라도 시효가 중단되는가?

판례는, 교통사고 발생으로 인하여 피해차량의 책임보험회사가 피해자에게 치료비를 지급한 후 가해자를 상대로 구상금청구를 하였는데, 그 소송에 피해자가 보조참가를 하여 가해자의 과실을 주장한 바 있다면, 그 후 피해자가 책임보험금 이외의 손해배상금을 받기 위하여 가해자를 상대로 소를 제기한 경우 위 교통사고로 인한 손해배상청구권의 소멸시효는 보조참가로 인해 중단되었다고 하였다.[85]

나. 중단의 대상

(1) 소송물인 권리관계와 시효중단

1) 재판상 청구이기만 하면 소의 종류를 불문하고 시효가 중단된다(민 170). 소의 제기와 다를 바 없는 지급명령의 신청으로도 시효가 중단된다.[86] 다만 소송물이론과 관련하여, 구실체법설에서는 원고가 주장한 실체법상 권리만 시효중단의 대상이라고 보나,[87] 소송법설에서는 청구취지를 이유 있게 하는 공격방어방법인

---

84) 대법원 1992.3.31. 선고 91다32053 전원합의체 판결.
85) 대법원 2014.4.24. 선고 2012다105314 판결.
86) 나아가 지급명령이 각하된 경우라도 6개월 이내 다시 소를 제기하면 그 시효는 당초 지급명령의 신청이 있었던 때에 중단된다(대법원 2011.11.10. 선고 2011다54686 판결).

모든 실체법상 권리에 시효중단이 발생한다고 본다. **판례**는 원칙적으로 구실체법설의 입장이지만 예외적으로 기존채무에 대하여 채무자가 약속어음을 발행하거나 다른 사람이 발행한 약속어음을 교부한 때와 같이,[88] 원인채권의 지급을 담보하기 위하여 어음이 수수된 경우에 어음채권의 행사가 원인채권을 실현하기 위한 것일 때에는 채권자가 원인채권에 기하여 청구를 한 것이 아니라 어음채권에 기하여 청구를 하면 원인채권의 소멸시효도 중단시키는 효력이 있다고 하였다.[89] 이는 채권자가 어음금청구소송을 제기함으로써 어음채권의 소멸시효를 중단시켰다고 하더라도 원인채권의 시효소멸은 어음금청구소송에서 채무자의 인적 항변사유에 해당하므로(어음 77①, 17), 결국 어음채권을 실현할 수 없게 되는 불합리한 결과가 발생하는 것을 방지할 필요가 있기 때문이다. 나아가 채권자대위소송의 제기로 인한 피대위채권의 소멸시효 중단의 효력은 채무자에게 미친다.[90] 채권자대위권 행사의 효과는 채무자에게 귀속되는 것이기 때문이다. 이는 압류채권자의 채권압류만으로는 피압류채권의 소멸시효가 중단되지 않고 민법 제174조의 소멸시효 중단사유인 최고로서의 효력이 있을 뿐이고, 그로부터 6개월이 경과하기 전에 채권자가 지급청구나 추심소송 등을 제기하여야 피압류채권에 대하여 시효중단의 효력이 생긴다는 판례와 구별하여야 한다.[91]

2) 행정소송과 시효중단

행정소송은 민사소송상 재판상 청구가 아니므로 시효중단사유가 아니다. 다만 민사소송상 오납으로 인한 조세의 환급을 구하는 부당이득반환청구를 실현하기

87) 대법원 2001.3.23. 선고 2001다6145 판결; 대법원 2011.2.10. 선고 2010다81285 판결(채권자가 동일한 목적을 달성하기 위하여 복수의 채권을 갖고 있는 경우, 채권자로서는 그 선택에 따라 권리를 행사할 수 있되, 그 중 어느 하나의 청구를 한 것만으로는 다른 채권 그 자체를 행사한 것으로 볼 수는 없으므로, 특별한 사정이 없는 한 그 다른 채권에 대한 소멸시효 중단의 효력은 없다).

88) 대법원 1990.5.22. 선고 89다카13322 판결.

89) 대법원 1999.6.11. 선고 99다16378 판결. 그러나 이미 어음채권이 시효로 소멸한 후에 그 어음채권으로 채무자의 재산을 가압류한 경우에는 원인채권의 소멸시효를 중단시키는 효력이 없다(대법원 2007.9.20. 선고 2006다68902 판결).

90) 대법원 2011.10.13. 선고 2010다80930 판결; 대법원 2019.7.25. 선고 2019다212945 판결(채무자가 제3채무자를 상대로 제기한 금전채권의 이행소송이 압류 및 추심명령으로 인한 당사자적격의 상실로 각하되더라도, 위 이행소송의 계속 중에 피압류채권에 대하여 채무자에 갈음하여 당사자적격을 취득한 추심채권자가 위 각하판결이 확정된 날로부터 6개월 내에 제3채무자를 상대로 추심의 소를 제기하였다면, 채무자가 제기한 재판상 청구로 인하여 발생한 시효중단의 효력은 추심채권자의 추심소송에서도 그대로 유지된다고 보는 것이 타당하다).

91) 대법원 2003.5.13. 선고 2003다16238 판결.

위한 수단으로 행정소송인 과세처분의 취소 또는 무효확인의 소를 제기한 경우에는 부당이득반환청구권의 소멸시효중단사유인 재판상 청구에 해당한다.[92]

3) 채권양도와 시효중단

채권의 양도는 대항요건을 갖추지 못하였다고 하더라도 그 채권은 동일성을 잃지 않고 양도인으로부터 양수인에게 이전되므로 채권의 양수인이 채권양도의 대항요건을 갖추지 못한 상태에서 채무자를 상대로 소를 제기한 경우에도 소멸시효중단사유인 재판상 청구에 해당한다.[93] 또한 채권양도 후 대항요건이 구비되기 전의 양도인은 채무자에 대한 관계에서는 여전히 채권자의 지위에 있으므로 채무자를 상대로 시효중단의 효력이 있는 재판상 청구를 할 수 있음은 당연하다. 다만 이 경우 양도인이 제기한 소송 중에 채무자가 채권양도의 효력을 인정하는 등의 사정으로 인하여 양도인의 청구가 기각됨으로써 민법 170조 1항에 의하여 시효중단의 효과가 소멸된다고 하더라도 양도인의 청구가 당초부터 무권리자에 의한 청구로 되는 것은 아니므로 양수인이 그로부터 6월 내에 채무자를 상대로 재판상 청구 등을 하였다면 민법 169조 및 170조 2항에 의하여 양도인이 최초의 재판상 청구를 한 시점에 시효가 중단된다.[94]

4) 백지약속어음과 시효중단

지급지 및 지급을 받을 자 부분이 백지로 된 약속어음의 소지인이 그 지급기일로부터 3년이 경과한 후에야 위 백지 부분을 보충하여 발행인에게 지급제시를 하였으나 그 소지인이 위 약속어음의 지급기일로부터 3년의 소멸시효기간이 완성되기 전에 그 어음금을 청구하는 소를 제기한 이상 이로써 위 약속어음상 청구권에 대한 소멸시효는 중단된다.[95]

5) 이미 사망한 사람을 상대로 한 소송과 시효중단

판례에 의하면, 이미 사망한 자를 피고로 하여 제기된 소는 부적법하여 이를

92) 대법원 1992.3.31. 선고 91다32053 전원합의체 판결. 나아가 판례는, 갑 주식회사의 근로자 을이 부당해고기간 중 지급받지 못한 임금의 지급을 구한 사안에서, 을이 부당노동행위 구제신청을 한 후 이에 관한 행정소송에 보조참가하여 갑 회사의 주장을 적극 다투면서 자신의 권리를 주장하면 을의 부당해고기간 동안 임금지급청구권의 소멸시효는 행정소송과 관련한 '재판상 청구'로써 중단된다고 하였다(대법원 2012.2.9. 선고 2011다20034 판결).

93) 대법원 2005.11.10. 선고 2005다41818 판결; 대법원 2018.6.15. 선고 2018다10920 판결.

94) 대법원 2009.2.12. 선고 2008두20109 판결.

95) 대법원 2010.5.20. 선고 2009다48312 전원합의체 판결.

간과한 채 본안 판단에 나아간 판결은 당연무효로서 그 효력이 상속인에게 미치지 않고, 채권자의 이러한 제소는 권리자의 의무자에 대한 권리행사에 해당하지 않으므로 상속인을 피고로 하는 당사자표시정정이 이루어진 경우와 같은 특별한 사정이 없는 한,[96] 거기에는 애초부터 시효중단 효력이 없어 민법 제170조 제2항이 적용되지 않는다고 봄이 타당하고, 법원이 이를 간과하여 본안에 나아가 판결을 내린 경우에도 마찬가지라고 보아야 한다는 입장이다.[97]

6) 청구의 교환적 변경과 시효중단

통설·판례에 의하면 소의 교환적 변경은 구소의 취하와 신소의 제기라는 결합설을 취하고 있으므로 원칙적으로 소변경의 서면을 법원에 제출한 때에 시효중단의 효력이 발생한다. 다만 판례는 예외적으로 채권자대위권에 기해 청구를 하다가 당해 피대위채권 자체를 양수하여 양수금청구로 소를 변경한 경우에는 대위채권자를 소송물의 특정승계인으로 보아 당초의 채권자대위소송으로 인한 시효중단의 효력이 소멸하지 않는다고 하였다.[98]

아파트입주자대표회의가 직접 하자보수에 갈음한 손해배상청구의 소를 제기하였다가 구분소유자들로부터 손해배상채권을 양수받아 양수금청구를 하는 것으로 청구원인을 예비적으로 추가하였다면 소멸시효 중단의 효과는 언제부터 발생하는가?

아파트입주자대표회의가 자신의 권원에 기하여 직접 청구하다가 그 권리가 인정되지 않을 가능성이 있음을 알고 구분소유자들의 권리를 양수하여 양수금청구를 예비적 청구원인으로 추가한 경우에는 양수금청구 부분에 대한 소멸시효 중단의 효과는

---

96) 대법원 2011.3.10. 선고 2010다99040 판결(채무자 갑의 을 은행에 대한 채무를 대위변제한 보증인 병이 채무자 갑의 사망사실을 알면서도 그를 피고로 기재하여 소를 제기한 사안에서, 채무자 갑의 상속인이 실질적인 피고이고 다만 소장의 표시에 잘못이 있었던 것에 불과하므로, 보증인 병은 채무자 갑의 상속인으로 피고의 표시를 정정할 수 있고, 따라서 당초 소장을 제출한 때에 소멸시효중단의 효력이 생긴다고 본 원심판단을 수긍한 사례).

97) 대법원 2014.2.27. 선고 2013다94312 판결.

98) 대법원 2010.6.24. 선고 2010다17284 판결(그 이유로서, 채권자대위소송의 소송물은 채무자의 제3채무자에 대한 계약금반환청구권인데 위 양수금청구는 원고가 위 계약금반환청구권 자체를 양수하였다는 것이어서 양 청구는 동일한 소송물에 관한 권리의무의 특정승계가 있을 뿐 그 소송물은 동일한 점, 시효중단의 효력은 특정승계인에게도 미치는 점, 계속 중인 소송에 소송목적인 권리 또는 의무의 전부나 일부를 승계한 특정승계인이 소송참가하거나 소송인수한 경우에는 소송이 법원에 처음 계속된 때에 소급하여 시효중단의 효력이 생기는 점, 원고는 위 계약금반환채권을 채권자대위권에 기해 행사하다가 다시 이를 양수받아 직접 행사한 것이어서 위 계약금반환채권과 관련하여 원고를 '권리 위에 잠자는 자'로 볼 수 없는 점 등을 들고 있다).

청구원인을 변경한 준비서면을 제출한 때로부터 발생한다는 것이 판례의 입장이다.[99] 이는 추가청구 전후의 소송물이 서로 다르기 때문에 시효중단의 시점도 서로 다르다고 본 사안으로서, 채권자대위권에 기한 대위청구 후 대위채권자가 당해 피대위채권을 양수받아 양수금청구로 소를 변경한 경우에는 변경 전후의 소송물이 동일하여 당초의 채권자대위소송의 제기 시점에 시효가 중단된 채 존속한다는 위 판례와는 사안이 다르다.

(2) 소송물의 기본적 · 파생적 · 선결적 · 후속적 권리관계와 시효중단

1) 소송물의 기본적 권리관계

판례는 재판상 청구에 대한 기판력의 범위와 시효중단의 범위를 일치시켜 판단하지 않는다. 즉 소유권을 바탕으로 한 인도청구소송 · 등기청구소송 · 방해배제 · 손해배상 · 부당이득청구 등에서도 그것이 인용되어 확정되었으면 소유권 자체에 취득시효중단의 효력이 생긴다고 하였다.[100] 나아가 매매계약을 기초로 하여 건축주 명의변경을 구하는 소는 소유권이전등기청구권의 소멸시효를 중단시키는 재판상 청구에 포함된다고 본다.[101]

2) 소송물의 파생적 · 선결적 권리관계

해고무효확인소송이 인용되어 확정되었으면 고용관계에서 파생하는 임금채권의 시효중단사유가 된다.[102] 또한 근저당권설정등기청구소송이 있는 경우에는 선결적 권리관계에 있는 피담보채권에 대한 소멸시효중단의 효력이 발생한다.[103]

3) 소송물의 후속적 권리관계

기존 채권의 존재를 전제로 이를 포함하는 새로운 약정을 하고 그에 따른 권리를 재판상 청구의 방법으로 행사한 경우에는 기존 채권을 실현하고자 하는 뜻까지 포함하여 객관적으로 표명한 것이므로, 새로운 약정이 무효로 되는 등의 사정으로 그에 근거한 권리행사가 저지됨에 따라 다시 기존 채권을 행사하게 되었다면, 기존 채권의 소멸시효는 새로운 약정에 의한 권리를 행사한 때에 중단되었

---

99) 대법원 2009.2.12. 선고 2008다84229 판결; 대법원 2012.3.22. 선고 2010다28840 전원합의체 판결.

100) 대법원 1979.7.10. 선고 79다569 판결.

101) 대법원 2011.7.14. 선고 2011다19737 판결.

102) 그러나 해고가 유효임을 전제로 한 퇴직급여청구권의 시효는 해고무효확인소송에서 파생하는 권리관계가 아니므로 중단되지 않는다(대법원 1990.8.14. 선고 90누2024 판결).

103) 대법원 2004.2.13. 선고 2002다7213 판결.

다고 보아야 한다.[104)]

(3) 일부청구와 시효중단

판례는 명시적 일부청구인 경우에 잔부는 시효가 중단되지 않으며, 일부임을 명시하지 않은 경우에는 전부에 대한 시효가 중단된다고 본다.[105)]

(4) 응소행위와 시효중단

피고의 응소행위에 의해서도 시효중단의 효력이 발생하는 경우가 있다. 피고도 자신이 응소행위를 통하여 권리 위에 잠자는 자가 아님을 표명하였다면 민법이 시효중단사유로서 규정한 재판상 청구에 준하는 권리주장으로 볼 수 있기 때문이다. 주로 원고인 채무자가 채무 없다는 부존재확인의 소를 제기했을 때 피고인 채권자가 원고에게 채무가 존재한다고 응소하여 그것이 받아들여진 경우가 이에 해당하지만,[106)] 채무자인 원고가 반드시 소멸시효완성을 원인으로 권리주장을 하는 경우에만 한하는 것이 아니므로 시효취득을 원인으로 한 소유권이전등기청구소송에서 피고가 적극적으로 다투면서 자신의 소유라고 주장하여 그것이 받아들여진 경우에도 취득시효의 중단사유가 된다. 물론 원고가 시효와 무관한 '매매'를 원인으로 소유권이전등기청구소송을 제기한 데 대하여, 피고가 매매를 한 적이 없으므로 원고에게 소유권이전등기청구권이 없음을 주장하는 데 그쳤을 뿐, 자신의 소유권을 적극적으로 주장하지 않은 경우에는 그것이 받아들여졌다 하더라도 취득시효의 중단사유가 되지 않는다.[107)]

물상보증인이 원고로서 제기한 저당권말소등기청구소송에서 채권자 겸 저당권자가 피담보채권의 존재를 주장하면 소멸시효가 중단되는가?

타인의 채무를 담보하기 위하여 자기의 물건에 담보권을 설정한 물상보증인은 채권자에 대하여 물적 유한책임을 지고 있을 뿐 아무런 채무도 부담하고 있지 아니하므로, 채권자 겸 저당권자가 물상보증인이 원고로서 제기한 저당권말소등기청구소송에서 청구기각의 판결을 구하고 피담보채권의 존재를 주장하였다고 하더라도 이로써 직접 채무자에 대하여 재판상 청구를 한 것으로 볼 수는 없으므로 피담보채권의 소멸시효가 중단되지 않는다.[108)] 담보가등기가 설정된 후에 그 목적부동산의 소유권을

104) 대법원 2016.10.27. 선고 2016다25140 판결.
105) 대법원 1985.2.13. 선고 84누649 판결.
106) 대법원 1993.12.21. 선고 92다47861 전원합의체 판결.
107) 대법원 1997.12.12. 선고 97다30288 판결.

취득한 제3취득자도 가등기권자에게 직접 채무를 부담하는 자가 아니므로 같은 원리가 적용된다.[109] 이와 달리, 만약 채무자가 원고로서 저당권말소등기청구소송을 제기하였는데 채권자 겸 저당권자가 청구기각판결을 구하면서 피담보채권의 존재를 주장하였다면 피담보채권에 관하여 소멸시효중단의 효력이 생긴다.

응소가 재판상 청구로 볼 수 있으려면 피고가 그 소송에서 적극적으로 권리를 주장하고 그것이 받아들여진 경우에 한한다. 피고가 응소하여 권리를 주장하였으나 원고가 제기한 소가 각하되거나 취하되면 그때부터 6월 이내에 재판상 청구 등 다른 시효중단조치를 취한 경우에 한하여 응소 시에 소급하여 시효중단의 효력이 발생한다(민 170의 유추적용).[110]

피고가 응소함으로써 시효중단의 효력이 발생하는 시점은 언제인가?

피고의 응소로 인하여 시효가 중단되는 경우에 그 효력발생시점은 원고가 소를 제기한 때가 아니라 피고가 변론에서 진술하는 때 또는 그러한 주장을 담은 답변서 또는 준비서면을 제출한 때이다.[111]

다만 피고가 응소행위를 하였다고 하여 바로 시효중단의 효과가 발생하는 것은 아니고 당해 소송 또는 다른 소송에서의 응소행위로 인하여 시효가 중단되었다는 것을 주장하여야 그 효력이 발생한다.[112] 변론주의 원칙상 주장책임이 적용되기 때문이다. 다만, 시효중단의 주장은 반드시 응소 시에 할 필요는 없고 소멸시효기간이 만료된 후라도 사실심 변론종결 전에는 언제든지 할 수 있다.[113]

---

108) 대법원 2004.1.16. 선고 2003다30890 판결.
109) 대법원 2007.1.11. 선고 2006다33364 판결.
110) 대법원 2019.3.14. 선고 2018두56435 판결; 대법원 2010.8.26. 선고 2008다42416,42423 판결.
111) 김홍엽, 382쪽.
112) 대법원 1997.2.28. 선고 96다26190 판결.
113) 대법원 2010.8.26. 선고 2008다42416,42423 판결. 예를 들면, 원고가 2010.3.4. 발생한 채무를 2016.3.4. 변제하였음을 이유로 2020.2.5. 피고를 상대로 채무부존재확인소송을 제기하였으나 피고가 원고의 변제사실을 다투면서 2020.3.2. 답변서 제출로 응소하자, 원고가 2020.5.6. 청구원인을 변제에서 2020.3.4. 소멸시효완성으로 변경한 경우에, 피고는 '이사건 채권이 시효로 소멸하기 전인 2020.3.2. 변제사실을 다투었으므로 소멸시효가 중단되었다'는 주장을 사실심 변론종결 전이라면 언제든지 제출할 수 있다는 의미이다.

3. 법률상 기간준수

법률상 기간이란 제척기간을 말한다. 제척기간 중에는 제소기간(출소기간)을 의미하는 경우도 있고, 그렇지 않은 경우도 있다.[114]

1) 제소기간은 일정한 기간 안에 소를 제기하지 않으면 더 이상 소로서 주장할 수 없게 되는 기간인데, 민법상 점유소송의 제소기간(민 204③, 민 205②,③, 206②), 채권자취소소송(민 406②) 및 상속회복소송(민 999②)에서의 제소기간, 재심의 소제기 기간(456) 등이 있고, 그 밖에 가사소송(민 819, 841, 842, 847①, 907)이나 회사관계소송(상 376①, 184, 429, 236②) 등에서의 제소기간이 이에 해당한다.

2) 제소기간이 아닌 제척기간으로는 취소권의 행사기간(민 146), 매매예약완결권의 행사기간(민 564), 수급인의 하자담보책임기간(민 670, 671)[115]이 있다. 이 경우에는 재판 외에서도 권리를 행사할 수 있다.

법률상 기간을 준수하였는지 여부는 소멸시효의 경우와는 달리, 당사자의 주장에 관계없이 법원이 당연히 조사하여 고려하여야 할 직권조사사항이다.[116] 따라서 채권자취소소송에 있어서 제척기간의 도과에 관한 증명책임은 채권자취소소송의 상대방에게 있지만,[117] 법원에 현출된 모든 소송자료를 통하여 살펴보았을 때 그 기간이 도과되었다고 의심할 만한 사정이 발견되지 않는 경우까지 법원이 직권으로 추가적인 증거조사를 하여 기간 준수여부를 확인하여야 할 의무는 없다.[118]

1) 제소기간(출소기간)인 제척기간의 경우에는 제소기간 내에 소를 제기하면 법률상 기간을 준수한 것으로 되며, 그 기간을 도과하여 제기된 소는 소송요건의 흠결이 있는 소에 해당하여 부적법하므로 그 소를 각하하여야 한다.

2) 이에 비하여 제소기간이 아닌 제척기간의 경우에는 그 기간의 도과로 권리가 당연히 소멸하기 때문에 그 청구를 기각하여야 한다.[119]

---

114) 대법원 1993.7.27. 선고 92다52795 판결.
115) 대법원 2000.6.9. 선고 2000다15371 판결.
116) 대법원 1996.9.20. 선고 96다25371 판결.
117) 대법원 2009.3.26. 선고 2007다63102 판결; 대법원 2011.1.13. 선고 2010다71684 판결.
118) 대법원 2012.4.12. 선고 2011다110579 판결.
119) 대법원 2003.1.10. 선고 2000다26425 판결; 대법원 2009.5.28. 선고 2008다86232 판결.

제척기간준수의 범위는 소송물이론에 따라 달라진다. 예컨대 이혼소송의 경우 구실체법설에 의하면 개개의 이혼사유(민 840)마다 소송물이 별개이므로 기간준수 여부(민 841 · 842)도 개개의 사유마다 판단하게 되고, 소송법설에 의하면 이혼사유 중 어느 하나의 사유를 출소기간 내에 주장하였으면 나머지 다른 사유도 기간준수의 효과가 생겨 다른 사유의 추가변경은 변론종결시까지 허용할 수 있다거나(일분지설), 동일한 사실관계에 기초한 한도에서 변론종결시까지 추가변경이 가능하다고 하게 된다(이분지설). 판례는 주주총회결의부존재확인의 소를 주주총회결의 취소의 소의 제소기간인 2개월 내(상 376)에 제기하였다면 동일한 흠을 원인으로 하여 2개월이 경과한 후에도 주주총회결의취소소송으로 청구를 변경하거나 추가할 수 있다고 하였고,[120] 이러한 입장은 주주총회결의무효확인의 소를 제기하였다가 주주총회결의취소소송으로 변경한 경우에도 동일하다.[121]

사해행위취소소송에 있어 사해행위취소뿐만 아니라 원상회복청구도 제소기간 내에 하여야 하는가?

판례는 사해행위취소청구가 민법 406조 2항에 정하여진 기간 안에 제기되었다면 원상회복의 청구는 그 기간이 지난 뒤에도 할 수 있다는 입장이다.[122] 나아가 처음의 소제기가 취소소송의 제소기간 내에 있었다면 제소기간이 경과한 후에 당초의 청구취지를 변경한다고 해도 제척기간 준수의 효과에는 영향이 없다고 하였다.[123] 피보전채권의 추가나 교환은 청구의 변경이 아니므로,[124] 당연히 제척기간의 준수의 효과에 영향이 없다.

4. 시효중단 · 기간준수의 효력발생 및 소멸

시효중단이나 법률상 기간준수의 효력은 소의 제기 시, 즉 소장접수시에 발생한다. 소송중의 소의 경우에도 소장에 대응하는 서면을 법원에 제출한 때 발생한다(265). 피고가 응소하여 그 소송에서 적극적으로 권리를 주장하고 그것이 받아들여져서 재판상 청구로 볼 수 있는 경우에는 구체적으로 변론에서 응소에 해당하는 권리주장의 진술을 한 때에 그 효력이 발생한다.

---

120) 대법원 2003.7.11. 선고 2001다45584 판결.
121) 대법원 2007.9.6. 선고 2007다40000 판결.
122) 대법원 2001.9.4. 선고 2001다14108 판결.
123) 대법원 2005.5.27. 선고 2004다67806 판결.
124) 대법원 2003.5.27. 선고 2001다13532 판결.

시효중단 및 기간준수의 효력은 소의 취하 또는 각하(소장각하명령 포함)로 인하여 소급하여 소멸한다(민 170①). 다만 소의 취하·각하에 의하여 소멸되어도 6월 내에 소를 제기하거나 지급명령·가압류·가처분을 신청하면 최초의 소제기 시에 중단된 것으로 본다(민 170②). 판례는 채권자대위소송에서, 대위채권자 갑이 채무자 을을 대위하여 병을 상대로 부동산에 관하여 부당이득반환을 원인으로 한 소유권이전등기절차이행을 구하는 소를 제기하였다가 피보전권리가 인정되지 않는다는 이유로 소각하판결을 선고받아 확정되었는데, 그로부터 6개월 내에 다른 대위채권자 정·무가 차례로 같은 내용의 소를 제기한 경우에, 무가 채무자 을을 대위하여 병에 대한 위 부동산에 관한 부당이득반환을 원인으로 한 소유권이전등기청구권의 소멸시효는 최초의 재판상 청구인 갑의 채권자대위소송의 제기로 중단된다고 판시하였고,[125] 채무자가 제3채무자를 상대로 제기한 금전채권의 이행소송이 압류 및 추심명령으로 인한 당사자적격의 상실로 각하되더라도, 위 이행소송의 계속 중에 피압류채권에 대하여 채무자에 갈음하여 당사자적격을 취득한 추심채권자가 위 각하판결이 확정된 날로부터 6개월 내에 제3채무자를 상대로 추심의 소를 제기하였다면, 채무자가 제기한 재판상 청구로 인하여 발생한 시효중단의 효력은 추심채권자의 추심소송에서도 그대로 유지된다고 판시하였다.[126]

소송의 이송이 있는 때에는 시효중단의 효력이 소멸하는가?

시효중단의 효력은 처음 소제기 시에 발생하므로 소송의 이송이 있더라도 그 효력이 소멸하지 않는다.

5. 지연손해금의 법정이율의 인상

소송촉진 등에 관한 특례법 3조 1항은 금전채무의 이행을 명하는 판결을 선고할 경우,[127] 그 불이행으로 인한 손해배상액 산정의 기준이 되는 법정이율은 소장 부본이 채무자에게 송달된 다음날부터 연 40% 이내의 범위에서 대통령령('소

125) 대법원 2011.10.13. 선고 2010다80930 판결.
126) 대법원 2019.7.25. 선고 2019다212945 판결.
127) 금전채무에 관하여 채무자가 채권자를 상대로 채무부존재확인소송을 제기하였을 뿐 이에 대한 채권자의 이행소송이 없는 경우에는, 사실심의 심리 결과 채무의 존재가 일부 인정되어 이에 대한 확인판결을 선고하더라도 이는 금전채무의 전부 또는 일부의 이행을 명하는 판결을 선고한 것은 아니므로, 이 경우 지연손해금 산정에 대하여 소촉법 3조의 법정이율을 적용할 수 없다(대법원 2021.6.3. 선고 2018다276768 판결).

송촉진 등에 관한특례법 제3조제1항 본문의 법정이율에 관한 규정')으로 정하도록 하고 있다. 현재 위 대통령령에 의하면 그 지연손해금의 법정이율은 소장 또는 이에 준하는 서면이 채무자에게 송달된 다음 날부터 연 12%이다. 이 규정을 둔 이유는 채무자가 낮은 민사상 법정이율로 인하여 악의적으로 채무의 변제를 지체하거나 소송을 지연시키고 상소권을 남용하는 것을 방지하기 위한 것이다. 다만 승소판결이 확정된 후 소송촉진 등에 관한 특례법의 변경으로 지연손해금 이율이 달라졌다고 하더라도 그로 인하여 선행 승소확정판결의 효력이 달라지는 것은 아니고, 확정된 선행판결과 달리 변경된 위 특례법상 이율을 적용하여 선행판결과 다른 금액을 원고의 채권액으로 인정할 수 있는 것도 아니다. 법률의 변경은 전소 변론종결 후에 발생한 새로운 사유에 해당한다고 할 수 없기 때문이다.[128)]

다만 채무자에게 그 이행의무가 있음을 선언하는 사실심 판결이 선고되기 전까지 채무자가 그 이행의무의 존재여부나 범위에 관하여 항쟁하는 것이 타당하다고 인정되는 경우에는 그 타당한 범위에서 위 규정의 적용을 배제한다(소촉법 3②). 이때 "항쟁하는 것이 타당하다고 인정되는 경우"란 당해사건에 관한 법원의 사실인정과 그 평가를 통하여 항쟁하는 채무자의 주장에 상당한 근거가 있는 때를 말하고[129)] "타당한 범위"란 소장 또는 이에 준하는 서면이 채무자에게 송달된 다음날부터 사실심의 판결선고 전까지 사이의 적절한 시점으로서 법원이 정할 수 있다.[130)] 따라서 그 선고시 이후부터는 어떠한 이유이든 그 적용을 배제할 수 없다.[131)] 또한 채무자가 그 이행의무의 존부와 범위를 다투어 제1심에서 그 주장이

128) 대법원 2019.8.29. 선고 2019다215272 판결. 다만, 판결이 확정된 채권자가 시효중단을 위한 신소를 제기하면서 확정판결에 따른 원금과 함께 원금에 대한 확정 지연손해금 및 이에 대한 지연손해금을 청구하는 경우, 확정 지연손해금에 대한 지연손해금채권은 채권자가 신소로써 확정 지연손해금을 청구함에 따라 비로소 발생하는 채권으로서 전소의 소송물인 원금채권이나 확정 지연손해금채권과는 별개의 소송물이므로, 채무자는 확정 지연손해금에 대하여도 이행청구를 받은 다음 날부터 지연손해금을 별도로 지급하여야 하되 그 이율은 신소에 적용되는 법률이 정한 이율을 적용하여야 한다(대법원 2022.4.14. 선고 2020다268760 판결).

129) 대법원 1987.5.26. 선고 86다카1876 전원합의체 판결; 대법원 2005.11.25. 선고 2004다39092 판결. 항쟁함이 타당한 것인지 여부는 당해 사건에 관한 법원의 사실인정과 그 평가에 관한 문제이다(대법원 2019.2.28. 선고 2016다215134 판결). 채무자의 주장이 환송판결에서 받아들여진 적이 있을 정도였다면, 비록 환송 후 원심이 새로운 사정을 이유로 환송 전 원심판결과 같은 내용의 판결을 선고하게 되었더라도, 환송 후 원심판결이 선고되기 전까지는 채무자가 이행의무의 존재여부나 범위에 관하여 항쟁하는 것에는 타당한 근거가 있었다고 보아야 한다(대법원 2020.11.26. 선고 2019다2049 판결).

130) 대법원 1995.3.24. 선고 94다47728 판결.

131) 대법원 1987.5.26. 선고 86다카1876 전원합의체 판결.

받아들여진 바 있다면 비록 항소심에서 그 주장이 배척되더라도 그 주장은 상당한 근거가 있다고 할 수 있으므로 그러한 경우에는 항소심판결 선고시까지는 인상된 지연손해금 이율을 적용할 수 없다.[132] 그리고 생명 또는 신체에 대한 불법행위로 인하여 입게 된 적극적 손해와 소극적 손해 및 정신적 손해는 서로 소송물을 달리하므로 그 손해배상의무의 존부나 범위에 관하여 항쟁함이 타당한지 여부는 각 손해마다 따로 판단하여야 한다.[133]

그 밖에도 위 특례법 3조 1항이 적용되지 않는 경우가 있다. 장래이행의 소(251)가 그것이다(소촉법 3①단서). 장래이행의 소는 미리 청구할 필요는 인정되지만 아직 변제기가 도래하지 않은 사건에 관한 것이기 때문이다. 판결이 확정되어야 효력이 발생하는 사건도 이와 동일하다. 이혼과 동시에 재산분할로서 금전의 지급을 명하는 판결[134] 및 사해행위의 취소를 명하면서 가액배상을 명하는 판결 등이 여기에 속한다.[135] 이 경우에는 판결이 확정된 다음날부터 민법이 정한 연 5%의 지연손해금이 적용된다. 또한 위 특례법상 법정이율은 소송 제기 이후에도 이행을 하지 않는 사람에 대한 '페널티'의 성격을 가지므로 원·피고 쌍방의 채무가 동시이행의 관계에 있는 경우,[136] 소송계속 중 채무자가 채무를 이행하였고 이제는 그 채무의 이행지체로 인한 지연손해의 배상만 남은 경우,[137] 원본인 지연손해금 청구에 대하여는 소를 취하하고 그에 대한 지연손해금만 청구하는 경우에는 위 특례법상 법정이율을 적용할 이유가 없다.[138]

---

132) 대법원 2007.12.27. 선고 2007다70285 판결.
133) 대법원 2022.4.28. 선고 2022다200768 판결.
134) 대법원 2001.9.25. 선고 2001므725,732 판결.
135) 대법원 2009.1.15. 선고 2007다61618 판결.
136) 대법원 2002.10.25. 선고 2002다43370 판결.
137) 대법원 2010.9.30. 선고 2010다50922 판결.
138) 대법원 2022.3.11. 선고 2021다232331 판결.

제3장
변 론

제1절 심리의 제원칙

Ⅰ. 민사소송의 심리원칙

1. 심리의 개념

개인의 자주적인 판단과 이에 기초한 자기책임의 원칙은 오늘날 시민사회의 기본원리이다. 현대 민사소송의 기본원칙도 시민인 개인에게 부여된 자유와 결정권을 인정하고 이를 중시하는 가치관에 기초하고 있으므로 민사소송절차는 개인이 가지는 권리를 행사하는 장으로 이해되고 있다.

소송에 있어서 심리란 소송계속이 발생함에 따라 양 당사자 및 법원 사이에 소송법률관계가 성립된 것을 전제로 하여 원고의 소가 적법한지 여부 및 청구에 이유가 있는지 여부에 대하여 법원이 판단자료를 형성하기 위하여 당사자 및 법원이 행하는 행위를 총칭하는 말이다. 심리의 여러 원칙 중에서 특히 기본적인 것은 당사자주의와 직권주의이다. 당사자주의는 심리절차를 구성하는 행위의 주체를 당사자로 하는 것이고, 직권주의는 그 주체를 법원으로 하는 것이다. 다만 국민의 세금으로 운영되고 있는 법원이 사인간의 분쟁에 대하여 심판을 하는 것이 민사소송이므로 그 절차도 순수한 당사자주의나 직권주의에 의할 수는 없고 행위의 성질에 따라 당사자주의와 직권주의가 조합되어 있으며, 이 둘은 서로 배타적인 것이 아니다. 민소법 1조가 규정한 법원 및 당사자의 책무도 이를 전제로 하는 것이다. 요컨대 심리는 당사자의 행위(사실의 주장과 증거의 제출)와 법원의 행위(주장된 사실에 대한 정리와 제출된 증거에 대한 조사)를 중심으로 진행된다.

심리절차와 관련하여, 민소법은 한편으로 재판을 받을 당사자의 권리를 보장함과 함께 다른 한편으로 법원으로 하여금 공정하고 신속한 판단을 할 수 있도록 아래와 같은 기본적인 원칙을 규정하고 있다.

2. 변 론

가. 변론의 의의

당사자에 의하여 소가 제기되어 소송계속이 발생하면 법원은 소의 적법성이 인정되는 한 청구의 당부에 대한 판단을 할 의무를 부담한다. 위에서 본 바와 같이, 그 판단자료를 형성하기 위한 행위를 심리라고 한다.

심리는 일반적으로 다음과 같은 논리적 절차에 의하여 진행된다. **첫째로** 소송물인 권리관계의 존부의 판단에 필요한 사실을 법원의 판단자료로 하기 위한 절차이다. 원고의 청구원인사실은 물론, 피고의 항변사실 등 권리관계를 판단하기 위하여 필요한 사실 및 이와 관련된 간접사실의 제출은 모두 이 절차에 포함된다. 이를 사실의 주장이라고 한다. **둘째로** 이 사실들 중에 법원의 판단의 대상이 되는 사실을 확정하는 절차이다. 이 경우에 자백의 구속력을 전제로 하면 법원의 판단의 대상이 되는 것은 당사자에 의해 다투어지는 사실뿐인데, 변론준비기일을 열어 그 쟁점을 정리할 수 있다. **셋째로** 다투어지는 사실에 대하여 당사자가 증거신청을 하는 절차이고, **넷째로** 제출된 증거에 대한 법원의 조사절차이다.

현재의 민사소송사건의 심리구조는 변론을 중심으로 한 대심구조로 이루어져 있다. 위 첫째에서 셋째까지의 심리절차 중 당사자의 소송행위를 **최협의의 변론**이라고 한다(134, 144, 151). 그리고 **협의의 변론**은 첫째 단계에서 넷째 단계까지의 심리절차 중 당사자와 법원의 행위를 의미한다(135, 204). 이에 비하여 **광의의 변론**은 소송주체(법원·원고·피고)가 기일에 하는 일체의 소송행위, 즉 협의의 변론에 법원의 소송지휘나 판결의 선고를 포함하는 의미로 사용된다(141, 152①, 158).

민소규칙 28조에 의하면, 변론은 당사자가 말로 중요한 사실상·법률상 사항에 대하여 진술하거나 법원이 당사자에게 말로 이를 확인하는 방식으로 하며, 중요한 사실상·법률상 쟁점이 있는 경우에 법원은 당사자에게 이에 대한 의견을 진술할 기회를 주어야 한다고 규정함으로써 변론의 방법을 구체화하고 있다.

심리와 변론의 관계는 어떠한가?

심리란 법원이 판단자료를 형성하기 위하여 당사자 및 법원이 행하는 행위를 말한다. 따라서 역사적·장소적·소송유형별로 심리의 형태가 다양하게 전개되어 왔다.

예컨대 과거에는 소추기관과 재판기관이 분리되어 있지 않은 규문주의에 의한 심리를 하였으나, 오늘날에는 위 각 기관을 분리하여 재판하는 탄핵주의에 의한 심리를 하고 있으며, 탄핵주의에 의하는 경우에도 당사자에게 주도권이 있는 당사자주의적 심리와 법원에 주도권이 있는 직권주의적 심리가 있을 수 있다. 또한 심리는 서면에 의할 수도 있고, 구술에 의할 수도 있다. 이와 같이 심리의 다양한 형태 중에서 현행 민소법은 변론을 중심으로 한 심리구조를 취하고 있는 것이다.

나. 변론의 종류

(1) 필수적 변론

법원이 심리를 함에 있어 반드시 변론을 열어야 하는 소송절차를 말한다. 판결절차의 경우에는 원칙적으로 변론에 의하여야 한다(134①, 408). 즉 판결절차의 경우에는 당사자가 말로 현출한 사실주장이나 증거만이 재판자료로서 재판의 기초가 될 자격을 가질 수 있다. 이를 필수적 변론의 원칙이라고 한다. 다만, 당사자가 서면을 제출하고 출석하지 아니한 때에는 진술한 것으로 간주되는데, 이는 민소법 148조에 의하여 예외적으로 허용되는 것이다.

그러나 판결절차에서도 변론 없이 판결을 할 수 있는 경우가 있다(무변론판결). ① 소송요건이나 상소요건에 보정할 수 없는 흠이 있어 소 각하판결을 하는 경우(219, 413), ② 소액사건에서 청구가 이유 없음이 명백하여 청구기각판결을 하는 경우(소심 9①), ③ 소송비용에 대한 담보제공 결정을 받고도 이행하지 않아 소 각하판결을 하는 경우(124), ④ 답변서를 제출기한 내에 제출치 않아 무변론판결을 하는 경우(257①②), ⑤ 상고심판결의 경우(430①) 등이다.

상고심에서 상고인이 상고이유서를 제출하지 않은 경우에 법원은 어떤 판결을 하여야 하는가?

상고인이 상고이유서를 제출하지 아니한 때에는 상고법원은 변론 없이 판결로 상고를 기각하여야 한다. 다만, 직권으로 조사하여야 할 사유가 있을 때에는 그러하지 아니하다(429).

(2) 임의적 변론

법원이 심리를 함에 있어 변론을 열지 여부가 법원의 재량에 맡겨져 있는 경우를 임의적 변론이라 한다. 결정으로 완결할 사건에 대하여는 임의적 변론에 의하므로(134①단서), 서면심리가 허용된다.[1] 임의적 변론의 경우는 변론기일에 불출석하여도 진술간주(148), 자백간주(150), 소취하간주(268) 등의 규정이 적용되지 않는다.

임의적 변론의 경우에는 변론을 열지 않고 당사자와 이해관계인, 그 밖의 참고인에게 서면 또는 말로 진술할 기회를 주는 '심문'을 할 수 있다(134②). 심문은 공개된 법정이 아니라 심문실에서도 할 수 있다. 심문을 할지 여부는 원칙적으로 법원의 재량이지만 필수적으로 심문을 하도록 하는 규정도 있고(82, 317; 민집 167, 232; 가소 48),[2] 반대로 심문을 못하게 하는 규정도 있다(467; 민집 226).

3. 심리원칙의 분류

(1) 공정한 재판을 보장할 목적

이에 해당하는 심리의 원칙으로는 공개심리주의와 쌍방심리주의가 있다. 공개심리주의는 밀행주의에 대비되고, 쌍방심리주의는 일방심리주의에 대비된다.

(2) 절차적 합리성을 보장할 목적

이에 해당되는 심리의 원칙으로는 직접심리주의와 구술심리주의, 적시제출주의, 집중심리주의가 거론된다. 직접심리주의는 간접심리주의에, 구술심리주의는 서면심리주의에, 적시제출주의는 법정순서주의 및 수시제출주의에, 집중심리주의는 병행심리주의에 각각 대비된다.

(3) 심리의 역할분담에 관한 원칙

이에 해당되는 심리의 원칙으로는 처분권주의, 변론주의, 직권진행주의가 있다. 처분권주의는 직권조사주의에, 변론주의는 직권탐지주의에, 직권진행주의는 당사자진행주의에 각각 대비된다.

---

1) 대법원 2001.3.22. 자 2000마6319 결정(항고법원이 항고사건을 심리함에 있어서 변론을 열거나 이해관계인을 심문할 것인지 여부를 결정하는 것은 그 항고법원의 자유재량에 속한다고 할 것이고, 특별한 사정이 없는 한 항고법원이 변론을 열거나 이해관계인을 심문하지 않은 채 서면심리만으로 결정에 이르렀다고 하여 이를 위법하다고 할 수 없다).

2) 대법원 2009.5.6. 자 2009스16 결정(필수적 심문사건인 마류 가사비송사건을 심리함에 있어 특별한 사정없이 당사자를 심문하지 아니한 채 진행한 원심 심판에는 그 심판절차를 위반한 위법이 있다).

Ⅱ. 공개심리주의

1. 의 의

공개심리주의란 누구든지 소송의 심리 및 재판을 방청할 수 있는 상태에서 해야 한다는 원칙을 말한다(헌 109, 법조 57①본문). 재판의 공개는 사법의 투명성을 통하여 국민의 재판절차에 대한 신뢰를 확보하고 허위진술을 방지하려는 데 그 목적이 있다.

2. 내 용

(1) 판결선고는 언제나 공개해야 하지만, 심리는 국가의 안전보장·안녕질서 또는 선량한 풍속을 해할 염려가 있는 때에는 이유를 개시하여 결정으로 공개하지 않을 수 있다(헌 109 단서, 법조 57①단서).

(2) 소송기록 관련

헌법상 공개에 소송기록의 열람·등사의 권한까지는 포함되지 않는다. 따라서 법률로서 소송기록의 열람·등사를 제한하는 것에 헌법상 문제는 없다. 민소법에서는 당사자·이해관계인은 소송기록에 대하여 열람·복사 등을 신청할 수 있고(당사자공개, 162①), 권리구제·학술연구·공익적 목적 등의 경우에는 확정된 소송기록이라면 공개를 금지한 변론에 관련된 소송기록이 아닌 이상, 소송관계인의 동의를 전제로 일반인도 열람할 수 있도록 하고 있다(162②,③, 일반공개). 다만 법원은 당사자의 신청에 따라 사생활의 비밀과 영업비밀에 해당한다는 소명이 있으면 열람 등 신청자를 당사자로 한정할 수 있다(163).

(3) 판결서 관련

누구든지 판결이 확정된 사건의 판결서뿐만 아니라 확정되지 아니한 사건, 즉 선고된 사건의 판결서도 인터넷, 그 밖의 전산정보처리시스템을 통한 전자적 방법으로 열람 및 복사할 수 있는데(163조의2①). 그 판결서는 문자열 또는 숫자열로 검색할 수 있어야 하며, 법원사무관등은 열람 및 복사에 앞서 성명 등 개인정보가 공개되지 아니하도록 보호조치를 취하여야 한다(163조의2②,③). 다만 소액사건심판법이 적용되는 사건의 판결서와 상고심절차에 관한 특례법 4조(심리불속행)

및 민소법 429조 본문(상고이유서 불제출)에 따른 판결서는 여기에서 제외되며, 변론의 공개를 금지한 사건의 판결서로서 대법원규칙이 정하는 경우에는 열람 및 복사를 전부 또는 일부를 제한할 수 있다(163조의2①). 그 외의 사항은 위 소송기록의 열람·복사에 관한 규정을 준용하며, 판결서의 열람 및 복사에 관한 구체적인 사항은 대법원규칙으로 정한다(163조의2⑤,⑥).

(4) 일반공개의 원칙을 철저히 하여 보도기관을 매개로 심리의 경과를 모든 국민에게 알리는 것을 백만인공개(공중공개)라고 한다. 이를 위하여 법정 안에서 녹화, 촬영, 중계방송 등의 행위를 함에 있어서는 재판장의 허가를 받아야 한다(법조 59). 사생활과 영업의 비밀을 침해할 우려가 있기 때문이다.

3. 예 외

변론준비절차,[3] 심판의 합의(법조 65), 수명법관의 법원 밖에서의 증거조사,[4] 결정으로 완결할 사건(가압류·가처분 등), 비송사건(비송 13), 조정절차(민조 20)는 공개주의 원칙이 적용되지 않는다.

4. 위반과 구제책

공개심리주의를 위반한 경우에는 절대적 상고이유이지만(424①(5)), 재심사유는 아니다. 재판의 공개여부와 공개하지 아니한 경우 그 이유에 대하여는 변론조서의 필수적 기재사항(153(6))이지만 변론방식에 관한 규정이 지켜졌다는 것은 조서로만 증명할 수 있으므로(158), 공개사실을 증언할 증인이 아무리 많더라도 변론조서에 공개사실이 기재되어 있지 않으면 이를 인정할 수 없다(법정증거주의의 잔재).

Ⅲ. 쌍방심리주의

1. 의 의

쌍방심리주의란 심리에 있어 당사자 양쪽에 평등하게 진술의 기회를 주는 원칙을 말한다(134①, 헌 11). 당사자 중 어느 일방으로부터만 변론을 듣고 증거를 제출하게 하여 재판을 해서는 안 된다는 것으로, 당사자의 변론권 보장을 그 내

3) 대법원 2006.10.27. 선고 2004다69581 판결.
4) 대법원 1971.6.30. 선고 71다1027 판결.

용으로 한다. 나아가 민사소송에서의 쌍방심리는 쌍방으로부터 듣기만 하면 된다는 것이 아니라 상대방이 재석한 장소에서 변론할 것을 요한다. 즉 당사자는 변론기일에 참여할 권리가 보장된다(167①). 대석주의 또는 참여권의 보장이라고도 한다. 헌법 109조에서 말하는 "심리"는 쌍방심리주의가 보장된 변론을 가리킨다. 당사자평등의 원칙 · 무기대등의 원칙도 쌍방심리주의와 같은 내용이라 할 수 있다.

물론 당사자 양쪽에 심리의 기회를 부여하면 그것으로 족하다. 이는 법원의 입장에서는 통지를 해 두었다면 당사자가 결석해도 변론을 열 수 있다는 의미이고, 당사자의 입장에서는 심리에 참여할지 여부를 스스로 결정할 자유가 있다는 의미이다.

2. 내 용

중요한 쟁점에 대한 의견진술의 기회를 보장하고(규 28), 당사자의 사망 · 법인의 합병 · 소송능력 상실 등의 경우에 소송절차가 중단되며(233 내지 237), 천재지변 등의 경우에 소송절차를 중지하는 제도(245 등), 직권탐지한 소송자료나 직권조사한 증거자료에 대하여 당사자에게 의견진술의 기회를 주는 제도(소심 10), 대리권의 흠에 대한 상소(424①(4)) 또는 재심(451①(3))의 기회를 주는 것도 이 이념의 표현이다. 쌍방심리주의의 실질적인 보장(실질적인 평등)을 위하여 소송구조제도(128 이하)와 석명의무 · 지적의무(136)를 활성화할 필요가 있다.

3. 예 외

가압류 · 가처분절차와 같이 결정으로 완결할 사건은 임의적 변론에 의하므로 반드시 쌍방심리주의에 의하여야 하는 것은 아니다. 그러나 이의신청이 있으면 심문을 열어야 한다(민집 286①, 288③, 307②).

독촉절차는 쌍방심리주의를 채택하지 않고 있으나 지급명령에 이의하면 소가 제기된 것으로 보므로 그때부터는 쌍방심리주의가 적용된다(472②). 소액사건심판법상 이행권고결정의 경우도 이와 유사하다(소심 5조의4).

4. 위반과 구제책

일방 당사자가 사망하였음에도 소송절차의 중단을 간과하고 내린 판결[5] 또는 무권대리인이 소송을 수행하고 판결정본을 송달받은 경우, 공시송달을 이용하여 판결을 편취한 경우 등 쌍방심리의 원칙에 위반한 경우에는 대리권의 흠을 이유로 하여 상소(424①(4)) 또는 재심(451①(3))을 청구할 수 있으며, 추후보완상소를 제기할 수도 있다.[6]

Ⅳ. 구술심리주의

1. 의 의

구술심리주의란 변론 및 증거조사를 말로 행하는 원칙을 말한다. 구술심리주의에 의하면 진술로부터 받은 인상이 선명하여 사실의 진상을 파악하기 쉽다. 또한 모호한 진술을 하는 경우 그 자리에서 바로 확인할 수 있고, 무용한 진술은 제한할 수 있는 등 임기응변으로 양 당사자의 변론을 다투게 하여 활발한 심리를 실현시킬 수 있는 장점이 있으며, 방청인도 변론을 알 수 있게 되어 공개심리주의에도 부합한다. 그러나 심리를 구술에만 의존하면 내용을 망각하기 쉽고 사실관계가 복잡한 경우에는 정리가 어려워지는 단점이 있어 이를 보완하기 위하여 예외적으로 서면심리를 인정하고 있다.

2. 내 용

변론 내지 변론준비기일에서는 당사자가 말로 중요한 사실상 또는 법률상 사항에 대하여 진술하거나, 법원이 당사자에게 말로 해당사항을 확인하는 방식으로 하며(규 28①, 70조의2), 서증을 제외하고는 증거조사도 말로 한다(331, 339, 368, 373). 또한 변론에 관여한 법관만이 판결을 하도록 함으로써(204), 말로 진술한 자료만이 판결의 기초가 되는 것이 원칙이다.[7] 당사자 본인의 변론기일에서의 최종의견 진술 규정도 구술심리주의의 실질화에 도움이 될 것이다(규 28조의3).

3. 예 외

소(248), 상소(425), 재심의 제기(455), 청구의 변경(262②), 소・상소의 취하(266③, 393②), 참가신청(72), 관할합의(29②), 소송고지(85①), 비약상고(390)는

5) 대법원 1995.5.23. 선고 94다28444 전원합의체 판결.
6) 대법원 1996.5.31. 선고 94다55774 판결.
7) 대법원 1981.6.9. 선고 80누391 판결.

서면에 의한다. 소송행위의 확실을 기하기 위해서이다.

사실관계를 요령있게 정리하도록 준비서면(272)과 상소이유서(427) 등을 제출하도록 하고 있다.

변론기일의 반복으로 재판자료가 망각되고 불확실하게 되는 것을 방지하기 위하여 변론조서(152), 변론준비기일조서(283)를 작성하도록 하고 있다.

하급심 재판의 위법·부당성을 상급심에서 심리하기 위하여 하급심으로 하여금 판결서 등 재판서를 작성하도록 하고 있다(208, 224).

상고심절차(430)와 결정으로 완결할 사건(134①단서)은 서면심리를 원칙으로 하고 있다.

4. 위반과 구제책

구술심리주의를 위반한 경우에는 소송절차가 위법하게 되므로 상소에 의하여 취소를 구할 수 있으나(423), 재심사유는 아니다.

Ⅴ. 직접심리주의

1. 의 의

직접심리주의란 일정한 사건에 대해서 판결하는 수소법원(합의제라면 법관 3인, 단독제라면 법관 1인)이 그 사건에 대한 변론의 청취와 증거조사를 직접 해야 한다는 원칙이다(204①, 법문상으로는 '직접주의'로 되어 있다). 1877년 민소법 제정 전의 독일에서는 당시의 현행법이었던 로마법(물론 과거의 로마법이 아니라 시대에 맞추어 수정된 로마법)에 정통한 법관의 수가 적어 다른 자가 심리한 결과에 기초하여 재판하는 간접심리주의가 채택되어 있었다. 그러나 증거방법의 종류, 증명력의 평가, 사실추정의 법적 강제 등 복잡한 규율에 의하던 법정증거주의에서 벗어나 자유심증주의로 이행된 현대의 민사소송절차에서 사안을 적절하게 파악하고 진실을 발견하는 데 직접주의가 우월하다는 것은 말할 필요조차 없으므로 직접심리주의를 명문화한 것이다.

2. 내 용

직접심리주의를 원칙 그대로 적용한다면 심리도중 법관이 바뀌는 경우에는 처음부터 심리를 다시 진행하여야 할 것이다. 그러나 이는 소송경제에 반하므로 직접심리주의를 완화하여 법관이 바뀐 경우에 당사자로 하여금 종전의 변론결과를 진술하도록 함으로써 직접심리주의의 요청이 충족되는 것으로 하였다(204②). 이를 '변론의 갱신'이라고 하는데, 종전의 변론결과를 진술하는 구체적인 방법은 당사자가 사실상 또는 법률상 주장·정리된 쟁점 및 증거조사 결과의 요지 등을 진술하거나, 법원이 당사자에게 이를 확인하는 방식으로 한다(규 55).

변론의 갱신절차는 법관이 바뀐 모든 경우에 거쳐야 한다. 따라서 소송의 이송, 항소에 의하여 법관이 바뀐 경우는 물론, 상고법원에 의한 원심판결의 파기환송의 경우(436③), 재심사건의 본안심리의 경우에도 변론을 갱신하여야 한다.

다만 변론의 갱신절차만으로 부족한 경우에는 직접심리주의를 실질화할 필요가 있다. 이를 위하여, 소송심리 중에 합의부 법관의 반수 이상 또는 단독판사가 바뀐 경우에는 종전에 신문한 증인에 대하여 당사자가 변론에서 다시 신문을 신청할 수 있게 하고(204③),[8] 증거보전절차에서 신문한 증인을 다시 신문하고자 신청한 때에는 법원은 그 증인을 신문하도록 규정하고 있다(384).

3. 예 외

(1) 수명법관·수탁판사에 의한 증거조사

수명법관·수탁판사가 법정 외에서 증거조사를 한 경우 그 결과를 기재한 조서를 판결자료로 할 수 있고(297, 298), 외국에서 증거조사를 하여야 할 필요가 있는 경우에 우리나라의 대사·공사·영사 또는 그 나라의 관할 공공기관에 촉탁하여 그 결과를 판결자료로 할 수 있으므로(296), 이 한도에서는 간접심리주의에 의한다.

(2) 변론준비절차

합의사건의 경우에 절차진행의 효율성을 위하여 재판장이 수명법관으로 하여금

---

8) 대법원 1992.7.14. 선고 92누2424 판결(민소법 204조 3항은 당사자가 신청하기만 하면 어떤 경우에든지 반드시 재신문을 하여야 하는 것은 아니고, 법원이 소송상태에 비추어 재신문이 필요하지 아니하다고 인정하는 경우, 예를 들면 종전에 증인을 신문할 당시에는 당사자 사이에 다툼이 있었으나 현재는 당사자 사이에 다툼이 없어서 증명이 필요 없게 된 경우, 다른 증거들에 의하여 심증이 이미 형성되어 새로 심증을 형성할 가능성이 없는 경우, 소송의 완결을 지연하게 할 목적에서 재신문을 신청하는 것으로 인정되는 경우 등에는 민소법 290조에 따라 재신문을 하지 아니할 수도 있는 것이다).

변론준비절차를 담당할 수 있도록 하여 간접심리주의에 의하고 있다(280③). 다만, 변론준비기일이 종료된 경우에는 당사자로 하여금 판결하는 법관이 모두 관여하는 변론기일에서 변론준비기일에서의 결과를 진술하도록 하여 간접적으로나마 직접주의의 이념을 반영하고 있는데(287②),[9] 이를 '변론에의 상정'이라고 한다.

(3) 소액사건에서는 변론갱신 없이 판결할 수 있는 특칙을 두고 있다(소심 9②).

4. 위반과 구제책

직접심리주의에 위반하여 변론과 증거조사에 관여하지 아니한 법관이 판결을 한 경우에는 법률에 의하여 판결법원을 구성하지 아니한 때에 해당하므로 상소(424①(1))[10] 및 재심(451①(1))으로 취소를 구할 수 있다.

Ⅵ. 적시제출주의

1. 의 의

적시제출주의란 당사자가 소송자료(사실자료 및 증거자료), 즉 공격방어방법을 소송의 진행경과에 따라 적절한 시기에 제출하여야 한다는 원칙을 말한다(146).

연혁적으로 소송자료를 제출하는 시기를 둘러싸고 **법정서열주의**(또는 법정순서주의)와 수시제출주의가 대립되어 왔다. 독일보통법 시대의 법정서열주의 하에서는 원고에 의한 청구원인사실의 주장, 피고에 의한 항변, 원고의 재항변, 피고의 재재항변과 같이 공격방어방법의 단계마다 심리의 대상이 되는 사실이 확정되고, 사실이 확정되면 이를 전제로 하여 증거신청에 의거한 증거조사가 행해진다. 따라서 원고의 재항변의 단계에서는 더 이상 청구원인사실의 추가주장이 허용되지 않고 증거조사단계에 들어서면 사실에 관한 주장을 추가하거나 변경할 수 없었다. 법정서열주의는 사실주장과 증거조사가 분리된다는 의미에서 **증거분리주의**라고도 하며, 본격적인 심리에 들어가기 전에 당사자들로 하여금 모든 자료를 제출하게 한다는 의미에서 **동시제출주의**라고도 한다. 법정서열주의 하에서는 절차에 탄력성

9) 단독판사가 스스로 변론준비절차를 시행한 때는 법관의 교체가 없으므로 이 경우의 결과 진술(287②)은 직접심리주의에 의한 것이라기보다는 공개심리주의와 관련된 것이라 할 수 있다.
10) 대법원 1972.10.31. 선고 72다1570 판결. 다만 이 판결에서는 상고에 대하여 현행 민소법 424조 1항 2호를 적용하고 있으나, 민소법 424조 1항 1호를 적용함이 타당하다고 생각한다.

을 기할 수 없고, 실권을 염려하여 당사자가 불필요한 가정적 주장을 쏟아내는 경향으로 인하여 신청된 증거에 기초하여 쟁점을 정리하는 것이 곤란해지고 소송이 지연되는 문제가 발생하였는데, 이를 해결하기 위하여 프랑스혁명 이후에 **수시제출주의**가 도입되었다.

수시제출주의 하에서도 청구원인이나 항변 등은 소송물과의 관계에서 논리적 순서에 따라 심리되는 것이 원칙이지만, 수시제출주의에서는 논리적으로 앞선 단계에 대한 심리가 완결되어야 다음 단계로 넘어가는 것이 아니고 당사자가 필요하면 수시로 공격방어방법을 수정하거나 추가할 수 있는 것이 특징이다. 또한 증거도 사실주장과 결합된 형태로 수시로 제출할 수 있고 법원은 사실주장과 증거조사를 분리하지 않은 채 다투어지는 사실에 대하여 적절한 시기에 증거조사를 할 수 있다. 요컨대 수시제출주의 하에서의 사실주장과 증거조사의 관계는 **증거결합주의**라고 할 수 있다.

수시제출주의는 사실과 증거를 종합평가하여 쟁점을 결정하고 합리적 이유가 있는 경우에 사실과 증거의 추가제출을 허용한다는 장점이 있으므로 법정서열주의보다 상대적으로 우수한 제도라고 할 수 있다. 그러나 수시제출주의는 원래의 취지와는 달리, 20세기 후반에 이르러 당사자가 사실이나 증거의 제출순서를 소송전략의 일환으로 삼는 바람에 오히려 심리가 지연되고 상대방에게 불의의 타격을 가하는 현상이 초래되었다. 이를 방지하기 위하여 현행법에서는 법정서열주의의 일부 부활이라고도 평가할 수 있는 **적시제출주의**라는 새로운 심리원칙을 도입하였다.

적시제출주의의 목적은 쟁점의 정리와 압축을 전제로, 효율적이고 탄력적인 심리의 실현을 도모함에 있다. 따라서 공격방어방법의 제출로 인하여 원활한 심리의 진행을 방해받고 상대방 당사자에게 부당한 부담을 초래하는 경우에는 그 제출을 제한한다.

2. 내 용

가. 적절한 시기

민소법 146조는 공격방어방법을 제출하는 시기에 관한 기본규정에 불과하므로 언제까지 공격방어방법을 제출하여야 적절한 시기에 제출한 것으로 볼 수 있는지에 대해서는 개별적·구체적으로 정해진다. 예컨대 원고가 어느 기일에서 새로운 주장을 한 경우라면 일반적으로 다음 기일에 그 주장에 대하여 피고가 인부하거나 반론할 적절한 시기로 볼 수 있고, 재판장이 기간을 정하여 어느 사항에 관한 주장을 기재한 준비서면을 제출하도록 한 경우에는 당해 기간 내까지 준비서면을 제출해야 적절한 시기를 준수한 것으로 인정될 것이다. 결국 실권효가 적용되는 규정들을 살펴봄으로써 적절한 시기를 추론할 수 있을 것인데, 일반적으로는 변론준비절차를 거친 사건은 그렇지 않은 사건에 비하여 적절한 시기라고 할 수 있는 기일이 앞당겨질 것이다.

나. 실효성 확보방안 – 실권효

(1) 재정기간제도(제출기간의 제한, 147)

1) 개 요

재판장은 당사자의 의견을 들어 한쪽 또는 양쪽 당사자에 대하여 특정한 사항에 관하여 주장을 제출하거나 증거를 신청할 기간을 정할 수 있는데, 이 기간을 재정기간이라고 한다. 이는 변론준비절차를 담당하는 수명법관에게도 준용된다(286). 당사자의 의견을 듣도록 한 것은 절차진행에 있어서의 당사자의 절차권을 보장하는 의미와 함께 재정기간이 부당하게 단기간으로 지정되는 것을 막기 위한 것이다.

2) 효 과

재판장이 재정기간을 정한 경우에 그 기간을 넘기면 주장을 제출하거나 증거를 신청할 수 없다(147②본문). 다만 정당한 사유가 있음을 소명한 때에는 실권효의 예외가 인정된다(147②단서).

(2) 실기한 공격방어방법의 각하(149①)

1) 의 의

당사자가 고의 또는 중대한 과실로 공격방어방법을 뒤늦게 제출함으로써 소송의 완결을 지연시키게 하는 것으로 인정할 때에는 법원은 직권으로 또는 상대방의 신청에 따라 결정으로 이를 각하할 수 있다(149①). 이를 실기한 공격방어방법의 각하라고 한다.

2) 각하요건

(가) 당사자에게 고의·중과실이 있을 것

소송을 수행하는 당사자본인 또는 대리인을 기준으로 법률지식의 정도, 공격방어방법의 종류 등을 고려하여 개별적으로 판단하여야 한다. 적절한 시기보다 늦은 경우에는 합리적인 이유가 없는 한 중대한 과실이 추정되므로 실권효를 벗어나려는 자에게 증명책임이 있다.[11]

(나) 공격방어방법을 뒤늦게 제출하였을 것

각하의 대상은 공격방어방법(주장, 부인, 항변, 증거신청 등)이고, 반소·소의 변경·참가신청 등 판결신청은 이에 해당하지 않는다. 시기에 늦었는지 여부는 항소심이 속심이므로 1·2심 전체를 살펴 판단한다.[12] '뒤늦게 제출'이란 공격방어방법의 신청이 이전에 제출할 기회가 있었음을 의미하지만, 심리의 진행상황 및 해당 공격방어방법의 내용과 성질에 따라 구체적·개별적으로 판단하여야 할 것이다.[13] 나아가 상계항변(민 493)이나 건물매수청구권행사(민 643, 283)는 예비적 항변으로서 최종적인 방어방법이어서 조기제출을 기대하기 어려우므로 특별한 사정이 없는 한 실기한 공격방어방법으로 보기 어렵다. 판례는 증거서류가 위조되었다는 증거를 항소심 계속 중에 확보하였다면 제1심 이래 21개월여가 지나서 위조항변을 하였더라도 뒤늦게 제출한 것이 아니고,[14] 제1심에서 패소한 후 항소심에서 비로소 약정해제권을 행사하더라도 뒤늦게 제출한 것이 아니며,[15] 항소심에 이르러 동일한 쟁점에 관한 대법원판결이 선고되자 그 판결의 취지를 토대로 새로운 주장을 제기하여도 실기한 공격방어방법이 아니라고 하였다.[16] 그러나 건물철거와 대지인도의 청구사건에 있어서 제1심에서 유치권의 항변을 주장할 수 있었을 뿐만이 아니라 제2심의 1,2,3차 변론기일에까지도 그 항변을 주장할 수 있었을

---

11) 김홍엽, 486쪽.

12) 대법원 1962.4.4. 선고 4294민상1122 판결.

13) 대법원 2017.5.17. 선고 2017다1097 판결. 실제로 법원이 당사자의 변론재개신청을 받아들여 변론재개를 한 경우에는 소송관계는 변론재개 전의 상태로 환원되므로, 그 재개된 변론기일에서 제출된 주장·증명이 실기한 공격방어방법에 해당되는지 여부를 판단함에 있어서는 변론재개 자체로 인한 소송완결의 지연은 고려할 필요 없이 민소법 149조 1항이 규정하는 요건을 충족하는지를 기준으로 그 해당여부를 판단하면 된다(대법원 2010.10.28. 선고 2010다20532 판결).

14) 대법원 1992.2.25. 선고 91다490 판결.

15) 대법원 2004.12.9. 선고 2004다51054 판결.

16) 대법원 2006.3.10. 선고 2005다46363,46370,46387,46394 판결.

것인데 주장하지 않고 제4회 변론기일에 비로소 그 주장을 하였다면 이를 허용하는 경우에는 소송의 완결에 지연을 가져올 것이 분명하므로 시기에 늦어서 방어방법을 제출한 것이라 볼 것이고,[17] 환송 전 원심 소송절차에서 상계항변을 할 기회가 있었음에도 불구하고 환송 후 원심 소송절차에서 비로소 주장하는 상계항변은 실기한 공격방어방법에 해당한다고 한 판례도 있다.[18] 한편, 공격방법이 유일한 증거인 경우에는 조사하여야 하므로(290단서), 이 경우에는 뒤늦게 제출하여도 각하할 수 없다는 견해도 있으나,[19] 다수설[20]과 주류적 판례[21]는 유일한 증거라고 하여 예외로 취급할 것이 아니라고 한다.

(다) 이를 심리하면 각하할 때보다 소송의 완결이 지연될 것

'소송의 완결을 지연시킨다'의 의미에 대하여는 절대설과 상대설이 대립하고 있는데, **절대설**(절대적 지연개념)에 의하면 공격방어방법의 제출시점을 기준으로 제출을 허가하는 경우와 허가하지 않는 경우의 심리기간을 비교하여 전자의 기간이 후자의 기간보다 길면 소송의 완결이 지연된 것으로 보는 견해이고,[22] **상대설**(상대적 지연개념)에 의하면 공격방어방법을 적시에 제출하였더라도 뒤늦게 제출한 경우와 증거조사에 소요되는 기간이 같다면 소송완결에 지연이 없다고 보는 견해이다.[23] 예컨대, 만약 계약사실의 목격자가 계약이 있은 다음날 해외출장을 갔으나 증거조사기일 전까지는 입국이 가능한데, 당사자가 당해 변론기일에 그 목격자를 증인으로 신청할 수 있었음에도 그 다음 변론기일에 증인신청을 한 경우라면, 절대설의 입장에서는 이를 허가하면 증거조사기일을 추가로 잡아야 하지만 불허하면 그날 변론을 종결할 수 있으므로 소송의 완결을 지연시키는 것으로 볼 수 있다. 그러나 상대설에 의하면 적시인 당해 변론기일에 증인신청을 하였다고 하더라도 해외출장으로 인하여 어차피 증거조사기일까지는 증거조사가 이루어지지 않을 것이므로 그 다음 변론기일의 증인신청을 허가하더라도 소송의 완결을 지연시

17) 대법원 1962.4.4. 선고 4294민상1122 판결.
18) 대법원 2005.10.7. 선고 2003다44387,44394 판결.
19) 송상현 · 박익환, 349쪽; 호문혁, 457쪽.
20) 김홍규 · 강태원, 409쪽; 김홍엽, 462쪽, 이시윤, 354쪽; 정동윤 · 유병현 · 김경욱, 355쪽.
21) 대법원 1968.1.31. 선고 67다2628 판결; 대법원 1969.4.15. 선고 69다67 판결; 대법원 1959.2.19. 선고 57다873 판결; 대법원 1971.7.27. 선고 71다1195 판결. 반대판례: 대법원 1962.7.26. 선고 62다315 판결.
22) 이시윤, 355쪽; 정동윤 · 유병현 · 김경욱, 355쪽; 정영환 539쪽.
23) 호문혁, 456쪽.

키는 것이 아니게 된다. 한편, 실기한 공격방어방법이라고 하더라도 ① 당해 기일에 즉시 조사 가능한 재정증인, ② 상대방이 성립을 인정하는 서증신청, ③ 어차피 다른 증거조사를 위해 속행기일을 지정해야 하는 경우[24]에는 소송의 완결이 지연되는 것이 아니므로 어느 입장에 의해서도 허용된다. 판례는 피고가 증인신청을 하여 법원이 채택한 후 비용도 예납하지 않고 증인신문기일에 출석하지 않아 증거채택결정을 취소하고 변론을 종결하였는데, 피고가 변론재개신청을 하고 법원이 이를 받아들여 변론기일을 열었으나 출석하지 않고, 다음 기일에 비로소 출석하여 이미 취소된 증인을 다시 신청한 경우에는 시기에 늦은 공격방어방법이라고 하였다.[25]

3) 각하절차

각하여부의 재판은 직권으로 또는 상대방의 신청에 따라 결정으로 한다(149①). 이 규정은 변론준비절차에도 준용된다(286, 149). 각하는 독립된 결정의 형식뿐만 아니라 판결이유에서 판단할 수도 있다.[26] 각하에 대하여는 독립하여 항고할 수 없고 종국판결에 대한 상소와 함께 불복하여야 한다(392본문).

(3) **변론준비기일을 거친 경우의 실권효**(285)

변론준비기일에서 미처 제출하지 않은 공격방어방법은 변론에서 제출할 수 없는 실권을 당하게 된다. 여기에는 실권의 예외가 인정되는데, 제출로 인하여 소송이 현저하게 지연되지 아니하는 때, 중과실 없이 변론준비절차에서 미제출한 것을 소명한 때, 직권조사사항인 때이다(285①).

(4) **석명에 불응하는 공격방어방법의 각하**(149②)

당사자가 제출한 공격방어방법의 취지가 분명하지 아니한 경우 법원의 석명권 행사나 석명처분에도 불구하고 당사자가 필요한 설명을 하지 않거나 설명할 기일에 불출석한 때에는 법원은 실기한 공격방어방법과 같은 절차에 의하여 당해 공

---

24) 대법원 1994.5.10. 선고 93다47615 판결; 대법원 2010.1.14. 선고 2009다55808 판결(실기한 공격방어방법이라고 하더라도 어차피 기일의 속행을 필요로 하고 그 속행기일의 범위 내에서 공격방어방법의 심리도 마칠 수 있거나 그 내용이 이미 심리를 마친 소송자료의 범위 안에 포함되어 있는 때에는 소송의 완결을 지연시키는 것으로 볼 수 없으므로 이를 각하할 수 없다).
25) 대법원 1968.1.31. 선고 67다2628 판결.
26) 대법원 2010.1.14. 선고 2009다55808 판결(원심이 그 판결이유에서 원고의 이사의 자기거래 주장에 대한 판단을 한 것에는 원고의 위 주장이 실기한 공격방어방법에 해당하여 각하되어야 한다는 피고의 주장을 배척하는 취지의 판단이 포함되어 있다고 할 것이다).

격방어방법을 각하할 수 있다.

(5) **답변서제출의무와 방소항변**

피고에게 소장부본을 송달받은 날로부터 30일 이내에 답변서를 제출할 의무를 지우는 것(256) 및 임의관할위반(30), 소송비용의 담보제공(118), 중재합의의 존재(중재 9②) 등의 방소항변을 본안에 관한 변론 전까지 제출하게 한 것도 적시제출주의를 실현하기 위한 것이다.

(6) **상고이유서 제출기간 지난 뒤 새로운 상고이유의 제한**(427, 431)

상고이유서는 상고장 기록접수통지를 받은 후 20일 이내에 제출하여야 하며, 이때까지 제출하지 않으면 변론 없이 상고를 기각하여야 하는데, 이 또한 적시제출주의의 표현이다.

(7) **변론의 제한**(141)**과 중간판결**(201)

변론이 어느 부분으로 제한된 경우에는 다른 부분에 대한 공격방어방법을 자유롭게 제출할 수 없다. 또한 중간판결이 있으면 법원에 자기구속력(기속력)이 발생하고 법원도 그것에 반하는 판단을 할 수 없기 때문에 당사자도 중간판결에 반하는 공격방어방법을 제출할 수 없게 되는데, 이 규정들도 적시제출주의와 관련되어 있다.

3. 예 외

적시제출주의는 변론주의가 적용되는 범위에 한정되며, 직권탐지주의가 적용되는 사안과 직권조사사항에 대해서는 적용되지 않는다. 이 경우에는 각하를 통한 절차의 신속성 확보보다는 실체적 진실의 발견이 우선하기 때문이다.

4. 위반과 구체책

적시제출주의 위반의 대표격인 민소법 149조의 경우에 법원은 직권 또는 상대방의 신청에 따라 결정으로 실기한 공격방어방법을 각하할 수 있다(149①). 따라서 각하여부는 법원의 재량이다. 각하는 독립된 결정으로 할 수도 있고 판결이유에서 판단할 수도 있다. 각하당한 당사자는 별도로 항고할 수 없고 종국판결에 대한 상소로 불복하여야 한다(392). 각하신청이 배척된 경우에는 소송지휘에 관한 사항이므로 불복이 허용되지 않는다.

Ⅶ. 집중심리주의

1. 의 의

변론이 집중되어야 한다는 원칙을 집중심리주의라고 한다(272①). 과거에는 법원이 다수의 사건을 한꺼번에 병행심리하면서 각 사건의 변론기일을 여러 번 지정하여 소송행위를 산발적으로 진행하는(다기일 소변론) 병행심리주의 방식을 따랐는데, 이 방식은 장기간의 소송계속으로 인하여 법정에서의 기억이 산일되고 법관의 교체 등으로 서면심리주의와 간접심리주의로 흐르는 폐단이 있어 소기일 다변론을 지향하여 이러한 폐단을 없애고자 입법화한 것이 집중심리주의이다.

2. 내 용

(1) 소송자료의 조기충실화

소장이나 답변서를 충실하게 기재하면 쓸데없이 변론기일을 공전시키지 않고 조기에 사건의 전모를 파악하여 집중적으로 심리를 할 수 있는 장점이 있다. 이에 민소법은 재판장이 소장을 심사하면서 필요하다고 인정하는 경우에는 원고에게 청구하는 이유에 대응하는 증거방법을 구체적으로 적어내도록 명할 수 있고, 원고가 소장에서 인용한 서증의 등본 또는 사본을 붙이지 않은 경우에는 이를 제출하도록 명할 수 있게 하였다(254④). 나아가 소장에는 청구를 뒷받침하는 구체적인 사실과 피고가 주장할 것이 명백한 방어방법에 대한 구체적인 진술, 입증이 필요한 사실에 대한 증거방법 등을 적도록 하였으며(규 62), 답변서에는 준비서면에 적을 내용 이외에도 소장에 기재된 개개의 사실에 대한 인정여부 및 항변과 이를 뒷받침하는 구체적인 사실, 이와 관련된 증거방법을 적도록 하고 있다(규 65).

(2) 적시제출주의와 재정기간

법은 적시제출주의를 채택함으로써 변론의 집중을 도모하고 있다. 즉 구법에서 수시제출주의의 제한규정이었던 실기한 공격방어방법의 각하규정을 적시제출주의의 실효성을 확보하기 위한 규정으로 존치시킴과 아울러(149), 법원이 적극적인 역할을 할 수 있도록 공격방어방법의 제출기간을 정할 수 있는 재정기간제도를 신설하였다(147).

(3) 답변서제출의무와 무변론판결

피고에게 답변서제출의무를 부과하고(256), 무변론판결제도를 도입함으로써(257①), 쟁점의 조기파악과 집중적인 심리를 위한 단초를 마련하였다.

(4) 변론준비절차 및 계속심리주의

쟁점의 정리가 필요한 경우에는 변론준비절차를 열어 변론이 효율적이고 집중적으로 실시될 수 있도록 당사자의 주장과 증거를 정리하도록 하였다(279). 변론준비절차를 마친 뒤의 변론기일은 원칙적으로 1회만 열고 증인신문과 당사자신문을 집중적으로 함으로써 변론을 종결할 수 있도록 하고(287, 293), 부득이 2일 이상 소요되는 때에는 매일 변론을 진행하도록 하여 집중심리가 가능하도록 하였다(규 72①).

변론준비절차를 기일방식으로 진행하여 쟁점정리가 완료되었으면 판결선고기일을 지정할 수 있는가?

변론준비절차를 진행하여 쟁점정리가 완료되었다고 하더라도 변론을 열지 않고 판결을 선고할 수는 없다. 변론준비기일과 변론기일은 일체성을 가지지 않으므로,[27] 만약 이를 허용하면 필수적변론 사건임에도 변론 없이 판결을 선고한 것이 되어 위법하기 때문이다.

3. 한 계

종래에는 집중심리주의의 구현을 위하여 원칙적으로 변론준비절차를 거치도록 하고 있었으나, 2008년 민소법 개정으로 원칙적으로 변론기일을 지정하고 예외적으로 변론준비절차를 거치도록 하였다. 즉 사건관리방식이 종전의 변론준비절차 선행방식에서 변론기일 조기지정방식으로 변경된 것이다. 모든 사건, 특히 비교적 사안이 단순한 단독사건마저도 변론준비절차를 거치는 것을 원칙으로 할 필요는 없다는 이유로 개정된 것인데, 어쨌든 그만큼 집중심리주의 원칙이 약화되고 3~4주의 간격을 두고 사건을 심리하는 병행심리주의가 확대되었음을 부인할 수

27) 대법원 2006.10.27. 선고 2004다69581 판결.

는 없다.

Ⅷ. 직권진행주의와 소송지휘권

1. 의 의

최초의 근대민소법인 프랑스 민소법(1806년 제정)에서는 절차의 진행도 당사자에게 위임하였으므로 당사자진행주의가 원칙이었다. 그 결과 소송이 현저하게 지연되는 현상이 발생하게 되었는데, 이를 시정하기 위하여 1895년 오스트리아 민소법에서 직권진행주의로 선회하였으며, 이후 유럽에서는 직권진행주의가 일반적 추세가 되었다. 직권진행주의란 법원이 소송지휘권을 가지고 소송절차의 진행과 사건의 정리를 주도하는 원칙이다. 이는 소송물의 특정과 소송자료의 제출에 대하여 당사자주의를 기조로 하는 처분권주의·변론주의를 채택한 것에 대비된다. 직권진행주의를 법원의 권능의 면에서 파악하면 소송지휘권이 된다.

2. 소송지휘권

가. 의 의

소송의 진행을 통하여 심리가 내용적으로 충실하게 이루어지도록 하기 위하여 법원이 당사자들의 소송활동에 개입하는 권한을 소송지휘권이라고 한다.

원칙적으로 당사자는 소송지휘를 신청할 수 있는 권한이 없으므로 이를 신청한다고 하더라도 이는 법원의 직권발동을 촉구하는 의미밖에 없다. 따라서 법원이 이를 받아들이지 않더라도 배척하는 재판을 할 필요가 없다.

다만 소송지휘가 당사자의 이해에 중대한 영향을 미치는 문제에 관한 것인 경우, 즉 소송이송(34②③, 35, 36), 석명권·구문권·석명준비명령(136,137), 시기에 늦은 공격방어방법의 각하(149), 기일의 지정(165), 중단절차의 수계(241) 등의 경우에는 당사자에게 신청권이 인정되며, 이 경우 법원의 재판에 대한 불복신청도 인정되는 경우가 많다.

나. 내 용

(1) 절차의 형성에 관한 것

소장·상소장의 보정명령(254, 399, 402), 소송요건의 보정명령, 이송(34), 기일의 지정 · 변경(165, 258②), 기일의 통지(167, 258②), 송달(167, 174), 변론준비절차의 실시(279), 기간의 신축(172), 변론의 제한 · 분리 · 병합 · 재개(141, 142), 준비서면의 제출명령, 변론의 지휘(135, 144), 실기한 공격방어방법의 각하(149), 증거신청의 각하, 증거조사의 지휘(329), 화해의 권고(145), 소송절차의 중지(246), 중단된 절차의 속행(244), 변론의 종결 등이 이에 해당한다.

(2) 심리의 내용에 관한 것

충실한 심리와 공정한 재판을 위한 석명으로서, 주장과 사실자료에 관한 질문, 입증의 촉구, 당사자가 간과한 법적관점의 시사(136), 석명준비명령(137), 석명처분(140) 등이 있다.

다. 주 체

(1) 법원인 경우

소송지휘권은 원칙적으로 법원에 속한다. 석명처분(140), 변론의 제한, 분리 또는 병합(141), 변론의 재개(142), 변론무능력자에 대한 조치(144), 화해의 권고(145) 등은 법원이 소송지휘권을 행한다. 변론절차에서 실제로 소송지휘권을 행사하는 자는 합의부의 재판장 또는 단독판사가 된다(135). 변론의 지휘(135), 석명권의 행사(136), 석명준비명령(137), 증거조사의 지휘(329) 등은 재판장이 합의체 대표기관으로서 소송을 지휘하는 경우이다. 합의체에서의 재판장의 소송지휘권 및 석명권 행사에 대하여 당사자가 이의하면 합의체인 법원이 결정으로 재판하게 된다(138. 단독판사의 경우에는 이의신청 불가).

(2) 재판장인 경우

재판장은 합의체로부터 독립하여 재판장의 지위에서 소송지휘권을 행사하는 경우도 있다. 기일의 지정과 변경(165), 공시송달의 명령(194③), 소장 · 상소장의 보정명령(254, 399, 402) 등의 경우이다.

(3) 수명법관 · 수탁판사인 경우

재판장의 지정 또는 법원의 촉탁을 받은 수명법관 또는 수탁판사(139)는 수권된 사항인 기일의 지정(165①단서), 증인신문(313) 등에 있어서 재판장의 직무를 행한다.

라. 행 사

소송지휘권은 재판의 형식 내지 사실행위로써 한다. 재판의 형식이면 법원의 지위에서 할 때에는 결정, 재판장 · 수명법관 · 수탁판사의 지위에서 할 때에는 명령으로 한다.[28] 소송지휘에 관한 결정과 명령은 언제든지 취소할 수 있다(222).

마. 예 외

민소법은 첫 변론기일 또는 첫 변론준비기일을 바꾸는 것은 현저한 사유가 없는 경우라도 당사자들이 합의하면 이를 허가하도록 규정하고 있는데(165②), 이 범위 내에서는 당사자진행주의의 색채를 엿볼 수 있다.

3. 소송절차에 관한 이의권

가. 의 의

소송절차에 관한 이의권이란 법원이나 상대방 당사자의 소송행위가 소송법규에 위배되는 경우에 이에 대하여 당사자가 이의신청을 하고 그 효력을 다툴 수 있는 권능을 말한다. 구법에서는 이를 책문권이라고 하였다. 민소법은 소극적으로 이의권 불행사의 효과를 규정하고 있다(151).

나. 적용범위

(1) 소송절차에 관한 규정일 것

이의의 대상은 '소송절차규정'의 위배가 있는 때이다(151본문). 즉 소송행위의 방식 · 시기 · 장소 등 형식적 사항에 관한 규정을 위배하면 이의의 대상이 된다.[29] 따라서 공격방어방법의 판단 잘못, 채증법칙 위반 또는 자백에 반하는 사실을 인정하였다는 등 주장의 당부에 대한 문제는 이의의 대상이 아니다.

---

28) 대법원 1971.6.30. 선고 71다1027 판결(재판의 표제를 명령이라고 표시하였다 하여도 그 재판에 합의부원 전원이 참여하고 있다면 그것은 결정의 오기로 못 볼 바 아니다).

29) 대법원 2008.2.1. 선고 2007다8914 판결(법원은 당사자가 주장할 책임이 있는 사항 자체에 대하여 이를 주장하는지 여부를 석명하여야 할 의무가 없고, 소송절차에 관한 사항만이 책문권 포기 · 상실의 대상이 될 수 있다).

(2) 임의규정일 것

이의권의 대상은 소송절차에 관한 규정 중에서도 처분가능한 '임의규정' 위배에 한한다(151 단서). 불행사시 포기·상실을 전제로 하기 때문이다. 이때 임의규정이란 당사자의 소송진행상 이익보장과 편의를 목적으로 한 사익규정을 말한다. 예컨대 소의 제기나 청구의 변경의 방식, 소송참가의 방식, 소송고지의 방식, 증인신문의 장소, 변론기일의 통지, 증거조사의 방식 등이 이에 해당한다. 이에 비하여 법원의 구성, 법관의 제척, 공개주의, 불변기간의 준수, 판결의 선고와 확정, 임의관할 이외의 소송요건, 상소요건, 재심요건에 관한 규정 등은 강행규정이므로 이의의 대상이 아니다.

판결정본 송달의 흠도 이의권의 포기나 상실의 대상이 되는가?

항소제기기간은 불변기간이고, 이에 관한 규정은 성질상 강행규정이므로 그 기간 계산의 기산점이 되는 판결정본의 부적법한 송달의 하자는 이의권의 포기나 상실의 대상이 아니므로 이로 인하여 하자가 치유될 수 없다.[30]

(3) 훈시규정이 아닐 것

훈시규정은 이의권의 포기·상실과 무관하다. 즉 종국판결의 선고기일이 소제기일로부터 5개월을 초과하였다거나(199), 변론종결일로부터 2주 또는 4주를 초과하였다고 하여(207) 다툴 수 없는 것은 훈시규정의 본질에서 나오는 것이지 이의권의 포기·상실로 인한 것이 아니다.

다. 이의권의 포기와 상실

(1) 이의권의 포기

이의권의 포기는 변론 또는 준비절차에서 법원에 대하여 당사자가 일방적 의사표시로써 한다. 법원 밖에서 상대방에 대하여 한 경우에는 효력이 없다. 이의권은 절차위배가 있을 때 비로소 발생하는 것이므로 사전포기는 불가능하지만 사후에는 묵시적으로도 포기할 수 있으며, 한번 포기하면 이를 철회할 수 없다.

30) 대법원 2007.12.14. 선고 2007다52997 판결.

(2) 이의권의 상실

실무상 주로 이의권의 상실이 문제된다. 당사자가 절차위배를 알았거나 알 수 있었을 경우에 바로 이의하지 않으면 이의권이 상실된다(151 본문). 이때 '바로'란 소송절차에 관한 규정에 어긋난 소송행위가 있은 뒤 이의를 할 수 있는 맨 처음의 기회를 의미한다. 예컨대 당사자에 대한 기일통지서를 송달하지 아니한 채 기일을 열어 당사자 없이 증거조사를 한 경우에 그 다음 기일에 당사자가 이의하지 않고 변론했으면 이의권이 상실된다.

판례가 이의권이 상실된 것으로 본 사례를 들어보라.

판례는 ① 소장, 답변서, 청구취지변경 등의 방식위배,[31] ② 청구의 기초에 변경이 있는 소의 변경,[32] ③ 기일통지 등 송달의 누락,[33] ④ 소송절차 중단 중의 행위,[34] ⑤ 증거조사방식의 위배[35] 등의 경우에 바로 이의하지 않으면 이의권이 상실된다고 보았다.

(3) 이의권이 포기·상실에 이르면 위배된 소송행위는 완전히 유효하게 된다. 법원의 행위에 의하여 양쪽 당사자에게 이의권이 생긴 경우에는 양쪽 모두가 이의권을 포기·상실한 때에 그 행위가 유효하게 된다.

제2절 처분권주의

Ⅰ. 의의와 기능

처분권주의란 절차의 개시, 심판의 대상과 범위, 절차의 종결에 대하여 당사자에게 처분권능을 인정하여 자유롭게 결정할 수 있게 하는 원칙을 말한다. 민소법

---

31) 대법원 1962.12.27. 선고 62다704 판결; 대법원 1963.6.20. 선고 63다198 판결; 대법원 1993.3.23. 선고 92다51204 판결.
32) 대법원 1992.12.22. 선고 92다33831 판결.
33) 대법원 1967.12.5. 선고 67다2219 판결; 대법원 1984.4.24. 선고 82므14 판결; 대법원 2007.2.22. 선고 2006다75641 판결.
34) 대법원 1955.7.7. 선고 4288민상53 판결.
35) 대법원 1992.10.27. 선고 92다32463 판결; 대법원 1960.12.20. 선고 4293민상163 판결; 대법원 1996.3.8. 선고 95다48667 판결; 대법원 2002.8.23. 선고 2000다66133 판결.

203조는 “법원은 당사자가 신청하지 아니한 사항에 대하여는 판결하지 못한다”고 규정하여 처분권주의를 정면으로 인정하고 있다. 처분권주의로 인하여 심리·판결의 범위가 제한되는 결과를 가져온다.

실체법상 권리의무는 사적자치의 원칙에 따라 당사자가 자유롭게 처분할 수 있으므로 소송상으로도 가능한 한 당사자의 의사를 존중할 필요가 있다. 이러한 의미에서 처분권주의는 실체법상 사적자치의 원칙의 소송법적 발현이라고 할 수 있다.

처분권주의는 ① 당사자(특히 원고)가 분쟁해결을 위한 여러 제도 중에서 무엇을 선택할지를 자유로이 결정하는 분쟁처리방식 선택의 자유를 보장하는 기능, ② 다툼의 대상을 당사자가 스스로 정할 수 있는 쟁송대상의 자주적 형성기능, ③ 자기가 선택한 심판대상 이외의 사항에 대하여 판결의 구속력을 받지 않는 불의의 타격방지(절차보장) 기능을 한다.

처분권주의와 변론주의는 어떤 관계인가?

변론주의란 소송에 있어서 사실의 주장과 증거의 제출을 당사자의 책임 또는 권능으로 하는 원칙이다. 변론주의는 광의로는 처분권주의를 포함하는 개념으로 사용되기도 하는데, 이는 변론주의든 처분권주의든 소송에 있어서 당사자주의의 발현이고, 실체법상 사적자치의 원칙의 소송법적 반영인 점에서 공통되기 때문이다. 그러나 변론주의는 사실과 증거, 즉 재판자료의 수집·제출을 당사자에게 맡긴다는 의미에서 절차내재적 문제임에 반하여 처분권주의는 절차외재적 문제이다. 즉 처분권주의는 소송의 틀을 결정하는데 반하여 변론주의는 그 틀 안에서 판단자료를 어떻게 받아들일 것인가의 문제라고 할 수 있다. 또한 소송구조의 관계에서 보면, 처분권주의는 소송물 단계에서 문제되는데 비하여 변론주의는 공격방어방법(사실주장과 증거제출)의 제출 단계에서 문제된다는 점에서 양자는 다르다.

Ⅱ. 절차의 개시

어떤 분쟁이 발생한 경우에 민사소송절차를 이용할 것인지 여부(소송의 개시)의 단계에서는 처분권주의에 의하여 당사자의 의사가 존중되고, 재판은 당사자의 소의 제기에 의해 비로소 개시된다. 이것을 불고불리(不告不理)의 원칙이라 하는데, “신청 없으면 재판 없다”는 법언으로 표현된다.

다만 예외적으로 소송비용의 재판(104), 가집행선고(213), 판결의 경정(211),

추가재판(212), 배상명령(소촉법 25), 소송구조(128) 등은 당사자의 신청 없이 직권으로 재판할 수 있고, 집단소송인 증권관련집단소송과 소비자단체소송에서는 법원에 소의 제기에 대한 허가신청을 하여 법원이 결정으로 허가한 때에 절차가 개시된다(증집소 7, 13, 소기 73, 74).

Ⅲ. 심판의 대상과 범위

처분권주의로 인하여 어떤 권리나 법률관계에 대하여 어떠한 재판을 구하는가의 결정은 당사자의 책임 또는 권능이다. 따라서 당사자는 심판의 대상 및 범위(소송물의 특정)와 심판의 형식(이행소송·확인소송·형성소송)을 특정할 수 있으며, 법원은 당사자가 신청하지 않은 사항에 대하여 또는 신청사항을 초과하여 재판하는 것이 허용되지 않는다.[36] 즉 신청사항과 판결사항이 일치되어야 한다. 상소심에서의 불이익변경금지의 원칙도 처분권주의의 이념이 표현된 것이라고 할 수 있다.

1. 질적 범위

(1) 소송물

심판대상인 소송물은 소송의 개시단계에서 특정될 필요가 있고, 법원은 원고가 소장에서 신청한 소송물에 대하여 판결하여야 한다.[37] 판결해야 할 범위에 대해서는 어떤 소송물이론의 입장에 서는가에 따라 결론이 달라진다. 구실체법설(판례)에 의하면 실체법상 권리의 근거규정마다 소송물이 별개로 된다. 따라서 법원

36) 유류분권리자가 반환의무자를 상대로 유류분반환청구권을 행사하고 이로 인하여 생긴 목적물의 이전등기의무나 인도의무 등의 이행을 소로써 구하는 경우에는 그 대상과 범위를 특정하여야 하고, 법원은 처분권주의의 원칙상 유류분권리자가 특정한 대상과 범위를 넘어서 청구를 인용할 수 없다(대법원 2013.3.14. 선고 2010다42624,42631 판결).

37) 대법원 2020.1.30. 선고 2015다49422 판결; 대법원 2017.11.23. 선고 2017다251694 판결(채권자가 동일한 채무자에 대하여 수 개의 손해배상채권을 가지고 있다고 하더라도 그 손해배상채권들이 발생시기와 발생원인 등을 달리하는 별개 채권인 이상 이는 별개 소송물에 해당하고, 그 손해배상채권들은 각각 소멸시효 기산일이나 채무자가 주장할 수 있는 항변이 다를 수도 있으므로, 이를 소송으로 청구하는 채권자로서는 손해배상채권별로 청구금액을 특정하여야 하고, 법원도 이에 따라 손해배상채권별로 인용금액을 특정하여야 하며, 이러한 법리는 채권자가 수 개의 손해배상채권들 중 일부만을 청구하고 있는 경우에도 마찬가지이다. 또한 민사소송에 있어서 청구취지는 그 내용 및 범위가 명확히 알아볼 수 있도록 구체적으로 특정되어야 하고, 이의 특정여부는 직권조사사항이므로 청구취지가 특정되지 않은 경우에는 법원은 피고의 이의여부와 관계없이 직권으로 그 보정을 명하고, 이에 응하지 않을 때에는 소를 각하하여야 한다).

은 원고가 신청한 실체법의 각 근거규정에 입각한 청구를 벗어나서 판단할 수 없다.[38] 이와 달리 소송법설에 의하면 동일한 청구취지의 범위 내에서의 실체법상 권리는 공격방법 내지 법률적 관점에 불과하므로 다른 실체법상 권리에 기하여 판단하여도 동일한 청구취지에 대한 판결이면 다른 소송물에 대한 판단이 아니라고 본다.

(2) 소의 종류와 순서

법원은 원고가 정한 소의 종류(이행·확인·형성의 소), 청구 또는 당사자의 병합여부 및 당사자가 구하는 권리구제의 순서에 구속된다.[39] 예컨대 원고가 청구를 주위적·예비적으로 병합하여 소를 제기하였다면 주위적 청구를 먼저 심판해야 한다.

(3) 예 외

공유물분할의 소, 경계확정의 소와 같이 형식적 형성의 소는 당사자의 주장에 구속되지 않고 법원이 자유로이 정할 수 있다는 의미에서 처분권주의가 적용되지 않고, 그 연장선상에서 불이익변경금지의 원칙도 적용되지 않는다. 예컨대 공유물분할의 소에서 원고가 현물분할을 청구하더라도 현물로 분할할 수 없거나 현물로 분할하면 현저히 그 가액이 감손될 염려가 있는 경우에는 경매에 의한 가격분할을 명할 수도 있고,[40] 공유자 중 1인에게 공유물을 취득시키고 그 1인이 다른 공유자에게 그 지분의 가격을 배상하게 하는 방법도 허용된다.[41]

2. 양적 범위

가. 양적 상한

법원은 원고가 청구한 양적 상한을 초과하여 판결할 수 없다.

38) 대법원 1992.3.27. 선고 91다40696 판결.
39) 다만, 병합의 형태가 단순병합인지, 선택적 병합인지, 예비적 병합인지는 당사자의 의사가 아닌 병합청구의 성질을 기준으로 판단하여야 한다(대법원 2018.2.28. 선고 2013다26425 판결). 따라서 처분권주의는 병합청구의 성질에 반하지 않는 범위 내에서만 허용된다.
40) 대법원 2010.2.25. 선고 2009다79811 판결.
41) 대법원 2004.10.14. 선고 2004다30583 판결.

(1) 인신사고에 의한 손해배상청구

인신손해배상에서 적극적 손해, 소극적 손해, 정신적 손해(위자료)의 세 가지 손해항목에 걸쳐서 배상을 구한 경우 총액을 초과하지 않으면 항목별 청구액을 초과하여 인용해도 되는가? 판례는 손해3분설의 입장에서 청구의 총액을 벗어나지 않았다고 하더라도 어느 항목의 청구액을 초과하여 인용하면 처분권주의에 위반된다고 본다.[42] 이 경우 소송물이 하나라고 보는 입장(손해 1개설)에서는 총액을 초과하지 않으면 항목별 청구액을 초과하여 인용하더라도 처분권주의에 위배되지 않는다고 보고,[43] 소송물이 재산적 손해와 정신적 손해의 2개라는 입장(손해 2분설)에서는 적극적 손해와 소극적 손해를 합친 금액 및 이와 별도인 정신적 손해를 각각 초과하여 인용하지 않는다면 처분권주의에 위배되지 않는다고 본다.[44]

인신사고 손해배상사건에서 판례의 입장인 손해3분설을 적용한 사례를 들어보라.

판례에 의할 때 원고가 손해배상청구를 하면서 적극적 손해 100만원, 소극적 손해 50만원, 위자료 30만원 합계 180만원을 청구하였는데, 법원이 적극적 손해 80만원, 소극적 손해 60만원, 위자료 20만원 합계 160만원을 인용하는 것은 처분권주의에 위반된다. 총액은 원고의 청구범위 내에 있지만, 소극적 손해 부분이 원고의 청구범위를 초과하였기 때문이다.

---

42) 대법원 1976.10.12. 선고 76다1313 판결; 대법원 1984.11.13. 선고 84다카722 판결. 다만 판례는 재산상 손해의 발생이 인정되는데도 증명곤란 등의 이유로 그 손해액의 확정이 불가능하여 그 배상을 받을 수 없는 경우에 이러한 사정을 위자료의 증액사유로 삼을 수 있다고 하여 위자료의 보충적 기능을 인정하고 있고(대법원 2010.12.9. 선고 2007다42907 판결), 상소는 자기에게 불이익한 재판에 대하여 유리하게 취소변경을 구하기 위하여 하는 것이므로 전부 승소한 판결에 대하여는 항소가 허용되지 않는 것이 원칙이나, 하나의 소송물에 관하여 형식상 전부 승소한 당사자의 상소이익의 부정은 절대적인 것이라고 할 수도 없는바, 원고가 재산상 손해(소극적 손해)에 대하여는 형식상 전부 승소하였으나 위자료에 대하여는 일부 패소하였고, 이에 대하여 원고가 원고 패소부분에 불복하는 형식으로 항소를 제기하여 사건 전부가 확정이 차단되고 소송물 전부가 항소심에 계속되게 된 경우에는, 더욱이 불법행위로 인한 손해배상에 있어 재산상 손해나 위자료는 단일한 원인에 근거한 것인데 편의상 이를 별개의 소송물로 분류하고 있는 것에 지나지 아니한 것이므로 이를 실질적으로 파악하여, 항소심에서 위자료는 물론이고 재산상 손해(소극적 손해)에 관하여도 청구의 확장을 허용하는 것이 상당하다고 함으로써 손해3분설을 일부 완화하고 있다(대법원 1994.6.28. 선고 94다3063 판결).

43) 이시윤, 321쪽.

44) 호문혁, 393쪽.

(2) 이자청구 · 지연손해금청구

판례는 대여금 청구에서 원금 · 이율 · 기간을 모두 별개의 소송물로 보아 어느 것에서나 원고 주장의 기준보다 넘어서면 처분권주의를 위반한 것으로 본다.[45] 따라서 원고가 대여금청구와 함께 소장송달 다음날부터 다 갚는 날까지의 지연손해금을 청구하였는데, 소장송달 이전인 대여일부터 다 갚는 날까지의 약정이자 및 지연손해금을 지급하라고 판시하였다면 처분권주의를 위반한 것이 되고,[46] 피고만이 항소한 사건에서 원금의 인용액은 늘어나고 지연손해금의 인용액은 줄어든 경우에 불이익변경에 해당하는지 여부는 원금과 지연손해금 부분을 각각 따로 비교하여 판단하여야 하는 것이고, 별개의 소송물을 합산한 전체 금액을 기준으로 판단하여서는 안 된다는 입장이다.[47]

(3) 일부청구와 과실상계

판례는 명시설을 취하면서도 과실상계를 함에 있어서 손해배상금 총액을 기준으로 하더라도 최종적으로 청구범위 내에서 인용하였다면 처분권주의에 위반되는 것이 아니라고 본다(외측설). 예컨대 1억원의 손해배상금 중 6,000만원만 일부 청구하였을 때 피해자의 과실이 30%인 경우에 우선 손해 전부를 산정한 후(1억원), 여기에 과실상계를 하여 남은 금액(7,000만원)에서 청구액의 상한인 6,000만원을 인용하고, 만일 과실상계로 인하여 남은 금액이 청구액에 미달하면 남은 금액을 인용하면 된다는 것이다. 이렇게 해석하는 것이 일부청구를 하는 당사자의 통상적 의사라는 것이다.[48]

다만 명시적으로 일부청구를 한 경우에까지 배상금 총액을 기준으로 과실상계를 적용하는 것은 무리이므로 이 경우에는 손해전액이 아니라 일부청구액을 기준으로 과실상계를 하는 안분설에 의하여야 한다는 견해가 있다.[49] 위 사례를 안분설에 의하여 산정하면 일부청구액 6,000만원을 기준으로 과실 30%에 해당하는

45) 대법원 1960.9.29. 선고 4293민상18 판결.
46) 대법원 1989.6.13. 선고 88다카19231 판결. 다만 대여금에 대한 약정이자의 지급 청구에는 상법 소정의 법정이자의 지급을 구하는 취지도 포함되어 있다고 보아야 하므로, 법원으로서는 이자 지급약정이 인정되지 않는다 하더라도 곧바로 위 청구를 배척할 것이 아니라 법정이자 청구에 대하여도 판단하여야 한다는 판례가 있다(대법원 2007.3.15. 선고 2006다73072 판결).
47) 대법원 2009.6.11. 선고 2009다12399 판결; 대법원 2013.10.31. 선고 2013다59050 판결.
48) 대법원 1976.6.22. 선고 75다819 판결.
49) 이시윤, 322쪽.

1,800만원을 공제하고 남은 돈 4,200만원만 인용해야 한다는 결론에 이른다.

판례는 외측설의 법리를 과실상계뿐만 아니라 손익상계,[50] 상계항변,[51] 책임감경사유와 책임제한비율을 적용하는 경우[52]에도 적용한다.

(4) 채무부존재확인청구

1) 채무의 상한이 청구취지에 표시되어 있는 경우

채무부존재확인청구의 경우에는 부존재하는 채무 부분이 소송물이 된다. 따라서 예컨대 1,000만원의 채무에 대한 부존재확인을 구하는데 대하여 법원이 채무의 일부인 100만원의 채무의 존재를 인정하는 때에는 1,000만원의 채무 중 100만원을 초과하는 채무의 부존재를 확인하고 나머지 청구를 기각한다. 또한 원고가 1,000만원 중 100만원의 채무는 자인하면서 나머지 채무에 대한 부존재확인의 소를 제기하였는데 법원이 200만원의 채무가 존재한다고 인정되는 경우에도 1,000만원의 채무 중 200만원을 초과하는 채무의 부존재를 확인하고 나머지 청구를 기각한다. 다만 후자의 경우 원고가 자인한 100만원보다 채무가 적은 것으로 인정되는 경우에는 처분권주의 원칙상 100만원의 채무가 존재하는 것으로 선고하여야 한다.

2) 채무의 상한이 청구취지에 표시되어 있지 않은 경우

원고가 채무의 상한을 표시하지 않은 채 채무가 없음을 확인해 달라고 청구하거나 100만원을 자인하고 이를 초과하는 채무의 부존재확인을 구하는 경우에는 부존재하는 채무부분인 소송물이 특정되지 않아 이러한 소가 인정될 수 있는가가 문제된다. 판례는 원고가 상한을 표시하지 않고 일정액을 초과하는 채무의 부존재의 확인을 청구하는 사건에 있어서 일정액을 초과하는 채무의 존재가 인정되는 경우에는 특단의 사정이 없는 한, 법원은 그 청구의 전부를 기각할 것이 아니라 존재하는 채무부분에 대하여 일부패소의 판결을 하여야 한다는 입장이다.[53] 즉 이

---

50) 대법원 1996.8.23. 선고 94다20730 판결.

51) 대법원 1984.3.27. 선고 83다323,83다카1037 판결.

52) 대법원 2008.12.11. 선고 2006다5550 판결(원고가 손해배상청구액 중 일부청구를 하고 있는 경우에 손해배상액을 제한함에 있어서는 손해의 전액에서 책임감경사유나 책임제한비율을 적용하여 산정한 손해배상액이 일부청구액을 초과하지 않을 경우에는 손해배상액을, 일부청구액을 초과할 경우에는 일부청구액을 인용하여 줄 것을 구하는 것이 당사자의 통상적인 의사라고 보아야 할 것이다).

53) 대법원 1982.11.23. 선고 81다393 판결; 대법원 1983.6.14. 선고 83다카37 판결; 대법원 1994.1.25. 선고 93다9422 판결.

경우에 심리결과 원고가 자인하는 채무금액을 초과한다고 해서 바로 청구 전체를 기각하면 안 된다.

3) 다만 예외적으로 중개계약이 존재하지 않는다는 이유로 중개료채무 부존재 확인청구를 구하거나 원고가 불법행위에 관여한 적이 없다는 이유로 손해배상채무의 부존재확인청구를 구하는 경우, 보증계약을 체결한 사실이 없다는 이유로 보증채무의 부존재확인청구를 하는 경우 등과 같이 채무의 존부에만 한정하여 청구하는 것이 분명한 경우에는 중개계약이 존재하거나 원고가 불법행위에 관여하였다거나, 보증계약이 있는 것으로 인정되면 청구를 바로 기각해야 할 것이다.

나. 일부인용

(1) 전부청구에 대한 일부인용판결

분량적으로 일부만 인용하는 것은 처분권주의에 반하지 않는다. 예컨대 2,000만원의 청구에 대하여 1,000만원을 인용하고 나머지 청구부분을 기각할 수 있다. 다만 판례는 연대채무(1,000만원)라고 주장하여 그 돈의 지급을 청구한 경우, 총액을 원고의 청구보다 높게 산정한 후(1,500만원) 분할채무라는 이유로 청구범위 내에서 인용(750만원)한 경우에는 처분권주의를 위반한 것으로 본다.[54] 나아가 판례는 원고가 피고들의 각 채무를 부진정연대채무의 관계에 있음을 전제로 피고들이 연대하여 지급할 것을 구하고 있음에도 피고들에게 개별책임을 인정한 것은 당사자가 청구한 범위를 넘는 것으로서 처분권주의의 위반이고,[55] 원고가 피고들의 각 채무를 개별적으로 지급할 것을 구하고 있음에도 피고들에게 부진정연대채무관계에 있음을 전제로 연대책임을 인정한 것은 처분권주의의 위반이라고 하였다.[56] 다만 원고가 '연대하여' 또는 '합동하여'로 청구하였는데 법원이 '공동하여'의 주문을 내거나 그 반대의 경우 모두 위법이 아니고, 이 경우 '나머지 청구 기각'의 주문을 덧붙일 필요도 없다.[57]

일부인용을 허용한 판례를 추가로 들어보라.

판례는 토지의 전부에 대한 소유권확인 청구에 대하여 특단의 사정이 없는 한 지분

54) 대법원 2010.1.14. 선고 2008다69169 판결.
55) 대법원 2014.7.10. 선고 2012다89832 판결.
56) 대법원 2013.5.9. 선고 2011다61646 판결.
57) 『민사실무Ⅱ』, 사법연수원, 2017, 81쪽.

에 대한 소유권확인을 인용할 수 있고,[58] 당사자 일방이 금전소비대차가 있음을 주장하면서 약정이율에 따른 이자의 지급을 구하는 경우, 특별한 사정이 없는 한 대여금채권의 변제기 이후의 기간에 대해서는 약정이율에 따른 지연손해금을 구하는 것으로 보아야 하고, 여기에는 약정이율이 인정되지 않는다고 하더라도 법정이율에 의한 지연손해금을 구하는 취지가 포함되어 있는 것으로 보아야 한다고 판시하였다.[59]

(2) 단순이행청구에 대한 상환이행판결(동시이행항변, 유치권항변)

원고의 단순이행청구에 대하여 피고의 동시이행항변 또는 유치권항변이 이유 있는 경우에 상환이행판결을 하더라도 이는 처분권주의에 반하지 않는다.[60] 따라서 원고가 대금완납을 이유로 매매계약에 기한 무조건의 이행청구를 한 경우에 잔대금이 남아 있다면 상환이행판결을 할 수 있다.[61]

그러나 원고가 처음부터 반대급부가 없다는 취지를 명백히 한 경우라면 상환으로라도 이행판결을 받겠다는 취지가 포함되어 있지 않으므로 이러한 경우에는 청구를 기각하여야 한다.[62]

건물의 소유를 목적으로 한 토지임대차에 있어서 토지임대인이 그 임차인을 상대로 건물철거와 그 토지인도를 청구하는 소송에서 임차인이 적법하게 건물매수청구권(민 643, 283)을 행사하였을 때, "피고는 원고로부터 건물대금을 지급받음과 동시에(상환으로) 건물을 인도하라"는 판결을 허용할 것인가? 판례는 임대인의 건물철거와 그 토지인도청구에는 건물매수대금 지급과 동시에 건물인도를 구하는 청구가 포함되어 있다고 볼 수 없으므로, 이 경우 법원으로서는 임대인이 종전의 청구를 계속 유지할 것인지 아니면 (예비적으로라도) 대금지급과 상환으로 지상물의 인도를 청구할 의사가 있는지를 석명하고 임대인이 그 석명에 응하여 소를 변

58) 대법원 1995.9.29. 선고 95다22849,22856(참가) 판결.
59) 대법원 2017.9.26. 선고 2017다22407 판결.
60) 대법원 1969.11.25. 선고 69다1592 판결.
61) 다만 동시이행판결의 반대의무 이행 또는 이행제공은 집행개시의 요건으로서 채권자가 이를 증명하는 방법에는 제한이 없으나, 반대의무의 내용이 특정되지 아니하여 반대의무의 이행 또는 이행제공을 증명할 수 없는 경우에는 강제집행을 할 수 없게 되어 결국 채권자는 강제집행을 위해 동일한 청구의 소를 다시 제기하여야 하므로, 동시이행판결을 하는 법원으로서는 반대의무의 내용을 명확하게 특정하여야 하고 자칫 이를 가볍게 여겨 강제집행에 지장이 생김으로써 무익한 절차의 반복을 하게 하는 것은 아닌지 여부 등을 확인할 필요가 있다(대법원 2021.7.8. 선고 2020다290804 판결).
62) 대법원 1980.2.26. 선고 80다56 판결; 대법원 1996.11.12. 선고 96다33938 판결.

경한 때에는 지상물 인도의 판결을 함으로써 분쟁의 1회적 해결을 꾀하여야 한다고 하였다. 따라서 피고가 건물매수청구권을 행사하였다는 이유만으로 위와 같은 석명 없이 원고의 청구를 배척한 것은 위법하다고 판시하였다.[63)]

(3) 현재이행의 소에 대한 장래이행판결

원고가 현재이행의 소를 제기하였으나 '미리 청구할 필요'가 있고 원고의 의사에 반하는 것이 아니면 장래의 이행판결도 허용된다. 판례는 저당권설정등기말소 또는 양도담보에 있어서 소유권이전등기말소청구의 경우에 심리결과 원고에게 아직 채무가 남아 있는 것으로 밝혀졌을 때 원고의 남은 채무의 변제를 조건으로 (선이행) 등기말소를 하도록 판결하는 것이 상당하다고 하였다.[64)] 이는 원고의 청구 중에 잔존채무가 있으면 이를 변제하고 등기말소를 구하는 취지까지 포함되어 있고, 장래 이행의 소로서 미리 청구할 이익도 있다고 본 것이다.

물론 처음부터 피담보채무가 발생하지 않았음을 이유로 근저당권말소등기를 청구한 경우에는 피담보채무의 변제를 조건으로 장래의 이행을 청구하는 취지가 포함된 것으로 볼 수 없으므로 선이행판결을 할 수 없다.[65)]

(4) 집행불능시 대상청구에 대한 이행불능시 전보배상판결의 가부

인도청구를 제기하면서 집행불능시 전보배상의 대상청구를 병합하여 청구하였으나 변론종결 시점에서 이미 이행불능이 되었음이 확인된 경우에 판례는 집행불능시 대상청구에는 변론종결시 이행불능으로 인한 전보배상을 청구하려는 의사가 포함되어 있다고 볼 수 없기 때문에 인도청구와 대상청구를 모두 기각해야 한다고 본다.[66)]

이에 대하여 원고로서는 변론종결시 현재 목적물의 인도불능을 우려하였다면 필경 이행불능시 전보배상의 예비적 청구를 하였을 것인데 그때까지 인도불능이

63) 대법원 1995.7.11. 선고 94다34265 전원합의체 판결.
64) 대법원 1995.7.28. 선고 95다19829 판결; 대법원 2008.4.10. 선고 2007다83694 판결. 나아가 대법원은 매매계약 체결과 대금완납을 청구원인으로 하여 (무조건) 소유권이전등기를 구하는 청구취지에는 대금 중 미지급금이 있을 때에는 위 금원의 수령과 상환으로 소유권이전등기를 구하는 취지도 포함되어 있다고 판시하였다(대법원 1979.10.10. 선고 79다1508 판결).
65) 대법원 1991.4.23. 선고 91다6009 판결.
66) 대법원 1962.12.16. 선고 67다1525 판결; 대법원 1969.10.28. 선고 68다158 판결. 다만 대법원은 위와 같은 경우에 변론종결 당시 일부만 멸실되어 이행불능인 경우라면 그 부분 청구를 기각하고 멸실된 부분의 대상청구 당부에 대하여 판단하여야 한다는 입장이다(대법원 1990.10.16. 선고 90다카20210 판결).

안 되리라 낙관하였기 때문에 장래의 집행불능에 대비한 대상청구를 택하였다고 할 것이어서 원고의 특정물인도청구와 대상청구 속에는 변론종결시까지 이행불능이 되면 전보배상 판결을 받으려는 의사가 포함되어 있다고 볼 수 있으므로 인도청구는 기각하되 대상청구는 단순한 전보배상청구로 보아 인용하여야 한다는 견해가 있다.[67)]

(5) 일시금 청구에 대한 정기금 지급판결

인신사고로 인한 손해배상청구를 함에 있어 정기금 배상을 구할 것인지 일시금 배상을 구할 것인지는 원고가 임의로 선택할 수 있다.

다만 피해자의 기대여명의 예측이 불확실한 경우에 법원으로서는 일실수입 손해와 향후 치료비 손해 등을 산정함에 있어서 피해자가 확실히 생존하고 있으리라고 인정되는 기간 동안의 손해는 일시금의 지급을 명하고 그 이후의 기간은 피해자의 생존을 조건으로 정기금의 지급을 명할 수 있다.[68)]

(6) 채권자취소소송에서 인도청구에 대한 가액배상판결

사해행위인 계약 전부의 취소와 부동산 자체의 반환을 구하는 청구취지 속에는 일부취소를 하여야 할 경우 그 일부취소와 가액배상을 구하는 취지도 포함되어 있다고 볼 수 있으므로 청구취지의 변경이 없더라도 바로 가액반환을 명할 수 있다.[69)]

따라서 저당권이 설정되어 있는 부동산이 사해행위로 이전된 경우에 그 사해행위는 부동산의 가액에서 저당권의 피담보채권액을 공제한 잔액의 범위 내에서만 성립한다고 보아야 하므로, 사해행위 후 변제 등으로 저당권설정등기가 말소된 경우 그 부동산의 가액에서 저당권의 피담보채무액을 공제한 잔액의 한도에서 사해행위를 취소하고 그 가액의 반환을 명하는 판결은 허용된다.[70)] 그러나 거꾸로 원고가 사해행위의 일부취소 및 가액반환청구를 한데 대하여 법원이 일부취소 및 원물반환을 명하는 판결을 할 수는 없다.[71)]

---

67) 강영수 집필부분, 『주석 민사소송법(IV)』, 한국사법행정학회, 2018, 179쪽.
68) 대법원 2010.2.25. 선고 2009다75574 판결; 대법원 1970.7.24. 선고 70다621 판결; 대법원 1988.11.8. 선고 87다카1032 판결.
69) 대법원 2001.9.4. 선고 2000다66416 판결.
70) 대법원 2001.6.12. 선고 99다20612 판결.
71) 대법원 2009.5.14. 선고 2009다4947 판결.

Ⅳ. 절차의 종결

1. 원 칙

절차의 종결단계에서 처분권주의는 당사자가 소를 제기한 후 그대로 종국판결을 구하든지 아니면 당사자의 의사에 따라 도중에 소송을 종료시키는 것이 허용된다는 원칙으로 표현된다.

당사자의 의사에 의하여 소송이 종료되는 경우로는 소의 취하(상소의 취하, 재심의 소취하 포함), 청구의 포기·인낙, 화해, 불상소의 합의, 상소권의 포기 등이 있다.

2. 예 외

(1) 행정소송·가사소송절차

행정소송 가운데 항고소송(취소소송·무효등확인소송)의 경우에는 원고승소 확정판결의 기판력이 제3자에게 미치므로(행소 28, 29), 이와 동일한 효력이 있는 청구의 인낙이 허용되지 않으며, 당사자가 행정처분을 임의처분 내지 임의변경하는 것이 허용되지 않으므로, 청구의 포기·재판상 화해도 불가하다. 또한 가류·나류 가사소송사건은 청구의 인낙을 할 수 없다(가소 12단서).

(2) 회사관계소송

회사관계소송 중에서 회사설립무효·취소소송(상 190본문), 주주총회결의 취소·무효·부존재확인소송(상 376②, 380)의 경우에는 원고승소 확정판결의 기판력이 제3자에게 미치므로 청구의 인낙, 재판상 화해는 허용되지 않는다. 청구의 포기는 원고패소판결에 해당하여 제3자에게 효력이 없으므로 허용된다. 한편, 주주대표소송의 경우에는 소의 취하, 화해, 청구의 포기·인낙은 법원의 허가를 받아야 한다(상 403⑥).

(3) 재심소송에서의 조정

판례는 A가 B 주식회사에 마쳐 준 근저당권설정등기의 말소를 구하는 소송을 제기하여 승소판결을 받고 이에 대한 B 회사의 항소 및 상고(이하 '재심대상판결'이라 한다)가 모두 기각되어 제1심판결이 그대로 확정되었고, 이에 A가 C 신용협

동조합에 근저당권 및 지상권 설정등기를 마쳐 주고 이어 B 회사 명의의 근저당권설정등기 말소등기를 마쳤는데, B 회사가 A를 상대로 위 판결에 대한 재심의 소를 제기하여 "1. 재심대상판결 및 제1심판결을 각 취소한다. 2. A는 이 사건 청구를 포기한다. 3. A는 B 회사에 근저당설정등기의 회복등기절차를 이행한다."는 취지의 조정이 성립하였고, 이에 B 회사가 C 조합을 상대로 말소등기의 회복에 관하여 승낙을 구하는 소를 제기한 사안에서, '재심대상판결 및 제1심판결을 각 취소한다'는 조정조항은 법원의 형성재판 대상으로서 A와 B 회사가 자유롭게 처분할 수 있는 권리에 관한 것이 아니어서 당연무효이고, 확정된 재심대상판결과 제1심판결이 당연무효인 위 조정조항에 의하여 취소되었다고 할 수 없으며, 나머지 조정조항들에 의하여 판결들의 효력이 당연히 상실되는 것도 아니므로, 위 판결에 기한 근저당권설정등기의 말소등기는 원인무효인 등기가 아니고 따라서 C 조합은 근저당권설정등기의 말소회복에 승낙을 하여야 할 실체법상 의무를 부담하지 않는다고 판시하였다.[72)]

(4) 증권관련집단소송 등

증권관련집단소송의 경우 소의 제기, 소의 취하, 화해, 청구의 포기는 법원의 허가를 받아야 한다(증집소 15①, 35①). 소비자단체소송에서 소의 제기는 법원의 허가를 받아야 하고(소기 73①, 74①), 원고의 청구기각 확정판결은 대세효가 있으므로(소기 75), 원고패소판결에 해당하는 청구의 포기는 허용되지 않는다.

Ⅴ. 처분권주의 위반의 효과

처분권주의로부터 신청사항과 판결사항이 일치하여야 한다는 원리가 도출된다. 다만 처분권주의를 위반한 것은 판결의 내용에 관한 것이고, 소송절차에 관한 것이 아니므로 이의권의 대상이 아니다.

법원이 처분권주의에 위반하여 당사자가 신청하지 않은 사항에 대하여 판결을 한 경우에도 일단 성립된 판결의 법적 안정성을 확보하여야 하기 때문에 당해판결이 당연무효로 되지는 않고 당사자가 상소를 통하여 취소를 구할 수 있을 뿐이고, 재심사유에는 해당하지 않으므로 재심의 대상이 되지 않는다.

---

72) 대법원 2012.9.13. 선고 2010다97846 판결.

제3절 변론주의

I. 개 요

1. 변론주의의 의의

소송물의 내용을 이루는 권리·법률관계의 존부 및 소송요건의 구비여부에 대한 판단에 필요한 사실과 이를 증명하기 위한 증거를 수집하여 변론에 제출함으로써 사안의 해명에 제공할 책임 내지 권한이 당사자에게 있는가, 아니면 법원에 있는가가 문제된다. 이 사실주장 및 증거신청을 오로지 당사자의 책임으로 하는 원칙이 변론주의이고 이를 법원의 책임으로 하는 원칙이 직권탐지주의이다. 원칙적으로 심리의 대상이 사익적인 경우에는 변론주의가, 공익적인 경우에는 직권탐지주의가 타당하다.

민사소송에서는 일반적으로 당사자가 임의로 처분할 수 있는 사법상 권리·법률관계를 대상으로 하므로 사익적이다. 사익을 둘러싼 쟁송의 처리에서는 재판의 기초로 되는 사실과 증거의 수집·제출을 당사자의 책임과 권능으로 하므로 변론주의가 적용된다. 요컨대 판결의 기초를 이루는 사실의 확정에 필요한 자료의 제출(주요사실의 주장과 필요한 증거의 신청)을 당사자의 권능과 책임으로 하는 원칙을 변론주의라고 한다.[73] 변론주의는 역사적으로 독일 보통법시대에 프로이센의 직권탐지주의에 대립하는 절차원리로 주장되었다. 그 후 민소법에 근거조문이 없음에도 불구하고 민사소송의 기본원리로 승인되고 있다.

근래에는 법원의 석명의무나 법적관점 지적의무가 강조되는 기류를 타고 법원과 당사자가 협동하여 사안을 해명해야 한다는 '협동주의'를 주장하는 학자도 있다. 이처럼 오늘날에는 '민사소송에서는 당사자가 주장·입증하는 것이 원칙'이라는 원론적인 의미를 가질 뿐, 변론주의가 엄격하게 유지되고 있지는 않다.

---

73) 판결(재판)의 기초를 이루는 사실의 확정에 필요한 자료, 즉 재판자료에는 사실자료(주장)와 증거자료(증명)가 있다. 이 두 가지 자료를 합쳐 소송자료라고 부르는 견해도 있고(박재완, 227쪽; 호문혁, 402쪽), 사실자료를 소송자료와 동일한 의미로 사용하는 견해도 있다(강현중, 465; 김홍규·강태원, 382쪽; 김홍엽, 424쪽; 송상현·박익환, 354쪽; 이시윤, 329쪽; 정동윤·유병현·김경욱, 379쪽; 한충수, 317쪽). 용어사용의 적정성 측면에서 소수설이 더 타당한 것으로 보이므로 이 책에서는 소송자료=재판자료(사실자료+증거자료)의 의미로 사용하기로 한다.

2. 변론주의의 근거

변론주의의 근거가 무엇인가에 대하여, 실체사법은 사적자치의 원칙에 의하여 권리의무관계가 발생하는 것이므로 이를 심리의 대상으로 하는 이상 민소법도 본질상 사적자치가 반영되어야 한다고 보는 **본질설**,[74] 당사자는 분쟁에서 이해관계가 가장 크기 때문에 최선을 다하여 자신의 이익을 추구할 것이므로 변론주의는 진실발견을 위한 수단이라는 **수단설**, 당사자가 변론에 제출하여 심리가 이루어진 사실과 증거만을 재판의 기초로 하여야 양쪽 당사자에게 예측하지 못한 불이익을 방지하고 절차가 보장될 수 있다는 **절차보장설**, 변론주의를 하나의 근거로 설명하는 것은 불가능하고, 사적자치의 원칙, 진실발견, 불의의 타격방지, 공정한 재판에 대한 신뢰보호 등의 다원적인 근거에 의해 형성된 역사적 소산이라고 보는 **다원설**[75] 등이 주장되고 있다.

본질설과 수단설은 공지의 사실에 반하는 자백의 효력(본질설에 의하면 법원을 구속하지만 수단설에 의하면 그렇지 않다), 석명권의 범위(본질설보다 수단설이 석명권의 범위를 넓게 인정한다), 진실의무의 평가(본질설은 형식적 진실로 만족하는 경향이 있고 수단설은 실체적 진실을 요구하게 된다)의 점에서 차이가 있다고 보는 견해가 있다.[76] 그러나 쟁송내용의 자주적 형성, 진실발견, 불의의 타격방지·절차보장, 공정한 재판에 대한 신뢰보호 등은 변론주의의 기능일 뿐 변론주의의 근거가 무엇인가에 대한 해답이 될 수 없다. 위와 같은 기능은 직권탐지주의 하에서도 또 다른 형태로 추구되어야 하는 가치이기 때문이다. 사익을 둘러싼 민사소송에서 왜 변론주의를 통하여 이러한 기능을 추구하고 있는가가 변론주의의 근거에 대한 문제이다. 이러한 의미에서 변론주의는, ① 민사소송은 사익에 대한 것이고 판결효도 당사자 사이에서만 미치는 것이므로 될 수 있는 한 당사자의 자유로운 소송활동에 법원이 개입하여서는 안 되고 자기책임에 맡겨야 한다는 당사자주의의 발현이고, ② 사익을 둘러싼 소송으로서 제3자에게 영향이 없는 경우에 재판자료의 수집에 대하여 직권탐지주의를 취하는 것은 국고나 법관의 부담을 현저하게 증대시키는 데에 반하여 그 효율은 그다지 높지 않아 납세자를 설득시킬 만한 합리성이 없으며,[77] ③ 변론주의는 법원의 중립과 공평한 재판이라는 민사소송의 이상을

74) 강현중, 460쪽; 정동윤·유병현·김경욱, 372쪽; 정영환, 497쪽.
75) 이시윤, 327쪽; 전병서, 107쪽; 호문혁, 404쪽.
76) 정동윤·유병현·김경욱, 372쪽.

실현함에 적절한 방식이라는 데에서 그 근거를 찾을 수 있다.

3. 변론주의의 3원칙

변론주의는 사실자료와 증거자료를 수집·제출할 권능 및 책무를 당사자에게 맡긴다는 것을 의미할 뿐이고, 그 주장된 사실관계에 대한 법적판단[78]이나 제출된 증거의 가치평가는 법원의 직책에 속한다. 따라서 실제소송에서 당사자가 표현을 잘못한 것을 법원이 바로잡거나, 당사자가 제대로 주장하지 못하였으나 법원이 증거조사를 한 결과 청구의 객관적 실체가 동일한 범위 내에서 주장사실과 다소 다르게 사실을 인정하는 것은 허용된다. 이를 전제로, 변론주의의 3원칙으로 거론되는 내용은 다음과 같다.

(1) 제1원칙

법률효과의 발생 및 소멸에 직접 필요한 사실(이를 '주요사실'이라고 한다)은 당사자가 변론에 현출하지 않는 한 판결의 기초로 할 수 없다(주요사실의 주장책임). 다시 말하면 법원은 당사자에 의해 주장되지 않은 주요사실을 판결의 기초로 할 수 없다는 명제를 말한다. 여기에서 주장책임의 원칙과 사실자료와 증거자료를 구별하여야 한다는 원리가 파생된다.

(2) 제2원칙

법원은 당사자 사이에 다툼이 없는 주요사실에 대해서는 당연히 판결의 기초로 하여야 한다(자백의 구속력).

(3) 제3원칙

법원이 조사할 수 있는 증거는 원칙적으로 당사자가 신청한 것에 한한다는 명제이다(직권증거조사의 원칙적 금지). 물론 이는 어디까지나 원칙이고 직권으로 증거조사가 인정되는 예외적인 경우도 다수 존재한다.

---

77) 이에 반하여 공공성이 강조되는 사건으로서 대세효가 인정되는 경우 또는 공공적인 성질의 소송요건은 그 성질상 또는 사건수 등의 부담관계에서도 직권탐지주의의 합리성이 인정된다.

78) 대법원 2008.3.27. 선고 2006다70929,70936 판결(어떤 권리의 소멸시효기간이 얼마나 되는지에 관한 주장은 단순한 법률상의 주장에 불과하므로 변론주의의 적용대상이 되지 않고 법원이 직권으로 판단할 수 있다 할 것이다).

변론주의가 적용되는 '사실'의 범위는 어디까지인가?

변론주의가 적용되는 소송에서는 당사자가 주장하지 않은 사실을 재판의 기초로 할 수 없다.[79] 여기에서 어떠한 사실을 어떠한 형태로 주장하여야 하는가가 문제된다. 첫째로, 종래의 통설은 변론주의가 적용되는 사실이란 법적 효과를 발생시키는 실체법규의 요건사실에 해당하는 주요사실이라고 이해해 왔다.[80] 다만 실체법규에서 요건사실을 규정하는 방식은 극히 추상적인 것에서부터 구체적인 것까지 다양한데, 모두 변론주의가 적용되는 주요사실이라고 일률적으로 보아도 되는지, 나아가 변론주의의 적용영역을 주요사실에 한정해도 되는지 아니면 간접사실의 일부 혹은 전부에 확대 적용해야 하는 것은 아닌지가 문제된다. 다음으로, 당사자가 주장하고 있기는 하지만 불명확·부적절한 경우 또는 명시적으로 주장하고 있다고 보기 어려운 경우에 어느 범위까지 주장이 있는 것으로 보아 재판의 기초로 하여도 변론주의에 위반되지 않는지가 문제된다. 이러한 문제를 검토함에 있어서는 변론주의의 기능 중에 특히 절차보장·불의의 타격방지기능이 충분히 작동하는지 여부가 중요한 판단기준이 된다. 그러나 그 외에도 쟁송내용의 자주적 형성기능이나 진실발견기능 또는 공정한 재판에 대한 신뢰보호기능 등의 점에서도 검토를 요한다. 예컨대 불의의 타격방지기능이 충족된다고 하더라도 다른 기능이 충족되지 않는다면 변론주의에 위반된다고 해석해야 할 경우가 있음을 주의하여야 한다.

Ⅱ. 변론주의의 내용

1. 주요사실의 주장책임

주요사실은 당사자가 변론에 현출하지 않는 한 판결의 기초로 삼을 수 없다는 제1원칙에서 주장책임의 개념이 도출된다. '변론에 현출한다'는 것은 결국 '주장한다'의 의미이므로 주장할 책임이 당사자 중 어느 쪽에 있느냐 하는 것이 주장책임의 문제이다. 즉 특정 주요사실에 대하여 이를 주장하지 않았기 때문에 판결의 기초로 하지 못한 결과 불이익을 입는 당사자가 존재하게 되는데, 이때 그 당사자가 당해사실에 대하여 주장책임을 부담하는 자이다. 따라서 당사자 중 원·피고 어느 쪽이 어떤 주요사실에 대하여 주장책임을 부담하는가의 문제가 주장책임 분배의 문제이다. 다만 주장책임의 분배와는 상관없이, 어느 당사자이든 변론에서

79) 대법원 2022.2.24. 선고 2021다291934 판결.

80) 주로 실체법상 법률효과의 발생요건으로 되어 있는 사실을 요건사실이라고 하고, 요건사실에 해당하는 구체적 사실을 주요사실이라고 한다. 이는 주요사실을 추인하는 역할을 하는 간접사실과 구별된다.

주장하였으면 법원은 판결의 기초로 삼을 수 있고(주장공통의 원칙), 반드시 명시적인 것이어야 하는 것은 아니고 당사자의 주장 취지에 비추어 이러한 주장을 한 것으로 볼 수 있으면 족하다.[81)]

통설에 의하면 주장책임의 분배는 원칙적으로 증명책임의 분배와 일치한다(다만 주장책임은 변론주의에만 특유한 것이지만 증명책임은 직권탐지주의에서도 적용된다). 구체적인 예를 들면, 민법 598조에 의해 소비대차에 의한 권리를 실현하려면 목적물의 반환약속과 목적물의 인도 및 반환시기의 도래가 요건으로 되어 있다. 이것은 원고(채권자)에게 주장책임과 증명책임이 있고, 변제사실은 피고(채무자)에게 주장책임과 증명책임이 있다. 그 결과 당사자가 목적물의 인도를 주장하지 않으면 법원이 목적물을 인도하였다는 사실을 판결의 기초로 할 수 없어 원고가 패소한다(청구기각). 이것을 원고가 주장책임을 다하지 않았다고 표현한다. 피고가 변제사실을 주장하지 않은 경우에는 변제가 있었다는 것을 판결의 기초로 할 수 없고, (원고의 주장이 증명되었거나 피고가 자백하였다면) 피고가 패소하게 된다.

판례는 상계의 항변,[82)] 소멸시효의 항변(응소행위로 시효가 중단되었다는 피고의 주장도 동일[83)]),[84)] 동시이행의 항변,[85)] 이행불능의 항변,[86)] 법원에 현저한 사실[87)]의 경우에 주장책임을 인정하여 당사자의 주장이 없으면 변론주의의 원칙상 이를 심리할 수 없다고 하였다.[88)]

가. 사실자료와 증거자료의 구별

변론주의의 제1원칙은 사실자료와 증거자료의 구별을 전제로 한다. 사실자료란 당사자의 변론(주장)으로부터 얻어지는 재판자료(판결의 기초로 될 수 있는 사

81) 대법원 2008.4.24. 선고 2008다5073 판결.
82) 대법원 2009.10.29. 선고 2008다51359 판결.
83) 대법원 1995.2.28. 선고 94다18577 판결.
84) 대법원 2013.2.15. 선고 2012다68217 판결(다만, 어음법상 3년의 소멸시효, 상법상 5년의 소멸시효 또는 민법상 10년의 소멸시효 중 어떤 소멸시효기간이 적용되는가는 단순한 법률상의 주장에 불과하므로 변론주의의 적용대상이 되지 않고 법원이 직권으로 판단할 수 있다).
85) 대법원 1990.11.27. 선고 90다카25222 판결.
86) 대법원 1996.2.27. 선고 95다43044 판결.
87) 대법원 1965.3.2. 선고 64다1761 판결; 대법원 2010.1.14. 선고 2009다69531 판결. 다만 법원에 현저한 사실은 당사자의 주장이 없어도 판단할 수 있다는 입장에 선 판례도 존재한다(대법원 1963.11.28. 선고 63다493 판결).
88) 대법원 1962.11.8. 선고 62다599 판결(대물변제예약이 무효라고만 주장하고 아무런 다른 주장이 없음에도 불구하고 불공정한 법률행위라고 인정한 것은 위법이며 이러한 경우 법원은 석명권을 행사하여 무효라고 주장하는 이유가 무엇인지를 밝혀야 한다).

실)를 말한다. 대여금청구소송에서 증거조사의 결과 변제가 있었다는 것이 증명되었다고 하더라도 당사자가 변제사실을 주장하지 않는 이상, 법원은 변제되었음을 이유로 청구기각판결을 할 수 없는 것이다.

이와 같이 법원이 주요사실에 대하여 당사자가 주장하지도 않은 사실을 인정하여 판단하는 것은 변론주의에 위반된다. 그런데 변론주의를 원칙 그대로 적용하는 경우에는 구체적 타당성이 결여된 결론에 이를 수 있다. 이에 따라 변론주의의 경직성을 완화하기 위한 방법으로 간접적 주장이라는 개념이 등장하게 되었다. 즉 판례에 의하면, 당사자가 주요사실을 직접적으로 명백히 주장하지 않았다고 하더라도 법원에 문서를 제출하면서 그 입증취지를 진술하는 방법으로 문서에 기재된 사실을 주장하거나 그 밖에 당사자의 변론을 전체적으로 관찰하여 간접적으로 주장한 것으로 볼 수 있는 경우에도 주요사실의 주장이 있는 것으로 보아야 한다고 하였고,[89] 비록 당사자가 변제공탁서를 제출하였을 뿐 변제 주장을 명시적으로 하지 않았다고 하더라도 이는 그 금액에 해당하는 만큼 변제되었음을 주장하는 취지임이 명백하므로 법원으로서는 그와 같은 주장이 있는 것으로 보고 그 당부를 판단하거나 아니면 그렇게 주장하는 취지인지 석명을 구하여 당사자의 진의를 밝히고 그에 대한 판단을 하여야 하고,[90] 청구원인에 관한 주장이 불분명한 경우에 상대방이 그 주장이 무엇인지에 관하여 석명을 구하면서 이에 대하여 가정적으로 소멸시효의 항변을 한 경우에도 주요사실에 대한 주장이 있다고 볼 수 있으며,[91] 소외인이 원고를 대리하여 계약을 체결한 사실을 증인으로 하여금 증언하게 한 이상, 대리행위에 관한 명백한 진술을 한 흔적은 없다고 하더라도 위 증인신청으로서 대리행위에 관한 간접적인 진술은 있었다고 보아야 한다고 판시하였다.[92] 요컨대 판례는 간접적 주장을 인정함으로써 사실자료와 증거자료의 엄격한 분리에서 오는 불합리를 해소하고자 한다. 판례가 인정하는 정도의 간접적 주장은 이를 인정하더라도 상대방에게 절차보장·불의의 타격방지라는 변론주의의 기능

89) 대법원 2002.6.28. 선고 2000다62254 판결.
90) 대법원 2002.5.31. 선고 2001다42080 판결.
91) 대법원 2017.9.12. 선고 2017다865 판결.
92) 대법원 1987.9.8. 선고 87다카982 판결; 대법원 1994.10.11. 선고 94다24626 판결(원고가 소외인을 통하여 피고 등에게 금원을 대여하였다고 주장하고 있으나, 원고는 소외인을 증인으로 신청하여 소외인이 원고와 피고등 사이의 금전거래를 중개하였음을 입증하고 있다면, 비록 원고가 그 변론에서 소외인이 피고 등을 대리하여 원고로부터 금원을 차용한 것이라고 진술한 흔적이 없다 하더라도 그 증인신청으로서 그 대리행위에 관한 간접적인 진술은 있었다고 보아야 할 것이다).

을 훼손하지 않는다 할 것이므로 이러한 입장은 타당하다 할 것이다.[93)]

나. 주요사실과 간접사실의 구별

(1) 의 의

소송법적으로 사실은 주요사실, 간접사실, 보조사실로 분류되는데, 주요사실과 달리 간접사실, 보조사실은 당사자의 주장이 없어도 법원이 인정할 수 있다. 즉 변론주의는 소송에서 이용되는 사실 전부에 대하여 적용되는 것은 아니고, 원칙적으로 주요사실에 대해서만 적용된다.[94)]

주요사실은 권리의 발생·변경·소멸이라는 법률효과를 발생시키는 데에 직접 필요한 사실로서, 조문에서 요건으로 적혀 있는 사실이므로 요건사실 또는 직접사실이라고도 불린다. 민법 598조의 소비대차로 말하면 금전의 수수와 반환약속이 주요사실이다. 이에 반하여 간접사실은 경험법칙이나 논리법칙의 도움을 빌려 주요사실의 존부를 추인하는 데 쓰이는 사실이다. 급히 재정상태가 좋지 않았다는 사실은 금전의 수수라는 주요사실의 존재를 추인시키는 간접사실이고, 돈을 주었다는 일시에 그곳에서 멀리 떨어진 장소에 있었다는 알리바이는 금전의 수수라는 주요사실의 부존재를 추인시키는 간접사실이다. 이처럼 간접사실은 주로 주요사실에 대한 배경, 교섭의 경과와 동기, 내역, 목적 등에 관한 사실이 이에 해당하는데, 주요사실을 직접 주장·증명하는 것이 사실상 곤란한 현대형소송에 있어서는 간접사실에 의한 증명이 필수적이다. 간접사실을 징빙(徵憑)이라고도 한다. 한편, 보조사실은 증거의 증명력이나 증거능력을 명백히 하는 사실을 말한다. 예컨대 증인에게 거짓말하는 습관이 있다든가 증인이 당사자와 친한 친구라는 사실은 그 증언에 증명력이 약하다는 점을, 서증이 위조되었다는 사실은 그 문서에 증거능력이 없다는 점을 보여주는 전형적인 보조사실이다.

간접사실·보조사실과 주요사실의 취급상 차이는 무엇인가?

① 간접사실·보조사실은 당사자의 주장이 없어도 증언 등에 의하여 변론에 나타나기만 하면 법원이 이를 인정할 수 있으므로 변론주의가 적용되지 않는다. ② 간접사실·보조사실은 자백하더라도 법원이나 당사자가 구속되지 않는다. 다만 예외로

93) 판례가 변론의 전체적 관찰을 통한 간접적 주장을 인정함에 있어 구체적인 기준이 없다는 이유를 들어 이를 비판하는 견해도 있다(김홍엽, 425쪽).
94) 대법원 2004.5.14. 선고 2003다57697 판결.

서, 판례는 문서의 진정성립에 대한 보조사실의 자백은 주요사실의 자백과 동일하게 보아 구속력을 인정한다.[95] ③ 유일한 증거가 주요사실에 관한 것일 때에는 조사를 거부할 수 없지만, 간접사실·보조사실에 관한 것일 때에는 그러하지 아니하다(290 단서). ④ 상고이유 또는 재심사유(451①(9))에 해당되는 판단누락이 되는 사실은 주요사실뿐이고, 간접사실·보조사실은 판단하지 않아도 판단누락이 아니다.

주요사실에만 변론주의가 적용되어 당사자의 주장이 필요하고 간접사실이나 보조사실은 당사자의 주장이 없어도 판단의 기초로 할 수 있는 이유는 무엇인가?

간접사실과 증거 사이의 동질성 및 사실인정에 있어서 법관의 자유심증주의(202)로 설명하는 것이 일반적이다. 즉 소송에 있어서 권리의무의 존부에 대한 판단을 하기 위해서 사실인정을 해야 할 종국적 대상이 되는 것은 주요사실인데, 간접사실은 주요사실이 인정되는지 여부를 판단하는 수단이 되므로 증거와 동일한 위치를 점한다(예컨대, 금전수수를 증명하기 위하여 영수증을 제출하는 것과 급전이 필요하게 되었다는 간접사실은 금전수수라는 주요사실에 대한 기능이 동일하다). 그렇다면 증거의 평가에 작용하는 자유심증주의는 간접사실의 존부에 대한 판단에도 타당하다고 할 수 있다. 간접사실도 당사자가 주장해야 한다고 보면 간접사실에 대하여 당사자의 주장이 없는 경우 법원은 증거에 의하여 간접사실이 인정되어도 이용할 수 없게 되어 법관에게 자유심증주의를 인정하는 취지에 반하기 때문이다.

(2) 주요사실의 범위

1) 일반조항(불확정개념)

신의칙 위반, 권리남용, 선량한 풍속 그 밖의 사회질서 위반, 정당한 사유, 과실, 인과관계 등 일반조항이 주요사실인지 여부에 대해서는 다툼이 있다. 통설에 의하면 이들 일반조항도 권리의 발생, 변경, 소멸이라는 법률효과를 발생시키는 요건사실로서 그 자체가 주요사실이고 이에 해당하는 구체적 사실은 간접사실로서 변론주의가 적용되지 않는다고 본다(법규기준설, 요건사실=주요사실). 그러나 이렇게 본다면 예컨대 자동차로 인한 인신사고에 있어서 주요사실은 과실 자체이므로 이를 추인하는 데 쓰이는 구체적인 음주운전여부는 간접사실로서 주장할 필요가 없게 된다. 따라서 양 당사자가 음주운전여부에 대하여 총력을 기울여 주장·입증하였음에도 법원은 이에 대한 일체의 판단 없이 다른 간접사실인 과속운

95) 대법원 2001.4.24. 선고 2001다5654 판결.

전을 근거로 주요사실인 과실을 인정하여 원고의 청구를 인용할 수도 있게 되는데, 이는 당사자에게 예상하지 못한 불의의 타격을 가하는 것이 되어 불합리하다. 이러한 불합리를 해결하기 위하여 다음과 같은 여러 견해가 주장되고 있다. **첫째로** 일반조항은 법적 평가가 필요한 요건사실일 뿐 주요사실이 아니고, 요건사실을 구성하는 개개의 구체적 행위를 주요사실에 준하는 준주요사실로 보아 변론주의를 적용하여야 한다는 견해(준주요사실설).[96] **둘째로** 원칙적으로 준주요사실설에 찬동하면서도 변론주의의 근거를 사적자치에서 구하는 입장에서, 고도의 공익적 판단을 근거로 하는 선량한 풍속 그 밖의 사회질서 위반(민 103)은 주요사실의 주장이 없는 경우에도 법률효과의 발생을 부정할 수 있고 자백의 효력도 배제할 수 있으며 필요한 경우에는 직권증거조사도 할 수 있다는 견해,[97] **셋째로** 변론주의는 사실에만 적용되는 것이고 법적 평가와는 무관함을 전제로, 일반조항이 요건사실이라고는 하지만 엄밀하게는 '사실'이 아니라 법적으로 '평가'되는 규범적 개념이기 때문에 여기에 변론주의를 적용시킬 수는 없고, 만약 일반조항이 과실이라면 법적으로 과실이라고 평가되는 구체적인 행위, 즉 음주운전 · 과속운전 · 전방주시의무위반운전 등의 사실이 변론주의가 적용되는 주요사실이라는 견해,[98] **넷째로** 과실 · 요건사실 · 주요사실의 삼자를 구별하는 것을 전제로 주요사실에 변론주의를 적용하여야 한다는 견해 등이 있다. 네 번째 견해는 법적 평가로서의 과실, 과실로 평가되는 구체적 사실로서의 음주운전을 요건사실, 요건사실을 이루는 구체적인 사실을 주요사실로 구분한다. 예컨대 음주운전이 요건사실이라면 술을 어디에서 어느 정도 마셔서 운전하였다는 구체성을 가진 사실이 주요사실이고, 민법 598조의 소비대차계약에 있어서 금전의 수수가 요건사실이라면 언제 어디에서 어떤 모습으로 금전을 수취하였는가, 즉 현금인지, 수표인지, 은행입금인지 등 구체성을 가진 사실이 주요사실이 된다는 것이다.[99] 한편, **판례는** 당사자가 변론에서 주장한 주요사실만이 심판의 대상이 되는 것으로서, 여기서 주요사실이라 함은 법률효과를 발생시키는 실체법상 구성요건 해당사실을 말한다고 하여 원칙적으로 법규기준설을 취한다.[100] 법규기준설에 의할 때 구체적인 행위는 간접사실이 되고

---

96) 이시윤, 331쪽; 정동윤 · 유병현 · 김경욱, 378쪽; 정영환, 502쪽. 이 견해에 대하여, 일반조항을 주요사실이 아니라 법적 평가에 지나지 않는다고 보면 이 경우에는 주요사실이 없고 준주요사실만 있게 되는 이상한 결과가 된다는 비판이 있다(김홍엽, 426쪽; 호문혁, 412쪽).
97) 강현중, 469쪽.
98) 김홍엽, 427쪽; 호문혁, 411쪽.
99) 高橋宏志, 『民事訴訟法概論』, 有斐閣, 2017, 121面.

그로부터 추단되는 과실이나 인과관계가 주요사실이 되므로 간접사실을 증명함으로써 주요사실을 추단하는 '사실상 추정'이 이용된다. 이때 주요사실인 과실이나 인과관계의 존재에 대해서는 변론주의가 적용되어 당사자가 주장하여야 하지만, 구체적인 행위는 간접사실이므로 주장할 필요는 없고 입증만 하면 된다.[101] 한편, 일반조항 중에서 신의칙위반 또는 권리남용 등 강행규정 위반의 경우에는 당사자의 주장이 없어도 법원이 직권으로 판단할 수 있다는 것이 판례의 입장이다.[102] 생각건대, 법규기준설의 문제점을 해결하기 위하여 새로운 견해를 취하게 되면 현대형 소송 등의 주장·입증과 관련하여 문제가 발생한다. 즉 이 경우에 과실을 추단할 수 있는 구체적인 사실을 주요사실로 보아 변론주의를 적용시키면 원고(피해자)가 상대방의 과실에 해당하는 구체적인 사실을 일일이 주장해야 하는데, 이는 사실상 불가능하므로 결국 패소라는 가혹한 결과를 부담하게 된다. 나아가 현대형 소송의 경우에는 간접반증을 사용하여 입증하는 것이 불가결한데, 구체적인 사실을 주요사실이라고 하게 되면 이와 양립하는 간접반증사실은 항변이 되므로 간접반증개념의 폐기를 초래하게 된다(간접반증에 대해서는 후술). 따라서 판례의 입장인 법규기준설을 원칙으로 하되 법원의 석명권·지적의무를 활용하여 법규기준설의 문제점을 해결하는 것이 적절하다고 생각한다.

2) 주요사실에 대한 경위·내력

판례는 법률효과의 존부판단에 직접 필요한 사실은 판결의 기초가 되는 주요사실이지만 주요사실의 경위나 내력 등은 간접사실이므로 이것들은 당사자의 주장여부에 관계없이 법원이 증거에 의하여 자유로이 인정할 수 있다고 본다.[103] 다만 경위 자체를 주요사실로 보아야 하는 경우도 있는데, 어느 재산이 종중재산임을 주장하는 당사자는 그 재산이 종중재산으로 설정된 경위에 관하여 주장·입증하여야 한다고 하였다.[104]

---

100) 대법원 1983.12.13. 선고 83다카1489 전원합의체 판결; 대법원 2018.12.27. 선고 2015다58440, 58457 판결.

101) 대법원 1995.2.10. 선고 93다52402 판결; 대법원 2000.7.7. 선고 99다66328 판결; 대법원 2009.12.10. 선고 2008다22030 판결.

102) 대법원 1989.9.29. 선고 88다카17181 판결. 다만 불공정한 법률행위는 당사자의 주장입증이 있어야 한다(대법원 1991.5.28. 선고 90다19770 판결).

103) 대법원 1993.9.14. 선고 93다28379 판결.

104) 대법원 1997.10.10. 선고 95다44283 판결(다만 반드시 명시적임을 요하지는 않고 어느 재산이 종중재산이라는 주장·입증 속에 그 설정 경위에 관한 사실이 포함되어 있으면 족하다).

3) 일실이익의 산정기초

판례는 손해배상소송에서 일실이익의 산정기초가 되는 월수입, 가동연한, 노동능력상실률, 공제할 월생계비 등은 주요사실에 해당하지만 장래에 연차적으로 얻을 수익을 현재에 한꺼번에 받기 위해서는 중간이자를 공제하여야 하는데, 그 계산방식을 호프만 방식에 의할 것인지 라이프니쯔 방식에 의할 것인지는 법률적 평가에 불과하므로 당사자의 주장과 상관없이 법원이 자유롭게 판단할 수 있다고 본다.[105]

4) 소멸시효와 취득시효의 기산점

판례는 소멸시효의 기산일은 소멸시효 항변의 법률요건을 구성하는 사실에 해당하는 주요사실이므로 법원은 당사자가 주장하는 소멸시효의 기산일과 다른 날짜를 기준으로 소멸시효를 계산할 수 없다고 본다.[106] 이에 비하여 취득시효의 기산일은 간접사실에 불과하므로 이에 대한 자백은 법원을 구속하지 않는다는 입장이다.[107] 즉 점유취득시효의 기산점은 점유기간의 경과라는 주요사실을 추정하는 간접사실에 불과하다는 것이다.[108] 판례가 취득시효의 기산점에 대하여 위와 같은 입장을 취하는 이유는, 당사자가 기산점을 임의로 선택할 수 있다고 하면 시효완성 후에 등기명의를 취득한 제3자에 대하여는 시효의 완성을 주장할 수 없는 점을 회피하기 위하여 기산점을 원래의 점유시점 이후로 미루어 현재의 등기명의자에 이르러 비로소 취득시효가 완성된 것으로 주장할 수 있게 되므로 당사자는 언제나 제3취득자에 대하여 시효의 완성을 주장하고 그에 관해서 등기를 청구하는 등의 권리관계를 주장하는 것을 허용하는 결과가 되어 부당하기 때문이다.[109] 나아가 판례는 민법 197조 1항에서 추정되는 자주점유인지 여부에 대한 판단과 관련하여 점유의 권원이 무엇인지에 대한 사실은 자주점유라는 주요사실을 추정하는 간접사실에 불과하다고 한다.[110]

---

105) 대법원 1983.6.28. 선고 83다191 판결.

106) 대법원 2009.12.24. 선고 2009다60244 판결. 그러나 이 경우 민법에 따른 소멸시효기간을 주장한 경우에도 법원은 직권으로 상법에 따른 소멸시효기간을 적용할 수 있다. 어떤 시효기간이 적용되는지에 관한 주장은 단순히 법률의 해석이나 적용에 관한 의견 표명으로서 변론주의가 적용되지 않아 직권으로 판단할 수 있기 때문이다(대법원 2017.3.22. 선고 2016다258124 판결).

107) 대법원 2007.2.8. 선고 2006다28065 판결; 대법원 1994.11.4. 선고 94다37868 판결.

108) 대법원 1998.5.12. 선고 97다34037 판결.

109) 대법원 1976.6.22. 선고 76다487 판결.

피고가 주장하는 소멸시효항변의 기산일보다 증거에 의하여 인정되는 소멸시효의 기산일이 나중인 경우에, 후자를 기준으로 계산하더라도 소멸시효가 완성된다면 이를 기준으로 소멸시효를 계산하는 것이 허용되는가?

판례는 소멸시효의 기산일은 변론주의의 적용대상이므로 당사자가 주장하는 기산일을 기준으로 소멸시효를 계산하여야 하며, 이는 증거에 의하여 인정되는 소멸시효의 기산일이 피고가 주장하는 소멸시효항변의 기산일보다 앞선 경우는 물론이고, 전자가 후자보다 나중인 경우에도 마찬가지라고 하였다. 그 이유로서, 전자와 후자는 전체가 부분을 포함하는 관계에 있다고 할 수 없어 양자 사이에는 동일성이 없고, 법원이 임의의 날을 기산일로 인정한다면 상대방의 입장에서 권리를 행사할 수 있는 때에 해당하는지 여부 및 소멸시효의 중단사유가 있었는지 여부 등에 관한 공격방어방법을 집중시킬 수 없기 때문이라고 한다.[111)]

5) 대리인에 의한 법률행위

판례는 대리행위는 법률효과를 발생시키는 실체법상 구성요건 해당사실에 속하므로 법원은 변론에서 당사자가 주장하지 않는 이상 이를 인정할 수 없다고 보아 본인에 의하여 계약이 체결되었는지, 대리인에 의하여 계약이 체결되었는지는 별개의 주요사실이라고 한다.[112)] 다만 이와 같은 주장은 반드시 명시적이어야 하는 것은 아니므로 대리인이 증인으로 출석하여 대리행위를 진술하는 경우에도 간접적 주장을 한 것으로 보아 대리에 의한 행위의 주장이 있는 것으로 볼 수 있다고 하였다.[113)] 한편, 대리권이 있다는 주장과 표현대리가 성립한다는 주장은 별개의 주요사실로서, 유권대리의 주장에 표현대리의 주장이 당연히 포함되어 있다거나 법원이 표현대리의 성립여부까지 판단해야 하는 것은 아니라는 입장이다.[114)]

(3) 주장공통의 원칙

변론주의는 법원과 당사자 사이에서의 권한·책임의 분배문제이다. 즉 당사자 중 원고와 피고 사이의 분배는 중시되지 않는다. 주장책임은 원고와 피고 사이에

---

110) 대법원 1997.2.28. 선고 96다53789 판결.
111) 대법원 1995.8.25. 선고 94다35886 판결.
112) 대법원 1996.2.9. 선고 95다27998 판결.
113) 대법원 1994.10.11. 선고 94다24626 판결; 대법원 1996.2.9. 선고 95다27998 판결(갑이 처음에는 상속인 3명으로부터 매수하였다고 주장하다가 그 뒤 상속인 중 장남으로부터 매수하였다고 주장하였다면 이 주장 속에는 장남을 제외한 나머지 상속인 2명에 관해서는 장남이 그들을 대리하여 매도하였다는 주장이 포함된 것으로 볼 수 있다).
114) 대법원 1983.12.13. 선고 83다카1489 전원합의체 판결.

서 분배되지만, 법원의 행위가 변론주의 위반으로 평가되려면 어느 쪽 당사자도 주장하지 않은 사실을 판결의 기초로 한 경우이다. 따라서 주장책임을 부담하지 않는 당사자가 주장한 사실이라고 하더라도 그것을 판결의 기초로 할 수 있다.[115)] 이를 주장공통의 원칙이라고 한다.

주장공통의 원칙은 당사자에 의한 사실주장이 있는 이상 이를 판결의 기초로 할 수 있다는 의미일 뿐, 상대방이 인정하지 않고 이를 다툰다면 당연히 증거조사 등을 통하여 그 주장의 진위를 판단하여야 한다.

2. 자백의 구속력

가. 자백의 의의

자백이란 일방당사자가 변론 또는 변론준비절차에서 자기에게 불리한 사실로서 상대방의 주장사실과 일치되는 사실을 인정하는 진술을 말한다. 당사자가 자백한 사실뿐만 아니라(288), 자백한 것으로 간주되는 사실(150)을 포함한다.

나. 자백의 구속력

당사자가 자백한 사실은 증거조사를 할 필요 없이 그대로 판결의 기초로 하지 않으면 안 된다(변론주의의 제2원칙). 설사 자백과 반대되는 사실에 대한 심증을 얻었다고 하더라도 자백에 반하는 사실을 인정하여서는 안 된다. 물론 현저한 사실에 반하는 자백은 구속력이 없다.[116)]

3. 직권증거조사의 원칙적 금지

변론주의 하에서는 증거도 당사자가 제출하여야 하기 때문에 당사자가 신청한 증거에 대해서만 증거조사를 하여야 하며, 원칙적으로 법원은 직권으로 증거조사를 해서는 안 된다(변론주의의 제3원칙).

다만 법원은 당사자가 신청한 증거로 심증을 얻을 수 없을 때 보충적·예외적으로 직권증거조사를 할 수 있다(292). 법원이 직권으로 증거조사할 수 있는 경우로는 감정의 촉탁(341), 당사자본인신문(367), 검증할 때의 감정(365), 조사의 촉탁(294) 등이 있다.

115) 대법원 1990.6.26. 선고 89다카15359 판결.
116) 대법원 1959.7.30. 선고 4291민상551 판결.

소액사건과 증권관련집단소송에서는 직권증거조사의 보충성을 지양하고 법원은 원칙적으로 필요하다고 인정할 때에는 직권으로 증거를 조사할 수 있다(소심 10①, 증집소 30).

Ⅲ. 진실의무

1. 의 의

민사소송에 변론주의원칙이 적용된다고 하더라도 당사자가 사실을 왜곡 주장하여 법원의 판단에 혼란을 주는 행위까지 허용되는 것은 아니다. 진실의무란 당사자가 진실 아닌 것으로 알고 있는 사실을 주장해서는 안 되고, 진실한 것으로 알고 있는 상대방의 주장을 다투어서도 안 된다는 것을 말한다. 이때의 '진실'이란 객관적 진실이 아니라 당사자의 주관적 진실을 말한다. 진실의무는 변론주의의 보완·수정원리의 하나로 언급되고 있다.

2. 진실의무에 관한 규정

진실의무에 대한 직접적인 규정은 없고, 간접적으로 민소법 1조의 신의칙 규정, 민소법 363조 1항의 문서성립의 부인에 대한 제재규정, 민소법 370조 1항의 당사자신문시 거짓진술에 대한 제재규정 등에서 발견된다.

3. 진실의무 위반의 효과

진실의무를 위반한 경우에 어떠한 법적 효과가 발생하는지에 대하여도 일반적인 규정은 없다. 다만 민소법 99조에 의하여 승소한 경우라도 소송비용을 부담하게 할 수 있고, 소송사기로 인한 손해배상책임이 인정될 수 있으며,[117] 사실인정에 있어 변론 전체의 취지(202)에 의하여 불리해질 수 있다.

Ⅳ. 석명권

1. 의 의

가. 석명권이란 사건의 내용을 이루는 소송관계를 분명하게 하기 위하여 당사

117) 대법원 2004.6.25. 선고 2003도7124 판결.

자에게 사실상 또는 법률상 주장에 대하여 질문을 하고 증명을 하도록 촉구하는 법원의 권능을 말한다(136①). 이에 더하여 법원은 당사자가 간과하였음이 분명하다고 인정되는 법률상 사항에 관하여 당사자에게 의견을 진술할 기회를 주어야 하므로(136④), 석명권은 법원의 권능일 뿐만 아니라 일정한 범위 내에서는 의무이기도 하다.

나. 석명권과 변론주의와의 관계

석명권을 이해함에 있어 변론주의와의 관계가 중요하다. 앞에서 본 바와 같이, 민사소송에서는 판결의 기초로 된 사실의 주장과 증거의 신청을 당사자의 책임과 권능으로 하는 변론주의를 채용하고 있다. 이것은 사안해명에 대한 당사자측과 법원측의 역할분담과 관련하여 당사자주의를 채용한 결과라고 할 수 있다.

석명권은 이 사안해명의 측면에서 변론주의를 법원이 보충·수정하기 위한 권능으로서의 위치에 있다고 할 수 있다. 따라서 석명권을 어디까지 인정할 것인가의 문제는 당사자주의에 직권주의적 요소를 어디까지 도입할 것인가라는, 당사자주의와 직권주의의 긴장관계라는 측면에서 이해할 수 있다.

즉 법원이 사안을 해명한다는 이유로 석명권을 과도하게 행사하는 것은 당사자주의에 부당하게 개입한다거나 당사자 사이의 공평 또는 법원에 대한 신뢰를 해할 우려가 있다는 주장이 대두된다. 이 관점을 중시하면 석명권은 어디까지나 변론주의의 본래의 기능을 유효적절하게 실현시키기 위한 변론주의의 보충·수정에 제한되어야 할 것이다. **변론주의의 보충**이란 당사자가 변론을 충실히 할 수 있도록 법원이 협력하고 변론주의의 기능인 진실발견기능이나 불의의 타격방지기능 등이 유효하게 작동하도록 도모하는 것을 말한다. 또한 **변론주의의 수정**이란 당사자가 변론을 함에 있어 법원이 후견적으로 관여하여 그 공공적 사명의 실현을 도모하는 것을 말한다.

그러나 한편으로 법원은 당사자 사이의 공평을 배려하면서도 진실을 발견하고 정의를 실현하기 위하여 그 역할을 다하여야 한다. 이 점에서 당사자의 주장이 불명확한 경우에 이를 명확히 한다는 소극적 의미의 석명권에 그치지 않고 일정한 주장으로부터 합리적으로 예상되는 다른 주장이나 증거를 제출하라고 촉구하는 적극적 의미의 석명권이 인정된다.

다. 석명권과 처분권주의와의 관계

석명권은 통상 변론주의의 보충·수정원리로 거론된다. 그러나 소장의 청구취지나 청구원인의 기재가 불명확하거나 모순된 기술이 있는 경우에 법원이 원고에 대하여 석명권을 행사하여 해명을 도모하는 것과 같이 소의 제기단계에서 작용하기도 한다. 이러한 의미에서 석명권은 당사자주의를 공통의 기반으로 하는 변론주의뿐만 아니라 처분권주의를 보충·수정하는 원리로도 기능한다.

다만 처분권주의는 소의 제기에 의한 소송의 개시, 내용 및 종료의 면에서 소송 외재적으로 작용하는 것이기 때문에 변론주의에 비하여 실체법상 사적자치의 원칙에 그대로 대응하는 측면이 보다 강하다. 따라서 예컨대 소의 변경을 시사하는 석명과 같은 처분권주의의 적용영역에서는 변론주의의 적용영역에 비하여 석명권의 행사가 억제되어야 할 것이다.[118]

2. 석명권 행사의 범위와 한계

법원에 의한 석명권의 행사는 다양한 형태로 나타날 수 있다. 이처럼 다양한 형태로 인하여 법원이 과도하게 개입하는 경우도 초래될 수 있기 때문에 일정한 기준을 정해 둘 필요가 생긴다. 이와 관련하여 현재의 통설적 입장에서는 소극적 석명과 적극적 석명으로 나누어 검토되고 있다.

가. 소극적 석명

소극적 석명이란 당사자의 주장이나 신청이 모순되거나 불명확한 경우에 그 모순·불명확을 제거하도록 석명을 행사하는 것을 말한다. 이 소극적 석명은 석명권 본래의 취지에 맞고 법원에 의한 석명권의 과도한 행사로 볼 수 없기 때문에 일반적으로 허용된다.

---

118) 판례는 행정소송법상 항고소송으로 제기하여야 할 사건을 민사소송으로 잘못 제기한 경우에 수소법원이 항고소송에 대한 관할도 동시에 가지고 있다면, 전심절차를 거치지 않았거나 제소기간을 도과하는 등 항고소송으로서의 소송요건을 갖추지 못했음이 명백하여 항고소송으로 제기되었더라도 어차피 부적법하게 되는 경우가 아닌 이상, 원고로 하여금 항고소송으로 소를 변경하도록 석명권을 행사하여 행정소송법이 정하는 절차에 따라 심리·판단하여야 한다는 입장이다(대법원 2020.4.9. 선고 2015다34444 판결).

나. 적극적 석명

적극적 석명이란 당사자가 사안의 적절한 해명에 필요한 신청이나 주장·입증을 하지 않는 경우에 법원이 이를 시사하여 지적하는 석명을 말한다.

당사자가 주장하지도 않고 지금까지의 소송경과에 비추어 예측하기 어려운 새로운 신청이나 변경을 시사하는 적극적 석명은 변론주의에 위배되고 석명권행사의 일탈이므로 허용될 수 없다.

그러나 소송경과 및 소송자료에 비추어 청구를 달리 구성할 수 있음이 명백하고 합리적 기대의 범위 내에 있으며, 그 청구를 구성하지 못하는 이유가 원고의 오해나 부주의에 의한 경우에는 적극적 석명이라고 하더라도 허용될 수 있다. 이러한 경우는 변론주의를 보충하는 석명권의 행사라고 볼 수 있기 때문이다.

다. 판례의 입장

판례는 원칙적으로 소극적 석명만 허용한다. 즉 법원의 석명권 행사는 당사자의 주장에 모순된 점이 있거나 불완전·불명료한 점이 있을 때에 이를 지적하여 정정·보충할 수 있는 기회를 주고, 계쟁 사실에 대한 증거의 제출을 촉구하는 것을 그 내용으로 하는 것으로, 당사자가 주장하지도 아니한 법률효과에 관한 요건사실이나 독립된 공격방어방법을 시사하여 그 제출을 권유함과 같은 행위를 하는 것은 변론주의의 원칙에 위배되는 것으로 석명권 행사의 한계를 일탈하는 것이라고 본다.[119)]

그러나 판례는 예외적으로 당사자의 진의, 소제기 이후의 사정변경, 당사자의 공평한 취급, 승패에 대한 기대가능성, 청구기초의 동일성, 분쟁의 1회적 해결 등을 이유로 소의 변경에 대한 석명을 허용하기도 한다. 즉 토지임대차계약의 종료를 이유로 원고가 피고를 상대로 건물철거와 토지인도청구의 소를 제기한 경우에 피고가 형성권인 지상물매수청구권을 행사하면 그 지상물에 대한 매매가 성립하게 되므로 임대인의 청구는 그대로 받아들일 수 없게 되는데, 이는 소제기 이후에 사정변경이 발생한 경우로서 원고가 건물매수대금의 지급과 동시에 건물명도를 구할 의사를 가지고 있을 수도 있고, 임차인으로서도 이러한 석명은 논리상 예견될 수 있는 범위 내에 있으므로 법원이 적극적으로 원고에게 종전의 청구를

119) 대법원 2001.10.9. 선고 2001다15576 판결; 대법원 2018.11.9. 선고 2015다75308 판결.

계속 유지할 것인지, 아니면 대금지급과 상환으로 지상물의 명도를 청구할 의사가 있는 것인지를 (예비적으로라도) 석명하여 원고가 그 석명에 응하여 소를 변경한 때에는 지상물 명도의 판결을 함으로써 분쟁의 1회적 해결을 꾀하여야 한다고 판시하였다.[120] 또한 불법행위로 인하여 손해가 발생한 사실이 인정되지만 손해액에 관한 당사자의 주장과 증명이 미흡한 경우에는 법원이 적극적으로 석명권을 행사하여 증명을 촉구하여야 한다고 하였다.[121]

라. 석명권의 행사·불행사와 상소

(1) 석명권의 행사와 상소

소극적 석명의 경우에 석명권을 행사하는 것은 상소의 문제가 생기지 않는다. 그러나 적극적 석명의 경우 과도하게 석명권을 행사한다면 이에 대해서는 소송절차에 관한 이의를 제기할 수도 있고(151), 기피사유(43)가 될 수도 있다. 그렇다면 한걸음 더 나아가 이를 이유로 상소가 가능하다고 볼 것인지가 문제된다. 과도한 적극적 석명이라고 하더라도 일단 석명이 이루어진 이상, 이에 응한 당사자의 신뢰를 보호해야 한다는 요청은 부정할 수 없다. 따라서 통설은 과도한 석명에 응한 당사자의 소송행위를 무효로 할 수는 없고 일단 판결이 선고된 이상 적극적 석명이 과도하다는 것을 이유로 상급심이 원심판결을 취소할 수는 없다고 본다.[122] 다만 석명이 사안에 적합하지 않다면 석명권의 행사가 과도하다고 주장할 것이 아니라 경험칙위반 등의 이유로 상고이유를 구성할 수는 있을 것이다.

(2) 석명권의 불행사와 상소

석명권을 행사하지 않은 것이 상고이유가 될 수 있는가에 대하여 견해가 나뉜

---

120) 대법원 1995.7.11. 선고 94다34265 전원합의체 판결(법원이 이러한 석명 없이 토지임대인의 청구를 기각해버린다면 토지임대인은 또다시 지상물명도 청구의 소를 제기하지 않으면 안 되게 되어 쌍방 당사자에게 다 같이 불리한 결과를 안겨 줄 수밖에 없으므로 소송경제상으로도 매우 불합리하다).

121) 대법원 2016.11.10. 선고 2013다71098 판결; 다만, 법원의 증명 촉구에도 불구하고 원고가 이에 응하지 아니하면서 손해액에 관하여 나름의 주장을 펴고 그에 관하여만 증명을 다하고 있는 경우라면 법원이 굳이 스스로 적정하다고 생각하는 손해액 산정 기준이나 방법을 적극적으로 원고에게 제시할 필요까지는 없다(대법원 2010.3.25. 선고 2009다88617 판결).

122) 부연하면, 설사 상소심에서 원심판결을 취소하고 파기환송할 수 있다고 하더라도 법원의 석명권 행사로 이미 당사자가 석명내용을 알게 되었으므로 환송 후 법원에서 그 주장을 자발적으로 추가하는 경우에 이를 각하할 법리가 궁색하므로 애당초 상급심은 이를 이유로 원심판결을 취소할 수 없다고 보는 것이다.

다. 석명권의 행사는 어디까지나 법원의 재량에 속한다고 본다면 이를 행사하지 않았더라도 상고이유가 되지 않는다는 견해로 귀결될 것이고(**소극설**), 석명권의 범위와 석명의무의 범위가 동일하다고 보는 입장에서는 석명권을 행사하지 않은 것은 모두 상고이유가 된다는 결론에 이를 것이다(**적극설**). 그러나 다수설은 석명권의 범위는 석명의무의 범위보다 넓다고 보아 법적관점 지적의무(136④)를 위반하거나 석명권의 행사를 중대하게 게을리 함으로써 심리가 현저하게 조잡하게 되었다고 인정되는 경우에만 상고이유가 된다고 본다(**절충설**).[123)]

3. 석명의 대상

가. 청구취지에 대한 석명

청구취지가 불분명·불특정·부정확·부당한 경우에 법원은 원고가 소로써 달성하려는 진정한 목적이 무엇인지 석명하여 청구취지를 바로잡아야 한다. 따라서 청구를 변경함에 있어 교환적인지 추가적인지 분명하지 않은 경우 이를 분명히 하거나,[124)] 여러 개의 손해배상 채권이 있는 자가 일부만 청구하는 경우 어느 채권에 대한 것인지 특정하도록 석명하거나,[125)] 청구금액을 현물인 백미로 손해배상청구를 할 때에 적법한 청구가 되도록 백미 상당의 금전배상청구로 청구취지의 변경을 석명할 수 있다.[126)] 다만 전혀 새로운 청구로 청구취지를 변경하도록 석명하는 것은 허용되지 않는다.

나. 청구원인에 대한 석명

청구원인이 불분명·모순·결함·불완전한 경우 이를 사실적 측면과 법률적 측면에서 정리하도록 석명할 수 있다. 그러나 예상 밖의 새로운 공격방어방법의

---

123) 김홍규·강태원, 399쪽; 김홍엽, 447쪽; 송상현·박익환, 367쪽; 이시윤, 340쪽; 정동윤·유병현·김경욱, 400쪽; 정영환, 519쪽.

124) 대법원 2009.1.15. 선고 2007다51703 판결.

125) 대법원 2007.9.20. 선고 2007다25865 판결; 대법원 2014.3.13. 선고 2011다111459 판결(민사소송에서 청구의 취지는 내용 및 범위를 명확히 알아볼 수 있도록 구체적으로 특정되어야 하고 청구취지의 특정여부는 직권조사사항이므로, 청구취지가 특정되지 않은 경우에는 법원은 직권으로 보정을 명하고 보정명령에 응하지 않을 때에는 소를 각하하여야 한다. 이 경우 당사자가 부주의 또는 오해로 인하여 청구취지가 특정되지 아니한 것을 명백히 간과한 채 본안에 관하여 공방을 하고 있는데도 보정의 기회를 부여하지 아니한 채 당사자가 전혀 예상하지 못하였던 청구취지 불특정을 이유로 소를 각하하는 것은 석명의무를 다하지 아니하여 심리를 제대로 하지 아니한 것으로서 위법하다).

126) 대법원 1959.9.24. 선고 4291민상423 판결.

제출을 유도하는 석명, 예컨대 변제주장을 할 것인지,[127] 시효완성의 항변을 할 것인지,[128] 채권자의 수령지체주장에 상계항변이 포함되어 있는지[129] 등에 대해서는 석명의무가 없다.

다. 증명촉구

다툼이 있는 사실에 대하여 증명을 못하는 원인이 당사자의 무지·부주의·오해로 인한 것이 명백한 경우에 한하여 법원은 증명을 촉구하여야 한다.[130] 종중의 대표자를 A에서 B로 정정하는 당사자표시정정신청서를 제출하고서도 B의 대표자 지위에 대하여 입증이 없는 경우,[131] 불법행위나 채무불이행에 기한 손해배상책임이 인정되는데도 손해액에 관한 증명이 불충분한 경우,[132] 유익비상환청구권이 인정되나 그 상환액에 관한 입증이 없는 경우,[133] 부동산에 관한 매매계약의 해제로 인한 원상회복의무가 이행불능이 되어 이행불능 당시 가액의 반환채권이 인정되지만 이행불능 당시의 당해 부동산의 가액에 관한 원고의 주장·입증이 미흡한 경우 등이 이에 해당한다. 이러한 경우에 구체적인 증명방법까지 지시할 필요는 없지만, 액수에 관한 증명이 없다고 하여 바로 청구를 기각해서는 안 된다.[134] 나아가 대법원은 비록 당사자가 증거를 제출하였다고 하더라도 제출한 증거가 당사자의 부주의 또는 오해로 인하여 불완전·불명료한 경우에는 당사자에게 그 제출된 증거를 명확·명료하게 할 것을 촉구하거나 보충할 수 있는 기회를 주어야 하고, 만약 이를 게을리한 채 제출된 증거가 불완전·불명료하다는 이유로 그 주장을 배척하는 것은 석명의무 또는 심리를 다하지 아니한 것으로서 위법하다고 하였다.[135] 물론 법원의 증명촉구에 불응할 뿐만 아니라 명백히 증명하지 않겠다는 의사표시를 한 경우에는 청구를 기각할 수 있다.[136]

---

127) 대법원 2001.10.9. 선고 2001다15576 판결.
128) 대법원 1969.1.28. 선고 68다1467 판결.
129) 대법원 2004.3.12. 선고 2001다79013 판결.
130) 대법원 1998.2.27. 선고 97다38442 판결; 대법원 2008.7.24. 선고 2007다50663 판결.
131) 대법원 2022.4.14. 선고 2021다276973 판결.
132) 대법원 2008.2.14. 선고 2006다37892 판결.
133) 대법원 1993.12.28. 선고 93다30471,93다30488 판결.
134) 대법원 1998.5.12. 선고 96다47913 판결.
135) 대법원 2021.3.11. 선고 2020다273045 판결.
136) 대법원 1994.5.13. 선고 93다45831 판결.

라. 법적관점 지적의무

(1) 의 의

법원은 당사자가 간과하였음이 분명하다고 인정되는 법률상 사항을 재판의 기초로 삼으려는 경우에, 이에 관하여 당사자에게 의견을 진술할 기회를 주어야 하는데 이를 법적관점 지적의무라고 한다(136④).

"당사자는 사실을 말하고 재판관은 법을 말한다."는 민사소송상 법격언이 의미하듯이, 법규의 해석이나 적용은 어디까지나 법원의 전권이다. 따라서 당사자가 법률상 주장을 하더라도 이는 의견이나 참고사항에 불과한 것으로 취급될 뿐, 법원은 이에 구속되지 않는 것이 원칙이다. 그러나 법적 구성이 달라지면 그로 인하여 주장하여야 할 사실도 달라지는 경우에는 이와 달리 보아야 하며, 나아가 당사자측과 법원측의 법적 구성이 일치하는 쪽이 충실한 심리를 통한 사안의 해명에 보다 적절하다. 따라서 사실의 측면인지 아니면 법적 측면인지에 따라 역할분담을 명확하게 구별하는 종래의 사고방식은 수정되어야 한다는 견해가 오늘날의 대세이다.

이에 따라 법원이 사실에 대한 법적 구성을 함에 있어서도 당사자에게 석명을 하여야 할 의무가 있다는 주장이 제기되었는데, 이것이 법적관점 지적의무이다. 즉 양 당사자가 일정한 법적관점에 따라 특정한 법규의 적용을 전제로 하여 다투고 있는 경우에 법원이 동일한 사실관계를 전제로 하면서도 법적 구성을 달리하여 판단하려면 법원은 당사자에게 그 법적관점을 지적하고 당사자와 충분하게 논의를 할 의무가 있다는 것이다. 이러한 의미에서 법적관점 지적의무는 당사자에게 공격방어의 기회를 실질적으로 보장하고 심리의 충실에 기여한다고 할 수 있다. 법적관점 지적의무는 민소법 136조 1항의 석명권을 법원의 권능이자 의무로 새기는 통설에 의해서도 도출될 수 있지만, 136조 4항에 별도의 규정을 둠으로써 이를 명확히 하였다.

(2) 내 용

1) 당사자가 간과하였음이 분명할 것

통상인의 주의력을 기준으로 보아 당사자가 소송목적에 비추어 당연히 변론에서 주장하여야 할 법률상 사항을 부주의 또는 오해로 인하여 명백히 간과한 경우를 말한다. 이에 비하여 당사자가 간과한 것이 아니라 법률적 관점에서 보아 불명료·불완전·모순이 있는 경우에는 민소법 136조 1항의 통상적인 석명권의 행사로 정정하면 된다. 당사자의 법률지식의 정도에 따라서 지적의무의 범위가 달라질 수 있을 것이다. 판례는 당사자가 어떠한 법률효과를 주장하면서 미처 깨닫지 못하고 그 요건사실의 일부를 빠뜨린 경우에는 법원에 석명의무가 있다고 하였다.[137)]

2) 법률상 사항일 것

지적의무의 대상은 법률상 사항에 한하므로 사실상 사항은 지적의무의 대상이 아니다. 여기에서 법률상 사항이란 판결결과에 영향을 미치는 기본적이고 중요한 법률적 관점을 의미한다.[138)] 당사자가 주장하지도 예상하지도 않은 법률적 관점도 석명의 범위 내에서 할 수 있다. 판례는 당사자 사이에서 전혀 논의되지 않은 제소기간의 도과[139)] 및 피고적격의 흠결[140)]에 대한 지적의무도 인정하였다. 일반적으로 소송물의 범위를 넓게 보는 소송법설에서는 구실체법설의 입장보다 지적의무의 대상이 더 넓어지게 된다고 설명하나,[141)] 판례는 소송물이론과의 연관성을 부정하고 있는 것으로 보인다.[142)] 예컨대 판례는 당사자가 손해배상청구의 법률적 근거를 명시하지 않은 경우에 당사자에게 의견진술의 기회를 주지 않고 불법행위책임을 주장하는 것으로 단정한 뒤 증명부족으로 청구를 기각한 것은 지적의무를 위반한 것으로 보았고,[143)] 상법 682조의 보험자대위권과 민법 425조의 구상권은 법적 근거와 요건사실에 대한 증명책임 및 그 법적 효과가 다름에도 이를 혼용하여 금원지급을 명한 것은 지적의무 위반으로 보았다.[144)] 또한 앞에서도 보았듯이, 토지임대인이 임차인에게 건물을 철거하고 토지를 인도하라고 청구한 소송에서 임차인인 피고가 건물매수청구권을 행사하였다면 이에 대한 소의 변경을 석명하지 않고 청구기각판결을 하는 것은 위법하다고 판시하였으며,[145)] 1심의 소유권보

---

137) 대법원 2005.3.11. 선고 2002다60207 판결.
138) 김홍엽, 454쪽, 정동윤·유병현·김경욱, 394쪽; 정영환, 515쪽.
139) 대법원 1995.12.26. 선고 95누14220 판결.
140) 대법원 1994.10.21. 선고 94다17109 판결.
141) 정동윤·유병현·김경욱, 395쪽; 정영환, 515쪽.
142) "지적의무가 동일소송물 내에서 행사되어야 한다는 제약은 없다"(이시윤, 347쪽).
143) 대법원 2009.11.12. 선고 2009다42765 판결.
144) 대법원 2022.4.28. 선고 2019다200843 판결.
145) 대법원 1995.7.11. 선고 94다34265 전원합의체 판결.

존등기말소청구소송에서 승소하고 2심에 이르러 진정명의회복을 위한 소유권이전등기절차이행으로 청구를 교환적으로 변경함에 있어(청구의 교환적 변경은 구청구의 취하와 신청구의 추가를 결합한 것으로 본다), 2심 청구의 실체법적 요건이 흠결되어 패소가능성이 있다면 교환적 변경으로 인하여 1심 승소판결이 취하되고 동일한 소송의 재소금지라는 중대한 법적 효과가 따르게 되므로 당사자에게 의견진술의 기회를 주어야 하고 만일 이를 게을리한 경우에는 석명 또는 지적의무를 다하지 아니한 것으로 위법하고,[146] 공사금청구권을 피전부채권으로 한 전부금소송에서 피고가 상계항변으로 대항한 수급인에 대한 자동채권의 발생근거가 구상금채권인지 손해배상채권도 포함되는지 불명료할 때에는 적극적으로 석명권을 행사하여 이를 명확히 한 다음 판단하여야 한다고 보았다.[147] 한편 민소법 136조 1항의 법률상 사항은 법률요건사실과 관련하여 개개의 법률요건에 관한 석명을, 같은 조 4항의 법률상 사항은 법적으로 적용할 관점과 관련된 지적을 의미하는 것으로 보아, 당사자의 법적관점이 잘못된 경우에만 민소법 136조 4항의 적용대상이고, 그 외 요건사실이나 소송요건의 불비가 문제되는 경우, 소송관계가 불분명한 경우에는 민소법 136조 1항이 적용되어야 한다는 입장에서 양자를 구별하지 않는 판례[148]를 비판하는 견해가 있다.[149]

3) 의견을 진술할 기회를 줄 것

법원은 적절한 방법으로 당사자에게 의견을 진술할 기회를 주어야 한다. 일방당사자에게 이익이 되는 사항을 지적한 경우에는 타방 당사자에게도 이를 알려 자신의 불이익을 방어할 기회를 보장하여야 한다.

심리도중 반사회질서적 법률행위(민 103)로 볼 수 있는 증거가 제출된 경우에 법원은 이 부분을 당사자에게 지적하여야 하는가?

---

146) 대법원 2003.1.10. 선고 2002다41435 판결.

147) 대법원 2005.11.10. 선고 2004다37676 판결.

148) 대법원은 위 양 민소법 규정을 한꺼번에 설시한 후, 당사자가 부주의 또는 오해로 증명하지 않은 것이 분명하거나 쟁점으로 될 사항에 관하여 당사자 사이에 명시적인 다툼이 없는 경우에는 법원은 석명을 구하면서 증명을 촉구하여야 하고, 만일 당사자가 전혀 의식하지 못하거나 예상하지 못하였던 법률적 관점을 이유로 법원이 청구의 당부를 판단하려는 경우에는 그러한 관점에 대하여 당사자에게 의견진술의 기회를 주어야 한다고 판시하였다(대법원 2022.8.25. 선고 2018다261605 판결).

149) 호문혁, 437쪽.

반사회질서적 법률행위는 변론주의의 예외로서 제출된 증거자료를 심리해 본 결과 명확하면 사실자료가 없어도 법원은 이를 판단의 기초로 할 수 있다. 즉 증거자료로 사실자료를 보충할 수 있다. 반사회질서는 법률 중의 법률, 가장 기본적인 법률이기 때문이다. 예를 들면 도박자금으로 대여한 것으로 보이는 증거자료가 제출되었다면 당사자가 이를 주장하지 않는 경우에도 원고의 청구를 기각할 수 있다. 그러나 당사자가 반사회질서적 법률행위임을 이유로 청구가 기각되리라는 것을 전혀 알지 못하는 경우에 법원은 그렇게 처리될 가능성을 지적하여야 한다. 지적에 따른 당사자의 주장을 통하여 법원이 당해사건에서는 반사회질서적 법률행위가 아니라고 심증을 변경할 수도 있기 때문이다. 그러나 이를 지적하였음에도 불구하고 양 당사자가 아무런 사실자료를 제출하지 않고 법원의 심증이 변하지 않는다면 법원은 당사자의 태도에 구속되지 않고 원고의 청구를 기각할 수 있다. 이것이 전형적인 법적관점 지적의무의 예이다. 일반조항 중에서 권리남용이나 신의칙위반도 강행규정으로서 직권으로 판단할 수 있으므로,[150] 판단 이전에 법원에 지적의무가 부과된다.[151] 다만, 과실상계의 경우에는 직권으로 판단할 수 있다[152]고 하더라도, 강행규정이 아니라 당사자 사이의 이익조정의 문제이므로 법원에 지적의무를 부과할 필요까지는 없을 것이다.

(3) 지적의무의 위반

법원이 지적의무를 위반한 경우에는 이로 인하여 판결에 영향을 미친 때에만 상고이유가 된다(423. 일반적 상고이유).[153]

4. 석명권의 행사

가. 주체와 행사방법

석명권은 소송지휘권의 일종이므로 합의재판의 경우에는 재판장이, 단독재판의 경우에는 단독판사가 행사한다. 합의부원(배석판사)은 재판장에게 알리고 석명권을 행사할 수 있다(136②). 또한 석명권은 법원의 권능이므로 당사자는 상대방에게 직접 석명을 구할 수 없고 필요한 경우 재판장에게 상대방의 설명을 요구하여 줄 것을 요청할 수 있는데(136③), 이를 구문권이라고 한다.

---

150) 대법원 1989.9.29. 선고 88다카17181 판결.

151) 법원이 신의칙 위반을 직권으로 판단하기 전에 석명의무가 있다는 판례로는, 대법원 2021.9.16. 선고 2021다200914 판결 참조.

152) 대법원 2016.4.12. 선고 2013다31137 판결; 대법원 1996.10.25. 선고 96다30113 판결.

153) 대법원 1995.11.14. 선고 95다25923 판결.

석명권의 행사는 변론준비절차에서도 가능하며(286), 재판장은 필요한 경우 당사자에게 설명 또는 증명하거나 의견을 진술할 사항을 지적하고 변론기일 이전에 이를 준비하도록 명할 수 있는데(137), 이를 석명준비명령이라고 한다.

당사자는 석명권의 행사나 석명준비명령에 대하여 이의를 신청할 수 있고, 법원은 결정으로 그 이의신청에 대하여 재판한다(138).

나. 석명불응에 대한 조치

당사자는 석명에 응할 의무는 없지만 주장·입증책임의 원리상 불이익한 재판을 받을 수 있다. 진술취지가 불분명함에도 석명에 따르지 않은 경우에는 신청이 각하될 수 있다(149②).

5. 석명처분

가. 의 의

법원은 석명권을 행사하거나 석명준비명령를 하는 것 외에도 그 준비 또는 보충으로서 사안의 해명을 도모하기 위하여 적당한 처분을 할 수 있는데, 이를 석명처분이라고 한다(140①). 예컨대 소송대리인이 있더라도 직접 본인으로부터 사정을 듣기 위하여 본인에게 출석하도록 명하는 경우 등이 그것이다(140①(1)). 석명처분은 어디까지나 사안의 내용을 파악하기 위한 것이기 때문에 증거조사와는 다르다. 따라서 석명처분으로 증거자료의 수집을 위한 증거조사를 할 수 없으며, 석명처분에 의하여 얻은 자료는 당사자가 이를 원용하지 않으면 변론 전체의 취지로 참작될 수 있을 뿐 증거자료가 될 수 없다.

나. 내 용

석명처분으로는 당사자 본인 또는 법정대리인에 대한 출석명령, 문서 그 밖의 물건의 제출·유치, 검증·감정, 조사의 촉탁 등이 있다(140①). 검증·감정과 조사의 촉탁은 증거조사에 관한 규정을 준용한다(140②).

석명처분은 일반적인 사건에서도 허용되지만 주로 의료관련사건이나 건축관련사건 등과 같이 이른바 전문적 식견을 요하는 사건이 대상이 될 가능성이 높다. 이 경우에 전문가가 관여할 수 있는 방법으로서는 석명처분으로서의 감정이 있다. 다만 석명처분의 경우 감정인의 선임이 용이하지 않고 의견진술의 방법에 증거조사에 관한 규정이 적용되어 기동성이 떨어지기 때문에 실무상으로는 그다지 행해지지 않는 실정이다. 한편, 증거조사 전 쟁점정리의 단계에서 전문적 식견의 제공이 요구되는 때에는 감정이외의 수단을 인정할 필요가 있어 2007년 개정 민소법에서 전문심리위원제도를 도입하였다(164조의2 이하). 이에 따라 법원은 전문적인 지식을 바탕으로 소송관계를 분명하게 하거나 소송절차의 진행을 원활하게 하기 위하여 필요한 때에는 직권 또는 당사자의 신청에 따른 결정으로 전문심리위원을 절차에 관여시킬 수 있게 되었다.

V. 변론주의의 예외(제한)

1. 직권탐지주의

가. 의 의

재판에 필요한 사실과 증거의 수집책임을 당사자에게 맡기지 않고 법원이 맡는 원칙을 직권탐지주의라고 하며, 직권탐지주의가 적용되는 사항을 직권탐지사항이라고 한다.[154] 직권탐지주의는 변론주의에 대립되는 개념으로서, ① 법원은 당사자가 주장하지 아니한 사실도 사실자료로 채용할 수 있고(**주장책임의 배제**), ② 당사자 사이에 다툼이 없는 사실일지라도 사실자료로 채용하지 않을 수 있으며(**자백의 구속력 배제**), ③ 법원은 당사자가 제출한 증거 외에 직권으로 다른 증거를 조사할 수 있다(**직권증거조사**)는 것을 주된 내용으로 한다.

나. 적용범위

일반적으로 직권탐지주의의 대상이 되는 사항은 공익과 관련되어 있거나 그 판결의 효력이 당사자 사이뿐만 아니라 널리 제3자에게 미치므로 실체적 진실발견이 필요한 경우이다.

민사소송에서 재판권이나 전속관할, 당사자의 실재와 같은 고도의 공익성이 요구되는 소송요건이나 법관이 그 직책상 규명할 사항인 경험법칙·외국법규[155]·관습법의 존재나 내용 등에 직권탐지주의가 적용된다.

가사소송사건 중 가류·나류 사건(가소 17)은 소송물의 공익성으로 인하여 직

---

154) 대법원 1981.6.23. 선고 81다124 판결.
155) 대법원 2010.3.25. 선고 2008다88375 판결; 대법원 1990.4.10. 선고 89다카20252 판결.

권탐지주의가 적용된다. 행정소송사건도 직권탐지주의에 의하여야 한다는 견해가 있지만,[156] 행정처분의 존부,[157] 전치절차를 거쳤는지 여부,[158] 제소기간의 준수[159] 등과 같은 사항은 **직권조사사항**으로서 자백의 구속력이 부인되지만(판단자료의 수집에 있어서는 직권탐지형), 그 외의 경우에는 원칙적으로 변론주의가 적용된다는 것이 판례의 입장이다(행소 26, 8②).[160] 따라서 행정소송의 일종인 심결취소소송에서도 법원이 당사자가 주장하지도 않은 법률요건에 관하여 판단한 것은 변론주의 원칙에 위배된다.[161]

소액사건의 경우에는 신속한 재판이라는 공익성이 강조되어 직권증거조사의 보충성(292)을 지양하고 있다(소심 10①). 그 외 헌법재판사건(헌재 31), 선거소송사건(공직선거법 227), 비송사건(비송 11), 특허심판사건(특허법 159)도 직권탐지주의에 의한다.

회사관계소송은 원고 승소시 판결의 효력이 제3자에게 미치므로(상 190) 직권탐지주의에 의할 것이라는 견해가 있으나, 소의 제기를 공고하며(상 187, 240, 328), 판결의 효력을 받을 제3자가 공동소송참가(83)를 할 기회가 보장되어 있고, 원고패소의 효력은 당사자 사이에서만 미치므로 원칙적으로 변론주의에 의하는 것이 타당하다는 것이 다수설이다.[162] 다만 회사의 설립무효·취소소송 또는 주주총회결의취소의 소에서 사정판결을 할 경우(상 189, 379)에 회사의 현황과 제반사정은 직권탐지에 의하여야 한다.

증권관련 집단소송도 직권탐지주의적 요소가 가미되어 있다(증집소 30).

다. 직권탐지주의와 당사자의 절차권 보장

직권탐지주의 하에서도 처분권주의의 주요 내용인 소의 제기, 소송물의 특정, 소의 취하 등의 권능은 여전히 당사자에게 있으며, 사실자료나 증거자료를 제출할

156) 이시윤, 336쪽; 정영환, 520쪽.
157) 대법원 1984.1.24. 선고 83누212 판결.
158) 대법원 1995.12.26. 선고 95누14220 판결.
159) 대법원 1988.5.24. 선고 87누990 판결.
160) 대법원 2003.4.25. 선고 2003두988 판결; 대법원 2001.1.16. 선고 99두8107 판결; 대법원 2018.2.13. 선고 2014두11328 판결(행정사건의 심리절차는 행정소송의 특수성을 감안하여 행정소송법이 정하고 있는 특칙이 적용될 수 있는 점을 제외하면 심리절차 면에서 민사소송 절차와 큰 차이가 없으므로, 특별한 사정이 없는 한 민사사건을 행정소송 절차로 진행한 것 자체가 위법하다고 볼 수 없다).
161) 대법원 2011.3.24. 선고 2010후3509 판결.
162) 김홍엽, 439쪽; 송상현·박익환, 371쪽; 정동윤·유병현·김경욱, 403쪽; 정영환, 521쪽.

권리가 박탈되는 것은 아니다. 따라서 법원이 직권으로 탐지한 사실 및 증거조사의 결과를 당사자에게 제시하고 그 의견을 듣지 않으면 판결의 자료로 이용할 수 없다고 본다(소심 10①후문, 특허 159후문 참조).

2. 직권조사사항

가. 의 의

법원이 판단자료의 수집을 위한 사실조사 및 증거조사를 직권으로 하는 심리의 형태를 직권탐지주의라고 함은 위에서 본 바와 같다. 이와 달리, 직권조사사항은 당사자의 신청 또는 이의가 없어도 법원이 직권으로 절차를 개시하여 판단하여야 하는 사항을 말한다.

즉 직권조사사항에 해당하면 당사자가 신청하거나 이의하지 않아도 법원이 절차를 개시하는 경우이므로 처분권주의가 적용되는 사항에 대립되는 개념임에 반하여, 직권탐지주의는 일단 절차가 개시된 상태에서 재판자료(사실자료 및 증거자료)의 수집을 법원이 직권으로 탐지해야 한다는 것이 주된 내용이므로 변론주의에 대립되는 개념이라는 점에서 양자는 차이가 있다. 따라서 소송요건의 구비여부에 대한 절차의 개시는 항변사항 이외에는 직권조사사항이지만 소송요건의 구비여부의 판단에 관한 자료의 수집은 사항에 따라 직권탐지주의에 의하는 것과 변론주의에 의하는 것이 있을 수 있다.

실제의 심리에서는 처분권주의·직권조사와 변론주의·직권탐지주의가 조합되어 나타난다. 즉 ① 처분권주의+변론주의 형태는 통상의 민사소송으로서, 항변사항인 중재합의나 부제소합의의 존재에 대한 증명책임분배원칙이 여기에 속한다. ② 직권조사+직권탐지주의 형태는 소송요건 중에 고도의 공익성이 인정되지만 본안의 심리와는 밀접한 관계가 없는, 예컨대 당사자의 실재, 재판권, 전속관할 등의 심리에 있어서의 책임분배원칙이 여기에 속한다. ③ 처분권주의+직권탐지주의 형태는 공익으로 인하여 대세효가 인정되는 사건이 여기에 속한다. 다만 이 유형에는 처분권주의가 일부 제한되어 청구의 인낙, 청구의 포기, 소송상 화해 등이 인정되지 않는 경우도 있다. 가사소송, 비송사건, 헌법재판 등이 이에 속한다. ④ 직권조사+변론주의의 형태는 공익성이 크지 않은 소송요건의 경우, 예컨대 소의 이익, 당사자적격, 당사자능력, 소송능력, 소송대리권 등이 이에 속한다.[163)]

163) 정동윤·유병현·김경욱, 406쪽.

한편 통설과 달리, 직권조사는 변론주의와 직권탐지주의가 아닌 제3의 입장으로서 그 중간지대라고 보는 견해도 있다.[164)]

나. 구체적 내용

(1) 절차의 직권개시

직권조사사항의 존부가 의심스러운 경우라면 당사자의 신청여부 및 이의여부를 불문하고 법원이 직권으로 절차를 개시한다. 따라서 직권조사사항은 재판상 자백(288)이나 자백간주(150) 및 무변론판결(257①단서)의 대상이 될 수 없고, 이의를 철회하더라도 심리·판단의 대상이 되며, 이의권의 포기는 허용되지 않는다. 일반적으로 당사자의 주장이나 기타 자료에 의하여 의심스러운 경우에 비로소 문제를 삼으면 족하다.[165)]

(2) 판단자료의 수집

직권조사사항 중에서 고도의 공익성을 요하는 소송요건(재판권, 전속관할, 당사자의 실재 등)은 법원이 직권으로 탐지하여야 할 것이지만 그 외의 경우(소의 이익, 당사자적격, 법인 등의 대표권,[166)] 임의관할, 당사자능력, 소송능력 등)는 변론주의에 의한다. 물론 변론주의 하에서도 보충적으로 직권증거조사가 가능하므로(292), 직권조사사항의 존부가 의심스러운 경우에는 직권으로 조사를 할 수 있지만 의심할 사정이 엿보이지 않음에도 법원이 직권으로 추가적인 증거조사를 해야 할 의무는 없다.[167)]

(3) 판단의 시기

직권조사사항은 상고이유서 제출에 관한 시기적 제약을 받지 않는다(429단서). 또한 당사자가 사실심 변론종결시까지 직권조사사항의 흠을 주장하지 않았다고 하더라도 상고심에서 새로이 주장·증명할 수 있다. 이때의 증명은 일반적으로 자유로운 증명으로 족하지만, 소송요건이나 상소요건은 엄격한 증명을 요한다는 것이 다수설이다.[168)]

---

164) 이시윤, 337쪽; 전원열, 276쪽.
165) 대법원 1989.3.14. 선고 87다카1574 판결.
166) 대법원 2011.7.28. 선고 2010다97044 판결.
167) 대법원 2007.6.28. 선고 2007다16113 판결.
168) 정동윤·유병현·김경욱, 405쪽; 정영환, 523쪽.

다. 적용범위

소송요건 및 상소요건, 절차적 강행법규의 준수, 경험법칙,[169] 외국법, 관습법, 소송계속의 유무, 과실상계, 손익상계, 책임제한, 피보전채권의 존재여부, 위자료의 액수, 신의칙 · 권리남용 등이 직권조사사항이다.

직권조사사항이라고 하더라도 그 증거의 수집 · 제출책임과 관련하여서는 당사자의 실재, 재판권, 전속관할, 절차적 강행법규의 준수, 경험법칙, 외국법, 관습법, 신의칙 · 권리남용[170]은 직권탐지주의에 의하여야 하지만, 그 외 소의 이익, 당사자적격, 당사자능력, 소송능력, 소송대리권 등은 변론주의에 의한다.

한편 중재합의(중재 9①), 소송비용의 담보제공(117), 부제소합의 등은 항변으로 주장되어야 이에 대한 판단을 하게 되므로 직권조사사항에 해당하지 않는다.[171]

제4절 변론의 준비

Ⅰ. 총 설

변론이란 공개법정에서 양 당사자가 대석하여 수소법원에 대하여 말로 각각의 주장사실과 증거방법을 제출하고, 법원이 제출된 증거조사를 실시하는 심리방식을 말한다(협의).

충실한 심리가 신속하게 이루어지기 위해서는 심리의 중심인 변론이 효율적으로 행해지는 것이 중요하다. 변론이 효율적으로 이루어지기 위해서는 당사자 쌍방 및 법원이 변론기일에 행해지는 소송행위의 내용(사실의 주장, 증거의 신청, 증거조사 등)을 미리 알고 대응방안을 준비하여 변론기일에 임할 필요가 있다. 조기에 쟁점 등을 정리하고 증명해야 할 사실을 명확히 하여 이에 대한 집중적인 증거조사가 이루어지기 위해서는 쟁점 및 증거의 정리절차가 필수적이다. 이에 따라 변

169) 대법원 2019.2.21. 선고 2018다248909 전원합의체 판결.
170) 대법원 1989.9.29. 선고 88다카17181 판결.
171) 다만 판례는 부제소합의에 대하여 직권조사사항이라는 입장이다(대법원 2013.11.28. 선고 2011다80449 판결).

론을 준비하는 방법으로서 준비서면제도와 변론준비절차제도가 마련되어 있다.

Ⅱ. 준비서면

1. 의 의

준비서면이란 당사자가 변론기일에서 진술하려는 사항을 기재하여 미리 법원에 제출하는 서면을 말한다. 준비서면을 제출하였으나 변론기일에 진술(진술간주 포함)하지 않고 철회하면 소송자료가 되지 않는다. 준비서면에는 통상의 준비서면 이외에도 답변서(피고가 처음 제출하는 준비서면, 256④), 요약준비서면(278) 등이 있다.

지방법원 합의부 이상의 절차에서는 준비서면의 제출이 반드시 필요하다. 단독사건의 경우에는 준비서면을 제출하지 않을 수 있지만 상대방이 준비하지 않으면 진술할 수 없는 경우에는 단독사건이라도 이를 제출하여야 한다(272②). 소장은 원고측의 최초의 준비서면으로서의 역할도 한다(249②).

2. 준비서면의 기재와 제출

준비서면에는 사실상 주장, 법률상 주장, 증거신청, 증거항변, 상대방 제출의 증거방법에 대한 의견 등을 기재한다(274). 준비서면은 그 기재내용에 따라 석명에 관한 준비서면, 공격방어방법 및 이에 대한 진술에 관한 준비서면, 주장의 보충·추가·변경에 관한 준비서면, 증거의견에 대한 준비서면(서증의 인부 등), 최종준비서면 등으로 분류할 수 있다. 준비서면은 여러 번 내는 경우 불필요하게 중복기재해서는 안 되고, 분량은 재판장 등과의 별도의 협의가 없으면 30쪽을 넘어서는 안 되며, 이를 넘긴 경우에는 30쪽 이내로 줄여서 제출하게 할 수 있다(규 69조의4).

준비서면을 법원에 제출하면 법원은 그 부본을 상대방에게 송달함으로써 교환하게 되는데, 새로운 공격방어방법을 포함한 준비서면은 상대방이 이에 대하여 준비할 기간이 필요하므로 변론기일 또는 변론준비기일의 7일 전까지 상대방에게 송달될 수 있도록 제출하여야 한다(규 69조의3).

변론종결 후에 제출된 준비서면이 상대방에게 송달되었다면 소송자료가 되는

가?

준비서면에 적힌 내용이 소송자료가 되기 위해서는 변론에서 이를 진술하거나 진술 간주되어야 한다. 따라서 변론을 재개하지 않는 이상 변론종결 후에 제출된 준비서면은 상대방에게 송달되었다고 하더라도 소송자료가 될 수 없다.

3. 준비서면의 부제출 · 제출의 효과

가. 부제출의 효과

(1) 무변론패소판결의 위험

피고가 소장부본을 송달받은 날로부터 30일 이내에 답변서를 제출하지 않은 경우에는 무변론패소판결을 선고받을 수 있다(257).

(2) 예고 없는 사실의 주장금지

상대방이 출석하지 않은 경우에는 준비서면에 적지 않은 사실을 변론에서 주장할 수 없다(276 본문). 변론기일에 출석하지 않은 당사자는 상대방이 주장하는 사실을 자백한 것으로 간주하는데(150③), 준비서면으로 예고하지 않은 채 당사자가 출석하지 않은 틈을 타 변론기일에 기습적으로 주장하였음에도 자백간주의 이익을 누리게 한다면 불출석한 당사자에게 불의의 타격을 주기 때문이다. 이러한 경우에는 다음 변론기일의 지정을 구하고 그 기일이 열리기 전에 준비서면을 제출하여야 한다. 다만 단독사건으로서 준비서면을 필요로 하지 않는 경우에는 예외이다(276단서).

이때의 '사실'에는 주요사실 외에 간접사실, 보조사실도 포함된다. 다만 증거신청도 포함되는가에 대하여는 견해가 나뉜다(이때의 증거신청이란 단순히 어떤 증거를 조사해 달라는 당사자의 법원에 대한 신청뿐만 아니라 신청된 증거를 법원이 채택하여 조사하는 것을 포함하는 넓은 개념이다). **소극설**은 민소법 276조의 규정취지에 비추어 증거신청과 같이 신청 당사자의 이익도 상대방의 불이익도 발생하지 않는 것은 '사실'에 포함되지 않으므로 증거신청은 할 수 있으며, 민소법 136조, 148조, 150조, 274조, 285조, 314조, 336조 등을 보면 '사실'과 '사항'을 구별하여 '사항'에는 증거신청을 포함하지만 '사실'에는 증거신청을 포함하지 않는 것으로 규정하고 있다는 문리상 근거를 든다(일본 학설). 이에 비하여 **적극설**은 증거조사에 참여하여 그 결과에 대하여 변론을 하는 것은 사실인정에 중대한 영향을 미치므로 이를 박탈하는 것은 당사자에게 불공평하다는 이유로 '사실'에 증거신청도 포함된다고 보는 견해이다.172) **절충설(제한적 긍정설)**은 민소법 276조는 상대방의 불의의 타격을 방지하려는 것이 그 취지이므로 원칙적으로 증거신청도 이 규정의 '사실'에 포함되지만, 상대방이 충분히 예상할 수 있는 경우에는 준비서면에 기재하지 않고 변론에서 주장해도 상대방에게 불의의 타격을 주지 않으므로 이러한 증거신청은 여기의 '사실'에 포함되지 않는다는 견해로서 다수설이다.173) 판례도 다수설과 같은 취지라고 할 수 있다.174)

'사실'에 관한 주장이므로 법률상 진술은 포함되지 않고, 증거에 대한 의견(부인·부지 등)도 상대방이 이를 충분히 예상할 수 있으므로 주장이 허용된다. 한편, 변론준비기일에는 민소법 276조가 준용되지 않는다(286).

(3) 변론준비절차의 종결

변론준비절차에서 법원이 기간을 정하여 당사자로 하여금 준비서면을 제출하게 하였는데, 당사자가 그 기간 내에 준비서면을 제출하지 않은 때에는 상당한 이유가 없는 한 변론준비절차를 종결하여야 한다(284①(2), 280).

(4) 소송비용의 부담

민소법 276조 본문의 반대해석으로, 상대방이 출석하고 있다면 준비사항에 기재하지 않은 사실도 주장할 수 있다. 그러나 이때 상대방이 즉답할 수 없어 기일을 속행할 수밖에 없는 경우에는 당사자는 승소에도 불구하고 소송비용부담의 재판을 받을 수 있다(100).

나. 제출의 효과

(1) 상대방 불출석의 경우(자백간주의 이익)

미리 준비서면에서 사실을 주장하였음에도 상대방이 불출석한 경우 상대방은 그 사실을 자백한 것으로 본다(150③①). 그러나 상대방이 이미 부인의 답변서를

---

172) 강현중, 436쪽; 송상현·박익환, 303쪽.
173) 김홍규·강태원, 462쪽; 김홍엽, 470쪽; 이시윤, 371쪽; 전병서, 325쪽; 정동윤·유병현·김경욱, 465쪽; 정영환, 563쪽.
174) 대법원 1975.1.28. 선고 74다1721 판결(단독사건에서는 민소법 276조 단서와 272조 2항의 규정에 의하여 미리 준비서면에 기재하지 아니한 증인을 상대방이 변론기일에 출석하지 아니한 채 재정증인으로 증거조사를 하고 증거로 채택하였을 경우 위법이 아니다).

제출하였다면 자백으로 간주되지 않는다.

(2) 제출자 불출석의 경우(진술간주의 이익)

제출자가 미리 준비서면을 제출하고 불출석한 경우에는 진술간주의 이익을 얻을 수 있다(148①). 변론기일에 한쪽 당사자가 불출석한 경우에 변론을 진행하느냐 기일을 연기하느냐는 법원의 재량에 속하지만, 출석한 당사자만으로 변론을 진행할 때에는 반드시 불출석한 당사자가 그때까지 제출한 소장·답변서, 그 밖의 준비서면에 적혀 있는 사항을 진술한 것으로 보아야 한다.[175] 한편, 서증이 첨부된 준비서면이 진술간주되는 경우에도 그 서증은 변론기일 또는 변론준비기일에 당사자가 출석하여 현실적으로 제출하여야 한다.[176]

(3) 실권효의 배제

변론준비절차가 열리기 전에 준비서면을 제출하였으면 변론준비기일에 제출하지 아니하였다 하더라도 그 사항에 관하여 변론에서 주장할 수 있다(285③).

(4) 소의 취하·피고의 경정에 대한 동의권

피고가 본안에 관한 사항을 기재한 준비서면을 제출하였으면 그 뒤 원고가 소를 취하하려면 피고의 동의를 얻어야 한다(266②). 피고경정의 경우에도 종전의 피고가 본안에 관한 준비서면을 제출한 후에는 그 피고의 동의를 받아야 한다(260①단서).

Ⅲ. 변론준비절차

1. 총 설

변론기일에 앞서 변론이 효율적이고 집중적으로 실시될 수 있도록 당사자의 주장과 증거를 정리하는 절차를 변론준비절차라 한다(279). 변론준비절차는 재판장의 변론준비절차회부명령으로 개시된다.

과거 변론준비절차는 원칙적으로 모든 사건에 있어서 변론에 앞서 거쳐야 할 절차로 규정되어 있었으나, 2008. 12. 26. 민소법 개정에 의하여 바로 변론기일을

175) 대법원 2008.5.8. 선고 2008다2890 판결.
176) 대법원 1991.11.8. 선고 91다15775 판결.

정하는 것이 원칙이고 변론준비절차는 예외적인 절차가 되었다(258①).

변론준비절차는 서면방식(서면에 의한 변론준비절차, 280)과 기일방식(변론준비기일, 282)으로 나누어진다. 변론준비절차에서는 당사자의 주장과 증거를 정리하기 위하여 필요한 때에는 증거결정 및 증거조사도 할 수 있다(281). 다만 증인신문과 당사자신문은 수명법관·수탁판사에 의한 신문인 경우에만 예외적으로 인정된다(281③단서, 313, 373).

변론절차에 들어간 후에도 특별한 사정이 있는 경우에는 새로 변론준비절차에 부칠 수 있으며, 항소심에서도 가능하다. 다만 사실심리를 하지 않는 상고심에서는 허용되지 않는다.

2. 변론준비절차의 실시

가. 일 반

변론준비절차의 진행은 원칙적으로 재판장이 담당하지만, 재판장이 지명 또는 촉탁한 수명법관·수탁판사도 담당할 수 있다(280②③).

변론준비절차에서 재판장 등은 석명권 행사, 전문심리위원의 참여 등을 통한 쟁점정리와 더불어 증인신문과 당사자신문을 제외한 증거결정, 서증의 조사·검증·감정촉탁·문서송부촉탁 기타 증거조사를 할 수 있으며, 소송의 정도에 관계없이 화해를 권고하고 화해권고결정도 할 수 있다(286, 145, 225 내지 232).

변론준비절차에서 재판장 등은 쟁점과 증거의 정리, 그 밖에 효율적이고 신속한 변론진행을 위한 준비가 완료되도록 노력하여야 하며, 당사자는 이에 협력하여야 한다(규 70①). 재판장 등은 변론의 준비와 진행 및 변론에 필요한 시간에 관하여 당사자와 협의할 수 있다(규 70②). 이때의 협의사항으로는 변론기일을 언제로 잡을지, 증인신문이나 당사자신문에 소요될 시간을 어느 정도로 할지, 증인이 출석할 수 있는 기일이 언제인지, 불출석이 예상되는 증인의 출석을 유도할 방법은 무엇인지 등이 될 것이다. 재판장 등은 이러한 협의를 기일을 열어 하거나 당사자의 의견을 들어 양쪽 어느 당사자와 음성의 송수신에 의하여 동시에 통화를 하거나 인터넷 화상장치를 이용하여 할 수 있다(규 70⑤).

변론준비절차를 진행하는 경우에 재판장 등은 법원사무관등으로 하여금 그 이름으로 준비서면, 증거신청서 및 그 밖의 서류의 제출을 촉구하게 할 수 있고, 법원이나 재판장 등의 결정, 명령, 촉탁 등에 대한 회신 등 절차이행이 지연되는 경우 재판장 등은 법원사무관등으로 하여금 그 이름으로 해당 절차이행을 촉구하게 할 수 있다(규 70조의 3).

변론준비절차에서 재판장은 이송결정, 참가허가여부의 결정, 소송수계 허부결정, 소변경신청의 불허가결정을 할 수 있는가?

변론준비절차에서 재판장 등은 판결을 할 수 없을 뿐만 아니라 이송결정, 참가허부결정, 소송수계 허가여부의 결정 등 소송절차상 재판도 할 수 없다. 왜냐하면 이러한 재판사항은 재판장 등의 권한이 아니고 수소법원의 권한이기 때문이다. 변론준비절차 중에 이러한 사항이 문제된 경우에는 재판장 등은 변론준비절차를 중지하고 수소법원에 원조를 구하여야 한다.

나. 서면에 의한 변론준비절차(서면방식)

재판장은 피고의 답변서가 제출되고 서면에 의한 변론준비절차로 진행할 필요가 있다고 판단되면 변론기일을 지정하지 않고 원고에게 답변서 부본을 송달하면서 준비서면과 필요한 증거를 제출하도록 하는 재판장 명의의 '준비명령'과 '소송절차안내서'를 보내는데, 이로써 서면에 의한 변론준비절차가 개시된다(280). 서면에 의한 변론준비절차는 준비서면의 제출·교환과 증거신청의 방법으로 진행한다.

서면에 의한 변론준비절차는 4개월을 넘을 수 없으므로 그 전에 쟁점이 명확하게 정리되면 변론준비기일을 지정하지 않고 바로 변론기일을 정하고, 쟁점 정리가 제대로 되지 않은 채 4개월을 넘어야 하는 상황이면 변론준비기일을 지정해야 한다(282②). 또한 당사자가 법원이 정한 기간 내에 준비서면 등의 서면을 제출하지 않거나 증거신청을 하지 않은 경우로서 변론의 준비를 계속할 상당한 이유가 없는 경우에는 변론준비절차를 종결하여야 한다(284①(2)).

다. 변론준비기일(기일방식)

재판장 등은 변론준비절차를 진행하는 동안에 주장 및 증거를 정리하기 위하여 필요하다고 인정하는 때에는 변론준비기일을 열어 당사자를 출석하게 할 수 있다(282①). 서면방식을 진행하였으나 그것만으로는 쟁점정리가 미흡한 사건, 서면공방의 필요성은 크지 않지만 쟁점정리를 위하여 당사자 본인을 대면할 필요가 있는 사건, 기일진행에 상호간의 협의가 필요한 사건, 화해를 통한 종결을 시도할 만한 사건 등의 경우에 변론준비기일을 잡을 수 있다. 이때 법원은 '변론준비기일통지서'를 당사자에게 보낸다.

당사자는 변론준비기일이 끝날 때까지 변론준비에 필요한 주장과 증거를 제출하여야 한다(282④). 이를 제출하지 않으면 실권효의 제재를 받게 된다(285①). 재판장은 변론의 준비를 위한 모든 처분을 할 수 있으며(282⑤), 당사자는 화해, 청구의 포기 · 인낙 및 소의 취하를 할 수 있다(220, 266③).

진행방식은 공개법정이 아닌 준비절차실 또는 심문실에서 진행하고, 변론준비기일에서 쟁점의 정리는 말로 하며(규 70조의2), 변론조서가 준용되는 변론준비기일조서를 작성한다(283②). 다만 재판장 등은 상당하다고 인정하는 때에는 당사자의 신청을 받거나 동의를 얻어 비디오 등 중계장치에 의한 중계시설을 통하거나 인터넷 화상장치를 이용하여 변론준비기일 또는 심문기일을 열 수 있고, 법원은 교통의 불편 또는 그 밖의 사정으로 당사자가 법정에 출석하기 어렵다고 인정하는 때에는 위와 동일한 방식으로 변론기일을 열 수 있다(287조의2). 이 경우 법원은 심리의 공개에 필요한 조치를 취하여야 하는데, 그 구체적인 내용은 민소규칙에서 정하고 있다(규 73조의4② 참조).

변론준비기일에 당사자가 출석하지 않은 때에는 재판장 등은 변론준비절차를 종결하여야 함이 원칙이다(284①(3)). 다만 변론의 준비를 계속하여야 할 상당한 이유가 있는 때에는 예외로 한다(284①단서). 한쪽 당사자가 변론준비기일에 불출석하였으면 진술간주와 자백간주의 법리가 준용된다(286, 148, 150). 이때 출석한 당사자는 상대방이 불출석한 경우 준비서면으로 예고하지 않은 사항도 진술할 수 있다(286조→276조 불준용). 양쪽 당사자가 모두 변론준비기일에 불출석하였으면 당사자 불출석을 이유로 변론준비절차를 종결할 수도 있고, 다시 기일을 정하여 양쪽 당사자에게 통지할 수도 있다. 후자의 경우에 양 당사자가 계속 불출석하면 소취하간주의 법리가 준용된다(286, 268). 다만 변론준비기일은 변론기일의 일부가 아니고 심리의 방식도 서로 달라 일체성이 없으므로 변론준비기일 불출석의 효과는 변론기일에 승계되지 않는다. 따라서 변론기일의 불출석과 통산하여 소취하간주의 법리를 적용할 수는 없다.[177]

변론준비절차 중에 변론의 제한 · 분리 또는 병합을 명할 수도 있는가?

민소법 286조에 의하면 변론의 제한이나 분리 또는 병합에 관한 민소법 141조는

177) 대법원 2006.10.27. 선고 2004다69581 판결.

변론준비절차에 준용하지 않으므로 변론준비절차 중에 이러한 명령을 하는 것은 허용되지 않는다. 다만 변론의 재개(142)는 준용한다. 따라서 재판장은 변론개시 전에 종결된 변론준비절차기일을 재개할 수 있다.

3. 변론준비절차의 종결

가. 종결원인

변론준비절차는 쟁점이 정리되어 변론준비의 목적을 달성하면 종결한다. 그 외에도 변론준비절차에 부친 뒤 6월이 지난 때, 당사자가 법원이 정한 기간 내에 준비서면이나 증거신청을 하지 않을 때, 당사자가 변론준비기일에 출석하지 아니한 때에도 종결한다(284①, 물론 불출석의 경우에 다시 기일을 정하여 통지할 수도 있다). 변론준비절차를 종결하는 경우 신속한 절차진행을 위하여 재판장 등은 변론기일을 미리 지정할 수 있다(284②).

나. 변론준비기일 종결의 효과

(1) 실권효

변론준비기일을 연 경우에는 그 기일에서 제출하지 않은 공격방어방법을 변론에서 제출할 수 없다(285①). 따라서 변론준비기일을 열지 않고 서면에 의한 변론준비절차로 종결된 사건에는 실권효가 적용되지 않는다.

(2) 예 외

① 제출하여도 소송을 현저하게 지연시키지 아니하는 경우(285①(1)), ② 중과실 없이 변론준비절차에서 제출하지 못하였다는 것을 소명한 경우(285①(2)), ③ 직권조사사항인 경우(285①(3)), ④ 소장 또는 변론준비절차 전에 제출한 준비서면에 적힌 사항으로서 변론준비절차에서 철회 또는 변경되지 않은 경우(285③)에는 변론에서 제출이 허용된다.

4. 변론준비절차 뒤의 변론의 운영

가. 변론에의 상정

변론준비기일을 거친 사건의 경우에는 당사자의 의견을 들어 변론기일을 지정한다(규 72②). 변론기일에서 변론준비기일의 결과를 진술하여야 하는데(287②),

이때의 진술은 당사자가 정리된 쟁점 및 증거조사 결과의 요지를 진술하거나(당사자 주도형), 법원이 당사자에게 해당사항을 확인하는 방식으로 할 수 있다(재판부 주도형). 이를 변론에의 상정(上程)이라고 한다(규 72조의2).

이러한 변론상정절차는 변론준비기일에 재판장이 인식한 쟁점과 증거조사결과를 당사자와 대리인에게 명확하게 확인시켜 줌으로써 결론에 대한 예측을 가능하게 하고, 재판 진행에 관한 신뢰와 판결결과에 대한 설득력을 높이는 역할을 하며, 나아가 합의부의 1인이 변론준비기일을 진행한 경우 직접주의가 훼손하지 않도록 하고, 단독재판장의 경우에도 변론공개의 원칙을 지키도록 기능한다.

나. 1회 변론기일주의와 계속심리주의

법원은 변론준비절차를 마친 경우에는 첫 변론기일을 거친 뒤 바로 변론을 종결할 수 있도록 하여야 하며, 당사자는 이에 협력하여야 한다(287①).

변론준비절차를 거친 사건의 경우 그 심리에 2일 이상이 소요되는 때에는 가능한 한 종결에 이르기까지 매일 변론을 진행하여야 하며, 특별한 사정이 있는 경우에도 가능한 최단기간 안의 날로 다음 변론기일을 지정하여야 한다(규 72①). 이렇게 지정된 변론기일은 사실과 증거에 관한 조사가 충분하지 않다는 이유로 변경할 수 없다(규 72③).

다. 집중적인 증거조사

법원은 변론기일에 변론준비절차에서 정리된 결과에 따라서 바로 증거조사를 하여야 한다(287③). 주로 증인신문과 당사자신문이 이에 해당할 것이다(293).

제5절 변론의 내용

Ⅰ. 변론에서의 당사자의 소송행위

1. 총 설

변론은 당사자가 말로 중요한 사실상 또는 법률상 사항에 대하여 진술하거나, 법원이 당사자에게 말로 해당사항을 확인하는 방식으로 한다(규 28①). 소송행위로서 당사자의 변론에는 신청과 공격방어방법이 있다.

신청이란 당사자가 법원에 대하여 일정한 행위(재판 · 증거조사 · 송달 등)를 요구하는 것을 말하는데 본안의 신청과 소송상의 신청으로 나눌 수 있으며, 공격방어방법에는 주장(법률상 주장+사실상 주장)과 입증(증거신청)이 있다.

법원은 변론에서 당사자에게 중요한 사실상 또는 법률상 쟁점에 관하여 의견을 진술할 기회를 주어야 한다(규 28②).

2. 신 청

본안의 신청이란 소송물에 관한 재판을 구하는 신청으로서, 원고의 본안의 신청은 원고(또는 반소원고)가 제출하는 소장(또는 반소장)에 청구취지로 기재되며, 이로써 변론의 주제가 정해진다. 소송비용재판의 신청이나 가집행선고의 신청도 본안의 신청이지만 이 부분은 법원이 직권으로 붙일 수도 있다. 소액사건에서 원고의 본안의 신청은 구술로도 가능하다(소심 4).

원고의 본안의 신청에 대한 피고의 답변(소각하 또는 청구기각판결의 신청)이 본안의 신청인지 여부에 대해서는 견해가 나뉘어 있다. 피고의 답변도 소송물에 관한 재판의 범위를 설정해 주는 신청이므로 개념상으로는 본안의 신청이라는 견해가 있으나,[178] 피고의 답변에 의해 소송물이나 재판내용이 좌우되는 것이 아니므로 소송상 신청으로 보는 것이 타당하다.[179] 다만 어느 견해에 의하든 피고의 답변은 직권조사사항이거나(소각하신청의 경우), 원고의 청구취지에 이미 포함되어 있어(청구기각의 경우) 이론상 반드시 요구되는 것은 아니다.

소송상 신청이란 소송절차의 진행상 파생하거나 부수적인 사항에 관하여 법원의 행위를 구하는 신청을 말한다. 제척 · 기피신청, 이송신청, 공시송달신청, 기일지정신청, 증거조사신청 등이 이에 속한다.

신청은 처분권주의에 의하여 당사자가 자유롭게 할 수 있고, 신청 후에도 법원이 이에 따른 행위(재판, 증거조사, 소송이송 등)를 하기 전까지는 철회할 수 있다. 다만 소취하의 경우에는 판결 후에도 철회가 가능하다(이 경우에는 재소할 수 없다. 267②). 또한 신청은 소송행위이므로 확정적일 것을 요하며, 조건이나 기한을 붙일 수 없다.

---

178) 김홍규 · 강태원, 443쪽; 정동윤 · 유병현 · 김경욱, 475쪽; 정영환, 580쪽; 한충수, 367쪽.
179) 김홍엽, 481쪽; 이시윤, 383쪽.

당사자의 신청이 있는 경우에 법원은 항상 응답하여야 하는가?

신청에는 당사자의 신청권이 인정되는 사항에 관한 신청과 법원의 직권사항으로서 직권발동을 촉구하는 의미의 신청이 있다. 전자의 경우가 대부분인데, 이에 대해서는 법원이 응답하여야 한다. 그러나 후자의 경우(변론재개신청, 관할위반에 의한 이송신청, 조사촉탁신청 등)에는 원칙적으로 법원이 이에 응답할 필요가 없다.

3. 공격방어방법

가. 의 의

당사자는 신청(본안의 신청 및 소송상 신청)을 뒷받침하기 위하여 변론주의에 따라 소송자료를 제출하여야 하는데, 이 소송자료를 공격방어방법이라고 한다. 원고가 자기의 신청을 이유 있게 하기 위하여 제출하는 소송자료를 공격방법이라고 하고, 피고가 자기의 신청을 이유 있게 하기 위하여 제출하는 소송자료를 방어방법이라고 한다.

공격방어방법의 주된 내용은 주장(법률상·사실상 주장)과 입증(증거신청)이다. 원고의 사실상 주장은 주로 청구원인사실의 주장이 될 것이고, 피고의 경우에는 부인과 항변이 될 것이다. 주장과 증거신청 외에도 증거항변, 개개의 소송행위의 효력이나 방식의 당부에 관한 주장도 공격방어방법에 포함된다.

원고의 청구의 변경이나 피고의 반소는 새로운 본안의 신청이지 공격방어방법이 아니다.

나. 주 장

(1) 개 요

주장이란 신청을 이유있게 하기 위해 행해지는 소송행위를 말한다. 주장은 진술이라고도 하는데, 관념의 통지로서 법원에 대한 일방적 행위이다. 주장은 기동적이고 생생한 변론을 보장하기 위해서 자유롭게 철회할 수 있다. 다만 주장과 철회의 반복은 변론 전체의 취지(202)로서 불리하게 참작될 수 있고, 주장의 철회가 실기한 공격방어방법으로 평가되면 각하될 수 있다(149).

또한 주장은 신청과 달리 가정적·예비적인 주장이 허용된다. 대여금소송을 예로 들면, 피고가 원고로부터 돈을 빌린 사실이 없다고 주장하면서 동시에 시효

소멸을 주장할 수 있다는 것이다. 법원은 여러 주장의 시간적 선후나 논리적 순서를 고려함이 없이 심리하기 용이한 쪽부터 심리하면 된다. 채무가 성립하였는지 여부가 불분명한데도 소멸시효완성으로 인정하여 청구기각판결을 할 수 있다는 것은 일견 비논리적인 것 같지만, 신속·경제적일 뿐만 아니라 어차피 어느 한 주장이 인정되면 청구기각이 될 것이므로 이렇게 처리해도 무방하다.

최근 **등가치주장(진술)의 법리**가 주장되고 있다. 원고가 청구를 뒷받침하기 위해 어떤 사실을 주장했는데, 피고는 그 사실을 부인하고 다른 사실을 주장하였으나 그 다른 사실에 의해서도 원고의 청구가 뒷받침되는 경우라면 어느 쪽 진술에 의하더라도 원고의 청구는 인용될 수 있다는 법리로서, 별도의 증거조사를 할 필요가 없다는 점에서 의의가 있다.[180] 이 법리를 긍정하더라도 불이익한 상대방의 주장이 원고의 주장과 등가치적인지 여부를 신중히 확인하여야 할 것이다.

(2) 법률상 주장

법률상 주장에는 넓게 법규의 존부나 내용의 해석적용에 대한 의견진술을 포함하지만 좁게는 구체적인 권리관계의 존부나 개개의 법률효과의 발생·변경·소멸에 관한 당사자의 법률적 판단을 법원에 보고하는 진술(권리주장)을 말한다. 소유권, 임차권, 부당이득, 소비대차 등의 주장이 이에 속한다.

법률상 주장 및 이에 대한 자백(권리자백)은 법원을 구속하지 않는다.[181] 다만 ① 구실체법설에 의할 때에는 소송물을 실체법상 권리의 주장으로 보므로 원고는 소송물의 특정을 위한 실체법상 권리 또는 법률관계의 진술을 생략할 수 없으며, 법원은 이에 구속된다. 또한 ② 소송물인 권리 또는 법률관계 자체에 대한 법률상 주장을 시인하는 때에는 권리자백이지만 청구의 포기·인낙이 되어 구속력이

180) 예를 들면 원고가 유일한 상속인인 경우에 원고가 자신이 토지를 매수하였다고 주장하면서 소유권확인청구를 하였는데, 피고가 원고의 토지 매수사실을 부인하면서 토지를 매수한 사람은 원고가 아니라 원고의 피상속인이라고 주장한 경우이다. 원고에 주장에 따라 원고가 매수했다고 하더라도 원고의 소유권이 인정되고 피고의 주장에 따라 매수한 자가 피상속인이었다고 해도 원고가 유일한 상속인이므로 원고의 소유권이 인정된다. 그렇다면 원고의 주장이 진실인지 아니면 피고의 주장이 진실인지에 대한 증거조사는 시간과 비용의 낭비일 뿐이므로 불필요하다는 법리이다[高橋宏志, 『民事訴訟法概論』, 有斐閣, 2017, 145面].

181) 대법원 1981.6.9. 선고 79다62 판결; 대법원 1982.4.27. 선고 80다851 판결(소송물의 전제가 되는 권리관계나 법률효과를 인정하는 진술은 권리자백으로서 법원을 기속하는 것이 아니고 상대방의 동의 없이 자유로이 철회할 수 있으므로 피고가 이건 매매계약이 원고에 의하여 해제되었다고 자백하였다 할지라도 이를 철회한 이상 계약해제의 효과가 생긴 것이라고 할 수 없다).

인정된다(220). ③ 상식적인 법률상 용어(소유권 · 임대차 · 매매 등)를 사용하는 경우에는 '사실'에 대한 압축진술로 보아 재판상 자백의 효력이 인정되는 경우가 있다.[182)]

(3) 사실상 주장

사실상 주장이란 구체적인 사실관계의 존부에 대한 당사자의 지식이나 인식의 진술을 말한다. 점유사실, 변제사실, 면제사실, 매수사실 등의 주장이 이에 속한다. 여기에서의 사실은 주요사실, 간접사실, 보조사실로 구별되는데, 주요사실에 대해서는 변론주의의 원칙상 당사자가 변론에서 주장하지 않으면 판결의 기초로 할 수 없다.

사실상 주장은 절차의 안정을 위하여 조건이나 기한을 붙일 수 없지만 소송내적인 조건인 예비적 주장은 허용된다. 예컨대 소유권확인청구에서 소유권 존재의 원인으로 주위적으로 매매를, 예비적으로 시효취득을 주장할 수 있으며, 대여금청구에서 주위적으로 변제를 주장하면서 예비적으로 시효소멸을 주장할 수 있다. 이 경우에는 어느 것을 이유로 승소시켜도 무방하지만, 상계의 항변은 기판력이 생기고(216②), 피고의 반대채권(자동채권)을 희생시켜야 하는 출혈적인 항변이기 때문에 판단의 순서를 최후로 미루어야 한다.

사실상 주장에 대한 상대방의 태도로는 부인 · 부지 · 자백 · 침묵 및 대항할 수 있는 새로운 사실을 주장하는 항변이 있을 수 있다. 부지는 부인으로 추정하며(150②), 침묵은 변론 전체의 취지상 다툰 것으로 인정될 경우를 제외하고는 자백한 것으로 본다(150①). 자신이 관여한 것으로 주장된 행위나 서증에 관하여는 부지라고 답할 수 없고 부인하든지 자백하여야 한다. 부인의 경우에는 상대방의 주장사실을 아무런 이유도 제시하지 않고 부정하는 단순부인(소극부인, 직접부인)과 상대방의 주장사실과 양립되지 않는 사실을 적극적으로 진술하며 부정하는 이유부인(적극부인, 간접부인)이 있다. 답변서의 기재 및 문서의 진정성립을 부인하는 경우에 단순부인은 허용되지 않는다(규 65①, 116).

---

182) 대법원 1989.5.9. 선고 87다카749 판결(소유권에 기한 이전등기말소청구소송에 있어서 피고가 원고 주장의 소유권을 인정하는 진술은 그 소전제가 되는 소유권의 내용을 이루는 사실에 대한 진술로 볼 수 있으므로 이는 재판상 자백이라 할 것이다).

다. 입증(증거신청)

입증(증거신청)이란 사실상 주장을 상대방이 부인이나 부지로 답변함으로써 다투는 경우에 그 주장에 부합하는 증거를 제출해서 자기에게 유리하게 법원의 확신을 얻기 위한 소송행위를 말한다. 증거신청도 형식적으로는 법원을 상대로 증거조사라는 행위를 구하는 소송상 신청 중의 하나인데, 그 실질에 착안하여 붙인 명칭이 입증이다. 증거신청은 법원이 증거조사를 개시하기 전에는 철회가 허용된다. 증거신청이 있는 경우에는 상대방에게 의견을 진술할 기회를 주어야 한다.

4. 항 변

가. 의 의

피고가 원고의 신청이나 주장을 배척하기 위한 방어방법으로서 적극적인 사실상 주장을 항변이라고 한다. 방어방법의 일종이다.

항변에는 실체법상 효과가 발생하지 않는 소송상 항변과 실체법상 효과가 발생하는 본안의 항변으로 구분되는데, 좁은 의미의 항변은 본안의 항변만을 의미한다.

나. 소송상 항변

(1) 본안전 항변

소송요건의 흠을 다투는 주장을 본안전 항변이라 한다. 그중에서 임의관할위반(30), 소송비용담보의 제공(119), 부제소합의,[183] 중재합의(중재 9①) 등은 당사자의 주장이 있어야 법원이 고려한다는 의미에서 항변이다(방소항변).[184]

이에 비하여 대리권 흠결의 항변, 소송계속의 항변, 기판력의 항변 등 대부분의 소송요건에 대한 항변은 직권조사사항으로서 법원의 직권발동을 촉구하는 의미에 불과하므로 엄밀한 의미에서 항변이라 할 수 없다.

방소항변을 매우 좁게 해석하는 견해의 내용은 무엇인가?

일반적으로 방소항변이란 당사자에게 일정한 소송요건의 흠을 주장할 수 있게 하는

183) 다만 부제소합의는 직권조사사항이라는 것이 판례의 입장이다(대법원 2013.11.28. 선고 2011다80449 판결).

184) 이시윤, 388쪽. 이에 대하여, 이러한 피고의 주장은 원고의 주장과 양립할 수 있는 것이 아니므로 항변이라고 할 수 없다는 반론이 있다(정동윤 · 유병현 · 김경욱, 482쪽).

항변으로서, 항변이 있더라도 법원은 그 소송요건의 존부에 대한 심리와 본안에 대한 심리를 병행할 수는 있지만 소송요건의 흠이 치유되지 않는 이상 소각하 판결을 하여야 하는 경우를 의미한다. 그러나 이와 달리, 소송요건 중 흠결이 치유되지 아니하면 애당초 본안에 대한 심리 자체를 진행할 수 없는 사유만을 방소항변이라고 보는 견해도 있다. 이 견해에 의하면 원고가 담보를 제공할 때까지 피고가 소송을 거부할 수 있다는 민소법 119조만 진정한 의미의 방소항변이다.

(2) 증거항변

상대방이 신청한 증거에 대하여 실기하여 부적법하다거나 불필요하다거나 신빙성이 없으므로 증거채택을 하지 말아달라는 주장을 말한다.

신청된 증거의 채택여부는 법원의 직권사항이고, 신빙성은 자유심증에 의하여 결정되는 것이어서 이러한 주장은 엄밀한 의미에서 항변이라 할 수 없다.

서증에 대한 인부도 증거항변에 해당되는가?

서증에 대한 부지·부인의 답변은 진정성립여부에 대한 견해로서 증거항변이 아니다.

다. 본안의 항변

(1) 의 의

본안의 항변은 실체법상 효과에 관계있는 항변으로서, 상대방의 청구를 배척하기 위하여 그 주장사실이 진실임을 전제로 이와 양립가능한 별개의 사항에 대하여 하는 사실상 진술을 말한다('그렇다, 하지만…').

간접부인인지 아니면 본안의 항변인지에 대한 구별의 핵심은 상대방의 사실상 주장과 양립하는지 여부에 있다. 예컨대 돈을 빌려주었다는 원고의 주장에 "원고로부터 돈을 받기는 하였으나, 빌린 것이 아니고 증여받은 것이다"는 진술은 원고의 주장사실의 일부를 다투는 것이므로 양립하지 않아 간접부인(이유부 부인, 적극부인)이고, "돈을 빌린 것은 사실이나 변제하였다"는 진술은 원고의 주장사실에 대하여 양립 가능하므로 본안의 항변이다.

부인과 항변을 구별해야 하는 이유는 ① 부인의 경우에는 상대방이 부인당한 사실을 증명해야 하고, 항변의 경우에는 항변하는 자가 그 사실을 증명해야 한다. ② 청구가 인용될 때 부인의 경우에는 판결이유에서 이를 판단할 필요가 없으나 항변의 경우에는 항변이 왜 배척되는지 적어야 한다. ③ 부인의 경우에 상대방은 그 원인사실을 구체적으로 밝힐 부담을 지지만, 항변의 경우에 상대방은 이러한 부담이 없다.

(2) 항변의 종류

항변의 주장형태에 따라 제한부자백('빌린 사실을 인정하지만 변제했다')과 가정항변('빌린 사실을 부인하면서 만약 차용하였다고 하더라도 변제했다')으로도 나눌 수도 있고, 반대규정의 성질에 따라 아래와 같이 권리장애사실의 항변, 권리소멸(멸각)사실의 항변, 권리저지사실의 항변으로 나눌 수도 있다.

1) 권리장애사실의 항변

청구원인사실의 존재에도 불구하고 주장하고 있는 그 권리가 권리장애규정의 요건사실에 해당되어 인정되지 않는다는 항변을 말한다. 의사능력의 흠, 강행법규 위반,[185] 통정허위표시, 공서양속위반, 불공정한 법률행위, 원시적 이행불능, 불법원인급여 등의 주장이 여기에 해당한다. 청구원인사실의 단순한 부인과의 차이는 상대방의 권리의 성립요건을 부인하는 것이 아니라 권리의 성립을 방해하는 예외적 요건('다만…는 그러하지 아니한다' 또는 '…때에는 …을 적용하지 아니한다')에 해당하는 사실을 주장하는 점에 있다.

채권양도의 대항요건은 항변인가?

채권양도에 있어서의 대항요건(양도인의 통지 또는 채무자의 승낙)은 항변이 아니라 청구원인사실로서 권리근거사실이다. 따라서 이에 대해서는 피고가 아니라 원고에게 주장·입증책임이 있다. 판례도 피담보채권을 저당권과 함께 양수한 자는 저당권이전의 부기등기를 마치고 저당권실행의 요건을 갖추고 있는 한 채권양도의 대항요건을 갖추고 있지 아니하더라도 경매신청을 할 수 있지만, 채무자는 경매절차의 이해관계인으로서 채권양도의 대항요건을 갖추지 못하였다는 사유를 들어 경매개시결정에 대한 이의나 즉시항고절차에서 다툴 수 있는데, 이 경우에는 채권자가 대항요건을 갖추었다는 사실을 증명하여야 한다고 하였다.[186]

---

185) 다만 판례는 신의성실의 원칙 위배와 권리남용은 강행규정에 위배되는 것이므로 당사자의 주장이 없더라도 법원은 직권으로 판단할 수 있다는 입장이다(대법원 1989.9.29. 선고 88다카17181 판결).

186) 대법원 2005.6.23. 선고 2004다29279 판결; 대법원 2014.12.2. 자 2014마1412 결정.

2) 권리소멸(멸각)사실의 항변

상대방의 권리를 사후적으로 소멸시키는 법률요건요소에 해당하는 사실을 주장하는 항변을 말한다.[187] 변제, 대물변제, 공탁, 경개, 면제, 면책적 채무인수, 혼동 등 채권의 소멸원인의 주장 등이 이에 속한다. 일단 발생한 법률효과를 취소권, 해제·해지권과 같은 형성권의 행사에 의해 소멸시키는 경우도 여기에 해당한다. 기타 소멸시효의 완성, 해제조건의 성취, 상계의 항변, 피고의 취득시효의 완성주장 등이 있다.

해제조건의 성취에 대한 주장은 권리소멸항변에 해당한다. 그렇다면 정지조건의 성취는 어디에 해당하는가?

조건의 성취에 의해 그때까지 발생하고 있던 법률행위의 효력을 소멸시키는 것이 해제조건이므로 이는 피고가 주장하는 권리소멸항변이다. 그러나 법률행위의 효력발생을 장래의 불확실한 사실에 의존케 하는 정지조건은 조건이 성취되어야 법률행위의 효력이 발생하므로 원고의 공격방법(권리근거사실)에 해당한다.[188]

3) 권리저지사실의 항변

민법상 이행거절권의 존재를 주장하는 항변이다. 이 항변을 원용하여 이에 대응되는 사실을 소송에서 제출한다고 해도 상대방의 청구권이 소멸되지는 않지만 그 실현이 저지된다. 유치권, 보증인의 최고·검색의 항변, 기한유예의 항변, 변제기 미도래의 항변, 동시이행의 항변 등이 이에 해당한다. 다른 항변이 이유 있는 경우에는 청구를 기각하는 판결을 하여야 하지만, 유치권이나 동시이행의 항변이 이유 있는 경우에는 상환이행판결을 해야 한다.

권리항변이란 무엇인가?

항변 중에서 권리의 발생·소멸의 주요사실이 변론에 제출된 것만으로는 부족하고

187) 대법원 1997.3.25. 선고 96다42130 판결(원고가 피고로부터 금전을 지급받기로 하는 약정이 있다고 주장하고 그러한 약정의 존재를 입증한 경우, 약정금 범위 내에서 구체적인 액수 등에 대하여는 더 심리해야 할 것이라 하더라도 원고로서는 일응 그 권리발생의 근거에 대한 주장·입증을 한 것이므로 그 약정에 따른 채무가 불발생한다거나 소멸하였다는 주장은 피고의 항변사항에 속한다).

188) 대법원 2006.11.24. 선고 2006다35766 판결(어느 법률행위에 어떤 조건이 붙어 있었는지 아닌지는 사실인정의 문제로서 그 조건의 존재를 주장하는 자가 이를 입증하여야 한다고 할 것이다).

권리자로부터 직접 권리행사의 의사표시가 없으면 판결의 기초로 할 수 없는 항변을 권리항변이라 한다. 따라서 권리항변의 경우에는 주장공통의 원칙이 적용되지 아니하므로 소송 외에서 권리행사를 하였는데 상대방에 의해 그 사실이 변론에 현출되는 방식은 허용되지 않고, 권리자가 변론에서 다시 권리행사의 의사표시를 하여야 한다. 유치권 항변, 동시이행의 항변[189]이 권리항변의 전형이다. 다만 논자에 따라 소송상 형성권의 행사뿐만 아니라 소송 외에서의 권리행사사실(예컨대 소송 외에서 상계의 의사표시)을 변론에 현출하는 것을 포함한 사법상 형성권 행사 일반을 권리항변이라고 부르기도 하고,[190] 피고 쪽에서의 사실상 주장(변제, 면제 등)이 아닌, 법률상 주장(소유권, 임차권, 상계항변 등)을 권리항변이라고 부르는 경우도 있다.[191]

원고가 이행지체로 인한 지연손해금을 청구한 경우에 피고가 동시이행의 항변(민 536)을 행사하지 않으면 원고의 청구를 무조건 인용하여야 하는가?

① 판례는 쌍무계약에 있어서 상대방의 이행청구에 대하여 동시이행의 항변을 행사하지 않으면 상환이행판결이 아니라 단순이행판결을 하여야 한다는 입장이다.[192] 그러나 ② 원고가 이행지체로 인한 지연손해금을 청구한 경우에는 이행거절권능의 존재 자체로 이행지체책임이 발생하지 않으므로 법원으로서는 원고가 이행제공이 있었는지 심리하지 아니하고 청구인용판결을 한 것은 위법하고,[193] ③ 동시이행항변권이 붙어 있는 채권을 자동채권으로 하여 상계할 수 없다고 하였다.[194] 위 ①을 동시이행항변권의 **행사효**, 위 ②, ③을 **존재효**라고 부른다.

4) 항변에 대한 상대방의 태도

항변으로 인하여 불리한 판결을 받을 가능성이 있는 상대방은 이에 대하여 적절한 대응을 하여야 한다. 물론 피고의 항변에 대하여 원고는 다투지 않거나 자백할 수도 있고, 항변사실이 법적으로 중요하지 않다거나 이를 부인하는 주장을 할 수도 있다. 그러나 상대방의 항변을 그대로 받아들이면서도 재반대규범의 법률요건요소에 해당하는 사실을 주장하여 항변의 효력을 무력화시키고 원래의 청구

189) 대법원 2006.2.23. 선고 2005다53187 판결(동시이행의 항변권은 당사자가 원용하여야 그 인정여부에 대하여 심리할 수 있다).
190) 김홍규 · 강태원, 453쪽.
191) 정동윤 · 유병현 · 김경욱, 477쪽.
192) 대법원 1990.11.27. 선고 90다카25222 판결.
193) 대법원 1974.3.26. 선고 73다1049 판결; 대법원 1997.7.25. 선고 97다5541 판결; 대법원 2001.7.10. 선고 2001다3764 판결.
194) 대법원 2004.5.28. 선고 2001다81245 판결; 대법원 2002.8.23. 선고 2002다25242 판결.

가 그대로 이유 있음을 명확히 하는 것을 목적으로 항변에 대하여 재항변을 제출할 수도 있다. 예컨대 피고의 소멸시효 항변에 대하여 "시효완성 전에 가압류를 했기 때문에 시효가 중단되었다"는 주장이 이에 해당한다. 재항변에 대하여 상대방이 그 효력을 무력화시키는 사실(위의 예에서 가압류가 해제되었다는 사실)을 다시 주장할 수도 있는데, 이를 재재항변이라고 한다.

5. 소송에 있어서 형성권의 행사

가. 개 념

당사자가 변론에서 소송행위를 하면 소송법상 효과가 발생하는 것은 당연하다. 그런데 실체법상 형성권(해제 · 해지권, 취소권, 상계권)을 변론에서 공격방어방법으로 행사하였는데 그 공격방어방법이 법원에 의하여 취하 또는 각하되었다면 실체법상 형성권 행사의 효과는 어떻게 되는지가 논의된다.

이는 특히 상계권의 경우에 문제된다. 예컨대 원고의 대여금 1천만원 청구에 대하여 피고가 반대채권 1천만원으로 상계항변을 행사하였는데, 그 항변이 실기한 공격방어방법에 해당하여 각하되고 원고승소판결이 난 경우에, 피고는 이미 상계항변을 행사했기 때문에 더 이상 실체법적인 상계권이 소멸해버려 반대채권의 변제를 청구할 수 없는지 여부에 대하여 학설이 나뉜다.

나. 학설과 판례의 입장

(1) 병존설(사법행위설)

외관상 하나의 행위이지만 사법상 의사표시와 소송법상 진술은 별개이므로 사법상 의사표시가 있었던 이상 소송법상 진술이 취하 또는 각하되더라도 일단 행사한 사법상 형성권 행사의 효력은 유효하다는 견해이다. 따라서 위의 예에서 더 이상 반대채권의 변제를 청구할 수 없다는 결론이 된다(물론 부당이득반환청구에 의해 실체법상 조정은 허용된다). 이 학설은 피고의 반대채권이 아무런 대가없이 소멸하는 것은 불합리하다는 비판을 받는다.

(2) 소송행위설

소송상 형성권의 행사는 사법행위가 아니라 소송행위이므로 사법상 효과가 발생하지 않는 것이 원칙이지만 법원이 판결로서 인정한 경우에는 사법상 효과도 발생한다고 보는 견해이다. 즉 소송상 상계항변이 법원에 의해 받아들여지면 사법상 효과가 발생하지만 그렇지 않으면 소송상 효과만 소멸하여 피고에게 채권이 남아있다고 본다. 이 학설에 대한 비판으로는, 상계는 상대방에 대한 의사표시로 하고 상계의 의사표시는 각 채무가 상계할 수 있는 때에 대등액에 관하여 소멸한 것으로 본다는 규정(민 493)과 배치된다는 것이다.

(3) 양성설

소송상 형성권행사는 법률적으로 사법행위적 성질과 소송행위적 성질을 겸하는 외관상 하나의 행위라고 본다. 따라서 실체법상 효과와 소송상 효과는 서로 의존관계에 있으므로 어느 한쪽의 무효는 다른 쪽의 무효를 가져온다고 본다. 이 견해에 대하여는 사법행위와 소송행위를 구별하고 있는 현행 법체계와 맞지 않고 기교적인 구성이라는 비판이 있다.

(4) 신병존설

원칙적으로 병존설에 의하되, 상계항변의 경우에는 상계항변 주장자의 의사를 합리적으로 해석하면 소송상 주장이 받아들여져 유효할 것을 조건으로 그 사법상 효과를 발생시키겠다는 조건부 의사표시라고 보아야 한다는 견해이다(조건설,[195] 통설). 따라서 당사자가 소송상 효과를 상실하더라도 실체법상 효과를 의욕하는 의사를 가지고 있는 예외적인 경우에는 실체법상 효과가 존속하지만 일반적인 경우에는 실체법상 효과도 상실한다고 해석한다. 이 범주에는 상계의 항변이 소송상 부적법 각하된 경우에는 일단 행해진 상계의 의사표시도 그 소송상 원용이 부정됨에 따라 상계권 행사에 의한 법상태와는 모순되는 판결이 선고되므로, 이 경우에 상계권 행사자는 상계의 의사표시가 철회되었음을 전제로 별도로 상계권행사도 가능하고 상계에 제공한 채권으로 소를 제기할 수도 있다는 견해(철회설)도 포함된다.[196]

(5) 판 례

판례는 소제기로써 계약해제권을 행사하면서 원상회복에 기한 반환청구를 청

195) 조건설은, 상계의 의사표시에는 조건을 붙이지 못한다는 민법 493조 1항 후문과의 정합성이 문제되는데, 위의 경우에는 소송 내적인 조건이므로 문제없다고 본다(정동윤 · 유병현 · 김경욱, 510쪽; 정영환, 593쪽).

196) 河野正憲, 「民事訴訟法」, 有斐閣, 2009, 300面.

구취지로 기재한 경우 나중에 원고가 소송을 취하하여도 해제권은 형성권이므로 그 행사의 효력에는 영향이 없다고 판시하였다(병존설).[197]

반면에 상계에 대하여는 소송상 방어방법으로서의 상계항변은 통상 수동채권의 존재가 확정되는 것을 전제로 하여 행하여지는 일종의 예비적 항변으로서 소송상 상계의 의사표시에 의해 확정적으로 효과가 발생하는 것이 아니라 당해 소송에서 수동채권의 존재 등 상계에 관한 법원의 실질적 판단이 이루어지는 경우에 비로소 실체법상 상계의 효과가 발생한다는 전제 하에, 피고가 예비적 상계항변을 한 후 조정이 성립됨으로써 수동채권의 존재에 관한 법원의 실질적인 판단이 이루어지지 않은 때에는 소송상 상계항변의 효과도 발생하지 않는다고 판시하였다.[198] 나아가 원고의 소구채권 자체가 인정되지 않아서 피고의 상계항변의 당부를 따져볼 필요 없이 원고의 청구가 배척된 경우에도 실체법상 상계의 효과가 발생하지 않는다고 하였다.[199]

위 판례의 입장을 종합하면, 소송상 상계의 의사표시가 있었더라도 소송 도중 조정이 성립된 때 혹은 소구채권 자체가 부정됨으로써 원고의 청구가 배척된 때 등과 같이, 상계에 관한 법원의 실질적 판단이 없었던 경우에는 널리 실체법상 상계의 효과를 부인하고 있어 상계항변이 실기로 인하여 각하된 경우에도 실체법상 상계의 효과를 부인할 것으로 예상되므로 신병존설의 입장으로 판단된다.[200]

Ⅱ. 소송행위론

1. 소송행위 일반

가. 의 의

소송행위란 널리 소송주체의 행위를 일컫는데, 그중에서 법원이 하는 행위는 국가기관이 하는 행위로서 별도의 법적 규율을 받으므로 이를 제외하고, 여기에서는 처분권주의, 변론주의가 적용되는 당사자의 소송행위만을 고찰하기로 한다.

법률행위에 대한 일반론은 민법에서 규정하고 있음에 반하여, 민소법에는 당

---

197) 대법원 1982.5.11. 선고 80다916 판결.
198) 대법원 2013.3.28. 선고 2011다3329 판결; 대법원 2014.6.12. 선고 2013다95964 판결; 대법원 2015.3.20. 선고 2012다107662 판결.
199) 대법원 2018.8.30. 선고 2016다46338,46345 판결.
200) 김홍엽, 492쪽.

사자의 소송행위를 규율하기 위한 일반원칙을 정해놓은 규정이 존재하지 않는다. 독일 민사소송법학은 법률행위와 대비되는 독자적인 가치원리를 탐색하는 과정에서 소송행위라는 개념을 발전시켜 왔는데, 이것이 오늘날 소송행위론의 토대가 되었다.

나. 소송행위의 개념에 대한 학설

(1) 요건 및 효과설

법률행위는 요건과 효과가 모두 민법에 의하여 규율되는 행위임에 반하여, 소송행위는 요건과 효과가 모두 소송법에 의하여 규율되는 소송절차 형성행위라고 보는 견해이다.[201] 이 견해에 의하면 소의 제기·취하, 청구의 포기·인낙, 주장, 재판상 자백, 상대방의 주장을 다투거나 다투지 않는 것, 상소의 제기·취하, 상소권의 포기 등을 소송행위로 본다.

(2) 효과설

소송법의 영역에 요건 규정이 없어도 소송법상 효과가 발생되는 행위는 모두 소송행위로 보는 견해이다. 이에 의하면 요건 및 효과설에서 말하는 소송행위 외에 소송계약(소취하의 합의 등)도 소송행위로 본다.

(3) 주요효과설

소송절차에 고유한 법적 효과를 주요 불가결한 본래적 효과로서 발생시키는 행위를 소송행위로 정의하는 견해이다.[202] 즉 당사자의 행위 중에 그 행위의 주요한 작용이 소송의 영역에 있는가, 아니면 실체법적인 권리행사의 영역에 있는가의 차이에 착안하여 전자의 경우를 소송행위, 후자의 경우를 법률행위로 분류하는 견해로서 다수설이다. 예컨대 소의 제기는 실체법적으로 시효중단의 효과가 있으나 이는 부수적인 것이고 주된 효과는 소송계속이므로 소송행위이며, 소송 중 채권의 양도는 당사자 변경의 사유가 되는 소송법상 효과가 발생하지만 이는 부수적인 것이고 실체법상 권리관계의 이전이 주된 것이므로 소송행위가 아니라고 본다.

---

201) 박재완, 285쪽; 송상현·박익환, 316쪽; 이시윤, 394쪽.
202) 김홍규·강태원, 424쪽; 김홍엽, 494쪽; 전병서, 133쪽; 정동윤·유병현·김경욱, 484쪽; 정영환, 595쪽; 한충수, 380쪽; 호문혁, 464쪽.

다. 소송행위의 분류에 대한 견해

(1) 행위의 형태에 의한 분류

당사자의 소송행위를 변론에서 행해지는 형태에 착안하여 분류하는 방법으로서, 이것을 ① 신청, ② 법률상 주장, ③ 사실상 주장으로 분류하는 견해가 있다(Hellwig). "신청"은 법원에 대하여 일정한 소송행위를 요구하는 의사표시행위인데, 이중 특히 종국판결에서 재판되는 사항에 대한 당사자의 주장은 원고가 청구의 취지를 진술하고 피고가 이를 다투면서 본안 또는 소송요건에 대한 진술을 행하는 형식으로 행해진다. 이에 대하여 원·피고에 대한 "신청"을 이유 있게 하는 방법을 공격방어방법이라 하는데, 이는 "법률상·사실상 주장"에 의해 행해지며, 이를 뒷받침하기 위하여 입증(증거신청)이 뒤따른다. 앞의 '변론의 내용'에서의 설명이 위의 분류방법에 의한 것이다. 이 분류방법을 제창한 이유는 소송행위가 법원에 대하여 이루어지는 것이 통상적이므로 소송절차의 안정성을 존중하고 법원에 대한 공적인 진술로서 명확성을 기할 필요가 있기 때문이라고 한다. 즉 이러한 소송행위에는 표시주의·외관주의가 관철되어 재심사유가 존재하지 않는 한 착오, 허위표시, 사기·강박 등이 소송행위의 효과에 영향을 주지 않도록 이론을 구성할 필요가 있다는 것이다. 위 소송행위들은 의사의 통지(소·상소의 제기, 증거신청 등 각종의 신청), 관념의 통지(사실상 주장 및 법률상 주장), 의사표시(단독행위, 소송계약, 합동행위)로 나눌 수 있다.

(2) 취효적 소송행위와 여효적 소송행위

민사소송절차는 기본적으로 법원의 판결을 구하는 동태적인 고찰방법이 지배하는 영역임을 전제로 하여 당사자의 소송행위를 '취효적 소송행위'와 '여효적 소송행위'로 분류하는 견해가 있다(Goldschmidt).

1) 취효적 소송행위

소송행위로부터 직접 일정한 법률효과가 발생하는 것이 아니라 법원의 행위(재판)를 통하여 비로소 소송법상 효과가 발생하는 소송행위를 말한다. 신청, 주장 및 증명이 이에 해당하며 요건이 갖추어져 있지 않으면 법원으로부터 부적법 각하된다.

2) 여효적 소송행위

취효적 소송행위 외에 당사자의 소송행위를 총칭하는 것으로서, 법원의 행위(재판)를 통하지 아니하고 직접 소송법상 효과가 발생하는 소송행위를 말한다. 여효적 소송행위는 ① 상대방이 법원인 경우(소 또는 상소의 취하 등)와 타방 당사자인 경우(대리권소멸의 통지 등) 및 제3자인 경우(소송고지 등)로 나눌 수도 있고, ② 의사표시의 성질을 가지는 소송행위(소·상소의 취하, 소의 취하·소의 변경에 대한 상대방의 동의, 상소권의 포기, 청구의 포기·인낙 등), 통지의 성질을 가지는 소송행위(소송고지, 소송대리인 선임, 준비서면에서의 신청·주장의 예고 등), 사실행위의 성질을 가지는 소송행위(문서의 제출, 준비서면의 제출, 당사자본인 또는 소송대리인의 법원에의 출석 등)로 나눌 수도 있다. 소·상소의 제기는 법원에 재판을 구한다는 의미에서는 취효적 소송행위이지만, 동시에 직접 소송계속 또는 이심의 효력이 발생하므로 여효적 소송행위이기도 하다. 여효적 소송행위의 경우에는 요건이 갖추어져 있지 않으면 무효이고, 법원이 무시하면 된다.

라. 소송상 합의(소송계약)

(1) 의 의

소송상 합의란 현재 계속 중이거나 또는 장래 계속될 특정의 소송에 대해 직접 또는 간접으로 어떠한 영향을 미치는 법적 효과의 발생을 목적으로 한 당사자간의 합의를 말한다. 소송법상 명문의 규정이 있는 경우로는 관할의 합의(29), 담보제공방법에 관한 합의(122), 담보물변경의 합의(126), 첫기일변경의 합의(165②), 불항소합의(비약상고, 390①), 중재합의(중재 9), 변론준비절차에서의 협의(규 70③) 등이 있는데 이들에 대해서는 소송행위로 보는 데에 이견이 없다. 그 외 소송법에 명문의 규정이 없는 부제소합의, 신청권포기합의, 불상소의 합의, 소·상소취하의 합의, 부집행계약, 증거계약 등에 대하여 과거에는 공법관계에 관한 소송상 합의는 허용되지 않는다는 이유로 임의소송 금지의 원칙에 따라 무효라고 보았으나, 오늘날에는 이러한 계약이 유효하다는 데에 이견이 없고, 다만 그 법적성질을 둘러싸고 견해의 대립이 있다. 물론 소송상 합의 중 전속관할에 관한 합의, 증명력계약, 소송절차변경의 합의 등은 공익에 직결되므로 무효이다.

(2) 소송법상 명문규정이 없는 소송상 합의의 법적성질

1) 사법계약설(법률행위설)

약정대로 작위의무 또는 부작위의무를 발생케 하는 사법상 계약이라고 보는 견해이다. 여기에는 ① 불이행의 경우 그 이행을 청구하여 승소판결을 받아 강제집행을 할 수 있고, 만약 집행이 불능인 경우에는 손해배상청구를 할 수 있다는 견해(의무이행소구설)와, ② 소송상 합의는 사법계약이지만 간접적으로 소송법상 효과가 있으므로 법정에서 약정대로 행동하지 않으면 이를 항변으로 주장할 수 있고, 이로써 권리보호의 이익을 상실한다는 견해(항변권발생설)가 있는데, 후자가 다수설이다.[203)]

2) 소송계약설(소송행위설)

소송상 합의는 직접적으로 소송법상 효과를 발생케 하는 소송계약이라는 견해이다. 이 견해에 따르면 소송법상 효력은 소송계약 자체에서 직접 발생하므로 법원이 소송계약의 존재를 알게 되면 반드시 이를 직권으로 참작하여야 한다. 따라서 만약 소의 취하가 다투어지면 법원은 종국판결로 소송종료선언을 해야 한다고 본다.[204)]

3) 병존설

소송상 합의는 소송상 계약과 사법상 계약이 병존하므로 소취하 합의에도 불구하고 원고가 소를 취하하지 않으면 법원은 직권으로 소송종료선언을 하고, 원고가 소취하 합의를 위반하여 계속 소송을 진행함으로써 피고가 패소하였다면 원고는 소취하합의의 사법상 의무를 위반한 것이므로 피고는 이를 이유로 손해배상청구를 할 수 있다는 견해이다.[205)]

4) 발전적 소송계약설

소송상 합의를 소송법상 계약으로 보면서 그로부터 직접 소송법상 소송종료선언이라는 처분적 효과뿐만 아니라 원고가 소취하 합의를 위반하면 소송법상 의무위반을 이유로 손해배상청구가 가능하다는 견해이다.[206)]

203) 김홍엽, 497쪽; 이시윤, 396쪽.
204) 김홍규 · 강태원, 430쪽.
205) 전병서, 145쪽.
206) 정동윤 · 유병현 · 김경욱, 491쪽; 정영환, 601쪽.

5) 판례의 입장

판례는 ① 부집행합의가 사법상 채권계약이라고 봄이 상당하다고 하여 사법계약설의 입장을 취한다.[207] 그리고 강제집행 당사자 사이에 그 신청을 취하하기로 하는 약정은 사법상으로는 유효하다 할지라도 이를 위배하였다 하여 직접 소송으로서 그 취하를 청구하는 것은 공법상 권리의 처분을 구하는 것이어서 허용되지 않는다고 판시하여 사법계약설 중 의무이행소구설을 배척하였다.[208] ② 소취하 합의의 의사표시는 민법 제109조에 따라 법률행위의 내용의 중요 부분에 착오가 있는 때에 취소할 수 있다는 판결[209]은 소취하합의가 사법계약임을 전제로 한 것이고, 소취하의 합의가 이루어졌음에도 그 서면을 법원에 제출하지 않은 이상 그 소송이 취하로 종결되지는 않지만 권리보호의 이익이 없게 되어 각하되어야 한다는 판결[210]은 비록 항변으로 주장할 수 있다는 언급은 없지만 항변권발생설을 전제로 한 것으로 보인다. ③ 항소취하의 합의가 있음에도 항소취하서가 제출되지 않은 경우 상대방이 이를 항변으로 주장할 수 있고, 이 경우 항소심 법원은 항소의 이익이 없다고 보아 그 항소를 각하하여야 한다고 판시[211]한 것은 사법계약설 중 항변권발생설의 입장임이 명백하다. 다만 ④ 불항소의 합의에 대하여는 (항)소의 이익이 없어 부적법 각하해야 하고 이는 당사자의 주장이 필요 없는 직권조사사항이라고 판시하고 있는데,[212] 이는 불항소의 합의가 민소법 390조 1항 단서에 명문규정이 존재하므로 소송계약으로 본 것이라고 생각된다.[213] 이에 비하여, ⑤ 부제소합의는 직권조사사항이라는 판례가 있으나,[214] 그 후 항변권을 행사할 수 있다는 내용의 판결이 선고되었다.[215]

---

207) 대법원 1996.7.26. 선고 95다19072 판결.
208) 대법원 1966.5.31. 선고 66다564 판결.
209) 대법원 2020.10.15. 선고 2020다227523,2020다227530 판결.
210) 대법원 2005.6.10. 선고 2005다14861 판결.
211) 대법원 2018.5.30. 선고 2017다21411 판결.
212) 대법원 1980.1.29. 선고 79다2066 판결.
213) 김홍엽, 498쪽.
214) 대법원 2013.11.28. 선고 2011다80449 판결. 다만 직권조사사항이라고 하면서도 당사자에게 의견을 진술할 기회를 주지 않고 소를 각하하는 것은 당사자 일방에게 불의의 타격을 가하는 것으로서 석명의무 위반이라고 판시한 점이 이채롭다.
215) 대법원 2022.7.28. 선고 2021다293831 판결. 불상소합의와 달리 부제소합의는 소송법상 명문의 규정을 두지 않고 있으므로 사법계약으로서 당사자가 이를 주장해야만 법원이 판단할 수 있다는 견해로는, 김홍엽, 498쪽 참조.

(3) 소송상 합의의 법리

민소법상 명문규정이 없는 소송상 합의에 대하여, 다수설인 사법계약설에 따를 때 소송상 합의는 말로 하든 서면으로 하든 상관없다(방식의 자유). 또한 민법의 규정을 유추하여 조건이나 기한을 붙일 수 있고, 의사의 흠이 있는 경우에 민법상 취소 또는 무효를 주장하는 것이 허용된다.[216)]

(4) 소송상 합의가 미치는 범위

1) 일반승계인

소송계약이 그 합의당사자 사이에서 효력을 가지는 것은 당연하다. 그렇다면 일반승계인에게도 소송계약의 구속력이 인정되는가? 피승계인이 행한 소송상 합의의 효력은 일반승계인에 대해서는 유리·불리를 막론하고 미친다. 일반승계인은 기존의 당사자로부터 그 지위를 포괄적으로 승계하는 것이므로 기존의 당사자가 소송에 관하여 체결한 합의에 대해서도 함께 승계하는 것이 된다. 예컨대 상속인은 피상속인이 체결한 소송상 합의에 구속되며, 상속재산관리인도 마찬가지이다. 파산관재인도 파산자가 한 소송계약에 구속된다.

2) 특정승계인

(가) 견해의 대립

기존의 당사자가 체결한 소송상 합의가 특정승계인에 대해서도 그 효력을 가지는가에 대하여는 견해의 변천이 있다. 소송상 합의를 소송행위로 이해하는 입장에서 그 주관적 범위도 소송법적으로 규율하여야 한다는 견해는 여기에 기판력에 관한 소송법상 규정의 준용을 주장한다. 그러나 소송상 합의의 주관적 범위와 판결확정 후의 기판력의 범위를 동일시할 수는 없다. 오늘날에는 소송상 합의의 주관적 범위는 실체법상 권리관계의 승계나 의무에 관한 인수의 법리를 적용하는 것이 타당하다고 이해하는 것이 일반적이다.

---

216) 당사자 사이에 그 소를 취하하기로 하는 합의가 이루어졌다면 특별한 사정이 없는 한 소송을 계속 유지할 법률상의 이익이 없어 그 소는 각하되어야 하는 것이지만, 조건부 소취하의 합의를 한 경우에는 조건의 성취사실이 인정되지 않는 한 그 소송을 계속 유지할 법률상의 이익을 부정할 수 없다(대법원 2013.7.12. 선고 2013다19571 판결).

(나) 구체적 검토

가) 채권양도 · 채무인수

일반적으로는 어떤 채권관계(주된 채권관계)에 대하여 채권양도가 이루어진 경우에 이에 부수하는 권리관계는 승계인에게 이전되는 것이므로 이와 동일하게 소송상 문제에 대하여 정해진 합의(관할의 합의, 중재합의 등)도 유리 · 불리를 불문하고 그 양수인에게 구속력이 미친다는 것이 다수설 · 판례이다.[217] 이에 대하여 채무인수의 경우에는 승계인에게 불이익이 생길 염려가 있으므로(예컨대 중재합의의 승계인은 법원에 대한 소제기권을 잃는다), 구속력이 미치는 것을 부정하여야 한다는 견해도 유력하다.

나) 물권의 변동

물권에 관하여 정해진 소송상 합의는 원칙적으로 물권의 양수인에게는 미치지 않는다. 물권관계는 물권법정주의에 의하여 당사자가 권리관계의 내용을 자유롭게 정할 수 없을 뿐만 아니라 이를 공시할 수도 없으므로 물권법상 청구권에 대하여 제3자가 양도인에 대하여 가지는 권리와 물권양수인에 대한 권리는 별도의 것으로 보아야 하기 때문이다.[218]

2. 소송행위의 특질

소송행위는 사법상 법률행위와 다른 특색이 있다. 여기에서는 일반적으로 논의되는 소송행위의 특질을 살펴보기로 한다.

가. 인적요건

소송행위가 유효하려면 당사자능력, 소송능력, 변론능력을 갖추어야 하고, 일정한 경우에는 법정대리권 및 소송대리권이 필요할 때도 있다. 민법상 표현대리가 소송행위에 대해서도 적용되는지에 대하여는 이론이 있으나, 판례는 이를 부정한다.[219]

---

217) 대법원 2006.3.2. 자 2005마902 결정.
218) 대법원 1994.5.26. 자 94마536 결정.
219) 대법원 1994.2.22. 선고 93다42047 판결; 대법원 2001.2.23. 선고 2000다45303,45310 판결.

나. 소송행위의 방식

소송행위는 변론준비절차 내지 변론절차에서 말로 하는 것이 원칙이다(구술주의, 변론주의). 이 점에서 불요식인 법률행위와 다르다. 그러나 예외적으로 소·상소, 재심·항고의 제기, 청구의 변경, 소의 취하, 소송고지 등은 서면으로 하여야 한다. 또한 사법상 법률행위와는 달리 법원에 대한 단독행위가 원칙이다.

다. 소송행위의 조건과 기한

소송행위에 대해서는 행위의 명확성이 확보되어야 하므로 조건이나 기한(예컨대 언제까지는 법률행위의 무효를 이유로, 그 후부터는 계약해제를 이유로 소유권이전등기말소청구를 하는 경우) 같은 부관을 붙일 수 없다.[220)]

다만 소송외적이 아니라 소송내적인 조건을 붙이는 것은 허용된다. 예컨대 원고가 A 청구에 B 청구를 예비적으로 병합한 경우에는 A의 청구가 법원에 의하여 인정되는 것을 해제조건으로 B의 청구를 신청하는 것이므로 적법하다. 변제의 항변사유가 인정되는 것을 해제조건으로 예비적 상계항변을 하는 경우에도 마찬가지이다.

라. 소송행위의 철회와 의사의 하자

예컨대 준비서면에 일정한 소송행위를 적어 법원에 접수시켰으나 아직 변론기일에 진술하지 아니한 경우와 같이, 소송행위에 의하여 상대방이 어떤 소송상 지위를 취득하지 아니한 상태에서는 철회·정정·변경이 허용된다. 따라서 이 상태에서는 법원에 의한 석명이 행해질 수는 있으나 의사의 하자규정을 준용할 필요는 없다.

그러나 소송행위로 인하여 일단 법원이나 상대 당사자에게 법률상 지위가 형성된 경우에는 상대방의 절차상 지위의 안정을 고려하여 원칙적으로 자유롭게 철회할 수 없다. 여기에는 재판상 자백, 증거조사개시 후의 증거신청의 철회, 피고가 응소한 뒤의 소의 취하,[221)] 청구의 포기·인낙, 화해, 상소의 취하 등이 있다.

---

220) 대법원 2007.6.15. 선고 2007다2848,2855 판결(민법상의 법률행위에 관한 규정은 특별한 사정이 없는 한 민사소송법상의 소송행위에는 그 적용이 없으므로 소송행위에 조건을 붙일 수 없고, 상고를 취하하는 소송행위가 정당한 당사자에 의하여 이루어진 이상 기망을 이유로 이를 취소할 수 없으며, 적법하게 제출된 상고취하의 서면을 임의로 철회할 수도 없다고 할 것이다).

221) 대법원 1997.6.27. 선고 97다6124 판결(원고들 소송대리인으로부터 원고 중 1인에 대한 소 취

다만 재판상 자백, 조사개시 후의 증거신청의 철회, 피고 응소 후의 소의 취하(266②)는 당사자의 동의가 있으면 취소가 허용된다.

소송절차를 종료시키는 소송행위, 즉 소·상소의 취하, 청구의 포기·인낙, 화해 등의 경우에는 후행의 소송행위가 존재하지 않으므로 절차의 안정과 무관하다. 소송 외의 소송행위에 대해서도 마찬가지이다. 따라서 이러한 경우에는 표시주의·외관주의를 관철할 필요가 없으므로 민법상 사기, 강박, 착오 등의 규정을 적용할 수 있다는 견해가 있다.[222] 그러나 민소법은 청구의 포기·인낙, 화해의 경우 준재심의 소(461)에 의한 취소 이외에 그 흠의 구제책을 인정하지 않고 있으며, 그 외의 소송행위(소·상소의 취하 등)도 재심사유(451①(5))를 유추 적용하여 해결하면 된다고 본다.[223] 다만 이 경우에는 민소법 451조 2항의 '유죄의 확정판결' 등을 요구하지 않음으로써 실질적으로는 민법 110조 등을 적용한 것과 같은 결론을 도출할 수 있을 것이다. **판례**는 소송절차를 종료시키는 소송행위인지 여부를 불문하고 소송행위에 대해서는 민법상 의사의 하자에 관한 규정이 적용되지 않을 뿐만 아니라,[224] 위 재심사유를 유추하면서도 이를 매우 좁게 해석하여, 사기·착오가 형사상처벌을 받는 행위에 의한 경우라고 하더라도 그러한 소송행위를 할 의사가 있었으면 재심사유가 아니라고 본다.[225] 판례에 의하면, 문맹자를 속여서 항소취하서에 날인케 하여 그 항소취하서를 제출한 경우,[226] 소취하서가 형사책임이 수반되는 타인의 강요와 폭행에 의하여 작성된 것이라는 사실이 인정되는 경우[227]에 비로소 소송행위를 할 의사가 없다고 보아 그 효력을 부정할 수

하를 지시받은 사무원은 원고들 소송대리인의 표시기관에 해당되어 그의 착오는 원고들 소송대리인의 착오로 보아야 하므로, 그 사무원의 착오로 원고들 소송대리인의 의사에 반하여 원고들 전원의 소를 취하하였다 하더라도 이를 무효라 볼 수는 없고, 적법한 소 취하의 서면이 제출된 이상 그 서면이 상대방에게 송달되기 전·후를 묻지 않고 원고는 이를 임의로 철회할 수 없다).

222) 정동윤·유병현·김경욱, 498쪽; 호문혁, 468쪽.

223) 송상현·박익환, 318쪽; 이시윤, 400쪽. 이에 대하여, 민소법 451조 1항 5호는 그 조문의 내용이 자백이나 공격·방어방법에 관한 것이어서 소의 취하와는 전혀 무관할 뿐만 아니라, 이 조문을 유추 적용하더라도 재심에 관한 조문에서 소송행위의 취소라는 결론을 끌어내는 것은 무리라는 비판이 있다(호문혁, 468쪽).

224) 대법원 1997.10.24. 선고 95다11740 판결(원고 소송대리인으로부터 소송대리인 사임신고서 제출을 지시받은 사무원은 원고 소송대리인의 표시기관에 해당되어 그의 착오는 원고 소송대리인의 착오라고 보아야 하므로, 그 사무원의 착오로 원고 소송대리인의 의사에 반하여 이 사건 소를 취하하였다고 하여도 이를 무효라고 볼 수는 없다).

225) 대법원 1984.5.29. 선고 82다카963 판결; 대법원 1967.10.31. 선고 67다204 판결.

226) 대법원 1963.11.21. 선고 63다441 판결.

있다는 입장이다.

마. 소송행위의 흠과 그 치유

(1) 소송행위의 흠

소송행위의 인적요건을 갖추지 못하고, 방식과 내용에 있어 소송법규에 합치하지 않는 소송행위는 흠(하자)있는 소송행위로서 취효적 소송행위의 경우에는 부적법 각하의 대상이 되고, 여효적 소송행위의 경우에는 무효이다.

(2) 흠의 치유

소송행위에 흠이 있는 경우에도 흠 없는 새로운 행위를 하거나(소장부본의 재송달 등), 추인을 한 경우(소송능력의 흠에 대한 법정대리인의 추인 등), 보정한 경우(인지부족 등), 이의권의 포기·상실(151)에 해당하면 그 흠은 치유된다.

흠이 있는 소송행위가 당사자가 의도하는 목적과 동일한 다른 소송행위의 요건을 갖춘 경우에 그 다른 소송행위로서 효력을 갖게 되는 경우, 즉 무효행위의 전환이 인정되는 경우가 있다(민 138조의 유추적용). 일반적으로 석명권을 행사할 수 있는 경우에는 굳이 무효행위의 전환을 인정할 필요가 없을 것이지만 절차상 과오의 결과 실체상 권리를 잃게 되어 가혹해지는 경우 또는 전환을 인정하는 것이 당사자의 의도에 부합하는 경우에는 부적법한 소송행위를 선해할 필요가 있을 것이다. **판례**는 부적법한 독립당사자참가의 경우 보조참가신청으로 인정하거나,[228] 공동소송참가신청을 공동소송적 보조참가신청으로 인정한 경우,[229] 불복할 수 없는 결정·명령에 대하여 항고법원에 항고했을 때 특별항고로 보아 대법원에 소송기록을 송부하거나,[230] 항소기간의 도과가 그 책임질 수 없는 사유에 기인한 것으로 인정되는 이상 추후보완의 항소라는 기재가 없어도 추후보완의 항소로 보고,[231] 항소심판결에 대한 재심의 소를 제기할 것을 제1심 판결을 대상으로 제기한 경우 관할법원인 항소법원으로의 이송을 허용하는 등[232] 무효행위의 전환을 인

---

227) 대법원 2001.10.26. 선고 2001다37514 판결.
228) 대법원 1960.5.26. 선고 4292민상524 판결. 다만 이 판례는 편면참가가 인정되지 아니하였던 구 민소법 하에서 편면참가로서 부적법한 독립당사자참가가 된 경우에 보조참가로 취급한 것이다.
229) 헌법재판소 2008.2.28. 선고 2005헌마872,918 결정.
230) 대법원 1981.8.21. 자 81마292 결정.
231) 대법원 1980.10.14. 선고 80다1795 판결.
232) 대법원 1984.2.28. 선고 83다카1981 전원합의체 판결.

정한다.[233)]

바. 소송행위의 해석

소송행위는 일반 실체법상 법률행위와는 달리 내심의 의사가 아닌 표시주의와 외관주의에 따라 그 표시를 기준으로 해석하여야 한다.[234)] 다만 불명확한 경우에 법원은 석명권을 행사하여 그 명확화를 위하여 노력하여야 하며, 표시된 어구에 지나치게 구애되어 획일적으로 형식적인 해석에만 집착한다면 도리어 당사자의 권리구제를 위한 소송제도의 목적과 소송경제에 반하는 부당한 결과를 초래할 수 있으므로 그 소송행위에 관한 당사자의 주장 전체를 고찰하고 그 소송행위를 하는 당사자의 의사를 참작하여 객관적이고 합리적으로 소송행위를 해석할 필요가 있다.[235)]

제6절 변론의 실시

Ⅰ. 변론의 경과

변론기일은 직권으로 또는 당사자의 신청에 따라 재판장이 지정하며(165①), 변론기일에 사건과 당사자의 이름을 부름으로써 변론이 시작된다(169). 변론은 재판장이 지휘한다(135).

변론은 변론준비기일을 마친 사건에는 변론준비기일의 결과의 진술로써 하며(변론에의 상정, 287②), 통상의 사건은 원고의 소장진술로써 개시하고 이어서 피고가 소각하·청구기각의 신청 등을 하게 되며, 법원에 의한 쟁점확인 등으로 진행하게 된다.

---

233) 다만 무효행위의 전환으로 설명한 위의 판례들은 모두 소송행위의 해석과 관련된 것으로서, 현행 판례가 무효행위의 전환을 인정하는 것은 아니라는 견해도 있다(김홍엽, 508쪽).

234) 대법원 2004.7.9. 선고 2003다46758 판결(소송행위는 일반 사법상의 행위와 달리 내심의 의사보다 그 표시를 기준으로 하여 그 효력 유무를 판정할 수밖에 없는 것이므로 원고가 착오로 소의 일부를 취하하였다 하더라도 이를 무효라고 볼 수는 없다).

235) 대법원 1984.2.28. 선고 83다카1981 전원합의체 판결; 대법원 2002.4.22. 자 2002그26 결정; 대법원 2007.11.29. 선고 2007다52317,52324 판결.

Ⅱ. 변론의 정리

법원은 변론의 제한·분리 또는 병합을 명하거나 그 명령을 취소할 수 있다(141). 이는 법원의 소송지휘권의 일환이므로 법원의 재량이다. 따라서 당사자가 이러한 신청을 하더라도 이는 법원의 직권발동을 촉구하는 의미에 불과하므로 법원이 이에 응하지 않았다고 하여 불복할 수 없다.

1. 변론의 제한

하나의 소송절차에 여러 청구가 병합되거나 여러 개의 공격방어방법이 제출되어 쟁점이 복잡할 때 심리의 적정과 신속을 위하여 청구 또는 쟁점별로 심리의 범위를 제한하는 것을 변론의 제한이라고 한다. 예컨대 손해배상청구사건에서 책임의 유무와 손해액이 모두 쟁점으로 되었을 때에 우선 책임의 유무에 한정하여 변론을 하게 하거나 본안전 항변(당사자적격, 대리권의 흠 등)이 제출되었을 때 우선 이에 관한 증거조사에 변론을 제한하는 경우 등을 말한다.

위 손해배상청구사건의 예에서, 심리한 결과 책임이 없다는 것이 명백해지면 더 나아가 손해액을 심리할 필요 없이 청구기각판결을 하고, 책임이 존재한다고 인정되면 법원은 중간판결(201)을 한 뒤 나머지 사항에 대하여 심리를 하거나, 변론의 제한을 취소하고 나머지 사항에 대하여 심리하게 된다.

변론의 제한은 변론의 분리와는 달리, 제한의 대상이 된 사항과 그 외의 사항이 심리의 순서에 따라 구별되기는 하지만 동일한 절차에서 심리되는 것이므로 사실자료·증거자료 및 변론 전체의 취지는 공통되며, 청구에 대한 판결도 하나이다.

2. 변론의 분리

청구의 병합이나 반소 또는 공동소송 등으로 인하여 1개의 소송에 수개의 청구가 심판의 대상이 된 때에도 법원은 1개의 절차에서 심리를 하고 1개의 판결을 선고하는 것이 원칙이다. 그러나 복잡한 심리를 피하기 위하여 법원은 어느 청구에 대한 심리를 다른 청구에 대한 심리로부터 분리할 수 있다. 이러한 재판을 변론의 분리라고 한다. 예컨대 피고가 여럿일 때 일부는 송달불능, 일부는 불출석한 경우 피고 전원에 대하여 기일을 연기하기보다 출석한 피고에 대해서만 재판하여 변론종결하고, 나머지는 변론을 분리하면 절차진행이 원활해진다.

변론을 분리할 것인지 여부는 원칙적으로 법원의 재량이다. 다만 판결이 서로 모순될 가능성을 배제하기 위하여 필수적 공동소송, 독립당사자참가소송, 이혼사건의 본소청구와 반소청구, 예비적·선택적 병합청구, 예비적·선택적 공동소송의 경우에는 분리가 허용되지 않는다.

분리전의 사실자료·증거자료는 분리 후 각각의 절차에서도 당연히 재판자료로 되지만, 판결은 별개로 선고된다. 법원의 관할은 소를 제기한 때를 표준으로 하므로 영향을 받지 않는다(33).

3. 변론의 병합

변론의 분리와 반대로, 동일한 법원에 계속되어 있는 여러 개의 소송을 동일한 절차에서 심판하기로 결정하는 재판을 변론의 병합이라고 한다. 이는 법원에 의한 병합으로서, 청구의 병합이나 소의 주관적 병합 같은 당사자에 의한 병합과 구별된다.

변론을 병합할 것인지 여부는 원칙적으로 법원의 재량이다. 그러나 ① 유사필수적 공동소송의 경우를 중심으로 법이 병합을 요구하는 경우가 있다. 즉 동일한 법원에 여러 개의 회사설립무효·취소의 소(상 188, 328②), 여러 개의 주주총회결의 부존재·무효·취소의 소(상 376②, 380) 등의 경우이다. ② 동일한 법원에 청구의 기초와 피고 사업자·개인정보처리자가 같은 여러 개의 소비자단체소송·개인정보단체소송이 계속 중인 때에는 심리상황이나 그 밖의 사정을 고려하여 병합심리가 타당하지 아니한 경우 외에는 원칙적으로 이들을 병합하여 심리하여야 한다(소단규 15, 개인정보단규 14). 이 경우에는 법원이 병합을 하지 않으면 절차가 위법하다. 변론의 병합도 청구의 병합의 일반요건을 충족하여야 한다. 따라서 동종의 소송절차에 의하지 않는 청구는 병합할 수 없고(253), 각 청구 상호간에 법률상 관련성, 즉 민소법 65조에 해당할 것을 요한다.

병합의 효과로서 병합결정 이후의 심리가 1개의 절차로서 행해지는 것은 당연하지만 병합 전의 증거조사를 어떻게 취급할 것인가에 대해서는 의견대립이 있다. 즉 당사자에 의한 원용이 있어야 병합 후의 소송에서 증거자료가 된다는 견해와 원용이 없어도 당연히 증거자료가 된다는 견해가 그것이다. 병합 전 각 사건의 당사자가 다른 경우에는 종래 증거조사에 참여하지 아니한 당사자의 절차보장을

위하여 원용이 필요하다고 보아야 한다.[236] 다만 원용은 묵시적 의사표시로도 족하다.[237]

변론이 병합된 경우에는 각 청구의 소송목적의 값을 합산하여 새로 관할을 정하지 않고 소제기시의 관할에 따른다.[238] 예컨대 병합 전 각 청구가 단독사건인 경우에 병합 후 소가를 합산한다면 합의부사건에 해당되더라도 단독사건으로 처리된다. 단독사건과 합의사건을 병합하는 때에는 합의부에서 처리함이 상당하다.[239]

Ⅲ. 변론의 재개

법원은 일단 변론을 종결하였지만 심리가 덜 되었음이 발견되거나 기타 이유로 재량으로 변론을 재개할 수 있다(142). 변론재개결정을 하는 때에는 재판장은 특별한 사정이 없으면 그 결정과 동시에 변론기일을 지정하고 당사자에게 변론을 재개하는 사유를 알려야 한다(규 43). 변론재개결정은 상소가 있는 경우에 종국판결과 함께 상소심의 심판을 받는 중간적 재판의 성질을 갖는 것일 뿐, 민소법 439조 소정의 항고의 대상 또는 특별항고(449)의 대상이 아니다.[240]

변론을 재개해 달라는 당사자의 신청은 법원의 직권발동을 촉구하는 의미만 있으므로 이에 대해 허부의 결정을 할 필요가 없다.[241] 다만 ① 변론종결 전에 그에게 책임을 지우기 어려운 사정으로 주장·증명을 제출할 기회를 제대로 갖지 못하였고, 판결의 결과를 좌우할 수 있는 주요한(핵심적·관건적) 요증사실에 해당하는 경우(절차적 정의에 반하는 경우),[242] ② 법원이 사실상 또는 법률상 사항에

236) 나아가 일본 민소법 152조 2항은 "법원은 당사자를 달리하는 사건에 대하여 변론의 병합을 명한 경우에 그 전에 신문한 증인에 대하여 신문할 기회가 없었던 당사자가 신문을 신청한 때에는 그 신문을 하여야 한다"고 규정하고 있다. 타당한 입법이다. 우리의 경우에는 이에 해당하는 규정은 없지만 당사자의 신청을 불허할 이유는 없을 것이다(민소법 204조 3항의 유추적용).
237) 김홍엽, 514쪽.
238) 대법원 1966.9.28. 자 66마322 결정.
239) 법원실무제요, 『민사소송(Ⅱ)』, 1012쪽.
240) 대법원 2008.5.26. 자 2008마368 결정.
241) 대법원 1998.9.18. 선고 97다52141 판결; 대법원 2007.4.26. 선고 2005다53866 판결; 대법원 2011.11.10. 선고 2011다67743 판결.
242) 대법원 2022.12.29. 선고 2022다263462 판결; 대법원 2019.9.10. 선고 2017다258237 판결. 다만, 변론종결 전에 주장·증명을 제출할 기회가 있었고 그에게 책임을 지우기 어려운 사정이 있다고 보기 어렵다는 이유로 신청인의 주장을 받아들이지 않은 사안으로는, 대법원 2019.11.28. 선고 2017다244115 판결 참조.

관한 석명의무나 지적의무를 위반한 채 변론을 종결하였는데 당사자가 그에 관한 주장·증명을 제출하기 위하여 변론재개신청을 한 경우(소송절차상 위법이 드러난 경우)에는 법원이 변론을 재개해야 한다.[243)]

Ⅳ. 변론의 일체성

변론이 1회의 기일에 종결되지 않고 수회의 기일에 걸쳐 행해진 경우라고 하더라도 하나의 기일에 동시에 이루어진 것과 같이 취급하는 것을 변론의 일체성이라고 한다.

항소심(407②) 등 법관이 바뀐 경우(204②)에도 변론의 갱신절차를 거치면 변론의 일체성이 인정된다.

Ⅴ. 변론조서

1. 의 의

변론의 경과를 명확히 하기 위하여 법원사무관등이 작성하는 문서를 변론조서라고 한다. 변론조서는 소송절차의 진행을 밝혀 절차의 안정·명확을 기하는 동시에 상급법원이 원심판결의 잘잘못을 판단하는 데 이바지한다. 변론조서는 기일마다 작성하여 소송기록에 편철·보존한다(152①). 변론준비기일조서에도 변론기일조서에 관한 규정이 준용된다(283②, 규 71②).

변론조서의 작성권한은 누구에게 있는가?

변론조서의 작성권한은 법원사무관등에게 있다(152①). 재판장도 조서에 기명날인 또는 서명하여야 하지만(153), 법원사무관은 재판장의 보조원으로서 변론조서를 작성하는 것이 아니라 자신의 고유권한으로 작성하는 것이다.

---

243) 대법원 2021.3.25. 선고 2020다277641 판결; 대법원 2019.11.28. 선고 2017다244115 판결; 대법원 2010.10.28. 선고 2010다20532 판결(원심이 소멸시효 중단여부에 관하여 석명하여야 할 의무 등이 없는 이상, 그 주장·증명이 청구의 결론을 좌우할 만한 관건적 요증사실에 관한 것이라거나, 변론이 재개되어 속행되는 변론기일에서 위 주장·증명이 제출될 경우 실기한 공격방어방법으로 각하당하지 아니할 가능성이 있다는 사정만으로 변론을 재개하여야 할 의무가 있다고 볼 수 없다).

법원사무관등은 원칙적으로 기일에 참여하여야 하나, 예외적으로 변론기일, 변론준비기일은 녹음·속기에 의하는 경우에, 그 밖의 기일인 화해기일, 조정기일, 증거조사기일, 심문기일은 재판장이 필요하다고 인정하는 경우에 법원사무관등의 참여 없이 기일을 열수 있는데, 이 경우에는 기일이 끝난 뒤 재판장의 설명에 따라 조서를 작성하고 그 취지를 적어야 한다(152).

2. 조서의 기재사항

(1) 형식적 기재사항

민소법 153조에 규정된 사항들이다. 법원사무관등과 재판장이 기명날인 또는 서명을 하며, 재판장이 기명날인 또는 서명할 수 없는 사항이 있으면 합의부원이, 합의부원도 기명날인 또는 서명할 수 없는 사항이 있으면 법원사무관등이 그 사유를 적는다. 기명날인 또는 서명이 없으면 조서는 무효로 된다.

조서에 날인이 없는 때에는 효력이 있는가?

재판장과 법원사무관등의 기명날인 또는 서명이 없는 조서는 무효로서 증명력을 갖지 못한다는 데에는 이론이 없으나, 판결선고조서에 기명만 있고 날인이 없는 때에는 재판장의 경우에는 무효로 보고 법원사무관등의 경우에는 위법하지만 판결에 영향이 없다고 본다.[244] 나아가 조서의 기명날인 또는 서명은 합의부원 전원이 아니라 재판장과 법원사무관등이 한다.

(2) 실질적 기재사항

민소법 154조에 기재된 사항들이다. 변론내용의 전부를 기재할 필요는 없고 변론의 요지만 기재하면 되지만, 화해, 청구의 포기·인낙, 소의 취하와 자백, 증인·감정인의 선서와 진술, 검증의 결과, 재판장이 적도록 명한 사항과 당사자의 청구에 따라 적는 것을 허락한 사항, 소송지휘에 관한 재판 등 서면으로 작성되지 아니한 재판, 재판의 선고 등은 특히 명확하게 기재하여야 한다(154).

변론기일에 변론의 분리결정이 있는 경우 이를 변론조서에 기재하여야 하는가?

변론의 분리결정 같은 소송지휘에 관한 재판은 민소법 154조 5호의 '서면으로 작성되지 아니한 재판'에 해당하므로 필수적 기재사항이다.

---

244) 대법원 1957.6.29. 자 4290민상13 결정.

3. 조서의 기재방법

(1) 통상의 방식

조서의 기재방법에 관하여 법률상 규정되어 있는 것은 없고, 실무상 조서의 형식적 기재사항에 관하여는 '재판사무에 관한 문서의 양식에 관한 예규'가 정한 전산양식을 사용하여 각 해당 항목을 기입하는 방법을 취하고 있다. 그 외에는 소송서류는 간결한 문장으로 분명하게 작성하여야 하고(규 4①), 조서에는 서면, 사진, 그 밖에 법원이 적당하다고 인정한 것을 인용하고 소송기록에 붙여 이를 조서의 일부로 삼을 수 있다(156)는 일반규정이 존재할 뿐이다.

(2) 조서에 갈음하는 녹음과 속기

법원은 필요하다고 인정하는 경우에는 변론의 전부 또는 일부를 녹음하거나, 속기자로 하여금 받아 적도록 명할 수 있으며, 당사자가 녹음 또는 속기를 신청하면 특별한 사유가 없는 한 이를 명하여야 한다(159①). 이 경우 녹음테이프와 속기록은 조서의 일부로 삼으며, 소송기록과 함께 보관하여야 한다(159②, 규 34①). 녹음테이프 또는 속기록으로 조서의 기재를 대신한 경우에, 소송이 완결되기 전까지 당사자가 신청하거나 그 밖에 대법원규칙이 정하는 때에는 녹음테이프나 속기록의 요지를 정리하여 조서를 작성하여야 한다(159③). 민소규칙에는 녹화테이프, 컴퓨터용 자기디스크·광디스크, 기타 이와 비슷한 방법으로 음성이나 영상을 녹음 또는 녹화하여 재생할 수 있는 매체도 녹음테이프나 속기록과 동일하게 취급하도록 규정하고 있다(규 37①).

조서에 적을 사항을 생략할 수 있는가?

조서에 적을 사항은 대법원규칙이 정하는 바에 따라 생략할 수 있다(155①). 민소규칙에서는 소송이 판결에 의하지 아니하고 완결된 때는 재판장의 허가를 받아 증인·당사자 본인 및 감정인의 진술과 검증결과의 기재를 생략할 수 있다고 규정하고 있다(규 32①). 그러나 당사자의 이의가 있으면 이를 생략할 수 없으며(155①단서), 변론방식에 관한 규정의 준수, 화해, 청구의 포기·인낙, 소의 취하와 자백에 대해서는 생략할 수 없다(155②).

4. 조서의 공개

소송기록을 열람·복사한 사람은 열람·복사에 의하여 알게 된 사항을 이용하여 공공의 질서 또는 선량한 풍속을 해하거나 관계인의 명예 또는 생활의 평온을 해하는 행위를 하여서는 아니된다(162④).

(1) 사건관계인에 대한 공개

당사자 또는 이해관계를 소명한 제3자는 대법원규칙이 정하는 바에 따라, 소송기록의 열람·복사, 재판서·조서의 정본·등본·초본의 교부 또는 소송에 관한 사항의 증명서의 교부를 법원사무관등에게 신청할 수 있다(162①). 참여사무관의 기일참여제외를 위한 속기록·녹음테이프도 조서의 일부이므로 열람·복사의 대상이며 신청이 있으면 녹음테이프는 재생하여 들려주어야 한다(규 34). 그러나 민소법 159조 1항 및 2항에 해당하지 않고 재판장 또는 참여사무관 등이 조서 작성의 편의와 조서 기재 내용의 정확성을 보장하기 위하여 필요하다고 인정하는 경우에 변론의 전부 또는 일부를 녹음 또는 녹화한 것으로서 조서의 일부로 삼지 아니한 녹음테이프나 컴퓨터용 자기디스크 등은 여기에 해당하지 않는다.[245]

(2) 일반에 대한 공개

일반인도 권리구제·학술연구 또는 공익적 목적이 있으면 대법원규칙으로 정하는 바에 따라 재판이 확정된 소송기록의 열람을 신청할 수 있다. 그러나 심리가 비공개로 진행된 사건이나 당해 소송관계인이 동의하지 않으면 열람이 제한된다(162②③).

(3) 비밀보호를 위한 열람권의 제한

소송기록 중에 당사자의 사생활에 관한 중대한 비밀이 적혀 있고, 제3자에게 비밀 기재부분의 열람 등을 허용하면 당사자의 사회생활에 큰 지장을 줄 우려가 있는 때 및 영업비밀이 적혀 있다는 소명이 있는 경우에는 법원은 당사자의 신청으로 소송기록 중 비밀기재 부분의 열람·복사, 재판서·조서 중 비밀이 적혀 있는 부분의 정본·등본·초본의 교부를 신청할 수 있는 자를 당사자로 한정하는 결정을 할 수 있다(163①).

---

245) 대법원 2004.4.28. 자 2004스19 결정.

이러한 조치는 당사자의 신청에 따른 재판에 의해 이루어지며, 신청한 당사자는 그 사유가 존재하고 있다는 점을 소명하여야 한다.[246] 당사자의 신청이 있으면 그 신청에 관한 재판이 확정될 때까지 제3자는 비밀 기재부분의 열람 등을 신청할 수 없다(163②). 제3자는 법원에 그 사유가 소멸되었음을 이유로 열람 등 제한결정을 취소해 달라는 신청을 할 수 있으며, 취소결정은 확정되어야 효력을 가진다. 제한결정 및 취소결정에 대하여는 즉시항고할 수 있다(163③④⑤).

5. 조서의 정정

조서에 적힌 사항에 관하여 관계인이 이의를 제기하였으나 이유 없다고 인정될 경우에는 조서에 그 취지를 적어야 한다(164). 이의가 정당하면 조서의 기재를 정정한다. 이의가 없더라도 조서의 기재에 분명한 잘못이 있으면 판결의 경정(211)에 준하여 정정할 수 있다.

관계인이 변론조서에 잘못된 기재가 있다는 이유로 그 정정을 구하기 위해서는 조서에 대한 이의(164)에 의하여 처리할 것이지, 법원사무관등의 처분에 대한 이의(223)사건으로 처리할 것은 아니다.[247]

조서에 기명날인 또는 서명까지 마쳐 완성된 경우에도 재판장은 법원사무관등에게 내용의 변경을 명할 수 있는가?

조서가 완성된 후에는 재판장도 그 내용의 변경을 명할 수 없다. 조서의 안정이 우선되어야 하기 때문이다. 만약 조서가 완성되지 않았다면 재판장은 그 내용의 변경을 명할 수 있고, 법원사무관은 재판장의 명령이 자기가 인식한 내용과 다르다고 판단되는 경우 자신의 인식내용을 첨가하여 기재할 수 있다.

6. 조서의 증명력

유효한 조서가 존재하는 한 변론의 방식에 관한 규정의 준수에 관해서는 조서로만 증명할 수 있다(158).

이때 변론의 방식이란 변론의 일시 및 장소, 변론의 공개유무, 관여법관, 당사

---

246) 해당 계약서에 그 계약서의 관리방법 또는 그 계약서에 접근할 수 있는 임직원과 피용자 등에 대한 구체적인 비밀유지의무를 두고 있다면 그 계약서에는 영업비밀이 적혀 있다는 점에 대하여 소명이 있다고 볼 여지가 있다(대법원 2020.1.9. 자 2019마6016 결정).

247) 대법원 1989.9.7. 자 89마694 결정.

자와 대리인의 출석여부, 판결의 선고일자와 선고사실 등 변론의 외형적 형식을 말하는 것으로써 주로 민소법 153조의 형식적 기재사항에 대응한다(재판의 선고는 민소법 154조의 실질적 기재사항으로 규정하고 있다). 이러한 사항에 관한 규정이 지켜졌다는 것은 조서의 기재에 의하여만 증명할 수 있으며 다른 증거방법이나 반증을 들어 다툴 수 없다. 근대 증거법 원리인 자유심증주의의 예외로서 법정증거주의의 잔재라고 할 수 있지만, 변론조서에 독점적인 증명력을 부여한 이유는 변론의 외부적 형식(누가 출석했는가, 법관은 누구였는가, 공개되었나, 변론의 갱신이 있었나 등)에 대하여 분쟁이 파생·확대되면 본안의 심리가 지연되므로 이를 방지할 필요가 있을 뿐만 아니라 법원사무관등이 공증한 서면이므로 신뢰성이 담보되기 때문이다.

변론의 방식이 아니라 변론의 내용, 즉 당사자의 공격방어방법, 자백 또는 증인의 진술 등 민소법 154조의 실질적 기재사항(6호의 재판의 선고는 제외)은 법정증명력이 인정되지 않고 조서는 일응의 증거가 되는 데 그치므로 다른 증거로 번복할 수 있다. 다만 판례는 변론의 내용에 대하여도 조서에 기재되어 있다면 특별한 사정이 없는 한 그 내용이 진실하다는 데에 강한 증명력을 부여한다.[248)]

판결서의 선고일자와 선고조서에 기재된 선고일자가 다른 경우 어느 일자에 판결이 선고된 것으로 보아야 하는가?

변론의 방식에 대해서는 조서의 기재에 의하여만 증명할 수 있으므로 판결서에 기재된 선고일자와 선고조서에 기재된 선고일자가 다르다면 선고조서에 기재된 선고일자에 판결이 선고된 것으로 본다.[249)] 당사자의 호명여부,[250)] 출석여부[251)]도 조서의 기재에 따른다.

---

248) 대법원 2001.4.13. 선고 2001다6367 판결; 대법원 2000.10.10. 선고 2000다19526 판결(변론조서의 기재는 변론의 방식에 관한 사항이 아니라고 하더라도 문서의 성질상 그 내용이 진실하다고 추정하여야 한다).

249) 대법원 1972.2.29. 선고 71다2770 판결.

250) 대법원 1991.9.10. 선고 90누5153 판결.

251) 대법원 1982.6.8. 선고 81다817 판결(소송대리인이 선임된 경우에 변론기일 불출석으로 인한 불이익을 그 당사자에게 귀속시키려면 그 당사자 본인과 소송대리인 모두가 변론기일에 출석하지 아니함을 요건으로 하고 그 출석여부는 변론조서의 기재에 의하여 증명하여야 한다. 따라서 변론조서에 소송대리인 불출석이라고만 기재되어 있고 당사자 본인의 출석여부에 대하여 아무런 기재가 없다면 당사자의 변론기일에의 불출석은 증명되지 아니한다).

Ⅵ. 당사자의 변론기일결석(기일의 해태)

1. 의 의

당사자의 기일불출석 내지 기일해태란 당사자가 적법한 기일통지를 받고도 변론기일에 출석하지 아니하거나 출석하여도 변론하지 않는 경우를 말한다. 법정 외가 아니면 증거조사기일도 포함된다(법정 내의 기일에서는 변론과 증거조사가 병행하여 진행되지만 법정 외 증거조사기일에는 증거조사만 이루어질 뿐 변론기일이 아니므로 변론을 할 수 없기 때문이다). 당사자가 기일에 불출석하면 소송진행의 길이 막히고 소송의 원활한 진행이 방해되므로 법은 일정한 불이익을 부담시킨다. 다만 임의적 변론절차(상고심 등)에서는 그 적용이 배제되며, 판결선고기일은 포함하지 않는다(207②).

기일은 사건과 당사자의 이름을 부름으로써 시작되므로(169), 양 당사자가 기일변경신청을 하고 출석하지 않았더라도 재판장이 기일을 변경하지 않은 채 사건과 당사자를 불렀다면 불출석한 효과가 발생하지만,[252] 당사자가 출석하였으나 변론에 들어가기 전에 재판장이 출석한 당사자의 동의를 얻어 기일을 연기하고 출석한 당사자에게 변론의 기회를 주지 아니함으로써 변론을 하지 아니한 경우에는 '출석하여도 변론하지 않은 경우'에 해당하지 않는다.[253] 진술금지의 재판(144)이나 퇴정명령을 받은 경우, 임의로 퇴정한 경우에도 불출석으로 된다. 임의대리인이 있는 경우에는 당사자와 대리인 모두 출석하지 않아야 기일해태에 해당한다.

적법한 기일통지를 받지 못한 경우, 예컨대 기일통지서의 송달불능, 공시송달의 경우에는 기일불출석의 불이익을 부담하지 않는다. 대법원규칙이 정하는 간이한 방법(전화 · 팩시밀리 · 전자우편 등)에 따라 기일을 통지한 경우에도 마찬가지이다(167②).

필수적 공동소송관계에 있는 자 중의 1인이 출석하여 변론하면 기일해태의 효과가 발생하는가?

필수적 공동소송관계에 있는 경우에 그중 한 사람이 출석하여 변론하는 것은 모두에게 유리한 행위이므로 다른 공동소송인에게 효력이 미친다(67①). 따라서 기일해

252) 대법원 1982.6.22. 선고 81다791 판결.
253) 대법원 1990.2.23. 선고 89다카19191 판결.

태의 효과가 발생하지 않는다. 통상공동소송의 경우에는 기일을 해태한 공동소송인만이 불출석의 불이익을 입게 된다.

2. 한쪽 당사자의 결석

가. 자백간주(의제자백)

한쪽 당사자가 답변서나 준비서면을 제출하지 않고 불출석한 경우에는 출석한 당사자가 소장이나 준비서면, 답변서에서 미리 주장한 사실에 대하여 자백한 것으로 간주한다(의제자백, 150). 의제자백에 권리자백도 포함되는지 여부에 대하여 논란의 여지가 있으나, 명문상 '사실'이라고 규정되어 있으므로 권리자백은 포함되지 않는다고 본다.

통상 소장부본을 송달받은 피고가 답변서를 제출하지 않고 불출석한 경우가 이에 해당하는데, 현행법 하에서는 답변서를 제출하지 않으면 기일통지를 하지 않고 무변론판결을 하므로(257①) 큰 실익이 없다. 다만, 소송진행 중에 준비서면이 상대방에게 송달된 경우에는 실익이 있다. 이 규정은 공시송달의 경우에는 적용이 없다(150③).

의제자백이 성립된 이후에 법원이 변론을 재개하여 공시송달에 의해 소송을 진행하여 원고의 청구를 기각할 수 있는가?

판례는, 일단 의제자백의 요건이 구비된 이상, 그 이후의 기일에 대한 소환장이 송달불능으로 되어 공시송달 하였다고 하더라도 이미 발생한 의제자백의 효과가 상실되는 것은 아니므로 법원이 증거들을 조사하여 원고에게 불리한 심증을 형성하였다고 하더라도 원고의 청구를 기각할 수는 없다는 입장이다.[254]

나. 진술간주

한쪽 당사자가 소장 · 답변서, 그 밖의 준비서면을 제출해놓고 변론기일에 불출석하거나, 출석하고서도 본안에 관하여 변론하지 아니한 경우에는 그 서면에 적혀 있는 사항을 진술한 것으로 간주하고 출석한 당사자에 대하여 변론을 명할 수 있다(148①). 소장의 경우에는 구술주의 원칙상 원고로부터 진술이 있었다고 의제하지 않으면 심리의 주제 없이 심리를 시작하는 것이 되기 때문에 이 규정이 필

---

254) 대법원 1988.2.23. 선고 87다카961 판결.

요하다. 나아가 원고에게 진술간주를 허용하면 피고에게도 이를 허용하는 것이 공평하므로 원고의 경우뿐만 아니라 피고에게도 적용된다. 통상 실무에서는 원고가 결석한 경우에 쌍방불출석으로 처리하면 피고의 입장에서는 소취하 간주의 이익을 얻을 수 있으므로 피고가 출석하여도 그의 의사에 따라 변론하지 아니한 것으로 처리하고 속행기일을 지정하는 경우가 많지만, 출석한 당사자만으로 변론을 진행하는 경우에는 서면에 적혀 있는 사항을 반드시 진술한 것으로 보아야 한다.[255] 상대방이 출석하지 않은 경우에 출석한 당사자가 할 수 있는 변론과 증거조사의 범위는 그가 미리 준비서면에 적은 사실의 주장과 증거신청(증거조사 포함)에 한정되는 것이 원칙이다(276).

여기서의 변론기일은 첫 기일뿐만 아니라 속행기일도 포함한다. 또한 한쪽 당사자가 변론준비기일에 불출석하거나, 출석하였으나 진술하지 아니한 경우에도 준용된다(286, 148①).

결석자가 준비서면에 상대방의 주장사실을 인정한 경우에는 진술한 것으로 간주되므로 결국 재판상 자백이 된다. 청구를 포기·인낙하려면 공증사무소의 인증을 받은 준비서면을 제출하여야 그 효력이 있다(148②). 화해의 경우에는 위와 같은 인증을 받고 상대방 당사자가 출석하여 그 화해의 의사표시를 받아들인 때에 화해가 성립된 것으로 본다(148③). 인증을 받게 한 이유는 서면의 진정성을 둘러싸고 발생하는 불필요한 공방을 없애기 위함이다.

준비서면에 증거를 첨부하여 제출하여도 진술만 간주될 뿐, 증거신청은 간주되지 않는다. 증거신청은 당사자가 변론기일 또는 변론준비기일에 출석하여 현실적으로 제출하여야 하기 때문이다.[256] 변론관할의 발생도 마찬가지이다(30).[257]

3. 양쪽 당사자의 결석

양쪽 당사자가 변론기일에 총 2회 결석하고 1월 이내에 기일지정신청을 하지 않거나 총 3회 결석한 경우 소취하 간주의 효력이 생긴다. 상소심에서는 상소를 취하한 것으로 간주한다(268). 소 또는 상소의 취하간주는 법률에 의하여 당연히 발생하는 효과이고 법원의 재판이 아니므로 그 효력을 다투기 위해서는 상소가

255) 대법원 2008.5.8. 선고 2008다2890 판결.
256) 대법원 1991.11.8. 선고 91다15775 판결.
257) 대법원 1980.9.26. 자 80마403 결정.

아니라 당해 법원에 기일지정신청을 하여야 한다.[258)]

(1) 양쪽 당사자의 변론기일 1회 불출석

양쪽 당사자가 변론기일에 출석하지 않거나 출석하였다 하더라도 변론하지 않은 때에는 재판장은 다시 변론기일을 정하여 양쪽 당사자에게 통지하여야 한다(268①). 첫 기일이든 속행기일이든 가리지 않는다. '변론기일에 양쪽 당사자가 출석하지 아니한 때'란 양쪽 당사자가 적법한 절차에 의한 송달을 받고도 변론기일에 출석하지 않는 것을 가리키므로 변론기일의 송달절차가 적법하지 아니한 이상, 비록 그 변론기일에 양쪽 당사자가 출석하지 아니하였다고 하더라도 소 또는 상소를 취하한 것으로 보는 효과는 발생하지 않는다.[259)]

---

258) 대법원 2019.8.30. 선고 2018다259541 판결.

259) 대법원 2022.3.17. 선고 2020다216462 판결. 이 사건에서 대법원은 발송송달의 부적법을 이유로 불출석의 효과를 인정하지 않았는데, 구체적인 내용은 아래와 같다. 제1심에서 소송서류가 모두 소송대리인에게 송달되어 소장에 원고의 주소지로 기재된 <주소 1>에서는 원고가 실제로 송달받은 적이 없었다. 제1심에서 원고가 패소한 후 위 소송대리인은 원고의 주소를 위 <주소 1>로 기재한 항소장을 법원에 제출하였고 원고는 항소심에서 소송대리인을 선임하지 아니하였다. 항소심에서 피고 측이 원고의 주소지가 <주소 2> 및 <주소 3>으로 기재된 증거를 제출하였고, 항소심 법원은 <주소 1>로 소송서류를 송달하였으나 모두 수취인불명을 이유로 송달불능 되자 모든 소송서류를 위 <주소 1>로 발송송달 하였다. 원고는 항소심 1, 2차 변론기일에 모두 출석하지 않았고, 피고들 소송대리인은 모두 출석하였으나 변론하지 않았다. 원고는 2차 변론기일로부터 1개월이 지난 2019. 11. 22. 항소심에 소송위임장과 기일지정신청서를 제출하였는데, 항소심은 원고에 대한 변론기일통지서의 발송송달이 적법함을 전제로 원고가 1, 2차 변론기일에 출석하지 않았고 2차 변론기일로부터 1월 이내에 기일지정신청을 하지 않았다는 이유로 원고의 항소는 취하된 것으로 간주되었다고 판단하였다. 이 항소심 판단에 대하여, 대법원은 항소심이 원고에게 송달하려 한 소송서류가 수취인불명을 이유로 송달불능 되었다는 점에 비추어 보면 이 사건 주소에 원고가 거주하지 않는다는 사정이 확인될 뿐 원고가 제소 이후 송달장소를 바꾸었는지 알 수 없고, 원고 소송대리인이 소장에 기재했던 이 사건 주소를 항소장에 다시 기재하였다고 하여 송달장소를 바꾸었다는 취지의 신고를 한 것과 동일하게 취급할 수도 없으며, 또한 원고는 이 사건 주소에서 송달을 받은 적이 없으므로 이 사건 주소가 민소법 185조 2항의 '종전에 송달받던 장소'에 해당한다고 볼 수도 없다. 더구나 이 사건 기록에는 원고에게 이 사건 주소 외에도 2개의 주소가 더 있음을 확인할 수 있으므로 그 주소로 소송서류를 송달해 보지 않은 상태에서 민소법 185조 2항의 '달리 송달할 장소를 알 수 없는 경우'에 해당한다고 단정할 수도 없다. 한편 앞서 본 여러 사정에 의하면, 이 사건 주소가 원고의 생활근거지로서 소송서류를 받아 볼 가능성이 있는 적법한 송달장소라고 단정할 수 없으므로, 민소법 제187조의 요건이 갖추어졌다고 볼 수도 없다. 결국 항소심이 원고에 대하여 변론기일통지서를 발송송달한 것은 민소법 185조 2항 또는 187조의 요건이 갖추어지지 않은 채 한 것으로서 부적법하므로 효력이 없다. 따라서 원고가 항소심 1, 2차 변론기일에 출석하지 아니하였다고 하더라도, 항소를 취하한 것으로 보는 효과는 발생하지 않는다고 판시하였다.

(2) 양쪽 당사자의 변론기일 2회 불출석

양쪽 당사자가 1회 불출석하거나 출석하였더라도 변론하지 않은 후 정해진 새 변론기일 또는 그 뒤에 열린 변론기일에 또다시 양쪽 당사자가 출석하지 않거나 출석하였다 하더라도 변론하지 않은 때에는 1월 이내에 기일지정신청이 없으면 소취하 간주된다(268②). 이 경우에 통상 법원은 변론을 종결하지 않고 새 기일의 지정 없이 당해 기일을 종료시킨다. 불출석이 연속적일 필요는 없지만 동일 심급의 같은 종류의 기일에만 적용되므로 1심 1회 · 2심 1회 또는 파기환송 전 1회 · 파기환송 후 1회.[260] 및 변론준비기일 1회 · 변론기일 1회[261]의 경우에는 적용되지 않는다. 나아가 청구의 교환적 변경 전후의 불출석은 이에 해당하지 않는다는 견해가 다수설이다.[262] 왜냐하면 청구의 교환적 변경은 구청구가 취하되고 새로운 소가 제기된 것으로 보므로 변경 이후부터 새롭게 불출석을 계산하여야 하기 때문이다.

(3) 기일지정신청 후의 양쪽 당사자의 결석

1월 이내[263]에 기일지정신청이 있는 경우 이에 따라 정한 변론기일 또는 그 뒤의 변론기일에 양쪽 당사자가 출석하지 않거나 출석하였다 하더라도 변론하지 않은 때에는 소취하 간주된다(268③). 이는 소를 취하한 효력과 동일하다는 의미이므로 소송계속의 효과는 소급적으로 소멸하고 소송은 종료된다. 항소심에서는 항소취하된 것으로 보므로 제1심 판결이 확정된다(268④).[264] 법원이 두 번째 불

---

260) 대법원 1963.6.20. 선고 63다166 판결(환송판결의 전후를 통하여 당사자 쌍방의 불출석이 2회 있었다 하여도 소취하가 있는 것으로 간주할 수 없다)

261) 대법원 2007.10.25. 선고 2007다34876 판결.

262) 김홍엽, 527쪽; 이시윤, 415쪽. 반대: 한충수, 406쪽.

263) 대법원 1992.4.14. 선고 92다3441 판결(민소법 268조 2항의 기일지정신청은 쌍방 불출석 변론기일로 부터 1월내에 하여야 하는 것이지 신청인이 그 사실을 안 때로 부터 그 기간을 기산할 수는 없는 것이다. 이 사건에서 적극당사자가 신청인인 이상 신청인 자신이 구속되어 있었다는 사정은 신청인이 위 기간을 준수하지 못함에 책임질 수 없는 사유에 해당할 수도 없다).

264) 판례는 피고의 항소로 인한 항소심에서 원고에 의해 소의 교환적 변경이 적법하게 이루어졌다면 제1심판결은 소의 교환적 변경에 의한 소취하로 실효되고 항소심의 심판대상은 새로운 소송으로 바뀌어지고 항소심이 사실상 제1심으로 재판하는 것이 되므로, 그 뒤에 피고가 항소를 취하한다 하더라도 항소취하는 그 대상이 없어 아무런 효력을 발생할 수 없다는 입장이다(대법원 1995.1.24. 선고 93다25875 판결). 위 판례에 따르면 항소심에서 청구의 교환적 변경을 하고 그 후에 양쪽 당사자가 2회 결석하고 1월 이내에 기일지정신청을 하지 아니하거나 3회 결석을 한 경우에는 항소취하의 대상이 없어 항소취하간주의 효과는 발생하지 않는다. 따라서 항소심에서 소를 교환적으로 변경하면 사실상 제1심으로 보아 교환된 신청구가 취하간주된 것

출석의 기일에 직권으로 신기일을 지정한 때에는 당사자의 기일지정신청에 의한 기일지정이 있는 경우와 마찬가지로 본다. 만약 법원이 소취하간주된 사실을 간과하고 본안판결을 한 경우에는 상소심법원이 소송종료선언을 하여야 한다.[265]

(4) 예외적으로, ① 증권관련집단소송에서는 소의 취하간주가 배제되며(증집소 35④), ② 제소전화해의 경우에 기일에 출석하지 않으면 화해가 성립하지 않은 것으로 볼 수 있고(387②), ③ 배당이의소송의 경우에는 첫 변론기일에 출석하지 않으면 소를 취하한 것으로 본다(민집 158).[266]

본소의 계속 중 양쪽 당사자가 한번 불출석한 뒤에 반소가 제기되고 양쪽 당사자가 다시 한 번 불출석하고 1월 이내에 기일지정신청이 없으면 반소에도 소취하의 효과가 발생하는가?

아니다. 2회 불출석의 요건을 갖춘 것은 본소이므로 본소만 소취하 간주된다. 반소뿐만 아니라 추가적 변경, 중간확인의 소, 당사자참가(독립당사자참가 · 공동소송참가) 등 소송 중의 소가 제기된 경우에는 모두 같은 법리가 적용되어 원래의 소만 소취하 간주된다.[267]

제7절 기일 · 기간 및 송달

Ⅰ. 총 설

심리절차는 당사자 및 법원의 행위가 연속적으로 이루어지기 때문에 이러한 행위가 이루어지는 시간을 규제할 필요가 있다. 기일 및 기간은 이에 관한 것이다. 또한 각종의 행위가 이루어진 사실 및 그 내용을 소송관계인에게 알려야 그 효과가 발생하는 경우가 있는데, 이를 알리는 행위가 송달이다.

으로 보아야 할 것이다(정영환, 635쪽).

265) 대법원 1968.11.5. 선고 68다1773 판결.

266) 대법원 2007.10.25. 선고 2007다34876 판결.

267) 이시윤, 416쪽.

Ⅱ. 기 일

1. 의 의

기일이란 법원, 당사자, 그 밖의 소송관계인이 일정한 장소에 모여서 소송행위를 하기 위해 정해진 일시를 말한다. 기일은 그 목적에 따라 변론준비기일, 변론기일, 증거조사기일, 화해기일, 판결선고기일 등으로 세분할 수 있는데, 경우에 따라서는 이들 기일을 총칭하여 변론기일이라고 부르기도 한다.

2. 기일의 지정

기일은 직권 또는 당사자의 신청(기일지정신청)에 의해 재판장이 지정한다(165①). 수명법관이나 수탁판사의 절차기일은 그 법관이 정한다(165①단서).

재판장은 피고의 답변서가 제출된 경우에 변론준비절차에 부치지 않는 이상 바로 사건을 검토하여 최단기간 안에 제1회 변론기일을 지정해야 한다(258①, 규 69①).

변론준비절차를 거친 사건의 경우, 그 심리가 2회 이상 소요될 때에는 가능한 한 종결시까지 매일 변론기일을 지정하여 변론을 진행하여야 한다(규 72①). 이때에는 당사자의 의견을 들어야 한다(규 72②).

재판장은 당사자별로 사건의 변론 개정시간을 구분하여 지정하여야 한다(규 39).

기일변경 시 특별한 사정이 없으면 다음 기일을 바로 지정하여야 한다(규 42①). 변론재개결정시에는 그 결정과 동시에 변론기일을 지정하여야 한다(규 43).

공휴일에도 기일을 지정할 수 있는가?

필요한 경우에만 공휴일에도 기일을 정할 수 있다(166). 이때 '필요한 경우'란 공휴일이 아니고는 증인 또는 감정인을 신문하기 어렵거나 당사자 기타 소송관계인이 검증 등에 참여하기 어려운 경우가 이에 해당할 것이다. 따라서 필요한 경우 외에는 공휴일에 기일을 지정하면 안 된다.

3. 기일지정신청

심리의 속행을 위하여 기일의 지정을 촉구하는 당사자의 신청을 기일지정신청이라고 한다.

기일지정신청에는 다음의 세 가지 경우가 있다. 즉 ① 증거수집에 불확정기간이 소요된다든지 또는 소송절차의 정지 등으로 인하여 기일이 추후지정으로 되었다가 증거가 확보되었거나 정지사유가 해소되었음에도 사건이 방치되어 있을 때 당사자가 기일의 직권지정을 촉구하는 경우, ② 소·상소 취하의 효력 등 소송종료의 효력을 다투면서 본안판결을 구하는 의미로 신청하는 경우(규 67, 68, 135. 이때 법원은 반드시 변론을 열어 종국판결에서 판단하여야 하며, 유효하게 소송이 종결된 것으로 인정되면 판결로 소송종료선언을 하고, 그렇지 않은 경우에는 변론기일을 지정하여 기일을 속행한다), ③ 양쪽 당사자가 2회 결석한 때에 소의 취하간주를 막기 위하여 당사자가 1월 이내에 기일지정신청을 하는 경우이다(268②,④).

4. 기일의 변경

가. 의 의

기일은 지정된 일시와 장소에서 재판장이 사건과 당사자의 이름을 부름으로써 시작되는데(169), 기일의 변경이란 기일이 시작되기 전에 그 지정을 취소하고 이에 갈음하여 신기일을 지정하는 것을 말한다. 이에 비하여 기일을 열었으나 아무런 소송행위 없이 새로운 기일을 지정하는 것을 기일의 연기라고 하며,[268] 기일을 열어 소송행위를 하였지만 완결되지 않아 다음 기일을 정하는 것을 기일의 속행이라고 한다. 기일의 변경·연기·속행은 당사자에게 알려야 한다는 점에서는 모두 같다.

기일의 변경 시에도 조서작성이 필요한가?

기일의 변경 시에는 기일이 열리지 않았으므로 조서작성을 하지 않는다. 이에 반해 기일의 연기나 속행의 경우에는 기일이 열렸으므로 조서작성을 요한다.

---

268) 대법원 1978.6.13. 선고 78다557 판결(쌍방불출석의 경우에 변론기일을 연기하는 것은 있을 수 없으므로 변론조서에 연기라고 기재되어 있는 것은 출석한 당사자에 대해서만 그 기일을 연기한 것으로 볼 것이다); 대법원 1982.6.22. 선고 81다791 판결(변론조서에 연기라는 기재가 있다 하더라도 그 기재는 기일을 실시할 수 없는 당사자의 관계에서만 기일을 연기한다는 것일 뿐, 기일을 해태한 당사자들에 대한 관계에 있어서는 사건 호명으로 불출석의 효과가 발생하는 것이고 연기의 기재는 무의미한 것이다).

법원이 당사자의 신체감정촉탁이나 문서송부촉탁의 신청을 받아들인 때와 같이, 촉탁에 따른 결과가 언제 법원에 도착할지 알 수 없는 경우에 다음 기일을 미리 지정해 놓아도 그 기일은 공전될 가능성이 있기 때문에 촉탁결과가 법원에 도착한 이후에 기일을 지정하는 것을 기일의 추후지정(追後指定)이라 한다(실무상 줄여서 '추정'이라 한다). 위와 같은 특별한 사정이 없으면 기일을 추후지정할 수 없고(규 42①), 추후지정할 때에는 변론조서에 구체적 사유를 기재하여야 한다.

나. 기일변경의 3단계 요건

첫 변론기일 · 첫 변론준비기일은 현저한 사유가 없어도 양 당사자가 합의하여 기일변경신청을 하면 재판장은 무조건 허가한다(165②). 첫 기일의 지정은 소장제출시점과 연동되어 있어 원고의 의향이 반영될 뿐이므로 당사자의 합의를 통하여 피고의 의향도 반영하기 위한 것이다.

첫 변론기일 · 첫 변론준비기일이 아닌 경우에는 민소법 165조 2항의 반대해석상 현저한 사유가 있어야 기일을 변경할 수 있고, 당사자 사이에 기일변경의 합의를 하였다고 하여 바로 변경할 수 있는 것이 아니다. 즉 재판장등은 특별한 사정이 없으면 기일변경을 허가하여서는 안 된다(규 41), 첫 기일이 아닌 경우에는 실무상 양 당사자의 의향을 법정에서 확인하고 재판장이 지정한 기일이므로 나중에 기일변경에 합의하였다고 해서 무조건 허용할 필요가 없기 때문이다. 현저한 사유란 불가항력보다 넓은 의미로서 주장이나 증거제출의 준비를 하지 못한데 정당한 이유가 있는 경우를 포함한다. 이때에는 기일변경이 필요한 사유를 밝히고 그 사유를 소명하는 자료를 붙여야 한다(규 40). 재판장의 불허에 대해서는 불복신청이 허용되지 않는다. 다만 자기에게 귀책사유가 없는 사유로 기일에 출석할 수 없어 패소한 자는 상소(424①⑷)나 재심(451①⑶)으로 구제되어야 할 것이다.[269]

변론준비절차를 거친 사건은 사실과 증거에 관한 조사가 충분하지 않다는 이유로 지정된 변론기일을 변경할 수 없다(규 72③). 절차가 거의 끝난 단계이므로 더 엄격하게 규정한 것이다.

---

269) 이시윤, 423쪽; 정동윤 · 유병현 · 김경욱, 676쪽.

5. 기일의 통지와 실시

기일통지의 방식은 기일통지서를 송달하는 것이 원칙이나, 출석한 자에게는 말로 해도 된다(167①). 기일통지는 전화·팩시밀리·보통우편·전자우편 등의 방법으로도 할 수 있지만 이러한 간이통지방식으로 통지한 경우에는 불출석에 대한 법률상 제재나 불이익을 줄 수 없다(167②). 증인·감정인 등 출석의무가 있는 자에게는 기일통지서가 아니라 출석요구서를 송달한다(309).

적법한 기일통지 없이 기일을 진행하는 것은 위법이다. 다만 송달을 받지 않았다 하더라도 변론기일에 임의출석하여 변론을 하면서 기일통지의 흠에 대한 이의를 하지 않으면 이의권의 포기로 흠이 치유된다.[270]

기일통지를 받지 못해 출석할 수 없었기 때문에 패소판결을 받은 사람은 기일에 정당하게 대리되지 않은 경우를 유추하여 상소(424①(4)) 또는 재심(451①(3))으로 구제되어야 한다.[271] 판결선고의 경우에도 소액사건심판법의 적용을 받는 사건이 아닌 한, 변론기일 외에 선고기일을 따로 통지해야 하며, 변론기일에 선고된 판결은 위법하다.[272] 다만 판결선고기일을 법정에서 지정고지할 때 그 기일에 출석하지 아니한 당사자에 대하여는 따로 선고기일통지서를 송달하지 아니하여도 위법이 아니다.[273]

기일은 지정된 일시와 장소에서 재판장이 사건과 당사자의 이름을 부름으로써 시작되므로(169), 당사자 본인을 부름으로써 족하고 실제 소송수행자까지 부를 필요는 없다.[274]

Ⅲ. 기 간

1. 의 의

법원 및 당사자 기타 소송관계인의 소송행위에 대하여 필요한 시간적 여유를 인정하거나 일정한 시간적 한계를 설정함으로써 그 시간의 경과로써 소송법상 효

270) 대법원 1984.4.24. 선고 82므14 판결.
271) 강현중, 376쪽; 김홍엽, 534쪽; 이시윤, 424쪽; 정동윤·유병현·김경욱, 673쪽.
272) 대법원 1996.5.28. 선고 96누2699 판결.
273) 대법원 2003.4.25. 선고 2002다72514 판결. 현재 인터넷 대한민국법원 대국민서비스 홈페이지 '나의 사건검색' 창에서 사건 진행상황을 확인할 수 있다.
274) 대법원 1970.11.24. 선고 70다1893 판결.

과가 부여되는 경우에 그 시간의 경과를 기간이라고 한다. 민소법은 적정하고 신속한 심리의 진행을 위하여 각종의 소송행위에 대하여 기간을 정하는 한편, 기간으로 인하여 발생하는 불이익을 피하기 위하여 기간의 신축 및 추완을 인정한다.

2. 기간의 종류

가. 목적에 따른 분류

기간을 설정한 목적에 따라 행위기간과 유예기간으로 분류한다. 행위기간은 소송을 신속·명확하게 처리할 목적으로 정해놓은 기간이고, 유예기간은 당사자 그 밖의 소송관계인에게 행위를 할 기회를 보호할 목적으로 정해 놓은 기간으로서 그 기간의 경과되어야 비로소 다음 단계로 나아갈 수 있게 된다.

(1) 행위기간

행위기간이란 소송을 신속·명확하게 처리할 목적으로 소송행위를 하여야 할 기간을 정해놓은 것을 말한다. 여기에는 고유기간(본래기간)과 직무기간이 있다. 민소법 170조 이하의 기간에 관한 규정 중 170조와 171조는 고유기간과 직무기간 모두에 적용되지만 172조와 173조는 고유기간에만 적용된다.

고유기간은 당사자가 기간 내에 소송행위를 하지 않아서 기간을 도과하면 더 이상 그 소송행위를 할 수 없는 기간으로서, 본래 의미에서의 기간이다. 보정기간(59, 97, 254), 담보제공기간(120①), 주장·증거 또는 답변서 제출기간(147, 256, 280①, 소심 6), 준비서면의 제출기간(규 69조의3), 기일지정신청기간(268②), 상소기간(396, 425, 444), 재심기간(456) 등이 이에 해당한다.

직무기간은 법원이나 법원사무관등이 해야 할 소송행위에 대한 기간이다. 판결선고기간(199, 207①), 판결송달기간(210), 소송기록송부기간(400, 421, 438), 준비절차종결기간(282②, 284①(1)), 심리불속행사유·상고이유서불제출에 의한 상고기각판결기간(상특법 5③) 등이 여기에 해당하는데, 훈시적 의의를 가지는 데 불과하다.

(2) 유예기간

당사자나 그 밖의 소송관계인의 이익을 보호하기 위하여 소송행위에 대하여 일정한 기간의 유예를 두는 것을 말한다. 제척·기피원인의 소명기간(44②), 공시송달의 효력발생기간(196) 등이 있다.

나. 근거에 따른 분류

기간이 정해지는 근거에 따라 법정기간과 재정기간으로 분류할 수 있다. ① **법정기간**은 법규에 의하여 기간의 길이가 정해져 있는 기간으로서, 이에 해당하는 경우로는 제척·기피원인의 소명기간(44②), 답변서제출기간(256), 준비서면 제출기간(규 69조의3), 상소기간(396①, 425), 상고이유서 제출기간(427) 등이 있고, ② **재정기간**은 법원의 재판으로 기간의 길이를 정할 수 있는데, 소송능력 등의 보정기간(59), 소장보정기간(254), 주장·증거의 제출기간(147, 256, 280①) 등이 있다.

다. 법정기간의 종류

법정기간은 다시 불변기간과 통상기간으로 나눌 수 있다. 법률이 "불변기간으로 한다"고 정해놓은 기간을 불변기간이라고 하며, 그 외의 기간을 통상기간이라고 한다.

(1) 불변기간

불변기간은 항소·상고기간, 즉시항고기간 등 상소기간, 재심기간, 제소전화해에 있어서 소제기신청기간(388④), 화해권고결정(226②)·이행권고결정(소심 5조의4)·지급명령(470②)·조정을 갈음하는 결정(민조 34⑤) 등에 대한 이의신청기간, 제권판결에 대한 불복기간(491②) 등 주로 당사자의 법원에 대한 불복신청기간에 적용된다. 불변기간의 준수여부는 직권조사사항에 속하는 소송요건이다. 불변기간의 경우에는 첫째, 법원이 기간을 늘이거나 줄일 수 없지만(172①단서), 당사자가 멀리 떨어진 곳에 있는 경우에 법원은 불변기간이 경과하기 전에 부가기간을 정하는 것은 허용된다(172②, 불변기간이 경과한 후에는 사후구제수단으로서 소송행위의 추후보완이 허용되기 때문에 부가기간을 허용할 이유가 없다).[275] 이 경우에는 부가기간과 본래의 기간을 합산한 기간이 불변기간으로 된다. 둘째, 불변기간이 당사자의 책임으로 돌릴 수 없는 사유로 도과되었을 때에는 추후보완이 허용된다(173①).

---

275) 대법원 2008.9.11. 선고 2007후4649 판결.

(2) 통상기간

통상기간은 법원이 기간을 늘이거나 줄일 수 있으므로(172①), 부가기간이나 추후보완이 허용되지 않는다. 기간의 신축은 당사자에게 신청권이 인정되지 않고 법원의 직권으로 행해진다.

3. 기간의 계산

기간의 계산은 민법에 따른다(170). 따라서 기간의 기산일이 그날의 오전 0시에 시작하는 경우를 제외하고는 초일불산입의 원칙이 적용된다(민 157). 또한 기간의 말일의 종료로서 기간이 만료되지만 말일이 토요일 또는 공휴일에 해당한 때에는 기간은 그 다음날(翌日)로 만료한다(민 161). 공휴일에는 임시공휴일도 포함된다.

법정기간의 경우에는 법정의 사유가 발생한 때에 기간의 진행이 개시된다. 이에 대하여, 재정기간의 경우에는 재판으로 시기(始期)를 정한 때에는 그때부터 기간이 진행되지만 이를 정하지 않은 때에는 재판의 효력이 발생한 때, 즉 고지한 때로부터 기간이 진행한다(171). 기간의 진행은 소송절차의 중단 또는 중지 중에는 정지되며, 그 해소와 동시에 다시 전체기간이 새로이 진행된다(247②).

4. 기간의 신축

법정기간은 법원이, 재정기간은 이를 정한 법원이 늘이거나 줄일 수 있다(172①). 이는 법원의 직권에 의한 재량사항이다.

다만 법정기간 중 불변기간(172① 단서) 및 불변기간은 아니지만 소송행위의 추후보완기간(173②, 기간을 늘이거나 줄일 수 없다), 공시송달기간(196③, 기간을 줄일 수는 없다) 등은 명문에 의해, 직무기간은 훈시규정이라는 성질상 기간의 신축이 불가능하다.

5. 소송행위의 추후보완

가. 개 요

불변기간이 도과된 경우에도 그것이 당사자가 책임질 수 없는 사유로 인한 때에는 그 사유가 소멸한 때로부터 2주(당사자가 외국에 있는 경우에는 30일) 이내에 소송행위를 보완할 수 있다(173①). 이를 소송행위의 추후보완(줄여서 '추완')이라고 한다.

당사자가 책임질 수 없는 사유로 불변기간이 도과된 경우에까지 당사자에게 판결의 확정(상소기간 도과의 경우), 소권의 상실(행정소송의 제소기간 도과의 경우) 등의 불이익을 주는 것은 가혹하고 불공평하기 때문이다.[276)]

나. 추후보완의 대상인 기간

추후보완은 법률로 불변기간으로 정해진 것에 한하며, 그 외의 기간은 추후보완의 대상이 되지 않는다(173①).

다만 상고이유서 제출기간 · 재항고이유서 제출기간은 불변기간은 아니지만 상고기간 · 재항고기간 자체를 해태한 효과와 실질적인 차이가 없으므로 유추적용이 가능하다는 견해도 있으나,[277)] 판례는 상고이유서 제출기간(427, 상고장접수통지일로부터 20일 이내)[278)]뿐만 아니라 소취하간주의 경우의 기일지정신청기간(268②, 1월 이내)[279)]도 불변기간에 속하지 않으므로 추후보완신청의 대상이 아니라고 본다. 송달이 부적법 무효가 되어 불변기간이 진행될 수 없는 경우에는 추후보완의 문제는 생기지 않는다.[280)]

다. 추후보완사유(책임질 수 없는 사유)

(1) 추후보완이 허용되려면 당사자가 책임질 수 없는 사유에 기인한 경우이어

276) 형식적으로 확정된 제1심판결에 대한 피고의 항소추완신청이 적법하여 해당 사건이 항소심에 계속된 경우 그 항소심은 다른 일반적인 항소심과 다를 바 없다. 따라서 원고와 피고는 형식적으로 확정된 제1심판결에도 불구하고 실기한 공격 · 방어방법에 해당하지 아니하는 한 자유로이 공격 또는 방어방법을 행사할 수 있다(대법원 2013.1.10. 선고 2010다75044,75051 판결).

277) 이시윤, 428쪽; 정동윤 · 유병현 · 김경욱, 680쪽; 정영환, 786쪽.

278) 대법원 1981.1.28. 자 81사2 결정.

279) 대법원 1992.4.21. 선고 92마175 판결.

280) 대법원 1971.6.22. 선고 71다771 판결; 대법원 1978.5.9. 선고 75다634 판결(종국 판결의 기판력은 판결의 형식적 확정을 전제로 하여 발생하는 것이므로 공시송달의 방법에 의하여 송달된 것이 아니고 허위로 표시한 주소로 송달하여 상대방 아닌 다른 사람이 그 소송서류를 받아 의제자백의 형식으로 판결이 선고되고 다른 사람이 판결정본을 수령하였을 때에는 상대방은 아직도 판결정본을 받지 않은 상태에 있는 것으로서 위 사위 판결은 확정 판결이 아니어서 기판력이 없다 – 상소기간이 개시되지 않으므로 상소하면 된다는 의미). 이와 달리, 소장부본부터 판결정본까지 공시송달의 방법으로 송달된 경우에는 공시에 의한 판결정본의 '송달'이 '유효'하여 판결이 확정되므로 이에 대하여는 상소의 추후보완 또는 재심이 인정된다(대법원 2011.4.28. 선고 2010다98948 판결).

야 한다(173①본문). 이는 불가항력뿐만 아니라 당사자가 소송행위를 하기 위하여 일반적으로 하여야 할 주의의무를 다하였음에도 불구하고 그 기간을 지킬 수 없었던 사유, 즉 과실이 없다는 사정을 의미하며, 당사자에는 당사자 본인뿐만 아니라 그 소송대리인 및 대리인의 보조인도 포함된다.[281] 책임질 수 없는 사유인지 여부에 대한 주장·입증책임은 추후보완하고자 하는 당사자에게 있다.[282]

(2) **긍정례**

판례는 우편집배원이 피고의 새로운 주소지를 알고 있음에도 과거 주소지 부근에서 피고에게 소장부본을 송달한 것처럼 기재한 업무처리의 잘못으로 인하여 법원이 오인하여 변론기일통지서를 우편송달하고 판결정본을 공시송달한 경우,[283] **무권대리인**이 소송을 수행하고 판결정본을 송달받음으로써 당사자가 과실 없이 소송계속 사실 및 판결정본의 송달사실을 몰랐던 경우,[284] 갑과 그의 어머니 간에 종교적 갈등 및 유산분배와 관리에 다툼이 있어 갑의 어머니가 을에게 소송대리인을 선임해 주어 갑을 상대로 소송을 제기하게 하고 그 판결정본을 갑의 어머니가 수령한 경우,[285] 판결정본이 공시송달의 방법으로 송달되어 확정된 이후에야 비로소 피고가 그 소제기의 사실을 알게 된 경우,[286] 공시송달을 할 수 없는 폐문부재의 경우에 판결정본을 공시송달하였고, 피고가 직접 판결정본을 수령한 후 2주일 이내에 상소장을 제출한 경우,[287] 피고가 제1심법원에 제출한 답변서에 변경된 주소를 기재하였음에도 법원이 이를 간과한 채 변론준비기일 소환장 등을 변경 전 주소로 등기우편에 의한 발송송달을 하고 판결정본을 공시송달하여 피고가 항소기간을 10여일 경과한 후에 판결정본을 받아 본 경우,[288] 피고는 병원에 입원해 있고 처는 병원에서 피고를 간병하였으며, 그의 자녀는 외가에 있어 주소지 소재 집에 아무도 거주하지 않아 공시송달에 의하여 판결이 송달된 경우[289]에는

281) 대법원 1999.6.11. 선고 99다9622 판결.
282) 대법원 2012.10.11. 선고 2012다44730 판결.
283) 대법원 2003.6.10. 선고 2002다67628 판결.
284) 대법원 1996.5.31. 선고 94다55774 판결.
285) 대법원 1992.6.9. 선고 92다11473 판결.
286) 대법원 2005.11.10. 선고 2005다27195 판결.
287) 대법원 2011.10.27. 자 2011마1154 결정.
288) 대법원 2007.12.14. 선고 2007다54009 판결.
289) 대법원 1991.5.28. 선고 90다20480 판결. 대법원은 지방출장으로 부재중 그의 아내가 송달받고 후에 집에 돌아온 그에게 주었다는 사유는 당사자가 책임질 수 없는 사유로 인하여 불변기간을 준수할 수 없었던 경우에 해당한다고 할 수 없고(대법원 1968.7.5. 자 68마458 결정), 원

당사자에게 귀책사유가 없다고 보아 추후보완을 허용하였다.

소송계속 중 당사자가 구치소나 교도소에 수감된 경우 당사자에게 귀책사유가 없다고 보아 추후보완을 허용하여야 하는가?

대법원은, 소송의 적극당사자(신청인)의 경우 자신이 구속되어 있었다는 사정은 기일지정신청기간을 준수하지 못함에 책임질 수 없는 사유에 해당하지 않는다고 판시한 바 있고,[290] 이행권고결정서 등본을 송달받은 소극당사자인 피고가 답변서를 제출하고 그 다음 날 구속되었는데, 법원이 변론기일통지서를 피고의 주소지로 발송송달하여 재판을 진행한 후 판결정본을 공시송달한 경우에, 수감된 당사자는 민소법 185조의 송달장소 변경의 신고의무를 부담하지 않고, 교도소장에게 송달하지 않고 피고 주소지로 공시송달한 것은 요건을 갖추지 못한 공시송달로서 이로 인하여 피고가 상소기간을 지키지 못한 것이므로 출소 후 판결정본을 발급받고 2주의 항소기간 내에 제기한 추완항소는 적법하다고 판시하였다.[291] 위 두 판례를 합치면 적극당사자(원고)와 소극당사자(피고)를 구별하여 책임질 수 있는 사유를 달리 보고 있는 듯하지만, 그 후 적극당사자가 구속된 경우에도 추후보완이 적법하다는 취지의 판례가 선고되었다.[292] 요컨대 현재의 판례는 '수감'에 의하여 송달장소만 변경되는 것이 아니라 수송달자도 변경되기 때문에(182. 교도소장 · 구치소장), 일반적으로 수감자에게는 민소법 185조의 송달장소 변경의무가 없고, 따라서 원 · 피고를 막론하고 추후보완이 허용된다는 의미로 이해할 수 있다.

(3) 부정례

판례는 당사자가 항소장을 우편으로 발송하였는데 배달지연으로 항소기간을 도과한 경우,[293] **소송대리인**이 판결정본의 송달을 받고도 당사자에게 그 사실을 알려 주지 아니하여 당사자가 그 판결정본의 송달사실을 모르고 있다가 상고제기기간이 경과된 후에 비로소 그 사실을 알게 된 경우,[294] 당사자가 이사를 하면서

고가 지병으로 인한 집중력 저하와 정신과 치료 등의 사유로 상고기간을 도과하였다며 추완상고장을 제출한 사안에서, 위 사유는 민소법 173조 1항의 '당사자가 책임질 수 없는 사유'에 해당한다고 볼 수 없다고 판시하였다(대법원 2011.12.27. 선고 2011후2688 판결).

290) 대법원 1992.4.14. 선고 92다3441 판결.

291) 대법원 2022.1.13. 선고 2019다220618 판결.

292) 대법원 2021.8.19. 선고 2021다53 판결(원고 甲이 수감된 구치소의 장에게 송달하지 않고 종전 송달장소로 한 변론재개기일통지서의 발송송달은, 甲이 원심법원에 수감사실을 신고하였는지 여부나 수감된 장소를 송달장소로 신고하였는지 여부 또는 甲이 변론재개와 함께 새로 지정된 변론 기일을 알고 있었는지 여부와 무관하게 적법한 송달로서의 효력을 가질 수 없다).

293) 대법원 1991.12.13. 선고 91다34509 판결.

294) 대법원 1984.6.14. 선고 84다카744 판결.

법원에 주소이전신고를 하지 않은 경우,[295] 소송대리인이 교도소에 수감되어 있었던 경우,[296] 수위가 시장 앞으로 온 판결정본을 교부받고도 담당기관에 전달하지 않아 상고기간이 도과된 경우[297]에는 당사자에게 귀책사유가 있다고 보아 추후보완을 허용하지 않았다.

라. 추후보완절차

(1) 추후보완기간

당사자에게 책임질 수 없는 사유가 없어진 날부터 2주 이내에 소송행위의 추후보완을 하여야 한다. 다만 외국에 있는 당사자의 추후보완기간은 30일이다(173①). 추후보완기간은 불변기간이 아니지만 신축할 수 없으며, 불변기간이 아니므로 부가기간을 정할 수도 없다(173②). 공시송달의 경우는 단순히 판결이 있었던 사실을 안 때가 아니라 그 판결이 공시송달의 방법으로 송달된 사실을 안 때로부터 기산한다.[298] 따라서 소장 부본부터 공시송달로 소송이 진행된 경우에는 당사자 등이 당해 사건기록을 열람하거나 또는 새로이 판결정본을 영수한 때에 그 판결이 공시송달의 방법으로 송달된 사실을 알게 되었다고 볼 수 있지만,[299] 잘못된 곳으로 소장이 송달되어 자백간주(의제자백)된 후 판결만 공시송달된 경우에는 피고가 제1심 판결정본을 발급받았다고 하더라도 공시송달된 사실을 알았다고 보기는 어렵다.[300] 나아가 원고가 피고의 예금채권에 대한 채권압류 및 추심명령을 받

---

295) 소송의 진행 도중 소송서류의 송달이 불능하게 된 결과 부득이 공시송달의 방법에 의하게 된 경우에는 처음부터 공시송달의 방법에 의한 경우와는 달라서 당사자에게 소송의 진행상황을 조사할 의무가 있는 것이므로, 당사자가 법원에 소송의 진행상황을 알아보지 않았다면 과실이 없다고 할 수 없다(대법원 1993.6.17. 자 92마1030 결정; 대법원 2006.3.10. 선고 2006다3844 판결; 대법원 2012.10.11. 선고 2012다44730 판결). 그러나 신청인이 조정신청을 하였고 피신청인이 그 부본을 송달받아 조정절차에 참여하였더라도 조정이 성립되지 아니하여 소송으로 이행된 사안에서, 변론기일통지서 등 소송서류를 송달할 수 없게 되어 발송송달이나 공시송달의 방법으로 송달한 경우에는 민사조정절차와 민사소송절차가 준별되는 이상, 처음부터 소장부본이 적법하게 송달된 경우와 달라서 피신청인에게 소송의 진행상황을 조사할 의무가 있다고 할 수 없으므로 피신청인이 이러한 소송의 진행상황을 조사하지 않아 상소제기의 불변기간을 지키지 못하였다면 이는 당사자가 책임질 수 없는 사유로 말미암은 것에 해당한다(대법원 2015.8.13. 선고 2015다213322 판결).

296) 대법원 1962.1.25. 선고 62누2 판결.

297) 대법원 1984.6.26. 선고 84누405 판결.

298) 대법원 1994.12.13. 선고 94다24299 판결; 대법원 2019.10.31. 선고 2019다14479 판결.

299) 대법원 2006.2.24. 선고 2004다8005 판결; 대법원 2000.9.5. 선고 2000므87 판결.

300) 대법원 2008.2.28. 선고 2007다41560 판결; 대법원 2015.6.11. 선고 2015다8964 판결. 나아가 **당사자가** 다른 소송의 재판절차에서 송달받은 준비서면 등에 당해 사건의 제1심 판결문과 확

자 제3채무자인 금융기관 측에서 피고에게 "법원의 요청으로 계좌가 압류되었다"는 내용과 채권압류 및 추심명령의 사건번호와 채권자가 기재된 문자를 보낸 경우만으로는 1심 판결의 공시송달 사실을 알았다고 볼 수 없다.[301]

(2) 추후보완신청

미처 하지 못한 소송행위를 본래의 방식으로 하면 된다. 추후보완사유는 소송요건으로서 법원의 직권조사사항이지만,[302] 그에 관계되는 사실에 대해서는 보완신청을 하는 당사자가 주장·입증하여야 한다(직권조사+변론주의의 형태).[303] 즉 '추후보완'이라는 문언을 기재할 필요는 없고, 증거에 의하여 항소기간의 도과가 당사자의 책임질 수 없는 사유에 기인한 것으로 인정되는 이상 그 항소는 처음부터 소송행위의 추완에 의하여 제기된 항소로 본다.[304] 추후보완신청은 따로 심리하지 않고 하나의 절차에서 심리하여 추후보완신청이 이유 있으면 보완되는 소송행위의 당부에 관하여 실질적 판단을 하면 되고, 이유 없으면 불변기간을 도과하였음을 이유로 부적법 각하의 재판을 한다.[305]

(3) 추후보완신청의 효력

추후보완신청을 하는 것만으로는 불변기간의 도과에 의한 판결의 형식적 확정력이 바로 해소되지 않으므로 확정판결의 기판력·집행력에는 아무런 영향이 없고, 확정판결이 취소되어야 비로소 확정판결의 효력이 배제된다.[306] 따라서 상소

정증명원 등이 첨부된 경우에는 그 시점에 제1심판결의 존재 및 공시송달의 방법으로 송달된 사실까지 알았다고 볼 것이지만, 다른 소송에서 선임된 **소송대리인이** 그 재판절차에서 위와 같은 준비서면 등을 송달받았다는 사정만으로 이를 당사자가 직접 송달받은 경우와 동일하게 볼 수는 없다(대법원 2022.4.14. 선고 2021다305796 판결).

301) 대법원 2021.3.25. 선고 2020다46601 판결. 법원 직원이 피고의 휴대전화로 주소지로의 소장부본 송달 예정 사실 및 제2회 변론기일과 장소를 알려준 것만으로는 판결정본의 공시송달사실을 알았다고 볼 수 없다는 판결도 있다(대법원 2021.8.19. 선고 2021다228745 판결).

302) 따라서 이에 관한 당사자의 주장은 직권발동을 촉구하는 의미밖에 없어 이에 대하여 판단하지 아니하였다고 하더라도 판단유탈의 상고이유로 삼을 수 없다(대법원 1999.4.27. 선고 99다3150 판결).

303) 대법원 2012.10.11. 선고 2012다44730 판결.

304) 대법원 1980.10.14. 선고 80다1795 판결.

305) 이에 비하여, 형사소송법의 상소권회복신청은 독립한 신청이어서 문제된 청구의 허부를 따로 심리·결정하여야 한다(형소 347).

306) 대법원 1978.9.12. 선고 76다2400 판결. 다만 민소법 173조 1항에서 정한 기간 내에 적법한 추완항소가 있는 이상, 판결은 확정되지 않는다는 판례도 존재한다(대법원 1979.9.25. 선고 79다505 판결).

의 추후보완의 경우에 확정판결의 집행을 정지시키려면 민소법 500조에 의해 별도의 집행정지결정을 받아야 한다.

마. 추후보완상소와 재심의 소와의 관계

상대방의 주소 등을 알 수 있었음에도 불구하고 소재불명 또는 거짓 주소 등으로 공시송달방법으로 확정판결을 취득한 경우에는 추후보완상소와 재심 양쪽의 방법을 선택하여 제기할 수 있다.[307] 이 경우에 상소의 추후보완은 간이한 재심의 기능을 수행한다.

재심의 소는 확정판결 후 5년이 지나면 재심사유를 안 날로부터 30일 이내라고 하더라도 재심의 소를 제기할 수 없지만(456①,③), 비록 확정판결 후 5년이 지났다고 하더라도 공시송달에 의하여 재판이 된 사실을 안 날로부터 2주 이내라면 추후보완상소가 가능하다.[308]

Ⅳ. 송 달

1. 개 요

송달이란 법원이 당사자 그 밖의 소송관계인에게 소송상 서류(소장, 기일통지서, 상소장, 판결정본 등)의 내용을 알 수 있도록 법정의 방식에 따라 행하는 통지행위를 말한다. 송달은 법원의 재판권 행사의 일환이므로 직권으로 하는 것이 원칙(174)이어서 당사자의 신청을 요하지 않는다(직권송달주의). 다만 예외로서 공휴일 등의 송달(190)과 공시송달제도가 있다(194). 공시송달의 경우에 직권뿐만 아니라 당사자의 신청에 의할 수 있게 한 것은 그 요건의 증명을 당사자의 책임으로 하고 있기 때문이다.

송달은 송달장소와 송달받는 자 등에 대하여 법정의 방식에 따르지 않으면 송달로서의 효력이 발생하지 않으므로,[309] 민법상 채권양도의 통지에서의 도달보다 엄격하고,[310] 특정인을 상대로 한다는 점에서 불특정인에 대한 공고와도 다르다.

---

307) 대법원 2011.12.22. 선고 2011다73540 판결.

308) 김홍엽, 547쪽.

309) 제1심판결서 정본이 적법하게 송달되지 않았다면 그 판결에 대한 항소기간은 진행되지 않는다(대법원 2018.10.12. 선고 2018다239899 판결).

310) 대법원 2010.4.15. 선고 2010다57 판결.

또한 송달은 법원의 재판권 행사이므로 재판권이 미치지 않는 자에게는 그 자가 수령을 거부하는 한 송달할 수 없다.

송달의 필요성이나 효과는 다양하다. 소장·지급명령 등의 송달에 의해 소송행위가 완성되고(255①, 469①), 항소·상고기간 등 소송상 기간의 진행이 개시된다(396①, 425). 단순히 소송상 통지를 확실하게 하기 위해 송달을 하는 경우도 있다(72②, 79②, 83②, 266④,⑤).

2. 송달기관

가. 송달담당기관(사무처리자)

법원에서 송달사무(송달서류의 작성, 인증, 송달보고서의 수령, 보관 등)를 처리하는 자는 법원사무관등이다(175①). 공시송달도 마찬가지이다(194). 다른 관내의 거주자에 대한 송달의 경우에 그 지역을 관할하는 법원사무관등 또는 그곳의 집행관에게 촉탁할 수 있다(175②).

나. 송달실시기관

(1) 원 칙

법원으로부터 송달을 의뢰받아 실제로 송달을 실시하는 기관은 원칙적으로 우편집배원과 집행관이다(176①). 우편에 의한 송달은 우편집배원이 한다(176②).

집행관에 의한 송달은 공휴일 또는 해뜨기 전·해진 뒤의 송달로서 당사자의 신청이 있는 때에 집행관이나 대법원규칙이 정하는 사람이 송달을 실시할 수 있다(190①). 실무상 이를 특별송달이라 한다.

공휴일 또는 야간에 집행관이 송달하는 경우에는 재판장의 허가가 필요한가?

당사자의 신청에 따라 집행관이 공휴일이나 야간에 송달하는 경우에도 재판장의 허가가 필요 없다. 신법에서는 구법에서의 재판장 허가제를 삭제하였다.

(2) 예 외

예외적인 송달실시기관으로는 법원사무관등과 법원경위가 있는데, 법원사무관등은 출석한 사람에게 영수증을 받고 서류를 직접 송달하거나(177), 우편(발송)송달(187, 185②), 송달함송달(188), 공시송달(195), 간이통지방법에 의한 송달(167②,

규 45), 전자적 송달 등을 실시한다.

법원경위에 의한 송달은 법원이 집행관에 의한 송달을 사용하기 어려운 사정이 있다고 인정하는 때에 하는 직무대행조치이다(법조 64③).

(3) 촉탁에 의한 송달은 수소법원의 재판장이 촉탁한다. 이는 외국에서 하는 송달(191) 및 출진한 군대·외국주재군 관계인 또는 군복무중인 선박승무원에 대하여 소속사령관에 촉탁하여 하는 송달(192)을 말한다.

(4) 송달실시기관은 송달에 관한 사유를 대법원규칙이 정하는 방법으로 법원에 알려야 하는데(193), 우편집배원은 송달 후 송달통지서를 작성하여 법원에 보낸다. 법원사무관등이 송달통지서를 수령하면 접수인을 찍고 기록에 편철한다. 집행관이나 법원경위는 송달 후 송달보고서를 제출한다. 법원이 상당하다고 인정하는 때에는 전자통신매체를 이용한 통지로 서면통지에 갈음할 수 있다(규 53단서).[311] 송달사실의 작성을 게을리 하였다고 하여 송달의 효력에 영향을 미치는 것은 아니며, 송달이 적법하게 이루어졌는지 여부는 송달통지서 외의 방법으로도 증명할 수 있다.[312]

(5) 송달실시기관이 송달에 관하여 저항을 받을 때에는 경찰공무원에게 원조를 요청할 수 있다(176③).

3. 송달서류

송달서류는 일반적으로 원본이 아니라 등본 또는 부본으로 송달한다(178①, 등본송달의 원칙). 다만 기일통지서 또는 출석요구서의 송달은 원본을 교부하고(167①), 판결(화해권고결정, 조정을 갈음하는 결정 포함)의 송달은 정본의 교부를 요한다(210②, 225②, 민조 33②). 구술신청에 대하여 조서를 작성한 경우와 같이 송달할 서류의 제출에 갈음하여 조서 그 밖의 서면을 작성한 때에는 그 등본이나 초본을 교부한다(178②).

---

311) 현행 대법원 예규에 의하면 송달사유의 통지는 원칙적으로 전자송달통지서에 의하며, 예외적으로 종이송달통지서에 의하도록 규정되어 있다. 재판예규 제1719호 '송달통지서 전산화에 따른 업무처리지침(재일 2006-2, 2019.5.8. 개정) 3조 참조.

312) 대법원 1986.2.25. 선고 85누894 판결.

4. 송달받을 사람

가. 당사자 본인

송달받을 사람은 원칙적으로 소송서류의 명의인인 당사자이다. 사망한 사람에 대하여 실시된 송달은 위법하므로 원칙적으로 무효이다.

다만 사망한 사람의 상속인이 현실적으로 송달서류를 수령한 경우에는 흠이 치유되어 그 송달은 그때에 상속인에 대한 송달로서 효력을 발생한다.[313]

나. 법정대리인

소송서류의 명의인이 소송무능력자일 때에 송달받을 사람은 법정대리인이다(179). 따라서 법정대리인의 주소·거소·영업소 또는 사무소에서 송달한다(183①). 법인 그 밖의 단체에 대한 송달은 법정대리인에 준하므로 그 대표자 또는 관리인에게 하여야 하는 것이 원칙이다(64). 따라서 그 대표자 또는 관리인의 주소·거소·영업소 또는 사무소에서 송달한다(183①).[314]

법정대리인이 있더라도 송달은 무능력자 본인에게 해도 되는가?

무능력자에게 법정대리인이 있는 경우에 무능력자 본인에게 송달할 수 없다. 이는 소송위임에 의한 소송대리인이 존재하는 경우에 본인에게 송달하더라도 유효한 것[315]과 다르다. 다만 법정대리인에 대한 송달은 무능력자 본인이 영업소 또는 사무소를 가지고 있는 때에는 그 사무소 또는 영업소에서도 할 수 있다(183①단서).

법인의 대표자가 사망하고, 달리 법인을 대표할 자가 없는 경우에 공시송달을

313) 대법원 1998.2.13. 선고 95다15667 판결(압류 및 전부명령 정본이나 그 경정결정 정본의 송달이 이미 사망한 제3채무자에 대하여 실시되었다고 하더라도 그 상속인이 현실적으로 그 압류 및 전부명령 정본이나 경정결정 정본을 수령하였다면, 그 송달은 그 때에 상속인에 대한 송달로서 효력을 발생하고, 그 때부터 각 그 즉시항고기간이 진행한다). 이 판결은 사망으로 인한 소송절차의 중단 및 수계가 인정되지 않는 민사집행법 사안으로서, 쌍방심리주의가 관철되어야 하는 민소법상으로는 소송계속이 있기 전이라면 모르되, 소송계속이 있은 후에 당사자가 사망함으로써 소송절차의 중단 및 수계가 이루어져야 하는 사안에는 적용되지 않는다고 보아야 할 것이다.

314) 대법원 1997.5.19. 자 97마600 결정(법인의 대표자의 주소지가 아닌, 소장에 기재된 법인의 주소지로 발송하였으나 이사불명으로 송달불능된 경우에는 원칙으로 되돌아가 원고가 소를 제기하면서 제출한 법인등기부등본 등에 나타나 있는 법인의 대표자의 주소지로 소장 부본 등을 송달하여 보고 그 곳으로도 송달되지 않을 때에 주소 보정을 명하여야 한다).

315) 대법원 1970.6.5. 자 70마325 결정.

할 수 있는가?

민소법 194조 소정의 공시송달의 요건이 갖추어지지 아니하였다고 하더라도 공시송달이 된 이상 원칙적으로 공시송달의 효력에는 영향이 없는 것이나, 법인에 대한 송달은 같은 법 64조 및 183조에 따라서 그 대표자에게 하여야 하는 것이므로 법인의 대표자가 사망하여 버리고 달리 법인을 대표할 자도 정하여지지 아니하였기 때문에 법인에 대하여 송달을 할 수 없는 때에는 공시송달도 할 여지가 없는 것이라고 보아야 할 것이다.[316)]

국가소송에서 국가에 대한 송달은 소송수행자 또는 소송대리인이 별도로 없다면 수소법원에 대응하는 검찰청(수소법원이 지방법원 지원인 경우에는 지방검찰청을 말한다)의 장에게 한다. 다만 고등검찰청 소재지의 지방법원(산하 지방법원 지원을 포함한다)에 소가 제기된 경우에는 그 고등검찰청의 장에게 송달한다(국가소송 9).[317)]

다. 소송대리인

소송위임에 의하여 소송대리인이 존재할 때에는 원칙적으로 소송대리인이 송달받을 사람이지만 당사자본인에게 송달하더라도 유효하다.[318)]

공동대리의 경우에는 그중 한사람에게 송달하면 되지만(180),[319)] 공동대리인이 송달받을 대리인 1인을 지명하여 신고한 때에는 그 대리인에게 송달해야 한다(규 49).

선정당사자가 여러 사람인 경우에 선정당사자 중 한사람에게만 송달해도 되는가?

선정당사자는 공동대리인이 아니다. 따라서 선정당사자 전원에게 송달하여야 한다.

---

316) 대법원 1991.10.22. 선고 91다9985 판결.

317) 국가를 당사자로 하는 소송에 있어서는 법무부장관이 국가를 대표한다 하더라도 법무부장관에 대한 제1심 판결정본의 송달은 부적법하고, 불변기간인 항소 제기기간에 관한 규정은 성질상 강행규정이므로, 그 기간 계산의 기산점이 되는 판결정본 송달상의 하자는 이에 대한 법무부장관의 이의권(책문권)의 상실로 인하여 치유된다고 볼 수도 없다(대법원 2002.11.8. 선고 2001다84497 판결).

318) 대법원 1970.6.5. 자 70마325 결정.

319) 여러 소송대리인이 각자대리를 하는 경우에는 이들 소송대리인에게 각각 송달을 하여야 한다. 다만, 당사자에 대한 판결정본 송달의 효력은 소송대리인 중 1인에게 최초로 판결정본이 송달되었을 때 발생하므로 각자대리의 경우에도 항소기간은 소송대리인 중 1인에게 최초로 판결정본이 송달되었을 때부터 기산된다(대법원 2011.9.29. 자 2011마1335 결정).

환송판결이 있는 경우에 환송받은 법원에서 소송서류를 환송 전 항소심의 소송대리인에게 송달해도 적법한가?

환송받은 항소심에서 환송 전의 항소심에서의 소송대리인에게 한 송달은 소송당사자에게 한 송달과 마찬가지의 효력이 있으므로 적법하다. 상고 전의 항소심에서의 소송대리인의 대리권은 그 사건이 파기환송 되어 항소심에 계속되면 다시 부활하기 때문이다. 따라서 그 소송대리인이 판결정본을 송달받고도 당사자에게 그 사실을 알려주지 않아 상고제기기간이 경과한 후 비로소 알게 되었다고 하더라도 송달이 적법하므로 상소의 추후보완이 허용되지 않는다.[320]

라. 법규상 송달영수권이 있는 사람

군사용의 청사 또는 선박에 속하는 사람에 대한 송달은 그 청사 또는 선박의 장에게 하여야 한다(181). 또한 교도소 · 구치소 또는 국가경찰관서의 유치장에 체포 · 구속 또는 유치된 사람에 대한 송달은 그 관서의 장에게 하여야 한다(182).[321] 송달을 받은 청사 등의 장은 바로 송달을 받을 본인에게 송달서류의 교부의무가 있으며, 본인이 소송수행에 지장을 받지 않도록 필요한 조치(호송 등)를 취하여야 한다(규 50).

따라서 교도소 등의 소장은 재감자에 대한 송달에 있어서는 일종의 법정대리인이므로 재감자에 대한 송달을 교도소 등의 소장에게 하지 아니하고 수감되기 전의 종전 주소나 거소에 하였다면 무효이고, 이는 수감사실을 몰랐더라도 마찬가지이다.[322] 또한 교도소 등의 장에게 송달하지 않고 직접 재감자에게 송달하여도 무효이므로 이 경우 상소기간이 진행되지 않는다.[323]

마. 신고된 송달영수인

당사자 · 법정대리인 또는 소송대리인은 주소 등과 다른 국내의 장소를 송달장소로 정하여 법원에 신고할 수 있고, 따로 송달영수인을 정하여 신고할 수 있다(184).

이 경우에는 신고된 송달장소 및 송달영수인에게 송달하여야 하는 것이 원칙

---

320) 대법원 1984.6.14. 선고 84다카744 판결.
321) 대법원 1995.1.12. 선고 94도2687 판결(교도소 또는 구치소에 구속된 자에 대한 송달은 그 소장에게 송달하면 구속된 자에게 전달된 여부와 관계없이 효력이 생기는 것이다).
322) 대법원 1982.12.28. 선고 82다카349 전원합의체 판결.
323) 대법원 2009.8.20. 자 2008모630 결정.

이지만 아래에서 살펴볼 보충송달은 허용된다.

5. 송달실시의 방법

가. 교부송달

교부송달은 송달받을 사람에게 직접 서류의 등본이나 부본을 교부하는 원칙적인 송달방법이다(178). 이러한 의미에서 우편집배원이 우편물을 받을 사람의 우편함에 넣으면 되는 일반적인 경우와 차이가 있다.

(1) 송달할 장소

송달은 송달받을 사람의 주소·거소·영업소 또는 사무소에서 하는 것이 원칙이다(183①본문).[324] 앞에서 살펴본 바와 같이, 이때의 송달받을 사람이란 소송무능력자가 아닌 당사자 본인, 법정대리인 및 법정대리인에 준하는 법인 그 밖의 단체의 대표자 또는 관리인, 소송대리인 등이다. 여기에서 말하는 송달받을 사람의 영업소 또는 사무소란 송달받을 사람 자신이 경영하는 영업소 또는 사무소를 의미하는 것이지, 송달받을 사람의 단순한 근무장소는 이에 해당하지 않는다. 따라서 송달받을 사람이 경영하는, 그와 별도의 법인격을 가지는 회사의 사무실은 송달받을 사람의 영업소가 아니라 단순한 근무장소에 불과하다.[325] 다만, 법정대리인에 대한 송달은 본인의 영업소나 사무소에서도 할 수 있다(183①단서).[326]

송달받을 사람의 주소 등을 알지 못하거나 그 장소에서 송달할 수 없는 때에는 송달받을 사람이 취업하고 있는 근무장소에서 송달할 수 있다(183②). 즉 민소법 183조 1항에 규정된 주소·거소·영업소 또는 사무소를 알지 못하거나 송달할 수 없는 때에 한하여 근무장소에서 송달할 수 있다. 이때의 '근무장소'는 현실

---

324) 대법원 2014.10.30. 선고 2014다43076 판결(민소법 183조 1항의 영업소 또는 사무소는 송달받을 사람의 영업 또는 사무가 일정 기간 지속하여 행하여지는 중심적 장소로서, 한시적 기간에만 설치되거나 운영되는 곳이라고 하더라도 그곳에서 이루어지는 영업이나 사무의 내용, 기간 등에 비추어 볼 때 어느 정도 반복해서 송달이 이루어질 것이라고 객관적으로 기대할 수 있는 곳이라면 위 조항에서 규정한 영업소 또는 사무소에 해당한다).

325) 대법원 2004.7.21. 자 2004마535 결정; 대법원 2004.11.26. 선고 2003다58959 판결; 대법원 1993.2.9. 선고 92다47502 판결; 대법원 1994.4.15. 자 94마192 결정.

326) 민소법 183조 단서의 '법정대리인에게 할 송달'이란 법인 그 밖의 단체가 소송당사자로서 본인의 지위에 있는 경우에 본인의 법정대리인으로서 송달받는 경우를 포함한다. 따라서 예컨대 회사의 대표이사라고 하더라도 그가 회사와 무관하게 자연인으로서 소송당사자가 된 경우에는 회사의 법정대리인으로서가 아니라 개인으로서 송달받는 것이어서 이 단서 규정과 무관하므로, 이 경우의 회사 사무실은 근무장소에 불과한 것이다.

의 근무장소로서 고용계약 등 법률상 행위로 취업하고 있는 지속적인 근무장소이어야 한다.[327] 주소가 소장 등에 기재되어 있음에도 그곳으로 송달을 시도하지 않은 채 근무장소로 한 송달은 위법하다.[328]

송달받을 사람의 주소 등 또는 근무장소가 국내에 없거나 알 수 없을 때 및 주소 등 또는 근무장소가 있는 사람이라도 송달받기를 거부하지 않는 때에는 그를 만나는 장소에서 송달할 수 있다(183③,④). 이를 출회송달 또는 조우송달이라고 한다.

(2) 보충송달

위에서 본 바와 같이 교부송달은 송달받을 사람에게 직접 교부하는 것이 원칙이다. 그러나 일정한 요건 하에 예외적으로 다른 사람에게 대리송달을 허용하는 경우가 있다. 이를 보충송달이라 하는데 다음의 두 가지가 있다.

1) 주소 · 거소 · 영업소 · 사무소에서의 보충송달

송달받을 사람의 주소, 거소 또는 그가 경영하는 영업소 또는 사무소에서 송달받을 사람에게 송달할 수 없는 경우에는 그 사무원, 피용자 또는 동거인으로서 사리를 분별할 지능이 있는 자에게 서류를 교부할 수 있다(186①). 이 경우에는 사무원 등에게 소송서류를 교부한 때에 송달의 효력이 생기며, 실제 송달받을 사람의 손에 들어갔는지 여부는 송달의 효력과 무관하다.[329] 다만, 보충송달에 있어서 본인과 수령대행인 사이에 해당 소송에 관하여 이해의 대립 내지 상반된 이해관계가 있는 때에는 그러한 수령대행인에 대하여는 보충송달을 하는 것은 부적법하다(쌍방대리금지).[330]

---

327) 대법원 2015.12.10. 선고 2012다16063 판결(다른 주된 직업을 가지고 있으면서 회사의 비상근 이사 등의 직에 있는 경우에 회사는 근무장소가 아니다).

328) 대법원 2004.7.21. 자 2004마535 결정.

329) 판례는 인신보호법상 구제신청에 대한 제1심 법원의 기각결정의 송달과 관련하여, 송달받을 자가 병원에 수용되어 있는 경우 그 병원을 거소로 볼 수 있다고 하더라도 병원 직원으로 보이는 자에게 송달한 것은 기본권보호라는 인신보호법의 입법목적에 비추어 그 직원은 민소법 186조 1항이 규정한 사무원, 피용자 또는 동거인에 해당한다고 할 수 없어 적법한 송달이 아니라고 하였다(대법원 2011.6.14. 자 2011인마1 결정).

330) 대법원 2016.11.10. 선고 2014다54366 판결(채무자의 임금 및 퇴직금채권에 대한 압류 및 추심명령 등에 있어서 제3채무자 앞으로 송달된 결정문 등을 그 사무원인 채무자가 수령하여 감춘 사안); 대법원 2021.3.11. 선고 2020므11658 판결(소송당사자의 허락이 있다는 등의 특별한 사정이 없는 한, 동일한 수령대행인이 소송당사자 쌍방의 소송서류를 동시에 송달받을 수 없고, 그러한 보충송달은 무효라고 봄이 타당하다).

(가) 여기에서 "사리를 분별할 지능이 있는 사람"이라 함은 송달의 의의를 이해하고 송달을 받을 사람에게 교부할 수 있을 정도의 능력을 갖춘 사람을 말한다. 판례는 만 8세 4개월된 어린이에게는 사리를 분별할 지능이 있다고 보았으나,[331] 만 8세 3개월된 어린이[332] 및 만 8세 1개월된 어린이에게는 사리를 분별할 능력이 없다고 하였다.[333] 다만 이 경우에도 소송서류를 송달하는 자가 그 어린이에게 송달하는 서류의 중요성을 주지시키고 부모에게 이를 교부할 것을 당부하는 등 필요한 조치를 취하였다는 등의 특별한 사정이 있다면 달리 볼 수 있다는 입장이다.[334]

(나) 여기의 "사무원"은 반드시 송달받을 사람과 고용관계가 있어야 하는 것은 아니고 평소 본인을 위하여 사무 등을 보조하는 사람이면 충분하다.[335] 따라서 송달받을 변호사와 같은 사무실을 나누어 사용하는 다른 변호사의 사무원에게 평소와 같은 방법으로 송달한 경우,[336] 대학교에서 문서의 접수, 발송, 분류 등의 업무를 담당하는 교직원은 그 대학교 내 창업보육센터에 입주한 송달받을 기업과 고용관계에 있지는 않으나 평소 그 기업을 위하여 우편물 수령사무 등을 보조해 왔다면 그 자에게 송달한 경우[337]에도 사무원에 해당한다. 아파트경비원이나 관리인 등은 사무원이나 피용자에 해당하지 않으므로 원칙적으로 보충송달을 할 수 없지만,[338] 이들이 우편물 기타 서류의 수령권한을 아파트 입주민으로부터 **묵시적**으로라도 **위임**받은 것으로 볼 수 있는 경우에는 이들에게 송달함으로써 본인에게 적법하게 송달한 것으로 본다.[339]

(다) "동거인"의 범위에 대하여는 송달받을 사람과 동일세대에 속하여 생활을 같이하는 사람이면 족하며 친족관계가 있을 필요는 없다.[340] 따라서 이혼한 처라

331) 대법원 1995.8.16. 자 95모20 결정.
332) 대법원 2005.12.5. 자 2005마1039 결정.
333) 대법원 2011.11.10. 선고 2011재두148 판결. 송달받을 사람의 동거인 등에게 송달할 서류가 교부되고 그 동거인 등이 사리를 분별할 지능이 있는 경우, 송달받을 사람이 그 서류의 내용을 실제로 알지 못한 경우에도 송달의 효력이 있다(대법원 2018.7.12. 선고 2016재다50045 판결).
334) 대법원 2005.12.5. 자 2005마1039 결정.
335) 대법원 2010.10.14. 선고 2010다48455 판결.
336) 대법원 2007.12.13. 선고 2007다53822 판결.
337) 대법원 2009.1.30. 자 2008마1540 결정.
338) 대법원 1976.4.27. 선고 76다192 판결.
339) 대법원 2000.7.4. 선고 2000두1164 판결(납세고지서의 송달과 관련된 판례이다).
340) 대법원 2018.5.15. 선고 2017다236336 판결. 다만, 대법원은 딸이 주민등록상 이웃 아파트에서 별개의 독립한 세대를 구성하고 있지만 실제로는 동거자라고 보아 딸이 납세고지서를 수령함으로써 적법하게 송달되었다고 본 사례가 있다(대법원 1992.9.14. 선고 92누2363 판결).

도 사실상 동일세대에 소속되어 생활을 같이 하고 있다면 동거인이 될 수 있다.[341] 그러나 같은 장소에 거주하더라도 세대를 달리하는 임대인·임차인의 경우[342] 및 세대를 달리하는 반대 당사자의 아들인 경우에는 동거인이 아니다.[343]

2) 근무장소에서의 보충송달

근무장소에서 송달받을 사람을 만나 송달코자 하였으나 만나지 못한 때에는 그의 사용자(고용·위임 등의 법률관계로 취업시킨 자), 사용자의 법정대리인이나 피용자 그 밖의 종업원으로서 사리를 분별할 지능이 있는 사람이 서류의 수령을 거부하지 않으면 그에게 서류를 교부하여 송달할 수 있다(186②). 위 '주소·거소·영업소·사무소에서의 보충송달'과 다른 점은 이들이 서류의 수령을 거부하지 아니하는 경우에만 보충송달이 유효하다는 점이다. 송달받을 사람이 자신의 근무장소를 송달받을 장소로 신고한 경우에도 근무장소에서의 보충송달에 관한 위 규정이 적용된다.[344]

(3) 유치송달

송달받을 사람이 정당한 사유 없이 송달받기를 거부하는 때에 송달할 장소에 서류를 놓아두는 송달을 말한다(186③). 송달을 받을 본인·대리인의 거부뿐만 아니라, 민소법 186조 1항(주소·거소·영업소·사무소에서의 보충송달)에서 말하는 사무원·피용자 또는 동거인의 거부도 포함한다. 민소법 183조 2항의 경우는 물론이고 민소법 183조 3항에 의한 조우송달의 경우에도 정당한 사유 없이 송달받기를 거부하면 유치송달이 가능하다.

근무장소에서의 보충송달에서 유치송달을 할 수 없음은 조문의 규정상 명백하다.

송달받을 자의 사무원, 피용자, 동거인, 종업원을 송달장소가 아닌 곳에서 만난 경우 그 사무원 등이 송달받기를 거부하지 않으면 그 자에게 서류를 교부해도 되는가?

송달받을 자의 사무원, 피용자, 동거인, 종업원에게 송달하는 보충송달은 송달장소

341) 대법원 2000.10.28. 자 2000마5732 결정; 대법원 2013.4.25. 선고 2012다98423 판결.
342) 대법원 2011.5.13. 선고 2010다108876 판결.
343) 대법원 1982.9.14. 선고 81다카864 판결.
344) 대법원 2005.10.28. 선고 2005다25779 판결.

(주소 · 거소 · 영업소 · 사무소 또는 근무장소)에서 하는 경우에만 허용되므로 송달장소가 아닌 곳에서 이들을 조우하였다고 하여 그들에게 송달하는 것은 부적법하다.[345)]

나. 우편송달(발송송달)

(1) 의 의

우편송달은 다음 두 가지의 경우에 허용된다. 즉 당사자 등이 송달장소의 변경신고의무를 이행하지 아니함으로써 기록에 현출된 자료만으로는 달리 송달장소를 알 수 없는 경우(185②)와 보충송달 · 유치송달도 불가능한 경우(187)가 그것이다. 이러한 경우 법원사무관등이 소송서류를 송달장소 또는 종전에 송달받던 장소에 등기우편의 방법으로 발송하면 적법한 송달로 보는 송달을 우편송달 또는 발송송달이라고 한다(규 51).

우편송달은 그 발송 시에 송달된 것으로 본다(189, 발신주의).

(2) 요 건

우편송달은 송달받을 장소를 바꾸었음에도 신고의무(185①)를 이행하지 않아 달리 송달할 장소를 알 수 없거나(185②),[346)] 송달받을 사람의 주소 등 송달하여야 할 장소는 **밝혀져 있으나** 교부송달은 물론이고 보충송달 · 유치송달도 할 수 없는 경우(187)에 하는 송달이므로, 주소 자체가 **불명**인 경우에 하는 공시송달과는 구별하여야 한다.

민소법 187조에 의한 우편송달은 송달받을 자가 소송서류를 받아 볼 가능성이 있는 적법한 송달장소로 송달하여야 한다. 즉 실제 송달받을 자의 **실제 생활근거지**가 되는 주소 · 거소 · 영업소 또는 사무소 등으로 하여야 한다.[347)] 부연하면, 민소법 187조의 우편송달은 문언상으로는 보충송달 · 유치송달이 불가하면 우

---

345) 대법원 2001.8.31. 자 2001마3790 결정. 이 판결은 구법이 적용된 것으로, 신법에서는 송달장소에 근무장소가 추가되었음(민소 186②).

346) 대법원 2022.3.17. 선고 2020다216462 판결. 제1심에서 소송대리인 선임으로 인하여 당사자가 그 주소에서 직접 송달을 받은 적이 한 번도 없었다면, 항소장에 제1심 소장과 동일한 주소를 적어냈다거나 송달장소 변경 신고의무를 해태하였다고 하더라도 민소법 185조 2항의 발송송달은 허용되지 않는다.

347) 대법원 2007.5.11. 자 2004마801 결정; 대법원 2001.9.7. 선고 2001다30025 판결(소장과 항소장에 원고의 주소지로 기재되어 있기는 하나 그곳이 당시 원고의 실제 생활근거지가 아니라면 그곳으로 변론기일 소환장을 우편송달한 것은 우편송달로서의 효력이 없다).

편송달을 할 수 있는 것처럼 규정되어 있으나, 판례에 의하면 우편송달하려는 주소가 '실제 생활근거지'로 확인되어야 한다. 이는 수취인부재, 주소불명, 이사불명, 수취인불명으로 송달불능이 된 경우에는 그 주소로 민소법 187조의 우편송달을 할 수 없고, 그 장소가 송달 상대방의 실제 생활근거지로 확인되고, 송달불능의 사유가 폐문부재인 경우여야 한다는 것을 의미한다. 한편, **민소법 185조 2항**에서의 '달리 송달할 장소를 알 수 없는 경우'란 상대방에게 주소보정을 명하거나 직권으로 주민등록표 등을 조사할 필요까지는 없지만 적어도 기록에 현출되어 있는 자료만으로는 송달할 장소를 알 수 없는 경우를 말한다.[348)]

(3) 송달방법

우편송달은 등기우편 등 대법원규칙이 정하는 방법으로 발송하도록 규정하고 있는데(187), 대법원규칙에서는 등기우편으로 발송하도록 규정하고 있다(규 51).

따라서 법원사무관등은 확정일자 있는 우체국의 특수우편물 수령증을 첨부하여 송달보고서를 작성하여야 한다.

한 번 보충송달·유치송달이 불가능하다는 우편송달의 요건이 갖추어지면 그 후부터는 다른 서류도 계속하여 우편송달에 의할 수 있는가?

민소법 185조 2항의 사유에 의한 우편송달(발송송달)의 경우에는 이후의 모든 송달을 발송송달할 수 있다.[349)] 그러나 민소법 187조의 사유에 의한 우편송달(발송송달)은 송달할 서류마다 그 요건이 구비되어야 하므로, 예컨대 기일통지서라면 변론기일마다 이를 교부송달하여 본 후 보충송달·유치송달이 안 되었을 때에 비로소 우편송달할 수 있다.[350)]

(4) 효력발생시기

우편송달은 그 발송 시(법원사무관등이 송달서류를 우체국에서 접수하여 우편함에 투입한 때)[351)]에 송달된 것으로 본다(189).

즉 발신주의에 의하므로 실제로 소송서류가 도달되었는지 여부 또는 언제 도달되었는지는 문제되지 않는다.

---

348) 대법원 2009.10.29. 자 2009마1029 결정.
349) 이시윤, 440쪽.
350) 대법원 1994.11.11. 선고 94다36278 판결.
351) 대법원 2006.1.9. 자 2005마1042 결정.

(5) 우편송달을 할 수 없는 경우

조정을 갈음하는 결정, 화해권고결정, 이행권고결정의 송달은 우편송달에 의할 수 없다(225②, 민조 38②, 소심 5조의3③). 당사자의 이의권을 보호해야 하기 때문이다.

우편송달은 외국판결의 효력승인을 받는 데에서도 문제된다(217⑵). 판례는 우편송달에 의한 외국판결은 승인할 수 없다는 입장이다.[352]

서류의 송달을 받을 사람이 정당한 이유 없이 송달받기를 거부한 경우에도 우편송달을 할 수 있는가?

이러한 경우에는 유치송달 사유이지 우편송달(발송송달) 사유가 아니므로 허용되지 않는다.

법인이 신고한 송달장소로 송달이 실시되어 오다가 송달불능된 경우에 바로 우편송달을 할 수 있는가?

판례는 이러한 경우 기록에 나타난 법인등기부상 본점 소재지나 대표이사의 주소지로 송달을 해보지 않은 채 바로 우편송달을 하는 것은 잘못이라고 하였다.[353]

다. 송달함송달

법원 안에 송달함을 설치하여 여기에 송달할 서류를 넣는 방법의 송달을 송달함송달이라고 한다(188①). 송달함송달은 법원사무관등이 한다(188②). 송달함이 아니라 우편사서함은 법규상 송달장소로 규정되어 있지 않으므로 송달장소로 볼 수 없다.

송달함송달은 변호사나 소송사건이 많은 대기업용의 송달함을 설치하여 여기에 넣은 서류를 찾아가도록 함으로써 사서함제도의 이점을 본받은 것이다. 송달함의 이용신청은 법원장 또는 지원장에게 서면으로 하여야 한다(규 52①).

송달받을 사람이 송달함에서 서류를 수령해 가지 아니하는 경우에는 송달함에 서류를 넣은 지 3일이 지나면 송달된 것으로 본다(188③).

---

352) 대법원 2021.12.23. 선고 2017다257746 전원합의체 판결. 과거에는 보충송달도 여기에 포함되었으나(대법원 1992.7.14. 선고 92다2585 판결), 위 전원합의체 판결로 인하여 보충송달에 의한 외국판결은 우리나라에서 승인할 수 있게 되었다.

353) 대법원 2001.8.24. 선고 2001다31592 판결.

라. 공시송달

(1) 의 의

공시송달이란 당사자의 주소 등이나 근무장소를 알 수 없는 경우 또는 외국에서 하여야 할 송달에 관하여 그 나라에 주재하는 대한민국의 대사 · 공사 · 영사 또는 그 나라의 관할 공공기관에 촉탁송달을 하기 어려운 경우에 하는 송달을 말한다.

현행법에서 공시송달은 원칙적으로 법원사무관등이 담당하고, 재판장에게는 직권공시송달명령 및 보정명령의 권한과 법원사무관등의 공시송달에 관한 감독이나 사후교정 역할을 수행하게 하였다(194). 법원사무관등은 송달할 서류를 보관하고 그 사유를 법원게시판에 게시 또는 관보 · 공보 · 신문에 게재하거나 전자통신매체를 이용하여 공시하여야 한다(195, 규 54①).

(2) 요 건

당사자의 주소 등이나 근무장소를 알 수 없는 경우 또는 외국에서 하여야 할 송달에 관하여 촉탁송달을 하기 어려운 것으로 인정되는 경우(예컨대 당해 외국과의 사법공조조약이 없어 촉탁송달이 거절될 것이 예견되거나 그 외국에 천재지변 등의 사정이 있는 경우 등)를 요건으로 한다(194①).

따라서 공시송달은 당사자 또는 이에 준하는 보조참가인에 한하며, 증인 · 감정인에 대한 공시송달은 허용되지 않는다. 공시송달은 당사자가 현실적으로 송달내용을 안다는 것이 불가능에 가깝기 때문에 신중을 기해야 하는 보충적인 송달방법이다.[354)]

송달실시기관이 송달불능사유로 '폐문부재'로 기재하였다면 공시송달을 할 수 있는가?

공시송달의 요건은 당사자의 주소 등이나 근무장소를 알 수 없는 경우 또는 외국에서 하여야 할 송달에 관하여 촉탁송달을 하기가 어려운 경우에 한한다. 따라서 우편집배원이 우편송달통지서의 '배달 못한 사유란'에 기재한 송달불능의 사유가 '폐문부재'인 경우에는 송달받을 자의 주소 등이나 근무장소 자체가 불명인 것은 아니므

354) 대법원 2009.5.14. 선고 2009다1665 판결(피항소인이 항소심 판결정본 등을 공시송달의 방법에 의하여 송달받아 항소심 절차가 진행된 사실을 몰랐던 경우에는 추완상고가 허용된다).

로 우편송달(발송송달)의 사유가 될 수 있을 뿐, 공시송달은 할 수 없다.[355]

(3) 절 차

법원사무관등은 직권 또는 당사자의 신청에 의하여 공시송달을 한다(194①). 신청에 의해서도 가능하므로 직권송달의 원칙(174)의 예외이다. 신청자는 송달받을 사람의 행방을 알 수 없다는 사유를 소명하여야 한다(194②). 일반적으로 주민등록말소자등본, 불거주확인서 등을 제출하거나 집행관이 야간·휴일송달을 시도하였으나 소재불명으로 실패하였다는 사실을 소명하면 된다. 공시송달신청이 각하된 때에는 신청인은 항고할 수 있다(439). 소송지연을 방지할 필요가 있는 경우에는 재판장이 공시송달을 명할 수 있다(194③). 주로 통상의 송달방법에 의하여 송달받아오던 자가 뒤에 소재불명으로 송달불능에 이른 때에 직권에 의한 공시송달을 명한다. 또한 원고가 소권(항소권을 포함한다)을 남용하여 청구가 이유 없음이 명백한 소를 반복적으로 제기한 것에 대하여 법원이 변론 없이 판결로 소를 각하하는 경우에는 재판장은 직권으로 피고에 대하여 공시송달을 명할 수 있다(194④, 2023. 10. 19. 시행). 재판장은 직권으로 또는 신청에 따라 법원사무관등의 공시송달처분을 취소할 수 있다(194⑤).

공시송달이 있는 때에는 법원사무관등은 송달할 서류를 보관하고, ① 법원게시판 게시, ② 관보·공보 또는 신문 게재, ③ 전자통신매체를 이용한 공시 가운데 어느 하나의 방법으로 그 사유를 공시하여야 한다(195, 규 54). 현재 국내의 공시송달에서의 공시는 ③의 방법, 즉 인터넷 대한민국법원 대국민서비스 홈페이지 '공고'란에 게시하며, 외국에의 공시송달은 이와 아울러 그 외국에 주재하는 대한민국의 대사·공사 또는 영사에게 통지한다(국제민사사법공조법 10①).

(4) 효 력

최초의 공시송달은 게시한 날로부터 2주가 지나야 효력이 생긴다. 그러나 같은 당사자에 대한 그 뒤의 공시송달은 게시한 다음날부터 그 효력이 생긴다(196①). 외국거주자에 대한 최초의 공시송달은 공시기간이 2월이다(196②). 이 기간은 단축할 수 없다(196③).

재판장의 공시송달명령에 의하여 공시송달을 한 이상, 그 요건을 구비하지 않

355) 대법원 1990.11.28. 선고 90마914 판결; 대법원 1984.11.8. 자 84모31 결정.

은 흠이 있다 하더라도 공시송달의 효력에는 영향이 없다.[356] 따라서 잘못된 공시송달로 심리가 진행된 끝에 패소한 경우에 송달받을 사람은 선택에 따라 추후보완상소(173) 또는 재심(451①⑪)을 제기하여 구제받을 수 있다.[357] 물론 공시송달의 요건에 흠이 있는 경우가 아니라 당사자가 사망하거나 법인의 대표자가 없는 등 어떠한 송달방법에 의하더라도 송달자체가 불가능한 경우에는 공시송달을 하더라도 무효이다.[358] 또한 일단 공시송달로 절차가 진행되었다 하더라도 1회 보통송달방법에 의하여 송달되었다면 그 전의 공시송달명령은 당연히 그 효력이 상실되고 그 후의 송달은 보통송달방법으로 송달하여야 한다.[359]

공시송달을 받은 당사자에게는 자백간주(150③단서)·소취하간주 등 기일해태의 불이익이나 답변서제출의무(256①단서), 변론준비절차, 외국판결의 승인규정(217①⑵) 등이 적용되지 아니하며, 화해권고결정(225②단서)[360]·조정을 갈음하는 결정(민조 38②단서)·이행권고결정(소심 5조의3③단서)·지급명령(462단서)의 송달

356) 대법원 1984.3.15. 자 84마20 전원합의체 결정; 대법원 1983.6.14. 선고 82다카1912 판결; 대법원 1971.3.23. 선고 70다2751 판결.

357) 대법원 1985.10.8. 선고 85므40 판결; 대법원 1980.7.8. 선고 79다1528 판결. 판례에 따르면, 예컨대 원고가 피고의 주소를 알고 있음에도 불분명하다고 속여 공시송달을 신청하였는데 재판장이 이에 속아 법원사무관등에게 공시송달을 명령하였더라도 그 송달은 유효하다는 의미이다. 문제는 재판장의 명령으로만 공시송달을 실시하게 하였던 종전의 규정과는 달리, 현행 민소법은 재판장의 명령이 없더라도 법원사무관등이 판단하여 일차적으로 공시송달처분을 할 수 있도록 하고 재판장은 법원사무관등의 공시송달에 관한 사무감독이나 사후교정을 하도록 개정되었다는 점이다(194①). 규정이 개정된 현재로서는 위의 예와 같은 경우에 재판장의 명령 없이 법원사무관이 독자적으로 판단하여 공시송달을 시행하였다면 그 송달은 무효이므로 판결이 확정되었다고 할 수 없어 이론적으로는 재심이 아니라 상소로 구제되어야 할 것이다. 대법원은 재판장의 공시송달 명령여부에 대한 언급 없이, 피고의 주소가 허위이거나 그 요건에 미비가 있더라도 공시송달은 유효하다고 판시한 적도 있으나(대법원 1987.2.24. 선고 86다카2397 판결; 대법원 1990.11.27. 선고 90다카28559 판결), 개정 전 재판장의 명령 없이 공시송달이 이루어졌다면 이는 부적법한데, 그럼에도 유효하다는 의미라면 송달의 법적 성질을 고려할 때 설득력이 있다고 할 수 없다.

358) 대법원 2007.12.14. 선고 2007다52997 판결.

359) 대법원 1965.8.31. 자 65마636 결정(원고가 망인을 상대로 제기한 소송은 망인의 사망으로 중단되었고, 다만 판결의 선고는 소송절차가 중단된 중에도 할 수 있으므로 법원이 이 사건 재심대상판결을 선고한 것은 적법하다고 할 것이나, 그 소송절차는 그 판결선고와 동시에 중단되었으므로 망인에 대하여 판결정본을 공시송달한 것은 효력이 없고, 망인의 상속인이 그 소송절차를 수계하여 위 판결의 정본을 송달받기 전까지는 그에 대한 항소제기기간이 진행될 수도 없어 이 사건 재심대상판결은 아직 확정되지 않았으므로 [항소를 제기하여야 함에도 불구하고] 재심의 소를 제기한 것은 부적법하다).

360) 대법원 2016.4.15. 선고 2015다201510 판결(환경분쟁조정법에 의한 재정의 경우 화해권고결정과 마찬가지로 재판상화해와 동일한 효력이 있으므로 재정문서의 송달은 공시송달의 방법으로는 할 수 없다).

은 공시송달에 의할 수 없다.

당사자의 주소 등 또는 근무장소가 불명한 경우가 아니어서 그 요건에 흠이 있더라도 공시송달이 유효하다면, 각 변론기일에 당사자가 출석하지 않은 경우에 쌍방불출석의 효과가 발생하는가?

판례는, '변론기일에 당사자 쌍방이 출석하지 아니한 때'란 당사자 쌍방이 적법한 절차에 의한 송달을 받고도 변론기일에 출석하지 않는 것을 가리키는 것이고, 변론기일의 송달절차가 적법하지 아니한 이상 비록 그 송달이 유효하고 그 변론기일에 당사자 쌍방이 출석하지 아니하였다고 하더라도 쌍방 불출석의 효과는 발생하지 않는다는 입장이다.[361] 당사자에 대한 변론기일 소환장이 공시송달된 경우, 그 당사자는 각 변론기일에 적법한 절차에 의한 송달을 받았다고 볼 수 없으므로, 이로써 송달의 효력이 있다 하더라도 각 변론기일에 그 당사자가 출석하지 아니하였다고 하여 쌍방 불출석의 효과가 발생한다고 볼 수 없다는 것이다. 민소법 268조 2항 소정의 1월의 기일지정신청기간은 불변기간이 아니어서 그 추완이 허용되지 않는다는 점을 고려한 해석으로 보인다.

마. 송달의 특례

(1) 간이통지방법과 전자적 송달

기일통지서・출석요구서를 송달할 때의 특례로서 법원사무관등이 전화・팩시밀리・보통우편 또는 전자우편 등의 간이통지의 방법으로 하는 송달을 말한다(167②, 규 45). 기일통지를 위한 송달에 한정되므로 소장부본・판결정본・소송종료통지서 등 다른 소송서류의 송달은 이러한 방법으로 할 수 없다. 이 경우에는 기일에 불출석하여도 법률상 제재나 그 밖의 기일의 해태의 불이익이 따르지 아니한다.

「민사소송 등에서의 전자문서 이용 등에 관한 법률」10조 내지 12조에 의하면, 법원사무관등은 미리 전산정보처리시스템 등을 이용한 민사소송 등의 진행에 동의한 등록사용자 등에 대하여 대법원의 전산정보처리시스템을 이용하여 기일통지뿐만 아니라 판결문・결정문 등 모든 소송서류의 송달 또는 통지를 전자적으로 할 수 있다. 전자적 송달은 법원사무관등이 서류를 전자문서로 변환하여 전산정보처리시스템에 등재하고 그 사실을 송달받을 자에게 전자적으로 통지하는 방법으

361) 대법원 1997.7.11. 선고 96므1380 판결.

로 하며,[362] 송달받은 자가 전산정보처리시스템에 등재된 전자문서를 확인한 때에 송달된 것으로 간주한다. 다만 이를 확인하지 아니한 때에는 등재사실을 통지한 날부터 1주가 지난 날에 송달된 것으로 본다(시스템 장애기간은 제외).

(2) 민소규칙의 송달특례

1) 변호사에 대한 송달

변호사인 소송대리인에 대한 송달은 법원사무관등이 전화·팩시밀리·전자우편 또는 휴대전화 문자전송을 이용하여 할 수 있다(규 46). 교부송달원칙의 예외이다.

2) 변호사 사이의 직접송달

양쪽 당사자가 변호사에 의하여 대리되는 경우에는 한쪽 당사자의 변호사가 상대방 변호사에게 송달할 서류의 부본을 직접 교부하거나 팩시밀리·전자우편으로 보내고 영수증 등으로 그 교부사실 등을 법원에 증명하는 방법으로 송달할 수 있게 하였다(규 47). 우편집배원 등에 의한 송달원칙의 예외이다.

6. 외국에서 하는 송달(촉탁송달)

외국에서 하여야 하는 송달은 재판장이 그 나라에 주재하는 대한민국의 대사·공사·영사 또는 그 나라의 관할 공공기관에 촉탁한다(191).[363] 외국에 주재하는 우리나라의 대사·공사·영사에게 송달을 촉탁하는 것을 직접실시방식(또는 영사송달방식)이라 하고, 외국의 관할 공공기관에게 송달을 촉탁하는 것을 간접실시방식이라 한다. 간접실시방식은 그 절차가 번거롭고 시간이 오래 걸리며 수탁국이 촉탁에 응할지 여부가 불분명하다는 단점이 있으나, 송달의 실시를 완전히 수탁국의 통제 하에 두므로 분쟁의 소지가 없고 수탁국이 촉탁에 응해주기만 하면 수탁국의 법률이 허용하는 강제력의 행사도 기대할 수 있다. 이에 비하여 직접실시방식은 그 절차가 비교적 간편하고 소요시간이 짧다는 장점이 있지만 당해 외국의 양해 없이 이 방식에 의하여 송달을 실시하는 것은 우리나라의 재판권을 외

362) 당초에 전자문서로 제출된 서류는 자동적으로 전자소송시스템에 등재되므로 법원사무관등이 별도로 등재할 필요는 없고 등재사실의 통지로 충분하다.

363) 민소법 296조 1항의 '외국에서 시행하는 증거조사'에서도 이와 거의 동일하게 규정하고 있으므로 여기에서의 설명은 외국에서 증거를 조사하는 경우에도 그대로 적용된다.

국에서 행사하는 것이 되어 주권침해의 소지가 있다. 또한 비록 상대국이 직접실시방식을 용인하는 경우에도 이 방식의 실시에는 강제력의 사용이 허용되지 않는 것이 원칙이므로 송달받을 사람이 수령을 거부하는 때에는 실효를 거둘 수 없다는 단점도 있다.

외국으로의 촉탁송달은 그 국가와 조약관계가 있든 없든 당해 외국의 기관에 대하여 하는 것이 통상적인 방식이므로 간접실시방식에 의하는 것이 원칙이다(국제민사사법공조법 11).[364] 간접실시방식에는 외교상 경로를 이용하여 외국 관할법원 등에 촉탁하는 방식(관할법원방식)과 외교상 경로를 이용하지 않고 외국의 중앙당국에 촉탁하는 방식(중앙당국방식)이 있다. 현재 우리나라가 가입한 헤이그 송달 협약, 한·호조약, 한·우즈벡조약 및 한·태조약 등은 관할법원방식 대신 중앙당국방식을 채택하고 있으므로 위 조약이 적용될 경우에는 중앙당국방식을 이용하고 그렇지 않은 경우에는 관할법원방식에 의하게 된다(국제민사사법공조법 3, 5①, 6). 중앙당국방식의 경우에 우리나라는 법원행정처가 중앙당국으로 지정되어 있으므로 한국법원이 체약국으로 하는 송달은 한국 관할법원→한국 법원행정처→한국 외교부→체약국의 중앙당국→…→송달받을 자로 연결되고, 체약국이 한국으로 하는 송달은 외국법원→…→외국 외교부→한국 법원행정처→한국 관할법원→송달받을 자로 연결된다. 관할법원방식의 경우에는 외교상 경로를 이용하는 것이므로 당연히 우리나라와 피촉탁국 사이에 외교관계가 수립되어 있어야 한다.

위와 같이 간접실시방식에 의한 송달이 원칙이지만 일정한 경우에는 직접실시방식도 허용된다. 즉 송달받을 자가 대한민국 국민으로서 '영사관계에 관한 비엔나협약'에 가입한 외국에 거주하고 있는 경우에는 그 외국에 주재하는 우리나라의 대사·공사 또는 영사를 통하여 송달할 수 있다(국제민사사법공조법 5②(1)전단).

외국에서 하여야 하는 송달의 경우에 송달을 촉탁할 수 없거나 촉탁하여도 효력이 없을 것으로 인정되는 경우에는 공시송달의 방법을 이용할 수 있다.

7. 송달의 하자

공시송달의 요건에 흠이 있는 경우이거나 송달통지서에 우편집배원의 날인이 없다고 하더라도 송달이 무효로 되지 않는다. 그러나 송달을 받을 사람이 아닌

364) 대법원 1992.7.14. 선고 92다2585 판결.

사람에게 한 송달, 수령권자 아닌 사람에게 한 송달, 송달장소 아닌 곳에서 한 송달, 보충송달 · 유치송달을 해보지도 않고 민소법 187조 소정의 우편송달을 한 경우 등은 송달이 법이 정한 방식에 위배되어 무효이다. 다만 이 경우에도 ① 송달받을 자가 추인하면 유효하게 되며, ② 이의 없이 변론하거나 수령하면 이의권의 포기 · 상실(151)로 흠이 치유된다.

불변기간의 기산점에 관련된 송달(예컨대 판결정본의 송달 등)에 위법이 있는 경우는 이의권의 포기 · 상실에서 제외된다.[365] 불변기간에 관한 규정은 성질상 강행규정이기 때문이다. 특히 판결정본의 송달의 흠은 '자백간주에 의한 판결편취'의 경우에 생긴다. 이 경우에는 판결정본이 피고의 허위주소에 송달되었기 때문에 송달이 무효이므로 송달받은 때로부터 기산하는 불변기간인 항소기간이 진행될 수 없다.[366]

X는 Y종중을 상대로 Y종중 소유의 토지에 관하여 매매로 인한 소유권이전등기의 소를 제기하면서 아들인 A와 통모하여 마치 A가 Y종중의 대표자로 선출된 것처럼 허위로 적어 제출한 후 재판을 진행하여 판결정본을 A가 송달받게 하였다. 이 송달은 유효한가?

이러한 경우에는 일단 소장에 기재된 송달받을 자에게 송달된 것이므로 유효하다. 따라서 그때부터 항소기간이 진행하고 항소하지 않으면 확정된다. 물론 확정 후에는 민소법 451조 1항 3호 소정의 재심사유가 된다.[367] 이에 비하여, 원고가 소장에 피고의 주소를 거짓으로 기재하고 원고가 마치 피고인 것처럼 속여 판결정본을 수령한 경우에는 송달이 무효이다. 따라서 후자의 경우에는 항소기간이 진행하지 않으므로 확정되지도 않아 재심이 아니라 항소로 다투어야 한다는 것이 판례의 태도이다.[368]

365) 대법원 2002.11.8. 선고 2001다84497 판결.
366) 대법원 1980.12.9. 선고 80다1479 판결.
367) 대법원 1994.1.11. 선고 92다47632 판결.
368) 대법원 1997.5.30. 선고 97다10345 판결.

제8절 소송절차의 정지

Ⅰ. 총 설

1. 의 의

법원은 계속되어 있는 소송절차를 진행할 의무를 부담하지만, 일정한 사유가 발생한 경우에는 법률상 소송절차 진행이 금지된다. 이를 소송절차의 정지라고 한다. 일정한 사유로 인한 법률효과인 점에서 법원이 기일을 지정하지 않음으로써 사실상 절차가 정지된 경우와 구별된다.

절차가 정지되어 있는 동안에는 기간도 진행하지 않고, 당사자 및 법원이 소송행위를 하여도 효력이 발생하지 않는다. 이에 위반하면 당사자가 절차관여의 기회를 박탈당한 것으로 보아 상소(424①(4)) 또는 재심(451①(3))에 의해 구제될 수 있다. 다만 무효인 소송행위도 이의권의 상실에 의해 치유되기도 하고(151), 중단을 해소시키는 것을 목적으로 하는 수계의 신청이나 이에 대한 재판은 그 성질상 중단 중에 행하는 것이 허용된다. 또한 변론종결 후에 절차가 중단된 때에는 이제는 당사자에게 소송행위를 할 기회를 부여할 필요가 없으므로 법원은 판결을 선고할 수 있다(247①).

소송절차의 정지를 인정하는 것은 쌍방심리주의를 관철하기 위한 것이다. 따라서 대석변론이 불필요한 집행절차, 가압류 · 가처분절차, 증거보전절차에는 준용되지 않는다.

2. 종 류

(1) 소송절차의 중단

당사자나 소송행위자에게 소송수행을 할 자격이나 능력이 상실되는 사유가 발생한 경우에 새로운 소송수행자가 나타나 소송행위를 할 수 있을 때까지 법률상 당연히 절차의 진행이 정지되는 것을 말한다. 법정된 일정한 사유에 의하여 발생하며, 새로운 소송수행자 또는 당사자에 의한 소송절차의 교체 혹은 수계가 있거나 법원의 속행명령에 의하여 해소된다.

(2) 소송절차의 중지

법원의 직무불능(245), 당사자의 장애(246)로 인하여 법원 또는 당사자가 소송행위를 하는 것이 불가능한 사유가 발생한 경우에 그 사유가 없어질 때까지 법률상 또는 법원의 결정에 의하여 절차가 정지되는 것을 말한다. 소송절차의 교체 혹은 수계가 없는 점에서 소송절차의 중단과는 다르다.

(3) 그 외 특별한 경우로서 제척 · 기피신청(48), 관할지정신청(규 9)이 있는 경우에도 소송절차가 정지된다.

Ⅱ. 소송절차의 중단

1. 중단사유

가. 당사자의 사망(233)

당사자의 사망은 대표적인 중단사유이다. 소송계속 후 변론종결 전에 당사자가 사망하였을 것을 요하므로 소제기 전에 이미 사망한 사람을 당사자로 하여 소가 제기된 경우에는 중단사유가 아니며 상속인에 의한 소송수계신청은 허용될 수 없다.[369] 부재자의 재산관리인에 의하여 소송절차가 진행되던 중 부재자 본인에 대한 실종선고가 확정되면 사망한 것으로 간주되고(민 28), 그 재산관리인으로서의 지위는 종료되므로 상속인 등에 의한 적법한 소송수계가 있을 때까지 소송절차가 중단된다.[370]

당사자가 사망한 때에 상속인은 법률상 당연히 당사자의 지위를 승계한다는 것이 통설 · 판례[371]이나(당연승계설),[372] 상속인이 수계하여야 비로소 새로운 당사자가 된다고 보는 것이 형식적 당사자개념에 부합한다는 견해도 있다.[373]

소송계속 후에 사망하였어도 소송물인 권리의무가 상속의 대상이 되는 때에

369) 대법원 1979.7.24. 자 79마173 결정. 다만 제1심에서 상속인으로의 당사자표시정정은 허용된다(대법원 2011.3.10. 선고 2010다99040 판결; 대법원 2015.1.29. 선고 2014다34041 판결).
370) 대법원 1987.3.24. 선고 85다카1151 판결.
371) 대법원 1995.5.23. 선고 94다28444 전원합의체 판결.
372) 다만, 포괄적승계(당연승계)와 소송절차의 중단은 다른 개념이다. 즉 포괄적 승계가 있으면 소송절차가 중단되는 것이 보통이지만, 포괄적 승계가 있더라도 절차가 중단되지 않는 경우도 있고(소송대리인이 있는 경우, 238), 절차가 중단되더라도 포괄적 승계가 발생하지 않는 경우도 있다(당사자가 소송능력을 상실하거나 법정대리권이 소멸하는 경우, 235).
373) 호문혁, 229쪽.

한하여 소송절차가 중단된다. 따라서 상속인이 상속포기기간 내에 상속포기를 하거나 일신전속적 권리[374] 등 사망에 의하여 권리의무가 소멸하는 경우에는 상속의 대상이 없으므로 소송절차가 중단되는 것이 아니라 소송이 종료된다.[375] 한쪽 당사자가 다른 쪽 당사자의 승계인이 된 때(혼동)에도 2당사자 대립구조가 해소되어 소송이 종료되므로 중단될 여지가 없다.

통상공동소송에서의 소송절차의 중단은 사망한 당사자와 그 상대방 사이에만 생기는데 반하여 필수적 공동소송에서는 전체 소송이 중단된다(67③).

보조참가인이 사망하면 소송절차는 중단되는가?

보조참가인은 피참가인에 대해 종속적인 지위만 가지기 때문에 보조참가인이 사망한다고 하여 소송절차가 중단되지 않는다. 그러나 공동소송적 보조참가인이 사망하면 소송절차가 중단된다. 왜냐하면 이 경우에는 필수적 공동소송의 규정(67③)이 준용되기 때문이다(78).

나. 법인의 합병(234)

회사 그 밖의 법인이 합병에 의하여 소멸된 경우를 말한다.[376] 당사자인 법인

374) 대법원 2007.7.26. 선고 2005두15748 판결; 대법원 1992.5.26. 선고 90므1135 판결; 대법원 1994.10.28. 선고 94므246,94므253 판결(재판상의 이혼청구권은 부부의 일신전속의 권리이므로 이혼소송 계속 중 배우자의 일방이 사망한 때에는 이혼소송은 종료된다…이혼소송과 재산분할청구가 병합된 경우, 재산분할청구 역시 이를 유지할 이익이 상실되어 이혼소송의 종료와 동시에 종료된다). 다만 판례는, 이혼위자료청구권은 원칙적으로 일신전속적 권리로서 양도나 상속 등 승계가 되지 아니하나 이는 행사상 일신전속권이고 귀속상 일신전속권은 아니라 할 것인바, 그 청구권자가 위자료의 지급을 구하는 소송을 제기함으로써 청구권을 행사할 의사가 외부적 객관적으로 명백하게 된 이상, 양도나 상속 등 승계가 가능하다는 입장인데(대법원 1993.5.27. 선고 92므143 판결), 그 근거로 민법 843조가 민법 806조 3항을 준용하고 있음을 든다. 한편, 이사는 주식회사의 의사결정기관인 이사회의 구성원이고 의사결정기관 구성원으로서의 지위는 일신전속적이어서 상속의 대상이 되지 않으므로 이사가 사망하면 그가 제기한 주주총회결의 취소의 소는 중단되지 않고 그대로 종료된다(대법원 2019.2.14. 선고 2015다255258 판결).

375) 이 경우 당사자가 제1심 판결 선고 뒤에 사망하였다면 항소법원은 소송종료선언만 하면 되나, 당사자가 제1심 판결 선고 전에 사망하였음에도 제1심 법원이 이를 간과하고 판결을 선고하였다면 이러한 판결은 당연무효이므로 항소법원으로서는 제1심 판결을 취소하고 소송종료선언을 하여야 한다(대법원 1995.4.7. 선고 94다4332 판결).

376) 법인의 합병이 아니라 새로 설립된 법인이 이전 법인의 권리의무를 승계한다는 약정만으로는 법률에 법인의 지위를 승계하거나 법인의 권리의무가 새로 설립된 법인에 포괄적으로 승계된다는 명문의 규정에 의한 것이 아니어서 각 법인의 권리ㆍ의무는 상호 별개이므로 새로 설립된 법인이 기존 법인의 소송절차를 수계할 근거는 없다고 보아야 한다. 이와 같은 법리는 당사자가 법인격 없는 단체인 경우에도 마찬가지이다(대법원 2022.1.27. 선고 2020다39719 판결).

으로부터 단순히 영업양도를 받았다거나, 실체가 동일하고 명칭만 변경한 경우에는 이에 해당되지 않으므로 중단되지 않는다.

만약 법인이 합병 이외의 사유로 해산된 때에는 청산절차의 범위 내에서 존속하므로 소송절차가 중단되지 않고, 청산이 종료하고 법인격이 소멸하면 중단이 아니라 소송종료의 효과가 발생한다. 그러나 청산절차를 밟지 않고 법인이 소멸된 경우에는 중단된다. 즉 법인의 권리의무가 상법상 회사분할의 규정(상 530조의 2) 등 법률의 규정에 의하여 새로 설립된 법인에 승계된 경우,[377] 시·군 등 행정구역의 폐지분합의 경우에도 중단된다.[378]

법인이 아닌 사단·재단(52)에 대해서도 이 규정이 준용된다.

주식회사가 유한회사로 조직이 변경된 경우에는 소송절차가 중단되는가?

이는 조직만 변경되었을 뿐 실체가 동일하므로 소송절차의 중단사유가 되지 않는다.

다. 당사자의 소송능력의 상실, 법정대리인(대표자)의 사망·대리권(대표권)의 소멸(235)

당사자는 변경되지 않지만 소송수행자가 교체되기 때문에 중단되는 경우이다. 후견개시의 심판이나 미성년자에 대한 영업허가의 취소 등의 사유에 의해 당사자가 소송능력을 상실한 때에는 스스로 소송행위를 할 수 없다. 또한 법정대리권을 상실한 때에도 본인이 소송행위를 할 수 없고, 본인을 위하여 소송행위를 하는 자가 존재하지 않으므로 소송이 중단된다. 다만 법정대리권이나 대표권의 소멸은 상대방에게 통지하여야 효력이 생기기 때문에(63, 64), 그 통지가 있어야 중단된다.

소송대리인의 사망, 소송대리권의 소멸의 경우에는 본인 스스로 소송행위를 할 수 있기 때문에 중단사유로 되지 않는다. 다만 증권관련집단소송에서 소송대리인 전원이 사망 또는 사임, 해임된 경우에는 소송절차가 중단된다(증집소 26③).

소송계속 중 한정후견개시심판이 있으면 피한정후견인의 소송절차는 중단되는가?

피한정후견인은 원칙적으로 소송능력이 있으므로 한정후견개시심판이 있다고 하여 소송절차가 중단되는 것은 아니다. 그러나 가정법원이 한정후견개시심판을 할 때에

377) 대법원 2002.11.26. 선고 2001다44352 판결.
378) 대법원 1984.6.12. 선고 83다카1409 판결.

한정후견인의 동의를 받도록 정한 특정의 법률행위의 범위에 소송행위가 포함되어 있다면 피한정후견인은 소송능력이 상실되므로(55②), 그 소송절차는 중단되고 한정후견인이 가정법원으로부터 대리권을 수여받아 법정대리인으로서 소송을 수행하여야 한다(민 959조의4).

라. 수탁자의 임무종료(236)

신탁재산에 관한 소송의 계속 중에 당사자인 수탁자의 사망·파산·사임·해임 등으로 임무가 종료한 경우(신탁법 12①, 13①, 14, 16)에는 새로운 수탁자에 의한 수계가 이루어지기까지 절차가 중단된다. 여기의 수탁자는 신탁법에 의한 수탁자를 말하는 것이고, 명의신탁의 수탁자는 포함되지 않는다.

수탁자가 여러 사람인 경우에 신탁재산은 합유에 속하므로(신탁법 45), 그 소송관계는 수탁자 전원을 공동으로 하는 필수적 공동소송관계라 할 것이어서 종래의 수탁자 외에 새로운 수탁자가 추가된 때에는 소송절차가 중단된다.

마. 소송담당자의 자격상실·사망(237①), 선정당사자 전원의 자격상실·사망(237②)

여기에서 일정한 자격에 기하여 자기 이름으로 남(권리의무의 귀속주체, 즉 본인)을 위하여 당사자가 된 자란 파산관재인,[379] 회생채무자의 관리인, 유언집행자 등 '본인을 위한 법정소송담당'을 말하는데, 이들이 자격을 상실하거나 사망한 경우가 여기에 해당한다.[380] 또한 선정당사자 전원이 자격을 잃거나 죽은 때에도 소송담당자의 경우와 마찬가지로 소송절차가 중단된다. 이러한 경우에는 같은 자격을 가진 사람 및 선정자 모두 또는 새로 선정당사자가 된 사람이 소송절차를 수

---

379) 파산재단에 관한 소송에서 파산관재인이 여럿인 경우 그 전원이 파산재단의 관리처분권을 갖고 있으므로 그 소송의 법적 성격은 특별한 사정이 없는 한 필수적 공동소송이지만, 공동파산관재인 중 일부가 파산관재인의 자격을 상실한 때에는 남아 있는 파산관재인에게 관리처분권이 귀속되고 소송절차는 중단되지 아니하므로, 남아 있는 파산관재인은 자격을 상실한 파산관재인을 수계하기 위한 절차를 따로 거칠 필요가 없이 혼자서 소송행위를 할 수 있다(대법원 2008.4.24. 선고 2006다14363 판결).

380) 대법원 2022.5.13. 선고 2019다229516 판결에 의하면, 임의적 소송담당의 경우인 집합건물의 관리단으로부터 관리비징수 업무를 위탁받은 위탁관리업자도 이에 해당한다고 하였다. 따라서 위탁관리업자가 구분소유자 등을 상대로 관리비청구 소송을 수행하던 중, 관리위탁계약이 종료되어 그 자격을 잃게 되면 소송절차는 중단되고 같은 자격을 가진 새로운 위탁관리업자가 소송절차를 수계하거나 새로운 위탁관리업자가 없으면 관리단이나 관리인이 직접 소송절차를 수계하여야 한다고 판시하였다.

계하는 것이지, 이들이 사망하였다고 해서 소송담당자의 상속인이 수계하는 것이 아니다.[381] 증권관련집단소송에서 대표당사자 전원이 사망하거나 사임, 소송수행이 금지된 때에도 소송절차는 중단된다(증집소 24).

이에 비하여, 소송담당자 중에서 담당자 자신의 이익을 위하여 소송을 하는 '담당자를 위한 법정소송담당', 즉 채권자대위소송에서의 대위채권자, 채권추심명령을 받은 압류채권자, 주주대표소송의 주주, 채권질의 질권자 등은 그 자격을 상실하여도 여기에 포함되지 않는다.[382] 왜냐하면 이들에게는 동일한 자격을 가진 새로운 소송담당자가 존재하지 않기 때문이다. 다만 이러한 소송담당자가 사망한 경우에도 그 소송담당자의 상속인이 소송을 승계할 때까지 소송절차가 중단되는데, 이는 민소법 233조에 따른 것이다.

법정소송담당자 중 직무상 당사자인 가사소송사건에서 피고적격자 사망 후의 검사는 국가기관으로서의 추상적인 지위가 당사자이고 개개의 검사는 당사자가 아니므로 소송절차가 중단되지 않는다.

채권자대위소송에서 대위채권자는 민소법 237조 1항에 해당되는가?

채권자대위소송의 대위채권자 등은 병행형 소송담당자이므로 여기에 해당하지 않는다는 견해가 있다.[383] 병행형이란 권리의무의 귀속주체(본인)와 소송담당자가 모두 당사자적격을 가진다는 것을 의미한다. 하지만 채권자대위소송에서 채무자가 대위사실을 안 뒤에는 그가 관리처분권을 행사하더라도 채권자에게 대항할 수 없어(민 405②),[384] 그 범위 내에서 당사자적격이 상실되므로 채권자대위소송을 병행형 소송담당에 해당한다고 볼 수 없다. 따라서 대위채권자가 병행형 소송담당자라는 이유로 민소법 237조 1항에 해당하지 않는다는 결론이 도출될 수 없다. 또한 위 견해에 의하면 갈음형 소송담당자인 채권추심명령을 받은 압류채권자는 237조 1항에 포함되어야 한다는 잘못된 결론에 이르게 되는데, 여기에서 법정소송담당을 병행형과 갈음형으로 분류하는 방식의 부당성이 드러난다. 따라서 법정소송담당의 유형은 소송담당을 권리의무의 남(권리의무의 귀속주체, 즉 본인)을 위하여 하는 경우인가, 아니

---

381) 대법원 2010.10.28. 선고 2009다20840 판결(유증 등을 위하여 유언집행자가 지정되어 있다가 그 유언집행자가 사망·결격 기타 사유로 자격을 상실한 때에는 상속인이 있더라도 유언집행자를 선임하여야 하는 것이므로, 유언집행자가 해임된 이후 법원에 의하여 새로운 유언집행자가 선임되지 아니하였다고 하더라도 유언집행에 필요한 한도에서 상속인의 상속재산에 대한 처분권은 여전히 제한되며 그 제한 범위 내에서 상속인의 원고적격 역시 인정될 수 없다).

382) 강현중, 409쪽; 김홍엽, 580쪽; 정동윤·유병현·김경욱, 705쪽; 한충수, 430쪽.

383) 이시윤, 448쪽; 정영환, 810쪽.

384) 대법원 2007.9.6. 선고 2007다34135 판결.

면 담당자 자신의 권리나 지위에 기하여 자신을 위하여 하는 경우인가에 따라 구별하여야 한다고 본다(전술한 '당사자적격' 부분 참조). 한편, 채권자대위소송의 채권자는 애당초 소송담당자가 아니고, 따라서 대위채권자가 사망하였을 때는 그 상속인이 수계하는 것이 당연하다는 견해도 있다.[385]

바. 파산재단에 관한 소송 중 파산선고 및 파산해지(239, 240)

당사자가 파산선고를 받은 때에 파산재단에 관한 소송절차는 중단된다. 이 경우에는 당사자의 파산재단에 관한 관리처분권이 상실되고 파산관재인 등이 절차를 수계하여 승계인이 되기 때문이다.[386]

위의 수계가 있기 전에 파산절차가 해지되면 파산선고를 받은 자가 당연히 절차를 수계하며(239), 수계가 있은 후에 파산절차가 해지되면 소송절차는 중단되고 파산선고를 받은 자가 수계하여 승계인이 된다(240).

채권자취소소송의 계속 중에 소송의 당사자가 아닌 채무자가 파산선고를 받은 때에는 소송절차는 중단되고 파산관재인이 이를 수계할 수 있다(채무회생 406, 347①본문).[387] 판례는 파산채권자가 제기한 채권자대위소송의 계속 중에 채무자가 파산선고를 받은 경우에도 위 규정을 유추 적용한다.[388]

---

385) 호문혁, 1018쪽.

386) 채권자취소소송의 계속 중 채무자에 대하여 파산선고가 있었는데, 법원이 그 사실을 알지 못한 채 파산관재인의 소송수계가 이루어지지 아니한 상태로 소송절차를 진행하여 판결을 선고하였다면, 그 판결은 채무자의 파산선고로 소송절차를 수계할 파산관재인이 법률상 소송행위를 할 수 없는 상태에서 사건을 심리하고 선고한 것이므로 위법하다(대법원 2015.11.12. 선고 2014다228587 판결).

387) 채권자취소소송 진행 중에 채무자에 대한 회생개시결정이 있어 소송절차가 중단되었으나 소송수계 전 회생절차가 폐지되거나 관리인이 소송을 수계한 다음 청구취지를 변경하여 부인소송을 진행하다가 회생절차가 폐지된 경우, 기존의 원고인 채권자가 소송을 수계하여야 한다. 이 경우 채권자는 청구취지를 채권자취소청구로 변경하여야 하는데, 상고심에서 상고이유서 제출기간이 지나기 전에 위와 같이 회생절차가 폐지되어 수계 및 그에 따른 청구취지 변경이 필요한 경우, 법률심인 상고심에서는 청구취지를 변경할 수 없으므로 대법원은 수계를 허가한 다음 청구취지 변경을 위하여 사건을 원심법원에 환송해야 하고, 이 경우에는 1심판결 선고 후 항소심에서 관리인이 소송을 수계하여 청구취지를 부인청구로 교환적으로 변경하였더라도 위와 같이 환송 후 항소심에서 채권자가 청구취지를 다시 채권자취소청구로 교환적으로 변경하는 것이 민소법 267조 2항에 위반된다고 볼 수 없다(대법원 2022.10.27. 선고 2022다241998 판결).

388) 대법원 2013.3.28. 선고 2012다100746 판결.

2. 중단의 예외

가. 개 요

위 가. 내지 마.의 경우에는 그 중단사유가 생긴 당사자 측에 소송대리인이 있으면 중단사유가 있음에도 불구하고 소송절차는 중단되지 않는다(238). 이와 같은 사유가 발생하여도 소송대리인이 있으면 그 대리권은 소멸되지 않고 계속 존속하므로(95, 96), 당사자가 대리인 없이 무방비상태가 되는 것은 아니기 때문이다(쌍방심리주의의 유지).

따라서 당사자가 사망하였으나 소송대리인이 있어 소송절차가 중단되지 아니한 경우, 소송대리인은 당사자 지위의 당연승계로 인하여 상속인으로부터 새로이 수권을 받을 필요 없이 법률상 당연히 상속인의 소송대리인으로 취급되어 상속인들 전원을 위하여 소송을 수행하게 되는 것이며, 그 사건의 판결은 상속인들 전원에 대하여 효력이 있다.[389]

당사자가 소송 중 파산선고를 받은 때(위 바.의 경우)에는 소송대리인이 있어도 중단되는가?

당사자가 소송 중 파산선고를 받은 때에는 소송대리인이 있어도 소송절차가 중단된다. 이 경우에는 채무자회생법에 따라 파산재단에 관하여 파산관재인이 소송을 수계하여야 하기 때문이다(민소법 238조에 239조가 제외되어 있음).

나. 소송대리인의 소송중단사유의 신고와 소송수계신청

소송절차의 중단사유가 생긴 때에는 소송대리인은 그 사실을 법원에 서면으로 신고하여야 한다(규 61). 실체관계와 절차에서의 당사자를 일치시킬 필요가 있기 때문이다.

소송대리인이 있더라도 승계인은 소송절차를 수계할 수 있다.[390] 이 경우에 법원은 승계사실이 인정되면 소송절차상 당사자로 하여 절차를 진행하며, 판결서에도 승계인을 당사자로 표시한다. 판례는 이때 신당사자를 잘못 표시하였다 하더라도 그 표시가 망인의 상속인, 상속승계인, 소송수계인 등 망인의 상속인임을 나타

389) 대법원 1995.9.26. 선고 94다54160 판결; 대법원 2010.12.23. 선고 2007다22859 판결.
390) 대법원 2008.4.10. 선고 2007다28598 판결.

내는 문구로 되어 있으면 잘못 표시된 당사자에 대하여는 판결의 효력이 미치지 아니하고 여전히 정당한 상속인에 대하여 판결의 효력이 미친다는 입장이다.[391]

소송대리인이 있는 상태에서 상속인이 소송절차를 수계함에 있어 승계인을 잘못 표시한 경우에 그 승계인이 아니라 정당한 상속인에게 판결의 효력이 미친다는 위 판례(대법원 1992.11.5. 자 91마342 결정 및 2014.12.24. 선고 2012다74304 판결)의 태도는 타당한가?

예컨대 X의 Y에 대한 청구에서 X가 사망하고 A가 승계인이 된 경우, 소송대리인은 A와 연락하여 소송행위를 하여야 하므로 A의 의향대로 자백이나 증거신청 또는 소송을 취하하거나 화해를 하기도 할 것이다. 그 후 실제 승계인이 A가 아니라 B라는 것이 나중에 판명되었다고 하자(B가 상속포기신청을 함으로써 그 다음 순위인 A가 상속받은 것으로 알고 있었지만 기간도과 후의 신청 등의 흠이 있어 B의 상속포기가 무효인 경우에 이러한 상황이 발생할 수 있다. 민 1041). 판례는 이 경우에 소송대리인은 B의 대리인이었고 소송대리인이 한 소의 취하나 화해도 B에게 효력이 귀속된다는 입장이다. 그러나 이러한 소송행위는 소송대리인이 A와 협의하여 행한 것이기 때문에 판례의 입장은 B의 변론권이 박탈된다는 점에서 문제가 있다. B에게 효력이 미친다는 귀결을 피하기 위해서는 민소법 238조의 규정에도 불구하고 A를 승계인으로 취급한 이후의 절차에서는 소송상 청구는 원고 A의 청구로 변경하고 소송대리인도 A의 대리인으로만 취급해야 할 것이다. 따라서 소송 도중에 A가 상속인이 아니라는 것이 밝혀지면 본안의 이유 없음으로 A의 청구를 기각하고, 진정한 승계인인 B에 대해서는 소송대리인이 없어 중단되어 있었으므로 새로 수계절차를 취해야 할 것이다. 대법원도 소송대리인이 없는 경우에는 이러한 취지로 판시한 적이 있다. 즉 당사자의 사망으로 소송이 중단된 후 제기된 소송수계 신청이 이유 있다고 하여 소송절차를 진행시켰으나 그 후에 신청인이 그 자격 없음이 판명된 경우에는 수계재판을 취소하고 신청을 각하하여야 하는데, 법원이 수계재판을 취소하지 아니하고 수계인이 진정한 재산상속인이 아니어서 청구권이 없다는 이유로 본안에 관한 실체판결을 하여 기판력이 발생하였다고 하더라도 진정수계인에 대한 관계에서는 소송은 아직도 중단상태에 있다고 할 것이라고 하였다.[392] 소송대리인이 있는 사건에서도 이와 동일하게 해석하여 진정수계인을 보호할 필요가 있다고 생각한다.

391) 대법원 1992.11.5. 자 91마342 결정; 2014.12.24. 선고 2012다74304 판결.
392) 대법원 1981.3.10. 선고 80다1895 판결.

다. 소송대리인에 대한 판결정본의 송달과 소송중단여부

소송대리인이 있어도 심급대리의 원칙상 그 심급의 판결정본이 당사자에게 송달되면 심급종결로 소송절차는 중단된다.[393] 그러나 소송대리인에게 미리 상소제기에 관한 특별한 권한이 부여되어 있으면(특별수권) 판결이 송달되어도 중단되지 않는다. 따라서 이 경우에 소송대리인이 패소한 당사자를 위하여 상소를 제기하지 아니하면 상소기간의 도과로 판결은 확정되지만, 그가 상소를 제기하고 나면 그때부터는 소송대리권이 소멸되어 소송절차는 중단상태에 있게 되고 상속인은 상소심에서 소송수계절차를 거쳐야 소송중단이 해소된다.[394]

예를 들면, 갑·을 간의 소송계속 중 을이 사망하고 을의 상소제기의 특별수권을 받은 소송대리인 병이 소송수행 끝에 을이 패소하는 판결을 받았는데, 을의 상속인으로는 A, B, C, D 4인이 있었으나, 그중 A, B가 **직접** 항소를 제기하고 C, D 및 병은 **항소를 제기하지 않았다면** 항소기간의 도과로 C, D에 대한 패소판결은 확정되며 C, D가 항소심에 한 소송수계신청은 소송계속이 소멸된 이상 허용되지 않는다는 것이 판례이다.[395] C, D를 대리하여 상소할 권한이 있었던 병은 그 권한을 행사하지 않은 채 상소기간을 도과시켰고, A, B는 C, D의 소송을 대리할 권한이 없다는 것이 그 이유이다. 한편, 특별수권을 받은 소송대리인 병이 A, B만을 상속인으로 알고 이들을 대리하여 **항소를 제기하였다면** 제1심 판결 전부에 대하여 확정이 차단되고 항소하지 않은 나머지 상속인들(C, D)도 항소심에서 수계신청을 할 수 있다는 것이 판례의 입장이다.[396] 소송대리인 병이 C, D도

---

393) 대법원 1996.2.9. 선고 94다61649 판결.

394) 대법원 2016.9.8. 선고 2015다39357 판결.

395) 대법원 1992.11.5. 자 91마342 결정. 이 판례 입장에 대하여, 상소제기의 특별수권을 받은 소송대리인이 항소를 제기하지 않은 C, D에 대해서는 판결이 확정되는 것으로 볼 것이고, 다만 항소를 제기하지 않은 데 대해 누락상속인 C, D와 대리인 병에게 과실이 없다면 C, D를 위한 추후보완의 상소로 침해된 절차권을 보호할 것이며, 그렇지 아니하면 C, D를 위한 손해배상 등 실체법의 문제로 해결하여야 한다는 견해도 있고(이시윤, 450쪽; 정동윤·유병현·김경욱, 707쪽; 정영환, 813쪽), 특별수권사항은 상속인에게 미치지 않는다고 보아 상소제기의 특별수권을 받지 않은 소송대리인의 경우와 마찬가지로 C, D에 대하여는 소송절차가 중단된다고 보는 견해도 있다(호문혁, 1027쪽).

396) 대법원 2010.12.23. 선고 2007다22859 판결. 이 판례에 대하여, 공동소송인 중 일부의 상소가 다른 공동소송인에게 효력을 미치는 것은 필수적 공동소송인에 한하고 통상공동소송에서는 상소하지 않은 다른 공동소송인에게 아무런 영향이 없다는 법리를 간과하였다거나 소송행위의 표시주의의 원칙에 맞지 않는다는 비판이 있다(이시윤, 451쪽; 호문혁, 1022쪽).

상속인임을 알았다면 이들에 대해서도 A, B와 함께 항소를 제기하였을 것이라고 보는 것이 상소제기자(병)의 합리적 의사라고 보아야 한다는 것이다.

3. 중단의 해소

소송절차의 중단이 당사자 측의 수계신청 또는 법원의 속행명령에 의하여 해소되면 다시 소송절차가 진행된다.

가. 수계신청

(1) 수계신청권자

수계신청은 중단사유가 있는 당사자 측의 새로운 수행자뿐만 아니라 상대방 당사자도 신청할 수 있다(241).

당사자의 사망의 경우에 수계신청권자는 상속인·상속재산관리인, 그 밖에 법률에 의하여 소송을 계속하여 수행할 사람이다(233①후문). 예컨대 소송계속 중 당사자가 사망하고 그 상속인의 존부가 분명하지 않은 경우에 법원은 소송절차를 중단한 채 상속재산관리인(민 1053①)의 선임을 기다려 그로 하여금 소송을 수계하도록 하여야 한다.[397] 여기에는 유언집행자와 수증자가 포함된다.

공동상속재산은 필수적 공동소송관계가 아니므로 상속인 전원이 공동으로 수계신청을 해야 하는 것이 아니며, 개별적으로 하여도 무방하다. 상속인 중 한 사람만 수계절차를 밟아 재판을 받았으면 수계절차를 밟지 않은 다른 상속인의 소송관계는 중단된 채 제1심에 그대로 계속되어 있게 된다.[398]

가사소송사건에서 원고가 사망 등으로 인하여 소송절차를 진행할 수 없게 된 때에는 다른 제소권자가 소송절차를 승계할 수 있는데, 이는 승계사유가 생긴 때부터 6개월 이내에 하여야 하며, 이 기간 내에 승계신청을 하지 않으면 소가 취하된 것으로 본다(가소 16).

법인의 합병 시에는 합병에 의하여 설립된 신법인 또는 합병 뒤의 존속법인이 수계신청권자이다(234).

당사자의 소송능력의 상실·법정대리권의 소멸의 경우에는 소송능력을 회복한 당사자 또는 법정대리인이 된 자(235), 법인대표자의 직무집행정지가처분의 경우

---

397) 대법원 2002.10.25. 선고 2000다21802 판결.
398) 대법원 1994.11.4. 선고 93다31993 판결.

에는 그 직무대행자가 수계신청권자이다.[399]

(2) 수계신청을 할 법원

수계신청은 중단 당시 소송이 계속된 법원에 하여야 한다. 종국판결이 송달된 뒤에 중단된 경우에는 원심법원에 수계신청을 해야 한다(243②). 상소장의 원심제출주의가 적용되기 때문이다(397①).

그러나 판례는 법규정과는 달리, 원심법원뿐만 아니라 상소심법원에도 수계신청을 할 수 있다고 하였다.[400]

(3) 수계신청절차

수계신청은 새 수행자가 수계의 의사를 명시하여 서면 또는 법원사무관등의 앞에서 말로 할 수 있다(161). 다만 민소규칙에서는 서면으로만 하도록 하였다(규60①).

수계신청은 명칭에 구애됨이 없이 실질적으로 판단한다. 따라서 기일지정신청 또는 당사자표시정정신청도 경우에 따라 수계신청으로 볼 수 있다.[401] 수계신청이 있으면 법원은 상대방에게 이를 통지하여야 한다(242).

당사자가 사망한 경우에 상속인은 상속포기기간인 상속개시 있음을 안 날로부터 3월 또는 그 연장된 기간(민 1019①) 내에는 수계신청을 할 수 없다(233②). 상속인이 여러 사람인 경우에 공동상속인 중 일부의 상속인이 상속을 포기하면 그 상속분은 상속이 개시된 때에 소급하여 다른 상속인에게 귀속되므로 상속포기의 법정기간 동안은 실제의 상속인이 확정되지 않기 때문이다. 따라서 상속인이 상속포기기간(민 1019①) 안에 한 수계신청을 받아들여 소송절차를 진행하면 위법하다. 다만 그 후 상속의 포기 없이 상속개시가 있음을 안 날로부터 3월을 경과한 때에는 그 전까지의 소송행위에 관한 하자는 치유된다.[402]

(4) 수계신청에 대한 재판

수계신청이 있으면 법원은 직권으로 적법여부를 조사하여 이유 없으면 결정으로 기각한다(243①). 이에 대하여 통상항고를 할 수 있다(439). 수계신청이 기각되

399) 대법원 2003.5.27. 선고 2002다69211 판결.
400) 대법원 2003.11.14. 선고 2003다34038 판결.
401) 대법원 1980.10.14. 선고 80다623,624 판결.
402) 대법원 1995.6.16. 선고 95다5905,95다5912(참가) 판결.

면 중단은 해소되지 않으므로 새로운 수계신청이 필요하다.

수계신청이 이유 있다고 판단되면 법원은 별도의 재판 없이 그대로 소송을 진행하면 된다. 이는 묵시적으로 수계허가결정을 한 것으로 볼 수 있고, 수계를 불복하는 당사자는 속행절차에서 다투면 된다. 다만 판결송달 후에 원법원이 수계결정을 한 때에는 명시적인 수계허가결정을 하여야 하며, 그 결정의 송달 시로부터 상소기간이 진행된다. 수계허가결정은 명시적이든 묵시적이든 중간적 재판이므로 독립하여 불복할 수 없고, 상소법원의 판단을 받는다(392).

당사자의 사망으로 인한 소송수계 신청이 이유 있다고 하여 소송절차를 진행시켰으나 그 후에 신청인이 그 자격 없음이 판명된 경우에는 수계재판을 취소하고 신청을 각하하여야 한다. 그런데 이 경우에 수계인이 진정한 재산상속인이 아니어서 청구권이 없다는 이유로 본안에 관한 실체판결을 하였다면 진정수계인에 대한 관계에서는 소송은 아직도 중단상태에 있다고 할 것이지만 참칭수계인에 대한 관계에서는 판결이 확정된 이상 기판력을 가진다.[403]

나. 법원의 속행명령

당사자 중 새 수행자 또는 상대방 어느 누구도 수계신청을 하지 아니하여 사건이 중단된 상태로 방치되어 있을 때에 법원은 직권으로 소송절차를 계속 진행하도록 명하는 속행명령을 할 수 있다(244). 속행명령이 새 수행자 또는 상대방에게 송달되면 중단은 해소된다.

속행명령은 중단 당시에 소송이 계속된 법원이 발한다. 속행명령 대신 변론기일통지를 송달한 경우에는 중단 중의 소송행위가 무효인 것에 비추어 속행명령을 발한 것으로 보지 않는 것이 다수설이다.[404] 속행명령은 중간적 재판이므로 독립하여 불복할 수 없다.

증권관련집단소송법에서는 소송절차의 중단 후 1년 내에 수계신청이 없으면 소의 취하로 간주한다(동법 24③).

Ⅲ. 소송절차의 중지

소송절차의 중지는 당연중지, 재정중지, 다른 법령 등에 의한 중지가 있다.

403) 대법원 1981.3.10. 선고 80다1895 판결.
404) 김홍엽, 593쪽; 이시윤, 453쪽; 정동윤 · 유병현 · 김경욱, 710쪽; 정영환, 816쪽.

1. 당연중지

천재지변, 그 밖의 사고로 법원이 직무수행을 할 수 없게 된 경우에는 법원의 결정 없이 당연히 소송절차가 중단되는 것을 당연중지라고 한다(245). 법원의 직무집행 불가능의 상태가 소멸되면 중지도 당연히 해소된다.

2. 재정중지

법원이 직무수행을 할 수는 있지만 당사자가 법원에 출석하여 소송행위를 할 수 없는 장애사유가 발생한 경우에 법원이 결정으로 소송절차의 중지를 명할 수 있는데, 이를 재정중지(재판중지)라고 한다(246).

여기의 장애사유에 해당하는 경우로는, 전쟁 그 밖의 사유로 교통이 두절되어 당분간 회복될 전망이 보이지 않거나 당사자가 법정전염병으로 격리되는 등 법원에 출석할 수 없게 된 경우를 말한다.

재정중지는 신청 또는 직권으로 법원의 결정에 의하여 발생하며(246①), 그 취소결정에 의하여 해소된다(246②).

3. 다른 법령 등에 의한 중지

다른 절차와의 관계에서 소송절차를 진행하는 것이 부적당하여 소송절차가 중지되는 경우이다.

가. 당연중지

전부명령에 대한 즉시항고시 민사집행법 49조 2호 또는 4호의 집행정지서류가 제출된 경우에는 항고에 관한 재판을 정지하여야 하며, 법원이 법률의 위헌여부에 대한 심판을 헌법재판소에 제청한 때에는 당해 소송사건의 재판은 헌법재판소의 위헌여부의 결정이 있을 때까지 정지된다(헌재 42①). 또한 소송사건이 조정에 회부된 때에는 조정절차가 종료될 때까지 소송절차는 중지되며(민조 6, 민조규 4②), 회생절차에서 회생절차개시결정이 있는 경우에는 파산절차, 이미 행한 회생채권 또는 회생담보권에 기한 강제집행절차, 일반회생채권보다 우선하지 아니한 체납처분절차 등이 중지된다(채무자회생법 58②).

한편 증권관련집단소송에 있어서 동일한 분쟁에 관하여 여러 개의 증권관련집단소송이 각각 다른 법원에 제출된 경우 공통되는 바로 위의 상급법원이 심리할 법원을 지정해 달라는 법원지정신청이 있는 때에는 그 신청에 대한 결정이 있을 때까지 소송절차를 중지하여야 하며(증집소 14②, 증집규 11), 소비자단체소송에 있어서 원고의 소송대리인 전원이 사망 또는 사임하거나 해임된 때에는 원고가 새로운 소송대리인을 선임할 때까지 소송절차가 중지된다(소단규 12①).

나. 재정중지

조정신청사건에 관하여 소송이 계속된 경우 수소법원은 결정으로 조정이 종료될 때까지 소송절차를 중지할 수 있으며(민조규 4①), 소송절차에 있어서 필요하다고 인정된 때에는 법원은 특허 등에 관한 심결이 확정될 때까지 그 소송절차를 중지할 수 있다(특허 164, 실용신안 33, 디자인 77, 상표 70). 또한 회생절차개시의 신청이 있는 경우 필요하다고 인정하는 때에는 채무자의 재산에 관한 소송절차를 중지할 수 있다(채무회생 44①(3)).

위와 같은 명문의 규정이 있는 경우 외에 다른 민사사건이나 형사사건의 판결결과가 선결관계에 있는 경우에도 법원이 재량으로 중지를 명할 수 있다고 보는 것이 다수설이나, 실무에서는 사건을 추후지정하고 관련사건의 결과를 기다리는 것이 일반적이다.

Ⅳ. 소송절차 정지의 효과

1. 당사자의 소송행위

소송절차의 정지 중의 당사자의 소송행위는 원칙적으로 무효이지만 예외적으로 소송절차 외에서 행하는 소송대리인의 선임・해임, 소송구조신청은 유효하다.

또한 무효인 소송행위라고 하여도 상대방이 아무런 이의를 하지 아니하여 이의권이 상실되거나 추인에 의하여 유효하게 된다. 소송절차가 중단된 상태에서 제기된 상소는 부적법한 것이지만, 상소심 법원에 수계신청을 하여 그 하자를 치유시킬 수 있다.[405)]

405) 대법원 1996.2.9. 선고 94다61649 판결.

2. 법원의 소송행위

소송절차의 정지 중에 법원은 기일지정, 기일통지나 재판·증거조사, 그 밖의 행위가 허용되지 않고, 이러한 행위를 하더라도 효력이 없다. 따라서 이 경우에 당사자는 상소로 불복할 수 있다. 다만 변론종결 이후에는 소송절차의 중단사유가 발생하였더라도 판결의 선고는 할 수 있다(247①). 판결의 선고는 법원의 사실행위로서 당사자의 관여가 불필요하기 때문이다.

판례는 당사자가 사망하였음에도 불구하고 사망한 당사자 명의로 판결이 선고된 때에, 소송대리인이 있어 소송절차가 중단되지 않은 경우에는 소송수계인을 당사자로 **경정**(211)하면 될 뿐, 구 당사자 명의로 선고된 판결을 대리권 흠결을 이유로 상소 또는 재심에 의하여 취소할 수 없다는 입장이다.[406)]

반면에 소송대리인이 없는 경우에 변론을 종결하기에 앞서 정지사유가 있었음에도 이를 간과한 채 변론을 종결하고 판결을 선고하였다면 그 판결은 소송에 관여할 수 있는 적법한 수계인의 권한을 배제한 결과가 되는 절차상 위법이 있어 이를 이유로 대리권의 흠이 있는 경우에 준하여 상소(424①(4)) 또는 재심(451①(3))에 의한 취소를 구할 수 있지만, 취소되지 않은 이상 그 판결이 당연무효라고 할 수는 없으므로 **승계집행문**을 부여받아 강제집행을 할 수 있다고 하였다.[407)]

또한 정지사유를 간과하고 판결이 선고되었고 이를 사실상 송달받은 상속인의 상소에 대하여 판결이 없는 상태에서 이루어진 상소로 보아 부적법한 것이라고 각하해야 할 것은 아니며, 상소 시 원심판결의 절차상 흠에 관하여는 다투지 않고 본안에 관해서만 다투면서 상소심에서 수계절차를 밟았다면 원심판결의 절차상 흠은 묵시적인 추인으로 인하여 적법한 것으로 되어 소송수계절차가 이루어지지 않았다는 등의 원심의 절차상 흠을 더 이상 상소 또는 재심으로 다툴 수 없다고 판시하였다.[408)]

---

406) 대법원 2002.9.24. 선고 2000다49374 판결.

407) 대법원 1998.5.30. 자 98그7 결정. 채권자취소소송의 계속 중 채무자에 대하여 파산선고가 있었는데, 법원이 그 사실을 알지 못한 채 파산관재인의 소송수계가 이루어지지 아니한 상태로 소송절차를 진행하여 판결을 선고하였다면, 그 판결에는 채무자의 파산선고로 소송절차를 수계할 파산관재인이 법률상 소송행위를 할 수 없는 상태에서 사건을 심리하고 선고한 잘못이 있다(대법원 2022.5.26. 선고 2022다209987 판결).

408) 대법원 1995.5.23. 선고 94다28444 전원합의체 판결; 대법원 2020.6.25. 선고 2019다246399 판결.

3. 기간의 진행

소송절차의 정지(중단 · 중지)는 기간의 진행을 정지시킨다. 즉 새로운 기간은 진행을 시작하지 못하고, 이미 진행 중인 기간은 멈춘다.[409)]

정지 해소 후에는 남은 기간이 진행되는 것이 아니고 소송절차를 다시 진행한 때부터 전체기간이 새로이 진행된다(247②).[410)] 이 점에서 시효중단의 해소와 동일하다.

---

409) 대법원 2009.11.23. 자 2009마1260 결정(소송상대방에 대한 회생절차개시결정이 있어 소송절차가 중단됨으로써 재판장의 인지보정명령상의 보정기간은 그 기간의 진행이 정지되었고, 소송절차가 중단된 상태에서 행한 재판장의 보정기간 연장명령도 효력이 없으므로, 각 보정명령에 따른 기간불준수의 효과도 발생할 수 없다고 한 사례).

410) 지급명령이 송달된 후 이의신청 기간 내에 회생절차개시결정 등과 같은 소송중단 사유가 생긴 경우에는 민소법 247조 2항이 준용되어 그 이의신청 기간의 진행이 정지된다(대법원 2012.11.15. 선고 2012다70012 판결).

제4장
증 거

제1절 총 설

I. 증거의 의의

1. 증거의 필요성

증거란 법규적용의 대상이 되는 사실을 인정하는 데 필요한 판단자료를 의미한다. 민소법상 변론주의는, 법원은 ① 당사자가 주장하지 아니한 사실은 판단의 기초로 삼을 수 없고, ② 당사자간에 다툼이 없는 사실은 그대로 판결의 기초로 삼아야 하며, ③ 당사자간에 다툼이 있는 사실을 인정하기 위해서는 당사자가 제출한 증거에 의하여야 한다는 것을 내용으로 한다. 위 ③의 원칙에 의하여 증거는 원칙적으로 당사자가 제출하여야 하며, 법원이 직권으로 수집하지 아니한다.

다툼이 있는 사실의 인정에 증거를 요하는 것은 법원 판단의 객관성 · 공정성과 합리성을 보장하여 당사자 나아가 국민의 재판에 대한 신뢰를 도모하려는 데 있다. 따라서 당사자간에 다툼이 있더라도 그것이 공지의 사실이거나 법원에 현저한 사실이라면 증거 없이도 판결의 기초로 삼을 수 있다(288).

2. 증거의 개념

증거란 일반적으로 법관이 재판의 기초가 되는 사실을 인정하기 위한 판단자료라고 할 수 있지만, 증거라는 용어는 구체적으로 다음과 같은 여러 가지 의미로 사용된다.

(1) 증거방법

법관이 오관으로 조사할 수 있는 유형물을 의미한다. 통상 인증(증인, 감정인, 당사자본인 등)과 물증(문서, 검증물 등)으로 나눈다.

(2) 증거자료

증거방법을 조사하여 얻은 정보내용, 즉 증언 · 감정결과 · 문서의 기재내용 · 검증결과 · 당사자신문결과 · 사진이나 녹음테이프의 조사결과 · 조사촉탁결과 등을 말한다. 증거자료는 변론주의의 제1원칙에 의해 사실자료와 구별된다.

(3) 증거원인

법관의 심증형성의 원인이 된 증거자료나 상황을 말한다. 이때의 '상황'이란 변론 전체의 취지를 의미한다. 변론 전체의 취지란 증거조사의 대상이 된 증거방법 외에 변론의 과정에서 획득한 기타 사항을 말한다(202). 민소법과 달리, 형사소송법에서는 변론 전체의 취지는 증거원인이 될 수 없다.

당사자신문결과는 사실자료인가, 증거자료인가?

당사자신문결과는 증거자료이다. 따라서 당사자본인이 신문 시에 진술한 것을 가지고 사실상 주장을 대신할 수 없으며(사실자료와 증거자료의 분리), 당사자본인신문의 결과 중에 상대방의 주장사실과 일치되는 부분이 나왔다고 하더라도 그것은 재판상 자백이 될 수 없다.[1)]

Ⅱ. 증거능력과 증명력

1. 증거능력

가. 의 의

구체적인 인증 또는 물증이 증거방법으로서 증거조사의 대상이 될 수 있는 자격을 증거능력이라 한다. 민소법 202조에서 자유심증주의를 채택하고 있으므로 원칙적으로 증거능력이 제한되지 않는다고 보는 것이 통설과 판례의 입장이다.[2)]

판례는 소제기 이후에 작성된 사문서,[3)] 전문증거,[4)] 미확정판결서[5)]도 증거능력

1) 대법원 1978.9.12. 선고 78다879 판결.
2) 이에 비하여 형소법상 자유심증주의는 허용된 증거의 가치평가(증명력) 문제에 제한되어 있음에 주의하여야 한다(형소법 308).
3) 대법원 1992.4.14. 선고 91다24755 판결.
4) 대법원 1967.3.21. 선고 67다67 판결.
5) 대법원 1995.4.28. 선고 94누11583 판결.

이 있다고 하였으나, 선서하지 아니한 감정인에 의한 신체감정결과는 증거능력이 없다고 판시하였다.[6]

민소법의 명문에 의하여 증거능력이 제한되는 경우로는 어떤 것이 있는가?

민소법에 의하면, 대리권의 증명은 서면에 의하여야 하며(58①, 89①－예외:89③), 변론의 방식에 관한 규정의 준수는 변론조서에 의하여만 증명할 수 있도록 하고 있고(158), 소명에 관하여는 즉시 조사할 수 있는 증거에 의하도록 규정하고 있어(299①), 이 범위 내에서는 다른 증거방법은 증거조사의 대상이 될 수 없어 증거능력이 없다.

나. 위법수집증거의 증거능력

형사소송법에서는 수사 및 증거수집과정상 적법성을 유지하기 위하여 위법하게 수집된 증거를 배제하는 등 증거능력에 대하여 제한을 두고 있는데(형소 308조의2), 최근에 이르러 이러한 명문규정이 존재하지 않은 민사소송절차에서도 증거수집과정의 적법성을 유지함으로써 소송절차에 공정성을 확보할 필요가 있고, 위법하게 수집된 증거에 관해서는 일정한 제재를 가함으로써 당해 절차 내에서 이를 이용하는 것을 저지해야 한다는 논의가 있다. 이는 결국 위법수집증거에 증거능력을 인정할 것인가의 문제로 귀착된다.

판례는 자유심증주의를 채택하고 있음을 이유로 증거의 채택여부는 법원의 재량에 속하는 것이므로 상대방 몰래 비밀리에 상대방과의 대화를 녹음하였다고 하여 그 녹음테이프가 증거능력이 없다고 단정할 수 없다고 하였다.[7] 이 입장은 변론주의 원칙상 증거수집을 당사자의 책임으로 하고 있는 반면에, 법원이 실체적 진실을 발견해야 할 의무가 있을 뿐만 아니라, 민소법에는 위법수집증거의 증거능력 제한에 대한 별도의 규정이 없다는 점 등을 근거로 한다. 물론 통신비밀보호법(3, 4, 14①)에 따르면 공개되지 아니한 타인간의 대화를 녹음 또는 청취하지 못하고 이를 재판에 사용하지 못하도록 하고 있으므로 이 범위 내에서는 민사소송에서도 증거능력이 없음이 당연하다. 따라서 논의의 대상은 통신비밀보호법이

---

6) 대법원 1982.8.24. 선고 82다카317 판결. 다만 이러한 경우에도 감정결과가 기재된 서면이 당사자에 의해 서증으로 제출된 경우에는 증거능력이 있다고 본다(대법원 2006.5.25. 선고 2005다77848 판결).

7) 대법원 1999.5.25. 선고 99다1789 판결; 대법원 2009.9.10. 선고 2009다37138,37145 판결.

적용되지 않는 경우로 제한된다.

대화를 하던 여러 명 중 한명이 몰래 녹음하여 법원에 증거로 제출하였다면 그 녹음테이프는 통신비밀보호법이 적용되어 증거능력이 없는가?

통신비밀보호법상 증거능력이 없는 녹음은 공개되지 아니한 타인간의 대화이다. 따라서 몇 명이 대화하든 원래부터 참석한 자에게 공개된 대화는 타인간의 대화가 아니므로 몰래 녹음한다고 해서 통신비밀보호법위반에 해당되지 않는다.[8] 전화통화의 한쪽 당사자가 몰래 녹음한 경우에도 상호간에는 공개된 대화이자 타인간의 대화가 아니므로 마찬가지이다. 그러나 만약 대화에 참여하지 않은 제3자가 몰래 녹음하였다면 이 법에 해당되어 증거능력이 없다.

독일에서는 무단녹음 등의 경우에는 인격권 등의 침해로서 증거능력을 전면 부정하는 견해가 우세하나, 우리의 경우에는 ① 몰래 녹음하는 것 등 위법하게 수집된 증거는 원칙적으로 증거능력을 부인하는 견해(자신이 상대방과의 대화를 비밀녹음한 경우에도 통신비밀보호법의 규정을 유추 적용하여 증거능력이 없다는 취지),[9] ② 인격권 침해로서 원칙적으로 증거능력을 부인하지만, 위법성조각사유가 있거나 상대방이 녹음을 승낙한 경우에는 증거능력을 인정하는 견해,[10] ③ 위법수집증거라고 하더라도 원칙적으로는 증거능력을 인정하고 증거수집과정에서 형사법상 범죄행위를 구성하거나 증거조사과정에서 당사자의 인격권을 침해하는 경우에는 증거능력을 부정하여야 한다는 견해,[11] ④ 위법수집증거에 대해서도 원칙적으로 증거능력을 인정하되, 헌법에서 정한 인격권을 침해한 경우에는 별도의 위법성조각사유가 없거나 우선되어야 할 현저한 이익이 없다면 증거능력을 부정하여야 한다는 견해[12]로 나뉜다.

생각건대 형사소송법상 검사는 증거를 수집함에 있어 법정요건을 갖추어 압수·수색 등 강제수사를 적법하게 이용할 수 있으므로 검사가 이러한 절차를 통하지 않고 위법하게 수집한 증거에 대해서는 증거능력을 엄격하게 배제할 필요가

---

8) 대법원 2006.10.12. 선고 2006도4981 판결.
9) 강현중, 507쪽; 한충수, 447쪽.
10) 김홍규·강태원, 530쪽; 송상현·박익환, 509쪽; 이시윤, 458쪽; 정동윤·유병현·김경욱, 550쪽; 정영환, 644쪽.
11) 호문혁, 527쪽.
12) 김홍엽, 601쪽.

있지만,[13] 민소법상으로는 당사자평등주의의 원칙상 법이 어느 일방에게 증거수집의 강제권을 부여하지 않으므로 형사소송법과 동일한 선상에서 평가할 수 없다. 또한 위법수집증거의 태양은 다양하기 때문에 인격권의 침해라는 일률적인 사고방식으로 해결하기에도 난점이 있다. 따라서 원칙적으로 증거를 수집함에 있어 형사법상 범죄행위를 구성하는 경우에는 증거능력을 부정하고, 그 외의 경우에는 증거능력을 인정하되 민사상 인격권 침해 등의 경우에는 불법행위에 기한 손해배상청구의 방법으로 해결하는 것이 타당할 것이다.

판례도 교통사고환자와의 소송 중 증거를 수집하기 위하여 몰래 상대방인 환자의 사생활을 촬영한 사건에서 초상권 및 사생활의 비밀과 자유에 대한 부당한 침해는 불법행위를 구성한다고 판시하였다.[14]

2. 증명력

증거자료가 요증사실의 인정에 유용한 정도를 말한다. 증거력 또는 증거가치라고도 한다. 증명력은 논리와 경험법칙에 입각하여 변론 전체의 취지에 따라 법관이 자유롭게 판단하게 되는데(202), 일반적으로 당사자와 가까운 관계에 있는 증인의 증언내용은 그렇지 않은 증인의 증언내용보다 증명력이 약하게 평가될 것이다. 문서의 경우에 증명력은 형식적 증명력과 실질적 증명력으로 나뉜다(후술).

Ⅲ. 증거의 종류

1. 직접증거 · 간접증거

주요사실을 직접 증명하는 증거방법을 직접증거라 하고, 간접사실(주요사실의 존부를 추인할 수 있는 사실)이나 보조사실(증거의 증거능력이나 증명력에 영향을 미치는 사실)을 증명하기 위한 증거방법을 간접증거라고 한다.

계약서, 영수증 등은 직접증거의 예이고, 알리바이증언, 증거방법의 증명력을 부정하기 위해 내세운 증인의 증언 등은 간접증거의 예이다. 내심의 사실인 고의, 과실, 선의, 악의 등은 주로 간접증거로 증명하게 된다.

---

13) 대법원은 형사소송법상 위법수집증거에 있어서도 일률적으로 증거능력을 부인하는 것이 아니라 모든 사정을 전체적 · 종합적으로 고려하여 예외적인 경우에는 유죄 인정의 증거로 사용할 수 있다는 입장이다(대법원 2007.11.15. 선고 2007도3061 전원합의체 판결).

14) 대법원 2006.10.13. 선고 2004다16280 판결.

간접사실과 보조사실에 대해서 증명책임의 개념이 필요한가?

일반적으로 간접사실이나 보조사실에 대해서는 증명책임의 개념이 필요하지 않다. 다만 문서의 진정은 보조사실이지만 이를 누가 증명하여야 하는가의 문제, 즉 증명책임의 개념이 필요하다(356, 357, 358. 후술).

간접사실에 대해서도 진위불명이 있을 수 있는가?

주요사실을 추인할 수 있는 간접증거를 제출하였을 때 법관이 그 간접증거만으로는 간접사실의 존재여부가 진위불명에 빠질 수는 있다. 그러나 간접사실은 주요사실을 추인하는 범위 내에서만 가치가 있으므로 결국 간접사실의 진위불명은 주요사실의 진위불명에 흡수된다.

2. 본증 · 반증 · 반대사실의 증거

자기에게 증명책임이 있는 사실을 증명하기 위하여 제출하는 증거방법 내지 증명활동을 본증이라 하고, 상대방에게 증명책임이 있는 사실을 부정하기 위하여 제출하는 증거방법 내지 증명활동을 반증이라 한다. 본증은 법관의 확신이 필요하지만 반증은 상대방의 증명에 의심을 일으키면 목적을 달성한다는 점에서 양자에 차이가 있다.

반증에는 직접반증과 간접반증이 있다. 직접반증이란 주요사실이든 간접사실이든 이를 증명하려는 당사자에 맞서서 상대방이 이에 반대되는 증명으로 반격을 가함으로써 법관의 확신을 흔드는 활동이고, 간접반증이란 고도의 경험법칙이 적용되는 간접사실이 증명됨으로써 주요사실의 존재가 일응 추인되는 경우에 상대방이 그 간접사실과 양립하는 별개의 간접사실을 증명하여 주요사실의 추인을 방해하려는 증명활동으로서, 주요사실에 대해서는 반증이지만 자신이 증명하려는 간접사실의 존재에 대해서는 법관의 확신을 일으켜야 하므로 본증이다.

반대사실의 증거란 법률상 추정(법률상 사실추정: 민 30,198,844, 법률상 권리추정: 민 200,215①,239,262②,830②)이 있을 때 그 추정을 다투는 자가 제출하는 증거이다. 이는 본증이므로 그 추정사실을 번복할 만한 반대사실을 완전하게 증명해야 한다. 법률상 추정이 아닌, 경험칙에 의한 사실상 추정을 탄핵하기 위해서는 반증으로 족하다.

Ⅳ. 증명·소명

1. 증 명

사실에 대한 법관의 내면의 판단을 심증이라 하고, 어느 정도의 심증에 이르면 사실이 존재한다고 볼 것인가를 증명도라 한다. 이 증명도가 높게 설정되어 있는 것이 증명이고 그보다 낮게 설정되어 있는 것이 소명이다. 즉 법관이 사실의 존부에 확신을 가져야 하는 것이 증명임에 비하여, 일응 확실할 것이라는 정도로 족한 것이 소명인 것이다. 민소법상 청구의 당부를 뒷받침하는 사실을 인정할 때에는 증명이 필요하다. 다만 수학적인 확실성을 요구하는 것은 아니고, 합리적으로 생각하여 의문의 여지가 없을 정도의 고도의 개연성이 있으면 된다. 나아가 그러한 상태에 이르도록 증거를 제출하는 당사자의 행위를 증명이라고 부르기도 한다.

2. 소 명

증명보다는 낮은 정도의 개연성이 있는 상태 또는 이에 이르도록 증거를 제출하는 당사자의 행위를 말한다(299).

일반적으로 어떠한 경우에 소명으로 족하다고 할 수 있는가?

소명에 의할 수 있는 경우는 원칙적으로 법률에 별도의 규정을 두고 있다. 소송절차의 파생적 사항이나 신속한 처리를 요하는 기피이유(44②), 보조참가 이유(73①), 소송구조사유(128②), 가압류·가처분(민집 279②, 301), 반론보도청구(언론중재법 26⑥)는 소명만으로 가능한데, 이때에는 즉시 조사할 수 있는 증거에 의해야 하고(299①, 따라서 출석을 요하는 증인신청 또는 결정을 요하는 문서제출명령의 신청은 불가), 이것이 불가능할 때에 대비하여 보증금의 공탁, 당사자의 선서를 요구하는 경우가 있다(299②). 이 경우에 거짓진술이 판명되면 보증금을 몰취하거나 200만원 이하의 과태료의 제재를 받는다(300, 301).

Ⅴ. 엄격한 증명·자유로운 증명

이 개념은 민소법 289조 이하의 증거조사에 관한 법률규정의 준수여부가 기준일 뿐 어느 경우이든 증명이지 소명이 아니다. ① 법률에서 정한 증거방법에 대하여 법률이 정한 절차(증거신청절차, 증거조사의 실시방법, 당사자공개, 직접주의나 구술주의 등 법정증거조사방식)에 의하여 행하는 증명을 엄격한 증명이라 하는데, 소송물(청구)인 권리관계의 사실여부를 판단함에 있어서는 이에 의해야 하고, ② 증거방법과 절차가 법률의 규정에서 해방된 증명을 자유로운 증명이라고 하는데, 조사·송부의 촉탁(294), 소송(상소)요건 등 직권조사사항, 준거외국법,[15] 관습법, 전문적 경험법칙, 소송 목적의 값의 산정 등은 자유로운 증명으로 족하다.

제2절 증명의 대상

증명의 대상은 여러 유형으로 나누어 살펴볼 수 있다. 먼저, 과거에 일어난 사실의 재현이라는 유형이 있는데, 이것이 전형적인 증명의 대상이다. 예컨대 금전의 수수가 있었는지 아닌지, 병원에 지급한 치료비가 얼마였는지 등이다. 둘째, 과거에 존재한 사실의 재현이지만 사실을 정형적으로 재현하기는 곤란한 경우도 있다. 불에 탄 가재도구의 가액산정 등이 그 예이다. 셋째, 과거 내지 현재의 사정일 뿐, 존재하였던 사실의 재현이 아닌 경우도 있다. 특정한 토지의 무단 사용으로 인한 차임상당액을 산정하는 것이 그 예이다. 이는 사실의 재현이라기보다는 평가에 가까우므로 감정에 의하는 것이 일반적이다. 넷째, 과거·현재의 사실은 아니고 장래의 사실에 관한 것도 있다. 일실이익의 산정이 그 예이다. 장래의 사실에 관련되어 있으므로 이 경우도 평가라고 할 수 있다. 다섯째, 사실이라고 말하기 어려운 것도 있다. 위자료의 산정이 그 예이고, 외국법, 관습법도 사실은 아니다. 경험칙도 마찬가지이다. 이처럼 증거조사 혹은 증명의 대상에는 여러 유형이 포함되어 있는데, 아래에서는 사실, 경험법칙, 법규로 나누어 살펴보기로 한다.

Ⅰ. 사 실

증명의 대상이 되는 가장 일반적인 것은 다툼 있는 사실이다. 이때 '사실'이란 구체적인 장소와 시간으로 특정될 수 있는 개별화된 외계의 일 또는 내심의 상태(고의·과실·선의·악의 등)를 말한다. 과거의 사실, 현재의 사실, 적극적 사실, 소

15) 대법원 1992.7.28. 선고 91다41897 판결.

극적 사실, 가정적 사실(일실이익 등) 등을 포함한다. 사실에 대한 법적인 판단이나 법적추론(의사표시의 해석, 선량한 풍속의 위반여부 등)은 증명의 대상이 아니다.

원칙적으로 법규의 구성요건 해당사실인 주요사실이 증명의 대상이지만, 주요사실을 추인하는 간접사실, 문서의 증거능력이나 증명력에 관련된 보조사실도 이로써 주요사실을 증명하려고 하는 때에는 증명의 대상이 된다.

재판결과에 영향을 미칠 공격방어방법에 관한 사실이어야 증거조사의 대상이 된다. 즉 재판과 무관한 사실을 증명하기 위한 증거는 배제된다(관련성 요건). 주장 자체로 이유 없는 사실도 증거조사를 할 필요가 없으므로 배척된다.

Ⅱ. 경험법칙

소송에서 직접증거가 없다면 법관은 여러 간접사실로부터 추론을 거쳐 주요사실의 존부에 대한 판단에 도달하게 되는데, 이때 경험법칙을 사용한다. 경험법칙이란 과거의 직간접적인 경험으로부터 귀납적으로 얻어지는 사물에 대한 지식이나 법칙을 말하는데,[16] '사실'은 역사적으로 1회 발생한 것이므로 법관이 그러한 사실의 존부를 추론하기 위해서는 경험법칙에 의하여야 하기 때문이다. 경험법칙은 '사실'과 달리, 일반적 통용성[17]을 가지며, 그 내용으로는 일반상식에 속하는 논리법칙에서부터 전문과학적인 법칙까지 포함한다. 경험법칙은 사실에 관한 추론뿐만 아니라 증거의 평가나 의사해석, 당사자의 변론을 이해하는 데에도 불가결하므로 사실인정 과정의 모든 국면에 관여한다고 볼 수 있다.[18]

경험법칙은 사실인정 과정 중에 적용된다는 점에서 사실이 인정된 후에 비로소 적용되는 법규와 구별될 뿐만 아니라, 일반적 법칙이므로 사실 그 자체와도 구별되는 성질을 가지고 있다. 따라서 경험법칙을 사실에 가깝게 취급하더라도 이는 주요사실이 아니므로 당사자에게 주장책임이 있다고 보기도 어렵고 자백의 대상도 아니다. 또한 법규에 가깝게 취급하더라도 법규와는 달리 법관이 개인적으로

16) 대법원 1992.7.24. 선고 92다10135 판결.

17) 대법원 1994.4.12. 선고 93다30648 판결(생계비는 사람이 사회생활을 영위하는 데 필요한 비용을 가리키는 것으로 이는 수입의 다과에 따라 각기 소요액이 다른 것으로 보아야 할 것이며 구체적인 생계비 소요액은 결국 사실인정의 문제로서 증거에 의하여 인정되어야 하는 것이지 수입의 다과에 불문하고 그 수입의 1/3 정도가 생계비로 소요된다고 하는 경험법칙이 있다고 할 수는 없다).

18) 대법원 2019.2.21. 선고 2018다248909 전원합의체 판결(일반육체노동을 하는 사람 또는 육체노동을 주로 생계활동으로 하는 사람의 가동연한을 경험칙상 만 65세까지로 보아야 한다).

알게 된 경험법칙을 사실인정에 사용하는 것은 허용되지 않는데, 이는 공정성이 의심되기 때문이다. 법관이 감정인을 겸하면 제척사유가 된다는 규정(41(3))에서도 그 취지를 엿볼 수 있다. 물론 법관이라면 누구나 알고 있는 일상적·상식적 경험법칙의 사용은 예외이다. 이러한 이유에서 전문적·학리적 경험법칙에 대해서는 감정 등의 증거방법에 기초하여 사실을 인정할 필요가 있다(다만, 자유로운 증명으로 족하다는 견해가 통설이다).

경험법칙 위반을 이유로 상고할 수 있는지 여부에 대하여, 판례는 경험법칙은 일종의 법칙이므로 사실문제가 아니라 법규에 준하여 법률문제로 보아 상고이유가 된다는 입장이다(**법률문제설**).[19] 이에 대하여 학설로는 경험법칙은 법률이 아님을 전제로, 상고심법관이 사실심법관보다 경험법칙을 더 잘 안다고 볼 수 없고, 민소법 202조에서 경험법칙은 사실판단의 자료에 불과한 것으로 규정되어 있으므로 상고이유가 되지 않는다는 **사실문제설**[20]이 있고, 경험법칙은 법률문제이지만 상식적으로 보아 도저히 이해되지 않는 경험법칙을 적용한 현저한 잘못이 있는 경우에만 상고이유로 보아야 한다는 **절충설**[21]이 있다.

생각건대 경험법칙은 자연계의 물리·화학적 원리 또는 시대와 장소에 제약된 인간이 통상 취하는 행동양식인데 반하여(존재), 법률은 사회적인 규범을 정해놓은 것(당위)이므로 경험법칙과 법률을 동일하게 볼 수는 없다. 그러나 자유심증주의에는 법관이 사실을 인정함에 있어 증거의 가치를 임의대로 평가하면 안 되고 논리와 경험법칙에 의하여야 한다는 내재적 제약이 존재하므로(202), 논리와 경험법칙에서 벗어나 사실을 인정한 경우에는 민소법 202조 위반(법률위반)으로서 일반적 상고이유(423)가 된다고 보는 것이 타당하다(실무상 채증법칙위반이라 한다).[22]

---

19) 대법원 1971.11.15. 선고 71다2070 판결. 다만 종전의 경험칙상 추정되는 사실인정과 다른 자료가 있어 사실을 달리 인정하는 것은 허용된다(대법원 1998.7.10. 선고 98다4774 판결; 대법원 1997.12.26. 선고 96다25852 판결).

20) 강현중, 492쪽; 김홍규·강태원, 509쪽; 호문혁, 479쪽. 다만, 사실문제로 보면서도 논리칙과 경험칙에 어긋나는 사실확정이 문제되면 상고이유가 될 수 있다는 견해로는 송상현·박익환, 525쪽 참조.

21) 이시윤, 465쪽; 정동윤·유병현·김경욱, 553쪽; 정영환, 654쪽.

22) 대법원 2019.11.14. 선고 2016다227694 판결(법원은 변론 전체의 취지와 증거조사의 결과를 참작하여 자유로운 심증으로 논리와 경험의 법칙에 따라 사실주장이 진실한지 아닌지를 판단한다. 사실의 인정, 증거의 취사선택과 평가는 자유심증주의의 한계를 벗어나지 않는 한 사실심 법원의 전권사항이다).

Ⅲ. 법 규

일반적으로 법규의 존부확정이나 적용은 법원의 책무로서 당사자가 증명할 대상이 아니다(따라서 법조문을 증거로 제출할 필요는 없다). 그러나 외국법, 지방법령, 관습법, 실효된 법률, 구법 등은 그 존부가 명확하면 법원이 직권으로 확정하여야 하지만,[23] 명확하지 않을 때에는 증명의 대상이 될 수 있다. 이 경우에는 자유로운 증명으로 족하다. 판례는 사실인 관습은 그 존재를 당사자가 주장・입증하여야 한다는 입장이다.[24]

외국법을 적용하여야 하는 경우에 직권조사를 다하여도 그 존부를 확정할 수 없는 경우에는 어떻게 할 것인가? 판례[25]는, 적용될 외국법규의 내용이 확인 불가능한 경우에는 외국관습법에 의하고, 외국관습법도 확인할 수 없으면 조리에 의해야 하는데, 조리의 내용은 그 외국법과 가장 유사하다고 생각되는 법이 유추될 수 있다고 하였다(유사법적용설에 의하여 보충되는 조리설). 학설로는 국내법적용설, 조리설, 청구기각설, 유사법적용설 등이 있다.

제3절 증명을 요하지 않는 사항

변론주의 하에서는 변론에 나타나지 않은 사실은 판결의 기초로 할 수 없고 증명할 필요도 없지만, 변론에 나타난 사실이라고 하더라도 증명이 필요 없는 경우가 있다.

당사자 사이에 다툼 없는 사실(재판상 자백)과 현저한 사실(288), 법률상 추정을 받는 사실이 이에 속한다. 이를 불요증사실이라고 한다.

---

23) 대법원 2007.10.25. 선고 2005다62235 판결.

24) 대법원 1983.6.14. 선고 80다3231 판결. 다만, 사실인 관습은 일반 생활에 있어서의 일종의 경험칙에 속한다 할 것이고 경험칙은 일종의 법칙인 것이므로 법관이 어떠한 경험칙의 유무를 판단함에 있어서는 당사자의 주장이나 입증에 구애됨이 없이 법관 스스로 직권에 의하여 이를 판단할 수 있다는 판례도 존재하나(대법원 1976.7.13. 선고 76다983 판결) 의문이다.

25) 대법원 2021.7.8. 선고 2017다218895 판결; 대법원 2019.12.24. 선고 2016다222712 판결; 대법원 2003.1.10. 선고 2000다70064 판결; 대법원 2000.6.9. 선고 98다35037 판결(신용장 거래에 부수하여 이루어지는 환어음 인수인의 어음법상 의무에 관한 준거법이 환어음 지급지 소재지인 중국의 법이지만 환어음이 지급제시되고 인수될 당시 중국에 어음관계를 규율하는 법이 존재하지 않았던 경우, 그 후 시행된 중국의 어음수표법을 유추적용하는 것이 조리에 부합한다).

Ⅰ. 재판상 자백

1. 의 의

자백은 자신에게 불리한 사실을 인정하는 진술인데, 변론 또는 변론준비기일에서 하는 재판상 자백과 재판 외의 자백이 있다.

재판 외의 자백이란 상대방 또는 제3자에 대하여 하는 기일 외에서의 자백으로서, 이것이 법원에 제출되었다면 그 자체가 증거방법이고 법원이 이를 조사함으로써 사실을 인정하는 증거원인이 되는데 불과할 뿐, 민소법 288조에 규정된 자백으로서의 효력은 없다. 다른 소송에서 한 자백도 재판 외의 자백이다.[26]

2. 요 건

가. 구체적인 주요사실을 대상으로 하였을 것

주요사실이 아닌 간접사실이나 보조사실에 대한 자백은 재판상 자백이 아니다.[27] 왜냐하면 간접사실이나 보조사실은 자유심증주의가 적용되는 영역이기 때문이다. 다만 판례는 문서의 진정성립에 대한 자백은 보조사실에 관한 자백이지만 주요사실에 대한 자백과 동일하게 당사자를 구속하므로 자유롭게 취소할 수 없고, 이는 문서에 찍힌 인영의 진정함을 인정한 경우에도 마찬가지라는 입장이다.[28]

그렇다면 사실에 대한 진술이 아닌, 상대방의 '법률상 진술'에 대하여 시인하면 자백이 되는가? 이것이 **권리자백**의 문제로서, 권리는 원칙적으로 재판상 자백의 대상이 아니다. 그런데 법률상 진술은 넓게 보면, ① 법규의 존부, 내용, 해석에 관한 진술, ② 사실에 대한 법적 평가에 관한 진술, ③ 법률적 사실의 진술, ④ 소송물의 전제가 되는 선결적 법률관계를 인정하는 진술, ⑤ 소송물인 권리관계 자체에 대한 진술로 나눌 수 있으므로 구체적으로 검토해 보아야 한다. 먼저, ①의 법규의 존부, 내용, 해석 등은 법원의 전권이므로 당사자 사이에 진술이 일치한다 하더라도 자백이 성립하지 않는다.[29] 또한 위 ⑤의 소송물인 권리관계 자

---

26) 대법원 1996.12.20. 선고 95다37988 판결.
27) 대법원 2000.1.28. 선고 99다35737 판결.
28) 대법원 2001.4.24. 선고 2001다5654 판결.
29) 대법원 1998.7.10. 선고 98다6763 판결(법정변제충당의 순서 자체는 법률 규정의 적용에 의하여 정하여지는 법률상의 효과여서 그에 관한 진술이 비록 그 진술자에게 불리하더라도 이를 자백이라고 볼 수는 없다).

체에 대한 자백은 청구 자체의 포기·인낙에 해당하여 민소법상 별도로 규율되므로(220) 재판상 자백으로 볼 것은 아니다. 그리고 ②의 사실에 대한 법적 평가에 관한 진술 중 과실에 대해서는 과실 자체를 주요사실로 보는 전통적인 견해(법규기준설)에 의하면 사실에 대한 자백으로 보아 구속력을 인정할 수 있겠지만, 그 외 사실에 대한 법적 판단 내지 평가는 자백의 대상이 되지 않고,[30] 정당한 사유 혹은 선량한 풍속위반, 강행법규에 위반되는 사실인지 여부도 법원의 전권이고 자백이 성립하지 않는다.[31] ③의 법률적 사실의 진술, 즉 법률용어를 사용한 당사자의 진술이 동시에 구체적인 사실관계의 표현으로서 사실상 진술도 포함하는 경우에는 그 범위 내에서 자백이 성립한다.[32] 예컨대 피고가 손괴된 물건의 소유권이 원고에게 있음을 인정하는 경우나 매매대금청구소송에서 피고가 원고 소유인 물건을 매수하였다는 진술을 한 경우에, 이는 '원고가 손괴된 물건을 소유하고 있는 사실', '원고 소유의 해당 물건을 매수한 사실'을 재판상 자백한 것으로 볼 수 있다. ④의 경우, 즉 소송물인 권리관계(예컨대 소유권확인청구에서의 소유권, 등기청구나 인도청구에서의 청구권) 자체는 다투면서 그 전제가 되는 선결적 권리·법률관계(소유권 취득의 전제가 되는 매매계약, 등기청구권·인도청구권의 전제가 되는 소유권이나 채권관계)에 관한 상대방의 주장을 인정하는 진술이 자백의 대상인가에 대하여 다툼이 있다. 판례는 소송물의 전제문제가 되는 권리관계나 법률효과를 인정하는 진술은 권리자백으로서 법원을 기속하는 것도 아니며, 상대방의 동의 없이 자유로이 철회할 수 있다고 하면서도,[33] 소유권에 기한 이전등기말소청구소송에 있어서 피고가 원고 주장의 소유권을 인정하는 진술은 그 소전제가 되는 소유권의 내용을 이루는 사실에 대한 진술로 볼 수 있으므로 이는 재판상 자백이라 할 것이라고 하였다.[34] 판례의 입장에 의하면, 선결적 권리·법률관계에 대해서는 원칙적으로 재판상 자백이 성립하지 않지만 일반인이 그 의미를 쉽게 알 수 있는

---

30) 대법원 2016.3.24. 선고 2013다81514 판결. 대법원은 구체적으로, 법률상 유언이 아닌 것을 유언이라고 인정한 경우(대법원 2001.9.14. 선고 2000다66430,66447 판결), 이행불능이 아닌 것을 이행불능이라고 인정한 경우(대법원 1990.12.11. 선고 90다7104 판결), 혼인 외의 자가 아닌 자를 혼인 외의 자라고 인정한 경우(대법원 1981.6.9. 선고 79다62 판결), 통상임금의 산정방법을 원고의 계산법대로 인정한 경우(대법원 2014.8.28. 선고 2013다74363 판결) 등은 자백의 대상이 되지 않는다고 하였다.

31) 김홍엽, 610쪽.

32) 대법원 1984.5.29. 선고 84다122 판결.

33) 대법원 2008.3.27. 선고 2007다87061 판결.

34) 대법원 1989.5.9. 선고 87다카749 판결.

일상적인 법률용어로서의 소전제인 권리관계를 인정한 것은 예외적으로 사실에 대한 (압축)진술로 보아 재판상 자백으로서 구속력을 인정할 수 있다는 의미로 이해할 수 있으므로 위와 같은 예외의 경우에는 위 ③의 유형에 속한다고 할 수 있다. 생각건대, 위 ④의 경우 선결적 권리나 법률관계에 대하여 중간확인의 소(264)가 제기되고 이에 대하여 상대방이 인낙하면 법원이 이에 구속되는 점에 비추어 보면, 굳이 판례와 같이 소유권을 인정하는 진술을 '소유권의 내용을 이루는 사실에 대한 진술'로 보는 우회적인 방법에 의하지 않고 권리자백에 대하여 직접 구속력을 허용해도 좋다고 생각한다. 다만 일상적이지 않고 이해하기 어려운 법률용어에 대하여는 당사자가 법률적 개념을 오해한 채 시인할 가능성이 있으므로 신중을 기해야 할 것이다.

사실에 대한 법적평가와 사실관계의 (압축)진술은 어떻게 구별하는가?

예컨대 원고가 "A와 B 사이에 있었던 수차례의 협의 내용에 비추어 보면 A와 B 간에 매매가 이루어졌음을 알 수 있다"고 주장한데 대하여, 피고가 '매매'사실을 인정해도 이는 **사실에 대한 법적 평가**이므로 구속력이 없고, 원고가 "C와 D 사이에 매매계약이 있었으므로 D는 C에게 물건을 인도할 의무가 있다"고 한데 대하여, 피고가 '매매'사실을 인정하면 이는 **사실관계의 (압축)진술**이다. 전자는 권리자백이고, 후자는 사실에 대한 재판상 자백이다.

위 문제에서 두 가지 진술의 경우 판례는 어떻게 표현하는가?

전자의 경우에는 "…권리관계나 법률효과를 인정하는 진술"이라는 표현을 사용함에 반하여, 후자의 경우에는 "…법률관계의 내용을 이루는 사실에 대한 진술"이라는 표현을 사용한다. 요컨대 판례는 당사자가 사실에 대한 법적 평가나 의견, 권리관계 또는 법률효과를 진술한 것인가(권리자백), 아니면 사실관계를 법적 개념으로 진술한 것인가(재판상 자백)로 구별하여 구속력여부를 판단한다.

판례는 노동능력상실률이나 후유장해등급, 기대여명도 자백의 대상이라고 본다.[35] 그러나 노동능력상실률을 정하기 위한 보조자료 중의 하나인 의학적 신체기능장애율에 대한 감정인의 감정결과는 법관이 감정인의 특별한 지식과 경험을 이용하는 것에 불과하므로 피해자의 여러 요건과 경험법칙에 비추어 법관이 규범적

---

35) 대법원 1982.5.25. 선고 80다2884 판결; 대법원 2006.4.27. 선고 2005다5485 판결; 대법원 2018.10.4. 선고 2016다41869 판결.

으로 결정하여야 한다[36]는 점에서 이를 자백의 대상으로 보는 것은 부당하다.[37]

나. 자기에게 불리한 사실상 진술일 것

자기에게 '불리한' 사실상 진술이 무엇을 의미하는가와 관련하여, **증명책임설**과 **패소가능성설**이 대립한다. **증명책임설**[38]은 자백하지 않았으면 상대방이 증명책임을 부담하는데, 자백함으로써 상대방의 증명책임이 면제되는 경우라고 본다. 예컨대 원고가 피고에게 돈을 대여하였다고 주장한 경우에 피고가 그 사실을 부인하면 돈을 대여한 사실에 대한 증명책임은 원고에게 있는데, 피고가 이를 인정함으로써 원고의 증명책임이 면제되어 피고에게 불리하게 되는 것이 자백이라는 견해이다. 이 견해에 의하면 자백은 상대방의 증명책임을 면제시켜 주는 것이므로 증명책임을 부담하지 않는 쪽에서만 재판상 자백을 할 수 있다는 결론에 이른다. 이에 비하여 **패소가능성설**[39]은 자백을 바탕으로 판결이 선고되면 패소할 가능성이 있는 경우를 의미한다고 본다. 예컨대 선의취득의 효과를 주장하는 원고는 무과실을 증명할 책임이 있는데, 그가 스스로 과실이 있다고 자인하는 경우에도 자백이 성립한다는 것이다. 즉 패소가능성설은 자신이 증명책임을 부담하는 경우에도 자백의 구속력이 인정된다는 점에서 증명책임설과 차이가 있다. 판례[40]와 다수설은 패소가능성설의 입장에 있다. 자백으로 인하여 종국적으로 불리해지는 것은 증명책임의 면제가 아니라 패소의 위험이라고 보아야 하므로 판례와 다수설의 입장이 타당하다고 생각한다.

패소가능성설에 의하면, ① 이행지체에 의한 계약해제를 원인으로 한 원상회

---

36) 대법원 2009.2.12. 선고 2008다73830 판결; 대법원 2017.11.9. 선고 2013다26708,26715,26722, 26739 판결.

37) 김홍엽, 610쪽.

38) 이시윤, 469쪽; 전병서, 383쪽. 패소가능성설에 의하면 자백의 범위가 너무 확대되고, 증명책임을 부담하는 자가 자기모순적 진술을 하는 경우는 흔히 착오에 의한 것이거나 본인소송에서 일어날 수 있는 일로서 진술의 일관성 문제로 보아 쉽게 정정할 기회를 주어야 한다는 것이 그 이유이다.

39) 강현중, 498쪽; 김홍규 · 강태원, 511쪽; 김홍엽, 613쪽; 송상현 · 박익환, 529쪽; 정동윤 · 유병현 · 김경욱, 560쪽; 정영환, 660쪽; 호문혁, 503쪽.

40) 대법원 1993.9.14. 선고 92다24899 판결(원고들이 소유권확인을 구하고 있는 이 사건에서 원고들의 피상속인인 000명의로 소유권이전등기가 마쳐진 것이라는 점은 원래 원고들이 입증책임을 부담할 사항이지만 위 소유권이전등기를 마치지 않았다는 사실을 원고들 스스로 자인한 바 있고 이를 피고가 원용한 이상 이 점에 관하여는 자백이 성립한 결과가 되었다고 할 것이고 따라서 원고들로서는 그 자백이 진실에 반하고 착오로 인한 것임을 입증하지 않은 이상 함부로 이를 취소할 수 없다고 보아야 할 것이다).

복청구소송에서 원고가 이행의 최고를 하지 아니하였다는 진술이나, ② 어음금 청구소송에서 원고가 스스로 어음요건의 불비를 진술한 경우에도 자백이 성립하여 당사자와 법원이 이에 구속되나, 증명책임설에 의하면 이 경우는 자백이 아니므로 원고는 언제든지 철회가 가능하다.

다. 상대방의 주장사실과 일치하는 사실상 진술일 것

재판상 자백은 상대방의 주장사실과 일치되어야 한다. 주장의 일치는 주장내용의 반복일 필요는 없고 원용으로 족하다.

주장사실 중 일부만 일치하면 그 범위 내에서 자백한 것으로 본다. 즉 이유부 부인(예컨대 돈을 받기는 하였으나 차용이 아니라 증여라고 주장하는 경우에 돈을 받은 사실은 자백으로 처리하고 나머지는 부인으로 처리), 제한부 자백(예컨대 돈을 빌렸으나 갚았다고 주장하는 경우 돈을 차용한 사실은 자백으로 처리하고 나머지는 항변으로 처리)도 가능하다.

그러나 상대방의 주장에 불분명한 진술을 하는 것만으로는 자백이 있다고 인정하기에 충분하지 않다.[41] 나아가 당사자 일방이 한 진술에 잘못된 계산이나 기재, 기타 이와 비슷한 표현상 잘못이 있고, 잘못이 분명한 경우에는 비록 상대방이 이를 원용하였다고 하더라도 당사자 쌍방의 주장이 일치한다고 할 수 없으므로 자백이 성립할 수 없다.[42]

상대방이 주장하지도 않았는데 스스로 자신에게 불리한 주요사실을 진술하여도 자백이 성립되는가?

일반적으로 재판상 자백은 어느 일방 당사자가 상대방에게 불리한 사실을 진술하고 그 상대방이 이를 시인함으로써 자백이 성립한다. 그러나 어느 일방 당사자가 자신에게 불리한 사실을 먼저 진술하고 그 상대방이 이를 원용하는 경우도 있을 수 있는데, 이를 선행자백이라고 한다. 자백은 일정한 사실에 관하여 당사자 양쪽의 주장이 일치하여야 하기 때문에 상대방이 원용하지 않은 상태에서는 아직 선행자백이 아니므로 언제든지 철회할 수 있고 이와 모순되는 진술을 자유로이 할 수 있다. 선행자백의 개념을 이렇게 보는 것이 판례[43] 및 일부 학설[44]의 입장이다. 이에 대하

41) 대법원 2021.7.29. 선고 2018다267900 판결(피고가 변제한 액수가 5억6천만 원이거나 5억8천만 원이라는 진술을 하였는데, 그 중 하나를 택하여 자백한 것으로 판단한 원심판결은 잘못).
42) 대법원 2018.8.1. 선고 2018다229564 판결.
43) 대법원 2016.6.9. 선고 2014다64752 판결; 대법원 1986.7.22. 선고 85다카944 판결; 대법원 1992.8.18. 선고 92다5546 판결; 대법원 1992.8.14. 선고 92다14724 판결; 대법원 2008.10.9.

여, 상대방이 아직 원용하지 않은 상태로서 자신에게 불리한 사실의 진술이 선행자백이고, 상대방이 원용하면 재판상 자백이 된다는 견해도 있다.[45] 후자의 견해를 취한다면 상대방이 아직 원용하지 않은 상태일지라도 (선행)자백이므로, 그 진술의 적법한 철회가 없는 한 법원은 이를 기초로 판단해야 하는 구속력이 발생한다[46]고 보는 것이 논리적이다.

라. 변론이나 변론준비기일에서 소송행위로서 진술하였을 것

변론 또는 변론준비기일에서의 진술이 자백의 대상이므로 증거조사인 당사자신문 중에 당사자가 진술한 내용은 상대방의 주장과 일치하더라도 자백은 아니고 증거자료가 되는 데 불과하다. 또한 앞에서 본 바와 같이, 당해 재판 외에서의 자백은 자백이 아니라 증거원인이 될 뿐이므로 자백으로서의 구속력이 없다.

마. 변론주의에 의하여 심리되는 소송절차일 것

재판상 자백은 직권탐지주의에 의하는 절차 또는 직권조사사항에 대해서는 적용되지 않는다.[47] 이 경우의 자백은 변론 전체의 취지로 심증형성에 영향을 줄 뿐이다.

회사관계소송은 대세효를 이유로 재판상 자백의 구속력을 부정하는 견해[48]와 변론주의가 적용된다는 이유로 재판상 자백의 구속력을 긍정하는 견해[49]로 나뉜다.

행정소송의 경우에는 직권조사가 가능하다(행소 26)는 이유로 자백의 구속력을 부정하는 견해[50]와 반드시 직권조사에 의해야 하는 것은 아니므로 원칙적으로 자백의 구속력이 인정되어야 한다는 견해[51]가 대립한다. 판례는 직권조사사항의 경우(행정처분의 존부, 전심절차를 거쳤는지 여부, 90일의 제소기간의 준수여부)에는 자백에 구속력이 없으나,[52] 그 외의 사항에 대해서는 자백의 구속력을 인정한다.[53]

선고 2008다3022 판결.

44) 김홍엽, 615쪽; 전병서, 384쪽; 한충수, 461쪽.

45) 강현중, 498쪽; 송상현 · 박익환, 530쪽; 이시윤, 469쪽; 전원열, 378쪽; 정영환, 660쪽; 호문혁, 504쪽.

46) 송상현 · 박익환, 530쪽; 이시윤, 469쪽.

47) 대법원 1964.5.12. 선고 63다712 판결: 대법원 1971.2.23. 선고 70다44,70다45 판결; 대법원 1989.9.29. 선고 88다카17181 판결.

48) 이시윤, 472쪽.

49) 김홍엽, 619쪽; 송상현 · 박익환, 532쪽; 정동윤 · 유병현 · 김경욱, 562쪽; 정영환, 663쪽; 호문혁, 509쪽.

50) 이시윤, 472쪽; 정동윤 · 유병현 · 김경욱, 561쪽.

51) 김홍엽, 618쪽; 호문혁, 510쪽.

3. 재판상 자백의 성질

재판상 자백의 성질에 대해서는 **의사표시설**과 **사실보고설**(관념통지설)이 대립한다.

의사표시설은 재판상 자백은 증거의 포기의사 또는 상대방의 입증책임 면제의사, 사실확정의 의사 등 자백하는 사람 개인의 의욕측면을 강조하여 자백을 민사상 효과의사로 보는 데 반하여, **사실보고설**은 진실한 사실의 진술측면을 강조하여 자백의 효과는 민소법의 규정에 의한 것으로 보아 당사자가 의욕하지 않더라도 재판상 자백의 효력이 생긴다고 본다. 사실보고설이 통설이다. 어느 학설에 의하더라도 자백은 법원에 대한 단독적 소송행위이므로 상대방이 불출석하여도 자백을 할 수 있으며, 조건을 붙일 수 없다.

재판상 자백의 성질을 어떻게 이해하는가에 따라 재판상 자백의 적용에 있어 구체적으로 달라지는 부분이 있는가?

사실보고설에 의하면 자백이란 상대방의 주장과 일치하는 자기에게 불이익한 사실의 진술이라고 정의되지만, 의사표시설에 의하면 상대방이 주장하는 자기에게 불이익한 사실을 다투지 않는 뜻의 의사의 표명이라고 정의된다. 일본에서는 의사표시설이 다수설이다. 의사표시설에 의하면 선행자백의 경우 상대방이 원용한 때에는 원래의 진술을 계속 유지할지 여부를 다시 확인함으로써 의사표시를 명확히 하여야 한다고 본다. 나아가 변론주의와 당사자 지배의 원리상 자백의 의사를 표시한 경우에는 주요사실뿐만 아니라 간접사실일지라도 증거조사를 하지 않아도 되고(불요증효), 법원이 다른 심증을 얻은 때에는 당사자에게 반론의 기회를 주고 증거조사도 하여야 한다고 본다. 이처럼 간접사실의 자백에도 일정한 효력을 주는 것은 자백에 당사자의 의사를 강조함으로써 이와 반비례 관계에 있는 자유심증주의가 후퇴되는 것으로 이해할 수 있다. 의사표시설에 의하면, 진실에 어긋나는 자백은 그것이 착오로 말미암은 것임을 증명하여 취소할 수 있는데(288단서), 이때의 '착오'란 다투지 않는다는 의사에 하자가 있음을 의미하므로 설명이 자연스럽다는 장점이 있다.

---

52) 대법원 1993.7.27. 선고 92누15499 판결.
53) 대법원 1991.5.28. 선고 90누1854 판결; 대법원 1992.8.14. 선고 91누13229 판결.

4. 재판상 자백의 효력

(1) 증명책임의 면제

상대방은 증명책임이 면제된다(288본문).

(2) 당사자에 대한 구속력

자백한 당사자는 원칙적으로 이를 취소할 수 없다. 제1심에서의 자백의 효력은 항소심에도 미친다.

다만 상대방이 동의하거나, 자백이 제3자의 형사상 처벌할 행위에 의하여 이루어진 때(재심사유, 451①(5))[54] 및 자백이 진실에 어긋나고 착오로 인한 것임을 증명한 때에는 자백의 취소가 허용되며(288단서),[55] 소송대리인의 자백을 당사자가 경정한 때 철회된다(94). 자백이 진실에 반한다는 증명[56]이 있으면 변론 전체의 취지에 의하여 그 자백이 착오로 인한 것이라는 점을 인정할 수 있다.[57] 변론이 종결된 후인 상고심에서는 자백을 취소할 수 없다.[58]

판례는 원고의 원래의 청구에 대하여 피고가 자백하였는데, 원고가 청구를 교환적으로 변경하였다면 피고의 자백도 그 대상이 없어짐으로써 소멸되었고(자백의 실효), 그 후 원고가 원래의 청구를 추가하였다고 하더라도 자백의 효력이 되살아나는 것은 아니라고 하였다.[59]

자백한 당사자가 자백의 내용과 배치되는 주장을 하고 이에 대하여 상대방이 아무런 이의를 제기하지 않고 그 주장내용을 인정한 때에는 종전의 자백은 어떻게 되는가?

재판상 자백의 취소는 반드시 명시적으로 하여야만 하는 것은 아니고 종전의 자백과 배치되는 사실을 주장함으로써 묵시적으로도 할 수 있다.[60] 상대방이 '아무런 이

54) 이 경우에는 판결이 확정되지 않은 단계이므로 451조 2항의 유죄의 형사판결 등의 존재는 필요없다고 해석된다.
55) 따라서 처음부터 진실하지 않음을 알면서도 자백한 경우에는 취소가 허용되지 않는다.
56) 이 증명은 직접증거뿐만 아니라 간접사실의 증명에 의해서도 가능하다(대법원 2004.6.11. 2004다13533 판결).
57) 대법원 2000.9.8. 선고 2000다23013 판결. 다만, 자백이 진실에 반하는 것임이 증명되었다고 하여 착오로 인한 자백으로 **추정**되는 것은 아니다(대법원 2013.6.27. 선고 2012다86048 판결).
58) 대법원 1998.1.23. 선고 97다38305 판결.
59) 대법원 1997.4.22. 선고 95다10204 판결.
60) 대법원 1996.2.23. 선고 94다31976 판결.

의를 제기하지 않고 그 주장내용을 인정한 때'에는 자백취소에 동의한 것이므로 종전의 자백이 취소되고 새로운 자백이 성립된 것으로 본다.[61] 즉 자백을 취소한 데 대하여 상대방이 '아무런 이의를 제기하지 않은 것'만으로는 부족하고, 종전의 자백내용과 배치되는 주장을 상대방이 '인정'하여야 자백취소에 동의한 것으로 볼 수 있다.[62]

(3) 법원에 대한 구속력

재판상 자백이 성립되면 법원은 반대심증을 형성하였다고 하더라도 자백을 기초로 판단해야 한다. 즉 법원은 자백내용에 구속된다.[63] 다만, 현저한 사실이나 경험법칙에 반하는 자백은 구속력이 없다.[64]

Ⅱ. 자백간주

1. 의 의

① 당사자가 명백히 다투지 아니하거나(150①본문), ② 당사자 한쪽의 기일불출석(150③본문) 또는 피고의 답변서 부제출의 경우(257①본문)에는 그 사실을 자백한 것으로 간주한다. 의제자백이라고도 한다. 변론주의 절차 하에서만 자백간주가 성립하므로 직권탐지주의 또는 직권조사사항의 경우에는 자백간주의 적용이 없다. 또한 의제자백은 재판상 자백과 달리, 주요사실에 한정되지 않고 간접사실, 보조사실에도 성립한다. 당사자가 다투거나 변론 전체의 취지상 다툰 것으로 인정되면 의제자백이 성립하지 않는 것과의 균형상 자백의 범위를 넓게 인정해도 무방하기 때문이다. 그러나 자백간주 역시 재판상 자백의 경우와 마찬가지로 상대방의 사실에 관한 주장에 대해서만 적용되고, 법률상 주장에 대해서는 적용되지 않는다.[65]

---

61) 대법원 1990.11.27. 선고 90다카20548 판결.
62) 대법원 1994.9.27. 선고 94다22897 판결.
63) 대법원 1988.10.24. 선고 87다카804 판결; 대법원 2010.2.11. 선고 2009다84288,84295 판결. 이는 피고인의 자백이 그에게 불리한 유일한 증거라면 그 자백이 배제된다는 형사소송법 310조의 규정과 대비된다.
64) 대법원 1959.7.30. 선고 4291민상551 판결.
65) 대법원 2022.4.14. 선고 2021다280781 판결.

2. 자백간주의 성립

(1) 당사자가 변론기일 또는 변론준비기일에 출석하였으나 상대방의 주장사실을 명백히 다투지 아니한 경우에 자백간주가 성립한다. 다만 변론종결 당시의 상태에서 변론 전체의 취지로 보아 다툰 것으로 인정되면 자백한 것으로 간주되지 않는다(150①단서, 286). 이때 변론 전체의 취지란 변론의 전체 과정을 통틀어 일체로 보아 다툰 것으로 인정된다는 의미로서,[66] 자유심증주의에 있어서 개개의 주장 · 증거방법의 평가로 사용되는 변론 전체의 취지(202)와는 의미가 다르다.

(2) 한쪽 당사자가 공시송달이 아닌 기일통지를 받았음에도 미리 답변서 기타 준비서면을 제출하지 않고 기일에 출석하지 아니한 경우에도 자백간주가 성립한다(150③).[67] 물론, 상대방의 주장을 부인하는 취지의 답변서를 제출하고 불출석하면 그 답변서의 내용이 진술 간주되므로 자백간주가 되지 않는다(148①).

이 규정은 원 · 피고 모두에게 적용된다. 따라서 원 · 피고를 불문하고 불출석한 당사자가 연기신청서를 제출하였으나 법원이 이를 허용하지 않은 경우 또는 기일통지를 받은 대리인이 사임하고 당사자 본인도 불출석한 경우에는 자백간주가 성립한다.

그런데 민소법 257조 1항으로 인하여 **피고**가 답변서를 제출하지 않는 경우에는 기일통지를 하지 않고 자백한 것으로 보고 변론 없이 판결할 수 있도록 규정하고 있으므로, 이 범위 내에서는 변론기일을 정하고 당사자를 출석시켜 소송절차를 진행하는 것을 전제로 한 이 자백간주 규정은 실익이 없다.

(3) 답변서의 부제출 등(257)

피고가 소장부본을 송달받고도 30일 내에 답변서를 제출하지 않으면 자백한 것으로 보고 변론을 열지 않고 판결할 수 있다(무변론판결). 다만, 직권으로 조사할 사항이 있거나 판결이 선고되기까지 피고가 원고의 청구를 다투는 취지의 답변서를 제출한 경우에는 그러하지 아니하다(257①단서). 피고가 청구원인 사실을

---

66) 대법원 2012.5.24. 선고 2012다19758 판결.

67) 제1심에서 피고에 대하여 공시송달로 재판이 진행되어 피고에 대한 청구가 기각되었다고 하여도 피고가 원고 청구원인을 다툰 것으로 볼 수 없으므로, 원고가 항소한 항소심에서 피고가 공시송달이 아닌 방법으로 송달받고도 다투지 아니한 경우에는 자백간주가 성립된다(대법원 2018.7.12. 선고 2015다36167 판결).

모두 자백하는 취지의 답변서를 제출하고 따로 항변을 하지 않은 경우에도 같다(257②).

3. 자백간주의 효력

재판상 자백과 동일하게 법원을 구속하므로 반대사실의 심증이 있더라도 자백간주된 사실을 판결의 기초로 삼아야 한다.[68]

다만 재판상 자백과는 달리, 당사자에 대한 구속력은 없으므로 실기한 공격방어방법이 아닌 한 항소심 변론종결 시까지 자백의 효과를 번복할 수 있다.[69]

Ⅲ. 현저한 사실

1. 개 요

현저한 사실은 '공지의 사실'과 '법원에 현저한 사실'로 구분할 수 있는데, 당사자는 이러한 사실들에 대해서는 증명할 필요가 없다(288). 이러한 사실들은 증거에 의해 인정할 필요가 없는 객관적으로 명백한 사실이어서 증거조사를 하지 않고 판결의 기초로 삼아도 법원 판단의 공정성·중립성이 의심받지 않는다는 것이 그 근거이다. 그러나 현저한 사실이라고 하더라도 그것이 주요사실인 한 당사자의 주장이 있어야 판결의 기초로 사용할 수 있다(다수설, 주장필요설).[70] 당사자가 주장하지도 않은 것을 법원이 인정하여 판결하면 당사자에게 불의의 타격을 가하는 것이 되기 때문이다.

이에 대하여, 판례는 법원에 현저한 사실이라면 증명뿐만 아니라 주장할 필요조차 없다고 보기도 하고,[71] 법원에 현저한 사실이라고 하더라도 그 사실이 주요

---

68) 다만, 재심사유에 대하여는 당사자의 자백이 허용되지 아니하며 의제자백에 관한 민소법 150조 1항은 적용되지 아니한다고 할 것이다(대법원 1992.7.24. 선고 91다45691 판결).

69) 대법원 2004.9.24. 선고 2004다21305 판결.

70) 강현중, 503쪽; 김홍엽, 624쪽; 이시윤, 476쪽; 정영환, 669쪽; 호문혁, 514쪽. 이에 반하여, 민사소송의 이상의 하나인 적정을 실현하기 위해서는 당사자가 주장하지 않은 주요사실이라고 할지라도 법원이 직권으로 고려할 수 있다는 주장불요설도 있다(김홍규·강태원, 523쪽; 정동윤·유병현·김경욱, 568쪽).

71) 대법원 1963.11.28. 선고 63다493 판결; 대법원 1996.7.18. 선고 94다20051 전원합의체 판결(원고는 17년 이상 연탄소매업에 종사하였다는 이유로 법원에 비치된 직종별임금실태조사보고서상 15－17년 경력의 소매업근로자의 전체평균임금인 158만원을 일실수입의 기준으로 주장하였고, 피고는 건설물가상 도시일용노임을 기초로 산정함이 상당하다고 주장하였으나, 법원은 별도의 증명 없이 위 보고서상 10년 이상 경력의 남자연탄소매업자의 통계소득인 91만원을 그 기준으

사실인 경우에는 당사자의 주장이 있어야만 판결의 기초로 할 수 있다고 보기도 하여[72] 통일되어 있지 아니하다.

2. 공지의 사실

공지(公知)의 사실이란 통상의 지식과 경험을 가진 일반인이 믿어 의심하지 않는 사실을 말한다. 역사적으로 유명한 사건, 천재지변, 전쟁 등이 여기에 속한다. 물론 공지인 것에 대한 반증이나 공지사항이 진실이 아니라는 것을 증명하는 것은 허용된다. 나아가 법관이 공지성에 확신을 갖지 못하는 경우에도 당사자가 증명하여야 한다.

판례에 의하면, 특정 기간 내의 부동산의 시세가 상승세에 있었다는 사실,[73] 왜정 시에는 공문서에 일본 연호를 사용한 사실,[74] 해방 직전에 우리 국민들이 대부분 일본식으로 창씨개명을 한 사실,[75] 1962. 6. 18.부터 화폐단위로 '원'을 사용한 사실[76] 등은 공지의 사실이라고 한다.[77]

공지여부는 사실문제로서 상고심이 그 당부를 가릴 사항이 아니지만, 공지의 사실이라고 보아 증거 없이 사실을 인정하기 위해서는 그 경로에 대하여 일반인이 납득할 수 있을 것을 요하며, 그 한도에서 제한적으로 상고심의 심사를 받아야 한다.[78]

3. 법원에 현저한 사실

법원에 현저한 사실이란 법관이 그 직무상 경험으로 명백히 알고 있는 사실로서 명확한 기억을 가지고 있거나 기록 등을 조사하여 곧바로 그 내용을 알 수 있

로 적용한 사안－위 사안에서 다수의견에 의할 때 주장조차 필요 없다는 결론에 이름).

72) 대법원 1965.3.2. 선고 64다1761 판결; 대법원 2010.1.14. 선고 2009다69531 판결.

73) 대법원 1992.2.11. 선고 91누12301 판결.

74) 대법원 1957.12.9. 선고 4290민상358,359 판결.

75) 대법원 1971.3.9. 선고 71다226 판결.

76) 대법원 1991.6.28. 선고 91다9954 판결.

77) 대법원 2001.6.29. 선고 2001다21991 판결.

78) 대법원 1967.11.28. 선고 67후28 판결(일본 공진사 상표가 증거를 요하지 아니할 정도로 특허국에 현저하다거나, 일반에게 주지되어 있는 사실이라고는 할 수 없다); 대법원 1984.12.11. 선고 84누439 판결(금원 대여를 업으로 하는 대금업자가 아닌 사람이 일시적으로 타인에게 금원을 대여하는 경우에 그 이자율이 얼마인가 하는 점은 누구나 능히 알 수 있는 공지의 사실에 속한다고 볼 수 없다); 대법원 1969.7.22. 선고 69다684 판결(농촌일용노동 임금액이 계속적으로 급등세에 있다는 것은 공지의 사실에 속한다고 할 수 없다).

는 사실을 말한다. 직무상이 아닌 개인적으로 알게 된 사실은 법원에 현저한 사실이 아니므로 증거가 있어야 한다.

판례는 같은 법원에서 다른 판결을 선고한 사실,[79] 직종별임금실태조사보고서(현 고용형태별근로실태조사 보고서)의 존재와 그 내용,[80] 생명표에 의한 연령별 기대여명[81]을 법원에 현저한 사실로 본다.

Ⅳ. 법률상 추정

법률상 추정규정이 있는 경우 증명책임이 있는 사람이 추정사실보다는 증명이 용이한 전제사실을 증명하여 이에 갈음할 수 있으므로 전제사실이 증명되면 추정된 사실은 불요증사실이 된다. 다만 상대방은 반대사실에 대하여 주장·입증책임을 부담하게 되므로 반대사실이 증명의 대상이 된다(후술).

제4절 증거조사

제1관 증거조사의 개시

Ⅰ. 증거신청

(1) 증거조사의 의의

증거조사란 법관의 심증형성을 위하여 법정의 절차에 따라 인적·물적증거의 내용을 오관의 작용을 통하여 인식하는 법원의 소송행위를 말한다. 증거조사절차는 '당사자의 증거신청→법원의 채부결정→증거조사의 실시→증거조사의 결과에 의한 심증형성'의 순으로 진행된다.

---

79) 그러나 선고사실(확정판결의 존재) 외에 더 나아가 그 다른 판결의 이유를 구성하는 사실관계까지 법원에 현저한 사실이 되는 것은 아니므로 그 사실관계에 대해서는 변론주의 원칙상 이를 주장하여야 하며(대법원 2010.1.14. 선고 2009다69531 판결), 당해 민사재판에서 제출된 다른 증거 내용에 비추어 확정된 관련 민사사건 판결의 사실인정을 그대로 채용하기 어려운 경우에는 합리적인 이유를 설시하여 이를 배척할 수 있다(대법원 2019.8.9. 선고 2019다222140 판결).
80) 대법원 1996.7.18. 선고 94다20051 전원합의체 판결(다수의견).
81) 대법원 1999.12.7. 선고 99다41886 판결.

(2) 증거신청의 의의

증거신청이란 일정한 사실을 증명하기 위하여 일정한 증거방법을 지정하여 법원에 그 조사를 청구하는 소송행위를 말한다. 변론주의 하에서는 원칙적으로 당사자가 증거를 신청한다. 증거신청은 헌법상 재판청구권의 표현이므로 법원은 소정의 요건을 갖춘 신청은 원칙적으로 모두 조사하여야 한다.

1. 신청의 방식

(1) 증거신청은 말이나 서면으로 한다(161①). 신청서에는 증명할 사실(289), 즉 요증사실과 특정의 증거방법 및 증거와 증명할 사실의 관계를 표시하여야 한다(규 74). 실무에서는 표 형식의 증거설명서도 활용되고 있다(규 106).

(2) 모색적 증명의 허용여부

1) 모색적 증명이란 증명책임을 지는 사람이 사실경과과정을 자세히 모르는 경우에, 증명할 사실(요증사실)을 정확히 특정하지 않고 청구원인을 개괄적으로 작성하여 제3자 또는 상대방이 소지한 증거를 확보하기 위한 증거신청부터 한 후 증거조사를 통해 주장할 구체적인 사실을 얻어내려고 하는 것을 말한다.

2) 변론주의 및 민소법 289조에 의하여 모색적 증명은 원칙적으로 금지되지만 공해소송이나 의료소송 등 증거의 편재가 심한 현대형 소송의 경우에는 제한된 범위에서 이를 받아들일 필요가 있을 것이다. 이를 인정한다면 수사기록을 민사소송에서의 증거로 사용하기 위한 고소의 남용 방지에도 도움이 된다.[82] 한편 민소법 346조는 문서제출명령신청과 관련하여 상대방으로 하여금 문서목록제출을 명할 것을 신청할 수 있도록 규정하고 있는데, 이 또한 모색적 증명제도와 궤를 같이하고 있다.[83] 대법원은 모색적 증명의 허용여부에 대하여 원칙적으로 부정적인 입장이다.[84]

---

82) 이시윤, 479쪽.
83) 김홍엽, 630쪽.
84) 대법원 2022.5.13. 선고 2019다270163 판결(이른바 모색적 증거 수집을 위한 열람·등사청구도 허용될 수 없으나, 열람·등사청구권이 기본적으로 회사의 업무 등에 관한 정보가 부족한 주주에게 필요한 정보 획득과 자료 수집을 위한 기회를 부여하는 것이라는 사정을 고려할 때 모색적 증거 수집에 해당하는지는 신중하고 엄격하게 판단해야 한다).

증거신청을 할 때 인지를 붙여야 하는가?

증거신청 자체에는 인지를 붙이지 않는다. 다만 증거조사에 비용을 요하는 경우에는 이를 예납하여야 한다(116)

2. 신청의 시기

(1) 증거신청은 집중심리주의와 적시제출주의의 이념에 위반되지 않는 범위 내에서 변론종결 전까지 하면 된다. 변론종결 후에 접수시킨 서류는 판단의 자료로 삼을 수 없고, 법원이 조사할 의무도 없다.[85] 구체적으로 살펴보면 다음과 같다.

(2) 소장과 답변서, 준비서면 제출시의 증거신청

원고가 소장에서 서증을 인용한 때에는 그 서증의 등본 또는 사본을 붙여서 제출하여야 하며(254④), 답변서나 준비서면에는 주장을 증명하기 위한 증거방법과 상대방의 증거방법에 대한 의견을 함께 적어서 제출하여야 한다(256④, 274②).

또한 부동산에 관한 사건은 그 부동산의 등기사항증명서, 친족·상속관계 사건은 가족관계기록사항에 관한 증명서, 어음 또는 수표사건은 그 어음 또는 수표의 사본을 소장에 붙여야 하며, 그 밖에도 소장에는 증거로 될 문서 가운데 중요한 것의 사본을 붙여야 한다(규 63②).

(3) 변론기일 전 및 변론준비절차에서의 증거신청

증거의 신청과 조사는 변론기일 전에도 할 수 있으며(289②), 변론준비절차에서는 기간을 정하여 증거를 신청하게 한다(280①).

(4) 변론기일에서의 증거신청

변론준비기일을 거친 사건은 특별한 사정이 있는 경우에만 변론기일에 증거신청이 허용된다(285①). 그 외의 사건의 경우에는 증거채택이 이루어지면 즉시 조사할 수 있는 증거를 제외하고는 통상 그 다음 기일에 증거조사를 하게 될 것이다.

3. 상대방의 진술기회보장

증거에 관한 당사자권의 보장을 위하여 증거신청이 있으면 법원은 신청에 대하여 상대방에게 진술할 기회를 주지 않으면 안 된다(274①(5)).

85) 대법원 1989.11.28. 선고 88다카34148 판결.

이때 상대방은 실기한 증거신청이라거나 증거가치가 없는 증거라거나 불필요한 증거라는 등의 진술을 할 수 있다.

4. 신청의 철회

증거신청은 그 증거에 대한 조사 전에는 언제나 철회가 가능하며, 증거조사가 개시된 후에는 증거공통의 원칙상 상대방의 동의를 얻어야 철회할 수 있다.

증거조사가 종료된 후에는 상대방이 동의해도 철회가 허용되지 않는다. 자유심증주의상 법원이 이미 심증을 형성하였기 때문이다.

Ⅱ. 증거의 채부결정

1. 개 요

(1) 증거신청이 부적법한 경우

재정기간을 넘겼거나 실기한 증거신청,[86] 입증사항의 불명, 불특정 증인의 신청뿐만 아니라 증인의 행방불명, 목적물의 분실, 증인에 대한 구인장의 집행불능 등의 경우에는 증거를 채택하지 않거나(각하), 채택된 증거라도 그 결정을 취소할 수 있다(291). 재판의 신속·경제의 이상을 실현하기 위함이다.

(2) 증거신청이 적법한 경우

법원은 당사자가 신청한 증거를 필요하지 않다고 인정한 때에는 조사하지 않을 수 있다(290본문). 판례도 증거신청에 대하여 판단을 하지 아니하더라도 이는 판단유탈에 해당하는 것이 아니고 묵시적으로 기각한 취지로 보며,[87] 종국판결에 대한 불복절차에 의하여 그 판단의 당부를 다툴 수 있는 것은 별론으로 하고 별도로 항고로써 불복할 수 없다고 본다.[88] 그러나 이를 법원의 자유재량사항으로 새기게 되면 당사자의 절차상 권리가 침해될 우려가 있다.

헌법재판소는 이 규정에 대하여 필요성여부의 판단은 법관의 자의적 판단에 따르는 것이 아니라 내재적 한계가 있다고 하면서도, "그 증거가 소송의 쟁점과

---

86) 유일한 증거가 아닌 이상 증거신청이 당사자의 고의 또는 중대한 과실로 시기에 늦은 것이 아닌 경우라도 법원은 이를 각하할 수 있다(대법원 1962.7.26. 선고 62다315 판결).
87) 대법원 2001.5.8. 선고 2000다35955 판결.
88) 대법원 1989.9.7. 자 89마694 결정.

무관하거나 쟁점판단에 무가치하거나 부적절한 경우, 그 사실의 존부가 소송결과에 영향이 없는 경우, 법원이 이미 충분한 심증을 얻고 있는 경우, 동일 사실에 대하여 거듭 증거가 신청된 경우, 경험법칙 등에 의하여 법원이 이미 알고 있는 경우 등"에 증거신청을 각하하는 것은 내재적 한계를 일탈하지 않은 것으로 본다.[89]

2. 유일한 증거

당사자가 주장하는 주요사실을 입증할 유일한 증거방법을 신청하는 때에는 조사하여야 한다(290단서). 쟁점 단위로 유일여부를 따져야 하므로 하나의 쟁점에 대한 증거신청을 모두 각하하면 유일한 증거를 배척한 것이 된다. 유일한 증거를 조사하지 않으면 채증법칙 위반으로 상고이유가 된다.[90]

주요사실 이외에 간접사실이나 보조사실을 입증할 증거는 유일한 증거에 해당되지 않고, 본증에 한하고 반증은 포함되지 않는다.[91] 구법에서는 당사자본인신문의 보충성 때문에 당사자신문의 결과만으로 주요사실을 인정할 수 없다고 보아 유일한 증거가 아니라고 하였으나, 보충성이 폐지된 신법 하에서는 당사자신문도 유일한 증거가 될 수 있다. 물론 조사를 거부할 수 없다는 것일 뿐 그 내용을 채택하여야 하는 것은 아니다(자유심증주의).

판례는 증거가 쟁점판단에 불필요한 경우,[92] 당사자가 증거신청서를 제출하지 아니하는 등 성의가 없는 경우[93], 증거조사에 관하여 일정하지 아니한 기간의 장애가 있는 때,[94] 비용예납의 명령을 받고도 당사자가 증거조사의 실시에 필요한 비용을 예납하지 않는 등 신청한 당사자의 고의나 태만으로 인하여 증거조사를 할 수 없게 된 경우,[95] 증인이 정당한 이유 없이 출석하지 않은 때[96] 등의 경우에는 유일한 증거라고 하더라도 조사하지 않을 수 있다고 하였다.

---

89) 헌법재판소 2004.9.23. 선고 2002헌바46 전원재판부 결정.
90) 대법원 1970.11.30. 선고 70다2218 판결.
91) 대법원 1998.6.12. 선고 97다38510 판결. 다만 법관 앞의 평등이라는 쌍방신문주의와 당사자의 증거제출권의 중요성과의 관계에서 반증을 본증과 달리 취급해서는 안 된다는 견해가 있다(이시윤, 483쪽).
92) 대법원 1961.12.7. 선고 4294민상135 판결.
93) 대법원 1959.10.15. 선고 4292민상104 판결.
94) 대법원 1959.10.29. 선고 4292민상513 판결.
95) 대법원 1959.2.19. 선고 57다873 판결.
96) 대법원 1971.7.27. 선고 71다1195 판결.

3. 증거채택여부의 결정

증거신청에 대한 법원의 결정에는 각하결정과 채택결정, 그리고 보류결정이 있다. 증거신청이 있으면 즉석에서 결정을 하고 재판기록 서두의 증거목록에 표시한다. 이 결정은 소송지휘에 관한 재판이므로 언제든지 취소 또는 변경할 수 있으며(222), 증거조사에 필요한 비용예납명령을 받았음에도 예납을 하지 아니한 때에도 증거조사결정을 취소할 수 있다(규 77③).

증거신청에 대한 결정은 소송지휘에 관한 재판이므로 독립한 불복신청이 허용되지 않는다.[97] 다만 합의사건의 변론준비절차에서 증거결정을 한 경우 당사자가 이의신청을 할 수 있고, 이에 대하여는 법원이 결정으로 재판하여야 한다(281②, 138).

판례는 증거신청에 대하여 반드시 증거채부의 결정을 하여야 하는 것은 아니고, 채부결정 없이 변론을 종결하고 판결을 선고하면 증거신청을 묵시적으로 기각한 것으로 보고 있으나,[98] 법원의 증거채부결정에 대한 자의적 행사를 견제하고 당사자가 가지는 증거조사청구권을 실질적으로 보장하기 위해서는 명시적으로 증거결정을 하여야 할 것이다.[99]

민소법상 구체적인 증거배제규정과 민소법 290조는 어떤 관계에 있는가?

민소법에는 290조 이외에도 당사자의 증거신청에 대하여 불허하는 결정을 할 수 있는 규정들이 다수 존재한다. 즉 당사자가 제출한 공격 또는 방어방법의 취지가 분명하지 아니한 경우에 당사자가 필요한 설명을 하지 아니하거나 설명할 기일에 출석하지 아니한 때에는 법원은 직권으로 또는 상대방의 신청에 따라 결정으로 각하할 수 있다(149②). 또한 서증신청에 대한 증거결정을 함에 있어서 서면증거와 증명할 사실 사이에 관련성이 인정되지 아니하는 때, 이미 제출된 증거와 같거나 비슷한 취지의 문서로서 별도의 증거가치가 있음을 당사자가 밝히지 못한 때, 국어 아닌 문자 또는 부호로 되어 있는 문서로서 그 번역문을 붙이지 아니하거나 재판장의 번역문 제출명령을 따르지 아니한 때, 재판장의 증거설명서 제출명령에 따르지 아니한 때, 문서의 작성자 또는 그 작성일이 분명하지 아니한 경우로서 이를 밝히도록 한 재판장의 명령에 따르지 아니한 때 중 어느 하나에 해당하는 사유가 있는

97) 대법원 2018.3.7. 자 2018그512 결정.
98) 대법원 2001.5.8. 선고 2000다35955 판결.
99) 김홍엽, 635쪽.

때에는 법원은 그 서면증거를 채택하지 아니하거나 채택결정을 취소할 수 있게 하였다(규 109).

나아가 민소법은 공격 또는 방어의 방법은 소송의 정도에 따라 적절한 시기에 제출하여야 한다고 규정하고 있고(146), 당사자가 이 규정을 어기어 고의 또는 중대한 과실로 공격 또는 방어방법을 뒤늦게 제출함으로써 소송의 완결을 지연시키게 하는 것으로 인정할 때에는 법원은 직권으로 또는 상대방의 신청에 따라 결정으로 이를 각하할 수 있도록 규정하고 있다(149①). 또한 변론준비기일을 연 사건에 대해서는 원칙적으로 더 이상 공격방어방법을 제출할 수 없도록 하고(285①), 증거조사를 할 수 있을지, 언제 할 수 있을지 알 수 없는 경우에도 그 증거를 조사하지 않을 수 있도록 하였다(291). 재판장은 당사자의 의견을 들어 한 쪽 또는 양 쪽 당사자에 대하여 특정한 사항에 관하여 증거를 신청할 기간을 정할 수 있으며, 당사자가 이 기간을 넘긴 것에 정당한 사유가 없는 한 더 이상 증거를 신청할 수 없도록 규정하고 있다(147). 민소규칙 109조 2호는 서증의 경우 이미 제출된 증거와 같거나 비슷한 취지의 문서로서 별도의 증거가치가 있음을 당사자가 밝히지 못한 때에 법원은 그 서증을 채택하지 아니하거나 채택결정을 취소할 수 있도록 규정하고 있다.

이러한 규정들과 민소법 290조는 특별규정과 일반규정의 관계에 있다고 보아야 할 것이다. 즉 증거신청과 이에 대한 결정에는 우선 특별규정이 적용되어 각 개별법규의 요건을 충족하지 못한 경우에는 각 그 개별규정에 의하여 각하할 것이고, 이러한 개별규정이 존재하지 아니하는 경우에 비로소 290조에 의하여 증거신청이 배제된다고 새겨야 할 것이다. 이렇게 해석하면 증거신청이 개별법규의 요건을 모두 충족함에도 불구하고 법원이 290조에 의하여 배제할 수 있는 증거는 매우 제한적이 되어야 한다는 결론에 이른다.

한편 우리의 민소법상 증거배제 규정은 미국연방증거규칙의 관련성 규정 중 401조 내지 403조[100]와 유사하다. 입법론으로는 증거결정을 함에 있어 법관의 자의적 권한행사가 허용되는 것으로 오해될 수도 있는 민소법 290조의 '필요성'이라는 용어보다는 가치중립적인 '관련성'이라는 용어를 사용하는 것이 재판에 대한 국민의 신뢰 획득이라는 면에서 더 나을 것으로 보인다.[101]

---

100) 미국연방증거규칙(FRE) 401조에서는 관련성 있는 증거의 정의를 규정한 후, 동 402조에서는 예외규정이 없는 한 관련성 있는 증거는 허용됨을, 동 403조에서는 제출된 증거로 인하여 불공정한 선입견, 쟁점의 혼란, 배심원을 오도할 위험성 또는 부적절한 지연, 시간낭비, 중복증거의 불필요한 제출 중 하나 또는 그 이상의 위험이 증거가치보다 현저하게 더 무거운 경우에 법원은 관련성 있는 증거라도 배제할 수 있음을 규정하고 있다.

101) 문서제출명령의 대상이 된 문서에 의하여 증명하고자 하는 사항이 청구와 직접 관련이 없는 것이라면 받아들이지 아니할 수 있다(대법원 2016.7.1. 자 2014마2239 결정).

Ⅲ. 직권증거조사

변론주의 원칙상 법원은 원칙적으로 당사자가 신청한 증거로 심증을 얻어야 하나, 그것이 불가능하거나 그 외에 필요한 경우 보충적으로 직권증거조사를 할 수 있는 재량이 있다(292). 이는 재량사항이므로 실무에서는 입증책임 있는 당사자에게 입증할 것을 석명하고, 그래도 입증하지 않는 경우에는 입증책임 분배의 원칙에 따라 처리하는 경우가 많다. 다만 판례는 배상책임은 인정되나 손해액이 확정되지 않은 등의 경우에는 직권으로라도 손해액을 심리판단해야 한다고 하였으며,[102] 이는 민소법 202조의2의 규정이 추가되는 결과로 이어졌다.

보충성의 원칙상 법원은 심리의 최종단계에서 심증형성이 안 될 때에만 직권으로 증거조사를 해야 변론주의 원칙에 위반되지 않는다. 이 경우 당사자가 철회한 증거방법도 조사가 가능하며, 조사 결과에 대하여는 당사자로부터 의견을 들어야 한다.

다만 소액사건과 증권관련집단소송은 필요시 언제라도 직권 증거조사가 가능하도록 하여 보충성을 폐지하였고(소심 10, 증집소 30), 그 외 조사의 촉탁(=사실조회, 294), 감정촉탁(341), 공문서의 진부 조회(356②), 검증시의 감정(365), 당사자신문(367), 소송계속 중의 증거보전(379), 상업장부의 제출(상 32)도 직권증거조사가 허용된다.

직권증거조사에 의하여 이익을 받을 자에게 증거조사 비용의 예납을 명할 수 있으며, 예납하지 않는 경우에는 직권증거조사를 아니할 수 있다(116). 다만 증거조사로 이익을 받을 당사자가 분명하지 않은 때에는 원고에게 예납을 명한다(규 19①(3)).

102) 대법원 2011.7.14. 선고 2010다103451 판결; 대법원 1987.12.22. 선고 85다카2453 판결.

제2관 증거조사의 실시

I. 개 설

1. 증거조사와 집중심리주의

증거조사를 하는 경우에는 그 기일·장소를 당사자에게 고지하거나 통지하여야 한다(167).

변론준비절차 중 변론준비기일에도 증거조사를 할 수 있다. 그러나 이때의 증거조사는 주로 감정·검증·서증이 될 것이다. 증인이나 당사자본인신문은 원칙적으로 변론기일에 한다(281).

변론준비기일을 열지 않은 경우에도 변론기일 초반에 먼저 다른 증거방법을 조사하고 쟁점정리 후에는 증인신문과 당사자본인신문을 집중적으로 하여야 한다(293). 이때 증인신문이나 당사자신문은 부득이한 사정이 없는 한 일괄적으로 신청하여야 하는데(규 75①), 이는 쟁점이 정리되기 전까지 모두 신청하라는 의미이지 동일한 기회에 모든 증인을 한꺼번에 신청하라는 의미는 아니다.

2. 증거조사와 직접심리주의

증거조사는 법정에서 하는 것이 원칙이나, 예외적으로 ① 법원 밖에서 수명법관·수탁판사가 증거조사를 할 수 있다(297. 현장검증, 임상신문, 서증조사 등). 이 경우의 증거조사기일은 변론기일이 아니어서 주장 등 변론을 할 수 없으며, 따라서 재판상 자백도 성립하지 않는다. ② 외국에서의 증거조사는 그 나라에 주재하는 대한민국 대사, 공사, 영사 등 또는 그 나라의 관할 공공기관에 촉탁한다. 외국에서 시행한 증거조사는 그 나라의 법률에 어긋나더라도 우리나라의 민소법에 어긋나지 않으면 효력이 있다(296).[103]

위 ①, ②의 경우에 직접주의를 관철하고자 하는 입장에서는 당사자가 그 결과를 변론기일에 원용하여야 한다는 견해를 취하고(**원용필요설**),[104] 이를 직접주의의 예외로 보는 학설에 의하면 당사자에게 의견진술의 기회만 부여하면 된다는 견해를 취한다(**원용불요설**).[105]

---

103) 이에 대한 자세한 설명은 앞의 '외국에서 하는 송달(촉탁송달)' 부분(민소 191조) 참조.
104) 송상현·박익환, 561쪽; 호문혁, 574쪽.

증거조사기일은 변론기일과 분리하여 실시할 수 있는가?

일반적으로 법정에서는 변론기일과 증거조사기일을 분리하지 않고 한꺼번에 진행한다. 그러나 법정 밖에서 현장검증, 임상신문, 서증조사 등을 하는 경우에는 변론기일과 증거조사기일이 분리된다. 따라서 예컨대 현장검증기일에 검증현장에 출석하여 사실주장이나 증거신청 등 변론을 할 수는 없다.

3. 당사자의 참여권과 당사자공개주의

당사자에게 증거조사기일과 장소를 고지하였으나 결석한 경우에도 증거조사가 가능하다(295). 당사자의 불출석 때문에 기일에 출석한 증인 등을 돌려보냈다가 다른 기일에 다시 출석하게 하는 것은 부당하기 때문이다.

법원은 증거조사 결과에 대하여 당사자에게 변론의 기회를 주어야 한다. 당사자에게 이러한 절차권이 보장되지 아니한 경우에는 이를 증거자료로 채택해서는 안 된다.

4. 증거조사의 조서화

증거조사의 절차 및 결과는 변론조서나 변론준비기일조서 또는 증거조사기일의 조서에 기재하여야 한다(160).

Ⅱ. 증인신문

1. 증인신문의 의의

증인신문이란 증인에 대하여 말로 질문하고, 증명의 대상인 사실에 대하여 그 자가 경험한 사실을 증언하게 하여 그 증언을 증거로 하는 방법으로 행해지는 증거조사절차를 말한다.

증인이란 과거에 경험한 사실에 대하여 법원으로부터 신문에 응하여 증언할 것을 명령받은 제3자이다. 증인은 자연인에 한하고 당사자와 그 법정대리인 외에는 누구라도 증인이 될 자격이 인정되는 것이 원칙이다(303). 공동소송인도 공동의 이해관계가 없는 사항에 대해서는 증인능력이 있다.

---

105) 김홍규 · 강태원, 545쪽; 김홍엽, 637쪽; 이시윤, 488쪽; 정동윤 · 유병현 · 김경욱, 619쪽; 정영환 684쪽.

증인능력이 부정되는 자는 누구인가?

당사자본인(소송능력여부를 불문) 및 그 법정대리인(법인의 대표자 포함)은 당사자 신문의 대상이므로 증인능력이 부정된다. 그러나 당사자를 증인으로 잘못 신문한 경우에도 지체 없이 이의하지 않으면 흠이 치유되어 그 증언을 증거로 채택할 수 있다는 것이 판례의 입장이다.[106] 증인능력이 있는지 여부는 증인신문시를 기준으로 한다.

보조참가인, 선정자, 소송대리인, 민소법 218조의 변론종결 후의 승계인 등 판결의 효력을 받는 자에게 증인능력이 인정되는가?

보조참가인, 선정자, 소송대리인은 당사자 또는 법정대리인이 아니므로 증인능력이 인정된다. 변론종결 후의 승계인 등 판결의 효력을 받는 자들도 당사자는 아니므로 증인능력이 인정된다. 예컨대 파산관재인의 파산재단에 관한 소송에 있어서 파산자 또는 채권자대위소송에 있어서 채무자에게도 증인능력이 있다.

증인은 감정인과 대비하여 증거조사에 있어 어떠한 차이점이 있는가?

① 감정인은 대체성이 인정되는데 비하여 증인은 일반적으로 대체성이 없다. 따라서 감정증인(예컨대 자동차사고를 목격한 자동차공학과 교수)도 대체성이 없으므로 증인에 관한 규정이 적용된다(340). ② 감정인은 그 학식경험을 토대로 판단 또는 의견을 진술하는 자이지만 증인은 자기가 경험한 사실을 진술하는 자이고 판단이나 의견을 진술하는 자가 아니라는 점에서도 양자는 차이가 난다. ③ 절차상으로 증인에 대하여는 구인제도가 있고(312), 감정인에게는 기피제도가 있다(336). 또한 증인은 당사자가 지정하는 반면에(규 75), 감정인은 법원(법관 등)이 지정한다는 점에서도 차이가 있다(335).

2. 증인의무

증인으로 채택된 사람은 출석의무, 선서의무, 진술의무가 있는데, 이들 의무는 증인을 신청한 당사자에 대한 사법상 의무가 아니라 우리나라의 재판권에 복종할 자가 부담하는 공법상 의무이다. 따라서 우리나라의 재판권에 복종할 의무가 없는 외국의 외교관이나 영사 등에게는 증인의무가 없다(외교관계에 관한 비엔나협약 31 ② 등).

---

106) 대법원 1977.10.11. 선고 77다1316 판결.

당사자는 직접 증인에 대해 출석하여 증언 등의 행위를 할 것을 요구할 권리가 있는가?

증인의 의무는 사법상 의무가 아니라 공법상 의무이기 때문에 당사자는 직접 증인에게 이러한 행위를 요구할 권리가 없다. 당사자는 법원에 대하여 어떤 자를 증인으로 신문할 것을 신청할 수 있는데 불과하다.

가. 출석의무

증인을 신청한 당사자는 증인을 출석시키는데 노력하여야 하며, 증인은 출석 불가능한 경우 그 사유를 밝혀 신고하지 않으면 제재를 받을 수 있다.

증인이 질병 등 정당한 사유가 있거나 수소법원에 출석하려면 시간과 비용이 과다하여 출석하지 못한다는 등의 사유가 있는 경우에는 수명법관이나 수탁판사로 하여금 증인을 신문하게 할 수 있다(313⑴⑵). 위의 사유 외에는 당사자가 이의를 제기하면 상당한 사유가 있다고 하더라도 수명법관 또는 수탁판사로 하여금 증인을 신문하게 할 수 없다(313⑶).

(1) 불출석에 대한 제재

증인이 출석요구서를 받고도 정당한 사유 없이 출석하지 않은 경우에는 법원은 소송비용을 부담하도록 명하고 500만원 이하의 과태료에 처할 수 있다(311①). 과태료 처분을 받고도 정당한 사유 없이 다시 출석하지 않으면 **7일 이내의 감치결정**을 할 수 있는데(311②), 이 경우에 즉시항고를 하더라도 집행이 정지되지 않는다(311⑧, 447조 불적용). 또한 법원은 형사소송법의 규정에 의하여 증인을 구인하도록 명할 수도 있다(312). 증인은 대체성이 없기 때문이다.

다만 증인에 대하여 출석요구서가 아니라 전화, 팩스 등 간이한 방법을 이용하여 출석요구를 한 경우에는 과태료 부과와 같은 법률상 제재를 가할 수 없다(167②, 규 45①).[107]

---

107) 민소법 311조 1항에 의하여 법원이 '적법한 출석요구를 받고도' 정당한 사유 없이 출석하지 아니한 증인에 대하여 법원이 처음부터 비송사건절차법 250조 4항에 의하여 과태료에 처할 사람으로부터 당사자의 진술을 듣고 진술의 기회를 부여하는 절차를 거친 정식의 과태료 재판을 하였다면 그 과태료 처분을 받은 사람은 바로 민소법 311조 8항에 의한 즉시항고를 할 수 있으나, 비송사건절차법 250조 1항에 의해 진술의 기회가 주어지지 않는 약식의 과태료 처분을 받은 사람은 동법 250조 2항에 의하여 1주일 내에 이의신청을 하여 동법 250조 4항에 의한 정식의 과태료재판을 받고 이에 대하여 다시 즉시항고를 하여야 한다(대법원 2008.3.24. 자 2007마1492 결정; 대법원 2001.5.2. 자 2001마1733 결정).

증인이 진술의무를 위반하여 과태료처분을 받고도 다시 정당한 이유 없이 진술하지 않으면 법원은 7일 이내의 감치결정을 할 수 있는가?

법원이 증인에게 7일 이내의 감치결정을 할 수 있는 경우는 '출석의무'를 위반한 경우에 한한다. 따라서 선서의무나 진술의무를 위반한 경우에는 과태료처분은 가능하나 7일 이내의 감치결정을 할 수 없다. 민소법 326조(선서거부에 대한 제재) 및 318조(증언거부에 대한 제재)는 311조 2항을 준용하지 않기 때문이다.

(2) 비디오 등 중계장치에 의한 증인신문(327조의2)

증인이 수소법원 법정에 직접 출석하지 않고서도 비디오 등 중계장치에 의한 중계시설을 통하여 신문절차를 진행할 수 있도록 하는 규정이 신설되었다. 즉 증인이 멀리 떨어진 곳 또는 교통이 불편한 곳에 살고 있거나 그 밖의 사정으로 말미암아 법정에 직접 출석하기 어려운 경우이거나 증인이 나이, 심신상태, 당사자나 법정대리인과의 관계, 신문사항의 내용, 그 밖의 사정으로 말미암아 법정에서 당사자 등과 대면하여 진술하면 심리적인 부담으로 정신의 평온을 현저하게 잃을 우려가 있는 경우에 중계장치를 통하여 신문하면 그 증인신문은 증인이 법정에 출석하여 이루어진 증인신문으로 보게 된다. 증인에 대한 편리성과 효율성을 도모하고 증인 등을 배려하기 위하여 정보통신기술을 활용한 것이다.

법원의 위 증인신문은 증인을 법정 아닌 곳으로서 중계시설이 설치된 곳에 출석하게 하고, 영상과 음향의 송수신에 의하여 법정 안의 법관, 당사자, 그 밖의 소송관계인과 법정 밖의 증인이 상대방을 인식할 수 있는 방법으로 한다(규95조의2①).

(3) 서면에 의한 증언(310)

법원은 증인과 증명할 사항의 내용 등을 고려하여 상당하다고 인정하는 때에는 출석하여 증언하는 것에 갈음하여 직권으로 증언할 사항을 적은 서면을 제출하게 할 수 있다(310①). 이를 서면에 의한 증언이라고 한다. 이는 예컨대 당사자가 진단서·치료비영수증 등을 서증으로 신청하였는데, 상대방이 증거 인부를 함에 있어 단순히 '부지' 등으로 답하는 경우 그 작성자를 출석시키는 것이 불필요한 시간과 비용을 낭비하는 면이 있어 이를 개선하기 위함과 아울러, 고도의 전문적 경험사실에 대한 신문 또는 여러 자료를 종합하여야 비로소 증언이 가능한 사항에 대한 신문 등과 같이 법정에서 말로 증언하는 것보다 차라리 서면에 의하여 진술하는 것이 내용의 충실도나 정확성에 있어서 더 낫다고 여겨지는 경우에 활용하도록 도입한 제도이다.

증인이 증언에 갈음하는 서면을 제출하였더라도 법원은 필요하다고 인정되는 경우 또는 상대방의 이의가 있으면 반대신문권의 보장을 위하여 출석하여 증언하게 할 수 있다(310②). 또한 반대신문권 보장을 위하여 신청한 반대당사자로부터도 질문사항을 받아 함께 신문사항을 보냄으로써 증인이 그 신문사항이나 신문의 요지를 보고 답변을 적어내게 할 수도 있다(규 84①). 서면에 의한 증언을 공정증서로 제출할 필요는 없다.

이 규정에 의한 증인은 선서를 하지 않으므로 위증죄가 성립되지 않으며, 그 답변은 서증이 아니라 증언으로서 효력이 있다.

상대방이 동의하지 않아도 법원은 서면에 의한 증언을 하게 할 수 있는가?

가능하다. 다만 상대방이 이의를 하거나 법원이 필요하다고 인정하는 때에는 서면증언을 한 증인으로 하여금 출석하여 증언하게 할 수 있다(310②).

나. 선서의무

재판장은 증인에게 위증의 벌에 대하여 경고하고, 선서서를 낭독한 후 선서서에 기명날인 또는 서명하게 한다. 선서를 낭독할 수 없거나 기명날인 또는 서명하지 못하는 경우에는 법원사무관 또는 그 밖의 법원공무원(법원경위 등)이 대신한다(319, 320, 321).

16세 미만이거나 선서의 취지를 이해하지 못하는 증인은 선서무능력자이므로 선서를 시키지 못하며(322), 민소법 314조의 증언거부권이 있는 자가 증언하겠다고 하는 경우에는 선서를 시키지 않을 수 있다(323). 정당한 사유 없이 선서를 거부하면 소송비용 부담과 과태료의 제재가 부과될 수 있다(326, 318, 311①).

선서를 해야 할 자가 선서를 하지 않고 진술한 경우에도 유효한가?

당사자가 지체 없이 이의를 하지 않는 한 하자가 치유되어 그 진술은 유효하다.

선서무능력자에게 선서를 시키고 한 신문은 유효한가?

선서무능력자에게 선서를 시키고 한 신문은 당사자의 이의여부를 논할 필요도 없이 소송법상 유효하다.

다. 진술의무

증인은 진술의무가 있을 뿐만 아니라 재판장이 필요하다고 인정한 때에는 증인에게 문자를 손수 쓰게 하거나 그 밖의 필요한 행위를 하게 할 수 있다(330).

(1) 공무원의 증언

1) 규 정

대통령·국회의장·대법원장 및 헌법재판소장 또는 그 직책에 있었던 사람을 증인으로 하여 직무상 비밀에 관한 사항을 신문할 경우는 법원은 그의 동의를 받아야 하며(304), 국회의원 또는 그 직책에 있었던 사람을 증인으로 하여 직무상 비밀에 관한 사항을 신문할 경우에 법원은 국회의 동의를 받아야 한다(305①). 또한 국무총리·국무위원 또는 그 직책에 있었던 사람을 증인으로 하여 직무상 비밀에 관한 사항을 신문할 경우에 법원은 국무회의의 동의를 받아야 한다(305②).

그 외의 공무원 또는 공무원이었던 자를 증인으로 하여 직무상 비밀에 관한 사항을 신문할 경우에 법원은 그 소속관청 또는 감독관청의 동의를 받아야 한다(306).

민소법 305조와 306조의 동의는 국가의 중대한 이익을 해치는 경우를 제외하고는 거부하지 못한다(307).

2) 취 지

공무원은 직무상 비밀에 대하여 국가공무원법(60) 또는 지방공무원법(52)에 의하여 비밀엄수의무를 부담한다. 따라서 공무원의 직무상 비밀은 그 성질상 공무원 개인의 비밀이 아니라 공공의 비밀, 국가의 비밀이므로 그 해제권자는 감독관청이다. 그래서 감독관청의 동의를 얻어야 한다는 규정을 둔 것이다.

민소법 304조 내지 306조에 해당하면 증인으로서 증언을 거부할 수 있을 뿐만 아니라 문서제출명령 규정인 민소법 344조 1항 3호 가목에 의해서 그러한 문서의 제출의무도 면제된다.

(2) 민소법 314조의 증언거부권

1) 규 정

증인은 그 증언이 자기나 친족 또는 이러한 관계에 있었던 사람 및 증인의 후견인 또는 증인의 후견을 받는 사람에 해당하는 사람이 공소제기 되거나 유죄판결을 받을 염려가 있는 사항 또는 자기나 그들에게 치욕이 될 사항에 관한 것인 때에는 이를 거부할 수 있다. 염려 또는 치욕이 될 사항이 확실할 필요는 없다. 자기에 대한 증언거부권은 헌법 12조 2항의 자기부죄거부 특권과 기초를 같이 한다.

단순히 징계처분을 받을 우려가 있는 사항만으로는 증언거부사유가 되지 않는다.

2) 취 지

증인에 대해 이들 사항에 관하여 증언을 강요하는 것은 인간적인 도리에 반하고, 당해 증인으로부터 진실한 증언을 확보할 기대가능성이 적다는 입법정책상 판단에 의한 것이다.

이 규정에 해당하면 증인으로서 증언을 거부할 수 있을 뿐만 아니라 문서제출명령 규정인 민소법 344조 1항 3호 나목 및 동조 2항 1호에 의해서 그러한 문서의 제출의무도 면제된다.

3) 성 질

증언거부권은 증인의무의 존재를 전제로 증인의무를 부담하는 자가 법원으로부터 증언을 요구받은 경우에 그 증언을 거절할 수 있는 공법상 항변권이다.

증언거부권은 법정의 사유가 있는 경우에만 인정되는 것으로서 당사자 사이에 사법상 계약으로는 설정할 수 없다.

증언거부권을 가지고 있는 증인이 증언거부권을 행사하지 않고 증인신문에 응한 경우, 그 진술은 적법한 증언이라고 할 수 있는가?

증언거부권을 가지고 있어도 이는 증언을 거부할 수 있는 항변권에 지나지 않으므로 증언거부권을 행사하지 않고 증인신문에 응한다면 그 진술은 적법한 증언이다.

법원은 증인에게 증언거부권이 있다는 것을 고지할 의무가 있는가?

증인에게 증언거부권이 있다는 것을 고지할 의무가 법원에 있는가에 대하여 다툼이 있으나, 판례는 그러한 의무는 없고 고지할 것인가 말 것인가는 법원의 재량이라는 입장이다.[108] 나아가 민사소송절차에서 증언거부권이 있는 자가 증언거부권을 고지받지 않은 상태에서 증인으로서 적법하게 선서를 마치고 허위진술을 한 경우에는 달리 특별한 사정이 없는 한 위증죄가 성립한다.[109] 물론 선서를 하지 않고 허위증언을 한 경우에는 위증죄가 성립하지 않는다(형 152①).

(3) 민소법 315조의 증언거부권

변호사·변리사·공증인·공인회계사·세무사·의료인·약사 기타 법령에 따라 비밀을 지킬 의무가 있는 직책 또는 종교의 직책에 있거나 이러한 직책에 있었던 사람이 직무상 비밀에 속하는 사항에 대하여 신문을 받는 경우에 증언거부권이 인정된다(315①(1)). 그 직업에 있는 것을 신뢰하여 비밀을 털어놓은 자의 신뢰를 배반해서는 안 되고 나아가 배반하지 않는 것에 의해 공공적인 직업 자체의 신뢰가 유지되기 때문이다. 기타 법령에 따라 비밀을 지킬 의무가 있는 직책에는 법무사(법무사법 27), 법원의 조정위원(가소 71, 민조 41) 등이 있다.

변호사로부터 의뢰인에게 제공된 비밀에 대해서 의뢰인은 증언거부권이 있는가?

변호사에게는 의뢰인으로부터 제공된 비밀에 대해서 위와 같이 명문으로 증언거부권이 있지만, 변호사로부터 의뢰인에게 제공된 비밀에 대해서 의뢰인에게 증언거부권이 있는지 여부는 법규정으로는 명백하지 않다. 영미법에서 변호사와 의뢰인간 통신비닉특권이 인정되고 있듯이, 이 증언거부권은 변호사·의뢰인 사이에 쌍방향으로 이해되어야 하므로 우리법에서도 변호사로부터 제공된 비밀에 대하여 의뢰인에게 증언거부권을 긍정해야 할 것이다.

변호사가 직무상 취득한 비밀에 대하여 신문받는 경우에 그 비밀이 유지됨으로써 이익을 받는 당사자가 사전에 비밀유지의무를 면제하여 준 경우에는 증언을

---

108) 대법원 1971.11.30. 선고 71다1745 판결. 선서거부권이 있음을 고지하지 않은 경우에도 같다(대법원 1971.4.30. 선고 71다452 판결).

109) 대법원 2011.7.28. 선고 2009도14928 판결. 이는 형사소송절차에서의 위증죄의 성립여부와 구별하여야 한다. 민소법은 증언거부권 제도를 두면서도 증언거부권 고지에 관한 규정을 따로 두고 있지 않지만, 형사소송법은 증언거부권에 관한 규정(제148조, 제149조)과 함께 재판장의 증언거부권 고지의무에 관하여도 규정하고 있으므로(제160조), 형사소송절차에서는 증인이 증언거부권을 고지받지 못함으로 인하여 그 증언거부권을 행사하는 데 사실상 장애가 초래되었다고 볼 수 있는지 여부에 따라 위증죄의 성립여부가 결정된다(대법원 2010.1.21. 선고 2008도942 전원합의체 판결).

거부할 수 없는가?

민소법 315조 2항에 의하면 증인이 비밀을 지킬 의무가 면제된 경우에는 증언을 거부할 수 없도록 규정하고 있으므로 비밀유지의무가 면제된 경우에는 증언을 거부할 수 없다.

기술 또는 직업의 비밀에 속하는 사항에 대하여 신문을 받은 증인은 증언을 거부할 수 있다(315①(2)). '기술 또는 직업의 비밀'이란 그 사항이 공개되면 당해 기술이 가진 사회적 가치가 하락하여 이로 인하여 활동이 곤란하게 되거나 당해 직업에 심각한 영향을 주어 이후 그 수행이 곤란해지는 것을 말한다. 즉 기술 또는 직업의 비밀에 대해서 증인에게 증언거부권이 인정되는 것은 그 기술의 사회적 가치 또는 직업의 유지·수행을 보호하기 위한 것이다. 이 규정에 해당하면 증인으로서 증언을 거부할 수 있을 뿐만 아니라 문서제출명령 규정인 민소법 344조 1항 3호 다목 및 2항 1호에 의해서 그러한 문서의 제출의무도 면제된다.

민소법 314조 및 315조에 기한 증언거부는 그 이유가 소명되어야 한다(316). 그 증언거부가 옳은지는 법원이 당사자를 심문하여 재판하며(317①), 증언 거부에 정당한 이유가 없다는 재판이 확정되었음에도 증인이 증언을 거부하면 소송비용 부담 및 500만원 이하의 과태료에 처해진다(318).

민사사건에 있어서 증인이 된 보도관계자가 민소법 315조 1항 2호에서의 취재원에 관계된 증언을 거부할 수 있는지 여부를 판단하는 기준은 무엇인가?

일본의 판례는, "당해 민사사건이 사회적 의의 또는 영향이 중대하기 때문에 당해 취재원의 비밀의 사회적 가치를 고려하더라도 공정한 재판을 실현하는데 필요성이 높고 이를 위하여 당해 증언을 취득하는 것이 필요불가결하다는 사정이 인정되는 경우가 아니고, 당해 보도가 공공의 이익에 관한 것이고 취재의 수단이나 방법이 일반 형벌법령에 저촉되든가 취재원으로 된 자가 취재원의 비밀의 개시를 승낙하는 등의 사정이 없다면 당해 취재원의 비밀은 보호할 가치가 있으므로 증인은 원칙적으로 당해 취재원에 관계된 증언을 거부할 수 있다고 해석하는 것이 상당하다."고 판시하였다.[110] 우리나라의 학설로는 언론의 자유를 보장하기 위하여 원칙적으로 증언을 거부할 수 있다고 보는 것이 다수설[111]이나, 기자와 취재원 간의 계약 존재여

110) 日最判 2006.10.3. 民集 60巻 8号 2647面.
111) 강현중, 549쪽; 김용진, 400쪽; 김홍엽, 641쪽; 송상현·박익환, 566쪽; 이시윤, 494쪽; 정동윤·유병현·김경욱, 627쪽; 정영환, 690쪽.

부, 취재원의 보호가치와 공개함으로써 얻게 되는 진실발견의 공익성 등을 사건에 따라 비교형량해서 증언거부의 타당성여부를 판단해야 한다거나,[112] 선별적으로 증언거부를 할 수 있다[113]는 견해도 존재한다. 취재원의 공개에 의하여 초래되는 불이익과 증언거부에 의하여 희생되는 진실발견 및 재판의 공정을 비교하여 결정하여야 할 것이다.

중요한 증인이 허위의 증언을 하였기 때문에 당사자가 손해를 입은 것이 명백하고, 그 증인에게 고의 또는 과실이 인정된다면 피해자는 증인에게 손해배상을 청구할 수 있는가?

일본에서 이 부분에 대한 논의가 있다. 다수설은 불법행위의 요건이 충족된다면 배상책임을 부담해야 하는 것으로 해석한다. 그러나 과실의 경우에도 손해배상책임을 긍정하면 증인을 위축시켜 증언을 자유롭게 할 수 없게 되기 때문에 고의의 경우에만 손해배상책임을 긍정하자는 견해도 있고, 증인의무의 이행청구권을 가지는 것은 국가이므로 이 권한이 없는 당사자가 증인의무의 불이행으로 인하여 발생한 손해에 대한 배상을 증인을 상대로 청구할 수는 없다는 견해도 있다.

3. 증인신문절차

대륙법에서는 증인신문의 주체(신문자)는 법원이고 증인은 이야기식으로 증언한다. 지금도 독일이나 프랑스 등은 이러한 방식으로 진행한다. 그러나 영미 및 우리법에서는 교호신문제로서 증인신문의 주체는 당사자(변호인)이고, 신청한 측에서 주신문, 상대방으로부터 반대신문, 재주신문, 법원의 보충신문으로 이어지고 또한 증언내용은 일문일답방식이다(327, 규89 내지 95). 물론 신문의 순서는 당사자의 의견을 들어 재판장이 변경할 수 있다(327④). 여러 명의 증인 앞에서 순차로 질문하는 대질도 가능하다(329).

가. 증인진술서 또는 증인신문사항의 제출

(1) 증인진술서의 제출

법원은 효율적인 증인신문을 위하여 필요하다고 인정하는 때에는 증인을 신청한 당사자에게 증인진술서를 제출하게 할 수 있다(규 79①). 증인진술서를 제출할 자는 당사자이지 증인이 될 자가 아니다.

---

112) 한충수, 505쪽.
113) 호문혁, 577쪽.

앞에서 본 '서면에 의한 증언', 즉 '증언에 갈음하는 서면(310)'은 그 자체가 증언으로서 원칙적으로 증인이 출석하여 증언할 필요는 없지만, 증인진술서는 증인의 출석을 전제로 한 것으로서 증인이 출석하지 않는다면 서증에 불과할 뿐이다. 증인진술서의 기능은 상대방에게 주신문사항을 사전에 파악하여 상대방이 반대신문을 준비하는 데 도움을 주고 주신문사항을 일정부분 대체하는 데에 있다.

증인진술서에는 증언할 내용을 그 시간 순서에 따라 적고, 증인이 서명날인하여야 한다(규 79②).

증인이 법정에서 선서 후 증인진술서에 기재된 구체적인 내용에 대하여 진술함이 없이 단지 그 증인진술서에 기재된 내용이 사실대로라는 취지의 진술만을 하였는데, 기재된 내용에 허위가 있으면 위증죄로 처벌되는가?

증인진술서는 그 자체로는 서증에 불과하여 그 기재내용이 법정에서 진술되지 아니하는 한 여전히 서증으로 남게 되는 점, 민소법 331조가 원칙적으로 증인으로 하여금 서류에 의하여 진술을 하지 못하도록 규정하고 있는 점, 민소규칙 95조 1항이 증인신문의 방법에 관하여 개별적이고 구체적으로 하여야 한다고 규정하고 있는 점 등의 사정에 비추어 볼 때, 증인이 법정에서 선서 후 증인진술서에 기재된 구체적인 내용에 관하여 진술함이 없이 단지 그 증인진술서에 기재된 내용이 사실대로라는 취지의 진술만을 한 경우에는 그것이 증인진술서에 기재된 내용 중 특정 사항을 구체적으로 진술한 것과 같이 볼 수 있는 등의 특별한 사정이 없는 한 증인이 그 증인진술서에 기재된 구체적인 내용을 기억하여 반복 진술한 것으로는 볼 수 없으므로, 비록 거기에 기재된 내용에 허위가 있다 하더라도 그 부분에 관하여 법정에서 증언한 것으로 보아 위증죄로 처벌할 수는 없다고 할 것이다.[114]

(2) 증인신문사항의 제출

증인진술서를 제출하는 때를 제외하고는 증인신문을 신청한 당사자는 법원이 정한 기한까지 증인신문사항을 적은 서면을 제출하여야 하고, 법원사무관등은 이를 상대방에게 송달하여 반대신문을 준비할 수 있도록 하여야 한다(규 80).

증인신문을 신청한 당사자는 상대방의 수에 3(합의부에서는 상대방의 수에 4)을 더한 통수의 증인신문사항을 적은 서면을 제출하여야 한다(규 80①). 제출된 서면은 증인 및 상대방 당사자에게 각 1부씩 송달하고, 나머지는 재판부와 참여사무관이 참고자료로 활용한다.

---

114) 대법원 2010.5.13. 선고 2007도1397 판결.

1. 나. 증인신문의 방법

일반적으로 인정신문 → 선서 → 주신문 → 반대신문 → 재주신문 → 보충신문의 순서에 의한다.

(1) 구술신문의 원칙

증인은 서류를 보지 않고 말로 하는 것이 원칙이다. 서류를 보고 증언할 때는 재판장의 허가를 받아야 한다(331). 당사자도 재판장의 허가를 받아 문서, 사진, 모형, 장치, 물건을 제시하면서 신문할 수 있으며, 재판장은 조서에 문서 등의 사본을 붙이도록 명할 수 있다(규 96).

(2) 격리신문의 원칙

같은 기일에 2인 이상을 증인신문할 시에는 증언하지 않은 증인은 법정에서 나가있도록 명하여야 한다(328). 다른 증인의 증언에 영향을 받지 않도록 하기 위함이다. 다만 필요시 예외를 둘 수도 있고, 증인간에 대질을 할 수도 있다(329). 법정에 있는 특정인 앞에서 충분히 진술하기 어려운 사유가 있는 경우 특정인을 퇴정시킬 수도 있다(규 98).

(3) 교호신문의 원칙

원칙적으로 교호신문(cross examination)을 한다. 즉 증인을 신청한 당사자가 먼저 주신문을 하고, 반대당사자가 반대신문, 주신문을 한 당사자가 재주신문의 순으로 신문한다. 법원에 의한 신문은 당사자들의 신문 후에 하는 것이 원칙이지만, 유도신문이나 중복신문을 방지하기 위해 직권신문제도를 가미하여 당사자의 신문 도중이라도 증인을 신문할 수 있으며(327③. 이를 개입신문이라 한다), 증인신문을 신청한 당사자가 신문기일에 출석하지 않은 경우에는 재판장이 그 당사자에 갈음하여 신문을 할 수 있다(규 90).

주신문은 증명할 사항과 이에 관련된 사항만 신문할 수 있고, 유도신문이 허용되지 않는다. 다만 실질적인 신문에 앞서 미리 밝혀둘 필요가 있는 준비적인 사항에 관한 신문이거나 증인이 주신문을 하는 사람에 대하여 적의 또는 반감을 보이는 경우, 증인이 종전의 진술과 상반되는 진술을 하는 때에 그 종전진술에 관한 신문을 하는 경우 등은 유도신문이 허용된다(규 91②).

반대신문은 주신문에 나타난 사항과 이에 관련된 사항에 관하여 하며, 주신문에 나타나지 않은 새로운 사항에 관한 신문은 재판장의 허가를 받아야 한다. 원칙적으로 유도신문이 가능하지만, 유도신문의 방법이 상당하지 않다고 인정하는 때에는 재판장이 이를 제한할 수 있다(규 92②③).

재주신문은 반대신문에 나타난 사항과 이에 관련된 사항을 신문한다. 재주신문은 주신문의 예를 따르며, 만약 새로운 사항에 관한 신문을 하려면 재판장의 허가를 받아야 한다(규 93).

재주신문까지는 원칙적으로 재판장의 허가를 요하지 않으나 그 이후, 즉 재반대신문 부터는 허가를 요한다(규 89②). 재판장은 신문을 지휘하고, 신문순서를 바꿀 수도 있다.

증인진술서를 미리 제출하여 이를 전제로 신문하는 경우에는 먼저 증인진술서를 서증으로 채택하고, 주신문은 핵심 쟁점사항에 한정하고 반대신문 위주로 진행되므로 증인을 탄핵하는 것이 주된 내용이 된다.

증인신문은 개별적 · 구체적으로 하되, 증인에 대한 모욕 · 명예훼손적 신문, 각 신문 사항의 범위를 넘는 신문, 의견을 구하는 신문, 증인이 직접 경험하지 않은 사항에 관하여 진술을 구하는 신문 등은 재판장의 직권 또는 당사자의 신청으로 제한이 가능하다(규 95). 이를 포함하여 널리 증인신문에 관한 재판장의 명령 또는 조치에 대하여, 당사자는 재판장의 명령 또는 조치가 있은 바로 직후에 구체적 사유를 밝히면서 이의를 할 수 있다(규 97).

소액사건은 교호신문제를 배제하여 증인신문은 원칙적으로 판사가 직권으로 신문하며, 당사자는 판사에게 고하고 신문할 수 있도록 하였다(소심 10②).

증인신문에서 상대방 당사자에게 반대신문의 기회를 부여하는 이유는 무엇인가?

상대방 당사자에 의한 반대신문은 증인의 신용성을 탄핵하는 기회를 주기 위한 것이다. 따라서 증인이 환자로서 상태가 위중하여 더 이상 증언할 수 없는 등의 부득이한 경우가 아닌 한, 반대신문기회를 주지 않은 주신문은 증거로 할 수 없다고 보아야 한다. 다만 이에 대하여는 반론이 있다. 의도적으로 반대신문이 방해된 것이 아니라면 자유심증주의 구조 내에서 주신문의 신빙성, 즉 증명력의 문제일 뿐이라는 것이다. 그 근거로서 민소법상으로는 반대신문이 원천적으로 불가능한 전문증거의 증거능력도 부정되지 않는다는 점을 들고 있다.

Ⅲ. 감 정

1. 감정의 의의

감정이란 전문적 경험법칙을 사실인정의 증거자료로 하기 위한 증거조사이다. 감정의 증거방법은 감정인이다.

법관이 사실을 인정하기 위해서는 경험법칙의 도움을 빌려야 한다. 경험법칙에는 일반인이라면 누구나 알 수 있는 것도 있지만 과학기술상의 지식과 같이 고도의 전문적인 경험법칙도 있다. 후자의 경우에는 법관이 당연히 알고 있다고 기대할 수 없으며, 우연히 특정한 법관이 개인적으로 고도의 전문적인 경험법칙을 알고 있다고 하더라도 그 내용의 신뢰성이 확보되지 않기 때문에 특별한 학식과 경험을 가진 자에게 그 전문적 지식 또는 그 지식을 이용한 판단을 소송에 보고하게 하는 방법으로 증거조사를 할 필요가 있는 것이다.

(외국)법규, 경험법칙, 관습 등 재판의 대전제 또는 사실판단, 즉 노동능력 상실정도, 필적이나 인영의 동일성, 토지나 가옥의 임대료, 공사비, 혈액형, 정신장애 유무 등 재판의 소전제가 감정의 대상이다. 통상 신체감정의사, 인장감정업자, 감정평가사, 건축사, 외국법전문가 등이 감정인이 되는 경우가 많다.

현재 민소법 164조의2 내지 8에서 전문심리위원제도가 도입되어 첨단산업분야, 지식재산권, 국제금융 등 전문적인 지식이 요구되는 사건에 법원 외부의 전문가가 참여하여 설명이나 의견을 개진할 수 있게 되었다. 그러나 이는 재판의 전문성을 보완하는 것이 목적일 뿐 감정인의 감정의견과는 달리 증거자료가 되는 것이 아니다.

증인과 감정인의 차이점을 설명하시오.

증인은 과거의 경험사실을 보고하는 자이고, 감정인은 판단을 보고하는 자로서 대체성의 유무에 의해 구분된다. 즉 증인은 대체성이 없으므로 당사자의 신청에 의하지만, 감정인은 대체성이 있으므로 감정인의 지정은 법원에 일임되어 있다. 또한 감정인은 법관에 유사한 면도 있어서 기피규정도 있고(336), 불출석의 경우 강제구인이나 감치처분이 없으며(333. 다만 500만원의 과태료 규정은 적용된다), 법인에 대해서도 감정촉탁이 가능하고, 증인진술은 말로 하는 것이 원칙이지만 감정진술은 서면으로도 할 수 있다는 차이가 있다. 양자의 중간지대로서 특별한 학식경험에 기하여 알게 된 사실에 대해 진술하는 자를 감정증인이라고 한다. 감정증인은 증인에 준하여 취급된다(다만 비디오등 중계장치에 의한 신문의 경우에는 감정인에 관한 규정을 준용한다. 340). 예컨대 환자를 치료한 의사가 그 자의 증상이나 치료의 내용에 대하여 진술하는 경우에는 감정증인이다.

2. 감정의 종류

가. 법원의 감정과 사감정

감정은 인증의 일종이다. 따라서 감정의 결과인 감정서는 서증이 아니다.

법원의 감정이란 법관의 경험을 보충하기 위하여 법원이 학식과 경험이 있는 사람을 감정인으로 지정하여 선서를 하게 한 후 감정을 명하는 것을 말하는 것으로서, 민소법은 원칙적으로 이를 중심으로 규정하고 있다.

이에 비하여 사감정이란 법원을 통하지 않고 개인적으로 학식·경험이 있는 자에게 감정을 의뢰하고 그로부터 받은 감정보고서를 법원에 제출하는 것을 말한다. 사감정은 반대신문권이 보장되지 않으므로 상대방의 동의가 없으면 감정으로 볼 수는 없지만, 서증으로서 사실인정의 자료로 할 수 있다. 그러나 이것을 서증으로 볼 수 있다고 하더라도 어느 일방 당사자가 의뢰하여 작성된 것이므로 그 신빙성 판단에 신중해야 하며, 쉽게 채용하여서는 안 된다.[115] 사감정인은 법원이 지정한 감정인이 아니므로 그를 법정에 출석시켜 신문하려면 감정인신문이 아니라 증인신문절차에 의하게 된다.

한편 판례는 법원을 통한 감정의 경우에도 착오로 선서를 시키지 않은 감정인의 감정의견은 증거능력이 없지만,[116] 그 감정인이 작성한 감정결과를 기재한 서면이 당사자에 의하여 서증으로 제출되고 법원이 그 내용을 합리적이라고 인정하는 때에는 이를 사실인정의 자료로 삼을 수 있다는 입장이다.[117] 선서의무 없이 작성한 사감정보고서조차 서증으로서 허용되는 이상, 법원에 의하여 선정된 감정인이 선서를 하지 않고 작성하였다고 하여 그 감정보고서에 대하여 서증으로서의 증거능력을 부정한다는 것은 비합리적이기 때문이다.

---

115) 대법원 2010.5.13. 선고 2010다6222 판결. 일본에서는 사감정은 감정한 자가 전문적인 학식이나 경험이 있는지에 대한 적격성여부를 상대방이 다툴 수 없고 기피제도도 적용되지 않으므로 증거가 아니라 당사자의 주장의 일부로 보아야 한다는 견해도 주장되고 있다.

116) 대법원 1982.8.24. 선고 82다카317 판결.

117) 대법원 2006.5.25. 선고 2005다77848 판결.

나. 감정촉탁

감정촉탁이란 공공기관, 학교 그 밖에 상당한 설비가 있는 단체 또는 외국 공공기관에 대해 감정촉탁서에 의하여 감정을 의뢰하는 것을 말한다(341).

자연인에게는 감정촉탁을 할 수 없다. 왜냐하면 감정촉탁은 선서나 진술의무가 면제되는 대신 권위 있는 기관에 의하여 그 공정성과 진실성 및 전문성이 담보되어야 하기 때문이다. 따라서 법원이 자연인에게 감정촉탁을 하여 그가 보내온 감정서는 그 신빙성은 물론 적법한 증거능력조차 없다.[118] 다만 법원이 대학의 부속병원장에게 신체감정을 촉탁하고 이에 따라 동 병원장이 그 소속의사를 감정인으로 지정하여 그 의사가 자기명의로 작성·송부하여 온 감정서나, 법원이 감정촉탁병원장에게 사실조회를 하여 동 병원장 명의로 송부되어 온 위 감정의사가 작성한 병원장의 회보서는 자연인에 대한 감정촉탁결과로 볼 것이 아니고 민소법 341조 소정의 기관에 대한 감정촉탁결과로 볼 것이므로 위 감정서나 회보서는 증거능력이 있는 증거로서 사실인정의 자료로 할 수 있다는 것이 판례의 입장이다.[119]

감정촉탁에 의하여 감정서가 도착한 경우에 법원은 필요하다고 인정하면 공공기관·학교, 그 밖의 단체 또는 외국 공공기관이 지정한 사람으로 하여금 감정서를 설명하게 할 수 있으며(341②), 이러한 설명은 비디오 등 중계장치로 하게 할 수도 있다(341③).

3. 감정인의 의무

증언 또는 선서거부자, 선서무능력자 이외에는 감정의무가 있다(334, 338). 감정의무는 출석의무, 선서의무, 감정의견 보고의무를 내용으로 한다. 감정의무 위반의 경우에는 원칙적으로 증인의무위배의 제재규정이 준용된다(333. 예외는 동조 단서 참조).

감정인은 감정사항이 자신의 전문분야에 속하지 아니하는 경우 또는 그에 속하더라도 다른 감정인과 공동 감정을 하여야 하는 경우에는 곧바로 법원에 감정인의 지정 취소 또는 추가 지정을 요구하여야 하며(335조의2①), 감정인 임의로

118) 대법원 1982.8.24. 선고 82다카317 판결.
119) 대법원 1986.9.23. 선고 85다카1923 판결.

다른 사람에게 감정을 위임하여서는 아니 된다(335조의2②). 감정인에게 자기역량 고지의무 및 감정위임 금지의무를 부과한 것이다.

감정인에게 증인신문을 하였다면 그 증언을 증거자료로 사용할 수 있는가?

감정인에 대하여 감정인신문을 하지 않고 증인신문을 하였더라도 당사자가 즉시 이의하지 않았다면 그 증언의 내용인 판단을 판결의 기초로 삼았더라도 위법이 아니다.[120)]

감정인에게 구인이나 감치의 규정이 준용되지 않는 이유는 무엇인가?

특수한 전문영역을 제외하고는 일반적으로 전문가는 복수로 존재하므로 대체성이 있다는 점에서 증인과 다르다. 따라서 선정된 감정인이 출석 등에 불응하는 경우에는 굳이 그 감정인을 구인하거나 감치처분을 할 필요 없이 다른 감정인을 선정하면 되기 때문이다(333조 단서→311조 2항 내지 7항 및 312조 불준용).

4. 감정절차

원칙적으로 증인신문절차에 준한다(333본문). 그러나 당사자가 감정신청서를 제출함에 있어서는 감정인을 기재하지 않아도 되며, 수소법원 또는 수명법관·수탁판사가 감정인을 지정해 준다(335). 당사자는 지정된 감정인이 성실하게 감정할 수 없는 사정이 있는 때에는 그 사유를 소명하여 그를 기피할 수 있으며, 기피결정에 대해서는 불복할 수 없으나 기피결정을 받아들이지 않은 경우에는 즉시항고할 수 있다(336, 337). 다만 미리 기피 사유를 알고 있었음에도 감정인이 감정사항에 관한 진술을 할 때까지 기피신청을 하지 않았다면 그 이후에는 기피신청을 할 수 없다(336단서). 감정신청서를 제출하는 당사자는 감정할 사항을 기재한 서면도 함께 제출하여야 하는데, 상대방은 이에 대하여 의견을 제출할 수 있다. 법원은 이를 토대로 감정사항을 정한다(규 101).

감정인은 선서를 하여야 한다(338). 선서를 하지 아니한 감정인의 감정결과는 증거능력이 없다.[121)] 감정의견은 서면이나 말로써 진술할 수 있는데, 변론기일 또는 감정인 신문기일에는 말로 의견을 진술하며(339①), 기일을 잡지 않고 서면으로 보고하는 경우도 있다. 선택은 재판장의 재량이지만, 실무상 서면보고(감정서)

120) 대법원 1960.12.20. 선고 4293민상163 판결.
121) 대법원 1982.8.24. 선고 82다카317 판결.

가 통례이다. 감정인이 여럿인 경우에는 재판장은 다함께 또는 따로따로 의견을 진술하게 할 수 있으며(339②), 법원은 감정의견에 대하여 당사자에게 서면이나 말로써 의견을 진술할 기회를 주어야 한다(339③).

감정인은 법원이 직권으로 신문하는 것이 원칙이지만 당사자도 재판장에게 알리고 감정인을 신문할 수 있다(339조의2). 증인에 대한 신문과 달리, 감정인에 대한 신문은 교호신문제에 의할 필요는 없다(333단서). 또한 당사자의 신문이 중복되거나 쟁점과 관계가 없는 때, 그 밖에 필요한 사정이 있는 때에는 재판장은 당사자의 신문을 제한할 수 있다(339조의2③단서). 이 규정은 주로 감정인을 모욕하는 신문을 제지하기 위하여 활용될 것이다.

감정인, 감정증인 등이 수소법원 법정에 직접 출석하기 어려운 특별한 사정이 있거나 외국에 거주하는 경우에는 비디오 등 중계장치에 중계시설을 통하거나 인터넷 화상장치를 통하여 신문절차를 진행할 수 있다(339조의3, 340). 이러한 비디오 등 중계장치 등에 의한 감정인 신문에 관해서는 비디오 등 중계장치에 의한 증인신문에 관한 일부 규정(327조의2 ②,③)을 준용한다.

감정인은 법원의 허가를 얻어 타인의 주거지 등에 들어갈 수 있으며, 감정방해에 대하여 경찰에게 원조를 요청할 수 있다(342).

5. 감정결과의 채택여부

당사자가 감정(촉탁)신청을 하고 법원이 이를 채택하면 통상 변론기일을 추후 지정하는데, 감정서가 법원에 도착하였으나 법원이 변론기일을 지정하지 않으면 당사자가 기일지정신청을 한다. 감정인의 감정의견에 대하여는 당사자에게 서면이나 말로써 의견을 진술할 기회가 있고(339③), 감정결과에 유리한 당사자가 이익으로 원용한다는 진술을 하는 것이 실무관행이지만 판례는 원용하지 않아도 증거자료로 할 수 있다고 한다.[122)]

2개의 감정결과가 상이하더라도 법원은 재감정할 필요는 없고 경험법칙이나 논리법칙에 위배되지 아니하는 한 자유심증으로 그중 어느 하나를 채택하면 되고,[123)] 배척의 이유를 설시하지 않아도 된다.[124)] 다만 동일한 감정인이 동일한 감

122) 대법원 1994.8.26. 선고 94누2718 판결.
123) 대법원 1999.7.13. 선고 97다57979 판결; 대법원 2010.4.15. 선고 2009다98904 판결.
124) 대법원 2000.5.26. 선고 98두6531 판결.

정사항에 대하여 서로 모순되거나 매우 불명료한 감정의견을 내 놓고 있는 경우에, 법원이 위 감정서를 직접 증거로 채용하여 사실인정을 하기 위해서는 특별히 다른 증거자료가 뒷받침되지 않는 한, 감정인에 대하여 감정서의 보완을 명하거나 감정증인으로의 신문 등을 통하여 정확한 감정의견을 밝히도록 하는 등의 적극적인 조치를 강구하여야 마땅하며, 합리적인 근거나 설명 없이 나머지 일부만을 증거로 사용하는 것은 논리법칙에 어긋난다.[125] 동일한 감정사항에 대하여 2개 이상의 감정기관이 서로 모순되거나 불명료한 감정의견을 내놓고 있는 경우에도 마찬가지이다.[126]

감정결과는 그 감정방법 등이 경험법칙에 반하거나 합리성이 없는 등 현저한 잘못이 없는 한 이를 존중하여야 한다.[127] 또한 법원은 감정인의 감정 결과 일부에 오류가 있는 경우에도 그로 인하여 감정사항에 대한 감정 결과가 전체적으로 서로 모순되거나 매우 불명료한 것이 아닌 이상, 감정 결과 전부를 배척할 것이 아니라 해당되는 일부 부분만을 배척하고 나머지 부분에 관한 감정 결과는 증거로 채택하여 사용할 수 있다.[128] 따라서 법정의 절차에 따라 선서하였거나 법원의 촉탁에 의한 감정인이 전문적인 학식과 경험을 바탕으로 제출한 감정결과는 그 실측이나 예측 과정에서 상당히 중한 오류가 있었다거나 상대방이 그 신빙성을 탄핵할 만한 객관적인 자료를 제출하지 않는다면 실측 과정 등에서 있을 수 있는 사소한 오류의 가능성을 지적하는 것만으로 이를 쉽게 배척할 수는 없다.[129] 그러나 과학적 감정방법이라고 하더라도 감정경위나 감정방법의 잘못 등 감정 자체에 배척 사유가 있다면 감정결과가 배척되어야 하며,[130] 과학적 증거의 신뢰성여부는 그 이론이나 기술이 실험될 수 있는 것인지, 그 이론이나 기술에 관하여 관련 전문가 집단의 검토가 이루어지고 공표된 것인지, 오차율 및 그 기술의 운용을 통제하는 기준이 존재하고 유지되는지, 그 해당 분야에서 일반적으로 승인되는 이론인지, 기초자료와 그로부터 도출된 결론 사이에 해결할 수 없는 분석적 차이가 존재하지는 않는지 등을 심리・판단하는 방법에 의하여야 한다.[131]

---

125) 대법원 2008.3.27. 선고 2007다16519 판결.
126) 대법원 2019.10.31. 선고 2017다204490,204506 판결; 대법원 2023.4.27. 선고 2022다303216 판결.
127) 대법원 2008.2.29. 선고 2007다85973 판결; 대법원 2012.11.29. 선고 2010다93790 판결.
128) 대법원 2012.1.12. 선고 2009다84608 판결.
129) 대법원 2010.11.25. 선고 2007다74560 판결.
130) 대법원 1999.4.9. 선고 98다57198 판결.

법원은 당사자의 신청이 없이도 직권으로 감정인을 선정할 수 있는가?

통설은 민소법 292조의 규정을 들어 법원이 직권으로 감정을 명할 수도 있다고 한다.[132] 독일법을 계수한 우리나라의 민소법에서 감정은 법관의 지식·판단능력을 보충한다는 점과 감정인은 중립적이라는 점이 강조되는 것과 맥을 같이한다. 이에 비하여 영미법에서 감정인(전문가증인)은 어느 한 당사자 측의 증거방법이라는 사고가 강하므로 감정인의 당파성이 표출된다.

Ⅳ. 서 증

1. 서증의 의의

서증이란 문서(계약서, 차용증, 영수증 등)를 열람하여 거기에 기재된 의미내용을 증거자료로 얻기 위한 증거조사 방식이다. 즉 서증이란 문서에 대한 증거조사 방법을 의미한다. 그러나 실무에서는 서증의 대상이 되는 문서 자체를 서증이라고 부르기도 한다(규칙 107조도 마찬가지). 어느 의미로 사용되는지는 전후 맥락에 의한다.

문서란 문자 기타 기호의 조합에 의해 사람의 의사, 판단, 보고, 감상 등을 외부적으로 표현한 유형물을 말한다. 사람의 의사, 판단, 보고, 감상 등을 "사상(思想)"이라고 표현하기도 하는데, 이를 "사회·정치에 대한 일정한 견해"로 오해해서는 안 된다. 여기에서의 "사상"이란 사람의 머릿속에 있는 정보라는 의미이다. 문서에 해당되는지 여부는 매체 상에 작성자의 정신작용이 표현되어 법관이 열람하는 방법에 의해 그 내용을 감지할 수 있는지 여부에 의해 결정된다.

형사소송법에서는 증거서류에 대한 증거조사방법으로 낭독 또는 내용고지를 규정하고 있지만(형소 292), 민소법에는 이에 대한 별도의 규정이 없어 법관이 그 내용을 읽는 것에 그친다.

문서에 기재된 사상이 아니라 지질이나 문자의 형상을 증거조사의 대상으로 하기 위한 증거조사의 방법은 무엇인가?

문서에 기재된 사상이 아니라 매체의 형상이나 기호의 특질을 증거조사의 대상으로

131) 대법원 2011.9.2. 선고 2009다52649 전원합의체 판결(PD수첩 사건).
132) 강현중, 557쪽; 김홍규·강태원, 558쪽; 김홍엽, 649쪽; 이시윤, 503쪽; 전병서, 412쪽; 정영환, 701쪽.

하기 위한 방법은 서증이 아니라 검증 또는 감정이다.

2. 문서의 종류

(1) 공문서 · 사문서

공무원이 권한 내에서 직무상 작성한 문서를 공문서라고 하는데, 공증인 등 공증권한을 가진 공무원이 작성한 것을 특히 공정증서라고 한다. 공문서 외의 문서를 사문서라고 한다. 공문서와 사문서는 성립의 진정추정에 관한 규정(356, 358)이 다르다.

(2) 처분문서 · 보고문서

판결서,[133] 계약서,[134] 유언서, 해제통고서, 어음 · 수표 등과 같이 의사표시나 기타의 법률행위가 행해진 것을 표시하는 문서를 처분문서라 하고, 영수증, 가족관계증명서, 등기부등본, 상업장부, 세금계산서, 조서, 진단서, 일기 등과 같이 이미 발생한 사건 등의 상황을 보고하거나 판단 또는 감상, 기억 등이 기재된 문서를 보고문서라 한다. 처분문서는 증거능력(형식적 증명력)이 인정되면 원칙적으로 실질적 증명력이 인정되나,[135] 보고문서는 그렇지 않다.

(3) 원본 · 정본 · 등본 · 초본

원본은 기재내용인 "사상의 주체 자신"에 의해 작성된 문서를 말한다. 이에 반하여 등본, 초본 및 정본은 원본의 전부 또는 일부를 물리적 또는 전자적 수단으로 사본한 것으로서 그 "사본을 한 자"가 작성자가 된다.

정본은 원본과 동일한 효력을 가지게 하기 위하여 공증권한을 가진 공무원이 정본이라 표시한 문서의 등본을 말하며, 등본은 원본의 전부, 초본은 원본의 일부

---

133) 대법원은 판결서의 경우 그 판결이 있었던가 또 어떠한 내용의 판결이 있었던가의 사실을 증명하기 위한 점에서는 처분문서이지만, 그 판결서 중에서 한 사실판단을 어느 사실을 증명하기 위하여 이용하는 경우에는 보고문서라는 입장이다(대법원 1980.9.9. 선고 79다1281 전원합의체 판결).

134) 계약서와 달리, 과거에 체결된 매매계약의 이행여부와 그 계약이 유효하게 존속하는지 여부에 관한 기억내용 및 의견을 기재한 것일 뿐 이에 의하여 증명하고자 하는 어떤 행위가 행하여진 것이 아님이 분명한 문서는 보고문서이다(대법원 2010.5.13. 선고 2010다6222 판결).

135) 다만 처분문서라고 하더라도 그것이 위조된 점이 입증되어 그 진정성립이 인정되지 아니한다면 그 문서의 기재 내용에 따른 의사표시의 존재 및 내용을 인정할 수 없다(대법원 2008.7.10. 선고 2005다74733 판결).

를 사본한 것이다. 등본 중에서 공증권한 있는 공무원이 원본과 일치한다는 뜻을 부기한 것을 인증등본이라고 한다. 그 이외의 것은 단순히 사본이라고 부른다.

문서의 제출 또는 송부는 원본·정본·인증등본으로 하여야 한다(355①). 다만 상대방이 이의를 하지 않는 경우에는 사본 제출에 의한 증거신청도 허용된다.[136)]

초본은 등본 및 정본과 어떻게 다른가?

초본은 원본 중 "일부"의 사본이라는 점에서만 등본과 다르다. 이에 비하여 정본은 등본과 마찬가지로 원본 전부를 사본한 것이지만, "법에 의해 원본과 동일한 효력"이 부여된 문서를 말한다.

부본은 원본과 비교하여 어떠한 특수성을 가지는가?

부본이란 "원본"의 일종이다. 특히 여러 통의 원본 중에 "송달에 사용되는 것"을 부본이라고 한다.

3. 문서의 증거능력

자유심증주의에 의하여 모든 문서(사본 포함)가 서증의 대상이 된다.

형사소송법은 310조의2 이하에서 문서의 증거능력을 제한하고 있다. 전문증거의 제한이 그것이다. 이에 비하여 민소법에서는 전문증거라도 증거능력에 제한이 없다.

판례는 문서의 진정성립이 인정되지 않는 경우에는 증거능력이 없다고 판시한 경우도 있고,[137)] 진정성립의 문제는 증거능력의 문제가 아니라 (형식적) 증명력의 문제로 본 경우도 있다.[138)] 다수설은 문서의 진정성립과 형식적 증명력을 구별하지 않고 있다.

---

136) 대법원 1996.3.8. 선고 95다48667 판결.

137) 대법원 1993.5.11. 선고 92다50973 판결; 대법원 1993.12.7. 선고 93다41914 판결; 대법원 1994.6.14. 선고 93다46681 판결; 대법원 1995.12.22. 선고 95다35197 판결; 대법원 1997.4.11. 선고 96다50520 판결; 대법원 1997.12.12. 선고 95다38240 판결; 대법원 2001.6.15. 선고 99다72453 판결.

138) 대법원 2002.8.23. 선고 2000다66133 판결.

4. 문서의 진정성립

가. 개 요

문서가 작성 명의인의 의사에 의하여 작성된 것이고 타인에 의하여 위조된 것이 아니라는 것을 진정성립이라고 한다. 명의인이 직접 작성한 것이 아니고 명의인의 승낙 하에 타인이 작성한 것이어도 명의인의 의사에 의하여 작성된 것이므로 진정성립이 인정된다.

문서는 진정성립이 인정되어야 증거조사의 대상이 된다. 사문서의 경우는 민소법 357조에 이를 명문으로 규정하고 있고, 공문서의 경우에도 진정추정의 규정을 두고 있으므로 진정성립은 증거조사의 당연한 전제가 된다.

진정한 문서만이 증명력을 가질 수 있으므로 문서의 진정성립은 형식적 · 실질적 증명력의 전제가 된다.[139]

문서의 진정성립과 형식적 증명력은 어떤 관계가 있는가?

다수설은 문서의 진정성립을 문서의 형식적 증명력의 문제로 보아 두 개념을 동일시하는데 반하여, 소수설[140]은 문서의 진정성립은 형식적 증명력이든 실질적 증명력이든 증명력의 문제가 아니라 그 전제가 되는 것이고, 진정성립이 인정되는 문서는 문서의 작성자가 문서에 나타난 의사를 실제로 표시하였을 개연성이 매우 높으므로 표현증명에 의해 의사표시의 존재(형식적 증명력)가 인정된다고 본다. 독일 민소법은 문서의 진정성립에 대해서는 437조 내지 440조에서,[141] 문서의 형식적 증명력에 대해서는 415조 내지 제418조[142]에서 규정하고 있지만, 우리 민소법은 진정성립에 관한 규정만 두고 있을 뿐(356 내지 363), 형식적 증명력에 관해서는 별도의 규정을 두지 않아 위와 같은 학설의 대립이 발생한 것으로 보인다. 개념적으로는 양자를 분리하여 고찰하는 것이 합리적이므로 소수설이 타당하다고 본다(후술 '형식적 증명력' 부분 참조).

---

139) 호문혁, 588면.

140) 호문혁, 593면.

141) 예컨대 사문서의 진정에 대한 독일 민소법 440조 2항은, "서명의 진정이 확정된 경우 또는 문서에 있는 필적이 공증인에 의하여 공증된 경우, 그 서명 또는 필적 위의 문언은 진정한 것으로 추정한다"라고 규정하고 있다.

142) 예컨대 사문서의 형식적 증명력에 대한 독일 민소법 416조는, "사문서는 작성자에 의하여 서명되었거나 공증인에 의하여 공증된 필적으로써 서명이 된 경우에만, 작성자가 그 사문서에 기재된 진술을 하였다는 것에 대하여 완전한 증명력을 갖는다"라고 규정하고 있다.

나. 문서의 진정성립에 대한 인부

문서가 제출되면 재판장이 상대방에게 그 문서의 진정성립을 인정할 것인지를 묻는다. 이때 상대방의 답변 방식은 성립인정, 침묵, 부지, 부인의 네 가지로 나눌 수 있다. 이를 실무상 증거인부라고 한다. 침묵은 명백히 다투지 아니한 것이므로 자백으로 간주하며(150①), 부지는 부인으로 추정한다(150②). 물론 제출된 서증이 인부를 할 자신 명의의 문서일 때에는 '부지'의 인부를 할 수 없다.

판례는 주요사실이 아니라 보조사실인 증거의 인부에 대해서까지 주요사실에 관한 자백의 법리를 확장 해석하는 방법으로 문서의 진정성립을 인정한다.[143] 나아가 진정성립에 관한 자백의 취소의 경우 보조사실이기는 하지만 주요사실에 관한 자백의 취소와 같이 취급해야 하고, 따라서 그 자백은 함부로 취소할 수 없다고 한다.[144]

상대방이 구체적 이유를 들어 부인하거나 부지로 답하면 문서를 제출한 당사자는 그 문서의 진정성립을 증명해야 하므로 문서제출자에게 입증책임이 있다. 즉 이 경우에 증인을 세운다거나 필적이나 인영을 대조하는 검증절차로 증명할 수 있다(359). 필적이나 인영을 대조하기 위하여 법원은 상대방 또는 제3자에게 원본, 등본, 초본 또는 필적을 제출하게 하거나 문자를 손수 쓰도록 명령할 수 있다. 만약 정당한 사유 없이 제3자가 이를 거부하면 200만원 이하의 과태료에 처하고, 상대방이 거부하면 확인신청자의 주장을 진실한 것으로 인정할 수 있다(360 내지 363, 349).

변론 전체의 취지만으로도 문서의 진정성립을 인정할 수 있으나,[145] 처분문서의 경우에는 진정성립이 인정되면 분명하고도 수긍할 수 있는 반증이 없는 이상 문서의 기재 내용에 따른 의사표시의 존재 및 내용을 인정해야 하므로 진정성립의 인정에 신중하여야 한다.[146] 나아가 소송당사자가 문서가 위조되었다거나 권한

---

143) 대법원 1952.1.31. 선고 4285민상111 판결.

144) 대법원 1988.12.20. 선고 88다카3083 판결; 대법원 1991.1.11. 선고 90다8244 판결; 대법원 2001.4.24. 선고 2001다5654 판결.

145) 대법원 1993.4.13. 선고 92다12070 판결.

146) 대법원 2009.6.11. 선고 2008다8362 판결; 대법원 2019.2.14. 선고 2018다275727 판결. 특히 처분문서의 소지자가 업무 또는 친족관계 등에 의하여 문서명의자의 위임을 받아 그의 인장을 사용하기도 하였던 사실이 밝혀진 경우라면 더욱 그러하다(대법원 2014.9.26. 선고 2014다29667 판결).

없이 작성되었다는 취지로 다투다가 그 서증의 인부 절차에서는 갑자기 진정성립을 인정한다는 것은 이례에 속하는 것이라고 할 것이므로 법원은 서증의 인부 절차에서 위 문서의 진정성립을 인정한 것이 아니라고 보거나, 적어도 당사자가 위와 같이 모순되는 진술을 하는 취지를 분명하게 석명하여야 한다.[147]

판례는 진정성립에 대한 자백을 주요사실에 대한 재판상 자백과 동일하게 보므로 원칙적으로 철회를 허용하지 않는 반면, 증거인부를 하지 않거나 부지하더라도 변론전체의 취지에 의하여 진정성립을 인정할 수 있다고 한다. 이러한 판례의 입장은 타당한가?

판례의 이러한 입장에서 가급적 진정성립에 대한 이의를 차단하고 곧바로 실질적 증명력의 문제로 들어가려는 의도를 읽을 수 있는데, 이는 처분문서의 경우에 진정성립이 인정되면 특별한 사정이 없는 한 의사표시의 존재와 내용을 인정하는 판례의 입장과 맞물리면서 신중하지 못한 판단을 초래하게 되며, 당사자의 이의권 보장에도 문제가 있다. 다만 근래에는 처분문서의 경우에 상대방이 문서의 진정성립을 적극적으로 다투거나 서증의 진정성립여부가 쟁점이 된 때, 또한 서증이 당해 사건의 쟁점이 되는 주요사실을 인정하는 자료로 쓰여지는데 상대방이 그 증거능력을 다툴 때에는 문서가 어떠한 이유로 증거능력이 있는지에 관하여 설시하는 것이 옳고, 사문서의 경우 그것이 어떠한 증거에 의하여 진정성립이 인정된 것인지 잘 알아보기 어려운 경우에도 그 근거를 분명히 밝혀서 설시하여야 할 것이라는 판례가 나오고 있는데 옳은 방향이라고 생각한다.[148]

다. 진정성립의 추정

(1) 공문서

작성방식과 취지에 의하여 공무원이 직무상 작성한 것으로 인정한 때에는 진정성립을 추정하므로(356①), 진정성립을 부인하는 자가 반대사실을 증명할 책임이 있다(본증).[149] 법원은 직권으로 해당 공공기관에 조회하여 진정성립여부를 확인할 수도 있다(356②).

---

147) 대법원 2003.4.8. 선고 2001다29254 판결.

148) 대법원 2001.6.15. 선고 99다72453 판결; 대법원 1997.12.12. 선고 95다38240 판결; 대법원 1997.4.11. 선고 96다50520 판결.

149) 대법원 1985.5.14. 선고 84누786 판결. 다만, 공문서의 경우에도 위조 또는 변조 등 특별한 사정이 있다고 볼 만한 반증이 있는 경우에는 위와 같은 추정은 깨어진다는 판례가 있는데(대법원 2018.4.12. 선고 2017다292244 판결), 여기에서의 '반증'은 법리상 '반대사실의 증명'을 의미하는 것으로 봄이 타당할 것이다.

공사병존문서의 경우 공문서부분에 진정성립이 추정된다고 하여 사문서 부분의 진정성립도 추정되는 것은 아니므로 확정일자 있는 사문서는 당해 서면이 확정일자 당시에 존재한 사실을 증명할 뿐이고 그 내용이 진정하게 성립되었다는 사실을 증명하는 효력은 없다.[150] 다만 공증인이 인증한 사서증서는 촉탁인이나 대리촉탁인을 확인하고 그 대리권을 증명하는 절차를 거치므로 진정성립이 추정된다.[151]

외국의 공공기관이 작성한 문서도 위의 규정이 준용된다(356③). 따라서 당사자가 외국의 공문서라고 하여 제출한 문서가 진정한 공문서로 추정되기 위해서는 제출한 문서의 방식이 외관상 외국의 공공기관이 직무상 작성하는 방식에 합치되어야 하고, 문서의 취지로부터 외국의 공공기관이 직무상 작성한 것이라고 인정되어야 한다. 법원은 이러한 요건이 충족되는지를 심사할 때 공문서를 작성한 외국에 소재하는 대한민국 공관의 인증이나 확인을 거치는 것이 바람직하지만 이는 어디까지나 자유심증에 따라 판단할 문제이므로 다른 증거와 변론 전체의 취지를 종합하여 인정할 수도 있다.[152]

상대방이 부지의 답변을 한 경우, 진정성립의 증명과 관련하여 공문서와 사문서에 어떠한 차이가 있는가?

공문서인 경우에는 작성방식과 취지에 의하여 공무원이 직무상 작성한 것으로 인정되면 부지의 답변에도 불구하고 진정성립이 추정된다. 사문서의 경우에는 원칙적으로 제출자가 진정성립을 증명하여야 한다(357). 다만 사문서에 있어서도 제한적 추정력이 있으므로 답변을 하는 당사자가 작성한 사문서에 대하여 부지의 답을 하였을 경우 법원은 그대로 문서제출자에게 진정성립의 증명책임을 지워서는 안 되고 진정성립의 추정여부를 위하여 부지로 답한 자에게 서명이나 인영이 누구의 것인지 석명을 하여야 한다.[153]

내용증명우편의 경우 그 전체에 대하여 공문서로서 성립의 진정이 추정되는가?

내용증명우편은 날짜도장에 해당하는 부분은 공무원인 우체국직원이 찍은 것이므로 이 부분만 공문서로서 진정성립이 추정될 뿐이고 날짜도장을 제외한 우편의 내용까지 공문서로서 진정성립이 추정되는 것은 아니다. 따라서 우편의 내용에 대해서는

---

150) 대법원 1974.9.24. 선고 74다234 판결; 대법원 1989.9.12. 선고 88다카5836 판결.
151) 대법원 1992.7.28. 선고 91다35816 판결.
152) 대법원 2016.12.15. 선고 2016다205373 판결; 대법원 2016.3.10. 선고 2013두14269 판결.
153) 대법원 1972.6.27. 선고 72다857 판결.

사문서로서의 진정성립 추정여부를 별도로 판단하여야 한다.[154)]

(2) 사문서

사문서에 본인 또는 대리인의 서명, 날인, 무인이 있는 때에는 문서 전체의 진정성립을 추정한다(358). 사문서의 진정 추정에 대한 이 조문의 표현은 오해를 초래하기 쉽다. 조문에는 날인이 있다고 표현되어 있지만, 이것은 날인한 흔적, 즉 인영(印影)이 있다는 의미가 아니라 날인행위가 있었다는 것을 의미함에 유의하여야 한다. 서명, 무인의 경우에도 서명행위, 무인행위가 있었음을 의미한다. 즉 사문서에 본인 또는 대리인이 서명행위, 날인행위, 무인행위를 한 때에는 사문서 전체가 그의 의사에 따라 진정하게 성립한 것으로 추정하려는 것이 이 규정의 취지이다.[155)] 그런데 법정에 제출되는 사문서에는 인영(이하 서명·무인을 포함한다)이 찍혀 있을 뿐이다. 여기에서 본인 또는 대리인의 인영이 찍혀 있다면 경험칙상 그들이 날인행위를 한 것으로 추정하는 것이 합리적이라 할 것이지만(1단계의 추정), 이 부분은 사실상 추정으로서 민소법 358조와는 무관하다. 이 사실상 추정, 즉 날인행위가 있었음이 인정(추정)되면 비로소 민소법 358조에 의하여 사문서 전체의 진정성립이 추정되는 것이다(2단계의 추정).[156)] 1단계의 추정은 경험법칙에 의한 사실상 추정이라는 점에 의견이 일치하지만,[157)] 2단계의 추정의 경우에는 그 성격이 무엇인지에 대하여 사실상 추정이라는 견해,[158)] 법률상 추정이라는 견해,[159)] 증거법칙적 추정(법정증거법칙)이라는 견해[160)] 등이 있다. 사실상 추정설에

154) 대법원 1976.5.11. 선고 73다616 판결.

155) 이러한 의미에서 민소법 358조의 표현은 적절하지 않다. "사문서는 본인 또는 대리인이 서명이나 날인 또는 무인을 한 때에는 진정한 것으로 추정한다"가 적절한 표현이다.

156) 독일 민소법 440조 2항은 "서명의 진정이 확정된 경우 또는 문서에 있는 필적이 공증인에 의하여 공증된 경우, 그 서명 또는 필적 위의 문언은 진정한 것으로 추정한다"고 규정하고 있다. 여기에서 "서명의 진정이 확정된 경우"란 작성명의인이 그 의사에 의하여 서명행위를 하였음이 확인된 경우를 의미한다.

157) 대법원 1997.6.13. 선고 96재다462 판결; 대법원 2009.9.24. 선고 2009다37831 판결(문서에 날인된 작성명의인의 인영이 그의 인장에 의하여 현출된 것이라면 특별한 사정이 없는 한 그 인영의 진정성립, 즉 날인행위가 작성명의인의 의사에 기한 것임이 사실상 추정되고, 일단 인영의 진정성립이 추정되면 그 문서 전체의 진정성립이 추정되나, 위와 같은 사실상 추정은 날인행위가 작성명의인 이외의 자에 의하여 이루어진 것임이 밝혀진 경우에는 깨어지는 것이므로, 문서제출자는 그 날인행위가 작성명의인으로부터 위임받은 정당한 권원에 의한 것이라는 사실까지 증명할 책임이 있다).

158) 강현중, 573쪽; 김용진, 420쪽; 이시윤, 510쪽.

159) 호문혁, 592쪽.

160) 김홍엽, 658쪽; 정동윤·유병현·김경욱, 642쪽.

의하면 입증책임이 전환되지 않으나 법률상 추정설 내지 증거법칙적 추정설에 의하면 입증책임이 전환된다는 점에서 차이가 있다고 지적된다.[161] 요컨대, 민소법에서는 2단계의 추정만 규정하고 있지만 판례는 여기에 1단계의 추정을 추가함으로써 사문서에 본인 또는 대리인의 인영이 있는 경우에는 문서 전체의 진정성립을 추정한다.[162]

1단계의 추정은 사실상 추정이므로 작성명의인의 서명 또는 인영인 사실이 증명되었다고 하더라도 진정성립을 다투는 자(증거제출자의 상대방)가 인장이 도용되었다거나 인영이 권한 없이 날인된 것이라는 사실을 반증으로써 증명하면(즉 법원으로 하여금 의심을 품게 할 수 있는 사정을 증명하면) 그 진정성립의 추정은 깨어진다.[163]

원고가 제출한 사문서에 대하여 피고가 "문서에 찍힌 인영은 내 도장이 아니라 누군가가 내 도장과 비슷하게 새겨서 찍은 것이다"라고 주장한다면 피고의 날인행위는 누가 입증해야 하는가?

민소법 358조에 의하면, 본인 또는 대리인이 서명행위나 날인행위 또는 무인행위를 한 때 비로소 그 사문서를 진정한 것으로 추정하므로, 본인 또는 대리인이 서명행위나 날인행위 또는 무인행위를 한 것이 아니라면 사문서 전체의 진정성립이 추정되지 않는다. 따라서 피고가 타인이 도장을 새겨서 찍은 인영이라는 **반증**에 성공하면(즉 법관이 피고의 날인사실에 대하여 진위불명에 빠지면) 1단계의 추정이 불가능하므로 2단계의 추정으로 나아갈 수 없어 문서 전체의 진정성립을 추정할 수 없게 된다. 따라서 이 경우에는 문서제출자인 원고가 피고의 날인이 진정한 것임을 **증명**하여야 한다.[164]

피고가 "인영은 맞지만 내 도장을 타인이 몰래 가져다 찍은 것이다"라고 주장하는 경우에 도용된 사실에 대한 입증책임은 누구에게 있는가?

---

161) 김홍엽, 658쪽. 다만 일본에서는 이 규정을 법정증거법칙으로 보면서도 그 의미를 사실상 추정, 즉 경험칙을 법정화한 규정으로 이해함으로써 추정의 번복을 위해서는 반증으로 족하며 입증책임이 전환되지 않는다는 입장이 다수설이다.

162) 대법원 1986.2.11. 선고 85다카1009 판결; 대법원 1995.6.30. 선고 94다41324 판결(문서에 날인된 작성명의인의 인영이 그의 인장에 의하여 현출된 것이라면 특별한 사정이 없는 한 그 인영의 진정성립, 즉 날인행위가 작성명의인의 의사에 기한 것임이 사실상 추정되고, 일단 인영의 진정성립이 추정되면 민사소송법 제358조에 의하여 그 문서전체의 진정성립이 추정된다).

163) 대법원 1995.6.30. 선고 94다41324 판결; 대법원 1997.6.13. 선고 96재다462 판결; 대법원 2003.2.11. 선고 2002다59122 판결; 대법원 2014.9.26. 선고 2014다29667 판결.

164) 대법원 1993.8.24. 선고 93다4151 전원합의체 판결; 대법원 1998.2.10. 선고 97다31113 판결.

피고가 인장이 도용된 것이라고 주장하는 경우에는 다른 특별한 사정이 없는 한 그 날인행위도 피고가 한 것으로 추정되는 것이라 할 것이므로 피고측에서 그것이 도용된 것이라는 점에 관하여 '입증'하여야 하고 이러한 입증이 없을 때에는 위 서증의 진정성립이 추정된다 할 것이라는 판례가 있다.[165] 이 판례를 언뜻 보면 마치 인장 도용의 입증책임이 피고에게 있는 듯이 보이지만, 이때의 '입증'은 입증책임의 존재를 의미하는 것이 아니라 '반증'을 의미하는 것이다. 판례도 같다.[166] 따라서 이 경우에도 앞의 문답내용과 마찬가지로 여전히 문서 전체의 진정성립에 대한 입증책임은 문서제출자인 원고에게 있다. 왜냐하면 피고 인영의 진정성립이 인정된다고 하여 피고의 날인행위를 추정하는 것은 사실상 추정(1단계의 추정)에 불과하므로 입증책임의 전환이 이루어지지 않아 민소법 357조의 원칙으로 돌아가야 하기 때문이다. 결국 피고는 자신의 의사에 반하여 혹은 자신의 의사에 기하지 않고 날인행위가 이루어졌다는 주장에 부합하는 증거, 예컨대 평소 피고의 도장을 타인도 함께 사용하고 있었다는 점 등을 반증으로 제출하여 법관으로 하여금 피고의 날인사실에 대하여 진위불명에 빠지게 하면 족하므로, 피고가 직접 도장을 찍었다는 사실을 입증하지 못함으로써 불이익을 입게 될 자(입증책임 부담자)는 원고인 것이다.

다음으로 2단계의 추정을 보기로 한다. 예를 들면, 甲이 백지에 도장만 찍어 주었는데 나중에 타인이 백지부분을 보충하여 사문서를 완성한 후 법원에 제출한 경우에는 甲이 직접 날인행위를 하였으므로 1단계의 추정은 필요 없고 바로 민소법 358조가 적용되어 2단계의 추정, 즉 사문서 전체의 진정성립이 추정된다. 이 2단계의 추정을 깨뜨리기 위하여 도장을 찍을 당시 백지였던 사실을 누가 입증하여야 할 것인가에 대하여 논의가 있다. 2단계의 추정도 1단계의 추정과 마찬가지

---

165) 대법원 1976.7.27. 선고 76다1394 판결; 대법원 1987.12.22. 선고 87다카707 판결; 대법원 2000.10.13. 선고 2000다38602 판결.

166) 종전 대법원판결(대법원 1987.12.22. 선고 87다카707 판결)은 "문서에 찍혀진 작성 명의인의 인영이 그 인장에 의하여 현출된 인영임이 밝혀진 경우에는 그 문서가 작성 명의인의 자격을 모용하여 작성한 것이라는 것은 그것을 주장하는 자가 적극적으로 입증하여야 한다."는 것으로, 인영의 진정성립을 다투는 자는 **반증을 들어** 그 진정성립의 추정을 깨뜨릴 수 있는 사정 등을 적극적으로 **입증하여야 한다는 취지**이고, 재심대상 판결은 그와 같은 경우에 "반증을 들어 그 진정성립에 관하여 법원으로 하여금 의심을 품게 하면 진정성립의 추정은 깨어진다."는 원칙을 판시한 것으로, 두 개의 판결은 모두 대법원이 종전부터 취하고 있는 견해와 모순된다고 보기는 어렵다고 할 것이므로 상호 배치되는 판결이라고 할 수 없다(대법원 1997.6.13. 선고 96재다462 판결); 일단 인영의 진정성립이 추정되면 그 문서 전체의 진정성립이 추정되나, 그와 같은 인영의 진정성립, 즉 날인행위가 작성 명의인의 의사에 따른 것이라는 추정은 사실상 추정이므로, 인영의 진정성립을 다투는 자가 **반증을 들어** 날인행위가 작성 명의인의 의사에 따른 것임에 관하여 법원으로 하여금 의심을 품게 할 수 있는 사정을 **입증**하면 그 진정성립의 추정은 깨진다(대법원 2013.8.22. 선고 2012다94728 판결).

로 사실상 추정으로 이해하는 견해에 의하면 도장을 찍은 자는 백지였다는 사실에 대하여 반증을 제출하면 족하며, 문서의 진정성립에 대한 입증책임은 상대방에게 있다고 해야 할 것이다. 이에 비하여 2단계의 추정을 법률상 추정[167] 내지 증거법칙적 추정으로 이해하는 견해에 의하면 도장을 찍은 자가 본증으로 추정을 깨뜨려야 한다. 판례는 과거 사실상 추정(표현증명)의 입장에서 "문서의 전부 또는 일부가 미완성된 상태에서 서명·날인만을 먼저 하였다는 등의 사정은 이례에 속한다고 할 것이므로 완성문서로서 진정성립의 추정력을 뒤집으려면 그럴만한 합리적인 이유와 이를 뒷받침할 간접반증 등의 증거가 필요하다"고 판시하였는데, 간접반증도 반증이므로 결국 입증책임은 작성명의인의 상대방에게 그대로 남아 있음을 전제로 하고 있었으나,[168] 그 후 입장을 바꾸어 위와 동일한 사례에서 "일반적으로 문서의 일부가 미완성인 상태로 서명날인을 하여 교부한다는 것은 이례에 속하므로 그 문서의 교부 당시 백지상태인 공란 부분이 있었고 그것이 사후에 보충되었다는 점은 작성명의인이 증명하여야 할 것이다"고 판시함으로써 서명날인을 한 자(작성명의인)에게 입증책임을 전환하고 있다.[169] 요컨대 판례는 현재 1단계의 추정은 사실상 추정으로, 2단계의 추정은 법률상 추정 내지 증거법칙적 추정으로 보고 있음을 알 수 있다. 이때 문서의 작성명의인이 입증을 다하여 추정을 깨뜨렸다면 상대방은 이에 대한 항변으로서 작성명의인으로부터 정당한 권원을 위임받아 기재내용을 작성하였다는 사실에 대한 입증책임을 진다.[170]

5. 문서의 증명력

가. 형식적 증명력

문서의 작성자가 문서에 나타난 의사를 실제로 '표시'하였다는 것을 믿도록 하는 신빙성을 문서의 형식적 증명력이라고 한다. 이는 문서의 진정성립과 구별된다(소수설). 예컨대 글자연습을 하려고 쓴 계약서를 책상 위에 올려두었는데, 비서가 이를 모르고 밀봉하여 부쳐버린 경우 계약서의 진정성립은 인정되지만 작성자가

---

167) 독일의 통설이다.
168) 대법원 2011.11.10. 선고 2011다62977 판결; 대법원 2003.4.11. 선고 2001다11406 판결; 대법원 2008.1.10. 선고 2006다41204 판결; 대법원 2009.5.14. 선고 2009다7762 판결(사문서의 작성명의인이 당해 문서에 날인한 인영 부분의 성립을 인정하는 경우에는 **반증으로** 그러한 추정이 번복되는 등의 다른 특별한 사정이 없는 한 그 문서 전체에 관한 진정성립이 추정된다).
169) 대법원 2013.8.22. 선고 2011다100923 판결.
170) 대법원 2000.6.9. 선고 99다37009 판결; 대법원 1988.4.12. 선고 87다카576 판결.

계약서에 적힌 의사표시(진술)를 했다고 인정하기는 어렵다는 점에서 형식적 증명력이 인정되지 아니한다.

다만 문서가 진정으로 성립한 것이면 작성명의인이 그 의사를 표시하였을 개연성이 매우 높으므로 이러한 의미에서 문서의 진정성립을 근거로 의사표시의 존재를 인정하는 것은 표현증명에 해당한다고 볼 수 있다.[171] 따라서 형식적 증명력의 배제는 간접반증에 의하게 된다.

특정인의 의사에 기하여 작성된 것은 확실하지만 그 의사에 사기·강박 혹은 착오 등 의사표시의 하자가 있는 경우에도 일단 형식적 증명력은 긍정되며, 의사표시의 하자는 실질적 증명력의 문제로 처리된다. 형식적 증명력이 증명되지 않았음에도 실질적 증명력을 판단하기 위하여 문서를 증거조사하는 것은 허용되지 않는다.[172]

나. 실질적 증명력

(1) 처분문서

어떤 문서가 요증사실을 증명하기에 얼마나 유용한 증거가치를 가지고 있는가를 실질적 증명력이라고 한다. 처분문서의 경우에는 진정성립이 인정되면 법원은 그 기재 내용을 부인할만한 분명하고도 수긍할 수 있는 반증이 없는 한 그 처분문서에 기재되어 있는 문언대로의 의사표시의 존재와 내용을 인정하여야 한다.[173] 다만, 이는 강력한 사실상 추정일 뿐이므로 처분문서라 할지라도 그 기재 내용과

171) 호문혁, 593쪽.

172) 대법원 1993.4.13. 선고 92다12070 판결(서증은 형식적 증거력이 없으면 채용할 수 없으므로 법원이 어떤 서증을 채택하였다는 것은 당연히 그 서증이 형식적 증거력을 구비하였다는 것을 전제로 하는 것이라고 보아야 한다).

173) 대법원 2008.5.9. 자 2007마1582 결정; 대법원 2019.10.17. 선고 2018두60588 판결. 만약 처분문서상 문언의 의미가 명확하게 드러나지 않는 경우에는 문언의 내용, 계약이 이루어지게 된 동기와 경위, 당사자가 계약으로 달성하려고 하는 목적과 진정한 의사, 거래의 관행 등을 종합적으로 고찰하여 논리와 경험의 법칙, 그리고 사회일반의 상식과 거래의 통념에 따라 계약 내용을 합리적으로 해석해야 한다. 특히 문언의 객관적인 의미와 다르게 해석함으로써 당사자 사이의 법률관계에 중대한 영향을 초래하는 경우에는 문언의 내용을 더욱 엄격하게 해석해야 한다(대법원 2022.2.10. 선고 2020다279951 판결－근로계약서상 '1년의 계약기간 만료 시까지 별도 합의가 없으면 기간만료일에 자동 연장한다'는 조항을, 필요한 직무상 역량미달로 근로계약 갱신이 불가능하다고 '통보'한 것만으로 근로계약이 기간만료일 이후에 자동 연장되지 않은 것으로 해석할 수는 없다고 판시한 사안). 대법원 2022.4.14. 선고 2021다275611 판결; 대법원 2022.3.31. 선고 2019다226395 판결; 대법원 2022.3.31. 선고 2020다245408 판결도 동일한 취지.

다른 명시적·묵시적 약정이 있는 사실이 인정될 경우에는 그 기재 내용과 다른 사실을 인정할 수 있고, 작성자의 행위를 해석할 때에도 경험칙과 논리칙에 반하지 않는 범위 내에서 자유로운 심증으로 판단할 수 있으며,[174] 하나의 법률관계에 관하여 양립할 수 없는 내용의 계약서가 여럿이고 계약서 사이에 법률관계나 우열관계가 명확히 정해져 있지 않다면 원칙적으로 나중에 작성된 계약서에서 정한 대로 계약내용이 변경되었다고 해석할 수 있다.[175]

예금계약이나 금융거래계약에 관한 처분문서는 금융실명거래 및 비밀보장에 관한 법률에 의하여 다른 처분문서의 경우보다 더욱 강력한 실질적 증명력을 가진다.[176]

진정성립이 인정되는 처분문서의 실질적 증명력을 배척하려면 그 이유를 판결서에 기재해야 한다. 공문서의 경우에는 보고문서이든 처분문서이든 사문서의 처분문서와 마찬가지로 증거가치를 높게 평가한다.[177] 한편, 변론조서는 그 증명력이 법정되어 있다(158).

(2) 보고문서

사문서인 보고문서의 경우에는 작성자의 신분, 직업, 성격, 작성의 목적, 기재방법 등을 고려하여 법관의 자유심증으로 증명력을 결정하면 된다.[178] 판례는 과거사정리위원회의 조사보고서를 토대로 국가배상을 청구한 사건에서, 위 조사보고

---

174) 대법원 2006.4.13. 선고 2005다34643 판결.

175) 대법원 2020.12.30. 선고 2017다17603 판결. 다만, 마지막에 작성된 문서에 의한 법률행위가 최종적으로 완성되지 아니하는 등의 사유로 종전에 작성된 문서에 의한 법률행위가 철회되었다고 보기 어려운 사정이 있는 경우에는 그와 같이 해석할 수 없다(대법원 2013.1.16. 선고 2011다102776 판결).

176) 대법원 2009.3.19. 선고 2008다45828 전원합의체 판결(본인인 예금명의자의 의사에 따라 예금명의자의 실명확인 절차가 이루어지고 예금명의자를 예금주로 하여 예금계약서를 작성하였음에도 불구하고, 예금명의자가 아닌 출연자 등을 예금계약의 당사자라고 볼 수 있으려면, 금융기관과 출연자 등과 사이에서 실명확인 절차를 거쳐 서면으로 이루어진 예금명의자와의 예금계약을 부정하여 예금명의자의 예금반환청구권을 배제하고 출연자 등과 예금계약을 체결하여 출연자 등에게 예금반환청구권을 귀속시키겠다는 명확한 의사의 합치가 있는 극히 예외적인 경우로 제한되어야 한다. 그리고 이러한 의사의 합치는 금융실명거래 및 비밀보장에 관한 법률에 따라 실명확인 절차를 거쳐 작성된 예금계약서 등의 증명력을 번복하기에 충분할 정도의 명확한 증명력을 가진 구체적이고 객관적인 증거에 의하여 매우 엄격하게 인정하여야 한다).

177) 대법원 1995.7.5. 자 94스26 결정(호적부); 대법원 1994.6.28. 선고 94누2046 판결(보고문서로서의 공증문서); 대법원 2006.6.15. 선고 2006다16055 판결(국유재산대장): 대법원 2010.1.28. 선고 2009다72698 판결(귀속임야대장); 대법원 2010.7.8. 선고 2010다21757 판결(지적공부); 대법원 2015.7.9. 선고 2013두3658,3665 판결(토지대장).

178) 대법원 2010.4.29. 선고 2008두5568 판결.

서는 민사소송에서도 특별한 사정이 없는 한 유력한 증거자료가 되지만, 조사보고서나 정리위원회의 처분 내용이 법률상 '사실의 추정'과 같은 효력을 가지거나 반증을 허용하지 않는 증명력을 가지는 것은 아니라고 하였다.[179] 다만 이미 확정된 형사판결이 유죄로 인정한 사실은 유력한 증거자료가 된다고 할 것이므로 민사재판에서 제출된 다른 증거들에 비추어 형사재판의 사실판단을 채용하기 어렵다고 인정되는 특별한 사정이 없는 한 이와 반대되는 사실을 인정할 수 없다.[180] 확정된 약식명령(형소 448이하)의 경우에도 마찬가지이다.[181]

6. 서증신청의 절차

신청당사자가 소지하고 있는 경우는 직접 제출하면 되고, 상대방이나 제3자가 소지하는 것으로서 제출의무가 있는 문서는 문서제출명령 신청으로, 제출을 거부할 수 있는 자가 소지한 경우에는 문서송부촉탁 신청을 하거나 송부촉탁이 어려우면 서증조사신청을 한다.

가. 문서의 직접제출

증거를 대는 자가 법원에 직접 제출하는 경우이다(343). 이 경우에는 원칙적으로 문서의 제목, 작성자 및 작성일을 밝혀 신청하여야 한다(규 105). 변론기일 또는 변론준비기일에 현실로 제출할 것을 요하며(미리 제출하고 기일에 '제출한다'고 말로 해도 된다), 준비서면에 첨부하여 제출하였더라도 불출석하면 진술간주가 되지 않는다는 점에서 주장과는 다르다.

문서의 일부를 증거로 하는 때에도 원칙적으로 문서의 전부를 제출하여야 한다. 다만 그 사본은 재판장의 허가를 받아 증거로 원용할 부분의 초본만을 제출할 수 있다(규 105④). 문서가 복잡한 경우 증거설명서를 제출할 것을 명할 수도 있으며, 서증이 국어 아닌 문자 또는 부호로 되어 있는 때에는 그 문서의 번역문을 붙여야 한다(규 106). 서증을 제출하는 때에는 상대방의 수에 1을 더한 수의

179) 대법원 2013.5.16. 선고 2012다202819 전원합의체 판결; 대법원 2013.7.25. 선고 2012다203911 판결; 대법원 2013.7.11. 선고 2012다204747 판결.

180) 대법원 2023.6.15. 선고 2022다297632 판결; 대법원 1990.12.7. 선고 90다카21886 판결; 대법원 1995.1.12. 선고 94다39215 판결. 민사재판에서 제출된 다른 증거 내용에 비추어 형사판결의 사실판단을 그대로 채용하기 어렵다고 인정될 경우에는 이를 배척할 수 있다는 판결도 있다(대법원 2022.7.28. 선고 2019다202146 판결).

181) 대법원 2021.10.14. 선고 2021다243430 판결.

사본을 제출하여야 한다(규 105②).

원고가 제출하는 문서는 갑호증, 피고가 제출하는 문서는 을호증, 독립당사자 참가인이 제출하는 문서는 병호증으로 구분하여 제출 순으로 붙여나간다(규 107②). 같은 부호를 사용할 당사자가 여러 사람인 때에는 갑, 을, 병 뒤에 당사자마다 가, 나, 다의 가지부호를 붙여서 사용할 수 있다(규 107③). 예컨대 갑가－제1호증, 갑나－제1호증, 을가－제1호증, 을나－제1호증 등의 방식이다.

문서의 제출이나 송부는 원본·정본·인증등본으로 하여야 한다(355①). 법원은 필요하다고 인정하는 때에는 원본을 제출하도록 명하거나 이를 보내도록 촉탁할 수 있다(355②). 다만 상대방이 원본의 존재나 성립을 인정하고 사본으로 원본에 갈음하는 것에 대하여 이의가 없는 경우에는 사본을 원본에 갈음하여 제출할 수 있다. 따라서 성립의 진정에 관하여 다툼이 있고, 사본을 원본의 대용으로 하는데 대하여 상대방으로부터 이의가 있으면 사본으로 원본을 대신할 수 없다.[182]

반면에 사본을 원본의 대용으로 제출하는 것이 아니라 원본의 분실·훼손 등으로 인하여 사본 자체를 원본으로 제출하는 경우에는 그 사본이 독립한 서증이 되는 것이지만, 이에 의하여 원본이 제출된 것으로 되지는 않고, 이때에는 다른 증거에 의하여 사본과 같은 원본이 존재하고 또 그 원본이 진정하게 성립하였음이 인정되지 않는 한, 그와 같은 내용의 사본이 존재한다는 것 이상의 증거가치는 없다.[183] 다만 사본인 경우라고 하더라도 (펜으로 쓴 사본이 아니라) 전자복사한 사본이라면 원본의 존재와 진정성립을 인정할 수 있다는 것이 판례이다.[184]

재심사건의 경우에는 서증번호를 어떻게 붙이는가?

재심사건절차에서 당사자가 제출한 서증의 번호는 재심 전 소송의 서증번호에 연속하여 매긴다(규 140①).

---

182) 대법원 2010.1.29. 자 2009마2050 결정.

183) 대법원 2004.11.12. 선고 2002다73319 판결; 대법원 2009.3.12. 선고 2007다56524 판결; 대법원 2010.2.25. 선고 2009다96403 판결(다만, 서증사본의 신청 당사자가 문서 원본을 분실하였다든가, 선의로 이를 훼손한 경우, 또는 문서제출명령에 응할 의무가 없는 제3자가 해당 문서의 원본을 소지하고 있는 경우, 원본이 방대한 양의 문서인 경우 등 원본 문서의 제출이 불가능하거나 비실제적인 상황에서는 원본의 제출이 요구되지 아니한다고 할 것이지만, 그와 같은 경우라면 해당 서증의 신청당사자가 원본 불제출에 대한 정당성이 되는 구체적 사유를 주장·입증하여야 할 것이다).

184) 대법원 1992.12.22. 선고 91다35540,35557 판결.

나. 문서제출명령

상대방 또는 제3자가 가지고 있는 문서를 서증신청할 때에는 제출의무 있는 문서에 대해 제출명령을 구하는 신청을 하는데(343), 이를 문서제출명령이라고 한다. 문서제출명령제도는 증거의 구조적 편재를 시정하는 데 중요한 역할을 한다. 문서제출의무가 있는 문서로는 당사자와 문서 사이의 특수관계가 있는 인용문서, 인도·열람문서, 이익문서, 법률관계문서가 있고, 이러한 특수관계가 없더라도 문서제출명령이 허용되는 일반문서가 있다(344).

(1) 문서제출의무

1) 인용문서(344①(1))

당사자가 자기를 위하여 소송에서 인용한 문서를 가지고 있는 때에는 상대방이 제출명령을 신청할 수 있다. 당사자가 어떤 문서에 대하여 소송에서 언급함과 동시에 그 문서를 스스로 소지하고 있는 때는 제출의무가 있다. 소지하는 문서에 대하여 언급한 이상, 그것을 보려는 상대방 당사자의 요청을 무시하는 것은 신의칙에 반한다는 것이 인용문서 제출의무의 근거가 된다. 이때의 '인용'은 넓게 해석하여 문서의 내용을 언급하면 충분하며, 문서를 명시적으로 증거로 인용할 것을 요하지 아니한다. 즉 증거로서 원용하려는 의사는 아니라고 하더라도 자기주장을 명확하게 하거나 보강을 위해 문서의 존재와 내용을 밝혔다면 제출의무가 있다. 변론기일이나 변론준비기일에 있어서 구두로 인용하는 경우에 한하지 않고, 진술되지 않은 준비서면에 기재한 때에도 인용이 있다고 본다. 그러나 인용은 당사자가 자기의 주장을 정당화하기 위해 문서의 존재 및 내용을 적극적으로 원용할 필요가 있는 경우에 한하므로, 상대방의 조회나 법원의 석명에 답하여 당사자가 문서의 소지를 인정한 경우에는 여기에서 말하는 인용으로 보지 않는다.

당사자가 소송에서 인용한 문서를 제3자가 가지고 있는 경우에도 '인용문서'로서 문서제출명령의 대상이 되는가?

당사자가 인용한 문서를 제3자가 소지하는 경우에는 '인용문서'의 정의상 문서제출명령의 대상이 되지 않는다. 물론 일반문서로서 제출명령의 대상이 될 수는 있다.

공무원이 당사자로서 그 직무와 관련하여 보관하거나 가지고 있는 문서를 소송

에서 인용한 경우에도 문서제출명령의 대상이 되는가?

일반적으로 공무원 또는 공무원이었던 사람이 그 직무와 관련하여 보관하거나 가지고 있던 문서는 공공기관의 정보공개에 관한 법률에서 정한 절차와 방법에 의하여 공개하여야 하므로 문서제출명령의 대상이 되지 아니한다(344②참조). 그러나 소송에서 그 공무원이 당사자가 되어 인용한 경우에는 인용문서이므로 문서제출명령의 대상이 된다.[185] 인용문서에는 별도의 제출거부사유가 규정되어 있지 않기 때문이다.

2) 인도 · 열람문서(344①(2))

당사자에게 인도 · 열람의 사법상 청구권이 있는 문서를 말한다. '권리문서'라고도 한다. 문서의 소지자가 제3자인 경우에도 그 자를 상대로 사법상 청구권이 있다면 여기에 포함된다. 인도청구권 또는 열람청구권이 있는 자는 그 문서의 인도 등을 소송으로 청구할 수 있고, 승소판결을 받아 강제집행을 하여 인도를 받거나 열람을 할 수 있다는 점을 고려하여 굳이 이러한 우회적인 방법으로 증거를 확보할 필요 없이 인도 · 열람의 사법상 청구권이 있는 문서라면 문서제출명령을 통하여 간이하게 증거를 확보할 수 있도록 하자는 것이 본 호의 취지이다. 법률의 규정뿐만 아니라 계약에 기하여 인도청구권이 발생한 경우에도 이에 해당한다.[186] 인용문서와 마찬가지로 제출거부사유가 인정되지 아니한다. '공법상 청구권'이 있는 문서에 대해서는 "공공기관의 정보공개에 관한 법률"에서 규정하므로 제외된다. 관련하여, 소송담당에서 인도청구권 또는 열람청구권의 주체는 소송담당자가 아니고 피담당자, 즉 실체법상 권리의무자로 보아야 한다. 예컨대 가사소송에서 소송담당자인 검사가 그 자신이 가진 사법상 청구권을 행사하는 것은 소송상 아무런 의미도 없기 때문이다.

인도청구권 또는 열람청구권이 법률로 인정되는 경우의 예를 들어보라.

이러한 청구권이 법률로 인정되는 경우로는, 변제자의 채권자에 대한 채권증서의 반환청구권(민 475), 주주 및 회사채권자의 회사정관 및 총회의사록에 대한 열람청구권(상 396②), 주주의 회계장부 열람청구권(상 466①), 주주나 회사채권자의 주주총

185) 대법원 2008.6.12. 자 2006무82 결정.

186) 대법원 1993.6.18. 자 93마434 결정(민소법 344조 2호에서 문서제출의무의 원인의 하나로서 규정하고 있는 "신청자가 문서소지자에 대하여 그 인도나 열람을 구할 수 있는 때"라 함은, 신청자가 문서의 인도 열람을 청구할 수 있는 실체법상의 권리를 가지는 모든 경우를 가리키며, 그것이 물권적이든 채권적이든, 또는 계약에 근거하는 것이든 법률규정에 근거하는 것이든 이를 묻지 않는다).

회 의사록 등의 열람청구권(상 396②), 환자에 관한 기록의 열람청구권(의료법 21 ①,③) 등이 있다.

3) 이익문서와 법률관계문서(344①(3))

신청자의 이익을 위하여 작성된 문서라면 신청자가 소송에서 사용하도록 허용하는 것이 당연하다는 것이 이익문서의 제출의무의 근거이다. 소지자는 당사자뿐만 아니라 제3자도 포함한다. 이익문서라고 하기 위해서는 그 문서가 작성 당시에 신청자의 지위, 권리 내지 권한을 직접 증명하거나 그 기초를 이루는 것 또는 이를 목적으로 하여 작성될 것을 요하지만 반드시 신청자의 이익을 위해서만 작성될 필요는 없다. 신청자와 관계된 법률관계가 기재된 문서는 법률관계문서로서 소지자에게 제출의무가 부과된다. 신청자의 법적 지위가 기재되어 있는 것이므로 제출여부를 소지자의 자유로운 판단에 맡기는 것은 부당하고 소지자의 소유권을 제한하는 것이 공평하다는 것이 제출명령을 인정하는 취지이다. 신청자와 소지자 사이의 법률관계가 기재되어 있는 경우에 한하지 않고 신청자와 소지자 이외의 자 사이의 법률관계라도 좋다. 기재내용이 신청자의 법률관계라는 것이 중요하고, 소지자와의 법률관계에 한정할 필요는 없기 때문이다. 또한 법률관계문서는 신청자와 소지자가 함께 작성한 것이든 소지자가 단독으로 작성한 것이든 제3자가 작성한 것이든 불문한다. 이익문서이든 법률관계문서이든 문서소지자는 제출거부사유에 해당함을 증명하여 제출을 거부할 수 있다. 제출거부사유에 해당되는 문서로는, ① 공무원의 직무상 비밀이 적혀 있어 동의를 받아야 하는데 받지 아니한 문서, ② 문서소지자나 근친자에 관하여 형사소추, 치욕이 될 증언거부사유가 적혀 있는 문서, ③ 직무상 비밀이 적혀 있고 비밀유지의무가 면제되지 아니한 문서(344①(3) 단서)가 있다.

이익문서의 전형적인 예를 들어보라.

신청자를 수증자로 하는 유언서, 신청자의 계약서, 신청자의 대리권을 증명하는 위임장, 신청자 명의의 영수증, 신분증명서 등이 이익문서에 해당된다.

의사의 진료기록부는 제약회사의 이익문서인가?

의사의 진료기록부는 의사나 환자에 대해서는 이익문서이지만, 제약회사나 약의 판매업자에 대해서는 이익문서가 아니다. 이익문서이기 위해서는 기재내용이 직접적으로 신청자의 지위 또는 권리의 증명 내지 기초가 되어야 하고, 문서작성의 목적이 나 동기에 신청자의 이익이 포함되어 있을 필요가 있다. 임금대장도 사용자를 위한 자료이지, 근로자의 지위를 명확하게 하기 위해 작성되는 것은 아니므로 근로자에 대하여 이익문서는 아니다. 민소법 344조 2항에서 일반의무가 부과되어 있으므로 이익문서의 개념을 확장 해석할 필요는 없다.

법률관계문서의 전형적인 예를 들어보라.

법률관계문서는 계약서, 매매 시에 수수된 인감증명서, 주택임대료수납대장, 증거로서 도장을 받아둔 장부, 계약해제통지서 등이다. 의사의 진료기록부는 환자에 대하여 이익문서이자 법률관계문서이다. 임금대장은 근로자에 대하여 이익문서는 아니지만 법률관계문서에는 해당된다.

갑이 을을 상대로 민사소송을 제기하여 진행 중, 갑이 금융기관 병을 상대방으로 하여 을과 병 사이의 거래이력이 기재된 명세표를 대상문서로 한 문서제출명령을 신청하면 허용되는가?

일본의 판례에 의하면, 금융기관이 민사소송에서 소송 외의 제3자로서 개시를 요구받은 고객정보는 당해 고객 자신(을)이 민사소송의 당사자로서 개시의무를 부담하는 경우에는 그 정보가 금융기관이 직업의 비밀로 보호할 가치 있는 독자적인 이익을 가지지 않는 이상, 민소법 344조 1항 3호 다목에 기한 315조 1항에서 말하는 직업의 비밀로서 보호되지 않는다 하였다. 따라서 위 명세표를 대상으로 한 문서제출명령신청은 허용된다.[187]

4) 일반적 의무로 확장(344②)

민소법 344조 1항 3호의 나목 및 다목에 규정된 문서 및 프라이버시에 해당되는 일기, 수첩, 편지, 비망록, 가계부 등 자신만이 이용하기 위한 문서(자기이용문서)에 해당하지 아니하는 경우, 문서의 소지자는 제출을 거부하지 못한다. 직업의 비밀에 해당하는지 여부에 대하여 대법원은, "그 사항이 공개되면 직업에 심각한 영향을 미치고 이후 직업의 수행이 어려운 경우를 가리키는데, 어느 정보가 직업의 비밀에 해당하는 경우에도 문서 소지자는 비밀이 보호가치 있는 비밀일 경우에만 문서의 제출을 거부할 수 있다. 어느 정보가 보호가치 있는 비밀인지를 판단할 때에는 정보의 내용과 성격, 정보가 공개됨으로써 문서 소지자에게 미치는 불이익의 내용과 정도, 민사사건의 내용과 성격, 민사사건의 증거로 문서를 필요

187) 日最判 2007.12.11. 民集 61巻 9号 3364面.

로 하는 정도 또는 대체할 수 있는 증거의 존부 등 제반 사정을 종합하여 비밀의 공개로 발생하는 불이익과 이로 인하여 달성되는 실체적 진실 발견 및 재판의 공정을 비교형량하여야 한다"고 판시하였으며,[188] 자기이용문서에 대해서는, ① 어느 문서가 그 문서의 작성 목적, 기재내용, 문서의 소지 경위나 그 밖의 사정 등을 종합적으로 고려할 때 오로지 문서를 가진 사람이 이용할 목적으로 작성되고 외부자에게 개시하는 것이 예정되어 있지 않으며(내부문서성 또는 외부비개시성), ② 이를 개시할 경우 문서를 가진 사람에게 간과하기 어려운 불이익이 생길 염려가 있다면(불이익성), 이러한 문서는 ③ 특별한 사정이 없는 한 민사소송법 제344조 제2항 제2호의 자기이용문서로서 제출의무가 없다고 판시하였다.[189] 다만, 공공기관의 문서는 공공기관의 정보공개에 관한 법률에 규정된 정보공개청구를 하여 이를 교부받아 제출하여야지 문서제출명령을 신청할 수 없다(344②본문).[190]

기업이 주관적으로 내부 이용을 주된 목적으로 회사 내부에서 결재를 거쳐 작성된 문서는 자기이용문서인가?

대법원은, 설령 주관적으로 내부 이용을 주된 목적으로 회사 내부에서 결재를 거쳐 작성된 문서일지라도 신청자가 열람 등을 요구할 수 있는 사법상 권리를 가지는 문서와 동일한 정보 또는 직접적 기초·근거가 되는 정보가 문서의 기재 내용에 포함되어 있는 경우, 객관적으로 외부에서의 이용이 작성 목적에 전혀 포함되어 있지 않다고는 볼 수 없는 경우, 문서 자체를 외부에 개시하는 것은 예정되어 있지 않더라도 문서에 기재된 '정보'의 외부 개시가 예정되어 있거나 정보가 공익성을 가지는 경우 등에는 내부문서라는 이유로 자기이용문서라고 쉽게 단정할 것은 아니라고 전제한 뒤, 회사의 급여 및 상여금의 지급관련자료, 판매비와 관리비의 구체적 항목 명세, 각종 경비 및 고정비의 분류기준과 해당항목 명세, 임직원에 대한 성과금 지급 규모, 급여 및 인건비 근거자료, 채널별 광고단가, 각종 매출액, 플랫폼별 시장매

188) 대법원 2015.12.21. 자 2015마4174 결정(피신청인들과 나카야마 사이의 슬래브 수출거래가 이미 종료되어 원심판시 문서들의 내용이 공개되더라도 피신청인들의 영업에 별다른 지장을 초래할 것이라고 보기 어려운 반면, 위 문서들에는 피신청인들의 나카야마에 대한 슬래브의 최종 판매가격이나 주식회사 다위드가 수령한 커미션 액수 등이 포함되어 있어 이는 이 사건 본안소송의 쟁점 해결에 관한 결정적인 자료라고 할 것이고, 한편 피신청인들이 나카야마에 대하여 비밀준수의무를 부담한다 하더라도, 이 사건 본안소송에서의 진실 발견과 공정한 재판의 필요성이 나카야마가 매매계약 관련 정보에 대하여 가지는 비밀의 중요성보다 우월하다－본건 수출입신용장은 직업의 비밀에 관한 문서에 해당하지 않는다).

189) 대법원 2015.12.21. 자 2015마4174 결정(본건 매입·매출 회계처리원장은 자기이용문서에 해당하지 않는다).

190) 대법원 2010.1.19. 자 2008마546 결정.

출규모, 매년 판권 구매·상각 내역 등에 관한 문서들은 자기이용문서에 해당하지 아니하며, 나아가 위와 같은 내역은 직업의 비밀에도 해당하지 않는다고 판시하였다.[191] 결국 자기이용문서에 대해서는 어떤 사건인가에 따라 증거로서의 중요성, 대체증거의 유무 등의 고려요소에 의해 미세조정이 되어야 할 것이다. 일본의 학설 중에는 자기이용문서는 개인의 프라이버시에 한정되어야 하고, 법인문서는 자기이용문서가 아니라 기술·직업의 비밀로 처리해야 한다는 설도 유력하다.

실체법에 문서제출명령을 규정한 경우가 있는가?

상법 32조에 의하면, 법원은 상업장부에 대하여 소송당사자의 신청 또는 직권으로 그 전부 또는 일부의 제출을 명할 수 있도록 규정하고 있다. 따라서 상업장부의 경우에는 민소법 344조의 제한이 적용되지 아니하는 반면, 불제출시 문서의 기재에 대한 상대방의 주장을 진실한 것으로 인정할 수 있도록 한 민소법 349, 350조의 적용도 없다는 것이 다수설이다. 물론 불제출의 경우에 법원이 이를 참작하여 자유심증으로 사실인정여부를 판단할 수는 있다.

(2) 문서제출의 신청 및 심판

문서제출명령을 신청함에 있어서는 신청서에 문서의 표시, 문서의 취지, 문서를 가진 사람, 증명할 사실, 문서를 제출하여야 하는 의무의 원인을 기재하여야 한다(345). 이러한 기재를 하게 하는 이유는 당사자가 문서제출명령을 신청하는데 대하여 상대방 당사자에게 반론의 기회를 제공하고, 법원이 증거조사의 필요성을 판단하도록 하기 위함이다. 문서의 존재와 소지에 대한 입증책임은 원칙적으로 신청인에게 있지만,[192] 상대방 당사자가 어떤 문서를 가지고 있는지 모를 때에는 개괄적으로 표시하여 신청하면 법원은 상대방 당사자에게 신청내용과 관련하여 소지한 문서의 표시와 취지를 적어내도록 명령할 수 있다(346, 문서정보공개제도, 문서목록제출제도).

제3자에 대한 문서제출명령을 신청받은 법원은 그 제3자 또는 그가 지정하는 자를 심문하여야 하며, 문서의 전부 또는 일부에 대한 허가여부를 결정하여 그 정본을 송달하여야 한다. 이 결정에 대하여는 즉시항고할 수 있다(348).[193] 대법원

191) 대법원 2016.7.1. 자 2014마2239 결정.
192) 대법원 2008.4.14. 자 2007마725 결정.
193) 다만, 민소법 290조에 의한 증거조사의 필요성은 서증이나 증인신문에서도 판단되지만 거기에서는 소송지휘의 일환으로 보아 즉시항고를 할 수 없다는 점을 고려하면 문서제출명령에서의 즉시항고사유는 증거조사의 필요성이 아니라 문서제출의무의 존부에 대한 결정이라고 보아야 할 것이다.

은 문서제출의무 불이행에 대한 제재가 규정되어 있으므로 문서제출신청의 허가 여부에 관한 재판을 함에 있어서 상대방에게 문서제출신청서를 송달하는 등 문서 제출신청이 있음을 알림으로써 그에 관한 의견을 진술할 기회를 부여하고, 그 결과에 따라 당해 문서의 존재와 소지여부, 당해 문서가 서증으로 필요한지 여부, 문서제출신청의 상대방이 민소법 344조에 따라 문서제출의무를 부담하는지 여부 등을 심리한 후 그 허가여부를 판단하여야 한다고 판시하였다.[194] 문서제출신청도 서증신청의 한 방법이므로 대상이 된 문서가 서증으로서 필요하지 아니하다고 인정하거나 증명사항과 관련성이 없다면 받아들이지 아니할 수 있다.[195]

문서제출의무가 면제되는 사유가 있는지 여부를 판단하는 절차는 어떻게 진행하는가?

문서의 소지자가 형사소추·치욕, 프라이버시나 직무상·직업상 비밀사항이 있는 문서임을 이유로 제출을 거부할 경우, 이에 해당하는지 여부를 판단하기 위하여 문서를 제시받아 심리하는 과정은 비밀이 보장되어야 한다. 즉 법관은 법정이 아닌 심문실(판사실)에서 비공개심리(in camera)로 해야 하며, 여기에는 법관과 문서소지자 외의 다른 사람이 참여하여서는 안 된다(347④). 문제는 법관이 비공개에 해당한다고 심증을 형성하고 비공개결정을 하였을 때 신청자에게 즉시항고를 할 기회가 주어지지만 증거의 내용을 알 수 없기 때문에 의혹이 해소되지 않는다는 점이다. 또한 수소법원이 문서를 열람하여 내용을 알게 된 이상, 제외사유가 있다고 하여 문서제출명령을 각하하더라도 법관의 머릿속에는 남아 있게 되어 판결에 영향을 미치게 될 것이다. 입법론으로서는 수소법원 이외의 법관이 문서를 열람하도록 하는 것이 타당할 것이다.

(3) 문서의 부제출, 훼손 등에 대한 제재

당사자가 문서제출에 응하지 않거나 문서를 훼손하는 등의 방법으로 사용불능하게 한 경우에는 문서의 기재에 대한 상대방의 주장을 진실한 것으로 인정할 수 있다(349, 350). '문서의 기재에 대한 상대방의 주장'이란 신청 절차에 있어서의 민소법 345조 1호·2호의 문서의 표시·취지를 의미하는 것으로, 그 문서에 기재

194) 대법원 2009.4.28. 자 2009무12 결정(문서제출신청 후 이를 상대방에게 송달하는 등 문서제출신청에 대한 의견을 진술할 기회를 부여하는 데 필요한 조치를 취하지 않은 채 문서제출명령의 요건에 관하여 별다른 심리도 없이 문서제출신청 바로 다음날 한 문서제출명령은 위법하다); 대법원 2019.11.1. 자 2019무798 결정.
195) 대법원 2017.12.28. 자 2015무423 결정.

되어 있는 것에 대한 주장이다. 훼손된 문서를 제출한 경우, 법원이 문서 전체의 취지가 문서를 제출한 당사자의 주장에 부합한다는 확신을 할 수 없게 된다면 이로 인한 불이익은 훼손된 문서를 제출한 당사자에게 돌아가야 한다.[196] 문서제출명령에 따르지 않은 때의 제재는 논리적으로는 그 문서가 제출된 것과 동일한 상황이 된다면 충분하다. 따라서 기재내용에 대한 상대방 당사자의 주장을 진실하다고 인정하면 문서가 제출된 것과 동일한 상태가 된다. 진실하다고 인정된 그 주장에 기초하여 법원은 다른 증거자료와 종합하여 사실인정을 하면 되는 것이다.[197]) 그러나 이 논리는 실제로는 완전하지 않다. 문서의 기재에 대한 상대방의 주장은 문서 그 자체보다는 간결하므로 문서 그 자체를 읽는 것보다는 제대로 와닿지 않아서 증명력이 떨어지는 것이 보통이다. 따라서 소지자 측 당사자로서는 문서를 제출하는 것보다 제출하지 않고 차라리 진실의제의 제재를 받는 쪽이 유리하다고 생각할 수도 있다는 점에서 문제가 있다.[198]

'상대방의 주장을 진실한 것으로 인정할 수 있다'의 해석론으로는 자유심증설(통설, 판례), 법정증거설, 절충설(행정소송, 공해소송, 국가상대 손해배상소송에서는 법정증거설에 따라 요증사실이 직접 증명된 것으로 보고, 그 외의 소송에서는 자유심증에 따르자는 설) 등의 대립이 있다(후술).[199]

제3자가 불응한 때에는 500만원 이하의 과태료 제재만 가능하며(351 → 318 → 311①),[200] 문서의 기재에 대한 주장을 진실한 것으로 인정할 수 없다.

---

196) 대법원 2015.11.17. 선고 2014다81542 판결.

197) 대법원 2008.2.28. 선고 2005다60369 판결; 대법원 1993.6.25. 선고 93다15991 판결(당사자가 문서제출명령에 따르지 아니한 경우에는 법원은 상대방의 그 문서에 관한 주장 즉, 문서의 성질, 내용, 성립의 진정 등에 관한 주장을 진실한 것으로 인정하여야 한다는 것이지 그 문서에 의하여 입증하고자 하는 상대방의 주장사실까지 반드시 증명되었다고 인정하여야 한다는 취지가 아니며, 주장사실의 인정여부는 법원의 자유심증에 의하는 것인바, 도급계약 시 피고가 작성하여 원고에게 제출한 공사내역서에 대한 원심의 문서제출명령을 위반하였다 하더라도 그 효과는 피고 주장의 위 내역서가 진정하게 성립되었다는 것과 그 내역서상 위 석구조물공사에 있어서 원고가 석재를 공급한다는 사실이 기재된 것을 인정한다는 것이지 법원이 그 문서에 의하여 입증하고자 하는 피고의 주장사실까지 인정할 수는 없는 것이다).

198) 이러한 이유로 일본에서는 상대방이 당해문서의 기재에 관하여 구체적인 주장을 하고 당해문서에 의하여 증명해야 할 사실을 다른 증거에 의해 증명하는 것이 현저하게 곤란한 때에는 법원은 '문서의 기재'에 대한 상대방의 주장이 아니라, 그 '(요증)사실'에 관한 상대방의 주장을 진실한 것으로 인정할 수 있다는 규정을 별도로 두고 있다(日民訴 224③).

199) 뒤의 '증명방해' 부분 참조.

200) 법원이 제3자인 전기통신사업자에게 통신사실확인자료에 대하여 문서제출명령을 하였으나 제3자가 이를 거부하자 과태료를 부과한데 대하여, 대법원은 위 문서제출명령은 적법하고 과태료 부과 또한 적법하다고 판시한 바 있다(대법원 2023.7.17. 자 2018스34 전원합의체 결정).

문서의 제출의무 있는 당사자가 문서를 변조한 경우에도 민소법 350조의 '훼손' 또는 '사용불능'에 해당하는가?

'문서를 훼손하여 버림'은 구법상 '훼기(毁棄)'를 의미하는 것으로서 문서를 찢어버린다거나 소각하여 문서로서의 효용을 할 수 없게 하는 것이고, '사용할 수 없게 한 때'는 문서에 먹칠을 하거나 지우개로 지워 읽을 수 없게 하는 것 등을 말하므로 문서의 변조는 여기에 해당하지 않는다. 그러나 변조의 경우에도 명문의 규정이 없는 증명방해의 경우로 보아 당사자간의 공평의 원칙 또는 신의칙에 의하여 자유로운 심증에 따라 증명방해자에게 불리한 평가를 할 수 있다.[201]

(4) 제출된 문서의 서증으로의 제출

법원에 제출된 문서는 변론기일 또는 변론준비기일에 서증으로 제출하여야 증거로 삼을 수 있다.

다. 문서의 송부촉탁

당사자는 문서의 제출을 거부할 수 있는 소지자에게도 문서를 송부해 줄 것을 촉탁할 수 있다(352). 수사기관 등이 소지하고 있는 형사기록 등 문서에 대하여 이 제도를 이용하는 경우가 일반적이다. 실무에서는 문서제출의무가 있다고 하더라도 문서송부촉탁으로 해결하는 경우가 많다.

문서의 송부를 촉탁받은 사람은 문서를 보관하고 있지 않거나 송부촉탁에 따를 수 없는 정당한 사유를 법원에 통지하지 않는 한 이에 협력하여야 하며(352조의2), 법원에 문서를 제출하거나 보낼 때에는 원본, 정본 또는 인증이 있는 등본으로 하여야 한다(355).

법원에 도착한 문서는 당사자가 이를 서증으로 제출하여야 증거로 삼을 수 있다. 송부촉탁된 사문서는 그 진정성립이 인정되어야만 증거능력이 있다.[202]

문서송부촉탁을 받은 자가 이에 응하지 않은 경우의 제재는 무엇인가?

별도의 제재가 없다. 결국 송부촉탁을 받은 자는 협력의무는 있지만 그 의무를 위반하였다고 하더라도 제재를 받지는 아니하므로 법원이 이를 강제할 수 있는 방법은 없다.

---

201) 대법원 1995.3.10. 선고 94다39567 판결.
202) 대법원 1974.12.24. 선고 72다1532 판결.

법령상 교부를 청구할 수 있기 때문에 송부촉탁을 이용할 수 없는 문서에는 구체적으로 어떤 것이 있는가?

민소법 352조 단서는 당사자가 법령에 의하여 문서의 정본 또는 등본을 청구할 수 있는 경우에는 문서송부촉탁을 할 수 없다고 규정하고 있다. 대표적으로는 부동산등기사항증명서, 상업등기사항증명서, 가족관계기록사항에 관한 증명서 등이다. 이들의 경우에는 문서송부촉탁의 방법을 이용할 수 없고, 해당 법령에 따라 당사자가 해당 기관에서 문서를 발부받아 직접 제출하여야 한다.

라. 법원 밖에서의 서증조사

문서제출신청의 대상도 아니고 문서송부촉탁도 어려운 경우 법원이 그 문서가 있는 장소에 가서 서증조사해 줄 것을 신청할 수 있다(297). 기소중지 중의 수사기록, 미완결 수사기록 등의 경우에 사용되는 증거조사방법이다.

서증조사는 판사가 읽어보는 것으로 마치지만, 조사결과를 기록상 나타내기 위해서는 서증으로 신청된 문서를 사본하여 소송기록에 첨부한다(규 112. 과거에는 검증조서를 작성하고 문서사본을 검증조서의 일부로 편철하였으나 문서의 외관과 형태가 아닌 문서의 내용이 증거자료가 되므로 적절하지 않은 방법이었다). 수명법관이나 수탁판사 제도를 이용할 수 있다.

V. 검 증

1. 검증의 의의

법관이 그 오관으로 직접 사물의 성질과 상태를 검사하여 그 인식결과를 증거자료로 하는 증거조사를 검증이라고 한다. 검증의 대상을 검증물(검증할 목적물, 366)이라고 하며, 검증에 의해 획득한 인식결과를 검증결과라고 한다.

사람의 경우 체격, 용모, 상처 등 신체특징을 확인할 때, 문서의 위조여부를 다투는 경우 지질, 필적, 인영 등을 증거로 할 때 및 녹음, 녹화테이프, 컴퓨터 디스크 등을 조사할 때는 검증으로 한다.

문서의 진정성립 인정을 위한 필적 또는 인영의 대조의 경우(359, 361)에 이를 눈으로 보고 확인이 가능하다면 검증의 방법으로 하고, 육안으로 확인할 수 없다면 감정의 방법으로 한다.

위조문서임을 증명하기 위하여 제출한 문서에 대하여 상대방이 성립인정하면 서증으로 취급할 수 있는가?

위조된 문서라 하여 제출한 문서는 거기에 기재된 사상내용을 증거로 하려는 것이 아니므로 서증으로 제출한 것이라 할 수 없다. 따라서 상대방이 성립을 인정하였다고 하여 성립에 다툼이 없는 서증이라고 볼 수는 없고,[203] 검증이나 감정의 대상이 될 수 있을 뿐이다.

2. 검증의 신청

검증은 원칙적으로 당사자의 신청에 의하여 개시되지만 석명처분으로서의 검증은 소송지휘의 일환이므로 직권으로 행할 수 있다(140①(4)). 이때는 소송관계를 분명하게 하기 위하여 하는 처분이므로 엄밀한 의미에서 증거조사는 아니지만 증거조사에 관한 규정이 준용된다(140②). 물론 석명처분도 변론 전체의 취지로서 증거원인으로 될 수는 있다.

검증은 전문적 지식을 필요로 할 때에는 감정과 함께 신청하는 경우가 많다. 검증을 신청하는 때에는 검증물을 특정하여 표시하여야 하고(364), 그에 의하여 증명할 사실의 관계를 구체적으로 명시하여야 한다(규 74). 검증신청자가 검증물을 소지한 때에는 법원에 제출하여야 하고, 상대방 또는 제3자가 소지한 때에는 제출명령을 신청하여야 한다(366①→343).

민소법 366조 1항에서는 문서제출의무에 관한 규정인 민소법 344조를 준용하지 않고 있다. 그렇다면 검증물제출의무는 인정되지 않는가?

녹화물 등 제출의무에 대하여 민소법은 344조를 준용하지 않기 때문에 검증물에 대해서는 제출의무가 없는 것이 아닌가하는 의문이 들 수 있다. 그러나 민소법 366조 1항은 민소법 343조를 준용하고 있으므로 검증물제출의무는 당연히 인정된다. 따라서 문서가 아닌 동영상 파일 등 검증물은 문서제출명령을 신청할 것이 아니라 검증물제출명령을 신청하여야 한다.[204]

3. 검증의 실시

검증을 실시함에 있어, 당사자나 제3자는 증인의무와 마찬가지로 정당한 사유

203) 대법원 1991.5.28. 선고 90다19459 판결.
204) 대법원 2010.7.14. 자 2009마2105 결정.

가 있는 경우를 제외하고는 혈액의 채취, 신체검사, 정신상태의 진찰 등 검증절차를 수인할 의무(검증수인의무)가 있고, 법원은 사람의 신체를 검증함에는 출석을 명할 수 있으며, 현장검증을 위하여 타인의 주거지나 토지에 들어갈 수 있고, 경찰관의 원조 요청이 가능하다(366).

검증수인의무는 증인의무와 같은 일반적 의무이므로 증언의무에 관한 규정인 자기나 근친자의 처벌염려, 공무상 · 직업상 비밀의 경우 등에는 정당한 거부사유가 있다고 할 것이다(314, 315, 324).

변론기일에 법정에서 검증이 실시된 경우에는 법원사무관등은 변론조서에 검증의 결과를 기재하고, 법원 밖, 즉 현장검증 시에는 별도의 검증조서를 작성하여 검증의 결과를 기재한다. 수명법관 등은 검증에 필요하다고 인정할 때에는 감정을 명하거나 증인을 신문할 수 있다(365).

검증물제시명령 또는 검증수인명령을 따르지 아니하는 경우에는 어떠한 효과가 발생하는가?

당사자가 이에 불응하면 명령신청자의 주장을 진실한 것으로 인정할 수 있고, 제3자가 불응하는 경우에는 200만원 이하의 과태료에 처한다(366).

Ⅵ. 당사자신문

1. 의 의

당사자를 증인처럼 경험사실에 대해 진술케 하는 것을 당사자신문이라고 한다. 역사적으로 당사자는 소송의 주체이므로 증언할 수 없다는 규율이 일반적이었으나, 19세기 중반 경에 이르러 당사자도 증언할 수 있다는 규정이 생겼다. 이로써 당사자는 소송(변론)의 주체라는 지위와 증거방법이라는 지위를 동시에 가지게 되었다. 그러나 이러한 당사자의 두 가지 지위는 소송법상 엄격하게 구별되어야 한다. 당사자의 변론내용은 증거자료가 아니라 변론전체의 취지로서 증거원인이 되는데 불과하며, 당사자신문의 결과를 변론의 내용으로 전용할 수 없다(사실자료와 증거자료의 구별).[205]

---

205) 대법원 1981.8.11. 선고 81다262,263 판결("피고의 재단기는 원고 집에 있다. 잘못된 것을 해결해주고 가지고 가라고 했었다"는 원고 본인신문결과를 가지고 원고가 유치권 항변을 한 것이라고 볼 수 없다).

법정대리인과 법인 등 대표자에 대해서도 당사자신문의 방법으로 증거조사를 한다(372). 이들은 당사자와 동일한 이해관계를 가지고 있기 때문이다. 당사자신문은 원칙적으로 변론준비절차가 아닌 변론기일에 한다(281③).

당사자신문에 있어서의 진술이 자기에게 불리하고 상대방 주장사실과 일치하는 경우에 자백이 되는가?

당사자신문으로서의 진술은 증언과 마찬가지로 변론이 아니므로 사실자료가 아니고 증거자료에 불과하다. 따라서 자백이 성립하지 아니한다.[206)]

당사자가 당사자신문에서 진술하기 위해서는 소송능력이 필요한가?

당사자신문으로서의 진술은 변론(판결의 기초로 되는 주장)이 아니기 때문에 당사자신문에서 진술함에 있어서는 소송능력이 필요하지 않다. 따라서 미성년자 등에 대해서도 당사자신문을 할 수 있다(372단서). 이처럼 민사소송에서는 변론주의로 인하여 사실자료와 증거자료가 명확하게 구별되는 것이 원칙이다.

소송담당의 피담당자(당사자가 다른 사람을 위해 원고 또는 피고가 된 경우 그 다른 사람, 218③)는 당사자신문의 대상인가?

제3자의 소송담당에 있어서 피담당자(이익의 귀속주체, 즉 본인)는 기판력을 받지만 어디까지나 당사자는 소송담당자이고 피담당자는 당사자가 아니기 때문에 당사자신문의 대상이 아니라 증인신문의 대상이다.

2. 보충성의 폐지

구법에서는 다른 증거방법에 의하여 심증을 얻지 못한 경우에 한하여 당사자신문이 허용되었고, 판례는 당사자신문 결과만으로는 주요사실을 인정할 수 없다는 입장이었다.

그러나 구법과 달리 신법에서는 구법에 없던 선서의무를 추가하는 대신, 당사자신문도 독립한 증거방법으로 규정하였다(367). 따라서 현행법은 신청단계에서의 보충성은 요구되지 않고 증인신문도 당사자신문도 부득이한 사정이 없는 한 일괄하여 신청해야 한다고 규정하고 있다(규 75).

---

206) 대법원 1978.9.12. 선고 78다879 판결.

3. 절 차

법원은 직권 또는 당사자의 신청에 의하여 당사자 본인을 신문할 수 있다(367). 법원은 효과적인 당사자신문을 하기 위하여 필요하다고 판단되는 경우에는 당사자신문에 앞서 본인진술서를 작성·제출하게 할 수 있다(규 119, 79). 당사자 본인의 신문에는 증인신문절차의 규정이 준용된다(373). 견문한 사실을 진술한다는 점에서 양자는 성질이 유사하기 때문이다.

다만 증인의 경우와 다른 점은 ① 신청 이외에 직권으로도 신문할 수 있는 점, ② 출석[207]·선서·진술의무는 있으나 구인·과태료·감치 등으로 강제되지는 않는다는 점, ③ 선서하고 허위진술해도 위증죄로 처벌되지 않으며,[208] 다만 500만원 이하의 과태료 제재만 받는다는 점(370①), ④ 당사자가 출석·진술·선서거부를 하는 경우 신문사항에 관한 상대방의 주장을 진실한 것으로 인정할 수 있다는 점이다(369). 이처럼 당사자신문을 증인신문과 다르게 규율하는 이유는 당사자는 증인과 달리 소송의 주체의 지위에 있기 때문이다. 즉 당사자는 소송에서 자신의 이해관계가 걸려있으므로 위증의 유혹이 있고 자기에게 유리하게 사실을 왜곡하여 이해·기억할 가능성이 커서 일반적으로 증명력이 높지 않으므로 구인할 필요까지는 없기 때문이다. 또한 패소의 원인이 될지도 모르는 불리한 사실까지 진술하도록 압박하는 것은 가혹하므로 위증죄도 묻지 않는다. 나아가 소송에 자기의 이해관계가 걸려 있으므로 불출석, 불선서, 부진술에 대한 제재는 진실의 제에 의한 패소 쪽이 과태료보다 유효하다는 점도 고려한 것이다.

당사자신문을 해야 함에도 증인으로 신문한 경우 증거자료로 사용할 수 있는가?

상대방이 지체 없이 이의하지 아니하면 이의권의 포기 또는 상실로 그 하자가 치유되므로 증거자료로 사용할 수 있다.[209]

---

207) 대법원 2010.11.11. 선고 2010다56616 판결(당사자신문절차에서 당사자가 정당한 사유 없이 출석·선서·진술의 의무를 불이행한 경우에 민소법 369조의 규정에 의하여 법원은 재량에 따라 '신문사항에 관한 상대방의 주장'을 진실한 것으로 인정할 수 있는바, 이 경우 당사자가 출석할 수 없는 정당한 사유란 법정에 나올 수 없는 질병, 교통기관의 두절, 관혼상제, 천재지변 등을 말한다고 할 것이고, 그러한 정당한 사유의 존재는 그 불출석 당사자가 이를 주장·입증하여야 한다).

208) 민사소송의 당사자는 증인능력이 없으므로 증인으로 선서하고 증언하였다고 하더라도 위증죄의 주체가 될 수 없고, 이러한 법리는 민사소송에서의 당사자인 법인의 대표자의 경우에도 마찬가지로 적용된다(대법원 2012.12.13. 선고 2010도14360 판결).

Ⅶ. 그 밖의 증거에 대한 조사

1. 개 요

민소법 374조에 의하면 도면·사진·녹음테이프·비디오테이프·컴퓨터용 자기디스크, 그 밖에 정보를 담기 위하여 만들어진 물건으로서 문서가 아닌 증거의 조사에 관한 사항은 감정, 서증, 검증에 준하여 조사한다고 규정하고 있다.

(1) 도면, 사진 등 문서가 아닌 증거(규 122)

원칙적으로 서증에 의하나, 감정이나 검증절차에 의할 수도 있다.[210)]

(2) 자기디스크·광디스크 등에 기억된 문자정보

디스크에 기억된 내용을 모니터 화면에 재생하여 검증의 방법으로 하거나 프린터에 연결하여 출력된 문서에 대하여 서증의 방법에 의할 수 있다. 다만 간이한 방법으로 당사자가 출력된 문서를 제출할 수도 있는데, 이는 출력문서 자체를 서증으로 제출하는 것이 아니라 원래의 증거방법인 자기디스크 등을 대신하는 것이므로, 서증목록이 아닌 증인 등 목록에 증거조사사실을 기재하여야 한다.[211)]

진정성립과 내용의 정확성을 담보하기 위하여 신청인은 법원의 명령 또는 상대방의 요구가 있을 때에는 입력자, 입력일시, 출력자, 출력일시를 밝혀야 한다(규 120).

(3) 녹음·녹화테이프, 컴퓨터용 자기디스크·광디스크 등에 기억된 음성·화상정보

녹음테이프 등을 재생하여 검증의 방법으로 한다. 검증대상인 동영상 파일 등의 경우에는 문서가 아니므로 문서제출명령의 대상이 아니라 검증물제출명령의 대상이다.[212)]

진정성립과 내용의 정확성을 담보하기 위하여 법원의 명령 또는 상대방의 요구가 있을 때에는 신청인은 녹음·녹화된 자, 녹음·녹화한 자, 그 일시·장소를

---

209) 대법원 1992.10.27. 선고 92다32463 판결.
210) 사진의 경우에는 그 형태, 담겨진 내용 등을 종합하여 감정·서증·검증의 방법 중 가장 적절한 증거조사 방법을 택하여 이를 준용하여야 한다(대법원 2010.7.14. 자 2009마2105 결정).
211) 법원실무제요, 『민사소송(Ⅲ)』, 1556쪽.
212) 대법원 2010.7.14. 자 2009마2105 결정.

밝혀야 하고, 녹취서나 내용설명서를 제출해야 한다(규 121).

다만 판례는 당사자 일방이 녹음테이프를 증거로 제출하지 않고 이를 속기사에 의하여 녹취한 녹취문을 증거로 제출하고 이에 대하여 상대방이 부지로 답변한 경우, 법원은 녹음테이프의 검증을 통하여 대화자가 진술한 대로 녹취되었는지 확인하여야 할 것이나, 그 녹취문이 오히려 상대방에게 유리한 내용으로 되어 있다면 그 녹취 자체는 정확하게 이루어진 것으로 보이므로 녹음테이프를 검증함이 없이 녹취문의 진정성립을 인정할 수 있다고 하였다.[213]

2. 조사 · 송부의 촉탁(사실조회)

조사 · 송부의 촉탁이란 법원이 공공기관, 학교, 그 외의 단체, 개인, 외국의 공공기관에게 그 업무에 속하는 사항에 관하여 필요한 조사 또는 보관 중인 문서의 등본, 사본의 송부를 촉탁하는 특별 증거조사절차를 말하는데, 실무에서는 사실조회라고 부른다(294). 당사자의 신청에 의한 경우만이 아니라 직권으로도 할 수 있으며, 촉탁 받은 자가 불응하더라도 제재는 없다.

현행법은 기관의 신체감정촉탁 회신서에 대하여 그 감정의사를 상대로 사실조회를 하는 경우와 같이 사실조회의 대상에 개인도 포함시켰다. 조사촉탁은 조사보고를, 송부촉탁은 문서의 송부를 촉탁하는 것이다. 기상청에 어느 일시의 기후관계, 상공회의소에 어느 일시의 물가시세 등을 확인할 때 긴요하다.

금융실명거래 및 비밀보장에 관한 법률 4조 1항 1호, 국세기본법 81조의13 1항 3호, 지방세기본법 114조 1항 3호의 규정에 의한 법원의 금융거래정보나 과세정보에 대한 제출명령은 사실조회, 문서제출명령, 문서송부촉탁 등의 방법으로 한다.[214] 또한 지방변호사회는 회원인 변호사가 수임사건과 관련하여 공공기관에 조회하여 필요한 사항의 회신이나 보관 중인 문서의 등본 또는 사본의 송부를 신청하는 경우에는 그 신청이 적당하지 아니하다고 인정할 만한 특별한 사유가 있는 경우가 아니면 그 신청에 따라 공공기관에 이를 촉탁하고 회신 또는 송부 받은 결과물을 신청인에게 제시하여야 한다(변호사법 75조의2).

쉽게 조사할 수 없는 특별한 지식경험을 필요로 하거나 전문적인 의견을 구할 때에는 사실조회가 아니라 감정촉탁의 방법에 의하거나 감정절차에 의하는 것이

213) 대법원 1999.5.25. 선고 99다1789 판결.
214) 금융거래정보 · 과세정보 제출명령에 관한 예규(재일 2005－1) 2조.

바람직하다.

문서송부촉탁과의 다른 점은 문서송부촉탁에 의하여 법원으로 온 문서는 당사자가 사본하여 증거로 제출해야 하나, 조사·송부의 촉탁결과에 대해서는 당사자에게 의견진술의 기회를 주거나,[215] 당사자가 원용하면 된다.[216]

Ⅷ. 증거보전

1. 의 의

증거보전이란 제소 전 또는 소송계속 중이더라도 소송의 진행경과 상 아직 증거조사에 이르지 않은 단계에서 특정의 증거방법을 미리 조사해 두었다가 본안소송에서 사실인정의 자료로 쓰고자 할 때 사용하는 증거조사 방법이다.

이는 본안소송을 통하여 정상적인 증거조사를 할 때까지 기다리고 있다가는 조사가 불가능하게 되거나 곤란하게 될 염려가 있는 증거를 미리 조사하여 그 결과를 보전하여 두려는 별도의 부수절차이다(375).

2. 요 건

증거보전은 본래의 증거조사 시기까지 기다려서는 그 증거를 본래의 사용가치대로 사용하는 것이 불가능하거나 곤란하게 되는 사정이 있어야 한다. 이를 '보전의 필요성'이라 한다. 중요한 증인이 장기간 해외로 출국할 예정이라든지 임종이 가깝거나 병세가 급격히 악화되어 기억상실에 이르게 될 염려가 있는 경우 등은 일반적으로 증거보전의 요건에 해당된다고 할 것이다. 그러나 오래되면 기억을 못할 수 있다는 것만으로는 증거보전사유에 해당한다고 보기 어려울 것이다.

미리 증거보전을 할 필요가 있는지 여부는 그 소송의 계속 중 정규의 증거조사를 해야 할 시기를 기준으로 한다. 이미 소송이 계속된 후에는 소송절차의 진행상황을 보아 판단해야 하고, 소송이 변론준비절차 또는 서면에 의한 준비절차의 단계에 있는 때, 증거조사의 단계에 들어가 있는 때에도 증거결정이 아직 되어 있지 아니한 때, 더욱이 증거결정이 되어 있어도 증거조사기일까지 기다릴 수 없는 경우에는 증거보전의 필요성이 있다고 할 수 있다. 그러나 이미 변론기일이

215) 대법원 1982.8.24. 선고 81누270 판결.
216) 대법원 1981.1.27. 선고 80다51 판결.

시작된 이후라면 당사자는 법원에 대하여 시급한 증거조사를 필요로 하는 이유를 설명하고 통상의 증거조사절차를 조속히 실시하도록 촉구함으로써 그 실질적 목적을 달성할 수 있으므로 증거보전의 필요성은 없다할 것이다.

증권관련 집단소송의 경우에 법원은 미리 증거조사를 하지 아니하면 그 증거를 사용하기 곤란한 사정이 있지 아니한 경우에도 필요하다고 인정할 때에는 당사자의 신청에 의하여 증거조사를 할 수 있다(증집소 33).

증거보전사유를 두 가지로 대별한다면 어떻게 나눌 수 있는가?

첫째로 증인의 사망우려 또는 외국으로의 이주, 검증물의 변질, 전자식 기록매체의 변질 등 증거방법의 객관적 성질로 보아 장래에 증거조사가 곤란해지는 경우이다.

둘째로 문서의 변개로 대표되는 것이다. 증거방법의 소지자의 행위라는 주관적 사정에 의해 입수 가능한 증거자료의 취득이 불가능해지는 경우이다. 문서의 변개나 검증물의 파괴가 예상되는 경우 등이 이에 해당한다.

증거보전의 증거개시기능을 이용하면 어떠한 장점이 있는가?

증거보전의 수단을 이용함으로써 소제기 전에 사실이나 증거를 파악할 수 있다. 이는 근거 없는 소제기를 방지하고 화해를 촉진시키며, 진실발견 등의 역할을 할 수 있다. 증거보전의 증거개시기능을 활성화하기 위해서는 증거보전의 사유의 소명(377②)을 정황적 상황의 소명만으로 가능하도록 구체성을 완화할 필요가 있다.

3. 절 차

(1) 관할법원

소제기 전에는 문서소지자의 거소 또는 검증 목적물의 소재를 관할하는 지방법원 단독판사의 소관이고,[217] 소제기 후에는 급박한 경우를 제외하고는 그 증거를 사용할 심급의 법원에 하여야 한다(376). 제1심의 변론종결 후 내지 제1심 판결 선고 후 항소제기 전에 "그 증거를 사용할 심급의 법원"이 어디인가에 대해서는 논의가 있으나, 변론재개신청과 함께 증거보전신청을 하는 경우가 아닌 한, 제2심 법원이 관할법원이라고 해석하는 것이 타당할 것이다.

217) 소제기 전에 증거보전을 위한 증거조사가 이루어진 때에는 소를 제기할 때 소장에 증거조사를 한 법원과 증거 보전사건의 사건번호 · 사건명을 적어야 한다(규 62조의2).

(2) 신 청

증거보전절차는 원칙적으로 당사자의 서면신청에 의하여 개시되나(375), 소송계속 중에는 필요하다고 인정할 때에는 법원이 직권으로 개시할 수 있다(379). 실무상 후자의 예는 흔치 않다.

(3) 신청서의 내용

상대방의 표시, 증명할 사실, 보전하고자 하는 증거, 증거보전의 사유를 신청서에 기재하여야 하고, 증거보전의 사유에 관한 소명자료를 붙여야 한다(377). 소명이 없으면 증거보전신청이 각하된다. 다만 이 경우에도 입증사항이 청구와의 관계에서 중요한 것이라는 점을 소명할 필요는 없다. 증거보전에 대한 각하 또는 기각결정에 대하여는 불복할 수 있으나 증거보전결정에 대하여는 불복할 수 없다(380).

증거보전의 신청은 상대방을 지정할 수 없는 경우에도 할 수 있는데, 이 경우 법원은 상대방이 될 사람을 위하여 특별대리인을 선임할 수 있다(378). 예컨대 교통사고 현장의 검증에서 가해자가 불분명한 경우 등을 상정할 수 있다.

(4) 증거보전의 절차

증거보전의 절차는 통상의 증거조사의 규정에 의한다(375). 따라서 증인신문, 서증, 검증, 감정, 당사자신문 등이 모두 허용된다. 증거조사의 경우 그 기일은 긴급한 경우가 아니면 신청인과 상대방에게 통지하여야 한다(381). 증거보전에 관한 기록은 본안소송의 기록이 있는 법원에 보내야 한다(382). 증거보전에 관한 비용은 소송비용의 일부로 한다(383).

증거보전결정이 있음에도 불구하고 상대방이 문서 또는 검증물을 임의로 제출하지 않는 경우에 신청인은 어떻게 해야 하는가?

증거보전결정에는 강제력이 없으므로 상대방이 임의제출하지 않는다면 신청인은 문서제출명령이나 검증물제출명령을 신청할 필요가 있다.

4. 효 력

증거보전된 기록이 변론에 제출되면 본소송에 있어서 증거조사한 것과 동일한 효력을 가진다. 예를 들어, 증거보전절차에서 증인신문이 행해졌다면 본소송에서 증인신문이 행해진 것으로 취급되는 것이지, 증인신문조서가 서증이 되는 것이 아니다.

증거보전절차에서 신문한 증인이더라도 당사자가 변론에서 다시 신문을 신청한 때에는 수소법원은 그 증인을 신문하여야 한다(384, 증인신문에 대한 직접주의 관철).

제5절 자유심증주의

Ⅰ. 자유심증주의의 의의

당사자간에 다툼이 있는 사실을 법원이 인정함에 있어서, 민소법은 "법원은 변론 전체의 취지와 증거조사의 결과를 참작하여 사회정의와 형평의 이념에 입각하여 논리와 경험의 법칙에 따라 사실주장이 진실인지 아닌지 판단한다."라고 규정하고 있다(202). 이처럼 법원(법관)의 "자유로운 심증에 의한 판단"을 기초로 사실을 인정해야 한다는 원칙을 자유심증주의라고 한다.

자유심증주의가 사실인정의 원칙이 된 데에는 공개주의, 구술주의, 직접주의가 제도화되면서 심리과정을 국민이 감시하는 체제가 이루어져 법관이 다른 간섭 없이 이성에 근거하여 판단할 수 있다는 신뢰가 쌓인 한편, 사회의 발전으로 복잡한 사건이 출현하여 사실인정을 함에 있어 법정증거주의에 의해서는 제대로 대처할 수 없었음에 기인한다.

자유심증주의에 대립되는 개념은 무엇인가?

법정증거주의이다. 법관이 심증을 형성함에 있어 사용되는 증거방법의 종류, 증거자료에 대한 증명력의 평가, 일정한 간접사실이 있으면 어떤 주요사실을 추정하도록 법으로 정해 놓음으로써 법관을 구속하는 것을 법정증거주의라 한다. 이는 사실인정에 있어 서증은 인증에 우선한다든가, 증인의 직업에 따라 그 증언의 신빙성을 차별한다든가, 유죄판결에는 본인의 자백 또는 2인 이상의 증인에 의한 증언이 필요하다든가와 같은 증거법칙에 의하도록 하는 원칙이다. 사회관계가 단순하고 법관의 자질이 낮은 시대에는 법정증거주의가 합리적이었을 것이나 근대에 들어와 프랑스혁명을 거치면서 자유심증주의에 자리를 내 주었다. 그러나 현대에도 법정증거주의의 잔재가 남아 있는데, 변론의 방식에 관해서는 조서만이 증명력을 가진다는 민소법 158조가 그것이다.

① 당사자의 자백에 반하는 사실을 인정할 수 없는 것은 변론주의 원칙에 따른 제약일 뿐이고, ② 사실상 추정 또는 표현증명은 자유심증주의의 범위 안에서 극히 일반적인 경험법칙을 적용한 결과이며, ③ 증거계약은 자유심증주의를 제약하지 않는 범위 내에서만 유효하므로 어느 것이나 자유심증주의를 제한하는 것은 아니라고 보는 견해가 통설이다.

Ⅱ. 자유심증주의의 내용

1. 증거원인이 될 수 있는 자료

가. 증거조사의 결과

자유심증주의는 증언, 감정, 검증 및 당사자신문결과, 서증의 내용 등 증거조사의 결과에 따르면 되고 원칙적으로 증거방법이나 증거능력에 제한이 없다는 의미이다(증거방법, 증거능력의 무제한).

판례는 소제기 후 작성된 문서,[218] 비밀리에 상대방과의 대화를 녹음한 경우,[219] 미확정판결,[220] 전문증거[221]도 증거능력이 있다고 본다.

자유심증주의 체제하에서는 증거방법이나 증거능력을 제한할 수 없는가?

최근 증거수집과정의 절차적 공정성을 해할 만큼 무리하게 증거를 수집한 경우에는 위법하게 수집된 증거로 보아 증거능력의 제한 등 일정한 제재를 가하는 절차원리가 모색되고 있다. 이외에도 형사소송법에서는 전문증거의 증거능력을 제한하고 있다. 결국 자유심증주의는 연혁적으로는 법정증거주의에 대비되는 개념으로서 증거방법이나 증거능력의 무제한을 표방한 것으로 볼 수 있으나, 현대에 이르러서는 '증명력'의 자유평가 쪽으로 무게중심이 옮겨간 느낌이다. 이는 형사소송법에서 자유심증주의를 증거의 증명력 판단에 대한 문제로 이해할 뿐이고, 증거방법이나 증거능력은

---

218) 대법원 1992.4.14. 선고 91다24755 판결.
219) 대법원 1999.5.25. 선고 99다1789 판결.
220) 대법원 1992.11.10. 선고 92다22107 판결.
221) 대법원 1967.3.21. 선고 67다67 판결. 다만, 이 경우에는 전문(伝聞)인 점이 고려되므로 일반적으로 증명력이 높게 평가되지는 않을 것이다.

전문법칙이나 위법수집증거 배제법칙 등에 의하여 제한되고 있다는 사실에서 알 수 있다(형소 308, 308조의2, 310조의2 이하).

나. 변론 전체의 취지

증거조사 결과(증거자료)를 제외한 일체의 소송자료를 변론 전체의 취지라고 한다. 당사자(또는 대리인)의 주장(이는 사실자료이고 증거자료는 아니다), 처음에는 다투지 않았는데 뒤에 가서 다투는 것과 같은 태도변경, 석명처분으로 행한 검증(140), 전문심리위원의 설명(164조의2), 증인의 태도나 표정·말투, 감정 및 조사촉탁의 결과, 공격·방어방법의 제출시기, 변론의 청취에서 얻은 인상, 문서제출명령에 협력하지 않는 태도 등이 이에 포함된다.

조사된 증거가 전혀 없고, 자백도 없을 때 변론 전체의 취지만으로 다툼 있는 사실을 인정할 수 있는가? 민소법 202조가 변론 전체의 취지와 증거조사의 결과를 병렬적으로 배치한 문언에 충실하게 해석하여 변론 전체의 취지만으로도 다툼 있는 사실을 인정할 수 있다는 견해(**독립적 증거원인설**)가 있으나,[222] 변론 전체의 취지는 판결이유에 '변론 전체의 취지를 종합하여'라고만 기재되므로 상급심에서 심사할 수 없고, 법관이 변론 전체의 취지를 빙자하여 자의적이고 안일하게 사실인정을 할 우려가 있다는 이유로 독립적 증거원인으로 보지 않고 다툼 있는 사실을 변론 전체의 취지만으로는 사실을 인정할 수 없다는 견해(**보충적 증거원인설**)가 다수설[223]·판례[224]이다.

다만 판례는 문서의 진정성립과 자백의 철회요건으로서의 착오는 변론 전체의 취지만으로 인정할 수 있다고 한다.[225]

변론 전체의 취지에는 변론종결 후에 제출된 자료도 포함하는가?

변론 전체의 취지는 변론의 과정에 현출된 모든 상황과 소송자료로서 증거조사의 결과를 제외한 것이고, 변론종결 후에 제출된 자료는 여기에 포함되지 아니한다.[226]

---

222) 강현중, 510쪽; 송상현·박익환, 512쪽; 정영환, 741쪽; 호문혁, 520쪽.
223) 김홍규·강태원, 531쪽; 김홍엽, 694쪽; 이시윤, 532쪽; 정동윤·유병현·김경욱, 574쪽; 한충수, 472쪽.
224) 대법원 1983.9.13. 선고 83다카971 판결.
225) 대법원 1982.3.23. 선고 80다1857 판결; 대법원 2004.6.11. 선고 2004다13533 판결.
226) 대법원 2013.8.22. 선고 2012다94728 판결.

형사소송에서도 변론 전체의 취지로 사실인정을 할 수 있는가?

형사소송에서는 증거재판주의에 의하므로 변론 전체의 취지는 증거원인이 될 수 없다(형소 307).

2. 증명력의 자유평가

가. 자유로운 증거평가

직접증거와 간접증거 사이, 서증과 인증 사이에 증명력의 우열이 없고, 법관의 자유판단에 일임되어 있다.

다만 그 판단은 사회정의와 형평의 이념에 입각하여 경험법칙과 논리법칙에 따라야 하며, 이를 벗어나면 상고이유가 된다.

나. 판단의 기준 – 논리와 경험법칙

증명력의 평가를 법관의 자유로운 판단에 맡긴다고 하여 법관의 자의나 기분에 따른 자의적인 판단을 용인한다는 뜻은 아니며, '사회정의와 형평의 이념에 입각하여 논리와 경험의 법칙에 따라' 사실을 판단하여야 한다.[227]

따라서 예컨대 진정성립이 인정되는 처분문서의 기재내용을 믿지 않는 경우와 같이 경험법칙상 이례적인 사실을 인정하는 경우에는 심증형성의 과정을 판결이유에 명시하여야 한다.[228] 관련사건의 판결서에서 인정된 사실, 가족관계기록사항에 대한 증명서나 임야대장과 같은 공문서의 기재사항도 사실상 추정력을 가지므로 이에 반하는 사실을 인정할 때에는 심증형성의 과정을 판결이유에 명시하여야 한다.[229] 왜냐하면 위와 같은 문서의 기재내용의 진실성은 논리와 경험법칙상 상당한 증거가치가 있기 때문이다.

다. 증거공통의 원칙

일단 제출된 증거의 평가로 얻은 내용(증거자료)은 당사자의 원용이 없어도 모

227) 대법원 2017.3.9. 선고 2016두55933 판결; 대법원 2020.8.27. 선고 2017다211481 판결; 대법원 2022.1.13. 선고 2021다269562 판결.

228) 대법원 2008.2.29. 선고 2007도11029 판결. 다만 처분문서라 할지라도 그 기재 내용과 다른 명시적·묵시적 약정이 있는 사실이 인정될 경우에는 그 기재 내용과 다른 사실을 인정할 수 있고, 작성자의 법률행위를 해석함에 있어서도 경험칙과 논리법칙에 어긋나지 않는 범위 내에서 자유로운 심증으로 판단할 수 있다(대법원 2004.5.14. 선고 2003다57697 판결).

229) 대법원 2010.1.28. 선고 2009다72698 판결.

두에게 적용된다(즉 제출자에게 유리하게도 불리하게도 사용가능하다)는 원칙이 증거공통의 원칙이다. 증거조사의 결과에 대해서는 당사자로부터 제약을 받지 않는다는 것으로, 자유심증주의의 귀결이다.

따라서 일단 증거조사가 개시되면 상대방에게 유리한 자료가 나올 수도 있기 때문에 상대방의 동의가 없으면 증거신청을 철회할 수 없다.

변론주의는 증거제출책임이 당사자에게 있다는 것이지, 일단 제출한 증거를 어떻게 평가할 것인가 와는 무관하므로 증거공통의 원칙에 의한다고 하여 변론주의의 위반이 되지 않는다.[230]

라. 심증형성의 정도

민소법상 심증형성의 정도(증명도)는 자연과학적 증명이나 수학적 증명에 해당할 만큼 엄격할 필요는 없고 그것이 진실이라는 고도의 개연성이 있으면 된다. 따라서 형사소송에서의 '합리적 의심이 없을 정도의 고도의 확실성(형소 307②)'에는 미치지 않더라도 적어도 '십중팔구는 확실하다'는 정도는 필요하다고 보는 견해가 일반적이며,[231] 판례의 입장이다(이러한 정도의 심증에 도달하는 것을 목표로 하는 증명을 '역사적 증명'이라고 한다).[232] 영미계 민사소송에서는 통상적인 사건의 경우에 증거의 우월(proponderance of evidence)로서 족하다고 보는데, 우리의 경우에도 증거의 우월에 해당하면 증명된 것으로 보자는 견해도 있다.[233] 그러나 판결이 확정되면 이를 근거로 강제집행을 할 수 있게 되는데, 강제집행은 확실한 권리에 바탕을 둘 필요가 있으므로 증거의 우월보다는 고도의 개연성을 증명도로 삼는 것이 더 타당하다고 본다.

확신의 주체가 누구인가에 대하여는 견해가 나뉘어 있다. 일반적으로 법관의 확신으로 보지만(주관설), 판례는 증명은 법관의 심증이 확신의 정도에 달하는 것이지만 통상인도 의심을 품지 않을 정도로 고도의 개연성을 가질 수 있어야 한다고 본다.[234]

---

230) 대법원 2004.5.14. 선고 2003다57697 판결.
231) 이시윤, 535쪽; 정영환, 745쪽.
232) 대법원 2009.12.10. 선고 2009다56603,56610 판결.
233) 정동윤 · 유병현 · 김경욱, 577쪽; 한충수, 474쪽.
234) 대법원 1990.6.26. 선고 89다카7730 판결.

Ⅲ. 자유심증주의의 예외

1. 증거방법의 제한

대리권의 증명에 관하여는 서면에 의하여야 하고(58①, 89－예외 있음), 소명에 관하여는 즉시 조사할 수 있는 증거에 의하도록 한 것(299) 등이 이에 속한다.

2. 증거능력의 제한

증거능력과 관련해서는 당사자와 법정대리인은 증인능력이 없고(367, 372), 적법한 증거제한계약이 있었음을 주장·증명한 경우에 이에 반하여 신청한 증거에 대하여는 증거능력이 없다는 것 등이 이에 속한다. 위법수집증거의 증거능력 제한에 대하여는 앞에서 살펴본 바와 같다. 문서의 진정추정 규정(356①, 358)을 법률상 추정(또는 증거법칙적 추정)으로 보면 자유심증주의의 예외가 된다.

3. 증명력의 제한

다수설은 문서의 형식적 증명력에 대한 추정규정(356①, 358), 증명방해의 경우 방해자에게 불이익한 사실인정을 허용하는 규정(349, 350, 360①, 361②, 366, 369), 변론의 방식에 관한 증명은 변론조서에 의하도록 한 규정(158) 등이 자유심증주의의 예외로서 증명력의 제한 규정으로 본다.

그러나 문서에 대한 진정추정규정은 진정성립을 추정하는 것이지 형식적 증명력의 추정을 의미하는 것이 아니므로 증명력의 제한으로 볼 수 없고, 증명방해의 경우에도 방해자에게 불이익한 사실인정을 허용할 뿐 강제하는 규정이 아니므로 이 또한 증명력의 제한으로 보기는 어렵다.

4. 증거계약(당사자에 의한 제한)

가. 의 의

판결의 기초로 되는 사실의 확정·인정방법에 관한 당사자간의 합의를 증거계약이라고 한다. 소송계약의 일종이다.

나. 형태와 효력

(1) 자백계약(무증거계약)

일정한 사실을 인정하고 다투지 않기로 약정하는 계약을 말한다. 변론주의상 재판의 자료는 당사자의 지배하에 있는 것이므로 이러한 계약은 원칙적으로 유효하다. 따라서 자백계약에 반하여 당사자가 증거를 신청하면 이는 각하된다.

다만 간접사실에 관한 자백계약과 권리자백에 대한 계약은 변론주의의 적용영역이 아니므로 법관의 자유심증을 제약하는 것으로 볼 수 있어 무효이다.

(2) 증거제한계약(증거방법계약)

일정한 증거방법에 의해서만 증명하기로 약정하는 계약을 말한다. 예컨대 일정한 사실의 증명은 서증에 한하기로 하는 합의 등이 이에 해당한다.

민소법의 대원칙이 변론주의이므로 유효라는 견해가 있으나, 우리법이 보충적으로 직권증거조사를 허용하고 있으므로 사실인정이 불가능하여 보충적으로 직권증거조사를 요하는 경우에는 무효라고 보아야 할 것이다. 물론 직권증거조사가 적용되는 절차인 소액사건(소심 10①)이나 증권관련집단소송(증집소 30)에서는 이러한 증거제한계약은 무효이다.

증거제한계약이 유효한 경우에는 이에 반하여 증거방법을 제출하는 것은 증거능력에 흠이 있는 것이 되어 각하된다.

(3) 중재감정계약

분쟁의 종국적 판정의 전제가 되는 선결적 문제에 대하여 제3자에게 감정을 시켜서 그 결과에 복종하기로 하는 계약을 말한다. 예컨대 증서 진부의 감정, 부동산 가액의 평가 또는 보험사고의 원인에 대한 감정을 제3자에게 맡기기로 하는 합의 등이 이에 해당한다.

당사자가 처분 가능한 법률관계에 관하여 '권리관계 존부의 확정'을 당사자 사이의 합의에 의해 제3자에게 맡기는 것이 유효하므로(중재 8), 이를 판단하는데 전제가 되는 '사실의 확정'을 제3자에게 맡기는 중재감정계약도 허용된다.

당사자 사이에 중재감정계약이 있는 경우에 법관이 그 감정결과에 따라 심증형성을 한다면 중재감정계약을 위반하여 증거를 제출하는 것은 각하될 것이지만, 그 결과를 믿지 않으면 직권증거조사를 할 수 있으므로 이 범위 내에서는 효력이

없다.[235]

❂ 중재합의란 무엇인가?

중재합의란 재판의 전제를 포함하여 제3자가 법원을 대신하여 분쟁에 대한 종국적인 판단을 하도록 하는 계약이므로, 중재감정계약과는 다르다.

(4) 증명력계약

증거조사결과의 증명력을 약정하는 계약을 말한다. 예컨대 어떤 사실이 입증되었을 때에는 다른 사실이 입증된 것으로 추정하는 계약, 특정한 증인의 증언을 진실한 것으로 받아들이기로 하는 합의 등을 말한다.

증명력계약은 증거조사결과에 대한 법관의 자유로운 심증형성을 부당하게 제약하여 자유심증주의에 정면으로 배치되므로 무효이다. 판례도 소명만 있으면 증명된 것으로 하자는 계약은 증명력계약으로서 무효라고 하였다.[236]

(5) 증명책임계약

넓은 의미의 증거계약에는 증명책임계약도 포함된다. 사실의 진실여부가 불분명한 경우에 거증자의 상대방에게 불이익을 돌리기로 약정하는 계약이다.

이 계약도 당사자가 처분할 수 있는 권리관계에 관한 것이고, 강행법규에 반하지 않는 한 유효하다.[237] 다만 약관규제법상 상당한 이유 없이 고객에게 증명책임을 부담시키는 약관조항은 무효이다(약관 14).

Ⅳ. 사실인정에 대한 불복

1. 증거원인이 잘못된 경우

증거의 취사와 사실인정은 사실심의 전권에 속하므로(432), 자유심증주의의 한계를 벗어나지 않는 한 사실심의 증거취사와 사실인정이 잘못되었다는 것을 상고심에서 문제 삼을 수는 없다.[238]

그러나 법관이 사적으로 아는 사실을 채용한 경우 등 위법한 증거조사의 결과

---

235) 대법원 1994.4.29. 선고 94다1142 판결.
236) 서울지법 1996.6.13. 선고 94가합30633 판결.
237) 대법원 1997.10.28. 선고 97다33089 판결.
238) 대법원 2005.7.15. 선고 2003다61689 판결.

또는 위법한 변론전체의 취지를 채용하거나 적법한 증거조사의 결과나 적법한 변론전체의 취지를 간과한 경우에는 자유심증주의의 한계를 벗어난 사실인정이어서 위법하다. 따라서 이 경우에는 원심판결이 부적법하게 사실을 확정한 것에 해당되어 일반적 상고이유가 된다(423).

2. 증명력 평가가 잘못된 경우

증명력을 평가할 때 따라야 할 기준인 논리와 경험법칙을 위반한 경우에는 자유심증주의의 내재적 제약을 위반한 것으로서 법령위반이 된다(423).

Ⅴ. 증명도의 완화론

1. 증명도 완화의 필요성

민소법상 증명도는 고도의 개연성임은 앞에서 살펴본 바와 같다. 그러나 이른바 현대형 소송으로 불리는 공해소송, 의료과오소송, 제조물책임소송 등의 경우에는 증거가 당사자 중 어느 한쪽에 편재되어 있고, 일반손해배상소송의 경우에도 장래의 손해액을 특정하거나 구체적인 손해액의 특정이 곤란한 경우가 있을 수 있다.

이 경우에 인과관계나 손해액의 증명과 관련하여 증명도를 경감시키거나 심증형성의 방법을 용이하게 하려는 방법이 시도되고 있다. 이것을 이론화하여, ① 사안의 성질상 사실의 증명이 곤란할 것, ② 증명곤란으로 인하여 실체법의 규범목적·취지에 비추어 정의가 현저하게 훼손될 것, ③ 원칙적인 증명도와 동일한 가치의 입증 가능한 대체수단을 예정할 수 없을 것이라는 세 가지 요건을 충족하는 경우에는 증명도의 완화를 고려할 수 있을 것이다.[239)]

2. 증명도 완화의 방법

가. 상당한 개연성

신설된 민소법 202조의2에서는 손해가 발생한 사실은 인정되지만 사안의 성질상 손해의 액수를 증명하는 것이 매우 어려운 경우에는 변론 전체의 취지와 증거조사의 결과에 의하여 인정되는 모든 사정을 종합하여 상당하다고 인정되는 금

---

239) 加藤新太郎,『手続裁量論』, 弘文堂, 1996, 124面.

액을 손해배상 액수로 정할 수 있도록 규정하고 있다. 손해배상사건 중 사안에 따라서는 배상액수를 정함에 있어서 증명도 자체를 경감하여 고도의 개연성이 아닌, 상당한 개연성이 있는 증명으로 족하다는 취지로 이해할 수 있다. 손해액의 증명이 어려운 사안은 이미 불에 탄 물품의 가액산정이나 특정한 토지의 무단 사용으로 인한 차임상당액, 일실이익의 산정 등 과거·현재·미래의 어떤 사실에서도 발생할 수 있다. 사안에 따라서는 증명도의 경감 문제가 아니라 법관의 재량평가의 문제라고 볼 수도 있겠지만 이를 심리하는 법관의 입장에서는 어느 경우로 보든 민소법 202조의2에 의하여 처리하게 될 것이다.

판례는 이전부터 불법행위로 인한 손해액 중 일실이익을 산정하는 경우에 증명도를 경감하여 상당한 개연성이 있는 이익의 증명으로 충분하다는 입장이고,[240] 나아가 채무불이행이나 불법행위로 인한 손해배상청구소송에서 재산적 손해의 발생은 인정되나 구체적인 손해액의 증명이 곤란한 경우에는 평균수입액에 대해 통계적 증거, 재산적 손해가 발생하게 된 경위, 손해의 성격, 손해가 발생한 이후의 제반정황 등 관련된 모든 간접사실들을 종합하여 상당인과관계가 있는 손해의 범위를 정하면 된다고 판시해 왔다.[241] 이러한 판례의 경향이 민소법 202조의2의 신설로 결실을 맺었다고 할 수 있다.

위 민소법 202조의2와 취지를 같이하는 규정이 개별 법률에도 존재한다.[242] 증권관련집단소송에서 정확한 손해액의 산정곤란에 대비하여 모든 사정을 참작하여 표본적·평균적·통계적 방법 그 밖의 합리적 방법으로 손해액을 정할 수 있도록 규정하고 있고(증집소 34②), 특허법에서는 특허권 또는 전용실시권의 침해에 관한 소송에서 손해액의 증명이 극히 곤란한 경우에는 법원은 변론 전체의 취지와 증거조사의 결과에 기초하여 상당한 손해액을 인정할 수 있다고 규정하고 있다(특허법 128⑦). 그 외 상표법(110⑥), 디자인보호법(115⑥), 저작권법(126), 부정경쟁방지 및 영업비밀보호에 관한 법률(14조의2⑤), 독점규제 및 공정거래에 관

240) 대법원 2016.9.30. 선고 2015다19117,19124 판결; 대법원 2004.6.24. 선고 2002다6951,6968 판결; 대법원 1994.9.30. 선고 93다29365 판결.

241) 대법원 2009.8.20. 선고 2008다19355 판결; 대법원 2006.9.8. 선고 2006다21880 판결. 다만 이 판례들은 손해액의 산정과 관련되어 있다는 점에서 현대형 소송에서 인과관계나 과실을 추인하는 신개연성설의 입장에 있는 판례(대법원 2004.11.26. 선고 2003다2123 판결; 대법원 1995.2.10. 선고 93다52402 판결; 대법원 2000.2.25. 선고 98다15934 판결)와는 구별하여야 한다.

242) 민소법 202조의2는 특별법에 따른 손해배상에도 적용되는 일반적 성격의 규정이다(대법원 2020.3.26. 선고 2018다301336 판결).

한 법률(115)에도 같은 취지의 규정이 있다. 대법원은 이 경우에도 법관에게 손해액 산정에 관한 자유재량을 부여한 것이 아니라, 증명도 · 심증도를 경감하여 손해의 공평 · 타당한 분담을 지도원리로 하는 손해배상제도의 이상과 기능을 실현하고자 하는데 취지가 있으므로, 법원은 간접사실들의 탐색에 최선의 노력을 다해야 하고 탐색해 낸 간접사실들을 합리적으로 평가하여 객관적으로 수긍할 수 있는 손해액을 산정해야 한다고 판시하였다.[243)]

문제는 법원이 202조의2에 안이하게 기대어 당사자의 입증활동을 촉구하지 않거나 이를 외면한 채 설득력 없는 산정액을 제시하는 것을 어떻게 방지할 것인가이다.[244)] 이를 위해서는 민소법 202조의2에 의한 추론과정을 판결서에 구체적으로 적시하도록 하는 것이 가장 현실적인 방법일 것이다.

나. 역학적 증명

공해사건이나 약해소송 등과 같이 원고측에 집단적인 질환이 발견된 경우에 그 질환의 발생결과와 발생원인 사이의 인과관계의 특정을 위하여 채용되는 증명의 기법을 역학적(疫學的) 증명이라고 하는데, 이는 역학에서 사용되는 기법을 민사소송절차에 응용한 것이다. 병리학은 질환이 발생하는 병리의 메커니즘 자체를 명확히 하는 것을 목적으로 하는데 비하여, 역학은 원인불명의 질환이 집단적으로 발생한 경우에 그 발생 원인을 특정하여 방역을 실시함으로써 그 확대를 방지하기 위한 수법으로서, 집단적인 손해가 발생한 경우에 그 다수의 위치관계 등에 착안하여 그 원인을 밝히는 학문이다. 역학적 증명에서 필요한 요건으로는, ① 그 발생원인(인자)이 발병하기 일정기간 전에 작용할 것, ② 그 인자가 작용하는 정도와 이환율(罹患率)에 상관관계가 있을 것, ③ 그 인자가 제거되면 이환율이 낮아질 것, ④ 그 인자가 작용하는 메커니즘을 생물학적으로 모순 없이 설명할 수 있을 것 등이 거론된다. 즉 이러한 요건이 충족되면 인과관계를 긍정한다.

---

243) 대법원 2011.5.13. 선고 2010다58728 판결; 대법원 2019.5.10. 선고 2017다239311 판결.

244) 대법원 2007.11.29. 선고 2006다3561 판결(이러한 법리는 … 법관에게 손해액의 산정에 관한 자유재량을 부여한 것은 아니므로, 법원이 위와 같은 방법으로 구체적 손해액을 판단함에 있어서는, 손해액 산정의 근거가 되는 간접사실들의 탐색에 최선의 노력을 다해야 하고, 그와 같이 탐색해 낸 간접사실들을 합리적으로 평가하여 객관적으로 수긍할 수 있는 손해액을 산정해야 한다); 대법원 1997.12.26. 선고 97다42892 판결(입증이 불충분하다 하더라도 법원은 그 이유만으로 그 부분 손해배상 청구를 배척할 것이 아니라 손해액에 관하여 적극적으로 석명권을 행사하고 입증을 촉구하여 이를 밝혀야 한다).

역학적 증명은 경험법칙을 이용한 사실상 추정을 통한 증명이므로 합리성이 있는 한 적법한 증명방법으로 승인될 수 있다. 고엽제 사건에서 하급심에서는 역학을 적용하여 발병원인(고엽제)과 발생된 질병 사이에 인과관계가 증명되었음을 인정하였으나,[245] 대법원은 위 사건에서 위험인자에 노출된 자와 그렇지 않은 자의 이환비율이 증명되지 않으면 인과관계를 인정할 수 없다는, 즉 위 ②의 요건이 충족되지 않았음을 이유로 역학적 인과관계를 인정하지 아니하였다.[246]

다. 확률적 심증이론(비율적 사실인정론)

고도의 개연성이 있는 증명을 하는 것이 곤란한 사례에서 확신을 얻을 수 없는 경우에 기계적으로 증명책임의 분배의 법칙에 따라 원고 패소의 판결을 하는 것은 피해자 구제의 측면에서 바람직스럽지 않다는 점에 착안하여 심증을 얻은 정도(확률)에 따라 그 범위에서 손해액을 결정하자는 이론이다. 예컨대 불법행위에 기한 손해배상소송에 있어서 과실과 인과관계가 70%의 심증이라면 증명도에는 도달하지 않아서 청구기각되지만 70%의 심증은 있으므로 원고에게 가혹한 결과가 된다. 만약 화해를 권고하면 70%의 배상액을 권고할 수 있었을 것이므로 판결의 경우에도 그 액수로 선고하자는 것이다.

이 이론은 증명도의 완화와 유사한 결과를 가져올 수 있지만, 비율적 인정은 증명도는 그대로 두고 법관의 심증만으로 배상액을 감액하는 것이므로 증명도와 증명책임의 원칙에 반하는 것이라 할 수 있다. 판례도 인과관계는 존재와 부존재로 구분될 뿐 비율적으로 인정할 수는 없다는 입장이다.[247]

기여도이론이란 무엇인가?

기여도이론이란 피해자의 지병과 사고가 경합하는 경우와 같이, 손해의 발생에 복수의 원인이 경합하는 경우에 전체적으로 인과관계와 손해액을 인정하고 나서 다른 원인이 손해발생에 기여한 정도를 가해자에게 증명하도록 하여 피해 총액으로부터 그 기여분 만큼 감액한 금액을 배상하도록 하는 이론을 말한다. 이는 인과관계를 비율적으로 인정하는 것이 아니라 인과관계가 존재함을 전제로 그 배상액을 산정함

245) 서울고법 2006.1.26. 선고 2002나32662 판결.
246) 대법원 2013.7.12. 선고 2006다17539 판결. 나아가 대법원은 흡연과 그로 인한 당해 폐암환자의 발병 사이의 역학적 인과관계(대법원 2014.4.10. 선고 2011다22092 판결) 및 천식환자와 자동차배출가스 사이의 역학적 인과관계(대법원 2014.9.4. 선고 2011다7437 판결)를 인정하지 아니하였다.
247) 대법원 2013.7.12. 선고 2006다17539 판결.

에 있어 다른 원인이 기여한 비율을 공제하는 것이므로 증명도의 완화론으로 보기는 어렵다. 우리 판례는 의료사고소송에서 과실상계의 법리를 유추적용하여 환자의 체질적 소인 또는 질병의 위험도 등이 기여한 비율만큼 배상액을 감액하는 것을 허용하고 있고,[248] 공해소송에서 자연력이 가공한 경우에도 손해의 공평부담을 이유로 이를 인정한다.[249]

Ⅵ. 증명방해론

1. 증명방해의 의의

증명방해란 증명책임을 부담하지 않는 당사자가 고의·과실, 작위·부작위에 의하여 증명책임을 부담하는 당사자에 의한 증명을 불능케 하거나 곤란하게 하는 것을 말한다.

2. 증명방해에 관한 규정

민소법에는 증명방해 및 그 제재에 관하여 일반적인 규정은 없고, 개별적으로 ① 당사자의 문서 부제출(349), ② 당사자의 문서사용방해(350), ③ 대조용문서의 제출방해(360①), ④ 상대방의 수기의무위반(361②), ⑤ 검증목적물의 제출방해(366), ⑥ 당사자신문에서 당사자가 출석·선서·진술을 거부한 경우(369) 등을 두고 있는데, 그 불이익도 함께 규정하고 있다.

3. 증명방해이론의 일반적 적용

법에서 개별적으로 규정하고 있는 증명방해가 아니더라도 증명방해 개념을 일반적으로 인정할 것인지에 대하여 논의가 있는데, 통설은 이를 인정한다. 여기에 해당하는 것으로는 서류의 위·변조, X-Ray 등 사진의 변조, 상대방이 신청한 증인의 출석방해, 진술방해, 감정방해 등을 들 수 있다.

판례도 당사자간의 공평의 원칙 또는 신의칙의 이념을 토대로 일반적인 증명방해를 인정한다.[250] 그러나 명문의 규정이 적용되는 경우를 제외하고는 서류의 위·변조 등과 같은 구체적인 행위를 한 것이 아니라, 증거자료에의 접근이 훨씬

248) 대법원 2005.6.24. 선고 2005다16713 판결.
249) 대법원 1991.7.23. 선고 89다카1275 판결.
250) 대법원 1995.3.10. 선고 94다39567 판결.

용이한 당사자가 단순히 상대방의 증명활동에 협력하지 않는다고 하여 증명을 방해한 것이라고 할 수는 없다는 입장이다.[251)]

4. 증명방해의 효과

증명방해이론을 일반적으로 인정하는 경우에 증명을 방해하면 어떤 효과를 인정할 것인가에 대하여 논의가 있다.

가. 자유심증설(증거평가설)

법원이 증명방해의 모습이나 정도, 그 증거의 가치, 비난가능성의 정도를 고려하여 자유재량으로 방해받은 상대방의 '주장'의 진실여부를 가려야 한다는 견해로서 다수설이다.[252)]

판례도 증명방해행위를 하나의 자료로 삼아 자유로운 심증에 따라 방해자 측에게 불리한 평가를 할 수 있다고 하여 이 입장에 있다.[253)]

나. 증명책임전환설

증명방해행위가 있으면 증명책임이 증명방해자에게 전환되어 증명책임을 부담하는 반대 당사자인 증명방해자가 증명책임이 있는 자의 주장에 '반대되는 사실'을 증명하여야 한다는 견해이다(독일의 통설).

그러나 이 견해는 증명방해의 태양이나 정도가 다양함에도 불구하고 모든 경우에 획일적으로 증명책임을 전환한다는 것은 너무 경직된 이론이라는 비판[254)]을 받고 있다.

다. 법정증거설

증명방해행위를 한 경우에는 '요증사실' 자체가 증명된 것으로 취급해야 한다는 견해이다. 이 견해에 대해서도 너무 획일적이고 경직된 이론이라는 비판이 있다.

다만 증명방해가 있으면 자유심증주의의 예외로서 신의칙에 따라 방해의 모습, 귀책의 정도, 방해받은 증거의 정도 등을 반영하여 어떠한 형식으로라도 공평

---

251) 대법원 1996.4.23. 선고 95다23835 판결.
252) 김홍규 · 강태원, 532쪽; 김홍엽, 703쪽; 정동윤 · 유병현 · 김경욱, 547; 호문혁, 531쪽.
253) 대법원 2010.5.27. 선고 2007다25971 판결; 대법원 2010.7.8. 선고 2007다55866 판결.
254) 강현중, 508쪽.

또는 신의칙에 따라 방해자에게 적절한 불이익을 주어야 한다는 견해가 주장되기도 하는데(신의칙에 의한 법정증거설[255]), 이 견해에 의하면 위와 같은 비판을 피할 수 있을 것이다.

라. 절충설

원칙적으로 자유심증설을 취하되, 공해소송·대량사고소송 등 현대형 소송에서 고의적인 증명방해가 있어 방해받은 당사자에게 달리 증거방법이 없는 경우에는 증명책임을 전환할 수 있다는 견해이다.[256]

마. 검 토

민소법에 명문으로 규정하고 있는 증명방해의 경우에도 그 제재는 상대방의 '주장'을 진실한 것으로 인정할 수 있는데 그칠 뿐,[257] 증명책임을 전환하거나 요증사실이 증명된 것으로 보지 않고 있음에 비추어, 명문규정이 없는 경우에 일반론으로 이보다 더 강한 제재를 가하는 것은 부당하다. 결국 우리의 입법체계 하에서는 자유심증설이 타당하다고 본다.[258]

제6절 증명책임

I. 증명책임의 의의 및 기능

1. 의 의

법원은 당사자가 자백한 사실과 현저한 사실 이외에 판결의 기초로 되는 사실은 변론에 나타난 자료를 가지고 자유심증주의에 따라 판단해야 하는데, 만약 법관이 이에 따라 청구인용 또는 청구기각의 판결을 선고할 수 있다면 문제가 없다.

---

255) 강현중, 508쪽.
256) 이시윤, 539쪽; 정영환, 649쪽.
257) 대법원 1993.11.23. 선고 93다41938 판결.
258) 앞에서도 보았듯이, 일본의 경우는 상대방이 당해문서의 기재에 관하여 구체적인 주장을 하고 당해문서에 의하여 증명해야 할 사실을 다른 증거에 의해 증명하는 것이 현저하게 곤란한 때에는 법원은 그 '(요증)사실'에 관한 상대방의 주장을 진실한 것으로 인정할 수 있다는 규정을 별도로 두고 있는데(日民訴 224③), 이처럼 법정증거설을 일부라도 도입하는 입법이 이루어진다면 증명방해의 효과에 대해서 다양한 논의가 가능할 것이다.

문제는 법관이 증거조사를 마쳤음에도 어느 당사자의 주장이 맞는지 심증이 형성되지 않은 경우에 어떻게 할 것인가이다. 근대 민소법에서는 이러한 경우에도 법관이 재판을 거부할 수 없으므로 양 당사자 중 어느 한 쪽을 불리하게 취급하는 재판을 할 수밖에 없다. 이것이 증명책임 개념의 본질이다. 즉 증명책임이란 소송상 증명을 요하는 사실의 존부가 진위불명일 때 당해사실이 존재하지 않은 것으로 취급되어 법률판단을 받게 되는 당사자 일방의 위험 또는 불이익을 말한다(**객관적 증명책임**). 이처럼 증명책임은 양 당사자 중 어느 일방 당사자가 부담하도록 미리 정해져 있고, 자유심증주의에 의한 판단이 다한 이후의 최종적인 결과책임을 의미하는 것이므로 한쪽 당사자가 그 존재에 대한 증명책임을, 반대당사자가 그 부존재에 대한 증명책임을 부담하는 것이 아님에 유의하여야 한다. 예컨대 대여금 청구소송에서 금전 지급의 "존재"에 대하여 원고가 증명책임을 부담하고, 금전 지급의 "부존재"에 대하여 피고가 증명책임을 부담한다면 금전의 지급여부가 진위불명인 때에는 원고도 청구기각이라는 패소의 불이익을 부담하고 피고도 청구인용이라는 패소의 불이익을 부담하는 것이 되어 승패가 결정되지 않아 재판을 선고할 수 없게 된다. 요컨대 증명책임은 한 당사자의 "존재", 반대 당사자의 "부존재"의 식으로 부담하는 것이 아니라, 어느 당사자 일방이 어떤 사실의 "존부"라는 일괄적인 형태로, 즉 어떤 사실의 존부불명의 경우에 결과책임이라는 형태로 부담하는 것이다. 증명책임 개념은 심리의 최종단계에 이르러서도 사실주장이 진실인지 여부에 대하여 확신이 서지 않을 때 문제되므로 변론주의뿐만 아니라 직권탐지주의 하에서도 적용된다.

이에 비하여 변론주의 하에서 패소의 부담을 면하기 위하여 증거를 대야 하는 행위책임을 **주관적 증명책임** 내지 **증거제출책임**이라 한다(이를 '증명의 필요'라고 부르기도 한다). 즉 소송이 시작되면 원고는 청구원인을 이루는 사실을 증명하기 위한 증명활동을 하고, 피고는 소송의 경과에 따라 청구원인사실을 부인하면서 반증 또는 반대사실에 대한 증거 등을 제출하거나, 청구원인사실을 인정한 다음 항변을 하면서 항변사실을 증명하기 위한 증명활동을 하며, 이에 대하여 원고는 다시 피고의 방어 또는 공격에 대한 적절한 대응을 위하여 증명활동을 하게 된다. 이렇듯 소송의 전체 과정에서 승소를 위하여 증거를 제출하여야 하는 행위책임인 주관적 증명책임은 증거수집이 당사자에게 일임되어 있는 변론주의에서만 인정된다. 이러한 주관적 증명책임은 객관적 증명책임에서 파생된 개념이다.[259)]

변론주의 하에서 권리의 발생 · 소멸이라는 법률효과의 판단에 직접 필요한 요건사실 내지 주요사실은 당사자가 변론에서 주장하지 않는 한 법원은 이를 판결의 기초로 할 수 없다. 이를 **객관적 주장책임**이라고 한다. 이에 비하여 **주관적 주장책임**은 당사자의 주장행위의 부담을 의미한다. 객관적 주장책임은 원칙적으로 증명책임의 분배와 일치하므로 권리근거규정의 요건사실(청구원인)은 원고가, 권리장애 · 소멸 · 저지규정의 요건사실(항변)은 피고가 주장책임을 부담한다.

2. 기 능

증명책임은 ① 청구원인과 항변의 구별, ② 항변과 부인의 구별, ③ 본증과 반증의 구별, ④ 자백의 성립여부(증명책임설의 입장), ⑤ 증거가 없는 경우에 누구에게 증명촉구의 석명권을 행사할 것인가의 기준이 된다.

Ⅱ. 증명책임의 분배

1. 증명책임의 분배에 관한 학설

요증사실이 진위불명의 경우 누구에게 불이익을 줄 것인가는 소송의 승패와 밀접한 관련이 있어서 매우 중요하다. 따라서 증명책임을 어떻게 분배할 것인가를 두고 역사적으로 많은 논의가 있어 왔다.

증명책임의 분배에 관한 학설은 크게 **법규분류설**과 **사실분류설**로 대별되고, 후자는 다시 **요증사실분류설**과 **법률요건분류설**로 구별할 수 있다.

법규분류설은 로마법 이래 법규를 원칙규정과 예외규정으로 분류하여 그중 어떤 규정을 주장하려는 자는 그 규정에 해당하는 사실을 증명해야 한다는 학설인데, 실체법이 증명책임을 중심으로 제정된 것이 아니므로 채용이 어렵다고 본다.

요증사실분류설은 외부적 사실 또는 적극적 사실이나 개연성이 높은 사실을 주장하는 자에게 증명책임이 있고, 고의 · 과실 · 능력 · 효과의사 등과 같은 내부적 사실이나 발생하지 않은 사실과 같은 소극적 사실, 개연성이 낮은 사실을 주장하는 자에게는 증명책임이 없다고 보아, 요증사실의 성질이나 사실의 개연성을 표준으로 삼아야 한다는 견해이다.

---

259) 다만, 주관적 증명책임과 증명의 필요는 구별하여야 한다는 견해도 있다(오석락, 『입증책임론(신판)』, 박영사, 2002, 11쪽).

법률요건분류설은 요증사실 자체의 성질이나 내용이 아니라 당해 사실이 권리관계의 발생에 필요한 법률요건을 구성하는 사실인지 아닌지에 따라, 즉 실체법상 구조를 토대로 증명책임을 분배하여야 한다는 견해로서 이 견해 안에는 다시 권리관계가 발생하는 사실을 원인과 조건으로 나누어 원인사실을 증명해야 한다는 **원인설**, 권리관계를 주장하는 자는 통상적으로 발생하는 사실을 증명하고 특별한 사실 또는 예외적인 사실은 상대방이 증명해야 한다는 **통상사실설**, 자신에게 이익이 되는 사실은 그 당사자가 증명해야 한다는 **이익설** 등으로 나누어진다.

오늘날에 이르러서는 법률요건분류설 중 법률요건을 권리관계의 발생·변경·소멸의 관점에서 구별하여 권리관계의 발생요건 사실에 대해서는 법률효과를 주장하는 자가, 변경요건이나 소멸요건 사실은 그 상대방이 증명해야 한다는 **규범설**(=발생요건설, 적극요건설, 법조분류설, 근거요건설)이 통설·판례이다. 현재는 일반적으로 법률요건분류설이라고 하면 규범설을 의미한다.[260]

2. 법률요건분류설에 의한 증명책임의 분배

권리의 존재를 주장하는 사람은 권리근거규정의 요건사실에 대하여 증명책임이 있다. 즉 원고는 계약, 불법행위, 부당이득 등의 요건사실을 증명하여야 하며, 그 이상으로 그 권리가 불공정한 법률행위에 해당하지 않는다든가, 계약이 해제된 바 없었다는 사실 등에 대해서는 증명책임이 없다. 지명채권양도에 있어서 대항요건의 증명책임은 양수인인 원고에게 있다는 것이 판례의 입장이다.[261]

권리의 존재를 다투는 상대방은 반대규정(권리장애규정, 권리소멸규정, 권리저지규정)의 요건사실을 증명할 책임이 있다. 주로 본문 다음에 "다만(그러나) …의 경우에는 그러하지 아니하다." 형식의 단서규정이 여기에 해당하나, 반드시 그렇지

260) 규범설은 독일의 레오 로젠베르크(1879-1963)에 의하여 제창되었는데, 오늘날의 규범설은 로젠베르크의 규범설을 바탕으로 입증책임분배원칙을 재정립한 것이므로 엄밀한 의미에서 양자가 동일하지는 않다. 그 차이점으로서, 로젠베르크는 실체법규의 성질로부터 권리근거규정·권리장애규정·권리소멸규정·권리저지규정을 완전하게 분리해 낼 수 있다고 보았으나, 오늘날에는 입증책임의 분배원칙은 실체법규의 성질에서 구할 것이 아니라 규정의 체계, 입증의 난이도 등을 고려하여 설정해야 한다는 견해가 지배적이다. 예컨대 "계약은 합의가 있고 착오가 없으면 성립한다."는 규정과 "계약은 합의가 있으면 성립한다. 다만 착오가 있으면 그러하지 아니하다."는 규정은 표현방식만 다를 뿐 양자의 실체법규의 성질은 동일하므로 로젠베르크에 의하면 입증책임분배의 원칙도 동일하여야 한다. 그러나 전자에서는 착오가 없는 것이 권리근거규정이 되고 후자에서는 착오가 있는 것이 권리장애규정이 된다. 이로써 실체법규의 성질로부터 입증책임의 분배원칙을 완전하게 이끌어내기는 어렵다는 사실을 알 수 있다.

261) 대법원 1990.11.27. 선고 90다카27662 판결; 대법원 2005.6.23. 선고 2004다29279 판결.

는 않고 법률해석으로 정해지는 경우도 있고 본문에 규정되어 있는 경우도 있다. 권리장애규정의 요건사실로는 불공정한 법률행위, 선량한 풍속위반, 통정허위표시,[262] 강행법규위반 등이 있고, 권리소멸규정의 요건사실로는 변제,[263] 공탁, 상계, 소멸시효완성, 사기·강박·착오에 의한 취소, 해제,[264] 권리의 포기·소멸 등이 있다. 권리저지규정의 요건사실로는 기한의 유예, 정지조건의 존재,[265] 동시이행항변, 유치권항변, 한정승인 등이 있다.

다만 소극적확인소송이나 배당이의의 소, 청구이의의 소 등은 권리 또는 법률관계의 부존재에 대한 주장·증명이라는 소의 성질상 증명책임이 반대가 된다. 판례는 채무부존재확인의 소에서 원고는 특정된 청구에 대하여 채무발생원인사실을 부정하는 주장을 하면 피고가 원고에게 채무가 존재하는데 대한 요건사실을 주장·증명할 책임이 있으며,[266] 배당이의의 소에서 원고가 피고의 채권이 성립하지 아니하였음을 주장하는 경우에는 피고에게 채권의 발생원인사실을 입증할 책임이, 원고가 재항변으로 그 채권이 통정허위표시로서 무효라거나 변제에 의하여 소멸되었음을 주장하는 경우에는 원고에게 그 장애 또는 소멸사유에 해당하는 사실을 입증할 책임이 있고,[267] 확정된 지급명령에 대한 청구이의의 소에서 원고가 피고의 채권이 성립하지 아니하였음을 주장하는 경우에는 피고에게 채권의 발생원인 사실을 증명할 책임이 있고, 원고가 재항변으로 그 채권이 통정허위표시로서 무효라거나 변제에 의하여 소멸되었다는 등 권리 발생의 장애 또는 소멸사유에

262) 대법원 2007.11.29. 선고 2007다53013 판결(민법 108조 2항에 규정된 제3자는 특별한 사정이 없는 한 선의로 추정되고, 제3자가 악의라는 사실에 관한 주장·입증책임은 그 허위표시의 무효를 주장하는 자에게 있다).

263) 대법원 1994.2.8. 선고 93다50291,50307 판결(기존채무에 관하여 채무자(을)가 제3채무자(병)에 대하여 가지고 있는 채권을 기존채무의 채권자(갑)에게 양도한 경우 그들 사이에 특별한 의사표시가 없는 이상, 기존채무의 변제를 위하여 또는 그 담보조로 양도한 것이라고 추정하여야 할 것이므로, 양도된 채권의 변제에 관하여는 기존채무의 채무자(을)에게 주장·입증책임이 있다).

264) 대법원 2009.7.9. 선고 2006다67602,67619 판결(계약이 일단 성립한 후 그 해제원인의 존부에 대한 다툼이 있는 경우에는 그 계약해제권을 주장하는 자가 이를 증명하여야 하나, 이미 발생한 계약해제권이 다른 사유로 소멸되었거나 그 행사가 저지되는지 여부에 대해 다툼이 있는 경우에는 이를 주장하는 상대방이 이를 증명하여야 한다).

265) 대법원 1993.9.28. 선고 93다20832 판결(어떠한 법률행위가 조건의 성취시 법률행위의 효력이 발생하는 소위 정지조건부 법률행위에 해당한다는 사실은 그 법률행위로 인한 법률효과의 발생을 저지하는 사유로서 그 법률효과의 발생을 다투려는 자에게 주장입증책임이 있다).

266) 대법원 1998.3.13. 선고 97다45259 판결.

267) 대법원 2007.7.12. 선고 2005다39617 판결.

해당하는 사실을 주장하는 경우에는 원고에게 그 사실을 증명할 책임이 있다고 판시하였다.[268]

어떤 요건사실이 권리발생 또는 권리소멸 등의 법률효과를 가져오는 것은 소송법의 해석에 의해 결정되는가, 아니면 실체법의 해석에 의해 결정되는가?

통설은 규범설의 입장으로서 요건사실이 권리근거 · 장애 · 소멸 · 저지규정 중 어디에 해당하는가에 따라 증명책임의 분배를 정하므로 실체법의 해석에 의하여 정해진다고 본다. 따라서 국제사법상 준거법도 우리의 민소법이 아니라 해당 외국의 실체법이 적용된다(다수설).

당사자의 합의에 의하여 증명책임의 분배를 법규와 다르게 정할 수 있는가?

당사자가 처분할 수 있는 권리관계에 관한 것이고, 강행법규에 반하지 않는 한 유효하다.[269] 다만 약관규제법상 상당한 이유 없이 고객에게 증명책임을 부담시키는 약관조항은 무효이다(약관 14).

사해행위취소소송에서 채무자 · 수익자 · 전득자에 대한 악의의 증명책임은 누구에게 있는가?

채무자가 악의라는 점은 채권자에게 증명책임이 있으나, 수익자 또는 전득자가 악의라는 점에 관하여는 채권자에게 증명책임이 있는 것이 아니라 수익자 또는 전득자가 자신은 악의가 없었다는 점을 증명할 책임이 있다.[270]

원고가 어떤 물건으로 인하여 손해를 입었다고 주장하면서 그 물건의 소유자를 상대로 손해배상청구소송을 제기한 경우, 그 물건의 소유권의 취득원인에 대한 증명책임은 원고가 부담하는가, 아니면 피고가 그 물건에 대한 소유권이 없음을 증명할 책임을 부담하는가?

소유자를 피고로 하여 그 소유물에 의해 받은 손해배상을 청구하는 소송에서는 피고에게 소유권이 있음을 주장하는 자, 즉 원고가 증명책임을 부담한다.

민법 390조의 이행불능의 사실에 대한 증명책임은 채권자와 채무자 중 누가 증명책임을 부담하는가?

규범설에 의하면 이행불능의 사실에 대해서는 채권자가 증명책임을 부담한다. 민법

---

268) 대법원 2010.6.24. 선고 2010다12852 판결.
269) 대법원 1997.10.28. 선고 97다33089 판결.
270) 대법원 2010.2.25. 선고 2007다28819,28826 판결; 대법원 2005.10.14. 선고 2003다60891 판결.

390조는 이행불능사실의 존재를 근거로 손해배상청구권이 발생하므로 권리근거규정에 대한 요건사실이기 때문이다. 그런데 이행불능인지 아닌지는 채권자보다 채무자가 더 잘 알고 있는 것이 통례이므로 증거와의 거리가 가까운 채무자에게 이행불능이 아님을 부담시켜야 한다는 견해가 있다.[271] 물론 이행불능에 대한 귀책사유(고의·과실)는 그것이 없음을 채무자가 증명하도록 위 조문 단서에서 규정하고 있으므로 이 부분에 대해서는 다툼이 없다.

원고가 권리근거사실을 주장하면서 소제기한 경우 피고가 이에 대하여 권리소멸사실을 주장·입증한 후, 원고가 다시 그 권리가 소멸하지 않았다는 규정을 주장하는 것도 권리근거사실을 주장하는 것인가?

예컨대 피고가 계약이 취소되었다는 권리소멸을 주장하는데 대하여 원고가 추인(민법 143이하)이 있었으므로 취소되지 않았다는 주장 또는 피고가 소멸시효가 완성되었다는 주장에 대하여 원고가 시효중단사유(민 147이하)가 있음을 주장하는 경우를 들 수 있다. 이것도 권리근거사실을 주장하는 것이고, 소송에서는 주로 원고의 재항변으로 나타난다.

"다만(그러나) …의 경우에 한한다"는 단서 규정은 본문의 효과를 주장하는 자에게 증명책임이 있는가, 아니면 본문의 적용을 면하려는 자에게 증명책임이 있는가?

이 경우는 "다만(그러나) …의 경우에는 그러하지 아니하다"의 단서규정과 달리, 본문의 요건 중 일부를 단서의 방법으로 추가한데 불과하다. 따라서 본문의 효과를 주장하는 자에게 증명책임이 있다.

헌법상 재판청구권 규정의 반사효로 인하여 원고가 소를 제기하면 일단 적법한 것으로 추정되는가?

그렇지 않다. 소송요건의 구비는 원고에게 유리한 것이므로 이에 대한 다툼이 있는 경우 원고가 그 존재에 대한 증명책임을 지는 것이지, 피고가 그 부존재에 대한 증명책임을 지는 것이 아니다.

3. 법률요건분류설에 대한 비판과 대안

가. 법률요건분류설에 대한 비판

법률요건분류설은 기준이 비교적 명확하다는 점에서는 우수하지만 현대에 이

271) 김형배, 『채권총론(제2판)』, 박영사, 1999, 195쪽.

르러 민사소송 상황은 개인 사이의 계약관계보다는 주로 불법행위 또는 불법행위와 계약이 융합된 분쟁이 늘어나고, 그 분쟁의 모습이 복잡화·전문화·거대화함과 동시에 증거가 어느 한 당사자에게 편재하는 상황이 증가하고 있다. 이러한 현대형 소송사건에 종래의 법률요건분류설을 적용하면, 당사자의 공평을 이념으로 하는 손해배상의 원리는 증명책임의 분배문제에 가로막혀 좌초하게 된다.

민소법도 문서제출의무의 일반의무화, 교호신문제에서의 법관의 역할 강화, 당사자 본인신문의 보충성 폐지 등의 규정을 두어 법률요건분류설의 한계극복을 시도하고 있지만 아직은 미흡하므로 미국식의 증거개시제도(법정 외의 증언녹취, 질문서의 교환, 자백요구서, 문서제출 및 토지출입, 신체정신검사 등)나 모색적 증명, 증명책임 없는 당사자의 사안해명의무의 인정 등이 주장되고 있다. 한편, 증명책임의 분배를 재정의하여 당사자 사이의 실질적 불평등관계를 해소하기 위하여 다음과 같은 대안이 논의되고 있다.

나. 법률요건분류설에 대한 대안

(1) 위험영역설

위험영역설은 1943년에 Michaelis가 제창하였고 후에 Prölss가 체계화한 것으로서 독일연방대법원의 판례로 승인되고 있는 이론이다.[272] 이때 위험영역이란 피해자에게 발생된 손해가 누군가가 자유로이 처분할 수 있는 법적·사실적 생활영역 내에 존재하는 것을 말하며, 보통 가해자가 직접 점유 하에 있는 공간적·물적 지배영역을 뜻한다. 이 견해에 의하면 손해의 원인이 가해자의 위험영역 내에서 발생한 경우에는 그것이 증명책임분배의 기준이 되어 가해자(채무자)가 주관적·객관적 요건의 부존재를 증명하여야 한다는 것이다. 이 경우 피해자(채권자)는 손해의 원인이 오로지 가해자 단독 또는 가해자와 제3자가 공동으로 지배하는 위험영역에서 발생한 것이고, 피해자 자신의 위험영역이나 가해자와 무관한 제3자의 위험영역에서 발생한 것이 아니라는 사실만 증명하면 된다.

(2) 증거거리설(이익형량설)

위험영역설이 위험영역의 한계가 모호하다는 비판이 일자 어떤 사실이 위험영역에 속하는가 아닌가의 판단을 당해 사실의 증명에 필요한 증거에 대한 거리를

272) 오석락, 『입증책임론(신판)』, 박영사, 2002, 82쪽.

추론하여 증명책임 분배의 일반적 기준으로서 "증거와의 거리"라는 관념을 정립함으로써 법률요건분류설의 분배기준에 갈음하는 새로운 분배기준의 하나로 주장하는 견해가 증거거리설이다. 이 설에 의하면 원고가 어떤 사실의 증명에 필요한 증거를 보유하거나 보유하기 쉬운 입장에 있는 반면, 피고는 그와 같은 증거를 보유하지 않거나 보유하기 어려운 입장에 있는 경우에는 원고가 그 사실을 증명할 책임을 부담하고, 이와 반대의 경우에는 피고가 그 사실을 증명할 책임을 부담하여야 한다는 견해로서, 이를 일반화하면 어떤 사실의 증명에 필요한 증거에 가까운 자는 그 사실에 대하여 증명책임을 부담한다는 명제가 성립하며, 만약 증거와의 거리가 양쪽이 거의 같은 경우에는 증명의 난이도에 의하여 정하고(난이도가 낮은 자에게 증명책임을 과한다), 난이도로 결정할 수 없는 경우에는 규범설에 의하여 증명책임을 분배하여야 할 것이라고 한다.[273]

(3) 수정법률요건분류설

이 학설은 위의 위험영역설 또는 증거거리설과는 달리, 법률요건분류설(규범설)을 원칙으로 하되, 이에 따른 결론이 현저히 타당성을 잃은 경우 또는 요증사실이 권리근거규정, 장애규정, 소멸규정 중 어디에 해당되는지 불명확한 경우에 이를 보충하거나 수정할 필요가 있을 때에만 증명책임의 분배를 달리하여야 한다는 견해이다.[274] 따라서 아래에서 보는 증명책임의 전환과 완화, 법률상 추정, 일응의 추정 내지 표현증명, 개연성설 등도 넓은 의미에서는 여기에 포섭된다. 공해 등 환경소송, 제조물책임소송, 의료과오소송 등 가해자에게 증거가 편중되어 있는 손해배상청구의 경우에 법률요건분류설을 수정하여야 한다는 견해가 대세이다.

Ⅲ. 증명책임의 전환과 완화

1. 증명책임의 전환

증명책임의 전환이란 증명책임의 일반원칙에 대하여 특별한 경우에 입법으로 수정을 가하여 일반원칙과 다른 증명책임의 분배를 규정한 것을 말한다. 원래 일반규정인 민법 750조의 불법행위에 기한 손해배상청구권이 성립하기 위해서는 청

273) 石田穣, "証明責任の再構成", 「判例タイムズ(322号)」, 1975. 8, 29面.
274) 이시윤, 547쪽.

구권의 근거사실을 피해자가 모두 증명하여야 하지만, 사용자의 배상책임(민 756), 공작물 등의 점유자 책임(민 758①), 동물의 점유자 책임(민 759) 등의 경우에는 가해자 측에서 주의의무를 해태하지 아니한 사실 등을 증명하도록 증명책임을 전환하여 피해자 구제를 용이하게 하고 있다. 또한 자동차손해배상보장법 3조는 자동차운행자에게 무과실에 대한 증명을 하도록 규정하고 있다. 그 외에도 타인의 대리인으로서 계약을 한 자는 자기의 대리권을 증명하지 못하고 본인의 추인을 얻지 못한 때에는 상대방의 선택에 좇아 계약의 이행 또는 손해배상의 책임이 있으며(민 135①), 채권자가 보증인에게 채무의 이행을 청구한 때에는 보증인은 주채무자의 변제자력이 있는 사실 및 그 집행이 용이한 것을 증명하여 먼저 주채무자에게 청구할 것과 그 재산에 대하여 집행할 것을 항변할 수 있는데(민 437), 이 경우에도 증명책임이 전환된다.

증명책임을 전환한 규정과 무과실책임 규정은 어떻게 다른가?

증명책임의 전환은 규정의 존재로 인하여 원래 증명책임을 부담하지 않는 자가 증명책임을 부담하게 되지만, 그가 이를 증명하여 책임을 벗어날 여지가 있다. 이에 반하여 무과실책임 규정의 경우에는 과실 없음을 증명한다고 하더라도 그 책임을 벗어날 여지가 없다. 환경정책기본법 44조 및 토양환경보전법 10조의3, 환경오염피해 배상책임 및 구제에 관한 법률 6조에서 환경오염의 피해에 대한 무과실책임을 법정하고 있고, 민법상 수급인의 하자담보책임(민 667)에 대하여 판례는 무과실책임으로 보고 있다.[275]

명문상 규정이 없는 경우에도 해석에 의하여 증명책임을 전환할 수 있는지에 관하여 논의가 있으나, 앞에서 살펴본 바대로 증명방해의 경우에 이 견해를 취하는 학설(증명책임전환설)이 있다.

2. 증명책임의 완화

가. 법률상 추정

(1) 의 의

추정에는 법률상 추정과 사실상 추정이 있다. 등기필정보를 보관하고 있는 사실에서 매수사실을 추정하는 것과 같이 일반 경험법칙을 적용하여 사실을 추정하

275) 대법원 2004.8.20. 선고 2001다70337 판결.

는 것을 사실상 추정이라고 하고, 이미 법규화된 경험법칙을 적용하여 추정하는 것을 법률상 추정이라고 한다.

사실상 추정의 경우는 반증으로 번복할 수 있지만 법률상 추정은 추정사실이 진실이 아니라는 반대사실의 증명(본증)이 있어야 번복된다.

(2) 종 류

법률상 추정은 다시 법률상 사실추정과 법률상 권리추정으로 나뉜다.

1) 법률상 사실추정

아내가 혼인 중에 임신한 자녀는 남편의 자녀로의 추정(민 844), 점유계속의 추정(민 198), 일정 지역 내에서 동종영업으로 타인이 등기한 상호를 사용하는 자를 부정한 목적으로 사용하는 것으로의 추정(상 23④), 일자의 기재가 없는 배서를 지급거절증서 작성기간 경과 전에 한 것으로의 추정(어음법 20②)과 같이 일정한 전제사실에서 다른 일정한 **사실**을 추정하는 것이다.

2) 법률상 권리추정

귀속불명재산의 부부공유추정(민 830②), 점유자 권리의 적법추정(민 200), 구분건물의 공용부분 공유추정(민 215), 경계에 있는 경계표의 공유추정(민 239), 공유자 지분의 균등추정(민 262②), 업무집행조합원의 대리권추정(민 709)과 같이 일정한 사실에서 일정한 **권리**가 있는 것으로 추정하는 것을 말한다.

(3) 효 과

증명책임을 부담하는 자는 추정된 사실이나 권리를 직접 증명할 수도 있으나, 그보다도 증명이 쉬운 전제사실을 증명하면 추정된 사실이나 권리는 불요증사실이 된다(증명책임의 완화).

상대방은 그 전제사실에 대하여 반증을 제출하여 그 인정을 막을 수 있으나 이는 거의 불가능하므로 추정된 사실과 반대되는 사실을 본증으로서 증명해야 한다(증명책임의 전환).[276)]

의제나 간주의 경우는 번복을 허용하지 않는다는 점에서 법률상 추정과는 다

276) 다만, 남편의 동의하에 아내가 제3자의 정자를 제공받아 인공수정으로 임신하여 출산한 경우에 남편은 이러한 사실을 증명해도 친생추정에서 벗어날 수 없다(대법원 2019.10.23. 선고 2016므2510 전원합의체 판결).

르다.

법률상 사실이 추정된 경우 상대방이 이를 번복할 수 있는 방법을 예를 들어 설명하시오.

예컨대 2인 이상이 동일한 위난으로 사망한 경우에는 동시에 사망한 것으로 추정하는 민법 30조의 추정은 법률상 사실추정이므로 이를 번복하기 위해서는 동일한 위난으로 사망한 것이라는 전제사실에 대하여 법원의 확신을 흔들리게 하는 반증을 제시하든지, 아니면 동일한 위난으로 사망한 것은 사실이지만 추정된 사실인 동시사망에 반대되는 사실, 즉 각자 다른 시각에 사망하였다는 사실에 대하여 법원에 확신을 줄 수 있는 본증(반대사실의 증명)을 제출하여야 한다.[277]

토지 매수인이 매매계약에 의하여 목적 토지의 점유를 취득한 경우, 그 계약이 타인의 토지의 매매에 해당하면 자주점유의 추정이 번복되는가?

판례는 토지의 매수인이 매매계약에 의하여 목적 토지의 점유를 취득한 경우 설사 그것이 타인의 토지의 매매에 해당하여 그에 의하여 곧바로 소유권을 취득할 수 없다고 하더라도 그것만으로 매수인이 점유권원의 성질상 소유의 의사가 없는 것으로 보이는 권원에 바탕을 두고 점유를 취득한 사실이 증명되었다고 단정할 수 없을 뿐만 아니라, 매도인에게 처분권한이 없다는 것을 잘 알면서 이를 매수하였다는 등의 다른 특별한 사정이 입증되지 않는 한, 그 사실만으로 바로 그 매수인의 점유가 소유의 의사가 있는 점유라는 추정이 깨어지는 것이라고 할 수 없고, 민법 197조 1항이 규정하고 있는 점유자에게 추정되는 소유의 의사는 사실상 소유할 의사가 있는 것으로 충분한 것이지 반드시 등기를 수반하여야 하는 것은 아니므로 등기를 수반하지 아니한 점유임이 밝혀졌다고 하여 이 사실만 가지고 바로 점유권원의 성질상 소유의 의사가 결여된 타주점유라고 할 수 없다고 하였다.[278]

(4) 등기의 추정력

판례는 부동산이전등기에 대하여 다투는 측에서 무효사유를 주장·입증하지 않는 한 그 등기가 적법하다고 하여 **법률상 권리추정**을 인정하며,[279] 나아가 등기

277) 대법원 1998.8.21. 선고 98다8974 판결.

278) 대법원 2000.3.16. 선고 97다37661 전원합의체 판결.

279) 대법원 2013.1.10. 선고 2010다75044,75051 판결(부동산에 관하여 소유권이전등기가 마쳐져 있는 경우, 등기명의자는 제3자에 대하여서뿐만 아니라 그 전의 소유자에 대하여도 적법한 등기원인에 의하여 소유권을 취득한 것으로 추정되므로, 이를 다투는 측에서 무효사유를 주장·입증하여야 한다). 임야대장의 경우에도 소유자란 기재의 권리추정력을 부여한 판례가 있다(대법원 2019.12.13. 선고 2018다290825 판결).

원인 및 등기절차가 적법하게 이루어졌다는 사실까지도 추정하는데 이는 **법률상 사실추정**에 해당한다고 본다.[280] 우리의 판례는 '등기기록상 소유명의인은 상대방의 반증이 없는 한 부동산을 소유하는 것으로 추정한다'는 일본의 판례(사실상 추정)[281]와는 달리, 등기기록상 소유명의인은 상대방의 반대사실에 대한 증명(본증)이 없는 한 부동산을 소유하는 것으로 추정함으로써 증명책임을 전환하였으므로 법률상 추정인 것이다.[282]

예컨대 갑 명의로 등기된 부동산에 대하여 을이 소유권이전등기말소청구소송을 제기하면서 이는 병이 권한 없이 을 소유 부동산을 갑에게 매도한 것이라고 주장하는 경우, 소유권이전등기는 적법한 것으로 추정되므로 병이 권한 없이 매도한 것이라는 점을 증명할 책임은 을에게 있고, 갑이 병의 유권대리를 증명할 책임은 없다.[283]

나아가 판례는 등기가 확정판결에 따라 마쳐진 경우에 그 추정력을 번복하기 위해서는 일반적으로 등기의 추정력을 번복함에 있어 요구되는 증명의 정도를 넘는 명백한 증거가 있어야 한다는 입장이다.[284]

소유권보존등기의 경우에도 소유권이전등기의 경우와 동일한 추정력이 인정되는가?

판례는 부동산 소유권보존등기가 경료되어 있는 이상, 그 보존등기 명의자에게 소유권이 있음이 추정된다 하더라도 그 보존등기 명의자가 보존등기하기 이전의 소유자로부터 부동산을 양수한 것이라고 주장하고 전 소유자는 양도사실을 부인하는 경우에는 그 보존등기의 추정력은 깨어지고 그 보존등기 명의자 측에서 그 양수 사실을 입증할 책임이 있다고 하여,[285] 이 경우에도 법률상 추정을 인정하지만 소유권이전

280) 대법원 2002.2.5. 선고 2001다72029 판결; 대법원 1992.10.27. 선고 92다30047 판결(지분이전등기가 경료된 경우 그 등기는 적법하게 된 것으로서 진실한 권리상태를 공시하는 것이라고 추정되므로, 그 등기가 위법하게 된 것이라고 주장하는 상대방에게 그 추정력을 번복할 만한 반대사실을 입증할 책임이 있다); 대법원 2001.8.21. 선고 2001다23195 판결(등기명의자가 등기원인 행위의 태양이나 과정을 다소 다르게 주장한다고 하여 이러한 주장만 가지고 그 등기의 추정력이 깨어진다고 할 수 없을 것이므로, 이러한 경우에도 이를 다투는 측에서 등기명의자의 소유권이전등기가 전 등기명의인의 의사에 반하여 이루어진 것으로서 무효라는 주장・입증을 하여야 한다)

281) 日最判 1959.1.8. 別冊ジュリスト 10号 86面.

282) 이러한 판례의 태도에 대하여, 명문상 추정규정 없이 법률상 추정력을 인정하는 것은 의문이라는 견해가 있다(이시윤, 550쪽).

283) 대법원 1993.10.12. 선고 93다18914 판결; 대법원 2009.9.24. 선고 2009다37831 판결.

284) 대법원 2023.7.13. 선고 2023다223591 판결.

등기의 경우보다는 추정력을 완화하고 있다.

특별조치법에 따른 소유권보존등기의 추정력은 어떠한가?

판례는, 특별조치법에 따른 소유권보존등기는 사정받은 사람이 따로 있더라도 추정력이 인정되고,[286] 보존등기명의인이 승계취득하였음이 증명되더라도 추정력이 인정되며,[287] 보증서나 확인서상 매수일자가 토지대장 등에 기재된 소유명의인의 사망일자보다 뒤로 되었더라도 추정력이 인정된다고 하였다.[288] 다만 등기절차상 필요한 보증서나 확인서가 허위 또는 위조되었다든가 그 밖의 사유로 적법하게 등기된 것이 아니라는 점을 주장·입증하면 추정력이 깨어지는데, 이때의 증명정도는 확신의 정도(본증)를 요하지 않고 의심의 정도(반증)로 족하다는 것이 판례이다.[289] 이러한 판례에 의하면, 특별조치법에 의한 소유권보존등기의 추정력 번복은 상대방(말소청구자)에게 주장·입증책임을 부담시킨다는 점에서는 법률상 추정이지만 심증의 정도를 완화한 것으로 보인다.

소유권이전등기의 추정력이 부인되는 경우의 예를 들어보라.

판례에 의하면, ① 전소유자의 사망 후에 그 명의의 신청에 의하여 소유권이전등기가 이루어진 경우,[290] ② 전소유명의자가 허무인인 경우,[291] ③ 등기원인으로 주장된 계약서가 진정하지 않은 경우,[292] ④ 등기의 기재 자체에 의하여 부실의 등기임이 명백한 경우[293] 등은 소유권이전등기의 추정력을 부인한다. 따라서 이러한 경우에는 소유명의자에게 그 등기가 실체관계에 부합한다는 점을 증명할 책임이 있다.

피고들 앞으로 순차 경료된 소유권이전등기의 말소를 구하는 소송에서 피고 중 한 사람이 청구를 인낙하면 등기의 추정력이 깨어지는가?

피고들 앞으로 순차 경료된 소유권이전등기의 말소를 구하는 소송에서 피고 중 한 사람이 한 인낙의 효력은 다른 피고들에게까지 미친다고 할 수 없으므로 피고들 앞으로 경료된 소유권이전등기의 추정력은 위 인낙에 의하여 깨어질 수 없다.[294]

---

285) 대법원 1982.9.14. 선고 82다카707 판결.
286) 대법원 1987.10.13. 선고 86다카2928 전원합의체 판결.
287) 대법원 1984.2.28. 선고 83다카994 판결.
288) 대법원 1988.5.24. 선고 87다카1785 판결.
289) 대법원 2009.4.9. 선고 2006다30921 판결; 대법원 1997.9.26. 선고 97다24900 판결; 대법원 2006.2.23. 선고 2004다29835 판결.
290) 대법원 1983.8.23. 선고 83다카597 판결.
291) 대법원 1985.11.12. 선고 84다카2494 판결.
292) 대법원 1998.9.22. 선고 98다29568 판결.
293) 대법원 1982.9.14. 선고 82다카134 판결.
294) 대법원 1987.6.23. 선고 86다카1640 판결.

유사적 추정이란 무엇인가?

법문상 '추정'이라고 규정되어 있지만 엄밀한 의미에서 추정이라고 할 수 없는 경우를 유사적 추정이라고 한다. 여기에는 잠정적 진실, 의사추정, 증거법칙적 추정이 있다.

잠정적 진실이란 무엇인가?

특정한 실체법규에 해당되면 하나의 요건사실의 존재에 의해 다른 요건사실을 추정하는 것을 말한다. 예를 들면 민법 197조 1항의 점유자에 대한 소유의 의사, 선의, 평온, 공연한 점유의 추정이 잠정적 진실이다. 이 경우 일응 진실로 본다는 의미에서 잠정적 진실이라고 한다. 이것이 취득시효의 규정과 결부되면 민법 245조 1항은 "타인의 부동산을 20년간 점유한 자는 등기함으로써 그 소유권을 취득한다." 로, 같은 조 2항은 "부동산의 소유자로 등기한 자가 무과실로 10년간 점유한 때에는 그 소유권을 취득한다."로 규정한 것과 동일하게 된다. 다만 판례는 민법 197조 1항을 물건의 점유라는 전제사실로부터 점유자의 소유의 의사를 추정하는 법률상 사실추정으로 본다.[295] 이를 잠정적 진실로 보든 법률상 사실추정으로 보든 증명책임이 전환되고, 이를 번복하기 위해서는 본증에 의해야 한다는 점에 있어서는 아무런 차이가 없다. 학설은 그 외에 상법 47조 2항(상인의 행위의 영업목적 추정), 어음법 29조 1항(인수기재 말소의 어음반환 전 행위 추정) 등도 잠정적 진실에 해당한다고 본다.

의사추정(意思推定)이란 무엇인가?

이는 의사표시(意思表示)의 내용을 추정하는 것으로서 법률행위 해석의 지침으로 작용하는 규정이다. 기한은 채무자의 이익을 위한 것으로 추정하고(민 153①), 위약금을 손해배상액의 예정으로 추정하며(민 398④), 채권매도인의 매수인에 대한 자력의 담보는 매매계약당시의 자력을 담보한 것으로 추정하는 규정(민 579①) 및 매매당사자 일방에게 의무이행의 기한이 있는 때에는 타방도 동일한 기한이 있는 것으로 추정하는 규정(민 585)이 이에 해당한다.

증거법칙적 추정이란 무엇인가?

법률상 추정은 실체법상 추정규정에 한정된다는 전제하에, 소송법(증거법)상 일정한 사실을 추정하는 경우를 증거법칙적 추정이라고 부르는 견해가 있는데, 문서의 진정추정규정(356, 358)이 이에 해당한다고 본다.[296] 증거법칙이 추정되면 그 한도에서

295) 대법원 1997.8.21. 선고 95다28625 전원합의체 판결.
296) 김홍엽, 719쪽.

자유심증이 제한되며, 추정을 번복하려면 본증으로 문서가 위조되었다는 등의 반대사실을 증명해야 한다. 한편, 법률상 추정 개념을 실체법뿐만 아니라 소송법상 추정 규정까지 포함하는 의미로 사용하는 입장에서는 문서의 진정추정 규정도 법률상 추정으로 본다.[297)]

나. 사실상 추정

간접사실에 경험법칙을 적용하여 주요사실을 추인하는 것을 사실상 추정이라고 한다. 법률상 추정과 달리, 법률에 추정규정이 존재하지 않는 것이 원칙이다. 일응의 추정도 사실상 추정에 포함된다.

판례가 사실상 추정으로 본 사례를 들어보라.

호적부(현 가족관계기록부)의 기재사항은 사망사실이 기재되어 있으면 그 사람이 사망한 것으로 추정되고,[298)] 토지조사부에 소유자로 등재된 자는 그 토지의 소유자로 사정받고 그 사정이 확인된 것으로 추정되며,[299)] 토지대장에 소유권이전등록이 되어 있으면 전소유자로부터 소유권이전등기를 받아 토지를 소유하는 것으로 추정하는 것 등이다.[300)] 이러한 사실상 추정은 반증으로 번복될 수 있지만 공문서인 경우에는 높은 증명력을 가지므로 반증이 쉽지 않다.[301)] 다만 가족관계등록부에 기재된 사항은 일응 진실에 부합하는 것이라는 추정을 받으나, 그 기재에 반하는 증거가 있거나 그 기재가 진실이 아니라고 볼 만한 특별한 사정이 있는 때에는 그 추정을 번복할 수 있으므로 출생·혼인·사망 등 가족관계의 발생 및 변동에 관한 어떠한 사항이 가족관계등록부에 기재되었더라도 진실에 부합하지 않음이 분명한 경우에는 그 기재내용을 수정함으로써 가족관계등록부가 진정한 가족관계의 발생 및 변동사항을 공시하도록 하여야 한다는 판례가 있다.[302)]

---

297) 호문혁, 592쪽.
298) 대법원 1995.7.5. 자 94스26 결정.
299) 대법원 1998.9.8. 선고 98다13686 판결.
300) 대법원 1977.4.12. 선고 76다2042 판결.
301) 대법원 1995.7.5. 자 94스26 결정(호적부의 기재사항은 이를 번복할 만한 명백한 반증이 없는 한 진실에 부합되는 것으로 추정이 되며, 특히 호적부의 사망기재는 쉽게 번복할 수 있게 해서는 안 되고, 그 기재내용을 뒤집기 위해서는 사망신고 당시에 첨부된 서류들이 위조 또는 허위 조작된 문서임이 증명되거나 신고인이 공정증서원본 부실기재죄로 처단되었거나 또는 사망으로 기재된 본인이 현재 생존해 있다는 사실이 증명되고 있을 때 또는 이에 준하는 사유가 있을 때 등에 한해서 호적상의 사망기재의 추정력을 뒤집을 수 있을 뿐이고, 그러한 정도에 미치지 못한 경우에는 그 추정력을 깰 수 없다).
302) 대법원 2023.7.14. 자 2023스17 결정.

(1) 일응의 추정 또는 표현증명

간접사실에 경험법칙을 적용하여 주요사실의 개연성을 추정하는 경우에 개연성의 정도는 천차만별이므로 주요사실이 증명된 것으로 볼 것인지 여부는 자유심증의 문제이다. 경험법칙 중에서 간접사실이 증명되면 특별한(특단의) 사정이 없는 한 주요사실이 증명된 것으로 볼 정도로 개연성이 매우 높은 경험법칙이 적용되는 경우(정형적 사상경과)를 일응의 추정 또는 표현증명이라고 한다.

예컨대 자동차가 인도나 중앙선을 침범한 경우 또는 의사가 개복수술 후 봉합수술을 하였는데 뱃속에 수술도구가 들어있는 경우는 특단의 사정이 없는 한 그 한 가지 사실만으로 곧바로 운전자 또는 의사에게 주요사실인 과실을 추정할 수 있다. 일응의 추정은 주로 인과관계와 과실을 추정하는데 쓰인다.

판례에서 일응의 추정을 적용한 예로는, 탄광에서 천반이 붕괴되어 압사하였다면 그 사고는 일응 광산 갱내의 낙반붕괴의 방지의무를 다하지 못한 시설물 하자에 기인한 것이라 추정한 것,[303] 버스의 뒷바퀴로 16세 소녀의 허벅다리를 역과하였다면 특단의 사정이 없는 한 현장에서 즉사하였거나 원심이 인정한 상해보다 더 중한 상해를 입었을 것이라고 경험칙상 추정한 것,[304] 주위의 다른 건물에는 이상이 없는데 유독 이 사건 건물의 지붕이 바람에 날려 무너진 것이라면 이 사건 사고는 일응 그 공작물의 하자에 기인한 것이라고 추정한 것[305] 등이 있다.

(2) 간접반증(일응의 추정의 번복)

1) 의 의

위의 예에서 자동차가 인도를 침범하였다거나 뱃속에서 수술도구가 발견되었다는 사실에 의심을 일으킬 정도의 반증을 하면 일응의 추정을 번복할 수 있음은 명백하다. 그러나 일단 자동차의 인도침범사실, 뱃속에서 수술도구가 발견되었다는 사실이 증명되어 고도의 개연성이 있는 경험법칙에 의해 주요사실의 인정에 일응의 추정이 생긴 경우에는 간접반증으로 이를 번복하여야 한다.

간접반증이란 어떤 주요사실(예컨대 과실)에 대하여 증명책임을 부담하는 자가 이를 추인시키는 데 충분한 간접사실을 일응 증명한 경우(위의 예에서 버스의 인도

303) 대법원 1969.12.30. 선고 69다1604 판결.
304) 대법원 1970.11.24. 선고 70다2130 판결.
305) 대법원 1974.11.26. 선고 74다246 판결.

침범 또는 뱃속에서 수술도구 발견)에 그 간접사실과 양립하는 별개의 간접사실을 증명하여 일응의 추정을 방해하기 위한 증명활동을 말한다. 즉 자동차의 인도 침범이나 중앙선 침범의 경우 이를 인정하면서 그 이유가 후방의 다른 차의 충격으로 인한 것이라거나 어린이가 갑자기 차도로 뛰어들어 어쩔 수 없었다는 사실 또는 뱃속에서 수술도구가 발견되었음을 인정하면서 환자 뱃속에 있는 수술도구는 그 전에 있었던 다른 의사의 수술과정에서 들어간 사실과 같이 '특단의 사정'을 주장·입증하면 과실이나 인과관계가 존재한다는 판단을 면할 수 있는 것이다. 이러한 특단의 사정에 해당하는 사실에 대한 증명이 간접반증이다.

2) 기 능

간접반증은 증명책임의 분배에 있어서 법률요건분류설을 전제로 하면서 증명이 곤란한 주요사실을 둘러싼 간접사실에 대한 증명의 부담을 양 당사자에게 분배하여 증명책임의 공평한 분배를 도모하는 기능을 한다.

간접반증은 거증자가 증명하려는 주요사실의 부존재의 증명을 목적으로 하는 것이 아니고 어디까지나 간접사실이 가지는 주요사실의 추인을 반격하는 것이므로 "간접"이라고 불린다. 또한 주요사실에 관해서는 "본증"이 아니고, 주요사실의 존재를 진위불명에 빠뜨려 간접사실로부터의 추인을 동요시키는 기능을 한다는 점에서 "반증"에 위치시킨다. 다만 자기가 주장하는 간접사실(위의 예에서 어린이가 갑자기 차도에 뛰어든 사실 또는 그 전의 다른 의사의 수술과정에서 뱃속에 수술도구가 들어간 사실) 자체에 관해서는 본증, 즉 법관이 확신을 가지도록 증명할 것이 요구되는 점에 주의를 요한다.

실무상 판결이유에서 "…사실(간접사실)이 인정되는 본건에 있어서는 달리 특별한 사정(간접반증 해당사실)이 없는 한 … 사실(주요사실)을 인정함이 상당하다"는 사실인정의 방식은 간접반증이론을 전제로 하고 있다. 만약 간접반증을 받아들이는 경우에는 "…에 의하면 …사실(간접사실), …사실(간접사실)을 인정할 수 있으나, 한편 …에 의하면 …사실(간접반증 해당사실)을 인정할 수 있으므로, 이에 비추어 보면 …를 추인하기 어렵고 달리 이를 인정할 만한 증거가 없다"는 방식으로 기재한다.

3) 적용범위

공해사건에 대한 손해배상소송과 같은 경우에는 원고측이 인과관계를 입증하는 것이 곤란한 경우가 많아서 증명책임의 일반원칙에 따르면 거의 항상 원고가 패소할 수밖에 없게 된다. 판례는 신개연성설에 입각하여 원고에게 입증곤란을 완화해 주는 대신, 피고로 하여금 간접반증으로 이에 맞설 수 있도록 하고 있다.

이러한 방식은 공해사건뿐만 아니라 의료과오, 제조물책임, 산업재해소송 등 인과관계나 과실의 증명이 곤란한 경우에도 응용할 수 있다.

간접반증은 일응의 추정이 있는 경우에만 적용되는가?

이론적으로는 간접사실에 적용되는 경험법칙이 고도의 개연성을 가지는 경우, 즉 일응의 추정의 경우에만 간접반증이 성립한다. 왜냐하면 개연성이 높지 않은 경험법칙으로 주요사실을 추단하는 경우에는 직접반증으로 얼마든지 사실상 추정을 번복시킬 수 있기 때문이다. 그러나 판례는 공해소송, 의료과오소송, 제조물책임소송 등에서 낮은 개연성만으로 주요사실을 추정하는 경우에도 간접반증을 인정하는데, 이는 증명책임의 완화를 위한 고육책으로 발전시킨 이론일 뿐 원래의 간접반증이론과는 거리가 있다.

4) 비 판

우선 간접반증이론은 원래 주요사실을 증명할 책임이 있는 자의 상대방에게 간접사실에 대한 증명책임을 부담시킨다는 무리를 범하고 있다고 지적되고 있다. 즉 본래의 증명책임은 주요사실에 대하여 생각하여야 하는데, 앞에서 본 바와 같이 간접반증이론에서는 반증을 위해 제출한 간접사실을 주장하는 쪽에 증명책임을 부담시킨다는 점에서 비판을 받고 있다.

둘째로 변론주의는 주요사실에만 적용될 뿐 간접사실에는 적용되지 아니하므로 불특정개념에 해당하는 개개의 구체적 사실을 주요사실이라고 하지 않으면 법원은 당사자가 치열하게 다투는 사실과 무관한 사실을 들어 과실이나 인과관계를 인정할 수 있기 때문에 당사자에게 불의의 타격을 준다는 점에서 불특정개념인 과실, 정당한 사유, 인과관계 등을 주요사실이 아니라 법률요건일 뿐이고, 위와 같은 요건에 해당하는 개개의 구체적 사실을 주요사실 또는 준주요사실이라고 보는 견해가 대세임은 앞의 변론주의에 대한 설명에서 살펴본 바와 같다. 그런데 이러한 대세적 견해에 의하면 원고가 불특정개념에 해당하는 구체적 사실을 증명하면 주요사실이 증명된 것이므로 이와 양립하는 주장은 항변사실로서 피고가 증명책임을 부담한다고 보아야 하는데, 이렇게 보면 간접반증이론 자체가 성립할 수 없다는 비판이 있다.

다. 증명책임 없는 당사자의 이른바 사안해명의무

문서제출명령(344), 검증물제출의무(366①), 당사자본인신문(367) 등의 경우에는 증명책임을 지지 않는 당사자라고 하더라도 증거제출을 하여야 할 경우가 있으며, 이를 거부하는 경우에는 증명책임을 부담하는 자의 주장을 진실한 것으로 인정할 수 있도록 규정하고 있다(349, 366①, 369).

위와 같은 규정의 취지를 신의칙을 매개로 확대하여 증명책임을 지지 않는 당사자에게 포괄적인 해명의무를 인정하자는 주장이 증명책임 없는 당사자의 사안해명의무이다. 이를 인정하기 위한 요건으로는 ① 증명책임을 부담하는 당사자가 자기의 권리주장에 합리적인 근거가 있음을 명확하게 하는 단서를 제시하고, ② 그가 객관적으로 사실을 해명할 수 없는 상황에 있으며, ③ 이에 관하여 그를 비난할 수 없는 반면, ④ 상대방은 용이하게 사실해명을 할 수 있는 지위에 있고 그 기대가능성이 있을 것 등을 들고 있다.[306]

위와 같은 요건이 충족되면 증명책임 없는 당사자에게 사안에 대한 해명의무가 발생하는데, 만약 그가 의무를 다하지 않으면 증명책임을 부담하는 당사자의 주장을 진실한 것으로 의제할 수 있고, 의무를 다하였으나 진위불명인 경우에는 본래의 증명책임의 부담에 따라 재판을 해야 한다는 것이다(권리자 측이 패소). 사안해명의무는 원칙적으로 사실에 대한 정보를 제공하는데 그칠 뿐이므로 현재의 증명책임 분배의 원칙을 재구성하려는 위험영역설이나 증거거리설에 비하여 온건한 주장이다. 판례는 증거자료에의 접근이 훨씬 용이한 당사자가 상대방의 증명활동에 협력하지 않는다고 하여 신의칙에 위배되는 것이라 할 수 없다고 판시하였지만,[307] 증거의 편재가 심한 공해소송, 의료과오소송, 제조물책임소송 등 현대형 소송의 경우에서는 신의칙과 실질적 평등 및 위의 규정들을 유추하여 사건에 따라 개별적으로 증명책임이 없는 사람에게 해명의무를 부과할 수 있을 것이다(**제한적 긍정설**).[308]

---

306) 정동윤 · 유병현 · 김경욱, 610쪽.

307) 대법원 1996.4.23. 선고 95다23835 판결.

308) 김홍엽, 729쪽; 이시윤, 559쪽. 서울중앙지방법원 의료전담부 등에서는 소가 제기되면 먼저 의사측인 피고에게 진료행위의 경과를 시간순서에 따라 상세히 기재한 진료경위서를 답변서 또는 준비서면으로 제출하도록 권유한다. 위 진료경위서의 제출을 사안해명의무의 일종으로 파악하면, 판례가 사안해명의무를 적극적으로 인정하고 있지 않기 때문에 피고측이 이에 불응하더

그러나 이러한 소송의 경우에도 우선 사실상 추정 등으로 증명책임을 완화하고, 제출명령위반의 제재를 강화하는 방법을 사용하는 것이 바람직하며, 그럼에도 불구하고 증거의 편재로 인하여 진위불명이 계속되는 경우에만 보충적으로 사안해명의무를 부과하여야 할 것이다.

Ⅳ. 현대형 소송에서의 증명책임

1. 공해소송에 있어서 개연성설

민법 750조에 의하여 손해배상소송을 제기하는 경우에는 가해자의 고의·과실과 위법성, 인과관계, 손해에 해당하는 사실은 모두 주요사실이므로 원고가 주장·입증하여야 한다. 그러나 공해와 같이 극히 복잡한 화학적 반응을 거쳐 손해가 발생하는 경우에 이를 모두 원고에게 증명하도록 한다면 사실상 그 증명이 불가능하므로 손해의 공평분담이라는 손해배상제도의 취지가 몰각될 수 있다. 이러한 문제점을 해결하기 위하여 제시된 주장이 개연성설이다. 개연성설에 의하면, 공해사건에서 가해행위와 손해 사이의 인과관계는 과학적으로 엄밀한 증명이 아니라 상당한 정도의 가능성(즉 개연성)이 있다는 증명으로써 족하고 가해자가 이에 대한 반증에 성공한 경우에만 인과관계의 존재가 부인된다는 이론이다.

종래 개연성이라는 용어는 두 가지 의미로 사용되어 왔다. 하나는 증거의 상대적 우월(preponderance of evidence)과 동일한 의미로서 민사소송에서의 증거평가에 대한 영미법적 원칙이다. 이는 대륙법에서 증명은 소명과는 달리 의심에 침묵을 명할 정도, 즉 십중팔구까지는 확실하다는 확신이 필요하다는 의미에 대비되는 개념이다. 다른 하나는 간접사실로부터 주요사실을 추인하는 경우에 매개가 되는 경험법칙 중 통상 일응의 추정 또는 표현증명에 해당하려면 고도의 개연성 있는 경험법칙이 존재하여야 하는데, 고도의 개연성이 존재하지 아니하는 경험법칙임에도 마치 고도의 개연성이 있는 경험법칙과 동일하게 취급하여 상대방의 반증이 없는 한 그 주요사실이 증명된 것으로 보자는 의미로 사용된다(신개연성설).[309]

라도 법원이 이를 이유로 그에게 불리한 판단을 내리기는 어렵다. 이에 비하여 의료계약이 민법상 위임에 준하는 계약인 이상, 환자측으로부터 사인 등이 불분명하다는 이유로 소송이 제기되었다면 수임인인 의사측은 위임사무의 처리상황을 보고할 의무(민법 683)가 있으므로 진료경위에 대한 주장·입증책임은 피고측에 있고, 그가 이에 불응하면 법원은 이를 이유로 불리한 판단을 내릴 수 있다. 현재로서는 후자의 이론구성이 더 적절하다고 생각한다.

판례는 공해소송에 있어 후자의 의미로서의 신개연성설을 받아들이고 있다. 공해로 인한 손해배상을 청구하는 소송에서는 원고가 ① 가해자가 유해한 원인물질을 배출한 사실, ② 그 유해성의 정도가 사회생활상 통상의 수인한도를 넘은 사실, ③ 원인물질이 피해물건에 도달한 사실, ④ 피해자에게 손해가 발생한 사실을 입증하면 가해행위와 손해발생 사이의 인과관계가 일응 증명되었다고 할 것이므로 피고가 원인물질이 무해하다는 것을 증명하지 못하는 한 책임을 면할 수 없다고 하였다.[310) 원고가 증명해야 할 간접사실을 다소 달리 제시하는 경우가 있으나, 이러한 방법으로 증명책임을 완화하는 판례의 기본 입장은 현재까지 일관되게 유지되어 오고 있다.[311)]

원래 간접반증이론은 간접사실에 정형적 사상경과에 해당하는 경험법칙을 적용하여 주요사실을 추단하고 간접반증으로 이를 번복할 수 있도록 한 이론이다. 따라서 수개의 간접사실이 인정되면 고도의 개연성에 해당되지 아니하는 경험법칙만으로 주요사실이 일단 증명된 것으로 보고 상대방이 반증으로 이를 번복할 수 있도록 한 판례의 입장은 원래의 간접반증이론과는 다르고, 신개연성설에 입각해 있다고 할 수 있다.[312)]

2. 의료과오소송에 있어서 증명책임

의료과오 손해배상소송을 불법행위(민 750)가 아니라 채무불이행(민 390)으로 구성하는 경우, 무과실의 증명책임을 의사인 피고에게 부담시키기 때문에 증명책임의 입장에서 한결 수월한 소송이 될 수 있는 듯이 보이지만 실제로는 그렇지

309) 개연성설은 처음에는 막연하게 피해자의 증명의 부담을 경감하려 하였으나(대법원 1974.12.10. 선고 72다1774 판결), 나중에는 증명사실과 반증사실을 구체적으로 설시함으로써 명확하게 이론을 구성하기 시작하였다. 이를 신개연성설이라고 한다.

310) 대법원 2019.11.28. 선고 2016다233538,233545 판결; 대법원 2019.4.23. 선고 2018다237428 판결; 대법원 2013.10.24. 선고 2013다10383 판결; 대법원 2012.1.12. 선고 2009다84608, 84615,84622,84639 판결; 대법원 2019.11.28. 선고 2016다233538,233545 판결(한국도로공사가 설치·관리하는 고속도로에서 발생한 매연과 한국도로공사가 살포한 제설제의 염화물 성분 등이 갑이 운영하는 과수원에 도달함으로써, 과수가 고사하거나 성장과 결실이 부족하고 상품 판매율이 떨어지는 피해가 발생하였을 뿐만 아니라, 이는 통상의 참을 한도를 넘는 것이어서 위법성이 인정된다고 보아 한국도로공사의 손해배상책임을 인정한 사례).

311) 대법원 1984.6.12. 선고 81다558 판결; 대법원 1991.7.23. 선고 89다카1275 판결; 대법원 1997.6.27. 선고 95다2692 판결; 대법원 2002.10.22. 선고 2000다65666,65673 판결; 대법원 2009.10.29. 선고 2009다42666 판결; 대법원 2012.1.12. 선고 2009다84608 판결; 대법원 2020.6.25. 선고 2019다292026,292033,292040 판결.

312) 오석락, 앞의 책, 276쪽.

않다. 왜냐하면 의료과오에 기한 손해배상소송은 이행지체나 이행불능이 아니라 불완전이행 내지 적극적 채권침해에 해당하고, 의료계약은 위임계약의 성격을 띠므로 '채무의 내용에 좇은 이행을 하지 아니한 사실', 즉 피고의 선관주의의무 위반(피고의 귀책사유)에 대한 증명책임도 원고가 부담하기 때문이다. 결국 의료과오에 기한 손해배상소송에서는 그 이론구성을 불법행위로 하든, 채무불이행으로 하든 요건사실의 전부를 원고가 증명해야 하므로 증명책임의 분배의 문제와 관련해서는 별다른 차이가 없게 된다.[313] 따라서 의료행위의 전문성, 밀실성, 비재현성 및 증거의 편재로 인한 피해자의 증명곤란을 완화하여야 할 필요성이 대두된다.

판례는 손바닥과 발바닥에 땀이 많이 나는 증상(다한증)을 치료하기 위하여 교감신경 절제수술을 받은 후 수 시간 내에 환자가 사망한 사건에서, 피해자측에서 일련의 의료행위 과정에 있어서 저질러진 일반인의 상식에 바탕을 둔 의료상 과실 있는 행위를 입증하고 그 결과와 사이에 일련의 의료행위 외에 다른 원인이 개재될 수 없다는 점, 이를테면 환자에게 의료행위 이전에 그러한 결과의 원인이 될 만한 건강상 결함이 없었다는 사정을 증명한 경우에는, 의료행위를 한 측이 그 결과가 의료상 과실로 말미암은 것이 아니라 전혀 다른 원인으로 말미암은 것이라는 입증을 하지 아니하는 이상, 의료상 과실과 결과 사이의 인과관계를 추정하여 손해배상책임을 지울 수 있도록 입증책임을 완화하는 것이 손해의 공평·타당한 부담을 그 지도원리로 하는 손해배상제도의 이상에 맞는다고 하였다.[314] 이러한 방법으로 증명책임을 완화하려는 기본적인 판례의 입장은 현재까지도 일관되게 유지되고 있다.[315] 한편, 수술 도중 환자에게 사망의 원인이 된 증상이 발생한 경우, 증상 발생에 관하여 의료상 과실 이외의 다른 원인이 있다고 보기 어려운 간접사실들을 증명하는 방법으로 위 증상이 의료상 과실에 기한 것으로 추정할 수 있지만, 그렇다고 해서 의사에게 무과실의 증명책임을 지울 수 있는 것은 아니라는 것이 판례의 입장이다.[316]

---

313) 김용한, "의료과오", 「대한변호사협회지」, 대한변호사협회, 1984, 33쪽.

314) 대법원 1995.2.10. 선고 93다52402 판결.

315) 대법원 1999.6.11. 선고 99다3709 판결; 대법원 1999.9.3. 선고 99다10479 판결; 대법원 2000.7.7. 선고 99다66328 판결; 대법원 2000.9.8. 선고 99다48245 판결; 대법원 2001.3.23. 선고 99다48221 판결; 대법원 2003.1.24. 선고 2002다3822 판결; 대법원 2012.1.27. 선고 2009다82275,82282 판결.

316) 대법원 2005.9.30. 선고 2004다52576 판결; 대법원 2013.6.27. 선고 2010다96010,96027 판결; 대법원 2019.2.14. 선고 2017다203763 판결.

증명책임을 완화하려는 위와 같은 판례의 입장을 일응의 추정이론으로 설명하는 견해와[317] 사실상 추정론이라는 견해[318]가 있으나, 일반인의 상식에 바탕을 둔 의료상 과실 있는 행위를 증명하고, 그 결과 사이에 다른 원인이 개재될 수 없다는 점을 증명한다고 하더라도 곧바로 주요사실을 추인할 만한 고도의 개연성 있는 경험법칙은 존재하지 않으므로 판례가 간접반증을 허용한다는 점만으로 일응의 추정론으로 보기는 어렵다. 또한 판례가 사실상 추정이라는 용어를 직접 사용하여 판시한 적은 있으나,[319] 원래 사실상 추정이란 간접사실로부터 주요사실을 추단하는 모든 사건에 사용되는 일반적인 용어이므로 의료과오소송에서 취하는 판례의 입장을 적절하게 표현한 것으로 보기도 어렵다. 생각건대, 의료과오소송에서 취하는 판례의 입장은 공해소송에서 취하는 판례의 입장과 논리구조가 매우 유사함을 알 수 있다. 또한 일본에서는 의료과오소송 판례도 신개연성설에 입각해 있다고 보는 견해가 통설인데, 일본의 판례가 우리 판례의 형성에 직간접적인 영향을 준 것으로 보이므로 의료과오소송에 대한 우리의 판례도 신개연성설의 입장으로 이해하는 것이 타당하다. 다만 의료과오소송에 있어서는 인과관계뿐만 아니라 과실까지도 추정한다는 점에서 공해소송에서의 판례와 다른 점이 있다.[320]

한편 의사의 설명의무에 대한 증명책임에 대하여 판례는, 의사에게는 의료행위의 위험성 등을 설명하고 이를 문서화한 서면에 동의를 받을 법적 의무가 부과되어 있고, 의사가 그러한 문서에 의해 설명의무의 이행을 입증하기는 매우 용이한 반면 환자 측에서 설명의무가 이행되지 않았음을 입증하기는 성질상 극히 어려운 점 등을 들어 의사인 피고에게 설명의무를 이행한 데 대한 증명책임이 있다는 입장이다.[321]

3. 제조물책임소송에서의 증명책임

제조물책임이란 제조물의 결함으로 인하여 당해 제조물에 생긴 손해 이외에 제조물의 이용자, 소비자 또는 제3자에게 발생한 손해에 대한 책임을 말한다.[322]

---

317) 이시윤, 555쪽.
318) 김홍엽, 725쪽.
319) 대법원 1998.2.27. 선고 97다38442 판결.
320) 대법원 2012.5.9. 선고 2010다57787 판결.
321) 대법원 2007.5.31. 선고 2005다5867 판결; 대법원 2010.8.19. 선고 2007다41904 판결; 대법원 2014.12.24. 선고 2013다28629 판결; 대법원 2020.8.13. 선고 2017다248919 판결.
322) 제조물책임이란 제조물에 통상적으로 기대되는 안전성을 결여한 결함으로 인하여 생명 · 신체

제조물책임도 다른 현대형 소송과 마찬가지로 제조물의 생산과정을 제조업자만이 알 수 있어 결함의 존재 및 결함과 손해 사이의 인과관계여부를 소비자 측이 과학적 · 기술적으로 증명한다는 것은 지극히 어렵다(증거의 편재). 이러한 문제점으로 인하여 공해소송이나 의료과오소송과 마찬가지로 증명책임의 전환 또는 완화가 시도되고 있다.

현행 제조물책임법에 의하면, '결함'을 당해 제조물에 제조 · 설계 또는 표시상의 결함 기타 통상적으로 기대할 수 있는 안전성이 결여되어 있는 것이라고 정의하고 있고, 여기서 '제조상의 결함'은 제조업자의 제조물에 대한 제조 · 가공상의 주의의무의 이행여부에 불구하고 제조물이 원래 의도한 설계와 다르게 제조 · 가공됨으로써 안전하지 못하게 된 경우를, '설계상의 결함'은 제조업자가 합리적인 대체설계를 채용하였더라면 피해나 위험을 줄이거나 피할 수 있었음에도 대체설계를 채용하지 아니하여 당해 제조물이 안전하지 못하게 된 경우를, '표시상의 결함'은 제조업자가 합리적인 설명 · 지시 · 경고 기타의 표시를 하였더라면 당해 제조물에 의하여 발생될 수 있는 피해나 위험을 줄이거나 피할 수 있었음에도 이를 하지 아니한 경우를 말한다고 규정하고 있다(제조물책임법 2). 이러한 제조물책임법의 규정내용에 비추어 보면, 결국 제조상의 결함으로 인한 제조물책임은 무과실책임이고 설계상의 결함 또는 표시상의 결함으로 인한 제조물책임은 과실책임이지만 증명책임을 전환하고 있다고 할 수 있다.

그러나 제조물책임법이 존재한다고 하더라도 제품의 결함과 손해의 발생과의 사이의 인과관계의 증명책임에 대해서는 별도로 규정하고 있지 않으므로 이 부분에 대해서는 원칙적으로 소비자 측에 증명책임이 있는데, 이를 어떻게 완화할 것인가가 논의된다.

판례는 고도의 기술이 집약되어 대량으로 생산되는 제품의 결함을 이유로 그 제조업자에게 손해배상책임을 지우는 경우 그 제품의 생산과정은 전문가인 제조업자만이 알 수 있어서 그 제품에 어떠한 결함이 존재하였는지, 그 결함으로 인하여 손해가 발생한 것인지 여부는 일반인으로서는 밝힐 수 없는 특수성이 있어서 소비자 측이 제품의 결함 및 그 결함과 손해의 발생과의 사이의 인과관계를

나 제조물 그 자체 외의 다른 재산에 손해가 발생한 경우에 제조업자 등에게 지우는 손해배상책임이므로 제조물 그 자체에 발생한 손해는 제조물책임의 적용 대상이 아니다(대법원 2000.7.28. 선고 98다35525 판결; 대법원 2019.1.17. 선고 2017다1448 판결).

과학적 · 기술적으로 입증한다는 것은 지극히 어려우므로 그 제품이 정상적으로 사용되는 상태에서 사고가 발생한 경우 소비자 측에서 그 사고가 제조업자의 배타적 지배하에 있는 영역에서 발생하였다는 점과 그 사고가 어떤 자의 과실 없이는 통상 발생하지 않는다고 하는 사정을 증명하면, 제조업자 측에서 그 사고가 제품의 결함이 아닌 다른 원인으로 말미암아 발생한 것임을 입증하지 못하는 이상, 그 제품에 결함이 존재하며 그 결함으로 말미암아 사고가 발생하였다고 추정하여 손해배상책임을 지울 수 있도록 입증책임을 완화하는 것이 손해의 공평 · 타당한 부담을 그 지도원리로 하는 손해배상제도의 이상에 맞다고 판시함으로써 소비자 측의 증명책임을 완화하고 있다.[323)]

판례가 제조물책임소송에 있어서 증명책임을 완화하는 기법은 의료사고소송에서 피해자의 증명책임을 완화하는 기법, 즉 신개연성설과 유사한 구조를 가지고 있다. 또한 대법원은 의약품의 제조물책임(약해사고)에서도 같은 법리를 적용하여 판시하였다.[324)]

323) 대법원 2004.3.12. 선고 2003다16771 판결; 대법원 2006.3.10. 선고 2005다31361 판결.

324) 대법원 2011.9.29. 선고 2008다16776 판결; 대법원 2013.9.26. 선고 2011다88870 판결(고도의 기술이 집약되어 대량으로 생산되는 제품에 성능 미달 등의 하자가 있어 피해를 입었다는 이유로 제조업자 측에게 민법상 일반 불법행위책임으로 손해배상을 청구하는 경우에, 일반 소비자로서는 제품에 구체적으로 어떠한 하자가 존재하였는지, 발생한 손해가 하자로 인한 것인지를 과학적 · 기술적으로 증명한다는 것은 지극히 어렵다. 따라서 소비자 측으로서는 제품이 통상적으로 지녀야 할 품질이나 요구되는 성능 또는 효능을 갖추지 못하였다는 등 일응 제품에 하자가 있었던 것으로 추단할 수 있는 사실과 제품이 정상적인 용법에 따라 사용되었음에도 손해가 발생하였다는 사실을 증명하면, 제조업자 측에서 손해가 제품의 하자가 아닌 다른 원인으로 발생한 것임을 증명하지 못하는 이상, 제품에 하자가 존재하고 하자로 말미암아 손해가 발생하였다고 추정하여 손해배상책임을 지울 수 있도록 증명책임을 완화하는 것이 손해의 공평 · 타당한 부담을 지도 원리로 하는 손해배상제도의 이상에 맞다).

제4편

소송의 종료

제1장
총 설

Ⅰ. 소송종료의 사유

소송계속으로 양 당사자와 수소법원 사이에 소송법률관계가 발생하는데, 그 소송법률관계는 다음과 같은 일정한 원인에 의해 종료된다.

첫째는 소송법률관계의 요소인 2당사자대립구조가 소멸하는 경우이다. 당사자의 지위의 소멸이 이에 속한다. 원·피고의 지위혼동(사망으로 인한 상속 또는 회사합병으로 원·피고가 동일인이 되는 경우), 당사자 한쪽이 없게 된 경우(이혼소송 중 일방의 사망과 같이 일신전속적인 권리를 청구하던 중 사망 또는 당사자적격을 상실한 경우) 등을 말한다.

둘째는 법원의 소송행위에 의해 종료되는 경우이다. 원칙적으로 종국판결(198)의 확정이 여기에 해당하지만, 재판장의 소장각하명령(254②)·조정을 갈음하는 결정(민조 30)·화해권고결정(225)·이행권고결정(소심 5조의3)의 확정 등에 의하여 종료되기도 한다.

셋째는 당사자의 소송행위에 의해 종료하는 경우이다. 소의 취하, 청구의 포기·인낙 및 소송상 화해가 여기에 속한다. 과거 이러한 행위들은 소송행위라는 범주를 통하여 논의되어 왔다. 전술하였듯이, 소송행위란 민법학의 법률행위를 본뜬 개념으로, 주요 효과가 소송법으로 규율되는 행위로서 소송행위에는 민법의 규정이 적용되지 않는다는 도그마가 형성되어 있었지만, 오늘날에는 소송행위 전체를 이렇게 보는 것은 타당하지 않다고 보아 각 소송행위마다 그 요건과 효과를 구체적으로 논하는 경향이 강해지고 있다. 그러나 현재도 소송행위의 특수성을 강조하는 견해가 지지되고 있고,[1] 특히 재판상 화해의 경우에는 그 법적 성격을 둘러싸고 치열한 공방이 펼쳐지고 있다(후술).

---

1) 대법원 2009.4.23. 선고 2008다95151 판결(소의 취하는 원고가 제기한 소를 철회하여 소송계속을 소멸시키는 원고의 법원에 대한 소송행위이고 소송행위는 일반 사법상의 행위와는 달리 내심의 의사보다 그 표시를 기준으로 하여 효력 유무를 판정할 수밖에 없다).

한쪽 당사자의 사망은 소송종료사유인가?

소송물이 승계되지 않는 것이거나 상속인이 없을 때에는 한쪽 당사자의 사망이 소송종료사유가 되지만, 일반적으로 한쪽 당사자가 사망하였다고 하더라도 포괄승계가 발생할 뿐, 2당사자 대립구조가 소멸되지 않으므로 소송중단사유는 될지언정 소송종료사유는 아니다.

당사자의 의사에 의한 소송의 종료는 민소법상 어떠한 원칙의 발현인가?

처분권주의이다. 처분권주의는 소송물에 관해서뿐만 아니라 소송의 종료에 관해서도 적용된다. 즉 원고는 소를 취하함으로써 소송물에 대한 심판요구를 철회할 수 있을 뿐만 아니라, 청구를 포기함으로써 그 청구에 이유가 없다는 것을 자인하고 본안에 대한 법원의 판단을 배제할 수 있다. 피고 또한 청구의 인낙, 즉 원고의 청구에 이유가 있다는 것을 자인함으로써 법원의 판단을 배제할 수 있다. 그 외에도 원·피고는 소송물과 관련하여 소송상 화해를 함으로써 법원의 판단을 배제할 수 있다. 어느 경우이든 당사자의 소송행위의 결과로서 소송물에 대한 법원의 판단의무를 소멸시키므로 소송이 종료된다.

Ⅱ. 소송종료선언

1. 의 의

소송이 확정적으로 종료되었음을 종국판결로써 선언하는 제도가 소송종료선언이다(규 67③④). 소송종료선언의 주문은 "이 사건 소송은 2021. 9. 1. 소의 취하(청구의 인낙 등)로 종료되었다"의 형식이다.

소송계속 중 원고가 소를 취하하고 피고가 이에 동의하면 법원은 소송종료선언을 하여야 하는가?

아니다. 소가 취하되면 법원은 더 이상 재판을 진행하지 않을 뿐, 어떠한 판단도 하지 않는다. 아래에서 보듯이, 소송종료선언은 소의 취하 등 소송이 종료되었음에도 당사자가 이유 없이 기일지정신청을 하거나 이미 소송이 종료되었음을 간과하여 진행한 경우에 비로소 하게 된다.

2. 소송종료선언을 하는 경우

가. 이유 없는 기일지정신청을 한 경우

당사자가 소의 취하, 상소의 취하, 소의 취하 간주로 인한 소송종료가 무효라고 다투면서 기일지정신청을 하는 경우에 법원은 변론을 열어 심리하여야 한다. 소송종료가 잘못된 것이면 본안심리를 계속 진행하고, 기일지정신청이 이유 없으면 소송종료선언을 한다(규 67,68).

다만 청구의 포기·인낙, 화해·조정의 무효는 당연무효사유[2]가 존재하지 않는 이상 기일지정신청으로 다툴 수 없고 준재심의 소(461)로 다투어야 한다는 것이 판례의 입장이다.[3] 따라서 당연무효사유가 존재하지 않음에도 기일지정신청을 하면 소송종료선언을 한다.[4]

나. 소송종료를 간과하고 진행한 경우

소송종료사유의 존부는 법원의 직권조사사항인데, 소송종료의 효과가 발생하였음에도 이를 간과하고 심리를 진행한 것이 나중에 발견된 경우에 법원은 당사자의 이의여부와 관계없이 직권으로 소송종료선언을 하여야 한다.

예를 들어 원심법원이 소송종료사유를 간과하고 본안판결을 한 경우에는 상소법원이 원심판결을 취소하고 소송종료선언을 하여야 한다. 대법원은 소의 교환적 변경으로 구청구인 손해배상청구는 취하되어 소송이 종료되고 신청구인 정리채권확정청구가 심판의 대상이 되었음에도 구청구를 심리·판단한 원심판결에 대하여, 이를 파기하고 구청구에 대하여 소송종료선언을 하였다.[5]

판결의 일부가 확정되었음을 간과한 경우, 예컨대 예비적병합의 경우 항소심에서 주위적 청구 기각, 예비적 청구 인용판결이 났을 때 피고가 상고하여 파기환송 되었다면 주위적 청구 부분은 상고심의 판결 선고와 동시에 확정되었으므로

---

2) 실재하지 않거나 사망한 자를 당사자로 하여 조서가 작성되었거나 화해 등이 성립하지 않았음에도 성립한 것처럼 조서가 작성된 경우 등이 당연무효사유에 해당한다.

3) 대법원 2001.3.9. 선고 2000다58668 판결.

4) 대법원 2000.3.10. 선고 99다67703 판결(당사자 일방이 화해조서의 당연무효사유를 주장하며 기일지정신청을 한 때에는 법원으로서는 그 무효사유의 존재여부를 가리기 위하여 기일을 지정하여 심리를 한 다음 무효사유가 존재한다고 인정되지 아니한 때에는 판결로써 소송종료선언을 하여야 한다).

5) 대법원 2003.1.24. 선고 2002다56987 판결.

항소심 법원은 예비적 청구에 대해서만 심리하여야 하는데 주위적 청구까지 심판한 경우, 이 사건이 다시 상고되면 대법원은 주위적 청구 부분에 대하여 파기하고 소송종료선언을 한다.[6] 또한 부진정연대채무의 관계에 있는 채무자들을 공동피고로 하여 이행의 소가 제기된 경우 공동피고에 대한 각 청구는 법률상 양립할 수 없는 것이 아니므로 민소법 70조 1항에 규정한 본래 의미의 예비적·선택적 공동소송의 관계에 있지 않다. 따라서 이 경우에 원고가 공동피고 중 일부에 대해서만 상소를 하였으면 상소로 인한 확정차단의 효력도 그 일부 피고에 대해서만 존재하고 나머지 피고에 대해서는 분리 확정되므로, 대법원은 나머지 피고에 대해서도 항소심에 이심된 것으로 본 원심판결을 파기하고 소송종료선언을 하였다.[7]

3. 소송종료선언의 효력

확인적 성질을 가지는 **소송판결**로서의 종국판결이다. 따라서 소송종료선언에 대하여는 상소가 허용된다.

6) 대법원 1991.5.24. 선고 90다18036 판결.
7) 대법원 2012.9.27. 선고 2011다76747 판결.

제2장
당사자의 행위에 의한 종료

제1절 소의 취하

Ⅰ. 소의 취하의 의의

원고가 제기한 소의 전부 또는 일부를 철회하는 단독적 소송행위를 소의 취하라 한다. 소의 취하에 의하여 소송계속이 소급적으로 소멸한다(266).

일단 소를 제기한 원고가 소를 취하하는 사정으로는 어떠한 것이 있는가?
원고가 소를 제기한 후 피고가 제출한 답변서나 증거서류 등을 검토한 결과 자기의 청구에 이유가 없음을 알게 되었다거나 소의 제기 후 피고가 임의로 채무를 이행한 경우 및 소송 외에서 화해가 성립한 경우 등을 들 수 있다.

1. 구별개념

(1) 청구의 포기와의 구별

효과면에서 소의 취하는 확정된 소각하판결(본안에 관한 종국판결 후에 소를 취하한 경우를 제외하고는 재소할 수 있음), 청구의 포기는 확정된 청구기각판결(재소할 수 없음)과 같다.

(2) 상소의 취하와의 구별

상소의 취하는 원심판결이 확정되므로 상대방에게 불리하지 않아 그의 동의를 얻을 필요가 없음에 반하여, 소의 취하는 이미 행한 판결도 실효되어 분쟁해결의 기준이 없어지므로 피고가 본안에 관하여 응소한 후에는 그의 동의를 얻어야 한다.

(3) 통설 · 판례[1)]에 의하면 소의 교환적 변경은 구소 취하와 신소제기의 결합으로 보므로 이 경우 구소의 권리는 포기나 상실되지 않는다.

1) 대법원 2003.1.24. 선고 2002다56987 판결.

2. 소의 일부취하

(1) 원고가 청구를 감축한 경우에는 원고의 의사에 따라 소의 일부취하인지, 청구의 일부포기인지 정할 것이나, 불분명한 경우에는 원고에게 유리한(즉 재소가 능한) 소의 일부취하로 봄이 다수설 · 판례[2]이다.

(2) 청구원인사실을 구성하는 규정의 일부철회

예컨대 불법행위와 계약불이행에 기한 손해배상청구 소송을 제기하였다가 그 중 어느 하나를 철회한 때에는 구실체법설에 의하면 소의 일부취하로 보고(상대방 동의 필요), 소송법설에 의하면 공격방어방법의 철회로 본다(상대방 동의 불필요).

3. 단독적 소송행위

소의 취하는 비록 상대방 당사자의 동의가 필요하다고 하더라도 이는 소 취하의 효력발생의 요건일 뿐 당사자간의 합의가 아니다. 소의 취하의 상대방은 법원이다.

Ⅱ. 소취하계약

1. 의 의

법원에 대한 원고의 단독적 소송행위인 소의 취하와 달리, 소송 외에서 원고가 피고에 대하여 소를 취하하기로 하는 약정을 소취하계약 또는 소취하합의라고 한다. 이는 실무상 재판 외에서 화해와 함께 이루어지는 경우가 많다. 과거에는 임의소송금지의 원칙에 소취하계약도 포함시켜 이러한 약정은 무효라고 보았으나, 현재는 유효하다는 데에 이견이 없다. 소취하계약에 따라 원고가 소송 내에서 소를 취하하면 문제가 없지만, 이를 위반하여 소를 취하하지 않는 경우에 어떻게 처리해야 할 것인가가 문제된다.[3] 이는 소취하계약의 효력을 어떻게 볼 것인가와

---

2) 대법원 2004.7.9. 선고 2003다46758 판결.

3) 이와 관련하여, 항소심에서 당사자 사이에 소를 취하한다는 내용의 화해권고결정이 확정되어 소송이 종료되면 소를 취하한 경우와 마찬가지로 재소금지의 규정에 따라 같은 소를 제기하지 못한다는 판례가 있다(대법원 2021.7.29. 선고 2018다230229 판결. 다만 이 판결의 사안에 대해서는 권리보호이익이 동일하지 않다는 이유로 재소금지원칙에 위반되지 않은 것으로 판단함). 이 판결에 대하여 소송계약설의 입장에서는 소취하계약 자체에서 소취하의 효력이 발생한다고

관련되어 있는데, 이에 대한 소송법상 명문규정이 없어 소취하의 약정에 실체법적 효력만을 인정할 것인가, 아니면 소송법적 효력까지도 인정할 것인가를 두고 견해의 대립이 있다.

2. 효 력

(1) 사법계약설(법률행위설)

원고는 약정대로 소를 취하할 사법상 작위의무를 부담한다고 보는 견해이다. 그중에서 소취하의무의 이행을 구하는 소를 제기할 수 있다는 견해(의무이행소구설)도 있으나, 판례는 명시적으로 반대 입장을 표명하였고,[4] 다수설[5]은 피고가 소송에서 이를 항변으로 주장·입증하면 원고에게 권리보호의 이익이 없어 법원은 소를 각하하여야 한다는 입장(항변권발생설)이다. 소취하계약의 불이행으로 피고에게 손해배상청구권이 생긴다는 것도 사법계약설에 의할 때 설명이 가능하다. 소취하계약을 하였음에도 위 약정에 위반하여 소를 취하하지 않고 확정판결을 받았다면 판결의 편취에 해당하여 이에 대한 소송법상 및 실체법상 구제수단이 있을 뿐, 이러한 판결이 당연무효인 것은 아니다.[6]

(2) 소송계약설

소취하계약을 소송행위로서의 계약으로 보아 계약 성립이 소송상 드러나면 피고의 항변이 없어도 직접 소송계속 소멸의 효과가 생기고, 법원은 이를 확인하는 의미에서 소가 끝났다는 소송종료선언을 하여야 한다는 견해이다.[7]

(3) 그 외 소취하계약을 사법상 계약과 소송상 계약의 병존으로 보아 소송종료선언과 손해배상청구가 가능하다는 **병존설**,[8] 소취하계약을 소송상 계약으로 보면서 소송종료선언과 손해배상청구를 허용하는 **발전적 소송계약설**[9] 등이 있다(자

해석할 여지가 있지만, 판례가 사법계약설을 견지하고 있다고 보는 입장에서는 화해권고결정에 당사자가 이의신청을 하지 않음으로써 소취하의 의사표시와 이에 대한 동의가 있는 것으로 해석함이 타당할 것이다.

4) 대법원 1966.5.31. 선고 66다564 판결(강제집행 당사자사이에 그 신청을 취하하기로 하는 약정은 사법상으로는 유효하다 할지라도 이를 위배하였다하여 직접 소송으로서 그 취하를 청구하는 것은 공법상의 권리의 처분을 구하는 것이어서 할 수 없는 것이다).
5) 이시윤, 568쪽; 정영환, 1053쪽; 호문혁, 818쪽.
6) 대법원 1981.12.8. 선고 80다2817 판결.
7) 김홍규·강태원, 594쪽.
8) 전병서, 145쪽.
9) 정동윤·유병현·김경욱, 735쪽.

세한 내용은 전술한 '소송상 합의' 부분 참조).

(4) 판 례

판례는 항소취하의 합의의 경우와 소 취하의 합의의 경우를 구별하는 듯하다. 즉 항소취하서가 법원에 제출되지 않은 경우에 상대방은 이를 **항변으로 주장**할 수 있고 이 경우 항소심법원은 항소의 이익이 없다고 보아 그 항소를 각하함이 원칙이라고 판시한 반면,[10] 소 취하의 합의의 경우에는 법원에 취하서가 제출되지 않은 이상 그 소송이 취하로 종결되지는 않지만 특별한 사정이 없는 한 그 소송의 원고에게는 권리보호의 이익이 없게 되어 그 소는 각하되어야 한다고 판시함으로써,[11] 상대방이 합의내용을 항변으로 주장할 수 있는지 여부에 대하여 서로 다르게 판단하고 있다. 이처럼 원고가 소 취하 합의를 불이행한 경우에 상대방이 항변으로 주장할 수 있는지 여부에 대한 언급 없이 권리보호의 이익의 흠결로 각하하여야 한다는 판례의 입장을 사법계약설 중 항변권발생설로 볼 수 있다는 견해(다수설)에 대하여는 다소 의문이 있다.

3. 재소가능성

법원에서 소취하계약이 증명되어 소각하 판결을 한 경우는 소취하와 같이 원칙적으로 재소를 할 수 있지만 여기에 부제소합의까지 포함된 경우라면 재소가 허용되지 않는다.

Ⅲ. 소취하의 요건

1. 소송물

원고는 모든 소송물에 대하여 자유롭게 소를 취하할 수 있다. 따라서 행정소송, 가사소송, 선거소송에서도 소취하는 허용된다. 다만 주주의 소제기신청에 따라 회사가 제기하는 이사책임추궁의 소(상 403①), 주주대표소송(상 403③)과 증권관련 집단소송에서는 소 취하에 대해 법원의 허가를 요한다(상 403⑥, 증집소 35①).

10) 대법원 2018.5.30. 선고 2017다21411 판결.
11) 대법원 1982.3.9. 선고 81다1312 판결; 대법원 2005.6.10. 선고 2005다14861 판결.

2. 시 기

소제기 후 판결이 확정될 때까지 취하 가능하다. 따라서 항소심 변론종결 시까지는 물론, 상고심에서도 소를 취하할 수 있다. 다만 상소심에서의 소취하는 재소금지의 제재가 따른다(267②).

상소심에서 피고의 동의를 얻어 취하서를 제출하였는데, 이것이 소의 취하인지, 상소의 취하인지가 불분명할 때에는 어떻게 해석하여야 하는가?

상소심에서 소를 취하하면 재소금지의 제재는 있지만 자연채무가 되어 임의변제를 수령할 수도 있고 자동채권으로서 상계할 수 있다는 이유를 들어 소의 취하인지, 상소의 취하인지 불분명한 경우에는 소의 취하로 보아야 한다는 견해가 있다.[12] 그러나 반드시 그렇게 볼 수는 없다. 예컨대 원고가 1억원을 청구하였는데 제1심에서 8,000만원만 인용된 경우에 패소한 2,000만원 부분에 대하여 항소하였다가 여러 사정으로 제1심 판결을 확정시켜 강제집행을 하려는 경우라면 오히려 상소취하로 해석하는 것이 원고에게 불이익이 적다. 소의 취하로 보게 되면 소송계속이 소급적으로 소멸하는 반면, 항소심에서 소를 취하하였으므로 재소가 금지(267②)되어 집행권원을 확보할 방법이 없기 때문이다. 따라서 이러한 경우에는 법원이 석명하여 소의 취하인지 아니면 상소의 취하인지 당사자의 진의를 명확하게 밝혀서 처리하여야 할 것이다.

3. 피고의 동의

피고가 본안에 관한 준비서면을 제출하거나,[13] 변론준비기일에서 진술하거나, 변론(이상 본안에 관한 응소)을 한 이후이면 피고의 동의를 얻어야 소취하의 효력이 발생한다(266②). 즉 피고가 동의를 거부하면 소취하의 효력이 발생하지 아니한다. 독립당사자참가신청의 취하에는 원·피고 쌍방의 동의가 필요하다.[14]

상대방이 기일에 출석한 경우에는 소를 취하한 날부터, 상대방이 기일에 출석하지 아니한 경우에는 소취하의 취지가 기재된 조서등본이 상대방에게 송달된 날부터 2주 이내에 상대방이 이의를 제기하지 아니한 때에는 소취하에 동의한 것으로 본다(266⑥).

---

12) 김홍엽, 739쪽; 이시윤, 569쪽.

13) 본안의 주장을 기재한 준비서면을 제출하면 족하고 준비서면의 진술까지는 필요하지 않다. 이점에서 현실적으로 변론 또는 진술을 요하는 변론관할의 성립요건과는 다르다.

14) 대법원 1981.12.8. 선고 80다577 판결.

원고의 소취하에 대하여 피고가 동의를 거절한 후 나중에 새로 동의를 한 경우에 취하의 효력이 발생하는가?

일단 동의가 거절된 때에는 소취하가 무효로 확정된다. 따라서 피고가 다시 동의해도 동의대상이 없어졌으므로 소취하의 효력이 없다.[15)]

원고가 소를 제기하자, 피고가 전속관할 위반 등 소송요건의 부존재를 이유로 소의 각하를 구하는 답변서를 제출한 경우에도 소의 취하에 피고의 동의가 필요한가?

피고가 본안에 관한 응소가 아닌 관할위반, 기일변경에의 동의, 소송이송신청을 한 경우에는 피고의 동의가 필요하지 않다. 피고가 주위적으로 소각하판결을, 예비적으로 청구기각판결을 구한 경우에도 청구기각의 본안판결을 구하는 것은 예비적인 것에 그치므로 피고의 동의가 필요 없다.[16)]

피고가 본안에 관하여 변론 등의 소송행위를 한 후에는 피고의 동의를 얻어 소취하를 하도록 한 이유는 무엇인가?

피고의 본안판결을 받을 이익을 보호하려는 것이다. 이는 원고가 본소를 취하한 후에 피고가 반소를 취하하는 경우에는 원고의 동의 없이도 가능하도록 규정(271)한 것과 일맥상통한다. 이미 원고가 본소를 취하하였다면 본안판결을 원하지 않는다는 것이 확인된 상태이므로 반소를 취하함에 있어 다시 원고의 동의를 받도록 할 필요가 없기 때문이다.

4. 소송행위로서 유효한 요건을 갖출 것

소의 취하는 소송능력이 있어야 하며, 대리인이 소를 취하하려면 특별한 권한을 부여받아야 한다(56②, 90②). 고유필수적 공동소송에서는 공동소송인 전원이 공동으로 소를 취하해야 유효하다(67①).

소송대리인이 소를 취하함에 있어서 왜 특별수권을 받아야 하는가?

소의 취하는 소송의 처분에 해당되기 때문에 당사자의 의사를 특별히 존중하기 위하여 특별수권이 필요하도록 한 것이다. 다만 무능력자나 무권대리인이 제기한 소는 추인이 없는 한 스스로 제기한 소를 취하할 수 있다. 이 경우에는 본안변론 후의 피고의 동의도 불필요한데, 왜냐하면 소의 취하로 인하여 무능력자나 피고에게 해가

15) 대법원 1961.7.10. 선고 4292행상72 판결.
16) 대법원 1968.4.23. 선고 68다217,68다218 판결.

되는 것이 아니기 때문이다.

소의 취하는 소송행위이므로 사법상 법률행위에 관한 규정이 적용되지 않는다. 즉 민법상 하자 있는 의사표시인 착오, 사기, 강박의 경우에도 소취하의 의사표시를 취소할 수 없다(다수설). 다만 소의 취하가 형사상 처벌할 다른 사람의 행위로 인하여 이루어진 때에 민소법 451조 1항 5호의 재심사유에 해당할 만큼 가벌성이 있는 경우라면 무효·취소를 주장할 수 있다.[17] 이 경우에 민소법 451조 2항을 유추하여 유죄판결이 확정되어야 한다는 것이 판례이나,[18] 재심과 달리 확정판결의 기판력을 뒤집는 것이 아님에도 유죄의 확정판결까지 요구하는 것은 가혹하다. 또한 판례는 하자있는 소송행위라고 하더라도 그에 부합되는 의사 없이 외형적으로만 존재할 때에 한하여 그 효력을 부인할 수 있을 뿐, 타인의 범죄행위가 소송행위를 하는데 착오를 일으키게 한 정도에 불과할 뿐인 경우에는 소취하의 의사표시를 취소할 수 없다고 하였다.[19]

원고가 소 취하를 할 때 조건을 붙일 수 있는가?

소의 취하에 조건을 붙일 수 없다. 이는 소송행위에 조건을 붙일 수 없다는 일반론의 귀결이다. 소의 취하에 조건을 붙이는 것은 소송절차를 불안정하게 하기 때문이다.

Ⅳ. 소취하의 방법

원칙적으로 소의 취하는 서면으로 하여야 하나, 변론기일 또는 변론준비기일에서는 말로 할 수 있다(266③④). 소장을 송달한 뒤에는 취하의 서면을 상대방에게 송달하여야 하며, 상대방이 기일에 출석하지 않은 때에는 그 기일의 조서등본을 송달하여야 한다(266④⑤). 이는 상대방에게 동의여부의 답변을 촉구함과 동시에 더 이상의 변론을 준비하지 않게 하기 위함이다.

적법한 소취하의 서면이 법원에 제출되면 그때 취하의 효력이 발생하는 것이므로, 상대방에게 송달되기 전후를 묻지 않고 원고는 이를 임의로 철회할 수 없

17) 대법원 1985.9.24. 선고 82다카312,313,314 판결(형사책임이 수반되는 타인의 강요와 폭행에 의하여 이루어진 소취하의 약정과 소취하서의 제출은 무효이다).
18) 대법원 1984.5.29. 선고 82다카963 판결.
19) 대법원 1963.11.21. 선고 63다441 판결.

다.[20)]

원고가 피고에게 소취하서를 교부하여 피고로 하여금 이를 제출하게 하였는데, 소취하서에 원고의 약칭만 기재되어 있는 경우에도 소의 취하는 유효한가?

판례는, 민소법 266조 3항은 "소의 취하는 서면으로 하여야 한다."고 규정하고 있을 뿐, 그 제출인이나 제출방법에 관하여는 따로 규정하는 바가 없고, 상대방이나 제3자에 의한 제출을 불허하는 규정도 찾아볼 수 없으므로, 당사자가 소취하서를 작성하여 제출할 경우 반드시 취하권자나 그 포괄승계인만이 이를 제출하여야 한다고 볼 수는 없고, 제3자에 의한 제출도 허용되며, 나아가 상대방에게 소취하서를 교부하여 그로 하여금 제출하게 하는 것도 상관없으며, 소취하서에 기재된 사건번호, 원고의 대표자 이름, 피고의 표시 등이 모두 정확하다면 원고의 표시가 약칭으로 기재되어 있어도('광주직할시 무주택백운조합'을 '백운조합'으로 표기) 소의 취하로 인정할 수 있다고 하였다.[21)]

V. 소취하의 효과

1. 소송계속의 소급적 소멸

(1) 소가 취하되면 처음부터 소송이 계속되지 아니하였던 것과 같은 상태가 되므로 소송이 종료된다(267①). 다만 소취하에 앞서 제기한 독립당사자참가, 반소, 중간확인의 소는 본소의 취하에 불구하고 원칙적으로 아무런 영향을 받지 아니한다. 관련재판적도 제소당시에 소송계속이 있으면 그 뒤에 본소가 취하되어도 소멸되지 않는다(33).

(2) 소의 제기와 결부된 사법상 효과

시효중단의 효과는 소취하로 소급적으로 소멸한다(민 170①). 다만 6월 내에 재판상 청구 등을 한 때는 최초의 재판상 청구로 인하여 중단된 것으로 본다(민 170②).

문제는 소로써 최고나 해지, 해제, 취소, 상계의 의사표시를 한 후 소를 취하한 경우인데, 소가 취하되었더라도 사법상 행위는 그대로 존속한다는 **사법행위설**, 사법상의 행위도 소취하와 함께 모두 소멸한다는 **소송행위설**, 일반적으로 사법상

---

20) 대법원 1997.6.27. 선고 97다6124 판결.
21) 대법원 2001.10.26. 선고 2001다37514 판결.

행위의 효과는 유지되지만 상계의 의사표시에 관한 한 소취하와 함께 소멸된다는 **신병존설** 등이 있고(다수설),[22] 판례는 해제권 행사의 효력은 소를 취하하였다고 하더라도 그대로 존속하지만,[23] 당해 소송절차 진행 중 당사자 사이에 조정이 성립됨으로써 수동채권의 존재에 관한 법원의 실질적인 판단이 이루어지지 아니한 경우에는 그 소송절차에서 행하여진 소송상 상계항변의 사법상 효과도 발생하지 않으므로 추후 다시 상계권을 행사할 수 있고,[24] 원고의 소구채권 자체가 인정되지 않아서 피고의 상계항변의 당부를 따져볼 필요 없이 원고의 청구가 배척된 경우에는 실체법상 상계의 효과가 발생하지 않는다고 판시하였는데,[25] 이는 대체로 **신병존설**의 입장으로 이해되고 있다.[26]

(3) 소송비용은 당사자의 신청에 의하여 법원이 결정으로 한다. 원칙적으로 패소자에 준하여 원고에게 소송비용 전액을 부담시키지만, 인지대는 절반을 원고에게 반환한다(민인 14①(2)).

2. 재소의 금지

가. 의 의

소가 취하되더라도 원칙적으로 동일한 소송의 재소가 허용되지만, 종국판결이 있은 후에 소를 취하한 때에는 재소가 금지된다(267②). 이는 제1심 종국판결 직후에 소를 취하하는 경우뿐만 아니라 항소심이나 상고심에서 소를 취하하는 경우에도 마찬가지이다.

---

22) 강현중, 634쪽; 김홍규 · 강태원, 583쪽; 이시윤, 573쪽; 정동윤 · 유병현 · 김경욱, 728쪽.
23) 대법원 1982.5.11. 선고 80다916 판결.
24) 대법원 2013.3.28. 선고 2011다3329 판결.
25) 대법원 2018.8.30. 선고 2016다46338,46345 판결.
26) 다만, 피고로부터 상계의 항변이 있은 후 원고가 소를 취하한 경우와 피고의 상계 항변 자체가 실기한 공격방어방법이라는 이유로 각하되고 원고승소판결이 선고된 경우는 구별되어야 한다. 왜냐하면 전자의 경우에는 상계의 의사표시로 인하여 원고의 소구채권도 함께 소멸하므로 이 부분에 대하여 원고가 다시 소를 제기하면 상계의 의사표시가 이미 있었다는 사실을 피고가 주장 · 입증하여 원고의 청구를 기각시킬 수 있음에 반하여, 후자의 경우에는 원고의 소구채권이 승소판결로 존재하기 때문에 피고의 반대채권만 소멸되는 불합리함이 있기 때문이다. 이러한 이유로 상계권 행사 후 소를 취하한 경우에, 소가 취하되더라도 상계의 실체법상 효과는 존재하며 그로 인하여 피고의 반대채권이 소멸한다는 '사법행위설'에 의하더라도 불합리하지 않다. 따라서 전술한 '소송에 있어서 형성권의 행사'에서 신병존설이 타당하다고 하여 여기에서도 이를 고집할 필요는 없다.

본안에 대한 종국판결 후에 소취하가 있는 경우 재소를 금지하는 입법취지는 무엇인가?

재소금지의 입법취지는 본안판결을 받았음에도 불구하고 소취하를 함으로써 그 판결의 효력을 없애 분쟁해결의 기회를 스스로 포기한 원고에 대한 제재이다. 또한 불리한 본안판결을 받은 원고가 소취하를 남용하는 것을 방지하는 역할도 한다. 다만 재소금지는 소송법상 효과이므로 소송물인 권리에 대하여 실체법상 영향을 주는 것은 아니다. 따라서 원고는 그 권리를 소송상 상계에 사용할 수 있다.

나. 동일한 소

(1) 당사자의 동일

동일한 당사자 및 변론종결 후의 일반승계인이 여기에 포함된다.[27] 채권자대위소송을 제기한 채권자가 소를 취하하면 채무자도 대위의 소가 제기된 것을 안 이상, 재소금지의 효과를 받는다는 것이 판례[28]의 입장이다(다수설). 대법원은 피참가인이 공동소송적 보조참가인의 동의 없이 단독으로 소를 취하할 수 있다는 입장이므로,[29] 대위채권자가 상소심에서 부당하게 소를 취하하는 것을 막기 위해서는 채무자에게 공동소송적 보조참가가 아닌, 공동소송참가(83)를 허용하여야 할 것이다.[30] 선정당사자가 종국판결 후 소를 취하한 경우 재소금지의 효과는 선정자에게도 미친다.

특정승계인도 여기에 포함되는가에 대하여, 판례는 원칙적으로 특정승계인도 포함된다는 입장이지만 특정승계인의 재소가능성여부는 그에게 새로운 권리보호의 이익이 있는지 여부를 기준으로 한다.[31]

추심금청구소송에서 본안에 대한 종국판결이 있은 뒤 추심채권자가 소를 취하한 경우 다른 추심채권자에게 재소금지의 효력이 미치는가?

대법원은 추심채권자가 추심의 소를 제기하였다가 항소심에서 소를 취하하였고, 그 후 또다른 추심채권자가 추심의 소를 제기한 사건에서, 후소는 전소와 권리보호이익

---

27) 보조참가인은 이에 해당하지 않는다(대법원 1984.9.25. 선고 80다1501 판결).
28) 대법원 1981.1.27. 선고 79다1618 판결; 대법원 1996.9.20. 선고 93다20177,20184 판결.
29) 대법원 2013.3.28. 자 2012아43 결정; 대법원 2013.3.28. 선고 2011두13729 판결.
30) 채권자대위소송은 소송담당이 아니라는 전제 하에 재소금지의 효력이 채무자에게 미치지 않는다는 견해(호문혁, 808쪽)에 의하면, 참가유형에 따른 소의 취하의 효력에 대한 위와 같은 논의는 무의미하다.
31) 대법원 1981.7.14. 선고 81다64,65 판결.

을 달리하여 재소금지원칙에 위반되지 않는다고 판시한 원심을 긍정하였다.[32)]

(2) 소송물의 동일

판례에 의하면 종국 판결이 있은 뒤에 실체법적으로 상이한 권리의 주장은 소송물이 달라 재소가 가능하다고 본다(구실체법설). 소유권에 기한 건물인도청구소송의 취하 후 약정에 의한 건물인도청구소송을 제기한 경우[33)] 및 동일하게 명의신탁 해지를 원인으로 한 소유권이전등기청구이지만, 계약상 신탁관계의 종료를 이유로 한 소를 취하하고 소유권에 기하여 후소를 제기한 경우에는 소송물이 다르다고 보았다.[34)]

소송물이 다르지만 동일한 소로 보아 재소금지가 적용되는 경우도 있다. 후소가 전소의 소송물을 선결적 법률관계로 하는 재소가 그것이다. 면직처분무효확인의 패소 종국판결이 선고된 뒤에 소를 취하하였다면 면직처분이 무효임을 전제로 급여채권이행청구의 재소는 허용되지 않으며,[35)] 원본채권의 이행을 청구하는 소의 패소 종국판결이 선고된 뒤에 이자채권의 재소도 불가하다(다수설).[36)] 후자의 경우 거꾸로 이자채권의 이행을 청구하는 소의 종국판결이 선고된 후에 원본채권의 이행을 청구하는 재소는 전소가 후소의 선결적 법률관계를 이루지 아니하므로 허용된다. 대법원은, 보건복지부장관으로부터 요양기관 업무정지 처분을 받은 갑이 그 처분의 취소를 구하는 소송(전소)을 제기하였다가 패소한 뒤 항소하였는데, 보건복지부장관이 항소심 계속 중 업무정지 처분을 과징금 부과처분으로 직권 변경하자(국민건강보험법 98①(1)에서 99①으로 변경), 갑이 과징금 부과처분의 취소를 구하는 소송(후소)을 제기한 후 업무정치 처분의 취소를 구하는 소를 취하한 사안에서, 전소와 후소의 소송물이 같다고 볼 수 없고, 전소의 소송물인 '업무정지 처분의 위법성'이 과징금 부과처분의 위법성을 소송물로 하는 후소와의 관계에서 항상

---

32) 대법원 2021.5.7. 선고 2018다259213 판결.
33) 대법원 1991.1.15. 선고 90다카25970 판결.
34) 대법원 1980.12.9. 선고 79다634 전원합의체 판결.
35) 대법원 1989.10.10. 선고 88다카18023 판결.
36) 판례의 입장과 달리, 후소가 전소의 소송물을 선결문제로 하는 경우에 동일한 소송물이 아님에도 재소금지의 효과를 받는다고 해석하는 것은 부당하다는 견해가 있다. 기판력의 문제에 있어서도 전소의 소송물을 선결문제로 하는 후소가 제기된 경우에 선결문제의 한도에서 전소의 기판력 있는 판단에 구속될 뿐이지 후소의 제기가 불허되는 것이 아닌데, 선결관계가 있다고 하여 후소제기 자체를 막으면 기판력의 효과보다 더 가혹하다는 이유에서이다(한충수, 557). 이 입장과 궤를 같이하면서 전소의 소송물 속에 후소의 소송물이 포함된 때에만 재소금지의 효과를 받는다는 견해도 있다(이시윤, 576쪽).

선결적 법률관계 또는 전제에 있다고 보기도 어렵다는 이유로 재소금지 원칙에 위반된다고 할 수 없다고 판시하였다.[37)]

(3) 권리보호이익의 동일

금지되는 재소는 소송물이 동일할 뿐만 아니라 권리보호이익이 동일한 경우에 한한다. 다만, 소의 이익으로서의 권리보호이익은 이행의 소에서는 원고가 권리자라고 주장하기만 하면 인정되므로 여기에서의 권리보호이익이란 이와 달리, 재소의 제기를 필요로 하는 정당한 사정이 있었던 경우를 의미한다고 보아야 한다.[38)]

판례도 재소금지규정은 소취하로 인하여 그동안 판결에 들인 법원의 노력이 무용화되고 종국판결이 당사자에 의하여 농락당하는 것을 방지하기 위한 제재적 취지의 규정이므로, 본안에 대한 종국판결이 있은 후 소를 취하한 자라 할지라도 이러한 규정의 취지에 반하지 아니하고 소제기를 필요로 하는 정당한 사정이 있다면 다시 소를 제기할 수 있다고 보아, 본안판결이 난 다음 피고가 침해를 중지하여 소를 취하하였는데 그 뒤 다시 침해하는 경우,[39)] 피고가 전소 취하의 전제조건인 약정사항을 믿고 소를 취하하였는데 그 약정이 해제 또는 실효되는 사정변경이 있는 경우,[40)] 토지거래허가 전에 소유권이전등기청구를 제기하여 승소하였다가 취하하였는데 그 뒤 허가받았을 경우 등에는 새로운 권리보호이익이 발생하였으므로 재소가 허용된다고 하였으며,[41)] 전소의 취하 후에 소송물을 양수한 원고는 그 소유권을 침해하고 있는 피고에 대하여 그 배제를 구할 새로운 권리보호의 이익이 있어 동일한 소가 아니므로 재소할 수 있고,[42)] 집합건물의 구분소유자가 그 공용부분이나 대지를 정당한 권원 없이 점유·사용하는 사람을 상대로 부당이득반환청구소송을 제기하였다가 본안에 대한 종국판결이 있은 뒤에 소를 취하하였더라도 관리단이 위 부당이득반환청구의 소를 제기하는 것은 목적을 달리하는 것이어서(전자는 자신의 공유지분권의 사용수익의 실현이 목적이고 후자는 구분소유자의 공동이익이 목적) 새로운 권리보호이익이 발생한 것이라고 판시하였다.[43)]

37) 대법원 2023.3.16. 선고 2022두58599 판결.
38) 전원열, 574쪽.
39) 대법원 2009.6.25. 선고 2009다22037 판결.
40) 대법원 2000.12.22. 선고 2000다46399 판결; 대법원 1993.8.24. 선고 93다22074 판결.
41) 대법원 1997.12.23. 선고 97다45341 판결.
42) 대법원 1981.7.14. 선고 81다64,65 판결; 대법원 1998.3.13. 선고 95다48599,48605 판결.
43) 대법원 2022.6.30. 선고 2021다239301 판결.

다. 본안에 대한 종국판결 선고후의 취하

본안판결 아닌 소각하 등 소송판결이 있은 뒤의 취하에는 재소금지가 적용되지 않는다.

판례는 소의 교환적 변경은 구청구의 취하로 보므로 항소심에서 교환적 변경을 하면 제1심 종국판결 선고 후의 구청구의 취하가 되는데, 이 경우 다시 변경하여 구청구를 되살리면 재소금지에 해당한다고 본다.[44)]

따라서 원고의 소변경 신청이 있는 경우에 법원은 교환적 변경인지, 아니면 추가적 변경인지 석명하여 가급적 추가적 변경으로 보아 원고에게 불의의 타격을 방지할 필요가 있다는 견해가 있다.[45)] 이에 반하여 재소금지는 종국판결 선고 후 소를 현실적으로 취하한 경우에만 적용되는 것으로 해석하여 소의 교환적 변경의 경우에는 소취하권의 남용이 아니고 종국판결을 농락한 것도 아니므로 재소가 허용된다고 보아야 한다는 주장도 있다.[46)]

라. 재소금지의 효과

재소금지의 원칙은 법원의 직권조사사항으로서 피고의 항변을 기다릴 필요 없이 재소금지에 해당하면 재소를 부적법각하해야 한다. 재소가 금지되더라도 실체법상으로는 피고에게 자연채무로 남게 되므로 원고는 임의변제를 수령하거나 상계권을 행사할 수 있으며, 피고가 임의로 변제한 후에 부당이득반환을 청구할 수는 없다.[47)]

청구포기를 할 수 없는 가사소송(다류 사건 및 이혼·파양의 소는 제외) 및 소비자·개인정보 단체소송에서는 재소금지의 효과가 적용되지 않는다. 만일 재소를 금지한다면 청구의 포기를 할 수 없는 소송에 대하여 포기를 인정하는 것과 같은 결과가 되기 때문이다.[48)]

판례는 중복소송의 경우 후소에 대한 본안판결을 받은 후 그 후소를 취하한 자는 동일한 소를 제기할 수 없다는 법리에 의하여 전소는 부적법 각하되어야 한다는 입장이다.[49)] 이에 대하여, 중복소송으로서 부적법한 것은 후소이지 전소가

---

44) 대법원 1987.11.10. 선고 87다카1405 판결.
45) 이시윤, 577쪽.
46) 호문혁, 815쪽.
47) 대법원 1969.4.22. 선고 68다1722 판결.
48) 이시윤, 578쪽.

아닌데, 부적법한 후소를 취하하고 나니 적법한 전소를 유지하는 것도 부적법하게 된다는 것은 부당한 소권 박탈이라는 비판이 있다.[50)]

Ⅵ. 소의 취하간주

현실적으로 소의 취하라는 소송행위가 없더라도 소가 취하된 것으로 보는 경우를 소의 취하간주라고 한다. 이는 대부분 처분권주의와는 무관하고 소송에 열의가 없는 당사자에 대한 제재적 성격으로 이해할 수 있다.

기일에 양쪽 당사자가 2회 불출석하고, 1월 이내에 기일지정신청을 하지 않은 때 또는 기일지정신청에 따라 정한 변론기일 또는 그 뒤의 변론기일에 다시 쌍방이 불출석하거나 출석하였더라도 변론하지 아니한 경우에 소의 취하간주가 성립한다(268).

피고경정의 경우 구피고에 대한 소는 취하한 것으로 본다(261④).

법원재난으로 소송기록이 멸실된 경우에 원고가 6개월 이내에 소장을 제출하지 않으면 소가 취하된 것으로 본다(법원재난에 기인한 민형사사건 임시조치법 3).

증권관련집단소송에서 대표당사자의 사망·사임 또는 대표당사자에 대한 법원의 소송수행금지결정에 따라 소송절차가 중단된 경우, 1년 이내에 소송수계신청이 없으면 소가 취하된 것으로 본다(증집소 24③).

가류·나류 가사소송사건에서 원고의 사망 기타 사유로 소송절차를 계속하여 진행할 수 없게 된 경우에는 승계사유가 생긴 때로부터 6개월 이내에 다른 제소권자로부터 승계신청이 없는 때에는 소가 취하된 것으로 본다(가소 16).

배당이의의 소에서 원고가 첫 변론기일에 출석하지 아니한 때에는 소를 취하한 것으로 본다(민집 158).

Ⅶ. 소취하의 효력을 다투는 절차

소취하의 의사표시에 하자가 있었다는 등 소의 취하가 부존재 또는 무효라는 이유로 소취하의 효력을 다투기 위해서는 별도로 소취하의 무효확인청구를 할 수는 없고, 당해 소송에서 기일지정신청을 하여야 한다(규 67①).

---

49) 대법원 1967.7.18. 선고 67다1042 판결.
50) 호문혁, 814쪽.

이 경우 법원은 기일지정신청을 각하하여서는 안 되고 변론을 열어 신청이유를 심리한 후 소취하가 유효하다고 인정되면 종국판결로써 소송종료선언을 하고, 소취하가 무효라고 판단되면 절차를 계속 진행하고 이를 중간판결(201)이나 종국판결의 이유에서 이에 대한 판단을 표시해야 한다(규 67).

제2절 재판상 화해

Ⅰ. 의 의

재판상 화해는 법관의 면전에서 양 당사자가 소송물에 관하여 상호 일부 양보하여 합의한 결과를 진술하는 행위를 말한다.

재판상 화해에는 소송계속 전 지방법원 단독판사 앞에서 하는 제소전화해(385①)와 소송계속 중 변론기일 또는 변론준비기일에서 하는 소송상 화해가 있으며, 그 효력은 동일하다.

Ⅱ. 소송상 화해

1. 의 의

소송상 화해는 소송계속 중 양 당사자가 소송물인 권리관계의 주장을 서로 양보하여 소송을 종료시키기로 하는 기일에 있어서의 합의를 말한다. 소송상 화해는 변론기일 또는 변론준비기일에서 하여야 하므로 재판외 화해는 소송법상 효과가 발생하지 않는다.

또한 상호 양보가 요건이므로 단순하게 소송종료만 합의하는 것은 소의 취하와 그 동의로 보아야 할 것이다. 다만 원고가 청구를 전부 포기하면서 소송비용만 피고가 부담하는 것도 소송상 화해로서 허용된다.

소송상 화해에서는 소송상 당사자가 소송물에 대하여 화해하는 것이 자연스럽다. 그러나 소송물 이외의 법률관계를 포함하여 화해를 하는 것도 허용되는가? 나아가 소외의 제3자를 포함시킨 화해도 허용되는가?

당사자간에 소송물 이외의 법률관계를 포함하거나 소외의 제3자를 포함하여 하는 화해도 필요성이 있고 효용도 커서 이러한 소송상 화해도 허용된다.[51] 예컨대 소유권에 대한 다툼에 소송물 이외의 법률관계인 인접 토지도 화해의 내용으로 끌어들이거나,[52] 대여금반환청구에서 보증인을 추가하는 것은 분쟁의 전체적 해결에 도움을 줄 수 있다. 그러나 소외 제3자가 추가되는 경우에 그 제3자는 소송당사자는 아니기 때문에 이론적으로는 소송당사자 사이에서는 소송상 화해이지만 소외 제3자와의 사이에서는 제소전화해가 되며, 이때 제3자는 화해조서에 '화해참가인'으로 기재한다.[53]

소송상 화해는 간이·신속 및 비용절감의 효과도 있고, 감정대립이 중화되며 당사자간의 상호 양보를 전제로 하므로 집행확보도 용이하다. 독일 민소법은 민사소송이 제기되면 특별한 사정이 없는 한 화해변론을 먼저 여는 화해전치주의를 채택하고 있다(독민소 278②).

2. 법적 성질

소송상 화해는 양 당사자에 의한 자주적 분쟁해결임과 동시에 법원에 대하여 소송을 종료시키고 화해내용이 기재된 조서는 확정판결과 동일한 효력을 갖는다. 따라서 이것이 어떠한 성질의 행위인가에 대하여 논의가 있다. 크게 다음과 같은 학설이 존재한다.

가. 학 설

(1) 사법행위설

소송상 화해는 민법상 화해계약과 성질상 동일한데, 다만 법관의 면전에서 행해지고 법원사무관등이 조서를 작성하며, 이를 확인·공증한다는 점에서만 민법상 화해계약과 다르다는 견해이다. 이 학설은 반사회질서 등 실체법상 무효사유가 있거나 사기·강박 등 취소사유가 있으면 민법의 규정에 따라 그 효력을 다툴 수 있다는 입장이다.[54]

---

51) 대법원 1981.12.22. 선고 78다2278 판결; 대법원 1985.11.26. 선고 84다카1880 판결.

52) 다만, 소송물 외의 권리관계에도 화해의 효력이 미치려면 특별한 사정이 없는 한 그 권리관계가 ① 화해조항에 특정되거나, ② 화해조서 중 청구의 표시 다음에 부가적으로 기재됨으로써 화해조서의 기재 내용에 의하여 소송물인 권리관계가 되었다고 인정할 수 있어야 한다(대법원 2017.4.13. 선고 2016다274966 판결; 대법원 2017.4.26. 선고 2017다200771 판결).

53) 법원실무제요, 『민사소송(Ⅲ)』, 1611쪽.

54) 다만 이 학설에 의하더라도 원칙적으로 착오를 이유로 취소할 수는 없다(민 733).

그러나 사법행위설에 의하면 소송상 화해로 인하여 소송이 종료되고 확정판결과 동일한 효력을 가진다는 소송법상 효과를 설명하기 어렵다. 이에 대하여 이 학설을 지지하는 입장에서는 소송상 화해로서 소송이 종료되는 이유는 소송이 목적을 달성하였기 때문이고, 민소법 220조가 화해조서에 확정판결과 같은 효력을 인정한 것은 소송종료효와 집행력을 인정한 것에 그칠 뿐 기판력을 인정하는 것은 아니라고 반박한다.

(2) 소송행위설

소송상 화해는 그 요건과 효과가 소송법에 의하여 규율되는 순수한 소송행위로서의 합의라는 입장이다.

따라서 소송상 화해에 재심사유가 있으면 준재심(461)의 소로 취소·변경할 수 있을 뿐, 민법상 화해계약에 관한 규정은 배제되며 사법상 의사표시에 관한 규정도 적용되지 않는다고 본다.[55]

(3) 절충설

1) 양행위병존설

소송상 화해는 외형적으로는 한 개의 행위로 보이지만 법적으로는 사법행위로서의 화해와 소송행위로서의 합의(소송종료의 합의)가 병존하는데, 각각 독립적으로 소송법과 실체법의 원칙의 지배를 받는다고 보는 설이다.

따라서 실체법과 소송법에서 별도로 정한 요건·효과의 적용을 받기 때문에 사법상 화해의 무효·취소·해제 등은 소송종료효에 영향을 미치지 않는다고 본다. 즉 사법상 화해에 흠이 있어 취소되더라도 소송법적 효과인 기판력 등 소송종료효는 남아있으므로 더 이상 화해 성립 전의 법률관계를 다시 주장할 수 없다는 입장이다.

2) 양행위경합설(양성설)

소송상 화해는 법적으로도 한 개의 행위이지만 실체법적 측면과 소송법적 측면에서 다른 규율을 받으므로 어느 한 측면에 흠이 있으면 전체가 무효로 된다고 보는 설이다.

따라서 사법상 흠이 있으면 전체가 무효로 되어 기판력이 발생하지 않으므로

55) 김홍규·강태원, 600쪽; 김홍엽, 761쪽; 송상현·박익환, 492쪽; 한충수, 567쪽.

이러한 경우에는 준재심에 의하지 않더라도 화해 성립 전의 법률관계를 다시 주장할 수 있다는 입장이다.[56)]

나. 검 토

1961. 9. 1. 민소법 제1차 개정 시 민소법 461조에서 화해조서 및 청구의 포기·인낙조서를 준재심으로만 다툴 수 있도록 하였으므로 재심사유가 아니면 더 이상 다툴 수 없음은 명백하다.

판례도 위 개정 전까지는 양성설과 같은 입장을 취하다가,[57)] 개정 후부터는 준재심의 소 이외에 실체법상 하자를 다툴 수 없다고 판시하였는데,[58)] 이는 법해석론으로 법규정을 넘어설 수 없는 이상 불가피한 결론이다.[59)]

판례는 소송상 화해의 법적 성질을 어떻게 보고 있는가?

뒤에서 보는 바와 같이 판례는 청구원인사실이 반사회질서 내지 강행법규에 반하는 재판상 화해도 재심사유에 해당되어 준재심절차에 의하여 취소되지 않는 한 유효하며, 실체법상 의사표시의 하자(사기, 강박, 착오)가 있는 소송상 화해도 유효하다고 본다.[60)] 이 범위에서는 소송행위설과 입장을 같이한다. 그러나 판례가 종전 실체사법상 법률관계의 소멸 및 소송상 화해에 따른 새로운 법률관계의 형성(민 732, 실체법상 창설적 효력)을 인정하고,[61)] 실효조건부 화해도 인정하는 부분[62)]은 사법행위설과 같은 입장이다.[63)] 이러한 의미에서 다수설이 판례의 입장을 소송행위설에 입각하고 있는 것으로 소개하고 있는 점은 의문이다.

---

56) 강현중, 643쪽; 이시윤, 592쪽; 정동윤·유병현·김경욱, 749쪽; 정영환, 1073쪽.
57) 대법원 1955.9.15. 선고 4288민상229 판결.
58) 대법원 1962.5.31. 선고 4293민재6 판결.
59) 이에 대하여, 일본 민소법 267조는 우리 민소법 220조와 똑같이 규정하고 있지만 일본에서는 양성설이 통설이고, 소송행위설은 소수설에 불과한 것을 보더라도 반드시 소송행위설을 따를 필요가 없다는 주장이 있으나(정동윤·유병현·김경욱, 749쪽), 이는 준재심에 관한 일본 민소법 349조는 우리 민소법 461조와 달리, 220조의 조서를 준재심으로 다투어야 한다는 규정을 두고 있지 않아 일본의 경우에는 다른 방법으로도 다툴 수 있다는 견해를 주장할 여지가 크다는 점을 간과한 것으로 보인다.
60) 대법원 2002.12.6. 선고 2002다44014 판결. 도박자금을 상환하는 것 또는 당사자가 배임행위에 적극 가담하여 소유권을 이전하는 것 등을 화해조항으로 한 경우가 이에 해당한다. 금전의 상환 또는 소유권이전행위는 반사회질서가 아니다. 이에 반하여 '돈 000원을 갚지 않으면 심장 근처 살 1파운드를 떼어 낸다'는 내용을 화해조항으로 한 경우와 같이, 그 자체 반사회질서에 해당하는 화해조항은 무효이다.
61) 대법원 1988.1.19. 선고 85다카1792 판결.
62) 대법원 1988.8.9. 선고 88다카2332 판결.
63) 이러한 판례의 태도를 수정된 양성설로 보기도 한다. 정영환, 1074쪽.

3. 요 건

가. 당사자에 관한 요건

당사자가 실재하고 소송능력을 갖추어야 한다. 대리인의 경우에는 특별수권이 필요하다(56②, 90②). 필수적 공동소송의 경우에는 공동소송인 전원이 일치하여 하여야 하며(67①), 독립당사자참가인이 존재하는 경우에 원・피고만의 화해는 허용되지 않는다(79②).

소송상 화해는 상대방이나 제3자의 형사상 처벌받을 행위로 이루어져서는 안 된다(451①(5)).

나. 소송물에 관한 요건

(1) 화해의 대상인 권리관계가 사적 이익에 관한 것이고, 당사자가 자유롭게 처분할 수 있는 것일 것

행정소송은 당사자가 행정처분의 내용을 임의로 변경할 수 없기 때문에 화해가 허용되지 않는다.

가사소송은 직권주의가 적용되므로 원칙적으로 화해가 허용되지 아니한다(가소 12).[64)]

당사자는 이혼소송 중 소송상 화해를 할 수 있는가?

가사소송법 12조에 의하면 가류 및 나류 사건에 있어서 민소법 220조 중 청구의 인낙에 관한 규정만 적용을 배제하고 있으므로 나류 사건 중 재판상 이혼 및 재판상 파양소송에서는 소송상 화해가 허용된다고 보는 것이 다수설이다. 협의 이혼과 협의 파양이 인정되고 있다는 것도 그 이유가 된다.

회사관계소송에서는 단체법적 성격에서 비롯된 대세효 때문에 원칙적으로 소송상 화해가 허용되지 않는다.[65)] 이사를 피고로 하는 주주대표소송과 증권관련 집단소송에서는 법원의 허가를 요한다(상 403, 증집소 35).

소의 제기를 전제로 하지 않는 제소전화해가 인정되기 때문에 소송요건에 흠

---

64) 대법원 2007.7.26. 선고 2006므2757,2764 판결; 대법원 1999.10.8. 선고 98므1698 판결.
65) 대법원 2004.9.24. 선고 2004다28047 판결.

이 있는 소송물이라도 소송상 화해가 허용된다. 이 점에서 청구의 포기·인낙과 다르다.

(2) 유효성

판례는 사립학교법을 위반한 경우, 통정한 허위표시에 의한 경우,[66] 민법 607조·608조에 위반한 경우,[67] 배임행위에 적극 가담하여 이루어진 반사회적 행위로 인한 경우,[68] 중복소송금지의 원칙에 위배되어 제기된 소송절차에서 화해가 이루어진 경우[69] 등에 있어서도 화해가 무효는 아니라고 본다. 다만 이는 화해당사자 사이에서만 무효가 아니라는 의미일 뿐, 제3자에게 유효임을 주장할 수는 없다.[70]

이에 대하여 다수설은 화해내용이 실체법상 강행법규에 반하거나 사회질서에 위반해서는 안 된다는 입장이다. 그러나 화해조항 자체가 강행법규 또는 사회질서 위반에 해당('변제하지 않을 시 심장 근처 살 1파운드를 떼어낸다'는 화해조항)하지 않는 한 일단 조서에 기재되면 민소법 461조의 해석상 기판력이 있으므로 더 이상 그 실체법상 효력을 다툴 수 없다고 볼 수밖에 없다(소송행위설).

(3) 조건부화해

조건부화해에는 여러 형태가 있을 수 있다. ① 화해의 내용을 이루는 이행의무의 발생에 정지조건을 붙이는 경우와 ② 소송상 화해 자체의 성립이나 그 효력 발생에 대하여 정지조건을 붙이거나 그 효력의 존속에 해제(실효)조건을 붙이는 경우가 그것이다. 위 ①의 경우에는 예컨대 "피고가 언제까지 금 ○○원을 지급하지 아니하면 피고는 원고 앞으로 가등기에 기한 본등기절차를 이행한다"는 방

66) 대법원 1992.10.27. 선고 92다19033 판결.
67) 대법원 1991.4.12. 선고 90다9872 판결.
68) 대법원 2002.12.6. 선고 2002다44014 판결.
69) 대법원 1995.12.5. 선고 94다59028 판결.
70) 대법원 2019.1.31. 선고 2017다228618 판결(채권자대위권을 행사하는 경우, 채권자가 채무자를 상대로 보전되는 청구권에 기한 이행청구의 소를 제기하여 승소판결을 선고받고 판결이 확정되었다면, 특별한 사정이 없는 한 그 청구권의 발생원인이 되는 사실관계가 제3채무자에 대한 관계에서도 증명되었다고 볼 수 있다. 그러나 그 청구권의 취득이, 채권자로 하여금 채무자를 대신하여 소송행위를 하게 하는 것을 주목적으로 이루어진 경우와 같이, 강행법규에 위반되어 무효라고 볼 수 있는 경우 등에는 위 확정판결에도 불구하고 채권자대위소송의 제3채무자에 대한 관계에서는 피보전권리가 존재하지 아니한다고 보아야 한다. 이는 위 확정판결 또는 그와 같은 효력이 있는 재판상 화해조서 등이 재심이나 준재심으로 취소되지 아니하여 채권자와 채무자 사이에서는 그 판결이나 화해가 무효라는 주장을 할 수 없는 경우라 하더라도 마찬가지이다).

식으로서 일단 성립한 소송상 화해 그 자체의 효력에는 영향이 없으므로 소송절차의 안정성과 확실성을 해칠 염려가 없다는 점에서 허용해도 문제될 것이 없다. 그러나 위 ②의 경우, 예컨대 "제3자가 인정하는 것을 조건으로 당사자간의 화해가 유효하다"는 정지조건이 붙은 방식 및 예컨대 "제3자가 이의하면 화해의 효력이 실효된다"는 해제(실효)조건이 붙은 방식도 허용할 것인가에 대해서는 소송상 화해의 법적 성질을 어떻게 보는가에 따라 결론이 달라진다. 즉 사법행위설이나 절충설에 의하면 조건부 화해는 사적 자치의 원칙상 당연히 허용되는 것으로 본다.

한편 소송행위설의 입장에서는 정지조건은 허용하되, 해제조건이 붙은 화해조항은 무효라거나,[71] 이 경우에는 조건 없는 소송상 화해로서의 효력을 인정하기도 한다.[72] 나아가 정지조건을 붙인 경우는 허용되지 않지만 해제(실효)조건을 붙인 경우에는 소송상 화해가 공권적 분쟁의 해결이 아닌 당사자 사이의 자치적 분쟁해결기능에 따른 것임을 고려한다면 이를 인정함이 타당하다는 견해도 있다.[73]

판례는 해제(실효)조건부 소송상 화해도 허용된다고 본다. 즉 위 예의 경우 제3자가 이의하면 그 실효조건의 성취로 화해의 효력이 당연히 소멸하는 이상,[74] 실효조건의 주장은 재심에 의할 필요 없이 언제나 소송 외에서도 주장할 수 있으므로,[75] 당사자는 화해 성립 전의 법률관계를 주장하여 다시 소송을 제기할 수 있다고 한다.[76]

다. 시기와 방식에 관한 요건

(1) 법원은 소송의 정도와 관계없이 화해를 권고하거나 수명법관 또는 수탁판사로 하여금 화해를 권고하게 할 수 있으며, 화해를 위하여 당사자 본인이나 법정대리인의 출석을 명할 수 있다(145). 따라서 변론기일, 변론준비기일, 화해기일, 증거조사기일 중 언제든 화해가 가능하다.

(2) 서면화해제도

화해의 의사표시가 적혀있는 답변서 또는 그 밖의 준비서면이 공증사무소에서

71) 김홍규 · 강태원, 608쪽.
72) 송상현 · 박익환, 496쪽.
73) 김홍엽, 769쪽.
74) 대법원 1993.6.29. 선고 92다56056 판결.
75) 대법원 1965.3.2. 선고 64다1514 판결.
76) 대법원 1996.11.15. 선고 94다35343 판결.

인증을 받은 것인 때에는 이를 제출한 당사자가 불출석하여 진술간주된 경우에는 상대방 당사자가 변론기일에 출석하여 그 화해의 의사를 받아들이면 화해가 성립된 것으로 본다(148③).

소송상 화해를 하고 싶지만 이미 변론이 종결된 경우에는 어떠한 절차에 의해 화해를 하여야 하는가?

변론이 종결된 경우에는 화해를 위한 기일(화해기일)을 지정해달라고 법원에 신청한다. 화해를 체결하는 시기는 변론종결 후에도 종국판결 후에도 가능하고, 상고심에서도 가능하다. 법원에서도 절차의 어느 단계에서나 화해를 권고할 수 있다.

4. 효 과

가. 소송종료효

소송상 화해는 변론조서·변론준비기일조서에 기재하는 때에 확정판결과 같은 효력이 발생하므로 소송은 종료된다(220). 물론 제한적 기판력설에 의한다면 소송상 화해에 실체법상 흠이 없는 경우에만 소송종료효를 인정할 것이다. 소송종료효의 발생 시기에 관하여 민소규칙 31조는 그 기일의 조서에는 화해가 있다는 취지만을 적고 별도로 형식적 기재사항과 화해조항을 적은 조서를 작성하도록 규정하고 있지만, 이 조서가 작성되지 않아도 변론조서·변론준비기일조서에 화해의 취지가 기재되면 바로 소송종료의 효력이 발생한다. 별도로 작성하는 조서에는 화해조항 및 청구취지와 원인, 화해조항 등을 적어야 한다(소액사건에서는 특히 필요한 경우 외에는 청구의 원인을 적지 않아도 된다).

조서정본을 1주 안에 당사자에게 송달하여야 하며(규 56), 조서에 기재되기 전에 당사자의 의사가 일치하면 철회할 수 있다. 상급심에서 화해를 한 때에는 하급심의 미확정 판결은 당연히 실효된다. 소송비용은 각자가 부담한다(106). 소송상화해가 준재심의 소(461)에 의하여 취소되면 종료되었던 소송이 부활한다.

나. 기판력

(1) 의 의

소송상 화해를 변론조서·변론준비기일조서에 적은 때에는 그 조서는 확정판결과 같은 효력을 가지며(220), 위 조서는 준재심의 소를 통하여 다툴 수 있다

(461). 따라서 위 각 규정의 취지상 조서에 기판력을 인정함이 대세이나, 학설로는 기판력의 존부 및 그 범위를 둘러싸고 견해가 나뉜다. 견해의 대립은 기판력과 관련하여 현실적으로 소송상 화해가 성립한 후에 그 화해내용의 사법상 효력에 하자가 있는 경우에 이를 다시 다툴 수 있는지에 있다.

(2) 학설과 검토

1) 기판력 부정설

민소법 220조가 존재한다고 하더라도 화해에 기판력을 인정할 필연적 이유는 없고, 민소법 461조도 기판력이 아니라 형식적 확정력을 인정하는 것으로만 새기는 견해이다.

주로 사법행위설의 입장에서 이 견해를 취하지만 양성설의 입장에서 주장되기도 한다.[77]

2) 무제한 기판력설

화해의 성립과정에 하자가 있더라도 준재심의 소 이외의 방법으로 그 무효를 주장할 수 없다는 견해로서 현행법에 충실하게 해석하는 판례의 입장이다.[78]

소송상 화해의 법적 성질을 소송행위로 보는 입장은 일반적으로 이 설을 취한다.[79]

3) 제한적 기판력설

실체법상 하자가 있는 한 기판력은 인정할 수 없다는 입장이다. 민소법 461조는 실체법상 하자 없는 소송상 화해의 경우의 구제책이며, 실체법상 하자가 있는 경우에는 화해가 무효임을 전제로 기일지정신청이나 화해무효확인청구로 구제되어야 한다는 입장이다.[80]

소송상 화해의 법적 성질에서 양성설의 입장에 있는 학자는 일반적으로 이 견해를 취한다. 그러나 양성설의 입장에서도 민소법 461조가 존재하는 이상 무제한 기판력설을 따를 수밖에 없다는 견해도 있다.[81]

---

77) 정동윤 · 유병현 · 김경욱, 755쪽.

78) 대법원 1979.5.15. 선고 78다1094 판결; 대법원 2000.3.10. 선고 99다67703 판결; 대법원 1962.2.15. 선고 4294민상914 판결. 조정조서의 경우에도 같다(대법원 2014.3.27. 선고 2009다104960,104977 판결).

79) 김홍규 · 강태원, 606쪽; 김홍엽, 773쪽; 송상현 · 박익환, 497쪽; 한충수, 572쪽.

80) 강현중, 658쪽; 이시윤, 598쪽; 전병서, 494쪽.

4) 검 토

기판력이 없는 집행권원은 집행법상 청구이의의 소의 대상이 될 뿐, 재심 내지 준재심의 소가 허용되지 아니하는 점을 보면,[82] 소송상 화해에 대하여 민소법 461조에 의한 준재심으로 다투게 한 것은 소송상 화해가 기판력이 있음을 전제로 한 것이다. 따라서 기판력 부정설은 현행법의 해석론으로는 부적절하다.

또한 기판력은 확정된 내용에 반하는 주장이나 저촉되는 판단을 허용하지 아니하고 당사자나 법원을 일률적으로 구속하는 것이므로 내용의 유·무효를 심리하여 일정한 경우 기판력을 부정하는 것은 기판력의 취지에 어긋난다. 따라서 제한적 기판력설도 타당하지 않다. 결국 무제한 기판력설이 타당하다.

다. 집행력

구체적 이행의무를 화해의 내용으로 한 경우 판결과 동일하게 집행력이 있다(민집 56(5)).

라. 형성력(창설적 효력)

판례는 화해조서가 일정한 법률관계의 발생·변경·소멸을 내용으로 하는 경우에는 기존의 법률관계를 변동시키는 형성력이 생긴다고 본다.[83] 이는 민법 732조에서 "화해계약은 당사자 일방이 양보한 권리가 소멸되고 상대방이 화해로 인하여 그 권리를 취득하는 효력이 있다"는 창설적 효력을 소송상 화해에도 인정하는 입장이다. 다만 재판상 화해 등의 창설적 효력이 미치는 범위는 당사자가 서로 양보하여 확정하기로 합의한 사항에 한하며, 당사자가 다툰 사실이 없었던 사항은 물론 화해의 전제로서 서로 양해하고 있는 데 지나지 않은 사항에 관하여는 창설적 효력이 생기지 아니한다.[84]

소유권에 기한 물권적 방해배제청구로서 소유권등기의 말소를 구하는 소송이

---

81) 호문혁, 830쪽.

82) 대법원 2009.5.14. 선고 2006다34190 판결(기판력을 가지지 아니하는 확정된 이행권고결정에 설사 재심사유에 해당하는 하자가 있다고 하더라도 이를 이유로 민소법 461조가 정한 준재심의 소를 제기할 수는 없고, 청구이의의 소를 제기하거나 또는 전체로서의 강제집행이 이미 완료된 경우에는 부당이득반환청구의 소 등을 제기할 수 있을 뿐이다).

83) 대법원 2008.2.1. 선고 2005다42880 판결.

84) 대법원 2013.2.28. 선고 2012다98225 판결; 대법원 2001.4.27. 선고 99다17319 판결; 대법원 2011.7.28. 선고 2009다90856 판결; 대법원 2019.4.25. 선고 2017다21176 판결.

나 진정명의 회복을 원인으로 한 소유권이전등기절차의 이행을 구하는 소송 중에 그 소송물에 대하여 화해권고결정이 확정되면 상대방은 여전히 물권적인 방해배제의무를 지는 것이고, 화해권고결정에 창설적 효력이 있다고 하여 그 청구권의 법적 성질이 채권적 청구권으로 바뀌지 않는다.[85] 이는 소송상 화해의 경우에도 마찬가지이다(231).

소송상 화해의 법적 성질에 대하여 소송행위설을 취하는 한 실체법상 창설적 효력을 인정하는 판례의 입장은 이해하기 어렵다.

5. 소송상 화해의 효력을 다투는 방법

가. 당연무효사유로 다투는 경우

실재하지 않거나 사망한 자를 당사자로 한 화해조서가 작성된 경우, 소송상 화해가 이루어진 바 없는데도 마치 이루어진 것처럼 화해조서가 작성된 경우와 같이 화해조서에 확정판결의 당연무효와 같은 사유가 있는 경우에는 당사자는 이를 주장하면서 기일지정신청을 할 수 있다는 것이 판례의 태도이다.[86]

이 경우에 법원으로서는 그 무효사유의 존재여부를 가리기 위하여 기일을 지정하여 심리를 한 다음 무효사유가 존재한다고 인정되지 아니한 때에는 판결로써 소송종료선언을 하여야 하며, 무효사유가 존재한다고 인정되면 종전의 소송에 대하여 심리를 계속하여야 한다. 후자의 범위 내에서는 화해의 소송종료효가 인정되지 아니한다고 볼 수 있다. 이외에도 화해조서에 명백한 오류가 있을 때에는 판결에 준하여 경정이 허용된다(211).

한편 재판상 화해조서는 확정판결과 같은 효력이 있어 기판력이 생기는 것이므로 그 내용이 강행법규에 위반된다 할지라도 화해조서가 준재심절차에 의하여 취소되지 아니하는 한 그 당사자 사이에서는 그 화해가 무효라는 주장을 할 수 없으나, 기판력은 재판상 화해의 당사자가 아닌 제3자에 대하여까지 미친다고 할 수 없다.[87]

---

85) 대법원 2012.5.10. 선고 2010다2558 판결.

86) 대법원 2000.3.10. 선고 99다67703 판결; 대법원 2001.3.9. 선고 2000다58668 판결.

87) 대법원 1999.10.8. 선고 98다38760 판결(만약 원고가 위 소외 1(전소송의 원고)을 대위하여 피고를 상대로 피고 명의의 소유권이전등기의 말소를 구하는 것이라면 이는 위 화해조서의 기판력에 저촉되어 허용될 수 없지만, 이 사건 소와 같이 원고가 이 사건 아파트의 진정한 소유자임을 주장하면서 직접 피고를 상대로 진정한 등기명의의 회복을 원인으로 한 소유권이전등기 절

기판력 부정설이나 제한적 기판력설을 취하는 입장에서는 실체법상 흠이 있을 때에도 기일지정신청이나 화해무효확인청구, 청구이의의 소 등으로 그 무효 또는 취소사유를 주장할 수 있다고 본다.[88]

나. 당연무효 이외의 사유로 다투는 경우

판례는 당연무효사유 이외에는 재심 사유가 있는 경우에만 그 효력을 다툴 수 있다고 본다(461). 이때의 재심사유로는 민소법 451조 1항 1·2호의 관여할 수 없는 법관의 관여, 3호의 소송능력·대리권의 흠, 4호의 법관의 직무상 범죄, 5호의 형사상 처벌받을 타인의 행위로 인한 때, 10호의 전의 화해에 어긋나는 화해를 한 때 정도일 것이다. 준재심의 소에 의하여 화해조서가 취소되었을 때에는 종전의 소송이 부활한다.

판례는 갑·을 및 병 사이에 제1화해가 성립한 후에 갑과 을 사이에 다시 제1화해와 모순·저촉되는 제2화해가 성립하였다 하여도, 제1화해가 조서에 기재되어 확정판결과 동일하게 기판력이 발생한 이상, 제2화해에 의하여 제1화해가 당연히 실효되거나 변경되고 나아가 제1화해조서의 집행으로 마쳐진 을 명의의 소유권이전등기 및 이에 기한 제3자 명의의 각 소유권이전등기가 무효로 된다고 볼 수는 없다고 하였다.[89] 이 경우에는 제2화해가 준재심사유가 된다(451①⑽).

다. 화해의 해제여부

소송상 화해에 하자사유가 있는 경우가 아니라 화해의 내용을 불이행한 경우에 소송상 화해를 해제한 후 원래의 소송(구소)의 계속을 요청하는 기일지정신청을 하거나 무효확인소송 또는 손해배상을 청구할 수는 있는가? 판례는 소송상 화해를 한 당사자는 재심의 소송에 의하지 아니하고서 그 화해를 사법상 화해계약임을 전제로 하여 그 화해의 해제를 주장하는 것과 같은 화해 조서의 취지에 반하는 주장을 할 수 없다는 입장이다.[90]

차의 이행을 구하는 경우에까지 위 화해조서의 기판력이 미친다고 볼 수 없다); 대법원 2000.7.6. 선고 2000다11584 판결(이미 제소전화해조서에 의하여 소유 명의자로부터 제3자 앞으로 소유권이전등기가 경료된 경우, 다른 소유권이전등기청구권 또는 소유권이전등기말소등기청구권자가 종전의 소유 명의자를 대위하여 제3자 명의의 소유권이전등기가 원인무효임을 이유로 그 등기 및 이에 기하여 경료된 다른 등기의 말소를 구하는 것이 제소전화해조서의 기판력에 저촉된다).

88) 이시윤, 598쪽; 정동윤·유병현·김경욱, 758쪽.

89) 대법원 1995.12.5. 선고 94다59028 판결.

이는 민법상 화해계약과는 달리, 민소법 461조가 소송상 화해에 대하여 이를 조서에 기재한 때에 그 조서는 확정판결과 동일한 효력, 즉 당사자간에 기판력이 생기도록 하여 확정판결의 당연무효사유와 같은 사유가 없는 한 재심의 소에 의해서만 효력을 다툴 수 있도록 규정하고 있기 때문이다.[91] 즉 화해내용을 불이행한 경우에는 화해 내용대로 이행하도록 강제집행을 신청할 수 있을 뿐, 소송상 화해를 해제할 수는 없다.

판례는 해제권유보부 화해를 허용하는가?

판례는 소송상 화해의 불이행을 이유로 화해를 해제할 수는 없지만, 앞에서 본 바대로 실효조건부 해제는 허용된다는 입장이다. 따라서 소송상 화해에서도 제3자의 이의가 있는 때에는 화해의 효력을 실효시키기로 하는 실효조건부 약정이 가능하고 그 실효조건의 성취로 화해의 효력은 당연히 소멸되며, 이 경우 화해가 없었던 상태로 돌아가므로 화해 성립 전의 법률관계를 다시 주장할 수 있다. 이 범위 내에서는 별소를 제기하거나 기일지정신청에 의하여 구소송을 다시 부활시킬 수 있으므로 이미 생겼던 확정판결과 동일한 효력은 없어지게 된다.

소송상 화해의 하자를 다투는 방법과 관련하여 일본의 입법례는 어떤가?

일본의 경우에는 화해조서 등에 대해서는 준재심으로 처리해야 한다는 우리 민소법 461조에 해당하는 규정이 없어 재판상 화해에 기판력을 인정할 것인지 여부에 대하여 우리법보다 자유로운 입장에 있다. 일본의 판례는 제한적 기판력설의 입장에서 의사표시의 하자를 다투는 방법으로 기일지정신청, 화해무효확인의 소, 청구이의의 소를 모두 인정한다.

6. 화해권고결정

수소법원이 '조정'을 하는 경우에는 먼저 조정회부결정을 하여 소송절차를 중지시킨 이후에야 가능한데(민조 6,30), 신법에서는 이러한 회부절차 없이 수소법원이 직권으로 '화해권고결정'을 할 수 있도록 하였다.

수소법원, 수명법관 또는 수탁판사는 소송계속 중인 사건에 대해 '직권으로' 당사자의 이익, 그 밖의 모든 사정을 참작하여 청구취지에 어긋나지 않는 범위

90) 대법원 1962.2.15. 선고 4294민상914 판결. 민사조정조서의 경우에도 같다(대법원 2012.4.12. 선고 2011다109357 판결).
91) 대법원 1990.3.17. 자 90그3 결정.

내에서 사건의 공평한 해결을 위한 화해권고결정을 할 수 있다(225①). 변론준비절차이건 변론절차이건 관계없다(286). 상고심법원에서도 가능하며, 화해권고에 응하지 않았을 때에만 화해권고결정을 해야 하는 것도 아니다. 화해권고결정서에는 원칙적으로 청구의 취지와 원인을 적어야 하나, 소액사건인 경우에는 특히 필요한 경우를 제외하고는 청구원인을 적지 않을 수 있다(규 57①). 당사자에게는 신청권이 없으므로 당사자가 화해권고결정을 신청하더라도 법원의 직권발동을 촉구하는 의미를 가질 뿐이다.

화해권고결정서 등본 또는 조서에 화해권고 결정내용을 기재하였으면 그 조서 정본을 당사자에게 송달하고 2주 안에 이의신청을 하지 아니하면 화해권고결정이 소송상 화해와 같은 효력을 가지게 된다는 것을 고지한다. 당사자의 이의신청권을 보장하기 위하여 화해권고결정서는 우편송달과 공시송달로는 송달할 수 없게 하였다(225②).

당사자 중 어느 일방이 결정정본을 송달받은 날로부터 2주 내에 이의신청을 하면 소송절차가 속행된다(226①, 232). 이의신청서로 볼 것인지 여부는 표제를 기준으로 하는 것이 아니라 제출된 서면을 전체적으로 보아 민소법 227조 2항의 내용이 기재되어 있는지 여부에 의한다.[92)]

이의기간 내에 이의하지 않거나, 이의신청에 대한 각하결정이 확정되거나, 그 심급에서 판결이 선고될 때까지 상대방의 동의를 얻어 이의신청을 취하하거나, 서면으로 이의신청권을 포기하면 화해권고결정은 소송상 화해와 같은 효력을 가지므로 결국 확정판결과 동일하게 기판력 · 집행력 · 형성력 · 창설적 효력이 발생한다(231).

Ⅲ. 제소전화해

1. 의의와 문제점

소제기 전에 지방법원 단독판사 앞에서 화해신청을 하여 민사상 다툼을 해결하는 절차를 제소전화해라고 한다(385 이하).[93)] 대체로 소송상 화해의 법리에 의한다.

---

92) 대법원 2011.4.14. 선고 2010다5694 판결.
93) 여기에서의 '제소전화해'는 '제소전 화해'로 기재하는 경우가 일반적이지만, 민소법 제2편 제4장의 표제어가 '제소전화해'이므로 여기에서는 법전용어 그대로 사용하기로 한다.

제소전화해는 원래 다툼이 소송으로 발전하기 전에 이용할 수 있도록 설치된 제도인데, 실제로는 다툼 없는 계약내용을 조서에 기재하여 재판상 화해를 성립시키기 위한 공증적 성격으로 사용되어 왔다. 이는 과거 금전이나 대체물 또는 유가증권상의 청구권에 대한 공정증서만 집행권원으로 인정하고 있었으므로(민집 56(4), 집행증서), 이를 넘어 건물인도 등의 집행권원을 얻기 위해서 제소전화해제도를 이용하였기 때문이다. 그런데 제소전화해에 대하여 판례의 입장과 같이 무제한 기판력설을 따르면 폭리행위나 강행법규의 탈법을 합법화할 수 있기 때문에 폐지론이 주장되어 왔다.

그런데 2013. 5. 28. 공증인법이 개정되어 건물이나 토지 또는 법령에 의하여 등기 또는 등록된 동산의 인도 또는 반환을 목적으로 하는 청구에 대하여 강제집행을 승낙하는 취지를 기재한 공정증서를 작성하여 집행권원으로 삼을 수 있게 되었다(공증인법 56조의3).[94] 공정증서는 집행력만 인정될 뿐 기판력이 인정되지 않아 이에 대한 의사표시의 하자가 있는 경우에는 집행문부여에 대한 이의신청 또는 청구이의의 소 등으로 다툴 수 있으므로,[95] 준재심만 허용되는 제소전화해보다 권리구제의 폭이 넓다고 할 수 있고, 이러한 이유로 위 공정증서의 활용이 확대되면 결국 제소전화해제도의 이용감소와 더불어 그 남용에서 오는 폐단도 줄어들 것이다.

2. 화해신청

화해신청은 피신청인의 소재지관할 지방법원 단독판사의 관할이다. 시군법원이 있으면 그곳이 관할이다. 제소전화해신청의 경우에는 소장에 첨부할 인지액의 5분의 1의 인지를 붙인다.

화해의 요건으로는 ① 당사자가 임의로 처분할 수 있는 권리관계일 것, ② 현실의 분쟁이 있을 때에 한할 것을 요한다(현실분쟁설). 장래에 분쟁이 발생할 가능

---

94) 다만, 임차건물의 인도 또는 반환에 관한 공정증서는 임대인과 임차인 사이의 임대차 관계 종료를 원인으로 임차건물을 인도 또는 반환하기 전 6개월 이내에 작성되는 경우로서 그 증서에 임차인에 대한 금원 지급에 대하여도 강제집행을 승낙하는 취지의 합의내용이 포함되어 있는 경우에만 공정증서를 작성할 수 있게 하였다. 사회적 약자인 임차인을 배려한 규정이다.

95) 대법원 1998.8.31. 자 98마1535,1536 결정(집행권원인 집행증서가 무권대리인의 촉탁에 의하여 작성되어 당연 무효라고 할지라도 그러한 사유는 형식적 하자이기는 하지만 집행증서의 기재 자체에 의하여 용이하게 조사·판단할 수 없는 것이므로 청구이의의 소에 의하여 그 집행을 배제할 수 있다).

성이 있는 경우에도 허용된다는 견해(장래분쟁설)도 있으나,[96] 민소법 385조에서 제소전화해를 신청할 때 다투는 사정을 밝히도록 규정하고 있고, 제소전화해를 공정증서의 대용화라는 수단으로 삼는 폐단을 시정하기 위해서는 현실분쟁설이 타당하다.[97] 다만, 실무에서는 민사상 다툼의 존재를 완화하여 해석함으로써 제소전화해를 널리 허용하고 있다.

신청은 서면이나 말로 한다. 시효중단의 효력이 발생하지만, 화해가 불성립하면 1월 이내에 소송을 제기한 경우에만 시효중단의 효력이 유지된다(민 173).

3. 절 차

화해신청의 요건 및 방식에 흠이 있으면 각하결정을 한다.

당사자는 제소전화해를 위하여 대리인을 선임하는 권리를 상대방에게 위임할 수 없으며, 필요한 경우 법원은 대리권의 유무를 조사하기 위하여 당사자 본인 또는 법정대리인의 출석을 명할 수 있다(385②③. 쌍방대리금지의 원칙). 제소전화해를 성립시키려는 자가 우월적 지위를 이용하여 미리 상대방으로부터 대리인 선임용 백지위임장을 받아 두었다가 이에 기하여 상대방의 대리인을 선임하여 그 대리인과의 사이에 제소전화해를 성립시키는 경우를 방지하기 위한 규정이다.

화해신청이 적법하면 화해기일을 정하여 신청인 및 상대방에게 출석을 통지한다. 불출석 시에는 화해가 성립하지 아니한 것으로 볼 수 있으나(387②), 실무에서는 1회 기일을 연기해 준다. 화해 불성립 조서의 등본이 송달된 날로부터 2주 이내에 각 당사자는 소제기신청을 할 수 있다. 적법한 소제기신청이 있으면 화해신청을 한 때에 소가 제기된 것으로 본다(388②). 화해가 성립한 때에는 법원사무관등은 조서에 당사자, 법정대리인, 청구의 취지와 원인, 화해조항, 날짜와 법원을 표시하고 판사와 법원사무관등이 기명날인 또는 서명하며, 화해비용은 각자 부담으로 한다(386, 389).

4. 제소전화해조서의 효력

(1) 소송상 화해와 동일한 효력

확정판결과 같은 효력을 가지므로 집행력 · 기판력이 있다(220). 따라서 그 흠

96) 송상현 · 박익환, 498쪽; 정동윤 · 유병현 · 김경욱, 763쪽; 정영환, 1092쪽.
97) 김홍엽, 781쪽; 이시윤, 601쪽; 호문혁, 836쪽.

은 재심사유에 해당하는 경우에 한하여 준재심의 소에 의한 구제의 길밖에 없다.

(2) **창설적 효력**

소송상 화해와 동일하다. 즉 제소전화해조서에 기재되면 창설적 효력이 발생하기 때문에 당사자간에 다툼이 있었던 종전의 권리·의무관계는 더 이상 주장할 수 없다.[98)]

(3) **화해조서취소의 효과**

준재심의 소에 의하여 화해조서가 취소되었을 때에는 종전의 소송이 부활하는 소송상 화해와 달리, 제소전화해의 경우에는 부활할 소송이 없으므로 화해절차의 불성립으로 귀착되며, 따라서 소송계속이 없는 제소전화해의 경우에는 제소전화해가 당연무효라고 하더라도 기일지정신청은 허용되지 않는다.

Ⅳ. 기타 재판상 화해의 규정이 적용되는 경우

1. 화해간주

재판상 화해 자체는 아니나, 그 효력에 관하여 법률에 의하여 재판상 화해의 효력과 동일한 것으로 간주되는 경우가 있다.

가사조정조서(가소 59②), 민사조정조서(민조 29) 기타 분쟁조정조서(소기 67, 의료분쟁조정법 33), 조정을 갈음하는 결정(민조 34④, 30, 32), 언론중재위원회의 중재(언론중재법 23) 등이 이에 해당한다.

다만 대법원은 공유물분할의 소가 제기되어 소송계속 중에 수소법원이 조정회부결정을 하여 조정이 성립된 경우에는 그 즉시 공유관계가 소멸하고 각 공유자에게 그 협의에 따른 새로운 법률관계가 창설되는 것은 아니며, 다른 공유자의 공유지분을 이전받아 등기를 마침으로써 비로소 그 부분에 대한 대세적 권리로서의 소유권을 취득하게 된다고 하였다.[99)]

---

98) 대법원 2022.1.27. 선고 2019다299058 판결(제소전화해의 창설적 효력은 당사자 간에 다투어졌던 권리관계에만 미치는 것이지 당사자가 다툰 사실이 없었던 사항은 물론 화해의 전제로서 서로 양해하고 있는 사항에 관하여는 미치지 않는다. 따라서 제소전화해가 있다고 하더라도 화해의 대상이 되지 않은 종전의 다른 법률관계까지 소멸하는 것은 아니다).

99) 대법원 2013.11.21. 선고 2011두1917 전원합의체 판결.

2. 형사피고사건의 민사화해

형사피고사건에서 피고인과 피해자 사이에 민사상 다툼에 관하여 합의가 이루어지면 양자가 공동으로 합의를 공판조서에 기재하여 줄 것을 신청할 수 있다(소촉법 36①).

피고인 이외의 자가 피해에 대하여 지급보증을 하거나 연대의무를 부담하기로 합의한 경우에는 그는 신청과 동시에 피고인 및 피해자와 공동으로 그 취지를 공판조서에 기재하여 줄 것을 신청할 수 있다(소촉법 36②).

이는 변론종결 전까지 공판기일에 출석하여 서면으로 신청하여야 한다(소촉법 36③). 합의가 공판조서에 기재된 때에는 민소법 220조의 규정을 준용하므로(소촉법 36⑤), 재판상 화해처럼 확정판결과 같은 효력이 생긴다.

제3절 청구의 포기·인낙

Ⅰ. 개 념

1. 의 의

변론기일 또는 변론준비기일에서 원고가 자기의 소송상 청구가 이유 없음을 자인하는 법원에 대한 일방적 의사표시를 청구의 포기라고 하고, 피고가 원고의 소송상 청구가 이유 있음을 자인하는 법원에 대한 일방적 의사표시를 청구의 인낙이라고 한다. 청구의 포기·인낙의 의사표시를 변론조서 또는 변론준비기일조서에 기재하면 확정판결과 동일한 효력이 발생하며, 이로써 소송은 종료된다. 실무상 청구의 일부 포기가 대부분이고, 의제자백제도가 있기 때문에 청구의 인낙도 거의 없다. 변론 또는 변론준비기일이 아닌 법정 외에서 당사자가 하는 청구의 포기·인낙은 실체법상 권리의 포기 또는 채무의 승인으로서 추후 법정에 제출할 수 있는 공격방어방법의 내용이 될 뿐, 소송법상 효과가 발생하는 청구의 포기·인낙이 아니다.

2. 자백과의 구별

불리한 것이 소송물 자체이면 청구의 포기·인낙이고,[100] 주요사실이면 자백이다.

청구를 인낙하면 청구에 대한 별도의 판결 없이 그 취지를 조서에 기재하는 데 그치지만(법원의 사실판단권 및 법률판단권의 배제), 자백하면 자백한 사실을 토대로 판결을 하여야 할 뿐, 자백이 있더라도 심리결과 청구가 이유 없을 때에는 청구기각판결을 하여야 한다(법원의 사실판단권 배제).

자백은 어느 당사자나 할 수 있지만 청구의 포기는 원고만이, 청구의 인낙은 피고만이 할 수 있다.

자백은 상고심에서는 허용되지 않지만 청구의 인낙은 어느 때나 할 수 있다.

3. 소송상 화해와의 구별

양자 모두 판결에 의하지 아니한 소송종료원인이지만, 청구의 포기·인낙은 한쪽 당사자만이 전면적으로 양보하는 단독행위이다.

이에 반하여 소송상 화해는 양쪽 당사자가 상호 양보한 끝에 소송을 종료시키기로 하는 합의이다.

4. 소의 취하와의 구별

소의 취하는 소송이 처음부터 계속되지 않은 것 같이 되지만, 청구의 포기는 원고패소의 확정판결과 동일한 효력이 발생한다(220).

본안에 대한 종국판결 후에 소취하를 하는 경우를 제외하면 소의 취하는 재소에 지장이 없으나, 청구의 포기의 경우는 기판력이 발생하므로 신소의 제기가 허용되지 않는다.

피고가 응소한 뒤 소를 취하하려면 그의 동의를 얻어야 하나, 청구의 포기에는 상대방의 승낙이 필요 없다. 청구취지의 감축의 경우는 원고의 의사가 불분명하면 소의 일부취하로 보아야 한다.

소의 취하는 직권탐지주의 소송절차에서도 허용되나, 청구의 포기는 변론주의

---

100) 대법원 1991.12.13. 선고 91다8159 판결(매매를 원인으로 한 소유권이전등기절차의 이행 청구에 관한 인낙조서의 기판력은 그 등기청구권의 존부에만 미치고 등기청구권의 원인이 되는 매매계약의 존부나 목적부동산의 소유권의 귀속에 관하여는 미치지 아니하는 것이다).

가 적용되는 소송절차에서만 허용된다.

Ⅱ. 법적 성질

통설은 재판상 화해의 경우와는 달리 소송행위설을 취한다. 즉 법원에 대한 일방적 소송행위로서, 소송물에 관한 자기의 주장이 이유 없음을 인정하는 관념의 표시로 본다.[101)]

소송행위설의 사법행위설 또는 양성설과의 차이점은 사법상 취소 또는 무효사유가 있는 경우 청구의 포기 · 인낙행위를 취소 또는 무효화 할 수 있는지 여부에 있는데, 사법행위설과 양성설에 의하면 이러한 경우 바로 기일지정신청이나 청구이의소송을 제기할 수 있다고 보지만 민소법 461조가 청구의 포기 · 인낙조서의 효력의 취소는 준재심에 의하도록 규정함으로써 입법적으로 소송행위설을 따랐다(통설). 판례도 소송행위설의 입장이다.[102)]

피고가 원고의 청구를 인정하면서 상계나 동시이행의 항변을 주장하는 경우에 청구의 인낙이 유효하게 성립하는가?

청구의 포기나 인낙은 소송행위로서 무조건적이어야 하므로 위와 같은 경우에는 청구의 인낙으로 취급할 수 없다는 것이 일반적인 견해이다. 청구의 포기 · 인낙은 소송종료효가 발생하는 소송행위인데, 여기에 조건을 붙이면 그 효력이 불안정하게 되기 때문이다. 다만 이러한 질적 일부인낙과 달리, 청구가 수량적으로 분할이 가능한 경우에 그 일부분에 대한 청구의 인낙인 양적 일부인낙은 유효하다. 또한 청구의 병합, 통상공동소송이나 예비적 · 선택적 공동소송의 경우에 일부의 소에 대하여 청구의 포기 · 인낙이 가능하다. 그러나 필수적 공동소송의 경우에는 공동소송인 전부가 청구의 포기 · 인낙을 하여야만 효력이 생긴다(67①).

---

101) 다만 청구의 인낙을 관념의 표시로 보면 이에 의하여 집행력이 생기는 것을 설명하기가 곤란하다는 견해가 있다(호문혁, 839쪽). 일본에서는 인낙판결제도를 채용하지 않는 이상 소송법상 효과는 모두 직접 당사자의 의사표시에 기한 것으로 보아야 한다는 견해도 있다(河野正憲, 民事訴訟法, 有斐閣, 2009, 329面).

102) 대법원 1957.3.14. 선고 4289민상439 판결.

Ⅲ. 요 건

1. 당사자에 대한 요건

당사자는 소송행위의 유효요건인 당사자능력, 소송능력을 갖추어야 하며, 대리인은 특별수권이 필요하다(56②, 90②).

상대방 또는 제3자의 형사상 처벌받을 행위에 의하여 이루어진 경우에는 재심사유가 된다(451①(5)).

2. 소송물에 대한 요건

청구의 포기 · 인낙의 대상은 변론주의가 적용되는 소송물이어야 하므로 직권탐지주의가 적용되는 절차에서는 허용되지 않는다. 가사소송법에 가류 및 나류 가사소송사건에 대해서는 민소법의 청구의 인낙에 관한 규정을 배제한다는 명문규정이 존재하므로(가소 12) 허용되지 않는다고 본다. 가사소송사건의 나류사건 중 이혼소송과 파양소송에서는 협의이혼이나 협의파양이 인정되므로 청구의 인낙도 허용된다는 견해가 있지만,[103] 명문에 반한다. 그러나 청구의 포기에 대해서는 이를 배제하는 명문규정이 없으므로 이혼소송이나 파양소송은 물론, 실체법상 그 청구권의 포기가 성질상 허용되지 않는 경우를 제외하고는 허용된다고 할 것이다.[104] 행정소송은 당사자가 임의로 행정처분의 내용을 변경할 수 없으므로 청구의 포기와 인낙은 허용되지 않으며, 회사관계소송 중 청구인용판결의 효력은 제3자에게 미치므로(상 190, 376②, 380), 청구의 인낙은 허용되지 않지만, 청구기각의 확정판결에 해당하는 청구의 포기의 효력은 제3자에게 미치지 않으므로 허용된다.[105]

소비자 · 개인정보 단체소송과 증권관련집단소송에서는 청구의 포기에 제한이 있는가?

소비자단체소송의 경우에 청구기각의 확정판결은 대세효가 있다(소기 75; 개인정보법 56). 따라서 이에 해당하는 청구의 포기는 허용되지 않는다. 한편 증권관련집단소송의 경우에 청구의 포기는 소의 취하, 소송상 화해와 더불어 법원의 허가를 받

103) 이시윤, 584쪽.
104) 김홍엽, 755쪽.
105) 대법원 2004.9.24. 선고 2004다28047 판결.

도록 규정되어 있다(증집소 35①).

소작권, 첩계약, 물권법정주의에 반하는 물권의 창설 등 법률효과 자체가 현행 법상 인정되지 않는 것은 청구의 포기는 허용되나 인낙은 허용되지 않는다. 그러나 현행법상 인정되는 법률효과를 내용으로 하는 것이라면 그 원인행위가 선량한 풍속 그 밖의 사회질서에 반하거나 강행규정에 반하여 법원이 법률판단을 하면 원고가 패소할 수밖에 없는 청구에 대한 인낙도 효력이 있다는 것이 판례의 입장이다.[106] 다수설은 이 경우에도 청구의 인낙이 허용되지 않는다고 하지만,[107] 청구의 포기·인낙을 소송행위로 보는 입장에 서면 실체법상 흠은 청구의 포기·인낙에 영향을 줄 수 없으므로 판례의 태도가 타당하다.[108]

주장자체에 이유가 없는 경우에도 청구의 인낙이 허용되는가?

예컨대 도박자금으로 대여해 주었으니 그 돈을 반환하라고 청구하는 경우에도 청구의 인낙이 허용된다(법원의 법률판단권 배제). 인낙의 허부는 오로지 소송물 자체, 즉 금전지급에 대한 판단에 한정되기 때문이다. 원인행위가 선량한 풍속 그 밖의 사회질서에 반하거나 강행규정에 반하더라도 청구의 인낙이 허용된다고 새겨야 하는 이유가 여기에 있다.

소의 이익, 관할의 위반, 중복된 소제기 등 소송요건이 구비되지 않으면 청구의 포기·인낙에도 불구하고 소를 각하한다(통설). 또한 주위적·예비적 병합청구소송에서 주위적 청구를 먼저 심판해야 하므로 예비적 청구만 인낙할 수는 없다.[109] 이 경우에는 주위적 청구에 대하여 소취하 등으로 매듭지은 후에만 예비적 청구에 대하여 인낙이 허용된다.

Ⅳ. 시기와 방식

소송계속 시부터 판결확정시까지 청구의 포기·인낙이 가능하므로 상고심에서

106) 대법원 1969.3.25. 선고 68다2024 판결(소재지관서의 증명이 없더라도 농지이전등기청구의 인낙조서는 무효가 아니다).
107) 강현중, 644쪽; 김홍규·강태원, 616쪽; 송상현·박익환, 487쪽; 정동윤·유병현·김경욱, 741쪽; 호문혁, 841쪽.
108) 김홍엽, 757쪽; 이시윤, 585쪽.
109) 대법원 1995.7.25. 선고 94다62017 판결.

도 할 수 있다.

변론기일 또는 변론준비기일에 출석하여 말로 하는 것이 원칙이다. 다만 불출석한 원·피고가 진술 간주되는 서면에 청구의 포기·인낙의 의사표시가 적혀 있고, 공증사무소의 인증을 받은 경우에는 청구의 포기·인낙을 인정한다(148②).

V. 효 과

1. 소송종료효

변론조서 또는 변론준비기일조서에 청구의 포기·인낙의 취지를 기재하면 그 때에 소송이 종료된다. 따라서 조서정본을 1주 안에 당사자에게 송달하도록 규정하고 있지만(규 56), 송달되어야 소송종료의 효력이 발생하는 것은 아니다.

소송종료를 간과한 채 심리가 속행된 경우에는 당사자의 이의나 법원의 직권으로 소송종료선언을 하여야 한다.

원고의 채무부존재 확인소송에 피고가 인낙하면 실체법상 채권·채무가 소멸하는가?

청구의 인낙은 피고가 원고의 주장을 승인하는 소위 관념의 표시에 불과한 소송상 행위로서 이를 조서에 기재한 때에는 확정판결과 동일한 효력이 발생되어 그로써 소송을 종료시키는 효력이 있을 뿐이고, 실체법상 채권·채무의 발생 또는 소멸의 원인이 되는 법률행위라 볼 수 없다.[110]

2. 확정판결과 동일한 효력

청구의 포기·인낙을 변론조서·변론준비기일조서에 적은 때에는, 청구의 포기는 청구기각, 청구의 인낙은 청구인용의 확정판결과 같은 효력이 있으므로 (220),[111] 당연무효사유가 없는 한 기판력이 발생하고, 청구의 인낙에 있어 이행청구는 집행력, 형성청구는 형성력을 낳는다.

상소심에서 청구의 포기·인낙이 있는 때에는 전심법원의 판결은 어떻게 되는

---

110) 대법원 2022.3.31. 선고 2020다271919 판결.

111) 대법원 1969.10.7. 선고 69다1027 판결(원고의 청구를 인낙하는 취지가 변론조서에 기재되어 있으면 따로 인낙조서의 작성이 없어도 인낙의 효력을 발생한다).

가?

전심법원에서의 판결은 내용의 여하를 불문하고 당연히 실효된다.

3. 하자를 다투는 방법

조서작성 전에는 자백에 준하여 상대방의 동의를 얻거나 착오를 이유로 철회가 가능하다(동의필요설). 조서를 작성한 후에는 확정판결과 동일한 효력이 있어 재심사유에 한해서만 다툴 수 있으므로(461, 소송행위설의 입장), 실체법상 의사표시의 하자에 대하여 무효확인소송이나 기일지정신청의 방식으로 다툴 수 없다.

다만 사망한 자를 당사자로 한 청구의 포기·인낙조서가 작성된 경우, 청구의 포기·인낙이 이루어진 바 없는데도 마치 이루어진 것처럼 그러한 조서가 작성된 경우와 같이 당연무효사유가 있다면 예외적으로 기일지정신청을 통해 원래의 소를 부활시켜 이에 대한 심판을 받을 수 있다(규칙 67조의 유추적용).

4. 청구의 인낙과 해제

청구의 인낙은 소송행위로서 계약과 같은 법률행위가 아니기 때문에 불이행시 그 해제를 주장할 수 없으며, 이에 대한 손해배상청구도 할 수 없다.[112] 인낙한 내용대로 강제집행을 구할 수 있을 뿐이다.

---

112) 대법원 1957.3.14. 선고 4289민상439 판결.

제3장
종국판결에 의한 종료

제1절 재판일반

Ⅰ. 재판의 의의

재판이란 재판기관이 그 판단 또는 의사를 법정의 형식에 따라 외부에 표시함으로써 소송법상 일정한 효과가 발생하는 소송행위를 말한다.

일상용어로서의 재판은 판결 또는 소송의 뜻으로 사용되지만, 판결은 그 쟁송처리의 기능으로 보아 재판 중에서 중심적인 위치를 점하고 있을 뿐이고 그 외에 결정, 명령도 재판에 속한다. 즉 재판은 판결, 결정, 명령의 상위개념으로 정의된다.

재판은 재판기관으로서의 법원 또는 법관의 판정 내지 소송행위라는 점에서 법원직원의 행위인 '처분'과 구별되며, 일정한 판단 또는 의사표시라는 점에서 변론의 청취나 증거조사 등과 같은 사실행위와도 구별된다.

당사자가 신청하지 않아도 재판이 이루어지는 경우가 있는가?

기일의 지정 또는 변론의 병합 등은 당사자의 신청이 없어도 재판이 이루어지는 경우이다. 기일의 지정은 재판장의 명령의 형식으로(165①), 변론의 병합은 법원의 결정이라는 형식으로 이루어진다(141).

Ⅱ. 재판의 분류

1. 판결 · 결정 · 명령

위에서 본 바와 같이 재판은 판결 · 결정 · 명령으로 나눌 수 있다. 민소법은 원칙적으로 판결에 대하여 규정하면서 결정 · 명령에 대해서는 그 성질에 반하지 않는 한 판결에 관한 규정을 준용한다(224①). 판결은 사인간의 권리나 법률관계가 그 대상으로서, 중요하기 때문에 엄격하고 신중한 절차에 의한다. 이에 대하여 결정·명령은 판결에 비하여 중요성이 낮은 반면에 신속한 판단이 필요한 소송지휘나 소송절차상 부수적 사항을 그 대상으로 한다.

가. 재판기관

판결·결정의 주체는 재판기관으로서의 법원이고, 명령의 주체는 재판장·수명법관·수탁판사 등 법관이다.

나. 심리방법

판결의 경우에는 상고심판결(429, 430①, 상특 4③) 등 변론 없이 하는 판결(219, 413, 124, 257①②, 소심 9①)을 제외하고는 반드시 변론을 거쳐야 하지만(134①), 결정·명령은 임의적 변론에 의하며, 심문에 의할 수 있다(134①·단서).

다. 성립 및 고지방법

판결은 서명날인을 한 판결서를 작성하여 기일에 선고함으로써 성립되고(205, 206), 결정·명령은 서명날인한 결정서 또는 명령서를 작성할 수도 있지만 기명 및 조서의 기재로 이에 갈음할 수 있으며(154(5), 224①단서), 상당한 방법으로 고지하면 된다(221①). 또한 판결에는 원칙적으로 이유를 기재하여야 하나(208), 결정·명령에는 이유의 기재를 생략할 수 있다(224①단서).

라. 상소방법

판결에 대한 상소방법으로는 항소·상고에 의하고, 결정·명령의 경우에는 이의신청·항고·재항고에 의한다. 판결의 경우에는 법원을 기속하지만, 결정·명령은 원칙적으로 법원을 기속하지 않으므로 취소변경이 가능하다(446).

마. 재판사항

판결은 중요사항, 특히 소송에 대한 종국적·중간적 판단에 대한 것이고, 결정은 소송절차의 부수파생사항(이송결정, 법관의 제척·기피결정, 특별대리인 선임결정, 소송인수결정, 참가허부에 대한 결정, 소송구조결정 등), 소송지휘와 관련된 재판(기일지정결정, 쟁점정리절차를 둘러싼 결정, 변론의 분리·병합을 명하는 결정, 소송절차의 중지 등) 및 강제집행사항, 가압류·가처분사건, 비송사건의 판단에 대한 것이 있다. 명령은 가장 가벼운 사항인 기일의 지정(165), 소장각하(254②), 소송지휘(135) 등이 이에 속한다.

가압류 신청에 대한 재판 중 변론을 거친 경우에는 판결로서 해야 하는가?

과거 민사집행법에는 보전처분에 대한 재판 중 변론을 거친 경우에는 판결로 하도록 규정되어 있었으나, 2005년 개정으로 변론을 거쳤는지 여부에 상관없이 결정으로 재판한다(민집 301, 281①, 전면적 결정주의).

문서제출명령과 지급명령도 재판장 · 수명법관 · 수탁판사가 하는 '명령'인가?

문서제출명령(347)과 지급명령(462)의 경우에 재판의 주체는 '법원'이다. 따라서 재판내용을 고려하여 명령이라는 용어가 사용되고 있지만 실제로는 결정이므로, 재판서의 앞머리(冒頭)에 '○○법원 결정'으로 표시된다. (가)압류명령 · 추심명령 · 전부명령도 같다.

2. 명령적 · 확인적 · 형성적 재판

재판은 그 내용을 기준으로 하여 당사자 또는 제3자에게 일정한 작위 · 부작위를 명하는 '**명령적 재판**(이행판결, 담보제공을 명하는 결정, 문서제출명령, 당사자 · 대리인에 대한 출석명령, 증인에 대한 출석요구 등)', 권리 · 법률관계의 존부를 확정하는 '**확인적 재판**(확인판결이나 제척결정, 기각판결, 소송비용액 확정결정 등)' 및 법률관계의 발생 · 변경 · 소멸을 가져오는 '**형성적 재판**(형성판결, 기피결정, 상소심의 취소판결, 관할지정의 결정, 변론의 제한 · 분리 · 병합 또는 그 취소의 결정, 소송절차의 속행명령, 전부명령, 매각허가결정 등)'으로 분류할 수 있다.

3. 종국적 재판 · 중간적 재판

가. 종국적 재판

종국적 재판이란 그 심급을 완결하는 재판을 말한다. 종국판결, 소 · 상소각하결정(144④), 소장 · 상소장각하명령, 증권관련집단소송 · 소비자단체소송에서의 소제기불허결정(증집소 15①, 소기 74) 등이 여기에 속한다.

나. 중간적 재판

하나의 심급에서 심리 도중에 문제가 된 사항에 관하여 판단을 하는 재판을 중간적 재판이라고 한다. 중간판결(201), 공격방어방법의 각하결정(149), 청구의 변경의 허부결정(263), 수계결정(243) 등이 여기에 속한다.

제2절 판 결

제1관 판결의 종류

Ⅰ. 중간판결

1. 의 의

중간판결은 종국판결에 대비되는 개념으로서, 소송의 진행 중 당사자간에 쟁점으로 된 사항에 대하여 정리·판단하여 종국판결을 용이하게 하고 이를 준비하는 수소법원의 판결을 말한다.

중간확인의 소에 대한 중간확인판결은 중간판결이 아니라 종국판결이다.

중간판결을 할 것인지 여부는 법원의 재량이지만, 실무에서는 번거로워 많이 이용되지 않고 중간판결에 기재할 내용을 종국판결의 이유에 기재하는 것이 일반적이다.

당사자에게 중간판결을 해 달라는 신청권이 있는가?

중간판결을 할 것인지 여부는 법원의 소송지휘권 행사에 속하는 것으로서, 당사자에게 신청권이 없고 법원의 재량에 위임되어 있다(201).

2. 중간판결사항

가. 독립된 공격방어방법을 배척하는 경우(201①)

예컨대 소유권확인의 소에서 원고가 소유권의 취득원인으로 매매·증여·시효취득을 한꺼번에 주장하거나 대여금 청구의 소에서 피고가 변제와 시효소멸을 한꺼번에 주장하는 경우와 같이, 어느 하나가 인정되면 당사자 일방이 승소 또는 패소되는 '독립적인' 공격방어방법에 대하여 이를 배척할 때 중간판결을 한다.

고의·인과관계 등 요건사실 중의 일부는 그것이 인정되더라도 소송의 승패가 좌우되는 것이 아니므로 중간판결사항이 아니다.

공격방어방법을 배척하지 않고 받아들이는 경우라면 이를 토대로 곧바로 청구인용 또는 청구기각의 종국판결을 하면 된다.

여러 소송물 중 일부를 배척할 때에도 중간판결을 할 수 있는가?

하나의 소송물(청구) 내에서 공격방어방법이 여럿인 경우에 그중 일부를 배척할 때 중간판결을 한다. 이에 비하여 소송물(청구)이 병합된 경우에 그중 일부를 배척하는 것은 종국판결이다. 공격방어방법으로 볼 것인가 아니면 소송물로 볼 것인가는 소송물이론에 따라 달라진다. 예컨대 소유권이전등기청구의 소의 원인으로 매매·증여·시효취득을 주장하는 경우에 일분지설에 의하면 각각 독립한 공격방법이어서 그중 일부의 배척은 중간판결사항이지만, 구실체법설에 의하면 이는 소송물(청구)의 병합이 되어 중간판결사항이 아니다. 다만, 소유권확인의 소의 경우에는 (이분지설 중 일관설을 제외하고는) 어느 소송물이론에 의하든 청구취지만으로 소송물이 특정되기 때문에 매매·증여·시효취득의 주장은 모두 독립한 공격방법에 해당한다. 또한 소송물은 원고가 결정하는 것이므로 대여금 청구의 소에서 피고가 변제와 시효소멸을 주장하는 경우에는 어느 소송물이론에 의하더라도 독립한 방어방법으로서 중간판결사항이다.

나. 중간의 다툼을 배척하는 경우(201①)

중간의 다툼이란 본안에 대한 독립한 공격방어방법은 아니지만 소송상 선결문제가 있어 이를 해결하지 않으면 더 이상 청구 자체의 판단으로 나아갈 수 없는 경우를 말한다.

본안전 항변인 소송요건의 존부, 상소의 적법여부, 소취하의 유·무효, 상소의 추후보완의 적법여부 및 재심의 소에서 적법성과 재심사유의 존부 등에 관한 다툼(454)이 이에 해당한다. 당사자가 이러한 사유를 주장하고 있지만 그 이유가 없을 때에 중간판결을 한다.

만약 중간의 다툼이 이유 있는 때에는 소송을 끝내야 하므로 종국판결을 한다.

다. 청구의 원인을 먼저 인정하는 경우(201②)

소송의 목적인 청구권의 존부에 대하여 이유 있을 때 먼저 이 부분에 대한 인용판결을 하고 그 후에는 그 액수와 범위에 대해서만 심리하려는 경우에 중간판결을 한다.

여기에서의 '청구의 원인'이란, 소장의 필수적 기재사항으로서 소송물을 특정한 권리주장으로 구성하는 데 필요한 사실인 '청구의 원인'(249)과는 달리, 액수 이외에 당해 청구권을 둘러싼 일체의 사정을 말한다.

심리결과 청구권 자체가 인정되지 않는 경우에는 종국판결을 한다.

3. 효 력

가. 자기구속력(기속력)

판결한 그 심급의 법원은 중간판결한 사항에 대하여 취소나 변경이 불가능하고, 종국판결 시 중간판결의 주문에 표시된 판단을 토대로 해야 하며, 당사자도 중간판결 이후에는 이와 관련된 주장과 증거를 제출할 수 없다(실권효).

다만 당사자가 중간판결의 변론종결 후에 새로 발생한 사실에 기하여 새로운 공격방어방법을 제출하는 것은 무방하다. 또한 심급이 달라지면 구속력이 없으므로 실기하지만 않으면 상소심에서 이를 번복시키기 위한 증거제출이 가능하다.

중간판결은 소송물을 판단의 대상으로 하는 것이 아니므로 종국판결과 달리 기판력이나 집행력 또는 형성력이 발생하지 않는다.

나. 독립한 상소 불가

중간판결은 독립하여 상소의 대상이 되지 않고 종국판결과 합쳐서 상급심의 심리를 받는다(390①, 392, 425).[1]

중간판결은 종국판결이 아니기 때문에 소송비용에 대한 재판을 하지 아니한다.

중간판결이 선고된 경우, 그 심급의 법원은 중간판결의 이유 중의 판단에 구속되는가?

그 심급의 법원은 중간판결의 주문에 표시된 판단에만 구속되며, 중간판결의 이유 중의 판단에는 구속되지 않는다. 따라서 당사자는 중간판결의 이유 중의 판단을 다투기 위해 공격방어방법을 제출할 수 있다.

---

1) 대법원 2011.9.29. 선고 2010다65818 판결. 다만 이 판례에서는 종국판결이 중간판결의 기속력에 저촉되어 위법함을 인정하면서도 중간판결이 법리를 오해한 것으로서 그대로 유지될 수 없고 오히려 종국판결의 이유와 결론이 정당하다고 판시하였다.

Ⅱ. 종국판결

1. 의 의

소 또는 상소에 의한 재판 시 그 심급을 완결하는 판결을 종국판결이라고 한다(198). 본안판결, 소각하판결, 소송종료선언 등이 이에 속한다. 사건의 완결범위와 관련하여 전부판결·일부판결·추가판결로, 소의 적법여부에 관한 판결인가, 청구의 당부에 관한 판단인가에 따라 소송판결과 본안판결로 구별된다.

상소심(항소심 및 상고심)의 파기환송판결, 파기이송판결은 종국판결이라는 것이 판례의 입장이다.[2] 왜냐하면 당해 심급의 소송절차가 완결되기 때문이다. 따라서 항소심의 환송판결(418)에 대하여 상고할 수 있다.

다만 상고심의 파기환송판결은 '형식적으로 확정된' 종국판결이기는 하나, 하급심에서 다시 심리를 계속하게 되므로 '실질적으로 확정된' 종국판결이라고 할 수는 없기 때문에 기판력이 생기지 않아 재심이 허용되지 않는다.[3]

소의 취하 또는 소송상 화해가 성립하여 소송이 종료된 것으로 처리되자 당연무효 사유가 있다는 등의 이유로 기일지정신청을 하여 그 유효성을 다투었으나 그것이 유효하다고 판단된 경우 소송종료선언을 하게 된다. 이 판결은 본안판결인가, 소송판결인가?

소의 취하나 소송상 화해와 관련하여 행해지는 소송종료선언은 소송물에 대한 판단이 아니므로 소송판결의 일종이다. 이에 비하여 소송물에 대한 법원의 판단을 내용으로 하는 판결이 본안판결이다. 본안판결은 원고의 청구를 인용하는 청구인용 판결과 이를 배척하는 청구기각 판결로 나누어진다. 일부인용, 일부기각 판결도 당연히 본안판결이다.

종국판결과 판결의 확정은 어떻게 구별되는가?

종국판결은 그 심급을 종결시킬 뿐, 소송절차 전체를 종결시키는 것이 아니다. 따라서 종국판결은 상소의 대상이 되고, 상소하면 상급심에서 소송이 계속 진행된다. 그러나 종국판결을 받고 상소제기 없이 상소기간을 도과하거나 상소취하 또는 상소권의 포기 등의 사유가 있으면 소송절차 전체가 종결되어 더 이상 다툴 수 없게 되는데, 이를 판결이 확정되었다고 한다.

---

2) 대법원 1981.9.8. 선고 80다3271 전원합의체 판결.
3) 대법원 1995.2.14. 선고 93재다27,34 전원합의체 판결.

2. 전부판결

가. 의 의

동일소송절차에서 심판되는 사건의 전부를 동시에 완결 처리하는 종국판결을 전부판결이라고 한다.

청구가 하나일 때는 물론, 청구의 병합, 반소, 변론의 병합의 경우 1개의 판결을 행한 때에도 전부판결이다(200②의 반대해석).

나. 효 과

1개의 판결이므로 일부에 대한 상소는 나머지 청구에 효력이 미친다. 따라서 판결전체에 대하여 확정차단효와 이심(移審)의 효과가 발생한다.

이에 따라 전부판결 중 일부패소 부분에 대한 상소의 효력은 승소부분에도 미치지만(상소불가분의 원칙), 상소하지 않은 부분은 심판의 범위에 포함되지 않는다(407①, 431).

3. 일부판결

가. 의 의

소송의 일부를 다른 것과 분리하여 종국판결을 하는 것이 일부판결이다(200①). 당사자의 권리구제의 신속, 소송심리의 정리·집중을 위하여 ① 병합된 수개의 청구 중 어느 하나의 청구, ② 가분적 청구 중 액수가 확정된 부분(예컨대 1,000만원 청구 중 피고가 자인하는 300만원 부분), ③ 변론을 병합한 청구 중 어느 한 청구, ④ (아래 일정한 예외를 제외하고) 병합된 본소와 반소 청구 중 어느 한 청구 등 복잡한 사건에서 판결하기에 성숙한 부분을 먼저 판결하는 경우에 일부판결을 한다(200②). 일부판결에서 남은 부분을 완결시키는 판결을 잔부판결 혹은 결말판결이라 한다.

일부판결은 독립하여 상소의 대상이 되므로 사건의 일부는 상소심에, 나머지 부분은 원심에 계속되게 되어 소송불경제와 재판의 모순을 초래할 수 있어서 실무에서는 거의 활용되지 않는다. 일부판결을 할 것인지 여부는 법원의 재량이다.

나. 일부판결이 허용되지 않는 경우

① 본소와 반소 중 어느 한쪽의 심리를 마친 경우에 그 부분에 대하여 일부판결을 할 수 있다(200②). 그러나 같은 이혼을 구하는 원고의 본소청구와 피고의 반소청구 또는 동일 부동산에 대한 원고의 소유권확인의 본소청구와 피고의 소유권확인의 반소청구와 같이 동일 목적의 형성청구이거나 소송물이 동일한 법률관계일 때에는 일부판결이 허용되지 않는다. 나아가 ② 선택적 병합청구(하나의 청구취지에 대한 수개의 청구원인 중 어느 하나가 인용되면 나머지는 판단을 바라지 않는 경우)·예비적 병합청구(주위적 청구가 인용되면 예비적 청구의 판단을 바라지 않는 경우), ③ 필수적 공동소송, 독립당사자참가, 공동소송참가, 예비적·선택적 공동소송 등 합일확정이 필요한 소송의 경우, ④ 법률상 병합이 요구되는 경우(상 240, 188, 380, 증집소 14, 소단규 15, 개단규 14)에도 일부판결이 허용되지 않는다.

위의 경우에 일부판결을 하면 잔부판결에 대하여 중복하여 심리하여야 할 뿐만 아니라 일부판결과 잔부판결 사이에 모순·저촉의 위험이 있기 때문이다.

여러 명의 연대채무자가 피고가 된 경우에 일부 피고에 대해서만 심리를 마쳤다면 그 일부에 대하여만 판결을 선고할 수 있는가?

여러 명의 연대채무자가 공동피고인 때에는 수개의 청구가 병합된 경우로서 통상공동소송의 관계에 있으므로 일부판결이 허용된다. 다만, 단순병합일지라도 소송물 사이에 선결관계에 있거나 기본적 법률관계 또는 쟁점이 공통되는 경우에는 일부판결이 허용되지 않는다는 견해도 있다.[4] 이 견해에 따르면 위와 같은 사건에서 일부판결이 이루어졌다면 나머지는 원심에서 추가판결을 할 것이 아니고 판단누락으로 보아 상소심에서 한꺼번에 처리해야 한다(후술).

다. 효 과

잔부판결(결말판결)에서는 일부판결의 주문판단을 토대로 하여야 한다.

소송비용은 잔부판결에서 하는 것이 원칙이다(104).

---

4) 김홍규·강태원, 628쪽; 정동윤·유병현·김경욱, 773쪽; 정영환, 1104쪽.

4. 재판의 누락과 추가판결

가. 의 의

법원이 청구 전부에 대하여 재판을 할 의사였는데 실수로 청구의 일부에 대하여 재판을 빠뜨렸을 때 그 부분에 대하여 하는 종국판결을 추가판결이라고 한다(212). 반소 청구가 된 사건에서 반소를 빠뜨리거나 소유권 확인 및 소유권이전등기말소를 청구하였는데 소유권이전등기말소청구만 판단하고 소유권확인청구는 판결을 하지 않은 경우 등이 이에 해당한다.

주문을 빠뜨린 경우만 재판의 누락(탈루)이 되므로 판결이유를 누락한 판단누락(이유누락)은 재판의 누락이 아니다.[5] 판단누락의 경우에는 확정되면 재심사유(451①(9))일 뿐 추가판결의 대상이 아니다. 이유에는 판단이 되어 있어도 그에 해당하는 판결주문이 없다면 원칙적으로 재판의 누락이다.[6]

재판의 누락과 추가판결은 단순병합청구와 같이 일부판결이 허용되는 사건에만 적용된다. 따라서 일부판결이 허용되지 않는 사건은 재판의 누락이 있을 수 없으므로 이 경우에는 주문을 빠뜨린 경우에도 추가판결로 시정할 수 없고 상소(424①(6)) 또는 재심(451①(9))으로 다투어야 한다.[7]

나. 시 정

재판의 누락 부분은 그 심급에 계속되어 있기 때문에 상소로 이심되지 않고 당사자의 신청이나 직권에 의하여 원심법원이 추가판결로 처리해야 한다.[8]

실무에서는 누락부분을 취하하고 항소심에서 소의 변경으로 이 부분을 추가하여 함께 심판받는 경우가 있다.

다. 효 과

추가판결은 이전 판결의 기속력 때문에 그 결과를 토대로 삼아야 한다. 다만 각각 별개의 판결이므로 상소기간도 개별적으로 진행한다.

---

5) 대법원 2002.5.14. 선고 2001다73572 판결.
6) 대법원 2007.11.16. 선고 2005두15700 판결.
7) 대법원 2000.11.16. 선고 98다22253 전원합의체 판결.
8) 대법원 2005.5.27. 선고 2004다43824 판결.

5. 소송판결과 본안판결

가. 소송판결

소송판결은 소 또는 상소를 부적법하다하여 각하하는 판결로서, 소송요건 또는 상소요건의 흠이 있는 경우에 행하는 판결이다. 소 각하판결 이외에 소송종료선언, 소취하무효선언(규 67④(2),⑤)도 성질상 소송판결이다.

소송판결은 필수적 변론의 원칙이 적용되지 아니하며(219), 소송판결을 할 것이 아님에도 이를 잘못 판단한 것이 상소심에서 밝혀진 때에는 심급의 이익을 보호하기 위하여 필수적 환송사유가 된다(418). 또한 기판력이 발생하여도 뒤에 보정하면 다시 소를 제기할 수 있으며, 소각하 판결 이후에 소를 취하한 경우에도 제1심 판결 선고 후 소의 취하에 관한 재소금지원칙(267②)의 적용이 없다는 점에서 본안판결과 차이가 있다.

나. 본안판결

본안판결이란 소의 청구에 대하여 이유여부를 재판하여 인용 또는 기각하는 종국판결이다(267). 이행·형성·확인판결로 나누어진다.

본안판결 중 기각판결은 모두 확인판결이며, 상소심에서 상소가 이유 있는지 여부에 대한 재판도 본안판결에 해당한다.

각하와 기각의 차이는 무엇인가?

각하되는 것은 신청으로서의 소이고, 기각되는 것은 내용으로서의 청구이다. 현대의 소송법 용어상 '소의 기각'이나 '청구 각하'라는 말은 존재하지 않음에 유의하여야 한다.

제2관 판결의 성립

Ⅰ. 판결내용의 확정

법원은 심리가 성숙되면 변론을 종결하고 판결내용의 확정에 들어가게 된다. 민소법은 204조 1항에서 '판결은 기본이 되는 변론에 관여한 법관이 하여야 한다'고 규정하고 있는데, 이때 '기본이 되는 변론'이란 변론의 일체성을 고려하면 심리가 최종적으로 마무리되는 변론이라고 할 수 있으므로, 판결서는 변론종결 시에 관여한 법관이 작성하여야 한다는 의미가 된다.[9] 따라서 법관이 다른 기일의 변론에 관여한 일이 없었더라도 변론종결 시에 관여하였다면 판결을 하는데 문제가 없다. 변론종결 뒤 판결내용이 정해지지 않는 동안 법관이 바뀌면 변론을 재개하여 당사자에게 종전의 변론결과를 진술시키고 판결해야 한다. 판결내용이 확정된 후에 법관이 바뀐 경우에는 합의부의 다른 법관이 판결에 그 사유를 기재하고 서명날인한다(208④). 합의부의 법관 전원 또는 단독판사가 바뀐 경우에는 판결서를 작성할 수 없으므로 변론을 재개할 수밖에 없다.

판결내용의 확정에는 1인 법관이라면 혼자 결정하고, 합의체인 경우에는 과반수의 의견으로 판결내용을 결정한다. 합의에 관한 의견이 3설 이상 분립하여 각각 과반수에 달하지 못하는 때에는 수액에 있어서는 과반수에 달하기까지 최다액의 의견의 수에 순차 소액의 의견의 수를 더하여 그중 최소액의 의견에 의한다(법조 66②(1)).[10] 다만 대법원의 전원합의체에서 2설이 분립되어 어느 것도 과반수에 달하지 못하는 때에는 원심재판을 변경할 수 없다(법조 66③).

Ⅱ. 판결서

1. 판결서의 기재사항

판결서에는 당사자와 법정대리인, 주문, 청구의 취지와 상소의 취지, 이유, 변론을 종결한 날짜(다만 변론 없이 판결하는 경우에는 판결을 선고하는 날짜), 법원을 기재하고 판결한 법관이 서명날인하여야 한다(208①).

(1) 당사자와 법정대리인

다만 법정대리인을 누락하였다고 하더라도 판결의 경정사항일 뿐 판결이 무효가 되는 것은 아니라는 것이 판례의 입장이다.[11]

(2) 주 문

주문은 통상 본안에 관한 것, 소송비용에 관한 것(104), 가집행에 관한 것

---

9) 대법원 2003.9.5. 선고 2003다29173 판결.

10) 참고로, 형사소송에 있어서는 과반수에 달하기까지 피고인에게 가장 불리한 의견의 수에 순차 유리한 의견의 수를 더하여 그중 가장 유리한 의견에 의한다(법조 66②(2)).

11) 대법원 1995.4.14. 선고 94다58148 판결.

(213)으로 구성되며, 판결의 결론부분이다. 주문은 강제집행의 기초가 되고 기판력의 객관적 범위를 정하는 기준이 되므로 그 범위 내에서 간결하되 명확하게 기재하여야 한다.[12)]

소송판결 중 소송요건 흠결로 소각하를 하는 경우는 "이 사건 소를 각하한다", 소송종료선언은 "이 사건은 2023. 2. 21. 소취하(간주)로 종료되었다", 소취하무효선언은 "이 사건에 관한 원고의 2023. 2. 15.자 소취하는 무효임을 선언한다"로 표시한다(규 67④(2)).

본안판결 중 청구기각판결은 "원고의 청구를 기각한다", 원고의 청구인용판결 중 이행판결은 "피고는 원고에게 금 ○○원 및 이에 대한 ○○일부터 다 갚는 날까지 연 12%의 비율에 의한 금원을 지급하라", 확인판결은 "별지목록기재의 건물이 원고의 소유임을 확인한다", 형성판결은 "원고와 피고는 이혼한다" 등으로 표시한다.

판결주문의 표시가 판결주문으로서 갖추어야 할 명확성을 결하는 경우에는 부적법하므로 상소로써 취소할 수 있다.[13)] 또한 이러한 판결이 확정된 경우에는 판결 자체가 무효로 되는 것은 아니지만 주문의 특정을 위하여 다시 소송을 제기할 수 있다.

(3) 청구의 취지 및 상소의 취지

원고의 청구취지(또는 상소취지)를 그대로 기재하면 된다. 원고에 대한 전부인용판결을 하는 경우에는 "주문과 같다"라고만 기재한다.

(4) 이 유

판결이유에는 주문이 정당하다는 것을 인정할 수 있을 정도로 당사자의 주장, 공격방어방법에 관한 판단을 표시한다(208②).

다툼 없는 사실, 현저한 사실은 증거에 의하여 사실을 확정할 필요가 없으나 (288), 다툼 있는 사실은 반드시 증거나 변론전체의 취지에 의하여 인정해야 한다 (202). 문서에 형식적 증명력(또는 진정성립)이 인정되면 특별한 사정이 없는 한

---

12) 대법원 2012.12.13. 선고 2011다89910,89927 판결(판결 주문의 내용이 모호하면 기판력의 객관적 범위가 불분명해질 뿐만 아니라 집행력·형성력 등의 내용도 불확실하게 되어 새로운 분쟁을 일으킬 위험이 있으므로 판결 주문에서는 청구를 인용하고 배척하는 범위를 명확하게 특정하여야 한다).

13) 대법원 2006.3.9. 선고 2005다60239 판결; 대법원 2018.2.28. 선고 2017다270916 판결.

실질적 증명력이 인정되는 처분문서 및 공문서의 경우에는 그 증거를 배척할 때 판결서에 그 이유를 기재하여야 하지만,[14] 그 외의 경우에는 이를 기재할 필요가 없다.

법률적용에서는 그 결과만 표시하면 되지, 그 적용이나 해석의 이론적 근거, 적용법조 같은 것은 명시할 필요 없다.

판결이유의 불명시와 이유모순은 상고이유가 되고(424①(6)),[15] 판결에 영향을 미칠 중요사항에 관한 판단누락은 재심사유가 된다(451①(9)).

(5) 변론을 종결한 날짜

변론종결일을 말한다. 무변론판결의 경우에는 판결을 선고하는 날짜를 기재한다.

변론종결일은 기판력의 시적 범위의 표준시가 된다.

(6) 법 원

단독사건의 경우에는 법원 명칭만 기재하나, 합의사건에서는 법원 명칭 바로 아래에 '제○부'라고 소속부까지 기재하는 것이 관행이다.

(7) 법관의 서명날인

법관의 서명 및 날인이 없으면 판결원본에 의한 판결선고가 아니므로 선고의 효력이 없다.

2. 이유기재의 생략 · 간이화에 관한 특례

항소심의 이유는 제1심 판결을 인용할 수 있다(420). 다만 항소심에서 제1심 판결을 인용할 수 없는 예외가 있는데, 민소법 208조 3항(무변론판결, 자백간주, 공시송달에 의한 판결)에 해당하여 제1심에서 이유를 간략하게 표시한 경우이다. 이때에는 항소심이 민소법 208조 2항에 따라 주문이 정당하다는 것을 인정할 수 있을 정도로 당사자의 주장과 그밖의 공격 · 방어방법에 관한 판단을 표시하여야 한다(420 단서).[16]

---

14) 대법원 2010.1.28. 선고 2009다72698 판결(공문서); 대법원 2000.1.21. 선고 97다1013 판결(처분문서).
15) 대법원 2005.1.28. 선고 2004다38624 판결.
16) 대법원 2021.2.4. 선고 2020다259506 판결.

소액사건(소심 11조의2③), 배상명령(소촉법 31②), 결정·명령(224①), 상고심리불속행·상고이유서 부제출에 의한 상고기각판결(상특 5①) 등에는 이유를 기재하지 않을 수 있으며, 무변론판결, 자백간주, 공시송달에 의한 판결에 있어서는 이유를 간략하게 표시할 수 있다(208③).

이유를 빠뜨리지 않고 적되 요점만 추려서 적는 경우로는 가압류·가처분결정에 대한 이의·취소신청의 결정이 있다(민집 286④, 288③).

무변론판결 등의 경우에는 판결이유를 완전히 생략할 수 있는가?

무변론판결, 자백간주, 공시송달에 의한 판결의 경우에는 원칙적으로 판결이유를 완전히 생략할 수 있다. 다만 예외적으로 제1심 판결로서 청구를 특정함에 필요한 사항과 상계항변의 판단에 관한 사항은 간략하게라도 적도록 규정하고 있는데(208③), 전자는 집행력의 범위를 확정하는데 필요하고, 후자는 상계항변은 이유에 설시되어 있더라도 기판력이 미치기 때문이다(216②).

Ⅲ. 판결의 선고

판결은 선고에 의하여 대외적으로 성립하고 효력이 발생한다(205). 판결이 선고되면 기속력이 생기기 때문에 그 뒤에 취소 또는 변경하지 못한다. 다만 심리불속행 및 상고이유서 부제출에 의한 상고기각판결은 선고가 필요 없으므로 상고인에게 판결정본의 송달로써 효력이 발생한다(상특 5②).

1. 선고기일

가. 변론종결일로부터의 선고기일

통상 변론종결일로부터 2주 내, 특별한 사정이나 복잡한 사건도 4주 내에 선고하여야 하며(207), 소액사건은 변론종결 후 그 기일에 즉시선고가 가능하나(소심 11조의 2), 모두 훈시규정이다.

당사자가 불출석해도 판결은 선고할 수 있다(207②).

나. 소제기일 등으로부터의 선고기일

판결은 소가 제기된 날로부터 5월 이내에 선고하여야 한다. 항소심 및 상고심은 기록을 받은 날부터 5월 이내에 선고한다(199).

이 규정들도 훈시규정이다.

2. 선고방법

판결의 선고는 공개된 법정에서 판결원본에 의해 주문을 낭독한다. 다만 필요한 때에는 이유를 간략히 설명할 수 있다(206).

소액사건은 선고 시에 이유의 요지를 구술로 설명하여야 하는 반면, 원칙적으로 판결서에 이유 기재를 생략할 수 있다(소심 11조의2②, ③).

선고하기에 앞서 판결원본을 작성해야 한다. 판결은 당사자가 정본을 송달받은 다음날부터 상소기간이 계산된다.

Ⅳ. 판결의 송달

판결 선고 후 재판장은 즉시 판결원본을 법원사무관등에게 교부해야 한다(209). 법원사무관등은 판결정본을 작성하여 판결영수일로부터 2주 이내에 당사자에게 송달하여야 한다(210, 훈시규정).

판결정본 송달 시 상소기간과 상소장을 제출할 법원을 고지해 주어야 한다(규 55조의2).

변론의 방식에 관한 규정의 준수는 조서에 의하여만 증명할 수 있으므로(158), 판결의 선고조서가 없는 경우에는 판결의 정본이 송달되었다고 하더라도 무효이다.[17] 따라서 그 판결에 대하여 상고하였다 하여도 이심의 효력이 발생하지 않는다.

제3관 판결의 하자

Ⅰ. 개 설

판결은 하자(흠)의 정도에 따라 비판결, 무효인 판결, 취소할 수 있는 판결로 구별한다.

비판결(판결의 부존재)은 판결로서 성립하기 위한 기본적인 요건을 갖추지 못하여 법률상 판결로서의 존재의의를 인정하기 어려운 경우를 말한다. 이러한 경우

17) 대법원 1956.8.9. 자 4289민상285 결정.

에는 외형적으로 판결이 있어도 아무런 효력이 없다.

이에 비하여 무효인 판결은 법률상 판결로서의 기본적인 요건은 갖추었지만 판결로서의 본래적 효력을 전부 또는 일부 발휘할 수 없는 경우를 말한다.

취소할 수 있는 판결이란 상소·재심 등 법률상 시정수단을 통하여 취소되지 않는 한 완전히 유효한 판결을 말한다. 잘못된 계산이나 그 기재, 경정결정 대상 판결과 같은 잘못이 있는 경우, 청구의 일부에 관한 판단을 빠뜨린 경우(212①) 등이 이에 해당한다.

Ⅱ. 비판결(판결의 부존재)

1. 의 의

판결이라고 할 수 있기 위한 본질적 요소는 ① 법관의 직무상 판단일 것, ② 법정된 선고 절차를 통해 대외적으로 고지될 것을 요한다. 따라서 비판결이라 함은 이러한 본질적 요소가 갖추어져 있지 않은 것이므로 판결이라고 할 수 없다.

예컨대 법관 이외의 자가 작성한 판결, 법관이 작성하였더라도 선고되지 않은 판결서나 교재용으로 작성한 판결서, 선고조서가 없는 경우, 선고조서가 있더라도 재판장의 기명날인 또는 서명이 없는 경우 등이 여기에 속한다.

2. 효 력

비판결은 판결의 효력 중, 기판력, 집행력, 형성력, 기속력, 형식적 확정력 등 어떠한 효력도 가지지 않는다.

계속 중인 사건을 담당하는 법관이 작성하였더라도 비판결인 경우에는 판결이 선고된 것이 아니어서 당해 절차가 완결되지 않았기 때문에 당사자는 당해 심급에 기일지정신청으로 절차의 속행을 구할 수 있다.

Ⅲ. 무효인 판결

1. 의 의

법관의 직무상 판단에 의하여, 법정된 선고 절차에 따라 고지되었으나 심리절차나 내용에 중대한 흠이 있어 일정한 판결의 효력(기판력, 집행력, 형성력 등)이 생기지 않는 판결을 무효인 판결이라고 한다.

이때 중대한 흠이란, **절차상 흠**으로서, ① 소가 제기되지 아니하거나,[18] 취하되었음에도 선고된 판결, ② 실재하지 않거나 소제기 이전에 이미 사망한 사람[19] 또는 당사자적격이 없는 자에 대한 판결, ③ 재판권이 없는 사람에 대한 판결 등이 있고, **내용상 흠**으로서, ① 소송계속 중 부부 한쪽이 사망하였음에도 내린 이혼 판결과 같이 판결 당시에 존재하지 않는 법률관계의 형성을 선고하는 판결, ② 판결주문에 선량한 풍속 그 밖의 사회질서에 반하는 등 국내법이 인정하지 않는 법률효과를 긍정한 판결 등이 있다.

판결주문의 내용이 불명확한 경우에도 무효인 판결인가?

판결주문의 내용이 불명확하여 집행불능인 경우에는 판례가 신소제기를 허용하고 있다. 그러나 이는 이러한 판결이 무효로서 기판력이 없기 때문이 아니라 전소판결의 주문이 불명확하여 그 특정을 위한 범위 내에서 기판력의 저촉 문제가 발생하지 않고, 집행불능을 구제하기 위하여 예외적으로 신소제기를 허용하고 있는 것이다.[20] 따라서 판결주문의 내용이 불명확하더라도 무효인 판결은 아니라고 보는 것이 타당하다.[21]

2. 효 력

무효인 판결은 소송절차상 유효한 판결로서 존재하지만 기판력, 집행력, 형성력 등이 발생하지 않는다.

기판력이 없으므로 동일한 소송물에 대하여 신소제기가 가능하며, 집행력이 없으므로 무효인 판결에 기한 강제집행도 무효이다.

무효인 판결은 아무런 효력이 없는가?

무효인 판결이라고 하더라도 그 심급을 완결시키고(소송종료효), 판결한 법원을 구

18) 대법원 1995.1.24. 선고 94다29065 판결(제1심에서 주위적 청구를 기각하고 예비적 청구를 인용한 판결에 대하여 피고만이 항소한 때에는, 이심의 효력은 이 사건 전체에 미치더라도 원고로부터 부대항소가 없는 한 항소심의 심판대상으로 되는 것은 예비적 청구에 국한되는 것이므로 원심이 심판의 대상으로 삼은 주위적 청구에 대한 판결은 무의미한 판결이므로 이 부분에 대하여 원고가 상고하더라도 상고심의 심판대상이 되지 않는다).

19) 대법원 2015.1.29. 선고 2014다34041 판결.

20) 대법원 1995.5.12. 선고 94다25216 판결.

21) 김홍엽, 897쪽.

속하는 기속력이 있다. 형식적 확정력도 존재한다는 견해가 다수설이다.[22] 이 점에서 비판결에 대비된다.

무효인 판결에 기속력이 있다는 의미는 무엇인가?

무효인 판결이라고 하더라도 당해 판결을 선고한 법원은 판결이 확정 전이라도 스스로 판결을 철회하거나 변경이 허용되지 않는다는 의미이다. 물론 판결주문에 별지목록을 언급하고서도 그 목록을 첨부하지 않은 경우 등은 법원이 직권으로 판결을 경정할 수 있는데, 이러한 판결은 애당초 무효인 판결이 아니다.

3. 구제방법

판례는 무효인 판결에 대한 상소나 재심은 원칙적으로 부적법하다는 입장이다.[23]

다만 사망한 채무자를 상대로 한 처분금지가처분결정은 무효이지만 상속인인 채무자의 일반승계인은 외관제거를 위하여 가처분결정에 대한 이의신청으로 취소를 구할 수 있다고 판시한 것이 있다.[24]

무효인 판결에도 상소를 허용하여야 하는가?

판례는 무효인 판결은 당연무효이므로 형식적 확정력 및 실질적 확정력(기판력)이 없다고 본다. 그렇다면 판결이 아직 확정되지 않았으므로 상소는 허용되지만 기판력이 없어 재심은 허용되지 않는다고 보는 것이 논리적이다. 그럼에도 판례는 무효라는 법률적인 의미에 치중하여 재심은 물론 상소도 부적법하다는 입장이다. 또한 무효인 판결도 형식적 확정력이 인정되지만 유효한 판결처럼 보이는 외관의 제거를 위해서 어느 때나 상소가 허용되어야 한다는 다수설은 확정된 판결에 대하여 상소를 허용해야 한다는 것이 되어 비논리적이다. 생각건대, 무효인 판결에는 형식적 확정력이 없으므로 외관의 제거를 위한 상소를 허용함으로서 상소심에서 무효인 판결을 취소하고 소를 각하하는 등 무효사유에 따라 적절한 재판을 할 필요가 있다고 본다.[25]

---

22) 강현중, 693쪽; 김홍엽, 896쪽; 이시윤, 677쪽; 정동윤 · 유병현 · 김경욱, 869쪽. 다만 무효인 판결에는 기속력이나 형식적 확정력이 없다는 견해로는 정영환, 1216쪽 참조.

23) 대법원 2000.10.27. 선고 2000다33775 판결(상소불가); 대법원 1994.12.9. 선고 94다16564 판결(재심불가); 대법원 2015.1.29. 선고 2014다34041 판결(상속인들에 의한 항소 및 소송수계신청불가).

24) 대법원 2002.4.26. 선고 2000다30578 판결.

25) 재심을 기판력의 번복절차로 보는 통설과 달리, 형식적 확정력의 번복절차로 이해하는 견해에

Ⅳ. 그 밖의 흠 있는 판결

비판결이나 무효인 판결에 해당하지 않는 이상, 판결은 상소 또는 재심에 의하여 취소되어야 하며, 상소·재심에 의해 취소되지 않으면 완전히 유효한 판결로 취급된다. 예컨대, 소송계속 중 어느 일방 당사자의 사망에 의한 소송절차 중단을 간과하고 변론이 종결되어 판결이 선고된 경우에는 그 판결은 소송에 관여할 수 있는 적법한 수계인의 권한을 배제한 결과가 되는 절차상 위법은 있지만 그 판결이 당연무효라 할 수는 없고, 다만 그 판결은 대리인에 의하여 적법하게 대리되지 않았던 경우와 마찬가지로 보아 대리권흠결을 이유로 상소 또는 재심에 의하여 그 취소를 구할 수 있을 뿐이므로, 판결이 선고된 후 적법한 상속인들이 수계신청을 하여 판결을 송달받아 상고하거나 또는 사실상 송달을 받아 상고장을 제출하고 상고심에서 수계절차를 밟은 경우에도 그 수계와 상고는 적법한 것이라고 보아야 하고, 그 상고를 판결이 없는 상태에서 이루어진 상고로 보아 부적법한 것이라고 각하해야 할 것은 아니다.[26)]

Ⅴ. 판결의 부당취득(편취)

1. 의 의

당사자가 악의 또는 불법한 수단으로 상대방이나 법원을 속여 확정판결을 취득하는 수가 있는데, 이를 판결의 부당취득이라고 한다. 이렇게 취득한 판결을 사위(詐僞)판결 또는 편취판결이라고 한다.

예컨대 ① 피고의 주소를 알고 있음에도 주소가 불분명하다고 속여 공시송달을 신청하여 피고 모르게 승소판결을 받아낸 경우, ② 피고의 주소를 허위로 기재하고 그 주소에서 원고측이 피고로 가장하여 소장부본을 송달받음으로써 자백간주의 형식으로 법원을 속여 승소판결을 받은 경우, ③ 재판 외에서 화해와 동시에 소취하의 합의를 하고서도 소취하를 하지 않고 피고의 출석기회를 박탈한

의하면 민소법 451조 1항 1호 및 2호의 재심사유 중에는 무효인 판결로 볼 수 있는 경우가 있으므로 이에 준하여 무효인 판결은 재심이 가능하다고 주장하기도 한다(일본의 소수설). 그러나 판결의 무효사유는 매우 다양한데, 이를 모두 재심사유에 해당한다고 보면 한정적 열거사유로 규정한 비상구제절차로서의 재심의 범위가 너무 넓어진다는 점에서 이 주장은 부당하다.

26) 대법원 1995.5.23. 선고 94다28444 전원합의체 판결.

상태에서 승소판결을 받은 경우 또는 성명모용소송의 경우, ④ 원고가 증거를 위조하여 유리한 판결을 얻은 경우, ⑤ 확정판결의 내용이 실체적 권리관계에 배치되는 경우 등이 이에 속한다.

판결이 확정되기 전에도 판결의 부당취득이 문제될 수 있는가?

판결의 부당취득은 판결이 확정된 경우에만 문제된다. 판결이 확정되기 전이면 상소로 시정하면 되므로 아직 판결을 편취한 것으로 볼 수 없기 때문이다. 따라서 이론적으로는 구제수단이 상소인 경우에는 판결의 부당취득에 해당하지 않는다. 이렇게 볼 때 위 ②의 사례에 대하여 판례의 입장을 취한다면 이는 미확정판결에 해당하므로 다른 편취판결과 동등한 지위에서 논할 수 없다.

부당취득한 판결(편취판결)은 무효인 판결이 아닌가?

재심사유(451①)에 비추어 보면 판결을 부당취득(편취)하였다고 하여 그 판결이 당연무효인 것은 아니다. 판결은 법적 안정성의 요청 때문에 무효가 될 만한 중대한 하자가 없다면 우선 유효하다는 전제 하에 다른 구제수단을 확보해놓고 있는 것이다.

2. 소송법상 구제수단

판례는 위 ①의 경우에는 비록 피고의 주소가 허위이거나 공시송달의 요건에 미비가 있다 할지라도 재판장의 명령에 의한 것인 이상, 판결정본의 송달이 유효한 것으로 보고(피고가 엄연히 거주하고 있음에도 허위주소에 판결정본을 공시송달하는 것은 위법이지만, 일단 행해진 공시송달의 효력을 부정할 수는 없기 때문이다),[27] 항소기간 내에 항소를 제기할 수 없었던 것이 자신이 책임질 수 없었던 사유로 인한 것임을 주장하여 추후보완 상소에 의하든지,[28] 아니면 민소법 451조 1항 11호에 따라 재심에 의하여야 한다고 본다.[29]

위 ②의 경우에 판례는 판결정본이 거짓 주소로 송달되었기 때문에 그 송달이 무효이고, 따라서 판결정본이 송달된 때로부터 진행하는 항소기간이 진행되지 않은 상태의 미확정판결이므로 피고는 어느 때나 상소를 제기할 수 있고,[30] 위 사

27) 대법원 1971.3.23. 선고 70다2751 판결; 대법원 1984.3.15. 자 84마20 전원합의체 결정; 대법원 1983.6.14. 선고 82다카1912 판결. 다만, 현행 민소법 194조 1항은 재판장의 명령 없이도 법원사무관등이 판단하여 공사송달처분을 할 수 있도록 개정되었으므로 재판장의 명령으로만 공시송달이 이루어졌던 기존의 판례가 그대로 타당할지는 의문이다.

28) 대법원 1994.10.21. 선고 94다27922 판결; 대법원 2013.4.11. 선고 2012다111340 판결.

29) 대법원 1985.7.9. 선고 85므12 판결; 대법원 1985.10.8. 선고 85므40 판결.

위판결에 기하여 부동산에 관한 소유권이전등기나 말소등기가 경료된 경우에는 별소로 그 등기의 말소를 구할 수도 있지만, 판결이 확정되지 않아 기판력이 없으므로 민소법 451조 1항 11호의 재심사유에 해당하지는 않는다고 본다.[31] 학설 중에는 판결정본이 거짓 주소로 송달되었다고 하더라도 외관상 판결이 확정된 듯이 보이므로 항소뿐만 아니라 위 11호의 재심사유에도 해당한다고 보는 견해도 있다(재심·항소병용설).[32] 그러나 항소는 확정 이전의 판결을, 재심은 확정 이후의 판결을 대상으로 한다는 점에서 구별되므로,[33] 양자를 모두 인정하여야 한다는 견해는 논리적으로 타당하지 않다.

위 ③의 경우는 민소법 451조 1항 3호 대리권의 흠이 있는 때에 준하여,[34] 위 ④의 경우는 동조 1항 5호 내지 7호에 기하여 각각 재심으로 구제가 가능하다는 것이 판례·통설이다. 판례는 원고가 피고의 참칭대표자를 대표자로 표시하여 소를 제기하여 자백간주로 승소판결을 받은 경우에는 송달자체는 적법하여 판결은 유효하게 확정되고 다만 대리권의 흠으로 인한 재심사유(위 3호)가 있고,[35] 추완상소도 가능하다고 본다.[36] 이 경우는 참칭대표자 자신이 판결정본을 직접 받았다는 점에서 위 ②의 경우와 다르다.

또한 위 ⑤의 경우에 판례는 확정판결의 내용이 실체적 권리관계에 배치된다면 그 판결에 의하여 집행할 수 있는 것으로 확정된 권리의 성질과 그 내용, 판결의 성립 경위 및 판결 성립 후 집행에 이르기까지의 사정, 그 집행이 당사자에게 미치는 영향 등 제반 사정을 종합하여 볼 때, 그 확정판결에 기한 집행이 현저히 부당하고 상대방으로 하여금 그 집행을 수인하도록 하는 것이 정의에 반함이 명백하여 사회생활상 용인할 수 없다고 인정되는 경우에는 그 집행은 권리남

30) 대법원 1994.12.22. 선고 94다45449 판결(원고가 피고의 주소를 허위로 기재하여 소를 제기함으로써 그 허위주소로 소송서류가 송달되어 피고 아닌 원고가 그 서류를 받아 의제자백의 형식으로 원고승소의 제1심판결이 선고되고 그 판결정본 역시 허위의 주소로 보내어져 송달된 것으로 처리되었다면, 제1심판결정본은 피고에게 적법하게 송달되었다고 할 수 없으므로 그 판결에 대한 항소기간은 진행을 개시하지 아니한다 할 것이어서 그 판결은 형식적으로 확정되었다고 할 수 없고, 따라서 소송행위 추완의 문제는 나올 수 없고, 피고는 제1심판결정본의 송달을 받지 않은 상태에 있다).
31) 대법원 1978.5.9. 선고 75다634 전원합의체 판결; 대법원 1995.5.9. 선고 94다41010 판결.
32) 정동윤·유병현·김경욱, 871쪽; 정영환, 1219쪽.
33) 대법원 2016.12.27. 선고 2016다35123 판결.
34) 대법원 1964.3.31. 선고 63다656 판결.
35) 대법원 1999.2.26. 선고 98다47290 판결.
36) 대법원 1996.5.31. 선고 94다55774 판결.

용으로서 허용되지 않고, 이러한 경우에는 **청구이의의 소**(민집 44)에 의하여 그 집행력을 배제할 수 있다고 하였다.[37] 이 경우에 확정판결의 내용이 실체적 권리관계에 배치된다는 점은 확정판결에 기한 강제집행이 권리남용이라고 주장하며 집행 불허를 구하는 자가 주장 · 증명하여야 한다.[38]

3. 실체법상 구제수단

위에서 본 바와 같이 판례는 확정판결에 기한 강제집행이 권리남용에 해당하면 강제집행이 **진행**되는 도중에는 **청구이의소송**으로 대응할 수 있다는 입장이다.[39] 그렇다면 강제집행이 **종료**한 뒤에 이로 인하여 발생한 손해는 재심을 거치지 않고도 실체법상으로 손해배상이나 부당이득반환 등의 청구를 할 수 있는지가 문제된다.

판례는 **부당이득반환청구**의 허용여부에 대하여, 확정판결이 재심으로 취소되지 아니한 이상 법률상 원인 없는 이득이라고 볼 수 없으므로 부당이득반환청구는 허용되지 않는다는 입장이다.[40] 물론 기판력이 없어 재심 자체가 불가능한 이행권고결정이나 지급명령의 경우에는 재심 없이 부당이득반환청구가 가능하다.[41]

손해배상청구의 허용여부에 대하여는, 편취된 판결에 기한 강제집행이 불법행위로 되는 경우가 있다고 하더라도 당사자의 법적 안정성을 위해 확정판결에 기판력을 인정한 취지나 확정판결의 효력을 배제하기 위해서는 그 확정판결에 재심

37) 대법원 1997.9.12. 선고 96다4862 판결(채권자가 연대보증인 중 1인에 대한 소송에서 그 변론종결 전 보증채무액의 일부가 변제되었는데도 전부의 지급을 명하는 판결을 받고 그 후 나머지 채무도 변제되었으나 확정판결에 기한 강제집행을 신청한 사례).

38) 대법원 2017.9.21. 선고 2017다232105 판결.

39) 대법원 1997.9.12. 선고 96다4862 판결; 대법원 2001.11.13. 선고 99다32899 판결. 무효의 공정증서에 기한 강제집행이 전체적으로 종료된 경우, 채무자가 청구이의의 소로써 그 강제집행의 불허를 구할 이익은 없다(대법원 1997.4.25. 선고 96다52489 판결).

40) 대법원 1995.6.29. 선고 94다41430 판결; 대법원 2001.11.13. 선고 99다32905 판결; 대법원 2009.11.12. 선고 2009다56665 판결. 이는 해당 급부뿐만 아니라 그 급부의 대가로서 기존 급부와 동일성을 유지하면서 형태가 변경된 것에 불과한 처분대금 등에 대해서도 마찬가지이다(대법원 2023.6.29. 선고 2021다243812 판결).

41) 대법원 2009.5.14. 선고 2006다34190 판결; 대법원 2009.7.9. 선고 2006다73966 판결. 한편, 판례는 피고의 거짓 주소로 소송서류가 송달되게 하여 그로 인하여 자백간주로 무변론 원고승소판결을 받아 그 판결에 기하여 부동산에 관한 소유권이전등기나 말소등기가 경료된 경우(위 사례 ②)에는 별소로서 위 **등기의 말소나 회복**을 구할 수 있다고 하였다(대법원 1992.4.24. 선고 91다38631 판결). 이는 판결이 확정되지 않았음에도 그 판결에 따라 등기가 경료된 것이므로 법률상 원인이 없어 부당이득의 법리에 따라 재심을 거칠 필요 없이 위 소송을 제기할 수 있다는 의미로 이해할 수 있다(대법원 1978.5.9. 선고 75다634 전원합의체 판결).

사유가 존재하는 경우에 재심의 소에 의하여 그 취소를 구하는 것이 원칙적인 방법인 점에 비추어 볼 때 불법행위의 성립을 쉽게 인정하여서는 안 되지만,[42] 당사자의 절차적 기본권이 근본적으로 침해된 상태에서 판결이 선고되었거나 확정판결에 재심사유가 존재하는 등 확정판결의 효력을 존중하는 것이 정의에 반함이 명백하여 이를 묵과할 수 없는 경우에는 확정판결에 기한 강제집행이 불법행위가 되므로 이러한 경우에는 재심으로 확정판결을 취소함이 없이 손해배상청구를 할 수 있다는 것이 판례의 입장이다.[43] 즉 이러한 경우에는 재심을 통하여 기판력을 깨뜨리지 않고서도 손해배상의 후소를 허용한다.

학설은 재심필요설, 재심불요설, 제한적 불요설이 대립되나, 편취판결이라고 하더라도 그 판결이 무효가 아닌 이상 재심불요설은 무리한 주장이며, 대부분의 학설도 판례의 입장에 찬성하는 것으로 보인다. 판례의 입장을 학설에 비추어보자면 부당이득반환청구의 경우에는 원칙적으로 재심필요설의 입장, 손해배상청구의 경우에는 제한적 불요설의 입장이라고 할 수 있다. 다만 재심필요설의 입장을 취하면서도 재심의 소를 제기하면서 이에 관련청구로 부당이득 · 손해배상청구를 함께 병합 제기하는 것을 허용하는 것이 타당하다는 견해가 있으나,[44] 특별구제절차인 재심의 소와 통상의 소를 같은 소송절차로 볼 수는 없으므로 청구의 병합이 허용되지 않는다는 판례[45]의 입장이 타당하다.[46]

제4관 판결의 효력(1)

판결은 선고에 의하여 판결한 법원에 대한 기속력이 발생하고, 확정에 의하여 ① 당사자에 대한 관계에서 형식적 확정력, ② 법원 및 당사자에 대한 관계에서

42) 대법원 1995.12.5. 선고 95다21808 판결; 대법원 2010.2.11. 선고 2009다82046,82053 판결.
43) 구체적으로, 소송당사자가 허위의 주장으로 법원을 기망하고 상대방의 권리를 해할 의사로 상대방의 소송관여를 방해하는 등 부정한 방법으로 실체의 권리관계와 다른 내용의 확정판결을 취득하여 그 판결에 기하여 강제집행을 함으로써, 정의에 반하고 사회생활상 도저히 용인될 수 없어 권리남용으로 평가되는 경우가 이에 해당한다(대법원 2001.11.13. 선고 99다32905 판결; 대법원 2001.11.13. 선고 99다32899 판결; 대법원 2007.5.31. 선고 2006다85662 판결).
44) 이시윤, 679쪽.
45) 대법원 1997.5.28. 선고 96다41649 판결.
46) 김홍엽, 903쪽. 나아가 재심의 소의 관할법원이 항소심인 경우에는 손해배상청구의 소와 병합이 곤란하고 불법행위의 성립요건의 심리 도중 재심사유의 존부를 판단할 수 있어 실질적으로는 재심사유가 무시되는 것은 아니라고 할 수 있다.

실질적 확정력(기판력), ③ 집행력, 형성력, 법률요건적 효력 등이 발생한다.

Ⅰ. 기속력

1. 개 념

판결이 선고된 이후에는 선고한 법원 자신도 판결을 철회하거나 변경이 허용되지 않는 효력이 발생하는데, 이를 기속력(자기구속력)이라고 한다. 기속력은 법적 안정성과 재판의 신뢰성을 위한 것으로서, 법원은 오판임을 알아도 판결내용을 변경할 수 없다.

이에 반하여 판결이 아닌 소송지휘에 관한 결정과 명령은 언제든지 취소할 수 있어서 기속력이 부정된다(222). 다만 이송결정(38)이나 문서제출명령(347)과 같이 사건 해결적 성질을 가지는 것은 판결이 아님에도 기속력이 인정된다. 그러나 이 경우에도 항고된 경우 원심법원이 재도의 고안에 의하여 경정할 수 있기 때문에(446), 판결만큼 기속력이 강하지는 않다.

한편 기속력은 다른 법원에 대한 구속력을 뜻하는 경우도 있다. ① 법률심인 상고법원은 원심판결의 사실판단에 구속되고(432), ② 상급심법원의 판단은 하급심법원을 기속하며(436②), ③ 이송재판은 이송받은 법원을 기속하고(38), ③ 헌법재판소의 위헌결정은 법원을 기속하는 것(헌재 47①) 등이 그것이다.

판결의 기속력의 예외로서 판결의 경정이 있다.

판결의 변경제도란 무엇인가?

판결의 경정과 달리, 판결의 판단내용 자체를 변경하는 것이 판결의 변경이다. 어차피 상소에 의해 취소될 판결이라면 상소를 기다릴 것 없이 시정하는 것이 합리적이라는 발상에 따라 미국 민소법의 영향을 받은 일본 민소법에 이 제도가 도입되어 있다(일민소 256). 기속력에 대한 예외이다. 판결 변경의 요건은 판결이 법령을 위배했을 것, 선고 후 1주 이내일 것, 변론을 열 필요가 없을 것의 세 가지이다. 변경은 직권으로 이루어지고 당사자에게 신청권이 없다. 판결의 변경이 있으면 새로운 판결로 취급되고 상소기간도 새롭게 진행한다. 우리나라는 이 제도를 도입하지 않고 있다.

2. 판결의 경정

가. 의 의

판결내용을 실질적으로 변경하지 않는 범위 내에서 판결서의 표현상 잘못을 결정으로 바로 잡는 것을 판결의 경정이라고 한다(211). 판결의 경정은 강제집행이나 광의의 집행으로서 가족관계기록사항에 관한 증명서 및 등기사항증명서의 기재를 판결내용에 따라 변경함에 있어 지장이 없도록 하려는 데 그 취지가 있으므로, 판결에 잘못된 계산이나 기재, 그 밖에 이와 비슷한 잘못이 있음이 분명한 때에 할 수 있으며, 집행과 무관한 경우에는 경정의 대상이 아니다.[47)]

예컨대 판결에 표시된 등기권리자나 등기의무자의 주소가 등기사항증명서상 주소 또는 실제 주소와 다르다고 하더라도 주민등록표 등에 의하여 동일인임을 소명하면 등기할 수 있으므로 판결경정의 대상이 아니다.[48)]

판결의 경정제도는 청구의 포기 · 인낙조서 및 화해조서(220), 결정[49)] · 명령에도 준용된다(224).

판결에 오류가 있을 때 상소 이외에 판결의 경정을 인정하는 이유는 무엇인가?

판결에 오류가 있을 때는 상소에 의해 이를 제거하여야 하는 것이 원칙이다. 그러나 명백한 오류에 대해서까지 상소를 요구하는 것은 쓸데없이 당사자에게 부담을 증가시킬 뿐만 아니라, 명백한 오류를 그대로 두면 집행력 등 판결효의 범위가 불명확하게 되는 등 재판에 대한 신뢰에 손상을 주는 원인이 된다. 이러한 이유로 민소법은 신청 또는 직권에 의한 판결의 경정이라는 간이한 방법을 인정하는 것이다.

나. 요 건

판결에 잘못된 계산이나 기재 기타 이와 유사한 잘못이 분명한 경우가 이에 해당한다. 표현상 잘못이 아닌, 판단내용의 잘못이나 판단누락은 경정사유가 아니라 상소 또는 재심의 대상이다.[50)]

---

47) 대법원 2006.2.14. 자 2004마918 결정.
48) 대법원 1987.2.26. 자 87그4 결정; 대법원 1996.5.30. 자 96카기54 결정.
49) 판결경정제도의 법리는 이행권고결정에 오류가 있는 경우에도 적용된다(대법원 2022.12.1. 자 2022그18 결정).
50) 대법원 1995.4.26. 자 94그26 결정(청구취지에서 지급을 구하는 금원 중 원금 부분의 표시를 누락하여 그대로 판결된 경우에는 비록 그 청구원인에서는 원금의 지급을 구하고 있더라 하더라

판례는 주소누락, 별지목록 누락,[51] 목적물의 번지 누락, 면적의 표시잘못, 손해배상금의 계산착오,[52] 등기원인일자의 기재잘못 등은 경정사유라고 판시하였다.

판결의 경정과 재판의 누락, 판단의 누락은 어떻게 다른가?

판결의 경정은 누락 없이 판결을 하였으나 잘못된 계산이나 기재 기타 이와 유사한 잘못을 고치는 것임에 반하여, **재판의 누락**(탈루)은 청구의 전부에 대하여 재판을 할 의도였으나, 실수로 청구의 일부 만에 대하여 재판을 한 경우로서(212), 재판의 누락에 해당되는지 여부는 청구에 대한 판단이 판결주문에 기재되어 있는지 여부를 기준으로 한다. 재판의 누락이 있으면 판결을 경정하는 것이 아니라 판단하지 아니한 부분은 누락한 심급에서 추가판결을 하게 된다. 한편, **판단의 누락**(탈루)은 판결이유에서 판단할 공격방어방법에 대한 누락을 말하는데 상소나 재심으로 바로잡게 된다(424①(6);451①(9)). 주의할 것은 일부판결이 허용되지 않는 사건의 경우에 재판을 누락하면 추가판결을 하는 것이 아니라 판단의 누락(탈루)과 같은 방법으로 해결한다는 점이다. 예컨대 선택적 병합에서 원고패소 판결을 하면서 다른 하나를 판단하지 아니한 때, 예비적 병합에서 주위적 청구를 먼저 판단하지 아니한 때 또는 주위적 청구를 배척하면서 예비적 청구를 판단하지 아니한 때에는 판결주문이 누락된 경우(재판의 누락)이지만 추가판결이 아니라 판단의 누락과 마찬가지로 상소(424①(6))나 재심으로 다투어야 한다는 것이 통설·판례의 입장이다(451①(9)).[53] 왜냐하면 이러한 경우 원심에서 추가판결을 하게 하면 양 판결 사이에 모순·저촉의 우려가 있기 때문이다.

판결이유에서 판단이 되어 있더라도 판결주문에 기재되어 있지 않으면 재판의 누락으로 보는 것이 원칙이다. 이에 대한 예외는 없는가?

예외가 존재한다. 즉 판결이유에서 판단이 되어 있으나, 판결주문에 명시적으로 기재되어 있지 않은 경우라고 하더라도 명시된 주문내용에 비추어 그 부분에 대하여 판단한 취지로 볼 수 있는 경우에는 재판의 누락으로 보지 않는다. 판례는 피고가 제기한 항소심에서 원고의 인수승계신청에 따라 피고의 승계인이 당사자가 되었음에도 이유에서 원고의 인수승계인에 대한 청구를 인용하면서 항소기각의 주문에 '피

도 판결경정으로 원금 부분의 표시를 추가하는 것은 주문의 내용을 실질적으로 변경하는 경우에 해당하여 허용될 수 없다).

51) 대법원 1989.10.13. 선고 88다카19415 판결(판결주문과 이유에 별지목록기재 물건이라고 하면서 판결서말미에 그 별지가 첨부되어 있지 않더라도 그 목록이 소장에 첨부된 목록과 동일한 것임이 분명하고 법원이 판결서를 작성함에 있어 부주의로 이를 누락한 것이 명백하다면 위와 같은 잘못은 판결경정사유로 삼을 수 있으므로 그 판결을 파기하여야 할 사유라고 할 수 없다).

52) 대법원 2007.7.26. 선고 2007다30317 판결.

53) 대법원 2000.11.16. 선고 98다22253 전원합의체 판결.

고'라고 잘못 기재한 경우,[54] 소의 추가적 변경이 있는 경우에 이유에서 기존의 청구와 추가된 청구를 모두 판단하면서도 주문에 '교환적으로 변경된 이 사건 소를 각하한다'고 잘못 기재한 경우,[55] 항소심에서 청구의 교환적 변경이 있는 경우에, 이유에서 판단하고서도 주문에 원고의 '항소를 기각한다'고 잘못 기재한 경우[56]에는 재판의 누락이 아니라고 판시하였다. 따라서 이러한 경우에는 판결의 명백한 오류로 보아 **판결의 경정사유**로 처리해야 할 사안이 있을 것이다.

법원의 잘못이 아니라 당사자의 청구에 잘못이 있어 판결에 오류가 생긴 경우에도 판결경정이 허용되는가?

판례는 소송 중 감정인이 면적을 잘못 측량하였는데, 당사자가 이를 믿고 소송상 화해를 하거나 법원이 판결하였다가 나중에 측량이 잘못되었음을 알고 경정신청을 한 사건에서 경정이 허용된다고 판시하였으며,[57] 사실심 변론종결 전에 토지가 분할되었음에도 그 내용이 변론에 드러나지 않은 채 토지에 관한 원고의 청구가 인용된 경우에 판결에 표시된 토지에 관한 표시를 분할 된 토지에 관한 표시로 경정해 달라는 신청이 허용된다고 하였다.[58] 이 판례들에서 오류의 명백성여부는 그 소송의 전체 과정에 나타난 자료 및 경정대상인 판결이나 화해 이후에 제출된 자료 중 반대당사자에게 불이익이 없거나 다툴 수 있는 기회가 있었던 경우에는 이를 참작하여 판단할 수 있다고 하였다. 오류가 명백하지 않은 경우 및 판결내용의 실질적 변경을 초래하는 경정신청은 허용되지 않는다.[59]

다. 절 차

직권 또는 당사자의 신청에 의한다. 당사자의 신청에 따라 판결의 경정을 하는 경우에는 우선 신청 당사자가 판결에 잘못된 계산이나 기재, 그 밖에 이와 비슷한 잘못이 있음이 분명하다는 점을 소명하여야 한다.[60] 경정결정은 판결의 원본과 정본에 덧붙여 적어야 하는데, 이미 정본이 당사자에게 송달되어 정본에 덧붙

54) 대법원 2000.5.12. 선고 98다49142 판결.
55) 대법원 2011.9.8. 선고 2011다17090 판결.
56) 대법원 1999.10.22. 선고 98다21953 판결.
57) 대법원 2000.5.24. 자 98마1839 결정; 대법원 2000.5.24. 자 99그82 결정.
58) 대법원 2020.3.16. 자 2020그507 결정.
59) 대법원 1995.7.12. 자 95마531 결정; 대법원 1999.4.12. 자 99마486 결정.
60) 대법원 2018.11.21. 자 2018그636 결정. 대법원은 토지의 공유물분할을 명함에 있어 판결서에 ㎡ 미만의 단수를 표시함으로써 '공간정보의 구축 및 관리 등에 관한 법률'에 어긋나는 바람에 강제집행이 불가능하자, 당사자 일방이 단수를 포기하여 판결의 집행을 가능하게 하는 취지의 판결경정신청을 한 경우에는 이를 허가하여야 한다고 하였다(대법원 2023.6.20. 자 2023그574 결정).

여 적을 수 없는 경우에는 결정정본을 재차 송달하여야 한다(211). 경정결정에 대하여는 즉시항고가 가능하나, 적법한 항소를 한 때에는 경정결정도 항소심 법원에서 심리하면 되므로 별도의 즉시항고가 허용되지 않는다(211③). 판결경정신청을 기각한 결정이 헌법 27조 등이 정하고 있는 적법한 절차에 따라 공정한 재판을 받을 권리가 침해된 경우에는 특별항고도 허용된다.[61]

이미 상소가 제기되어 있어도 원심법원에서 경정하는 것이 원칙이고, 상소법원은 심판의 대상이 된 경우에 한하여 경정할 수 있다. 따라서 통상공동소송이었던 다른 당사자간의 소송사건이 상소의 제기로 상소심에 계속된 결과, 상소를 하지 아니한 당사자간의 확정된 하급심 판결부분에 대해서는 그 부분에 관한 기록이 상급심 법원에 와 있다고 하더라도 상급심 법원이 경정할 수 없다.[62] 또한 항소심의 청구인용판결 주문의 표시를 경정하여 달라는 의미로 제1심 법원에 판결경정신청을 한 것이라면 항소심 법원으로 이송하여야 한다.[63]

판결경정은 상소제기 후는 물론 판결확정 후에도 할 수 있다.

판결에 경정사유가 있을 때 판결경정신청을 하지 않고 상소로 경정을 요구할 수는 없는가?

상소는 다른 불복방법이 없을 때 하는 것이다. 따라서 판결경정신청이라는 간이한 불복방법을 명문으로 인정하고 있으므로 상소는 허용되지 않는다.[64] 만약 이러한 사유로 상소를 하게 되면 상소의 대상이 아니라는 이유(상소의 대상적격의 흠)로 상소가 각하된다.

라. 효 력

경정결정은 원심판결과 일체가 되어 판결 선고 시에 소급하여 그 효력이 발생한다. 따라서 상소기간은 원심판결이 송달된 날로부터 진행한다.

---

61) 대법원 1995.7.12. 자 95마531 결정; 대법원 2023.6.15. 자 2023그590 결정; 대법원 2020.3.16. 자 2020그507 결정(판결경정신청을 기각한 결정에 이러한 헌법 위반이 있다고 하려면 신청인이 그 재판에 필요한 자료를 제출할 기회를 전혀 부여받지 못한 상태에서 그러한 결정이 있었다든지, 판결과 그 소송의 모든 과정에 나타난 자료와 판결 선고 후에 제출된 자료에 의하여 판결에 잘못이 있음이 분명하여 판결을 경정해야 하는 사안임이 명백한데도 법원이 이를 간과함으로써 기각결정을 하였다는 등의 사정이 있어야 한다).

62) 대법원 1992.1.29. 자 91마748 결정; 대법원 2008.10.21. 자 2008카기172 결정; 대법원 2007.5.10. 자 2007카기35 결정(판결이 아니라 조정에 의하여 확정된 경우에도 마찬가지).

63) 대법원 2002.4.22. 자 2002그26 결정.

64) 대법원 1970.1.27. 선고 67다774 판결.

경정결정을 한 경우에 그 효과가 판결 선고 시로 소급하는 이유는 무엇인가?

경정결정은 판결의 내용을 변경하는 것이 아니고 명확한 오류를 바로잡는데 불과하므로 처음부터 경정된 판결이 선고된 것과 같이 보아도 문제가 없기 때문이다. 상소기간의 기산점도 경정에 의해 영향을 받지 않는 것이 원칙이지만, 경정한 결과 비로소 상소이유가 발생한 경우에는 상소의 추후보완을 할 수 있다(173). 물론 상소기간 경과 후에 이루어진 판결경정 내용이 경정 이전보다 피고에게 불리하다는 이유만으로 추후보완상소가 허용되는 것은 아니다.[65)]

경정결정의 효력은 항상 판결 선고 시로 소급하는가?

제3자가 경정결정을 송달받는 경우에 경정결정으로 인하여 당초 결정의 동일성에 실질적으로 변경이 가해져 제3자가 불이익을 입을 가능성이 있다면 제3자 보호를 위하여 그에게 송달된 때에 비로소 경정결정된 내용의 효력이 발생한다. 판례는 채권가압류결정이 있은 후 채무자의 이름을 바꾸는 경정결정이 있는 경우와 당초 채권압류 및 추심명령을 채권압류 및 전부명령으로 바꾸는 경정결정이 있는 경우에는 그 결정정본이 제3채무자에게 송달된 때에 비로소 경정된 내용의 결정의 효력이 발생한다고 보았다.[66)]

Ⅱ. 형식적 확정력

1. 의 의

통상의 불복신청방법인 상소에 의한 취소가능성이 소멸한 상태를 판결의 확정이라고 한다. 확정은 취소가능성의 소멸이라는 소송법상 법률효과가 발생하는데 이를 형식적 확정력이라고 한다.

형식적 확정력은 기속력과 마찬가지로 당해 소송절차에 적용되는 효력이라는 점에서 기판력 등과 구별된다. 또한 형식적 확정력은 판결을 선고한 법원만이 아니라 심급 전체에 미치는 효력인 점에서 기속력과 구별된다.

형식적 확정력은 상소의 추후보완(173) 또는 재심으로만 배제할 수 있다.

65) 대법원 1997.1.24. 선고 95므1413,1420 판결.
66) 대법원 1999.12.10. 선고 99다42346 판결; 대법원 2001.7.10. 선고 2000다72589 판결.

2. 판결의 확정시기

(1) 판결 선고와 동시에 확정되는 경우

상고기각판결이나 제권판결(490) 등 상소할 수 없는 판결 및 판결 선고 전에 불상소의 합의가 있는 때에는 판결 선고와 동시에 확정된다. 다만 판결 선고 후의 불상소의 합의는 합의 시에 판결이 확정된다.

상고심 판결 중에 선고 시가 아니라 상고심 판결서 송달 시에 확정되는 경우도 있는가?

심리불속행 또는 상고이유서 부제출에 따른 상고기각판결(상특 5②)은 별도의 선고가 없으므로 송달과 동시에 확정된다.[67]

(2) 상소기간의 만료 시에 확정되는 경우

상소기간 도과의 경우가 일반적이나, 상소취하의 경우 원심판결이 확정되는 때란 원심판결의 상소기간 만료 시를 말하며,[68] 상소를 제기하였으나 상소각하판결 또는 상소장 각하명령이 있는 때에도 상소가 없었던 것으로 되므로 원심판결에 대한 상소기간이 만료하는 때에 확정된다.

비약상고의 합의인 불항소합의(390①단서)가 있는 경우에는 상고기간이 도과된 때 확정된다(422②).

(3) 상소기간 경과 전에 상소권을 가진 당사자가 이를 포기한 때에는 포기 시에 확정된다. 예컨대 상대방이 전부 승소하여 항소의 이익이 없는 경우에는 항소권을 가진 패소자만 항소포기를 하면 비록 상대방의 항소기간이 만료하지 않았더라도 제1심판결은 확정된다.[69]

(4) 상소기각 판결은 그것이 확정된 때에 원심판결이 확정된다.

공동소송의 경우 언제 상소기간이 도과하는가?

통상공동소송의 경우에는 공동소송인 각자마다 송달된 날을 기준으로 2주가 경과한

67) 대법원 2009.9.10. 선고 2009다41977 판결.
68) 따라서 판결정본을 송달받기 전에 항소를 제기하였다가 이를 취하하였다고 하더라도 판결정본을 송달받고 나서 항소기간 내에 다시 항소를 제기하는 것은 적법하다(대법원 2016.1.14. 선고 2015므3455 판결).
69) 대법원 2006.5.2. 자 2005마933 결정.

다음날 상소기간이 도과한다. 그러나 필수적공동소송의 경우에는 공동소송인 중 최후에 송달된 날짜를 기준으로 2주가 경과한 다음날 상소기간이 도과한다.

(5) 일부불복의 경우(일부확정)

예컨대 원고가 소유권이전등기말소청구와 1억원의 금원지급청구를 병합제기하였으나 모두 패소한 경우에 소유권이전등기말소청구에 대하여만 항소를 제기하였고 항소심에서 금원지급청구부분까지 항소취지를 확장한 바 없다면 금원지급청구부분은 항소심판결의 선고와 동시에 확정된다는 것이 판례이다. 따라서 이 경우에 금원지급청구부분에 대해서는 더 이상 상고할 수 없고, 소유권이전등기말소청구가 상고심에서 파기환송되었더라도 환송 후 항소심에서 금원지급청구부분에 대하여 심리판단할 수 없다고 하였다.[70] 1개의 청구 중 일부 기각된 경우에도 같은 원리가 적용된다.[71] 즉 판례는 상소하지 않은 일부의 확정시점을 상소심(항소심 또는 상고심) 판결 선고시로 본다(**선고시설**).

학설 중에는 이 경우에 부대상소가 허용될 수 없는 시기인 항소심의 변론종결시(403) 및 상고심의 상고이유서 제출기간 도과시를 확정시로 보아야 한다는 견해가 있다(**변론종결시설**).[72] 판례에 따르면 변론종결시에서 선고시까지의 기간에 상소취지를 확장 또는 감축시킬 수 있다는 결론이 되어 문제가 있다는 것이 그 이유이지만, 항소심에서는 일단 변론을 종결하였다고 하더라도 다시 변론이 재개될 수 있고, 상고심에서도 당사자의 주장이 없어도 법령의 해석·적용의 통일을 위하여 직권조사사항에 관하여 판단할 필요가 있으므로 선고시설이 옳다고 본다.[73]

3. 판결의 확정증명

판결확정으로 기판력을 주장하거나 가족관계등록신고, 등기신청 및 강제집행을 하기 위해서는 법원으로부터 판결확정증명을 받을 필요가 있다. 판결정본만으

---

70) 대법원 1994.12.23. 선고 94다44644 판결; 대법원 2001.4.27. 선고 99다30312 판결; 대법원 2008.3.14. 선고 2006다2940 판결; 대법원 2001.12.24. 선고 2001다62213 판결.

71) 대법원 2021.9.15. 선고 2020다297843 판결(원고의 1개의 청구 중 일부를 기각하는 제1심판결에 대하여 피고만 항소를 하였더라도 제1심판결의 심판대상이었던 청구 전부가 불가분적으로 항소심에 이심되나, 항소심의 심판범위는 이심된 부분 가운데 피고가 불복 신청한 한도로 제한되고, 나머지 부분은 원고가 불복한 바가 없어 항소심의 심판대상이 되지 아니하므로, 그 부분에 대해서는 원심판결의 선고와 동시에 확정되어 소송이 종료된다).

72) 이시윤, 626쪽.

73) 김홍엽, 808쪽; 정영환, 1131쪽.

로는 확정여부를 알 수 없기 때문이다.

상급심에서 확정된 경우에도 소송기록은 제1심 법원에서 보관하므로 제1심 법원사무관등에게 신청하여 판결확정증명서를 교부받을 수 있다(499①). 다만 소송이 상급심에 계속 중이면 그 사건의 판결 일부가 확정된 경우라도 소송기록은 상급심에 있기 때문에 확정부분에 대한 증명서는 상급법원의 사무관 등으로부터 교부받게 된다(499②).

4. 소송의 종료

판결이 형식적으로 확정되면 소송은 종국적으로 끝이 나고 확정에 의하여 판결의 내용에 따른 법률적 효력으로서 기판력, 집행력, 형성력, 참가적 효력, 법률요건적 효력 및 반사적 효력 등이 발생하며, 판결의 사실적 효력으로서 증명효, 파급효 등이 발생한다.

Ⅲ. 집행력

1. 의 의

협의의 집행력이란 이행판결(및 가집행선고) 중 상대방의 이행의무를 강제이행절차에 의하여 실현할 수 있는 효력을 말한다.

이에 비하여, 광의의 집행력이란 협의의 이행판결에 더하여 이행판결 중 등기의 말소·변경을 신청할 수 있는 효력 등 의사의 진술을 명하는 판결, 가족관계등록부에 기재 및 정정 등의 형성판결 및 확인판결을 포함하여 판결의 내용에 적합한 상태를 실현할 수 있는 효력을 말한다.

2. 집행력을 갖는 재판

확정된 이행판결 이외에 이와 동일한 효력이 있는 청구의 인낙·화해·조정조서, 형사재판상 배상명령(소촉법 34), 지급명령, 화해권고결정, 이행권고결정, 조정을 갈음하는 결정, 검사의 집행명령, 항고로써만 불복을 신청할 수 있는 결정이나 명령 등도 집행력이 있다. 가집행선고 있는 종국판결도 집행권원에 해당한다.

확인판결과 형성판결은 소송비용 부분 외에는 집행력이 없다.

3. 집행력의 범위와 확장

집행력의 범위는 원칙적으로 기판력의 범위와 같다. 다만 채권자대위소송에서 기판력은 채무자가 소제기 사실을 알고 있는 경우에 그에게 미치나 집행력은 원·피고 사이에만 미칠 뿐 원고와 채무자 사이에는 생기지 않는다.[74)]

Ⅳ. 형성력

1. 의 의

인용된 형성판결(가류·나류 가사소송, 인용된 회사관계소송, 행정소송 중 항고소송 등)이 확정되면 판결내용대로 새로운 법률관계의 발생이나 종래의 법률관계의 변경·소멸을 낳는 효력을 말한다.

형성력은 대세적 효력이 있어 당사자뿐만 아니라 제3자에게도 효력이 생긴다.

2. 형성력의 본질(근거)

형성판결은 국가의 공법상 행위로서 국가의 처분행위 혹은 의사표시라는 **의사표시설**, 형성권의 존재가 기판력으로 확정되고 그 한도에서 형성의 효과를 다툴 수 없다고 하는 **기판력근거설**, 확정판결의 존재를 법률요건으로 하여 후소법원은 물론 누구나 이에 구속되는 효과로서 형성력이 생긴다는 **법률요건적 효력설**이 있다.

의사표시설은 형성판결이 일반 행정처분과 달리, 판단작용으로서의 성질을 가지고 있는 것을 간과하고 있으며, 기판력근거설은 형성판결의 대세적 효력을 설명할 수 없다.

원래 형성권은 실체법에 규정되어 있는 것으로서, 당사자의 일방적 의사표시에 의하여 법률관계가 변동되는 것(해제·해지권, 취소권, 상계권, 추인권, 지상물매수청구권 등)과 법원의 판단을 받아야 비로소 법률관계가 변동되는 것이 있는데, 후자의 경우에는 사회적 파장이 크고 법적 안정성이 중시되어야 하는 사항에 관한 것이어서 법원이 개입하여 그 실체법적 요건의 성립여부를 판단하도록 규정한 것이다. 따라서 법률요건적 효력설이 타당하다.[75)]

---

74) 대법원 1979.8.10. 자 79마232 결정.

3. 효 력

형성판결이 확정되면 새로운 법률관계가 형성된 것이므로 이에 반하는 법률관계는 배척된다.

기판력과 형성력은 어떻게 다른가?

기판력은 선언적 효력이고, 현재의 법률관계를 확정하며, 그 효력이 당사자와 승계인에게만 미치고, 소송법상 효력이며, 판결주문에만 발생한다. **형성력**은 창설적 효력이고, 장래의 법률관계를 결정하며, 그 효력은 제3자에게도 미친다. 또한 실체법상 효력이고 판결이유에서의 판단에도 발생한다. 다만 형성판결에도 기판력이 있다는 것이 통설이다. 예컨대 이혼판결에서 패소한 피고가 당해 이혼은 이혼원인이 없는 부당한 판결이라는 이유로 승소판결에 따라 재산분할을 받아간 원고를 상대로 부당이득반환청구를 하는 것은 허용되지 않는데 이는 형성판결에도 기판력이 있기 때문이다.[76]

Ⅴ. 법률요건적 효력

1. 의 의

민법 그 밖의 법률에서 판결의 존재를 요건사실로 하여 일정한 법률효과의 발생을 규정한 경우가 있다. 이러한 경우에는 확정판결이 하나의 법률요건이 된다. 이를 법률요건적 효력이라고 한다.

법률요건적 효력은 소송법상 효력이 아니라 실체법 규정 또는 소송법에 있으나 성질상 실체법적 규정에 적용되는 효력이다.

2. 인정되는 경우

확정판결에 의한 시효의 재진행 및 단기시효의 10년으로의 보통시효화(민 178, 165), 공탁물회수청구권의 소멸(민 489①), 설립무효·취소와 회사계속(상 194), 소유권보존등기신청권의 발생(부등 65(2)), 수탁보증인의 사전구상권(민 442①(1)), 가집행선고실효의 경우 원상회복과 손해배상청구권의 발생(215) 등이 이에

75) 정동윤·유병현·김경욱, 861쪽.
76) 정영환, 1206쪽.

해당한다.

Ⅵ. 반사적 효력

1. 의 의

확정판결의 효력은 당사자에게만 미치는 것이 원칙이나, 판결을 받은 당사자와 실체법상 특수한 의존관계에 있는 제3자에게 판결의 효력이 유리 또는 불리하게 미치는 영향을 반사적 효력이라고 한다. 예컨대, 채권자가 주채무자를 피고로 삼아 소를 제기하였는데 주채무의 부존재로 패소하였고(제1소송), 그 후에 같은 채권자가 보증인을 피고로 삼아 보증채무이행의 소를 제기하였다고 하자(제2소송). 채권자는 이미 주채무의 부존재가 확인되었음에도 보증인을 상대로 승소할 수 있는가? 만약 승소하였다면 보증인은 채권자에게 보증채무를 변제하고 주채무자에게 구상권을 행사할 것이다. 이 구상금 청구소송에서 주채무자가 보증인에게 패소하면 주채무자가 채권자에게 승소한 제1소송의 판결은 아무런 의미가 없게 된다. 따라서 구상관계의 혼란을 방지하려면 제2소송에서 보증인으로 하여금 주채무자 승소의 제1소송을 원용할 수 있게 하여(민 430. 보증채무의 부종성), 승소할 수 있도록 해 주는 것이 사안의 신속한 해결책이다. 이를 판결의 반사효 또는 반사적 효력이라고 부른다.

법률요건적 효력은 명문의 규정이 있는 경우에 인정되나, 반사적 효력은 직접 해당되는 명문 규정은 없고 해석론으로 인정된다는 점에서 구별된다.

반사적 효력은 법원이 판결에서 명한 바도 없고, 당사자의 의사에 관계없이 생기는 효력이다.

2. 인정되는 경우

(1) 학 설

채권자와 주채무자 사이의 소송에서 주채무가 존재하지 않는다는 이유로 주채무자가 승소한 확정판결은 보증채무의 부종성 때문에(민 430) 보증인도 주채무자의 승소판결을 원용하여 자기의 보증채무의 이행을 거절할 수 있다.[77]

---

77) 그러나 보증인에게 유리하게만 작용하므로 주채무청구소송에서 주채무가 존재한다는 주채무자 패소 확정판결은 보증인에게 미치지 아니한다(정영환, 1210쪽).

합명회사와 그 채권자 사이의 소송에서 회사채무의 존부에 대한 판결이 행해진 경우 그 사원은 회사패소의 판결을 승인하여야 하고, 회사승소의 판결은 자기에게 유리하게 원용할 수 있다(상 214).

공유자는 다른 공유자가 공유물반환 또는 방해배제청구를 하여 제3자를 상대로 승소한 경우에는 이를 보존행위라고 하여 그 제3자에 대해 그 판결을 원용할 수 있다.

당사자 사이에 부동산 소유권의 존부에 관한 판결이 확정된 경우 한쪽 당사자의 일반채권자는 그 부동산의 소유권의 귀속에 관한 판단을 다툴 수 없게 된다.

연대채무자 중 1인이 상계항변을 하여 승소판결을 받은 경우 다른 연대채무자는 자기에게 유리하게 이를 원용할 수 있다(민 418, 419).

임대인과 임차인 사이에 임차권을 확정하는 판결은 전차인이 이를 유리하게 원용할 수 있다.

(2) **판례**는 반사적 효력을 인정하지 않는다. 즉 채권자와 주채무자 사이의 소송에서 주채무의 존부나 범위에 관하여 주채무자가 전부 또는 일부 승소하는 판결이 확정된 경우에도 그 판결의 기판력이 보증인에게는 미치지 아니하므로, 보증채무의 부종성 원칙에도 불구하고 보증인이 주채무자 승소판결을 원용하여 자신의 보증채무의 이행을 거절할 수는 없다고 판시하였다.[78)]

기판력과 반사적 효력은 어떻게 다른가?

① 기판력은 당사자의 주장이 없어도 고려하여야 하는 법원의 직권조사사항이나 반사적 효력은 이에 의하여 이익을 받을 제3자의 원용에 의하여 비로소 고려되고, ② 기판력을 받는 자는 공동소송적 보조참가를 할 수 있지만 반사적 효력을 받는 자는 통상의 보조참가를 할 수 있을 뿐이며, ③ 기판력은 소송법상 효력인데 반하여, 반사적 효력은 실체법상 효력이고, ④ 기판력은 판결주문에만 미치지만 반사적 효력은 판결이유 중의 판단에도 미치며, ⑤ 기판력의 확장은 집행력의 확장을 수반하지만, 반사적 효력은 집행력과 무관하고, ⑥ 기판력은 절대적인 불가쟁성을 갖지만, 반사효를 받는 사람은 당사자 사이의 소송이 통모한 사해소송인 경우에는 그것을 주장·입증하여 그 효력이 자기에게 미치는 것을 면할 수 있다.

---

78) 대법원 2015.7.23. 선고 2014다228099 판결.

3. 찬반론

판결의 효력에 반사적 효력을 포함하여 논의하는 입장에서는, 기판력의 본질을 소송법에서 구하는 현재의 통설에 의하면 당사자와 실체법상 의존관계에 있는 제3자에게 판결효를 확장할 필요가 있음에도 기판력의 확장으로 이론구성을 할 수 없기 때문에,[79] 별도로 반사적 효력을 인정함으로써 분쟁의 통일적 해결을 위하여 그러한 제3자에게 판결의 효력을 미치게 하려는 데 의의가 있다고 한다.[80]

이에 대하여 반사적 효력은 판결의 소송법상 효력이 아니라 판결의 실체법상 효력이며, 판결의 효력 자체가 아니라 판결의 효력을 전제로 한 부수적 효력으로서 주로 실체법적 영역에서 작용하는 효력에 불과하므로 소송법상 판결의 효력의 논의에서는 배제함이 바람직하다는 견해도 있고,[81] 정작 소송당사자는 소송법적 효력만을 받는데, 직접 당사자도 아닌 제3자가 반사효라는 실체법적 효력을 받는다는 것은 주객이 전도된 것이라고 비판하는 견해도 있다.[82]

제5관 판결의 효력(2)

Ⅰ. 기판력 일반

1. 기판력의 의의

기판력이란 확정된 종국판결의 내용인 판단의 통용력을 말한다. 즉 종국판결이 확정되면 이제는 그 판단이 통용되므로 양 당사자는 동일한 소송을 되풀이하여 다툴 수 없고(불가쟁, 소극적 작용), 법원은 동일한 소송을 재심리하여 전소의 판단과 모순·저촉되는 판단을 할 수 없게 되는데(불가반, 적극적 작용), 이를 기판력이라고 한다.

기속력은 법원의 자기구속력이고 형식적 확정력은 당사자에 대한 구속력으로서 당해 소송절차 내의 효력인데 반하여, 기판력은 소송물에 대해 행한 판단의 효력으로서, 당해 소송보다도 나중의 별도소송에서 법원 및 당사자를 구속하는 힘

---

79) 이에 비하여 기판력의 본질을 실체법설(구체적 법규설)로 이해하면 반사적 효력은 기판력에 포섭되므로 별도로 논할 필요가 없다.
80) 강현중, 769쪽; 이시윤, 674쪽; 정영환, 1212쪽.
81) 김홍엽, 894쪽.
82) 호문혁, 787쪽.

이다.

판결에 기판력이 없으면 일단 선고된 판결내용도 다시 다툴 수 있으므로 분쟁을 해결할 수 없다. 따라서 일단 확정된 종국판결에는 기판력을 부여하고 재심을 통해서만 예외적으로 다툴 수 있게 하고 있다(451 이하). 정기금판결변경의 소(252)는 일정한 요건 하에 기판력의 예외를 허용하는 특수한 소이다.

2. 기판력의 본질

가. 개 념

기판력을 가지는 판결이 있으면 후소의 법원 및 양 당사자는 이를 무시할 수 없다. 왜 그러한 판결을 무시하면 안 되는지, 즉 왜 법원의 판단에 기판력이 부여되는지에 대하여 논하는 것이 기판력 본질론이다. 크게 실체법설과 소송법설로 대별된다.

나. 학 설

(1) 실체법설

학설사적으로는 실체법설이 선행한다. 실체법설은 판결을 실체법상 화해계약에 비유한다. 즉 실체법상 화해계약이 있으면 양 당사자가 화해한 내용대로 실체법상태가 변경되는 것처럼, 판결이 있으면 양 당사자는 그 내용대로 변경된 실체법 상태에 구속되고 그 결과 후소법원도 이에 따라야 한다고 설명한다. 모든 법현상을 계약으로 설명하려는 경향이 있었던 19세기의 프랑스에서 제창된 학설이다. 요컨대 실체법설에 의하면 기판력은 우선 후소가 아닌 당해소송의 당사자에 대하여 작용하는 효력이고, 판결이 확정되어 실체법 상태가 변하면 후소법원은 이 새로운 실체법 상태에 따라 재판해야 하므로 그 의미에서 후소법원을 구속한다고 본다.

이에 대하여 실체법상태의 변경은 당사자의 주장·입증이 필요하고 법원이 직권으로 탐지할 사항은 아니므로 실체법설에서는 기판력이 직권조사사항이라는 점을 설명할 수 없고, 나아가 소유권의 존재를 확인하는 판결이 소유권 존재의 화해계약이라면 물권으로서 대세적으로 효력을 가져야 하는데, 기판력은 원칙적으로 양 당사자에게만 효력이 미치므로 이를 적절하게 설명할 수 없다는 비판을 받았다.

이러한 비판에 대응하여 실체법설의 변용으로서 일반적 구속력을 가지는 법규가 당사자 사이의 판결로 구체화하여 구속력이 생긴다는 구체적 법규설, 판결 전에는 권리의 가상이 있는데 불과하고 판결에 의해 비로소 권리가 존재하게 된다는 권리실재화설 등이 나타났다. 이러한 견해에 의하면 기판력의 주관적 범위가 제한되는 점을 설명할 수는 있다. 그러나 실체법설은 실체법과 소송법을 준별하고 있는 현행법체계 하에서 소송법에 규정된 기판력에 의해 실체법적 관계가 변경 또는 구체화되거나 실재화된다고 보기는 어렵고, 소송판결에도 기판력이 인정되는 점을 설명하지 못한다는 점에서 한계가 있다.

(2) 소송법설

소송법설은 기판력을 실체법과는 무관한 소송법상 효과로서 후소법원을 구속하는 효력으로 이해하는 입장이다. 따라서 기판력은 우선 법원에 작용하게 되는데, 후소법원은 확정된 전소판결에 따라 판단한다는 사실이 확실해지면 당사자도 전소판결과 다른 판결을 얻을 목적으로 재차 소를 제기하지 않게 된다. 그 결과 기판력은 당사자에게도 간접적으로 작용하는 것이 된다. 현재의 통설이다. 실체법설에 의하면 채무가 존재함에도 부존재한다고 부당한 판결이 나면 기판력에 의하여 채무는 소멸되므로 그럼에도 채무자가 변제한 경우에는 비채변제(민 742)가 되지만, 소송법설에 의하면 더 이상 소송으로 다툴 수 없을 뿐 채무는 존재하는 것이므로 채무자가 변제하면 채무본지에 따른 변제가 된다. 소송법설은 구속력의 내용을 어떻게 볼 것인가를 둘러싸고 모순금지설과 반복금지설, 절충설로 나뉜다.

1) 모순금지설(구소송법설, 적극적 작용설, 구속설)

법원간의 판단은 통일되어야 한다는 이유로, 후소법원은 전소의 확정판결의 내용과 모순되는 판단을 해서는 안 된다는 것이 기판력의 본질이라고 보는 견해이다.[83] 전소판단과 모순되지 않는 범위 내에서 후소 법원은 전소와 동일한 판단을 다시 할 수도 있고, 소의 이익의 결여를 이유로 각하할 수도 있다. 다만 우리나라에서의 모순금지설은 전 소송에서 승소판결을 받은 사람이 다시 소를 제기하면 이미 권리보호를 받았으므로 더 이상 권리보호의 이익이 없기 때문에 소를 각하해야 하고, 전 소송에서 본안패소판결을 받은 사람이 다시 소를 제기하면 모순금지 때문에 전소판결의 판단을 원용하여 청구기각 판결을 해야 한다는 입장이다. 판례의 태도이기도 하다.[84] 이 견해에 대해서는, 모순금지를 위해서라면 승소한

83) 김홍엽, 814쪽; 박재완, 392쪽; 한충수, 605쪽; 호문혁, 740쪽.

원고가 동일한 소송을 다시 제기하면 다시 승소판결을 해야 하고, 패소한 원고가 동일한 소송을 다시 제기하면 다시 패소판결을 하는 것이 논리적임에도 승소의 경우에는 소의 이익여부로 문제를 해결하는 것은 일관성이 없다는 비판을 받는다.[85)]

2) 반복금지설(신소송법설, 소극적 작용설, 일사부재리설)

일사부재리에 내재하는 분쟁해결의 1회성을 내세워 기판력을 후소법원에 대해 반복하여 변론, 증거조사, 재판을 금지하는 구속력으로 파악한다. 승패소와 관계없이 기판력을 소극적 소송요건으로 보아 후소를 제기하면 부적법 각하해야 한다는 설이다.[86)] 이 견해에 대해서는, 반복금지설에 의하면 동일한 제소의 반복이 아니라 전소의 기판력 있는 판단이 후소의 선결문제로 되는 경우에 후소법원이 이전 판결의 내용에 구속된다는 '내용적 구속력'을 설명하기 어렵다는 비판을 받는다.

3) 절충설

기판력이 작용하는 측면에 따라 구속력의 내용을 달리 설명하려는 견해이다. 즉 전소와 후소의 소송물이 동일한 경우에는 반복금지설에 의하여, 전소의 판단이 후소의 선결문제가 되는 경우에는 모순금지설에 의하여 파악하려는 견해이다.[87)] 이 견해에 대해서는 하나의 기판력제도를 그 작용하는 상황에 따라서 달리 설명하는 것은 기판력의 본질에 관한 논의라기보다는 작용의 측면을 본 것이고, 전소송과 후소송의 소송물이 모순된 반대관계인 경우에는 설명하기 어렵다는 비판을

---

84) 대법원 2009.12.24. 선고 2009다64215 판결. 다만 대법원은 전소에서 승소한 원고가 승계인을 상대로 승계집행문 부여의 소를 제기하는 것이 원칙임에도 소송물을 양수한 피고를 상대로 재차 전소와 동일한 소를 제기한 사안에서, 피고가 지위승계를 부정하면서 다투어 왔고 이에 대해 상당한 정도의 공격방어와 법원의 심리가 이루어진 점, 이제 와서 굳이 이 부분 소의 이익을 부정하고 원고로 하여금 승계집행문 부여의 소를 제기하여 다시 피고와 다투도록 하는 것이 당사자들 모두에게 가혹할 뿐만 아니라 소송경제 등의 측면에서도 타당하다고 보기 어려운 점 등을 종합하여 보면 원고가 피고를 상대로 임대인 지위의 승계를 주장하면서 임대차보증금의 반환을 구할 권리보호의 이익이 없다고 단정하기 어렵다고 판시한바 있는데(대법원 2022.3.17. 선고 2021다210720 판결), 피고가 소송물을 양수한 것이 명백하여 승계집행문을 받는데 아무런 지장이 없고, 승계인을 상대로 소를 제기하여 승소 확정되면 이중 집행의 위험이 있으며, 승계집행문 부여의 소의 전속관할을 잠탈하는 문제가 발생하고, 무엇보다 판결의 기판력 및 민사집행법의 체계를 무너뜨린다는 점에서 이 판결에 찬동할 수 없다.

85) 이시윤, 629쪽.

86) 강현중, 703쪽; 김홍규·강태원, 669쪽; 이시윤, 629쪽, 정동윤·유병현·김경욱, 803쪽, 정영환, 1137쪽.

87) 김용진, 545쪽; 송상현·박익환, 434쪽.

받는다.[88)]

3. 기판력의 정당성의 근거

가. 개 념

기판력의 본질론 중에 실체법설은 현재 지지자가 없고, 소송법설도 기판력의 본질이 적극적 작용인가, 아니면 소극적 작용인가라는 논의가 주를 이루어왔으나, 기판력은 적극적 작용과 소극적 작용이 상호 보완하여 함께 작용하는 것으로 이해되는 현재로서는 실익이 크지 않다. 오히려 근래에는 당사자가 왜 기판력에 구속되어야 하는가, 특히 불이익한 판결에 구속되는 것이 왜 정당화되는가라는 기판력의 정당화근거를 어디에 둘 것인가를 두고 논의가 전개되고 있다.

나. 학 설

(1) 법적 안정설(제도적 효력설)

기판력을 인정하지 않으면 동일하거나 관련된 분쟁을 끊임없이 제기할 수 있으므로 분쟁이 해결되지 않는다. 이에 분쟁해결이라는 법적 안정을 도모하는 민사소송제도의 목적을 달성함에 있어 필수불가결한 제도로서 기판력이 필요하다는 견해가 법적 안정설이다.[89)]

(2) 절차보장설(제출책임설)

기판력의 근거를 절차보장의 이념에서 찾는 견해이다. 즉 당사자는 이미 전소에서 특정한 권리관계에 관하여 재판자료를 제출할 기회를 부여받았고, 그 결과로서 일정한 판단이 확정된 이상, 그 판단의 구속력에 의해 후소에서 재판자료 제출의 기회가 제한되어도 부득이하다는 것이 구속력으로서의 기판력의 근거라고 본다. 따라서 이 견해에 의하면 절차보장이 없는 자 또는 절차보장이 없는 소송물에 대한 판단에는 기판력이 인정될 수 없다는 결론에 이른다.

(3) 이원설

법적 안정성과 절차보장 양자에서 기판력의 당사자 구속력의 근거를 찾는 견해이다. 즉 분쟁을 종국적으로 해결하기 위한 장치가 당사자 쌍방에게 소송물인

88) 호문혁, 740쪽.
89) 김홍엽, 815쪽; 정동윤 · 유병현 · 김경욱, 805쪽.

권리관계의 존부에 대하여 주장·입증할 권능과 기회를 대등하게 보장해 주었다면 그 절차의 이용여부나 결과는 자기책임으로 볼 수 있으므로 자신에게 불리한 기판력도 감수해야 한다는 견해이다.[90]

다. 판 례

판례는 원칙적으로 법적 안정설의 입장에 있다. 즉 헌법재판소는, 기판력은 동일한 사항이 후에 다시 문제되는 경우 당사자가 그에 반하여 다투거나 법원이 그에 모순·저촉되는 판단을 하지 못하도록 함으로써 헌법상 법치국가원리의 한 구성요소인 법적 안정성, 즉 사회질서의 유지와 분쟁의 일회적인 해결 및 동일한 분쟁의 반복금지에 의한 소송경제를 달성하고자 하는 데에 있다고 하였고,[91] 대법원도, 확정판결의 기판력은 법원이 당사자간의 법적 분쟁에 관하여 판단하여 소송이 종료된 이상, 법적 안정성을 위해 당사자와 법원 모두 분쟁해결의 기준으로서 확정판결의 판단을 존중하여야 한다는 요청에 따라 인정된 것이라고 판시하였다.[92] 다만 절차보장을 언급한 판례[93]도 존재한다.

기판력, 집행력, 형성력은 어떠한 판결에서 발생하는가?

기판력은 유효하게 확정된 판결이라면 판결의 종류를 불문하고 발생한다. 이에 비하여 집행력은 확정된 이행판결 및 가집행선고부 종국판결에서 발생하고, 형성력은 확정된 형성판결에서만 발생한다.

이행청구소송을 제기한 원고가 패소 확정된 경우, 기판력 또는 집행력이 발생하는가?

이행청구를 기각하는 판결은 확인판결에 불과하므로 이 판결이 확정된 경우에는 기판력은 발생하지만 집행력은 발생하지 않는다.

---

90) 강현중, 703쪽, 이시윤, 630쪽; 전병서, 516쪽; 정영환, 1139쪽.
91) 헌법재판소 2010.11.25. 선고 2009헌바250 전원재판부 결정.
92) 대법원 2018.3.27. 선고 2015다70822 판결.
93) 대법원 2002.9.4. 선고 98다17145 판결(법원 판단의 통용성으로서의 기판력은 처분권주의, 변론주의 등의 절차적 보장 아래에서 소송당사자가 자기책임으로 소송을 수행한 소송물에 관하여 법원이 판결주문에 판단을 특정 표시함으로써 이루어지는 것이다.…구체적 사건의 어느 청구에 대하여 법원이 전혀 판단을 하지 않았다면 그 부분에 한하여서는 기판력이 생길 수 없는 것이다).

4. 기판력의 작용

가. 작용의 장면

기판력은 전소에서 확정된 권리관계가 후소에서 다시 문제가 되는 때에 작용하며, 전소의 소송물과 동일한 후소의 제기는 물론, 전소의 소송물에 대한 판단이 후소의 선결문제가 되거나 후소와 모순관계에 있을 때에도 전소의 판단과 다른 주장을 하는 것이 허용되지 않는다. 이때 소송물의 동일, 선결관계, 모순관계여부에 대한 판단은 모두 **판결주문**을 기준으로 한다.

(1) 소송물의 동일

전소에서 승소한 원고이든 패소한 원고이든 같은 소송물에 대하여 다시 소를 제기하면 기판력이 작용하여 다시 다툴 수 없다. 이는 기판력의 소극적 작용으로서 불가쟁을 내용으로 하는 반복금지설이 강조한다. 다만 판결원본의 멸실, 판결내용의 불특정, 시효중단을 위하여 달리 적절한 방법이 없을 때에는 예외적으로 신소가 허용된다는 것이 판례의 입장이다.[94] 그러나 이 경우에도 신소의 판결은 전소의 판결내용에 저촉되어서는 안 되므로 후소법원으로서는 그 확정된 권리를 주장할 수 있는 요건이 구비되어 있는지에 관하여 다시 심리할 수 없으며,[95] 피고가 후소에서 전소의 확정된 권리관계를 다투기 위해서는 먼저 전소의 승소 확정판결에 대하여 적법한 추완항소를 제기하는 등의 방법으로 기판력을 소멸시켜야 한다.[96]

---

94) 대법원 1998.5.15. 선고 97다57658 판결; 대법원 2018.7.19. 선고 2018다22008 전원합의체 판결(시효중단을 위한 재판상 청구는 압류·가압류 및 승인과 마찬가지로 1회로 제한되지 않는다); 대법원 2019.1.17. 선고 2018다24349 판결(시효중단을 위한 후소를 심리하는 법원으로서는 전소 판결이 확정된 후 소멸시효가 중단된 적이 있어 그 중단사유가 종료한 때로부터 새로이 진행된 소멸시효기간의 경과가 임박하지 않아 시효중단을 위한 재소(再訴)의 이익을 인정할 수 없다는 등의 특별한 사정이 없는 한, 후소가 전소 판결이 확정된 후 10년이 지나 제기되었다 하더라도 곧바로 소의 이익이 없다고 하여 소를 각하해서는 아니 되고, 채무자인 피고의 항변에 따라 원고의 채권이 소멸시효 완성으로 소멸하였는지에 관한 본안판단을 하여야 한다).

95) 대법원 2010.10.28. 선고 2010다61557 판결(전소인 구상금 청구소송에서 갑의 을에 대한 구상금채권이 확정된 이상, 그 확정된 채권의 소멸시효의 중단을 위하여 제기된 신소에서 보증보험계약서의 진정성립여부 등을 다시 심리할 수는 없다); 대법원 2018.4.24. 선고 2017다293858 판결(시효중단 등 특별한 사정이 있는 경우에는 예외적으로 신소가 허용되는데, 이러한 경우에 신소의 판결이 전소의 승소확정판결의 내용에 저촉되어서는 아니되므로, 후소 법원으로서는 그 확정된 권리를 주장할 수 있는 모든 요건이 구비되어 있는지에 관하여 다시 심리할 수 없다).

96) 대법원 2013.4.11. 선고 2012다111340 판결. 다만, 전소의 변론종결 후에 발생한 변제, 상계,

전소와 동일한 소송물을 후소로 제기한 경우, 법원은 어떤 판단을 하여야 하는가?

반복금지설에서는 전소에서의 승패를 불문하고 원고가 후소를 제기한 경우에는 소각하판결을 한다. 이에 비하여 우리나라의 모순금지설(판례)에 의하면 승소한 원고의 후소에 대해서는 소각하판결을,[97] 패소한 원고의 후소에 대해서는 청구기각판결을 한다.

(2) **후소와 모순관계**

전소에 의하여 확정된 법률관계와 정면으로 모순되는 반대관계를 반대당사자가 후소의 소송물로 삼아 소송을 제기한 때에는 전소의 기판력에 저촉된다. 기판력의 소극적 작용으로서 불가쟁(不可爭)을 내용으로 하는 반복금지설에서 강조된다. 예를 들면 원고의 소유권확인판결이 확정된 뒤에 피고가 동일한 물건에 대하여 소유권확인청구를 제기하거나, 손해배상의무가 확정된 뒤에 배상의무자가 새로운 소로 배상의무가 없다는 확인청구를 제기하는 경우가 이에 해당하는데, 이는 모순관계로서 전소의 기판력에 저촉된다.

전소와 모순된 법률관계를 후소의 소송물로 한 경우, 법원은 어떤 판단을 하여야 하는가?

반복금지설의 입장에서는 소각하판결을, 모순금지설에 의하면 청구기각판결을 하게 된다.

매매계약의 무효 또는 해제를 주장하면서 그 매매대금의 반환을 구하는 소를 제기하여 피고가 청구인낙을 하였음에도 원고가 다시 매매계약의 유효를 전제로 소유권이전등기의 이행을 구하는 소를 제기하면 전소의 기판력이 후소에 미치는가?

판례는, 매매계약의 무효 또는 해제를 원인으로 한 매매대금반환청구에 대한 인낙조서의 기판력은 그 매매대금반환청구권의 존부에 관하여만 발생할 뿐, 그 전제가 되는 선결적 법률관계인 매매계약의 무효 또는 해제에까지 발생하는 것은 아닌바, 전소의 인낙조서의 기판력이 미치는 법률관계는 원고가 피고에 대하여 매매대금반환

면제 등과 같은 채권소멸사유는 전소의 기판력과 무관하게 후소의 심리대상이 된다. 따라서 채무자인 피고는 후소 절차에서 위와 같은 사유를 들어 항변할 수 있고 심리 결과 그 주장이 인정되면 법원은 원고의 청구를 기각하여야 한다. 이는 채권의 소멸사유 중 하나인 소멸시효 완성의 경우에도 마찬가지이다(대법원 2019.1.17. 선고 2018다24349 판결).

97) 대법원 2016.9.28. 선고 2016다13482 판결.

청구권을 가진다는 것뿐이고, 반면 후소의 소송물은 소유권이전등기청구권의 존부이므로 후소가 전소에서 확정된 법률관계와 정반대의 모순되는 사항을 소송물로 하는 것이라 할 수 없으며, 기판력이 발생하지 아니하는 전소와 후소의 소송물의 각 전제되는 법률관계가 매매계약의 유효 또는 무효로 서로 모순된다고 하여 전소에서의 인낙조서의 기판력이 후소에 미친다고 할 수 없다고 판시하였다.[98] 요컨대 양 사건의 동일관계, 모순관계, 선결관계에 대한 기판력의 작용은 전소의 판결주문(소송물)이 미치는 범위를 기준으로 판단해야 하고, 이를 넘어 판결이유에까지 기판력이 작용하는 것이 아님에 유의하여야 한다(216①참조).

한편, 위 판례에서의 '선결적 법률관계' 또는 '전제가 되는 법률관계'란 일정한 판결주문을 도출하는데 전제가 되는 법률관계라는 의미로서(1개의 판결 내에서의 문제), 전소의 소송물에 대한 판단이 후소 판단에 전제가 되는 경우인 아래 (3)에서 말하는 '선결관계' 또는 '선결문제'와는 의미하는 바가 다르다(전후 판결 사이의 문제).

(3) 후소의 선결관계

전소의 소송물에 관한 판단이 후소의 선결관계가 되는 때에는 후소법원은 그 한도 내에서 전소와 다른 내용의 판단을 해서는 안 되고, 당사자는 다른 주장을 하는 것이 허용되지 않는다. 이는 기판력의 적극적 작용으로서 불가반(不可反)을 내용으로 하는 모순금지설이 강조한다. 예를 들면 전소에서 원고가 소유권확인청구를 하여 승소한 후 후소에서 소유권에 기한 목적물반환 또는 이전등기청구를 한 경우에 피고로서는 원고가 그 소유권자가 아니라고 주장할 수 없고, 법원도 이와 다른 판단을 하는 것은 기판력에 저촉된다.[99] 또한 기판력은 당사자에게 유리하게도 불리하게도 작용하므로(기판력의 양면성), 전소에서 건물의 소유권확인청구를 하여 승소한 원고가 전소의 피고로부터 건물의 소유권이 원고에게 있다는 이유로(선결관계) 동 대지상의 건물철거 및 대지인도청구를 당한 경우에 전소의 원고는 후소에서 건물에 관한 자신의 소유권을 부정할 수 없다.

후소가 선결관계에 있는 전소에 저촉되는 경우, 법원은 어떤 판단을 하여야 하는가?

전소의 소송물이 선결관계에 해당하는 후소를 제기한 경우에 후소가 전소에 저촉된

---

98) 대법원 2005.12.23. 선고 2004다55698 판결. 같은 취지로는, 대법원 1995.3.24. 선고 93다52488 판결; 대법원 2009.3.12. 선고 2008다36022 판결; 대법원 2021.4.8. 선고 2020다219690 판결 등이 있다.

99) 대법원 1999.12.10. 선고 99다25785 판결.

다면 소송법설 중 어느 학설에 의하더라도 청구기각판결을 하게 된다.

나. 기판력의 조사

기판력의 유무는 직권조사사항이다. 따라서 당사자의 주장이 있는 등 의심스러운 상황이 아닌 한 법원은 이를 고려할 필요가 없고, 사실의 수집·제출책임도 주장하는 당사자에게 있다.[100]

반복금지설에 의하면 전·후소의 소송물이 동일하거나 모순관계에 있는 경우에 기판력이 있는 판결이 이미 존재한다는 것은 소극적 소송요건에 해당하므로 소각하판결을 한다.

기판력은 당사자간의 합의에 의하여 부여하거나 소멸시킬 수 없고, 확장할 수도 없다.

후소의 법원이 전소 확정판결의 기판력에 저촉되는 판결을 해버린 경우, 그 후소판결은 유효한가?

이러한 후소판결은 당연무효는 아니고 상소로써 취소하거나(451①단서), 재심의 소로 취소할 수 있다(451①⑽).

전소의 기판력에 저촉되는 후소의 판결에도 기판력이 인정되는가?

확정된 전소판결의 기판력에 모순되는 후소의 확정판결도 취소되기까지는 새로운 표준시의 판결로써 기판력이 인정된다.

5. 기판력 있는 재판

가. 확정된 종국판결

중간판결은 그 심급의 소송절차 내에서 기속력을 갖는 데 그칠 뿐, 기판력이 없다.

본안판결이면 청구인용판결이든 청구기각판결이든 이행판결이든 확인판결이든 형성판결이든 모두 기판력을 가진다.

기판력의 본질을 실체법적으로 보면, 소송요건에 대하여 당사자가 화해계약을 체결한다는 것은 생각하기 어려우므로 소송판결에 기판력을 인정하기는 어려울

---

100) 대법원 1981.6.23. 선고 81다124 판결.

것이다. 이에 비하여, 소송법설의 입장에서는 소송판결도 소송요건의 흠으로 소가 부적법하다는 판단에 기판력이 생긴다고 본다.[101] 물론 흠을 보완하여 다시 소를 제기하는 것은 전소의 기판력에 저촉되지 않는다.[102]

사망자를 상대로 한 판결 등 무효인 판결이거나 미확정판결(판결정본의 송달이 무효인 경우)에는 기판력이 없다.

나. 결정 · 명령

결정 · 명령이라도 소송비용에 관한 결정(110, 114), 간접강제의 수단으로 하는 배상금의 지급결정(민집 261), 과태료결정 등 실체관계를 종국적으로 해결하는 것은 기판력이 있다.

그러나 소송지휘에 관한 결정 · 명령(222), 집행정지결정(500, 501), 비송사건(양육자지정 등)에 관한 결정 등은 기판력이 없다.

가압류 · 가처분결정의 경우 피보전권리나 보전의 필요성이 소명되지 아니하여 보전신청이 기각되었을 때에는 채권자가 새로운 소명자료를 제출하여야만 새로운 신청이 적법하다는 의미에서 제한적으로 기판력이 인정된다.[103] 물론 보전처분에서 피보전권리가 인용 · 확정되었다고 하더라도 본안판결에서 뒤집어질 수 있다는 의미에서는 기판력이 없다.[104]

다. 확정판결과 같은 효력이 있는 것

청구의 포기 · 인낙조서(220), 조정을 갈음하는 결정(민조 34), 중재판정(중재 35), 화해조서, 확정된 화해권고결정, 조정조서에 대해서는 기판력이 있다.

그러나 지급명령(474),[105] 이행권고결정(소심 5조의7),[106] 집행증서는 집행력만 발생할 뿐 기판력이 없다.

---

101) 대법원 2001.1.16. 선고 2000다41349 판결(갑이 을을 대위하여 병을 상대로 취득시효 완성을 원인으로 한 소유권이전등기 소송을 제기하였다가 을을 대위할 피보전채권의 부존재를 이유로 소각하 판결을 선고받고 확정된 후 병이 갑을 상대로 제기한 건물철거 및 토지인도 소송에서 갑이 다시 피보전채권이 있음을 전제로 을의 취득시효의 항변을 주장하는 것은 기판력에 저촉되어 허용될 수 없다).
102) 대법원 2003.4.8. 선고 2002다70181 판결.
103) 이시윤, 634쪽.
104) 대법원 2008.10.27. 자 2007마944 결정.
105) 대법원 2009.7.9. 선고 2006다73966 판결.
106) 대법원 2009.5.14. 선고 2006다34190 판결.

라. 외국법원의 확정재판

(1) 의 의

외국법원의 판결은 외국의 재판권을 행사한 결과이므로 속지주의에 따르면 해당 국가 내에서만 효력을 가질 뿐, 우리나라에서도 당연히 효력을 가지는 것은 아니다. 따라서 민소법 217조에서는 외국법원의 확정판결 또는 이와 동일한 효력이 인정되는 재판이 우리법원에서 선고한 확정판결과 동일한 효력을 가지려면 승인의 요건을 갖추도록 하고 있다. 승인된 외국재판은 우리나라에서 기판력이 생기므로 이와 동일한 소송을 국내에서 다시 제기하면 기판력에 저촉된다.

민소법 217조의 '외국법원의 확정재판 등'이란 재판권을 가지는 외국의 사법기관이 그 권한에 기하여 사법(私法)상 법률관계에 관하여 대립적 당사자에 대한 상호간의 심문이 보장된 절차에서 종국적으로 한 재판으로서 구체적 급부의 이행 등 그 강제적 실현에 적합한 내용을 가지는 것을 의미하고, 그 재판의 명칭이나 형식 등이 어떠한지는 문제되지 아니한다.[107)]

2014. 5. 20. 종전의 외국판결의 효력에 관한 민소법 217조의 일부가 개정되고, 민소법 217조의2가 신설되었다. 이는 한·EU FTA, 한미 FTA 발효 등으로 국내기업이 외국에서의 경제활동이 증가함에 따라 외국법원의 부당한 재판으로부터 국내기업을 보호하는 한편, 그 밖의 현행 제도 운영상 일부 미비점을 개선·보완하려는 취지에 따른 것이다. 외국재판 등의 승인요건은 직권조사사항이다(217②).

민소법 217조의 승인요건을 갖춘 외국재판은 국내에서 별도의 절차 없이 그대로 국내에서 효력을 가지지만, 국내에서 물리적인 집행을 요하는 경우에는 외국에서 받은 재판서를 우리나라 법원에 제출하여 집행판결을 받아 강제집행을 하게 된다(민집 26,27). 다만 승인요건을 구비한 외국법원의 이혼판결은 집행판결 없이 가족관계등록의 신고 및 정정이 가능하다.[108)]

---

107) 대법원 2010.4.29. 선고 2009다68910 판결.

108) 가족관계등록예규 제419호. 다만, 민소법 217조의 구비여부·외국재판의 확정여부·송달의 적법여부가 불분명하거나, 외국판결의 효력이 의심스럽다는 등의 사유가 있을 때는 가족관계등록 공무원은 관계서류 전부를 첨부하여 감독법원에 질의하고 그 회답을 받아 처리하여야 한다.

(2) 외국재판 등의 승인요건

1) 우리나라의 법령·조약에 따른 국제재판관할의 원칙상 그 외국법원이 당해 사건에 대하여 국제재판관할권을 갖고 있을 것(217①(1))

조약은 존재하지 않으며, 우리나라의 법령이란 국제사법 2조의 일반원칙 및 그 이하에서 밝힌 국제재판관할에 관한 구체적인 규정 등을 의미한다. 국제재판관할권의 기준을 정하는 학설로는 역추지설, 관할배분설, 수정역추지설 등이 대립되어 있음은 전술하였다.

판례는 실질적 관련성을 판단함에 있어, 피고의 주소가 한국에 있음에도 캘리포니아 주 법원이 선고한 이혼판결은 우리나라에서 효력이 없다고 하였다.[109)]

2) 패소한 피고가 소장 또는 이에 준하는 서면 및 기일통지서나 명령을 적법한 방식에 따라 방어에 필요한 시간여유를 두고 송달을 받았거나 송달을 못 받았어도 응소하였을 것(217①(2))

피고가 방어의 기회를 얻지 못하고 패소한 경우의 판결은 승인될 수 없다. 피고를 보호하기 위하여 송달방식의 적법성과 적시성(시간적 여유)을 모두 요구한다. 여기의 피고에는 내·외국인을 모두 포함하며, 송달방식의 적법성과 적시성은 판결국의 법에 따른다.

판례는 미국 워싱턴주의 규정상 워싱턴주 밖에 주소를 둔 피고에게는 60일의 응소기간을 부여한 소환장을 송달하도록 규정하고 있는데, 한국에 주소를 둔 피고에게 20일의 응소기간만을 부여한 소환장을 송달하고 내린 워싱턴 주의 결석판결은 민소법 217조 1항 2호의 적법한 방식에 의한 송달이라고 할 수 없어 집행판결로 그 적법함을 선고할 수 없다고 하였다.[110)]

기존의 판례는 교부송달 이외에 공시송달은 물론, 보충송달이나 우편송달도 적법한 방식에 따른 송달로 보지 않았다.[111)] 그러나 대법원은 이후 태도를 바꾸어 보충송달(186①,②)의 경우에는 그 송달이 방어에 필요한 시간 여유를 두고 적법하게 이루어졌다면 교부송달과 마찬가지로 적법한 송달에 해당한다고 판시하였다.[112)] 또한 판례는 피고가 일단 소장과 소송제기통지를 적법하게 송달받았다면

---

109) 대법원 1988.4.12. 선고 85므71 판결.
110) 대법원 2010.7.22. 선고 2008다31089 판결.
111) 대법원 1992.7.14. 선고 92다2585 판결; 대법원 2009.1.30. 선고 2008다65815 판결.
112) 대법원 2021.12.23. 선고 2017다257746 전원합의체 판결.

그 후의 소환 등의 절차가 우편송달이나 공시송달 등의 절차에 의하여 진행되었더라도 본 호의 요건을 충족한 것으로 본다.[113)]

3) 외국법원의 확정재판 등의 내용 및 소송절차에 비추어 이를 승인한 결과가 우리나라의 선량한 풍속 그 밖의 사회질서에 어긋나지 아니할 것(217①(3))

확정재판 등을 승인한 결과가 대한민국의 선량한 풍속이나 그 밖의 사회질서에 어긋나는지 여부는 승인여부를 판단하는 시점에서 확정재판 등의 승인이 우리나라의 국내법 질서가 보호하려는 기본적인 도덕적 신념과 사회질서에 미치는 영향을 확정재판 등이 다룬 사안과 우리나라와의 관련성의 정도에 비추어 판단하여야 한다.[114)] 따라서 도박자금의 회수판결,[115)] 일제의 국가총동원법과 국민징용령이 한반도 등에 유효하게 적용된다는 판결,[116)] 국내 채권자가 참가하지 아니한 외국법원의 면책재판[117)]은 승인거부사유가 된다.

그러나 외국판결에 대하여 실질적으로 옳고 그름을 전면적으로 재심사하는 것은 허용되지 않으므로(민집 27①),[118)] 판결국 법정에서 위·변조 내지 폐기된 서류를 사용하였다거나 위증을 이용하는 것과 같은 정도의 사기적인 방법만으로는 승인 및 집행을 거부할 사유가 되지 않으며, 피고가 당시 이를 주장할 수 없었고 유죄판결과 같은 고도의 증명이 있는 사기적 수법으로 판결을 편취한 경우 등 재심사유에 해당하는 경우에만 승인 및 집행을 거부할 수 있다고 본다.[119)]

신설된 민소법 217조의2에서는, 손해배상에 관한 확정재판 등이 우리나라의 법률 또는 우리나라가 체결한 국제조약의 기본질서에 현저히 반하는 결과를 초래할 경우에는 법원이 해당 확정재판 등의 전부 또는 일부를 승인할 수 없도록 하고(1항), 법원이 이러한 요건을 심리할 때에는 외국법원이 인정한 손해배상의 범위에 변호사보수를 비롯한 소송과 관련된 비용과 경비가 포함되는지와 그 범위를 고려하도록 하였다(2항).

113) 대법원 2003.9.26. 선고 2003다29555 판결.
114) 대법원 2012.5.24. 선고 2009다22549 판결; 대법원 2016.1.28. 선고 2015다207747 판결.
115) 서울중앙지법 1999.7.20. 선고 98가합48946 판결(일정한 도박채무의 유효성과 법적 절차에 의한 도박채무의 강제회수를 보장하고 있는 미합중국 네바다주법의 규정은 도박행위를 엄격하게 제한하고 있는 대한민국의 강행법규에 명백히 위배된다).
116) 대법원 2012.5.24. 선고 2009다22549 판결; 대법원 2012.5.24. 선고 2009다68620 판결.
117) 대법원 2010.3.25. 자 2009마1600 결정.
118) 대법원 2015.10.15. 선고 2015다1284 판결(다만 징벌적 손해배상인지 전보배상인지 여부에 대한 심사는 허용된다).
119) 대법원 2004.10.28. 선고 2002다74213 판결.

민소법 217조의2의 입법취지는 무엇인가?

이 규정은 민소법 217조 1항 3호의 공서양속 요건의 취지를 명확히 함으로써 법적 안정성을 제고하고자 도입한 것이다. 즉 징벌적 손해배상과 같이 손해전보의 범위를 초과하는 배상액의 지급을 명한 외국법원의 확정재판 등의 승인을 적정한 범위 내로 제한하기 위하여 마련된 규정이다.[120] 그런데 우리나라도 최근 하도급거래 공정화에 관한 법률(35②), 기간제 및 단시간근로자 보호에 관한 법률(13②), 독점규제 및 공정거래에 관한 법률(109②), 개인정보 보호법(39③), 대리점 거래의 공정화에 관한 법률(34②), 제조물책임법(3②) 등은 3배, 중대재해 처벌 등에 관한 법률(15), 신용정보의 이용 및 보호에 관한 법률(43②), 자동차관리법(74조의2②) 등은 5배를 한도로 하여 손해전보의 범위를 초과하는 손해배상을 허용하는 규정을 도입하고 있으므로 사안에 따라서는 외국재판이 우리의 공서양속에 반하지 않는다고 보아야 할 경우도 있게 되었는데, 이에 대하여 대법원은, "손해전보의 범위를 초과하는 손해배상을 명하는 외국재판이 손해배상의 원인으로 삼은 행위가 적어도 우리나라에서 손해전보의 범위를 초과하는 손해배상을 허용하는 개별 법률의 규율 영역에 속하는 경우에는 그 외국재판을 승인하는 것이 손해배상 관련 법률의 기본질서에 현저히 위배되어 허용될 수 없는 정도라고 보기 어렵다. 이때 외국재판에 적용된 외국 법률이 실제 손해액의 일정 배수를 자동적으로 최종 손해배상액으로 정하는 내용이라고 하더라도 그것만으로 그 외국재판의 승인을 거부할 수는 없고, 우리나라의 관련 법률에서 정한 손해배상액의 상한 등을 고려하여 외국재판의 승인여부를 결정할 수 있다"고 판시하였다.[121] 한편 217조의2 제2항과 관련하여, 외국법원에서 특정한 의무의 이행에 대한 명령과 함께 소송에 소요된 변호사보수 및 비용의 지급을 명하는 판결이 있는 경우, 특정한 의무의 이행에 대한 명령의 집행판결이 허용되지 않는다고 하더라도 변호사보수 및 비용의 지급을 명하는 부분에 대한 집행판결의 허용여부는 그 부분이 승인 요건을 갖추었는지를 별도로 살펴 판단하여야 한다는 것이 판례의 입장이다.[122]

---

120) 대법원 2015.10.15. 선고 2015다1284 판결. 따라서 외국법원의 확정재판 등이 당사자가 실제로 입은 손해를 전보하는 손해배상을 명하는 경우에는 이 조항을 근거로 승인을 제한할 수 없다(대법원 2016.1.28. 선고 2015다207747 판결).

121) 대법원 2022.3.11. 선고 2018다231550 판결(피고가 불공정한 경쟁방법을 사용했다는 이유로 미국 하와이주 법에 따라 원고들이 입은 손해의 3배 배상을 명한 하와이주 판결은 우리나라의 '독점규제 및 공정거래에 관한 법률'에서도 3배 내에서 손해배상을 허용하는 법조항을 두고 있으므로 우리나라에서 승인할 수 있다는 취지의 판결). 다만 우리 공정거래법 109조에서의 3배 배상의 대상이 되는 행위(동법 40, 48, 51조)에 불공정거래행위(동법 45조)가 포함되어 있지 않다는 점에서 불공정거래행위에 대하여 3배 배상을 명한 외국재판을 승인하는 것이 공정거래법의 '규율영역'에 속한다고 설시한 부분은 의문이다.

122) 대법원 2017.5.30. 선고 2012다23832 판결.

4) 상호보증 등이 있을 것(217①(4))

2014. 5. 20. 법개정 전에는 상호보증이 있을 것만을 요건으로 하고 있었으나, 판례는 조약의 체결 등 구체적인 상호보증이 없더라도 우리나라와 외국 사이에 동종 판결의 승인요건이 현저히 균형을 상실하지 아니하고 외국에서 정한 요건이 우리나라에서 정한 그것보다 전체로서 과중하지 아니하며 중요한 점에서 실질적으로 거의 차이가 없다면 상호보증요건을 구비하였다고 봄이 상당하다는 입장이다.[123] 즉 어느 외국에서 우리나라의 확정재판이 승인될 수 있는 상황이라면 우리나라도 그 외국의 확정재판을 승인할 수 있다는 것이다.[124]

이러한 판례의 태도는 판결국에 있어서 외국판결의 승인요건이 우리나라의 그것과 모든 항목에 걸쳐 완전히 같거나 오히려 관대할 것을 요구하는 것은 지나치게 외국판결의 승인 범위를 협소하게 하는 결과가 되어 국제적인 교류가 빈번한 오늘날의 현실에 맞지 아니하고, 오히려 외국에서 우리나라의 판결에 대한 승인이 거부되는 불합리한 결과를 가져온다는 점을 고려한 것이다.

개정법에서는 위 판례의 입장을 받아들여 상호보증이 없더라도 "대한민국과 그 외국법원이 속하는 국가에 있어 확정재판 등의 승인요건이 현저히 균형을 상실하지 아니하고 중요한 점에서 실질적으로 차이가 없으면" 승인할 수 있도록 규정한 것이다.

Ⅱ. 기판력의 객관적 범위

1. 원 칙

가. 판결주문의 판단

(1) 의 의

민소법 216조 1항에서는 "확정판결은 주문에 포함된 것에 한하여 기판력을 가진다"고 규정하고 있다. 즉 원칙적으로 전소의 확정판결 중 주문에 포함된 것에

---

123) 대법원 2004.10.28. 선고 2002다74213 판결; 대법원 2009.6.25. 선고 2009다22952 판결; 대법원 2013.2.15. 선고 2012므66,73 판결(미국 오레곤주의 외국판결 승인요건이 우리 민사소송법이 정한 그것보다 전체로서 과중하지 아니하며 중요한 점에서 실질적으로 거의 차이가 없어, 위 판결은 상호보증의 요건을 갖추었다고 본 원심판단을 정당하다고 한 사례).

124) 우리나라와 일본 사이에 국가배상법 제7조가 정하는 상호보증이 있다(대법원 2015.6.11. 선고 2013다208388 판결).

대해서 후소를 제기하였을 때에만 그 후소가 전소의 기판력에 저촉되는 것이다.

이때 판결의 주문이란 원고가 제시한 소송상 청구의 당부에 대한 법원의 결론적 판단을 말한다.

(2) 연 혁

Savigny로 대표되는 독일보통법학시대의 학자들은 판결의 주문뿐만 아니라 판결이유 중의 판단에도 기판력을 인정하려는 견해가 유력하였다.

그러나 독일민소법의 입법자들은 동시제출주의를 폐지하고 수시제출주의와 구술주의를 채용함에 따라, 후소에서의 구속력을 우려하지 않고 오로지 당해 소송에서의 필요성만을 고려하여 자유롭게 공격·방어방법을 제출할 수 있게 하기 위하여 기판력을 '주문에 포함된 것'으로 한정하였다.

나. 동일 소송물의 범위

(1) '기판력의 객관적 범위=소송물의 범위'의 등식

원고는 소장에서 소송의 목적인 권리 또는 법률관계에 관하여 어떠한 내용과 범위의 판결을 구하는 것인가를 표시하는 핵심적인 부분으로서 청구취지를 기재하게 되므로 결국 소송의 결론인 판결의 주문은 소장의 청구취지에 대응하게 된다.

주문이 간결한 "이 사건 소를 각하한다"는 형식의 소송판결의 경우, 그 판결이유를 참작하여 그 판결에서 확정한 소송요건의 흠에 대한 판단에 기판력이 미친다.[125] 본안판결의 경우에도 "원고의 청구를 기각한다"는 원고패소판결의 경우는 청구취지와 판결이유를 참작하여 어떠한 소송물에 관한 판단인가를 가려야 한다. 이처럼 소각하 판결이나 청구기각의 판결인 경우에는 필요한 한도 내에서 판결이유를 참작함으로써 '기판력의 객관적 범위=소송물의 범위'라는 등식을 유지한다(통설).[126]

(2) 청구취지가 다른 경우

전소의 청구취지를 후소의 청구취지와 비교하여 서로 다르면 원칙적으로 소송물이 다르다. 따라서 이러한 경우에 후소는 전소의 기판력에 저촉되지 않는다.[127]

---

125) 대법원 1996.11.15. 선고 96다31406 판결; 대법원 1994.6.14. 선고 93다45015 판결.
126) 확정판결의 기판력의 범위는 확정판결의 주문의 문언의 형식에만 의하여 판단할 것이 아니고 판결에 게재된 이유와 대조하여 이를 인정하여야 할 것이다(대법원 1970.7.28. 선고 70누66,67,68 판결).

다만 판례는 전소인 소유권이전등기 말소청구소송에서 패소확정된 후 후소로 진정명의회복을 위한 소유권이전등기청구소송을 제기하면 두 청구권의 법적 근거는 모두 소유권에 기한 방해배제청구권으로서 실질적으로 동일한 소송이어서 전소의 기판력이 후소에 미친다고 본다.[128] 이는 소송물을 실체법상 권리 또는 법률관계의 존부의 주장으로 이해하는 구실체법설을 취하는 판례의 입장에서는 타당하다. 왜냐하면 이 경우의 전·후소는 모두 민법 214조에 근거하고 있으므로 소송물이 동일하다고 볼 수 있기 때문이다. 그러나 신소송물이론에 의하면 청구취지가 다르므로 전소의 기판력이 후소에 미치지 않는다는 결론에 이를 것이다.

(3) **청구취지가 같고, 청구원인을 이루는 실체법상 권리만이 다른 경우**

예컨대 손해배상청구 시 불법행위에 기하여 제소하였다가 패소하자 채무불이행을 원인으로 제소하는 경우이다.

소송물이론 중 구실체법설은 소송물을 실체법상 권리 또는 법률관계의 주장으로 보고 있으므로 이것이 서로 다른 이상 후소에 전소의 기판력이 미치지 않는다고 하는 반면, 소송법설은 소송물을 신청(일분지설) 또는 신청과 사실관계(이분지설)로 보기 때문에 양자는 공격방어방법의 차이에 불과하여 원칙적으로 후소에 전소의 기판력이 미친다고 한다.

(4) **청구취지가 같고 청구원인을 이루는 사실관계가 다른 경우**

예컨대 어음금 청구를 하였다가 패소한 뒤에 원인관계인 매매대금청구의 소를 제기한 경우이다.

구실체법설은 실체법상 권리 또는 법률관계의 주장이 소송물이므로 양자가 달라 후소에 전소의 기판력이 미치지 않는다고 보고, 소송법설 중 이분지설도 소송물은 신청과 사실관계가 모두 동일할 때 동일한 소송물로 보므로 후소에 전소의 기판력이 미치지 않는다고 본다. 이에 반하여 일분지설은 신청만으로 소송물의 단복이동의 판단 기준으로 삼기 때문에 원칙적으로 기판력이 미친다고 본다.

다만 일분지설의 입장에 서면서도 이 경우에는 기판력의 실권효의 범위를 넘

---

127) 대법원 1995.4.25. 선고 94다17956 전원합의체 판결(전소에서 토지의 특정부분 전부에 관한 소유권이전등기청구를 하였으나 기각되자 특정부분을 포함한 토지 전부에 관한 지분이전등기를 후소로 청구한 경우, 전소와 후소는 그 각 청구취지를 달리하여 소송물이 동일하다고 볼 수 없으므로 전소의 기판력은 후소에 미칠 수 없다).

128) 대법원 2001.9.20. 선고 99다37894 전원합의체 판결.

어서므로 신소의 제기가 허용된다고 보는 견해도 있다.[129)]

소송물이론에 따라 청구원인과 공격방어방법의 구별은 어떻게 하는가?

구실체법설은 원칙적으로 청구취지가 동일하다고 하더라도 청구원인인 실체법상 권리 또는 법률관계가 다른 경우에는 소송물이 다르다고 본다. 다만 판례는 **말소등기청구**사건에서 전소와 후소 사이에 등기의 무효사유를 달리하는 경우라고 하더라도 이는 모두 등기원인이 무효임을 뒷받침하는 공격방법의 차이에 불과하고,[130)] **부당이득반환청구**에서 법률상 원인 없는 사유로 계약의 취소, 무효, 불성립, 해제 등을 주장하는 것은 공격방법에 불과하다고 한다.[131)] 따라서 이들 경우에 그중 어느 사유를 주장하여 패소확정된 후 다른 사유로 후소를 제기하면 기판력에 저촉된다고 한다. **확인의 소**의 경우에도 마찬가지이다.[132)] 이에 반하여, 이분지설은 청구취지가 같은 경우에 실체법상 권리 또는 법률관계가 상이하다면 이는 공격방어방법의 차이에 불과하지만, 사실관계가 다르다면 청구원인이 달라서 다른 소송으로 본다. 한편, 일분지설은 청구취지가 같다면 원칙적으로 실체법상 권리 또는 법률관계가 상이한 경우는 물론, 사실관계가 상이한 경우도 모두 공격방어방법의 차이에 불과하다고 본다.

다. 일부청구

(1) 의 의

가분채권의 일부청구에 대하여 전소에서 판결이 확정된 경우, 후소인 잔부청구에 대하여 전소의 기판력이 미치는가. 예컨대 1억원 중 4,000만원만 먼저 청구하여 판결을 받은 후 나머지 6,000만원을 청구하는 경우 기판력에 저촉되는가 하는 문제이다.

(2) 판례 및 학설

판례는 불법행위의 피해자가 일부청구임을 명시하여 그 손해의 일부만을 청구한 경우 그 일부청구에 대한 판결의 기판력은 청구의 인용여부에 관계없이 청구의 범위에 한하여 미치는 것이고 잔액부분의 청구에는 미치지 아니하지만,[133)] 전

129) 이시윤, 651쪽.
130) 대법원 1993.6.29. 선고 93다11050 판결. 물론 전소의 변론종결 후에 생긴 새로운 사유를 이유로 말소소송을 제기하는 것은 허용된다(대법원 1983.3.8. 선고 82다카1203 판결; 대법원 1993.9.14. 선고 92다1353 판결).
131) 대법원 2000.5.12. 선고 2000다5978 판결.
132) 대법원 1987.3.10. 선고 84다카2132 판결.

소에서 일부청구임을 명시하지 않았다면 잔액이 남아 있다는 이유로 이를 후소로 청구하는 것은 기판력에 저촉된다고 한다(명시설).[134]

학설로는 기판력은 그 일부에만 미치므로 소권의 남용이 아니라면 잔부청구를 긍정해야 한다는 일부청구 긍정설, 금전채권의 경우 채권의 일부를 특정할 수 있는 특징이 없는 한 소구하는 일부가 채권 전체의 어느 부분에 해당하는가를 특정할 수 없기 때문에 채권 전체가 소송물이 되어 승패소를 불문하고 잔부청구는 기판력에 저촉되어 허용되지 않는다는 일부청구 부정설 등도 존재하나, 현재 명시설이 다수설이다.

다만 다수설에 의하더라도 전소에서 예측하지 못한 후유증에 의한 확대손해에 대하여는 전소와는 별개의 소송물로 보아 전소 확정판결의 기판력은 추가청구에 미치지 않는다고 보고 있으며, 판례도 이를 긍정한다.[135]

라. 판결이유 중의 판단

민소법 216조 1항의 반대해석상 판결이유 중에 판단된 사실, 선결적 법률관계, 항변 또는 법규의 해석적용에 대해서는 기판력이 미치지 않음이 원칙이다.

(1) 사 실

판결은 권리관계를 확정하기 위한 것이지 사실을 확정하는 것이 목적이 아니므로, 무권대리인인 사실, 고의, 과실, 인과관계의 인정 등은 전소에서 어떠한 사실을 인정하였다고 하여 후소에 기판력이 미치지 않는다.

(2) 선결적 법률관계

이자청구를 한 경우에 **판결이유**에서 원금채권의 존부에 대한 판단이 있더라도 기판력은 소송물인 이자채권의 존부에 한한다. 따라서 뒤에 원금을 청구하는 소가 제기되었을 때 법원은 이자채권 판결 시 **판결이유**에 기재된 원금채권의 존재여부와 무관하게 판단할 수 있다.

소유권에 기한 이전등기말소청구에 관한 확정판결의 기판력은 그 소송물(주문의 판단대상)인 말소등기청구권의 존부에 대해서만 미칠 뿐, **판결이유**에서 밝힌 말

---

133) 대법원 2000.2.11. 선고 99다10424 판결. 즉 법원이 정한 총액에는 기판력이 없고 원고가 명시한 금액만 기판력을 가진다.

134) 대법원 2008.12.24. 선고 2008다6083,6090 판결.

135) 대법원 1993.6.25. 선고 92다33008 판결.

소원인인 소유권의 존부 등에 관해서는 미치지 않는다.[136] 따라서 A가 B를 상대로 한 이전등기말소소송에서 원고 A에게 소유권이 없다는 이유로 패소확정된 뒤라도 원고 A는 다시 B를 상대로 하여 소유권확인의 후소를 제기할 수 있다. 마찬가지로 건물철거 및 토지인도청구권을 소송물로 하는 소송의 기판력은 판결주문에 표시된 건물철거청구권 및 토지인도청구권에 국한되고 판결이유 중의 부동산 권리귀속에 관한 부분에까지 미치지 않는다.[137] 또한 물건을 점유하는 자를 상대로 하여 물건의 인도를 명하는 판결이 확정되더라도 그 판결의 효력은 그 물건에 대한 **인도청구권**의 존부에만 미치고, 인도판결의 기판력은 위 물건에 대한 불법점유를 원인으로 한 **손해배상청구소송**에 미치지 않으므로 피고가 인도를 적극적으로 이행하지 않았다고 해서 이를 곧바로 불법행위로 단정할 수 없으며, 물건의 점유에 관한 피고의 고의 또는 과실 등 불법행위의 성립요건에 관하여 별다른 심리를 하지 않은 채 인도판결이 확정된 사정만을 들어 확정 다음 날부터 점유반환 시까지 손해배상책임을 인정한 원심의 판단은 잘못이라고 판시하였다.[138]

그러나 전소의 **주문**에 해당한 것을 선결관계로 하여 후소를 제기한 경우에는 전소의 기판력이 미치므로 후소법원은 그 한도에서 전소와 다른 내용의 판단을 해서는 안 된다(기판력의 작용 부분 참조).

A 부동산의 소유권이 원고에게 있다는 이유로 원고승소의 소유권이전등기 말소등기청구소송이 확정된 후, 패소한 피고가 A 부동산은 자신에게 소유권이 있다고 하면서 소유권확인의 후소를 제기한 경우, 그 확인의 소는 전소의 기판력에 의해 차단되는가?

후소인 확인의 소는 확정된 전소판결의 기판력에 의해 차단되지 않는다. 소유권에 기한 등기청구 또는 방해배제청구의 경우 소송물은 등기청구권 또는 방해배제청구권이고, 이것만이 주문에서 표기된다('…소유권이전등기절차를 이행하라' 또는 '…소유권이전등기의 말소등기절차를 이행하라'의 형식). 따라서 소유권이 원고에게 있다는 부분은 판결이유 중의 판단에만 나타나므로 기판력이 발생하지 않는다. 그 결과 A 부동산의 소유권이 원고에게 있다는 이유로 원고승소의 소유권이전등기 말소등기청구소송이 확정된 후, 패소한 피고 또는 그 변론종결 후의 승계인이 나중에 자신

136) 이는 확정판결과 동일한 효력이 있는 재판상 화해조서, 조정조서 등의 경우에도 동일하다(대법원 2017.12.22. 선고 2015다205086 판결).
137) 대법원 2010.12.23. 선고 2010다58889 판결.
138) 대법원 2019.10.17. 선고 2014다46778 판결.

에게 소유권이 있다는 확인을 구하는 소를 제기하거나 소유권이 있음을 전제로 건물인도 및 차임상당부당이득의 반환을 구하는 소를 제기하는 것은 전소의 기판력에 의해 차단되지 않는다.[139)]

위와 같이 판결이유 중의 판단에는 기판력이 발생하지 않아 생기는 부자연스러운 사태에 대처하기 위하여 민소법은 어떠한 제도를 두고 있는가?

민소법은 당사자가 소송상 청구의 전제문제에 기판력의 발생을 원하는 경우에는 중간확인의 소를 제기할 수 있도록 규정하고 있다. 중간확인의 소는 소송계속 중에 본래의 청구의 판단에 전제가 되는 선결적 법률관계의 존부에 대하여 기판력 있는 판단을 받기 위하여 원고 또는 피고가 추가적으로 본소법원에 제기하는 소이다(264). 만약 원고가 소송계속 중에 소유권에 대한 중간확인의 소를 추가하여 승소하였다면 이는 판결주문에 적시되므로 이후 피고의 소유권 주장은 전소의 기판력에 의하여 차단된다.

(3) 항 변

판결이유에서 판단되는 피고의 항변(예컨대 지상권, 유치권, 동시이행의 항변권 등) 또한 그것이 판결의 기초가 되었다고 하더라도 기판력이 발생하지 않는다. 예컨대 건물철거·토지인도청구가 피고의 지상권의 존재를 이유로 기각된 경우 지상권의 판단에는 기판력이 생기지 않으므로 원고는 지상권의 부존재확인의 후소를 제기할 수 있다.

동시이행을 명한 판결의 경우에 동시이행이라는 조건이 붙어 있다는 점에 대해서는 판결주문에 포함되어 있으므로 기판력이 있어 이를 후소로서 다툴 수 없지만,[140)] 동시이행항변으로 제출한 반대채권의 존부 및 수액은 민소법 216조 각 항의 규정상 기판력이 생길 여지가 없으므로 후소로서 다툴 수 있다.[141)]

(4) 법률판단

판결이유 속에 표시된 법률판단에는 기판력이 미치지 않는다.

다만 상급심의 판결이유 속의 법률판단, 즉 파기이유로 삼은 법률상 판단은 환송판결을 받은 하급심 법원을 기속한다(436②).

---

139) 대법원 2014.10.30. 선고 2013다53939 판결.
140) 대법원 1975.5.27. 선고 74다2074 판결.
141) 대법원 1996.7.12. 선고 96다19017 판결; 대법원 2007.2.22. 선고 2005다17082,17099 판결; 대법원 2021.8.12. 선고 2021다215497 판결.

2. 예 외

가. 판결이유 중 상계의 항변에 대한 판단(명문상 예외)

(1) 상계의 의의

상계란 당사자가 서로 상대방에 대하여 동종의 채권·채무를 가지고 있는 경우에 대등액에서 소멸시키는 당사자의 일방적 의사표시를 말한다(민 492①).

상계를 하는 쪽의 채권을 자동채권이라고 하고, 상계를 당하는 쪽의 채권을 수동채권이라고 한다. 상계는 적어도 자동채권의 이행기가 도래하여야 할 수 있다.

(2) 상계의 항변에 대한 기판력

피고가 상계의 항변을 제출하고 법원이 판결이유에서 그 효과에 대하여 판단한 때에는 상계하자고 대항한 액수에 한하여 반대채권(즉, 자동채권)의 존부에 관한 판결이유 중의 판단에 기판력이 생긴다(216②). 따라서 상계항변이 있었으나 이후 철회됨으로써 법원이 상계항변에 대하여 판결이유에서 판단하지 않았다면 기판력이 발생하지 않는다.[142)]

또한 상계로써 대항한 액수에 한하여 기판력이 생기므로 원고가 60만원을 소구한 것에 대해 피고가 100만원의 자동채권을 가지고 상계한 경우, 그 상계항변이 인용되든 배척되든 자동채권에 관한 판단의 기판력은 60만원에 한정되며, 잔액 40만원은 전소의 기판력에 저촉되지 아니하므로 별도의 소로 청구할 수 있다.

상계의 기판력이 미치는 범위는 당사자가 알 수 있어야 한다. 따라서 법원으로서는 상계에 의하여 소멸되는 채권의 금액을 일일이 계산할 것까지는 없다고 하더라도, 최소한 상계적상의 시점 및 수동채권의 지연손해금 기산일과 이율 등을 구체적으로 특정해 줌으로써 자동채권에 대하여 어느 범위에서 상계의 기판력이 미치는지 판결 이유 자체로 당사자가 분명하게 알 수 있을 정도까지는 밝혀 주어야 한다.[143)]

판결이유 중의 상계의 판단에 기판력을 인정하지 않으면 어떠한 문제가 발생하는가?

상계의 판단에 기판력을 인정하지 않는다면 피고가 상계의 의사표시를 한 자동채권

142) 대법원 2022.2.17. 선고 2021다275741 판결.
143) 대법원 2013.11.14. 선고 2013다46023 판결.

의 존부에 대해 다시 다툼이 생겨 상계를 전제로 한 전소의 판결결과의 동요로 이중분쟁이 유발될 가능성이 있다. 예컨대 A가 B를 상대로 한 금전지급청구의 전소에서 B가 반대채권으로 상계의 항변을 하였고 이것이 받아들여져 A의 B에 대한 청구가 기각된 후, B가 전소에서 이미 A를 상대로 상계권을 행사한 채권에 기하여 금전지급청구의 후소를 제기한 경우에, 만약 상계부분은 판결주문이 아니라 판결이유 중에서 판단된데 불과하여 전소의 기판력이 후소에 미치지 않는다고 하면 B는 이중으로 승소판결을 받을 수도 있으며, 거꾸로 A가 상계항변을 제출한 B의 반대채권이 실제로는 부존재 한다는 이유로 채무부존재확인소송을 새로이 제기할 수도 있다. 이렇게 되면 상계를 전제로 한 전소의 판결결과를 실질적으로 뒤집는 결과를 초래한다. 이러한 상황을 방지하기 위하여 판결이유 중의 상계의 판단에 기판력을 인정하는 것이다.

상계의 항변이 실기한 공격방어방법으로 각하된 경우에도 상계의 항변에 기판력이 발생하는가?

만약 상계의 항변을 제출하였으나 실기한 공격방어방법이라는 이유로 민소법 149조 1항에 의하여 각하된 경우에는 상계의 항변이 변론에 상정은 되었지만 기판력이 발생하지 않는다고 보아야 한다("소송에 있어서 형성권의 행사" 부분 참조). 상계가 고의의 불법행위로 인한 손해배상채권을 수동채권으로 한 것이거나(민 496), 상계적상에 있지 않은 경우(민 492)에도 마찬가지로 보아야 할 것이다.

상계주장의 대상이 된 수동채권이 동시이행항변으로 행사된 채권일 경우에는 상계 주장에 대한 법원의 판단에 기판력이 발생하는가?

매도인 갑이 매수인 을에게 토지를 매도하여 인도하였으나 을이 계약상 의무를 이행하지 아니하자 갑이 매매계약을 해제하고 토지인도를 구하는 소를 제기한 경우 그 소송에서 을이 위 매매계약의 해제에 따른 중도금반환채권을 동시이행항변으로 주장하였고, 갑은 을이 그동안 토지점유 · 사용에 따른 약정점용료채권을 자동채권으로 하여 상계의 재항변을 한 사건에서 판례는, 상계 주장에 관한 판단에 기판력이 인정되는 경우는 상계를 주장한 반대채권과 그 수동채권을 기판력의 관점에서 동일하게 취급하여야 할 필요성이 인정되는 경우를 말한다고 봄이 상당하므로, 만일 상계 주장의 대상이 된 수동채권이 동시이행항변에 행사된 채권일 경우에는 그러한 상계 주장에 대한 판단에는 기판력이 발생하지 않는다고 보아야 할 것인바, 위와 같이 해석하지 않을 경우 동시이행항변이 상대방의 상계의 재항변에 의하여 배척된 경우에 그 동시이행항변에 행사된 채권을 나중에 소송상 행사할 수 없게 되어 민소법 216조가 예정하고 있는 것과 달리 동시이행항변에 행사된 채권의 존부나 범위에 관한 판결 이유 중의 판단에 기판력이 미치는 결과에 이르기 때문이라고 하였다.[144]

요컨대, 판례는 항변 중 상계항변 이외의 경우에는 기판력이 미치지 않는다는 민소법 216조 2항의 취지로부터 동시이행항변에 행사된 채권을 수동채권으로 하는 상계항변에 대한 판단에는 기판력이 발생하지 않는다는 논리를 이끌어낸다.

소송상 상계항변에 대하여 상대방이 소송상 상계의 재항변을 할 수 있는가?

피고의 소송상 상계항변에 대하여 원고가 다시 피고의 자동채권을 소멸시키기 위하여 다른 채권으로 소송상 상계의 재항변을 하는 경우, 법원이 원고의 소송상 상계의 재항변과 무관한 사유로 피고의 소송상 상계항변을 배척하는 경우에는 소송상 상계의 재항변을 판단할 필요가 없고, 피고의 소송상 상계항변이 이유 있다고 판단하는 경우에는 원고의 청구채권인 수동채권과 피고의 자동채권이 상계적상 당시에 대등액에서 소멸한 것으로 보게 될 것이므로 원고가 소송상 상계의 재항변으로써 상계할 대상인 피고의 자동채권이 그 범위에서 존재하지 아니하는 것이 되어 이때에도 역시 원고의 소송상 상계의 재항변에 관하여 판단할 필요가 없게 된다. 또한, 원고가 소송물인 청구채권 외에 피고에 대하여 다른 채권을 가지고 있다면 소의 추가적 변경에 의하여 그 채권을 당해 소송에서 청구하거나 별소를 제기할 수 있다. 그렇다면 원고의 소송상 상계의 재항변은 일반적으로 이를 허용할 이익이 없다. 따라서 피고의 소송상 상계항변에 대하여 원고가 소송상 상계의 재항변을 하는 것은 다른 특별한 사정이 없는 한 허용되지 않는다고 보는 것이 타당하다.[145] 이러한 법리는 원고가 2개의 채권을 청구하고, 피고가 그중 1개의 채권을 수동채권으로 삼아 소송상 상계항변을 하자, 원고가 다시 청구채권 중 다른 1개의 채권을 자동채권으로 소송상 상계의 재항변을 하는 경우에도 마찬가지로 적용된다.[146]

상계의 항변을 심리한 결과 자동채권이 전혀 존재하지 않는다고 판단한 경우에도 기판력이 발생하는가?

이러한 경우에도 민소법 216조 2항에 의하여 기판력이 발생한다. 왜냐하면 이렇게 해석하지 않으면 피고는 반대채권을 별소로 청구하는 것이 가능하게 되므로 피고의 반대채권의 존재를 부정하고 소구채권을 인용한 판결이 무의미해짐으로써 분쟁이 재연될 것이기 때문이다(통설). 판례도 같다.[147]

전소에서 원고가 피고를 상대로 분배금 2,000만원의 지급청구를 하자, 피고는 5개의 반대채권(A,B,C,D,E)으로 상계를 주장하였으나, 법원은 그중 1개의 채

144) 대법원 2005.7.22. 선고 2004다17207 판결.
145) 대법원 2014.6.12. 선고 2013다95964 판결.
146) 대법원 2015.3.20. 선고 2012다107662 판결.
147) 대법원 2004.3.26. 선고 2002다6043 판결.

권(A) 200만원만 인정하여 원고의 수동채권과 대등액에서 상계하고 나머지 4개의 자동채권들은 모두 부존재한다고 판단하여 원고의 청구 중 1,800만원을 인용하였다. 그 후 원고는 다시 피고를 상대로 대여금 3억 4,000만원의 지급청구를 하자, 피고는 전소에서 부존재판단을 받은 채권(B-5억원)으로 다시 상계항변을 할 수 있는가?

피고가 2개 이상의 반대채권으로 상계항변을 하였으나 법원이 하나의 반대채권(A)에 대해서만 그 존재를 인정하여 수동채권의 일부와 대등액에서 상계하는 판단을 하고 나머지 반대채권(B-E)들을 모두 부존재한다고 판단하여 그 부분 상계항변을 배척한 경우, 반대채권들이 부존재한다는 판단에 대하여 기판력이 발생하는 전체 범위는 상계를 마친 후의 수동채권의 잔액(1,800만원)을 초과할 수 없다. 이 경우 반대채권의 부존재에 대한 기판력의 범위의 상한이 되는 '상계를 마친 후의 수동채권의 잔액'이란 원칙적으로 수동채권의 원금의 잔액만을 의미한다.[148] 결국 5억원의 B채권 중 4억8,200만원(5억원-1,800만원) 부분에 대해서는 전소의 기판력이 미치지 않으므로 피고는 후소에서 B채권으로 다시 상계항변을 할 수 있고 후소법원은 이를 심리하여야 한다.

나. 기판력 확장의 시도(이론상 예외)

상계의 항변 외에는 주문에 포함된 것에 한하여 기판력을 가지도록 한 민소법 216조의 규정에 의하면, 예컨대 A 부동산의 소유권이 원고에게 있다는 이유로 원고승소의 소유권이전등기 말소등기청구소송이 확정된 후 패소한 피고가 A 부동산은 자신에게 소유권이 있다고 하면서 소유권확인의 후소를 제기하더라도 그 확인의 소는 전소의 기판력에 의해 차단되지 않으므로 전소와 다른 판단을 할 수 있고, 어음금청구소송에서 원인채권이 인정되지 않는다는 이유로 청구기각판결이 확정된 후 다시 그가 원인채권에 기한 소를 제기하더라도 전소의 기판력에 의해 차단되지 않으므로 전소와 다른 판단을 할 수 있다는 결론이 되는데, 이는 매우 부자연스럽고 상식에 반한다는 비판적 견지에서, 기판력의 범위를 확장하려는 시도가 나타나고 있다.

(1) 쟁점효이론

소송에서 중요한 쟁점으로 당사자가 주장・입증하고 법원도 그에 관하여 실질적인 심리를 한 경우에는 그 쟁점에 대한 법원의 판단이 비록 판결이유 중에 기

148) 대법원 2018.8.30. 선고 2016다46338,46345 판결.

재되었다고 하더라도 동일한 쟁점을 주요한 선결문제로 하는 후소의 심리에서 당사자는 이에 반하는 주장이 허용되지 않고, 법원도 이와 모순되는 판단을 금지하는 효력을 쟁점효이론이라고 한다.[149]

예컨대 이전등기말소소송에서 소유권의 귀속주체가 쟁점이 되어 실질적인 심리가 이루어진 후 승소판결이 확정되었는데, 상대방이 소유권확인청구를 후소로 제기하였다면 비록 소유권에 관한 판단은 전소의 판결이유에서 판시한 것에 그쳤지만 후소는 전소의 쟁점효에 저촉을 받는다는 것이다.

쟁점효는 후소법원에 대한 전소판결의 판단의 구속력이고 이로 인하여 더 이상 당사자가 주장・입증을 할 수 없는 차단효를 가진다는 점에서는 기판력과 유사하다. 그러나 기판력은 기본적으로 판결주문에 대해서 발생하는데 반하여, 쟁점효는 주요한 쟁점에 대한 이유 중의 판단에 발생하며, 당사자가 전소에서 쟁점에 대하여 주장・입증을 다하였고 법원이 그 쟁점에 대하여 실질적인 판단을 한 경우에만 발생한다. 또한 기판력은 직권조사사항이고, 당사자의 원용을 요하지 않지만 쟁점효는 당사자의 원용을 요한다는 점에서 차이가 있다. 쟁점효는 영미법상 재론금지의 법리(collateral estoppel-부수적 금반언, issue preclusion-쟁점배제효)에 연원을 두고 있다.

그러나 판결이유 중의 판단에 구속력을 인정하면 당사자는 후소에서의 구속력을 우려하여 판결이유에서의 쟁점 하나하나에 집착할 수밖에 없게 된다. 이렇게 되면 당사자는 판결주문의 판단에 변론을 집중할 수 없고 법원과 당사자의 심리의 편의와 신속한 결론을 내리는 데에 장애가 되며, 나아가 전소 판단이 부당한 경우 후소에서 이를 시정할 기회가 좁아진다는 문제점이 발생한다. 민소법은 이러한 문제점 때문에 판결이유 중의 판단에는 상계의 항변을 제외하고는 구속력을 인정하지 않는다는 입법적인 결단을 하였던 것이다. 따라서 쟁점효이론은 이러한 입법적 결단을 무시하는 것이고, 쟁점효는 주요쟁점에서 발생하는 것이라고만 하여 그 범위가 모호하며, 중간확인의 소(264)가 인정되는 이상 별다른 효용이 없다는 비판을 받는다. 판례도 쟁점효이론을 부정하는 것으로 보인다.[150]

---

149) 新堂幸司, 『新民事訴訟法(第六版)』, 弘文堂, 2019, 718面.

150) 대법원 1979.2.13. 선고 78다58 전원합의체 판결. 일본의 경우에 최고재판소는 쟁점효이론을 부정하지만 하급심에서는 이를 채용한 경우도 있다.

(2) 의미관련론

전소의 판결이 그 목적에 비추어 후소에서 확정하려는 법률효과와 의미관련이 성립되면 전소의 판결이유 중의 판단에 기판력을 인정하자는 주장이다(Zeuner).

예컨대 매도인이 매수인을 상대로 매매대금청구를 하여 원고승소판결을 받자, 반대로 매수인이 매도인을 상대로 그 반대급부인 매매목적물의 인도청구를 후소로 제기하였을 경우 이 때 전소의 소송물은 계약상 청구권의 존부이고 매매계약의 유·무효가 아니지만 전소에서 매매계약이 유효하다는 판단을 하였으므로 후소에 의미관련이 있기 때문에 이에 기판력이 인정되어 후소에 대해 청구기각의 판결을 할 수 없다는 것이다.

(3) 경제적 가치동일론

소유권에 기한 등기말소청구의 전소에 대하여 반대당사자의 소유권확인청구의 후소와 같이 전소와 후소의 경제적 가치가 같은 경우에는 전소에서 내린 판결이유 중의 판단인 선결적 법률관계(소유권의 유무)에 대해서도 기판력을 인정하여 후소에서 이에 반하는 판단을 할 수 없다는 주장이다(Henckel).

(4) 신의칙설

신의칙(1②, 민 2①)을 적용함으로써 구체적 사안에서 판결이유 중의 판단에 일정한 구속력을 인정하자는 입장이다.[151] 개별사안에서 분쟁의 재연을 방지하고 당사자간의 공평을 확보하여야 한다는 요청은 신의칙의 적용에 의해 실현할 수 있다는 것이다.[152]

예컨대 갑이 을 상대로 매매계약에 기해 매매대금청구를 하였으나 을이 계약무효라는 항변을 하고 이를 판결이유로 하여 기각판결이 확정되었는데, 그 뒤 후소로 을이 말을 바꾸어 이제는 그 계약의 유효를 주장하며 갑에게 매매목적물의 인도를 청구하는 것은 전소에서 계약무효라고 하여 다투었던 것과는 모순되는 거동으로서 신의칙의 파생인 "선행행위와 모순되는 거동금지"에 저촉되어 허용될 수 없다고 한다.[153]

신의칙설과 쟁점효이론의 차이는 전소에서 자백 등에 의하여 쟁점이 되지 않

151) 일본 최고재판소의 입장이다. 日最判 1976.9.30. 民集 30巻 8号 799面.
152) 김홍엽, 862쪽; 정동윤·유병현·김경욱, 842쪽; 정영환 1185쪽.
153) 이시윤, 656쪽.

았던 부분에 대하여 후소에서 다시 다툴 수 있는가에 있다. 쟁점효이론은 전소에서 실제로 쟁점이 되어야 구속력을 인정하기 때문에 자백이나 증거계약이 있었던 경우에는 쟁점효가 발생하지 않는다. 이에 대하여 신의칙설은 자백 등의 경우에도 후소에서 전소에서의 자기 주장을 번복하는 것은 선행행위와 모순되는 거동의 금지에 저촉되어 허용되지 않는다고 해석될 여지가 있다.

(5) 증명효설

판례는 이미 확정된 관련 민사사건에서 인정한 사실은 특별한 사정이 없는 한 유력한 증거가 되므로 합리적 이유의 설시 없이 배척할 수 없고,[154] 특히 전후 두 개의 민사소송이 당사자가 같고 분쟁의 기초가 된 사실도 같지만 소송물이 달라 기판력에 저촉되지 아니한 결과 새로운 청구를 할 수 있는 경우에 있어서는 더욱 그러하다고 판시하였는데,[155] 이를 증명효라고 한다.

증명효는 소송물에 대한 판단, 판결이유에서의 사실판단, 권리관계에 대한 법률판단 모두에 미친다. 판례의 입장이 우리 법체계에도 잘 어울리고 확정판결에 신뢰를 부여하면서도 구체적인 상황에 따라 타당성 있는 결론을 낼 수 있다는 이유로 증명효설을 지지하는 견해가 있다.[156]

Ⅲ. 기판력의 시적 범위

1. 의 의

소송물인 권리관계의 존부에 대하여, 수소법원은 변론주의 원칙상 당사자가 제출한 사실과 증거에 의하여 판단을 하게 된다. 당사자는 사실심 변론종결시까지 사실과 증거를 제출할 수 있으므로 법원의 판단자료도 이 시점을 기준으로 정해지고 권리관계의 존부도 이 시점을 기준으로 한다.

---

154) 따라서 당해 민사소송에서 제출된 다른 증거 내용에 비추어 확정된 관련 민사사건 판결의 사실인정을 그대로 채용하기 어려운 경우에는 합리적인 이유를 설시하여 이를 배척할 수 있다(대법원 2018.8.30. 선고 2016다46338,46345 판결; 대법원 1995.6.29. 선고 94다47292 판결; 대법원 2000.7.4. 선고 2000다20748 판결; 대법원 2008.6.12. 선고 2007다36445 판결; 대법원 2009.9.24. 선고 2008다92312,92329 판결).

155) 대법원 2009.9.24. 선고 2008다92312,92329 판결; 대법원 2009.3.26. 선고 2008다48964,48971 판결; 대법원 2003.8.19. 선고 2001다47467 판결.

156) 호문혁, 763쪽. 이에 대하여, 증명효는 판결의 사실적 효력이지 법적 효력은 아니라는 비판이 있다(이시윤, 657쪽).

이러한 이유로 확정판결에 기판력이 발생하는 기준 시점(표준시)도 사실심의 변론종결시가 된다(218, 민집 44②). 이때를 기준으로 재심리를 금지해도 부당하지 않기 때문이다. 기판력은 이 표준시에 있어서 소송물인 권리·법률관계가 존재하는지 여부의 판단에 생긴다. 다만 변론을 열지 않은 무변론판결의 경우에 기판력의 표준시는 선고시가 된다.

부연하면 기판력이 확정하는 것은 변론종결 당시의 권리관계의 존부이므로 그 전의 권리관계에 대하여는 기판력이 생기지 아니한다. 예컨대, 제9회 변론기일에 종결되어 특정 물건의 소유자가 아니라고 판단되었더라도 그 직전에 매각한 것이어서 제8회 변론기일 시점까지는 소유자였을 수도 있다. 따라서 기판력은 변론종결 이전 시점의 권리·법률관계를 확정하는 것이 아니며, 나아가 변론종결 이후 시점의 권리·법률관계를 확정하는 것도 아니다. 표준시 후의 사실은 전소에서는 제출할 수 없어 전소의 재판자료가 될 수 없었던 것이므로 이에 대한 주장·입증의 절차보장 없이 기판력을 미치게 해서는 안 되기 때문이다.

기판력의 표준시는 구체적으로 언제를 말하는 것인가?

제1심판결이 확정된 경우에는 제1심의 변론종결시를 말한다. 항소심의 본안판결이 확정된 때에는 항소심에서도 공격방어방법을 제출할 수 있기 때문에 항소기각의 판결이 선고된 경우라고 하더라도 항소심의 변론종결시가 된다. 그러나 항소가 부적법하여 각하된 경우에는 항소심에서 변론절차가 진행되었더라도 제1심의 변론종결시가 기판력의 표준시이다. 상고심에서는 사실심리를 하지 않으므로 상고심이 파기자판한 때에도 항소심의 변론종결시가 기판력의 표준시로 된다.

매매계약에 의하여 소유권을 취득하였음을 이유로 소유권확인청구를 하였으나 매매계약이 없었다는 이유로 패소확정된 뒤, 후소를 제기하여 전소의 변론종결 전까지의 지료지급청구를 할 수 있는가?

매매계약이 없어서 소유권을 취득하지 못하였다는 것에 기판력이 발생하는 기준시점은 전소의 변론종결시이므로, 그 전까지 매매계약이 존재하였다는 것을 전제로 한 지료지급청구의 후소는 허용된다(물론 허용된다는 의미일 뿐 후소의 심리결과 전소의 변론종결 전에도 매매계약이 존재하지 않는 것으로 인정되면 승소할 수 없다). 그러나 전소의 변론종결시 이후에 대한 지료지급청구는 허용되지 않는다. 왜냐하면 전소가 주문에서 원고 패소판결을 함으로써 소유권의 부존재라는 권리관계가 확인되었으므로 변론종결시 이후에 소유권이 있음을 전제로 지료지급청구를 하는 것은 이후 새로운 사유가 발생하지 않은 한 선결문제로서 후소에 기판력이 미치기 때문이다.

패소확정된 전소인 원금채권청구소송의 변론종결시가 2007. 10. 1.인데, 후소로 그 원금채권의 존재를 전제로 2005. 1. 1.부터 2012. 12. 31.까지의 이자청구를 하면 법원은 어떤 판결을 해야 하는가?

기판력은 표준시를 기준으로 확정되는 것이고 표준시 전의 권리관계까지 확정시키는 것은 아니므로, 변론종결시에 원금채권이 존재하지 않는 것으로 확정될 뿐이고 그 전에도 원금채권이 존재하지 않는 것으로 확정되지는 않는다. 따라서 위와 같은 청구를 한 경우에는 2007. 10. 1.부터 2012. 12. 31.까지의 원금채권에 대한 이자분은 선결문제로서 전소의 기판력이 미치므로 인용될 수 없지만, 2005. 1. 1.부터 2007. 9. 30.까지의 이자분의 청구부분은 전소의 기판력이 미치지 않으므로 공격방어방법의 제출여하에 따라 인용될 수도 있다.[157]

2. 표준시 전에 존재한 사유

당사자는 표준시까지 제출하지 않은 공격방어방법의 제출권을 잃으므로 후소에서 이를 제출하여 전소에서 확정된 권리관계와 다른 판단을 구할 수 없다. 이를 '실권효' 또는 '차단효'라고 하며, 기판력의 소극적 작용의 결과이다.

만약 확정된 판결의 표준시까지 제출하지 않은 공격방어방법을 후소에서 제출할 수 있다고 하면 권리관계의 존부에 대하여 후소판결과 전소판결이 모순・저촉될 수 있어 법적 안정성을 목적으로 하는 기판력 제도를 둔 취지에 반하므로 실권효를 인정하는 것이다.

기판력의 시적 범위와 실권효(차단효)는 어떤 관계에 있는가?

기판력이 확정하는 **권리 또는 법률관계**는 사실심의 변론종결시를 기준으로 정해진다는 것이 기판력의 시적 범위의 문제이고, 사실심의 변론종결시 이전에 제출하지 않은 **사실자료 및 증거자료**(공격방어방법)를 후소에서는 더 이상 제출할 수 없다는 것이 실권효(차단효)의 문제이다. 권리 또는 법률관계를 확정시켜 법적 안정성을 확보하기 위해서는 전소의 변론종결 이전의 공격방어방법을 후소에서 다시 제출하는 것을 차단하여야 하기 때문이다. 전소의 변론종결 이전의 공격방어방법을 다시 제출하려면 먼저 전소의 기판력을 무력화시켜야 하므로 재심을 제기하거나(451①(1)－

157) 대법원 1976.12.14. 선고 76다1488 판결.

(8) 참조), 전소의 판결에 대하여 적법한 추완항소를 제기하여 기판력을 소멸시켜야 한다.[158)]

가. 소송물이론과 실권효

실권효가 미치는 범위는 기판력이 작용하는 범위에 한정된다. 전소와 후소의 소송물이 아무런 관련이 없다면 판결의 모순·저촉 문제가 발생하지 않기 때문이다. 따라서 소송물이론마다 실권효가 미치는 범위가 달라지게 된다. 소송법설에 의하면 소송물을 이유 있게 하기 위한 공격방어방법에 불과하여 후소에서 이를 재차 주장하면 실권효가 적용되는 경우에도 구실체법설에 의하면 별개의 소송물에 해당하여 실권효가 적용되지 않는 경우가 있다.

예를 들어 구실체법설(판례)에 의하면 불법행위로 인한 손해배상청구의 전소에서 패소한 경우에, 후소로 채무불이행으로 인한 손해배상청구를 하더라도 전소의 기판력에 저촉되지 아니한다. 이는 별개의 공격방어방법이 아니라 별개의 소송물이므로 전소의 변론종결시까지 채무불이행으로 인한 손해배상청구를 병합하여 주장하지 않았다면 이 부분은 실권되지 않는 것이다. 또한, 구실체법설 및 소송법설 중 이분지설에 의하면 매매를 원인으로 한 소유권이전등기청구소송에서 패소한 당사자라도 동일 목적물에 대하여 전소의 변론종결 전에 생긴 사유인 취득시효완성을 원인으로 하여 다시 소유권이전등기청구소송을 제기할 수 있다.

소송법설 중 일분지설의 입장에 서면서도 전소의 사실자료와 무관하고 모순되지 아니한 사실자료에는 실권효가 미치지 않는다고 보아 이분지설과 같은 결론을 주장하는 견해도 있다.[159)] 일분지설에 의하면 실권효의 범위가 너무 확장되는 문제점을 피하기 위한 것으로 보인다.

소송물이 동일한 범위 내에서 실권효(차단효)가 작용한다는 의미를 구체적인 예를 들어 설명하라.

X가 Y를 상대로 소유권에 기한 건물명도청구소송을 제기하였으나 청구기각판결을 받았다고 하자. 그 후 X가 Y를 상대로 제기한 동일 건물에 대한 이전등기청구소송에서 취득시효에 기한 소유권취득을 주장하는 것은 전소의 표준시 전의 사실이므로 차단된다고 생각해서는 안 된다. 취득시효에 기한 소유권 주장이 차단되는 것은 건

---

158) 대법원 2013.4.11. 선고 2012다111340 판결.
159) 이시윤, 641쪽.

물명도청구권과 관련해서이다. 따라서 건물명도청구소송과 무관한 후소인 이전등기 청구소송에서 X는 시효에 의한 소유권의 취득시기가 전소 표준시 전의 사실이라 하더라도 주장할 수 있다. 후소가 소유권확인소송인 경우에도 전소인 건물명도청구와 소송물이 다르므로 취득시효 주장을 할 수 있다.[160)]

전·후소의 소송물이 달라도 실권효(차단효)가 작용하는 경우가 있는가?

전·후소의 소송물이 동일하지 않더라도 서로 모순관계 또는 선결관계에 있어 전소의 기판력이 후소에 미치는 경우에는 전소 기준시 이전의 공격방어방법의 제출이 배제된다는 것이 실권효의 의미이다.[161)] 따라서 전소와 후소가 **모순관계**에 있어 전소의 기판력이 후소에 미치는 경우에는 소송물이 달라도 실권효가 작용한다.[162)] 예컨대 원고가 해고무효확인소송에서 승소하였는데, 피고가 채무부존재확인의 소를 제기하여 전소의 변론종결 전의 사유로써 임금지급을 명한 부분을 다시 다툴 수는 없다.[163)] 또한 이행청구에서 승소한 원고가 강제집행을 신청하자 피고측에서 전소의 변론종결 전에 발생한 사유를 들어 청구이의의 소를 제기할 수는 없다(민집 44). 다만, 판결주문의 전제가 될 뿐 기판력이 미치지 않는 선결적 법률관계가 전후 소송에서 모순되는 것만으로는 후소에 실권효가 작용하지 않는다.[164)] 한편, 전소가 후

---

160) 같은 취지의 판결로는, 대법원 1995.6.13. 선고 93다43491 판결(부동산에 관한 소유권이전등기가 원인무효라는 이유로 그 등기의 말소를 명하는 판결이 확정되었다고 하더라도 그 확정판결의 기판력은 그 소송물이었던 말소등기청구권의 존부에만 미치는 것이므로, 그 소송에서 패소한 당사자도 전소에서 문제된 것과는 전혀 다른 청구원인에 기하여 상대방에 대하여 소유권이전등기청구를 할 수 있다); 대법원 1994.11.11. 선고 94다30430 판결(전소의 소송물은 갑의 명의로 경료된 소유권보존등기가 중복등기라는 이유로 원래의 소유권보존등기 명의자의 상속인들이 행사하는 중복소유권보존등기 및 이에 바탕을 둔 소유권이전등기의 말소청구권의 존부이고, 후소에서 쟁점이 된 소송물은 같은 부동산에 관한 청구이기는 하지만 취득시효완성을 원인으로 한 소유권이전등기청구권의 존부로서, 전소와 후소는 청구취지와 청구원인을 전혀 달리하는 소송으로서 그 소송물이 다르고 특별히 서로 모순관계에 있거나 전소의 소송물이 후소의 선결문제에 해당하는 것도 아니므로 전소판결의 기판력이 후소에 미친다고 볼 수 없다); 대법원 1995.12.8. 선고 94다39628 판결(갑이 주장하는 전소인 위 소송의 소송물은 을 명의로 경료된 소유권보존등기가 원인 무효임을 이유로 하는 소유권보존등기의 말소청구권의 존부이고, 후소의 소송물이 같은 부동산에 관한 청구이기는 하지만 취득시효 완성을 원인으로 한 소유권이전등기청구권의 존부라면, 전소와 후소는 청구취지와 청구원인을 전혀 달리하는 소송으로서 그 소송물이 다르고, … 전소의 소송물과 후소의 소송물은 모순관계에 있다거나 전소의 소송물이 후소의 선결문제에 해당하는 것도 아니라고 할 것이어서 전소 판결의 기판력이 후소에 미친다고 볼 수 없다) 등이 있다.

161) 대법원 1995.3.24. 선고 94다46114 판결.

162) 대법원 2002.12.6. 선고 2002다44014 판결.

163) 대법원 1998.5.26. 선고 98다9908 판결.

164) (전소에서 매수인 갑이 매매계약의 무효 또는 해제를 원인으로 매매대금반환청구를 하여 을이 청구인낙을 하였음에도, 후소에서 을이 매매계약의 유효를 원인으로 소유권이전등기청구를 한 사안에서) 매매계약의 무효(해제)는 전소에서 선결적 법률관계에 불과하였으므로 그에 대하여

소의 **선결관계**에 있는 경우에도 실권효가 작용한다.[165] 예컨대 X가 Y를 상대로 건물소유권확인의 전소를 제기하였으나 청구기각판결을 받았다면 "X에게 건물소유권이 없다"는 판단은 X가 Y를 상대로 한 후소인 건물명도청구나 이전등기청구에 전소의 기판력이 미치므로 이러한 청구는 기각되며, 전소 확정판결의 판단내용을 다투기 위한 공격방어방법이 차단된다. 다만 실권효는 기판력의 소극적 작용이므로 전소가 후소의 선결관계에 있는 경우에는 선결관계의 범위 내에 있는 공격방어방법만 후소에서 실권된다고 보아야 한다.

나. 귀책사유와 실권효

실권효는 당사자가 귀책사유로 제출하지 못한 소송자료에 한해서만 미치고 당사자가 귀책사유 없이 제출할 수 없었다거나 제출책임이 없었던 소송자료에 대해서는 미치지 아니한다고 보는 견해(제출책임효력설)가 있다.

그러나 기판력은 법원의 판단에 부여된 통용력 내지 구속력이므로 사실과 증거자료의 제출에 지·부지, 고의·과실유무를 불문하고 일률적으로 발생한다고 보는 견해(판단효력설)가 통설·판례[166]이다.

백지약속어음에 보충권을 행사하지 않고 어음금 청구소송을 제기하였다가 패소확정된 후 백지부분을 보충하여 후소를 제기할 수 있는가?

판례는 원고가 전소에서 어음요건의 일부를 오해하거나 그 흠결을 **알지 못했다고 하더라도** 확정판결의 기판력은 동일한 당사자 사이의 소송에 있어서 변론종결 전에 당사자가 주장하였거나 주장할 수 있었던 모든 공격 및 방어방법에 미치는 것이므로 전소판결의 기판력에 의하여 차단되어 허용되지 않는다고 하였다.[167]

기판력이 발생하는 것이 아니고 따라서 그와 모순되는 매매계약의 유효를 원인으로 소유권이전등기청구를 하더라도 기판력에 저촉된다고 볼 수 없다(대법원 2005.12.23. 선고 2004다55698 판결); (전소에서 양도인 갑이 양수인 을을 상대로 양도잔대금지급청구를 하여 청구인용판결을 선고받고 확정된 후, 후소에서 을이 갑을 상대로 양도의 이행불능으로 인하여 양도계약이 적법하게 해제되었음을 이유로 계약금 및 중도금반환청구를 한 사안에서) 계약의 유효를 원인으로 하는 잔대금청구소송과 계약의 해제를 원인으로 하는 계약금(중도금)반환청구소송은 소송물이 동일하다고 볼 수 없고, 상호 모순관계에 있다거나 선결관계에 있다고도 할 수 없으므로 전소의 기판력은 후소에 미친다고 할 수 없다(대법원 2000.2.25. 선고 97다30066 판결).

165) 김홍엽, 841쪽.

166) 대법원 1987.3.10. 선고 84다카2132 판결; 대법원 1992.10.27. 선고 91다24847,24854(병합) 판결; 대법원 2014.3.27. 선고 2011다49981 판결.

167) 대법원 2008.11.27. 선고 2008다59230 판결.

3. 표준시 후에 발생한 새로운 사유

가. 의 의

표준시 후에 사정변경 있으면 당사자는 신소를 제기할 수 있고 법원은 달리 판단할 수 있다. 즉 이러한 경우에는 실권효(차단효)가 작용하지 않는다.[168] 채무이행소송에서 기한미도래(또는 조건미성취)를 이유로 원고의 청구가 기각되었으나 변론종결 후에 기한이 도래한 경우(또는 조건성취),[169] 소유권이전등기청구소송에서 변론종결시에 제3자 명의로 소유권이전등기가 되어 있어 이행불능이라는 이유로 원고의 청구가 기각·확정된 후에 피고가 그 제3자를 상대로 한 이전등기말소소송에서 승소하여 등기명의를 회복하였고 이에 원고가 전소와 같은 청구를 제기한 경우 등이 여기에 속한다.[170]

또한 이행소송에서 원고의 청구가 인용되었을 때에 피고는 변론종결 후에 발생한 사유인 변제, 면제, 소멸시효 등에 의해 집행채권이 이미 소멸되었음을 주장하여 후소인 청구이의의 소(민집 44)를 제기할 수 있다.

기판력의 표준시 후의 사유에 차단효가 작용하지 않는 이유는 표준시 후에 발생한 채무소멸사유 등은 전소의 변론종결시까지 존재하지 않았던 사유이므로 이를 새로이 주장할 수 있어야 절차보장이 되기 때문이다.

대여금반환청구권의 존재가 확정된 때에, 채무자는 청구이의소송을 제기하여 기판력의 표준시 전에 변제 또는 변제의 유예사실이 존재한다는 것을 주장하여 표준시에 청구권의 부존재를 주장할 수 있는가?

원칙적으로 채무자는 후소인 청구이의소송을 제기하여 전소(대여금반환청구)의 표준시 전에 변제나 변제의 유예사실이 존재한다는 것을 주장함으로서 표준시에 대여금반환청구권이 부존재하였음을 주장할 수 없다(실권효, 민집44②). 이와 관련하여, 판례는 부진정연대채무의 관계에 있는 채무자 2명 중 A는 항소하지 않고 B만 항소하여 소송계속 중 채권자가 A로부터 채무의 일부를 변제받았으므로 이를 잘 알면서도 B에게 이를 감추고 이미 소멸한 채권 존재의 주장을 유지함으로써 항소심에서

168) 대법원 2014.1.23. 선고 2013다64793 판결(전소에서 피담보채무의 변제로 양도담보권이 소멸하였음을 원인으로 한 소유권이전등기의 회복 청구가 기각되었다고 하더라도, 장래 잔존 피담보채무의 변제를 조건으로 소유권이전등기의 회복을 청구하는 것은 전소의 확정판결의 기판력에 저촉되지 아니한다).

169) 대법원 2002.5.10. 선고 2000다50909 판결.

170) 대법원 1995.9.29. 선고 94다46817 판결.

변론이 종결되고 전액에 대하여 확정판결을 받은 후 B를 상대로 강제집행을 한 경우에는 이미 변제되어 소멸함으로써 부존재하는 채권을 이중으로 받고자 확정판결에 의한 권리를 남용한 것이고, 이와 같이 판결을 집행하는 자체가 불법인 경우에는 그 불법은 당해 판결에 의하여 강제집행에 '착수'함으로써 외부에 나타나 비로소 이의의 원인이 된다고 보아야 하기 때문에(즉 표준시 후에 발생한 사유에 해당하므로) 청구이의소송이 허용된다고 판시하였다.[171)]

해고무효확인 등의 전소에서 표준시 전에 이미 정년이 도과하였음에도 피고가 이를 주장하지 않아 해고가 무효임을 이유로 "피고는 원고를 복직시킬 때까지 매월 300만원의 급여를 지급하라"는 판결이 선고·확정되었다면 전소의 피고는 이미 정년이 도과하였다는 것을 이유로 채무부존재확인의 후소를 제기할 수 있는가?

일반적으로 해고가 무효임을 이유로 임금 지급을 구하는 소송에서 사실심 법원이 청구를 인용하는 판결을 함에 있어 근로자의 정년이 그 변론종결일까지 도래하지 아니하였기 때문에 해고시부터 근로자의 복직시까지 임금의 지급을 명한 경우에 '복직시까지'란 당연히 '정년의 범위 내에서 복직시까지'로 해석하여야 할 것인데, 이 사례와 같이 기존 해고무효 사건의 변론종결일 이전에 이미 전소 원고의 정년 퇴직일이 경과되었음에도 불구하고 전소 피고가 그러한 주장을 하지 아니한 경우 정년퇴직일로부터 변론종결일까지의 임금 지급을 명한 부분은 위 사실심 변론종결 전의 사유로써 기판력에 의하여 차단되어 이 사건 소송에서 다시 주장할 수 없다 할 것이지만, 위 변론종결일 이후 부분에 대하여는 전소 피고가 전소 원고의 정년퇴직 사실을 전소의 변론종결일 이후의 사유로써 채무부존재확인의 후소에서 다시 주장할 수 있다.[172)]

나. 변론종결 후에 발생한 사유

변론종결 후에 새로이 발생한 사실관계에 한한다. 따라서 기존의 사실관계에 대한 새로운 증거자료가 있다거나,[173)] 법률이나 판례의 변경, 법률의 위헌결정, 기초가 되었던 행정처분의 변경,[174)] 기존의 사실관계에 대한 다른 법률평가는 변론

171) 대법원 1984.7.24. 선고 84다카572 판결.
172) 대법원 1998.5.26. 선고 98다9908 판결.
173) 대법원 2016.8.30. 선고 2016다222149 판결(변론종결 후에 발생한 새로운 사유란 새로운 사실관계를 말하는 것일 뿐 기존의 사실관계에 대한 새로운 증거자료가 있다거나 새로운 법적 평가 또는 그와 같은 법적 평가가 담긴 다른 판결이 존재한다는 등의 사정은 포함되지 아니한다).
174) 대법원 1981.11.10. 선고 80다870 전원합의체 판결. 이 경우에 재심을 구할 수는 있다.

종결 후에 발생한 사유에 포함되지 않는다.[175]

4. 표준시 후의 형성권의 행사

전소의 변론종결 전에 이미 발생한 형성권으로서 소급효가 있는 취소권, 해제권, 상계권 등을 행사하지 않고 있다가 변론종결 후 이를 행사하면서 후소로서 청구이의의 소나 채무부존재확인의 소를 제기하여 전소의 확정판결을 뒤집을 수 있는가? 이에 대해서는 견해가 나뉘어 있다. 소급효가 없는 표준시 후의 명의신탁 해지와 같은 경우는 실권효와 무관하므로 당연히 후소에서 주장할 수 있다.[176]

(1) 비실권설

모든 형성권이 실권되지 않는다는 설이다. 만일 이러한 형성권이 실권되어 없어진다면 실체법에서 규정한 형성권의 행사의 자유와 그 행사기간을 소송법이 단축하는 결과가 된다는 것이다.[177] 이에 대하여 법률행위의 무효사유도 기판력에 의해 차단되어 그 후에는 이를 주장하지 못하는데 그보다 효력이 약한 해제, 취소, 상계권이 기판력에 의해 차단되지 않고 이를 주장할 수 있다는 것은 균형이 맞지 않고, 이 설에 의하면 법적 안정성을 해하게 되어 기판력제도의 목적에 반한다는 비판이 있다.[178]

(2) 상계권비실권설

상계권을 제외하고 소급효가 있는 형성권은 실권된다는 설이다. 상계권의 행사는 원고의 청구 자체에 무효, 취소 등과 같은 하자가 있다는 주장을 하는 것이 아니고, 소구채권과 반대채권에 대한 분쟁은 원래 별개인데 전소에서 반드시 행사하여야 한다는 의무를 상계권자에게 지우는 것은 부당하다는 것이다(다수설).[179] 이에 대해서는 상계권을 더 이상 주장하지 못한다 하더라도 반대채권 자체가 없어지는 것이 아니어서 별도의 소송을 할 수 있으므로 상계권자에게 근본적으로 가혹할 것이 없음에도 굳이 청구이의의 소를 인정하여 소송절차의 안정성·신속

---

175) 대법원 1998.7.10. 선고 98다7001 판결.
176) 대법원 1978.3.28. 선고 77다2311 판결.
177) 호문혁, 771쪽.
178) 김홍엽, 842쪽; 송상현·박익환, 461쪽; 이시윤, 644쪽; 정동윤·유병현·김경욱, 821쪽.
179) 김홍엽, 843쪽; 송상현·박익환, 461쪽; 정동윤·유병현·김경욱, 821쪽; 정영환, 1161쪽; 한충수, 614쪽.

성을 해칠 필요가 없다는 비판이 있다.[180] 그러나 상계권이 있음에도 청구이의소송을 허용하지 않는다면 상대방의 강제집행을 막을 방도가 없는데, 그 후에 반대채권으로 별소를 제기하여 승소판결을 받아 이를 근거로 상대방으로부터 만족을 얻는 것이야말로 하나의 절차에서 해결할 수 있는 사건을 이중으로 처리하게 됨으로써 절차의 번잡과 경제적 불이익을 초래하게 된다는 점에서 이러한 비판은 타당하지 않다.

(3) 제한적 상계실권설

다른 형성권은 실권효에 의해 모두 실권됨은 물론, 상계권의 경우에도 상계권이 있음을 알면서도 변론종결 전에 이를 행사하지 않은 경우에는 실권되지만 이를 몰랐을 경우에는 실권되지 않는다는 설이다.[181] 이 설에 대해서는 피고가 상계권을 주장할 때 그 존재를 알고 있었는지 여부를 심리 판단하여야 하므로 결국 모든 상계권에 청구이의의 소나 확정채무부존재확인의 소를 인정하는 것이 되어 소송절차의 안정성, 신속성에 반한다.

(4) 실권설

상계권을 포함하여 모두 실권된다는 설로서 우리나라에서는 이 설을 주장하는 학자는 없으나, 독일의 통설・판례이다. 이에 대해서는 상계권의 특성을 고려하지 않고 있다는 비판이 있다.[182]

(5) 판 례

판례는 표준시 전에 상계적상에 있었던 채권으로 표준시 후에 **상계**의 의사표시를 한 때에는 적법한 청구이의사유가 되고,[183] 표준시 전에 행사하지 아니한 지상권자 또는 임차인의 **건물매수청구권**도 표준시 후에 행사하여 별소로써 임대인에 대하여 건물매매대금의 지급을 구할 수 있다고 하였다.[184] 나아가 채무자인 상속인이 한정승인을 하고도 전소의 사실심 변론종결시까지 그 사실을 주장하지 않았으면 현실적인 심판대상으로 등장하지 아니하여 주문에서는 물론 이유에서도

---

180) 이시윤, 644쪽.
181) 이시윤, 644쪽.
182) 정영환, 1161쪽.
183) 대법원 1998.11.24. 선고 98다25344 판결.
184) 대법원 1995.12.26. 선고 95다42195 판결. 판례는 청구이의소송이 허용된다고 명시하지 않고 있지만, 통설은 이 경우에 청구이의소송도 가능하다고 해석한다.

판단되지 않는 것이므로 **한정승인**사실을 내세워 청구이의의 후소를 제기할 수 있다는 입장이다.[185] 그러나 상속포기의 경우에는 채무의 존재 자체가 문제되므로 전소의 기판력인 실권효가 적용된다고 하였다.[186]

표준시 후의 상계를 인정하는 판례의 이론적 근거는 무엇인가?

판례가 표준시 후의 상계를 인정하는 근거는, 당사자 쌍방의 채무가 서로 상계적상에 있다 하더라도 그 자체만으로 상계로 인한 채무소멸의 효력이 생기는 것은 아니고, 상계의 의사표시를 기다려 비로소 상계로 인한 채무소멸의 효력이 생기는 것이므로, 채무자가 집행권원인 확정판결의 변론종결 전에 상대방에 대하여 상계적상에 있는 채권을 가지고 있었다 하더라도 집행권원인 확정판결의 변론종결 후에 이르러 비로소 상계의 의사표시를 한 때에는 민사집행법 44조의 '이의가 변론이 종결된 뒤에 생긴 것'에 해당한다는 것이다.[187] 이러한 판례의 입장은 다수설인 상계권비실권설과 결론에 있어서는 동일하지만 그 이론적 근거를 달리한다.[188] 한편, 건물매수청구권의 경우에는 확정판결에 의하여 건물철거가 집행되지 아니한 이상 건물매수청구권을 행사할 수 있다고 하였으며, 한정승인의 경우에는 채무와 책임을 분리하여, 채무의 존부 및 범위가 아닌 책임의 범위에 대해서는 전소의 주문과 이유에서 판단되지 않았음을 근거로 한다.

5. 정기금판결에 대한 변경의 소

가. 의 의

정기금의 지급을 명하는 판결이 확정된 뒤에 그 액수산정의 기초가 된 사정이 현저하게 바뀐 경우에 장차 지급할 정기금의 액수를 감액 또는 증액해 달라는 소를 말한다(252). 장래의 사실관계가 변론종결 시 이미 한번 판단되었다면 기판력의 실권효(차단효)로 인하여 후소제기가 불가능한데, 이를 허용할 필요가 있어 예외적으로 이 규정을 둔 것이다.

위 규정이 없었던 때에도 이러한 취지의 소송을 허용하지 않으면 사회의 실정

185) 대법원 2006.10.13. 선고 2006다23138 판결.
186) 대법원 2009.5.28. 선고 2008다79876 판결.
187) 대법원 2005.11.10. 선고 2005다41443 판결; 대법원 1966.6.28. 선고 66다780 판결.
188) 위 판례는, 변론종결 전에 이미 상계권을 행사하였으나 수동채권의 존재에 관한 법원의 실질적인 판단이 이루어지지 않은 경우에 변론종결 후 다시 상계권을 행사할 수 있다는 판결(대법원 2013.3.28. 선고 2011다3329 판결)과 모순이 아닌가 하는 의문이 들 수도 있다. 그러나 전소에서 상계권을 행사하였지만 사법상 효과가 발생하지 않은 경우라면 실질적으로는 상계권을 행사하지 않은 것과 동일하므로 위 두 판례가 모순이라고 할 수 없다.

에 맞지 않으므로 전소의 확정판결을 명시적 일부청구로 의제하여 후소에 기판력이 미치지 않는다는 이론구성 하에 이를 허용하고 있었다.[189] 그러나 실제로 전소는 전부청구였으므로 일부청구론으로 말하자면 묵시적 일부청구가 되어 기판력에 의하여 후소를 제기할 수 없게 된다. 따라서 이러한 이론구성에 무리가 있어 개정법에서 입법적으로 해결한 것이다.

그러나 판례는 이 규정이 도입된 후에도 장래이행의 소에서 장래 이행기 도래분까지의 정기금의 지급을 명하는 판결이 확정된 경우 그 소송의 사실심 변론종결 후에 액수 산정의 기초가 된 사정이 뚜렷하게 바뀜으로써 당사자 사이의 형평을 크게 해할 특별한 사정이 생긴 때에는 전소에서 명시적인 일부청구가 있었던 것과 동일하게 평가하여 전소판결의 기판력이 차액 부분에는 미치지 않는다고 판시한 적이 있다.[190]

나. 성 질

기존의 확정판결의 변경을 목적으로 하는 소이므로 소송법상 형성의 소이다. 청구이의의 소(민집 44)는 권리멸각·저지사실의 사정변경을 이유로 확정판결의 효력(집행력)을 배제하는 소송인데 반하여, 정기금판결에 대한 변경의 소는 권리근거사실의 사정변경을 이유로 확정판결의 효력(기판력)을 변경하는 소송이다. 다만, 이 소에 의하여 새로운 급부의무가 확정되고 이에 의한 강제집행이 가능하므로 이행의 소의 성질도 가진다.

정기금판결에 대한 변경의 소의 소송물이 전소의 소송물과 동일한가 다른가에 대하여 견해의 대립이 있으나, 전소에서 장래를 예측하여 정기금의 액수를 정하였으므로 장래의 사실관계도 전소에서 이미 판단을 받았다는 점에서 동일한 소송물이라는 견해가 타당하다.[191] 판례는 명확하지 않다.[192]

---

189) 대법원 1993.12.21. 선고 92다46226 전원합의체 판결.

190) 대법원 2011.10.13. 선고 2009다102452 판결.

191) 김홍엽, 849쪽; 이시윤, 647쪽; 정동윤·유병현·김경욱, 825쪽; 정영환, 1165쪽. 반대 : 호문혁, 791쪽.

192) 대법원 2016.6.28. 선고 2014다31721 판결. 이 판결은 토지 소유자가 그 토지를 무단 점유한 피고를 상대로 매월 일정금액의 차임상당 부당이득을 지급하라는 소를 제기하여 승소하였고, 그 후 위 토지의 소유권을 취득한 원고가 피고를 상대로 정기금판결에 대한 변경의 소를 제기하자 전소의 소송물이 채권적 청구권이어서 후소가 부적법하다고 판시하였는데, 이 판결은 정기금판결에 대한 변경의 소의 소송물이 전소의 소송물과 동일하다는 것을 전제로 하고 있는 것이다. 왜냐하면 만약 전소와 계쟁물 승계인이 청구한 후소의 소송물이 다르다면 당연히 전소

전소에서 의료사고로 식물인간이 된 피고에게 4년의 여명기간 동안 매월 일정 금액을 지급하라는 정기금판결이 선고되어 확정되었는데, 예상한 여명기간이 도과하고도 식물인간 상태로 생존해 있다면 정기금판결에 대한 변경의 소를 제기할 수 있는가?

판례는 이 경우에 전소와 후소는 별개의 소송물로서 후소에는 전소의 기판력이 미치지 않으므로 정기금판결에 대한 변경의 소가 아니라 별소를 제기하여야 한다는 입장에 있다.[193] 다수설은 정기금판결의 전소와 그 변경의 후소는 소송물이 동일하다는 것을 전제로, 설문의 경우에는 이와 달리 전 소송의 변론종결 당시 여명기간 도과 후의 확대 손해의 발생을 예견할 수 없었으므로 소송물이 다르다고 보아 별개의 소송물로서 별도로 청구하여야 한다는 입장이다.[194] 이에 비하여 소수설은 정기금판결에 대한 변경의 소는 전소에서 명한 급부의 내용을 장래를 향하여 변경해 달라는 것이지, 소급하여 변경해 달라는 것이 아니므로 소송물이 다르다는 것을 전제로, 설문과 같은 예상할 수 없는 확대손해도 정기금판결에 대한 변경의 소로 제기하여야 한다는 입장이다.[195] 생각건대, 기판력에 의하여 차단되는 범위는 예견가능성여부를 불문하고 일률적으로 정해지며(판단효력설), 후유증은 사고와 인과관계가 있어 논리적으로 변론종결 후의 별도 사유라고 할 수 없으므로 후유증에 기한 확대손해도 동일한 소송물로 보아 민소법 252조로 해결함이 타당하다고 생각한다.

다. 요 건

(1) 정기금의 지급을 명한 판결일 것

부양료나 양육비변경 재판은 마류 가사비송사건으로서 '심판'사항이기 때문에 비송사건절차법 19조에 의하여 심판을 변경하면 되므로 여기에 해당하지 않는다.

일본의 규정[196]과는 달리, 배상판결만이 아니라 정기금방식의 연금·임금·이자지급판결도 포함되며, 일실수익과 같이 변론종결 전에 발생된 손해로 인정되어 정기금으로 지급하도록 명한 판결은 물론, 장래에 발생할 손해에 대하여 정기금의

의 기판력이 미치지 않을 것이므로 전소의 소송물이 채권적 청구권인지 여부를 논할 필요조차 없기 때문이다. 한편, 대법원 2009.12.24. 선고 2009다64215 판결의 이유에는 정기금판결에 대한 변경의 소와 전소는 소송물이 동일하지 않다는 의미로 이해될 수 있는 기재가 보인다.

193) 대법원 1980.11.25. 선고 80다1671 판결; 대법원 2007.4.13. 선고 2006다78640 판결.

194) 김홍엽, 851쪽; 이시윤, 647쪽.

195) 호문혁, 796쪽.

196) 일본 민소법 117① : 변론종결 전에 생긴 손해에 관한 정기금에 의한 배상을 명한 확정판결에 대하여 변론종결 후에 후유장해의 정도, 임금수준 기타 손해액 산정의 기초가 된 사정에 현저한 변경이 발생한 경우에는 그 판결의 변경을 구하는 소를 제기할 수 있다. 다만, 그 소의 제기일 후에 지급기한이 도래하는 정기금에 관계된 부분에 한한다(밑줄은 필자에 의함).

지급을 명한 판결(계속적인 불법점거를 종료하고 건물을 인도할 때까지 매월 100만원의 임대료 상당의 부당이득금을 지급하라는 판결 등)인 경우에도 변경의 소를 제기할 수 있다.

전소에서 중간이자를 공제한 일시금 판결을 한 경우에도 변경의 소를 유추 적용할 수 있는지 여부에 대하여 민소법 252조의 법문에 명백히 반하므로 허용되지 않는다는 견해도 있으나,[197] 원고가 정기금 방식을 청구하였음에도 법원이 일시금 방식의 판결을 선택할 수 있는 이상,[198] 그 후 예견할 수 없었던 후유증이 발생함으로써 제기되는 손해배상소송을 이 규정으로 포섭하기 위해서는 이를 허용하여야 할 것이다.

(2) **정기금의 지급을 명하는 판결이 확정되었을 것**

판결이 확정되기 전에 사정변경이 생겼을 때는 상소로 원심판결을 취소시키면 되기 때문이다. 확정판결과 같은 효력이 있는 청구인낙조서, 화해·조정조서, 화해권고결정에 대하여도 변경의 소가 유추적용된다.

기판력이 없는 이행권고결정·지급명령의 경우에는 신소를 제기하거나 청구이의의 소로 다투면 되므로 이에 해당하지 않는다.

(3) **정기금판결의 변론종결 이후**(법문상 '판결이 확정된 뒤') **정기금 액수산정의 기초가 된 사정이 현저하게 바뀜으로써 당사자 사이의 형평을 침해할 특별한 사정이 생길 것**

변론종결 이후 정기금 액수산정의 기초가 된 사정의 현저한 변화, 즉 예상했던 후유장애가 큰 폭으로 호전된 경우(주관적 사정의 변경), 물가폭등, 공과금 부담의 증감, 한화의 큰 평가절하(객관적 사정의 변경) 등을 주장자가 증명해야 한다. 따라서 단순히 종전 확정판결의 결론이 위법·부당하다는 등의 사정을 이유로 본조에 따라 정기금의 액수를 바꾸어 달라고 하는 것은 허용될 수 없다.[199]

판례는 공시지가가 2.2배 상승하고 ㎡당 연차임이 2.9배 상승한 것만으로는 전소의 확정판결이 있은 후에 그 액수 산정의 기초가 된 사정이 현저하게 바뀜으로써 당사자 사이의 형평을 크게 해할 특별한 사정이 생겼다고 할 수 없다고 하

---

197) 김홍엽, 851쪽. 반대 : 이시윤, 647쪽; 정영환 1166쪽.
198) 대법원 1992.1.21. 선고 91다36628 판결.
199) 대법원 2016.3.10. 선고 2015다243996 판결.

였다.[200)]

라. 허용시기

변경의 소는 변경의 소제기일 이후 향후 지급할 정기금 액수를 바꾸어 달라는 소만 가능하고, 변경의 소제기 이전에 이미 본질적인 변화가 있었다고 하여 그때부터 전소의 정기금 액수를 소급하여 변경해 달라고 할 수는 없다.[201)]

마. 재판절차

정기금판결에 대한 변경의 소는 확정된 정기금판결의 당사자 또는 민소법 218조 1항에 의하여 그 확정판결의 기판력이 미치는 제3자만이 제기할 수 있다. 판례에 의하면, 토지의 소유자가 소유권에 기하여 그 토지의 무단 점유자를 상대로 차임 상당의 부당이득반환을 구하는 소송을 제기하여 무단 점유자가 그 점유토지의 인도 시까지 매월 일정 금액의 차임상당 부당이득을 반환하라는 판결이 확정된 경우, 이러한 소송의 소송물은 채권적 청구권인 부당이득반환청구권이므로 위 소송의 변론종결 후에 위 토지의 소유권을 취득한 사람은 민소법 218조 1항에 의하여 위 확정판결의 기판력이 미치는 변론을 종결한 뒤의 승계인에 해당한다고 볼 수 없고, 따라서 이 경우 변론종결 후의 토지소유권자에게는 전소의 기판력이 미치지 아니하므로 변경의 소가 아니라 별소를 제기하여야 한다고 판시하였다.[202)]

제1심 판결법원의 전속관할이다(252②). 소장에 변경을 구하는 확정판결의 사본을 붙여야 하고, 이미 강제집행한 후라면 감액을 구하는 소는 권리보호의 이익이 없다. 또한 정기금판결에 대한 변경의 소를 제기하였다고 하여 강제집행이 정지되는 것은 아니므로 집행정지신청은 별도로 해야 한다(501, 500).

전소와 동일한 소송물에 대한 새로운 판단이므로 변경된 새로운 사정 이외의

200) 대법원 2009.12.24. 선고 2009다64215 판결.
201) 대법원 2009.12.24. 선고 2009다64215 판결.
202) 대법원 2016.6.28. 선고 2014다31721 판결. 문제는 정기금을 지급하라는 전소판결의 소송물 자체는 채권적 청구권일 수밖에 없으므로 이 판결의 논리에 의하면 계쟁물 승계인에게 민소법 252조에 의한 후소를 허용할 수 있는 사안은 전무하다는 것이다. 또한 계쟁물 승계인에게 전소의 기판력이 미치는지 여부에 대하여 기존의 판례는 전소의 소송물이 물권에 근거한 것인지 채권에 근거한 것인지를 기준으로 삼고 있음에 비하여, 이 판결은 전소의 소송물 자체가 채권적 청구권인지 물권적 청구권인지를 기준으로 삼고 있다는 점에서 서로 부합하지 않는다. 자세한 내용은 후술하는 '기판력의 주관적 범위' 부분 참조. 위 판결과 유사한 취지의 판결로는, 대법원 2023.6.29. 선고 2021다206349 판결이 있다.

전소의 사실에 대해서는 다툴 수 없다. 변경의 소를 제기한 날을 기준으로 그 전에는 전소의 판결이, 그 후에는 변경의 소의 판결이 이행의무의 집행권원이 된다.

판결은 항소심에서 변경판결을 하는 것과 같은 방식으로 한다. 즉 인용 시 전소판결을 변경한 범위 내에서 전소판결을 취소한다.

Ⅳ. 기판력의 주관적 범위

1. 의 의

기판력은 원칙적으로 그 소송의 당사자에게만 미치고 다른 사람에게는 미치지 않는다(218①전문). 이를 **기판력의 상대성**이라고 한다. 따라서 제3자는 물론 법정대리인, 소송대리인, 통상의 보조참가인, 통상의 공동소송인에게도 기판력이 미치지 않는 것이 원칙이다. 또한 단체가 당사자로서 받은 판결은 그 대표자나 구성원에게 미치지 않으며, 그 반대의 경우에도 같다.[203] 피해자와 피보험자 사이의 판결의 기판력도 피해자와 보험자 사이의 소송에 미치지 아니한다.

기판력은 왜 소송에서의 대립당사자에게만 미치고 제3자에게는 미치지 않는가?

민사소송에서 판결은 대립당사자 사이의 분쟁을 해결하기 위하여 존재하는 것이므로 대립당사자에게 기판력이 미치면 충분하기 때문이다. 또한 처분권주의·변론주의상 특정 사건에서의 절차보장은 당사자 외에는 부여되지 않는데, 사건의 당사자가 아니어서 절차를 보장받지 못한 자에게 기판력이라는 구속력을 미치게 하는 것은 불합리하기 때문이다.

그러나 일정한 경우에는 당사자가 아닌 자에게도 기판력이 미치도록 법률로 규정하고 있다. 즉 당사자와 동일시할 수 있는 제3자로서, 변론종결 뒤의 승계인 및 청구의 목적물을 소지한 사람(218①), 추정승계인(218②), 제3자 소송담당의 경우의 권리귀속주체(피담당자)에게는 기판력이 미친다. 나아가 일반 제3자에게 기판력이 확장되는 경우도 있다.

---

203) 지부·분회·지회 등 어떤 법인의 하부조직을 상대로 일정한 의무의 이행을 구하는 소를 제기하여 승소 확정판결을 받은 경우 판결의 집행력이 해당지부·분회·지회 등을 넘어서 소송의 당사자도 아닌 법인에까지 미친다고 볼 수는 없으므로 그 판결을 집행권원으로 하여 법인의 재산에 대해 강제집행을 할 수는 없고, 법인의 재산에 대한 강제집행을 위해서는 법인 자체에 대한 별도의 집행권원이 필요하다(대법원 2018.9.13. 선고 2018다231031 판결).

형해화된 법인을 상대로 제기한 소의 확정판결에 기한 기판력은 배후자에게 미치는가?

판례는, 갑 회사와 을 회사가 기업의 형태·내용이 실질적으로 동일하고, 갑 회사는 을 회사의 채무를 면탈할 목적으로 설립된 것으로서 갑 회사가 을 회사의 채권자에 대하여 을 회사와는 별개의 법인격을 가지는 회사라는 주장을 하는 것이 신의성실의 원칙에 반하거나 법인격을 남용하는 것으로 인정되는 경우에도, 권리관계의 공권적인 확정 및 그 신속·확실한 실현을 도모하기 위하여 절차의 명확·안정을 중시하는 소송절차 및 강제집행절차에 있어서는 그 절차의 성격상 을 회사에 대한 판결의 기판력 및 집행력의 범위를 갑 회사에까지 확장하는 것은 허용되지 아니한다고 판시하였다.[204] 다만 학설로는, 단순히 법인격이 남용된 경우를 넘어서 법인이 곧 개인이고 이사회와 주주총회 모두 없다시피 형해화된 경우에는 기판력의 확장을 인정하여도 좋다는 견해도 있고,[205] 배후자는 민소법 218조 1항의 '청구의 목적물을 소지한 사람'에 해당하거나 이에 준하므로 판결의 효력이 미친다고 보는 견해(일본 학설)도 있다.

2. 당사자와 같이 볼 제3자

가. 변론종결 뒤의 승계인

(1) 의 의

변론을 종결한 뒤에 당사자로부터 그 지위를 승계한 제3자를 변론종결 뒤의 승계인이라고 한다(무변론판결시 판결선고 뒤의 승계인을 포함한다. 이하 같다). 이들은 당사자가 아니지만 확정판결의 기판력이 미친다(218①). 변론종결 뒤의 승계인에게 기판력이 미치지 않는다면 패소당사자는 판결확정 뒤 소송물을 제3자에게 처분하여 불리한 판결을 면함으로써 소송의 결과를 무용지물로 만들 수 있게 되고, 승소자는 제3자와 재판을 되풀이해야 하는데, 이를 방지하려는 것이 이 규정의 취지이다.

그러나 다른 한편 변론을 종결한 뒤의 제3자는 직접 소송에 관여하지 않아 자신의 권리를 주장할 기회가 없었음에도 기판력이 미치게 되므로 이들에게 기판력이 미치는 합리적 근거가 있어야 할 것이다. 그 근거를 탐색하는 과정에서 구체

204) 대법원 1995.5.12. 선고 93다44531 판결.
205) 이시윤, 661쪽. 이 견해는 법인격부인론에 입각하여 배후자에게 실체법상 책임을 인정한 대법원 2008.9.11. 선고 2007다90982 판결을 단서로 삼아 배후자에게 소송법상 책임인 판결의 효력도 확장하자는 주장이다.

적으로 '승계인'이란 무엇을 승계한 자인가를 둘러싸고 여러 견해가 주장되었다.

상고심 계속 중의 승계인도 변론종결 뒤의 승계인인가?

변론종결 뒤의 승계인이란 사실심의 변론종결시 후의 승계인을 의미하므로 상고심 계속 중의 승계인도 변론종결 뒤의 승계인에 해당한다.

변론종결 전의 승계인은 어떻게 취급되는가?

변론종결 전의 승계인에 대해서는 원칙적으로 기판력이 미치지 않는다. 따라서 이들을 참가승계(81), 인수승계(82)의 방법으로 소송절차에 편입시켜 당사자로 만들어야만 기판력이 미친다.

왜 변론종결 뒤의 승계인에게 기판력이 확장되어야 하는지 예를 들어 설명하라.

변론종결 뒤의 승계인에게 기판력이 확장되는 것은 분쟁해결의 실효성을 유지함으로써 권리관계를 안정시키기 위한 것이다. 예컨대 소유권확인청구에서 승소한 원고 X1으로부터 그 소유권을 양수한 X2가 피고 Y에 대해서 소유권확인의 기판력을 주장할 수 없다고 한다면 X2는 피고 Y를 상대로 다시 소유권확인청구를 제기하여 승소해야 하므로 권리관계가 안정되지 않는다. 또한 기판력이 확장되지 않는다면 물건인도청구에서 패소한 피고 Y1이 그 물건을 제3자인 Y2에게 양도한 경우에 승소원고 X는 제3자인 Y2를 상대로 다시 소송을 해야 한다. 나아가 패소피고가 타인에게 물건을 거듭 양도한다면 원고 X는 소송에서 아무리 승소해도 안심할 수 없다. 이렇게 되면 소송에 의한 해결이 불가능해지므로 소송제도를 둘 이유 자체가 없어진다. 이러한 결과를 방지하고 권리관계를 안정시키기 위하여 변론종결 뒤의 승계인에게 기판력이 미치게 함으로써 추가 소송을 제기하지 않고 바로 승계집행문을 발부받아 집행을 할 수 있게 한 것이다. 이로써 변론종결 뒤의 승계인은 자신의 법적지위의 전제로 된 권리관계 부분은 기판력에 의해 확정되어 다툴 수 없다. 다만 그가 독자적인 법적지위(예컨대 선의취득)를 취득하였다면 후소에서 본안의 심판대상이 되므로 다툴 수 있다.

(2) 승계의 시기

승계의 시기는 사실심 변론종결 뒤이어야 한다. 제1차 승계가 변론종결 전에 있었다면 비록 제2차 승계가 변론종결 뒤에 있었다 할지라도 제2차 승계인은 변론종결 뒤의 승계인이 아니므로 승계집행문이 부여될 수 없다.[206]

---

206) 대법원 1967.2.23. 자 67마55 결정.

또한 소유권이전등기말소 청구소송을 제기당한 자가 소송계속 중 당해 부동산의 소유권을 타인에게 이전한 경우에는, 부동산 물권변동의 효력이 생기는 때인 소유권이전등기가 이루어진 시점을 기준으로 그 승계가 변론종결 전의 것인지 변론종결 후의 것인지를 판단하여야 한다.[207] 따라서 변론종결 이전에 경료된 소유권이전청구권 가등기에 기하여 변론종결 뒤에 소유권이전등기가 이루어진 경우에는 변론종결 뒤의 승계인이다.[208]

채권양도의 경우에는 통지·승낙을 한 시점이 변론종결 전인지 후인지에 따라 변론종결 뒤의 승계인여부가 결정된다.[209]

(3) 구체적인 승계인의 범위

1) 변론종결 뒤 소송물인 권리 또는 의무를 승계한 자

변론을 종결한 뒤에 소송물인 권리의무 자체를 승계한 자는 변론종결 뒤의 승계인에 해당한다는 점에 대해서는 이설이 없다. 예컨대 대여금청구소송에서 그 채권의 양수인 또는 그 채무의 면책적 인수인[210], 주택임대차보호법 3조 4항에 의한 임대인 지위의 양수인[211] 등이 이에 해당한다. 승계의 전당사자는 원고든 피고든 가리지 않으며, 승소자 쪽이든 패소자 쪽이든 불문한다.

승계의 모습도 포괄승계(상속·합병 등), 특정승계(채권양도·채무인수 등)를 구별하지 않으며 승계원인도 임의처분(계약·유증 등), 국가의 강제처분(전부명령·경매 등), 법률에 의한 당연승계(민 399) 모두 포함된다.

2) 변론종결 뒤 계쟁물을 승계한 자

예컨대 건물인도소송에서 목적 건물을 양수 또는 임차하거나 건물철거소송에서 건물을 양수한 자 및 이전등기말소소송에서 등기를 이전받은 자와 같이, 소송

---

207) 대법원 2005.11.10. 선고 2005다34667,34674 판결.
208) 대법원 1992.10.27. 선고 92다10883 판결.
209) 대법원 2020.9.3. 선고 2020다210747 판결(채권양수인이 민소법 218조 1항에 따라 확정판결의 효력이 미치는 변론종결 후의 승계인에 해당하는지 여부는 채권양도의 합의가 이루어진 때가 아니라 대항요건이 갖추어진 때를 기준으로 판단하여야 한다).
210) 대법원 2016.9.28. 선고 2016다13482 판결. 다만 병존적(중첩적)으로 채무를 인수한 자에게는 전소의 기판력 및 집행력이 미치지 않는다(대법원 2016.5.27. 선고 2015다21967 판결).
211) 대법원 2022.3.17. 선고 2021다210720 판결(악의인 계약명의신탁에서 명의수탁자로부터 명의신탁의 목적물인 주택을 임차한 대항력 있는 임차인은 부동산실명법 4조 3항의 제3자에 해당하므로 명의신탁자에게 임차권으로 대항할 수 있고, 등기명의를 돌려받은 명의신탁자는 임대인의 지위를 승계한다).

물인 권리의무 자체(인도청구의 권리의무, 철거청구의 권리의무, 말소청구의 권리의무)를 승계한 것은 아니지만 소송물인 권리의 기초를 이루는 목적물(계쟁물)인 건물이나 등기를 승계한 자도 변론종결 후의 승계인에 해당하는가에 대해서는 견해가 나뉜다.

(가) 학 설

가) (실체법적) 의존관계설

일본에서 1926년의 민소법 개정으로 기판력이 변론종결 후의 승계인에게 미친다는 규정이 신설되었는데, 이 규정을 해석함에 있어 당시에는 기판력의 본질을 실체법적으로 이해하였으므로 판결의 반사효를 기판력의 주관적 범위의 확장 근거로 차용하여 제3자가 변론종결 후 소송물인 권리 또는 의무자체를 당사자로부터 양수 또는 인수한 경우뿐만 아니라 그로부터 재산의 소유권 또는 점유를 승계한 경우에도 당연히 그 의무 등을 승계한다고 보는 견해가 주장되었는데, 이를 (실체법적) 의존관계설이라 부른다.

나) 기판력확장 부정설

위 의존관계설의 입장에서 출발하면서도 계쟁물 승계인은 목적물의 소유권이나 점유권 또는 등기만 이전받았을 뿐, 전당사자로부터 소송물인 권리나 의무를 승계받은 것이 아니므로 전소의 당사자 사이의 기판력이 계쟁물의 승계인에게 확장되지 않는다는 견해가 일본에서 주장되고 있다.

다) 구소송물론 · 적격승계설

위 실체법적 의존관계에 대응하는 개념을 소송법상 당사자적격의 의존성으로 재구성함과 동시에, 계쟁물의 승계가 있는 경우에 전소의 소송물이 물권적 청구권인지 채권적 청구권인지를 구별하여 물권적 청구권인 경우에는 전소에서 성립된 권리의무가 계쟁물에 부착되어 있으므로 그 승계인은 변론종결 후의 승계인이지만, 채권적 청구권인 경우에는 대인적 관계에 불과하여 이러한 법리가 적용되지 아니하므로 변론종결 후의 승계인이 아니라는 입장이다.[212)]

라) 신소송물론 · 적격승계설

기판력의 본질에 관한 소송법설의 입장에서 계쟁물 승계인이란 점유나 등기의

---

212) 兼子 一, 『新修 民事訴訟法体系(増訂版)』, 酒井書店, 1970, 336쪽.

취득에 의해 당해 소송물에 대한 당사자적격을 전당사자로부터 이어받아 취득한 자라고 이해하는 견해이다. 이 견해에 의하면 전소 소송물의 실체법적 성질은 변론종결 후의 승계인의 범위에 영향을 줄 수 없으므로 전소의 기판력은 계쟁물 승계인에게 일률적으로 미친다고 이해한다. 한편, 당사자적격의 이전이라는 용어는 소송계속 중의 승계의 경우에는 적절하지만, 변론이 종결된 후의 승계의 경우에는 부적절하므로 양자를 통합하여 "분쟁주체지위"의 이전으로 부르는 것이 타당하다는 견해도 있다.[213]

(나) 판례의 입장

가) 제1유형(패소원고의 계쟁물 승계인)

판례는 건물의 소유권등기 명의인인 소외인이 소유권에 기한 방해배제청구로서 피고를 상대로 건물인도청구소송을 제기하였으나 패소 확정판결을 받았는데 위 소송의 사실심 변론종결 후에 위 소외인으로부터 위 건물을 매수하고 소유권이전등기를 경료한 원고가 피고를 상대로 재차 건물인도청구소송을 제기한 사건에서, 건물인도소송의 변론종결 후에 그 패소자인 건물 소유자로부터 건물을 매수하고 소유권이전등기를 마친 경우에 전소의 소송물은 건물인도청구일 뿐이므로 소유권에는 전소의 기판력이 미치지 아니하고, 원고가 가지는 물권적 청구권인 건물인도청구권은 적법하게 승계한 건물 소유권의 일반적 효력으로서 발생된 것이므로 원고는 변론종결 후의 승계인에 해당한다고 할 수 없다고 하였다.[214] 여기에는 이전적 승계뿐만 아니라 설정적 승계도 포함한다.[215]

나) 제2유형(전소 권리의 성질과 계쟁물 승계인)

제2유형은 전·후소 사이에 소송물이 동일·선결·모순관계에 있는 경우, 전소의 소송물인 권리의 성질에 따라 계쟁물 승계인에게 전소의 기판력이 미치는지 여부에 대하여 결론을 달리하는 판례이다. 판례의 입장을 전소의 권리가 채권에 기한 청구권인지 아니면 물권에 기한 청구권인지로 구분하고, 이들에 대하여 각각 전소의 원고가 승소한 경우와 패소한 경우로 나눈 후, 다시 각각에 대하여 원고

---

213) 전원열, 540쪽; 정동윤·유병현·김경욱, 844쪽; 新堂幸司, 『新民事訴訟法(第六版)』, 弘文堂, 2019, 706쪽 이하.

214) 대법원 1999.10.22. 선고 98다6855 판결. 같은 취지로는, 대법원 1984.9.25. 선고 84다카148 판결 및 대법원 1968.11.5. 선고 68다1737 판결이 있다.

215) 대법원 2020.5.14. 선고 2019다261381 판결(계쟁물 승계인이 근저당권자인 경우).

와 피고승계인 사이 및 원고승계인과 피고 사이로 나누어 계쟁물 승계인이 변론종결 후의 승계인에 해당하는지 여부로 유형화하면 다음의 표와 같다.

전소권리의 성질	전소의 승·패	후소에서의 승계인과 그 상대방	승계인여부(기판력여부)	판례
채권적 청구권	원고 승소의 경우	전소원고↔피고승계인	×	대법원 1991.1.15. 선고 90다9964 판결
		원고승계인↔전소피고	×	대법원 1997.5.28. 선고 96다41649 판결[216)]
	원고 패소의 경우	전소원고↔피고승계인	×	대법원 1993.2.12. 선고 92다25151 판결
		원고승계인↔전소피고	×	없음(제1유형 및 채권적 청구권에 대한 다른 판결에 비추어 추정 가능)
물권적 청구권	원고 승소의 경우	전소원고↔피고승계인	○	대법원 1963.9.27. 선고 63마14 판결[217)]
		원고승계인↔전소피고	○	대법원 2003.3.28. 선고 2000다24856 판결[218)]
	원고 패소의 경우	전소원고↔피고승계인	○	대법원 1994.12.27. 선고 93다34183 판결[219)]
		원고승계인↔전소피고	×	대법원 1999.10.22. 선고 98다6855 판결 등(제1유형에 해당)

다) 제3유형

원고가 피고를 상대로 건물에 대한 소유권이전등기말소소송을 제기하여 승소확정판결을 받았는데, 변론종결 후에 피고로부터 소유권 등기를 이전받은 제3자가 원고를 상대로 위 건물의 인도 및 차임상당 부당이득의 반환을 구하는 소송을

216) 같은 취지로는, 대법원 2016.6.28. 선고 2014다31721 판결이 있다.

217) 같은 취지로는, 대법원 1976.6.8. 선고 72다1842 판결 및 대법원 1977.3.22. 선고 76다2778 판결이 있다.

218) 참고로, 갑·을·병의 공유부동산에 대하여 갑이 을·병을 상대로 대금분할을 구하면서 제기한 공유물분할소송의 변론종결 후에 갑이 정에게 가등기를 설정해 주었고, 위 소송의 확정판결에 따라 갑이 신청한 공유물분할 경매절차가 마쳐졌다면 경매로 인하여 갑·을·병의 지분소유권이 상실되었으므로 변론종결후의 승계인인 정의 가등기권 또한 상실하여 낙찰자에게 대항할 수 없다는 판결이 있다(대법원 2021.3.11. 선고 2020다253836 판결).

219) 같은 취지로는, 대법원 1991.3.27. 선고 91다650,667(반소) 판결이 있다.

제기한데 대하여, 판례는 전소의 소송물인 소유권이전등기말소청구권에 기판력이 생길 뿐, 그 전제가 되는 소유권에는 기판력이 미치지 아니하고, 후소의 소송물인 건물인도청구권 및 부당이득반환청구권은 전소의 소송물인 소유권이전등기말소청구권과 동일하거나 선결관계에 있거나 모순관계가 존재하지 아니하므로 전소의 기판력이 미치지 아니하고, 이러한 후소는 계쟁물을 승계한 자가 제기하더라도 동일하다는 취지로 판시하였다.[220)]

라) 판례입장의 검토

제1유형의 판례는 패소 원고로부터 계쟁물을 승계한 자는 변론종결 후의 승계인에 해당하지 않는다는 것으로, 기판력확장 부정설의 입장이라고 할 수 있다. 이 입장에 의하면 전소와 후소의 소송물이 건물명도청구권으로서 동일함에도 어째서 기판력이 작용하지 않는지 설명하기 어렵고, 승소한 전소 피고의 법적 안정성이 확보되지 않는다는 문제점을 안고 있다. 그리고 제2유형의 판례는 소송물인 전소 청구의 법적 성질이 물권인지 아니면 채권인지에 따라 계쟁물 승계인이 변론종결 후의 승계인인지 여부가 결정된다는 것이므로 구소송물론 · 적격승계설의 입장이라고 할 수 있다. 그런데 이 입장에 의하면 건물인도청구나 소유권말소등기청구 등과 같이, 판결주문만으로는 그 법적 성질이 물권인지 채권인지 알 수 없는 경우에는 판결이유 중의 판단을 기준으로 계쟁물 승계인에게 기판력이 미치는지 여부를 결정하는 것이 되어 기판력의 객관적 범위에 대한 민소법 216조 1항을 무시하고 판결이유 중의 판단에 기판력을 인정하는 해석론이 되고, 나아가 매매 · 증여 · 교환을 원인으로 한 소유권이전등기청구와 같이, 청구원인이 판결주문에 기재되는 경우에는 전소당사자와 승계인 사이의 후소에서 전소의 법적 성질이 채권이라는 이유만으로 내용이 주문에 기재되어 있음에도 기판력을 주지 않는다는 것은 민소법 216조 1항의 규정에 반한다는 비판을 면하기 어렵다. 이러한 문제점을 해결하려면 기판력은 전 · 후소의 소송물이 동일 · 모순 · 선결관계에 있을 때 작용하고, 이러한 관계가 존재하는지 여부는 판결이유 중의 판단이 아니라 소송물인 청구(=판결주문)를 기준으로 판단하여야 한다. 마지막으로, 제3유형의 판례를 보면 전 · 후소의 소송물이 동일 · 선결 · 모순관계에 있다면 계쟁물 승계인에게 전소

220) 대법원 2014.10.30. 선고 2013다53939 판결. 같은 취지로는 대법원 1986.8.19. 선고 84다카1792 판결이 있다(소유권이전등기말소소송에서 패소한 전당사자로부터 계쟁물인 토지의 소유권등기를 이전받은 원고가 전소의 승소원고를 상대로 소유권확인소송을 제기한 사건이다).

의 기판력이 미치고, 그러한 관계가 없다면 기판력이 미치지 않는다는 취지인데, 이 해석론은 변론종결 후의 승계인에 대하여 당사자와 동일하게 기판력의 객관적 범위 및 시적 범위(실권효)를 적용하므로 계쟁물 승계인에 대한 별도의 이론구성 없이 기판력 일반론으로 해결할 수 있다는 점에서 가장 합리적이라 할 수 있다.[221] 다만 제3유형의 판례에 의하면 소송물인 청구가 물권에 기한 것인지 채권에 기한 것인지 또는 전당사자가 패소하였는지 승소하였는지를 막론하고 후소의 계쟁물 승계인에게 기판력이 미치게 되므로 계쟁물 승계인의 범위가 너무 넓어진다는 비판이 제기될 수 있다. 그러나 법적 안정성의 요청상 계쟁물 승계인에 대한 절차보장은 원칙적으로 전당사자에 대한 절차보장으로 대체된다고 할 수 있고, 판례의 입장인 구소송물론에 의하면 소송물을 실체법상 권리 또는 법률관계의 발생근거규정별로 세분하여 그 범위 내에서 전・후 소송물 사이에 동일・모순・선결관계가 성립해야 비로소 실권효(차단효)가 작동되므로 기판력이 적절한 범위로 축소될 수 있어 불합리하지 않고, 이론상 간명하여 판결에 대한 국민의 예측가능성이 제고되는 점에서 비추어 보면, 그러한 비판은 부당하다.

(다) 승계인의 고유의 항변과 승계인의 범위(형식설과 실질설)

위에서 살펴본 바에 따라 계쟁물 승계인을 변론종결 후의 승계인으로 평가할 수 있다고 하더라도 그 제3자에게 고유의 항변이 성립하는 경우에 이는 전소에서 다툴 여지가 없었던 것이므로 이를 후소에서 다툴 수 있도록 절차를 보장할 필요가 있다는 점과 관련하여, 그 제3자도 변론종결 후의 승계인으로 보아야 할 것인지가 문제된다.

이러한 고유의 항변을 가진 제3자로는 ① 소유권(물권적 청구권)에 기한 동산인도소송의 변론종결 후 패소 피고로부터 선의로 목적물의 점유를 취득한 자(민 249), ② 점유권(물권적 청구권)에 기한 동산인도소송의 변론종결 후 패소 피고로부터 선의로 목적물의 점유를 취득한 자(민 204②), ③ 허위표시에 의한 등기이전을 이유로 하는 말소등기소송에서 패소한 피고로부터 선의로 목적부동산을 양도받아 소유권이전등기를 취득한 자(민 108②. 이와 유사한 107②, 109②, 110③ 포함) 등을 들 수 있다.

---

221) 독일 민사소송법 제325조는 명문으로 "계쟁물의 점유를 취득한 사람"에게 기판력이 미친다고 규정하고 있다[법무부, 『민사소송법 번역집(독일)』, 2019, 223면].

이에 대해서는 형식설과 실질설이 대립한다. 형식설에 의하면 위의 예에 해당하는 자는 모두 변론종결 후의 승계인으로서 전소의 기판력이 미치지만 별도로 고유의 방어방법을 주장할 수 있다고 보는데 반하여, 실질설에 의하면 이러한 자는 애당초 기판력이 미치는 변론종결 후의 승계인이 아니라고 본다. 크게 대별하면 형식설은 신소송물론자들의 주장으로서 신소송물론·적격승계설 또는 분쟁주체지위승계설의 입장이고,[222] 실질설은 주로 구소송물론자들의 주장으로서 현재 판례[223]와 구소송물론·적격승계설의 입장이다.[224]

현재로서는 어느 견해에 의하든 제3자의 고유의 항변은 후소에서 심리되어야 하므로 기판력의 확장에 대해서는 형식설도 실질설도 실제상 차이는 발생하지 않는다고 본다. 그러나 집행력확장에 대해서는 실질설과 형식설은 큰 차이가 발생하게 된다. 즉 위 제3자가 집행채무자인 경우, **형식설**에 의하면 승계인에게 고유의 항변권이 있는지 여부를 따지지 않고 집행당사자적격을 인정하므로 집행채권자는 제3자가 변론종결 후의 승계인인 사실만 증명하면 승계집행문을 부여받을 수 있게 된다. 따라서 승계인이 고유의 항변권을 주장하면서 집행문부여에 대한 이의신청(민집 34), 집행문부여에 관한 이의의 소(민집 45), 청구이의의 소(민집 44) 등 집행법상 구제방법을 강구하여야 한다. 이에 비하여 **실질설**에 의하면 그 제3자는 애당초 승계인에 해당하지 않으므로 승계집행문을 신청하는 채권자가 승계사실을 증명하는 서면뿐만 아니라 승계인에게 고유의 방어방법이 없음을 증명하는 서면까지도 제출하여야 하고, 이것이 거부되면 집행문부여거절에 대한 이의신청(민집 34) 또는 집행문부여의 소(민집 33)를 제기하여 집행문의 부여를 구하여야 한다. 실무는 형식설을 취하고 있다.[225]

허위표시에 의한 소유권이전등기이므로 무효라는 이유로 소유권이전등기말소를 명한 판결을 선고받은 피고로부터 표준시 후에 선의로 해당부동산을 취득하여 이전등기를 한 제3자는 변론종결 후의 승계인에 해당하는가?

---

222) 김홍규·강태원, 696쪽; 송상현·박익환, 465쪽; 정동윤·유병현·김경욱, 849쪽.

223) 대법원 1980.11.25. 선고 80다2217 판결. 다만 이 판례의 취지만으로는 판례가 실질설의 입장이라고 보기는 어렵다는 반론이 있다(전원열, 543쪽).

224) 김홍엽, 876쪽; 한충수, 635쪽; 호문혁, 776쪽.

225) 법원실무제요, 민사집행(Ⅰ), 사법연수원, 2020, 182·241쪽. 다만 형식설에 의하더라도 채무자가 제기한 집행문부여에 관한 이의의 소에서 승계사실에 대한 증명책임은 승계를 주장하는 채권자에게 있다(대법원 2016.6.23. 선고 2015다52190 판결).

실질설에 의하면 허위표시(민 108)에 의한 등기이전이었음을 이유로 한 말소등기청구소송의 변론종결 뒤에 패소한 피고로부터 선의로 목적부동산을 양수하고 소유권 이전등기를 경료한 제3자(민 108②)는 고유의 항변을 가진 자이므로 애당초 변론종결 후의 승계인이 아니다. 형식설에 의하면 이러한 자도 변론종결 후의 승계인에 해당하여 기판력이 미치지만, 그 제3자는 고유의 항변을 주장·입증함으로써 자신의 권리를 보호받을 수 있다.

(4) 추정승계인

원칙적으로 변론종결 전의 승계인은 소송에 참가할 수 있으므로 기판력이 승계되지 않지만, 민소법은 당사자가 변론종결 전에 승계하였음에도 승계사실을 진술하지 않았다면 변론을 종결한 뒤에 승계가 있는 것으로 추정되어 기판력이 미친다는 규정을 두고 있다(218②). 집행력의 범위는 기판력의 범위에 준하기 때문에 승소한 원고가 승계집행문을 부여받아 승계인을 상대로 용이하게 집행할 수 있도록 입증책임을 전환한 것이다.

다만 변론종결 전의 승계인이 변론종결 뒤의 승계인으로 추정되는 데 불과하므로 승계인은 변론종결 전에 승계되었음을 주장·입증하여 기판력이나 집행력에서 벗어날 수 있다.[226)]

승계사실을 진술할 자는 누구인가?

다수설과 판례[227)]는 당사자 중 어느 일방인 피승계인이 승계사실을 진술할 자라는 입장이다. 법문상 "당사자가 변론을 종결할 때까지 승계사실을 진술하지 아니한 때에는"이라고 규정하고 있기 때문이다.[228)] 이에 대하여 피승계인이 진술하지 않은 것 때문에 승계인이 불이익을 입는다는 것은 불합리하다는 이유로 승계인이라고 보는 견해가 있다.[229)] 그러나 승계인이라고 볼 경우에는 법문상으로도 맞지 않고, 승계인은 변론에 관여할 수 없는 입장일 뿐만 아니라, 재판 외에서의 진술까지 포함한다면 이는 소송기록에 반영되지 않기 때문에 신속한 승계집행문의 부여라는 이 규정의 제도적 취지에도 맞지 않는다. 물론 나중에 승계인을 상대로 강제집행이 행해질 경우에 승계집행문부여에 대한 이의 또는 청구이의의 소로 변론종결 전에 승계되었음을 주장·입증할 자는 승계인이다.[230)]

---

226) 대법원 2005.11.10. 선고 2005다34667,34674 판결.
227) 대법원 1977.7.26. 선고 77다92 판결.
228) 김홍엽, 878쪽; 이시윤, 665쪽; 전병서, 539쪽; 정동윤·유병현·김경욱, 850쪽; 정영환, 1194쪽.
229) 김홍규·강태원, 699쪽; 송상현·박익환, 466쪽.
230) 이러한 이유로 추정승계인 규정은 별다른 실효성이 없다는 견해도 있다(전병서, 539쪽).

피승계인의 상대방인 원고는 위 추정규정의 존재로 인하여 승계사실만 주장·입증하면 승계인을 상대로 승계집행문을 구할 수 있음에 반하여, 승계인은 변론종결 전에 승계되었음을 주장·입증하여야 기판력·집행력에서 벗어날 수 있다.

나. 청구의 목적물 소지자

기판력은 특정물인도청구의 대상이 되는 특정물을 소지할 고유의 이익이 없이 오로지 당사자를 위하여 소지하고 있는 자에게 확장된다(218①). 통상 피고가 패소한 때 피고를 위해 목적물을 소지하고 있는 자에게 기판력이 확장되는 것을 염두에 두고 논의가 행해지는 경우가 많다. 특정물인도청구가 물권적이든 채권적이든, 목적물이 동산이든 부동산이든 불문한다.

청구의 목적물을 기판력의 표준시 전부터 소지하고 있는 자에게도 기판력이 확장되는가?

청구의 목적물을 점유하고 있는 자라면 기판력의 표준시 전이든 후이든 불문하고 모두 기판력이 미친다.

이때의 소지자란 당사자 및 변론종결 후의 승계인을 '위하여' 소지한 자를 말한다. 수치인, 창고업자, 관리인, 운송인, 강제집행면탈 목적의 가장양수인, 명의수탁자 등이 이에 해당한다. 이들에 대한 강제집행은 승계집행문을 발부받아야 한다.

이러한 목적물 소지자에 대하여 기판력이 확장되는 이유는 무엇인가?

이러한 자는 소송당사자를 위해 점유하고 있는 것이어서 점유에 대한 자기 고유의 이익을 가지고 있지 않다. 따라서 당사자가 소송을 하여 피고에게 이행의무가 확정된 이상, 자기고유의 이익을 가지지 않은 소지자에게 기판력을 확장시켜 원고에 대하여 이행의무를 부담시켜도 소지자의 고유의 실체적 이익을 해할 우려가 없기 때문이다.

이에 반하여 자기의 고유이익을 위한 목적물의 소지자인 임차인, 질권자, 전세권자, 지상권자는 청구의 목적물의 소지자가 아니다. 따라서 이들에 대하여는 기판력, 나아가 집행력이 확장되지 않으므로 변론종결 뒤의 승계인(218①)에 해당하지 않는 한, 별소를 제기하여 집행권원을 받은 후 집행하여야 한다.[231]

---

231) 다만 채무자가 이들에 대하여 인도청구권을 가지고 있는 경우에는 채권자가 그 인도청구권을

법정대리인의 소지는 본인의 점유로 본다. 또한 법인의 대표자의 소지는 법인의 점유로 본다. 고용인의 주거나 점포 내에서 피용인이 소지하고 있는 때에는 피용인은 점유보조자에 불과하고 고용인 자신에게 점유가 있는 것으로 보며, 동거가족도 마찬가지이다. 따라서 이들도 청구의 목적물의 소지자에 해당하지 않는다. 이 경우에는 채무자에 대한 집행권원과 집행문만으로 집행이 가능하며, 승계집행문을 받을 필요도 없다.

채무자인 남편을 상대로 건물명도소송을 제기하여 승소의 확정판결을 받았으면 그 집행권원으로 채무자와 동거하고 있는 처도 강제퇴거 시킬 수 있는가?

이는 처가 남편의 집행보조자로 볼 수 있는지에 따라 달라진다. 처가 공동거주의 외형이나 이용 상황에 비추어 독립한 점유권원을 가지고 있다고 인정되지 아니하면 점유보조자로 보아 남편의 명도집행권원으로 처를 강제퇴거 시킬 수 있다할 것이지만, 처가 남편과 공동임차권자, 공동채무자 등 독립한 점유권원이 있음이 명백하면 강제퇴거는 허용되지 않고 별도의 집행권원을 확보하여야 한다. 독립한 점유권원이 있는지 여부가 문제되면 제3자이의의 소로 가려야 한다.

다. 제3자의 소송담당의 경우 권리귀속주체

민소법 218조 3항은 다른 사람을 위하여 원고나 피고가 된 사람에 대한 확정판결은 그 다른 사람에 대하여도 효력이 미친다고 규정한다. 다른 사람의 권리에 관하여 당사자로서 소송수행권을 가진 소송담당자가 받은 판결의 기판력은 그 권리의 귀속주체인 피담당자에게도 미친다는 취지이다. 회생회사의 재산관리인이 받은 판결은 회생회사에(채무자회생법 78), 선정당사자가 받은 판결은 선정자에게(53), 유증의 목적인 유언집행자가 받은 판결은 상속인에게(민 1101), 해양사고구조료의 지급에 관하여 선장이 받은 판결은 선주에게(상 894②) 효력이 미친다.

피담당자가 기판력을 벗어날 수 있는 방법은 없는가?

제3자의 소송담당의 경우 권리귀속주체인 피담당자(본인)에게 기판력이 미치는 근거는 법률 또는 당사자의 권한수여에 의하여 담당자가 소송을 대행함으로서 피담당자인 권리귀속주체는 담당자를 통하여 절차보장을 받았기 때문이다. 따라서 권리귀속주체인 본인이 판결의 효력을 받지 않기 위해서는 소송담당자의 자격이나 권능에

넘겨받는 방법으로 집행할 수 있다(민집 259).

하자가 있음을 다투는 방법 이외에 달리 방법이 없다.

피담당자가 소송을 수행하여 받은 확정판결의 기판력이 소송담당에게도 미치는가?

집합건물의 관리단은 구분소유자들의 공동이익을 위하여 공용부분과 대지의 관리에 관한 사항에 대하여 구분소유자들의 공유지분권을 재판상 또는 재판 외에서 행사할 수 있다(집합건물법 23조의2, 24①, 25①). 따라서 관리단이 구분소유자들의 공유지분권을 재판상 행사한다면 이는 공유지분권이라는 청구권의 귀속주체가 아닌 관리단이 직접 소송의 당사자가 되어 자기 명의로 소송을 수행하는 제3자 소송담당에 해당한다. 이 경우에 관리단이 공용부분이나 대지의 무단점유자를 상대로 부당이득반환 소송을 제기하여 판결이 확정되었다면 그 효력이 구분소유자에게도 미치는 것은 당연하다. 그런데 대법원은 한걸음 더 나아가 특별한 사정이 없는 한 구분소유자가 위 부당이득반환 소송을 제기하여 판결이 확정되었다면 그 부분에 관한 효력이 관리단에게 미친다고 보아야 한다고 판시하였다.[232] 여기에서 '그 부분에 관한 효력'을 반사적 효력으로 이해하는 견해도 있으나,[233] 대법원은 채권자대위소송에서 채무자 본인의 전소가 확정된 후 대위채권자의 후소가 제기되었고 그 소송물이 동일하다면 후소는 전소의 기판력에 저촉된다고 판시함으로써 이때의 효력이 기판력임을 명확히 하였다.[234] 요컨대, 판례는 민소법 218조 3항의 역적용을 허용하는 것으로 이해할 수 있다.

채권자대위소송의 판결의 효력이 채무자에게 미치는가? 다수설은 채권자대위소송을 법정소송담당으로 이해하고, 다만 민소법 218조 3항이 그대로 적용되는 것이 아니라 채무자가 어떤 사유로든 대위소송의 계속을 알았을 때에 한해서 대위소송의 기판력이 채무자에게 미친다고 본다. 판례도 같다.[235] 그 외에 채권자는 소송담당자가 아니므로 채무자에게 기판력이 미치지 않는다는 소극설,[236] 대위소송을 하는 채권자를 민소법 218조 3항의 '다른 사람을 위하여' 원고로 된 사람으로 보아 무조건 채무자에게 미친다는 적극설 등이 있다.

---

232) 대법원 2022.6.30. 선고 2021다239301 판결.
233) 이시윤, 673쪽.
234) 대법원 1993.3.26. 선고 92다32876 판결. 다만 이 판결은 결론적으로 이미 채무자가 그 권리를 재판상 행사하였으므로 후소는 대위요건(당사자적격)의 흠결로 각하되어야 한다고 판시하였다.
235) 대법원 1975.5.13. 선고 74다1664 전원합의체 판결; 대법원 1995.6.19. 자 95그26 결정.
236) 호문혁, 779쪽.

다수설 · 판례가 어떤 사유로든 채무자가 대위소송의 계속을 알았을 때에 한하여 그 소송의 기판력이 채무자에게 미치는 것으로 이해하는 근본적인 이유는 무엇인가?

대위채권자의 채권자대위소송은 일차적으로 그 담당자 자신의 이익을 위한 것일 뿐이므로 본인의 입장에서는 자신도 소송에 참가하여 자기 측이 패소하는 것을 막을 기회를 갖는 등 절차가 보장되었을 때 비로소 대위소송의 기판력을 미치게 하는 것이 공정한데, 채무자가 이러한 절차를 취하려면 대위소송의 계속 사실을 알고 있어야 하기 때문이다. 따라서 주주대표소송의 주주(상 403), 채권질의 질권자(민 353), 공유자 전원을 위하여 보존행위를 하는 공유자(민 265) 등 담당자를 위한 소송담당의 경우에는 모두 동일한 원리가 적용되어야 한다(다만, 채권추심명령을 받은 압류채권자의 채무자의 경우는 추심권이 박탈되어 소제기가 불가능하므로 예외이다. 민집 229②). 이에 반하여 본인을 위한 소송담당의 경우 그 담당자는 자신의 이익이 아니라 본인의 이익을 위하여 그에 갈음하여 소를 제기하는 것이어서 본인에 대한 추가적인 절차보장의 필요성이 크지 않으므로 위와 같은 제한을 둘 필요가 없다.

채권자대위소송에서 채권자가 채무자를 대위할 피보전채권이 인정되지 않는다는 이유로 소각하판결을 받았다면 그 기판력은 그 후 채권자가 채무자를 상대로 한 피보전채권의 이행을 구하는 소에 미치는가?

채권자대위소송의 확정판결의 효력이 채무자에게 미치는 것은 피보전채권이 아니라 피대위채권에 한한다. 따라서 채권자가 채권자대위권을 행사하는 방법으로 제3채무자를 상대로 소송을 제기하였다가 채무자를 대위할 피보전채권이 인정되지 않는다는 이유로 소각하 판결을 받아 확정된 경우에는 그 판결의 기판력이 채권자가 채무자를 상대로 피보전채권의 이행을 구하는 소송에 미치는 것은 아니다.[237)]

갑이 을을 대위하여 병을 상대로 제기한 소송에서 청구기각의 확정판결이 있은 후(전소), 을의 다른 채권자 정이 을을 대위하여 병을 상대로 소를 제기하였다면(후소) 전소판결의 기판력은 후소에 미치는가?

판례는 전소에서 을이 소제기의 사실을 알았는지 여부에 따라 정이 제기한 후소에 전소판결의 기판력이 미치는지 여부가 결정된다고 한다.[238)] 나아가 을이 직접 병을 상대로 소를 제기하였다가 청구기각의 확정판결을 받았다면 그 후 을의 채권자의

237) 대법원 2014.1.23. 선고 2011다108095 판결. 다만 대위채권자와 제3채무자 사이의 채권자대위소송에서 대위채권자의 채무자에 대한 피보전채권이 없다는 이유로 소 각하된 전소 판결의 기판력은 대위채권자와 제3채무자 사이의 후소판결에 미친다(대법원 2001.1.16. 선고 2000다41349 판결).

238) 대법원 1994.8.12. 선고 93다52808 판결.

대위소송에 그 기판력이 미친다고 본다. 이 경우에는 당사자만 다를 뿐 실질적으로 동일한 내용의 소송이기 때문이라는 것이 판례의 입장이다.[239)]

추심금청구소송에서의 추심권자도 채권자대위소송에서의 대위채권자와 마찬가지로 법정소송담당이라는 견해가 다수설·판례[240)]의 입장이다. 따라서 채권자대위소송에 대하여 위에서 언급한 민소법 218조 3항의 적용 및 역적용 그리고 다른 대위채권자의 후소에 전소의 기판력이 미친다는 법리가 추심금청구소송에도 그대로 적용될 수 있다고 생각하기 쉽다. 그러나 추심금청구소송은 채권자대위소송과 구조상 차이점이 존재한다. 우선 추심금청구소송에서는 소를 제기당한 제3채무자는 집행력 있는 정본을 가진 모든 채권자를 원고 쪽에 참가하도록 명할 것을 첫 변론기일까지 법원에 신청할 수 있고(민집 249③), 추심금청구소송의 재판은 그 명령을 받은 채권자 모두에게 효력이 미친다고 규정하고 있으므로(민집 249④), 다른 추심권자에게 전소의 기판력이 미치는지 여부는 이러한 제도적 특성을 고려하여 결정하여야 한다. 또한 채권자대위소송은 대위채권자가 대위의 요건만 갖추면 즉시 소송을 제기할 수 있지만, 추심금청구소송의 경우에는 추심권자가 추심소송을 제기하기에 앞서 채권압류 및 추심명령을 받아야 하므로 여러 추심권자가 추심금청구소송을 제기한다면 전후 소송 사이에 기판력이 미치는지 여부를 결정함에 있어서 이들이 받은 추심명령의 시점을 고려할 필요가 있다. 이에 대법원은 동일한 채권에 대해 복수의 채권자들이 압류·추심명령을 받은 경우 어느 한 채권자가 제기한 추심금소송에서 확정된 판결의 기판력은 그 소송의 **변론종결일 이전**에 압류·추심명령을 받았던 다른 추심채권자에게 미치지 않는다고 판시하면서 그 이유로서, ① 추심채권자들이 제기하는 추심금소송의 소송물이 채무자의 제3채무자에 대한 피압류채권의 존부로서 서로 같더라도 소송당사자가 다른 이상 그 확정판결의 기판력이 서로에게 미친다고 할 수 없고, ② 위 참가명령은 이를 받지 않은 채권자에게는 추심금소송의 확정판결의 효력이 미치지 않음을 전제로 참가명령을 통해 판결의 효력이 미치는 범위를 확장할 수 있도록 규정한 것이고, ③ 제3채무자는 위 참가명령신청을 하거나 변제 또는 집행공탁을 함으로써 다른 채권자의 추심금청구소송을 피할 수 있으므로 어느 한 채권자가 제기한 추심금소

---

239) 대법원 1981.7.7. 선고 80다2751 판결. 이 판결은 앞에서 살펴본 바와 같이, 민소법 218조 3항을 역적용한 사안으로 이해할 수 있을 것이다.

240) 대법원 2000.4.11. 선고 99다23888 판결; 대법원 2008.9.25. 선고 2007다60417 판결.

송에서 확정된 판결의 효력이 다른 채권자에게 미치지 않는다고 해도 제3채무자에게 부당하지 않다는 점을 들고 있다.[241] 그런데 이 판결은 추심금청구의 전소 **변론종결일 이후**에 압류 및 추심명령을 받고 추심금청구의 후소를 제기한 자에게는 전소의 기판력이 미친다는 점을 간접적으로 시사하면서도 이론적 근거를 제시하지 않고 있다. 이 부분에 대한 사견으로는 선행 추심소송의 확정판결의 기판력은 채무자에게 미치는데(218③), 선행 소송의 변론종결일 이후에 다른 추심채권자가 추심명령을 받으면 기판력을 받는 위 채무자로부터 소송수행권(당사자적격)을 이전받게 되므로 결국 그는 변론종결 뒤의 승계인으로서 전소의 기판력이 미친다는 논리가 성립한다고 본다(218①).

채권자취소권의 요건을 갖춘 각 채권자는 자신의 고유한 권리를 가지므로 다른 채권자와는 무관하다. 예컨대 채무자에 대한 채권자 갑의 확정판결의 효력은 다른 채권자 을에게 미치지 않는다. 다만 그에 기하여 재산이나 가액의 회복을 마친 경우에 비로소 다른 채권자의 사해행위취소 및 원상회복청구는 그와 중첩되는 범위 내에서 권리보호의 이익이 없게 된다.[242]

라. 소송탈퇴자(80, 82)

제3자가 독립당사자참가(79), 참가승계(81) 또는 소송인수(82)한 경우에 종전 당사자는 그 소송에서 탈퇴할 수 있는데, 그 뒤에 제3자와 상대방 당사자 사이의 판결의 기판력은 탈퇴자에게 미친다(80단서, 81, 82③).

3. 일반 제3자에의 확장

가. 의 의

통상의 소송에서의 판결의 효력은 판결의 상대성의 원칙에 따라 당사자 사이에만 미친다. 그런데 신분관계, 단체관계, 공법상 법률관계에서도 판결의 상대성의 원칙을 관철하면 공익에 반하고 이해관계인의 법률생활을 혼란시킬 우려가 있으므로 예외적으로 당사자간의 기판력을 일정범위의 제3자 또는 일반 제3자에게 확장해서 획일적인 처리를 할 필요가 있다. 이 경우 기판력을 받는 제3자의 절차적 보장이 문제된다.

---

241) 대법원 2020.10.29. 선고 2016다35390 판결.
242) 대법원 2008.4.24. 선고 2007다84352 판결.

나. 한정적 확장(일정한 범위 내의 이해관계인에게 확장)

파산채권확정소송의 판결의 효력은 파산채권자 전원에게 미치고(채무자회생법 460), 개인회생채권확정소송의 판결의 효력은 개인회생채권자 전원에게 미친다(채무자회생법 607). 회생채권 또는 회생담보권확정소송의 판결은 회생채권자, 회생담보권자 또는 주주·지분권자 전원에게 미친다(채무자회생법 168).

추심의 소에 대한 판결의 효력은 그 소에 공동소송인으로 참가하도록 명령을 받은 채권자(집행력 있는 정본을 가진 모든 채권자)에게 미친다(민집 249④).[243)]

증권관련집단소송의 판결은 제외신고를 하지 아니한 모든 구성원에게 미치고(증집소 37), 소비자단체소송·개인정보단체소송에서 판결이 확정된 때에는 판결이 확정된 후 그 사안과 관련하여 국가 또는 지방자치단체가 설립한 기관에 의하여 새로운 연구결과나 증거가 나타난 경우나, 기각판결이 원고의 고의로 인한 것임이 밝혀진 경우 외에는 다른 단체에게 판결의 효력이 미친다(소기 75, 개인정보 56). 원고단체의 청구기각 확정판결이 있음에도 다른 단체가 (동일한 소송물이 아니라) 동일한 사안에 대하여 단체소송을 제기하면 '확정판결이 없을 것'이 소극적 소송요건이므로 청구기각이 아니라 소각하 판결을 하여야 한다.

다. 일반 제3자에 대한 확장(대세효)

(1) 가사소송

청구**인용**판결의 기판력은 어느 때나 일반 제3자에게 미치지만, 청구**배척**판결(각하, 기각)은 제3자가 참가하지 못한데 정당한 사유가 없을 때에만 기판력이 확장되어 다시 소를 제기할 수 없도록 규정한다(가소 21).

(2) 회사관계소송

피고를 회사로 하는 설립무효·취소소송의 청구**인용**의 확정판결은 기판력이 제3자에게 확장되나, 청구**기각**의 확정판결은 당사자에게만 기판력이 미친다(상 190). 결의무효·취소·부존재(376②, 380), 부당결의취소·변경(381②)의 경우에는 소급효가 있다.

---

243) 대법원 2020.10.29. 선고 2016다35390 판결.

(3) **행정소송**

항고소송 중 행정처분취소 · 무효등확인소송 · 부작위위법확인소송의 청구**인용**의 확정판결은 대세효가 있으나(행소 29①, 38①②), 청구**기각**의 확정판결은 그 효력이 당사자에게 국한된다.

라. 제3자에 대한 확장에 따른 절차보장

기판력이 제3자에게 확장되는 경우 심리상 특칙을 두어 제3자의 절차보장을 도모하고 있다. ① 직권탐지주의에 의하거나 직권주의를 가미하고(가소 12 · 17, 행소 26, 증집소 30 이하), ② 충실하고 공정하게 소송수행을 기대할 수 있는 관계인으로 제소권자를 한정하고(상 376, 증집소 11, 소기 70), ③ 제3자에게 소송참가의 기회를 주며(상 187, 404②, 증집소 18), ④ 원칙적으로 유리한 판결에 한하여 그 효력을 확장시키고(상 190, 가소 21), ⑤ 제3자는 사해판결을 이유로 재심의 소를 제기할 수 있게 한 것 등이 이에 해당한다(상 406, 행소 31).

제6관 종국판결의 부수적 재판

Ⅰ. 가집행선고

1. 취 지

이행판결은 확정되어야 집행력이 부여되는 것이 원칙이다. 그러나 그렇게 해서는 원고가 제1심에서 승소판결을 획득하더라도 피고에 의해 상소가 제기되면 제1심판결의 확정이 차단되므로 집행력이 부여되지 않아 상소심에서의 심리 중에는 저지된다. 따라서 패소한 피고는 상소제도를 상소심에 의한 재심리의 필요성(판결내용에 대한 불복)이라는 본래의 목적이 아니라 오로지 원고측으로부터의 강제집행을 당분간 저지할 의도로 이용할 수 있다. 이렇게 되면 제1심판결이 경시되고 불필요한 상소가 유발되는 등 소송정책적으로 불합리하다. 적어도 원고가 제1심에서 승소한 이행판결을 획득하였다면 일단 이 판결은 중시되어야 하기 때문이다.

요컨대 현행법상 상소제도가 도입됨으로써 판결효의 발생이 저지되는 문제점을 극복하기 위해 설치된 제도가 가집행선고이다. 물론 가집행선고가 있으면 판결이 확정되지 않은 시점에서 강제집행이 허용되기 때문에 나중에 상소심에서 판결이 취소되고 청구가 기각되는 경우에는 원고측에 집행 전의 상태로 회복시킬 의무가 부여된다.

2. 요 건

가. 재산권의 청구에 관한 판결일 것

가집행선고는 '재산권의 청구'에 관한 판결에 한하여 허용된다(213①). 재산권의 청구는 비재산권의 청구와는 달리, 가집행선고부 판결의 집행이 종료된 후에 상소심에서 그 기초가 된 판결이 취소되어 청구가 기각되더라도 용이하게 원상회복이나 금전배상이 가능하기 때문에 가집행선고의 범위를 이 한도로 제한한 것이다. 국가를 상대로 하는 재산권의 청구에도 가집행선고를 붙일 수 있다.[244)]

따라서 이혼청구 등 신분상 청구와 같은 비재산권의 청구에 대하여는 가집행선고를 할 수 없다. 이혼과 동시에 재산분할을 명하는 판결도 이혼이 확정된 때에 재산분할에 대한 법적 효과가 발생하므로 마찬가지이다.[245)] 다만 가사비송사건상 재산권의 청구 또는 유아의 인도에 관한 심판으로서 즉시항고의 대상이 되는 심판은 담보를 제공하게 하지 아니하고 가집행선고를 명하여야 한다(가소 42①).

나. 집행에 적합한 판결일 것

종국판결로서 가집행할 수 있는 판결만 가집행이 허용되므로 소각하, 청구기각 등의 경우에는 허용되지 않으며, 중간판결에도 허용되지 않는다. 가집행선고를 변경하거나 가집행선고 있는 본안판결을 변경하는 판결(215①)에도 가집행선고는 허용되지 않는다.

항고로만 불복할 수 있는 결정·명령은 원칙적으로 즉시 집행력이 있으므로(민집 56(1)) 가집행선고를 할 수 없다. 그러나 배상명령은 가집행선고를 할 수 있다(소촉법 31③).

판례는 가집행선고는 원칙적으로 이행판결에 한한다는 입장이다.[246)] 따라서 행

---

244) 헌법재판소 1989.1.25. 선고 88헌가7 전원재판부 결정.
245) 대법원 1998.11.13. 선고 98므1193 판결.
246) 대법원 1966.1.25. 선고 65다2374 판결(형성력의 발생을 목적으로 하는 이른바 형성청구에 있어서는 법률에 특별규정이 있거나 또는 그 성질이 허용하는 경우 이외에는 가집행선고를 붙여서 미리 그 집행력을 발생시킬 수 없다고 보는 것이 상당하다).

정처분의 취소·변경판결이나 실체법상 법률관계를 변경하는 판결(공유물분할소송 등)은 가집행선고가 허용되지 않는다. 사해행위취소소송도 형성판결이므로 마찬가지이다. 사해행위취소와 함께 원상회복 중 가액배상을 구하는 청구도 사해행위취소의 효과발생을 전제로 하는 것이어서 그 이행기의 도래가 취소판결 확정 이후임이 명백하므로 확정 전에는 집행할 수 없기 때문에 가집행선고가 허용되지 않는다(이는 이혼과 함께 재산분할을 명하는 경우와 유사하다). 나아가 이행판결이라고 하더라도 장래이행판결은 성질상 가집행선고를 붙일 수 없다. 통설은 민소법 213조의 법문상 이행판결이라고 규정되어 있지 않으므로 재산권에 관한 청구이고 성질상 허용되는 경우라면 확인·형성판결에 대해서도 가집행선고를 할 수 있다고 보나, 이러한 경우는 실무상 거의 없으므로 논의의 실익이 크지 않다.

법률이 특별히 규정하고 있는 경우에는 이행판결이 아니라고 하더라도 가집행선고를 붙일 수 있다. 즉 통설·판례[247]가 형성판결로 보는 청구이의의 소나 제3자이의의 소에 관한 잠정처분의 취소·변경 또는 인가판결에는 직권으로 가집행선고를 하여야 한다(민집 47②, 48③).

다. 가집행선고를 붙이지 아니할 상당한 이유가 없을 것

재산권에 관한 청구는 가집행선고를 붙이지 아니할 상당한 이유가 없는 한 직권으로 담보를 제공하거나 제공하지 아니하고 가집행을 할 수 있다는 것을 선고하여야 한다(213①). 따라서 재산권의 청구에 관한 판결에서 상당한 이유가 있는 경우를 제외하고는 가집행선고여부는 법원의 자유재량이 아니고 원칙적으로 가집행선고를 하여야 한다.

이때 '상당한 이유'란 가집행선고를 붙임으로써 패소 피고에게 회복할 수 없는 손해의 위험, 예컨대 건물철거 또는 휴업 시 고객을 잃어버릴 염려 있는 점포인도청구의 경우 등을 의미한다.

의사진술을 명하는 판결에 가집행선고를 할 수 있는가?

등기절차이행을 명하는 판결 등은 의사진술을 명하는 판결인데, 이 경우에도 가집행선고를 붙일 수 있는가에 대하여 논의가 있다. 다수설은 민사집행법 263조 1항에서 의사의 진술을 명한 판결이 '확정'된 때에 그 판결로 의사를 진술한 것으로 본다고

247) 대법원 2013.5.9. 선고 2012다108863 판결; 대법원 1977.10.11. 선고 77다1041 판결.

규정하고 있으므로 이 경우에는 가집행선고를 붙일 수 없다고 본다. 실무의 태도도 마찬가지이다. 그러나 소수설[248]은 이 규정은 집행을 실현한 것으로 간주하는 시점에 대한 규정에 불과하다고 해석하여 이 경우에도 가집행선고가 허용된다고 한다.

3. 절 차

가. 직권에 의한 가집행선고

가집행선고는 법원의 직권으로 하여야 한다. 당사자의 신청은 직권발동을 촉구하는 의미밖에 없으므로 이에 대한 허부판단은 필요 없다. 다만 원심판결 중 불복신청이 없는 부분에 대한 상소법원의 가집행선고는 직권으로 할 수 없고 당사자의 신청이 있는 경우에 한하여 가능하다(406①, 435).

나. 가집행선고와 담보제공명령

가집행선고시에 담보를 제공하게 할 것인지 여부도 법원의 재량이다. 주로 상소심에서 판결이 변경될 가능성이 있는 경우에 담보의 제공을 명한다. 이러한 경우 담보의 제공을 하게 하는 이유는 가집행선고에 따른 조속한 집행으로 피고가 입을 손해를 담보하기 위한 것이다. 피고는 담보물에 대하여 질권과 동일한 권리가 있다(214, 123). 다만 어음·수표금 청구에 관한 판결에서는 무담보부 가집행선고를 하여야 한다(213①단서).

어음·수표금 청구에 관한 판결인 경우 담보 없이 가집행선고를 하도록 한 취지는 무엇인가?

이는 실체법상 권리의 존재가 거의 확실하므로 대체로 원고승소율이 높고 상소심에서도 그 판결이 취소·변경될 개연성이 다른 사건보다는 극히 희박하다는 점, 유통증권으로서의 경제적 기능이 있음에 비추어 그 권리의 신속한 실현이 요구된다는 점, 금원의 지급을 구하는 청구인만큼 패소한 피고에게 회복 곤란한 손해를 입힐 염려가 별로 없으며, 손해가 있더라도 구제가 어렵지 않다는 점 등을 고려한 것이다.

다. 가집행면제선고

법원은 직권으로 또는 당사자의 신청에 따라 채권전액을 담보로 제공하고 가집행을 면제받을 수 있다는 것을 선고할 수 있다(213②). 일반적으로 당사자가 변

248) 김홍규·강태원, 655쪽.

론종결 전에 가집행면제선고를 신청하는 예가 드물고, 면제선고를 하였다고 하더라도 피고가 채권전액을 담보로 제공하는 것은 부담이 되므로 실무적으로는 강제집행정지신청을 하는 경우가 많다(501). 가집행선고 및 가집행면제선고를 하는 경우에는 판결주문에 적어야 하는데(213③), 소송비용의 부담에 관한 주문 다음에 기재한다.

가집행선고 있는 판결에 기한 강제집행의 정지를 위하여 공탁한 담보로 강제집행의 기본채권에 충당할 수 있는가?

판례는 가집행선고 있는 판결에 대한 강제집행 정지를 위한 보증공탁은 그 강제집행 정지 때문에 손해가 발생할 경우에 그 손해배상의 확보를 위하여 하는 것이고 강제집행의 기본채권에 충당할 수는 없는 것이므로 위 손해배상청구권에 한하여서만 질권자와 동일한 권리가 있을 뿐, 강제집행의 기본채권에까지 담보적 효력이 미치는 것이 아니라고 하였다.[249)]

라. 가집행선고에 대한 불복

가집행선고의 재판에 대하여는 본안과 별도로 불복 상소할 수 없고, 본안판결과 함께 불복하여야 한다(391, 425). 또한 본안과 더불어 상소된 가집행선고의 재판에 비록 잘못이 있다 하더라도 본안에 대한 상소가 이유 없다고 판단되는 때에는 가집행선고의 재판을 시정하는 판단을 할 수 없다.[250)]

4. 효 력

가. 즉시 집행력 발생

가집행선고 있는 종국판결은 확정과 관계없이 선고와 동시에 집행권원이 되어 집행력이 발생하므로 피고가 상소를 하여도 집행할 수 있다. 강제집행을 저지하려면 별도의 신청으로 강제집행정지결정을 받아야 한다.

나. 본집행과 동일한 효과

가집행은 가압류·가처분과 같은 보전집행에 그치는 것이 아니라 종국적 권리의 만족에까지 이를 수 있는 점에서는 본집행과 다를 바 없다. 다만 상급심에서

249) 대법원 1979.11.23. 자 79마74 결정.
250) 대법원 2010.4.8. 선고 2007다80497 판결.

가집행선고 있는 본안판결이 취소되면 효력이 없어지며(해제조건부 집행), 확정판결과 달리 가집행선고 있는 판결을 집행권원으로 해서는 재산명시신청(민집 61① 단서), 채무불이행자명부등재신청(민집 70①1호 단서), 재산조회신청(민집 74)을 할 수 없다.

건물인도소송에서 제1심 판결의 가집행에 의하여 건물이 원고 앞으로 인도되었다면 항소심은 원고의 청구가 이유 없다는 판결을 해야 하는가?

상소심은 가집행에 의하여 건물이 원고 앞으로 인도되었다고 하더라도 이를 참작하지 않고 본안청구의 당부를 판단하여야 한다.[251] 상소심이 이를 참작하여 원고의 청구가 이유 없다는 기각판결을 한다면 가집행선고도 효력을 잃어 원고는 피고에게 원상회복을 해 주어야 하기 때문이다.

5. 실 효

가. 의 의

가집행의 선고는 상소에 의하여 본안판결이 확정되기 전에 그 가집행선고만을 바꾸거나 본안판결을 바꾸는 판결의 선고로 바뀌는 한도에서 그 효력을 잃는다(215①). 판례는 본안판결이 바뀌지 않는 이상 가집행선고만을 시정할 수는 없다는 입장이고,[252] 가집행선고는 별도로 불복상소할 수 없으므로 결국 가집행선고만을 바꾸는 경우는 없다는 결론이 된다.

본안판결을 바꾸는 경우, 즉 무조건의 이행을 명한 제1심 판결에 대하여 상환이행을 명하는 상소심의 판결이나 제1심의 원고 전부승소판결에 대하여 원고의 전부 또는 일부 패소를 명한 상소심 판결의 경우에는 바뀐 한도에서 가집행선고는 효력을 잃는다. 항소심에서 청구가 교환적으로 변경되어 구소가 취하된 경우 구청구에 붙여진 가집행선고도 실효된다.[253]

물론 담보부 가집행선고에서 무담보부 가집행선고로 바뀐 것과 같이 원고에게 유리하게 변경된 때에는 실효되지 아니한다.

---

251) 대법원 2020.1.30. 선고 2018다204787 판결; 대법원 2009.3.26. 선고 2008다95953,95960 판결.
252) 대법원 2010.4.8. 선고 2007다80497 판결.
253) 대법원 1995.4.21. 선고 94다58490,94다58506(반소) 판결.

나. 장래효

가집행실효의 효력은 장래에 향하여 발생할 뿐 소급효가 없다. 따라서 가집행이 실효되었을 때에는 그 상소심 판결의 정본을 제출하면 집행기관은 그 이후의 집행을 정지하고 집행처분을 취소하여야 한다(민집 49(1), 50).

이미 집행이 끝났으면 가집행의 효력에는 영향을 주지 않으므로, 만일 변경판결이 나기 전에 가집행에 의한 경매절차에서 피고의 부동산이 제3자에게 매각허가결정이 나고 매각대금이 납부되었다면 그 제3자는 소유권을 취득한다.

다. 원상회복 및 손해배상의무

(1) 의 의

본안판결을 바꾸는 경우에는 법원은 피고의 신청에 따라 그 판결에서 가집행의 선고에 따라 지급한 물건을 돌려줄 것(원상회복)과 가집행으로 말미암은 손해 또는 그 면제를 받기 위하여 입은 손해를 배상할 것을 원고에게 명하여야 한다(215②). 가집행의 선고를 먼저 바꾼 뒤 본안판결을 바꾸는 경우에는 본안판결을 바꾼 시점에 원상회복 및 손해배상의무가 발생한다(215③).

(2) 원상회복의무

이때의 원상회복의무는 일종의 부당이득반환의무의 성질을 가진다. 여기의 '피고가 지급한 물건'을 가지급물이라고 한다. 가집행실효의 효력은 장래에만 미치므로 경매절차로 이미 매각한 물건은 설사 원고가 이를 매각받았다고 하더라도 가지급물이 아니지만, 가집행을 면하기 위하여 임의지급하거나 공탁하여 원고가 수령한 금원, 원고의 승낙 하에 채무자가 자진하여 대물변제한 물건 등은 가지급물이다.

(3) 손해배상의무

손해배상의무는 불법행위책임으로서 공평의 원칙에서 인정되는 무과실책임이다(통설 · 판례). 따라서 민법상 과실상계(민 763, 396), 소멸시효(민 766)에 관한 규정이 준용되지만 원고의 고의 · 과실은 손해배상의 요건이 아니다.[254] 배상할 손해의 범위는 가집행과 상당인과관계에 있는 모든 손해가 포함된다.

---

254) 대법원 1979.9.11. 선고 79다1123 판결.

가집행선고 있는 본안판결이 바뀌는 경우 원고가 부담하는 손해배상책임에 대하여 가집행채무자의 과실을 이유로 과실상계를 주장할 수 있는가?

이 경우에 원고가 부담하는 손해배상책임은 무과실책임이다. 그러나 가집행 채무자에게 가집행에 관하여 과실이 있는 때에는 가집행 채권자의 손해배상책임 및 그 금액을 정함에 있어서 이를 참작하여야 한다.[255] 피고가 과실로 인하여 임의변제를 하지 않거나, 집행정지신청을 하지 않아 손해가 증가한 경우, 원심에서 동시이행항변을 하지 않아 전부 패소하였다가 항소심에서 그 항변을 한 경우 등이 과실상계사유가 될 수 있다.

(4) 절 차

별소로 손해배상청구 및 부당이득반환청구를 할 수도 있으나, 민소법 215조 2항에 따라 상소심절차 내에서 피고가 본안판결의 변경을 구하면서 함께 병합하여 원상회복 등의 청구를 하면 된다. 후자를 가지급물반환신청이라고 하며, 통상적인 방법이다. 이 신청은 소송에 준하여 변론이 필요하므로 상고심에서는 사실심리를 요하지 않는 경우에만 예외적으로 가능하다.[256] 일종의 예비적 반소이지만 상소심에서의 반소는 원칙적으로 상대방의 동의를 요함에 반하여 가지급물반환신청의 경우는 동의를 요하지 아니한다는 점에서 차이가 있다(412). 가지급물의 반환의무는 성질상 부당이득반환채무이므로 소송촉진 등에 관한 특례법 3조 1항 소정의 이율이 적용된다.[257]

Ⅱ. 소송비용의 재판

1. 의 의

종국판결의 부수적 재판으로는 가집행선고 이외에 소송비용의 부담에 관한 재판이 있다(104). 소송비용이라 함은 소송당사자가 현실적으로 소송에서 지출한 비용 중 법령에 정한 범위에 속하는 비용을 말한다. 법원은 당사자 중 누가 어느 비율로 소송비용을 부담할 것인가를 직권으로 정하여 판결주문에 적는다.

---

255) 대법원 1995.9.29. 선고 94다23357 판결.
256) 대법원 2000.2.25. 선고 98다36474 판결. 다만 항소심에서 신청할 수 있음에도 신청하지 아니한 피고가 상고심에서 이를 신청할 수는 없다(대법원 2003.6.10. 선고 2003다14010,14027 판결).
257) 대법원 2005.1.14. 선고 2001다81320 판결.

2. 소송비용의 범위

소송비용의 범위·액수와 예납 등에 관하여는 민소법(동 규칙)·민사소송비용법(동 규칙)·민사소송 등 인지법(동 규칙)·변호사보수의 소송비용산입에 관한 규칙 등에서 정한다. 소송비용은 재판비용과 당사자비용으로 나뉜다. 강제집행 또는 보전소송에 대한 비용은 여기에 포함되지 않는다.

가. 재판비용

당사자가 국고에 납부하는 비용이다. 크게 인지액과 그 밖의 비용(체당금)으로 나뉜다.

인지액이 1만원 이상인 때에는 현금으로 납부하여야 한다(민인규 27①). 인지액은 소송목적의 값이 1천만원 미만인 경우에는 그 값에 1,000분의 5를 곱한 금액이고, 소송목적의 값이 높아질수록 곱하는 비율이 낮아지게 된다(민인 2①).

체당금에는 송달료, 공고비, 증인·감정인·통역인과 번역인 등에 지급하는 여비·일당·숙박료, 법관과 법원사무관등의 검증 때의 출장일당·여비·숙박료 등이 있다. 이러한 비용을 필요로 하는 소송행위에 대하여 법원은 당사자에게 그 비용을 미리 내게 할 수 있으며, 비용을 미리 내지 아니하는 때에는 법원은 그 소송행위를 하지 아니할 수 있다(116).

법원은 소송비용을 미리 내야 할 사람이 내지 아니하거나 부족할 경우에는 소송절차의 진행 또는 종료 후의 사무처리가 현저히 곤란한 때에는 그 소송비용을 국고에서 대납받아 지출할 수 있다(규 20).

나. 당사자비용

당사자가 소송수행을 위해 자신 또는 국고 이외의 제3자에게 지출하는 비용을 말한다. 여기에는 소장 등 소송서류의 작성에 들어간 비용, 당사자나 대리인이 기일에 출석하기 위한 일당·여비·숙박료, 소송대리인인 변호사에게 지급하거나 지급할 보수(109) 등이 있다.

변호사보수의 경우에는 변호사에게 지급한 금액 전액이 아니라 대법원이 정하고 있는 기준인 '변호사보수의 소송비용산입에 관한 규칙'에 의하여 산정하는데, 최소 30만원부터 시작하여 그보다 큰 경우에는 소송목적의 값이 2,000만원까지는

10%이며, 소송목적의 값이 높아질수록 곱하는 비율이 낮아지는 역진제 방식이다(위 규칙 3①). 또한 변론이나 심문을 거친 가압류, 가처분명령 신청사건 또는 이에 대한 이의나 취소사건 및 자백(간주)사건, 무변론판결사건은 위 산정금액의 절반으로 하며(위 규칙 3②, 5), 재량에 의한 상당정도의 감액[258] 및 1/2의 한도에서 증액조정도 인정된다(위 규칙 6).[259] 여러 변호사가 소송을 대리하였더라도 한 변호사가 대리한 것으로 본다(109②). 소송당사자가 약정에 따라 부가가치세를 포함하여 변호사보수를 지출하였다면, 그 금액이 위 규칙에서 정한 금액 범위 안에 있는 이상 그 전부를 소송비용에 포함되는 변호사보수로 보아 소송비용부담의 재판에 따라 상환의무를 부담하는 상대방에게 상환을 구할 수 있다.[260]

민사조정신청사건이 조정신청 취하로 종료되었다면 조정절차비용에 변호사보수도 산입되는가?

조정신청이 소송으로 이행되면 조정절차비용은 소송비용에 포함된다(민조 37②). 또한 소송사건이 조정에 회부되어 조정이 성립된 경우 또는 조정에 갈음하는 결정이 확정되면 소송비용은 조정절차비용에 포함된다(민조규 16조의2). 그런데 민사조정법은 변호사보수가 조정절차비용에 포함되는지에 관한 규정이 없고 이에 관한 민소법 조항을 준용하지도 않고 있다(민조 38). 이에 대하여 대법원은, 민사에 관한 분쟁의 당사자가 법원에 조정을 신청한 사건이 소송으로 이행되지 않은 채 조정신청의 취하 등으로 종료되는 경우 민소법에서 정하는 소송비용부담 및 확정절차에 관한 조항을 민사조정절차에 유추적용할 수 있고, 그 조정절차비용에 변호사보수도 산입될 수 있다고 봄이 타당하다. 그리고 그와 같은 방식으로 산정한 변호사보수가 현저히 부당하다고 인정되는 때에는 법원은 '변호사보수의 소송비용 산입에 관한 규칙' 제6조에 따라 이를 상당한 정도까지 감액할 수 있다고 판시하였다.[261]

---

258) 대법원 2022.5.12. 자 2017마6274 결정(산정액 전부를 소송비용으로 인정하여 상대방에게 상환을 명하는 것이 공정이나 형평의 이념에 반하는 결과를 가져오는 경우에는 보수규칙 6조 1항의 '현저히 부당하다고 인정되는 경우'에 해당하여 감액 산정할 수 있다－177억원을 청구하였다가 25억원으로 감축한 보정서를 제출하고 실제로 25억원에 대하여 심리되었으나 보정서가 진술되지 않아 177억원에 대하여 패소한 사안).

259) 비록 한국에 있는 원고가 피고의 채무불이행으로 인하여 미국 중개업체에 과다한 중개수수료를 지급하였다가 이후 위 중개수수료를 돌려받기 위하여 부득이하게 미국에서 이 사건 관련 소송을 제기하였고 그와 관련하여 변호사 보수를 지출할 수밖에 없었다고 하더라도 원고가 지출한 변호사 보수 전액이 곧바로 상당인과관계가 있는 손해에 해당한다고 볼 수는 없고, 그 지출경위와 지급내역, 소송물의 가액, 위임업무의 성격과 난이도 등 구체적 사정을 고려하여 상당한 범위 내에서의 보수액만을 상당인과관계가 있는 손해로 보아야 할 것이다(대법원 2012.1.27. 선고 2010다81315 판결).

260) 대법원 2022.1.27. 자 2021마6871 결정.

3. 소송비용의 부담

가. 패소자부담의 원칙

소송비용은 패소한 당사자가 부담함이 원칙이다(98). 일부 패소의 경우에는 패소한 비율만큼 그 당사자가 부담하는 것이 원칙이지만 법원은 여러 사정을 고려하여 이와 달리 정할 수 있다(101).

패소자가 공동소송인인 경우에는 소송비용을 균등하게 부담하는 것이 원칙이나, 법원은 사정에 따라 공동소송인에게 소송비용을 연대하여 부담하게 하거나 다른 방법으로 부담하게 할 수 있다(102①단서).[262] 소송비용을 부담한다는 뜻은 부담자의 지출비용은 자신이 부담하고, 상대방의 지출비용은 부담자가 상대방에게 갚아주어야 한다는 것을 의미한다.[263] 한편, 여러 명의 공동소송인이 공동으로 선임한 변호사 보수의 소송비용산입의 계산방법은 특별한 사정이 없는 한, 각 공동소송인별로 소송물가액을 정하여 변호사 보수의 비용산입에 관한 규칙 3조에 의한 변호사보수를 각 개인별로 산정한 다음 이를 합산할 것이 아니라, 동일한 변호사를 선임한 공동소송인들의 각 소송물가액을 모두 합산한 총액을 기준으로 위 규칙 3조에 따른 비율을 적용하여 변호사보수를 산정하여야 한다.[264]

소 취하로 소송이 끝난 경우에 소송비용은 누가 부담하는가?

소 취하로 소송이 끝난 경우 당사자의 신청이 있으면 법원은 민소법 114①에 의하여 결정으로 소송비용의 액수를 정하고 이를 부담하도록 명해야 하는데, 이때 법원은 같은 법 114②에 의하여 같은 법 98조 내지 103조의 규정을 준용하여 소 취하의 경위, 각 당사자의 소송행위의 내용 등 여러 사정을 종합하여 재량에 의하여 소송비용을 부담할 자와 그 부담액을 정할 수 있으나, 소의 취하는 처음부터 소송계속이 없었던 것으로 간주되는 것이므로 그 소는 원칙적으로 원고에게 무익한 것, 즉 권리의 신장 또는 방어에 필요한 행위가 아니었던 셈이 되어 피고가 채무를 이

---

261) 대법원 2022.10.14. 자 2020마7330 결정.

262) 대법원 2017.11.21. 자 2016마1854 결정.

263) 피참가인이 일부 승소하였음에도, 주문에 '보조참가로 인한 부분'이 특정되지 않은 채 피참가인과 상대방 당사자 사이의 소송비용 부담 비율만 기재되어 있다면, 여기에는 보조참가로 인하여 생긴 부분까지 당연히 포함되었다고 볼 수 없어 이에 관한 소송비용의 재판이 누락된 경우에 해당하므로, 당해 소송비용의 재판을 누락한 법원이 직권 또는 당사자의 신청에 따라 이에 대한 재판을 추가로 하여야 한다(대법원 2022.4.5. 자 2020마7530 결정).

264) 대법원 2000.11.30. 자 2000마5563 전원합의체 결정.

행하였기 때문에 소를 취하한 것이라는 등의 특별한 사정이 없는 한 패소한 당사자에 준하여 소를 취하한 원고가 소송비용의 부담자가 되는 것이 원칙이다.[265)]

나. 원칙의 예외

다음과 같은 경우에는 승소자에게 그 소송비용의 전부나 일부를 부담하게 할 수 있다.

승소자가 그 권리를 늘리거나 지키는 데 필요하지 아니한 행위로 말미암은 소송비용의 경우(99전문). 예컨대 피고가 이행거절을 하는 등 제소를 유발한 바 없음에도 원고가 불필요한 제소를 하여 승소한 경우 원고에게 소송비용을 부담하게 하는 것을 말한다.

상대방의 권리를 늘리거나 지키는 데 필요한 행위로 말미암은 소송비용의 경우(99후문). 예컨대 피고가 이행거절을 하여 원고가 소를 제기하였는데, 그제서야 변제함으로써 원고청구가 기각된 경우 승소한 피고에게 소송비용을 부담하게 하는 것을 말한다.

승소자가 책임져야 할 사유로 소송이 지연됨으로 말미암은 소송비용의 경우(100). 예컨대 당사자가 적당한 시기에 공격이나 방어의 방법을 제출하지 않았거나, 기일이나 기간의 준수를 게을리한 경우 등이 이에 해당한다.

일부패소의 경우 한쪽 당사자에게 소송비용 전부를 부담하게 할 수도 있는가?

가능하다. 일부패소의 경우에 당사자들이 부담할 소송비용은 법원이 정한다. 통상 승패의 비율에 따라 소송비용을 정하지만, 반드시 청구액과 인용액의 비율에 따라 정하여야 하는 것은 아니고 사정에 따라 한쪽 당사자에게 소송비용의 전부를 부담하게 할 수 있다(101단서).

A가 항소심에서 패소하고 상고장을 제출하였으나 상고장각하명령으로 사건이 종결되었을 뿐, 상고장 부본이 B에게 송달되지 않았는데 B는 상고심 소송대리인 선임비용을 지출한 경우에 B는 A에게 위 소송비용을 부담시킬 수 있는가?

서로 대립하는 상대방이 없거나 형식상 상대방이 있더라도 상대방에게 자기의 권리 신장을 위하여 공격 또는 방어할 수 있는 기회가 보장된 대심적 소송구조가 아닌 경우에는 소송비용이 지출되었더라도 이는 지출한 당사자가 스스로 부담할 성질의

265) 대법원 2020.7.17. 자 2020카확522 결정.

것이고 상대방에게 그 비용을 부담시킬 이유가 없으므로 그 비용부담자 등을 정할 필요가 없다. 사례에서 A가 제출한 상고장이 신청인에게 송달되기도 전이라면 당사자 사이에 아직 상고심에 관한 대심적 소송구조가 형성되었다고 볼 수 없으므로 비록 B가 본안사건 기록이 대법원에 송부된 후 상고심 소송대리인 선임비용을 지출하였더라도 이는 대심적 소송구조에서 지출된 비용이 아니어서 상대방에게 부담시킬 수 없고, 그 비용부담자 등을 정할 필요도 없다. 따라서 B가 A를 상대로 한 소송비용부담 및 확정 신청은 이유 없어 기각된다.[266]

다. 제3의 부담자

다음과 같은 경우에는 당사자가 아닌 제3자에게 소송비용을 부담시킬 수 있다. 이 재판은 결정으로 하며, 즉시항고를 할 수 있다(107③).

법정대리인·소송대리인·법원사무관등이나 집행관이 고의 또는 중대한 과실로 쓸데없는 비용을 지급하게 한 경우에는 수소법원은 직권으로 또는 당사자의 신청에 따라 그에게 비용을 갚도록 명할 수 있다(107①).

법정대리인 또는 소송대리인으로서 소송행위를 한 사람이 그 대리권 또는 소송행위에 필요한 권한을 받았음을 증명하지 못하거나, 추인을 받지 못한 경우에 그 소송행위로 말미암아 비용이 발생한 경우에 수소법원은 직권으로 또는 당사자의 신청에 따라 그에게 비용을 갚도록 명할 수 있다(107②).

소송대리권의 흠결로 무권대리인이 소송비용 부담의 재판을 받은 경우, 그에 대한 불복방법으로 당사자를 상대로 한 항소나 상고를 제기할 수 있는가?

판례는, 소송대리인에게 대리권이 없다는 이유로 소가 각하되고 소송대리인이 소송비용 부담의 재판을 받은 경우에는, 일반적인 소송비용 부담의 경우와는 달리 소송비용을 부담하는 자가 본안의 당사자가 아니어서 소송비용의 재판에 대하여 독립한 상소를 금지하는 민소법 규정이 적용된다고 볼 것은 아니라고 할 것이나, 소송비용 부담의 재판에 의하여 소송대리인이 소송의 당사자가 되는 것은 아니고 법원으로서도 당사자 사이에서 분쟁에 관하여 재판을 한 것이라고 할 수 없으므로, 소송대리인으로서는 법원 자체에 대하여 제기할 수 있는 즉시항고나 재항고에 의하여 불복하는 것은 별론으로 하고, 당사자 등을 상대방으로 한 항소나 상고를 제기할 수는 없다고 하였다.[267]

---

266) 대법원 2019.11.29. 자 2019카확564 결정.
267) 대법원 2016.6.17. 자 2016마371 결정; 대법원 1997.10.10. 선고 96다48756 판결.

4. 소송비용의 재판

소송비용의 재판은 제1단계로 종국판결의 주문에서 소송비용부담자를 정하고, 제2단계로 소송비용액 확정절차를 통하여 구체적인 부담액을 정한다.

가. 소송비용부담자의 확정

법원은 심급마다 종국판결의 주문에서 당사자 중 누가 어느 비율로 부담할 것인가를 직권으로 정하여야 한다(104).[268] 사정에 따라서는 예외적으로 사건의 일부나 중간의 다툼에 관한 재판에서 그 비용에 대한 재판을 할 수 있다(104단서). 상급법원이 본안의 재판을 바꾸는 경우 또는 사건을 환송받거나 이송받은 법원이 그 사건을 완결하는 재판을 하는 경우에는 심급을 통틀어 소송의 총비용에 대하여 재판하여야 한다(105).

소송비용의 재판을 누락한 경우에는 법원은 직권으로 또는 당사자의 신청에 따라 그 소송비용에 대한 재판을 한다(212②). 일반적인 재판의 누락, 즉 청구의 일부에 대한 재판누락의 경우에는 법원의 직권으로 추가판결을 하여야 하므로 당사자의 신청은 직권발동을 촉구하는 의미밖에는 없지만(212①), 소송비용의 재판을 누락한 경우에는 당사자에게 신청권이 인정된다는 점에서 차이가 있다. 이 재판을 한 경우에도 본안판결에 대하여 적법한 항소가 있는 때에는 그 효력을 잃고 항소법원이 소송의 총비용에 대하여 재판을 한다(212③).

그러나 상급법원이 상소를 각하·기각하는 경우에는 그 심급에서 생긴 소송비용만 재판하면 된다. 판결 중 소송비용의 재판에 대하여만 독립하여 상소할 수 없다(391, 425). 따라서 본안과 함께 불복하여야 한다. 판례는 가집행선고와 마찬가지로 본안의 상소가 이유 없으면 소송비용에 대한 불복신청은 부적법하다고 본다.[269]

---

268) 쌍방상소사건에서 각 당사자의 불복범위에 현저한 차이가 있어 쌍방 상소기각과 함께 상소비용을 각자 부담으로 하게 되면 불합리한 결과가 발생한다고 인정되는 경우, 법원으로서는 당해 심급의 소송비용부담재판을 함에 있어 단지 각자 부담으로 할 것이 아니라, 각 당사자의 불복으로 인한 부분의 상소비용을 불복한 당사자가 각각 부담하도록 하거나, 쌍방의 상소비용을 합하여 이를 불복범위의 비율로 적절히 안분시키는 형태로 주문을 냄으로써, 불합리한 결과가 발생하지 않도록 하는 것이 바람직하다(대법원 2019.4.3. 선고 2018다271657 판결).

269) 대법원 1998.11.10. 선고 98다42141 판결.

나. 소송비용액 확정절차

(1) 개 요

실무상 소송비용의 재판은 이를 부담할 당사자 및 그 부담의 비율만 정하고 구체적인 비용액까지 확정하는 예는 거의 없으므로 구체적인 액수를 확정하여 강제집행이 가능하도록 하는 절차가 필요한데, 이것이 소송비용액 확정절차이다.

소송비용부담의 재판만으로는 소송비용상환청구채권의 집행권원이 될 수 없으며,[270] 이를 소송비용액 확정절차에 의하지 않고 별개의 소로 청구하면 소의 이익이 없어 각하된다.[271]

소송비용액 확정결정은 그 자체 집행권원이 되므로 이로써 재산명시신청을 할 수 있다.[272]

소송비용의 부담을 정하는 재판을 하면서 그 액수를 정하지 않은 경우 소멸시효상환청구권의 소멸시효의 기산점은 언제인가?

민법 165조 1항에 의한 소멸시효 연장의 효과는 판결 확정시에 아직 변제기가 도래하지 않은 채권에 대해서는 적용되지 않는다(민 165③). 소송에서 법원이 판결로 소송비용의 부담을 정하는 재판을 하면서 그 액수를 정하지 않은 경우에 소송비용 부담의 재판이 확정됨으로써 소송비용상환의무의 존재가 확정되지만, 소송비용액확정결정으로 구체적인 소송비용 액수가 정해지기 전까지는 아직 변제기가 도래하지 않은 채권에 해당한다. 따라서 그 소멸시효의 기산점은 판결의 확정시이고, 그 채권의 소멸시효기간이 지나면 소멸시효가 완성된다.[273]

(2) 결정절차

소송비용 부담의 재판에서 그 액수가 정하여지지 아니한 경우에는 제1심법원이 그 재판이 확정되거나 소송비용 부담의 재판에 가집행선고가 붙어 집행력을 갖게 된 후에는 당사자의 신청을 받아 그 소송비용액을 확정하는 결정을 한다(110①). 다만, 화해의 경우에 소송비용은 통상 각자 부담하므로 제외하고(106),

---

270) 대법원 2006.10.12. 선고 2004재다818 판결.
271) 대법원 2000.5.12. 선고 99다68577 판결.
272) 대법원 1995.4.18. 자 94마2190 결정.
273) 대법원 2021.7.29. 자 2019마6152 결정(…국가의 소송비용상환청구권은 금전의 급부를 목적으로 하는 국가의 권리로서 국가재정법 96조 1항에 따라 5년 동안 행사하지 않으면 소멸시효가 완성된다).

소송이 재판에 의하지 않고 끝난 경우 당사자가 소송비용을 상환받기 위해서는 민소법 114조 1항에 의하여 해당 소송이 끝난 당시의 소송계속 법원에 소송비용 부담의 재판을 신청하여야 한다.[274] 신청을 할 때에는 비용계산서, 그 등본과 비용액을 소명하는 데 필요한 서면을 제출하여야 한다(110②).

소송비용액 확정절차는 사법보좌관의 업무이고(법조 54②(1), 사보규 2①(1)), 소송비용액의 계산은 법원사무관등이 한다(115). 사법보좌관의 결정에는 즉시항고할 수 있으나(110③), 즉시항고 전에 당사자는 이의신청을 하여야 하며(사보규 4①), 이에 대해서는 판사(제1심 수소법원)가 사법보좌관의 처분에 대한 이의신청이 이유 있다고 인정되면 사법보좌관의 처분을 경정하고, 이유 없다고 인정할 때에는 사법보좌관의 처분을 인가하고 사건을 항고법원에 송부한다.

지방법원 단독판사가 즉시항고가 이유 없다고 인정하여 인가한 경우, 이의신청권자는 따로 항고장을 내지 않아도 즉시항고로 간주하며, 이에 대하여는 항고법원인 지방법원 합의부가 재판절차를 진행한다.[275] 제1심 합의부가 재판한 민사합의사건에 관한 소송비용액 확정신청에 대한 사법보좌관의 처분에 대한 이의신청은 제1심 수소법원인 지방법원 합의부가 처분의 인가여부를 판단하여야 하고, 합의부가 아닌 단독판사가 이를 판단하는 것은 전속관할 위반이다.[276]

소송비용부담의 재판 이후에 비용부담의무자의 승계가 있는 경우에 그 승계인을 상대로 소송비용액 확정신청을 하기 위해서는 승계집행문을 부여받아야 한다.[277]

항소심에서 항소취하로 소송이 종료된 경우에 당사자는 항소심에서의 소송비용 확정은 어느 법원에 신청하여야 하는가?

항소심에서 항소취하되면 제1심 판결이 확정되므로 제1심 소송비용은 제1심 수소법원에서 정한다. 그러나 이 경우 항소심의 소송비용은 그렇지 않다. 민소법 114조는 소송이 재판에 의하지 않고 끝나거나 참가 또는 이에 대한 이의신청이 취하된 경우

---

274) 따라서 이를 제1심수소법원에 소송비용액 확정을 신청하는 방법으로는 할 수 없다(대법원 2018.4.6. 자 2017마6406 결정).

275) 대법원 2008.3.31. 자 2006마1488 결정(상소심에 제기된 재심청구 사건의 소송비용액의 확정결정은 사법보좌관이 제1심법원으로서 사무를 행한 것이고, 이에 대한 이의신청을 지방법원 단독판사가 인가한 경우에, 그 이의신청(즉시항고)사건은 항고법원인 지방법원 합의부가 관할법원이 된다).

276) 대법원 2008.6.23. 자 2007마634 결정.

277) 대법원 2009.8.6. 자 2009마897 결정.

에는 그 법원이 소송비용의 액수를 정하여야 한다고 규정하고 있다(114). 따라서 항소심에서 항소취하로 확정된 사건의 항소심 소송비용액의 결정은 항소심법원이 하여야 하므로 당사자는 항소심에 소송비용액 확정신청을 하여야 한다.[278]

판결의 소송비용 부담부분에 원고가 30%, 피고가 70%로 분담비율이 기재되어 있는 경우, 원고가 소송비용 확정결정을 신청함에 있어 150,000원을 소명한 경우 법원은 어떻게 처리해야 하는가?

소송비용 부담재판이 원고와 피고에게 비율로 분담시킨 경우에는 각자의 소송비용에 분담비율을 곱함으로써 스스로 부담할 금액과 상환을 구할 수 있는 금액을 모두 계산해 주어야 한다.[279] 따라서 원고가 이를 신청하면 법원은 소송비용액을 결정하기 전에 피고에게 비용계산서의 등본을 교부하고 이에 대한 진술을 할 것과 일정한 기간 이내에 비용계산서와 비용액을 소명하는데 필요한 서면을 제출할 것을 최고하여야 한다. 만약 피고가 이를 제출하지 않은 때에는 원고의 비용에 대해서만 결정할 수 있으므로 결국 150,000원을 기준으로 원고는 45,000원(30%), 피고는 105,000원(70%)으로 분담액을 정한 후, 대등액에서 상계하여 피고가 원고에게 지급할 비용액을 60,000원으로 결정하게 된다(112). 다만 피고도 별도로 소송비용 확정결정을 신청할 수 있다(111).

소송비용액 확정절차에서 확정판결에 기재된 소송비용의 분담비율을 다툴 수 있는가?

소송비용액 확정절차에서는 상환할 소송비용의 수액을 신청의 범위 내에서 정할 따름이고 그 상환의무상 분담비율을 심리·판단할 수 없으므로 이를 다툴 수 없다. 소송비용액 확정절차는 이미 기판력 있는 본안판결에서 소송비용 상환의무의 실체관계 판단이 확정된 후에 진행하는 것이기 때문이다.[280]

---

278) 서울고법 1985.12.14. 자 85라124 제9민사부결정; 부산고법 1988.1.21. 자 87라14 제2민사부결정.

279) 대법원 2022.5.31. 자 2022마5141 결정. 이 사안은 소송비용 중 70%는 원고가, 30%는 피고가 부담한다는 판결이 선고·확정되자, 피고는 항소심의 변호사 보수로 330만원을 지급하였다는 이유로 원고를 상대로 소송비용액 확정신청을 하였는데, 원심은 '변호사보수의 소송비용산입에 관한 규칙'에 따라 산정한 보수액의 70% 상당액(5,471,254원)과 피고가 실제 지출한 변호사 보수액(330만원)을 비교하여 더 적은 금액인 실제 지출액을 원고가 피고에게 상환할 항소심 변호사 보수로 인정하였으나, 대법원은 위 규칙에 따라 산정한 보수액과 실제 지출한 변호사 보수액을 비교한 다음, 더 적은 금액인 330만원에 원고의 분담비율 70%를 적용하여 231만원으로 산정했어야 한다고 보아 원심판결을 파기환송하였다. 부연하면 70%는 원고가, 30%는 피고가 부담한다면 원고가 지출한 변호사 보수 중에서 70%는 원고 스스로가 부담하여야 하고 30%는 피고에게 상환을 구할 수 있다. 피고가 지출한 변호사 보수도 마찬가지로, 피고는 그중 30%는 스스로 부담하여야 하고 70%는 원고에게 상환을 구할 수 있다.

변호사 보수는 당사자가 보수계약에 의하여 현실적으로 지급한 것에 한하는가?

소송비용에 산입되는 변호사의 보수에는 당사자가 보수계약에 의하여 현실적으로 지급한 것뿐만 아니라 사후에 지급하기로 약정한 것까지 포함되고, 제3자가 지급한 경우에도 당사자가 지급한 것과 동일하다고 볼 수 있는 사정이 인정되면 소송비용에 산입되는 변호사보수로 인정할 수 있다.[281] 이에 따라 대법원은 甲이 신탁계약의 수탁자인 乙 주식회사를 상대로 소송을 제기하자, 신탁계약의 위탁자인 丙 주식회사가 신탁계약에 따라 丁 법무법인에 위 소송의 대리를 위임하면서 보수는 추후 소송비용액확정신청을 통하여 상대방으로부터 상환받을 변호사보수로 그 지급을 갈음하기로 약정하였는데, 위 소송에서 소송비용은 甲이 부담한다는 판결이 확정되자, 乙 회사가 甲을 상대로 소송비용액확정신청을 한 사안에서, 丙 회사가 보수약정에 따라 丁 법인에 지급하기로 한 변호사보수는 소송당사자인 乙 회사가 지급하는 것과 동일하다고 볼 수 있어 소송비용으로 인정되어야 하고, 소송비용액확정절차에서 변호사보수의 소송비용 산입에 관한 규칙에 의하여 결정되는 변호사보수는 보수약정에 따라 丁 법인에 지급될 보수액으로서 甲이 乙 회사에 상환하여야 할 소송비용에 산입된다고 보아야 하는데도, 乙 회사가 지급하였거나 지급할 변호사보수가 없다는 이유로 甲이 乙 회사에 상환하여야 할 소송비용액을 0원으로 확정한 원심판단에는 소송비용에 산입되는 변호사보수에 관한 법리오해 등 잘못이 있다고 판시하였다.[282]

5. 소송비용의 담보

가. 담보제공사유

원고가 대한민국에 주소·사무소와 영업소를 두지 아니한 때 또는 소장·준비서면, 그 밖의 소송기록에 의하여 청구가 이유 없음이 명백한 때 등 소송비용에 대한 담보제공이 필요하다고 판단되는 경우에 피고의 신청이 있으면 법원은 원고에게 소송비용에 대한 담보를 제공하도록 명하여야 한다.[283] 담보가 부족한

280) 대법원 2002.9.23. 자 2000마5257 결정.
281) 대법원 2005.4.30. 자 2004마1055 결정.
282) 대법원 2020.4.24. 자 2019마6990 결정.
283) 대법원 2013.5.31. 자 2013마488 결정(갑 영농조합법인이 준비명령에서 정한 기한 내에 을 영농조합법인 등의 답변서에 대한 반박 준비서면을 제출하지 아니하여 제1심법원이 민소법 117조에 따라 소송비용에 대한 담보제공을 명한 사안에서, 갑 법인이 대한민국에 주사무소를 두고 있고 소송기록만으로 갑 법인의 청구가 이유 없음이 명백하다고 단정하기 어려우며 이는 본안 소송의 심리를 통해 밝혀져야 할 것인 점, 갑 법인이 준비명령에서 정한 기한 내에 을 법인 등의 답변서에 대한 반박 준비서면을 제출하지 않은 사정만으로 소송기록에 의하여 청구가 이유 없음이 명백한 때에 준하는 사유가 생겼다고 보기도 어려운 점 등을 고려하면, 을 법인 등의

경우에도 또한 같다(117①). 이는 법원 직권으로도 할 수 있다(117②).

청구의 일부에 대하여 다툼이 없는 경우에는 그 액수가 담보로 충분하면 담보의 제공을 명하지 아니한다(117③). 이 규정의 취지는, 예컨대 원고가 대한민국에 주소·사무소와 영업소를 두지 않은 채 여러 개의 금전채권을 병합 청구하였는데, 피고가 그 일부에 대하여 청구를 인낙하거나 자백하는 경우에는 장차 피고가 다른 청구부분에 관하여 소송비용상환청구권을 취득하더라도 상계할 수 있고 그 한도에서는 이미 원고가 담보를 제공하고 있는 것과 같으므로 그 액수가 담보로 충분하다면 원고에게 별도로 담보제공을 명할 필요가 없기 때문이다.

나. 담보제공신청권

담보제공신청권은 피고에게 있다.[284] 담보를 제공할 사유가 있다는 것을 알고도 피고가 본안에 관하여 변론하거나 변론준비기일에서 진술한 경우에는 담보제공을 신청하지 못한다(118). 상소심에서의 소송비용 담보제공 신청은 담보제공의 원인이 이미 제1심 또는 항소심에서 발생되어 있었음에도 신청인이 과실 없이 담보제공을 신청할 수 없었거나 상소심에서 새로이 담보제공의 원인이 발생한 경우에 한하여 가능하다.[285] 그러나 피고가 적법한 담보제공신청을 한 경우에는 그 후 응소를 거부하지 않고 본안에 관하여 변론 등을 하였더라도 이미 이루어진 담보제공신청의 효력이 상실되거나 그 신청이 부적법하게 되는 것은 아니다.[286] 담보제공을 신청한 피고는 원고가 담보를 제공할 때까지 소송에 응하지 아니할 수 있다(119). 상소제기나 청구의 확장 등으로 제공된 담보가 충분하지 않게 된 경우에도 같다.

다. 담보제공명령

법원은 담보를 제공하도록 명하는 결정에서 담보액과 담보제공의 기간을 정하

이익을 보호하기 위하여 소송비용상환청구권의 용이한 실현을 미리 확보하여 둘 필요가 있다고 할 수 없는데도, 위 담보제공명령이 정당하다고 본 원심결정에 법리오해의 위법이 있다고 한 사례).

284) 소송비용의 담보제공신청권은 피고에게 있을 뿐 원고가 담보제공신청을 할 수는 없고, 이는 상소심 절차에서도 동일하게 적용되므로, 원고가 본안소송의 항소심에서 승소하여 피고가 그에 대한 상고를 제기함에 따라 원고가 피상고인으로 되었다고 하여 원고에게 소송비용 담보제공 신청권이 인정되는 것은 아니다(대법원 2017.9.14. 자 2017카담507 결정).

285) 대법원 2017.4.21. 자 2017마63 결정.

286) 대법원 2018.6.1. 자 2018마5162 결정.

여야 하며, 담보액은 피고가 각 심급에서 지출할 비용의 총액을 표준으로 하여 정하여야 한다(120). 담보제공신청에 관한 결정에 대하여는 즉시항고를 할 수 있다(121). 판례는 더 나아가 직권으로 담보제공명령을 한 경우에도 민소법 121조를 준용하여 즉시항고를 제기할 수 있다고 판시하였다.[287] 담보를 제공하여야 할 기간 이내에 원고가 이를 제공하지 아니하는 때에는 법원은 변론 없이 판결로 소를 각하할 수 있다. 다만 판결하기 전에 담보를 제공한 때에는 그러하지 아니하다(124).

법원은 담보제공자의 신청에 따라 결정으로 공탁한 담보물을 바꾸도록 명할 수 있다. 다만 당사자가 계약에 의하여 공탁한 담보물을 다른 담보로 바꾸겠다고 신청한 때에는 그에 따른다(126). 피고는 소송비용에 관하여 원고가 제공한 담보물에 대하여 질권자와 동일한 권리를 가진다(123). 따라서 이에 대하여는 그에 선행하는 일반 채권자의 압류 및 추심명령이나 전부명령으로 이에 대항할 수 없다.[288]

라. 담보취소결정

원고가 담보제공한 것을 돌려받기 위해서는 담보취소결정을 받아야 한다. 담보취소결정은 담보제공결정을 한 법원의 전속관할에 속하고(규 23), 그 사유는 다음 세 가지이다. 담보권리자는 담보사유의 소멸 및 담보권리자의 동의를 이유로 한 담보취소 결정에 대하여 즉시항고할 수 있다(125④).

(1) 담보제공 사유의 소멸(125①)

원고가 우리나라에 주소 또는 사무소 등을 갖게 되었거나, 소송에서 원고가 승소하여 소송비용을 전부 피고가 부담하기로 하는 판결이 확정된 경우 또는 이행권고결정이 확정된 경우[289] 등이 이에 해당한다.

(2) 담보권리자인 피고의 동의(125②)

(3) 권리행사최고기간의 도과(125③)

소송이 완결된 뒤 담보제공자가 신청하면 법원은 담보권리자에게 일정한 기간

287) 대법원 2011.5.2. 자 2010부8 결정.
288) 대법원 2004.11.26. 선고 2003다19183 판결.
289) 대법원 2006.6.30. 자 2006마257 결정.

이내에 그 권리를 행사하도록 최고하고, 담보권리자가 그 행사를 하지 아니하는 때에는 담보취소에 대하여 동의한 것으로 본다. 권리행사의 방법은 소송비용액 확정신청 등 소송의 방법으로 하여야 한다.

위에서 본 담보제공의 방법 및 취소절차가 준용되는 경우로는 어떤 것이 있는가?

여기에서의 담보제공의 방법 및 취소절차는 다른 법률에 의한 소제기에 관한 담보제공에 준용된다(127). 구체적으로는 회사법상의 담보(상 176③, 237, 269, 377, 380, 381, 618), 가집행의 경우의 담보(214), 강제집행의 정지·취소 등을 위한 담보(500, 501, 민집 19③), 가압류·가처분을 위한 담보(민집 280), 매각허가결정에 대한 항고 시의 보증공탁(민집 130③) 등에 준용된다.

제5편

상소심절차

제1장
총 설

I. 상소의 개념

1. 의 의

상소는 확정되지 않은 종국판결의 취소 또는 변경을 상급법원에 요구하는 당사자의 소송행위를 말한다. 상소는 재판의 형식적 확정력이 발생하기 전에 그 취소·변경을 구하는 것일 뿐만 아니라 상급심에 대한 심판신청이라는 특징을 가진다. 항소심의 환송판결도 종국판결이므로 항소법원의 환송판결에 대하여는 대법원에 상고할 수 있다.[1)]

2. 상소와 구별되는 불복제도

상소는 미확정인 종국재판에 대한 것이므로 확정된 재판에 대한 불복방법인 재심(451), 준재심(461), 불복할 수 없는 결정·명령에 대한 특별항고(449)와는 다르다.

상소는 상급법원에 대하여 요구하는 것이므로 같은 심급의 법원에 제기하는 재판상 이의(138, 441), 화해권고결정·지급명령·이행권고결정·조정을 갈음하는 결정 등에 대한 이의, 집행에 관한 이의(민집 16), 사법보좌관의 처분에 대한 이의(사보규 4①), 가압류·가처분에 대한 이의(민집 283, 301)와 구별된다. 이의신청은 상소가 아니므로 이심의 효력이 없다.

위헌제청신청기각결정에 대한 헌법소원도 상급법원에 요구하는 것이 아니므로 상소가 아니라 비상권리구제수단이다.

---

1) 대법원 1981.9.8. 선고 80다3271 전원합의체 판결. 이에 비하여 대법원의 환송판결은 '형식적으로 확정된 종국판결'이나 실제로는 환송받은 하급심에서 다시 심리를 계속하게 되므로 소송절차를 최종적으로 종료시키는 판결이 아니어서 '실질적으로 확정된 종국판결'이 아니므로 재심의 대상이 아니다(대법원 1995.2.14. 선고 93재다27,34 전원합의체 판결).

3. 상소제도의 존재이유

상소는 오판으로부터 당사자의 구제를 보장함과 동시에 하급심에서의 법운영의 혼선방지 및 법령해석 적용의 통일을 위해 마련된 제도이다. 항소심은 사실인정 및 법률적용을 동시에 심리하지만(사실심), 상고심은 법률적용만 심리한다(법률심).

Ⅱ. 상소의 종류

1. 항소 · 상고 · 항고 · 재항고

종국판결에 대한 상소는 항소와 상고이고, 결정 · 명령에 대한 상소는 항고와 재항고이다. 항소는 제1심 종국판결에 대한 불복신청이고, 상고는 제2심 종국판결에 대한 불복신청이다. 항고법원의 재판에 대하여 재차 하는 항고를 재항고라고 한다. 항고는 항소에 관한 규정을, 재항고는 상고에 관한 규정을 준용한다(443). 항고는 법에 특별히 규정이 있는 경우에 한하여 허용된다. 당사자가 불복신청방법을 잘못 선택한 상소는 부적법하지만 법원은 불복신청서의 제목에 구애받지 않고 신청취지 · 신청원인 · 증거 등에 비추어 당사자의 진의를 살펴서 처리하여야 한다.[2)]

제1심 판결에 대하여 당사자의 합의로 항소심판결을 거치지 않고 상고할 수 있는가?

제1심 법원의 판결에 대하여 당사자간에 상고할 권리를 유보하고 항소를 하지 아니하기로 합의한 때에는 직접 상고심 법원에 불복신청할 수 있는데, 이를 비약상고라고 한다(390①단서, 422②).

2. 형식에 어긋나는 재판의 경우 불복방법

예컨대 가압류 · 가처분에 대한 재판은 결정으로 해야 함에도 판결로 한 경우와 같이, 법원이 결정으로 해야 할 것을 판결로 하거나 또는 그 반대로 재판한 경우 어떤 불복방법을 사용해야 하는가에 대하여 법원이 현재 취한 재판형식에

---

2) 대법원 1975.11.14. 자 75마313 결정; 대법원 1980.10.14. 선고 80다1795 판결; 대법원 2008.2.28. 선고 2007다41560 판결.

따라 상소의 종류를 정하여야 한다는 견해(**주관설**), 본래 취하여야 할 재판형식에 따라 상소의 종류를 정하여야 한다는 견해(**객관설**)가 있으나, 객관설은 법원의 실수를 당사자에게 전가하고 당사자에게 원심법관 이상의 정확한 법률지식을 기대하는 것이어서 타당하지 않으며, 민소법 440조에서 '결정이나 명령으로 재판할 수 없는 사항에 대하여 결정 또는 명령한 때에는 이에 대하여 항고할 수 있다'고 규정하고 있는 점을 고려하면 당사자가 어느 쪽을 선택하든 적법한 상소로 인정하여야 할 것이다(**선택설**, 통설). 다만, 직권발동을 촉구하는 의미의 이송신청에 대한 기각결정과 같이 불복할 수 없는 재판을 불복할 수 있는 재판의 형식으로 판단한 경우에는 불복이 허용되지 않는다.[3)]

Ⅲ. 상소요건

1. 의 의

상소심에서 본안심리를 받기 위한 요건을 상소요건이라고 한다. 상소요건을 갖추지 못한 경우에는 상소가 각하된다.

2. 상소의 일반요건

상소의 일반요건 중 적극적 요건은 상소의 대상적격이 있을 것, 방식에 맞는 상소제기와 상소기간의 준수, 상소의 이익이 있을 것 등이고, 소극적 요건(상소장애사유)은 상소의 포기나 불상소의 합의가 없을 것 등이다.

가. 적극적 요건

(1) 상소의 대상적격

상소를 하기 위해서는 종국적 재판이 선고되었을 것을 요한다.

중간적 재판은 종국재판과 함께 상소심에서 심사를 받으므로(392), 독립하여 상소할 수 없다. 소송비용에 대한 재판이나 가집행에 관한 재판도 독립하여 상소할 수 없고 본안에 대한 상소와 함께 하여야 한다(391, 406).

비판결(판결의 부존재)이나 무효인 판결은 상소의 대상적격이 없다는 것이 판례의 입장이다.[4)] 한편, 판례는 허위주소에 의한 피고의 자백간주로 편취된 판결은

---

3) 대법원 1993.12.6. 자 93마524 전원합의체 결정.

판결정본이 유효하게 송달되지 않아 미확정판결이므로 형식상 상소기간이 지나도 재심의 대상이 아니라 상소의 대상으로 본다.[5]

상소 아닌 다른 불복방법이 없어야 한다. 따라서 판결경정의 대상인 경우(211), 추가판결의 대상이 되는 재판누락의 경우(212), 이의방법(164)으로 다툴 조서의 기재에 대한 상소는 허용되지 않는다.

(2) 방식에 맞는 상소제기와 상소기간의 준수

상소는 서면으로 상소기간 내에 원심법원에 제출해야 한다. 상소장을 상소심법원에 제출한 경우에는 송부되어 원심법원에 접수된 날짜를 상소기간의 준수여부의 기준으로 삼는다. 상소기간은 불변기간으로서 항소·상고의 경우에는 판결정본이 송달된 날로부터 2주이고(396, 425), 즉시항고·특별항고의 경우에는 재판의 고지가 있은 날로부터 1주이며(444①, 449②), 통상항고는 재판의 취소를 구할 이익이 있는 한 어느 때나 제기할 수 있다. 기간계산은 민법에 따라 첫날은 산입하지 않고 마지막 날이 공휴일이면 다음날 24:00까지이지만, 송달 전의 상소제기도 적법하다(396①단서). 소송대리인이 여럿인 경우에는 그들 중 1인에게 최초로 판결정본이 송달되었을 때부터 기산한다.[6]

상소장에는 당사자와 법정대리인, 원재판의 표시, 원재판에 대한 상소의 취지 등을 기재해야 한다(397②). 상소이유는 상소장에 기재하지 않아도 무방하나, 상고의 경우에는 상고이유서 제출강제주의 때문에 상고장에 상고이유를 기재하지 않은 때에는 상고인은 상고법원으로부터 상고장접수의 통지를 받은 날부터 20일 이내에 상고이유서를 제출하여야 한다(427).

(3) 상소의 이익

상소의 이익은 상소를 제기함에 있어서 그 재판에 대하여 불복을 주장하는 이익을 말하는데, 권리보호의 이익의 특수한 형태로서 무익한 상소권의 행사를 견제하기 위한 요건이다.

1) 어떠한 경우에 상소의 이익을 인정할 것인가에 대하여는 학설의 대립이

---

4) 대법원 2000.10.27. 선고 2000다33775 판결; 대법원 1992.6.12. 선고 92다13394 판결; 대법원 1994.12.9. 선고 94다16564 판결.
5) 대법원 1994.12.22. 선고 94다45449 판결.
6) 대법원 2011.9.29. 자 2011마1335 결정.

있다.

(가) 형식적 불복설

원심에서의 당사자의 신청(청구취지)과 판결주문을 형식적으로 비교하여 판결주문이 신청보다 양적으로나 질적으로나 불리한 경우에 상소의 이익을 긍정하는 견해로서, 제1심에서 전부승소의 판결을 받은 자는 항소를 할 수 없다는 결론에 이른다. 판례는 재판의 주문을 표준으로 유불리를 따져야 한다고 판시하여 형식적 불복설의 입장에 있다.[7] 통설도 형식적 불복설의 입장이다.

(나) 실질적 불복설(실체적 불복설)

항소심에서의 소의 변경이나 반소, 청구취지의 확장, 판결의 기준시까지의 사실관계의 변경 등으로 인하여 원재판보다도 실질적으로 유리한 판결을 받을 가능성이 있으면 상소의 이익을 긍정하는 견해이다. 이 견해는 원심에서 전부승소의 판결을 받은 자라도 보다 유리한 판결을 구하기 위하여 항소할 수 있다고 본다.

(다) 절충설

원고에 대하여는 형식적 불복설, 피고에 대하여는 실질적 불복설에 따라 상소의 이익 유무를 가리자는 견해이다. 이에 대하여는 당사자평등원칙에 어긋난다는 비판이 있다.

(라) 신실질적 불복설

기판력을 포함한 판결의 효력(집행력, 부수효)이 미치는지 여부를 기준으로 상소의 이익을 판단하여야 한다는 견해이다. 원심판결이 그대로 확정되면 기판력 그 밖의 판결의 효력에 있어서 불이익을 입게 되는 경우에 상소의 이익을 인정하자는 것으로, 쟁점효이론과 관련되어 있다.

2) 구체적인 예

전부승소한 당사자는 원칙적으로 상소의 이익이 없다. 따라서 부대상소는 별론으로 하고 전부승소한 원고가 소의 변경 또는 청구취지를 확장하기 위해서 또는 전부승소한 피고가 반소청구를 위해서 상소하는 것은 허용되지 않는다.[8]

---

7) 대법원 2002.6.14. 선고 99다61378 판결; 대법원 2004.7.9. 선고 2003므2251,2268 판결.

8) 원심에서 피고는 원고의 청구에 대하여 소 각하를 주장하였고 실제 소 각하판결을 선고받았으

다만 예비적 상계항변이 이유 있다 하여 승소한 피고는 원고의 소구채권의 부존재를 이유로 승소한 것에 비하여 패소한 측면이 있어 결과적으로 불이익하기 때문에 상소의 이익이 있고(216②),[9] 가분채권의 묵시적 일부청구의 경우에는 전부승소자라도 상소하지 아니하면 잔부에 기판력이 미쳐서 더 이상 다툴 수 없기 때문에 잔부를 확장하기 위하여 상소의 이익이 있으며,[10] 인신사고의 경우 원고가 재산상손해와 위자료를 청구하여 재산상손해는 전부승소, 위자료청구는 일부 패소하여 위자료부분만 항소할 수 있는 경우에도 단일한 원인에 근거하고 있다는 손해배상소송의 소송물의 특수성으로 인하여 예외적으로 전부승소한 재산상 손해에 대해서도 항소심에서 청구의 확장이 허용된다는 것이 판례이다.[11]

판례는 매매를 원인으로 한 소유권이전등기청구에서 양도담보약정을 원인으로 소유권이전등기의 판결을 한 경우와 같이 소송물을 달리 판단함으로써 원고의 청구가 실질적으로 인용된 것으로 볼 수 없는 경우에는 처분권주의의 위반을 이유로 상소를 허용한다.[12]

청구를 일부 인용하고 일부 기각한 판결에 대해서는 원·피고 모두 상소할 이익이 있다. 예비적 병합청구에서 주위적 청구가 기각되고 예비적 청구가 인용된 경우에, 원고로서는 주위적 청구가 기각된 데 대하여, 피고로서는 예비적 청구가 인용된 데 대하여 각각 상소의 이익이 있다. 예비적 공동소송의 경우에 주위적 피고에 대하여는 청구기각, 예비적 피고에 대하여는 청구인용의 판결이 났을 때에도 원고와 예비적 피고는 각각 상소의 이익이 있다.

소각하판결은 원고에게 불이익할 뿐만 아니라 만일 피고가 청구기각의 신청을 구한 때에는 본안판결을 받지 못한 피고에게도 불이익이 있기 때문에, 원·피고 모두 상소할 수 있다. 거꾸로, 원고에게 청구기각판결이 선고되었는데 피고가 소각하판결을 구하기 위하여 상소할 수는 없다.

일부 인용한 제1심판결에 대하여 원고만이 그 패소 부분에 대하여 항소하고 피고는 항소나 부대항소를 하지 않았다면 제1심판결 중 원고 승소 부분은 항소심

므로 상고할 이익이 없다(대법원 2022.6.30. 선고 2018두289 판결).

9) 대법원 2002.9.6. 선고 2002다34666 판결.

10) 대법원 1997.10.24. 선고 96다12276 판결; 대법원 2007.6.15. 선고 2004다37904,37911 판결.

11) 대법원 1994.6.28. 선고 94다3063 판결.

12) 대법원 1992.3.27. 선고 91다40696 판결. 소송물이론에 관한 소송법설에 의하면 이와 같은 경우에 대한 상소는 단지 판결이유 중의 판단에 대한 불복으로서 공격방어방법에 불과하므로 상소의 이익이 부정될 것이다.

판결의 선고와 동시에 확정된다. 따라서 원고가 위와 같이 승소 확정된 부분에 대하여 상고를 제기하였다면 상고의 이익이 없어 부적법하고,[13] 피고 또한 그 부분에 대하여 아무런 불복을 제기하지 않아 항소심의 심판범위에서 제외되었으므로 상고할 수 없다.[14]

나. 소극적 요건

(1) 상소권의 포기가 없을 것

상소권은 제1심 판결선고에 기하여 발생하며, 당사자는 상소권 발생 후, 즉 원심판결의 선고 후에만 이를 '서면으로' 포기할 수 있다(395①). 다만 대세효가 있는 판결은 제3자의 공동소송참가(83)의 기회를 박탈하기 때문에 포기가 허용되지 않는다.

상소권의 포기는 법원에 대한 단독행위이므로 상대방의 동의 없이도 할 수 있으나, 상소포기서는 상대방에게 송달하여야 한다(395②). 상소권이 발생하였다면 상소제기 전이든 후이든 포기할 수 있고, 항소를 하기 이전에는 제1심 법원에, 항소를 한 뒤에는 소송기록이 있는 법원에 상소포기서를 제출하여야 한다(395①). 상소제기 후의 포기는 상소취하의 효력도 있다(395③).

상소취하 후 상소기간 내에 다시 상소를 제기할 수 있는가?

상소취하의 경우에는 아직 상소제기기간이 남아 있으면 다시 상소를 제기할 수 있다. 상소의 취하에 의하여 원심판결은 상소기간 만료 시에 확정되기 때문이다.[15] 이에 비하여 상소포기는 포기 즉시 상소권 자체를 상실하게 되므로 다시 상소를 제기할 수 없다.

항소제기 후에 항소포기를 하는 경우에 항소취하의 효력을 함께 가지게 한 민소법 395조 3항의 입법취지는 무엇인가?

항소제기 후에 항소권을 포기하면 항소권이 없는 자가 항소한 것이 되어 법원은 항소를 부적법한 것으로 각하하는 판결을 해야 하는 것이 원칙이며, 이 판결에 대하여 상고를 제기할 수도 있게 된다. 이에 비하여 항소가 취하된 때에는 그 취지를 조서에 기재하는 것만으로 항소심이 종결되며, 이에 대하여 당사자는 기일지정신청

13) 대법원 2008.3.14. 선고 2006다2940 판결.
14) 대법원 2002.2.5. 선고 2001다63131 판결; 대법원 2009.10.29. 선고 2007다22514,22521 판결.
15) 대법원 2016.1.14. 선고 2015므3455 판결.

으로 대응하게 된다. 이에 법원의 수고를 덜고 사건의 신속한 완결을 위하여 항소제기 후에 항소권의 포기가 있으면 당연히 항소를 취하한 것과 같은 효력을 부여한 것이다. 따라서 '항소제기 전'에 항소포기서를 제출하고도 항소를 제기한 경우에는 위의 규정이 적용되지 않으므로 항소를 각하하는 판결을 하여야 한다.

통상공동소송인 경우에는 그중 어느 한 사람이 또는 어느 한 사람에 대하여 상소포기가 허용되나, 필수적공동소송인 경우에는 전원이 상소를 포기하지 않는 한 허용되지 않는다(67). 민소법 67조가 준용되는 독립당사자참가(79②), 예비적·선택적 공동소송(70①)의 경우에도 마찬가지이다.

소송 외에서 상소권포기의 합의는 가능하지만 이는 법원의 직권조사사항이 아니고 피상소인의 항변사항이므로(사법계약), 피상소인이 본안전 항변(방소항변)을 하면 상소는 부적법하여 각하된다.

상소권의 포기는 제1심 판결을 선고하기 전에도 할 수 있는가?

상소권의 포기는 상소권이 발생한 것을 전제로 하므로 제1심 판결을 선고하기 전에는 상소권이 없기 때문에 포기할 대상이 없고 포기하더라도 무효라는 것이 통설이다. 불상소의 합의와는 다르다.

(2) 불상소의 합의가 없을 것

불상소의 합의는 미리 상소를 하지 않기로 하는 소송법상 계약으로서, 심급을 제1심에 한정하여 그것으로 끝내기로 하는 양쪽 당사자의 합의를 말한다. 불상소의 합의는 상소권 발생 전인 제1심 판결선고 전에 하는 것이고(이 경우에는 판결선고 시 확정되므로 그 후 당사자의 합의에 의하더라도 소송계속을 부활시킬 수 없다),[16] 이미 상소권이 발생한 후에는 상소권포기의 합의가 될 뿐 불상소 합의라고 볼 수는 없다는 견해가 있으나,[17] 다수설은 불상소의 합의는 통상 제1심 판결선고 전에 하지만 상소권이 발생한 후에도 불상소의 합의가 가능하다고 보아 판결선고 전에 불상소 합의가 있으면 판결은 선고와 동시에 확정되고, 판결선고 후에 불상소의 합의가 있으면 합의의 성립과 동시에 판결이 확정된다고 본다.[18]

불상소의 합의는 중대한 소송법상 효과가 발생하는 것이므로 서면에 의해야

16) 대법원 1987.6.23. 선고 86다카2728 판결.
17) 호문혁, 657쪽.
18) 김홍엽, 1149쪽; 이시윤, 850쪽; 정동윤·유병현·김경욱, 893쪽; 정영환, 1254쪽.

하고(390②), 문언상 그 취지가 명백해야 하며,[19] 구체적인 법률관계에 기인한 소송에 관한 합의여야 한다.[20] 당사자 한쪽만이 상소하지 아니하기로 하는 약정은 공평에 어긋나므로 무효이다.[21] 또한 직권탐지주의에 의한 소송에서는 허용될 수 없다(통설).

불상소의 합의는 재판 외에서도 할 수 있으므로 부적법한 항소라는 항변을 제출하지 아니한 이상, 법원은 이를 참작할 방법이 없다는 점에서 본안전항변(방소항변)사항으로 보는 견해가 다수설이다.[22] 다만 판례는 직권조사사항으로 본다.[23]

불상소 합의와 불항소 합의는 어떻게 다른가?

양자를 구별하는 견해에 의하면, 불상소 합의는 상소를 하지 않기로 하는 소송법상 계약으로서 명문의 규정이 없으나, 불항소 합의는 상고할 권리를 유보하되 항소만 하지 않기로 하는 합의로서 민소법 390조 1항 단서에 규정된 비약상고의 합의를 의미하는 것으로 이해한다.[24] 다만 이 견해에서는 불상소 합의에 불항소 합의를 포함시켜 모두 소송계약(소송상 합의)으로 본다. 이 견해에 의할 때 불항소 합의는 제1심 판결 선고 뒤에만 할 수 있으나, 불상소 합의는 제1심 판결 선고 전에 하는 것이 원칙이다.

Ⅳ. 상소의 효력

1. 확정차단의 효력

적법한 상소가 제기되면 재판의 확정이 차단되기 때문에 종국판결로 집행을 하려면 가집행선고가 있어야 한다. 다만 통상항고의 경우에는 확정차단의 효력이 없어 그 결정·명령이 그대로 집행되므로 집행력을 저지하기 위해서는 별도의 집행정지의 조치가 필요하다(448).

---

19) 표시된 문언의 내용이 불분명하고 객관적·합리적인 의사해석에 의하거나 외부로 표시된 행위에 의하여 추단하더라도 당사자의 의사가 불분명하다면 그러한 불상소 합의의 존재를 부정할 수밖에 없다(대법원 2015.5.28. 선고 2014다24327,24334,24341,24358,24365,24372 판결).
20) 대법원 2007.11.29. 선고 2007다52317,52324 판결.
21) 대법원 1987.6.23. 선고 86다카2728 판결.
22) 정동윤·유병현·김경욱, 893쪽; 정영환, 1255쪽; 호문혁, 658쪽. 반대 : 김홍엽, 1149쪽; 송상현·박익환, 723쪽.
23) 대법원 1980.1.29. 선고 79다2066 판결.
24) 김홍엽, 1148쪽. 그러나 판례는 비약상고가 아닌, 제1심 법원 판결에 무조건 승복, 서로 항소를 하지 아니하기로 약정한 경우도 '불항소의 합의'로 표현한다(대법원 1980.1.29. 선고 79다2066 판결).

2. 이심(移審)의 효력

적법한 상소가 제기되면 그 사건 전체가 원심법원을 떠나 상소심으로 이전하여 계속되는데, 이를 이심의 효력이라고 한다. 하급심에서 재판한 부분에 대해서만 이심의 효력이 생기므로 재판을 일부 누락한 때에는 그 청구부분은 하급심에 계속된다(212).

3. 상소불가분의 원칙

확정차단의 효력 및 이심의 효력이 불복신청의 범위에 관계없이 원심판결 전부에 대하여 발생하는데, 이를 상소불가분의 원칙이라 한다.

가. 이심의 범위

복수의 소송물(청구)에 대하여 하나의 전부판결을 하였는데 그중 한 청구에 대하여 불복항소를 하거나, 하나의 청구의 일부에 대해 불복항소를 한 경우에 다른 청구 또는 불복하지 아니한 부분에도 항소의 효력이 미친다(다만 심판의 범위는 상소한 부분에 한한다).[25]

상소불가분의 원칙은 당사자가 1명씩이고 청구(소송물)가 여러 개 병합된 경우(청구의 객관적 병합)에 적용된다. 따라서 당사자가 여러 명인 공동소송과는 무관하다. 통상공동소송에서는 1인이 한 상소는 공동소송인 독립의 원칙에 의해 다른 공동소송인에게는 아무런 영향이 없다. 나아가, 필수적 공동소송에서는 1인의 상소에 의해 전원의 청구에 확정차단효·이심효가 생기지만, 이는 상소불가분의 원칙이 적용되기 때문이 아니라 필수적 공동소송에 있어서 합일확정의 효과 때문이다. 따라서 필수적 공동소송에 있어서 확정차단효·이심효를 상소불가분의 원칙의 적용에 의한 것으로 오해해서는 안 된다.

채권자가 원고가 되어 주채무자와 보증인을 공동피고로 한 소송에서 채권자가 공동피고 모두에게 승소하였는데, 주채무자만 항소하고 보증인은 항소하지 않은 경우에 채권자의 보증인에 대한 청구도 확정차단효와 이심효가 발생하는가?

주채무자와 보증인을 공동피고로 한 소송은 통상공동소송이므로 공동소송인 독립의 원칙이 적용된다. 따라서 주채무자가 항소하더라도 보증인에 대한 청구부분에 확정

25) 대법원 2002.4.23. 선고 2000다9048 판결.

차단효와 이심효가 발생하지 않는다.

동일한 당사자 사이의 제1심에서 사건의 병합으로 인하여 복수의 사건번호가 부여된 경우 어느 특정사건번호에 해당하는 부분에 대하여만 항소하면 나머지 부분은 분리·확정되는가?

동일한 당사자 사이에서는 상소불가분의 원칙이 적용되므로 나머지 부분이 분리·확정되지 않고 모두 이심된다. 따라서 항소심에서는 각 사건번호마다 항소심 번호를 따로 부여하여야 한다.[26)]

나. 심판의 범위

원심판결의 전부에 대해 확정차단 및 이심의 효력이 생긴다고 해서 그 전부가 심판범위에 포함되는 것은 아니고 상소심의 심판범위는 불복신청의 범위에 국한된다.[27)] 다만 상소불가분의 원칙에 의하여 상소의 효력은 원심판결 전부에 미치므로 항소인은 항소심 변론종결시까지 어느 때나 항소취지를 확장할 수 있고, 상대방도 부대항소를 신청하여 상소심에서 심판범위를 확장할 수 있다.[28)]

원고의 단순병합청구 중 A청구는 기각되고 B청구는 전부 인용되었다. 원고는 A청구에 대해서 항소한 후 B청구에 대해서도 항소취지를 확장하려고 한다. 허용되는가?

항소심에서 B청구에 대한 취지를 확장할 수 없다(다만 인신사고로 인한 손해배상의 경우는 예외[29)]). 전부인용된 청구에 대해서는 항소의 이익이 없기 때문이다. 만약 A·B청구 모두 제1심에서 일부라도 기각되었다면 A청구만 항소한 후 항소심에서 B청구에 대하여 항소취지를 확장하여 심판의 범위에 포함시킬 수 있다.

상소심의 심판의 대상은 무엇인가?

상소심에서의 심판의 대상은 실질적으로는 원고의 청구=소송물 자체 또는 원심판

---

26) 법원실무제요, 『민사소송(Ⅲ)』, 1652쪽.

27) 대법원 2009.10.29. 선고 2007다22514,22521 판결.

28) 대법원 1994.12.23. 선고 94다44644 판결(이 사건 말소청구와 금원청구를 모두 기각한 제1심 판결에 대하여 원고가 말소청구 부분에 관하여만 항소하였을 뿐 그 변론종결시까지 항소취지를 확장한 바 없는 이 사건에 있어서 항소심의 심판범위는 말소청구 부분에 한하고 나머지 부분에 관하여는 환송 전 원심판결의 선고와 동시에 확정되어 소송이 종료되었다 할 것임에도 환송 후 원심이 금원청구 부분까지 심리판단한 것은 잘못이다).

29) 대법원 1994.6.28. 선고 94다3063 판결.

결의 당부라고 할 수 있다. 예컨대 항소심은 원고의 청구(소송물)에 대하여 심리를 해 나가면서 심증을 형성하고 그 심리결과와 제1심판결을 비교하여 거기에 차이가 있으면 항소신청의 범위 내에서 항소를 인용하고 결론적으로 차이가 없으면 항소를 기각한다. 그러나 형식적으로는 항소심에서는 항소의 신청, 상고심에서는 상고의 신청이 심판의 대상이 된다. 이러한 신청은 제1심에서의 청구(소송물)에 대응한다. 이렇게 보아야 비로소 상소심에서 신청을 받아들이지 않을 때 판결주문을 소송물에 대한 판단인 청구기각이 아니라 항소기각 또는 상고기각으로 선고하는 이유를 이해할 수 있다.

Ⅴ. 상소의 제한

1. 상소제한의 필요성

상소제도는 민사소송의 이상 중 적정에 중점을 둔 제도로서 실체적 진실에 부합하는 재판이 될 수 있게 하기 위함이다. 그러나 3심제의 문호를 너무 넓게 개방하는 것은 민사소송의 또다른 이상인 신속과 소송경제에 반하는 면이 있다. 따라서 상소제도의 적정하고 효율적인 운영을 위하여 합리적인 제한이 필요하다.

2. 직접적인 상소제한

가. 일반사건의 경우

상고의 남용을 제한하기 위하여 1981년 소송촉진등에 관한 특례법에 의하여 허가상고제를 시행해 오다가 1994년부터는 상고심절차에 관한 특례법을 제정하여 심리불속행제도를 시행하고 있다. 심리불속행제도 하에서는 통상의 상고사건에 대하여는 상고이유에 해당하더라도 '중대한 법령위반'에 관한 사항을 포함하고 있지 않을 때에는 대법원이 원심법원으로부터 상고기록을 받은 날로부터 4개월 이내에 상고심리를 불속행한다는 이유로 상고기각 판결을 하도록 하였다(상특 4, 6)

나. 소액사건 등의 경우

소액사건의 경우에는 법률·명령·규칙 또는 처분의 헌법위반여부와 명령·규칙 또는 처분의 법률위반여부에 대한 판단이 부당한 때(즉 하위법규의 상위법규에의 위반여부) 및 대법원의 판례에 상반되는 판단을 한 때에 한하여 대법원에 상고 또는 재항고를 할 수 있도록 하였다(소심 3). 가압류·가처분사건, 재항고 및 특별항고 사건의 경우에도 소액사건과 동일한 범위로 제한된다(상특 4②, 7).

3. 간접적인 상소제한

가. 법정이율에 관한 특례

소구채권의 지연손해금에 대해서는 민법상의 연 5%(민 379,397①)가 아니라 연 12%를 적용함으로써, 채무자 측이 소송지연책을 써서 시간을 끌면 그만큼 비싼 지연손해금을 부담하게 하여 남상소를 견제한다(소송촉진 등에 관한 특례법 제3조 제1항 본문의 법정이율에 관한 규정). 다만 채무자에게 그 이행의무가 있음을 선언하는 사실심판결이 선고되기 전까지 채무자가 그 이행의무의 존재여부나 범위에 관하여 항쟁함이 타당하다고 인정되는 경우에는 그 타당한 범위에서 이 규정을 적용하지 않는다(소촉법 3②).

나. 매각허가결정에 대한 항고 시의 제한

부동산경매절차에 있어서 매각(경락)허가결정에 대한 항고를 하고자 하는 사람은 누구나 담보로 매각대금의 1/10에 해당하는 현금 등을 공탁하게 함으로써 남항고의 폐해를 방지하고 있다(민집 130③).

제2장
항 소

Ⅰ. 총 설

1. 항소의 의의

항소란 제1심의 종국판결에 대해서 그 사실인정 또는 법령위반을 지적하면서 불복을 신청하는 것을 말한다.

항소심은 제1심에 연속한 제2의 사실심임과 동시에 마지막 사실심이다. 법률심인 상고심에서는 법령위반만이 상고이유가 된다.

항소법원은 소가가 2억원 이하의 단독사건이면 지방법원 항소부가, 이를 초과하는 사건이면 고등법원이 된다. 지방법원 소재지마다 고등법원 원외 재판부가 설치되어 있으므로 고등법원 관할 항소사건도 현지에서 항소할 수 있다.

2. 항소심의 구조

가. 복심제

복심제는 제1심에서 행해진 절차와 판결을 무시하고 항소심에서 독자적으로 한 번 더 직접 심리하고 판단하는 형식이다. 따라서 소송자료도 항소심에서 수집된 것만 사용된다.

복심제에 의하면 당사자가 제1심에서 충실한 소송자료의 제출을 미루어 소송심리의 중점이 항소심으로 옮겨갈 뿐 아니라, 제1심에서 제출한 소송자료를 다시 항소심에서 제출함으로써 소송의 지연과 심리의 경직을 초래할 가능성이 있다.

나. 사후심제

사후심제는 항소심에서는 원칙적으로 새로운 소송자료의 제출을 제한하고 제1심에서 제출된 소송자료만을 기초로 제1심판결 내용의 당부를 재심사하는 구조이다.

사후심제에 의하면 제1심의 사실인정에 구속됨을 원칙으로 하므로 제1심 중심주의를 실현할 수 있다는 장점이 있으나, 항소심이 제1심의 사실오인에 따른 판결의 잘못을 시정하는 데에는 소극적이어서 주로 법률문제만을 재검토하는데 적합한 제도라고 할 수 있다.

다. 속심제

속심제는 복심제와 사후심제의 중간 형태로서, 항소심이 제1심에서 수집한 소송자료를 기초로 하여 심리를 속행하되 여기에 새로운 소송자료를 보태어 제1심 판결의 당부를 재심사하는 구조이다.

속심제는 제1심에서 종결된 재판의 변론을 재개하여 속행하는 것이므로 제1심에서의 소송행위는 당연히 그 효력이 유지되고,[1] 당사자는 제1심에서 제출하지 않은 공격방어방법을 제출할 수 있는 변론의 갱신권이 인정된다.

속심제의 경우에 변론의 갱신권을 무제한하게 인정하면 복심제에 가까워지고, 이를 너무 제한하면 사후심제에 가까워지므로 운영의 묘를 살려야 한다. 우리나라는 속심제를 채택하고 있다.[2]

3. 항소요건

항소심 법원이 항소를 수리하여 본안심리를 하는 데 필요한 조건을 항소요건이라고 한다. 그 요건은 상소의 요건에서 본 바와 같다. 즉 ① 불복하는 판결이 항소할 수 있는 판결일 것(항소의 대상적격), ② 항소제기의 방식이 맞고 항소기간이 준수되었을 것, ③ 항소의 당사자적격이 있을 것, ④ 항소의 이익이 있을 것, ⑤ 항소인이 항소권을 포기하지 않았고 당사자간에 불항소의 합의가 없을 것 등이다. 항소요건에 흠이 있으면 항소를 부적법 각하하여야 한다.

---

1) 대법원 1996.4.9. 선고 95다14572 판결.
2) 대법원 2009.2.26. 자 2007마1652 결정.

Ⅱ. 항소의 제기

1. 항소제기의 방식

가. 항소장의 제출

항소장은 원심법원인 제1심법원에 제출한다(397①). 피항소인의 수만큼 부본을 함께 제출한다. 원심법원 이외의 다른 법원에 항소장을 제출하였을 때에는 상소제기의 효력이 없고, 다만 항소장을 제출받은 다른 법원은 이를 원심법원에 송부하여 원심법원에 도착한 때를 기준으로 항소제기기간의 준수여부를 판단하여야 한다는 것이 판례의 입장이다.[3] 항소장은 우편으로도 제출할 수 있다.

나. 항소장의 기재사항

(1) 필수적 기재사항

항소장에는 당사자, 법정대리인 이외에도 제1심판결의 표시와 항소의 취지를 반드시 기재해야 한다(397②). 제1심의 원・피고가 항소심의 당사자이며, 피항소인이 부대항소인이 된다. 통상공동소송의 경우에는 공동소송인 독립의 원칙상 그 한 사람이 항소하거나 당하여도 다른 공동소송인은 항소인, 피항소인으로 되지 않는다. 항소의 이유와 범위는 임의적 기재사항이지만 항소장에 이를 적은 경우에는 준비서면의 역할을 한다(398). 항소장의 인지액은 제1심 소장의 1.5배이나, 항소로써 불복하는 범위의 소송목적의 값을 기준으로 한다(민인 3, 민인규 25).

(2) 항소인의 처음준비서면

상고심의 경우에는 상고이유서를 제출하여야 하는 것과는 달리, 항소심의 경우에는 항소이유서를 별도로 제출하지 않고 준비서면을 제출한다. 항소인의 항소장 또는 항소인이 처음으로 제출하는 준비서면에 대하여, 민소규칙 126조의 2는 ① 제1심 판결 중 사실인정 또는 법리적용의 잘못된 부분, ② 항소심에서 새롭게 주장할 사실과 신청할 증거, 입증취지, ③ 새로운 주장이나 증거를 제1심에서 제출하지 못한 이유를 적도록 규정하고 있다.

---

3) 대법원 1992.4.15. 자 92마146 결정.

항소장 또는 처음준비서면에서 민소규칙 126조의 2에 해당하는 내용을 기재하지 않으면 항소가 부적법 각하되는가?

민소규칙 126조의 2는 이를 준수하지 않아도 제재가 없는 훈시규정이므로 항소가 부적법 각하되지는 않는다. 그러나 불복의 이유를 밝히지 않으면 법원이 항소심의 심리계획을 수립하는데 곤란을 겪게 된다. 따라서 이러한 경우에 실무상으로는 항소인에게 불복의 이유를 밝힐 것을 준비명령으로 촉구하는 경우가 있다.

2. 재판장의 항소장심사

항소장은 원심재판장이 1차 심사를 하고 항소심재판장이 2차 심사를 한다. 각자 필수적 기재사항의 기재여부, 인지납부여부를 심사하여 상당한 기간을 정하여 직접 보정명령을 발하거나 법원사무관등으로 하여금 보정명령을 하게 할 수 있다(399①, 402①). 기간 내에 보정되지 아니하거나 항소기간을 넘긴 것이 분명한 때에는 항소장 각하명령을 하여야 한다(399②, 402②).

또한 항소심재판장은 항소장부본이 피항소인에게 송달불능이 된 때에 상당한 기간을 정하여 직접 보정명령을 하거나 법원사무관등으로 하여금 보정명령을 하게하고, 이에 응하지 않으면 항소장 각하명령을 하여야 한다(402①,②).[4] 다만 항소장에 기재된 피항소인의 주소로 항소장 부본 등을 송달하였다가 '수취인 불명'으로 송달불능이 되자 소송기록에 나타나 있는 다른 주소로 송달을 시도해 보지 않고 곧바로 주소보정을 명하고 이에 응하지 않음을 이유로 항소장을 각하한 것은 잘못이다.[5]

항소장 각하명령에 대하여는 즉시항고를 할 수 있다(399③, 402③).

항소장 부본이 송달불능되고 피항소인의 송달장소를 더 이상 알 수 없는 경우에 재판장은 보정명령을 하지 않고 소송의 지연을 피하기 위하여 항소장 부본을 공시송달할 것을 명할 수도 있다(194①,③).

판결선고 후 판결정본이 당사자에게 송달되기 전에 당사자가 항소장을 제출하는 것도 적법한가?

판결선고 후 판결서가 당사자에게 송달되기 전에도 당사자는 항소장을 제출할 수 있다(396①단서). 이와 달리 판결선고 전의 항소는 부적법하여 각하된다. 다만 항소

---

4) 대법원 2021.4.22. 자 2017마6438 전원합의체 결정.
5) 대법원 2011.11.11. 자 2011마1760 결정; 대법원 2014.4.16. 자 2014마4026 결정.

제기 후 각하되기 전에 원심법원이 판결을 선고하였다면 하자는 치유된 것으로 볼 것이다.

항소권이 포기된 경우에도 항소장 각하명령을 할 수 있는가?

민소법 399조 2항은 '항소기간을 넘긴 것이 분명한 때' 원심재판장은 명령으로 항소장을 각하하여야 한다고 규정하고 있다. 그런데 판례는 '항소권의 포기로 제1심 판결이 확정된 후에 독립당사자참가인이 항소장을 제출한 경우'에도 '항소기간을 넘긴 것이 분명한 때'와 달리 볼 이유가 없다고 하여 원심에 소송기록이 있다면 원심재판장이 항소장각하명령을 할 수 있다고 판시하였다.[6] 그러나 위의 경우를 포함하여, 제1심의 전부승소자가 제기한 항소, 중간판결에 대한 항소 등은 의미상 '항소기간을 넘긴 것이 분명한 때'에 포함된다고 보기 어렵다. 따라서 항소각하판결(413)의 대상은 될 수 있을지언정, 항소장각하명령의 대상은 아니라고 봄이 타당할 것이다.

3. 항소제기의 효력

항소로 인하여 제1심판결은 확정이 차단되고(확정차단효), 사건은 2주 이내에 항소심으로 이전된다(이심의 효력). 항소장의 부본은 피항소인에게 송달하여야 한다(401).

보조참가인도 항소할 수 있는가?

보조참가인도 피참가인이 항소권을 포기하지 않는 한 항소할 수 있다. 다만 이는 보조참가인의 자격으로 항소를 제기하는 것에 불과하고 항소인이 되는 것은 아니므로 피참가인이 나중에라도 항소를 포기하면 항소제기의 효력이 없다(후술).

4. 항소의 취하

가. 의 의

항소의 취하는 항소의 신청을 철회하는 단독적 소송행위이다(393). 항소를 제기하지 않았던 것으로 될 뿐이므로 소 자체를 철회하는 소의 취하나 항소할 권리

---

6) 대법원 2006.5.2. 자 2005마933 결정. 이 사안의 원심은 '항소기간을 넘긴 것이 분명한 때'의 의미는 항소권의 포기와 같이 항소기간의 도과 외의 사유로 항소권이 소멸된 후에 항소가 제기된 경우까지 포함하는 것은 아니고, 독립당사자참가신청을 하면서 제출한 항소장이 기존 당사자에 대한 각 판결정본 송달일로부터 2주 이내에 제기되었으므로 비록 항소장이 항소포기서가 제출된 이후에 제출되었다고 하더라도 이로써 399조 2항에서 말하는 '항소기간을 넘긴 것이 분명한 때'에 해당한다고 할 수 없다고 보았지만, 대법원은 본문에서와 같은 이유로 파기하였다.

가 소멸되는 항소권의 포기(394)와 다르다.

나. 항소취하의 요건

항소제기 후 항소심의 종국판결 선고 전까지 할 수 있다. 이 점에서 소의 취하가 종국판결 확정시까지 가능한 것과 다르다(266). 이는 항소인이 항소심에서 상대방의 부대항소로 인하여 제1심 판결보다 더 불리한 판결을 선고받았을 때에 항소를 취하하여 보다 유리한 제1심 판결을 확정시키는 것을 방지하기 위한 것이다. 판례는 항소심의 종국판결이 선고된 뒤라도 그 판결이 상고심에서 파기환송된 경우에는 새로운 종국판결이 있기까지 항소인은 항소를 취하할 수 있다고 하였다.[7)]

항소는 상소불가분의 원칙이 적용되어 청구의 전부에 미치므로 항소의 일부취하는 허용되지 않는다.[8)] 항소에 대하여 상대방이 부대항소를 하자 그 부분만 취하하는 편법을 방지하기 위해서이다. 직권탐지주의 하에서도 항소취하는 자유롭게 허용된다.

통상공동소송의 경우에는 공동소송인 중 한 사람이 또는 한 사람에 대하여 항소를 취하할 수 있지만, 필수적 공동소송의 경우에는 공동소송인 전원이 또는 전원에 대하여 항소를 취하할 것을 요한다(67). 다만 합일확정소송이라고 하더라도 독립당사자참가, 예비적·선택적 공동소송 등의 경우에는 패소당사자가 모두 항소하였다면 그중 한 사람이 항소를 취하하더라도 취하의 효력이 발생하지 않지만, 패소당사자 중 한 사람만 항소하였다가 그가 이를 취하하면 항소가 소급적으로 소멸한다고 보는 것이 다수설이다.[9)] 보조참가인은 피참가인이 제기한 항소를 취하할 수 없지만, 보조참가인이 제기한 항소는 피참가인이 취하할 수 있다.

항소의 취하는 단독적 소송행위로서 상대방의 동의가 필요 없다. 상대방은 승소한 자이므로 항소취하로 인해 제1심판결이 확정되어도 불리하지 않기 때문이다.

---

7) 대법원 1995.3.10. 선고 94다51543 판결.

8) 항소의 취하는 항소의 전부에 대하여 하여야 하고 항소의 일부 취하는 효력이 없으므로 병합된 수개의 청구 전부에 대하여 불복한 항소에서 그중 일부 청구에 대한 불복신청을 철회하였더라도 그것은 단지 불복의 범위를 감축하여 심판의 대상을 변경하는 효과를 가져오는 것에 지나지 아니하고, 항소인이 항소심의 변론종결시까지 언제든지 서면 또는 구두진술에 의하여 불복의 범위를 다시 확장할 수 있는 이상 항소 자체의 효력에 아무런 영향이 없다(대법원 2017.1.12. 선고 2016다241249 판결).

9) 김홍엽, 1161쪽; 송상현·박익환, 745쪽; 이시윤, 867쪽; 정동윤·유병현·김경욱, 905쪽.

이점이 상대방의 동의가 요건인 소의 취하와는 다르다(393조에 266②의 준용규정 없음). 상대방이 부대항소를 한 경우에도 그의 동의를 받을 필요는 없다. 그러나 증권관련 집단소송에서는 항소취하에 법원의 허가가 필요하다(증집소 38, 35).

항소의 취하는 소송행위이므로 소송능력이 있어야 하며 조건을 붙일 수 없고, 착오·사기·강박과 같은 의사의 흠으로 그 행위의 무효, 취소를 주장할 수 없다.[10] 다만 형사상 처벌받을 타인의 행위로 인하여 항소를 취하하였을 때에는 민소법 451조 1항 5호의 재심사유에 관한 규정을 유추하여 항소취하의 취소가 허용됨은 소의 취하와 마찬가지이다. 소송대리인이 항소취하를 하려면 특별수권을 받아야 한다(90②(3)).

다. 항소취하의 방식

항소의 취하는 소의 취하에 관한 민소법 266조 3항 내지 5항이 준용되므로(393②), 원칙적으로 서면으로 하여야 한다. 다만 변론이나 변론준비기일에서는 말로도 할 수 있는데, 이 경우에는 조서에 기재하여야 한다(393②, 266③⑤). 항소취하는 항소법원에 하는 것이 통상적이지만 아직 원심법원에 소송기록이 있는 경우에는 원심법원에 하여야 한다(규 126). 항소장부본을 송달한 후에 서면에 의한 항소취하가 있는 때에는 항소취하의 서면을 상대방에게 송달하여야 한다(393②, 266④). 다만 항소취하의 효력발생시점은 항소취하서가 항소법원에 제출된 때이고, 상대방에게 송달된 때가 아니다.[11]

라. 항소취하의 효과

항소가 취하되면 소급적으로 항소의 효력이 상실되고(393②, 267①), 항소심절차가 종료되며 제1심판결이 확정된다. 항소기간 만료 전이면 다시 항소제기가 가능하다는 점에서 항소권의 포기와 다르다. 항소심에서 원고에 의해 소의 교환적 변경이 적법하게 이루어졌다면 제1심판결은 소의 교환적 변경에 의한 소취하로 실효되고, 항소심의 심판대상은 새로운 소송으로 바뀌어 항소심이 사실상 제1심으로 재판하는 것이 되므로, 그 뒤에 피고가 항소를 취하한다 하더라도 항소취하는 그 대상이 없어 무효이다.[12]

---

10) 대법원 1980.8.26. 선고 80다76 판결.
11) 대법원 1980.8.26. 선고 80다76 판결.
12) 대법원 1995.1.24. 선고 93다25875 판결.

마. 항소취하의 간주

2회에 걸쳐 항소심의 변론기일에 양쪽 당사자가 출석하지 않은 때에 1월 이내에 기일지정신청이 없거나 그 신청에 의하여 정한 기일에 출석하지 아니한 때에는 항소취하가 있는 것으로 본다(408, 268④). 또한 법원재난으로 소송기록이 멸실되었을 때 상소인이 6월 이내에 소장 또는 상소장의 부본 및 사건 계속의 소명방법을 제출하지 아니하면 상소취하가 있는 것으로 간주된다(법원재난에 기인한 민형사사건 임시조치법 2, 3).

바. 항소취하의 합의

항소취하의 합의(항소취하계약)는 소취하의 합의와 마찬가지로 그 법적 성질 및 효과에 관하여 견해의 대립이 있지만, 사법계약설에 입각하여 피항소인의 항소취하계약에 대한 주장 · 입증이 있으면 항소법원은 항소의 이익이 없다 하여 항소를 각하함이 타당할 것이다.

5. 부대항소

가. 의의 및 성질

(1) 의 의

항소를 당한 피항소인이 항소인의 항소에 의하여 개시된 항소심 절차에 편승하여 자기에게 유리하도록 항소심 심판의 범위를 확장시키는 신청을 부대항소라 한다. 무기평등의 원칙과 소송경제상 인정된다. 특징은 항소기간 도과 뒤나 항소권 포기 뒤의 항소제기라는 점, 항소의 이익을 필요로 하지 않는다는 점이다.

(2) 부대항소의 성질

판례는 원고가 전부 승소하였기 때문에 원고는 항소하지 아니하고 피고만 항소한 사건에서, 원고가 청구취지를 확장 변경함으로써 그것이 피고에게 불리하게 된 경우에는 그 한도에서 부대항소를 한 취지로 본다.[13] 이는 부대항소를 항소와 다른 성질의 것으로 보는 입장으로서 통설이기도 하다(**비항소설**). 이에 비하여 부

---

13) 대법원 1967.9.19. 선고 67다1709 판결; 대법원 1991.9.24. 선고 91다21688 판결; 대법원 1995.6.30. 선고 94다58261 판결.

대항소를 항소로 보는 **항소설**에 의하면 항소는 항소의 이익이 없으면 부적법하므로 제1심에서 전부 승소한 당사자(피항소인)가 항소심에서 청구의 확장·변경 또는 반소의 제기를 위하여 부대항소를 할 수는 없다고 본다(형식적 불복설의 입장). 부대항소는 상대방의 항소에 편승하여 제기한 것뿐이고 이에 의하여 항소심절차가 개시되는 것은 아니므로 비항소설이 타당하다.

부대항소가 무기평등의 원칙과 소송경제상 인정된다는 의미는 무엇인가?

예컨대, 원고가 제1심에서 일부인용·일부기각 판결을 받았다고 하자. 원고는 다소 불만스럽지만 피고가 항소하지 않으면 제1심판결에 승복할 생각이었는데, 피고가 항소기간이 끝나기 직전에 항소한다면 원고가 이를 뒤늦게 알고 항소하려고 해도 이미 항소기간이 도과했을 수 있다. 그렇다면 원고로서는 항소를 적극적으로 원하지 않음에도 피고의 항소여부를 미리 알 수 없기 때문에 일단 항소를 해 둘 필요가 있는데, 이는 쓸데없는 항소를 유발하는 것이므로 소송경제상 좋지 않다. 이러한 경우에 원고로 하여금 항소기간이 지나도 상대방의 항소에 맞서 다툴 수 있게 해 주면 남항소의 방지와 무기평등의 원칙에 부합한다. 이것이 부대항소의 존재이유이다. 이러한 의미에서 부대항소는 평화로운 당사자를 보호하기 위한 제도라고 할 수 있다.

나. 요 건

주된 항소가 적법하게 계속되어 있어야 하며, 주된 항소의 피항소인이 항소인을 상대로 제기하여야 한다(403). 따라서 양쪽 모두 항소한 경우에는 어느 쪽이든 부대항소를 할 수 없다.

항소심의 변론종결 전까지 하여야 한다(403). 상고심의 경우는 상고이유서 제출기간 만료시까지 부대상고를 할 수 있다는 것이 판례의 태도이다.[14] 피항소인이 '부대항소권을 포기하지 않는 이상' 항소권의 포기나 항소기간의 도과로 자기의 항소권이 소멸된 경우에도 부대항소를 제기할 수 있다(403).

부대항소를 제기하였다가 취하하였다고 하더라도 변론종결 시까지 다시 부대항소를 제기할 수 있다. 제1심 판결선고 후 그 판결이 송달되기 전에도 항소제기가 가능한 것처럼 부대항소는 항소장부본이 송달되기 전에도 할 수 있다.

전부승소한 당사자는 청구취지를 확장하기 위하여 상소할 수 없으나 패소한 상대방이 항소하였다면 그 당사자는 항소심에서 부대항소의 방식으로 청구취지를

14) 대법원 2007.4.12. 선고 2006다10439 판결.

확장할 수 있다(통설인 비항소설의 입장). 또한 피항소인이 부대항소를 할 수 있는 범위는 항소인이 불복을 제기한 범위에 의하여 제한을 받지 아니한다. 즉 원고의 청구가 모두 인용된 제1심판결에 대하여 피고가 지연손해금 부분에 대하여만 항소를 제기하고, 원금 부분에 대하여는 항소를 제기하지 아니하였다고 하더라도 제1심에서 전부 승소한 원고가 항소심 계속 중 부대항소로서 청구취지를 확장할 수 있는 것이므로, 항소심이 원고의 부대항소를 받아들여 제1심판결의 인용금액을 초과하여 원고 청구를 인용하였더라도 거기에 불이익변경금지의 원칙이나 항소심의 심판범위에 관한 법리오해의 위법이 없다.[15]

소송대리인이 부대항소를 하려면 특별수권이 필요한가?

부대항소는 반소의 제기와 성질을 같이 하므로 당사자 중 어느 쪽 소송대리인이든 특별한 권한이 필요하다는 견해도 있고,[16] 원고측이 피항소인으로서 그 소송대리인이 부대항소를 하는 경우에는 청구의 확장에 관한 대리권이 포괄적으로 포함되어 있으므로 특별수권이 필요 없으나, 피고측이 피항소인으로서 그 소송대리인이 부대항소를 하는 것은 반소를 제기하는 것과 다름없으므로 반소의 제기에 관한 특별수권이 있어야 한다는 견해도 있다.[17] 나아가 당사자 중 어느 쪽이든 항소심에서 소송대리인이 된 자는 특별수권 없이 부대항소를 제기하거나 이에 대응할 수 있다는 견해도 있다.[18]

다. 방 식

부대항소의 제기방식은 항소에 관한 규정을 적용한다(405). 따라서 서면으로 제출하여야 하며, 항소장에 준하는 인지를 붙여야 한다(제1심 소송목적의 값에 따른 인지액의 1.5배).[19] 피항소인이 항소기간이 지난 뒤에 단순히 항소기각을 구하는 방어적 신청에 그치지 아니하고 제1심판결보다 자신에게 유리한 판결을 구하는 적극적 · 공격적 신청의 의미가 객관적으로 명백히 기재된 서면을 제출하고, 이에 대하여 상대방인 항소인에게 공격방어의 기회 등 절차적 권리가 보장된 경우, 그 서면에 '부대항소장'이나 '부대항소취지'라는 표현이 사용되지 않았더라도 부대항

---

15) 대법원 2003.9.26. 선고 2001다68914 판결.
16) 강현중, 271쪽.
17) 김홍엽, 1164쪽.
18) 정동윤 · 유병현 · 김경욱, 908쪽; 정영환, 1276쪽.
19) 이에 대하여, 부대항소로 청구를 확장한 부분은 제1심의 지위에서 재판하는 것이므로 소장의 인지에 준함이 옳고, 이 규정은 비항소설과도 맞지 않는다는 비판이 있다(이시윤, 870쪽).

소로 볼 수 있다.[20] 나아가 청구취지확장신청서, 준비서면, 반소장, 청구취지 및 원인변경신청서라는 명칭으로 제출하여도 내용으로 보아 부대항소를 제기한 것이라면 부대항소를 한 것으로 처리한다.[21]

라. 효 력

(1) 불이익변경금지 원칙의 배제

부대항소가 있으면 항소인에게 제1심판결 이상으로 불이익한 판결을 할 수 있다.

(2) 부대항소의 종속성

부대항소는 주된 항소의 취하 또는 부적법 각하에 의하여 그 효력을 잃는다. 다만 부대항소인이 항소기간 내에 제기한 부대항소는 독립된 항소로 보기 때문에 상대방이 항소를 취하 또는 각하하더라도 영향을 받지 않는다(404). 이를 독립부대항소라고 한다. 그러나 독립부대항소는 항소가 취하·각하된 뒤에는 항소의 이익을 갖추어야 적법하다.

Ⅲ. 항소심의 심리

1. 항소의 적법성 심리

불항소의 합의가 있는 경우, 항소의 이익이 없는 경우, 판결선고 전에 제기한 항소, 사망자를 상대로 한 판결에 대한 항소는 흠을 보정할 수 없으므로 변론 없이 판결로 항소를 각하한다(413).[22] 대리권 소멸 후에 제기한 항소 등은 추인의 여지가 있으므로 일응 변론을 열어야 할 것이다.

---

20) 대법원 2022.10.14. 선고 2022다252387 판결. 이 판결은, 원고가 일부승소하고 항소하자, 피고가 적법한 항소기간이 도과된 직후 '항소장'이라는 명칭의 서면에 '제1심 판결 중 피고 패소부분을 취소하고 그 취소부분에 해당하는 원고의 청구를 기각'해 줄 것을 기재하여 제출한 사안에 대한 판단이다.

21) 대법원 1993.4.27. 선고 92다47878 판결.

22) 대법원 2015.1.29. 선고 2014다34041 판결(사망자를 피고로 하는 소제기는 원고와 피고의 대립당사자 구조를 요구하는 민사소송법상의 기본원칙이 무시된 부적법한 것으로서 실질적 소송관계가 이루어질 수 없으므로, 그와 같은 상태에서 제1심판결이 선고되었다 할지라도 그 판결은 당연무효이며, 그 판결에 대한 사망자인 피고의 상속인들에 의한 항소나 소송수계신청은 부적법하다. 이러한 법리는 소제기 후 소장부본이 송달되기 전에 피고가 사망한 경우에도 마찬가지로 적용된다).

2. 본안심리

가. 총 설

항소가 적법하면 항소이유가 있는지 여부에 대하여 심리한다. 제1심 소송절차에 준하므로(408), 필요시 변론준비절차를 열어 항소이유를 중심으로 쟁점정리를 위한 준비서면의 제출·교환과 증거신청을 하게 할 수 있고 변론준비기일도 열 수 있으나 원칙은 변론기일 중심주의에 의한다.

나. 항소심의 판단을 받는 중간적 재판

종국판결 이전의 재판은 항소법원의 판단을 받는다(392 본문). 즉 제1심 종국판결에 대하여서는 항소를 할 수 있는데, 그 종국판결이 있기까지에는 제1심의 소송절차 가운데 종국판결의 전제로서 중간적 재판을 하는 경우가 있다. 이 중간적 재판에 대하여는 원칙적으로 독립하여 불복신청을 할 수 없고 항소심법원에서 판단 받아야 하는데 당사자의 불복여부를 불문하고 법원은 그 당부를 판단할 수 있다. 이에 해당하는 것으로는 중간판결(201), 소송수계결정(243②), 청구변경의 불허결정(263), 증거결정 기타 소송지휘상의 결정·명령(222) 등이 있다. 잔부판결은 중간적 재판이 아니므로 항소심의 판단대상이 아니다.

다만 불복할 수 없는 재판과 항고로 불복할 수 있는 재판은 항소심법원이 원심법원의 판단에 구속되어 그 당부를 판단할 수 없다(392 단서). 명문으로 불복신청을 금지하고 있는 재판으로서는 관할지정의 결정(28②), 제척 또는 기피가 이유 있다고 하는 결정(47), 감정인에 대한 기피를 이유 있다고 하는 결정(337③), 증거보전의 결정(380), 가집행에 관한 항소심의 재판(391) 등이 있으며,[23] 항고로써 불복을 신청할 수 있는 재판은 항고를 통하여 따로 판단되기 때문에 항소심의 판단을 받지 아니한다. 소송절차에 관한 신청을 기각한 결정 또는 명령(439)이 이에 해당한다.[24] 이러한 재판은 그 재판에 대하여 독립한 항고가 있었는지 여부를 불

---

23) 판례는 민소법 260조에 의하여 피고경정신청을 허가하는 제1심 법원의 결정에 대하여는 민소법 261조 3항에 의하여 종전의 피고가 이에 대한 동의가 없었음을 사유로 하는 경우에 한하여 즉시항고를 할 수 있을 뿐, 피고경정신청을 한 원고가 그 허가결정의 부당함을 내세워 불복하는 것은 허용될 수 없다할 것이므로 이러한 허가결정의 당부는 항소심 법원의 판단대상이 되지 아니한다고 하였다(대법원 1992.10.9. 선고 92다25533 판결).

24) 상고에 관한 판례 중에는, 소송인수신청을 각하하는 결정에 대하여는 신청인이 항고할 수 있고, 이와 같이 항고로써 불복을 신청할 수 있는 재판은 상고심법원의 판단 대상이 되지 않는다고

문하고 항소심을 구속한다.

다. 변론의 범위

항소심의 심판대상은 항소로 주장한 불복의 범위에 한정되며, 이심된 판결 전부가 심판의 대상이 되는 것은 아니다(처분권주의). 주위적청구 기각 · 예비적청구 인용 시 피고가 예비적청구에 대하여 항소하면 주위적청구도 이심되지만, 심판의 범위는 예비적청구에 한한다. 다만 합일확정이 필요한 필수적공동소송, 독립당사자참가, 공동소송참가, 예비적 · 선택적 공동소송 등의 경우에는 불복범위를 넘어 합일확정이 필요한 범위 내에서 항소심의 심판대상이 된다.

항소심 변론종결시까지 소의 변경(청구취지확장 또는 감축), 반소제기, 중간확인의 소, 소의 일부취하가 허용되므로 심판의 범위가 확장 또는 축소될 수 있다. 불복하지 않은 부분은 항소심 판결의 선고와 동시에 확정된다.[25] 피항소인도 부대항소를 통하여 심판의 범위를 확장할 수 있다.

제1심 판결에서 누락한 청구 부분(재판의 누락)은 이심되지 않으므로 항소심의 심판 대상이 되지 않는다.

라. 가집행선고

항소법원은 제1심판결 중에 불복신청이 없는 부분에 대해 가집행선고가 붙지 않은 경우에는 당사자의 신청에 따라 결정으로 가집행의 선고를 할 수 있다(406①). 어느 당사자로부터도 불복의 신청이 없는 부분은 항소심에서 취소될 가능성이 없는 것으로 일응 인정되기 때문에 그 부분에 대하여 가집행의 선고를 할 수 있게 한 것이다.

이 신청을 기각한 결정에 대해서는 즉시항고를 할 수 있다(406②).

마. 제1심의 속행으로서의 변론

(1) 변론의 갱신절차

항소심은 제1심의 속심이므로 항소심에서 제출된 새로운 자료도 사용하지만 제1심의 자료도 사용하게 된다. 따라서 제1심의 자료를 상소심에 상정하는 변론

한 것이 있다(대법원 1995.6.30. 선고 95다12927 판결).

25) 대법원 2004.6.10. 선고 2004다2151,2168 판결.

의 갱신절차를 거쳐야 한다(407②). 변론의 갱신은 제1심 변론결과를 진술하는 방식으로 하는데, 당사자가 사실상 또는 법률상 주장, 정리된 쟁점 및 증거조사 결과의 요지 등을 진술하거나, 법원이 당사자에게 해당사항을 확인하는 방식으로 할 수 있다(규 127조의2). 변론의 갱신결과 원심에서의 변론준비·변론·증거조사의 결과·자백의 구속력 등 소송행위는 그대로 항소심에서도 효력이 있으나, 자백간주의 경우에는 그렇지 않다. 즉 제1심에서 자백간주가 되었어도 항소심 변론종결 시까지 이를 다툰 이상 자백으로서의 구속력이 없다.

변론의 갱신은 양쪽 당사자가 모두 하여야 하는가?

항소심에서의 변론의 갱신은 자기에게 유리한 부분만 선택하여 할 수는 없고, 당사자 일방이 하면 족하다. 주로 항소인이 한다.

(2) 변론의 갱신권과 제약

당사자가 항소심 변론종결 시까지 종전 주장의 보충, 정정, 새로운 공격방어방법을 제출할 수 있는 권리를 변론의 갱신권이라 한다. 항소심에서의 변론의 갱신권은 다음과 같은 제약이 있다.

1) 증인의 재신문과 새로운 공격방어방법의 제출

당사자는 제1심에서 신문했던 증인의 재신문을 신청할 수 있지만, 증명취지가 같고 명확한 증언을 한 경우까지 재신문을 하면 복심이 되기 때문에 당사자가 이러한 증인을 신청하는 경우에 이를 채택할지 여부는 법원의 재량이다. 따라서 이는 단독사건의 판사나 합의부 법관의 반수 이상이 경질된 경우에 종전에 신문한 증인에 대하여 당사자의 신청으로 다시 신문을 하는 민소법 204조 3항의 경우와 다르다. 또한 새로운 공격방어방법이라고 하더라도 적시제출주의를 위반하면 시기에 늦은 공격방어방법이 되어 각하된다(408, 149). 시기에 늦었는지 여부는 1·2심을 통틀어 판단한다.

2) 재정기간제도

사실심리의 제1심 집중 및 소송촉진을 위해 민소법 147조는 항소심에서도 적용된다.

3) 제1심 변론준비기일의 효력

사실심리의 제1심 집중을 위한 규정으로서 제1심 변론준비기일까지 제출하지 못한 주장이나 증거는 민소법 285조 1항의 예외사항을 제외하고는 항소심에서도 제출할 수 없는 실권의 제재를 면할 수 없다.

변론의 갱신과 변론의 갱신권은 어떻게 다른가?

변론의 갱신은 소송계속 중 법관의 경질이 있는 경우 종전의 변론결과를 진술하는 것을 말하는데 비하여(204②, 407②. 심급을 달리하는 경우 포함), 변론의 갱신권은 당사자가 제1심에서 제출하지 않았던 새로운 공격방어방법을 항소심에서 제출할 수 있는 권리를 말한다.

Ⅳ. 항소심의 종국적 재판

1. 항소장 각하

항소장의 방식위배(397), 항소기간의 도과, 항소장 부본의 송달불능의 경우에는 재판장의 명령으로 각하한다(402②).

2. 항소각하

항소요건의 흠으로 부적법한 항소인 경우에는 판결로써 항소를 각하한다. 흠의 보정이 불가능할 때에는 변론 없이 항소를 각하할 수 있다(413). 법원이 변론무능력자에 대하여 변호사 선임명령을 하였음에도 불구하고 선임을 하지 아니한 때에는 판결 아닌 결정에 의한 항소각하가 가능하다(144④).

3. 항소기각

제1심 판결이 정당하거나(414①) 또는 그 이유는 정당하지 아니하여도 다른 이유에 따라 그 판결의 결론(주문)이 정당하다고 인정할 때에는 항소기각판결을 한다(414②). 후자의 항소기각이 인정되는 이유는 판결이유 중의 판단에는 기판력이 미치지 않으므로(216①), 굳이 제1심판결을 취소하고 다시 청구기각판결을 할 필요는 없기 때문이다. 예컨대 제1심에서 변제를 이유로 청구기각판결을 하였는데 원고가 항소한 경우 항소심은 소멸시효를 이유로 하여 청구기각을 하는 것이 옳다고 보더라도 제1심판결을 취소해야 할 필요는 없고 원고의 항소에 대하여 그대로 항소기각을 할 수 있다.

그러나 예비적 상계의 항변에 의하여 승소한 피고가 항소한 경우에 항소법원에서 볼 때 상계에 의할 필요 없이 예컨대 변제의 항변을 받아들여 청구를 기각할 수 있으면 제1심판결을 취소하고 청구기각의 선고를 하여야 한다. 마찬가지로, 제1심에서 소구채권 그 자체를 부정하여 원고의 청구를 기각하였지만, 항소심에서 소구채권은 인정되나 상계항변을 받아들인 결과 원고의 청구가 기각되는 경우에는 제1심과 결론이 같다고 하여 원고의 항소를 기각할 것이 아니라 제1심판결을 취소하고 다시 원고의 청구를 기각하는 판결을 하여야 한다.[26] 상계의 항변에 관한 판단은 판결이유 중의 판단이지만 기판력이 생기기 때문이다(216②).[27]

항소심에서 청구가 교환적으로 변경된 경우에는 구청구가 취하되어 제1심 판결은 실효되고 신청구만이 항소심의 심판대상이 된다. 따라서 원고의 청구에 대하여 일부 인용한 판결에 대하여 쌍방 모두 항소한 후 청구를 교환적으로 변경한 경우 항소심은 제1심판결 중 항소심이 추가로 인용하는 부분에 해당하는 원고 패소부분을 취소한다거나 피고의 항소를 기각한다는 주문 표시를 하여서는 안 된다.[28]

4. 항소인용

가. 제1심 판결의 취소

항소법원은 제1심 판결이 정당하지 아니하다고 인정한 때(416)와 제1심판결의 절차가 법률에 어긋날 때, 즉 변론에 관여한 적이 없는 법관에 의한 판결 또는 판결원본에 의하지 않은 판결선고 등의 경우에는 제1심판결을 취소한다(417).

(1) 자 판

항소심은 사실심이므로 스스로 소에 대하여 재판을 하는 것이 원칙이고, 다른 법원으로의 환송·이송은 예외적인 경우에만 한다. 이 점에서 법률심으로서 원칙

26) 대법원 2013.11.14. 선고 2013다46023 판결.
27) 나아가 소각하판결에서는 소송요건마다 기판력이 생기므로 제1심이 당사자능력의 부존재로 소각하 하였으나, 항소심은 당사자적격의 부존재로 소각하 할 때는 소송요건에 따라 기판력의 범위가 다르므로 제1심판결을 취소한 후에 다시 소각하를 하여야 한다.
28) 대법원 2009.2.26. 선고 2007다83908 판결.

적으로 환송을 하는 상고심과 다르다.

(2) 환 송

소가 부적법하다고 각하한 제1심 판결을 취소하는 경우에는 항소법원은 사건을 제1심 법원에 환송하여야 한다(418본문, 필수적 환송). 제1심법원에서 소각하의 판결을 한 경우에는 제1심의 본안심리가 행하여지지 않았으므로 항소심에서 자판해버리면 당사자의 심급의 이익이 박탈되기 때문이다. 다만 그 경우에도 예외적으로 ① 제1심에서 본안판결을 할 수 있을 정도로 심리가 된 경우,[29] ② 당사자의 동의가 있는 경우에는 환송하지 않고 자판할 수 있다(418단서). 환송받은 제1심법원은 항소법원이 취소의 이유로 한 법률상 및 사실상 판단에 기속된다.

제1심 법원이 피고의 답변서 제출을 간과하여 무변론판결을 선고하였고, 피고는 그 위법을 주장하면서 항소하였는데, 항소심에서 원고가 청구를 감축하자 항소법원은 이에 따라 제1심판결의 주문을 변경하는 내용의 판결을 선고하였다. 이 판결은 적법한가?

항소법원은 제1심판결의 절차가 법률에 어긋날 때에 제1심판결을 취소하여야 한다(417). 따라서 항소법원은 제1심 법원이 선고한 무변론판결을 취소하고 심급의 이익을 고려하여 환송하거나 직접 다시 판단하였어야 했다. 그럼에도 항소법원이 그러한 조치를 취하지 아니한 채 제1심판결의 주문을 변경하는 내용의 판결을 선고한 것은 부적법하다.[30]

종전에 제1심에서 제출되었던 사실자료·증거자료는 환송된 제1심의 판결의 기초로 할 수 있는가?

종전의 제1심에서의 사실자료·증거자료는 항소심판결에서 취소되지 않은 한 그대로 효력을 가지고 환송된 제1심 판결에 사용될 수 있다. 종전의 제1심에서 중간판결이 행해진 경우에도 항소심에서 취소되지 않은 한 환송된 제1심에서 구속력을 가

29) 대법원 2022.7.28. 선고 2018다46042 판결(소유권이전등기청구소송의 제1심에서, 원고는 본안심리사항에 해당하는 임야의 등기명의인들과 원고 사이의 명의신탁관계를 주장하면서 그에 관한 증거자료를 제출하였고, 피고는 원고의 이러한 주장을 반박하였으며, 제1심 법원은 당사자들에게 본안에 대한 주장과 증명을 수차례 촉구하였다. 이후 항소심에서 추가로 제출된 증거는 대부분 원고가 이 사건 소의 소송요건을 갖추었다는 사정을 증명하기 위한 것임을 종합하면, 제1심에서 본안판결을 할 수 있을 정도로 심리가 되었다고 볼 수 있다. 따라서 원심이 이 사건 소를 각하한 제1심 판결을 취소하면서 사건을 제1심 법원으로 환송하지 않고 원고의 청구를 인용하는 본안판결을 한 것은 민소법 418조 단서에 따른 것으로 정당하다).

30) 대법원 2020.12.10. 선고 2020다255085 판결.

진다.

항소심에서 제출된 사실자료 · 증거자료는 환송된 제1심 소송절차에서 당연히 재판자료로 되는가?

항소심에서의 사실자료 · 증거자료는 당연히 재판자료로 되는 것은 아니고, 변론의 갱신절차를 통하여 새로 제1심의 변론에 상정되어야 재판자료로 된다.

환송을 명하는 항소심판결에 대하여 당사자는 상고할 수 있는가?

환송을 명하는 항소심 판결도 종국판결이므로 이에 대하여 당사자는 상고할 수 있다.[31]

(3) 이 송

전속관할 위반을 이유로 제1심판결을 취소하는 때에는 원심으로 환송하지 않고 직접 전속관할 있는 제1심법원으로 이송하여야 한다(419). 임의관할을 위반한 경우에는 제1심판결의 취소사유가 되지 않는다(411).

나. 불이익변경금지의 원칙

항소심 법원은 제1심 판결 중 불복의 한도 안에서 심판하며(415), 변론은 당사자가 제1심 판결의 변경을 구하는 한도 안에서 한다(407①). 즉 불복신청(항소신청 또는 부대항소의 신청)의 범위를 벗어나 심판이나 변론하는 것은 허용되지 않는다. 이를 불이익변경금지의 원칙이라 하는데, 여기에는 이익변경의 금지와 불이익변경의 금지가 있다.

(1) 원 칙

1) 이익변경의 금지

항소인의 불복신청의 범위를 넘어서 불복하지 않은 제1심 판결 부분이 아무리 부당하다고 판단되더라도 제1심판결보다 유리하게 변경할 수 없다. 상소심에서의 처분권주의의 적용이라고 할 수 있다. 예컨대 이혼과 위자료 두 가지 모두 패소한 피고가 그중 위자료 패소부분에 한하여 불복항소하였으면 항소심에서 청구를 확장하지 않는 이상 불복하지 않은 이혼 패소부분이 부당하더라도 피고에게 유리

31) 대법원 1981.9.8. 선고 80다3271 전원합의체 판결.

하게 변경할 수 없다.

1천만원의 지급청구를 하여 700만원의 일부인용판결을 받은 원고가 일부패소한 300만원 중 200만원에 대하여 항소하였다. 항소심이 심리한 결과 1천만원 전부에 청구권이 있다고 판단한 경우 200만원을 초과하여 300만원 전부를 인용하여 변경할 수 있는가?

원고가 청구한 불복신청의 범위는 200만원이다. 따라서 200만원을 초과하여 300만원 전부를 인용하여 변경할 수 없다. 이익변경금지의 원칙이 적용되기 때문이다.

2) 불이익변경의 금지

상대방이 항소나 부대항소를 제기하지 않는 한 불복하는 항소인에게 제1심판결보다도 더 불리하게 변경할 수 없다. 최악의 경우 항소기각되는 위험뿐이다.

청구를 일부기각한 제1심판결에 대하여 원고만이 항소한 경우, 항소법원에서 청구 전부가 이유 없는 것으로 판단되더라도 기왕의 원고승소부분까지 취소하여 청구 전부를 기각할 수 없고, 반대로 일부기각 판결에 피고만이 항소한 경우 항소법원이 피고의 패소부분을 넘어서 피고에게 불리한 판결을 하면 안 된다. 단순이행판결에 대하여 항소심에서 동시이행판결 또는 선이행판결로 변경한 경우에도 불이익변경금지의 원칙에 반한다.[32)]

위의 사례에서 반대로 항소심이 600만원 외에는 원고에게 청구권이 없다는 판단을 하여 제1심판결을 취소하고 원고에게 600만원의 청구를 인용하는 판결을 할 수 있는가?

항소심은 제1심판결을 취소하고 원고에게 원심보다 불리한 600만원 인용의 판결을 할 수는 없다. 불이익변경의 금지 때문이다. 이 경우에는 항소기각을 하여 결과적으로 700만원 인용의 제1심판결을 유지하여야 한다. 불이익변경금지의 원칙이 있기 때문에 패소자는 안심하고 항소할 수 있어 잘못된 판결이 시정될 기회가 증가한다. 다만 상대방 당사자가 (부대)항소를 한 경우에는 항소인에게 불이익하게 변경될 수 있다.

항소인에게 불리한지 여부는 원칙적으로 판결주문을 기준으로 한다. 따라서 기판력이 생기지 않는 판결 이유 중의 판단 부분은 항소인에게 더 불리하게 변경

32) 대법원 2005.8.19. 선고 2004다8197,8203 판결.

되어도 불이익변경금지의 원칙에 위반되지 않는다.

그러나 상계의 항변은 판결이유에 기재되어 있어도 상계하자고 대항한 액수에 대하여 기판력을 가진다(216②). 따라서 제1심에서 피고의 상계항변을 인정하여 원고청구기각을 하고 이에 원고가 항소하였을 때에, 항소심에서 원고주장의 소구채권 자체가 존재하지 않는다는 이유로 항소기각을 하거나 제1심판결을 취소하고 청구기각판결을 하는 것은 상계에 제공된 피고의 반대채권 소멸의 이익마저 잃게 되어 제1심판결보다 원고에게 더 불리해지기 때문에 허용되지 않는다.[33] 결국 제1심 판결과 같은 이유를 달아 항소를 기각해야 한다.

예비적 상계항변이 인정되어 원고 청구기각판결을 받은 피고만 항소한 경우, 원고의 청구권이 애당초 존재하지 않는다고 인정되면 항소심은 어떠한 판결을 하여야 하는가?

항소심은 단순히 항소기각판결을 할 것이 아니라, 제1심판결을 취소하고 원고에게 청구권이 존재하지 않음을 이유로 청구기각판결을 해야 한다. 제1심의 원고청구기각판결은 상계항변을 인정한 판결이므로 그대로 항소기각판결을 하면 항소심의 의도와는 달리 반대채권을 더 이상 주장할 수 없게 되기 때문이다.[34]

예비적 상계항변이 인정되어 원고 청구기각판결을 받은 피고만 항소한 경우, 피고의 자동채권(반대채권)이 애당초 존재하지 않는다고 인정되면 항소심은 어떠한 판결을 하여야 하는가?

항소심은 원고의 청구를 인용할 수 없고, 피고의 항소를 기각하는데 그친다. 즉 항소심은 상계에 의한 청구기각의 제1심판결을 유지한다. 피고만 항소하였는데 원고의 청구를 인용하는 것은 불이익변경금지의 원칙에 위배되기 때문이다.[35]

소가 부적법하다고 하여 소각하판결을 한 제1심 판결에 대하여 원고만이 항소를 한 경우, 항소법원이 소 자체는 적법하지만 본안에서 이유 없음이 분명하다고 판단될 때 어떠한 조치를 취하여야 하는가?

대법원 판례는 청구기각판결은 소각하판결 보다 항소인인 원고에게 더 불리하기 때문에 불이익변경금지의 원칙상 항소기각을 할 수밖에 없다는 입장이다(항소기각설).[36] 이에 대하여는 잘못된 제1심의 소각하판결을 확정시키는 것이어서 원고가 문

---

33) 대법원 2010.12.23. 선고 2010다67258 판결; 대법원 2011.10.13. 선고 2011다51205 판결.
34) 대법원 2002.9.6. 선고 2002다34666 판결.
35) 대법원 1995.9.29. 선고 94다18911 판결.

제의 소송요건을 보정하여 다시 제소하여 올 때 이를 막을 길이 없게 되므로 제1심 판결을 취소하고 청구기각을 해야 한다는 견해(청구기각설),[37] 심급의 이익을 위하여 특별한 사정이 없는 한 제1심 판결을 취소하고 제1심법원으로 환송하여야 한다는 견해(환송설),[38] 제1심에서 본안심리가 이루어졌거나 당사자의 동의가 있으면 민소법 418조 단서에 따라 항소심에서 제1심 판결을 취소하고 청구기각을 하고, 그렇지 않으면 418조 본문에 따라 제1심 판결을 취소만하여 제1심으로 환송하여야 한다는 견해(절충설)[39] 등의 대립이 있다.

(2) 예 외

불이익변경금지의 원칙은 처분권주의에 근거를 두고 있으므로 직권조사사항 및 직권탐지주의 절차에는 적용되지 않는다. 즉 직권조사사항인 소송요건 등에 흠이 있으면 일부패소의 당사자가 항소한 경우에도 그 전부를 취소하여 소의 각하, 이송 등의 조치를 취하여야 한다.[40] 또한 가사비송사건절차에 있어서는 민사소송의 경우와 달리 당사자의 변론에만 의존하는 것이 아니고, 법원이 자기의 권능과 책임으로 재판의 기초가 되는 자료를 수집하는 이른바 직권탐지주의에 의하고 있으므로, 법원으로서는 당사자의 주장에 구애되지 아니하고 재산분할의 대상이 무엇인지 직권으로 사실조사를 하여 포함시키거나 제외시킬 수 있다.[41] 나아가 처분권주의가 적용되지 않고 직권으로 판단할 사항인 소송비용 재판과 가집행선고도 불이익변경금지의 원칙의 예외이다.[42]

---

36) 대법원 1983.12.27. 선고 82누491 판결; 대법원 1999.4.9. 선고 98다46945 판결; 대법원 1995.7.11. 선고 95다9945 판결; 대법원 2001.9.7. 선고 99다50392 판결; 대법원 2009.9.10. 선고 2009다41977 판결; 대법원 2019.1.17. 선고 2018다24349 판결; 대법원 1999.6.8. 선고 99다17401 판결.

37) 강현중, 993쪽; 김홍엽, 1176쪽; 정동윤 · 유병현 · 유병현, 918쪽; 호문혁, 679쪽.

38) 송상현 · 박익환, 739쪽.

39) 이시윤, 884쪽; 정영환, 1290쪽; 한충수, 852쪽.

40) 대법원 1995.7.25. 선고 95다14817 판결(법원이 당사자의 신청과는 관계없이 직권으로 조사하여야 할 사항에는 그 적용이 없는 것이므로, 항소심이 원고들이 불복하지 않은 청구에 대하여도 확인의 이익의 유무를 조사하여 원고들의 청구를 각하한 조치는 정당하고, 불이익변경금지의 원칙에 반하지 않는다).

41) 대법원 1996.12.23. 선고 95므1192,1208 판결. 다만 이 판례는 재산분할청구에 있어 항소심으로서는 당사자의 주장과는 관계없이 조사 · 수집된 증거에 의하여 분할대상이 되는 재산의 범위를 제1심과 달리 인정할 수 있다는 취지일 뿐, 항소심의 심판범위를 한정짓는 원고의 불복 범위는 항소취지에 나타난 소송물과 금액 부분에 의하여 결정하여야 한다는 입장이다.

42) 대법원 1998.11.10. 선고 98다42141 판결(가집행선고는 당사자의 신청 유무에 관계없이 법원이 직권으로 판단할 사항으로 처분권주의를 근거로 하는 민소법 415조의 적용을 받지 아니하므로, 가집행선고가 붙지 아니한 제1심판결에 대하여 피고만이 항소한 항소심에서 항소를 기각하면서

민소법 417조가 규정하는 판결의 성립절차위반의 경우에도 불이익변경금지가 작동하지 않는다. 변론에 관여하지 않은 법관이 판결에 관여하거나,[43] 판결원본 없이 판결을 선고한 경우, 판결조서가 없는 경우 등에는 애당초 그러한 판결이 성립하지 않은 것이므로 항소인에게 불리하게 되어도 취소하지 않으면 안 된다.

성질상 비송사건인 형식적 형성소송(경계확정소송, 공유물분할소송 등)도 불이익변경금지의 원칙의 예외이므로 항소심에서 다시 정할 수 있으며, 그 결과 항소인에게 불리하게 될 수 있다.

제1심판결은 그 불복의 한도 안에서만 바꿀 수 있는 것이 원칙이지만 항소심에서 상계에 관한 주장을 인정한 때에는 그러하지 아니하다(415단서). 즉 항소심에서 비로소 피고측 상계주장을 인용하는 경우에는 불이익변경금지 원칙의 예외로서 불복의 한도를 벗어나서 판단할 수 있다. 예컨대 1,000만원의 대여금 청구에서 피고가 전부 변제의 항변을 하였는데, 제1심은 변제항변을 일부 인정하여 원고에게 400만원을 인용하였고, 이에 원고만이 600만원의 패소부분에 대하여 항소한 경우, 항소심에서 피고가 예비적으로 1,000만원의 상계항변을 제출하였는데 항소심 법원이 심리한 결과, 변제항변은 전부 이유 없지만 상계항변이 전부 이유있는 것으로 인정된다면, 항소한 원고가 불복하지 아니한 제1심 원고승소부분인 400만원까지 취소하고 원고의 청구를 모두 기각하게 된다. 만약 위 단서 규정이 없다면, 위의 예에서 원고만이 항소하였으므로 제1심에서 인용된 일부청구를 취소할 수 없고 항소를 기각할 수밖에 없는데, 그렇게 되면 피고는 항소심에서 상계를 주장한 반대채권까지 상실하는 것이 되기 때문이다.

합일확정이 필요한 소송, 즉 예비적·선택적 공동소송(70), 독립당사자참가소송(79) 등에서 패소하였으나 상소나 부대상소를 하지 아니한 당사자의 판결부분에 대하여도 이 원칙이 배제되며, 상소한 당사자의 불복범위 내에서 합일확정을 위해 필요한 한도에서는 더 유리하게 변경할 수 있다.[44]

상고에 의해 대법원에서 파기환송된 뒤 환송 후의 판결이 환송 전의 판결보다 상소인에게 더 불리한 결과가 초래될 수도 있다. 왜냐하면 파기환송 뒤 속행절차에서는 항소심에서 허용되는 일체의 소송행위, 예컨대 청구나 항소취지의 변경,

---

가집행선고를 붙였어도 불이익변경금지의 원칙에 위배되지 아니한다).

43) 대법원 1971.3.23. 선고 71다177 판결.

44) 대법원 2007.10.26. 선고 2006다86573,86580 판결.

부대항소의 제기, 새로운 공격방어방법의 제출 등 변론의 갱신권이 인정되기 때문이다.

일부인용 · 일부기각의 제1심 판결에 대하여 원고가 항소한 경우, 항소심에서 소송요건의 부존재가 인정되면 항소심은 제1심판결을 취소하고 소각하의 자판이 가능한가? 이 경우에 항소심이 소각하판결을 할 수 있다면 일부인용 되어 있었던 원고에게 불이익하게 되는 것은 아닌가?

소송요건은 공익성이 강하기 때문에 직권조사사항으로서, 불이익변경금지의 원칙이 적용되지 않는다. 따라서 항소심은 소송요건의 부존재를 이유로 일부판결부분을 취소하고 원고에 대해 소각하의 불이익변경을 할 수 있다.

5. 항소심판결의 주문예시

가. 항소의 전부기각

제1심 판결의 결론이 정당한 경우에는 '원고(또는 피고)의 항소를 기각한다. 항소비용은 원고(또는 피고)가 부담한다.'라고 표시한다.

나. 항소의 전부인용

(1) 제1심에서 원고청구가 전부인용 되었고 피고가 항소한 때

'1. 제1심판결을 취소한다. 2. 원고의 청구를 기각한다.'라고 표시한다.

(2) 제1심에서 원고청구가 전부기각되었고 원고가 항소한 때

'1. 제1심판결을 취소한다. 2. 피고는 원고에게 금 ○○원을 지급하라.'라고 표시한다.

(3) 제1심에서 원고청구의 일부가 인용되었고 피고가 항소한 때

'1. 제1심판결 중 피고패소부분을 취소한다. 2. 위 취소부분에 대한 원고의 청구를 기각한다.'라고 표시한다.

(4) 제1심에서 원고청구의 일부가 인용되었고 원고가 항소한 때

'1. 제1심판결 중 원고 패소부분을 취소한다. 2. 피고는 원고에게 금 ○○원을 지급하라.'라고 표시한다.

다. 항소의 일부인용

(1) 제1심에서 원고청구의 일부가 인용되었고 원고가 항소한 때

'1. 제1심 판결 중 아래에서 지급을 명하는 금원에 해당하는 원고 패소부분을 취소한다. 2. 피고는 원고에게 금 ○○원을 지급하라. 3. 원고의 나머지 항소를 기각한다.'라고 표시한다.

(2) 제1심에서 원고청구의 일부가 인용되었고 피고가 항소한 때

'1. 제1심 판결 중 아래에서 지급을 명하는 금원을 초과하는 피고 패소부분을 취소하고, 그 취소부분에 해당하는 원고의 청구를 기각한다. 피고는 원고에게 1억원 및 2018. 1. 1.부터 2019. 5. 31.까지는 연 5%, 그 다음날부터 다 갚는 날까지는 연 12%의 각 비율에 의한 금원을 지급하라. 2. 피고의 나머지 항소를 기각한다.'라고 표시한다.

(3) 변경주문례

'1. 제1심판결을 다음과 같이 변경한다. 가. 피고는 원고에게 금 ○○원을 지급하라. 나. 원고의 나머지 청구를 기각한다.'라고 표시한다. 판결서 작성의 간이화·대중화 경향과 집행상 혼란과 오해를 감소시키기 위하여 변경판결을 할 수 있다. 다만 변경판결을 하였다고 하더라도 당사자가 불복항소하지 아니한 부분까지 판단한 것은 아니다.[45]

라. 항소심에서 청구의 변경이 있는 경우

(1) 청구의 감축

항소심에서 소의 일부취하나 청구의 일부감축을 한 경우 그 부분은 처음부터 소송계속이 없었던 것이 되므로 그 한도에서 제1심 판결은 실효된다. 이때 제1심 판결이 정당하다고 인정하여 항소기각의 주문만 내면 제1심 판결이 집행권원이 되기 때문에 청구가 감축된 사실이 판결에 나타나지 않게 되어 제1심 판결이 항소심에서 그대로 유지되는 것 같은 외관을 보여 집행의 범위가 불명확해질 우려가 있다. 그러므로 항소심 판결의 주문에 청구의 일부가 감축된 사실을 명확히

45) 대법원 2002.2.5. 선고 2001다63131 판결.

하여 주는 것이 필요하다.

1) 피고가 항소한 경우

'1. 피고의 항소를 기각한다. 2. 항소비용은 피고가 부담한다. 3. 제1심 판결 주문 제1항은 당심에서의 청구의 감축에 의하여 다음과 같이 변경되었다. 피고는 원고에게 금 ○○원을 지급하라.'라고 표시한다.

2) 원고가 항소한 경우

'1. 신청인의 항소를 기각한다. 2. 항소비용은 신청인이 부담한다. 3. 제1심 판결 중 주문 제1, 2항은 당심에서의 신청인의 신청취지 감축으로 인하여 다음과 같이 변경되었다. 신청인과 피신청인 사이의 서울중앙지방법원 2015카단7505호 유체동산가압류신청사건에 관하여 위 법원이 2015. 7. 4.에 한 가압류결정 중 청구금액 17,000,000원의 범위 내에서 한 가압류결정부분을 인가하고, 위 금원을 초과하여 한 가압류결정부분을 취소하며, 위 취소부분에 대한 신청인의 가압류신청을 기각한다.'로 표시한다.

(2) 청구의 확장

항소심에서도 민소법 262조의 요건을 구비하면 상대방의 동의 없이 청구를 확장하거나 새로운 청구를 추가할 수 있다. 항소심에서 확장(추가)된 청구부분은 제1심의 판단을 경유하지 않았기 때문에 신소의 제기와 같아 그 확장(추가)된 청구를 인용하든 기각하든 항소심 판결의 주문에서는 반드시 새로운 판단을 하여야 한다.[46]

1) 피고만 항소한 경우

(가) 항소기각, 확장청구 전부인용

제1심에서 원고가 전부승소하여 피고가 항소하고 한편 부대항소로 원고가 청구를 확장하였을 때 항소심에서 확장부분을 포함한 청구전부를 인용하여 승소시킬 경우이다. '1. 피고의 항소를 기각한다. 2. 원고의 당심에서의 청구취지 확장에 따라, 피고는 원고에게 2019. 3. 1.부터 복직시까지 매월 ○○원의 비율에 의한 금원을 지급하라.'로 표시한다.

---

46) 대법원 2007.8.23. 선고 2006다28256 판결.

(나) 항소기각, 확장청구 일부인용

'1. 피고의 항소를 기각한다. 2. 당심에서의 청구취지 확장에 따라, 피고는 원고에게 10,000,000원을 지급하라. 3. 원고의 나머지 확장청구를 기각한다.'로 표시한다.

(다) 항소기각, 확장청구 기각

'1. 피고의 항소를 기각한다. 2. 당심에서 확장된 원고의 청구를 기각한다.'로 표시한다.

2) 원고만 항소한 경우

(가) 항소기각, 확장청구 기각

'1. 원고의 항소를 기각한다. 2. 당심에서 확장된 원고의 청구를 기각한다.'로 표시한다.

(나) 항소 일부인용, 확장청구 전부기각

'1. 제1심 판결 중 다음에서 추가로 지급을 명하는 금원에 해당하는 원고 패소부분을 취소한다. 2. 피고는 원고에게 금 ○○원을 지급하라. 3. 원고의 나머지 항소와 당심에서 확장된 청구를 기각한다.'로 표시한다.

3) 쌍방이 항소한 경우

원고 항소 일부인용, 확장청구 전부기각, 피고 항소기각하는 경우에는 '1. 제1심 판결 중 다음에서 추가로 지급을 명하는 원고 패소부분을 취소한다. 피고는 원고에게 금 ○○원을 지급하라. 2. 원고의 나머지 항소와 당심에서의 확장된 청구 및 피고의 항소를 모두 기각한다.'로 표시한다.

4) 변경주문을 사용하는 경우

변경판결의 주문례는 취소주문례보다 간단하지만 주문만을 보고 항소인의 승패를 알아보기 힘들고 강제집행에 있어서 집행의 범위가 불명료해지는 단점이 있다. 따라서 판결이유를 보지 않고는 주문만으로는 확장청구가 일부 인용되었는지 또는 전부 인용되었는지를 알 수가 없게 된다. '당심에서 확장된 원고의 청구를 포함하여 제1심 판결의 주문 제1, 2항을 아래와 같이 변경한다. 가. 피고는 원고에게 금 ○○원을 지급하라. 나. 원고의 나머지 청구를 기각한다.'로 표시한다. 제

1심에서 청구기각판결을 받고 항소하면서 항소심에서 새로운 청구를 예비적으로 추가한 경우에 청구기각의 제1심 판결이 정당하고 추가된 예비적 청구를 인용하는 때에는 제1심판결에 대한 항소기각, 추가된 신청구에 대한 제1심으로서 인용하는 판결을 한다.[47]

5) 항소심에서 기존의 청구와 항소심에서 추가된 청구를 모두 배척할 경우에 단순히 '항소기각'은 안 되고 이와 함께 항소심에서 추가된 청구에 대해 원고청구를 기각한다는 주문표시를 해야 한다.

(3) 새로운 청구의 추가

항소심에서 원고가 새로운 청구를 단순 병합의 형태로 추가한 경우에는 기본적으로 위에서 본 청구의 확장에 준해서 주문을 내면 된다. 다만 '당심에서의 청구취지 확장에 따라' 또는 '당심에서 확장된' 등의 표현을 '당심에서 추가된 청구에 따라' 또는 '당심에서 추가된'이라고 바꾸어 표현해 준다.

(4) 항소심에서의 소의 교환적 변경

청구의 교환적 변경은, 구청구는 취하되어 소송계속이 소멸하고, 신청구의 당부가 심판의 대상이 되는 것이므로 항소심은 신청구를 제1심으로서 심판하여야 한다. 따라서 이미 취하된 구청구에 대하여 제1심 판결의 존재를 전제로 하는 '제1심 판결 취소'나 '항소기각' 재판의 여지는 없고, 새로운 주문을 내야 한다.[48] 소송비용은 1, 2심을 합쳐서 '소송총비용'으로 표현한다.

1) 교환적으로 변경된 소의 각하

'당심에서 교환적으로 변경된 이 사건 소를 각하한다.'로 표시한다.

2) 교환적으로 변경된 청구 기각

'당심에서 교환적으로 변경된 원고의 청구를 기각한다.'로 표시한다.

3) 교환적으로 변경된 청구 인용

(가) 전부인용

'당심에서 교환적으로 변경된 청구에 따라, 피고는 원고에게 금 ○○원을 지

47) 대법원 2017.3.30. 선고 2016다253297 판결.
48) 대법원 2009.2.26. 선고 2007다83908 판결.

급하라.'로 표시한다.

(나) 일부인용

'당심에서 교환적으로 변경된 청구에 따라, 피고는 원고에게 금 ○○원을 지급하라. 2. 원고의 나머지 청구를 기각한다.'로 표시한다.

제3장
상 고

I. 총 설

1. 상고의 의의

상고란 하급심 법원이 선고한 종국판결에 대한 불복신청 중에 제3심인 법률심을 상대로 한 상소를 말한다. 즉 고등법원이 선고한 종국판결과 지방법원 합의부가 제2심으로서 선고한 종국판결이 상고의 대상이다(422①). 따라서 고등법원(또는 특허법원)이 제1심으로서 선고한 종국판결에 대해서도 상고할 수 있다. 항소심의 판결 중 제1심으로 돌려보내는 환송판결·이송판결도 종국판결에 해당하므로 상고의 대상이 된다. 상고심 법원은 대법원이다.

비약상고의 합의(불항소의 합의)가 있는 제1심판결에 대해서도 예외적으로 항소심을 거치지 않고 직접 상고가 가능하다(390①단서). 이는 당사자간에 사실관계에 관하여 다툼이 없고 법률문제에 대해서만 최종심법원의 판단을 신속하게 받고자할 때 이용될 수 있다. 이때에는 상고를 하면서 불항소의 합의에 관한 서면을 제출하여야 한다.[1)]

2. 상고제도의 목적

상고제도의 목적은 잘못된 원심판결에 대한 당사자의 구제와 법령해석의 통일이다. 전자는 상고가 당사자에 의한 상고의 제기에 의하여서만 이루어지고 당사자의 의사와 비용에 의하여 상고심절차가 개시되며, 헌법재판소가 따로 설치되어 있는 점 등을 이유로 하는 것이고, 후자는 유일의 최상급법원인 대법원만이 상고심으로 되어 있다는 점을 이유로 한다.[2)]

---

1) 대법원 1995.4.28. 선고 95다7680 판결.

2) 일본의 상고심은 고등법원의 종국판결에 대하여는 대법원에, 지방법원이 제2심으로서 한 종국판결에 대하여는 각 관할 고등법원에 상고하도록 하여 법령해석의 통일보다는 당사자의 구제에 더 큰 비중을 두고 있다고 평가할 수 있다.

3. 법률심으로서의 상고심

(1) 사후심

상고심에서는 원심판결이 적법하게 확정한 사실은 심리의 대상이 아니고 원심이 인정한 사실을 토대로 법률적인 당부만 판단한다(432). 따라서 상고심에서는 사실관계에 대한 새로운 주장, 소의 변경, 새로운 청구나 증거제출이 불가능하며, 원심에서 한 자백을 취소하지도 못한다. 또한 가집행선고로 인한 지급물의 반환신청은 그 신청의 이유인 사실의 진술 및 그 당부의 판단을 위하여 소송에 준하는 변론이 필요하므로, 법률심인 상고심에서는 그 신청이유로서 주장하는 사실관계에 대하여 당사자간에 다툼이 없어 사실심리를 요하지 아니하는 경우를 제외하고는 허용될 수 없다.[3]

(2) 상고심에서 증거조사를 하는 경우

다만 직권증거조사사항, 즉 소송요건이나 상소요건의 존부, 재심사유, 원심의 판결절차위배의 유무(417) 등을 판단함에 있어서는 상고심에서도 당사자가 새로운 주장·증명을 할 수 있고, 법원은 필요한 증거조사를 할 수 있다(434).

상고가 적법하기 위한 요건은 무엇인가?

상고의 적법요건으로서는 상고의 이익이 있을 것, 상고기간의 준수, 상고이유의 주장 등이 있다.

상고심에서도 가집행의 선고를 할 수 있는가?

상고법원은 원심판결 중 불복신청이 없는 부분에 대하여 당사자의 신청에 따라 결정으로 가집행의 선고를 할 수 있다(435).

Ⅱ. 상고이유

1. 민사소송법상 상고이유

민소법 423조는 일반적 상고이유를, 민소법 424조는 절대적 상고이유를 규정하고 있다. 일반적 상고이유는 헌법·법률·명령·규칙의 위반이 판결에 영향을

3) 대법원 1980.11.11. 선고 80다2055 판결.

미친 경우이고, 절대적 상고이유는 일반적 상고이유와는 달리 원심판결의 결과에 영향을 미쳤는지 여부에 관계없이 상고이유가 된다. 절대적 상고이유 중 판결의 이유를 밝히지 않거나 이유에 모순이 있는 때(424①(6))를 제외하고는 심리불속행으로 처리하면 안 된다(상특 4①(6)).

가. 일반적 상고이유(423)

(1) '법령' 위반

이때의 법령에는 헌법·법률·명령·규칙 이외에도 널리 지방자치단체의 조례, 비준 가입한 국제조약, 협정 등도 포함한다. 성문법이든 관습법이든 묻지 않고 준거법으로 된 외국법 및 보통거래약관의 조항이나 법인의 정관도 이에 포함된다. 경험법칙도 판단의 대전제가 되는 것으로 법규에 준하기 때문에 이에 포함된다는 것이 통설·판례이나, 경험법칙에서 벗어나 사실인정을 하는 경우에는 민소법 202조의 위반(법률위반)이 되어 일반적 상고이유(423)가 된다고 보는 것이 타당하다. 대법원의 판례를 위반한 원심판결은 직접적인 법령 위반은 아니지만 법령해석에 잘못이 있는 경우에 해당하므로 결국 법령위반이 된다.

(2) 법령 '위반'

1) 법령위반의 원인 기준

법령을 위반한 원인은 법령자체를 오해하거나 그 적용을 잘못한 데 있다.

(가) 법령자체의 오해

법령자체의 효력이 지닌 시간적 또는 장소적 한계를 오인하거나 법규의 내용·취지를 정확하게 이해하지 못한 결과, 이를 사건에 부당하게 적용하거나 적용하지 않은 경우이다. 법령해석의 잘못, 폐지되거나 미시행인 법령의 적용, 국제사법상 저촉법 적용의 잘못 등이 여기에 해당한다. 이중 법령해석의 잘못이 주된 상고이유이다.

(나) 법령적용의 오해

법령 자체에는 오해가 없지만 일정한 사실이 법규가 정한 요건에 해당하는지 여부의 판단을 잘못한 경우를 법령적용의 오해라고 한다. 법령적용의 오해는 상고이유가 되지 아니하는 사실인정의 잘못과 구별하여야 한다. 양자의 구별기준에 대하여 보면, 구체적 사실이 존재하는지 부존재하는지에 대한 판단, 증거가치에 대한 평가, 법률행위의 해석에 있어 의사표시가 있었는지 여부, 의사표시의 내용의 인정여부, 법원이나 행정관청의 자유재량 사항은 사실문제로서 상고이유가 되지 않지만,[4] 일정한 사실이 인정될 때 이에 대한 평가적 판단(예컨대 어떠한 사실이 인정된 경우에 과실이 존재한다고 평가할 수 있는지 여부 등), 의사표시의 해석방법, 선량한 풍속위반에 해당하는지 여부, 정당한 사유가 존재하는지 여부, 신의칙에 위반되는지 여부 등은 법령적용의 문제로서 법률문제이다. 사실추정의 법리의 적용여부, 논리법칙이나 경험법칙의 위반여부, 법률효과의 인정여부 등도 법률문제에 해당한다.[5]

사실문제와 법률문제를 구체적인 예를 들어서 구별해보라.

예컨대 특정계약이 존재하는지 여부는 사실문제이지만, 그 계약이 민법 103조의 선량한 사회질서에 위반되는지 여부는 법률문제이고, 계약을 해제함에 있어서 일정 기간을 정하여 이행을 최고하였는지 여부는 사실문제이지만, 그 기간이 상당한 기간인지 여부는 법률문제이다.

과실상계사유의 존부는 사실문제인가 법률문제인가?

판례는 책임감경사유 또는 과실상계사유에 관한 사실인정 또는 그 비율을 정하는 것은 그것이 형평의 원칙에 비추어 현저히 불합리하다고 인정되지 않는 한 사실문제로서 사실심의 전권에 속한다는 입장이다.[6] 다만, 과실상계를 인정함으로써 가해자의 손해배상책임을 전적으로 면제하는 것은 실질적으로 가해자의 손해배상책임을 부정하는 것과 다를 바 없으므로 특별한 사정이 없는 한 법리오해에 해당한다고 본다.[7]

---

4) 대법원 2010.1.28. 선고 2006다79650 판결.
5) 대법원 2001.3.15. 선고 99다48948 전원합의체 판결(당사자에 의하여 무엇이 표시되었는가 하는 점과 그것으로써 의도하려는 목적을 확정하는 것은 사실인정의 문제이고, 인정된 사실을 토대로 그것이 가지는 법률적 의미를 탐구 확정하는 것은 이른바 의사표시의 해석으로서, 이는 사실인정과는 구별되는 법률적 판단의 영역에 속하는 것이다. 그리고 어떤 목적을 위하여 한 당사자의 일련의 행위가 법률적으로 다듬어지지 아니한 탓으로 그것이 가지는 법률적 의미가 명확하지 아니한 경우에는 그것을 법률적인 관점에서 음미, 평가하여 그 법률적 의미가 무엇인가를 밝히는 것 역시 의사표시의 해석에 속한다).
6) 대법원 1991.3.27. 선고 90다13383 판결.
7) 대법원 2014.11.27. 선고 2011다68357 판결.

2) 법령위반의 형태 기준

법령을 위반한 형태에 따라 판단상 과오(의율의 과오)와 절차상 과오로 구별할 수 있다.

(가) 판단상 과오

현행법이 인정하지 않는 청구를 받아들이는 경우와 같이 원심판결 중의 법률판단이 부당하여 청구의 당부판단을 잘못한 경우이다. 실체법 위반이 대부분이지만, 기판력을 고려하지 않거나 소의 제기에 의한 시효중단의 유무에 대한 판단잘못 등 소송법상 판단의 과오도 있을 수 있다. 법령의 올바른 적용은 법원의 당연한 직책이므로 법원은 당사자가 주장하는 상고이유에 구속됨이 없이 법률판단의 과오 유무를 **직권으로 조사**하여야 한다(434).[8] 이를 상고이유 불구속의 원칙이라 한다. 다만 상고이유로 한 법령위반이 인정된다 하더라도 다른 이유에 의해 원심판결이 그 결론에 있어 정당하다면 판단상 과오가 되지 않는다.

(나) 절차상 과오

변론주의나 처분권주의 위반여부, 석명의무나 지적의무의 위반여부, 당사자에게 기일통지 없이 한 변론인지 여부 등과 같이 절차법규를 위배한 경우를 말한다. 그러나 훈시규정을 위반한 경우나 임의규정 위반 중 소송절차에 관한 이의권의 포기·상실(151)이 있는 경우에는 상고이유가 되지 않는다. 하급심의 절차상 과오는 쉽게 발견하기 어려우므로 직권조사사항(상소요건, 상고속행사유, 항소심판결의 적법성, 소송요건 등)을 제외하고는 당사자의 **주장이 있을 때에만 조사**한다. 심리미진도 입증기회를 부여하지 않는 등 심리를 다하지 아니한 위법이 있는 경우를 의미하므로 절차법규 위반의 일종으로서 일반적 상고이유가 된다.[9]

헌법규정에 대한 해석·적용의 잘못이 아니라 재판의 전제가 되는 법령이 위헌무효라는 주장도 일반적 상고이유가 되는가?

헌법규정에 대한 해석·적용의 잘못은 물론, 재판의 전제가 되는 법령이 위헌무효

8) 다만 대법원은 신의성실의 원칙이나 권리남용금지와 같은 민사법의 기본원리에 해당하는 강행법규의 경우를 제외하고는 소극적 판단과오, 즉 적용하여야 할 실체법규를 아무런 설시 없이 적용하지 않은 경우에는 당사자가 상고이유로 주장하지 않는 한 직권으로 파기하지 않는 경향이 있다.

9) 대법원 2002.4.26. 선고 2000다8878 판결.

라는 주장도 일반적 상고이유가 된다. 이 경우 상고심이 합헌이라는 견해라면 대법원이 직접 합헌선언을 하면 되고, 위헌이라는 견해라면 직권으로 헌법재판소에 위헌제청을 한다.

원심판결 당시에 적용한 법이 변경되어 상고심재판 때에 신법이 적용되는 경우에도 일반적 상고이유가 되는가?

재판 중 법령이 변경되어 상고심재판 때에 신법이 적용될 때에는 원심 판결당시에는 구법을 적용하여야 하였더라도 상고심의 판결 당시를 기준으로 원심판결이 신법에 위배되면 일반적 상고이유로 된다.

(3) **판결에 영향**

일반적 상고이유는 '판결에 영향을 미친' 법령위반이어야 하므로 법령위반과 판결주문 사이에 인과관계가 있어야 한다. 즉 법령을 위반하지 않았더라면 판결주문이 달라질 가능성이 있었을 때에 비로소 상고이유가 된다.

나. 절대적 상고이유(424)

민소법은 절차상 과오 중에서 그 과오가 중대한 경우를 절대적 상고이유로 규정하고 있다. 절대적 상고이유는 판결의 결론에 영향을 미쳤는지 여부를 불문하고 인정된다. 예컨대 변론을 비공개로 심리한 결과와 공개하여 심리한 결과가 결론이 같을 수도 있지만, 공개하지 않은 것 자체가 중대한 과오에 해당하므로 무조건 상고이유가 된다.

(1) **판결법원구성의 위법**(424①(1))

판결법원의 구성에는 제도상 요건과 절차상 요건이 있다. 법관의 자격 및 임명은 헌법 기타 법령에 의해 정해져 있으므로 그 자격이나 임명절차에 흠이 있는 구성원으로 한 판결법원의 경우 또는 합의부가 법정 구성원수를 채우지 않은 경우에는 제도상 요건에 하자가 있는 것으로서 상고이유가 된다. 또한 변론에 관여하지 않은 법관이 판결법원을 구성한 때는 절차상 요건에 하자가 있는 것으로서 상고이유가 된다.

(2) **판결에 관여할 수 없는 법관의 관여**(424①(2))

판결법원의 구성은 적법하다고 하더라도 구성원 개개의 법관에 대하여 판결에 관여할 수 없는 사유가 인정되는 경우에도 상고이유로 된다. 제척원인이 있는 법관, 기피의 재판이 행해진 법관, 파기환송된 원심판결에 관여한 법관이 관여한 판결 등이 이에 해당한다. '판결에 관여'란 판결내용인 판단의 형성(합의, 판결원본의 작성 등)에 관여하는 것을 말한다. 따라서 선고만 하거나 변론 또는 증거조사 등 판결관여 이외의 직무수행은 이에 해당하지 않는다.[10]

(3) 전속관할규정에 어긋날 때(424①(3))

행정법원, 가정법원, 특허법원 등 전속관할을 잘못 선택한 때가 이에 해당한다. 전속관할은 고도의 공익성에 관련되어 있기 때문에 절대적 상고이유로 규정한 것이다. 임의관할 위배는 상고이유가 아니다(425, 411).

여기서의 '전속관할 규정에 어긋날 때'에 전속적 합의관할의 위배도 포함하는가?

여기서 말하는 전속관할에는 전속적 합의관할은 포함되지 않는다. 합의관할은 전속적이든 그렇지 않든 임의관할인 경우에만 인정되기 때문이다.

(4) 대리권의 흠(424①(4))

소송행위에서의 절차보장은 당사자가 판결의 효력에 복종하는 전제가 된다. 따라서 소송무능력자가 법정대리인 없이 소송행위를 한 경우, 소송대리인 기타 대리인에게 필요한 수권이 없는 경우 등은 절대적 상고이유이다. 성명모용자에 의한 소송수행, 당사자 사망에 의한 소송절차의 중단을 간과하고 판결을 선고한 때, 소장 부본부터 공시송달의 방법으로 송달되어 피고가 귀책사유 없이 소나 항소가 제기된 사실조차 모르는 상태에서 피고의 출석 없이 변론기일이 진행된 경우[11]는 당사자의 주장이 소송절차에 충분하게 반영되지 않은 경우이므로 이 규정에 의하여 상고이유가 된다. 다만 대리권의 흠을 추인한 경우에는 상고이유가 되지 아니한다(424②).

(5) 공개규정 위반(424①(5))

변론의 공개는 헌법상 요청으로서(헌 109), 이를 위반하면 중대한 절차위반으

10) 대법원 1973.11.27. 선고 73다763 판결.
11) 대법원 2011.4.28. 선고 2010다98948 판결.

로서 절대적 상고이유가 된다. 그러나 수명법관의 변론준비기일 진행, 수소법원 밖에서 증인신문, 현장검증, 서증조사를 하는 것은 변론이 아니므로 공개하지 않았다고 하더라도 이에 위배되지 않는다.

변론공개의 사실 유무는 무엇으로 증명하는가?

변론공개가 이루어졌는지 여부는 변론조서에 의해서만 증명할 수 있다(158).

(6) **판결이유의 불명시 · 이유의 모순**(424①(6))

1) 판결이유의 불명시

판결의 이유란 사실을 전제로 하여 판결주문에서의 판단을 정당화하기에 족한 근거를 말한다. 판결에서 이유를 전혀 밝히지 않은 경우뿐만 아니라 이유의 일부를 빠뜨리는 경우 또는 이유의 일부가 명확하지 아니하여 법원이 어떻게 사실을 인정하고 법규를 해석 · 적용하여 주문에 이르렀는지가 불명확한 경우가 이에 해당한다.[12] 이러한 경우에는 당사자를 충분히 설득할 수 없기 때문에 상고심에서 파기의 대상으로 한 것이다. 다만 판결이유에 주문에 이르게 된 경위가 명확히 표시되어 있는 이상, 당사자의 주장을 판단하지 아니하였다는 사정만으로 판결에 이유를 명시하지 아니한 잘못이 있다고 할 수 없고, 당사자의 주장이나 항변에 관한 판단은 반드시 명시적으로만 하여야 하는 것이 아니고 묵시적 방법이나 간접적인 방법으로도 할 수 있다.[13]

2) 판결이유의 모순

판결이유에 논리적 일관성이 없고, 이유로서 체제를 갖추지 못한 것을 말한다. 중요사항에 대한 이유를 기준으로 판단하므로 없어도 될 말을 붙인 경우는 이에 해당하지 않는다.

3) 실무에서는 원심판결의 사실인정을 공격하기 위하여 이유불비 및 이유모순

12) 대법원 2004.5.28. 선고 2001다81245 판결.
13) 대법원 2011.7.14. 선고 2011다23323 판결; 대법원 2006.5.26. 선고 2004다62597 판결; 대법원 2012.4.26. 선고 2011다87174 판결; 대법원 2019.9.26. 선고 2017두48406 판결(법원의 판결에 당사자가 주장한 사항에 대한 구체적 · 직접적인 판단이 표시되어 있지 않더라도 판결 이유의 전반적인 취지에 비추어 그 주장을 인용하거나 배척하였음을 알 수 있는 정도라면 판단누락이라고 할 수 없고, 설령 실제로 판단을 하지 아니하였다고 하더라도 그 주장이 배척될 경우임이 분명한 때에는 판결 결과에 영향이 없어 판단누락의 잘못을 이유로 파기할 필요가 없다).

을 상고이유로 주장하는 경우가 있지만, 증거에 기하여 사실을 인정한 그 자체는 사실심의 전권에 속하는 것이고, 상고심은 인정된 사실이 판결주문의 논리적 전제로 될 수 있는지 여부, 또는 인정된 사실 상호간에 모순이 존재하는지 여부의 범위 내에서만 이유불비 및 이유의 모순을 판단한다.

다. 그 밖의 상고이유

재심사유도 상소에 의하여 주장할 수 있기 때문에(451①단서), 재심사유도 상고이유가 된다. 재심사유에 해당하는지에 대한 상고심의 판단은 직권조사사항이다. 또한 민소법 451조 1항 4호 내지 10호는 중대한 판단자료의 잘못에 해당하므로 판결주문에 영향을 미칠 가능성이 있어야 한다(11호는 중대한 절차위반사유로서 이와 무관하다).

민소법 451조 1항 4호 내지 11호에 규정된 재심사유는 왜 상고이유로 취급되는가?

절대적 상고이유와 재심사유를 비교하면, 재심에 대한 451조 1항 4호 내지 11호는 민소법 424조 1항의 상고이유로 규정되어 있지 않다. 그러나 민소법 451조 1항 단서, 즉 상소심에서 주장하였다면 반복하여 불복하는 재심의 소가 허용되지 않는다는 취지(보충성)에 비추어 이들 재심사유는 상고이유로 취급되어야 하는 것이다. 다만 위 4호 내지 7호의 경우에 재심사유로 되기 위해서는 유죄의 판결이나 과태료 부과의 재판이 확정된 때 또는 증거부족 이외의 이유로 이러한 확정판결이나 확정재판을 받을 수 없을 때에 한하므로(451②), 상고심에서도 이러한 요건을 갖추어야 하고, 이를 주장하여야 할 것이다.[14] 만약 상고심에 이르기까지 그러한 요건을 갖추지 못하였다가 그 후에 갖추었다면 재심이 허용된다.

2. 소액사건심판법상 상고이유

소액사건에서는 통상의 민사소송과 달리 상고이유를 제한하여, ① 법률, 명령, 규칙 또는 처분의 헌법위반여부와 명령, 규칙 또는 처분의 법률위반여부에 관한 판단이 부당한 때 및 ② 대법원판례에 상반되는 판단을 한 때만을 상고이유로 삼을 수 있게 하였다(소심 3).

---

14) 김홍엽, 1182쪽; 이시윤, 899쪽. 판례도 같다(대법원 1988.2.9. 선고 87다카1261 판결).

Ⅲ. 상고심의 절차

1. 상고의 제기

상고심의 절차는 항소심의 절차를 준용한다(425).

(1) 상고장의 제출

상고장은 상고기간인 원심판결 송달 후 2주 이내에 원심법원에 제출한다(425, 396). 인지액은 소장의 2배이다(민인 3). 보조참가인은 소송의 진행정도에 따라 피참가인이 할 수 없는 소송행위를 할 수 없으므로(76①단서), 자신에게 판결정본이 송달된 때로부터 상고기간이 진행하는 것이 아니라 피참가인의 상고기간 내에 상고를 하여야 한다는 것이 판례의 입장이다.[15)]

(2) 재판장의 상고장심사

원심재판장과 상고심재판장이 심사하여 보정명령을 발하고 보정하지 않으면 명령으로 상고장을 각하한다. 상고기간 도과 등 보정과 무관한 경우에는 바로 상고장을 각하하여야 한다(425, 399②).

(3) 소송기록의 송부와 접수통지

원심법원은 보정명령이 있는 경우를 제외하고는 상고장 접수 후 2주 이내에 상고법원에 소송기록을 송부해야 한다(425, 400). 상고법원의 법원사무관등은 소송기록의 송부를 받은 때에는 바로 그 사유를 당사자에게 통지하여야 한다(426).

2. 상고이유서의 제출

(1) 상고장에 상고이유를 기재하지 않은 경우에 상고인은 소송기록의 접수통지를 받은 날부터 20일 이내에 상고심에 상고이유서를 제출하여야 한다(427). 상고이유서는 상대방의 수에 6을 더한 수의 부본을 붙여야 한다(규 133). 상고인이 제출기간 내에 상고이유서를 제출하지 아니한 때에는 상고법원은 변론 없이 **판결**로 상고를 기각하여야 한다. 다만 직권으로 조사하여야 할 사유가 있는 때에는 그러하지 아니하다(429). 보조참가사건의 피참가인이 상고를 제기한 경우에 참가

15) 대법원 2007.9.6. 선고 2007다41966 판결. 이 판결에 대하여는 참가인이 판결내용을 알았을 때 비로소 상소제기가 가능하므로 부당하다는 견해가 있다(강현중, 898쪽).

인은 피참가인의 상고이유서 제출기간 내에 한하여 이를 제출할 수 있다. 상고이유서 제출기간이 지난 후에 제출된 상고이유보충서의 상고이유는 그것이 기간 내에 제출된 상고이유서에서 이미 개진된 상고이유를 보충하는 것이거나 직권조사사항에 관한 것에 한하여 적법한 상고이유가 된다. 즉 상고이유서의 제출기간이 도과된 후 제출한 상고이유보충서에 완전히 새로운 주장이 기재되어 있을 때에는 그 새로운 주장은 적법한 상고이유로 삼을 수 없다.[16)]

(2) 상고이유서 제출기간은 법정기간이지만 불변기간은 아니다. 따라서 당사자가 책임질 수 없는 사유로 제출기간을 준수하지 못했다고 하더라도 추후보완이 허용되지 않는다.[17)] 다만 불변기간이 아닌 경우에는 법원이 기간을 늘일 수 있으므로(172①), 상고이유서 제출기간이 경과한 후에 제출한 상고이유서를 적법한 것으로 처리할 수 있고,[18)] 수령권한이 없는 자에게 소송기록접수통지서를 송달함으로써 상고이유서 제출기간을 도과하여 상고기각판결이 확정된 경우에는 재심의 소로 구제될 수 있다.[19)] 이에 대하여 상고이유서 제출기간을 상소기간과 같이 불변기간의 성질을 가지는 것으로 보아 추후보완을 허용함이 타당하다는 견해가 있다.[20)]

(3) 상고이유를 기재함에는 원심판결의 어느 점이 어떻게 법령에 위배되었는지를 알 수 있도록 명시적이고 구체적인 위배의 사유, 법령의 조항 또는 내용, 절차위반사실을 표시해야 하며, 절대적 상고이유의 경우에는 해당 조항 및 이에 해당하는 사실, 판례위반을 주장하는 때에는 그 판례를 구체적으로 명시해야 한다(규 129 내지 131). 단순히 사실오인·이유불비·채증법칙 위반이 있다고만 기재하면 상고이유를 제출하지 않은 것으로 취급된다.[21)]

(4) 부대상고

피상고인은 부대상고를 할 수 있다. 다만 부대항소와 달리, 전부승소자는 부대상고를 할 수 없다. 왜냐하면 상고심은 법률심이어서 청구의 변경이나 반소가 허용되지 않기 때문이다. 부대상고와 부대상고이유서는 상고인의 상고이유서 제출기

---

16) 대법원 1998.3.27. 선고 97다55126 판결; 대법원 2006.12.8. 선고 2005재다20 판결.
17) 대법원 1981.1.28. 자 81사2 결정.
18) 헌법재판소 2008.10.30. 선고 2007헌마532 전원재판부 결정.
19) 대법원 1998.12.11. 선고 97재다445 판결.
20) 김홍규·강태원, 923쪽.
21) 대법원 1983.11.22. 선고 82누297 판결; 대법원 2017.5.31. 선고 2017다216981 판결.

간 내에 제출하여야 한다.[22)]

3. 심리불속행제도

가. 개 설

심리불속행제도는 법률심으로서의 기능을 강화할 목적으로 무익한 상고, 남상고를 본안심리에 앞서 사전에 추려내기 위하여 1994년에 상고심 절차에 관한 특례법으로 도입한 제도이다. 심리불속행제도는 민사소송뿐만 아니라 가사소송, 행정소송, 특허소송의 상고사건까지 모두 적용되며(상특 2), 위 소송들의 재항고 및 특별항고에도 준용된다(상특 7).

나. 심리속행사유

(1) 통상의 소송절차에서의 사유

1) 헌법위반이나 헌법의 부당해석(상특 4①(1))

소송절차가 쌍방심리주의(헌 11)나 재판공개의 원칙(헌 109)을 위반한 경우 및 위헌인 법률을 그대로 적용한 경우 등을 말한다.

2) 명령, 규칙 또는 처분의 법률위반여부에 대한 부당판단(상특 4①(2))

명령, 규칙, 행정처분이 법률에 위반하는지 여부에 대하여 잘못 판단한 경우를 말한다.

3) 명령, 규칙 또는 처분의 해석을 대법원판례와 상반되게 한 경우(상특 4①(3))

다만 판례위반을 주장할 때에는 그 판례를 구체적으로 명시하여야 한다(규 131).

4) 대법원판례의 부존재 또는 변경 필요성(상특 4①(4))

잘못된 대법원판례를 변경할 경우는 물론, 서로 엇갈리는 등 그 정비가 필요한 경우도 포함한다.

5) 그 외 중대한 법령위반에 관한 사항이 있는 경우(상특 4①(5))

위 1호에서 4호까지는 5호의 예시에 해당한다. 이는 중대한 법령을 위반한 경

---

22) 대법원 2007.4.12. 선고 2006다10439 판결.

우가 아니라 법령을 중대하게 위반한 경우를 의미한다. 즉, '중대한' 심리미진, '현저한' 채증법칙·경험법칙위반, '중요한' 증거판단의 누락 등이 이에 해당한다. 나아가 원심판결이 그대로 확정될 때에 당사자의 불이익이 중대한 경우, 원심판결과 상고이유서를 대조하여 일응 승소가능성이 예견되는 경우, 1·2심의 판결이 서로 정면으로 배치되는 경우, 사회적으로 이목이 집중된 사건, 민소법 451조 1항 4호 이하의 재심사유에 해당한 때 등도 심리속행사유로 볼 것이다.[23]

6) 이유불명시, 이유모순을 제외한 424조 1항 소정의 각 절대적 상고이유가 있는 경우(상특 4①(6))

이유불명시, 이유모순은 위 5)에 들어간다.

(2) 가압류·가처분절차에서의 사유(상특 4②)

위 1) 내지 3)의 사유만을 심리속행사유로 규정한다.

다. 심리속행사유의 조사

심리속행사유에 관한 주장이 그 자체로 이유가 없거나 원심판결과 관계가 없거나 원심판결에 영향을 미치지 아니하는 때에는 심리를 하지 아니하고 **판결**로 상고를 기각한다(상특 4③). 이에 대한 조사는 직권조사사항이므로 상대방이 항변하지 않아도 직권으로 판단한다. 4개월 이내에 심리불속행 기각판결을 하지 아니하면 심리불속행절차는 끝나고 통상의 상고심 절차에 따라 심리가 속행된다(상특 6②).[24]

라. 심리불속행판결의 특례와 그 적용범위

본안심리를 하지 않았으므로 내용상으로는 상고각하이지만 형식상 기각판결(본안판결)을 한다.[25] 이 판결은 판결의 이유기재를 생략할 수 있고, 판결을 선고하지 않고 상고인에게 송달함으로써 고지를 갈음하며, 상고인에게 송달되면 이때 판결의 효력이 발생한다(상특 5). 심리불속행판결은 전원합의체 아닌 3인 이상으

---

23) 이시윤, 904쪽.

24) 4개월의 기간계산은 원심법원으로부터 상고기록을 송부받은 날부터 판결원본이 법원사무관등에게 교부된 때까지이다(상특 4, 5, 6).

25) 다만 심리속행사유에 해당하는지 여부에 관한 판단도 상고이유에 관한 실체적 판단으로 볼 수 있다는 이유로 심리불속행판결은 전형적인 상고기각판결의 일종이라는 견해도 있다(김홍엽, 1188쪽).

로 구성된 부에서 재판하는 경우에만 할 수 있다(상특 6①). 심리불속행기각의 경우에는 인지액의 1/2에 해당하는 금액의 환급을 청구할 수 있다(민인 14①(6)).

4. 상고심의 본안심리

(1) 상고이유서의 송달과 답변서의 제출

상고법원은 상고이유서의 부본이나 등본을 피상고인에게 송달하여야 하며, 상고이유서의 송달을 받은 상대방은 10일 이내에 답변서를 제출할 수 있고, 그 답변서는 상고법원을 통하여 다시 상고인에게 송달된다(428). 이때 상고이유서와 답변서는 30쪽을 넘지 못한다(규 133조의2). 답변서는 제출하지 않아도 자백간주 되지는 않는다.

(2) 심리의 범위

직권조사사항에 대한 판단이 아닌 한 불복신청의 한도에서 심리한다(431). 원심에서 확정된 사실관계는 상고법원을 기속한다(432). 따라서 당사자에게 이와 관련된 새로운 청구나 소의 변경, 중간확인의 소, 반소가 허용되지 않는다. 원심에서 한 자백을 취소할 수도 없다.

(3) 심리의 방법

상고법원은 상고장·상고이유서·답변서, 그 밖의 소송기록에 의하여 변론 없이 서면심리만으로 판결할 수 있다(430①). 다만 소송관계를 분명하게 하기 위하여 필요한 경우에는 변론을 열어 참고인의 진술을 들을 수 있고(430②),[26] 공익과 관련된 사항에 관하여는 국가기관과 지방자치단체는 의견서를 제출할 수 있고, 대법원도 이들에게 의견서를 제출하게 할 수 있으며, 소송관계를 분명하게 할 목적으로도 공공단체 등 그 밖의 참고인에게 의견서를 제출하게 할 수 있다(규 134조의2). 상고심의 경우에도 본안심리에 대해서는 불이익변경금지의 원칙이 작동한다.

5. 상고심의 종료

상고심도 소의 취하, 청구의 포기·인낙, 화해와 종국적 재판에 의하여 종료된다. 심리불속행으로 인한 기각판결은 소송기록을 송부 받은 때로부터 4월 이내,

---

26) 자세한 내용은, "대법원에서의 변론에 관한 규칙(제2841호)" 참조.

그 밖의 상고심판결도 5월 이내에 하여야 한다(199).

가. 상고장각하명령

원심 및 상고심 재판장은 상고장심사권에 기초하여 상고장이 방식을 위배한 경우, 상고기간을 넘긴 경우와 인지를 붙이지 아니하거나 상고장의 송달불능의 경우에 보정명령을 하였으나 이에 응하지 아니한 경우에 명령으로 상고장을 각하하여야 한다(425, 399, 402). 이 경우 상고 인지액의 1/2의 환급청구를 할 수 있다(민인 14).

나. 상고각하판결

상고요건에 흠이 있어서 상고가 부적법한 경우에는 상고법원은 판결로 상고를 각하한다(425, 413).

다. 상고기각판결

상고기각판결은 ① 상고가 이유 없다고 인정한 때, ② 소정의 기간 내에 상고이유서를 제출하지 아니한 때, ③ 심리불속행의 경우에 한다. 원심판결이 부당해도 다른 이유에 의하여 결과적으로 정당하다고 인정할 때에는 상고기각판결을 하여야 한다(425, 414②).

라. 상고인용판결

① 상고이유에 해당한 때, ② 직권조사사항에 관하여 조사한 결과 원심판결이 부당한 때 등에 상고인용판결을 한다.

(1) 파기환송 또는 이송

상고법원이 원심판결을 파기한 경우에는 새로 사실심리가 필요한 경우가 많으므로 사건을 환송하는 것이 원칙이다. 원심법원이 전속관할을 위반한 경우에는 전속관할 법원으로 이송한다(436①②).[27]

1) 환송 · 이송 후의 심리절차

(가) 환송(이송 포함)받은 법원은 새로 변론을 열어서 심판한다(436②전문). 환

---

27) 대법원 2021.2.4. 선고 2019다277133 판결.

송 후의 항소심은 새로 재판부를 구성하여야 하므로(436③), 변론의 갱신절차를 밟아야 한다(204②). 환송 받은 법원에서 심판의 대상이 되는 청구는 원심판결 중 파기된 부분에 한한다.[28] 다만 환송받은 법원은 사실심법원이어서 소나 항소의 취하, 소나 항소취지의 변경, 반소제기, 부대항소, 새로운 공격방어방법의 제출 등 변론의 갱신권이 인정되므로 심판의 대상이 확대 또는 축소될 수 있다. 따라서 환송 후의 판결결과가 환송 전의 원심판결보다 상고인에게 더 불리하게 바뀌어도 불이익변경금지의 원칙에 위배되지 않는다.[29]

(나) 환송 전의 원심판결에 관여한 판사는 환송 후의 재판에 관여할 수 없다(436③).

2) 환송판결의 기속력

(가) 기속력의 의의와 법적 성질

환송받은 법원은 상고법원이 파기의 이유로 삼은 사실상 및 법률상 판단에 기속된다(436②). 이는 법령해석적용의 통일을 위한 심급제도의 본질에서 유래한다. 기속력의 성질에 대하여 중간판결설, 기판력설이 있으나, 파기환송 판결은 종국판결이고,[30] 환송 후 원심급의 절차는 상고심절차의 속행이 아니라 원심급의 종전절차의 속행이라는 점에 비추어 중간판결설은 부당하며, 기판력설은 기속력이 판결이유 중의 판단에도 생기고 그 효력이 후소에 미치지 않는다는 점을 설명할 수 없다. 이러한 이유로 현재의 통설은 **특수효력설**로서, 기속력을 항소심과 상고심 간에 판단이 서로 다를 경우에 사건이 양쪽 법원을 오갈 뿐 해결되지 않는 상황

---

28) 대법원 2020.3.26. 선고 2018다221867 판결(원고가 불법행위에 기한 손해배상 5억원을 청구한 데 대하여 제1심에서 2억 5천만원이 인용되었고, 피고만이 항소하여 2억원으로 감액 인용되었으며, 이에 피고만이 상고하였는데 상고심에서 파기환송 되었다면 원·피고 모두 항소하지 않은 2억 5천만원 부분은 항소심 판결 선고시 확정되고, 피고 패소부분만이 상고되었으므로 원고가 상고하지 않은 5,000만원 부분은 상고심의 파기환송판결 선고와 동시에 확정되어 원고가 패소한 합계 3억원 부분은 소송이 종료되었으므로 환송 후 항소심에서 확정된 부분에 대하여 다시 심리할 수 없다고 판시한 사례).

29) 대법원 1991.11.22. 선고 91다18132 판결; 대법원 2013.2.28. 선고 2011다31706 판결(환송 전 원심이 원고의 예비적 청구인 부당이득반환청구를 일부 인용하였고 피고만이 상고하여 환송판결이 피고 패소부분을 파기환송하였는데, 원고가 원심에서 예비적 청구의 청구원인과 청구금액을 같이하는 파산채권확정의 소로 청구를 교환적으로 변경한 사안에서, 변경된 예비적 청구 전체가 원심의 심판대상이 되지만, 환송 전 원심판결의 예비적 청구 중 원고 패소로 확정된 부분에 대하여는 실질적으로 동일한 소송물인 파산채권확정청구에 대하여도 다른 판단을 할 수 없다는 이유로, 이와 달리 본 원심판결을 파기하고 자판한 사례).

30) 대법원 1995.2.14. 선고 93재다27,34(반소) 전원합의체 판결.

을 방지하기 위한 특수한 효력으로 본다.

(나) 기속력의 범위

기속력은 판결이유 속의 판단에도 미치지만 당해 사건에 한하며, 환송을 받은 법원 및 그 사건이 재상고된 때에는 상고법원도 기속한다.[31] 제2차 상고심이 제1차 상고심의 판단에 기속되지 않는다면 사건의 해결이 지연되기 때문이다. 그러나 이때 기속되는 제2차 상고심이란 대법원의 소부를 의미하는 것으로, 전원합의체에서는 환송판결의 법률판단을 변경할 수 있다.[32]

(다) 기속력의 내용

가) 사실상 판단

상고심은 법률심이고 사실인정을 하지 않으므로 사실에 관한 판단에 기속력이 생기는 것은 직권조사사항에 관한 것뿐이다. 즉 상고법원이 내린 직권조사사항에 대하여 한 사실상 판단, 절차위배를 판단함에 있어서 인정한 사실, 재심사유에 관한 사실상 판단에 국한되고 본안에 관한 사실판단은 이에 포함되지 않는다.[33] 따라서 환송받은 법원은 본안에 관하여서는 새로운 증거에 기하여 새로운 사실을 인정할 수 있다.[34]

나) 법률상 판단

환송받은 법원이 기속되는 상고법원의 법률상 판단은 법령자체의 해석에 대한 판단이나 적용상의 판단을 말한다. 여기에는 사실에 대한 법률적 평가도 포함되고, 명시적으로 설시한 법률상 판단 이외에도 이와 논리적, 필연적인 전제관계에 있는 법률상 판단에도 기속력이 생긴다.[35] 다만 환송판결의 파기이유가 아닌 부분에서 부수적으로 지적한 사항(방론)에는 미치지 아니한다.[36]

다) 이 기속력은 원심판결이 잘못이라는 부정적·소극적 판단에만 생긴다. 따라서 하급심은 상급심이 파기의 이유로 든 잘못된 견해만 피하면 대법원이 다른 법률판단을 해야 한다고 적극적으로 설시하고 있다고 하더라도 그 다른 법률판단

31) 대법원 1995.8.22. 선고 94다43078 판결.
32) 대법원 2001.3.15. 선고 98두15597 전원합의체 판결.
33) 대법원 2000.4.25. 선고 2000다6858 판결.
34) 대법원 2011.12.22. 선고 2009다75949 판결.
35) 대법원 2012.3.29. 선고 2011다106136 판결.
36) 대법원 2008.2.28. 선고 2005다11954 판결.

은 직접적인 파기이유가 아니므로 기속력이 생기지 않는다. 물론 대법원이 적극적으로 설시한 다른 법률판단을 항소심이 수용하는 것은 문제없지만, 이를 받아들이지 않고 별개의 법률판단을 해도 무방하다. 나아가 당사자가 새로이 주장·입증한 바에 따라 환송 전의 판결과 같은 결론의 판결을 하더라도 기속력을 어긴 것이 아니다.

(라) 기속력의 소멸

환송판결에 나타난 법률상 견해가 뒤에 판례변경으로 바뀌었을 때,[37] 새로운 주장·입증 또는 그 보충으로 인하여 전제된 사실관계의 변동이 생긴 때,[38] 법령이 변경된 때 또는 법률 조항의 효력이 상실된 때[39]에는 기속력을 잃는다.

대법원의 파기환송판결 중 긍정적·적극적인 판단에도 기속력이 있는가?

위에서 본 바와 같이 대법원의 환송판결의 기속력은 원칙적으로 부정적·소극적인 판단에만 생긴다. 그러나 판단유탈, 심리미진, 석명의무위반을 파기이유로 할 때는 원심판결의 부작위가 파기의 직접적인 이유이므로 일정한 작위, 즉 판단유탈인 경우에는 그 부분을 판단해야 하고, 심리미진이라 지적받은 경우에는 그 부분에 대한 추가적인 심리를 해야 하며, 석명의무위반인 경우에는 석명의무를 다해야 한다는 지시적·적극적인 방향으로 기속력이 생긴다. 물론 상고심이 판단유탈이라 한 후에 그 판단사실에 관하여 법이론을 전개하고 있어도 그 법이론은 파기의 직접적인 이유가 아니므로 기속력이 생기지 않는다.

(2) 파기자판

파기자판은 본래 원심법원이 행하여야 할 것을 소송경제상 이에 갈음하여 상고법원이 직접 판결하는 것이다(437). 따라서 파기자판을 하는 경우에 상고법원은 항소심의 입장에서 항소에 대한 응답의 형태로 재판한다.

---

37) 판례는 법령과는 달리 법원에 대하여 일반적인 구속력이 없기는 하지만 상고법원의 법령 해석 적용 통일의 기능은 하급심이 상고심의 판례에 따름으로서 신속히 달성되어야 하고, 상고심의 판례가 나누어지는 것을 피할 필요가 있기 때문이다(김홍엽, 1197쪽).

38) 대법원 1992.9.14. 선고 92다4192 판결; 대법원 2008.2.28. 선고 2005다11954 판결.

39) 대법원 2020.11.26. 선고 2019다2049 판결(환송판결 선고 이후 헌법재판소가 환송판결의 기속적 판단의 기초가 된 법률 조항을 위헌으로 선언하여 그 법률 조항의 효력이 상실된 때에는 그 범위에서 환송판결의 기속력은 미치지 않고, 환송 후 원심이나 그에 대한 상고심에서 위헌결정으로 효력이 상실된 법률 조항을 적용할 수 없어 환송판결과 다른 결론에 이른다고 하더라도 환송판결의 기속력에 관한 법원조직법 8조에 저촉되지 않는다).

1) 확정된 사실에 대한 법령의 해석·적용의 잘못을 이유로 원심판결을 파기하는 경우 새로운 사실의 확정을 요하지 않고 그 확정사실에 기하여 판결을 할 수 있을 때 상고법원은 사건에 대하여 자판하여야 한다. 유형별로 보면, ① 항소의 적법요건의 부존재를 간과하고 실체판결을 한 원심판결을 파기하는 경우에 하는 항소각하의 자판, ② 기각해야할 항소를 인용한 경우 제1심판결을 취소하고 자판한 원심판결을 파기한 경우에 하는 항소기각의 자판, ③ 소송요건의 부존재를 간과하여 실체판결을 한 제1심 판결에 대하여 항소를 기각한 원심판결을 파기하는 경우에 하는 제1심판결의 취소 및 소각하의 자판, ④ 청구를 기각해야 함에도 인용의 실체판결을 한 제1심 판결에 대한 항소를 기각한 원심판결을 파기하는 경우에 하는 제1심 판결의 취소 및 청구기각의 자판, ⑤ 청구를 인용해야 함에도 기각의 실체판결을 한 제1심 판결에 대한 항소를 기각한 원심판결을 파기하는 경우에 하는 제1심 판결의 취소 및 청구인용의 자판, ⑥ 소송이 종료되지 않은 것으로 판결한 원심판결을 파기하는 경우에 하는 소송종료선언의 자판 등이 있다.

2) 사건이 법원의 권한에 속하지 않거나 그 밖에 소송요건의 흠을 이유로 원심판결을 파기할 때에도 상고법원은 사건에 대하여 자판하여야 한다. 이 경우에는 상고심 스스로 사실심리를 하는 것이 가능하고, 그 결과로서 소가 부적법하다는 결론에 이르면 사건을 원심으로 환송 또는 이송할 필요가 없다. 사건이 법원의 재판권에 속하지 않는 것을 이유로 하여 소를 각하하는 것이 그 예이다.

민소법상 항소심에서는 '제1심판결'의 '취소'라 표현하고(416-419), 상고심에서는 '원심판결'의 '파기'라 표현한다(436-437). 그 이유는 무엇인가?

형사소송법에서는 항소심이든 상고심이든 '원심판결'의 '파기'라 표현하지만, 민소법에서는 '제1심판결'과 '원심판결' 및 '취소'와 '파기'를 구분하여 표현한다. 실질적인 의미가 있는 것은 아니고 연혁적으로 그렇게 불러온 데 연유하지만, 법문상 그렇게 되어 있으므로 항소심에서 '원심판결' '파기'라고 하거나 상고심에서 원심판결 '취소'라고 부르는 것은 적절하지 않다.

제4장
항 고

Ⅰ. 총 설

종국판결에 대해서는 특별한 규정이 없는 한 항소가 인정되지만 종국판결 전의 재판에 대해서는 불복신청 자체가 금지되는 것도 있고, 불복신청이 허용되는 경우에도 원칙적으로 독립한 불복신청을 인정하지 않고 종국판결에 대하여 항소를 하면 그때 함께 판단된다(392본문). 다만 민소법은 소송절차에 관한 기각 결정 또는 명령에 대하여 종국판결의 판단과는 별도로 당사자의 절차상 이익을 존중하여 일정한 경우에 불복신청을 인정하는데, 이를 항고라고 한다(392단서, 439).

요컨대 항고란 판결 이외의 재판인 결정·명령에 대한 독립·간이한 상소를 말한다. 항고는 상급법원에 원재판의 당부판단을 구하는 점에서 항소·상고와 같다. 그러나 종국판결이 아닌 부수적·파생적인 사항까지도 항소·상고를 제기함으로써 발생하는 상소심의 소송절차의 번잡과 지연을 방지하기 위하여 간이·신속한 결정절차인 항고제도를 별도로 마련한 것이다. 항고는 항소·상고와 달리 원법원이 원결정을 변경할 기회를 갖는 점에서도 차이가 있다.

항고는 상소의 일종이므로 동일심급에 대한 불복신청인 각종의 이의(수명법관·수탁판사의 재판에 대한 이의, 변론의 지휘에 대한 이의, 화해권고결정·이행권고결정·지급명령·조정을 갈음하는 결정에 대한 이의, 가압류·가처분에 대한 이의 등)와는 구별된다.

비교법적으로 판결이 아닌 법원의 재판에 대한 불복신청을 항고라는 통일된 개념으로 파악하는 것은 독일법계에 한정되어 있다. 프랑스나 미국에서도 간이한 불복신청을 인정하는 경우가 있지만 항고라는 통일된 개념으로 포괄하기는 어렵다. 물론 항고는 독일법계에서도 처음부터 현재와 같은 의미로 사용된 것이 아니고, 처음에는 판결에 대한 상소가 지극히 형식적이고 복잡한 절차였으므로 이를 우회하기 위한 재판실무의 지혜로서 상급법원이 하급법원에 대하여 가지고 있는 사법행정상 감독권의 발동을 구하는 신청으로 개발된 것인데, 이것이 결정·명령에 대한 불복신청으로 전용되었고 1877년 독일민사소송법전 안에 정착됨으로써 비로소 오늘날의 항고 개념이 탄생한 것이다.

Ⅱ. 항고의 종류

(1) 통상항고 · 즉시항고

통상(보통)항고는 원재판을 취소할 이익이 있는 한 언제라도 제기할 수 있음에 비하여(거꾸로 말하면 원재판을 취소할 이익이 없다면 통상항고를 제기할 수 없다), 즉시항고는 신속한 해결의 필요상 1주의 불변기간 이내에 제기할 것을 요하고(444), 그 제기에 의하여 집행정지의 효력이 생긴다(447). 통상항고가 원칙이고, 즉시항고는 법률에 '즉시항고할 수 있다'는 명문규정이 있는 경우에만 예외적으로 허용된다.

(2) 최초의 항고 · 재항고

심급에 의한 구별로서, 최초의 항고는 결정 · 명령에 대하여 처음으로 하는 항고이며, 재항고는 최초의 항고에 대한 항고법원 · 고등법원 · 항소법원의 결정 · 명령에 대한 항고이다(442).[1] 최초의 항고에는 항소의 규정이, 재항고에는 상고의 규정이 준용된다(443).

(3) 특별항고

항고로 불복신청을 할 수 없는 결정 · 명령에 대하여 비상구제책으로 대법원에 하는 항고가 특별항고이며, 1주의 불변기간 이내에 제기하여야 한다(449). 특별항고가 아닌 항고를 일반항고라 한다.

Ⅲ. 항고의 적용범위

항고는 모든 결정 · 명령에 대하여 허용되는 것이 아니고, 성질상 불복가능하고 법률이 인정하는 경우에 한하여 허용된다. 다만 판례는 법원의 직권에 의한 소송비용 담보제공 재판에 불복할 경우, 담보제공신청에 관한 결정에 대한 즉시항

1) 대법원 2005.5.6. 자 2004재마28 결정(소송구조신청사건에서 항고법원의 재항고장각하명령에 대한 신청인의 즉시항고를 재항고로 보아 판단한 것은 민사소송법 제442조 규정에 따른 것으로 옳다고 한 사례).

고 규정인 민소법 121조를 준용하여 즉시항고를 제기할 수 있다고 하였다.[2)]

1. 항고로써 불복할 수 있는 결정 · 명령

(1) 소송절차에 관한 신청을 기각한 결정 · 명령(439)

① 소송절차에 관한 신청이란 본안의 신청과 구별되는 것으로 절차의 개시 · 진행 등에 관한 신청으로서, 기일지정신청(165), 소송인수신청(82), 담보취소신청(125), 수계신청(234), 공시송달신청(194), 피고경정신청(260), 증거보전신청(375)을 기각한 결정 또는 명령(각하포함) 등이 이에 해당한다. ② 당사자에게 신청권이 있는 신청에 대한 기각이어야 한다. 따라서 법원의 직권발동을 촉구하는 의미에 불과한 관할위반을 이유로 한 이송신청의 기각결정,[3)] 변론재개신청의 기각결정[4)]에 대해서는 항고할 수 없다. ③ 필수적 변론을 거치지 아니하고 한 결정 · 명령에 대해서만 항고할 수 있다. 필수적 변론을 거쳐서 한 결정 · 명령은 종국판결의 전제로서 사건의 심리와 밀접한 관련을 가지고 있으므로 종국판결과 함께 판단을 받게 하는 것이 적절하기 때문이다. 따라서 청구변경의 불허가결정(263), 증거신청을 각하하는 결정(290),[5)] 실기한 공격방어방법의 각하결정(149) 등은 독립하여 항고할 수 없다. ④ 기각한 경우여야 한다. 따라서 이를 인용한 결정 · 명령에 대해서는 항고할 수 없음이 원칙이다.

(2) 형식을 어긴 결정 · 명령(440)

결정이나 명령으로 재판할 수 없는 사항에 대하여 결정 또는 명령을 한 때에는 항고할 수 있다. 즉 판결로 할 것을 결정 · 명령으로 한 것을 말한다. 그러나 원래 결정 · 명령으로 할 수 없는 사항, 예컨대 직권발동을 촉구하는 의미의 이송신청에 대하여 기각결정을 한 경우에는 항고할 수 없다.[6)]

(3) 강제집행절차에 관한 집행법원의 결정 · 명령

즉시항고(민집 15), 재산관계명시신청의 기각결정(동 62), 채무불이행자명부등재결정(동 71), 재산조회의 거부에 대한 과태료결정(동 75③), 매각허가여부 결정

---

2) 대법원 2011.5.2. 자 2010부8 결정.
3) 대법원 2018.1.19. 자 2017마1332 결정.
4) 대법원 1983.1.18. 선고 82누473 판결.
5) 대법원 1989.9.7. 자 89마694 결정.
6) 대법원 1993.12.6. 자 93마524 전원합의체 결정.

(동 129), 압류 · 추심 · 전부명령(동 229⑥) 등 집행법상 특별규정이 있으면 즉시 항고가 허용된다.

(4) 그 밖에 법률상 개별적으로 항고를 인정하는 결정 · 명령

이 경우에는 대부분 즉시항고이다.

(5) 보전처분에 대한 이의 · 취소

2005년 민사집행법 개정으로 가압류 · 가처분 이의신청과 가압류 · 가처분 취소신청에 대하여 결정으로 재판하도록 되었으므로(전면적 결정주의), 이러한 결정에 대하여는 즉시항고를 할 수 있게 되었다(민집 286⑦, 287⑤, 288③, 301, 307②).[7]

2. 항고할 수 없는 결정 · 명령

(1) 명문상 불복할 수 없는 재판

제척 · 기피결정(47①), 관할지정결정(28②), 감정인 기피결정(337③), 지급명령신청의 각하결정(465②), 집행정지결정(500③) 등이 이에 해당한다.

(2) 해석상 불복할 수 없는 재판

소송절차에 관한 신청이 아니라 본안에 관한 신청인판결경정신청이나 화해조서경정신청에 대한 기각결정에는 항고할 수 없다(다만 특별항고는 가능).[8]

(3) 항고 이외의 불복신청방법이 인정되는 재판

화해권고결정 · 지급명령 · 이행권고결정 · 조정을 갈음하는 결정, 가압류 · 가처분결정, 위헌제청신청기각결정 등의 경우에는 다른 이의절차(이의 또는 취소신청, 헌법소원 등)가 있으므로 항고할 수 없다.

---

7) 가압류이의신청에 대한 재판은 집행절차에 관한 집행법원의 재판에 해당하지 아니하므로 그에 대한 즉시항고에는 민사집행법 제15조가 적용되지 않고 민사소송법의 즉시항고에 관한 규정이 적용된다(대법원 2008.2.29. 자 2008마145 결정). 제소명령 불이행을 이유로 한 보전처분 취소결정도 같다(대법원 2006.9.28. 자 2006마829 결정).

8) 대법원 1986.11.7. 자 86마895 결정; 대법원 1995.7.12. 자 95마531 결정; 대법원 1984.3.27. 자 84그15 결정; 대법원 2004.6.25. 자 2003그136 결정.

(4) 대법원의 재판

대법원은 최종심이므로 그 결정·명령에 대해서는 항고할 수 없고, 특별항고도 허용되지 않는다.

(5) 수명법관·수탁판사의 재판(준항고)

수명법관이나 수탁판사는 수소법원의 수권에 기하여 수소법원에 갈음하여 특정직무를 집행하기 때문에 우선 수권을 한 수소법원에 대해 이의신청을 하고, 그 이의신청의 재판에 대하여 항고할 수 있다. 이를 준항고라 한다. 상고심이나 제2심에서도 할 수 있다(441).

(6) 중간적 재판

중간적 결정, 예컨대 청구취지의 변경 불허결정, 소송인수결정, 인지보정명령, 속행명령은 독립하여 항고할 수 없고, 본안에 대한 원심판결과 함께 상소할 수 있을 뿐이다(392, 425).[9]

(7) 항고권의 포기·실효 또는 즉시항고기간이 도과한 때

항고권의 포기, 통상항고에 있어서 이의 없는 기간의 장기화로 인한 항고권의 실효, 즉시항고기간의 도과 등의 경우에는 불복할 수 없다.

Ⅳ. 항고절차

1. 당사자

항고는 편면적 불복절차로서, 당사자 대립구조가 아니다. 따라서 항고장에 피항고인을 표시할 필요가 없고, 항고장을 상대방에게 송달할 필요도 없다.

2. 항고의 제기

원심법원에 서면으로 항고장을 제출하여야 한다(445). 즉시항고의 경우는 원재판을 고지한 날(송달일이 아님. 221)로부터 1주의 불변기간 이내에 제기해야 한다(444). 다만 결정·명령의 원본이 법원사무관등에게 교부되어 성립하였다면 당사

9) 대법원 1981.10.29. 자 81마357 결정.

자에게 고지되어 효력이 발생하기 전에도 이에 불복하여 항고할 수 있다.[10)]

민소법상 항고와 달리, 민사집행법상 집행절차에 관한 재판에 대해서는 항고장 제출일로부터 10일 이내에 항고이유서를 제출해야 한다(민집 15③, 항고이유서 제출강제주의).[11)]

3. 항고제기의 효력

(1) 재도의 고안

1) 항고가 제기되면 판결의 경우와 달리 원재판에 대한 기속력이 배제되어 원심법원이 스스로 항고의 당부를 심사할 수 있는데, 이를 재도(再度)의 고안(考案)이라고 한다(446). 재도의 고안을 위하여 필요한 경우에는 변론을 열거나 혹은 당사자를 심문하고 새로운 사실이나 증거를 조사할 수 있다. 만일 항고에 정당한 이유가 있다고 인정하는 때에는 그 재판을 경정하는데, 단순히 잘못된 계산이나 기재의 경정뿐만 아니라 재판의 취소·변경도 할 수 있다. 경정결정을 하면 항고의 목적이 달성되었으므로 항고절차는 당연히 종료된다. 다만 경정결정에 대해서는 별도의 즉시항고가 허용되며(211③),[12)] 그 즉시항고에서의 항고법원이 경정결정을 취소하면 경정결정이 없는 상태로 환원되어 당초의 항고가 존속된다.

2) 재도의 고안의 대상인 항고는 통상항고·즉시항고를 불문한다. 다만 특별항고의 경우에는 통상의 절차에 의하여 불복할 수 없도록 하고 특별히 대법원에 위헌이나 위법의 심사권을 부여하고 있는 제도의 취지상 원심법원은 경정결정을 할 수 없고 기록을 그대로 대법원에 송부하여야 한다.[13)]

(2) 이심의 효력

항고제기에 의하여 사건은 항고심으로 이심된다.

---

10) 대법원 2014.10.8. 자 2014마667 전원합의체 결정.
11) 대법원 2008.12.22. 자 2008마1348 결정(집행절차에 관한 집행법원의 재판에 대한 즉시항고에 있어서 항고인은 항고장에 항고이유를 적거나 항고장을 제출한 날부터 10일 이내에 항고이유서를 원심법원에 제출하여야 하고, 이를 위반한 때에는 원심법원이 결정으로 그 즉시항고를 각하하여야 하며, 원심법원이 각하하여야 할 즉시항고를 각하하지 아니하고 사건을 항고법원에 송부한 때에는 항고법원은 그 즉시항고를 각하하여야 한다. 그리고 이러한 법리는 민사집행법상의 재항고에 있어서도 마찬가지라고 할 것이다).
12) 대법원 2023.7.14. 자 2023그585 결정.
13) 대법원 2001.2.28. 자 2001그4 결정.

(3) 집행정지의 효력

통상항고에는 확정차단효가 없으므로 곧바로 집행력이 생기지만, 즉시항고가 제기된 경우에는 일단 발생한 집행력이 정지된다(447). 또한 통상항고의 경우에도 항고법원 또는 원심법원이 항고에 대해 결정이 있을 때까지 신청 또는 직권으로 원심재판의 집행을 정지하거거나 그 밖에 필요한 처분을 명할 수 있다(448).

즉시항고를 제기하면 모든 경우에 집행이 정지되는가?

원칙적으로 즉시항고를 제기하면 집행이 정지된다(447). 그러나 증인 등에 대한 과태료(311①, 333) 및 증인에 대한 감치의 경우(311②)에는 집행정지의 효력이 없다(311⑧). 집행절차에 관한 집행법원의 재판에 대하여 즉시항고를 한 경우에도 집행정지의 효력이 없다(민집 15⑥).

4. 항고심의 심판

항고심의 심판은 성질에 반하지 않는 한 항소심 규정을 준용한다(443). 항고법원의 심판범위는 항고인의 불복신청의 범위에 한하고, 항고인은 항고심재판이 있기까지는 언제나 불복신청의 범위를 확장·변경할 수 있고 새로운 사실과 증거를 제출할 수 있다. 부대항고도 허용된다.

항고절차는 결정으로 완결할 사안이므로 변론을 열 것인지 여부는 항고법원의 재량이다(134①). 서면심리를 하는 경우라고 하더라도 당사자나 이해관계인 또는 참고인을 심문할 수 있다(134②).

항고재판은 항고장각하, 항고각하, 항고기각, 항고인용이 있다. 항고인용의 경우에는 원재판을 취소하고 자판 또는 환송한다. 제1심 결정에 관여한 법관도 항고법원에서 환송된 뒤의 제1심재판에 관여할 수 있다(436③ 준용불가).[14]

항고가 이유 없다고 판단한 원심법원은 이에 대한 의견서를 첨부하여 항고법원에 송부하여야 하는가?

구 민소법 416②에서 이러한 규정을 두었으나, 신법에서는 이를 폐지하여 의견서 첨부 없이 항고법원에 송부한다.

14) 대법원 1975.3.12. 자 74마413 결정.

Ⅴ. 재항고

1. 재항고의 개념

항고법원의 결정과 고등법원 또는 항소법원의 결정 및 명령에 대하여 법률심인 대법원에 제기하는 항고를 재항고라 한다. 재항고는 재판에 영향을 미친 헌법·법률·명령·규칙의 위반을 이유로 드는 때에 한하여 인정한다(442). 민사집행법상 즉시항고에 대한 재항고는 민사집행규칙에서 규정하고 있다(민사집행규칙 14조의2).

2. 재항고의 적용범위

항고(통상항고와 즉시항고를 포함한다)를 부적법 각하한 재판에 대하여 재항고할 수 있고(439), 항고기각의 결정도 항고가 허용되는 원재판을 유지하는 것이므로 재항고할 수 있다. 다만 항고를 인용한 결정에 대하여는 그 내용이 항고에 적합한 경우에 한하여 재항고를 할 수 있다. 예컨대 기피신청의 각하 또는 기각결정에 대하여 항고심이 기피를 이유 있다고 결정한 때에는 이에 대해 불복할 수 없으므로(47①), 재항고도 허용되지 않는다.

재항고가 즉시항고인가 통상항고인가는 원래의 항고 자체가 통상항고인가 즉시항고인가에 의해 정해지는 것이 아니라 재항고의 대상이 되는 재판의 내용에 따라 정해진다. 따라서 최초의 항고가 즉시항고인 때에 항고심이 항고를 **각하·기각**하였으면 재항고도 즉시항고가 되지만,[15] 항고심이 원재판을 취소하여 새로운 재판을 한 경우에는 그 새로운 재판의 내용을 기준으로 정해진다. 예컨대 담보취소결정에 대한 최초의 항고는 즉시항고이지만(125④), 항고를 **인용**하고 담보취소신청을 기각한 결정에 대한 재항고는 통상항고가 된다.[16]

3. 재항고의 절차

재항고는 항소심판결의 상고에 관한 규정을 준용한다. 재항고장은 원심법원에 제출하여야 하며, 재항고이유서를 제출해야 한다. 또한 상고심절차에 관한 특례법은 재항고사건에도 준용된다. 따라서 재항고는 ① 헌법에 위반되거나, 헌법을 부

---

15) 대법원 2007.7.2. 자 2006마409 결정.
16) 김홍엽, 1205쪽.

당하게 해석한 경우, ② 명령·규칙 또는 처분의 법률위반여부에 대하여 부당하게 판단한 경우, ③ 법률·명령·규칙 또는 처분에 대하여 대법원 판례와 상반되게 해석한 경우에 한하여 원심 결정이나 명령에 영향을 미쳤을 때 허용되며(상특 7, 4②), 재항고이유에 관한 주장이 같은 법 소정의 심리속행사유를 포함하지 아니한 경우에는 기록송부를 받은 날로부터 4월을 시한으로 심리불속행의 재항고기각결정을 한다(상특 4①).

Ⅵ. 특별항고

1. 의 의

특별항고는 재판확정 후의 비상불복방법이므로 통상의 불복방법으로서의 상소가 아니다. 따라서 확정되지 아니한 것을 전제로 하는 확정차단·집행정지의 문제가 발생하지 아니한다. 불복할 수 없는 결정·명령에 대하여, ① 재판에 영향을 미친 헌법위반이 있거나, ② 재판의 전제가 된 명령·규칙·처분의 헌법 또는 법률의 위반여부에 대한 판단이 부당하다는 것을 이유로 대법원에 하는 항고를 특별항고라고 한다(449①).

2. 특별항고의 대상

특별항고의 대상은 불복할 수 없는 결정·명령이다. 여기에는 명문상 불복이 금지되는 결정·명령 외에 해석상 불복이 인정되지 아니하는 경우도 포함된다. 명문상 불복이 금지되는 결정·명령에는 관할지정결정(28②), 기피결정(47①), 가집행선고 있는 판결에 대한 집행정지결정 및 기각결정(500③, 501), 잠정처분의 신청을 기각한 결정(민집 46②) 등이 있고, 해석상 불복이 인정되지 아니하는 경우는 판결경정·화해조서경정신청을 기각한 결정(211③의 반대해석), 법원의 부재자재산관리인 선임결정(가소규 43조의 반대해석), 위헌제청신청의 기각결정(헌재 41④의 반대해석) 등이 있다. 대법원의 결정, 명령은 특별항고의 대상이 아니다.

3. 특별항고사유

특별항고사유는, ① 재판에 영향을 미친 헌법위반(헌법 27조 등에서 규정하고 있는 적법한 절차에 따라 공정한 재판을 받을 권리가 침해된 경우를 포함한다),[17] ② 재판의 전제가 된 명령·규칙·처분의 헌법 또는 법률위반여부에 대한 판단 부당 등 두 가지 중 어느 하나에 해당할 때이다(449①). 따라서 당해 결정이 법률에 위반되었다는 사유만으로는 재판에 영향을 미친 헌법위반이 있다고 할 수 없으므로 특별항고 사유가 되지 못한다.[18] 대법원판례의 위반도 특별항고 사유가 아니다.

4. 항고기간

특별항고는 재판이 고지된 날로부터 1주의 불변기간 이내에 항고하여야 한다(449②). 특별항고의 기간을 넘긴 것이 분명한 때에는 원심재판장은 명령으로 항고장을 각하하여야 하고, 그 명령에 대하여는 즉시항고를 할 수 있다. 특별항고에는 재도의 고안이 허용될 수 없다.[19] 특별항고의 제기는 원재판의 집행을 정지시키지 못하나, 원심법원 또는 대법원은 집행정지의 처분을 명할 수 있다(450, 448). 특별항고에는 그 성질에 반하지 않는 한 상고에 관한 규정이 준용된다(450).

5. 절차혼동의 특별항고

특별항고에 의하여야 할 재판을 일반항고의 대상이 되는 것으로 혼동하여 일반항고를 제기한 경우, 판례는 특별항고의 외관을 갖추지 못하였다고 하더라도 항고장의 접수를 받은 법원은 특별항고로 보아 대법원에 이송하여야 한다고 판시하였다.[20] 마찬가지로 일반항고를 특별항고로 잘못 알고 특별항고장을 제출함으로써 대법원에 기록송부가 된 경우, 대법원은 사건을 관할 고등법원으로 이송한다.[21]

원심법원이 항고를 이유 있다고 인정하는 때에는 언제든지 경정할 수 있는가?

재도의 고안은 통상항고, 즉시항고, 재항고에서 모두 허용된다. 그러나 항고가 부적법하거나 특별항고의 경우에는 허용되지 않는다.[22]

---

17) 대법원 2004.6.25. 자 2003그136 결정.
18) 대법원 2008.1.24. 자 2007그18 결정; 대법원 2017.12.28. 자 2017그100 결정.
19) 대법원 2001.2.28. 자 2001그4 결정.
20) 대법원 1999.7.26. 자 99마2081 결정.
21) 대법원 2011.5.2. 자 2010부8 결정.
22) 대법원 2001.2.28. 자 2001그4 결정.

제 6 편

재심절차

Ⅰ. 재심의 개념

확정판결에는 형식적 확정력 및 실질적 확정력이 부여되어 있으므로 그 효력을 받는 자는 소송계속을 부활시켜 확정된 권리관계의 내용을 다시 다투는 것이 허용되지 않는다. 그러나 판결의 기초로 된 소송절차 또는 재판자료에 중대한 하자가 있는 경우에 확정판결의 효력을 다투는 방법을 인정하지 않으면 국민의 재판을 받을 권리를 침해하고 더 나아가 민사사법에 대한 국민의 신뢰를 해치게 된다. 이러한 이유로 민소법은 예외적으로 판결의 확정에 따른 법적 안정성을 후퇴시켜 그 하자를 시정함으로써 구체적 정의를 실현하고자 확정판결에 대한 특별한 불복신청방법으로서 재심을 인정한다.[1] 즉 재심이란 종국판결이 확정되어(따라서 상소로는 다툴 수 없다) 기판력을 취득한 후에 이 판결에 중대한 하자가 있음을 이유로 판결자체를 취소하고 동일사건에 대한 절차를 재개하여 다시 심판을 구하는 특별·비상의 불복신청제도이다.

재심은 확정판결의 취소를 구하는 점에서 일종의 소송상 형성의 소이며, 사건의 재심판을 구하는 점에서 부수소송의 성질을 띤다.

재심신청과 일반적인 상소는 효과면에서 어떤 차이가 있는가?

재심신청은 확정판결에 대한 것이므로 확정차단효가 없다. 또한 원판결(전판결)과 동일심급에서 심리되기 때문에 이심의 효력도 없다. 이 점에서 일반적인 불복신청방법인 상소와 그 효과가 다르다.

재심과 청구이의의 소는 어떻게 다른가?

재심은 주로 변론종결 전의 절차나 자료의 하자를 문제로 삼는다. 이에 비하여 확정판결에 의한 강제집행에서의 구제수단인 청구이의의 소는 주로 변론종결 후에 발생한 사유를 문제로 삼는다는 점에서 재심과 다르다.

재심사유를 넓게 인정하면 어떠한 문제가 발생하는가?

종국판결이 확정되어 소송절차가 종료된 이상, 그 확정판결이 존중되지 않으면 분쟁을 종결할 수 없다. 재심은 이 분쟁해결을 위한 기판력을 소멸시키는 것이므로 함부로 넓게 인정하는 것은 타당하지 않다.

---

1) 대법원 2019.10.17. 선고 2018다300470 판결.

재심은 기판력 있는 판결만을 대상으로 하는가?

재심은 원칙적으로 실질적 확정력, 즉 기판력 있는 판결을 취소하고 다시 심판하는 절차라고 볼 수 있지만 반드시 그러한 것은 아니다. 수소법원의 구성이 위법한 민소법 451조 1항 1호 및 2호의 사안 중에는 무효인 판결에 해당하는 경우가 있고, 그러한 판결은 기판력이 없음에도 재심이 허용된다. 나아가 절차적 기본권이 근본적으로 침해된 판결임에도 기판력 및 집행력이 있어 강제집행을 당한 경우에는 재심을 거치지 않고 손해배상청구가 허용된다.[2] 이러한 점을 고려하면 기판력과 재심은 완화된 대응관계에 있다고 할 수 있다.

Ⅱ. 재심소송의 소송물

(1) 이원론(소송상 형성소송설)

재심의 소의 소송물은 확정판결의 취소를 구하는 것과 함께 만약 재심사유가 있는 경우에는 확정판결을 한 법원이 본안에 대하여 다시 심판하는 구조를 가진다고 보는 견해로서 현재의 통설 · 판례이다.[3] 이원론은 특히 확정판결의 취소에 중점을 두기 때문에, 재심의 소는 소송상 형성소송임을 강조한다.

(2) 일원론(본안소송설)

재심의 소의 소송물은 구소송의 소송물 하나로 구성된다고 보는 견해이다. 상소심절차에서 원판결의 취소를 별도의 소송물로 보지 않고 소송물은 본안(구소송)의 소송물 하나로 보는 것처럼 재심의 소가 원판결의 취소 · 변경을 구한다고 하더라도 원판결의 취소를 별도의 소송물로 볼 필요가 없다는 것이다. 이 견해는 재심사유의 존재여부에 관하여 당사자 사이에 다툼이 있으나 재심사유가 있다고 인정한 때에는 중간판결을 할 수 있을 뿐 일부판결을 하지 않는데(454①),[4] 이는 소송물 이원론으로써는 설명할 수 없고, 또한 소송능력 또는 당사자능력의 흠을 간과하였음을 이유로 하여 재심의 소를 제기하는 경우에는 재심원고가 소송능력 또는 당사자능력을 갖출 것이 요구되지 않는데, 이는 재심청구를 독립된 소송물로

---

2) 대법원 2010.2.11. 선고 2009다82046,82053 판결.
3) 대법원 1994.12.27. 선고 92다22473,92다22480 판결.
4) 일본에서는 중간판결제도(우리 민소법 454조에 해당)를 삭제하고 재심의 소가 부적법한 경우에는 재심각하결정을, 재심사유가 없는 경우에는 재심청구기각결정을, 재심사유가 있는 경우에는 재심개시결정을 하도록 규정하여(日民訴 345 · 346), 원판결 취소의 전제가 되는 재심사유의 존부에 대한 심리의 독자성이 강조됨으로써 일원론이 힘을 잃게 되었다.

보는 입장에서는 설명하기 어렵다[5]는 점을 근거로 한다. 따라서 이 입장에서 재심사유는 확정판결이 있을 때에 본안의 소송물에 대하여 거듭 재판을 받기 위한 전제조건일 뿐이라고 본다.[6]

소송물이론과 재심사유는 어떤 관계가 있는가?

구실체법설에서는 개개의 재심사유마다 소송물이 별개라고 보면서, 수개의 재심사유를 하나의 소에서 주장하였으면 청구의 병합이 되고, 재심사유의 변경은 소의 변경이 되며, 재심기간의 준수여부는 각 재심사유의 주장시기를 표준으로 가려야 한다고 본다. 판례의 입장이다.[7] 이에 비하여 소송법설 중 일분지설에서는 재심소송의 소송물은 1개의 확정판결의 취소를 구하는 법적 지위의 주장으로서 재심사유는 한낱 공격방법에 불과한 것이어서 새로운 재심사유의 추가·변경은 공격방법의 추가·변경에 지나지 않고, 따라서 하나의 재심사유가 기간이 준수되었다면 추가·변경된 다른 재심사유는 기간이 경과하였더라도 유효하다고 본다.[8] 한편 재심사유는 소송물이론에 따라 설명할 사항이 아니라 재심제도의 존재이유 자체에서 보았을 때 개개의 재심사유마다 소송물이 별개라고 보아야 한다는 견해도 있다.[9]

Ⅲ. 적법요건

재심의 적법요건으로는 재심당사자적격, 재심의 대상적격, 재심기간의 준수, 재심의 이익, 법정재심사유의 주장, 보충성 등이 있다.

1. 재심당사자

확정판결의 기판력에 의하여 불이익을 받은 사람이 재심원고, 이익을 받은 사

5) 일원론의 주장에 대해서는, 상소는 미확정된 판결을 대상으로 소송계속 중 원판결에 불복신청하는 절차임에 반하여 재심은 확정된 판결을 대상으로 새로이 소를 제기하는 것이므로 확정판결의 취소신청이 소송물이 되는 것은 당연하고, 재심사유가 없는 경우에 하는 재심청구기각판결은 구소송의 본안청구가 이유 없다는 판결이라는 이상한 결과가 되며, 소송무능력을 간과하고 판결한 것이 재심사유라면 무능력자가 재심을 청구하는 것은 당연한 것이므로 이는 재심소송의 소송물과는 아무런 관계가 없다는 비판이 있다(호문혁, 1039−1040쪽).

6) 정동윤·유병현·김경욱, 967쪽. 이와 유사한 견해로서, 일본에서는 재심사유의 존재를 조건으로 재심개시결정 이후에 취소청구와 종래의 본안청구가 동일소송에서 병합심리·판결되는 것으로 이해하는 '조건부병합이원설'이 주장되기도 한다(上田撤一郎, 民事訴訟法(第7版), 法学書院, 2011, 626面).

7) 대법원 1992.10.9. 선고 92므266 판결.

8) 이시윤, 932쪽.

9) 호문혁, 1040쪽.

람이 재심피고로 되는 것이 원칙이다.[10] 따라서 확정판결에 표시된 당사자뿐만 아니라, ① 변론을 종결한 뒤의 일반·특정승계인(218①), ② 제3자 소송담당의 경우 권리귀속주체(218③), ③ 판결의 효력이 제3자에 확장됨으로써 그 취소에 고유의 이익을 갖는 제3자가 독립당사자참가의 방식에 의하여 본소의 당사자를 공동피고로 하여 재심을 제기하는 경우 그에게도 당사자적격이 있다.[11]

필수적 공동소송의 확정판결에 대해서는 공동소송인 중 한 사람이 재심의 소를 제기하면 다른 공동소송인도 당연히 재심당사자가 되고, 상대방으로부터 재심의 소가 제기된 때에는 공동소송인 전원이 재심피고로 되어야 한다(67①②). 또 전소송의 보조참가인도 재심의 소를 제기할 수 있으며, 보조참가신청과 동시에 재심의 소를 제기할 수도 있다(72③). 그러나 이 경우에 보조참가인은 피참가인이 당사자로 되어 있는 기존의 소송을 전제로 하는 것이므로 그 청구를 변경하거나 별개의 청구원인에 해당하는 재심사유를 추가할 수는 없다.[12]

채무자와 제3채무자 사이의 소송이 계속된 이후의 소송수행과 관련한 개개의 소송행위는 그 권리의 행사를 소송당사자인 채무자의 의사에 맡기는 것이 타당하므로 채권자대위가 허용될 수 없다. 같은 취지에서, 상소의 제기와 마찬가지로 종전 재심대상판결에 대하여 불복하여 종전 소송절차의 재개, 속행 및 재심판을 구하는 재심의 소제기는 채권자대위권의 목적이 될 수 없다.[13]

2. 재심의 대상적격

재심의 소는 확정된 종국판결을 대상으로 한다. 따라서 확정판결의 기본이 되는 중간판결에 재심사유가 있는 경우에는 이에 기초한 종국판결을 재심사유로 할 수 있을 뿐이다. 나아가 하나의 소송절차 내에서 종국판결의 기본이 되는 재판에 대하여 독립한 불복방법이 있는 경우(예컨대 이송에 관한 결정 혹은 제척이나 기피신청이 이유 없다는 결정은 독립하여 즉시항고로 불복할 수 있다. 39, 47)에도 그 재판에 재심사유가 있을 때에는 확정된 종국판결에 대하여 재심을 제기할 수 있다

10) 전부승소한 당사자는 재심의 소를 제기할 이익이 없다(대법원 1993.4.27. 선고 92다24608 판결). 다만, 재심사유가 있는 자의 상대방 측에서도 그러한 사유를 주장함으로써 이익을 받을 수 있는 경우에는 이를 재심사유로 삼을 수 있다(대법원 1990.11.13. 선고 88다카26987 판결).
11) 대법원 1994.12.27. 선고 92다22473,92다22480 판결.
12) 대법원 1992.10.9. 선고 92므266 판결.
13) 대법원 2012.12.27. 선고 2012다75239 판결.

(452). 부연하면, 소송절차 중에 독립된 불복방법이 인정되는 결정들은 종국재판이므로 그 재판에 독립된 재심사유가 있으면 재심신청을 할 수도 있지만, 그 재심이 인용된다고 하더라도 민소법 451조 1항 8호에 의하여 다시 종국판결에 대하여 재심의 소를 제기하여야 비로소 소기의 목적을 달성할 수 있으므로 번거롭기 때문에 민소법 452조에서 이러한 절차의 중복 없이 직접 종국판결에 대하여 재심의 소를 제기할 수 있도록 한 것이다.

송달되지 않는 등 미확정판결은 재심의 대상이 될 수 없다. 확정된 종국판결이라면 전부판결이든 일부판결이든 본안판결이든 소송판결이든 재심판결이든 불문하고 재심의 대상이 된다.[14] 제소 당시 이미 사망한 자를 상대로 선고한 판결과 같이,[15] 무효인 판결에는 재심이 허용되지 않는다(다만, 451①(1),(2)에 해당하는 판결의 경우에는 제외). 대법원의 환송판결은 '형식적으로는 확정된 종국판결'에 해당하지만, 여기서 '종국판결'이라고 하는 의미는 당해 심급의 심리를 완결하여 사건을 그 심급에서 이탈시킨다는 것을 의미할 뿐이고 이는 중간판결의 특성을 갖는 판결로서 '실질적으로 확정된 종국판결', 즉 기판력 있는 확정판결이라고 할 수 없어 민소법 451조 1항 소정의 '확정된 종국판결'에 해당하지 않아 재심의 대상이 되지 않는다는 것이 판례의 입장이다.[16]

확정판결이 아니어도 이와 같은 효력을 가진 청구의 포기·인낙, 재판상화해조서(220)에 대해서는 준재심의 소가 인정된다(461). 그러나 확정된 지급명령(474, 민집 58③),[17] 확정된 이행권고결정(소심 5조의8③)[18], 집행증서[19] 등은 기판력이 없어 재심의 대상이 아니다. 외국판결도 승인되지 않은 이상 우리나라에서 아무런 효력을 가지지 않으므로 재심의 대상이 아니다.

3. 재심기간

민사사건에서의 권리·법률관계는 시시각각 변화하여 시간이 경과함에 따라 과거의 권리·법률관계 위에 새로운 권리·법률관계가 덧씌워지고 희석되므로 새

14) 대법원 2016.1.28. 선고 2013다51933 판결.
15) 대법원 1994.12.9. 선고 94다16564 판결.
16) 대법원 1995.2.14. 선고 93재다27,34 전원합의체 판결.
17) 대법원 2009.7.9. 선고 2006다73966 판결.
18) 대법원 2009.5.14. 선고 2006다34190 판결.
19) 대법원 2013.6.14. 선고 2011다65174 판결.

삼스럽게 과거의 사건을 들추어낼 실익이 점차 없어지게 된다. 이러한 이유로 민사사건에서는 재심의 제기기간을 제한하고 있다.[20] 민소법 451조 1항에 기재된 11개의 재심사유 중 대리권의 흠과 기판력의 저촉을 제외하고(457), 나머지 9개 재심사유에 관하여는 재심제기 기간이 정해져 있다(456). 이때 대리권의 흠이란 민소법 451조 1항 3호와 달리, 대리권이 전혀 없는 경우를 의미하는 것이므로 대리권은 있지만 소송행위를 하는데 필요한 특별수권에 흠이 있는 경우는 재심제기 기간의 제한을 받는다.[21]

(1) 재심원고는 원칙적으로 재심대상인 판결확정 후 재심사유를 안 날로부터 30일 이내에 재심의 소를 제기하여야 한다. 이는 출소기간으로서 5년의 제척기간과 별개로 이 기간이 경과하면 재심의 소를 제기할 수 없다.[22]

1) 판결법원구성의 위법, 판단누락은 판결정본이 송달된 때에 알았다고 봄이 상당하므로 송달 시로부터 기산한다.[23] 형사상 가벌적 행위를 재심사유로 하는 경우(451①(4)~(7))의 재심기간은 유죄판결이 확정되었음을 알았을 때 또는 증거부족 이외의 이유로 유죄의 확정판결을 할 수 없음(공소권없음의 불기소처분 또는 면소판결)을 알았을 때(통지를 받은 때)부터 진행한다.[24]

2) 30일의 출소기간은 불변기간이다(456②). 여러 개의 재심사유를 주장한 경우에 재심기간은 각 재심사유별로 가려보아야 한다.[25]

(2) 재심사유의 존재를 알지 못하였다 하여도 판결이 확정되어 5년이 경과하면 재심의 소를 제기하지 못한다(456③). 이는 불변기간이 아니라 제척기간이므로 추후보완의 대상이 아니다. 판결이 확정된 후 재심사유가 발생한 경우에는 그 사유의 발생일로부터 기산한다(456④).

---

20) 이에 비하여, 형사소송법에서의 재심은 과거의 어느 한 시점에 존재한 유죄확정판결의 오류를 시정하는 것을 목적으로 하므로 재심기간의 제한이 없다(형사소송법 420조 이하).
21) 대법원 1999.10.22. 선고 98다46600 판결.
22) 대법원 1996.5.31. 선고 95다33993 판결.
23) 대법원 1979.5.9. 자 79으1 결정; 대법원 1982.12.28. 선고 82사20 판결. 한편, 판단누락을 이유로 하는 재심의 소의 제기기간은 재심대상판결이 확정된 날로부터 기산하여야 한다는 판례도 있다(대법원 1993.9.28. 선고 92다33930 판결; 대법원 1991.11.12. 선고 91다29057 판결).
24) 대법원 2006.10.12. 선고 2005다72508 판결; 대법원 1997.4.11. 선고 97다6599 판결.
25) 대법원 1993.9.28. 선고 92다33930 판결.

Ⅳ. 재심사유

1. 재심사유의 의의

민소법 451조 1항에 규정된 재심사유는 한정적 열거규정이다. 재심사유는 소의 적법요건이므로 민소법상 재심사유를 주장하지 않거나 이를 주장하였다고 하더라도 재심사유에 대한 적법요건을 갖추지 않으면 재심의 소가 각하된다.

2. 보충성

상소와 재심은 원판결에 대한 불복신청수단으로서의 공통성을 가지기 때문에 동일한 사유에 대하여 이중으로 주장할 기회를 부여할 필요가 없고, 스스로 불복신청의 기회를 방치한 자에 대해서도 다시 재심에 의한 구제의 필요성이 없다. 이를 재심의 소의 보충성이라고 하며, 재심의 소의 적법요건이다.

결국 ① 재심사유를 상소로써 주장하였으나 기각된 때, ② 재심사유가 있음을 알면서 상소심에서 주장하지 아니한 경우, ③ 재심사유가 있음을 알면서 상소를 제기하지 아니함으로써 확정된 경우[26]에는 재심의 소를 제기할 수 없다(451①단서).

민소법 451조 1항 1호 내지 3호의 재심사유는 절대적 상고이유를 규정한 민소법 424조 1호, 2호, 4호와 동일하므로 그 사유가 상고이유가 되는 것은 당연하다. 그러나 그 외의 재심사유들도 보충성에 의하여 상고이유가 된다. 다만, 소액사건에 있어서는 재심사유가 상고이유로 될 수 없으므로(소심 3), 재심의 소의 보충성이 배제된다.[27]

당사자가 재심사유를 상소로 주장하였지만 상소가 기각되어 확정된 경우, 그 판결확정 뒤의 승계인은 동일한 재심사유를 주장하여 재심신청을 할 수 있는가?

재심사유를 상소로 주장한 경우에는 동일한 사유로 재심을 제기할 수 없다. 따라서 판결확정 전에 당사자가 재심사유를 상소로 주장하였지만 기각된 경우에는 판결확정 뒤의 승계인도 재심을 제기할 수 없다(218① 참조).

---

26) 대법원 1991.11.12. 선고 91다29057 판결.
27) 김홍엽, 1217쪽; 이시윤, 937쪽; 정동윤 · 유병현 · 김경욱, 973쪽; 정영환 1360쪽; 한충수, 899쪽; 호문혁, 1045쪽.

당사자가 상고하여 예비적 청구에 대한 항소심의 판단이 누락되었다는 위법사유를 지적하였음에도 법률심인 상고심에서도 법률관계상 그 쟁점에 대한 판단을 빠뜨림으로써 그 잘못이 시정되지 않은 채 상고심 판결이 확정된 경우에도 민소법 451조 1항 단서의 '상소에 의하여 그 사유를 주장한 경우'에 해당되어 재심이 허용되지 않는가?

판례는 주위적 청구를 배척하면서 예비적 청구에 대하여 판단하지 아니한 판결은 예비적 병합의 제도취지에 반하여 위법하게 되고 상고에 의하여 주위적 청구와 예비적 청구가 함께 상고심에 이심되는 것이기 때문에 예비적 청구부분은 재판의 누락(탈루)에 해당되지 않는다고 본다.[28] 따라서 항소심판결이 예비적 청구 부분에 관하여 전혀 판단하지 아니하였다면 당사자는 그 판결에 대하여 불복 상고하여 그 위법 부분의 시정을 받아야 하는데, 당사자가 상고하여 그 예비적 청구에 대한 항소심의 판단이 누락되었다는 위법사유를 지적하였음에도 법률심인 상고심에서도 법률관계상 그 쟁점에 관한 판단을 빠뜨림으로써 그 오류가 시정되지 않은 채 상고심판결이 확정되었다면 당사자는 재심사유를 주장·입증하여 그 상고심판결에 대한 재심을 구하는 길만이 남게 된다는 입장이다.[29] 즉 위와 같은 위법사유를 지적하였음에도 상고심에서 그 판단을 빠뜨렸다면 '상소에 의하여 그 사유를 주장한 경우'에 해당되지 아니하여 재심사유가 된다는 것이다.

3. 개별적 재심사유

가. 개 관

재심사유(451①)는 판결법원구성의 위법(1호), 재판에 관여할 수 없는 법관의 관여(2호), 대리권의 흠(3호), 법관의 직무상 범죄(4호), 형사상 처벌받을 다른 사람의 행위로 인한 자백 또는 공격방어방법의 제출방해(5호), 문서의 위조·변조(6호), 증인 등의 거짓진술(7호), 판결의 기초된 재판 또는 행정처분이 뒤에 변경된 경우(8호), 판단누락(9호), 판결효력의 저촉(10호), 상대방의 주소를 소재불명 또는 거짓 주소로 하여 소제기한 경우(11호)이다.

민소법 451조 1항 1호 내지 3호 및 11호는 중대한 절차위반에 해당하므로 절대적 상고이유와 마찬가지로 그 사유가 판결내용에 영향을 미쳤는지 여부를 불문하나, 4호 내지 10호는 중대한 판단자료의 잘못에 해당하므로 그 사유가 판결주문에 영향을 미칠 가능성이 있어야 한다.[30]

---

28) 대법원 2000.11.16. 선고 98다22253 전원합의체 판결.
29) 대법원 2002.9.4. 선고 98다17145 판결.

민소법 451조 1항 4호 내지 7호의 경우에는 같은 조 2항에 의하여 유죄의 판결이나 과태료부과의 재판이 확정된 때 또는 증거부족 외의 이유로 유죄의 확정판결이나 과태료부과의 확정재판을 할 수 없을 때에만 재심의 소를 제기할 수 있는데, 여기에서 '증거부족 외의 이유로 유죄의 확정판결이나 과태료부과의 확정재판을 할 수 없을 때'란 범인의 사망, 사면, 공소시효의 완성으로 인한 공소권없음 처분, 심신장애로 인한 죄가안됨 처분 및 기소유예 처분 등을 말하며, 기소중지 처분이나[31] 혐의없음 처분[32]은 포함되지 않는다. 증거부족 이외의 다른 사유만 없었다면 유죄확정판결을 받을 수 있으리라는 점은 재심청구인 측에서 입증하여야 한다.[33]

민소법 451조 1항 4호 내지 7호의 경우에 확정된 유죄판결 등에 재심법원이 구속받는가?

확정된 유죄판결이 있어도 재심법원은 거기에 법적으로 구속되지 않고 가벌행위를 독자적으로 판단할 수 있다. 따라서 형사재판에서 유죄판결이 선고되었지만 재심법원에서 범죄행위가 없었다고 인정하는 것도 이론상 가능하다. 판례도, 재심법원은 위증죄의 확정판결에 구속을 받는 것이 아니고, 그 유죄판결의 내용과 같은 사실의 존부에 관한 실질적 판단을 자유로이 할 수 있고 그 결과 재심대상 판결을 정당하다고 인정할 때에는 새로운 증거의 제출이 없더라도 재심청구를 배척할 수 있다는 입장이다.[34]

민소법 451조 1항 4호 내지 7호의 경우 재심의 소의 판결이 있을 때까지 민소법 451조 2항의 요건을 갖추지 못하면 재심의 소를 각하하여야 하는가? 아니면 기각하여야 하는가?

이에 대하여는 두 가지 견해가 있다. 가벌적 행위(451①⑷-⑺)만이 재심사유가 될 뿐이고 유죄확정판결 등(451②)이 존재하여야 하는 요건은 재심의 소의 적법요건이므로 이 요건이 흠결되면 재심의 소를 각하하여야 한다는 견해(적법요건설)와 가벌적 행위와 유죄확정판결이 합쳐서 재심사유가 되므로 유죄확정판결 등이 없을 때는 기각하여야 한다는 견해(합체설)가 있다. 적법요건설이 통설·판례의 입장이다.[35]

---

30) 다만, 일본에서는 민소법 451조 1항 4호의 경우에는 법관의 범죄행위와 판결의 결론 사이에 인과관계를 묻지 아니한다는 견해가 우세하다.
31) 대법원 1989.10.24. 선고 88다카29658 판결.
32) 대법원 1999.5.25. 선고 99두2475 판결.
33) 대법원 1985.2.26. 선고 84누734 판결.
34) 대법원 1983.12.27. 선고 82다146 판결.

나. 개별적 재심사유의 내용

(1) 판결법원구성의 위법(1호)

상고에서의 설명과 동일하다. 대법원이 기존의 판례를 변경하면서 대법관 2/3 이상으로 구성하는 전원합의체가 아닌 소부에서 재판하면 본 호에 해당한다.[36)]

(2) 재판에 관여할 수 없는 법관의 관여(2호)

구체적으로 제척원인이 있는 법관이 관여한 경우(41), 기피재판이 행해진 법관이 관여한 경우(43), 파기환송된 원심판결에 관여한 법관이 환송 후의 재판에 관여한 경우(436③) 등이 이에 해당한다. 그러나 단순히 기피원인이 있다거나 원재판에 관여한 법관이 재심대상 재판에 관여하였다는 등의 사유는 이에 해당하지 않는다.[37)]

(3) 대리권의 흠이 있는 경우(3호)

실무상 많이 문제되는 재심사유이다.

1) 적극적으로 무권(참칭)대리인에 의한 실질적인 대리행위는 물론, 소극적으로 무권(참칭)대리인의 존재로 인하여 적법한 당사자 본인이나 그 대리인이 송달을 받지 못하여 실질적인 소송행위가 배제된 상태로 재판이 진행된 경우를 포함한다.[38)] 본인의 의사와 관계없이 선임된 대리인에 의한 소송대리, 특별대리인(62)

---

35) 대법원 1989.10.24. 선고 88다카29658 판결.

36) 대법원 2000.5.18. 선고 95재다199 전원합의체 판결. 다만, 이 판결에서는 재심대상판결은 종전 대법원판결들이 선언한 법리의 적용 범위와 한계를 분명히 하고 그 법리가 적용되지 않는 경우에 적용할 새로운 법리를 표시한 것일 뿐 종래 대법원이 표시한 의견을 변경한 경우에는 해당하지 않는다고 판시하였다.

37) 대법원 2000.8.18. 선고 2000재다87 판결.

38) 공시송달과 관련하여, 이 규정은 아래에서 볼 11호의 내용과는 구별하여야 한다. 11호의 경우에는 원고가 피고의 주소를 알고 있음에도 모른다고 주장하여 공시송달을 신청한 사위(편취)판결에 대한 것임에 반하여, 여기에서는 이와 무관하게 당사자의 실질적인 소송행위가 배제된 상태로 재판이 진행된 경우를 말한다. 판례도 소장 부본부터 공시송달의 방법으로 송달되어 피고가 귀책사유 없이 소나 항소가 제기된 사실조차 모르고 있었고, 이러한 상태에서 피고의 출석 없이 원심 변론기일이 진행되어 제1심에서 일부 패소판결을 받은 피고가 자신의 주장에 부합하는 증거를 제출할 기회를 상실함으로써 당사자로서 절차상 부여된 권리를 침해당한 경우에는 당사자가 대리인에 의하여 적법하게 대리되지 않았던 경우와 마찬가지로 보아 민소법 424조 1항 4호의 규정을 유추적용하여 절대적 상고이유가 된다는 입장이다(대법원 2011.4.28. 선고 2010다98948 판결; 대법원 1997.5.30. 선고 95다21365 판결; 대법원 2012.4.13. 선고 2011다102172 판결).

의 선임 없이 소송을 수행한 경우, 성명모용소송에서 판결이 확정된 때, 주주총회의 특별결의사항임에도 그 결의 없이 제소전화해를 한 경우, 상대방에게 위임하여 성립된 제소전화해의 경우 등이 이에 해당한다. 이 사유를 이유로 재심의 소를 제기하는 경우에 재심원고는 소송능력 또는 당사자능력을 갖출 것이 요구되지 않는다.

2) 선정당사자에 의한 청구의 인낙은 선정자가 소송수행권을 수여하는 선정행위를 한 이상, 비록 그 선정당사자와의 사이에 공동의 이해관계가 없다고 하더라도 선정자로서는 실질적인 소송행위를 할 기회 또는 적법하게 당해 소송에 관여할 기회를 박탈당한 것이 아니므로 재심사유가 될 수 없다.[39] 또한 동일세대에 속하고 동거자라고 하더라도 소송에 관하여 사실상 이해관계가 대립하는 자에게 한 판결정본의 송달은 그 효력이 없어 미확정판결이므로 상소의 대상일 뿐 재심의 소를 제기할 수 없다.[40]

3) 원고가 소장에 피고의 참칭대표자를 대표자로 표기하고 그 자에게 판결정본이 송달된 경우에는 송달 자체는 적법하나 대리권의 흠결이 있으므로 이 규정에 의하여 재심의 소가 허용된다.[41]

4) 민소법은 법정대리권·소송대리권 또는 대리인이 소송행위를 하는 데에 필요한 권한의 수여에 흠이 있다고 하더라도 민소법 60조 또는 97조의 규정에 따라 추인한 때에는 흠이 치유되어 재심의 소를 제기하지 못하도록 규정하고 있다(451①(3)단서). 소송대리권의 흠은 재심사유이므로 그 증명책임은 이를 주장하는 재심원고에게 있다. 대리권의 흠은 특별수권의 흠을 제외하고는 재심기간의 제한이 없다(457).

(4) 법관의 직무상 범죄(4호)

재판에 관여한 법관이 그 사건에 관하여 직무에 관한 죄를 범한 때이다. 예컨대 법관이 담당사건과 관련하여 수뢰죄, 공문서위조죄 등을 범한 경우이다. 이 경

---

39) 대법원 2007.7.12. 선고 2005다10470 판결.
40) 대법원 1982.9.14. 선고 81다카864 판결.
41) 대법원 1994.1.11. 선고 92다47632 판결. 이 판례는 원고가 서류를 위조하여 자신의 아들을 피고 종중의 대표자로 만든 후 그가 송달받게 하여 의제자백으로 소유권등기를 이전한 사안이다. 이는 원고가 피고의 주소를 허위로 표시하고 피고 아닌 자가 소송서류를 받음으로써 의제자백의 형식으로 판결을 편취하였다면 피고가 아직 판결정본을 받지 않은 상태이므로 확정되지 않아 항소로서 다투어야 한다는 판례(대법원 1978.5.9. 선고 75다634 전원합의체 판결)와 구별하여야 한다.

우에 재심사유가 되기 위해서는 유죄의 확정판결 등을 요한다(451②).

(5) 형사상 처벌을 받을 다른 사람의 행위로 말미암아 자백을 하였거나 판결에 영향을 미칠 공격 또는 방어방법의 제출에 방해를 받은 때(5호)

1) 여기의 '형사상 처벌'에는 형법 및 특별형법은 포함되나 경범죄처벌법 위반 행위나 질서벌은 포함되지 않으며, '다른 사람'이란 상대방 당사자 또는 제3자(상대방의 법정대리인 · 소송대리인 포함)를 말한다. 원고가 법원을 속여 공시송달로 판결을 편취한 경우는 소송사기죄가 성립하므로 본 호와 11호의 재심사유가 병존한다.[42)]

2) 다른 사람의 범죄행위로 인하여 자백 또는 공격방어방법의 제출이 방해받았다는 것과 판결 사이에 인과관계가 있어야 한다. 이는 규정상 '말미암아' 또는 '판결에 영향을 미칠'로 표현되어 있다. 이때의 인과관계는 직접적이어야 하며, 간접적인 경우는 포함되지 않는다. 따라서 타인의 범죄행위(기망)가 소송행위를 하는 데 착오를 일으키게 한 정도에 불과할 뿐, 당사자에게 소송행위에 부합하는 의사가 존재할 때에는 이에 해당되지 않는다는 것이 판례의 입장이다.[43)]

3) 공격방어방법에는 판결에 영향이 있는 주장, 답변 또는 항변뿐만 아니라 증거방법도 포함한다. 따라서 소송의 승패에 중대한 영향이 있는 문서의 절취 · 강탈 · 손괴 · 반환거부 등도 포함된다.[44)]

4) 당해 소송절차와 관계없는 범죄행위로 인하여 실체법상 효력발생이 제지되거나 사실이 조작되었기 때문에 법원이 사실인정을 그르치게 된 경우에는 포함되지 않는다. 예컨대 채권양도통지서를 제3자가 찢어버려 채권양도통지의 효력발생이 저지된 경우에는 본 호의 재심사유가 아니다.[45)]

5) '자백'이 아니라 위와 같은 사유로 '상소취하'를 한 경우에도 위 자백에 준하여 재심사유가 된다. 그리고 '형사상 처벌을 받을 다른 사람의 행위'에는 당사자의 대리인이 범한 배임죄도 포함될 수 있으나, 이를 재심사유로 인정하기 위해서는 단순히 대리인이 문제된 소송행위와 관련하여 배임죄로 유죄판결을 받았다는 것만으로는 충분하지 않고, 대리인의 배임행위에 소송상대방 또는 그 대리인이 통

---

42) 대법원 1997.5.28. 선고 96다41649 판결.
43) 대법원 1984.5.29. 선고 82다카963 판결.
44) 대법원 1985.1.29. 선고 84다카1430 판결.
45) 대법원 1982.10.12. 선고 82다카664 판결.

모하여 가담한 경우와 같이 대리인이 한 소송행위 효과를 당사자 본인에게 귀속시키는 것이 절차적 정의에 반하여 도저히 수긍할 수 없다고 볼 정도로 대리권에 실질적인 흠이 발생한 경우라야 한다.[46)]

(6) 판결의 증거가 된 문서, 그 밖의 물건의 위조·변조(6호)

1) 판결의 증거가 된 문서라 함은 위조나 변조된 문서부분이 판결주문을 유지하는 근거가 된 사실인정의 증거로 채택된 경우를 의미한다. 따라서 유죄로 확정된 변조부분이 아니라 나머지 문서부분만이 사실을 인정하는 증거로 채택된 경우에는 재심의 소를 제기할 수 없다.[47)]

2) 문서에는 공문서, 사문서, 대조용문서(360①)를 포함하며, '그 밖의 물건'이란 공인, 사인, 경계표를 포함한다. 허위공문서작성도 포함하나,[48)] 사문서의 무형위조는 형사상 범죄를 구성하지 않으므로 이에 포함되지 않는다.[49)] 본호는 민소법 451조 2항과 연결되어 있기 때문이다.

(7) 증인 등의 거짓진술이 판결의 증거가 된 때(7호)

1) 증인 등의 거짓진술이 판결의 증거가 된 때라 함은 증인의 거짓진술이 판결주문에 영향을 미치는 사실인정의 자료가 된 경우를 의미하고, 판결 주문에 영향을 미친다는 것은 만약 그 허위 진술이 없었더라면 판결 주문이 달라질 수도 있었을 것이라는 개연성이 있는 경우를 말하고 변경의 확실성을 요구하는 것은 아니며, 그 경우에 있어서 사실인정의 자료로 제공되었다 함은 그 허위 진술이 직접적인 증거가 된 때뿐만 아니라 대비증거로 사용되어 간접적으로 영향을 준 경우도 포함한다.[50)]

2) 그러나 판결이유에서 가정적 혹은 부가적으로 인용된 때, 주요사실의 인정에 관계없을 때, 다른 사건에서의 증인신문조서가 판결에서 서증으로서 증거로 채택된 때,[51)] 거짓진술을 제외한 나머지 증거에 의하여도 판결주문에 영향이 없을 때에는 재심사유가 아니다.[52)]

---

46) 대법원 2012.6.14. 선고 2010다86112 판결.
47) 대법원 1997.9.26. 선고 96다50506 판결; 대법원 1992.11.10. 선고 91다27495 판결.
48) 대법원 1982.9.28. 선고 81다557 판결.
49) 대법원 1974.6.25. 선고 73다2008 판결.
50) 대법원 2001.6.15. 선고 2000두2952 판결; 대법원 2016.1.14. 선고 2013다53212,53229 판결.
51) 대법원 1997.3.28. 선고 97다3729 판결.
52) 대법원 1993.9.28. 선고 92다33930 판결.

(8) 판결의 기초가 된 재판 또는 행정처분이 뒤에 변경된 경우(8호)

1) 여기에서 "판결의 기초가 되었다"라고 함은 예컨대 유죄의 형사판결이 재심대상판결의 사실인정에 있어서 증거로 채택되었는데 그 뒤 형사판결이 변경 또는 무죄확정되거나,[53] 제권판결(487)을 이유로 어음금청구를 기각하였는데 그 뒤 제권판결이 취소된 경우와 같이, 재심대상판결을 한 법원이 그 재판이나 행정처분에 법률적으로 구속되는 경우뿐만 아니라 널리 재판이나 행정처분의 판단사실을 원용하여 사실인정을 한 경우를 말한다.

2) 여기에서의 재판에는 민・형사, 가사, 가압류・가처분결정, 비송재판을 포함하며, 행정처분에는 재판기관에 의한 것이든 행정관청에 의한 것이든 무방하다.

3) 재판 또는 행정처분의 변경은 재심대상판결이 확정된 후에 있을 것을 요하며, 소급적인 변경이어야 한다. 또한 단순히 법령이나 판례의 변경, 법규에 대한 위헌판단은 재심사유가 되지 않는다.

4) 재심대상판결의 증거로 채용된 형사판결 등이 재심대상판결 선고 후 변경되었으나 나머지 증거들만으로도 재심대상판결의 사실인정을 충분히 할 수 있는 경우에는 이에 해당하지 않는다.[54]

(9) 판단누락의 경우(9호)

1) '판결에 영향을 미칠 중요한 사항에 관하여 판단을 누락한 때'라 함은 당사자가 소송상 제출한 공격방어방법으로서 판결주문에 영향을 미칠 사항임에도 판결이유 중에서 판단을 표시하지 아니한 것을 말한다. 우편집배원이 착오로 송달보고서에 송달일자를 잘못 기재하는 바람에 법원이 상고이유서 제출기간을 도과하여 제출된 것으로 보아 상고를 기각함으로써 피고들의 상고이유에 대하여 판단하지 아니한 경우에 여기에 해당한다.[55] 직권조사사항도 당사자가 직권발동을 촉구하였다면 이에 포함된다.[56] 다만, 판단이 있는 이상 그 판단에 이르는 이유가 소

---

53) 대법원 2019.10.17. 선고 2018다300470 판결(재심대상판결의 기초가 된 복수의 유죄판결이 공통의 이유로 재심을 통하여 무죄로 바뀐 경우 무죄판결이 확정될 때마다 민소법 제451조 제1항 제8호에서 정한 재심사유가 발생한다.－과거 재심사유(형사재심무죄판결)를 알고 나서 너무 늦게 내는 바람에 각하된 적이 있었는데, 뒤늦게 형사재심에서 무죄판결을 받은 사람이 있어서 이를 다시 재심사유로 주장하여 승소한 사건).

54) 대법원 2007.11.30. 선고 2005다53019 판결.

55) 대법원 2006.3.9. 선고 2004재다672 판결.

56) 대법원 2004.9.13. 자 2004마660 결정.

상하게 설시되어 있지 아니하거나 당사자의 주장을 배척하는 근거를 일일이 개별적으로 설명하지 아니하더라도 이를 판단누락이라고 할 수 없다.[57]

2) 판단누락여부는 단순히 판결서의 이유 기재 부분의 유무에 의하여 판단하므로 상소를 하지 않은 경우는 물론, 상소를 하였더라도 판단누락을 주장하지 않았으면 이를 알고 주장하지 아니한 것으로 인정되기 때문에(재심의 소의 보충성),[58] 본 호에 의한 재심의 소는 상소의 길이 없는 최종심판결에 대한 것이 아니면 성공하기 어렵다.[59]

본안신청에 대하여 판단을 하지 않은 경우에도 재심의 소를 제기할 수 있는가?

공격방어방법이 아니라 본안신청에 대하여 판단을 하지 않은 경우에는 원칙적으로 판단누락이 아니라 재판누락(212)이다. 재판누락은 추가판결의 대상이지 재심사유가 아니다.

(10) **판결효력의 저촉**(10호)

1) 동일한 당사자간에 동일한 내용의 사건에 관하여 두 개의 어긋나는 확정판결이 있을 것을 요하므로 당사자를 달리하거나 소송물을 달리하면 서로 어긋나도 재심사유로 되지 않는다.[60] 따라서 재심대상판결이 대법원판례와 저촉된다는 것은 당사자를 달리하므로 본호의 재심사유가 아니다.[61] 또한 재심대상판결의 기판력이 그 이전의 확정판결의 기판력과 서로 어긋나는 경우가 여기에 해당하므로 재심대상판결이 그보다 늦게 선고·확정된 판결과 어긋난 것일 때에는 여기에 해당하지 않는다.[62]

2) 전에 선고한 확정판결에는 확정판결과 같은 효력을 가진 화해조서, 청구의 포기·인낙조서(220), 조정조서(민조 29), 외국판결(217), 중재판정(중재 35)도 포함한다.

후소판결의 상소에서 양 당사자 모두 알면서도 전소의 확정판결이 있음을 주장하지 않았다면 전소의 확정판결에 저촉하는 후소판결은 재심의 대상이 되지 않

57) 대법원 2005.1.28. 선고 2003재다415 판결.
58) 대법원 1971.3.30. 선고 70다2688 판결.
59) 김홍엽, 1226쪽.
60) 대법원 2011.7.21. 선고 2011재다199 전원합의체 판결.
61) 대법원 1985.4.27. 선고 85사9 판결.
62) 대법원 1981.7.28. 선고 80다2668 판결.

는다. 이 경우 기판력 등이 있는 판결은 전소판결인가, 후소판결인가?

상소에서 양 당사자가 모두 알면서도 확정판결이 존재함을 주장하지 않은 경우에는 재심의 소의 보충성으로 인하여 확정판결에 저촉하는 후소판결은 재심의 대상이 되지 않고, 전소판결과 후소판결은 저촉되는 상태 그대로 기판력을 갖는 것이고 또한 후소판결의 기판력이 전소판결의 기판력을 복멸시킬 수 있는 것도 아니므로, 기판력 있는 전소판결의 기판력이 미치는 자 사이에서 위와 같은 사정을 들어 전소판결의 기판력이 미치지 않게 되었다고 할 수 없다.[63)]

(11) 상대방의 주소를 소재불명 또는 거짓으로 하여 소제기한 경우(11호)

1) 판례는, 소제기자가 허위로 표시한 상대방의 허위주소로 판결정본이 보내져서 상대방이 아닌 다른 사람이 이를 수령한 경우에는 그 판결정본의 송달은 부적법하여 무효이고 상대방은 아직도 판결정본의 송달을 받지 않은 상태에 있는 것이므로 그 판결에 대한 항소기간은 진행을 개시하지 않는다고 보아 이러한 사위 판결은 형식적으로 확정된 판결이 아니어서 기판력이 없어 본 호에 해당하지 않는다고 함으로써,[64)] 상대방의 주소를 알면서도 이를 모르는 듯이 공시송달을 신청하여 판결을 편취한 경우에만 본 호에 해당한다는 입장이다. 위 판례의 입장에 대하여는 명문에 반하는 해석이라고 비판하는 견해가 있다.[65)]

2) 본 호의 재심사유는 사기판결을 얻어내기 위하여 상대방의 주소를 알고 있음에도 불구하고 소재불명 또는 허위의 주소나 거소로 하여 소를 제기하고 이로 인하여 소의 제기사실을 전혀 알 수 없었던 상대방을 구제하기 위한 것으로서, 상대방이 소송 진행 중 그 소송계속 사실을 알고 있었음에도 불구하고 아무런 조치를 취하지 아니하여 판결이 선고되고 확정에 이른 경우에는 위 재심사유가 있다고 할 수 없다.[66)]

(12) 특별법상 재심사유

1) 헌법재판소법상 헌법소원인용재심

법률의 위헌여부심판의 제청신청이 기각되어 헌법재판소에 헌법소원심판(헌재 68②)을 청구하여 인용되었으나 헌법소원과 관련된 소송사건이 이미 확정된 경우

---

63) 대법원 1997.1.24. 선고 96다32706 판결.
64) 대법원 1978.5.9. 선고 75다634 전원합의체 판결.
65) 이시윤, 946쪽; 정동윤 · 유병현 · 김경욱, 981쪽; 정영환, 1371쪽. 판례의 입장에 찬성하는 견해로는, 김홍엽, 900쪽; 호문혁, 1049－1050쪽.
66) 대법원 1992.10.9. 선고 92다12131 판결.

에 당사자는 재심을 청구할 수 있다(헌재 75⑦).

2) 상법상 사해재심

주주대표소송에서 원고인 주주와 피고인 이사가 공모하여 소송목적인 회사의 권리를 사해할 목적으로 판결을 하게 한 때에는 회사 또는 다른 주주는 확정된 종국판결에 대하여 재심의 소를 제기할 수 있다(상 406).

3) 행정소송법상 제3자 재심

처분 등을 취소하는 판결에 의하여 권리 또는 이익을 침해받은 제3자는 자기에게 책임 없는 사유로 소송에 참가하지 못하여 판결의 결과에 영향을 미칠 공격방어방법을 제출하지 못하였음을 이유로 확정된 종국판결에 대하여 재심의 청구를 할 수 있다(행소 31①). 이는 확정판결이 있음을 안 날로부터 30일 이내, 판결이 확정된 날로부터 1년 이내에 제기하여야 한다(행소 31②).

Ⅴ. 재심절차

1. 재심관할법원

재심의 소는 소송목적의 값이나 심급에 관계없이 취소대상인 판결을 한 법원의 전속관할이다(453①).

상고심판결이 선고된 경우, 재심사유 중 서증의 위조·변조에 관한 것(451①(6)), 거짓진술에 관한 것(451①(7))은 어느 법원에 재심을 제기하여야 하는가?

상고심은 사실인정에 관한 한 직권조사사항을 제외하고는 증거조사와 사실인정의 권한이 없고, 제2심 법원의 사실인정의 적법여부만을 판단하므로 재심사유 가운데 위와 같은 내용은 사실인정에 관한 것이므로 상고심판결을 대상으로 재심의 소를 제기할 수 없고 사실심법원의 판결에 대하여 재심의 소를 제기하여야 한다.[67]

항소심판결에 대한 재심은 항소법원이 관할한다. 제1심판결과 항소심판결에 모두 재심사유가 있을 때는 양쪽 법원에 관할권을 인정하는 것이 이론적으로 타당하겠지만, 민소법은 제1심판결에 대하여는 재심을 인정하지 않고 항소심판결에 대해서만 재심을 허용한다. 항소심에서 항소기각 등 **본안판결**을 하였을 때에는 그

67) 대법원 2000.4.11. 선고 99재다746 판결.

사건에 관하여 법률상·사실상의 점에 대하여 항소심에서 전면적인 재심사를 거친 것이므로 재차 제1심판결에 대한 재심을 허용할 필요가 없기 때문이다(451③). 나아가 제1심판결 후에 항소심이 항소각하판결(**소송판결**)을 한 경우에는 항소심에서 전면적인 재심사를 거친 것이 아니어서 민소법 451조 3항이 적용되지 않기 때문에 양쪽 판결에 모두 재심사유가 있다면 각각 재심을 제기할 수 있을 것으로 보이지만, 심급을 달리하는 두 개의 재심을 따로따로 진행하면 서로 모순되는 판단이 행해질 우려가 있으므로 이 경우에는 제1심판결에 대한 재심사건을 항소심으로 이송하여 항소심에서 병합심리하도록 규정하고 있다(453②본문). 그러나 **항소심판결**과 **상고심판결**에 각각 독립된 재심사유가 있는 때에는 상고심에서 병합심리하지 않는다. 왜냐하면 만약 이 경우에 병합심리를 하게 되면 상고심법원에서 항소심의 재심사건을 심리하여 재심사유가 있다고 판단하면 원심판결을 파기하고 항소심법원에 사건을 환송하여 다시 심리하게 하여야 하는데, 이는 소송경제에 반하기 때문이다. 따라서 이 경우에는 항소법원과 상고법원이 각각 재심관할법원이 된다(453②단서).

전속관할법원이 아닌 다른 법원에 재심의 소를 제기하였으면 이송되며, 재심기간의 준수여부는 다른 법원에 재심의 소가 제기된 때를 기준으로 한다.[68]

2. 재심의 소의 제기

재심의 소는 원칙적으로 재심소장의 제출에 의한다(265). 재심소장에는 당사자와 법정대리인, 재심의 대상인 판결의 표시, 그 판결에 대하여 재심을 구하는 취지, 재심사유를 기재하여야 하고(458), 재심대상 판결의 사본을 붙여야 한다(규139). 재판장은 재심소장이 방식에 맞는지 여부에 대하여 심사한다(254).

당사자는 재심사유의 주장을 재심제기 후에 변경할 수 있는가?

재심사유는 재심제기 후에 변경할 수 있다(459②). 다만 변경된 재심사유도 민소법 451조 1항에 규정된 재심사유를 넘어설 수는 없으며, 출소기간의 제한이 있는 재심사유는 이를 준수하지 않으면 부적법 각하된다.[69]

68) 대법원 1984.2.28. 선고 83다카1981 전원합의체 판결.
69) 대법원 1990.12.26. 선고 90재다19 판결.

3. 준용절차

재심소송절차에는 그 성질에 어긋나지 않는 범위 안에서 각 심급의 소송절차에 관한 규정이 준용되므로(455), 자기 측의 재심사유에 기한 반소 또는 자기 측이 재심소권을 상실한 경우에도 부대재심이나 독립당사자참가가 가능하다. 다만, 판례는 재심원고가 승소할 경우에 대비한 원상회복 등 관련 민사상 청구를 병합할 수 없으며,[70] 재심청구를 통상의 청구로 변경하는 것도 재심의 소가 통상의 소와 절차의 성질을 달리한다는 이유로 허용하지 않는다.[71]

4. 재심의 소의 심리와 중간판결제도

재심의 소의 경우에는 재심소장의 방식준수의 심사 후에 ① 소의 적법여부, ② 재심사유의 존부, ③ 원래의 사건에 대한 본안심판의 단계로 심리해 나간다.

가. 중간판결제도

민소법 454조는 재심의 소의 적법여부 및 재심사유의 존부에 관한 심판(위 ①+②)과 본안심판(위 ③)을 분리하여 앞의 것만 먼저 할 수 있도록 하되, 이 경우 재심사유 등이 **있다고 인정한 때**에는 그에 관한 쟁점을 먼저 정리하는 의미에서 그 취지의 중간판결을 할 수 있도록 하였다. 만약 재심의 소가 적법하지 않거나 재심사유가 **없다고 인정되면** 본안심리에 들어가지 않고 재심각하·기각의 종국판결로 절차를 끝낸다. 민소법 454조 1항은 '…분리하여 먼저 시행할 수 있다'로 규정하고 있으므로 중간판결을 위한 선행심리여부는 법원의 재량이다. 기존의 중간판결제도(201)와 별다른 것이 아니나, 소송경제를 도모하기 위한 주의적·상징적 규정이다.[72]

나. 재심의 소의 적법여부

법원은 일반소송요건과 재심의 소의 적법요건을 심리한다. 이는 직권조사사항이다.

일반소송요건에 흠이 있는 경우에 이를 보정하지 않거나 보정할 수 없을 때에

---

70) 대법원 1997.5.28. 선고 96다41649 판결.
71) 대법원 1959.9.24. 선고 4291민상318 판결.
72) 이시윤, 948쪽.

는 판결로 재심의 소를 각하한다(413, 219).

민소법 451조 1항 단서의, 당사자가 상소에 의하여 그 사유를 주장하였거나 이를 알고도 주장하지 아니한 때에도 재심의 소는 부적법하므로 각하하여야 한다.[73)]

민소법 451조 1항 4호 내지 7호의 가벌행위를 주장하면서 같은 조 2항의 유죄판결 등의 사유의 존재를 주장·증명하지 아니한 때에도 재심의 소는 부적법하므로 각하하여야 한다.[74)]

다. 재심사유의 존부

재심의 소가 적법하면 그 다음으로 재심사유의 존부를 조사해야 한다. 증명책임은 재심원고에게 있다. 재심법원은 직권으로 당사자가 주장하는 재심사유 해당 사실의 존부에 관한 자료를 탐지하여 판단하는 **직권탐지주의**에 의한다. 따라서 재심사유에 대한 포기·인낙이나 자백에 구속되지 않으며, 자백간주규정이 배제된다는 것이 통설·판례이다.[75)]

심리한 결과 재심사유가 없는 것으로 인정되면 종국판결로 재심청구를 기각하여야 한다. 재심사유가 인정될 때에 그 존부에 관하여 당사자간에 다툼이 있으면 앞서 본 중간판결이나 종국판결의 이유에서 판단한다.

재심사유와 관련하여 각하하는 경우와 기각하는 경우는 어떻게 구별되는가?

민소법 451조 1항 각호에 규정된 재심사유의 주장이 없거나, 설사 규정된 재심사유를 주장하였다고 하더라도 그 적법요건을 갖추지 않은 경우에는 재심의 소를 각하한다.[76)] 이에 비하여 심리결과 민소법에 규정된 재심사유로서 인정되지 않는 경우에는 재심청구를 기각한다.[77)] 민소법 451조 1항 단서에 해당하거나 451조 2항의 요건을 충족하지 못한 경우가 전자의 예에 해당하고, 이러한 요건을 모두 갖추었더라도 허위진술이 판결주문에 영향을 미치지 않은 경우가 후자의 예에 해당한다. 다만 각하할 사유를 기각한 경우에도 재심의 소를 배척하였다는 점에서는 결과적으로 정당하다는 것이 판례의 입장이다.[78)]

---

73) 대법원 1980.11.11. 선고 80다2126 판결.
74) 대법원 1989.10.24. 선고 88다카29658 판결.
75) 대법원 1992.7.24. 선고 91다45691 판결.
76) 대법원 1980.11.11. 선고 80다2126 판결.
77) 대법원 1990.12.7. 선고 90다카21886 판결.
78) 대법원 1980.11.11. 선고 80다2126 판결.

재심사유의 존부를 직권탐지주의에 의하여 심리하는 이유는 무엇인가?

기판력 있는 확정판결의 취소는 분쟁해결의 실효성과 정의의 실현을 조화시켜야 한다는 소송법의 기본적인 사명에 관한 것이므로 당사자의 의사에 의해 좌우되어서는 안 되기 때문이다.[79]

라. 본안심판

(1) 본안의 심리

1) 재심사유가 있다고 인정된 때에는 본안, 즉 원판결에 의하여 완결된 재심 전 소송을 다시 심판한다. 본안에 대한 변론은 전소송의 변론의 속행이므로 그것과 일체를 이룬다. 따라서 변론의 갱신절차를 밟아야 하며, 변론의 갱신권이 인정되므로 사실심이면 새로운 공격방어방법을 제출할 수 있다. 물론 본안의 변론과 재판은 재심청구이유의 범위, 즉 원판결에 대한 불복신청의 범위 내에서만 허용된다(459①).

2) 재심피고에 의하여 부대재심이 제기되지 않는 한 재심원고에 대하여 원래의 확정판결보다 불이익한 판결을 할 수 없다.[80] 재심의 소는 취하할 수 있으며, 본안의 소를 취하하거나 소송물에 관한 화해도 할 수 있다.

3) 가벌적 행위에 관한 유죄의 확정판결은 재심의 적법요건이지만 재심법원은 재심의 소의 재심사유가 된 유죄판결에 구속을 받는 것은 아니고 그 사실의 존부에 관한 실질적 판단을 자유로이 할 수 있으며 자유로운 판단에 의하여 재심대상인 판결이 정당하다고 인정한 때에는 새로운 증거의 제출이 없더라도 재심청구를 배척할 수 있다.[81]

재심의 본안심판절차에서의 변론기일은 재심대상사건의 마지막 변론기일의 차수에 관계없이 새로 시작되는가?

아니다. 재심절차에서 본안에 대한 변론은 재심 전 절차의 속행이므로 변론기일의 차수가 이어진다. 뿐만 아니라 서증이 제출된 경우에 서증번호도 이어서 매기며(규 140①), 피고가 재심원고인 경우에 그가 제출하는 증거는 을호증이 된다.

79) 대법원 1992.7.24. 선고 91다45691 판결.
80) 대법원 2003.7.22. 선고 2001다76298 판결.
81) 대법원 1975.2.25. 선고 73다933 판결.

재심사유의 존재가 인정되어 전소송이 재개된 경우에 종전의 소송절차의 사실심 변론종결 후에 생긴 사유를 제출할 수 있는가?

재심사유의 존재가 인정되어 본안의 재심리 단계에 들어간 경우에는 변론이 재개되어 속행된 것이므로 재심법원이 사실심이라면 당사자는 새로운 공격방어방법을 제출할 수 있고, 변론종결 후에 생긴 사유도 제출할 수 있다. 새로운 공격방어방법을 제출하지 않아서 패소했다면 그 새로운 사유도 심리가 끝나면 기판력에 의해서 차단되기 때문에 오히려 제출해야한다는 것이 바른 이해이다. 본안의 심리는 원소송의 변론종결 전의 상태로 돌아가 재심사유가 있는 소송절차 또는 소송자료를 제거하고 하자있는 절차를 바로잡아 당사자쌍방으로부터 새롭게 제출받은 소송자료를 더하여 판단한다. 따라서 본안의 심리는 전소의 절차의 재개 속행이고 재심사유에 관련되어 있지 않은 한 종래의 절차는 효력을 유지한다.

(2) 종국판결

1) 심리결과 원판결(재심대상판결)이 부당하다고 인정되면 불복신청의 한도 내에서 이를 취소하고 원판결에 갈음하는 판결을 한다. 따라서 재심판결은 원판결을 소급적으로 취소하는 형성판결이다.

2) ① 원판결의 표준시 이전의 사유로 보아 정당한 경우 및 ② 비록 표준시 이전의 사유로서는 부당하지만 그 표준시 이후에 발생한 새로운 사유 때문에 원판결의 결론이 정당한 경우에는 재심청구를 기각하여야 한다(460). 후자의 경우로서 재심청구를 기각한 판결의 기판력의 표준시는 재심판결의 변론종결시가 된다.[82)]

재심사유가 존재하지만 본안의 판단결과에 대하여 원판결이 정당하다고 인정한 때에는 법원은 어떠한 재판을 해야 하는가?

재심사유는 존재하지만 본안판단의 결과 원판결이 정당하다고 인정한 때에는 재심청구를 기각하는 판결을 하여야 한다(460). 예컨대 제척원인이 있는 법관이 한 판결이지만 판결내용이 정당한 경우가 이에 해당한다. 즉 재심사유가 존재하는 경우에도 본안심리결과 재심청구대상인 확정판결과 결론이 동일한 경우에는 재심청구를 기각하는 판결을 한다. 이에 반하여 본안심리 결과 전소의 확정판결의 결론과 상이한 결론에 이른 경우에는 확정판결을 취소하고 다시 그 결론에 부합하는 본안에 대한 재판을 하여야 한다. 이 경우에 청구인용을 청구기각으로 변경하거나 반대로 청구기각을 청구인용으로 변경하게 된다. 상고심판결에 대한 재심사건에서는 원심판결을 파기하고 사건을 원심법원에 환송할 수 있다.

82) 대법원 2003.5.13. 선고 2002다64148 판결.

3) 재심의 소에 대한 종국판결에 대해서는 다시 그 재심에 맞추어 항소나 상고가 인정된다. 다만 상고심판결에 대한 재심의 소에 관한 판결은 상소의 길이 없다. 또한 재심의 상고심에서는 사실심의 변론종결 뒤에 생긴 재심사유인 사실을 주장할 수 없다. 상고심은 법률심이기 때문이다. 한편, 원래의 확정판결을 취소한 재심판결에 대한 재심의 소에서 원래의 확정판결에 대하여 재심사유를 인정한 종전 재심법원의 판단에 재심사유가 있어 종전 재심청구에 관하여 다시 심리한 결과 원래의 확정판결에 재심사유가 인정되지 않을 경우에는 재심판결을 취소하고 종전 재심청구를 기각하여야 하며, 그 경우 재심사유가 없는 원래의 확정판결 사건의 본안에 관하여 다시 심리와 재판을 할 수는 없다.[83]

재심에서 전소송이 재개되어 속행된 경우에 종전의 소송절차는 효력을 유지하는가?

종전의 소송절차는 재심사유의 하자와 관련되어 있지 않는 한 원칙적으로 효력을 유지한다. 예컨대 문서위조가 재심사유로 인정된 경우 위조된 그 문서는 배제되지만 그 외의 소송상태는 유효하다. 다만, 민소법 451조 1항 1호 내지 3호의 경우에는 그 성질상 효력이 유지되는 것이 없기 때문에 전면적으로 재심리해야 하는 것이 보통이다. 예컨대 제척원인이 있는 법관이 원소송에 시종 관여하고 있었던 경우에는 심리를 처음부터 다시 해야 할 것이다.

Ⅵ. 준재심

1. 의 의

준재심은 확정판결과 같은 효력을 가지는 조서와 즉시항고로 불복을 신청할 수 있는 결정·명령이 확정된 경우에 재심사유가 있을 때 재심의 소에 준하여 재심을 제기하는 것을 말한다(461).

2. 준재심의 소(조서에 대한 준재심)

가. 대 상

준재심의 대상이 되는 민소법 220조의 조서에는 화해조서, 청구의 포기·인낙

83) 대법원 2015.12.23. 선고 2013다17124 판결.

조서 이외에 재판상 화해와 같은 효력을 가진 조정조서를 포함한다(민조 29). 화해조서에는 소송상 화해조서뿐만 아니라 제소전화해조서도 포함된다. 화해권고결정은 결정이지만 재판상 화해와 동일한 효력이 있으므로(231), 준재심의 소를 유추할 것이다. 조정을 갈음하는 결정도 같다(민조 34④).

중재판정에 대해서도 준재심의 소가 인정되는가?

중재판정은 확정판결과 동일한 효력을 가지기는 하지만, 별도로 중재판정취소의 소(중재법 36)가 존재하기 때문에 준재심의 소는 인정되지 않는다.

이행권고결정에 대해서도 준재심의 소가 인정되는가?

이행권고결정이 확정되면 확정판결과 같은 효력을 가진다(소심 5조의7①). 그러나 확정판결에 대한 청구이의의 이유를 변론이 종결된 뒤(변론 없이 한 판결의 경우에는 판결이 선고된 뒤)에 생긴 것으로 한정하고 있는 민사집행법 44조 2항과는 달리, 소액사건심판법 5조의8 3항은 이행권고결정에 대한 청구에 관한 이의의 주장에 관하여는 위 민사집행법 규정에 의한 제한을 받지 아니한다고 규정하고 있으므로, 확정된 이행권고결정에 관하여는 그 결정 전에 생긴 사유도 청구에 관한 이의의 소에서 주장할 수 있다. 이에 비추어 보면, 위 소액사건심판법 규정의 취지는 확정된 이행권고결정에 확정판결이 가지는 효력 중 기판력을 제외한 나머지 효력인 집행력 및 법률요건적 효력 등의 부수적 효력을 인정할 뿐 기판력까지 인정하는 것은 아니며, 기판력을 가지지 아니하는 확정된 이행권고결정에 설사 재심사유에 해당하는 하자가 있다고 하더라도 이를 이유로 민소법 461조가 정한 준재심의 소를 제기할 수는 없고, 청구이의의 소를 제기하거나 또는 전체로서의 강제집행이 이미 완료된 경우에는 부당이득반환청구의 소 등을 제기할 수 있을 뿐이다.[84)]

가해자가 교통사고로 인한 유죄판결을 받아 상소심 계속 중인 상태에서, 피해자와 가해자 사이에 위 교통사고로 인한 손해배상사건에서 조정을 갈음하는 결정이 있었고, 그 후에 가해자인 피고가 무죄판결을 받았다면 민소법 451조 1항 8호의 재심사유에 해당되는가?

대법원은 조정을 갈음하는 결정은 상호양보에 의한 조정과는 달리 수소법원의 사실인정과 판단에 기초하여 이루어지는 것이고, 피해자의 사망에 대한 책임이 민·형사사건에서 핵심적인 쟁점으로 다투어졌고, 유죄의 형사판결이 조정을 갈음하는 결정의 사실인정에 영향을 미칠 가능성이 있었다면 위 결정조서에 대하여 준재심청구

84) 대법원 2009.5.14. 선고 2006다34190 판결.

를 할 수 있다고 판시하였다. 다만 결정조서에 이유가 기재되어 있지 않은 경우 그 결정조서에 대한 준재심 사유가 있는지 여부는 판결에 대한 재심에 비하여 엄격하게 판단하여야 한다고 하였다.[85] 이는 화해권고결정의 경우에도 같다.[86] 또한 제출된 문서에 의하여 사실인정과 판단을 하여 조정을 갈음하는 결정을 하였는데, 그 문서가 위조 또는 변조되었음이 밝혀져 유죄의 확정판결을 받았다면 민소법 451조 1항 6호에 의한 준재심청구를 할 수 있다는 입장이다.[87]

나. 재심절차

준재심의 제기절차에는 확정판결에 대한 재심의 소의 소송절차인 재심법원, 재심기간,[88] 재심소장, 심판의 범위가 준용된다.

다만 민소법 451조의 재심사유는 판결에서 생길 수 있는 흠을 예상하여 규정한 것이므로 준재심의 소에 전면적으로 준용될 수는 없다. 재심사유에 대하여는 관여할 수 없는 법관의 관여(451①2호), 대리권의 흠(3호), 법관의 직무상 범죄(4호), 형사상 처벌받을 다른 사람의 행위로 인한 경우(5호), 조정의 기초가 된 민사나 형사판결 등이 바뀐 경우(8호) 등에 한하여 준용될 수 있을 것이다.

민소법 460조(결과가 정당한 경우의 재심기각)는 준재심의 소에도 준용하도록 규정되어 있으나(461), 실제로 적용될 가능성이 없다. 당사자의 행위로 인한 소송종료에 재심사유가 있다면 결과가 정당할 리가 없기 때문이다. 준재심에 의해 소송상화해나 청구의 포기·인낙이 취소되면 종료되었던 소송은 부활한다. 제소전화해조서를 취소할 때에는 부활될 소송이 없으므로 취소 외에 다른 조치를 할 필요가 없다.[89]

조서에 대한 재심은 신청이 아니라 소의 방식으로 제기하여야 한다. 따라서 결정절차가 아니라 **판결절차에 의해 심판**하여야 한다. 제소전화해조서의 경우에도 같다.

---

85) 대법원 2005.6.24. 선고 2003다55936 판결.
86) 대법원 2006.2.23. 선고 2004다27167 판결.
87) 대법원 2006.5.26. 선고 2004다54862 판결.
88) 준재심의 소는 법인 등이 청구를 포기·인낙 또는 화해를 한 뒤 준재심의 사유를 안 날부터 30일 이내에 제기하여야 한다(대법원 2016.10.13. 선고 2014다12348 판결).
89) 대법원 1998.10.9. 선고 96다44051 판결.

3. 준재심의 신청(결정 · 명령에 대한 준재심)

가. 대 상

준재심의 신청은 '즉시항고로 불복을 신청할 수 있는 결정이나 명령'이 확정된 경우에 그 대상이 되는데 소장각하명령(254), 상소장각하명령(402, 425), 소송비용에 관한 결정(110, 113, 114), 과태료의 결정(363, 370), 매각허가결정(민집 128), 추심명령 · 전부명령(민집 229) 등이 이에 속한다. 다만 판례는 즉시항고로 불복할 수 있는 결정이나 명령이 아니어도 종국적 재판의 성질을 가진 결정이나 명령 또는 종국적 재판과 관계없이 독립하여 확정되는 결정이나 명령에 해당하는 경우라면 준재심을 신청할 수 있다고 한다.[90] 적법한 기간 내에 제출된 재항고이유서에 사건번호가 잘못 기재되어 있었던 관계로 기록에 편철되지 아니하여 재항고기각결정이 난 경우에는 준재심사유에 해당한다는 판례가 있다.[91]

나. 재심절차

재심사유, 재심법원, 재심기간, 재심소장, 심판의 범위와 재판 등 확정판결에 대한 재심의 소의 소송절차가 준용된다. 준재심신청은 소가 아니라 신청의 방식에 의하여야 하며, 판결이 아니라 **결정으로 심판**한다. 심판은 준재심의 대상이 된 결정 · 명령과 같은 절차에 의한다.

---

90) 대법원 2004.9.13. 자 2004마660 결정(다만, 담보권실행을 위한 경매개시결정에 대하여는 즉시항고를 할 수 있다는 취지의 규정도 없고, 경매개시결정에 대하여는 즉시항고에 의하여 상급심의 판단을 받지 아니하더라도 매각허가결정에 대한 즉시항고로써 다툴 수 있는 것이므로, 이와 같은 경매개시결정은 종국적 재판의 성질을 가진 결정이나 명령 또는 종국적 재판과 관계없이 독립하여 확정되는 결정이나 명령에 해당하지 아니하므로 준재심의 대상에 해당하지 아니한다).
91) 대법원 2000.1.7. 자 99재마4 결정.

제7편

간이소송절차

간이한 소송절차로서 소액사건심판절차와 독촉절차가 있다. 두 절차 모두 금전 그 밖의 대체물의 지급을 목적으로 하는 채권을 대상으로 하지만, 소액사건심판절차는 쌍방심문주의에 의하고 판결절차의 일종임에 반하여, 독촉절차는 일방심문주의에 의하고 판결절차에 선행하는 대용절차라는 점에서 차이가 있다.

제1장
소액사건심판절차

Ⅰ. 의 의

소액사건심판절차는 일반 민사소송절차와는 달리 소액사건심판법의 적용을 받아 간이·신속하게 재판하는 절차이다.

소액사건심판절차는 적정성보다는 신속성의 이념을 우위에 두고 있다. 이에 따라 전통적인 처분권주의·변론주의를 어느 정도 후퇴시키고 직권주의적 소송진행을 할 수 있도록 규정하고 있다.

Ⅱ. 소액사건의 범위

소액사건심판법상 소액사건이라 함은 소가 3,000만원 이하의 금전 기타 대체물이나 유가증권의 일정한 수량의 지급을 목적으로 하는 제1심의 민사사건이다. 따라서 채무부존재확인청구, 소유권이전등기청구, 사해행위취소청구, 토지인도청구 등은 소액사건에 해당하지 않는다. 또한 청구(소)의 변경으로 이에 해당하지 아니하게 된 사건 또는 당사자참가, 중간확인의 소 또는 반소의 제기 및 변론의 병합으로 인하여 이에 해당하지 않는 사건과 병합심리하게 된 사건은 제외한다(소심규 1조의2).

여러 개의 소액사건을 법원이 변론을 병합하여 소송목적의 값의 합산액이 소액사건의 범위를 넘어도 제소 시에 소액사건이었던 이상 소액사건임에 변함이 없다.[1] 청구의 병합이 아닌 변론의 병합에는 소송목적의 값의 합산 원칙이 적용되지 않기 때문이다.

소액사건심판법의 적용을 받을 목적으로 다액의 채권을 나누어 일부씩 청구하는 것은 허용되지 않으며, 이러한 경우에는 판결로 소를 각하한다(소심 5조의2). 주택·상가건물임대차보호법상 보증금반환청구는 소액사건심판법 6조, 7조, 10조,

---

1) 대법원 1992.7.24. 선고 91다43176 판결.

11조의 2 등을 적용하여 재판의 신속을 도모하고 있다(주택임대차보호법 13, 상가건물임대차보호법 18).

소액사건은 지방법원 단독판사가 관할하나, 시군법원 관할구역 안에서의 사건은 시군법원판사의 전속적 사물관할에 속한다(법조 7④). 시군법원의 경우는 3,000만원을 넘어서면 관할지방법원으로 이송한다(34①). 간이한 절차로서 심리가 불가능한 사건은 민소법 34조 2항에 의하여 지법합의부로 이송할 수 있다.[2)]

소액사건의 재심절차에서도 소액사건심판법이 적용되는가?

재심은 청구에 관한 재심 전 소송의 변론종결 전의 상태로 돌아가서 심리하게 되므로 재심대상사건이 소액사건이라면 그 재심절차에도 소액사건심판법이 적용된다.

Ⅲ. 이행권고제도

이행권고제도는 소액사건에 대하여 변론에 앞서 행해지는 임의적 전치절차이다. 소액사건은 일반사건에 비하여 당사자 사이에 다툼이 없거나 자백간주에 의한 원고승소판결로 소송이 종료되는 경우가 많은 현실을 반영하여 당사자의 법정출석의 불편을 덜고 보다 신속한 사건처리를 위하여 2001년에 소액사건심판법을 개정하여 도입한 제도이다. 이행권고결정절차에서의 법원의 사무는 사법보좌관이 행할 수 있다(법조 54②(1)).

1. 이행권고결정

법원은 원고가 낸 소장부본을 첨부하여 피고에게 원고의 청구취지대로 의무를 이행할 것을 권고하는 취지의 **결정**을 한다(소심 5조의3①). 이행권고결정제도는 직권으로 지급명령을 발하는 것과 유사한 제도라고 할 수 있다.

2. 피고에게 결정서 송달

이행권고결정서는 피고에게 송달하여야 하는데, 우편송달이나 공시송달의 방법에 의해서는 안 되며, 통상의 송달방법에 의한 경우에도 송달불능이 된다면 지체 없이 변론기일을 지정하여야 한다(소심 5조의3④).

2) 대법원 1974.8.1. 자 74마71 결정.

3. 피고의 이의신청

피고는 결정서를 송달받은 날로부터 2주 이내에 서면에 의한 이의신청을 할 수 있다(소심 5조의4①). 피고의 적법한 이의신청으로 이행권고결정은 실효되며, 법원은 바로 변론기일을 지정하여야 한다(소심 5조의4③). 피고의 이의신청은 제1심 판결이 선고되기 전까지 취하할 수 있다(소심 5조의4④). 또한 이의기간 도과 후의 이의와 같이 이의신청이 적법하지 않으면 법원은 각하결정을 할 수 있고, 이에 대하여 이의신청인은 즉시항고를 할 수 있다(소심 5조의5).

4. 이행권고결정의 효력

피고가 이의기간 내에 이의신청이 없거나 이의신청 각하결정이 확정된 때, 이의신청이 취하된 때에는 이행권고결정이 확정되어 확정판결과 동일한 효력을 갖는다(소심 5조의7①). 위 결정서의 정본은 원고에게 송달되고, 소액사건 심판절차는 종료된다.

5. 강제집행상 특례

이행권고결정에 기한 강제집행은 조건성취나 승계의 경우를 제외하고는 집행문을 부여받을 필요가 없으며(소심 5조의8①), 강제집행이 진행 중인 때에는 이행권고결정에 재심사유에 해당하는 하자가 있다고 하더라도 준재심의 소를 제기할 수는 없고 청구이의의 소를 제기하여야 하며, 이 경우에는 민사집행법 44조 2항에 의한 제한 없이 이행권고결정 이전의 발생사유도 주장할 수 있다(소심 5조의8③). 이행권고결정은 집행력은 있지만 기판력이 없기 때문이다.[3)]

독촉절차 또는 조정절차에서 소송절차로 이행된 소액사건에 대하여도 이행권고결정을 할 수 있는가?

소액사건심판법 5조의3 1항 단서에 의하면, 독촉절차 또는 조정절차에서 소송절차로 이행된 때, 청구취지나 청구원인이 불명한 때, 그 밖에 이행권고를 하기에 적절하지 않다고 인정하는 경우에는 이행권고결정의 예외로 규정하고 있다. 따라서 이러한 경우에는 이행권고결정을 할 수 없다.

---

3) 대법원 2009.5.14. 선고 2006다34190 판결.

Ⅳ. 절차상 특례

1. 소송대리에 관한 특칙(소심 8)

소액사건에서는 당사자의 배우자 · 직계혈족 또는 형제자매이면 변호사가 아니어도 법원의 허가 없이 소송대리인이 될 수 있다. 물론 원칙적으로 당사자와의 신분관계와 위임장 등 수권관계를 서면으로 증명해야 한다.

2. 구술에 의한 소제기 등(소심 4, 5)

소액사건은 구술로도 소를 제기할 수 있게 하였고(이 경우 법원사무관등이 제소조서를 작성한다), 양쪽 당사자가 법원에 임의출석하여 변론함으로써 간이하게 제소할 수 있는 임의출석제를 채택하였다.

3. 1회 심리의 원칙(소심 7②)

소액사건은 되도록 1회의 변론기일로 심리를 종결하여야 한다. 이를 위해서 다음과 같은 변론의 집중방안을 규정하고 있다.

(1) 지체 없는 소장부본의 송달(소심 6)

앞서 본 이행권고결정서 등본이 송달된 때에는 소장부본이 송달된 것으로 본다.

(2) 신속한 변론기일지정(소심 7①)

소가 제기된 경우에는 피고의 답변서 제출기간을 기다리지 아니하고 바로 변론기일을 지정하여 변론을 거쳐 판결할 수 있도록 하였다. 그러나 사안으로 보아 바로 변론기일을 지정하지 아니하고 소장부본송달 시에 30일 이내에 답변서 제출의무가 있음을 고지하고 답변서의 제출을 기다려 보고 제출하지 아니하면 무변론 판결선고가 가능하다(256, 257).

(3) 기일전의 증명촉구 등(소심 7③)

판사는 변론기일 이전이라도 당사자로 하여금 증거신청을 하게 하는 등 필요한 조치를 취할 수 있게 하였다.

4. 심리절차상 특칙

(1) 공휴일 또는 근무시간 외 개정(소심 7조의2)

직장근무자들의 재판편의를 위해 신설한 제도이다.

(2) 무변론의 청구기각(소심 9①)

소장·준비서면 기타 소송기록에 의하여 청구가 이유 없음이 명백한 때에는 변론 없이 청구를 기각할 수 있다. 구술심리주의(134①)의 예외를 인정한 것이다.

(3) 변론갱신의 생략(소심 9②)

판사의 경질이 있는 경우라도 변론의 갱신 없이 판결할 수 있도록 하였다. 직접심리주의(204)의 예외이다.

(4) 조서의 기재 생략(소심 11①)

당사자의 이의가 있는 경우를 제외하고 판사의 허가가 있는 때에는 조서기재를 생략할 수 있다. 다만 변론의 방식에 관한 규정의 준수와 화해·인낙·포기·취하 및 자백에 대한 기재는 생략할 수 없다(소심 11②).

5. 증거조사에 관한 특칙

(1) 직권증거조사(소심 10①)

소액사건에서는 직권증거조사의 보충성(292)을 지양하여 필요하다고 인정한 때에는 직권으로 증거조사를 할 수 있도록 하였다. 그러나 그 증거조사의 결과에 관하여는 당사자의 의견을 들어야 한다.

(2) 교호신문제 폐지(소심 10②)

증인신문의 주도권을 법원에 옮겨 판사가 신문을 하고, 당사자는 판사에게 고하고 보충적으로 신문하는 직권신문제를 도입하였다.

(3) 증인, 감정인 등에 대한 서면신문제(소심 10③)

판사는 상당하다고 인정한 때에는 증인 또는 감정인의 신문에 갈음하여 서면을 제출하게 할 수 있다. 이때 제출된 서면은 증인·감정인에 대한 신문에 갈음하는 것이어서 서증이 아니므로 문서에 대한 증거조사절차에 의하지 않는다. 민소법 310조의 서면증언제도는 상대방의 이의가 있으면 출석증언하게 할 수 있게 하였는데, 소액사건에는 그러한 제한도 없다.

6. 판결에 관한 특칙

(1) 변론종결 후 즉시 판결선고(소심 11조의2①)

통상사건에서는 변론종결일로부터 2주 내에 판결을 선고하나, 소액사건에서는 변론종결 후 즉시 할 수 있게 하였다.

(2) 구술에 의한 판결이유요지의 설명과 판결이유기재의 생략(소심 11조의2②,③)

판결이유의 요지는 말로 설명해야 하는 대신 판결이유는 원칙적으로 기재를 생략할 수 있도록 하였다(예외: 소심 11조의2③단서 참조).

7. 상고 및 재항고의 제한

(1) 소액사건에 대한 제2심 판결이나 결정, 명령에 관하여는, ① 판결에 영향을 미친 법률·명령·규칙·처분의 헌법위반여부와 명령·규칙·처분의 법률위반여부에 대한 판단이 부당한 때, 다시 말하면 하위법규의 상위법규에의 위반여부에 관한 부당한 판단과, ② 대법원판례에 상반되는 판단을 한 때 외에는 상고 또는 재항고이유로 삼을 수 없다(소심 3).

1) 다만 대법원은 구체적 사건에 적용할 법령의 해석에 관한 대법원판례가 아직 없는 상황에서 같은 법령의 해석이 쟁점으로 되어 있는 다수의 소액사건들이 하급심에 계속되어 있을 뿐 아니라 재판부에 따라 엇갈리는 판단을 하는 사례가 나타나고 있는 경우에는 소액사건이라는 이유로 대법원이 그 법령의 해석에 관하여 판단을 하지 아니한 채 사건을 종결하고 만다면 국민생활의 법적 안정성을 해칠 것이 우려된다고 할 것인바, 이와 같은 특별한 사정이 있는 경우에는 소액사건에 관하여 상고이유로 할 수 있는 '대법원의 판례에 상반되는 판단을 한 때'의 요건을 갖추지 아니하였다고 하더라도 법령해석의 통일이라는 대법원의 본질적 기능을 수행하는 차원에서 실체법 해석·적용의 잘못에 관하여 판단할 수 있다고 보아야 한다고 판시하였다.[4)]

---

4) 대법원 2022.7.28. 선고 2021다293831 판결; 대법원 2004.8.20. 선고 2003다1878 판결.

2) 소액사건에 대하여 상고이유를 제한하는 것이 헌법상 보장된 재판청구권의 침해로 볼 수 있는지에 관하여, 판례는 소액사건심판법 3조는 대법원에 상고할 수 있는 기회를 제한하는 것이지 근본적으로 박탈하는 것이 아니므로 당사자의 재판청구권을 침해한 것으로 볼 수 없다는 입장이다.[5)]

(2) 여기서의 '대법원의 판례'는 대법원의 모든 판결 · 결정 등의 재판을 가리키는 것이 아니라, 구체적인 당해 사건의 사안에 적용될 법령의 전부 또는 일부에 관한 정의적(定義的) 해석을 한 판례를 말하며 '상반된 해석'이란 그 법령조항에 관한 대법원의 정의적 해석과 반대되는 해석을 하거나 반대로 해석한 견해를 전제로 당해 사건에 그 법령조항의 적용여부를 판단한 경우를 말한다.[6)] 따라서 판례위반을 내세워도 그 실질은 소송법규위반, 단순한 법리오해, 채증법칙위반, 사실오인 등을 주장하는 것에 지나지 아니한 것이 명백하면 단순한 법령위반의 주장이므로 적법한 상고이유가 될 수 없다.[7)]

(3) ① 상고이유서에는 상고이유에 해당하는 사유만을 구체적으로 명시하여야 한다. 예컨대 판례위반을 이유로 상고하는 경우이면 구체적으로 대법원판례를 특정하여 표시하고 원심판결에서 어떠한 판단을 한 것이 판례에 반한다는 식으로 구체적으로 기재하여야 한다. ② 법정상고이유 외에 법리오해, 채증법칙위반 등을 기재하면 아무 기재도 없는 것으로 보아 결국 적법한 상고이유서의 부제출에 귀착되어 상고기각된다(심리불속행사유, 소심규 2).

5) 헌법재판소 1992.6.26. 선고 90헌바25 전원재판부 결정; 헌법재판소 2009.2.28. 선고 2007헌마1433 전원재판부 결정; 대법원 2004.8.20. 자 2003카기33 결정.
6) 대법원 2006.10.13. 선고 2006다53078 판결.
7) 대법원 1997.12.26. 선고 96다51714 판결.

제2장
독촉절차

Ⅰ. 의 의

독촉절차란 금전 그 밖에 대체물이나 유가증권의 일정한 수량의 지급을 목적으로 하는 청구권에 관하여 채무자가 다투지 않을 것으로 예상될 경우에 채권자가 간이·신속·저렴하게 집행권원을 얻게 하는 절차이다(462). 독촉절차에는 소의 제기·변론·판결이 없다. 지급명령이 발해지고 나서 이의신청이 있으면 그때 통상의 소송으로 이행한다. 신청인을 채권자, 상대방을 채무자라고 한다. 독촉절차에 관한 업무는 사법보좌관이 행할 수 있다(법조 54②(1)).

Ⅱ. 지급명령의 신청

1. 관 할

청구의 가액을 불문하고 시·군법원판사 또는 사법보좌관의 업무에 전속되며(법조 34, 54), 채무자의 보통재판적 소재지 및 특별재판적으로서의 근무지(7), 사무소·영업소 소재지(12), 재산권에 관한 소에 대한 거소지·의무이행지(8), 어음·수표지급지(9), 불법행위지(18), 관할법원의 전속관할이다(463).

지급명령의 경우 관련재판적, 합의관할, 변론관할이 적용되는가?

지급명령의 관할은 전속관할이므로 관련재판적, 합의관할, 변론관할의 적용이 없다. 또한 관할에 위반하여 제기된 지급명령신청은 관할권 있는 법원으로 이송하지 않고 각하하며(465①), 이에 대하여 불복할 수도 없다(465②).

2. 요 건

(1) 목적물

지급명령의 대상은 금전 그 밖에 대체물 또는 유가증권의 일정수량의 지급을 목적으로 하는 청구이다(462본문). 수량을 불문하고 청구의 발생원인도 불문하며, 상환이행청구도 허용된다.

(2) 송 달

채무자에 대한 지급명령을 국내에서 공시송달에 의하지 않고 송달할 수 있는 경우여야 한다(462단서).[1] 따라서 보충송달(186①,②)은 허용된다. 송달불능이 되면 주소보정을 명할 수 있지만 주소를 보정받은 채권자는 보정 대신에 소제기신청을 하여 소송절차로 이행시킬 수 있다(466①). 외국에의 송달이 필요하거나 공시송달에 의하여 송달할 경우라면 법원이 직권으로 사건을 소송절차에 부칠 수 있다(466②).

(3) 신청절차

지급명령의 신청에는 그 성질에 어긋나지 않으면 소에 관한 규정을 준용한다(464). 따라서 원칙적으로 서면으로 하고, 청구의 취지와 원인을 기재할 것을 요한다(249). 신청서 등본은 상대방에게 송달할 필요가 없으며, 소의 병합요건에 준하여 여러 개의 청구 또는 여러 채무자에 대한 청구를 병합하여(연대, 공동 등) 신청할 수 있다. 지급명령의 신청도 재판상 청구이므로 그 신청 시에 청구에 대해 시효중단의 효력이 생긴다(472, 민 168(1)).[2] 인지액은 소장 인지액의 1/10이다(민인 7②).

조건부청구도 지급명령을 할 수 있는가?

일반적으로 즉시 집행할 수 없는 조건부 또는 기한부 청구는 지급명령을 할 수 없다고 설명한다(통설). 그러나 해제조건부청구는 즉시 집행할 수 있기 때문에 지급명령을 할 수 있음은 물론이고, 그 외에 정지조건부청구, 불확정기한부청구, 장래의 청구도 허용된다고 볼 것이다. 왜냐하면 민사집행법 58조 1항 1호에서 지급명령의 집행에 조건이 붙은 경우에는 조건성취집행문을 받아 강제집행을 하도록 규정하고 있기 때문이다. 반대급부의 이행(부동산의 인도)과 동시에 금전 등 대체물이나 일정

---

1) 다만, 소송촉진 등에 관한 특례법 제20조의2는 위 특례법이 정하는 금융기관 등이 그 업무 또는 사업으로 취득하여 행사하는 대여금, 구상금, 보증금 및 양수금 채권에 대하여 지급명령을 신청하는 경우에는 공시송달에 의하여 송달할 수 있도록 규정하고 있다.

2) 지급명령 사건이 채무자의 이의신청으로 소송으로 이행되는 경우에 지급명령에 의한 시효중단의 효과는 소송으로 이행된 때가 아니라 지급명령을 신청한 때에 발생한다(대법원 2015.2.12. 선고 2014다228440 판결).

한 수량의 유가증권의 지급을 명하는 지급명령도 허용된다는 판례가 있다.[3)]

외국에 거주하는 채무자에게도 지급명령을 할 수 있는가?

지급명령은 국내에서 공시송달 외의 방법으로 송달할 수 있는 경우에 할 수 있다(462단서). 따라서 채무자가 외국에 거주하는 경우에는 지급명령을 할 수 없다. 지급명령을 공시송달에 의하지 아니하고는 송달할 수 없거나 외국으로 송달하여야 할 때에는 법원은 직권에 의한 결정으로 사건을 소송절차에 부칠 수 있다(466②).

Ⅲ. 지급명령신청에 대한 재판

지급명령신청에 대하여 법원은 채무자를 심문하지 않고 결정으로 재판한다(467).

1. 신청각하결정

신청에 관할위반, 신청요건의 흠, 청구가 이유 없음이 명백한 때에는 신청을 각하하는 결정을 한다. 각하결정에 대하여 채권자는 불복신청을 할 수 없다(465②). 각하결정은 확정판결과 달리 기판력이 생기지 않으므로 당사자가 새로 소를 제기하거나 다시 지급명령을 신청할 수 있게 하기 위함이다.[4)]

2. 지급명령

각하사유가 없으면 청구가 이유 있는지 여부를 심리할 필요 없이 지급명령을 발하고 당사자 양쪽에 직권으로 송달한다(469). 송달 시 이의신청에 관한 절차를 안내한다.

지급명령에 대하여 이의신청기간 내에 이의신청이 없거나 이의신청의 취하·각하결정이 확정되면 지급명령은 확정판결과 같은 효력이 있다(474). 다만 기판력이 있다는 취지는 아니고 집행력만 인정된다(민집 56(3)). 따라서 그 성립에 관한 하자는 재심이 아니라 청구이의의 소로 다툴 수 있으며, 기판력의 시간적 한계에

3) 대법원 2022.6.21. 자 2021그753 결정.
4) 지급명령 신청이 각하된 경우라도 6개월 이내 다시 소를 제기한 경우라면 민법 170조 2항에 의하여 시효는 당초 지급명령 신청이 있었던 때에 중단되었다고 보아야 한다(대법원 2011.11.10. 선고 2011다54686 판결)

따른 제한을 받지 아니하여 지급명령 발령 전의 발생사유도 청구이의사유로 할 수 있다(민집 58③).[5] 지급명령은 확정판결과 같은 효력이 있으므로 지급명령으로 확정된 채권의 소멸시효기간은 단기소멸시효에 해당하는 채권이라도 10년으로 연장된다(474, 민 165②).[6]

확정된 지급명령으로 강제집행을 하려면 집행문을 부여받아야 하는가?

확정된 지급명령에 기한 강제집행은 집행문을 부여받을 필요 없이 지급명령 정본에 의하여 행한다. 다만 집행에 조건을 붙인 경우, 당사자의 승계인을 위하여 강제집행을 하는 경우, 당사자의 승계인에 대하여 강제집행을 하는 경우에는 예외이다(민집 58①).

Ⅳ. 채무자의 이의신청

1. 이의의 성질

지급명령은 채무자를 심리하지 않고 발하여지므로 채무자에게 이의신청권을 인정한다. 지급명령이 송달된 날부터 2주 내에 이의신청할 수 있는데, 이는 불변기간이다(470). 이의를 신청하면 지급명령은 실효되고, 지급명령을 신청한 때에 청구목적의 값에 따라 지방법원 단독판사 또는 지방법원합의부에 소를 제기한 것으로 보아 통상의 소송절차로 이행된다(472①).

2. 이의신청

이의신청은 서면 또는 말로 지급명령을 발한 법원에 신청한다. 단순히 불복한다는 취지이면 되고 그 이유를 밝힐 필요는 없다. 지급명령의 일부에 대한 이의신청도 허용된다. 2주는 불변기간이므로 책임질 수 없는 사유에 의하여 이의신청기간을 놓친 경우에는 추후보완신청이 가능하다.

3. 이의의 조사

시·군법원판사 또는 사법보좌관 등은 이의신청의 적법여부(주로 신청인의 소

---

5) 대법원 2009.7.9. 선고 2006다73966 판결.
6) 대법원 2009.9.24. 선고 2009다39530 판결.

송능력, 대리권, 기간준수 등)를 조사하여 부적법하면 결정으로 각하하고, 적법하면 아무런 재판을 요하지 않는다. 지방법원 단독판사가 한 각하결정에 대해서는 즉시 항고할 수 있고(471②), 사법보좌관이 한 각하결정에 대해서는 즉시항고에 앞서 사법보좌관에게 이의신청을 할 수 있다. 사법보좌관으로부터 신청기록을 송부받은 단독판사 또는 합의부는 이의신청이 이유 있다고 인정되면 각하결정을 경정하고, 이의신청이 이유 없다고 인정되면 각하결정을 인가한 후 이의신청사건을 항고법원에 송부한다. 이 경우 이의신청을 즉시항고(471②)로 본다(사보규 4).

소송기록의 본안법원으로의 송부시점을 기준으로 사법보좌관의 사무인지 판사의 사무인지가 결정된다. 따라서 인지보정명령과 지급명령신청서 각하결정도 사법보좌관의 사무이다(473①②, 사보규 2①(2)). 채권자가 제출한 지급명령신청서의 기재사항이나 채무자가 제출한 이의신청서의 이의사유는 당연히 소송자료가 되는 것이 아니고 별도로 변론기일에 주장하여야 효력이 있다.[7]

4. 이의의 효과 및 취하의 제한

적법한 이의가 있는 때에는 지급명령신청 시에 지방법원 단독판사 또는 지방법원 합의부에 소의 제기가 있는 것으로 본다(472).

독촉법원이 이의신청을 적법한 것으로 인정함으로써 지급명령이 신청된 때에 소가 제기된 것으로 간주되어 기록을 관할법원에 송부한 후에는 이의신청을 취하할 수 없다.[8] 즉 소송으로 이행된 뒤에는 지급명령의 실효가 확정적인 것이 되고 독촉절차가 소멸되었다고 할 것이므로 취하의 여지가 없다.

Ⅴ. 이의신청 뒤의 소송절차

소송절차로 이행되기 위해서는 인지액 1/10을 뺀 나머지 9/10를 채권자에게 더 내게 하여 소장인지와 같은 액수로 채워야 하는데, 이를 위하여 법원은 상당한 기간을 정하여 보정을 명하여야 한다(473①). 채권자가 보정기간 내에 인지보

7) 대법원 1970.12.22. 선고 70다2297 판결.
8) 대법원 1977.7.12. 선고 76다2146,2147 판결. 재판예규에 의하면 채권자가 소송에 필요한 나머지 인지(9/10)를 보정한 이후에 이의신청취하서가 제출된 경우에는 본안법원에 기록을 송부하도록 규정하고 있다(재판예규 1661호, 독촉절차관련 재판업무처리에 관한 지침(재민 2002-4) 10②).

정을 하지 아니할 때에는 결정으로 지급명령신청서를 각하하여야 한다(473②). 인지보정이 제대로 된 사건에 대해서만 법원사무관등이 소송사건의 관할법원(합의부의 관할이면 합의부로)에 소송기록을 보낸다(473③).

소송으로 이행된 뒤에 이의신청이 부적법한 것으로 판명된 경우에 단독판사 또는 사법보좌관의 적법인정이 나중의 본안법원을 구속하는지에 관하여, 이행 후의 절차안정을 위하여 구속된다고 보는 것이 통설이다. 즉 이의신청이 적법하다고 하여 소송으로 이행된 경우 그 뒤 본안법원에서 이의가 부적법하다고 하여 이의신청을 각하할 수는 없다고 본다(**구속설**). 이에 대하여, 실제로 소송절차로 이행하였다고 하여도 이는 이의신청이 적법한 경우에만 효력이 있다고 볼 것이고, 소송 이행 후에 부적법한 것으로 밝혀진 경우에는 소송절차로의 이행에 필요한 적법요건을 갖추지 못한 것으로서 소송요건의 흠이 있는 경우에 해당하고 단지 현재 소송절차에 있다는 이유만으로 그 흠이 치유된다고 볼 여지가 없으므로 판결로써 각하하여야 할 것이라는 견해도 있다(**불구속설**).[9]

다만 채무자가 적법한 이의신청을 하여 지급명령을 발령한 법원이 인지의 보정을 명한 경우 채권자는 인지를 보정하는 대신 해당 기간 이내에 조정으로의 이행을 신청할 수 있다(민조 5조의2①).

---

9) 정영환, 1404쪽.

제8편

병합소송

제1장 병합청구소송
제2장 다수당사자소송

제1장
병합청구소송

하나의 절차에서 수개의 청구가 심리의 대상이 되는 경우가 있는데, 이를 청구의 병합이라고 한다. 좁은 의미의 청구의 병합은 청구의 원시적 병합, 즉 원고가 소제기 당시부터 여러 개의 청구를 하나의 소송절차에 묶어서 제기하는 경우를 말하는데 비하여, 넓은 의미의 청구의 병합은 청구의 원시적 병합뿐만 아니라 청구의 후발적 병합, 즉 이미 계속 중인 소송에 새로운 청구를 덧붙이는 청구의 변경, 중간확인의 소, 반소를 포함한다. 이러한 병합들은 당사자들이 주도하는데 반하여 법원이 주도하는 병합도 있는데, 이를 변론의 병합이라고 한다.

동일한 당사자 사이에 성립하는 복수의 청구가 각각 별개의 절차로 심리되면 개개 사건의 심리는 단순화되어 그 진행이 빨라질 것이지만, 복수의 청구를 둘러싼 소송전체의 입장에서 보면 각 당사자의 소송수행의 부담과 법원의 심리의 부담이 증가할 뿐만 아니라 내용상 관련된 청구 사이에 모순된 판결이 선고될 위험이 증가한다. 이에 현행법은 병합청구소송을 인정하고 동일 소송절차에서 병합하여 심리를 구할지 여부를 원칙적으로 당사자의 선택에 맡기는 것으로 하였다.

다만 동일한 소송절차에서의 심리에 장애가 있는 경우에는 병합청구소송은 인정되지 아니한다. 즉, 병합청구소송이 가능하려면 어떤 병합이든 같은 종류의 소송절차에 의하여 심판될 수 있어야 하고, 수소법원에 공통의 관할권이 있어야 한다. 후발적 병합은 이에 더하여 사실심에 계속되고 변론종결 전에 제기되었을 것, 구청구와의 관련성(청구기초의 동일성, 선결적 법률관계, 상호관련성 등)이 있을 것, 소송절차를 현저히 지연시키지 않을 것 등의 요건이 충족되어야 한다.

제1절 청구의 병합(소의 객관적 병합)

Ⅰ. 의 의

원고가 처음부터 하나의 소송절차에서 피고에 대하여 여러 개의 심판을 구하는 행위를 청구의 병합 또는 소의 객관적 병합이라고 한다(253). 청구의 병합은 원고와 피고가 한 명씩이고 청구가 복수인 경우를 상정하고 있으므로, 원고 또는 피고가 복수라면 당연히 소송상 청구도 복수일 것이지만 이는 공동소송(다수당사자소송)으로 취급할 뿐 청구의 병합에 포함되지 않는다.

청구가 단수인가 복수인가는 소송물을 기준으로 결정되므로 소의 객관적 병합인지 아니면 단순히 공격방어방법의 병합인지는 소송물 이론에 따라 달라진다. 다만 구실체법설의 입장인 판례에 의하더라도 소유권확인청구에서 권리의 발생 원인을 여러 개 주장하는 경우,[1] 말소등기청구에서 원인무효사유를 여러 개 주장하는 경우,[2] 부당이득반환청구에서 법률상 원인이 없다는 이유로 여러 사유를 주장하는 경우[3] 등은 공격방법이 복수로서 1개의 소송물(청구)을 뒷받침하는 법적 근거가 여러 개일 뿐 소송물(청구)이 여러 개는 아니라고 본다. 따라서 이러한 경우에는 청구의 병합이 아니다. 공격방법은 소송물과 달리, 원고가 심판의 순서를 붙여 주장하더라도 법원이 이에 구속되지 않고 그중 어느 하나를 선택하여 원고의 주장을 인용할 수 있다(물론, 원고의 청구를 기각하는 경우에는 모든 공격방법을 배척하여야 한다).

Ⅱ. 병합요건

병합의 요건은 소송요건의 일종으로서 법원의 직권조사사항이다.

1. 소송절차의 공통

청구를 병합하기 위해서는 같은 종류의 소송절차에 의하여 심판될 수 있어야

1) 대법원 1987.3.10. 선고 84다카2132 판결.
2) 대법원 2009.1.15. 선고 2007다51703 판결.
3) 대법원 2000.5.12. 선고 2000다5978 판결.

한다. 즉 여러 개의 청구는 같은 종류의 소송절차에 따르는 경우에만 하나의 소로 제기할 수 있다(253). 심판할 절차의 기본원리가 다른 청구를 병합하면 혼란을 초래하기 때문이다. 따라서 민사본안사건과 가압류·가처분사건, 민사사건과 비송사건은 절차가 다르므로 병합할 수 없다.

가사소송(이혼소송)과 가사비송(재산분할청구)은 병합이 가능하지만(가소 14①), 여기에 민사소송(부부사이의 명의신탁해지를 원인으로 한 소유권이전등기 또는 부부공유재산의 분할청구 등)을 병합할 수는 없다.[4]

행정소송에서 당해 행정처분과 관련되는 민사상 손해배상·부당이득·원상회복 등의 청구의 병합은 허용된다(행소 10①).[5] 그러나 그 외의 민사소송은 병합할 수 없다.

정정보도청구등의 소에서 강제집행절차인 간접강제신청의 병합제기가 가능하다(언론중재법 26③). 나아가 판례는 부작위채무에 관하여 판결절차의 변론종결 당시에 보아 부작위채무를 명하는 집행권원이 성립하더라도 채무자가 이를 단기간 내에 위반할 개연성이 있고, 또한 판결절차에서 민사집행법 261조에 의하여 명할 적정한 배상액을 산정할 수 있는 경우에는 판결절차에서도 채무불이행에 대한 간접강제를 할 수 있고, 부대체적 작위채무에 관하여서도 판결절차의 변론종결 당시에 보아 집행권원이 성립하더라도 채무자가 부대체적 작위채무를 임의로 이행할 가능성이 없음이 명백하고, 판결절차에서 채무자에게 간접강제결정의 당부에 관하여 충분히 변론할 기회가 부여되었으며, 민사집행법 261조에 의하여 명할 적정한 배상액을 산정할 수 있는 경우에는 판결절차에서도 채무불이행에 대한 간접강제를 할 수 있다고 하였다.[6]

재심소송에 민사상 청구를 병합할 수 있는지에 대하여, 판례는 서로 다른 종류의 소송절차라는 이유로 원칙적으로 허용하지 않는다.[7] 이에 대하여 심급의 이익을 상실하지 않는 제1심에 대한 재심의 소의 경우에는 허용하는 것이 분쟁의 1

4) 대법원 2006.1.13. 선고 2004므1378 판결.
5) 대법원 2009.4.9. 선고 2008두23153 판결; 대법원 2000.10.27. 선고 99두561 판결(손해배상청구 등의 민사소송이 행정소송에 관련청구로 병합되기 위해서는 그 청구의 내용 또는 발생원인이 행정소송의 대상인 처분 등과 법률상 또는 사실상 공통되거나, 그 처분의 효력이나 존부 유무가 선결문제로 되는 등의 관계에 있어야 함이 원칙이다).
6) 대법원 2021.7.22. 선고 2020다248124 전원합의체 판결.
7) 대법원 2009.9.10. 선고 2009다41977 판결. 판례의 입장에 찬성하는 견해로는, 김홍엽, 929쪽 참조.

회적 해결에 도움이 된다는 견해가 다수설이다.[8)]

판례는 제권판결에 대한 불복의 소송절차에 손해배상청구의 병합을 허용한다.[9)] 또한 통설은 중재판정취소의 소는 통상의 소송절차와 같은 종류의 절차이므로 이에 대하여 민사상 청구를 병합할 수 있다고 본다.

병합요건이 흠결된 경우 법원은 어떻게 해야 하는가?

병합요건이 직권조사사항이라고 하더라도 흠결된 경우에 그 소를 부적법 각하할 필요는 없다. 법원은 변론을 분리하여 별소로 취급하면 족하다.

2. 관할의 공통

수소법원에 공통의 관할권이 있어야 한다. 보통 수소법원이 하나의 청구에 관할권을 가지면 관련재판적(25) 규정에 의하여 나머지 청구에 대하여도 관할권이 있다. 그러나 다른 법원에 전속관할이 있는 경우에는 병합이 허용되지 않는다.

수개의 청구 중 일부가 다른 법원의 전속관할에 속하는 때에는 법원은 어떻게 해야 하는가?

수개의 청구 중 일부가 다른 법원의 전속관할에 속하면 법원은 그 부분 청구를 전속관할법원으로 이송해야 한다.

3. 청구 사이의 관련성 유무

매매대금청구와 건물인도청구를 병합하여 제기하는 예와 같이, 단순병합의 경우에는 청구 사이의 관련성을 요하지 않는다. 그러나 선택적 또는 예비적 병합의 경우에는 청구 간에 관련성이 있어야 하며, 관련성이 없음에도 선택적 또는 예비적 병합으로 청구하면 법원은 소송지휘를 통하여 단순병합으로 보정시켜야 하지만, 법원이 보정 없이 그대로 받아들인다고 하더라도 그 병합은 선택적 또는 예비적 병합이 아니라 단순병합이다.[10)]

---

8) 김홍규 · 강태원, 736쪽; 이시윤, 701쪽; 정동윤 · 유병현 · 김경욱, 996쪽; 정영환, 826쪽.
9) 대법원 1989.6.13. 선고 88다카7962 판결.
10) 대법원 2008.12.11. 선고 2005다51495 판결; 대법원 2009.5.28. 선고 2007다354 판결.

Ⅲ. 병합의 모습

원고는 소의 객관적 병합으로 수개의 청구에 대한 법원의 심판을 구하게 된다. 이 경우에 청구 상호간의 조건관계에 따라 병합의 모습이 단순병합·선택적 병합·예비적 병합의 세 가지로 나누어진다.

1. 단순병합

가. 의 의

복수의 청구 사이에 아무런 조건관계 없이 병렬적으로 심판을 구하는 병합형태를 말한다. 청구의 상호간에 조건관계가 없으므로 법원은 병합된 다른 청구가 이유 있든 없든 관계없이 병합된 모든 청구에 대하여 심판해야 한다. 소유권이전등기청구와 대여금 청구를 병합하는 경우가 그 예이다. 신체사상에 의한 적극손해, 소극손해, 정신적 손해는 손해 3분설(판례)에 의할 때 3개 청구의 단순병합이다.

나. 부진정예비적 병합

예컨대 매매계약의 무효확인청구와 그 매매계약이 무효이므로 이전된 목적물의 반환청구를 병합한 경우에는 매매계약의 무효확인청구가 **인용될 때**를 대비하여 목적물 반환청구에 대해서도 심판을 구하는 것이므로 원고가 두 개의 승소판결을 구하는 것이어서 단순병합에 해당하는데, 이러한 병합형태를 부진정예비적 병합이라 부르는 경우가 있다.[11] 이는 주위적 청구가 **배척될 때**를 대비하여 예비적 청구의 심판을 구하는 경우인 (진정)예비적 병합과는 다르다.

다. 대상청구

예컨대 물건인도청구 혹은 등기청구를 하면서 **변론종결 후** 판결확정 전에 이행불능이 되거나 또는 판결확정 후 집행불능이 되는 경우에 대비하여 대상청구(전보배상청구)를 예비적으로 병합하였더라도 이는 현재의 이행의 소와 장래의 이행

---

11) 부진정예비적 병합은 상이한 두 가지 개념으로 사용된다. 하나는 제1차적 청구가 **인용될 때**를 대비하여 제2차적 청구에 대해서도 심판을 구하는 본문의 내용과 같은 경우이다. 또 하나는 판례가 인정하는 것으로서, 성질상 **선택적 관계**에 있는 여러 청구에 대하여 심판의 순위를 붙여서 제1차적 청구가 **배척될 때**를 대비하여 제2차적 청구에 대해서도 심판을 구하는 경우이다(대법원 2002.9.4. 선고 98다17145 판결).

의 소의 단순병합일 뿐, 물건인도청구 등이 기각될 것을 조건으로 하여 대상청구에 대해 심판을 구하는 예비적 병합이 아니다. 따라서 이 경우에 본래의 급부청구가 인용된다는 이유만으로 예비적 청구에 대한 판단을 생략할 수는 없고, 법원은 양 청구 모두에 대하여 판결해야 한다.[12] 왜냐하면 대상청구부분은 본래적 청구가 확정된 후 집행불능을 이유로 별도의 소로 제기할 수 있기 때문이다.[13] 위 물건인도청구 등이 인용될 때에는 대상청구도 판단하여 별도의 주문을 내어야 한다('위 물건 인도의 강제집행이 불능인 때에는…' 등으로 표시). 이 경우 대상금액의 산정은 사실심 변론종결 당시의 본래적 급부의 가격을 기준으로 한다.[14] 만약 물건인도청구 혹은 등기청구가 이유 없다면 이 부분 청구를 기각해야 할 뿐만 아니라 대상청구에 대하여도 심리할 필요 없이 배척(청구기각)하여야 한다.[15]

특정물 인도청구를 하면서 변론종결시를 기준으로 그 특정물의 인도가 이행불능 시 전보배상을 청구하는 경우에도 단순병합인가?

특정물 인도청구를 하면서 동시에 **변론종결시**에 목적물이 이미 양도되거나 훼손되었다면 금전으로 배상하라는 전보배상청구를 병합한 경우에는 원고가 두 개의 판결을 구하는 것이 아니라 하나의 판결을 구하는 것이고 두 개의 청구는 양립할 수 없으므로 예비적 병합이다. 따라서 법원은 주위적 청구인 특정물 인도청구를 인용하는 경우에는 예비적 청구는 판단하지 않고, 주위적 청구를 이행불능을 이유로 기각하는 경우에는 예비적 청구인 전보배상청구에 대하여 판단하여야 한다.[16] 따라서 이는 본문에서 살펴본 **변론종결 후** 판결확정 전에 이행불능되거나 판결확정 후 집행불능이 되는 경우에 대비하여 구하는 대상청구(전보배상청구)와 구별하여야 한다. 참고로, 어느 물건의 집행불능에 대비한 예비적 대상청구에서 "인도불능일 때" 또는 "인도하지 않을 때"라고 기재한 문언은 "집행불능의 때"의 의미로 보아야 한다.[17]

---

12) 대법원 2011.8.18. 선고 2011다30666 판결.
13) 대법원 2006.3.10. 선고 2005다55411 판결. 다만 채권적 청구권이 아닌 등기말소청구권 등 물권적 청구권은 그 권리자인 소유자가 소유권을 상실하면 이제 그 발생의 기반이 아예 없게 되어 더 이상 그 존재 자체가 인정되지 않으므로 선행소송에서 소유권보존등기의 말소등기청구가 확정되었다고 하더라도 그 이행불능으로 인한 전보배상청구권은 인정되지 않는다(대법원 2012.5.17. 선고 2010다28604 전원합의체 판결). 그러나 이 경우에도 전보배상청구가 아닌 불법행위에 기한 손해배상청구는 인정된다.
14) 대법원 1975.7.22. 선고 75다450 판결.
15) 대법원 1969.10.28. 선고 68다158 판결; 대법원 1962.12.16. 선고 67다1525 판결.
16) 대법원 1962.6.14. 선고 62다172 판결.
17) 대법원 1975.5.13. 선고 75다308 판결.

2. 선택적 병합

가. 의 의

논리적으로 양립할 수 있는 여러 청구(소송물) 중 어느 하나가 인용되면 소의 목적을 달성하여 다른 청구에 대하여는 심판을 바라지 않는 경우, 즉 어느 하나의 청구의 인용을 해제조건으로 다른 청구를 함께 제기하는 것을 선택적 병합이라고 한다. 심판의 순서에 제한이 없다. 논리적으로 양립할 수 없는 여러 개의 청구는 선택적으로 병합할 수 없다.[18)]

나. 소송물이론과의 관계

소송물이론 중 구실체법설에 의할 때 청구취지는 하나이고 이를 뒷받침하는 권리발생규정(청구원인)이 수개일 때 선택적 병합이 된다. 예컨대 손해배상청구를 불법행위와 계약불이행에 기하여 구하거나 이혼소송을 부정행위와 혼인을 계속하기 어려운 중대한 사유에 기하여 구하는 경우 및 동일 건물의 인도를 점유권과 소유권에 기하여 구하는 것처럼 청구권 또는 형성권의 경합이 존재할 때가 전형적으로 이에 해당한다. 이에 비하여 신소송물이론 중 일분지설에서는 이러한 경우 청구(소송물)가 1개이고 단지 공격방법 내지 법률적 관점이 여러 개에 불과할 뿐이라고 보므로 선택적 병합을 인정하지 않고, 이분지설에서는 매매와 취득시효를 원인으로 한 소유권이전등기청구와 같이 사실관계가 다른 경우에만 선택적 병합을 인정한다.

3. 예비적 병합

가. 의 의

양립할 수 없는 여러 청구 중 심판의 순위를 붙여 1차적 청구(주위적 청구)가 기각·각하될 때를 대비하여 2차적 청구(예비적 청구)에 대하여 심판을 구하는 것이 예비적 병합이다. 즉 주위적 청구인용을 해제조건으로 하여 예비적 청구를 구하는 형태이다. 예컨대 주위적으로 매매계약이 유효함을 전제로 그 대금의 지급을

18) 대법원 2008.12.11. 선고 2006다5550 판결. 따라서 소송계속 중 논리적으로 양립할 수 없는 청구를 선택적으로 병합하면, 법원은 당사자의 불허신청이 없다고 하더라도 직권으로 불허결정을 해야 한다(대법원 1982.7.13. 선고 81다카1120 판결).

구하면서 예비적으로 매매계약이 무효라면 매매목적물의 반환을 구하는 경우에 예비적 병합이 된다. 예비적 병합은 주위적 청구에 대하여 증명이 어렵다든가 법률적으로 확신이 서지 않을 경우에 그 청구가 배척된 뒤에 다시 소를 제기해야 하는 소송불경제를 덜어주어 분쟁의 1회적 해결에 기여한다.

예비적 병합의 심리를 하는 법원은 원고가 지정한 순위에 구속되는가? 아니면 예비적 청구부터 먼저 심리해도 되는가?

실체법상 양립하지 않는 청구 사이에 내용상 차이가 있고, 모두 소의 이익이 인정된다면 원고에게 심판의 순서를 선택할 권리를 주는 것이 합리적이다. 따라서 예비적 병합의 경우에 법원은 원고가 지정한 순위에 따라 판단하여야 한다. 또한 예비적 병합은 판결의 모순 방지를 위하여 변론의 분리 또는 일부판결이 인정되지 않는다.

나. 요 건

(1) 양립할 수 없는 관계

주위적 청구와 예비적 청구는 양립할 수 없는 관계가 있어야 한다.[19] 따라서 주위적 청구의 수량만을 감축한 예비적 청구, 소유권이전등기청구 중 무조건을 주위적 청구로, 상환이행을 예비적 청구로 하는 것은 양립 가능하므로 예비적 병합이 아니다. 따라서 이러한 경우에는 나누어 판단할 필요가 없다.[20] 다만, 주위적 청구의 일부를 특정하여 그 부분이 인용될 것을 해제조건으로 하여 그 부분에 대해서만 하는 예비적 청구도 특별히 소송절차의 안정을 해친다거나 예비적 청구의 성질에 반하는 것이 아닌 한 허용된다.[21]

(2) 관련성

주위적 청구와 예비적 청구는 기초되는 사실관계에 관련성이 있어야 한다. 따라서 주위적 청구로 건물인도를, 예비적 청구로 이와 무관한 대여금을 청구하거나, 독립된 별개의 손해배상청구를 주위적·예비적으로 청구함은 부적법하다. 이

---

19) 행정처분에 대한 무효확인과 취소청구는 서로 양립할 수 없는 청구로서 주위적·예비적 청구로서만 병합이 가능하고 선택적 청구로서의 병합이나 단순 병합은 허용되지 아니한다(대법원 1999.8.20. 선고 97누6889 판결).

20) 대법원 1999.4.23. 선고 98다61463 판결; 대법원 2017.2.21. 선고 2016다225353 판결.

21) 대법원 1996.2.9. 선고 94다50274 판결(주위적으로 전부금청구를 하면서 일부 배척될 경우에 예비적으로 위 배척된 금액 상당의 약정금 청구를 병합한 사안).

러한 경우 주위적 청구가 인용되었다고 하더라도 나머지 청구에 대하여 별소 제기가 가능하므로 법원은 단순병합으로 보정시켜야 한다.[22)]

다. 부진정예비적 병합의 허용여부

판례는 성질상 선택적 관계에 있어서 논리적으로 **양립가능한** 수개의 청구를 심판의 순위와 범위를 정하여 제소하는 것을 허용하면서 이를 부진정예비적 병합이라 부른다.[23)] 신소송물이론 중 일분지설에 의하면 이러한 청구는 단지 공격방법의 예비적 병합일 뿐 소송물은 하나이므로 병합청구라 할 수 없다.[24)]

판례는 논리적으로 양립할 수 있는 수 개의 청구라 하더라도 당사자가 심판의 순위를 붙여 청구할 **합리적 필요성**이 있는 경우에는 당사자가 붙인 순위에 따라서 당사자가 먼저 구하는 청구를 심리하여 이유가 없으면 다음 청구를 심리하여야 하며,[25)] 주위적 청구의 일부만 인용되었을 때에도 당사자의 의사가 주위적 청구에서 인용되지 아니한 범위에서 예비적 청구를 심리해 주기를 바라는 취지라면 예비적 청구도 심리하여야 한다고 본다.[26)]

병합의 형태는 당사자의 의사에 의하여 결정되는가?

병합의 형태가 단순병합인지, 선택적 병합인지, 예비적 병합인지는 당사자의 의사가 아닌 병합청구의 성질을 기준으로 판단하여야 한다.[27)] 다만 선택적 병합으로 제기해야 할 청구를 예비적 병합으로 제기한 부진정예비적 병합의 경우에는 예외적으로 당사자의 의사에 의한 선택을 허용한다. 그러나 자유롭게 허용하는 것은 아니고 '수개의 청구 사이에 논리적 관계가 밀접하고, 당사자가 심판의 순위를 붙여 청구할 합리적 필요성이 있는 경우'에 한하여 부진정예비적 병합을 인정하는데, 처리방법도 진정예비적 병합과 동일하다. 이러한 필요성이 없는 경우에는 부진정예비적 병합을 인정하지 아니하며, 처리방법도 선택적 병합의 형태로 하여야 한다.[28)] 판례는 주위적으로 보존행위 또는 관리행위에 기초하여 공유물 전부에 대한 소유권이전등기청구를, 예비적으로 자신의 지분에 기초하여 지분이전등기청구를 하는 경우,[29)] 전부금

---

22) 대법원 2008.12.11. 선고 2005다51495 판결; 대법원 2008.12.11. 선고 2006다5550 판결.
23) 대법원 2002.9.4. 선고 98다17145 판결.
24) 이시윤, 705쪽.
25) 대법원 2002.2.8. 선고 2001다17633 판결.
26) 대법원 2002.10.25. 선고 2002다23598 판결; 대법원 2002.9.4. 선고 98다17145 판결.
27) 대법원 1999.8.20. 선고 97누6889 판결; 대법원 2018.2.28. 선고 2013다26425 판결; 대법원 2008.12.11. 선고 2005다51495 판결; 대법원 2022.5.12. 선고 2020다278873 판결.
28) 대법원 2014.5.29. 선고 2013다96868 판결.

청구와 채무인수금 청구를 불가분적으로 결합시켜 주위적으로 전부금 청구를, 예비적으로 채무인수금 청구를 하는 경우,[30] 주위적으로 재산상 손해배상을 청구하면서 그 손해가 인정되지 않을 경우에 예비적으로 같은 액수의 정신적 손해배상을 청구하는 경우[31] 등에서 부진정예비적 병합을 인정하였다. 이에 비하여, 주위적으로 대여금 1억원을, 예비적으로 피고의 기망행위를 이유로 손해배상금 1억원을 청구한 경우,[32] 및 손해배상청구를 주위적으로 채무불이행을 원인으로, 예비적으로 불법행위를 원인으로 한 경우[33]에 심판의 순위를 붙일 합리적 필요성이 없다고 하여 선택적 병합으로 보았다.

Ⅳ. 병합청구의 절차와 심판

1. 소가의 산정과 병합요건의 조사

(1) 소가의 산정

단순병합의 경우에는 병합된 청구의 가액을 합산하며(다만 대상청구는 합산하지 않는다), 선택적·예비적 병합의 경우에는 중복청구의 흡수의 법리에 따른다.

(2) 병합요건의 조사

병합요건은 직권조사사항이다. 병합요건이 흠결되어 있으면 분리 심판하여야 하며, 전속관할에 위반된 청구가 있으면 결정으로 이송한다(34①). 병합요건이 갖추어져 있으면 각 청구에 대한 소송요건을 조사하게 되는데, 여기에 흠이 있으면 소를 각하하는 판결을 하여야 한다(219). 다만 소각하판결을 할 것인지 여부는 청구병합의 유형에 따라 구체적으로 판단하여야 한다. 단순병합의 경우에는 각각의 청구에 대하여 판결을 하여야 하므로 소송요건에 흠이 있는 청구가 있다면 이에 대하여 소각하판결을 하여야 하고, 선택적 병합이나 예비적 병합의 경우에도 모든 청구가 소송요건에 흠이 있다면 모두 소각하판결을 하는 것이 당연하다. 그러나 선택적 병합에서 어느 한 청구가 인용된다면 다른 청구에 대한 심판요구는 해제조건의 성취로 인하여 그 효력을 잃게 되므로 비록 그 다른 청구가 소송요건에

29) 대법원 2002.2.8. 선고 2001다17633 판결.
30) 대법원 2002.9.4. 선고 98다17145 판결.
31) 대법원 2021.5.7. 선고 2020다292411 판결. 이 판결은 판례의 입장인 손해3분설에 입각하면 선택적 병합을 넘어 단순병합의 경우에까지 부진정예비적 병합을 허용한 것으로 볼 수 있다.
32) 대법원 2014.5.29. 선고 2013다96868 판결.
33) 대법원 2018.2.28. 선고 2013다26425 판결.

흠이 있더라도 소각하판결을 해서는 안 된다. 예비적 병합의 경우에는 주위적 청구가 소송요건에 흠이 있다면 반드시 소각하판결을 하여야 하지만 주위적 청구가 인용되는 경우에는 예비적 청구에 대한 심판요구는 해제조건의 성취로 인하여 그 효력을 잃게 되므로 비록 예비적 청구가 소송요건에 흠이 있더라도 소각하판결을 해서는 안 된다.

2. 심리의 공통

병합요건과 소송요건이 구비되었으면 동일절차에서 변론, 증거조사, 판결을 하여야 한다. 여기에서 얻은 소송자료는 모든 청구에 대한 판단자료가 된다.

3. 종국판결

가. 단순병합의 경우

단순병합의 경우에는 병합된 모든 청구에 대하여 판단하여야 하며, 이를 누락하면 재판의 누락으로서 추가판결의 대상이 된다(212). 단순병합된 여러 청구에 대하여 1개의 전부판결이 선고되고 청구의 일부에 대하여만 항소한 경우에도 모든 청구가 항소심에 이심된다.[34] 그러나 단순병합의 경우에는 변론을 분리할 수 있기 때문에 일부판결이 가능한데(200), 일부판결에 대해서 상소하면 그 부분만 이심된다.

나. 선택적 · 예비적 병합의 경우

(1) 변론의 분리 · 일부판결의 가부

선택적 · 예비적 병합의 경우에는 여러 청구가 조건부로 관련되어 있으므로 변론을 분리할 수도 없고 일부판결도 허용되지 않는다는 것이 통설 · 판례[35]의 입장이다.

(2) 판단방법

1개의 전부판결을 하여야 한다. 선택적 병합의 경우에는 인용하는 하나의 청구를 선택하여 판단하고 나머지는 판단하지 않아도 되지만, 청구를 배척하는 경우

34) 대법원 1956.4.16. 자 4288민상377 결정.
35) 대법원 1998.7.24. 선고 96다99 판결.

에는 모든 청구에 대하여 배척하는 판단을 하여야 한다. 또한 선택적 청구 중 하나에 대하여 일부만 인용하고 다른 선택적 청구에 대하여 아무런 판단을 하지 아니한 것은 위법하다.[36)]

예비적 병합의 경우에는 주위적 청구가 인용될 경우에는 예비적 청구를 판단할 필요가 없지만 주위적 청구를 기각하는 경우에는 예비적 청구에 대하여 판단하여야 한다. 이 점에서 어느 경우에나 전부를 판단하여야 하는 예비적 · 선택적 공동소송과 다르다(70②). 주위적 청구를 기각하고 예비적 청구를 인용하는 때에는 판결주문에서 먼저 주위적 청구의 기각을 표시한 다음 예비적 청구를 인용하는 뜻의 표시를 하여야 한다.

판결주문에서 예비적 청구를 판단하지 않고 주위적 청구만을 인용한 판결은 전부판결인가, 일부판결인가?

주위적 청구를 인용하는 때에는 법원은 예비적 청구에 대하여 심판할 필요가 없다. 선택적 병합에서 어느 한 청구를 인용하는 경우에도 동일한데, 이러한 판결은 그 자체로 전부판결이다.

(3) 판단누락 · 이심여부

예컨대 선택적 병합에서 원고패소 판결을 하면서 병합된 청구 중 어느 하나를 판단하지 않거나, 예비적 병합에서 주위적 청구를 먼저 판단하지 않거나 주위적 청구를 배척하고도 예비적 청구는 판단하지 않은 경우에 판단누락으로 볼 것인가 아니면 재판누락으로 볼 것인가가 문제된다. 판단누락으로 본다면 상소나 재심사유임에 반하여, 재판누락으로 본다면 빠뜨린 심급에서 추가판결을 하여야 한다(212①).

판례는 위와 같은 경우에 양 청구가 관련이 있음에도 추가판결을 하도록 하면 판결 사이에 모순 · 저촉이 발생할 우려가 있다는 이유로 판단누락으로 보아 누락된 부분까지 전부 상소심으로 이심된다는 입장이다.[37)] 이러한 법리는 판례가 인정하는 부진정예비적 병합의 경우에도 적용된다.[38)]

---

36) 대법원 2016.5.19. 선고 2009다66549 전원합의체 판결. 부진정예비적병합의 경우에도 마찬가지이다(대법원 2002.9.4. 선고 98다17145 판결).

37) 대법원 1998.7.24. 선고 96다99 판결; 대법원 2000.11.16. 선고 98다22253 전원합의체 판결; 대법원 2002.9.4. 선고 98다17145 판결; 대법원 2010.5.13. 선고 2010다8365 판결.

38) 대법원 2021.5.7. 선고 2020다292411 판결.

물론 논리적으로 전혀 관계가 없어 순수하게 단순병합으로 구하여야 할 수개의 청구를 선택적 또는 예비적 청구로 병합하여 청구한 경우에는 그로 인하여 청구의 병합 형태가 선택적 또는 예비적 병합 관계로 바뀔 수는 없으므로, 그중 하나의 청구에 대하여만 심리·판단하여 인용하고 나머지 청구에 대한 심리·판단을 생략하는 내용의 판결을 하였다고 하더라도 이러한 판결에 대하여 피고만이 항소한 경우 제1심 법원이 심리·판단하여 인용한 청구만이 항소심으로 이심될 뿐, 나머지 심리·판단하지 않은 청구는 여전히 제1심에 남아 있게 된다(재판누락).[39]

4. 항소심의 심판대상

가. 선택적 병합의 경우

제1심 또는 항소심에서 선택적 병합이 된 경우 원·피고 중 누가 항소하든 항소심에서는 모든 청구가 심판의 대상이 되며 제1심에서 인용된 청구를 먼저 심판할 필요는 없고 임의로 선택하여 심판할 수 있다.[40] 나아가 선택적으로 병합된 수개의 청구를 모두 기각하거나 소를 각하한 항소심판결에 대하여 원고가 상고한 경우에는 상고법원이 선택적 청구 중 어느 하나의 청구에 관한 상고가 이유 있다고 인정할 때에는 원심판결을 전부 파기하여야 한다.[41]

제1심에서 선택적 청구 중 하나를 인용하여 원고승소판결을 하였고, 이에 대하여 피고가 항소한 경우 항소심에서 다른 청구가 인용되는 경우라면 그 결론이 제1심 판결의 주문과 동일한 경우에도 피고의 항소를 기각할 것이 아니라 제1심 판결을 취소하고 새로이 청구를 인용하는 주문을 선고하여야 한다.[42] 제1심과 항소심에서 심판의 대상이 된 소송물이 달라졌기 때문이다.[43]

---

39) 대법원 2008.12.11. 선고 2005다51495 판결.

40) 대법원 1992.9.14. 선고 92다7023 판결; 대법원 1993.10.26. 선고 93다6669 판결; 대법원 2010.5.27. 선고 2009다12580 판결.

41) 대법원 1993.12.21. 선고 92다46226 전원합의체 판결; 대법원 2017.10.26. 선고 2015다42599 판결; 대법원 2018.6.15. 선고 2016다229478 판결; 대법원 2020.1.30. 선고 2017다227516 판결; 대법원 2022.3.31. 선고 2017다247145 판결. 부진정예비적 병합의 경우에도 같다(대법원 2021.6.30. 선고 2019다268061 판결; 대법원 2014.12.24. 선고 2012다35675 판결).

42) 대법원 2006.4.27. 선고 2006다7587,7594 판결; 대법원 1992.9.14. 선고 92다7023 판결.

43) 김홍엽, 943쪽. 대법원 2020.10.15. 선고 2018다229625 판결을 보면, 원고는 피고가 적정입원일수를 초과하여 입원한 기간에 관한 보험금을 수령하였다는 이유로 제1심에서 손해배상청구와 부당이득반환청구를 선택적으로 구하였고 그 중 손해배상청구가 인용되었는데 이에 피고가 항

당사자가 심판의 순위를 붙여 청구할 **합리적 필요성이 없음에도** 부진정예비적 병합의 형태로 청구한 경우에는 **실질적으로 선택적 병합**이므로 선택적 병합의 처리방식으로 심판하여야 한다. 앞에서 본 바와 같이, 판례는 주위적으로 대여금 1억원을, 예비적으로 피고의 기망행위를 이유로 손해배상금 1억원을 청구한 경우,[44] 및 손해배상청구를 주위적으로 채무불이행을 원인으로, 예비적으로 불법행위를 원인으로 한 경우[45]에 심판의 순위를 붙일 합리적 필요성이 없다는 이유로 선택적 병합으로 보았다. 따라서 이러한 경우에 제1심법원이 주위적 청구를 기각하고 예비적 청구만을 인용하는 판결을 선고하고 피고만 항소를 제기하였더라도 항소심으로서는 두 청구 모두 심판의 대상으로 삼아 판단하여야 하며, 예비적 청구만을 심판의 대상으로 삼으면 안 된다.

나. 예비적 병합의 경우

(1) 예비적 병합에 있어서 주위적 청구기각·예비적 청구인용의 제1심판결이 선고되고 **원고**만이 그 패소부분인 주위적 청구에 대하여 항소하고 항소심에서 주위적 청구가 인용되는 경우에 만약 불복범위만이 심판의 대상이라는 이유로 항소심에서 주위적 청구부분에 대해서만 판결하는 것으로 그친다면 항소심판결로 주위적 청구가 인용되고 또한 제1심판결로 예비적 청구도 인용되게 된다. 이러한 결과는 예비적 병합의 개념과 성질에 반하므로 부당하다. 따라서 이 경우에 항소심은 제1심판결 중 예비적 청구에 관한 부분은 별도의 심리 없이 실효시키는 판결을 하여야 한다.

(2) 이와 관련하여, 판례는 예비적 병합에 있어서 주위적 청구기각·예비적 청구인용의 원심판결에 대하여 **피고**만이 그 패소부분에 상소한 때에 불복하지 않은 주위적 청구에 관한 부분도 이심은 되지만 원고의 부대상소가 없는 한 주위적 청구 부분은 상소심의 심판의 대상이 되지 않는다는 입장이다.[46] 따라서 이러한

소하자, 원고는 항소심에서 병합의 형태를 변경하여 제1심에서 심판되지 않은 부당이득반환청구를 주위적 청구로, 제1심에서 인용된 손해배상청구를 예비적 청구로 구한 사안에서, 대법원은 항소심이 주위적 청구 부분을 먼저 심리하여 그 청구가 이유 있다고 인정하는 경우에는, 비록 결론이 제1심판결의 주문과 동일하더라도 피고의 항소를 기각하여서는 아니 되고 새로이 청구를 인용하는 주문을 선고하여야 한다고 판시하였다.

44) 대법원 2014.5.29. 선고 2013다96868 판결.
45) 대법원 2018.2.28. 선고 2013다26425 판결.
46) 대법원 1995.2.10. 선고 94다31624 판결.

경우 피고의 항소에 이유가 있는 때에는 항소심은 제1심판결 가운데 예비적 청구에 관한 피고 패소부분만 취소하여야 하고, 취소의 대상이 되지 아니한 주위적 청구부분은 예비적 청구에 관한 취소판결의 선고와 동시에 확정된다는 것이다.[47] 이렇게 되면 원고는 양 청구 모두 패소하는 결과가 되는데 이는 예비적 청구나마 인용된 것에 만족하고 항소하지 아니한 원고에게 불의의 타격을 가하는 것이 된다. 따라서 만약 위와 같은 상황이 초래되는 상황이라면 항소심은 원고에게 부대항소의 제기여부를 석명하여야 할 것이다.[48]

위의 경우와 달리, 제1심에서 주위적 청구를 인용한 때에는 다음 순위인 예비적 청구에 대하여 심판할 필요가 없으므로 주위적 청구를 인용하는 판결은 전부판결로서 이에 대하여 피고가 항소하면 제1심에서 심판을 받지 않은 다음 순위의 예비적 청구도 모두 이심되고 항소심이 제1심에서 인용되었던 주위적 청구를 배척할 때에는 다음 순위의 예비적 청구에 관하여 심판하여야 한다는 것이 판례의 태도이다.[49]

예비적 청구에 대한 판단누락이 있는 판결이 확정된 후 그 누락된 예비적 청구를 별소로 제기할 수 있는가?

판례는 항소심판결 상 예비적 청구에 관하여 이루어져야 할 판단이 누락되었음을 알게 된 당사자로서는 상고를 통하여 그 예비적 청구에 대한 항소심의 판단이 누락되었다는 위법사유를 지적하였음에도 법률심인 상고심에서도 법률관계상의 그 쟁점에 관한 판단을 빠뜨림으로써 그 오류가 시정되지 않은 채 상고심판결이 확정되면 당사자는 재심사유를 주장·입증하여 그 상고심판결에 대한 재심을 구하는 길만이

---

47) 대법원 2007.1.11. 선고 2005다67971 판결; 대법원 2001.12.24. 선고 2001다62213 판결; 대법원 1995.2.10. 선고 94다31624 판결. 다만 원고의 주위적 청구를 기각하고 예비적 청구만을 인용하는 판결을 선고한 데 대하여 피고만 항소를 제기한 뒤 피고가 항소심 변론에서 (심판의 대상이 아닌) 주위적 청구를 인낙하여 그 인낙이 조서에 기재되면 그 조서는 확정판결과 동일한 효력이 있는 것이고, 따라서 그 인낙으로 인하여 주위적 청구의 인용을 해제조건으로 병합심판을 구한 예비적 청구에 관하여는 심판할 필요가 없어 사건이 그대로 종결된다(대법원 1992.6.9. 선고 92다12032 판결).

48) 보다 근본적인 해결책으로는, 선택적 병합에 있어서는 제1심판결에 대하여 피고만이 항소하더라도 항소심에서는 이심된 모든 청구가 심판의 대상이 된다는 것이 판례의 입장임을 고려하면(대법원 2010.5.27. 선고 2009다12580 판결), 예비적 병합과 선택적 병합은 양 청구가 관련되어 있다는 점에서 동일하므로 예비적 병합의 경우에도 선택적 병합의 경우와 마찬가지로 양 청구 모두 항소심의 심판의 대상이 되는 것으로 판례를 변경할 필요가 있다고 본다. 판례가 변경된다면 종래 부진정예비적병합의 허용여부 및 그에 따른 처리방식의 혼선 문제도 한꺼번에 해결될 것이다.

49) 대법원 2000.11.16. 선고 98다22253 전원합의체 판결.

남게 되며, 상고로 다툴 수 없는 특별한 사정이 없었음에도 상고로 다투지 아니하여 그 항소심판결을 확정 시켰다면 그 후에는 그 예비적 청구의 전부나 일부를 소송물로 하는 별도의 소송을 새로 제기함은 권리보호요건을 갖추지 못한 부적법한 소제기이어서 허용되지 않는다는 입장이다.[50] 이에 대하여, 누락된 예비적 청구에 대하여는 판결이 없어 기판력이 생기지 않았으므로 별소로 제기할 수 있어야 하며, 이를 권리보호이익이 없다고 각하하는 것은 권리보호요건의 지나친 확대적용이라는 비판이 있다.[51]

제2절 청구의 변경

Ⅰ. 총 설

1. 의 의

소송계속이 발생한 후 청구의 내용을 변경하는 원고의 신청을 청구의 변경이라고 한다. 흔히 소의 변경이라고도 하지만, 소의 변경에는 소송주체(법원이나 당사자)의 변경도 포함되는데, 민소법상 소송주체의 변경은 이송, 참가, 승계 등 다른 제도로 규율하고 있으므로 민소법 262조에 대하여 소의 변경이라 부를 때는 청구의 변경만을 의미한다.

청구의 변경과 당사자의 변경은 어떤 관계에 있는가?

청구의 변경은 동일한 당사자 사이의 소송법률관계를 전제로 하여 청구 내용의 변경을 문제 삼는다. 따라서 당사자가 변경됨으로 말미암아 그 결과로서 청구의 내용에 변경이 발생하더라도 청구의 변경으로 취급하지 않는다.

2. 청구취지의 변경

청구취지의 변경은 원칙적으로 청구의 변경이 된다. 따라서 청구원인은 그대로 두고 소의 종류를 달리하기 위하여 청구취지를 바꾸거나(동일건물에 대한 인도청구에서 소유권확인청구로 변경), 심판의 대상이나 내용을 바꾸는 경우(갑 건물에 대한 인도청구를 을 건물에 대한 인도청구로 변경)에도 청구의 변경이 된다. 그러나

50) 대법원 2002.9.4. 선고 98다17145 판결.
51) 호문혁, 319쪽.

심판의 범위를 확장하거나 감축하는 경우에도 청구의 변경이 되는지에 대해서는 아래와 같은 논의가 있다. 청구의 변경으로 본다는 것은 피고의 방어권 보장을 위하여 청구변경의 요건을 갖추어야 한다는 의미이다.

가. 청구취지의 확장

상환이행청구에서 단순이행청구로 소를 변경하는 **질적확장**은 청구의 변경이라는 것이 통설이다. 이에 비하여 1필의 토지의 일부에서 전부로, 또는 금전채권의 일부청구에서 나머지 부분까지 확장하는 **양적확장**의 경우에는 견해가 대립될 수 있지만, 판례는 청구의 변경으로 본다.52)

나. 청구취지의 감축

청구취지를 감축하는 경우에도 질적감축과 양적감축이 있을 수 있는데, 어느 것이든 청구의 변경으로 보지 않고, 감축된 부분은 원고의 의사에 따라 청구의 포기나 소의 일부취하로 보아야 하고, 원고의 의사가 분명하지 않으면 청구의 포기보다 원고에게 유리한 소의 일부취하로 보아야 한다는 견해가 통설 · 판례이다. 따라서 상대방이 본소에 응소한 경우에는 명시적 또는 묵시적으로라도 상대방의 동의를 얻어야 한다.53) 이에 반대하여, 청구취지의 감축은 원고가 구하는 이행의 내용이 완화된 경우에 불과할 뿐으로, 만약 소의 일부취하로 보게 되면 항소심에서 감축한 경우에는 재소금지에 저촉되어 다시 원상태로 복귀시킬 수도 없게 되는데, 이는 원고의 소송수행을 필요 이상으로 제한하게 되며, 단순이행청구를 상환이행청구로 바꾼 경우와 같은 질적 감축의 경우에는 어느 부분을 취하한 것인지도 불분명하게 되는 문제점이 있으므로 청구취지의 감축은 민소법 262조 소정의 청구의 변경에 해당할 뿐, 굳이 소의 취하규정(266)을 끌어들여 해석할 이유가 없다는 견해가 있다.54)

---

52) 대법원 1963.12.12. 선고 63다689 판결; 대법원 1997.4.11. 선고 96다50520 판결; 대법원 1992.10.23. 선고 92다29962 판결; 대법원 2011.1.13. 선고 2009다105062 판결(제1심 제1차 변론기일에서 진술한 청구원인 변경신청서의 청구취지 란의 기재와 달리, 그 청구원인 란에서는 지연손해금의 기산일을 불법행위일로 앞당겨 구하고 있고, 항소취지와 항소이유에서도 동일한 취지의 주장을 한 경우, 청구취지의 확장이 있는 것으로 보아야 한다).

53) 대법원 2005.7.14. 선고 2005다19477 판결; 대법원 1993.9.14. 선고 93누9460 판결.

54) 호문혁, 865쪽.

다. 청구취지의 보충·정정

건물의 구조나 평수·지번 등을 바로잡거나 건물의 일부철거를 그 건물의 추녀 부분의 철거로 변경하는 것, 또는 청구취지를 청구원인대로 변경하는 것 등 청구취지를 보충하거나 정정하는 것은 불명확한 것을 명확하게 하는 것일 뿐이므로 청구의 변경이 아니다.[55]

3. 청구원인의 변경

(1) 청구취지를 그대로 두고 청구원인의 법률적 관점만 바꾸는 경우

예컨대 손해배상청구의 원인을 불법행위에서 채무불이행으로, 이혼청구의 원인을 부정행위에서 혼인을 계속하기 어려운 중대한 사유로 바꾸는 것 등이 이에 해당하는데, 구실체법설에서는 청구의 변경으로 보고, 소송법설에서는 공격방법의 변경에 불과할 뿐 청구의 변경이 아니라고 본다.

(2) 청구취지를 그대로 두고 청구원인인 사실관계를 바꾸는 경우

예컨대 100만원의 청구를 매매대금으로 구하다가 대여금으로 바꾼 경우, 소유권이전등기청구에서 등기원인을 매매에서 취득시효 완성으로 바꾼 경우 등이 이에 해당하는데, 이 경우에는 일분지설을 제외한 어느 소송물이론에 의하더라도 청구의 변경이 된다. 따라서 일분지설은 청구의 원인을 바꾸는 것은 청구의 변경에 해당한다는 민소법 262조 1항의 명문규정을 설명할 수 없는 난점이 있다.

교통사고의 불법행위로 인한 손해배상소송에서 피해자인 원고가 피고의 과실을 졸음운전에서 전방주시의무태만으로 변경하였다면 청구원인인 사실관계를 바꾼 경우에 해당하여 청구의 변경이 되는가?

불법행위로 인한 손해배상소송에서 요건사실 중의 하나인 과실에 해당하는 구체적 사실을 바꾼 것은 실체법상 권리, 즉 불법행위에 기한 손해배상청구권을 다른 청구권으로 바꾼 것이 아니고 단순히 공격방법을 바꾼 것에 불과할 뿐이므로 청구의 변경이 아니다.

---

55) 대법원 2008.2.1. 선고 2005다74863 판결. 따라서 '청구취지변경신청서'라는 제목의 서면을 제출하였다고 하더라도 내용상 청구취지의 정정 내지 보충으로 볼 수 있는 경우에는 청구취지의 변경이 아니다(대법원 2019.10.31. 선고 2019다215746 판결－청구취지의 변경으로 보면 사해행위취소청구의 제척기간이 도과되는 사안임).

가등기에 기한 본등기청구를 하면서 등기원인을 매매예약완결로 주장하고, 그 가등기로 담보되는 채권을 대여금채권이라고 주장하였다가 손해배상채권이라고 주장하는 것은 청구원인을 바꾼 경우에 해당하여 청구의 변경이 되는가?

위와 같이 주장을 바꾸었다고 하더라도 가등기에 기한 본등기청구의 등기원인은 어디까지나 매매예약완결이므로 등기원인에 변경이 없어 청구의 변경에 해당하지 않는다.[56] 마찬가지로 채권자가 사해행위의 취소를 청구하면서 피보전채권을 추가하거나 교환하는 것은 사해행위취소권을 이유 있게 하는 공격방법에 관한 주장을 바꾼 것일 뿐 소송물 또는 청구 자체를 바꾼 것이 아니므로 청구의 변경이라 할 수 없다.[57]

Ⅱ. 종 류

청구를 변경하는 방법에는 기존의 청구를 새로운 청구로 교환하는 것과 기존의 청구에 새 청구를 추가하는 것이 있다. 어느 쪽인지 불분명하면 법원이 석명하여야 한다.[58]

1. 교환적 변경

(1) 의 의

청구의 교환적 변경은 물건인도청구를 소유권확인청구로 바꾸는 경우와 같이 구청구에 갈음하여 신청구를 제기하는 것을 말한다. 통설·판례[59]는 청구의 교환적 변경에 대하여 구청구의 취하와 신청구의 추가의 결합형태로 본다(결합설).

(2) 상대방의 동의여부

결합설에 의하면 교환적 변경이 있으면 구청구가 취하되므로 원칙적으로 피고가 본안에 대하여 응소한 때에는 피고의 동의를 얻어야 구청구 취하의 효력이 생긴다고 보며(266②), 동의를 얻지 못하면 구청구에 신청구를 추가한 추가적 변경이 된다고 본다.[60] 이에 대하여 교환적 변경은 구청구에 대한 심판요구를 철회하고 신청구에 대해서만 심판을 구할 수 있게 한 청구의 변경에 관한 규정(262,

---

56) 대법원 1992.6.12. 선고 92다11848 판결.
57) 대법원 2003.5.27. 선고 2001다13532 판결; 대법원 2012.7.5. 선고 2010다80503 판결.
58) 대법원 1995.5.12. 선고 94다6802 판결.
59) 대법원 2003.1.24. 선고 2002다56987 판결.
60) 강현중, 810쪽; 김홍규·강태원, 744쪽.

263)에 의하여 규율되는 것이므로, 굳이 여기에 소취하의 규정을 끌어들여 상대방의 동의를 요건으로 보아야 할 필요가 없다는 견해가 있다.[61] 판례는 결합설의 입장을 취하면서도 교환적 변경의 경우에는 변경 전후에 청구의 기초가 동일하다는 이유로 피고의 동의가 없어도 구청구 취하의 효력이 생기는 것으로 보고 있다.[62]

(3) 결합설에 의하면, 항소심에서 청구가 교환적으로 변경된 경우에, ① 구청구는 취하되어 실효되고 신청구가 심판의 대상이 되는 것이므로 항소법원은 이미 취하된 구청구에 대하여 원심을 취소하는 등의 판단을 하여서는 안 되고,[63] ② 신청구에 대해서는 항소심이 사실상 제1심으로서 재판하는 것이므로 신청구에 대하여 소취하는 가능하지만 항소취하는 그 대상이 없어 무효라고 본다.[64] 또한 ③ 다시 본래의 구청구로 교환적 변경을 하면 종국판결이 있은 후 소를 취하하였다가 동일한 소를 다시 제기한 경우에 해당하여 재소금지의 원칙상 부적법하다.[65]

2. 추가적 변경

추가적 변경은 구청구를 유지하면서 신청구를 추가하는 경우이므로 청구의 후발적 병합에 해당한다. 따라서 청구의 병합요건인 소송절차의 공통이 필요하다(253). 추가적 변경은 단순병합 · 선택적 병합 · 예비적 병합의 형태로 행해지는데, 이는 청구의 병합의 한 모습이지 고유의 청구의 변경이라고 볼 수 없다. 다만 병합 후에도 이제까지의 절차를 이용하여 계속 심리한다는 점에서 민소법 262조가 적용될 뿐이다.[66] 추가적 변경으로 인하여 소가가 달라지는 경우에는 변론관할이 발생하지 않는다면 단독판사에서 합의부로 사건을 이송하는 경우가 발생할 수 있다.

---

61) 한충수, 689쪽; 호문혁, 870쪽.
62) 대법원 1962.1.31. 선고 4294민상310 판결. 판례의 입장에 찬동하는 견해로는, 정동윤 · 유병현 · 김경욱, 1023쪽; 정영환, 845쪽.
63) 대법원 1980.11.11. 선고 80다1182 판결.
64) 대법원 2008.5.29. 선고 2008두2606 판결. 이에 대하여, 교환적 변경이 있더라도 구청구가 취하로 실효되는 일이 없고 소송은 전체로서 제1심부터 계속 진행된 것이므로 항소심에서 변경된 신청구에 대하여 항소취하를 한다면 구청구에 대한 제1심판결이 확정된다고 보는 견해도 있다(호문혁, 870쪽).
65) 대법원 1987.6.9. 선고 86다카2600 판결.
66) 호문혁, 870쪽.

3. 청구의 변경형태가 불분명한 경우

청구의 변경에 의하여 신청구가 부적법해지는 경우까지 구청구가 취하되는 교환적 변경이라 할 수는 없다. 왜냐하면 청구를 변경하는 당사자로서는 자기가 법원에 대하여 요구하고 있는 권리 또는 법률관계에 대한 판단을 구하는 것을 단념하여 소송을 종료시킬 의도로 청구를 변경하였다고는 볼 수 없기 때문이다.[67]

청구의 변경이 교환적인지 추가적인지 여부는 원칙적으로 당사자의 의사해석에 의할 것이기 때문에 모호하면 석명으로 밝혀야 한다. 특히 항소심에서 원고가 부주의 또는 법률적 지식의 부족으로 청구를 교환적으로 잘못 변경하였다면 이로 인하여 구청구가 취하되어 구청구에 대하여는 재소금지의 효력(267②)에 따라 더 이상 소를 제기할 수 없는 중대한 법적 효과가 발생하게 되므로, 법원은 이러한 청구의 교환적 변경에 대해서는 법률적 모순을 지적하고 의견을 진술할 기회를 부여함으로써 원고로 하여금 청구와 주장을 법률적으로 합당하게 정정할 수 있는 기회를 주어야 한다(136④, 법적관점 지적의무).[68]

Ⅲ. 요 건

청구의 변경 제도는 한편으로는 변경을 허용하지 않는 경우에 생기는 원고의 불편 및 심리의 효율을 고려하여야 하고, 다른 한편으로는 변경을 허용하는 경우에 생길 피고의 방어의 곤란 및 소송지연이 고려되어야 한다. 이러한 이유로 동일절차에서의 심리가능성이나 다른 법원의 전속관할에 속하지 않을 것 등 병합청구소송의 일반적 요건 이외에 추가적인 요건이 요구된다.

1. 청구의 기초가 바뀌지 아니할 것

청구의 기초에 변경이 없는 한도 내에서만 청구를 변경할 수 있다(262①). 종래의 청구와 완전히 무관한 청구로 변경하는 것을 허용한다면 원고에게 편리할 수는 있겠지만 피고로서는 지금까지의 방어방법이 모두 무용지물이 되고 다시 새로운 방어계획을 세워야 하므로 불이익이 크다. 따라서 피고의 이익을 위하여 계속 중인 소송의 심판대상과 새로운 심판대상을 동일한 방어방법의 범위 내로 한

67) 대법원 1975.5.13. 선고 73다1449 판결.
68) 대법원 2003.1.10. 선고 2002다41435 판결.

정할 필요가 있으므로 법은 청구 기초의 동일성을 요건으로 규정하고 있다. 이 요건은 교환적 변경에서 특히 의미가 있다. 추가적 변경 중 청구의 기초가 전혀 다른 청구를 덧붙이는 단순병합도 가능한데, 이는 청구의 병합(253)이 소송계속 중에 발생한 것으로 이해해야 할 것이다.

청구 기초의 동일성 요건이 흠결되어 있지만 청구의 변경에 피고가 동의한 경우에는 청구의 변경이 허용되는가?

위에서 살펴본 바와 같이, 청구 기초의 동일성 요건은 피고의 이익을 보호하는 것을 목적으로 한다(사익적 요건). 따라서 만약 이 요건에 흠이 있는 청구의 변경이라고 하더라도 피고가 이의하지 않고 본안의 변론을 한 뒤에는 더 이상 다툴 수 없다.[69] 나아가 피고가 진술한 사실에 맞추어 원고가 청구를 변경하는 경우에는 청구 기초의 동일성이나 피고의 동의 유무를 불문하고 변경이 허용된다고 볼 것이다. 예컨대 원고가 건물인도청구를 하였는데 피고가 그 건물의 소유권을 주장하자 원고가 건물철거·토지인도청구로 변경하는 경우가 이에 해당한다.

가. 청구 기초의 동일성 개념에 대한 학설

(1) 이익설

청구를 특정한 권리의 주장으로 구성하기 이전의 사실적인 분쟁이익이 공통인 때에 청구 기초가 동일하다는 입장이다.[70] 이 설에 대해서는 분쟁관계의 이익이 동일하지만 사실자료가 다른 경우에까지 청구변경을 허용하는 것은 소송경제에 반한다는 비판이 있다.

(2) 사실설

사실설에는 청구의 기초가 동일하다는 의미는 ① 신청구와 구청구의 기본적 사실이 동일하다고 인식되는 경우를 말한다는 견해(기본적 사실동일설),[71] ② 신청구와 구청구의 사실자료 사이에 심리의 계속적 시행을 정당화할 정도의 일체성과 밀착성이 있는 것을 말한다는 견해(사실자료동일설)[72] 등이 있다.

---

69) 대법원 2011.2.24. 선고 2009다33655 판결; 대법원 1992.12.22. 선고 92다33831 판결.
70) 김홍규·강태원, 746쪽; 김홍엽, 952쪽; 정영환, 847쪽.
71) 송상현·박익환, 614쪽.
72) 이시윤, 714쪽; 호문혁, 873쪽.

(3) 병용설

구청구와 신청구가 쟁점을 공통으로 하고, 구청구에서 심리된 재판자료(사실자료나 증거자료)가 신청구의 심리에서도 이용될 수 있는 경우 또는 각각의 청구의 이익이 사회생활상 동일하거나 관련되어 있는 경우에는 청구의 기초가 동일한 것으로 이해하는 견해이다.[73)]

나. 판 례

판례는 동일한 생활사실 또는 동일한 경제적 이익에 관한 분쟁이고 그 해결방법에 차이가 있음에 불과한 청구취지 및 청구원인의 변경은 청구의 기초에 변경이 없고, 또한 새로운 청구의 심리를 위하여 종전의 소송자료를 대부분 이용할 수 있는 경우에는 소송절차를 지연케 함이 현저하다고 할 수 없다고 판시하여 이익설의 입장에 있다.[74)] 판례가 '종전의 소송자료를 이용할 수 있는 경우'를 언급하고 있으나, 이를 청구기초의 동일성여부에 대한 기준이 아니라 소송절차의 현저한 지연여부에 대한 기준으로 삼고 있다는 점에서 병용설과 다르다.

(1) 청구의 기초에 동일성이 인정되는 경우

1) 청구의 원인이 동일한데 청구의 취지만을 변경한 경우

청구취지의 금액을 확장한 경우,[75)] 대지인도 및 그 지상의 방해물 철거를 구하면서 철거의 대상만을 바꾼 경우,[76)] 토지인도청구에 그 지상 가건물의 철거를 추가한 경우[77)] 등이다.

2) 신 · 구청구 중 한쪽이 다른 쪽의 변형물이거나 부수물인 경우

목적물 인도청구 중 그 이행불능으로 인한 전보배상청구로 변경한 경우,[78)] 어음 · 수표금 청구에 원인채권에 기한 청구를 추가한 경우, 건물인도청구에 차임상당의 손해배상청구를 추가한 경우[79)] 등이다.

---

73) 정동윤 · 유병현 · 김경욱, 1017쪽.
74) 대법원 1998.4.24. 선고 97다44416 판결; 대법원 2009.3.12. 선고 2007다56524 판결.
75) 대법원 1984.2.14. 선고 83다카514 판결.
76) 대법원 1962.4.18. 선고 4294민상1145 판결.
77) 대법원 1969.12.23. 선고 69다1867 판결.
78) 대법원 1969.7.22. 선고 69다413 판결.
79) 대법원 1964.5.26. 선고 63다973 판결.

3) 같은 목적의 청구인데 법률적 구성만 달리하는 경우

소유권에 기한 물건인도청구에서 점유권에 기한 청구로 변경한 경우,[80] 채무불이행에 기한 손해배상청구에서 불법행위에 기한 청구로 변경한 경우 등이다. 신소송물이론에서는 이러한 변경은 공격방법의 변경에 불과한 것으로 보아 청구의 변경이 아니라고 한다.

4) 같은 생활사실 · 경제적 이익에 관한 것인데 분쟁의 해결방법을 달리하는 경우

매매계약에 기한 소유권이전등기청구에서 계약해제로 인한 계약금반환청구로의 변경,[81] 어음 · 수표금 청구에서 어음 · 수표의 위조에 따른 사용자책임에 기한 손해배상청구로의 변경, 원인무효를 원인으로 한 소유권이전등기말소청구에서 명의신탁해지에 기한 소유권이전등기말소청구로의 변경,[82] 매매를 원인으로 한 소유권이전등기청구에서 채권자대위권에 기한 소유권이전등기청구로의 변경,[83] 대물변제를 원인으로 한 소유권이전등기청구에서 매매를 원인으로 한 소유권이전등기청구로의 변경,[84] 채권자대위권에 기해 청구하다가 피대위채권 자체를 양수하여 양수금청구로 변경한 경우,[85] 동일한 건물에 대한 인도청구를 소유권확인청구로 변경한 경우[86] 등이다.

(2) 청구의 기초에 동일성이 인정되지 않는 경우

건축공사보수금채권의 부존재확인청구를 건물소유권확인청구로 변경한 경우,[87] 약속어음금청구를 전화가입권 명의변경청구로 변경한 경우,[88] 행정소송에서 압류처분의 취소청구를 압류해제신청에 대한 보류처분의 취소청구로 변경한 경우[89]에는 청구의 기초에 변경이 있어 동일성이 인정되지 않는다고 보았다.

---

80) 대법원 1960.8.18. 선고 4292민상898 판결.
81) 대법원 1972.6.27. 선고 72다546 판결.
82) 대법원 1998.4.24. 선고 97다44416 판결.
83) 대법원 1971.10.11. 선고 71다1805 판결.
84) 대법원 1997.4.25. 선고 96다32133 판결.
85) 대법원 2010.6.24. 선고 2010다17284 판결.
86) 대법원 1966.1.25. 선고 65다2277 판결.
87) 대법원 1957.9.26. 선고 4290민상230 판결.
88) 대법원 1964.9.22. 선고 64다480 판결.
89) 대법원 1979.5.22. 선고 79누37 판결.

2. 소송절차를 현저히 지연시키지 않을 것

청구의 변경은 소송절차를 현저히 지연시키지 않는 경우에 허용된다(262①단서). 새로운 청구의 심리를 위하여 종전의 소송자료를 대부분 이용할 수 있는 경우에는 소송절차를 지연케 함이 현저하다고 할 수 없다.[90] 그러나 2회에 걸쳐 상고심으로부터 파기환송된 후 항소심 변론종결 시에 비로소 청구를 변경한 경우에는 절차를 현저히 지연한 것으로 본다.[91]

다만 청구이의의 소는 이의사유가 여러 가지인 때에 동시에 주장하도록 하고 있으므로(민집 44③), 소송절차가 현저히 지연되더라도 예외적으로 청구의 변경을 허용하여야 할 것이다.

청구의 변경으로 소송절차가 현저하게 지연되는 경우임에도 피고가 청구의 변경에 동의한다면 청구의 변경이 허용되는가?

청구의 변경으로 인하여 소송절차가 현저히 지연되지 않을 것이라는 요건은 법원의 직권조사사항으로서 공익적 요건이다. 따라서 피고의 동의 유무나 이의여부를 불문하고 허용되지 않는다.

소송절차를 현저하게 지연시킨다는 이유로 새로운 청구로의 변경이 인정되지 않는다면 원고는 그 청구를 포기해야 하는가?

이 요건에 저촉되어 청구의 변경이 허용되지 않은 때에는 계속 중인 구청구를 취하하고 별소로 신청구를 제기하면 된다. 다만 이 경우에는 구청구를 취하하기 전에 미리 신소제기가 재소금지사유(267②)에 해당하는지 여부를 따져 보아야 할 것이다.

3. 사실심에 계속되고 변론종결 전일 것

청구의 변경은 소송계속 후 변론종결 시(변론 없이 한 판결의 경우에는 판결 선고 시)까지 허용된다(262①). 변론종결 뒤에 청구를 변경하기 위해서는 변론이 재개되어야 하는데, 법원이 원고의 변론재개신청을 받아들일 의무는 없다.

항소심에서 청구를 변경하면 신청구에 대하여 제1심으로 재판을 하게 되어 당사자의 심급의 이익이 박탈되지 않는가하는 의문이 들 수도 있지만, 청구의 기초

---

90) 대법원 1998.4.24. 선고 97다44416 판결. 청구의 변경을 허가하지 아니한 판례로는, 대법원 2015.4.23. 선고 2014다89287,89294 판결; 대법원 2017.5.30. 선고 2017다211146 판결 참조.
91) 대법원 1964.12.29. 선고 64다1025 판결.

에 동일성이 있는 경우에만 청구의 변경을 허용하기 때문에 심급의 이익이 박탈되지 않는다고 본다. 따라서 항소심에서도 상대방의 동의 없이 청구의 변경이 가능하다(408. 이는 항소심에서 반소를 제기하는 경우와 다르다. 412조 참조).[92] 사실심이 아니어서 사실인정을 할 수 없는 상고심에서는 청구의 변경이 허용되지 않는다.[93]

소송계속 발생 전의 청구의 변경은 어떤 취급을 받는가?

소송계속 발생 전의 청구의 변경은 소장기재의 정정으로 취급된다. 당사자의 표시정정과는 달리 청구의 정정은 자유롭게 할 수 있고 특별한 제한이 없다. 따라서 이는 청구의 변경이 아니다.

4. 청구의 병합의 일반요건을 갖출 것

신·구청구가 같은 종류의 소송절차에서 심판될 수 있어야 한다(253). 따라서 보전처분사건에서 본안소송으로의 변경은 허용될 수 없고, 재심의 소를 통상의 소로 변경하거나 그 반대의 경우에도 허용되지 않는다.[94]

공법상 당사자소송을 제기하였다가 민사소송으로 청구를 변경할 수 있는가?

공법상 당사자소송을 제기하였다가 민사소송으로 청구를 변경하는 것은 청구의 기초에 변경이 있는 경우로서 행정소송법 21조 1항에 비추어 허용될 수 없다는 이유로 소를 각하한 원심판결에 대하여, 대법원은 ① 행정소송법 8조 2항은 행정소송에 관하여 민사소송법을 준용하도록 하고 있으므로 행정소송의 성질에 비추어 적절하지 않다고 인정되는 경우가 아닌 이상 민소법 262조에 따라 청구를 변경할 수 있고, ② 행정소송법상 항고소송으로 제기하여야 할 사건을 민사소송으로 잘못 제기한 경우 항고소송으로 소를 변경하는 것이 허용되고 있어(대법원 2020.1.16. 선고 2019다264700 판결 등), 소송절차가 다르다는 이유만으로 청구기초의 동일성이 없다고 할 수 없으며, ③ 일반 국민으로서는 공법상 당사자소송의 대상과 민사소송의 대상을 구분하는 것이 쉽지 않고 소송도중에 사정변경으로 소를 변경할 필요가 발생하는 경우도 있으며, 단지 소 변경에 따라 소송절차가 달라진다는 이유만으로 이미 제기한 소를 취하하고 새로 민사상의 소를 제기하도록 하는 것은 당사자의 권리구제나 소송경제의 측면에서도 바람직하지 않다는 이유로, 기존의 청구와 변경된 청

---

92) 대법원 1984.2.14. 선고 83다카514 판결.
93) 대법원 1995.5.26. 선고 94누7010 판결.
94) 대법원 1959.9.24. 선고 4291민상318 판결.

구 사이에 청구기초의 동일성이 인정된다면 청구의 변경이 허가되어야 한다고 판시하여 원심판결을 파기환송하였다.[95]

Ⅳ. 절 차

(1) 청구의 변경은 원고의 신청에 의한다(262①).

(2) **청구취지**를 변경하는 경우에는 서면으로 신청하여야 한다(262②). 반드시 '청구취지 변경신청서'라는 제목 내지 형식을 갖추지 않고 준비서면의 형식으로 제출하더라도 청구취지를 변경하는 내용을 포함하고 있다면 서면에 의한 청구취지의 변경이 있는 것으로 볼 수 있고,[96] 나아가 청구취지의 변경을 서면으로 하지 않았다고 하더라도 상대방이 지체 없이 이의를 하지 않으면 소송절차에 관한 이의권의 상실로 그 잘못이 치유된다.[97]

(3) 민소법 262조 2항의 반대해석상 **청구원인**의 변경은 구술로도 가능하다. 서면주의를 규정한 민소법 248조에 대한 특별규정이다.

(4) **상대방에게 송달**(262③)

청구의 변경서면이 상대방에게 송달 또는 교부되면 이때 신청구에 대해 소송계속이 발생한다. 그러나 신청구의 시효중단·제척기간 준수의 효과는 청구의 변경서면이 법원에 제출되었을 때에 발생한다.[98]

Ⅴ. 심 판

1. 청구변경의 부적법

법원이 청구의 취지 또는 원인의 변경이 옳지 않다고 인정한 때에는 직권으로

95) 대법원 2023.6.29. 선고 2022두44262 판결. 이 판결에서 대법원은 도시개발법 41조에서 정한 청산금채무가 35억 원을 초과하여 존재하지 않는다는 기존의 청구취지와 위 금액을 초과하여 지급된 청산금에 대하여 부당이득이라는 이유로 반환을 구하는 변경된 청구취지는 모두 청산금 채무가 35억 원이라는 동일한 주장을 전제로 하고 있어 청구기초의 동일성이 있다고 판시하였다.

96) 대법원 2009.5.28. 선고 2008다86232 판결.

97) 대법원 1993.3.23. 선고 92다51204 판결.

98) 대법원 2009.2.12. 선고 2008다84229 판결. 다만 채권자대위권에 기해 청구를 하다가 피대위채권 자체를 양수하여 양수금청구로 변경한 경우에는 당초의 채권자대위소송으로 인한 시효중단의 효력이 소멸하지 않는다는 것이 판례의 입장이다(대법원 2010.6.24. 선고 2010다17284 판결).

또는 상대방의 신청에 따라 변경을 허가하지 아니하는 결정을 하여야 한다(263). 청구의 변경은 신청구의 제기로서의 실질을 가지므로, 이 결정은 신청구로 인하여 교환 또는 병합된 심리에 대한 신청을 부정하고 심리의 범위를 종래의 청구부분에 한정하는 취지의 중간적 재판으로서의 성질을 가진다. 따라서 독립하여 항고할 수 없고 종국판결에 대한 상소로써만 다툴 수 있다.[99] 실무에서는 변경불허결정을 하지 않은 채 종국판결의 이유 속에서 판시하여도 무방하다고 본다.[100]

항소심이 제1심의 청구변경 불허결정이 부당하다고 판단되면 원결정을 취소하고 변경을 허용하여 신청구에 대해 심리를 개시하여야 하며, 환송할 수 없다(파기자판). 소송경제에 반하기 때문이다.

2. 청구변경의 적법과 신청구의 심판

청구의 변경이 적법하다고 인정하는 경우에는 별도로 청구변경을 허가한다는 뜻의 명시적 재판을 할 필요 없이 신청구를 심리하면 되고, 상대방이 다투면 중간판결이나 종국판결의 이유에서 판단하면 된다.

피고만이 항소한 항소심에서 원고가 청구취지를 확장·변경한 경우에는 부대항소를 한 취지이므로,[101] 항소심이 제1심판결의 인용금액을 초과하여 원고의 청구를 인용하더라도 불이익변경금지의 원칙에 위배되지 않는다.

신청구를 심판할 경우 구청구의 소송자료는 당연히 신청구의 자료로 된다.

3. 청구변경을 간과한 판결에 대한 항소법원의 조치

(1) 교환적 변경의 경우

제1심법원이 청구변경을 간과하고 구청구만을 판단한 때에는 이미 취하된 구청구에 대해서 판단한 것이므로 항소심은 제1심판결을 취소하고 구청구에 대하여 소송종료선언을 하여야 하고,[102] 신청구는 재판누락이므로 제1심법원이 추가판결을 해야 한다. 만약 항소심에서 청구가 교환적으로 변경되었다면 구청구의 취하의 효력이 발생한 때에 그 소송계속은 소멸하는 것이므로 항소심에서는 구청구에 대한 제1심 판결을 취소할 필요 없이 신청구에 대해서만 제1심으로서 판결한다.[103]

---

99) 대법원 1992.9.25. 선고 92누5096 판결.
100) 법원실무제요, 『민사소송(Ⅱ)』, 741쪽.
101) 대법원 2008.7.24. 선고 2008다18376 판결.
102) 대법원 2003.1.24. 선고 2002다56987 판결.

구청구는 이미 취하되었고 신청구에 대하여는 항소심이 제1심이므로 이 경우에 항소취하를 하더라도 그 대상이 없어 아무런 효력이 발생하지 않는다.[104] 또한 항소심에서 청구가 교환적으로 변경되어 구소가 취하된 경우 구청구에 붙여진 가집행선고도 실효된다.[105]

(2) **추가적 변경으로서 단순병합**의 경우

제1심법원이 청구변경을 간과하고 구청구만을 판단한 때에는 항소심에는 구청구만 이심되므로 이 부분에 대하여 심리·판단하고, 신청구는 재판누락으로서 제1심법원이 추가판결을 하여야 한다.

(3) **추가적 변경으로서 선택적 병합 내지 예비적 병합**의 경우

제1심법원이 그중 일부만을 판단한 때에는 전부에 대하여 이심되어 항소심으로서는 전부에 대하여 판단을 한다. 따라서 제1심이 신청구에 대한 판단을 하지 않는 경우에도 제1심법원의 추가판결 대상이 아니라 항소심이 제1심판결을 취소하게 된다.[106]

103) 대법원 2018.5.30. 선고 2017다21411 판결. 이 판결의 실제 결론은 제1심에서 패소한 원고가 항소하였고 항소심에서 피고와 항소취하의 합의가 있었으나 항소취하서가 제출되지 않은 상태에서 원고가 청구의 교환적 변경을 하였고 그것이 적법하게 이루어진 것이라면 제1심 판결이 실효되고 항소심의 심판대상은 신청구로 바뀌므로 항소심은 제1심 판결이 있음을 전제로 한 항소각하 판결을 할 수 없고, 사실상 제1심으로서 신청구의 당부를 판단하여야 한다는 것이었다. 이러한 입장은, 원고가 승소하자 피고가 항소하였는데 항소심에서 원고가 적법하게 소의 교환적 변경을 하였다면 제1심판결은 소의 교환적 변경에 의한 소취하로 실효되고 항소심의 심판대상은 신청구로 바뀌어져 항소심이 사실상 제1심으로 재판하는 것이 되므로, 그 뒤에 피고가 항소를 취하한다 하더라도 항소취하는 그 대상이 없어 아무런 효력을 발생할 수 없다는 대법원 1995.1.24. 선고 93다25875 판결과 맥락을 같이한다. 이 판결들은 피고만이 항소한 사건에서 원고가 청구취지를 확장한 것은 부대항소로 의제할 수 있다는 대법원 2008.7.24. 선고 2008다18376 판결과 구별되어야 한다. 양자는 동일하게 청구의 변경에 해당하지만 전자는 **청구의 교환적 변경**으로서 전소가 취하된 반면, 후자는 **청구취지의 확장**으로서 소의 취하와 무관하다는 점에 차이가 있다.

104) 대법원 2008.5.29. 선고 2008두2606 판결.

105) 대법원 1995.4.21. 선고 94다58490,94다58506(반소) 판결.

106) 대법원 1998.7.24. 선고 96다99 판결.

제3절 중간확인의 소

Ⅰ. 의 의

이미 계속 중인 소에서 소송물의 전제로 된 권리관계(선결적 법률관계)의 확인을 본래의 청구와 병합하여 심판을 구하는 신청을 중간확인의 소라고 한다(264). 예컨대 원고의 건물인도소송에서 선결적 법률관계인 소유권의 존재에 대하여 피고가 다툴 때 원고가 건물인도소송에 편승하여 소유권확인의 소를 병합 제기하는 경우가 이에 해당한다. 이자청구에서 원본채권의 존재, 임차료 청구에서 임대차계약관계의 존재, 저당권관계소송에서 피담보채권의 존재도 선결적 법률관계에 해당한다.

소유권이 원고에게 있다는 이유로 이전등기청구소송에서 패소확정된 피고가 그 소유권이 자신에게 있다는 이유로 소유권확인의 소를 제기하면 그 확인의 소는 패소확정된 전소의 기판력에 의하여 차단되는가?

이러한 확인의 소는 기판력에 의하여 차단되지 않는다. 소송의 주된 쟁점은 소유권의 존부이지만, 소유권은 전소의 소송물인 등기청구권의 선결적 법률관계, 즉 전제문제이고 이러한 전제문제인 소유권에 대해서는 판결이유 중에서 판단될 뿐이므로 기판력이 발생하지 않기 때문이다(216). 그 결과 소유권이 원고에게 있다는 이유로 이전등기청구소송에서 패소확정된 피고가 자기에게 소유권이 있다는 이유로 소유권확인의 소를 제기할 수 있다. 이러한 법리는 소유권에 기하여 제기한 물건의 인도청구소송의 경우에도 같다.

위와 같은 부자연스러운 사태에 대처하기 위하여 민소법이 둔 제도는 무엇인가?

판결이유 중의 판단에 기판력을 가지지 않아 발생하는 문제점은 중간확인의 소에 의해 해결할 수 있다. 즉 당사자가 소송상 청구의 전제문제에도 기판력의 발생을 원하는 경우에 그 목적을 달성할 수 있도록 민소법에서 중간확인의 소를 둔 것이다(264).

이 제도를 이용하지 않고 별도로 확인의 소를 제기해도 무방하나, 소송경제와 재판의 통일을 위하여 이미 제기되어 있는 소송절차를 이용하여 함께 판단 받도록 하려는 것이 이 제도의 취지이다.

중간확인의 소는 원고가 제기할 때에는 청구의 추가적 변경이 되고, 피고가 제기할 때에는 일종의 반소가 되지만, 그 부수적 성질에 착안하여 별도의 규정을 둔 것이다.

Ⅱ. 요 건

1. 다툼 있는 선결적 법률관계의 확인을 구할 것

(1) 계쟁성

본소의 진행 중 사실상·법률상 다툼이 있어야 한다. 과거부터 당사자간에 다투어왔거나 장래에 다툴 것이 예상되면 허용된다. 일종의 확인의 이익 요건이다.

(2) 선결성

등기말소소송에서 소유권, 이자청구소송에서 원본채권의 존재여부 등과 같이 '현실적으로' 그 판단이 소송을 좌우할 선결관계(전제문제)에 있어야 한다(현실설, 통설).

(3) 법률관계

권리관계의 확인을 구하여야 하므로 본소의 선결적인 사실관계나 증서의 진정여부(250)는 확인청구의 목적이 될 수 없다. 또한 확인청구이어야 하므로 경계확정의 소와 같은 형성청구를 중간확인의 소로 제기할 수는 없다.

2. 사실심에 계속되고 변론종결 전일 것

항소심에서 중간확인의 소를 제기하더라도 원래의 소와 선결관계에 있는 법률관계에 관한 것이므로 상대방의 심급의 이익을 침해한다고 볼 수 없어 그의 동의를 요하지 않는다. 법률심인 상고심에서는 중간확인의 소를 제기할 수 없다.

3. 관할의 공통

중간확인의 청구가 다른 법원의 전속관할에 속하지 않아야 한다(264①단서). 다른 법원의 전속관할에 속하는 경우에는 이를 분리하여 관할권 있는 법원으로 이송해야 한다.

4. 소송절차의 공통

중간확인의 소는 소의 객관적 병합의 한 형태이므로 본소 청구와 같은 종류의 소송절차에 의하여야 한다(253). 본소가 민사소송인데 선결문제의 확인을 가사소송에 의하여야 하는 경우, 예컨대 상속재산에 대한 인도소송이 계속 중일 때에 친자관계 등 신분관계가 선결적 관계로서 당사자간에 다툼이 있는 경우에는 중간확인의 소를 제기할 수 없다.

민사소송절차의 진행 중에 행정처분 무효확인의 소를 제기할 수 있는가에 대하여는 견해가 나뉘어 있다. 행정처분의 효력이 민사소송의 선결문제가 된 경우에는 민사법원의 심리·판단에 있어서 행정소송법의 규정을 준용하게 되어 있다는 점을 들어(행소 11①), 이를 허용하여도 무방하다는 견해(긍정설)도 있고,[107] 행정소송법 11조 1항의 '행정처분 등의 효력 유무 및 존재여부가 선결문제로 되어 당해 민사소송의 수소법원이 이를 심리·판단할 수 있는 경우'에는 전제로 된 행정처분의 효력 유무 및 존재여부를 민사법원에서 주장·입증하고 심리·판단할 수 있다는데 그칠 뿐, 이 규정이 민사법원에 행정처분 무효확인의 소를 제기할 수 있다는 근거가 될 수 없고, 행정처분 무효확인의 소(행소 35)는 행정법원의 전속관할로 되어 있으며(법조 40조의4), 대세효가 있고(행소 38①), 피고적격은 행정청으로서 민사소송의 그것(국가 또는 지방자치단체)과 다른 점 등에 비추어 민사소송절차에 행정처분 무효확인을 중간확인의 소로 병합할 수 없다는 견해(부정설)도 있다.[108] 판례는 긍정설의 입장으로 보인다.[109]

Ⅲ. 절차와 심판

중간확인의 소도 소송 중의 소이므로 소장에 준하는 서면을 제출하여야 하며, 그 서면을 상대방에게 송달하여야 한다(264②③).

본소의 소송대리권의 범위에는 중간확인의 소를 제기하는 것도 포함하는가? 아니면 특별수권사항인가?

107) 이시윤, 723쪽; 정영환, 873쪽; 호문혁, 886쪽.
108) 강현중, 826쪽; 김홍엽, 965쪽; 한충수, 697쪽.
109) 대법원 1966.11.29. 선고 66다1619 판결.

피고 소송대리인이 제기하는 중간확인의 소는 통상 중간확인의 반소로 불리듯이, 반소제기에 준하므로 소송대리인에게 특별한 권한수여가 있어야 하는 것으로 보고(90②(1)), 원고가 제기하는 중간확인의 소는 단순히 소의 추가적 변경에 해당하므로 특별수권사항으로 보지 않는 것이 다수설이다.[110] 그러나 중간확인의 소가 본소의 전제관계에 있는 점을 중시한다면 원·피고 소송대리인을 막론하고 원래의 수권에 포함되어 있고, 특별한 권한수여가 필요 없다는 주장도 가능하며,[111] 중간확인의 소는 민소법 264조가 인정하는 독자적인 제도이므로 반소에 관한 규정에 구애될 것이 아니어서 특별한 권한수여가 필요 없다고 보는 견해도 있다.[112]

중간확인의 소는 단순히 공격방어방법이 아니라 독립된 소이므로 중간판결이나 종국판결의 이유에 기재하면 안 되고 종국판결의 주문에 기재하여야 한다.

중간확인의 소에 의하여 청구가 병합되므로 병합요건을 심리하여 부적법하면 그 요건이 무엇인지에 따라 독립의 소로 취급하거나 각하 또는 이송하고, 적법하면 본소청구와 병합심리한 후 1개의 전부판결을 하여야 한다.

본소가 취하·각하될 경우이거나 확인의 대상으로 한 법률관계에 대한 판단까지 가지 않고도 청구기각이 될 경우이면 중간확인의 소는 '현실적으로' 본소의 선결관계에 있지 아니하므로 확인의 이익이 없어 부적법 각하된다. 예컨대 재심의 소송절차에서 중간확인의 소를 제기하는 것은 재심청구가 인용될 것을 전제로 하여 재심대상소송의 본안청구에 대하여 선결관계에 있는 법률관계의 존부의 확인을 구하는 것이므로 재심사유가 인정되지 않아서 재심청구를 기각하는 경우에는 중간확인의 소를 각하하여야 한다.[113] 그러나 예컨대 소유권에 기한 건물인도청구소송에서 원고가 소유권확인의 중간확인청구를 하였지만, 소유권이 인정되지 않아 건물인도청구가 기각되는 경우라면 중간확인청구에 대해서도 기각판결을 함으로써 기판력 있는 판단을 하여야 한다.[114]

법원은 본소와 중간확인의 소에 의하여 제기된 새로운 청구의 변론을 분리할 수 있는가?

110) 강현중, 827쪽; 김홍엽, 966쪽; 송상현·박익환, 621쪽; 이시윤, 724쪽; 정동윤·유병현·김경욱, 1038쪽; 정영환, 873쪽.
111) 伊藤 真, 『民事訴訟法(第6版)』, 有斐閣, 2018, 641面.
112) 호문혁, 887쪽.
113) 대법원 2008.11.27. 선고 2007다69834,69841 판결.
114) 서울고등법원 1980.10.29. 선고 79나1074 판결.

양 청구 간에는 단순병합의 형태이지만 중간확인의 소가 선결적 법률관계에 있으므로 통상의 단순병합과 달라서 변론의 분리 및 일부판결은 부적절하다.[115)]

제4절 반 소

I. 의 의

소송계속 중에 피고가 그 소송절차를 이용하여 원고에 대하여 제기하는 소를 반소라 한다(269). 즉 본소청구와 관련된 권리관계 일반에 대하여 피고가 소를 제기하여 본소청구와 병합하여 심리해 줄 것을 구하는 제도가 반소이다. 반소는 피고에 의한 청구의 추가적 병합으로서, 무기평등의 원칙과 소송경제 및 재판의 통일성을 확보하기 위한 것이다.

피고는 반소로 제기할 것을 별소로 제기할 수 있는가?

중복소송이 되지 않는 이상, 피고는 반소로 청구할 것을 별소로 제기하는 것도 허용된다. 다만 별소로 제기할 경우에는 본소청구와의 심리의 병합이 이루어지지 않기 때문에 재판의 통일성을 보장할 수 없다는 문제점이 있어 이러한 경우에는 가급적 이부, 변론의 병합, 이송에 의하여 하나의 소송절차로 병합시키는 것이 바람직하다.[116)] 미국 연방민사소송규칙의 경우에는 본소의 대상인 거래 또는 사건을 청구원인으로 하는 피고의 청구는 반소로 하도록 규정하고 있으므로 별소제기가 불가능하다(FRCP 13(a)).

반소는 독립의 소이고 방어방법이 아니다. 방어방법에 불과한 항변으로는 집행권원을 획득할 수 없지만, 이행을 구하는 반소의 승소판결은 집행권원이 된다. 또한 반소는 항변에서 한발 더 나아가는 적극적 내용이 포함되어야 한다. 따라서 실질적으로 본소청구의 기각을 구하는 것과 다를 바 없는 경우, 예컨대 어떤 채권에 기한 이행의 소에 대하여 동일 채권에 관한 채무부존재확인의 반소청구는 허용되지 않는다.[117)] 그러나 채무부존재확인의 본소에 그 채무의 존재를 전제로

115) 이시윤, 724쪽.
116) 이시윤, 727쪽.
117) 대법원 2007.4.13. 선고 2005다40709,40716 판결; 대법원 1968.11.19. 선고 68다1882,68다1883 판결(사법상의 형성권에 불과할 뿐 법원에 대하여 형성판결을 구할 수 있는 권리가 아닌

금전의 지급을 구하는 반소, 소유권존재확인의 본소에 그 존재확인의 반소는 적극적 내용이 포함되어 있으므로 적법하다.

반소는 방어방법이 아니라 소이므로 재정기간의 제한(147), 실기한 방어방법의 각하(149), 변론준비기일의 종결의 효과(285)의 실권효 규정이 적용되지 않으며, 판결서의 주문 및 청구의 취지란에 기재된다. 다만 반소도 소송절차를 현저히 지연시키지 아니하는 경우에만 허용된다(269본문).

반소는 피고가 원고를 상대로 한 소이다. 따라서 보조참가인에 의한 또는 보조참가인에 대한 반소제기는 부적법하나, 독립당사자참가(79) 또는 참가승계(81)의 경우에 피고의 지위에 서는 기존의 당사자는 참가인을 상대로 반소를 제기할 수 있다.

Ⅱ. 반소의 형태

1. 단순반소와 예비적 반소

(1) 단순반소

본소청구가 인용되든 기각되든 관계없이 반소청구에 대하여 심판을 구하는 경우로서 반소의 전형적인 형태이다.

(2) 예비적 반소

본소청구가 **인용될 때**를 대비하여 조건부로 반소청구에 대하여 심판을 구하는 경우로서 조건부반소의 형태이다. 예컨대 원고가 매매를 원인으로 소유권이전등기청구를 하자 원고의 청구가 인용될 때를 대비하여 피고가 잔대금의 지급을 반소로 구하는 경우가 이에 해당한다. 예비적 반소의 경우에는 ① 본소청구가 각하·취하되면 반소청구는 소멸되며, ② 본소청구가 기각되면 반소청구에 아무런 판단을 요하지 않는다.[118)]

원고의 매매잔대금청구에 대하여 피고가 계약의 무효를 주장하여 청구기각판결을 구하는 한편, 원고의 청구가 **기각될 경우**에는 이미 인도한 목적물에 대하여 부당이득으로서 반환청구를 하는 반소도 허용되는가?

민법 628조에 의한 임차인의 차임감액청구는 반소로 청구할 수 없다).
118) 대법원 1991.6.25. 선고 91다1615(본소),91다1622(반소) 판결.

이를 부진정예비적 반소라고 하는데, 허용된다. 통상의 예비적 반소는 본소청구가 인용될 것을 조건으로 하는데 비하여, 부진정예비적 반소는 본소청구가 기각될 것을 조건으로 하는 점에서 차이가 있다. 상소심에서의 가지급물반환신청(215②)도 소송 중의 소의 일종으로서 그 성질은 본소청구가 배척될 것을 대비하여 제기하는 것이므로 부진정예비적 반소이다.[119)]

제1심에서 원고의 본소청구에 피고가 예비적 반소를 하였는데, 본소청구가 배척되었고, 원고만이 항소하여 항소심에서 이를 인용한다면 반소는 어떻게 되는가?

원래 예비적 반소는 본소청구가 인용될 때를 대비하여 심판을 구하는 것이므로 본소청구가 배척되면 판단할 필요가 없다. 그러나 항소심이 원고의 항소를 받아들여 원고의 본소청구를 인용한 이상, 피고가 항소심에서 다시 예비적 반소청구를 하지 않아도 제1심에서의 예비적 반소를 심판대상으로 삼아 이를 판단하여야 한다.[120)]

피고가 원고 이외의 제3자를 반소피고로 추가하여 반소청구를 할 수 있는가?

피고가 원고 이외의 제3자도 추가하여 반소피고로 하는 반소는 원칙적으로 허용되지 아니한다. 다만 피고가 제기하려는 반소가 필수적 공동소송이 될 때에는 민소법 68조의 필수적 공동소송인 추가의 요건을 갖추면 허용될 수 있다.[121)]

2. 재반소

반소에 대한 재반소도 기존의 소송절차를 현저히 지연시키지 않는 등 반소로서의 요건을 충족하면 허용된다고 보는 것이 통설이다.

재반소의 예를 들어보라.

원고가 본소의 이혼청구에 병합하여 재산분할청구를 제기하였는데, 피고가 반소로서 이혼청구를 한 경우에 원고가 반대의 의사를 표시하였다는 등의 특별한 사정이 없는 한 원고의 재산분할 청구에는 본소의 이혼청구가 받아들여지지 않고 피고의 반소청구에 의하여 이혼판결이 나는 경우에도 재산을 분할해 달라는 취지의 청구도 포함된 것으로 봄이 상당하고, 이때 원고의 재산분할청구는 피고의 반소청구에 대한 재반소로서의 실질을 가지게 된다.[122)] 따라서 원고의 본소이혼청구를 기각하고 피고

119) 대법원 1996.5.10. 선고 96다5001 판결; 대법원 2005.1.13. 선고 2004다19647 판결.
120) 대법원 2006.6.29. 선고 2006다19061,19078 판결.
121) 대법원 2015.5.29. 선고 2014다235042,235059,235066 판결(추가된 반소피고가 본소원고의 연대보증인인 경우에는 필수적공동소송이 아니어서 반소가 부적법하다).
122) 대법원 2001.6.15. 선고 2001므626,633 판결.

의 반소청구를 받아들여 이혼을 명하는 경우에도 원고의 재산분할청구에 대한 판단을 하여야 한다.

Ⅲ. 요 건

1. 상호관련성

반소청구는 본소의 청구 또는 본소의 방어방법과 서로 관련이 있어야 한다(269①단서). 서로 관련이 없다면 심리의 중복이나 모순된 판결을 피하기 위한 일괄심리의 장점도 없기 때문이다. 다만 상호관련성은 사익적 요건이므로 직권조사사항이 아니며, 원고가 동의하거나 이의 없이 응소한 경우에는 상호관련성이 없어도 반소는 적법하다.

가. 본소청구와의 상호관련성

반소는 본소의 청구(소송물 또는 그 대상인 계쟁물, 소송물의 발생원인)와 법률상 · 사실상 공통성이 있어야 한다.

반소청구가 본소청구와 같은 법률관계의 형성을 목적으로 하는 경우(원고의 이혼청구에 피고가 반소로 이혼청구를 하는 경우), 청구원인이 같은 경우(원고가 매매를 원인으로 소유권이전등기를 청구하자 피고가 동일한 원인으로 잔대금지급을 구하는 반소를 제기하는 경우)에는 본소청구와 상호관련성이 있다.

나아가 양자의 청구원인이 일치하지 아니하여도 그 대상인 계쟁물이나 발생원인에 있어서 주된 부분이 공통인 경우(원고가 본소로써 건물소유권확인을 구하였는데 피고가 반소로써 같은 건물에 대한 임차권확인청구를 하는 경우 또는 원고가 본소로써 교통사고를 원인으로 한 손해배상청구를 하는데 피고가 같은 교통사고를 원인으로 한 손해배상의 반소를 제기하는 경우)에도 본소청구와 상호관련성이 인정된다.

원고가 임대차 종료를 원인으로 건물인도를 청구함에 있어 피고로 하여금 본건 건물을 인도하게 할 의도로 급수와 전기공급을 단절한데 대하여, 피고는 단전 · 단수에 의한 영업권 침해를 이유로 손해배상의 반소를 청구할 수 있는가?

임대차 종료를 원인으로 건물인도를 청구하는 본소와 그 건물에 대한 급수 등을 원고가 단절함으로 인한 손해배상의 반소청구는 그 목적물 또는 발생원인에 있어서 사실상 공통되는 점이 있으므로 상호관련성이 있다는 것이 판례의 입장이다.[123] 다만 위 판례에서는 본안판단을 함에 있어, 임대차종료 후 이를 인도하게 할 의도로 급수와 전기공급을 단절한 경우에 반소원고는 본건 건물의 불법점거자이므로 반소피고에 대하여 영업권침해를 주장할 수 없다고 판시하였다.

나. 본소에 대한 방어방법과의 상호관련성

반소는 본소에 대한 항변사유와 대상, 발생원인에 있어서 사실상 또는 법률상 공통성이 있는 경우에도 허용된다.

예컨대 원고의 대여금청구에 대하여 피고가 상계항변을 하면서 상계초과채권의 이행을 구하는 반소, 원고의 건물인도청구에 대하여 피고가 항변으로 유치권을 주장하면서 그 건물에 관하여 생긴 피담보채권의 지급을 청구하는 반소 등이 이에 해당한다.

물론 이러한 반소는 그 방어방법이 현실적으로 제출되어야 하므로 실기한 방어방법으로 각하된 항변에 바탕을 둔 반소는 허용되지 아니하며, 원고가 상계금지채권(민 496 내지 498)에 기하여 본소를 청구한 경우와 같이 피고의 실체법상 항변이 허용될 수 없는 경우 이에 바탕을 둔 반소도 허용되지 않는다.

원고의 점유회복의 본소에 대하여 피고가 본권에 기한 반소를 제기할 수 있는가?

예컨대 아파트 임차인의 부재중에 임대인이 그 아파트의 점유를 침탈하자 임차인이 점유회복을 위한 인도청구를 하였는데, 임대인이 소유권에 기한 인도의 반소를 제기할 수 있는가의 문제이다. 이는 민법 208조 2항에서 "점유권에 기인한 소는 본권에 관한 이유로 재판하지 못한다."라고 규정한 것과 관련되어 있다. 다수설[124]·판례[125]는 위 민법규정은 점유의 소에 대하여 피고가 본권을 **방어방법**으로 내세울 수 없다는 것일 뿐 본권에 기하여 **반소**를 제기하는 것까지 막는 것이 아니라는 이유로 이러한 반소청구는 허용된다고 본다.[126] 다수설·판례에 의할 때 양쪽이 모두 인용된다면 그 주문은 "1. 피고는 원고에게 이 사건 건물을 인도하라(본소인용). 2. 원고는 피고로부터 위 건물을 인도받은 뒤에 이를 피고에게 인도하라(반소인용)"라는 특이한 형태가 될 것이다. 이렇게 본소청구와 예비적 반소청구가 모두 인용되어 확정되면 점유자가 본소판결에 의한 강제집행으로 물건의 점유를 회복할 수 있으며,

123) 대법원 1967.3.28. 선고 67다116,117,118 판결.
124) 김홍엽, 971쪽; 이시윤, 730쪽.
125) 대법원 1957.11.14. 선고 4290민상454,455 판결.
126) 이러한 법리는 점유를 침탈당한 자가 점유권에 기한 점유회수의 소를 제기하고, 본권자가 그 점유회수의 소가 인용될 것에 대비하여 본권에 기초한 장래이행의 소로서 별소를 제기한 경우에도 마찬가지로 적용된다(대법원 2021.3.25. 선고 2019다208441 판결).

본소의 위 집행이 완료된 후에야 비로소 본권자는 반소의 집행문을 부여받아 반소의 강제집행을 할 수 있다. 다만 ① 점유자의 점유회수 집행이 무의미한 점유상태의 변경을 반복하는 것이어서 아무런 실익이 없거나 본권자로 하여금 점유회수의 집행을 수인하도록 하는 것이 명백히 정의에 반한다고 인정되는 경우, 또는 ② 점유자가 본소 승소 확정판결을 장기간 집행하지 않음으로써 본권자의 예비적 반소 승소 확정판결도 조건불성취로 강제집행에 나아갈 수 없게 되는 특별한 사정이 있다면 본권자는 본소판결에 대한 청구이의의 소로써 본소집행을 저지할 수 있다.[127)]

국제재판관할을 정함에 있어 반소관할의 요건은 어떠한가?

국제사법 7조는, 본소에 대하여 법원에 국제재판관할이 있고 소송절차를 현저히 지연시키지 아니하는 경우 피고는 본소의 청구 또는 방어방법과 밀접한 관련이 있는 청구를 목적으로 하는 반소를 본소가 계속된 법원에 제기할 수 있다고 규정함으로서, '상호관련성'이 아니라 '밀접한 관련성'을 요구하여 민소법상 요건보다 엄격하다.

2. 본소절차를 현저히 지연시키지 않을 것

이는 반소가 소송지연책으로 남용되는 것을 방지하기 위한 것이므로 공익적 요건으로서 직권조사사항이다. 본소절차에서 나온 자료의 대부분을 이용하여 반소를 심리・판단할 수 있는 경우에는 반소제기로 인하여 소송절차를 현저히 지연시키는 것으로 볼 수 없다.

3. 본소가 사실심에 계속되고 변론종결 전일 것

본소의 소송계속은 반소제기의 요건일 뿐 존속요건이 아니므로 반소제기 후에 본소가 각하 또는 취하되어 소멸되어도 예비적 반소가 아닌 한 반소에 영향이 없다.[128)] 또한 본소가 취하되면 피고는 원고가 반소에 응한 후라고 하더라도 그의 동의 없이 반소를 취하할 수 있다(271).

---

127) 대법원 2021.2.4. 선고 2019다202795,202801 판결. 양 청구가 모두 인용되어 확정되었다면 원고의 점유회수의 집행은 무의미한 점유상태의 변경을 반복하는 결과를 초래할 뿐 아무런 실익이 없으므로 점유권에 기한 건물인도청구권을 피보전권리로 한 부동산점유이전금지가처분 결정은 더 이상 유지할 필요가 없는 사정변경이 생겼다고 보아야 한다(대법원 2013.5.31. 자 2013마198 결정).

128) 그러나 피고가 본소에 대한 추완항소를 하면서 항소심에서 비로소 반소를 제기한 경우에 항소가 부적법 각하되면 반소도 소멸한다(대법원 2003.6.13. 선고 2003다16962,16979 판결).

본소가 각하된 경우에는 피고는 원고의 응소 후라도 그의 동의 없이 반소를 취하할 수 있는가?

본소가 각하된 경우에는 본소가 취하된 경우와 달리, 원고가 반소에 응한 후에는 그의 동의 없이 피고는 반소를 취하할 수 없다. 본소의 취하는 원고의 의사에 의한 것이므로 반소의 제기를 유발한 원고가 자신의 본소를 취하한 경우에까지 피고로 하여금 원고의 동의를 얻게 하는 것은 공평하지 못한데 비하여, 본소의 각하는 원고의 의사와 무관하므로 취하의 경우와는 달리 해석해야 한다는 것이 판례의 입장이다.[129)]

사실심 변론종결 전이라도 항소심에서의 반소의 제기는 상대방의 심급의 이익을 해할 우려가 있는 경우에는 상대방의 동의를 얻거나 또는 상대방이 이의 없이 반소의 본안에 대한 변론을 한 때에만 허용된다(412). 판례는 항소심에서 피고가 반소장을 진술한 데 대하여 원고가 '반소기각 답변'을 한 것만으로는 이의 없이 반소의 본안에 관하여 변론을 한 때에 해당한다고 볼 수 없다고 하였다.[130)]

민소법 412조에 의하면, 항소심에서 반소를 제기하는 경우라고 하더라도 상대방의 심급의 이익을 해할 우려가 없는 경우에는 상대방의 동의나 본안 변론 등의 조건 없이 반소가 허용된다. 이때 '상대방의 심급의 이익을 해할 우려가 없는 경우'란 반소청구의 기초를 이루는 실질적인 쟁점이 제1심에서 본소의 청구원인 또는 방어방법과 관련하여 충분히 심리되어 상대방에게 제1심에서의 심급의 이익을 잃게 할 염려가 없는 경우를 말한다.[131)] 선결적 법률관계에 있는 중간확인의 반소, 본소와 청구원인을 같이하는 반소, 항소심에서 추가된 예비적 반소 등이 이에 해당한다.[132)]

사실심 변론종결 후이면 반소제기를 위하여 변론재개를 신청할 수 있다. 그러나 법원이 이를 허용해야 할 의무는 없다. 사실심 변론종결 후인 상고심에서는 반소제기가 허용되지 않는다. 다만 가집행선고의 실효의 경우를 대비한 가지급물 반환신청(215)은 예비적 반소로서 상고심에서도 허용되며, 이 경우에는 당사자간에 다툼이 없어 사실심리를 요하지 않는 경우에 한한다.

---

129) 대법원 1984.7.10. 선고 84다카298 판결.
130) 대법원 1991.3.27. 선고 91다1783,1790(반소) 판결.
131) 대법원 2005.11.24. 선고 2005다20064,20071 판결(원고의 임대차기간확인 등 청구의 항소심에서 피고가 증액된 차임지급청구의 반소를 제기한 경우).
132) 대법원 2013.1.10. 선고 2010다75044,75051 판결.

4. 관할의 공통

반소가 다른 법원의 관할에 전속되지 않아야 한다(269①단서). 본소가 지방법원 단독판사의 관할인데, 반소로 합의사건을 제기하면 본소와 반소를 모두 합의부로 이송하여야 한다(269②본문). 다만 관할위반에 대하여 이의하지 않으면 단독판사에게 변론관할(30)이 생길 수 있다(269②단서).

합의사건에 해당하는지 여부는 본소와 반소의 소가를 합산한 값을 기준으로 하는가?

단독사건이 계속 중 반소가 제기된 경우 합의사건에 해당하는지 여부를 판단함에 있어서는 반소의 소가를 기준으로 하는 것이지, 본소와 반소의 소가를 합산한 값을 기준으로 하는 것이 아니다.

지방법원 합의부가 지방법원 단독판사의 판결에 대한 항소사건을 제2심으로 심판하는 도중에 지방법원 합의부의 관할에 속하는 반소가 제기되면 사건을 관할 고등법원으로 이송해야 하는가?

심급관할은 제1심법원의 존재에 따라 그에 대응하여 결정되는 전속관할이어서 이 사건 소송의 항소심은 제1심법원의 항소사건을 담당하는 원심법원의 관할에 당연히 속하며, 지방법원 합의부가 지방법원 단독판사의 판결에 대한 항소사건을 제2심으로 심판하는 도중에 지방법원 합의부의 관할에 속하는 반소가 제기되었다고 하더라도 이미 정하여진 항소심의 관할에는 영향이 없다. 즉 지방법원 본원 합의부가 그 반소를 고등법원에 이송하거나 제1심 법원으로서 판결하여 다시 고등법원에 항소할 수 있게 하여야 하는 것은 아니다. 나아가 '손해나 지연을 피하기 위한 이송'은 전속관할인 심급관할에는 적용되지 않아(35조 단서), 이를 이유로 이송할 여지도 없다.[133)]

5. 소송절차의 공통

본소청구와 반소청구는 청구의 병합요건을 갖추어야 하므로 반소청구는 본소청구와 같은 소송절차에 따르는 경우이어야 한다(253).

---

133) 대법원 2011.7.14. 자 2011그65 결정.

Ⅳ. 절차와 심판

1. 반소의 제기

반소는 본소에 관한 규정을 따른다(270). 따라서 반소는 반소장을 제출하여야 한다. 반소장에는 소장에 붙이는 것과 같은 금액의 인지를 붙여야 하나, 본소와 그 목적이 동일한 반소의 경우에는 반소의 인지액에 본소의 그것을 공제한 차액의 인지액만 내면 된다(민인 4②, 차액주의). 반소장 부본은 바로 원고에게 송달하여야 한다.

2. 반소요건 등의 조사

반소요건에 흠이 있더라도 일반소송요건이 갖추어져 있으면 독립의 소로서 분리하여 심판하여야 한다는 것이 다수설이다.[134] 이에 대하여 제1심에서의 반소라면 몰라도 항소심에서 당사자의 동의가 없어 반소의 요건을 갖추지 않은 경우에 본소와 분리하여 심판하게 되면 상대방의 심급의 이익을 박탈하는 것이 되므로 허용될 수 없다는 견해도 있다.[135] 생각건대, 반소제기자의 시효중단의 이익 및 상대방의 심급의 이익을 고려하면 제1심으로의 이송이 타당하다고 본다.[136] 그러나 이송을 하는 경우에는 반소제기자와 이에 대응하는 상대방 중 누가 원·피고의 지위를 가지는지 모호해진다는 문제점이 남는다.

판례는 항소심에서 상대방의 동의 없이 제기한 반소는 그 반소 자체가 부적법한 것이어서 단순히 관할법원을 잘못 선택한 소제기와는 다른 것이므로 이를 각하하여야 한다고 본다.[137]

반소가 반소요건을 갖추었더라도 반소는 소송 중의 소이므로 소송요건을 갖추고 있는지 직권으로 조사하여야 한다. 소송요건에 흠이 있는 경우 달리 보정이 이루어지지 않는 한 반소제기는 부적법하므로 판결로 각하하여야 한다.

---

134) 김홍규·강태원, 762쪽; 이시윤, 733쪽; 정동윤·유병현·김경욱, 1033쪽; 정영환, 868쪽; 호문혁, 895쪽.

135) 김홍엽, 976쪽.

136) 호문혁, 895쪽.

137) 대법원 1965.12.7. 선고 65다2034,2035 판결. 이 판결은 구민소법 하에서 선고되었다는 점에 유의할 필요가 있다. 현행 민소법 하에서는 심급의 이익을 해할 우려가 없는 경우에는 상대방의 동의가 없더라도 항소심에서 반소를 제기할 수 있다(412①).

공시송달에 의한 제1심 판결에 의해 이미 원고 명의로 등기명의가 이전된 경우 피고가 추후보완항소를 통하여 그 말소절차의 이행을 구하는 반소를 제기할 소의 이익이 있는가?

소송서류 등이 공시송달의 방법으로 송달되어 확정된 제1심판결문을 기초로 등기권리자가 소유권이전등기를 마쳤으나 이후 제기된 추후보완항소에서 제1심판결이 취소되고 등기권리자의 청구가 기각되었다면, 등기의무자로서는 이미 등기명의를 이전받은 등기권리자를 상대로 위 추후보완항소 절차에서 반소를 제기하여 소유권이전등기의 말소등기절차를 구할 소의 이익이 있다.[138)]

3. 본안심판

본소와 반소는 심리의 중복·재판의 불통일을 피하기 위하여 원칙적으로 본소와 반소를 병합심리한 후 1개의 전부판결을 하여야 한다. 이때에는 주문의 항을 달리하여 본소와 반소를 별도로 내야 하지만 소송비용은 소송비용 불가분의 원칙상 본소비용과 반소비용을 한꺼번에 판단한다.

반소의 소송계속 중에도 반소청구의 변경이 가능하지만 이 경우에는 청구변경의 일반적 요건을 갖추어야 한다. 판례는 와인상점의 무단점거를 이유로 영업손실액 상당의 손해배상청구의 반소를 제기하였다가 와인 손상에 따른 손해배상청구로 교환적으로 변경한 것은 청구의 기초에 변경이 없어 허용된다고 하였다.[139)]

본소청구와 반소청구에 대하여 법원에 의한 변론의 분리와 일부판결이 가능한가?

단순반소의 경우에는 본소와 반소가 전혀 관련성이 없음에도 원고가 동의하거나 이의 없이 변론에 응한 경우와 같이 특별한 사정이 있으면 변론의 분리와 일부판결이 허용된다는 것이 다수설이다. 그러나 예비적 반소와 같이 청구 상호간에 조건관계가 있는 경우 및 이혼사건의 본안과 반소와 같이 형성력이 발생하는 경우에는 변론의 분리와 일부판결을 허용할 수는 없을 것이다.

---

138) 대법원 2023.4.27. 선고 2021다276225,2021다276232 판결.
139) 대법원 2012.3.29. 선고 2010다28338 판결.

제2장
다수당사자소송

제1절 총 설

Ⅰ. 공동소송의 의의

하나의 소송절차에 복수의 원고 또는 복수의 피고가 관여하는 소송형태를 공동소송이라 한다. 원·피고 쌍방이 복수인 소송도 당연히 공동소송이다. 공동소송은 선정당사자, 소송참가, 당사자의 변경과 함께 다수당사자소송 중의 하나이다. 공동소송에서 어느 한 쪽에 선 복수의 원고 또는 복수의 피고를 공동소송인이라 한다. 민소법 65조는 공동소송의 요건을 규정하고 있는데, ① 소송의 목적인 권리 또는 의무가 여러 사람에게 공통된 경우, ② 소송의 목적인 권리 또는 의무가 여러 사람에게 사실상 또는 법률상 같은 원인으로 말미암아 생긴 경우, ③ 소송의 목적인 권리 또는 의무가 같은 종류이고, 사실상 또는 법률상 같은 종류의 원인으로 말미암은 경우에 공동소송인이 될 수 있다고 규정하고 있다.

각 공동소송인과 상대방 사이의 분쟁이 서로 연관성이 있는 경우에 동일한 절차 내에서 동시에 심판하면 어떤 장점이 있는가?

원고측으로서는 여러 피고와 관련된 청구를 하나의 절차에서 심판받으면 1회의 소송으로 소의 실질적인 목적을 달성할 수 있는 장점이 있고, 피고측으로서도 여러 원고와의 사이에 동시에 심판을 받음으로써 반복하여 응소하는 번잡을 피할 수 있다. 또한 피고측은 공통의 쟁점에 대하여 방어를 공동으로 할 수 있는 이점도 있다. 요컨대 공통의 쟁점에 대하여 심리의 중복을 피할 수 있고, 당사자도 법원도 노력을 절약할 수 있으며, 통일적인 분쟁해결을 도모할 수 있는 장점이 있다.

공동소송은 민소법 66조가 적용되어 각 공동소송인을 독립적으로 취급하는 통상 공동소송과 민소법 67조가 적용되어 소송자료의 통일과 절차진행의 통일이 요청되는 필수적 공동소송으로 나누어진다. 전자의 경우에는 공동소송인 사이에 승패가 같지 않아도 되지만, 후자의 경우에는 승패를 같이한다.

민소법 65조의 공동소송에는 필수적 공동소송을 포함하는가?

민소법 65조는 통상공동소송(66)과 필수적 공동소송(67)을 포괄하는 공동소송의 일반적 요건을 규정한 것이고, 민소법 67조는 민소법 65조의 공동소송 중에서 승패가 같아야 하는 경우(합일확정)에 적용되는 특별규정이다(그 외의 공동소송에는 66조가 적용된다).[1] 그리고 필수적 공동소송은 실체법상 관리처분권(당사자적격)이 공동으로 귀속되는 경우(고유필수적 공동소송)와 그 외 판결효가 확장되는 경우(유사필수적 공동소송)로 나뉜다. 따라서 민소법 65조의 문장을 기계적으로 나누어 전문이 필수적 공동소송을, 후문이 통상공동소송을 규정한 것으로 오해하여서는 안 된다.

Ⅱ. 공동소송의 발생원인과 소멸원인

(1) 원시적 발생원인

처음부터 여러 사람의 원고가, 또는 여러 사람의 피고에 대하여 공동으로 소를 제기하는 것을 말한다. 이것을 소의 고유의 주관적 병합이라 한다.

(2) 후발적 발생원인

처음에는 단일소송이었는데 소송계속이 있은 후에 공동소송이 되는 경우를 말한다. 여기에는 ① 필수적 공동소송인의 추가(68) 및 예비적·선택적 공동소송인의 추가(70, 68), ② 참가승계(81), ③ 소송인수(82), ④ 공동소송참가(83, 상 404 ①), ⑤ 변론의 병합(141), ⑥ 사망 등으로 한 사람의 지위를 수인이 당연승계한 경우 등이 있다.

(3) 소멸원인

공동소송인의 일부의 소송관계가 일부판결에 의해 종결되거나, 일부화해, 일부의 포기·인낙 또는 일부취하로 종료된 때 또는 변론이 분리된 경우(141)에는 공동소송은 단일소송으로 바뀐다.

---

1) 김홍엽, 980쪽; 박재완, 618쪽; 이시윤, 737쪽; 전병서, 595쪽; 정동윤·유병현·김경욱, 1044쪽; 정영환, 763쪽; 한충수, 708쪽. 반면에 민소법 65조를 통상공동소송의 요건으로 이해하는 견해(강현중, 838쪽; 김홍규·강태원, 765쪽; 전원열, 628쪽, 호문혁, 899쪽)도 있다.

Ⅲ. 공동소송의 일반요건

당사자들이 한 절차에 병합되기 위한 요건을 주관적 요건이라고 하고, 청구가 한 절차에 병합되기 위한 요건을 객관적 요건이라고 한다. 주관적 요건은 항변사항이지만 객관적 요건은 직권조사사항이다.

1. 주관적 요건

(1) 소송목적이 되는 권리·의무의 공통(65전문전단)

소송목적이 되는 권리·의무란 소송물을 의미하므로, 결국 소송물이 공통되는 경우를 말한다. 불가분채권(무)자(민 409, 411), 연대채무자(민 413), 공동상속인(민 1006) 사이처럼 권리나 의무가 공통인 경우 또는 수인에 대한 상대방의 권리주장이 내용상 동일한 경우, 예컨대 여러 명의 피고에 대한 동일소유권의 확인청구 또는 목적물인도청구 등이 여기에 해당한다.

(2) 소송목적이 되는 권리·의무의 발생원인의 동일(65전문후단)

동일한 사고에 의한 여러 피해자의 손해배상청구 또는 여러 가해자에 대한 손해배상청구, 주채무자와 보증인을 공동피고로 하는 청구, 1개의 계약에 기하여 여러 명이 권리자 또는 의무자가 된 경우, 건물을 공동으로 불법점유하는 수인에 대하여 건물소유자가 인도를 청구하는 경우, 양도를 무효라고 하여 양수인과 전득자를 상대로 각각 등기말소를 청구하는 경우 등과 같이 청구를 이유 있게 하는 원인사실의 주요부분이 일치하는 관계에 있으면 된다.

(3) 소송목적이 되는 권리·의무의 동종 및 발생원인의 동종(65후문)

이는 민소법 65조 전문의 경우보다 범위가 넓다. 즉 소송물이나 발생원인이 상호 관련되어 있지 않고 소송물인 권리·의무가 같은 종류의 것으로서 사실상 또는 법률상 같은 종류의 원인에 기인하는 경우이다. 여러 통의 어음발행인에 대한 각 별개의 어음청구, 임대인의 여러 임차인에 대한 임차금 지급청구, 같은 종류의 분양계약에 기해 여러 사람에 대한 분양대금지급청구 등이 이에 해당한다. 이 경우에는 위 (1), (2)의 경우와는 달리 관련재판적이 준용되지 않고(25②),[2] 공

---

2) 따라서 한쪽 당사자 모두에게 관할권이 있어야 공동소송을 제기할 수 있고, 그중 한 사람에 대

격방어방법이 공통쟁점이 된 때 이외에는 선정당사자를 세울 수도 없으며,[3] 공동소송인 독립의 원칙에 대한 수정론, 즉 증거공통·주장공통의 원칙이나 이론상 합일확정소송의 필요성이 논의되지 않는다.

채권자가 주채무자와 보증인을 상대로 하여 대여금반환청구소송을 제기하였다. 채권자는 주채무자에게는 패소하였지만, 보증인에 대해서는 그가 변론기일에 불출석하는 바람에 자백간주로 승소하였다. 이 두 개의 판결이 확정된 경우 승소한 판결로 주채무자와 보증인을 상대로 집행할 수 있는가?

원칙적으로 집행력이 미치는 범위는 기판력이 미치는 범위와 동일하다. 그리고 분쟁해결의 상대성은 통상공동소송에도 적용되므로 기판력의 상대성도 그대로 유효하다. 따라서 보증인에게 승소한 확정판결로 주채무자를 상대로 집행할 수는 없다.

자동차에 동승하였던 여러 피해자가 동일한 가해자를 상대로 손해배상청구를 제기한 경우 필수적 공동소송인가, 아니면 통상공동소송인가?

여러 명의 피해자가 한 명의 가해자를 상대로 한 손해배상청구는 민소법 65조 전문후단에 해당되는 통상공동소송이다.

채권자가 복수의 연대채무자를 상대로 대여금청구소송을 하는 경우는 필수적 공동소송인가, 아니면 통상공동소송인가?

실체법적 시각에서는 복수의 연대채무자에 대하여 서로 다른 판결이 선고되는 것을 기이하게 생각할 수 있다. 그러나 연대채무자들은 1개의 채무를 서로 나누어서 부담하는 것이 아니라 각각 자신의 채무를 부담하는 것이므로 그중 어느 1인이 자백할 수도 있고, 청구를 인낙할 수도 있음은 소송법상 당연하다. 결국 이러한 소송은 합일확정의 필요가 없으므로 민소법 65조 전문전단에 해당하는 통상공동소송이다. 주채무자와 보증인을 공동피고로 하는 소송도 65조 전문후단에 해당하는 통상공동소송이다. 통상공동소송은 실체법에 경도되어 있는 초학자가 자주 좌절하는 분야이다. 실체법상으로는 일체적인 분쟁이라도 소송법상으로는 상대적 해결이 가능하다는 것이 통상공동소송의 논리이다.

민사소송에서 2명을 공동피고로 삼아 소송이 제기되었지만 피고들 사이에 어떠한 관계도 없는 경우(주관적 병합요건의 흠결)에 법원은 그 소를 각하해야 하는가, 아니면 별소로 취급해야 하는가?

해서만 관할권이 있는 경우에는 공동소송을 제기할 수 없다.

3) 대법원 2007.7.12. 선고 2005다10470 판결.

피고가 이의를 제기하지 않은 경우에 법원은 공동소송 그대로 심리해야 한다. 주관적 병합요건은 직권조사사항이 아니라 항변사항이므로 피고의 이의가 없으면 그 흠결에도 불구하고 공동소송으로 심리한다. 물론 이로 인하여 소송이 과도하게 복잡해지는 경우에 법원은 피고들의 변론을 분리하여 심리할 수 있다(141).

2. 객관적 요건

통상공동소송에는 공동소송인과 상대방 사이에 청구병합이 수반되므로 청구병합의 요건도 갖추어야 한다. 즉 ① 공동소송인의 각 청구가 같은 종류의 소송절차에 의해 심판될 것(253), ② 각 청구에 대하여 수소법원에 공통의 관할권이 있을 것을 요한다. 특히 민소법 65조 후문의 공동소송은 관련재판적의 규정이 준용되지 않아 공통의 관할을 찾기가 쉽지 않다.

Ⅳ. 공동소송의 종류

1. 통상공동소송

가. 의 의

통상공동소송은 공동소송인 사이에 승패를 같이 할 필요가 없는 공동소송을 말한다. 공동소송인들이 각각 별도로 소송을 해도 아무런 문제가 없지만 그들의 청구 상호간에 민소법 65조에서 정한 관계가 있어서 동일 절차에서 함께 소송을 할 수 있는 경우이다. 이 경우에는 각 공동소송인의 청구 또는 각 공동소송인에 대한 청구를 한 절차에서 심판하므로 청구의 병합이 발생한다. 이쪽이 필수적 공동소송보다 사건 수가 많고 원칙적인 형태이므로 '통상'공동소송이라 불린다.

나. 공동소송인 독립의 원칙

(1) 개 념

각 공동소송인이 다른 공동소송인의 소송행위에 의해 제약이나 영향을 받지 않고 각자 자유롭게 독립하여 자신의 소송행위를 할 수 있다는 원칙이 공동소송인 독립의 원칙이다(66). 통상공동소송은 원래 개별적인 소송으로 해결해도 무방한 성질의 사건이 우연히 하나의 절차에 병합된 형태이기 때문이다. 다만 각 공동소송인은 하나의 소송절차로 심리되므로 변론준비, 변론 및 증거조사, 판결은 공통의 기일에서 행해지는 것이 원칙이다.

(2) 내 용

1) 소송요건의 개별처리

소송요건의 존부는 각 공동소송인마다 개별적으로 심사 · 처리하여야 하며, 흠 있는 공동소송인에 한하여 각하하여야 한다.

2) 소송자료의 불통일

공동소송인 중 한 사람의 소송행위(공격방어방법, 항변, 청구의 포기 · 인낙, 자백, 화해, 소나 상소의 취하, 상소제기 등)는 유리하든 불리하든 다른 공동소송인에게 영향을 미치지 않는다.[4)]

3) 소송진행의 불통일

한 사람에 대해 생긴 소송중단 · 중지사유, 기일 · 기간의 해태, 불출석으로 인한 자백간주, 소취하간주 등은 공동소송인 개인별로 적용되며, 다른 공동소송인에게 영향을 미치지 않는다.

4) 당사자 지위의 독립

각 공동소송인은 자신의 소송관계에서만 당사자이므로 다른 공동소송인의 대리인 · 보조참가인 · 증인이 될 수 있고, 다른 공동소송인에게 소송고지를 할 수 있다(84).

5) 재판의 불통일

공동소송인 한 사람에 대해 판결하기에 성숙한 때에는 변론을 분리하여 일부판결을 할 수 있다. 공동소송인 전부에 대하여 판결의 내용이 일치할 필요도 없고,[5)] 소송비용의 부담도 공동소송인 개인별로 한다. 다만 공동소송인이 모두 패소하였을 때 상대방과의 사이에서 발생하는 소송비용의 부담에 관하여는 특칙이 있다(102).

다. 공동소송인 독립의 원칙에 대한 수정론

통상공동소송은 각 공동소송인이 개별적으로 독립된 지위에 있으므로 재판이

---

4) 대법원 2009.4.23. 선고 2009다1313 판결.
5) 대법원 2008.6.12. 선고 2007다36445 판결.

모순 · 저촉되는 경우가 생기더라도 이는 오히려 자연스럽다고 할 수 있다. 그러나 민소법 65조 전문에 해당하는 피고로서 연대채무자들 사이 또는 주채무자와 보증인 사이에 재판이 모순 · 저촉되는 경우에는 실체법적 견지에서 보면 결론이 매우 부자연스럽다는 느낌을 받게 되는데, 여기에서 위와 같은 경우에는 변론주의를 완화하여 공동소송인 독립의 원칙을 수정하여야 한다는 법리가 생겨나게 되었다. 수정론의 핵심은 공동소송인이 적극적으로 소송행위를 하는 경우에 비로소 공동소송인 독립의 원칙을 보장하면 충분하고, 그 외에는 공동소송인간에 모순 · 저촉이 없는 재판을 하여야 한다는 것이다.

(1) 증거공통의 원칙의 적용여부

민소법 65조 전문에 해당하는 공동소송인의 경우에는 병합심리되는 이상 변론 전체의 취지 및 증거조사의 결과로 얻은 심증은 각 공동소송인에 대해 공통으로 적용되므로, 한 사람의 공동소송인이 제출한 증거는 다른 공동소송인이 그 증거를 원용하지 않더라도 그를 위해 유리한 사실인정의 자료로 사용할 수 있다는 것이 '공동소송인 사이의 증거공통의 원칙'[6]이다. 통상공동소송에 증거공통의 원칙을 허용하자는 입장이 다수설이다.[7] 물론 다수설에 의하더라도 각 공동소송인이 충분히 증거를 제출한 경우에는 문제될 것이 없으므로 이 원칙이 적용될 여지가 없고, ① 공동소송인간에 이해가 상반되는 경우에까지 이 원칙을 적용할 수는 없다. 왜냐하면, 예컨대 교통사고에서 공동소송인인 가해 피고들이 서로 상대방에게 과실이 있다고 주장하였는데, 그중 한 명이 제출한 증거로 다른 공동소송인의 과실여부에 대한 사실인정의 자료로 사용하면 그 다른 공동소송인은 자신의 방어권이 보장되지 않기 때문이다(물론 일반적이지는 않지만 불리해지는 그 다른 공동소송인이 명시적으로 그 증거를 원용하는 경우에는 예외이다). 또한 ② 공동소송인 중 한 사람이 자백이나 자백간주되는 경우 그 사람에게는 증거에 의한 심증에 불구하고 자백대로 사실을 확정하여야 하므로 이 원칙을 적용할 수 없다. 판례는 증거공통의

---

6) 증거공통의 원칙은 원래 대립당사자인 원 · 피고 중 어느 한 당사자가 제출한 증거는 그 당사자에 한하지 않고 양 당사자 사이에 공통의 증거자료로 이용된다는 원칙인데(앞의 「변론주의」 참조), 이를 확대하여 대립당사자가 아닌 공동원고나 공동피고 사이에도 이 원칙이 적용된다는 것이 "공동소송인 사이의 증거공통의 원칙"이다. 이 원칙에 따르면 공동소송인 중 일부에 대해 행해진 증거조사의 결과를 나머지 공동소송인을 위해서도 증거자료로 삼을 수 있음을 의미한다. 주장공통의 원칙도 기본적인 원리는 증거공통의 원칙과 동일하다.

7) 강현중, 843쪽; 이시윤, 740쪽; 정동윤 · 유병현 · 김경욱, 1047쪽; 정영환, 883쪽.

원칙을 부정한다.[8)]

다수설이 증거공통의 원칙을 주장하는 근거와 문제점은 무엇인가?

자유심증주의 하에서는 하나의 역사적 사실에 대한 심증은 하나밖에 있을 수 없다는 것을 그 근거로 한다. 그러나 증거를 제출하지 않은 공동소송인의 입장에서 보면 자신뿐만 아니라 소송의 상대방조차 제출하지 아니한 증거방법을 사실인정에 사용한 것이므로 직권탐지에 유사하게 되어 변론주의의 제3원칙(직권증거조사의 원칙적 금지)에 반한다. 이러한 이유로 통상공동소송에 증거공통의 원칙의 적용을 반대하면서 법원이 보충적으로 직권증거조사를 할 수 있으므로 한 공동소송인에 대한 증거가 불충분할 때 비로소 다른 공동소송인이 제출한 증거를 법원 직권으로 심증형성의 자료로 사용하여야 한다는 견해[9)] 또는 통상공동소송에서 증거공통의 원칙은 민소법 66조의 명문에 반하므로 이를 인정할 수는 없고, 다만 법원의 소송지휘권 및 석명권을 적절하게 행사하는 방법으로 불합리를 해결해야 한다는 견해[10)]가 주장되고 있다.

(2) 주장공통의 원칙의 적용여부

공동소송인 중의 일부가 공동소송인 전체에 유리한 주장을 했을 때 다른 공동소송인이 이를 원용하지 않아도 주장한 것으로 인정할 수 있다는 원칙이 주장공통의 원칙이다. 예컨대 갑이 을 · 병을 상대로 소유권확인의 소를 제기한 경우 을은 열심히 다투고, 병은 답변서를 제출하지 아니하여 자백간주가 적용될 경우에 을이 주장한 내용을 병도 주장한 것으로 인정할 수 있다는 것이다. 다수설[11)]과 판례[12)]는 주장공통의 원칙을 적용하는 것은 변론주의의 원칙에 반하고, 원용하지 않아도 주장한 것으로 보게 되면 상대방의 방어권을 박탈할 위험이 있다는 이유로 주장공통의 원칙은 허용될 수 없다는 입장이다. 이에 대하여, 공동소송인 중 1인이 공통사실에 대한 주장을 하였을 때 다른 공동소송인이 이에 저촉되는 행위를 적극적으로 행한 바가 없고 그 주장이 다른 공동소송인에게 이익이 된다면 이를 긍정하여야 한다는 견해도 있다.[13)] 물론 공동소송인 사이에 소송목적이 되는 권

---

8) 대법원 1991.4.12. 선고 90다9872 판결; 대법원 1959.2.19. 자 4291민항231 결정. 일본 판례는 통상공동소송인 사이에 증거공통의 원칙을 인정한다(日最判 1970.1.23. 判時 589号 30面).
9) 호문혁, 905쪽.
10) 송상현 · 박익환, 635쪽.
11) 김홍엽, 985쪽; 송상현 · 박익환, 635쪽; 정동윤 · 유병현 · 김경욱, 1048쪽; 호문혁, 905쪽.
12) 대법원 1994.5.10. 선고 93다47196 판결; 대법원 1997.2.28. 선고 96다53789 판결. 일본의 판례도 증거공통의 경우와는 달리, 주장공통의 원칙은 허용하지 않는다.

리·의무가 공통한 경우(65 전문)가 아니면 각각 공격방어방법이 다를 것이므로 주장공통의 원칙이 적용될 여지가 없다.

「법률상 당연의 보조참가이론」이란 무엇인가?

주장공통의 원칙의 근거로 제기된 이론이다. 즉 어느 한 공동소송인이 보조참가의 이익이 있는 경우에는 보조참가신청이 없어도 보조참가신청을 한 것과 동일하게 취급하자는 이론이다. 예를 들면 주채무자가 다투는 경우에 불출석한 보증인을 보조참가한 것으로 보아 그도 다툰 것으로 취급하는 것이다(76 참조). 이에 대하여는 보조참가의 신청이 없는데도 참가관계를 인정하는 것은 소송관계를 불명료하게 하고, 비록 참가관계를 인정하더라도 참가인의 소송행위가 피참가인(다른 공동소송인)의 소송행위와 저촉될 때에는 그 효력이 없기 때문에 별다른 구실을 못한다는 비판이 있다.

2. 필수적 공동소송

소송목적이 공동소송인 모두에게 합일적으로 확정되어야 할 공동소송을 필수적 공동소송이라 한다(67①). 이때의 "소송목적"이란 소송물, 즉 소송상 청구를 의미한다. 따라서 필수적 공동소송이 되기 위해서는 소송물에 대하여 합일확정의 필요가 있을 것을 요한다. 합일확정이란 소송의 승패를 일률적으로 정해야 한다는 의미로서, 재판의 모순을 방지하기 위한 것이다. 합일확정을 위해서는 소송자료의 통일(67②)과 소송진행의 통일(67③)이 필요하다. 필수적 공동소송은 소송을 공동으로 하는 것이 강제되는지 여부에 따라 고유필수적 공동소송과 유사필수적 공동소송으로 나누어진다.

가. 고유필수적 공동소송

소송공동이 법률상 강제되고 합일확정의 필요가 있는 공동소송을 고유필수적 공동소송이라고 한다. 합일확정을 위해서 전원이 함께 원고 또는 피고가 되어야 비로소 당사자적격이 인정되고, 그렇지 않으면 당사자적격을 잃어 부적법한 소송을 말한다.[14] 고유필수적 공동소송제도의 목적은 실체법상 관리처분권이 공동으로

13) 강현중, 844쪽; 이시윤, 741쪽; 정영환, 884쪽.

14) 다만 대법원은 공동건축주 명의변경에 관한 동의의 표시는 변경 전 건축주 전원이 참여한 단일한 절차나 서면에 의하여 표시될 필요는 없고 변경 전 건축주별로 동의의 의사를 표시하는 방식도 허용되므로, 동의의 의사표시에 갈음하는 판결도 반드시 변경 전 건축주 전원을 공동피고

귀속되는 경우에 판결의 모순·저촉을 방지하고 나아가 전원에게 소송에 관여할 기회를 확보한다는 절차보장의 요구를 실현하기 위함이다. 실체법상 이유에 의한 필수적 공동소송이라고도 하는데, 아래와 같이 세 유형으로 나누어 고찰하는 것이 편리하다.

고유필수적 공동소송인가 아닌가를 결정하는 기준을 관리처분권의 공동귀속여부로 보는 통설은 어떠한 비판을 받고 있는가?

실체법상 관리처분권의 공동귀속여부를 고유필수적 공동소송인지 아닌지를 결정하는 기준으로 보는 견해를 **관리처분권설**이라고 하며 전통적인 견해인데(다수설),[15] 당사자적격의 이론적 근거로서 이미 살펴본 바 있다. 다만 이 견해는 고유필수적 공동소송의 범위를 축소시킴으로써 피고가 여러 번의 응소를 강제당하는 경우도 있고, 당사자에 포함되지 못한 제3자가 판결에 의해 사실상 불이익을 받게 될 수도 있다는 비판을 받고 있다. 이러한 난점을 고려하여 고유필수적 공동소송의 범위를 넓히려는 시도가 있는데, 실체법상 관리처분권에 의하지 아니하고 분쟁의 통일적 해결의 관점에서 분쟁해결의 실효성, 판결의 모순회피의 이익, 관계자(특히 제3자)의 이익, 절차의 진행상황 등의 소송법적 요소를 중시하여 고유필수적 공동소송인지 여부를 결정하자는 견해가 있는데 이를 **소송정책설**이라 한다. 또한 관리처분설과 소송정책설을 아울러 중시하여 그 범위를 판정하여야 할 것이라는 **절충설**도 있다.[16] 아래 (2)유형은 관리처분권설 만으로는 설명하기 어려운 면이 있다.

(1) 여러 명의 소송담당자의 경우

법률 또는 권리주체의 의사에 기초하여 특정한 권리관계에 대하여 여러 명의 소송담당자가 공동으로 관리처분권을 행사하여야 하는 경우에 그 다수인 사이에는 고유필수적 공동소송이 성립된다. ① 신탁재산에 관한 소송에서 수탁자가 여럿인 경우(신탁법 50), ② 회생절차상 채무자의 재산에 관한 소송에서 관리인이 여럿인 경우(채무자회생법 75), ③ 파산재단에 관한 소송에서 파산관재인이 여럿인 경우(채무자회생법 360),[17] ④ 같은 선정자들에 의하여 공동으로 선정된 선정당사

로 하여 받을 필요는 없으며 부동의하는 건축주별로 피고로 삼아 그 판결을 받을 수 있다고 봄이 타당하다고 판시한 적이 있는데(대법원 2015.9.10. 선고 2012다23863 판결), 이는 공동소송강제의 범위를 축소한 예외적인 판례라고 할 수 있다.

15) 강현중, 846쪽; 김홍엽, 987쪽; 송상현·박익환, 635쪽; 이시윤, 742쪽.

16) 김홍규·강태원, 769쪽; 정동윤·유병현·김경욱, 1050쪽; 정영환, 886쪽.

17) 대법원 2008.4.24. 선고 2006다14363 판결. 다만 공동파산관재인 두 명 중 한명이 파산관재인의 자격을 상실한 경우에는 남아있는 파산관재인은 선정당사자의 경우(54)와 마찬가지로 수계

자가 여럿인 경우(54, 53), ⑤ 여러 명의 유언집행자를 상대로 유증의무의 이행을 구하는 소송[18] 등이 이에 속한다. 일종의 소송수행권의 합유관계라고 할 수 있다.

여러 명의 소송담당자에게 고유필수적 공동소송이 성립하는 것으로 규정한 이유는 무엇인가?

소송담당자를 여러 명 두는 이유는 이들을 상호 견제시켜 관리처분을 적정하게 행사하려는데 목적이 있으므로 그 실현을 위해서는 고유필수적 공동소송이 적합하기 때문이다. 이에 해당하는 관리처분권자나 직무집행자들은 원고측이 되는 경우든 피고측이 되는 경우든 고유필수적 공동소송이 된다.

(2) 타인과의 사이에 법률관계의 변동을 목적으로 하는 소의 경우

타인간의 법률관계에 변동을 생기게 하는 소송은 그 법률관계의 주체 전원이 당사자가 되어야 하는 고유필수적 공동소송이다. 여러 사람이 강한 이해관계를 가지는 법률관계임에도 한명 한명을 따로 피고로 삼아 소송하는 것을 허용하면 서로 다른 내용의 판결이 선고되어 분쟁이 해결되지 않을 뿐만 아니라 형성판결 또는 확인판결에 의해 권리가 변동되는 모든 사람의 절차권이 효율적으로 보장되지 않기 때문이다. ① 제3자가 제기하는 혼인무효·취소의 소는 부부를 공동피고로 하여야 하고(가소 24②), 제3자가 제기하는 친자관계부존재확인의 소는 생존하는 부모 및 자녀를 공동피고로 하여야 하며(가소 28, 24②),[19] 자녀가 제기하는 민법 845조에 의한 부를 정하는 소는 모와 모의 배우자 및 전 배우자를 모두 상대로 하여야 한다(가소 27②). 또한 집합건물의 관리인 해임의 소는 관리단과 관리인 사이의 법률관계 해소를 목적으로 하는 형성의 소이므로 법률관계의 당사자인 관리단과 관리인 모두를 공동피고로 하여야 한다(집합건물법 24③).[20] ② 명문규정은 없지만 판례에 의하면 소수주주에 의한 청산인 해임의 소(상 539)는 회사와 청산인을 공동피고로 하여야 하고,[21] 통설은 소수주주에 의한 이사해임의 소(상 385)도 회사와 이사를 공동피고로 하여야 한다고 본다.

절차가 필요 없고 혼자서 소송행위를 할 수 있다.

18) 대법원 2011.6.24. 선고 2009다8345 판결.

19) 대법원 1983.9.15. 자 83즈2 결정.

20) 대법원 2011.6.24. 선고 2011다1323 판결.

21) 대법원 1976.2.11. 자 75마533 결정.

(3) 공동소유관계의 경우

민법은 공동소유형태로 공유, 합유, 총유의 세 가지를 규정하고 있다. 공유란 구체적인 지분을 설정하고 지분의 처분이나 분할청구를 인정하는 것을 말하는데, 이것이 민법상 공동소유의 원칙적인 형태이다. 합유는 구체적인 지분을 설정할 수는 없지만 잠재적 지분을 인정한다. 따라서 합유지분의 처분이나 분할청구는 인정되지 않지만 청산 시 합유재산의 분할은 인정한다. 총유란 지분이 관념적으로도 존재하지 않기 때문에 지분의 처분이나 분할청구는 원래 문제되지 않고, 공동의 이용만 인정하는 형태이므로 그 권리는 공동으로만 행사하여야 한다. 따라서 총유·합유의 상태에 있는 권리를 재판상 행사하기 위해서는 원칙적으로 고유필수적 공동소송이 된다. 이에 반하여 공유의 경우에는 각 공유자에게 구체적인 지분권이 있기 때문에 각 공유자는 그 지분에 대하여는 개별적인 관리처분권이 인정된다.

1) 총유관계에 관한 소송

총유재산관계의 주체는 비법인사단이다(민 275). 따라서 총유관계소송은 민소법 52조에 의하여 비법인사단 명의로 단일소송화할 수 있는 길이 열려있다. 그러나 위 규정이 사단구성원의 공동소송을 막는 것은 아니다. 사단구성원 전원이 공동소송을 한다면 가장 단체적 색채가 강한 공동소유형태이므로 고유필수적 공동소송이 된다.[22] 총유관계는 지분이 인정되지 않고, 총유물의 관리처분권이 구성원 전원에게 귀속되기 때문이다.

이처럼 총유관계에 관한 분쟁의 소송은 비법인사단의 이름으로 또는 사단구성원 전원의 이름으로 할 수 있는 두 가지 방법이 모두 가능하다. 다만 총유재산에 관한 소송은 비법인사단이 그 명의로 사원총회의 결의를 거쳐 하거나 그 구성원 전원이 당사자가 되어 필수적 공동소송의 형태로 할 수 있을 뿐, 그 사단의 구성원 개인은 설령 그가 사단의 대표자라거나 사원총회의 결의를 거쳤다 하더라도 그 소송의 당사자가 될 수 없고, 이는 총유재산의 보존행위로서 소를 제기하는 경우에도 마찬가지이다. 따라서 종중의 구성원에 불과한 개인이 총유재산의 보존행위로서 제기한 소는 당사자적격에 흠이 있어 부적법하므로 법원은 그 소를 각하한다.[23]

22) 대법원 1994.5.24. 선고 92다50232 판결.

2) 합유관계에 관한 소송

합유는 수인이 조합체로서 물건을 소유하는 형태로서, 민법상 합유물의 처분·변경권은 물론 그 지분처분권도 합유자 전원에 공동으로 귀속되어 있는 관계이므로 조합원들은 소송수행권을 전원이 공동으로 행사하여야 한다. 즉 합유물을 처분·변경하려면 합유자 전원의 동의를 필요로 하고(민 272), 합유자는 전원의 동의가 없으면 합유물에 대한 지분을 처분하지 못한다(민 273①). 따라서 합유물의 관리처분권이 합유자 전원에게 공동으로 귀속된다고 해석되므로 합유물에 관한 소송은 원칙적으로 합유자 전원이 당사자가 되어야 하는 고유필수적 공동소송으로 보는 것이 통설의 입장이다. 판례도, 조합채권자는 각 조합원에 대하여 지분의 비율에 따라 또는 균일적으로 권리를 행사할 수 있고,[24] 조합재산에 대하여 강제집행을 하려면 조합원 전원에 대한 집행권원을 필요로 하고, 조합재산에 대한 강제집행의 보전을 위한 가압류의 경우에도 마찬가지로 조합원 전원에 대한 가압류명령이 있어야 하므로, 조합원 중 1인만을 가압류채무자로 한 가압류명령으로써 조합재산에 가압류집행을 할 수는 없다는 입장이다.[25]

나아가 합유재산에 관한 소송에 있어서 여러 조합원이 조합체로서 매수한 부동산에 대한 소유권이전등기절차의 이행을 구하는 소송은 필수적 공동소송이며,[26] 건설회사와 재건축조합 사이에 맺은 시행·시공계약은 조합계약으로서 양자는 조합체가 되므로 건설회사가 단독으로 수분양자를 상대로 분양대금을 청구하는 것은 부적법하며,[27] 광업권자가 광업권에 관한 소송을 수행하던 중 사망한 경우에는 상속인 전원이 공동으로 수계신청을 하여야 하고,[28] 피고 등의 합유로 소유권이전등기가 된 부동산에 관하여 원고가 명의신탁해지를 원인으로 한 소유권이전등기절차의 이행을 구하는 소송은 합유물에 관한 소송으로서 고유필수적 공동소송이므로 합유자 전원을 피고로 하여야 한다.[29]

그러나 합유물에 관하여 경료된 원인무효의 소유권이전등기의 말소를 구하는

23) 대법원 2005.9.15. 선고 2004다44971 전원합의체 판결.
24) 대법원 2016.7.14. 선고 2015다233098 판결.
25) 대법원 2015.10.29. 선고 2012다21560 판결.
26) 대법원 1994.10.25. 선고 93다54064 판결.
27) 대법원 2012.11.29. 선고 2012다44471 판결.
28) 대법원 1995.5.23. 선고 94다23500 판결.
29) 대법원 1983.10.25. 선고 83다카850 판결.

소송은 합유물에 관한 보존행위로서 합유자 각자가 할 수 있으며(민 272단서),[30] 합유재산이라고 하더라도 현실적으로 점유하고 있는 합유자만을 상대로 인도청구를 할 수 있고 합유자 전원을 상대로 하여야 하는 필수적 공동소송이라고 할 수 없다.[31]

또한 조합원 중 1인이 조합채무를 부담하기로 한 경우와 같이, 조합의 채권자가 특정 조합원에 대하여 조합재산에 의한 공동책임을 묻는 것이 아니라 그 조합원의 개인적 책임에 기하여 당해 채권을 행사하는 경우에는 그 조합원을 상대로 하여 소를 제기할 수 있고,[32] 조합이 해산된 경우 조합원이 가지는 조합의 잔여재산에 대한 분배청구권(민 724②)은 조합원 사이의 내부관계에서 발생하는 것으로서 각 조합원이 분배비율을 초과하여 잔여재산을 보유하고 있는 조합원을 상대로 개별적으로 행사하면 족하고 반드시 조합원들이 공동으로 행사하거나 조합원 모두를 상대로 행사하여야 하는 것은 아니다.[33]

동업자들이 동업자금을 공동명의로 예금한 경우라면 채권의 준합유관계에 있어 합유의 성질상 은행에 대한 예금반환청구가 필수적 공동소송에 해당한다고 볼 것이나, 공동명의 예금채권자들 중 1인이 전부를 출연하거나 또는 각자가 분담하여 출연한 돈을 동업 이외의 특정목적을 위하여 공동명의로 예치해 둠으로써 그 목적이 달성되기 전에는 공동명의 예금채권자가 자신의 예금에 대하여도 혼자서는 인출할 수 없도록 방지, 감시하고자 하는 목적으로 공동명의로 예금을 개설한 경우에는, 그 예금에 관한 관리처분권까지 공동명의 예금채권자 전원에게 공동으로 귀속된다고 볼 수 없을 것이므로 이러한 경우에는, ① 만일 다른 공동명의 예금채권자가 그 공동반환청구절차에 협력하지 않을 때에는, 예금주는 먼저 그 사람을 상대로 제소하여 예금주 단독으로 하는 반환청구에 관하여 승낙의 의사표시를 하라는 등 공동반환절차에 협력하라는 취지의 판결을 얻은 다음 이 판결을 은행에 제시함으로써 예금을 반환받을 수 있다고 할 것이고, 이와 같은 방식에 의하여 약정에 의한 공동반환청구의 요건이 충족되었음에도 불구하고 은행이 정당한 이유 없이 예금의 반환을 거절하는 경우에는 그 예금주가 은행을 상대로 단독으

30) 대법원 1997.9.9. 선고 96다16896 판결.
31) 대법원 1969.12.23. 선고 69다1053 판결.
32) 대법원 1991.11.22. 선고 91다30705 판결(조합원 중 1인인 피고가 조합재산의 일부에 대하여 개인적으로 반환약정을 한 경우이다).
33) 대법원 2000.4.21. 선고 99다35713 판결.

로 예금의 반환을 소구할 수밖에 없을 것이고, 미리 청구할 필요가 있을 때에는 다른 공동명의 예금채권자와 은행을 공동피고로 하여 위와 같은 취지의 제소를 할 수도 있고,[34] ② 이러한 법리는 공동명의 예금채권자 본인뿐만 아니라 그 채권자에게도 적용된다. 즉 1인에 대한 채권자는 그 1인의 지분에 상응하는 예금채권에 대한 압류 및 추심명령 등을 얻어 이를 집행할 수 있고, 이러한 압류 등을 송달받은 은행으로서는 압류채권자의 압류 명령 등에 기초한 단독 예금반환청구에 대하여 공동명의 예금채권자들과 사이의 공동반환특약을 들어 그 지급을 거절할 수 없으며,[35] ③ 은행은 조합원 1인에 대한 대출금 채권으로 그 조합원의 지분에 해당하는 예금채권과 상계할 수 있다.[36]

공동이행방식의 공동수급체가 공사도급계약을 체결하면서 개별 구성원이 각자의 비율에 따라 직접 도급인에게 공사대금을 청구할 수 있도록 하는 약정을 한 경우, 도급인에 대한 채권이 구성원 각자에게 지분비율에 따라 구분·귀속되는가?

공동이행방식의 공동수급체는 기본적으로 민법상 조합의 성질을 가지는 것이므로, 공동수급체가 공사를 시행함으로 인하여 도급인에 대하여 가지는 채권은 원칙적으로 공동수급체 구성원에게 합유적으로 귀속하는 것이어서 특별한 사정이 없는 한 구성원 중 1인이 임의로 도급인에 대하여 출자지분의 비율에 따른 급부를 청구할 수 없고, 구성원 중 1인에 대한 채권으로써 그 구성원 개인을 집행채무자로 하여 공동수급체의 도급인에 대한 채권에 대하여 강제집행을 할 수 없다. 그러나 공동이행방식의 공동수급체와 도급인이 공사도급계약에서 발생한 채권과 관련하여 공동수급체가 아닌 개별 구성원으로 하여금 지분비율에 따라 직접 도급인에 대하여 권리를 취득하게 하는 약정을 하는 경우와 같이 공사도급계약의 내용에 따라서는 공사도급계약과 관련하여 도급인에 대하여 가지는 채권이 공동수급체 구성원 각자에게 지분비율에 따라 구분하여 귀속될 수도 있고, 위와 같은 약정은 명시적으로는 물론 묵시적으로도 이루어질 수 있다.[37]

3) 공유관계에 관한 소송

(가) 민법은 공유를 "물건이 지분에 의하여 수인의 소유로 된 때"라고 정의한

34) 대법원 1994.4.26. 선고 93다31825 판결.
35) 대법원 2005.9.9. 선고 2003다7319 판결.
36) 대법원 2005.9.9. 선고 2003다28 판결.
37) 대법원 2012.5.17. 선고 2009다105406 전원합의체 판결; 대법원 2013.7.11. 선고 2011다60759 판결.

다(민 262①). 즉 재산이 수인에게 공유적으로 귀속되는 경우에 공유자는 그 지분을 자유롭게 처분할 수 있고 공유물 전부를 지분의 비율로 사용·수익할 수 있으나(민 263), 다른 공유자의 동의 없이 공유물을 처분하거나 변경할 수 없다(민 264). 따라서 공유권(공유관계)과 공유지분권의 2가지로 나누어 공유권은 공유자 전원에게 걸려있기 때문에 전원이 당사자가 되는 고유필수적 공동소송에 의하여야 하지만, 공유지분권은 각자가 개별적 권리로 행사한다는 점에서 개별소송을 허락하는 것을 기본적 발상으로 한다. 아래에서는 공유자 측이 소를 제기한 경우(능동소송)와 공유자 측에 소가 제기된 경우(수동소송)로 나누어 살펴보기로 한다.

(나) 공유자 측이 소를 제기하는 경우(공유자가 제3자 또는 다른 공유자를 상대로 하는 능동소송)

가) 공유물 전체에 대한 소유관계의 확인은 이를 다투는 제3자를 상대로 공유자 전원이 하여야 하는 것이지 공유자 일부만이 그 관계를 대외적으로 주장할 수 있는 것이 아니다. 따라서 공유자 중 1인이 다른 공유자 전원을 상대로 하는 공유물분할의 소(269①),[38] 상속인들이 상속재산의 분할을 구하는 상속재산분할심판의 소,[39] 인접토지공유자를 공동피고로 하는 경계확정의 소,[40] 공동상속인이 다른 공동상속인을 상대로 어떤 재산이 상속재산임의 확인을 구하는 소송(공유권 확인소송),[41] 여러 명의 가등기채권자가 매매예약완결의 의사표시를 하고 이에 기하여 소유권이전등기를 청구하는 소송,[42] 택지개발예정지구 내의 이주자택지 공급대상자가 사망하여 이주자택지 공급청약권의 준공유자인 상속인들이 한국토지공사에

38) 대법원 2003.12.12. 선고 2003다44615,44622 판결.
39) 대법원 2002.1.23. 자 99스49 결정.
40) 대법원 2001.6.26. 선고 2000다24207 판결.
41) 대법원 2007.8.24. 선고 2006다40980 판결.
42) 대법원 1984.6.12. 선고 83다카2282 판결; 대법원 1985.5.28. 선고 84다카2188 판결; 대법원 1987.5.26. 선고 85다카2203 판결. 다만 A가 B에게 돈을 대여하면서 담보 목적으로 B 소유의 부동산 지분에 관하여 B의 다른 채권자들과 공동명의로 매매예약을 체결하고 **각자**의 채권액 비율에 따라 **지분을 특정**하여 가등기를 마쳤다면, 채권자가 각자의 지분별로 별개의 독립적인 매매예약완결권을 갖는 것으로 보아, A가 단독으로 담보목적물 중 자신의 지분에 관하여 매매예약완결권을 행사할 수 있고, 이에 따라 A는 **단독으로 자신의 지분에 관하여** 가등기담보 등에 관한 법률이 정한 청산절차를 이행한 후 소유권이전의 본등기절차 이행청구를 할 수 있다(대법원 2012.2.16. 선고 2010다82530 전원합의체 판결). 나아가 복수의 권리자가 소유권이전청구권을 보존하기 위하여 가등기를 마쳐 둔 경우 특별한 사정이 없는 한 그 권리자 중 한 사람은 자신의 지분에 관하여 단독으로 그 가등기에 기한 본등기를 청구할 수 있다는 판례(대법원 2002.7.9. 선고 2001다43922,43939 판결)도 있다.

대하여 위 권리에 기한 승낙의 의사표시를 구하는 소송[43] 등은 고유필수적 공동소송이다. 따라서 이러한 경우에는 일부 청구인이 소를 취하하거나 청구를 인낙하는 것은 허용되지 않는다.[44]

나) 다만 공유물 전체에 대한 소의 제기라고 하더라도 보존행위인 경우에는 민법 265조 단서에 따라 각자가 할 수 있다. 공유물의 보존행위를 각 공유자가 단독으로 할 수 있도록 한 취지는 그 보존행위가 긴급을 요하는 경우가 많고 다른 공유자에게도 이익이 되는 것이 보통이기 때문이다.[45] 즉 공유물이 방해당하거나 그 점유를 빼앗긴 경우에 각 공유자는 보존행위로서 방해제거청구의 소(건물철거 · 등기말소청구 등) · 공유물인도청구의 소를 제기할 수 있다.[46] 그러나 공유물을 배타적으로 점유하고 있는 다른 공유자에 대한 공유물전체의 인도청구는 보존행위로서 허용되지 않는다. 공유물의 보존행위를 공유자 중 1인이 단독으로 할 수 있도록 한 것은 보존행위가 다른 공유자에게도 이익이 된다는 것을 전제로 한 것인데, 다른 공유자를 상대로 공유물의 인도를 청구하는 행위는 그 다른 공유자의 이해와 충돌하기 때문이다.[47] 상표권이 공유인 경우에 등록상표에 관한 권리범위확인심판에서 패소한 공유자 중 1인인 원고는 그 등록상표권의 권리행사를 방해하는 심결의 확정을 배제하기 위하여 보존행위로서 심결취소소송을 제기할 수 있다.[48]

다) 공유물 전체에 대한 소의 제기에서 보존행위가 아닌 경우에는 지분에 한하여 권리를 행사할 수 있다. 즉 공유물에 대한 불법행위 또는 하자담보추급권을 이유로 하는 손해배상청구권은 특별한 사유가 없는 한 각 공유자는 그 지분에 대

---

43) 대법원 2003.12.26. 선고 2003다11738 판결.
44) 대법원 1996.12.10. 선고 96다23238 판결.
45) 대법원 2019.9.26. 선고 2015다208252 판결.
46) 대법원 1969.3.4. 선고 69다21 판결. 다만 판례는 공유자 한 사람이 공유물의 보존행위로서 재판상 청구를 하였으면 그로 인한 시효중단의 효력은 그 공유자에 한하여 발생하고 청구하지 아니한 다른 공유자에게는 미치지 않는다는 입장인데(대법원 1979.6.26. 선고 79다639 판결), 이는 그가 패소한 경우에 기판력 때문에 다른 공유자가 부당하게 불리해 질 수 있음을 우려한 듯하다.
47) 대법원 2020.5.21. 선고 2018다287522 전원합의체 판결(다만 공유자는 자신의 지분권을 기초로 다른 공유자를 상대로 방해배제청구를 할 수는 있다); 대법원 2020.9.7. 선고 2017다204810 판결; 대법원 2020.10.15. 선고 2019다245822 판결. 이로써 이들 사이에 보존행위를 이유로 한 인도청구를 허용하였던 기존의 판결(대법원 1994.3.22. 선고 93다9392,93다9408 전원합의체 판결)이 폐기되었다.
48) 대법원 2004.12.9. 선고 2002후567 판결.

응하는 비율의 한도에서만 제기할 수 있고,[49] 부동산 공유자의 한 사람이 자신의 공유지분이 아닌 '다른 공유자'의 공유지분을 침해하는 원인무효의 등기가 이루어진 경우에 그 부분에 대한 등기말소청구는 보존행위가 아니므로 허용되지 않는다.[50]

라) 공유지분에 의한 소의 제기는 고유필수적 공동소송이 아니다. 예컨대 공동상속재산의 지분에 관한 지분권존재확인을 구하는 소송[51] 또는 2인 이상이 공동매수한 부동산 중 그 1인이 자신의 지분만에 대한 소유권이전등기는 통상공동소송이다(물론 동업약정이 있으면 준합유가 되므로 고유필수적 공동소송이다[52]).

(다) 공유자 측을 상대로 소가 제기된 경우(수동소송)

가) 공유자를 공동피고로 하는 공유물분할의 소(269①)와 인접토지공유자를 공동피고로 하는 경계확정의 소는 공유자가 공유자에게 하는 능동소송이자 수동소송으로서 고유필수적 공동소송임은 이미 본 바와 같다.

나) 그 외의 경우는 고유필수적 공동소송이 아니다. 즉 판례에 의하면, 공동상속인 중의 한 사람만을 상대로 그 상속지분의 한도에서만 건물의 철거를 청구할 수 있고,[53] 공유토지의 일부에 대하여 취득시효완성을 원인으로 공유자들을 상대로 그 시효취득부분에 대한 소유권이전등기절차의 이행을 청구하는 소송도 필수적 공동소송이 아니고,[54] 타인 소유의 토지 위에 설치되어 있는 공작물을 철거할 의무가 있는 수인을 상대로 그 공작물의 철거를 청구하는 소송도 필수적공동소송이 아니라고 하였다.[55] 공유자들에 대한 제3자의 공유물반환청구는 공유자가 공유

49) 대법원 1970.4.14. 선고 70다171 판결; 대법원 2012.9.13. 선고 2009다23160 판결.

50) 대법원 2010.1.14. 선고 2009다67429 판결; 대법원 2009.2.26. 선고 2006다72802 판결. 또한 대법원은 공유자가 다른 공유자의 지분권을 대외적으로 주장하는 것은 공유물의 보존행위에 속한다고 볼 수 없고, 다른 공유자의 지분확인을 소구하는 것은 원칙적으로 확인의 이익이 없으며, 이러한 소의 제기는 소유관계를 다투는 제3자를 상대로 공유자 전원이 하여야 한다는 입장이다(대법원 1994.11.11. 선고 94다35008 판결).

51) 대법원 2010.2.25. 선고 2008다96963,96970 판결.

52) 대법원 1994.10.25. 선고 93다54064 판결.

53) 대법원 1968.7.31. 선고 68다1102 판결. 이 경우에 실제로 강제집행을 하려면 나머지 공유자들을 상대로 철거소송을 제기하여 승소판결을 받거나 철거에 대한 동의를 받아야 한다.

54) 대법원 1994.12.27. 선고 93다32880,93다32897 판결.

55) 대법원 1993.2.23. 선고 92다49218 판결; 대법원 2003.1.10. 선고 2000다26425 판결(복수의 권리자가 소유권이전청구권을 보존하기 위하여 가등기를 마쳐 둔 경우 특별한 사정이 없는 한 그 가등기의 말소청구소송은 권리관계의 합일적인 확정을 필요로 하는 필수적 공동소송이 아니라 통상의 공동소송이다).

물에 대하여 가지는 지분권의 범위 내에서 공유물의 반환을 구하는 것이므로 공유물 자체의 처분·변경이 아니어서 민법 264조에 해당하지 않고, 공유자들에 대한 제3자의 공유물철거청구는 공유물에 대한 지분범위 내에서 철거청구권의 확정판결을 받는 것에 불과할 뿐 강제집행의 불가능 또는 곤란은 본안절차에서 고려할 사항이 아니라는 이유로 판례의 입장에 찬성하는 견해가 있다.[56)]

원고는 망 X로부터 특정 토지를 매수하였음을 주장하여 X의 공동상속인들인 B, C를 상대로 소유권이전등기청구소송을 제기하여 제1심에서 승소판결을 받았다. 그중 B만 항소를 제기하였고, C는 항소를 제기하지 않았다면 항소심 법원은 본건 항소의 효력이 C에 대해서도 미친다고 보아 그에 대해서도 심판을 하여야 하는가?

공동상속인들을 상대로 하여 그 선대가 이행하여야 할 부동산 소유권이전등기절차 이행을 청구한다거나 또는 그 선대가 소유권자로 있었을 때를 기산점으로 하여 공동상속이 개시된 뒤에 만료되는 기간을 요건으로 하여 시효취득을 원인으로 소유권이전등기절차 이행을 청구하는 것은 반드시 그 공동상속인들을 필수적 공동소송인으로 삼아야 될 이유는 없다. 왜냐하면 이 공동상속인들은 그 공동상속 재산에 관하여 저마다의 지분권을 가지고 있는바, 이 각자의 지분권의 처분에 관하여 원고와의 사이에 합일적으로 처리되어야 할 이유는 없기 때문이다. 따라서 본건 항소심을 담당한 재판부는 C에 대해서 심판을 해서는 안 된다.[57)]

나. 유사필수적 공동소송

(1) 개 념

유사필수적 공동소송이란 소송공동이 강제되지는 않지만(이 점에서는 통상공동소송과 같다), 일단 공동소송인으로 되었으면 합일확정의 필요가 있는(이 점에서는 고유필수적 공동소송과 같다) 공동소송을 말한다. 고유필수적 공동소송은 원칙적으로 실체법상 공동소송인 전원이 함께 원고 또는 피고가 되어야 비로소 당사자적격이 인정되도록 규정한 것에 기초하고 있는데 반하여, 유사필수적 공동소송은 공동소송인 중 1인만으로도 당사자적격이 인정되지만 그 1인이 받은 판결의 효력이 다른 공동소송인에게도 미치는 경우에 인정된다. 즉 필수적 공동소송으로 하지 않으면 어느 한 사람이 받은 판결의 효력과 다른 공동소송인이 받은 판결의 효력이

---

56) 김홍엽, 1001쪽.
57) 대법원 1964.12.29. 선고 64다1054 판결.

서로 확장되는 관계에 있어 승패가 일률적이지 아니한 경우에는 서로 모순되어 분쟁의 해결이 불가능하게 되므로 이를 방지할 필요가 있는 경우에 인정되는 것이다. 따라서 이를 **소송법상 이유**에 의한 필수적 공동소송이라고도 한다.

유사필수적 공동소송의 경우에는 고유필수적 공동소송과 달리, 공동소송인 중 일부가 소를 취하할 수 있는데, 이 경우에 다른 공동소송인의 동의를 받을 필요가 없다.[58]

(2) 허용범위

1) 인용판결에 대세적 효력이 있는 경우

예를 들어 어느 회사의 주주 A와 주주 B가 주주총회결의 무효 또는 부존재확인의 소를 각각 별도로 제기하였는데 A는 청구기각판결을 받고 B는 청구인용판결을 받았다고 하자. 회사관계소송에서는 청구인용판결에 대세효가 있어(상 380→190본문 준용), B의 판결효가 A에게 미치므로 판결효의 충돌 없이 분쟁이 해결된다. 그렇다면 위 A, B가 공동하여 하나의 주주총회결의의 소를 제기하여 승패가 나누어지더라도 위의 법리에 따라 판결효의 충돌이 생기지는 않는다. 그래서 이러한 편면적 대세효가 있는 경우에는 유사필수적 공동소송이 되지 않는다는 견해도 있지만,[59] 이처럼 판결효의 충돌이 대세효로 조정된다고 하여 법원이 일부러 공동소송인간에 내용이 다른 판결을 선고하거나 절차진행을 달리할 이유는 없다. 따라서 이러한 경우에는 절차진행의 통일과 재판자료의 통일을 도모하여 같은 내용의 판결을 동시에 선고하는 것이 합리적이므로 유사필수적 공동소송으로 보는 것이 타당하다.[60] 각 회사의 사원·청산인·파산관재인 또는 합병을 승인하지 아니한 회사채권자가 제기하는 회사합병무효의 소(상 236), 회사의 사원 또는 취소권 있는 자가 제기하는 회사설립무효·취소의 소(상 184), 확인의 이익이 있는 자·이사와 감사·회사채권자 등이 제기하는 주주총회결의취소의 소(상 376), 주주들이 제기하는 주주총회부당결의취소·변경의 소(상 381) 등에 대해서도 동일한 법리를 적용할 수 있다. 제3자들이 제기하는 혼인무효·취소의 소(가소 22-25)는 가사소송법 21조에서, 파산관재인 또는 파산채권자가 제기하는 파산채권확정의 소(채무

58) 대법원 2013.3.28. 자 2012아43 결정; 대법원 2013.3.28. 선고 2011두13729 판결.

59) 대법원 2021.7.22. 선고 2020다284977 전원합의체 판결 중 별개의견.

60) 대법원 2021.7.22. 선고 2020다284977 전원합의체 판결의 다수의견 중 보충의견. 이 보충의견에서는 유사필수적 공동소송의 당사자 일부만이 상소한 경우 상소하지 않은 공동소송인도 상소심의 당사자로 취급하여야 함도 아울러 밝히고 있다.

자회생법 462)는 채무자회생법 468조에서 대세적 효력을 규정하고 있다.

2) 합일확정의 필요성이 있는 경우

명시적인 규정이 없더라도 소송법상 필요에 의하여 필수적 공동소송의 법리가 적용되는 경우가 있다. 주주대표소송(상 403)에 대한 승소판결은 대세적 효력은 인정되지 않지만 여러 주주가 제기한 대표소송의 결과가 원고 주주마다 달라지는 것은 소송법상 허용할 수 없다. 따라서 다수의 주주가 원고가 된 경우에는 필수적 공동소송의 법리가 적용된다. 추심명령을 받은 여러 명의 압류채권자가 추심의 소를 제기한 경우에도 마찬가지이다(민집 249). 판례는 채권자대위소송이 제기중인 사실을 채무자가 알았다면 그 판결의 효력이 채무자에게도 미치므로 여러 명의 대위채권자의 소송결과가 합일적이어야 한다는 의미에서 유사필수적 공동소송의 관계에 있으므로 패소한 대위채권자 중 한 사람이 상소하면 대위채권자 전원에 대하여 확정이 차단되고 상소심에 이심된다고 하였다.[61)]

다. 이론상 합일확정소송

지금까지 살펴본 바와 같이, 합일확정을 요하는 사건은 실체법상 관리처분권 또는 소송법상 판결의 효력이 제3자에게 미치는 경우로 제한된다. 그런데 법률상으로는 합일확정의 필요가 없지만 논리상 또는 실천상 일정한 경우에 실제적으로 합일확정이 요청되는 경우가 있을 수 있다. 이를 이론상 합일확정소송이라고 한다.

그러나 공동소송인 사이에 권리 · 의무가 공통되거나 공동소송인 사이에 권리 · 의무의 발생원인이 공통된다든지(65전문) 혹은 여러 사람의 피고에 대한 청구가 목적 · 수단의 관계에 있어 모두에 대하여 승소하여야 종국적인 목적을 달성할 수 있는 경우에 이론상 · 실천상 합일확정이 필요하다고 하여 필수적 공동소송으로 볼 수는 없고, 다만 합일확정이 필요한 경우에는 증거공통 · 주장공통의 원칙을 확대적용하면 해결될 것이라는 견해가 통설이다.

판례도 이론상 합일확정소송으로 거론되는 ① 공동소송인 사이에 권리 · 의무가 공통적인 경우, 예컨대 부진정연대채무자(직접점유자+간접점유자)에 대한 부당이득반환청구,[62)] ② 권리 · 의무의 발생원인이 동일한 경우, 예컨대 같은 사고로 인한 여러 명의 피해자가 하는 손해배상청구나 아파트 하자와 관련한 구분소유자

61) 대법원 1991.12.27. 선고 91다23486 판결.
62) 대법원 2012.9.27. 선고 2011다76747 판결.

들의 손해배상청구,[63] ③ 공동피고 전원에 대하여 승소하지 않으면 소송의 목적을 달성할 수 없는 경우, 예컨대 을 → 병 → 정으로 순차 이전된 등기가 모두 원인무효임을 이유로 소유권자 갑이 을, 병, 정 3인을 상대로 각 등기말소를 구하는 경우[64] 등은 모두 통상공동소송으로 보고 있다.

라. 필수적 공동소송의 심판

(1) 필수적 공동소송인의 소송상 지위

필수적 공동소송은 고유필수적 공동소송이든 유사필수적 공동소송이든 합일확정의 요청상 통상공동소송에서와 같은 공동소송인 독립의 원칙이 적용되지 않으며, 공동소송인 사이에 연합관계가 존재한다(67). 따라서 ① 소송자료의 통일, ② 소송진행의 통일, ③ 본안재판의 통일을 이루어야 한다. 물론 공동소송인이 서로 상의하여 공동으로 소송행위를 해야 하는 것은 아니고 개별적으로 소송행위를 하는 것은 가능하다.

(2) 소송요건의 개별조사와 필수적 공동소송인의 추가

소송요건은 각 공동소송인 별로 독립하여 조사한다. 고유필수적 공동소송의 경우에는 공동소송인 중 한 사람에게 소송요건의 흠이 있으면 전체 소송을 부적법 각하하지만, 유사필수적 공동소송의 경우에는 당해 공동소송인에 대해서만 부적법 각하한다. 고유필수적 공동소송의 경우 1명이 누락된 때에 보정방법으로는 민소법 68조가 있다. 물론 별소를 제기하여 변론을 병합하거나 공동소송참가를 하는 방법도 있지만, 위 규정을 두어 **제1심에서** 필수적 공동소송인을 추가할 수 있도록 하였다. 추가될 자가 원고인 경우 추가될 자의 동의를 받아야 한다. 항소심에서는 공동소송참가(83)의 방식으로 하여야 한다.

(3) 소송자료의 통일

공동소송인 중 한 사람의 소송행위는 전원의 이익을 위해서만 효력이 있고(67①), 공동소송인 중 한 사람에 대한 소송행위는 공동소송인 전원에 대하여 효력이 생긴다(67②). 이로써 전원에 대하여 내용이 동일한 판결이 가능하게 되는 것이다.

---

63) 대법원 2012.9.13. 선고 2009다23160 판결.
64) 대법원 1987.10.13. 선고 87다카1093 판결.

1) 공동소송인이 상대방에게 한 소송행위

(가) 공동소송인에게 유리한 경우

공동소송인 중 한 사람이 유리한 소송행위를 한 경우에는 유리한 소송행위를 한 당사자 자신을 포함한 공동소송인 전원에게 효력이 생긴다(67①). 따라서 공동소송인 중 1인이 상대방의 주장사실을 다투면 전원이 다툰 것으로 되어 증거조사로 이행하고, 한 사람이 출석하였으면 다른 공동소송인이 결석하여도 기일불출석의 효과가 발생하지 않으며, 한사람이 답변서를 제출하였으면 답변서를 제출하지 아니한 공동소송인에 대하여도 무변론패소판결을 할 수 없고, 1인이 기일지정신청을 하였으면 전원에게 그 효력이 있다. 또한 피고측 공동소송인 가운데 한 사람이 본안에 응소하였으면 소의 취하에 전원의 동의를 요한다.

(나) 공동소송인에게 불리한 경우

공동소송인 중 한 사람이 불리한 소송행위를 한 경우에는 불리한 소송행위를 한 당사자 자신을 포함한 공동소송인 전원에게 아무런 효력이 생기지 않는다. 예컨대 공동소송인 중 한명이 청구의 포기·인낙, 재판상 화해, 재판상 자백 등을 한 경우에는 무효이며, 이러한 소송행위는 공동소송인 모두가 함께 하여야 효력이 있다. 소의 취하도 고유필수적 공동소송에서는 이와 마찬가지이지만, 유사필수적 공동소송에서는 공동소송인 중 한 사람의 자발적인 소의 취하가 허용된다.[65]

2) 상대방이 공동소송인에게 한 소송행위

상대방이 공동소송인 중 한사람에게 한 소송행위는 유리하든 불리하든 공동소송인 전원에 대해 효력이 발생한다(67②). 공동소송인 중 일부가 불출석하더라도 상대방이 소송행위를 하는데 지장을 주지 않도록 하기 위한 규정이다. 예컨대 공동소송인 중 한사람이라도 기일에 출석하였으면 상대방은 준비서면에 적지 않은 사실이라도 주장할 수 있고(276), 청구를 인낙하거나 자백을 할 수도 있는데, 이 경우 공동소송인 전원을 위하여 인낙 또는 자백의 효력이 생긴다.

법원은 민소법 67조 2항에 의하여 변론기일통지나 판결서의 송달을 공동소송인 중 1인에게 하면 되는가?

65) 대법원 2013.3.28. 선고 2011두13729 판결.

소송의 상대방이 하는 소송행위가 아니라 법원이 하는 소송행위에는 민소법 67조 2항이 적용되지 않는다. 따라서 변론기일통지나 판결서의 송달은 공동소송인 전원에게 개별적으로 하여야 한다.

유사필수적 공동소송에서, 1인에 의한 소의 취하 또는 1인에 대한 소의 취하는 적법한가?

적법하다. 소의 취하에 대해서는 고유필수적 공동소송과 유사필수적 공동소송은 다르게 취급된다. 고유필수적 공동소송에서는 소송 중 1명이 소를 취하하면 공동소송인 전체의 당사자적격이 흠결되므로 1인에 의한 또는 1인에 대한 소의 취하는 허용되지 않는다.[66] 그러나 유사필수적 공동소송에서는 원래 소송공동이 요구되지 아니하므로 1인에 의한 소의 취하 또는 1인에 대한 소의 취하는 적법하다.

(4) 소송진행의 통일

1) 기일의 진행

변론 및 변론의 준비・증거조사・판결은 공동소송인 전체를 상대로 진행하여야 하므로 변론을 분리하거나 일부판결을 할 수 없다. 또한 공동소송인 중 1인에 대하여 중단・중지의 원인이 발생하면 공동소송인 전원에 대하여 중단・중지의 효과가 생겨 전체 소송절차의 진행이 정지된다(67③). 물론 소송대리인이 있으면 소송절차는 그대로 진행된다(238).

2) 상 소

상소기간은 각 공동소송인에게 판결정본이 송달된 때로부터 개별적으로 진행되지만 공동소송인 전원에 대하여 상소기간이 만료되기까지는 판결이 확정되지 않는다. 상소는 유리한 행위이므로 한 공동소송인이 제기하면 모든 공동소송인에게 효과가 미치기 때문이다. 공동소송인 중 일부만 상소한 경우에는 전원에 대한 판결의 확정이 차단되고 전체가 상소심에 이심된다.[67] 유사필수적 공동소송의 경우에도 마찬가지이다.[68]

상소심에서는 전원에 대하여 재판하므로 불복하지 아니한 공동소송인에게 유

---

66) 대법원 2007.8.24. 선고 2006다40980 판결(고유필수적 공동소송에서는 원고들 일부의 소 취하 또는 피고들 일부에 대한 소 취하는 특별한 사정이 없는 한 그 효력이 생기지 않는다).

67) 대법원 2017.9.21. 선고 2017다233931 판결; 대법원 2022.6.30. 선고 2022다217506 판결(공유물분할청구소송의 피고 1인만이 항소한 경우).

68) 대법원 1991.12.27. 선고 91다23486 판결.

리하게 변경될 수도 있다(불이익변경금지원칙의 배제).

필수적 공동소송인 가운데 한 사람이 상소를 제기한 경우에 상소를 제기하지 않은 다른 공동소송인의 지위가 무엇인가에 대하여는 견해의 대립이 있다. ① 상소인으로 보는 **상소인설**, ② 상소를 제기하지 않은 공동소송인은 상소한 자에게 묵시적 수권행위를 한 선정자이고 상소한 자는 이에 의해 선정당사자가 된다는 **선정자설**, ③ 상소를 제기하지 아니한 공동소송인은 합일확정의 요청 때문에 다른 공동소송인의 상소에 의하여 그 소송관계가 상소심으로 이심되게 되는 단순한 상소심 당사자일 뿐 상소인이 아니라고 보는 **상소심당사자설**이 있는데, 마지막 견해가 통설·판례[69]이다. 상소심 당사자설에 의할 때 상소인만 인지대를 내고 패소시 소송비용을 부담하며, 상소인에 의해 심판의 범위가 특정되고, 상소의 취하여부도 상소인에 의하여 결정된다(피고 공동소송인 중 한 명만 항소한 경우에는 항소심 판결서의 공동소송인 전체의 이름 앞에 전부 '피고'라고 적고, 항소한 피고에 대해서는 '피고' 다음에 '항소인'을 추가한다).[70] 어느 학설에 의하든 상소심에서 내린 판결의 효력은 상소하지 않은 공동소송인에게도 미친다는 점에서는 차이가 없다.

필수적 공동소송인 중의 1인이 상소한 경우에 미성년자인 다른 공동소송인의 법정대리인은 후견감독인의 동의 없이도 상소심에서 소송행위를 할 수 있는가?

필수적 공동소송인 가운데 한 사람이 상소를 제기하는 경우에 다른 공동소송인이 그 상소심에서 하는 소송행위에는 후견감독인의 동의를 받을 필요가 없다(69, 56 ①). 이 규정은 상소하지 않은 다른 필수적 공동소송인은 능동적 당사자가 아니라는 상소심당사자설의 입장에서 설명이 용이하다. 그러나 만약 무능력자인 공동소송인이 상소를 제기할 때에는 일반원칙으로 돌아가 법정대리인은 후견감독인의 특별수권이 필요하다.

원고는 합유재산인 병원시설의 이용과 관련하여 동업인 18인을 상대로 소를 제기하였다가 패소판결을 받게 되자, 위 18인 중 5인만을 상대로 항소를 제기한 경우에 법원은 어떤 판단을 하여야 하는가?

합유재산인 병원시설의 이용과 관련하여 동업자들을 상대로 제기하는 소송은 필수적 공동소송이다. 필수적 공동소송의 경우에는 비록 공동소송인 중 일부에 대해서만 항소를 제기하였다고 하더라도 그 불복의 효과는 나머지 전원에게 미치는 것으로

69) 대법원 1995.1.12. 선고 94다33002 판결.
70) 사법연구지원재단, 「민사항소심 판결작성실무」, 2007, 27쪽.

보아서 그 공동소송인 전원을 공동피고로 하여 본안에 관하여 심리 · 판결을 하여야 한다(항소심판결서에는 항소를 제기당한 5인에 대해서는 '피고' 다음에 '피항소인'이라고 기재한다).[71] 필수적 공동소송인 중 일부가 항소한 경우에도 동일한 법리가 적용된다.[72]

(5) 본안재판의 통일

필수적 공동소송에 대하여 본안판결을 할 때에는 공동소송인 모두에 대한 하나의 전부판결을 선고하여야 하고, 그 판결결과가 모순 없이 합일되게 하여야 한다. 착오로 일부판결을 하여도 추가판결을 할 수 없고, 전부판결을 한 것으로 보아 상소로써 시정하여야 한다. 필수적 공동소송인이 패소하였을 때 소송비용은 그들의 연대부담으로 함이 상당할 것이다(102①단서).

제2절 공동소송의 특수형태

Ⅰ. 예비적·선택적 공동소송(소의 주관적 예비적·선택적 병합)

1. 의 의

공동소송인 가운데 일부의 청구가 다른 공동소송인의 청구와 양립할 수 없거나(원고측이 공동소송인인 경우), 공동소송인 가운데 일부에 대한 청구가 다른 공동소송인에 대한 청구와 양립할 수 없을 때(피고측이 공동소송인인 경우)에 하나의 소송절차에서 동시에 심판을 구하는 경우를 예비적 · 선택적 공동소송이라 한다(70①). 어느 쪽이 인용될지 쉽게 판정할 수 없을 때 사용하는 공동소송의 형태로서 객관적 예비적 · 선택적 병합에 대응한다.

독립당사자참가 중 권리주장참가를 권리자 합일확정소송이라고 한다면 예비적 · 선택적 공동소송은 주로 피고측이 공동소송인인 경우를 염두에 둔 소송형태이므로 의무자 합일확정소송이라고 할 수 있다.

객관적 예비적 · 선택적 병합의 경우에 주위적 청구를 인용하거나 선택적으로

71) 대법원 2010.12.23. 선고 2010다77750 판결.
72) 대법원 2011.2.10. 선고 2010다82639 판결.

병합된 청구 중 어느 하나를 인용한다면 병합된 다른 청구에 대하여 판단할 필요가 없다. 예비적·선택적 공동소송은 어떠한가?

예비적·선택적 공동소송의 경우에는 객관적 예비적·선택적 병합의 경우와 달리 법원은 전부에 대하여 판단해야 한다(70②). 또한 예비적·선택적 공동소송의 경우에는 둘 다 양립불가능하지만, 객관적 예비적·선택적 병합경우에는 예비적 병합은 양립불가능하나 선택적 병합은 양립가능하다. 따라서 예비적·선택적 공동소송에서의 '예비적' 또는 '선택적'이라는 용어는 객관적 예비적·선택적 병합에서의 의미와 일치하지 않는다.

X는 Y의 대리인이라 칭하는 Z에게 대리권이 있다고 믿고 Z와 계약을 하였지만 Z는 Y로부터 대리권을 받지 않은 경우에 X는 Y에 대하여 표현대리에 기한 책임을 묻고, Z에 대해서는 무권대리에 기한 책임을 물으려고 한다. 이 경우 X는 Y와 Z를 공동피고로 하여 동시에 소를 제기할 수 있는가? 그 소송형태는 무엇인가?

X는 Y와 Z를 공동피고로 하여 동시에 소를 제기할 수 있다. 이러한 소송형태는 피고측이 공동소송이 되는 선택적 또는 예비적 공동소송으로서 민소법 70조 1항에 해당하므로 민소법 67조가 준용되어 필수적 공동소송의 형태가 된다.[73]

원고측이 예비적 공동소송이 되는 예를 들어보라.

예컨대 채권양도가 있는 경우에 채권양수인이 주위적으로 채무자를 상대로 그 이행을 청구하고 채권양도가 효력이 없을 때를 대비하여 예비적으로 채권양도인이 그 이행을 청구하는 경우를 들 수 있다.

예비적 공동소송 이외에 선택적 공동소송을 입법화할 필요까지 있는가?

주위적으로 이행을 청구하고, 그것이 기각될 때를 대비하여 예비적으로 이행을 청구하는 것이 예비적 공동소송인 반면에, 선택적 공동소송은 순서를 정하지 않고 이들을 공동피고로 하여 청구하는 것이다. 선택적 공동소송은 공동피고들 중에 누구든지 법원이 알아서 판단해 달라고 신청하는 것이므로 일종의 투망식 소송에 해당되어 피고들에게 매우 불리한 제도라는 이유로 입법의 과오라는 견해가 있다.[74]

---

73) 대법원 2017.7.11. 선고 2017다207451 판결.
74) 호문혁, 936쪽.

2. 소송의 형태

(1) 수동형과 능동형

피고측이 공동소송인이 되는 경우가 수동형이고(70①후단), 원고측이 공동소송인이 되는 경우가 능동형이다(70①전단).

(2) 예비형과 선택형

심판의 순서를 붙여서 청구하는 유형이 예비형이고, 심판의 순서를 붙이지 않고 청구하는 경우가 선택형이다. 예비형의 경우에는 당사자가 원하는 심판의 순서에 따라 판단하여야 한다. 선택형의 경우에는 심판의 순서가 없으므로 어느 것이든 먼저 판단할 수 있다.

(3) 원시형과 후발형

소제기 당시에 공동소송으로 제기할 수 있음은 물론(원시형), 민소법 70조가 민소법 68조를 준용하고 있으므로 소송계속 중이라면 제1심 변론종결시까지 예비적·선택적 공동소송인을 추가할 수 있다(후발형).

3. 허용요건

청구 사이에 양립할 수 없어야 한다. 즉 원고가 공동피고 갑·을에 대하여 청구한 경우 갑에 대한 청구가 인용되면 을에 대한 청구는 기각되는 경우여야 한다. 예컨대 ① 공작물 설치·보존의 하자로 인한 민법 758조 소정의 손해배상청구에서 점유자를 주위적 피고로, 그것이 인용되지 않을 경우에 대비하여 소유자를 예비적 피고로 하여 청구하는 경우, ② 대리인과 거래한 상대방이 본인을 주위적 피고로 하여 계약에 기한 소유권이전등기이행을 청구하고 무권대리로 판단될 경우에 대비하여 민법 135조 1항에 따라 무권대리인을 예비적 피고로 하여 손해배상을 청구하는 경우 등을 들 수 있다. 위 ②의 경우와 같이 양 청구 간에 소송물이 동일할 필요는 없다.

법률상 양립할 수 없어야 한다. '법률상 양립할 수 없다'는 의미가 무엇인가에 대하여, 판례는 (1) 동일한 사실관계에 대한 법률적인 평가를 달리하여 두 청구 중 어느 한 쪽에 대한 법률효과가 인정되면 다른 쪽에 대한 법률효과가 부정됨으로써 두 청구가 모두 인용될 수는 없는 관계에 있는 경우[75] 및 (2) 당사자들 사이의 사실관계 여하에 의하여 또는 청구원인을 구성하는 택일적 사실인정에 의하여 어느 일방의 법률효과를 긍정하거나 부정하고 이로써 다른 일방의 법률효과를 부정하거나 긍정하는 반대의 결과가 되는, 두 청구들 사이에서 한 쪽 청구에 대한 판단 이유가 다른 쪽 청구에 대한 판단 이유에 영향을 주어 각 청구에 대한 판단 과정이 필연적으로 상호 결합되어 있는 관계에 있는 경우[76]를 들고 있는데, 여기에는 실체법뿐만 아니라 소송법상 양립할 수 없는 경우도 포함된다는 입장이다.[77]

판례가 소송법상 서로 양립할 수 없다고 본 사례를 들어보라.

아파트 입주자대표회의 구성원 개인을 피고로 삼아 제기한 아파트 112동 동대표 지위 부존재확인의 소의 계속 중에 아파트 입주자대표회의를 예비적 피고로 추가할 수 있다는 판례가 있는데,[78] 이는 누가 피고적격자인지 불분명한 때에 법률적 평가에 따라 어느 한쪽에 대한 청구는 부적법하고 다른 쪽의 청구만이 적법하게 될 수 있으므로 소송법상 서로 양립할 수 없는 경우에 해당한다.

부진정연대채무의 관계에 있는 자를 예비적·선택적 공동소송으로 제기할 수 있는가?

판례는, 부진정연대채무의 관계에 있는 채무자들을 공동피고로 하여 이행의 소가 제기된 경우 공동피고에 대한 각 청구는 법률상 양립할 수 없는 것이 아니므로 그 소

75) 위 본문에서 본 민법 758조나 135조가 적용되는 경우 및 은행의 퇴직자가 하나의 고용계약에 근거하여 은행 소속 본부장과 은행 양쪽을 묶어 청구하는 경우(대법원 2008.4.10. 선고 2007다86860 판결), 토지매수인이 주위적 피고 1에게 소유권이전등기청구를 하고 예비적 피고 2에게 그 이전등기의무 이행불능시의 손해배상청구를 하는 경우(대법원 2011.9.29. 선고 2009다7076 판결), 피고 1이 원고에게 소유권이전등기의무를 부담하고 있음에도 피고 2에게 그 소유권을 이전한 것은 통정허위표시 또는 반사회질서의 법률행위에 해당한다고 주장하며 피고 1을 대위하여 피고 2 명의로 마쳐진 소유권이전등기말소를 청구하면서 피고 1에 대하여는 그것이 인정되지 않으면 이행불능을 이유로 전보배상청구를 구하는 경우(대법원 2008.3.27. 선고 2005다49430 판결)가 여기에 해당한다.

76) 폭행 가해자가 1인인데, 그가 피고 1인지 피고 2인지 불분명하여 피고들을 주위적·예비적으로 묶어 손해배상을 청구하는 경우 및 신용카드회원인 원고가 주위적으로 피고 카드회사 B가 피고 자동차판매회사 A에게 차량대금을 지급했음을 전제로 피고 A에게 차량미인도로 인한 채무불이행책임을 묻고, 예비적으로 차량대금 미지급을 전제로 피고 B를 상대로 카드할부금 지급채무부존재확인 및 납부한 할부금의 반환을 구하는 경우(대법원 2008.7.10. 선고 2006다57872 판결)가 이에 해당한다.

77) 대법원 2007.6.26. 자 2007마515 결정.

78) 대법원 2007.6.26. 자 2007마515 결정.

송은 민소법 70조 1항에 규정한 본래 의미의 예비적·선택적 공동소송이라고 할 수 없고, 따라서 거기에 필수적 공동소송에 관한 민소법 67조는 준용되지 않는다고 할 것이어서 상소로 인한 확정차단의 효력도 상소인과 그 상대방에 대해서만 생기고 다른 공동소송인에 대한 관계에는 미치지 않는다고 하였다.[79] 따라서 예컨대 B병원에서 치료를 받다가 과다출혈로 A병원으로 전원되어 치료를 받았으나 범발성 혈액응고장애로 인한 저산소성 뇌손상증상이 발생하여 식물인간이 된 경우에, 환자 측은 A병원의 과실로 알고 제소하였으나 소송진행 중 A병원이 인과관계를 부정하면서, "B병원의 불법행위로 인한 것이다"라고 책임을 전가하더라도 B병원을 피고로서 민소법 70조(68조 준용)에 의해 주관적·추가적으로 병합할 수 없다. 왜냐하면 A병원과 B병원에 모두 과실책임이 인정되는 경우에는 부진정연대채무의 관계에 있어 각 청구 사이에 법률상 양립할 수 있기 때문이다.

예비적·선택적 공동소송에서 통상공동소송의 형태가 병합심리될 수 있는가?

판례는, 민소법 70조 1항 본문이 규정하는 '공동소송인 가운데 일부에 대한 청구'를 반드시 '공동소송인 가운데 일부에 대한 모든 청구'라고 해석할 근거는 없으므로, 주위적 피고에 대한 주위적·예비적 청구 중 주위적 청구 부분이 받아들여지지 아니할 경우 그와 법률상 양립할 수 없는 관계에 있는 예비적 피고에 대한 청구를 받아들여 달라는 취지로 주위적 피고에 대한 주위적·예비적 청구와 예비적 피고에 대한 청구를 결합하여 소를 제기하는 것도 가능하고, 처음에는 주위적 피고에 대한 주위적·예비적 청구만을 하였다가 청구 중 주위적 청구 부분이 받아들여지지 아니할 경우 그와 법률상 양립할 수 없는 관계에 있는 예비적 피고에 대한 청구를 받아들여 달라는 취지로 예비적 피고에 대한 청구를 결합하기 위하여 예비적 피고를 추가하는 것도 민소법 70조 1항 본문에 의하여 준용되는 민소법 68조 1항에 의하여 가능하다고 한다. 이 경우 주위적 피고에 대한 주위적 청구와 예비적 피고에 대한 청구가 서로 법률상 양립할 수 없다면 주위적 피고에 대한 예비적 청구와 예비적 피고에 대한 청구는 서로 법률상 양립할 수 있는 관계에 있고 양립 가능한 이 두 청구는 통상공동소송의 형태로서 병합하여 심리·판단할 수 있으며,[80] 이 법리는 원고가 주위적 피고에 대하여 실질적으로 선택적 병합 관계에 있는 두 청구를 주위적·예비적으로 순위를 붙여 청구한 경우에도 그대로 적용된다고 한다.[81] 이 판결에 의하면, 기존의 주위적 피고에 대한 예비적 청구와 예비적 피고에 대한 청구는 법률상 양립할 수 있어 통상공동소송의 형태임에도 추가를 허용한 것인데, 이는 소송계속 중 통상공동소송인의 추가를 허용하지 아니하는 기존의 확립된 판례[82]와 상

79) 대법원 2012.9.27. 선고 2011다76747 판결.
80) 대법원 2009.3.26. 선고 2006다47677 판결.
81) 대법원 2015.6.11. 선고 2014다232913 판결.

충한다.

4. 심판방법

예비적 · 선택적 공동소송에는 민소법 67조 내지 69조의 필수적 공동소송규정이 준용된다(70①). 따라서 소송자료의 통일과 소송진행의 통일을 통해 모순 없는 판결을 하여야 한다.

(1) 소송자료의 통일

예비적 · 선택적 공동소송의 경우에도 필수적 공동소송과 마찬가지로 공동소송인 가운데 한 사람의 소송행위는 모두의 이익을 위해서만 효력을 가지고(67①), 공동소송인의 상대방은 유리 · 불리를 떠나 한 사람의 공동소송인을 상대로 소송행위를 하면 그 소송행위는 공동소송인 모두에게 효력이 미친다(67②).

원고가 대리인이라 칭하는 자와 계약을 체결하였으나 대리권의 존부가 모호한 경우에, 본인을 주위적 피고로 하여 계약에 기한 소유권이전등기이행을 구하고, 원고와 계약을 체결한 자가 무권대리로 판단될 경우에 대비하여 그 대리인을 예비적 피고로 하여 손해배상을 구하자, 본인과 무권대리인이 모두 자백하였다. 이 경우에 원고는 모든 피고를 상대로 승소판결을 받을 수 있는가?

민소법 67조의 경우 공동소송인 전원이 자백하면 자백의 효력이 발생하므로 문제가 없다. 그러나 민소법 70조의 경우에는 주위적 피고와 예비적 피고 사이에 법률상 양립할 수 없는 관계에 있으므로 피고들 사이에 승패가 반대로 되는 것이 원칙이다. 그런데 피고들이 모두 자백해버리면 원고는 양쪽 피고로부터 승소판결을 받게 되므로 이는 서로 모순되는 불합리한 상황이 된다. 따라서 이러한 경우의 재판상 자백은 무효라는 견해,[83] 양쪽 자백이 모두 유효하다는 견해,[84] 자백으로 다른 공동소송인이 유리해지는 경우에는 유효하다는 견해,[85] 주위적 당사자에 대한 자백의 성립을 인정하고 예비적 당사자에 대한 소송은 자백에도 불구하고 기각되어야 한다는 견해[86] 등으로 학설이 나뉜다. 생각건대, 자백의 경우에는 민소법 70조 1항 단서가

---

82) 대법원 1993.9.28. 선고 93다32095 판결(고유필수적 공동소송이 아닌 사건에 있어 소송 도중에 피고를 추가하는 것은 그 경위가 어떻든 간에 허용될 수 없다); 대법원 2009.5.28. 선고 2007후1510 판결; 대법원 1998.1.23. 선고 96다41496 판결.
83) 호문혁, 931쪽.
84) 한충수, 731쪽.
85) 정동윤 · 유병현 · 김경욱, 1064쪽; 정영환, 902쪽.
86) 강현중, 873쪽. 나아가 이 견해에서는 선택적 관계에 있는 예비적 · 선택적 소송에서의 동시자백

규정한 예외사유에 해당되지 않으므로 민소법 67조가 준용되지만, 공동소송인이 모두 자백하더라도 실질적으로는 그 내용이 상충하므로 67조에서 의미하는 공동자백이라고 볼 수 없어 아무런 효력이 발생하지 않는다고 보아야 할 것이다(무효설). 다만, 민소법 70조 1항 단서에 해당되어 민소법 67조가 준용되지 않는 청구의 포기·인낙, 화해 및 소의 취하의 경우에는 달리 보아야 한다. 예컨대 주위적 피고가 인낙한 경우에는 예비적 피고에 대한 청구는 기각하면 되므로 별다른 문제가 발생하지 않겠지만, 예비적 피고가 인낙하였고 주위적 피고는 부인하였으나 심리결과 주위적 피고에 대한 청구가 인용되는 경우에는 민소법 67조가 준용되지 않으므로 통상공동소송으로 보아 원고의 양 청구를 모두 인용해도 된다는 견해가 다수설이다.[87] 이 경우에 원고가 이중으로 집행하면 청구이의의 소로 구제하면 된다는 것이다. 판례는 예비적·선택적 공동소송에서 행한 조정을 갈음하는 결정은 재판상 화해와 동일한 효력이 있어 일부 공동소송인이 이의하지 않은 경우 민소법 70조 1항 단서규정에 따라 필수적 공동소송의 규정이 준용되지 않으므로 그 공동소송인에 대한 관계에서 위 결정이 확정될 수 있다고 하여 원칙적으로 다수설과 같은 입장이다.[88]

(2) 소송진행의 통일

공동소송인 가운데 한 사람에게 소송절차를 중단 또는 중지하여야 할 이유가 있는 경우 그 중단 또는 중지는 모두에게 효력이 미친다(70①, 67③). 또한 예비적·선택적 공동소송인 중에 일부가 누락된 경우에는 제1심 변론종결 시까지 원고의 신청에 따라 법원의 결정으로 누락된 공동소송인을 추가할 수 있다. 이 경우 추가된 당사자에 대한 관계에서는 처음의 소가 제기된 때에 소가 제기된 것으

은 무의미한 자백이므로 자백의 효력을 부정하여야 한다고 본다.

87) 김홍엽 1024쪽; 박재완, 644쪽; 이시윤, 759쪽; 정영환, 903쪽; 한충수, 731쪽. 반대: 강현중, 873쪽; 호문혁, 930쪽.

88) 대법원 2008.7.10. 선고 2006다57872 판결. 다만 이 사건에서는 원고가 주위적 피고 A와 예비적 피고 B를 상대로 금원을 청구하자, 법원은 피고 B에게 일정액을 지급하도록 하면서, 피고 A와 B에 대한 나머지 채무는 존재하지 않음을 확인한다는 조정결정을 하였고, 이에 B만 이의신청을 한 경우인데, 대법원은 위 조정을 갈음하는 결정의 내용은 피고 A는 피고 B의 원고에 대한 금원 지급의무를 전제로 채무가 존재하지 않음을 확인한 것이므로 피고들 사이의 권리의무관계가 상호 관련되어 있어 분리확정을 허용할 경우 형평에 반하고 또한 이해관계가 상반된 공동소송인들 사이에서의 소송진행의 통일을 목적으로 하는 민소법 70조 1항 본문의 입법 취지에 반하는 결과가 초래되므로 B만 이의신청을 하였다고 하더라도 원고와 피고들 모두에 대하여 확정되지 않고 사건은 소송으로 복귀한다고 하였다. 대법원 2022.4.14. 선고 2020다224975 판결(화해권고결정의 경우); 대법원 2015.3.20. 선고 2014다75202 판결(조정을 갈음하는 결정의 경우)도 같은 취지. 화해권고결정이나 조정을 갈음하는 결정의 경우에 원고가 원만한 합의를 위하여 어느 피고에 대한 청구의 포기를 수락하였는데 나머지 피고가 이의하여 소송으로 이행됨으로써 재판결과 원고의 피고들에 대한 청구가 모두 인정되지 아니하는 위험에 놓이는 상황을 생각해 보면 위 판례의 태도는 타당하다.

로 본다(70①, 68③). 그리고 민소법 70조 1항 단서에서 청구의 포기・인낙, 화해 및 소의 취하는 필수적 공동소송에 관한 규정이 준용되지 아니한다고 규정하고 있으므로 이러한 소송행위를 한 자 이외의 나머지 공동소송인에 관한 청구부분은 여전히 심판의 대상이 된다.[89]

(3) 본안재판의 통일

1) 원 칙

예비적・선택적 공동소송에 있어서는 모든 공동소송인에 관한 청구에 대하여 판결을 하여야 한다(70②). 다만 승패가 일률적으로 되어야 한다는 의미에서의 합일확정은 아니고, 오히려 공동소송인 사이에 승패가 반대로 된다.

2) 공동소송인 중 일부에 대한 판결만 한 경우

예비적・선택적 공동소송에 있어서는 민소법 70조 2항에 의하여 모든 청구를 판단하여야 한다. 따라서 주위적 청구에 대해서만 판단하고 예비적 청구에 대하여는 아무런 판단을 하지 아니하는 경우와 같이, 일부 공동소송인에 대한 청구에 대해서만 판결한 경우에는 일부판결이 아니라 흠이 있는 전부판결에 해당한다. 따라서 상소를 제기하여 이를 시정하여야 하고, 원심에서 추가판결을 할 수 없다.[90]

3) 상소심의 심판범위 및 불이익변경금지의 원칙 적용여부

예비적・선택적 공동소송인 가운데 어느 한 사람에 대하여 상소가 제기되면 다른 공동소송인에 대한 청구부분도 상소심에 이심되어 상소심의 심판대상이 되고,[91] 이러한 경우 상소심의 심판대상은 주위적・예비적 공동소송인들 및 그 상대방 당사자 사이의 결론의 합일확정의 필요성을 고려하여 그 심판의 범위를 판단하여야 한다.[92] 따라서 불이익변경금지의 원칙이 적용되지 아니한다. 예컨대 원고의 주위적 피고에 대한 청구가 기각되고 예비적 피고에 대한 청구가 인용되자 예비적 피고만이 항소한 경우에도 항소심에서 심리한 결과 원고의 주위적 피고에 대한 청구가 이유 있으면 원심판결을 취소하여 원고의 주위적 피고에 대한 청구

89) 대법원 2018.2.13. 선고 2015다242429 판결.
90) 대법원 2011.2.24. 선고 2009다43355 판결; 대법원 2008.3.27. 선고 2005다49430 판결; 대법원 2008.4.10. 선고 2007다36308 판결; 대법원 2018.2.13. 선고 2015다242429 판결; 대법원 2021.7.8. 선고 2020다292756 판결.
91) 대법원 2008.3.27. 선고 2006두17765 판결; 대법원 2014.3.27. 선고 2009다104960,104977 판결.
92) 대법원 2015.3.20. 선고 2014다75202 판결; 대법원 2018.12.27. 선고 2016다202763 판결.

를 인용하고, 예비적 피고에 대한 청구를 기각하여야 한다. 합일확정의 필요 때문이다.[93] 상고심에서 어느 한 사람의 상고가 이유 있어 원심판결을 파기하는 경우에는 합일확정의 필요에 의하여 상고가 이유 없는 다른 사람의 청구부분도 함께 파기하여야 한다.[94]

Ⅱ. 추가적 공동소송(소의 주관적 추가적 병합)

1. 의 의

소송계속 중에 원고측이나 피고측에 스스로 당사자로서 소송절차에 가입하거나, 종래의 당사자가 제3자에 대한 소를 추가적으로 병합함으로써 공동소송의 형태가 되는 경우를 추가적 공동소송이라고 한다. 필수적 공동소송인의 추가(68), 예비적·선택적 공동소송인의 추가(70,68), 참가승계(81), 인수승계(82), 공동소송참가(83)는 법이 명문으로 추가적 공동소송을 허용한 경우인데, 그 외에도 이론상 소의 주관적 추가적 병합을 더 확대할 것인가의 문제가 논의된다.

2. 확대의 허용여부

(1) 판 례

판례는 법상 명문의 규정을 두고 있는 경우를 제외하고는 어떠한 형태로든 주관적 추가적 병합을 허용하지 않는다.[95]

(2) 학 설

다수설은 소의 주관적 추가적 병합을 불허하더라도 변론의 병합에 의하여 동일한 목적을 달성할 수 있으므로 이러한 추가적 병합을 허용하는 것이 보다 직접적이고 소송경제적이며, 관련분쟁 해결의 1회성에 부합한다고 보아 이를 긍정한다.[96] 이에 대하여 소수설은 민소법이 남소를 방지하고 확정된 당사자 사이의 소

---

93) 이 부분은 소의 객관적 병합에서 예비적 청구만 인용한 판결에 대하여 피고만 항소한 경우에 항소심의 심판범위는 예비적 청구를 인용한 제1심 판결의 당부에 그치고 주위적 청구는 심판의 대상이 될 수 없다는 판례(대법원 1995.2.10. 선고 94다31624 판결)와 결론을 달리한다.
94) 대법원 2009.4.9. 선고 2008다88207 판결.
95) 대법원 2009.5.28. 선고 2007후1510 판결; 대법원 1993.9.28. 선고 93다32095 판결.
96) 김홍규·강태원, 781쪽; 송상현·박익환, 652쪽; 이시윤, 763쪽; 정동윤·유병현·김경욱, 1068쪽; 정영환, 906쪽; 한충수, 732쪽.

송절차의 안정을 위하여 소의 추가적 병합이 허용되는 경우를 엄격한 요건 하에 인정하고 있고, 변론의 병합도 허용되고 있는 마당에 새로운 소의 추가적 병합마저 허용하면 그 허용요건의 불명확성으로 인하여 소송절차의 혼란을 가중시키고, 소송절차의 복잡화로 인한 심리의 지연 등을 초래하여 오히려 소송경제 및 분쟁의 1회적 해결에 반하는 결과를 초래할 우려가 있으므로 입법론으로는 몰라도 해석론으로는 허용되지 않는다고 본다.[97]

3. 추가적 병합의 형태

추가적 공동소송을 더 확대하자는 입장에서는 주관적 추가적 병합을 하면 공동소송으로 되기 때문에 공동소송의 요건(65)을 갖추어야 하고, 소송절차를 현저히 지연시키지 않아야 한다고 본다. 민소법 68조에서 규정하는 필수적 공동소송인의 추가를 넘어 통상공동소송(65) 형태의 추가적 병합을 허용하자는 견해에서는 다음과 같은 병합의 유형을 제시한다. 이 유형들은 청구가 공동소송인 사이에 법률상 양립할 수 있다는 점에서 민소법 70조의 경우와 다르다.

(1) 제3자 스스로 가입하는 경우

예컨대 교통사고로 인한 손해배상청구소송에서 자기도 같은 피해자라고 주장하며 원고측에 공동원고로 추가신청하는 경우 또는 보험회사를 상대로 재판 중 피고측에 공동피고로 피보험자가 채무부존재확인소송을 추가신청하는 경우 등이 이에 해당한다. 합일확정의 관계에 서는 제3자가 아니더라도 쟁점이 공통인 관계에 있을 때 허용하면 집단불법행위소송에서 의미가 있을 것이다.

(2) 제3자를 강제로 끌어들이는 경우

예컨대 교통사고로 인한 손해배상청구소송에서 가해 택시운전자를 상대로 재판하던 중 택시회사에 대한 손해배상청구를 병합하는 경우 등이 이에 해당된다.

97) 김홍엽, 1029쪽; 호문혁, 918쪽.

제3절 선정당사자

Ⅰ. 의 의

공동의 이해관계가 있는 여러 사람이 공동소송인이 되어 소송을 하여야 할 경우에 그 가운데서 모두를 위해 소송을 수행할 당사자로 선출된 자를 선정당사자라고 하며, 이러한 선정행위를 하는 자를 선정자라고 한다.

법인 아닌 사단이나 재단이라고 하더라도 대표자 또는 관리인이 없는 등 실체를 갖추지 못한 경우에는 그 사단이나 재단의 이름으로 당사자가 될 수 없으므로(52), 그 사단이나 재단의 소속원 전원이 당사자로서 직접 소송에 관여하여야 하는데, 이는 소송절차상 매우 번잡하다. 조합의 경우에도 마찬가지이다. 이러한 불편을 해소하여 변론을 간이화하고 다수자의 소송계속 중 사망 등으로 인한 소송중단의 문제를 해결함으로써 재판의 신속화에 기여하기 위하여 선정당사자 제도를 둔 것이다.

선정당사자와 선정자의 관계는 대리관계가 아니라 신탁관계이므로 임의적 소송담당의 일종으로서 그 이용여부는 다수당사자의 자유이다.

Ⅱ. 요 건

1. 공동소송을 할 여러 사람이 있을 것

당사자가 2인 이상이라면 원고측이든 피고측이든 이용할 수 있다. 다만 비법인사단으로서의 실체가 인정되면 선정당사자제도를 이용할 수 없다(53①).

2. 공동의 이해관계가 있을 것

고유필수적 공동소송뿐만 아니라 민소법 65조 전문의 경우에는 공동의 이해관계가 있으므로 허용된다. 그러나 65조 후문의 '소송목적이 되는 권리·의무가 같은 종류이며 그 발생원인이 같은 종류'의 경우에는 일반적으로 공격방어방법이 공통적일 것을 기대할 수 없으므로 특히 '쟁점에 공통점이 있어 공격방어방법이 공통적'일 때 한하여 허용된다는 것이 판례의 입장이다. 판례는 명의신탁해지를 원인으로 한 소유권이전등기절차의 이행을 구하는 소송에서 각 명의신탁의 시점이 다른 피고들로부터 선정당사자로 지정된 자는 피고들 간에 공동의 이해관계가 없다고 하였다.[98] 청구원인사실에 비추어 보아 쟁점이 공통적이지 않음에도 선정당사자를 허용한다면 선정자에게 피해를 줄 수 있기 때문이다.

◎ 여러 명의 주택임차인이 임대인을 상대로 보증금반환청구를 할 때 그 임대인이 계약당사자인지 여부가 쟁점이라면 원고들은 선정당사자를 세울 수 있는가?

피고가 임대차계약상 임대인으로서 계약당사자인지 여부가 쟁점인 경우에는 원고 선정자들은 상호간에 공동소송인이 될 관계에 있을 뿐 아니라(65조 후문), 주요한 공격방어방법을 공통으로 하는 경우에 해당함이 분명하므로 공동의 이해관계가 있다는 것이 판례이다.[99]

3. 공동의 이해관계가 있는 사람 중에서 선정할 것

공동의 이해관계가 없는 제3자를 선정당사자로 세울 수 있게 하면 변호사 대리의 원칙이 잠탈되기 때문이다(87, 53①). 민소법 53조 1항에서 이를 명문으로 규정하고 있으므로 확대해석하기는 어렵다.[100]

Ⅲ. 선정의 방법

1. 소송행위

선정자가 선정당사자에게 하는 소송수행권의 수여는 대리권의 수여와 유사한 단독적 소송행위라고 보는 것이 통설이다. 선정행위는 소송행위이므로 선정자에게 소송능력이 필요하고, 화해나 청구인낙을 못하게 하는 등 선정당사자의 소송행위에 조건을 붙일 수 없다(통설). 다만 심급제한 약정에 대하여는 소송행위에 조건을 붙인 것이어서 무효라는 견해가 있으나,[101] 심급제한 약정은 유효하다는 견해가 다수설[102] 판례이다.

◎ 선정서에 사건명을 기재한 후, '제1심 소송절차에 관하여' 또는 '제1심 소송절차

98) 대법원 2007.7.12. 선고 2005다10470 판결.
99) 대법원 1999.8.24. 선고 99다15474 판결.
100) 김홍엽, 1033쪽.
101) 이시윤, 766쪽; 정영환, 995쪽.
102) 김홍규 · 강태원, 793쪽; 김홍엽, 1034쪽; 정동윤 · 유병현 · 김경욱, 1071쪽; 한충수, 738쪽

를 수행하게 한다'는 문언이 기재되어 있는 경우에 선정당사자로 하여금 제1심에서만 소송수행을 할 수 있도록 조건을 붙인 것인가? 그 효력은 어떻게 되는가?

판례는, 당사자 선정은 총원의 합의로써 장래를 향하여 이를 취소·변경할 수 있는 만큼 당초부터 특히 어떠한 심급을 한정하여 당사자인 자격을 보유하게끔 할 목적으로 선정하는 것도 허용된다고 할 것이나, 선정당사자의 선정행위 시 심급의 제한에 관한 약정이 없다면 선정의 효력은 소송이 종료에 이르기까지 계속되는 것이라고 판시하였다.[103] 다만 제1심에서 제출된 선정서에 사건명을 기재한 다음에 '제1심 소송절차에 관하여' 또는 '제1심 소송절차를 수행하게 한다'라는 문언이 기재되어 있는 경우라 하더라도 특단의 사정이 없는 한 그 기재는 사건명 등과 더불어 선정당사자를 선정하는 사건을 특정하기 위한 것으로 보아야 하고, 따라서 그 선정의 효력은 제1심의 소송에 한정하는 것이 아니라 소송의 종료에 이르기까지 계속하는 것으로 해석함이 상당하다고 판시하였다.[104] 결국 판례는 선정자에 의한 심급제한 약정은 허용되지만, 위와 같은 문언만으로는 심급제한 약정으로 보기 어렵다는 입장이다.

2. 선정의 시기

선정의 시기는 소송계속 전후를 불문한다. 소송계속 후 선정당사자를 선정하면 선정자는 소송에서 당연히 탈퇴한 것으로 본다(53②).

3. 선정행위

선정행위는 선정자가 개별적으로 해야 하며, 다수결로 결정할 수 없다. 선정당사자가 꼭 1명이어야 할 필요는 없다.

4. 선정당사자의 자격증명

선정당사자도 대리인과 마찬가지로 서면증명이 필요하므로 선정서를 작성하여 제출하여야 하고 이 서면은 소송기록에 붙여야 한다(58).

---

103) 대법원 2003.11.14. 선고 2003다34038 판결.

104) 대법원 1995.10.5. 자 94마2452 결정. 따라서 항소한 선정당사자에게만 보정명령을 송달한 것은 적법하다.

Ⅳ. 선정의 효과

1. 선정당사자의 지위

(1) 당사자 본인으로서의 지위

선정당사자는 선정자의 대리인이 아니고 당사자이다. 따라서 소송대리인에 관한 민소법 90조 2항의 제한이 없으므로 소의 취하, 화해, 청구의 포기·인낙, 상소의 제기 등 일체의 소송행위는 물론 소송수행에 필요한 사법상 행위도 선정자의 개별적인 동의 없이 할 수 있다.[105] 또한 선정자와의 사이에 선정당사자가 권한행사에 관한 내부적인 제한계약을 맺었다 하더라도 그와 같은 제한으로써 법원이나 상대방에게 대항할 수 없다.

선정당사자는 당사자로서 소송행위를 하는 것이므로 소송행위에 제한을 받지 않는다. 그렇다면 선정자들에게 불측의 피해를 줄 수도 있지 않은가?

선정자가 모르는 사이에 선정당사자가 소의 취하, 청구의 포기·인낙, 화해 등의 소송행위를 할 가능성이 있어 선정자에게 불측의 피해를 줄 수 있다. 따라서 입법론으로 화해, 소의 취하, 청구의 포기·인낙, 상소의 제기 등의 경우에는 선정자에게 고지하도록 하든지, 선정자의 동의를 얻도록 하든지, 법원의 허가를 얻도록 해야 한다는 논의가 있다. 판례는 선정당사자가 변호사인 소송대리인과의 사이에 체결하는 보수약정은 소송위임에 필수적으로 수반되어야 하는 것은 아니므로 선정당사자가 그 자격에 기한 독자적인 권한으로 행할 수 있는 소송수행에 필요한 사법상 행위라고 할 수 없고, 따라서 선정당사자가 선정자로부터 별도의 수권 없이 변호사 보수에 관한 약정을 하였다면 선정자들이 이를 추인하는 등의 특별한 사정이 없는 한 선정자에 대하여 효력이 없다고 할 것이며, 나아가 그와 같은 보수약정을 하면서 향후 변호사 보수와 관련하여 다투지 않기로 부제소합의를 하거나 약정된 보수액이 과도함을 이유로 선정자들이 제기한 별도의 소송에서 소취하 합의를 하더라도 이와 관련하여 선정자들로부터 별도로 위임받은 바가 없다면 선정자에 대하여 역시 그 효력을 주장할 수 없다고 하여 선정당사자의 권한을 제한한 바 있다.[106] 한편, 민사조정에 있어서는 조정조항안의 수락, 조정신청의 취하, 조정을 갈음하는 결정, 대리인의 선임 등 중요한 사항은 대표당사자(민소법상 선정당사자에 해당)가 할 수 없다고 규정하고 있다(민조 18④). 또한 판례는 선정당사자에게 변론을 금지하고 변호사선임명령을 한 경우에는 실질적으로 변호사 선임권한을 가진 선정자에게 이를

105) 대법원 2003.5.30. 선고 2001다10748 판결; 대법원 2012.3.15. 선고 2011다105966 판결.
106) 대법원 2010.5.13. 선고 2009다105246 판결.

알려주어야 한다는 입장이다.[107)]

(2) 여러 선정당사자들 사이의 소송관계

동일한 선정자 단에서 여러 사람의 선정당사자가 선정되어 소송행위를 하는 경우에는 소송수행권의 합유관계로서 필수적 공동소송이 된다. 그러나 다른 선정자 단에서 선정된 선정당사자와 공동으로 소송수행을 하는 경우에는 원래의 소송이 필수적 공동소송이 아닌 한 통상공동소송관계가 된다. 예컨대 갑·을·병은 선정당사자를 A로, 정·무는 스스로 당사자가 되거나 선정당사자를 B로 지정할 수 있는데, 이 경우에는 원래의 소송이 필수적 공동소송의 성질이 아닌 한 A와 정·무 또는 A와 B는 통상공동소송인의 지위에 있다.

2. 선정자의 지위

선정자가 소송계속 후 선정당사자를 선정하면 선정자는 소송에서 당연히 탈퇴한 것으로 본다(53②). 다만 탈퇴한 선정자는 당사자적격을 상실하여 소송수행권을 상실하는지 여부에 대하여 학설이 나뉜다. **적격유지설**은 선정당사자의 독주를 견제하기 위하여 선정자에게 민소법 94조의 경정권을 인정하자는 견해이고,[108)] **적격상실설**은 선정자는 선정행위를 한 이상 당사자가 아니고, 선정당사자도 소송대리인이 아니며, 선정자는 언제든지 선정을 취소하고 소송당사자가 될 수 있으므로 위 경정권도 인정할 필요가 없다는 견해이다(다수설,[109)] 판례[110)]). 이와 관련하여, 선정 후 선정당사자의 소송계속 중 선정자가 새로운 소를 제기하거나 제기당하는 경우에 중복소제기(259)가 된다는 견해가 다수설이나,[111)] 당사자적격의 흠결로 소를 각하하여야 한다는 견해도 있다.[112)]

판결서의 원·피고에는 선정당사자만 표시하고 말미에 별지로 선정자목록을 붙인다. 선정당사자도 공동의 이해관계를 가진 사람으로서 선정행위를 하였다면

---

107) 대법원 2000.10.18. 자 2000마2999 결정.
108) 이시윤, 768쪽; 정동윤·유병현·김경욱, 1073쪽; 정영환, 997쪽.
109) 강현중, 882쪽; 김홍규·강태원, 794쪽; 김홍엽, 1037쪽; 송상현·박익환, 176쪽; 한충수, 740쪽; 호문혁, 945쪽.
110) 대법원 2013.1.18. 자 2010그133 결정.
111) 다만 적격유지설에 의하면 곧바로 중복제소를 이유로 후소를 각하하는 것이 되지만, 적격상실설에 의하면 원래는 당사자적격의 흠결로 후소를 각하하여야 할 것이나 중복제소가 더 일반적인 소송요건이므로 후자가 우선 적용된다고 본다(김홍엽, 1038쪽).
112) 한충수, 740쪽.

선정자목록에 함께 표기할 수 있다.[113)]

선정당사자가 받은 판결(또는 화해조서)은 선정자에게도 효력이 미치므로(218③), 선정자를 위해 또는 선정자에 대해 강제집행이 가능하다. 선정자와 관계된 강제집행을 위해서는 승계집행문이 필요하다(민집 25, 31).

선정당사자에 의한 소송에 선정자가 참가하는 경우에 그 참가형태는 무엇인가?

선정당사자를 선정한 후에는 선정자는 당사자적격을 상실한다(다수설). 다만 선정당사자가 받은 판결의 효력이 선정자에게도 미치므로 만약 선정자가 소송에 참가한다면 공동소송적 보조참가의 형태가 된다.

3. 선정당사자의 자격상실

선정당사자는 자신의 사망, 선정의 취소에 의해 자격을 상실한다. 선정자는 언제든지 선정을 취소할 수 있으나 대리권 소멸의 경우와 마찬가지로 상대방에게 통지하지 않으면 무효이다(63②). 선정당사자는 공동의 이해관계를 가진 여러 사람 중에서 선정되어야 하므로, 선정당사자 본인에 대한 부분의 소가 취하되거나 판결이 확정되는 등으로 공동의 이해관계가 소멸한 경우에는 선정당사자는 그 자격을 당연히 상실한다는 것이 판례의 입장이다.[114)] 선정자가 사망한 경우에는 선정당사자의 자격에 영향이 없다.

여러 명의 선정당사자 중 일부가 자격을 상실해도 소송절차는 중단되지 않으며, 다른 선정당사자가 소송을 속행한다(54). 선정당사자 전원이 자격을 상실하면 선정자 모두 또는 다른 선정당사자가 소송을 수계할 때까지 소송절차가 중단된다(237②). 그러나 소송대리인이 있으면 중단되지 않는다(238).

Ⅴ. 선정당사자의 자격 없을 때의 효과

선정당사자의 자격 유무는 당사자적격의 문제이므로 직권조사사항이다. 자격증명이나 선정행위에 흠이 있으면 보정명령을 하여야 한다(61, 59).

---

113) 대법원 2011.9.8. 선고 2011다17090 판결.

114) 선정당사자 자신은 항소하지 아니하여 판결확정으로 공동의 이해관계가 소멸한 상태에서 다른 선정자에 대한 선정당사자의 지위에서 제기한 상고는 부적법하여 각하되어야 한다(대법원 2006.9.28. 선고 2006다28775 판결).

적법하게 선정되지 않은 선정당사자나 자격증명이 없는 선정당사자의 소송행위에 의하여 선고된 판결은 무효이며, 선정자에게 그 효력이 미치지 않는다. 그러나 뒤에 자격증명을 보정하거나 선정자가 추인하면 소급하여 유효하다(61, 60). 보정을 하지 않거나 추인을 받지 못하면 법원은 소각하판결을 하여야 한다.

공동의 이해관계가 없는 자가 선정당사자로 되어 원고의 청구를 인낙한 경우에 준재심사유에 해당하는가?

판례는 공동의 이해관계가 없는 선정당사자가 원고의 청구를 인낙하자, 선정자들이 공동의 이해관계가 없었음을 이유로 소송절차에 관여할 기회가 배제되었으므로 민소법 461조의 준재심에 의하여 451조 1항 3호의 재심사유에 해당한다고 주장함에 대하여, 선정자가 스스로 당해 소송의 공동소송인 중 1인인 선정당사자에게 소송수행권을 수여하는 선정행위를 하였다면 그 선정자로서는 실질적인 소송행위를 할 기회 또는 적법하게 당해 소송에 관여할 기회를 박탈당한 것이 아니므로 비록 그 선정당사자와의 사이에 공동의 이해관계가 없었다고 하더라도 그러한 사정은 민소법 451조 1항 3호가 정하는 재심사유에 해당하지 않는 것으로 봄이 상당하다고 판시하였다.[115]

제4절 제3자의 소송참가

소송은 원고가 피고를 지정하여 제소한다. 따라서 그 소송과 이해관계가 있는 제3자가 있더라도 제외될 수 있다. 이러한 제3자를 당해 소송에 참여시켜 자신의 권리를 주장하게 함으로써 보호받을 기회를 가지도록 할 필요가 있는데, 이것이 소송참가 제도이다. 소송참가에는 ① 기존 당사자를 돕기 위하여 참가하는 보조참가와 ② 참가인이 직접 당사자가 되기 위하여 참가하는 당사자참가로 나눌 수 있다.

보조참가에는 단순히 법률상 이해관계 때문에 일방 당사자를 돕기 위하여 참가하는 통상의 보조참가와 판결의 효력을 받지만 당사자적격이 없어서 당사자참가를 할 수 없는 사람이 참가하는 공동소송적 보조참가가 있다.

당사자참가에는 참가함으로써 기존의 당사자와 공동소송인이 되는 공동소송참

115) 대법원 2007.7.12. 선고 2005다10470 판결.

가와 기존의 당사자 중 어느 한 편에 서는 것이 아니라 독립된 지위에서 참가하는 독립당사자참가가 있다.

소송참가는 모두 ① 다른 사람 사이의 소송이 계속 중일 것, ② 참가이유가 있을 것, ③ 제3자의 참가신청이 있을 것을 요건으로 한다.

민소법은 위에서 설명한 좁은 의미의 참가 이외에 넓은 의미의 참가제도도 소송참가의 절에서 규정하고 있는데(71~86), 넓은 의미의 참가에는 소송계속 중 소송물 내지 계쟁물의 이전으로 말미암아 새로이 당사자적격을 취득하게 된 양수인이 소송에 가입하는 소송승계와 당사자가 그 소송에 이해관계를 가지는 제3자에게 소송계속을 통지하여 참가의 기회를 제공하고 일정한 효력을 미치게 하는 소송고지를 포함한다. 위 소송승계에는 양수인이 스스로 참가하는 참가승계(81)와 기존 당사자가 참가인을 강제로 끌어들이는 인수승계(82)가 있다.

당사자적격이 없는 자는 소송절차에서 보조참가밖에 할 수 없는가?

당해 소송절차에서 법률상 이해관계를 가진 자라고 하더라도 당사자적격이 없는 자는 보조참가 밖에 할 수 없다. 여기의 보조참가에는 통상의 보조참가와 공동소송적 보조참가를 포함한다. 따라서 보조참가에서 참가인은 당사자로서의 지위가 인정되지 않는다. 이에 비하여 당사자적격이 있는 자가 참가하는 형태로는 독립당사자참가와 공동소송참가가 있다. 물론 참가의 사유에 따라 당사자적격이 인정되는 경우도 있고, 그렇지 않는 경우도 있다. 예컨대 채권자가 보증인을 상대로 제기한 소송에 주채무자가 참가하면 일반적으로 보조참가가 되지만, 만약 보증인이 사해적으로 소송을 수행하여 보조참가의 효용을 해할 우려가 있는 경우에는 주채무자는 독립당사자참가를 할 수도 있다.

제1관 보조참가

Ⅰ. 의 의

어느 한쪽 당사자를 승소시키기 위해서 소송결과에 이해관계를 가진 제3자가 소송에 참가하여 그 당사자를 보조하여 소송을 수행하는 소송형태를 보조참가라고 한다(71). 보조참가를 한 제3자를 보조참가인이라고 하고, 보조참가인의 보조를 받는 당사자를 피참가인이라고 한다. 보조참가인이 보조참가를 하는 목적은 피참가인을 승소시킴으로써 참가인 자신의 이익을 지키는 것이다. 예컨대 채권자 갑이 보증채무자 을을 상대로 제기한 소송에서 을이 패소하면 을은 주채무자 병에게 구상금청구를 할 것이므로(민 442), 병이 을의 승소를 위해 참가하는 경우가 대표적이다.

보조참가인은 당사자가 아니므로 자기의 이름으로 판결을 구하지 않지만 자기의 이익옹호를 위하여 자기의 이름과 비용으로 소송을 수행하므로 당사자로부터 요청을 받지 않아도, 심지어 당사자의 의사에 반해서도 참가할 수 있다. 또한 보조참가인은 당사자의 대리인이 아니므로 스스로 소송대리인을 선임할 수도 있다.

보증인을 피고로 한 소송에서 주채무가 존재하지 않는다고 판단되어 보증채무의 부종성에 따라 보증채무도 존재하지 않는 것을 이유로 청구기각이 되었다고 하자. 그 판결의 기판력이 주채무자에게 미치는가?

그 판결의 기판력은 주채무자에게 미치지 않는다. 이 경우의 소송물은 보증채무이지, 채권자의 주채무자에 대한 청구가 아니기 때문이다. 따라서 주채무자에게는 기판력 등 판결의 효력이 미칠 때 할 수 있는 공동소송적 보조참가가 허용되지 않는다. 그러나 이 사건의 경우 만약 보증인이 패소하면 보증인은 주채무자에 대하여 구상금청구의 가능성이 있는데, 주채무자가 피고인 보증인을 도와 승소한다면 보증인으로부터 구상을 당하지 않을 것이므로 보조참가인인 주채무자에게 법적인 이해관계가 있다. 따라서 통상의 보조참가는 허용된다.

Ⅱ. 요 건

1. 다른 사람 사이에 소송계속 중일 것

보조참가는 '다른 사람 사이'에 한하여 허용되므로 한쪽 당사자가 상대방을 위하여 참가할 수 없고, 법정대리인은 소송수행에 있어 당사자에 준하기 때문에 본인의 소송에 보조참가할 수 없다. 통상공동소송의 경우에는 공동소송인 독립의 원칙에 따라 공동소송인 상호간에 독립된 타인의 지위에 있으므로 자기의 공동소송인이나 그 공동소송인의 상대방을 위한 보조참가가 가능하다.[116] 한편 통상공동소송인 사이에 이론적·실천적으로 합일확정이 필요한 경우에는 참가신청이 없어도 참가관계를 인정하자는 '당연의 보조참가이론'이 있으나(전술), 명시적인 참가신청이 없는데 보조참가관계를 인정하는 것은 무리라고 보는 것이 통설이다.

116) 대법원 1999.7.9. 선고 99다12796 판결.

'소송계속 중'일 것을 요한다. 판결절차가 소송계속 중이라면 사실심·법률심을 가리지 않으므로 상고심에서도 보조참가가 허용되지만 그때는 새로운 주장과 증거신청이 허용되지 않는다(76①단서). 또한 추후보완항소나 재심의 소에서도 참가가 허용된다. 대립당사자구조를 가지지 못하는 결정절차(예컨대 매각허가결정에 대한 즉시항고절차 등)에서는 허용되지 않는다는 것이 판례의 입장이다.[117] 다만 보전처분의 신청·이의·취소절차는 판결절차가 아니라 결정절차에 의하지만 대립당사자구조를 가지고 있으므로 보조참가가 허용된다. 또한 이의신청에 의하여 판결절차로 이행될 수 있는 독촉절차에 대해서도 보조참가가 허용된다는 것이 통설이다.

보조참가인은 대립하는 당사자 가운데 어느 한쪽에 참가하는 것이므로 쌍면참가는 허용되지 않는다. 따라서 이미 당사자 한쪽에 참가한 사람이 그 상대방에게 참가하려면 먼저 한 참가를 취하하여야 한다.

2. 소송결과에 대하여 이해관계가 있을 것(참가이유)

(1) 참가인이 '소송결과'에 대하여 이해관계가 있어야 한다. 해당 소송에서 판결의 효력이 직접 미치지는 않지만 그 판결을 전제로 보조참가를 하려는 자의 법률상 지위가 결정되는 관계에 있으면 이러한 이해관계가 인정된다.[118] 판결의 효력, 즉 기판력·집행력 등이 참가인에게 직접 미치는 경우에는 공동소송적 보조참가에 의하여야 한다.

1) 여기에서의 '소송결과'란 '판결주문'을 의미한다. 즉 참가인은 판결주문에서 판단되는 소송물인 권리관계의 존부에 논리적으로 의존하는 이해관계가 있을 때 참가할 수 있다. 즉 피참가인이 승소하면 참가인의 법률상 지위가 유리해지거나, 패소하면 구상금청구 또는 손해배상금청구와 같은 법적 추급을 받아 불리해지는 경우라면 논리적으로 의존하는 이해관계가 있다고 할 수 있다. 예컨대 ① 채권자 갑이 보증인 을을 상대로 보증금청구소송을 제기하였을 때 을이 패소하면 주채무

117) 대법원 1994.1.20. 자 93마1701 결정.

118) 대법원 2021.12.10. 자 2021마6702 결정(회생채권자가 제기한 채권자취소소송이 계속되어 있던 중 채무자에 대한 회생절차가 개시되어 관리인이 소송을 수계하고 부인의 소로 변경한 경우 소송결과가 채무자 재산의 증감에 직접적인 영향을 미치는 등 회생채권자의 법률상 지위에 영향을 미친다고 볼 수 있다. 따라서 종전에 채권자취소의 소를 제기한 회생채권자는 특별한 사정이 없는 한 소송결과에 이해관계를 갖고 있어 관리인을 돕기 위하여 보조참가를 할 수 있다).

자 병에게 구상금을 청구할 것이므로 병은 갑과 을 사이의 판결주문에 판단된 보증채무의 존부에 논리적으로 의존하는 이해관계가 있으므로 보조참가를 할 수 있고, ② 물건의 매수인 갑이 매도인 을을 상대로 물건에 대한 하자담보책임을 묻는 소송을 제기하였을 때 을에게 물건을 공급한 병은 만일 을이 패소하면 자신도 을로부터 손해배상청구를 당할 염려가 있으므로 을의 승소를 위한 참가의 이익이 있으며, ③ 국가의 부동산을 우선적으로 매수할 수 있는 연고권자는 국가가 그 부동산에 대하여 등기명의를 회복하고자 제기하는 말소등기청구소송에서 국가를 승소시키기 위한 보조참가의 이익이 있으며, ④ 피해자가 가해자인 피보험자를 상대로 소를 제기한 경우 피보험자를 승소시키기 위하여 보험회사에게 보조참가의 이익이 있다.[119]

2) 따라서 판결주문이 아닌, '판결이유' 속에서 판단되는 중요쟁점에 의하여 영향을 받는 것만으로는 참가의 이유가 있다고 할 수 없다(통설). 예컨대 함께 교통사고를 당한 갑 · 을 중 갑만이 가해자 병을 상대로 손해배상소송을 제기한 경우에 장래 같은 소송을 하려는 다른 피해자 을은 위 소송에 참가할 수 없다. 왜냐하면 을은 병의 불법행위가 성립한다는 판단에 대해서는 이해관계가 있을 수 있지만 이는 판결이유 중의 판단이므로 소송결과, 즉 '판결주문'에서 판단되는 권리관계의 존부와 논리적으로 의존하는 이해관계가 있는 것은 아니기 때문이다.

판결이유 중의 중요쟁점에 대한 판단에 영향을 받는 경우에 참가할 수 있다는 견해는 없는가?

통설은 판결이유 중의 중요쟁점에 대한 판단에 영향을 받는 경우에도 참가할 수 있다는 견해는 쟁점효이론을 전제로 한 것으로서, '소송결과' 즉 판결주문에 대하여 이해관계를 필요로 하는 현행법의 명문에 반한다고 본다. 그러나 판결이유 중의 중요쟁점에 대한 판단에 영향을 받는 경우에도 참가할 수 있다는 소수설은, 현대형

119) 그 외에도 판례는, 불법행위로 인한 손해배상책임을 지는 자는 피해자가 다른 공동불법행위자들을 상대로 제기한 손해배상청구소송의 결과에 대하여 (공동불법행위자 사이에 구상의 문제가 발생하기 때문에) 법률상의 이해관계가 있고(대법원 1999.7.9. 선고 99다12796 판결), 건물의 원시취득자인 원고가 그 소유권에 기한 방해배제청구로서 피고를 상대로 건축주명의변경절차의 이행을 구하는 소송에서, 원고로부터 원고가 소송에서 패소할 경우 매매계약이 해제되는 것을 조건으로 해당 건물을 매수한 사람은 그 소송결과에 대하여 법률상 이해관계를 가지며(대법원 2007.4.26. 선고 2005다19156 판결), 학교법인의 이사장이었던 원고가 피고(교육부)를 상대로 피고의 원고에 대한 임원취임승인취소처분의 취소를 구하는 소송에서 학교법인은 그 소송결과에 대하여 법률상 이해관계를 가지므로 피고측에 보조참가할 수 있다(대법원 2003.5.30. 선고 2002두11073 판결)고 하였다.

소송(공해 · 환경 · 제조물책임 등)에서 분쟁의 통일적 · 종합적 해결을 도모할 필요가 있고,[120] 통설이 판결이유 중의 판단에 대하여도 참가적 효력이 생긴다고 하면서 그 참가적 효력이 미치는 자에게 보조참가를 허용하지 아니함은 논리적이지 못하다는 점을 들고 있다.[121]

(2) 여기에서의 '이해관계'란 법률상 이해관계를 말한다. 법률상 이해관계라면 재산법상이든 신분법상이든 공법상이든 불문한다. 따라서 기존 당사자 사이의 민사소송에서 제3자가 사기범행을 저질렀는지가 다투어지고 있는 경우에 자신은 사기범행을 저지르지 않았다고 주장하는 당해 제3자가 보조참가하는 것도 허용된다. 그러나 감정상 · 사실상 · 경제상 이해관계만으로는 참가가 허용되지 않는다.[122] 예컨대 이웃 사립대학이 등록금환불청구에서 패소하면 같은 사립대학으로서 간접적으로 영향을 받아 등록금제도의 운영에 차질이 생긴다는 이유는 사실상 · 경제상 이해관계에 불과하여 보조참가할 수 없고,[123] 원고 사찰이 도지사를 피고로 삼아 사찰등록처분무효확인을 구하는 소송에서, 원고가 그 재산을 처분할 경우 소속된 종단의 승인을 받아야 하는 관계 등은 원고와 종단 사이의 계약의 존부 및 그 내용에 의하여 결정되는 것이므로, 종단은 피고측을 위하여 보조참가할 법률상 이해관계를 갖지 아니하며,[124] 원고가 '특수임무수행자 보상에 관한 법률'에 따라 지급받은 보상금에 대하여 행정청이 이를 환수하는 행정처분을 한데 대하여, 원고가 그 취소를 구하는 소송에서 원고의 소속단체 또는 그 회장이 회원인 원고의 승소를 돕기 위하여 한 보조참가신청은 법률상 이해관계에 있다고 할 수 없으므로 부적법하다.[125] 나아가 현행법상 허용될 수 없는 법률관계를 전제로 하는 이익도 참가의 이익을 인정할 수 없다.[126]

---

120) 강현중, 895쪽.

121) 전병서, 624쪽. 이에 대하여, 참가적 효력으로부터 보조참가의 이익을 역추리하는 것은 부당하다는 반론이 있다(高橋宏志, 『民事訴訟法概論』, 有斐閣, 2017, 321面).

122) 대법원 2017.6.22. 선고 2014다225809 전원합의체 판결. 이 판결은 전부명령을 받은 채권자는 주채무자와 불가분채권자의 관계에 있다고 주장하는 원고가 제3채무자를 피고로 삼아 대여금 청구를 구하는 소송에 법률상 이해관계가 있으므로 피고측에 보조참가를 할 수 있다고 판시한 사안이다.

123) 대법원 1997.12.26. 선고 96다51714 판결.

124) 대법원 1982.2.23. 선고 81누42 판결.

125) 대법원 2014.10.30. 선고 2012두17223 판결.

126) 실정법상 어업권의 명의신탁이 무효인 이상, 보조참가의 요건으로서 요구되는 법률상 이해관계로서 어업권의 명의신탁에 따른 지위를 내세우는 것은 허용될 수 없다(대법원 2000.9.8. 선고

소송의 당사자가 패소하여 재산이 감소하면 그로부터 지급받을 부양료가 줄어든다는 경제적 인과관계가 있는 경우에도 보조참가의 이유가 되는가?

보조참가인의 법률상 지위가 피참가인이 받을 판결에 영향을 받는다는 것은 판결에서의 판단과 보조참가인의 법률상 지위 사이의 관계가 법적인 이해관계여야 한다는 것을 의미한다. 따라서 단순히 경제적인 인과관계가 있다는 것만으로는 참가의 이익으로서 불충분하다. 예컨대 소송의 당사자가 패소해서 재산이 감소하면 이익배당이 적어진다든가,[127] 부양료가 줄어든다는 경제적 이유만으로는 보조참가의 이유가 되지 않는다.[128] 당사자가 패소하면 기분이 나쁘다는 감정적인 이유도 마찬가지이다. 다만 경제적 이해관계라 하더라도 본소의 판결결과에 따라 자신의 재산상 권리의 실현에 직접적인 영향을 미치는 경우에는 법률상 이해관계로 볼 수 있다는 판례가 있다.[129]

판결주문과 법률상 이해관계 사이에는 어느 정도의 관련성이 있어야 하는가?

보조참가에 있어 판결주문과 법률상 이해관계 사이의 관련성은 논리적 의존관계(혹은 사실상 인과관계)가 있으면 족하다. 즉 이해관계는 법률상의 것이지만, 인과관계는 법적인 것이 아니다(이를 법적 인과관계로 이해하면 소송의 승패에 따라 참가인에게 권리 또는 의무의 발생이 예외 없이 도출되는 경우에 한하게 되므로 참가가 거의 허용되지 않을 것이다). 요컨대 피참가인이 승소하면 참가인의 법률상 지위가 유리해지거나, 패소하면 참가인이 구상금청구 또는 손해배상청구와 같은 법적 추급을 받아 불리해질 '가능성'이 있는 경우에는 보조참가가 허용된다.

3. 소송절차를 현저하게 지연시키지 아니할 것

보조참가는 소송절차를 현저하게 지연시키는 경우에는 허용되지 않는다(71단서). 제도를 남용하여 소송지연책으로 보조참가를 하는 것을 방지하려는 목적이다. 이는 공익적 요건으로서 직권조사사항이다.

99다26924 판결).

127) 대법원 1961.12.21. 선고 4294민상222 판결.

128) 대법원 2018.7.26. 선고 2016다242440 판결.

129) 구상금 소송의 판결결과에 따라 가압류권자인 원고와 채무자 겸 매각 부동산의 소유자인 피고가 부동산 임의경매절차에서 배당받을 실제 배당금액이 달라지고, 그에 따라 피고가 배당받을 잉여금에 대하여 압류 및 추심명령을 받은 피고 보조참가인이 추심할 수 있는 금액도 달라지는 경우라면 피고 보조참가인은 구상금 소송의 판결결과를 전제로 하여 법률상의 지위가 결정되는 관계에 있으므로 소송결과에 대하여 법률상 이해관계가 있다(대법원 2014.5.29. 자 2014마4009 결정).

4. 소송행위의 유효요건을 갖출 것

참가인은 당사자능력과 소송능력이 있어야 하며,[130] 그 대리인은 대리권이 존재하여야 한다. 이 요건도 법원의 직권조사사항이다.

Ⅲ. 참가절차

1. 참가신청

참가의 취지와 이유를 명시하여 현재 소송이 계속된 법원에 서면으로 또는 법원사무관등의 앞에서 말로 신청하며(72①, 161), 신청서에는 인지를 붙이지 아니한다(민인 10단서, 민인규 2조의2). 참가인은 참가인으로서 할 수 있는 소송행위(상소제기, 지급명령에 대한 이의신청, 추후보완의 상소 또는 재심의 소제기 등)와 동시에 할 수 있고(72③), 신청서는 당사자 양쪽에 송달해야 한다(72②).

2. 참가의 허가여부

참가의 이유가 없음에도 사실상 소송을 대리할 목적으로 보조참가를 신청함으로써 변호사대리의 원칙을 무력화하는 편법을 방지하기 위하여, 민소법은 당사자로 하여금 이의를 신청할 수 있게 한 외에도 법원 직권으로 참가인에게 참가의 이유를 소명하게 할 수 있게 하였다(73①②). 다만 보조참가인의 권한이 그리 크지 않아 증명이 아닌 소명에 그치도록 한 것이다.

당사자가 참가에 대하여 이의를 신청하지 아니한 채 변론하거나 변론준비기일에서 진술한 경우에는 이의를 신청할 권리를 잃는다(74).[131] 참가허가결정에 대해서는 이의신청을 한 당사자는 물론 이의신청권을 잃지 않은 상대방도 즉시항고를 할 수 있고, 참가불허(각하)결정에 대해서는 참가인은 물론 피참가인도 즉시항고를 할 수 있다(73③). 중간적 재판이지만 예외적으로 즉시항고를 허용하고 있는 것이다.[132] 참가인은 참가를 허가하지 않는 결정이 확정될 때까지 소송행위를 할

130) 대법원 2002.9.24. 선고 99두1519 판결(보조참가를 할 수 있는 제3자는 민사소송법상의 당사자능력 및 소송능력을 갖춘 자이어야 하므로 그러한 당사자능력 및 소송능력이 없는 행정청으로서는 민사소송법상의 보조참가를 할 수는 없고 다만 행정소송법 17조 1항에 의한 소송참가를 할 수 있을 뿐이다).

131) 대법원 2017.10.12. 선고 2015두36836 판결.

132) 다만 판례는 당사자가 보조참가에 대하여 이의를 신청한 때에는, 법원은 참가를 허가할 것인지

수 있다(75①). 참가를 허가하지 않는 결정이 확정되어도 그때까지 한 참가인의 소송행위는 당사자가 이를 원용하면 유효하다(75②).

보조참가 중에 독립당사자참가를 하면 보조참가는 종료된다.[133] 또한 대법원은 독립당사자참가를 하였다가 어느 한 당사자에 대한 청구부분을 취하한 결과 독립당사자참가의 성질을 상실하게 된 후에 참가를 유지한다는 참가인의 진술은 보조참가신청으로 해석할 것이라고 하였으나,[134] 이는 편면적인 독립당사자참가를 허용하지 않았던 구법 하에서의 판례임에 주의할 필요가 있다.

3. 참가의 종료

참가인은 피참가인이나 상대방의 동의 없이 언제나 참가신청을 취하할 수 있다. 신청이 취하되어도 참가인에게 민소법 77조의 참가적 효력이 미친다. 참가신청을 취하한 경우에 그 전에 참가로 인하여 실시한 증거자료를 판단의 기초로 사용할 수 있는가에 대해서는 민소법 75조 2항을 유추하여 이익을 받는 자의 원용이 있으면 판결자료로 할 수 있다는 견해도 있고,[135] 원용여부와 관계없이 판결자료로 할 수 있다는 견해도 있다.[136]

Ⅳ. 참가인의 소송상 지위

1. 소송의 제3자

참가인은 그 소송에서 당사자가 아니라 제3자의 지위에 있다. 참가인은 소송

아닌지를 결정하여야 하지만 이를 결정이 아닌 종국판결로써 심판하였더라도 위법한 것은 아니라는 입장이다(대법원 2007.11.16. 선고 2005두15700 판결). 본문에서 보는 바와 같이, 보조참가신청에 대한 재판(허가결정 또는 각하결정)은 즉시항고할 수 있지만(73③), 각하결정이 '확정될 때까지'는 보조참가인으로 '취급'해 주어야 하고(75①), 나아가 각하결정이 '확정되더라도' 당사자가 원용하면 보조참가신청인의 소송행위는 유효한데(75②), 보조참가는 피참가인의 승소를 보조하기 위한 제도이므로 피참가인이 원용하지 않을 이유가 없어 결국 각하결정을 하더라도 실제로는 보조참가인으로서의 역할은 다하게 된다. 이러한 이유로 보조참가신청을 미리 별도로 각하하는 것은 실익이 적어서 실무에서는 당사자의 이의신청이 있거나 참가이유가 없다고 판단되는 경우에 종국판결에서 허부결정에 대한 주문과 이유를 본안판단과 함께 기재하는 것이 일반적이다.

133) 대법원 1993.4.27. 선고 93다5727,93다5734 판결.

134) 대법원 1960.5.26. 선고 4292민상524 판결. 한편, 독립당사자참가를 보조참가로 보지 아니하였다하더라도 잘못이 없다는 판례도 있다(대법원 1976.12.28. 선고 76다797 판결).

135) 강현중, 897쪽; 정영환, 942쪽.

136) 김홍엽, 1054쪽; 이시윤, 789쪽.

비용재판(103) 외에는 자기 이름으로 판결을 받지 않고,[137] 증인이나 감정인이 될 수 있다. 참가인이 사망하거나 소송능력을 상실해도 소송절차는 중단되지 않고, 참가인의 승계인이 수계하는 절차만 남는다.

2. 보조참가인의 독립성

법원은 참가인에게 별도로 기일통지를 하여야 하고, 판결서를 포함한 소송서류를 송달하여야 한다.[138] 또한 참가인은 공격, 방어, 이의, 상소 기타 피참가인의 승소에 필요한 일체의 소송행위를 자기의 이름으로 할 수 있다(76①). 피참가인이 불출석하더라도 출석한 참가인은 소송행위를 할 수 있다.

3. 보조참가인의 종속성

참가인은 피참가인이 승소하도록 돕는 사람이므로 피참가인과의 관계에서 종속적인 지위에 선다. 따라서 다음과 같은 제한이 있다.

(1) 피참가인도 할 수 없는 행위(76①단서)

피참가인도 더 이상 할 수 없는 행위는 보조참가인도 할 수 없다. 예컨대 실기한 공격방어방법의 제출, 자백의 취소, 피참가인의 상소기간 경과 후의 상소 등이 이에 해당한다.

보조참가인에 대하여 독립적인 상소기간이 인정되는가?

참가인에 의한 상소제기 자체는 민소법 76조 1항 본문에 의하여 인정되지만 보조참가인에 대하여 독립적인 상소기간은 인정되지 않으므로 보조참가인은 피참가인의 상소기간 내에 상소를 하여야 한다.[139] 참가인의 종속적 지위를 규정한 동항 단서 때문이다. 다만, 참가인 독자의 이익을 중시하여 독자적인 상소기간을 주되, 이에 불만이 있는 피참가인은 참가인의 상소를 취하하면 된다는 견해도 있다.[140] 보조참

137) 이는 판결주문의 당사자가 아니라는 뜻일 뿐, 판결서에 참가인을 표시하여야 함은 물론이다. 그 위치는 피참가인 다음이고, 통상의 보조참가인이든 공동소송적 보조참가인이든 불문하고 '보조참가인'으로 그 지위를 표시한 다음 성명, 주소, 대리인 등을 기재한다. 여러 명의 원고 중 1인만이 피참가인인 경우에는 '원고000 보조참가인'의 방식으로 지위를 표시한다(사법연수원, 「민사실무Ⅱ」, 2017, 26쪽).
138) 대법원 2007.2.22. 선고 2006다75641 판결.
139) 대법원 1969.8.19. 선고 69다949 판결; 대법원 2007.9.6. 선고 2007다41966 판결.
140) 강현중, 898쪽.

가인이 자기의 이름과 비용으로 소송에 참가함에도 그에게 독립적인 상소기간조차 인정하지 않는다면 종속성의 범위가 너무 넓어서 부당하다는 것이다.

(2) 피참가인의 소송행위와 어긋나는 행위(76②)

피참가인이 상소권을 포기하였다면 참가인은 상소할 수 없고, 피참가인이 자백한 사실은 참가인이 더 이상 다툴 수 없는 것과 같이, 피참가인이 적극적인 행위를 하였다면 참가인은 이에 저촉되는 행위를 할 수 없다. 그러나 피참가인이 상소하지 않는 경우에 참가인이 상소하거나 피참가인이 명백히 다투지 않는 경우 참가인이 다투는 것과 같이, 피참가인이 적극적인 행위를 하지 않는다면 참가인의 행위는 피참가인의 소송행위에 어긋나는 것이 아니므로 할 수 있다.[141] 거꾸로 참가인이 먼저 소송행위를 하였으나 피참가인이 나중에 이와 어긋나는 소송행위를 하였다면 참가인의 소송행위가 무효가 된다. 따라서 참가인이 제기한 항소를 피참가인이 포기·취하할 수 있다.[142]

피참가인이 자백을 한 경우 보조참가인은 이를 다툴 수 없는데, 피참가인이 자백함으로써 패소한 판결의 효력을 참가인에게 미치게 하는 것은 부당하지 않은가?

부당하다. 그래서 민소법 77조에서는 참가인에게 재판의 효력이 미치지 않는 세 가지의 경우를 열거하고 있는데, 그중에 참가인의 소송행위가 피참가인의 소송행위에 어긋나서 참가인의 소송행위가 무효인 경우에는 재판의 효력이 참가인에게 미치지 않는다는 규정(77(1)후단)을 두고 있는 것이다.

(3) 피참가인에게 불리한 행위

참가인은 피참가인의 '승소'를 돕기 위하여 참가하는 것이므로 피참가인에게 불리한 행위를 할 수는 없다. 즉 참가인은 소의 취하, 청구의 포기·인낙, 상소의 취하, 재판상 화해, 자백 등을 할 수 없다.

(4) 청구를 변경하거나 확장하는 행위

참가인은 기존의 소송을 전제로 피참가인을 보조하기 위하여 참가하는 것이지, 피참가인의 소송을 지배하기 위하여 참가하는 것이 아니므로 기존의 소송형태

141) 대법원 2007.11.29. 선고 2007다53310 판결.
142) 대법원 1984.12.11. 선고 84다카659 판결; 대법원 2010.10.14. 선고 2010다38168 판결. 다만 피참가인이 일부 취하 또는 일부 포기한 경우에는 그 범위 내에 한하여 참가인의 소송행위가 효력이 없다(대법원 2002.8.13. 선고 2002다20278 판결).

를 변경시키는 청구의 변경이나 반소·중간확인의 소를 제기할 수 없다.

(5) 피참가인의 사법상 권리의 행사

참가인은 일반적으로 피참가인의 실체법상 권리, 즉 상계권, 취소권, 해제권, 해지권 등을 대신 행사할 수 없다.

참가인이 피참가인의 실체법상 권리를 행사할 수 있는 경우도 있는가?

법이 특별히 명문으로 규정하고 있는 경우에는 참가인이 피참가인의 실체법상 권리를 행사할 수 있다. 예컨대 채권자대위권의 행사(민 404①), 연대채무자의 다른 연대채무자의 부담부분에 대한 상계권의 행사(민 418), 보증인이 주채무자의 반대채권으로 상계권을 행사하는 경우(민 434) 등에는 참가인도 제3자로서 피참가인의 권리를 행사할 수 있다. 또한 피참가인이 소송 외에서 사법상 권리를 행사하고도 소송에서 주장하지 않는 경우에 참가인은 피참가인이 소송 외에서 권리행사를 한 사실을 주장할 수 있다. 나아가 명문규정이 없더라도 참가인은 모든 수단을 써서 피참가인의 승소를 꾀할 독자적 이익이 있다는 점에서 피참가인의 사법상 권리를 행사할 수 있다거나,[143] 참가인이 권리행사를 한 경우에 피참가인이 지체 없이 권리행사의 의사가 없음을 명시하지 않는 한 묵시적 추인이 있는 것으로 볼 수 있다는 견해도 주장된다.[144]

Ⅴ. 판결의 참가인에 대한 효력

1. 효력의 성질

기판력이나 집행력은 당사자 및 법률로 정해진 승계인 등에게만 미치고 보조참가인에게는 미치지 않는다(218, 민집 25①단서). 그런데 민소법 77조는 일정한 예외 하에, "재판은 … 참가인에게도 그 효력이 미친다"고 규정하고 있다. 이 재판의 효력이 무엇을 의미하는가에 대하여, **기판력설**(참가인과 피참가인 및 그 상대방 사이에서도 기판력이 미친다는 견해), **신기판력설**(참가인과 피참가인 사이에는 참가적 효력을, 참가인과 피참가인의 상대방 사이에는 기판력 내지 쟁점효를 인정하는 견해)이 있으나, 기판력과는 다른 특수효력, 즉 참가인의 입장에서 피참가인이 패소한 판결의 내용이 부당하다고 주장할 수 없는 효력을 의미하고, 참가인과 피참가인의

143) 김홍규·강태원, 810쪽.
144) 강현중, 900쪽.

상대방 사이에는 아무런 효력도 미치지 않는다는 **참가적 효력설**이 현재의 통설 · 판례이다.[145)]

민소법 77조의 재판의 효력이 기판력이라고 하는 기판력설에 의하면 어떠한 난점이 있는가?

민소법 77조는 일정한 예외 하에 참가인에게 재판의 효력이 미친다고 규정하고 있는데, 이처럼 조건부로 발생하는 효력을 기판력이라고 하는 것은 기판력의 일반적 정의에 반하며, 민소법 77조의 재판의 효력은 판결이유 중의 판단에도 발생하는데, 이것을 기판력이라고 하면 상계를 제외하고는 주문에 포함된 것에 한하여 발생한다는 기판력의 객관적 범위(216)에 관한 규정에 반한다. 이러한 기판력설의 난점 때문에 참가적효력설이 통설로 된 것이다.

신기판력설은 어떠한 비판을 받는가?

보조참가인도 소송절차에서 공격방어를 전개하고 비용을 부담하는 것은 맞지만 어디까지나 피참가인을 승소시키기 위한 소송행위를 할 뿐이고, 피참가인의 상대방과는 직접적인 소송법률관계가 성립하지 않는다. 그렇다면 보조참가인과 피참가인의 상대방 사이에 일반적인 구속력이 발생할 이유가 없고 각각 개별적으로 신의칙에 의한 조정으로 해결하면 족하다는 것이다. 또한 신기판력설에 대해서는 보조참가인이 공동소송적 보조참가인(78)의 지위에 가까워지고, 보조참가와 독립당사자참가에 있어서 판결의 효력에 차이가 없게 되며, 소송고지(84)의 경우에도 기판력을 강요하는 결과가 되어 매우 부당하고, 당사자 및 법률로 정해진 자에게만 기판력을 미치게 한 민소법 218조에도 반하며,[146)] 기판력과 집행력의 범위는 동일한 것이 원칙인데, 민사집행법 25조 1항에 의하면 보조참가인에게는 집행력이 미치지 않는다는 규정이 존재하는 점에 비추어 보아도 신기판력설은 부당하다는 것이다.

2. 참가적 효력의 범위

가. 주관적 범위

참가적 효력은 참가인과 피참가인 사이에만 미치고, 참가인과 피참가인의 상대방 사이에는 미치지 아니한다. 따라서 피참가인측이 패소하고 난 뒤에 피참가인과 참가인 사이의 소송에서 참가인은 이전의 판결내용이 부당하다고 다툴 수 없

145) 대법원 1988.12.13. 선고 86다카2289 판결.
146) 이시윤, 신민사소송법(제6판), 박영사, 2011, 726쪽.

고, 법관은 전소의 판결의 기초가 되었던 사실인정이나 법률판단에 구속된다.

예컨대 ① 원고 갑이 매수인 을을 상대로 자기의 소유임을 전제로 목적물인도청구를 한 소송에서 을에게 그 물건을 매도한 병이 을을 위하여 보조참가 하였는데 을이 패소한 뒤에 을이 병을 상대로 타인 소유의 물건을 매도하였다 하여 담보책임을 추궁하는 제2차 소송을 제기하였다면 병은 그 물건이 갑 소유가 아니라 자기소유라는 주장을 할 수 없고, ② 채권자 갑이 보증인 을을 상대로 한 소송에서 주채무자 병이 을을 위해 보조참가하였지만 을이 패소하였다면, 을이 병을 상대로 한 구상금 청구소송에서 병은 주채무가 부존재한다고 다툴 수 없다.

나. 객관적 범위

참가적 효력은 판결주문뿐만 아니라 판결이유 중 패소이유가 되었던 사실상·법률상 판단에 미친다. 따라서 피참가인이 전소에서 패소하고 나서 참가인을 상대로 후소를 제기하였을 때 법관은 전소의 판결의 기초가 된 판결이유 중의 판단인 사실인정이나 법률판단에도 구속된다.

예컨대 을 차량과 병 차량의 충돌로 인한 공동불법행위에서 피해자 갑이 을 차주만을 상대로 손해배상청구를 한 경우, 쟁점은 사고원인이 을 차주의 과실인가 병 차주의 과실인가였는데, 이 소송에 병 차주는 갑을 위해 참가하였지만 을 차주의 과실이라 볼 수 없다는 이유로 갑이 패소한 후 갑이 병 차주를 피고로 하여 제2차 소송을 제기하였다면 전 소송의 판결주문뿐만 아니라 판결이유에도 구속력이 생겨 병 차주는 더 이상 을 차주의 과실이라고 주장할 수 없다.

전소가 확정판결이 아닌 화해권고결정에 의하여 종료된 경우에는 확정판결에서와 같은 법원의 사실상 및 법률상 판단이 이루어졌다고 할 수 없으므로 참가적 효력이 인정되지 아니하며,[147] 전소 확정판결에 필수적인 요소가 아니어서 결론에 영향을 미칠 수 없는 부가적 또는 보충적인 판단이나 방론 등에까지 참가적 효력이 미치는 것은 아니다.[148]

참가인과 피참가인 사이에 참가적 효력을 인정하는 이유는 무엇인가?

참가적 효력은 참가인이 피참가인과 협력하여 소송을 수행하였음에도 불구하고 피

---

147) 대법원 2015.5.28. 선고 2012다78184 판결.
148) 대법원 1997.9.5. 선고 95다42133 판결.

참가인이 패소하였다면 그 패소결과에 대해서는 자기책임의 원칙상 참가인과 피참가인이 공동으로 책임져야 한다는 형평의 원칙에 근거한다.

보증채무 이행청구소송에서 주채무자가 참가하였음에도 불구하고 보증인이 패소한 후 보증인이 주채무자에 대하여 구상청구를 한 경우에 보증인과 주채무자 중 어느 쪽이 승소하게 되는가? 구체적으로 법원은 그 주채무의 존부에 대하여 어떻게 취급하여야 하는가?

보증인의 주채무자에 대한 구상청구의 후소에서는 원칙적으로 보증인이 승소하게 되어 보증인과 주채무자 사이의 조화가 도모된다. 주채무의 존재는 전소의 판결주문의 판단은 아니고 판결이유 중의 판단이지만 패소책임의 공동분담이라는 관점에서 판결이유 중의 판단에도 구속력이 발생하기 때문이다.

참가적 효력과 기판력은 어떻게 다른가?

① 기판력은 직권조사사항이고 승패에 무관하게 발생하나, 참가적 효력은 항변사항이고 피참가인이 패소한 경우에만 문제된다. ② 기판력은 원칙적으로 소송당사자에게 미치나 참가적 효력은 피참가인과 참가인 사이에 미친다. ③ 기판력은 판결의 주문에 대한 판단에 미치는데 반해 참가적 효력은 판결이유 중의 판단인 사실인정·법률판단에도 미친다. ④ 기판력은 법적 안정성을 중시하므로 당사자 사이의 주관적 책임과 무관한 효력임에 반해 참가적 효력은 패소에 대해 피참가인의 책임으로 돌릴 사정이 있을 때에는 예외적으로 배제된다.

3. 참가적 효력의 배제

민소법 77조에서는 참가인이 참가적 효력을 받지 않는 경우를 규정한다. 즉 ① 참가 당시의 소송정도로 보아 필요한 행위를 유효하게 할 수 없었을 경우(실기한 공격·방어방법의 경우 등, 77(1)전단), ② 피참가인의 행위와 어긋나게 되어 효력을 잃은 경우(참가인이 다투었으나 피참가인이 자백 또는 청구인낙한 경우, 참가인이 항소하였으나 피참가인이 항소를 취하한 경우 등, 77(1)후단), ③ 피참가인이 참가인의 행위를 방해한 경우(참가인이 제출하려는 증거방법을 피참가인이 숨긴 경우 등, 77(2)), ④ 참가인이 할 수 없는 행위를 피참가인이 고의나 과실로 하지 아니한 경우(피참가인만 아는 사실의 주장·입증 또는 사법상 권리행사를 하지 않은 경우 등, 77(3))에는 참가인에게 참가적 효력이 미치지 않는다.

다만 위와 같은 사태가 발생하지 않았으면 피참가인이 승소했을 것이라는 점은 참가인이 주장 · 입증하여야 한다.

참가적 효력은 참가인이 참가하지 않는 한 발생하지 않는가?

참가하지 않더라도 소송고지를 받았다면 참가할 수 있었을 때에 참가한 것으로 간주되어 참가적 효력을 받는다(86).

제2관 공동소송적 보조참가

Ⅰ. 의 의

공동소송적 보조참가는 단순한 법률상 이해관계가 아니라 재판의 효력, 즉 기판력, 집행력, 형성력 등이 미치는 제3자가 당사자적격이 없어 당사자로서 소송에 참가하지 못하고 보조참가를 하는 경우를 말한다(78). 이 경우에는 참가적 효력이 아니라 재판의 효력 자체가 참가인에게도 미치기 때문에 참가인의 이익을 해치는 소송행위를 견제할 수 있도록 보통의 보조참가와 구별하여 이보다 강한 필수적 공동소송에 준하는 소송수행권을 참가인에게 부여할 필요가 있다는 점에서 2002년에 신설되었다. 예컨대 생부 A가 사망하였다고 하여 검사를 피고로 인지청구소송을 제기한 경우에, 그 판결의 효력을 받을 A의 친족들이 피고측에 참가하는 경우는 공동소송적 보조참가이다.

보조참가인지, 공동소송적 보조참가인지 여부는 누가 결정하는가?

재판의 효력이 미치는 경우에 참가의 요건을 모두 갖추었다면 참가인은 통상의 보조참가와 공동소송적 보조참가 중 어느 것이든 임의로 선택할 수 있고 선택에 따른 효력을 받게 된다. 대법원은 파산관재인이 파산재단에 관한 소송을 할 때 그 재판의 효력을 받게 되는 채무자는 통상의 보조참가는 물론 공동소송적 보조참가를 할 수 있다고 판시하였다.[149] 대는 소를 겸한다는 논리이다. 다만 행정소송과 같이 대세효가 있는 판결의 경우에는 통상의 보조참가를 하더라도 공동소송적 보조참가로 해석하여야 한다는 판례가 있는데,[150] 이 판례는 1962년도에 선고된 판결[151]을 무비판적으로 답습한 것으로, 1962년 당시에는 공동소송적 보조참가에 대한 규정이 없

149) 대법원 2015.10.29. 선고 2014다13044 판결; 대법원 2012.11.29. 선고 2011다109876 판결.
150) 대법원 2013.3.28. 선고 2011두13729 판결.
151) 대법원 1962.5.17. 선고 4294행상172 판결.

고 해석론으로만 인정되고 있어 법원이 당사자로 하여금 참가의 유형을 선택하여 신청하라고 요구할 수 없는 상황이었으므로 위와 같은 결론에 이르렀던 것으로 보인다. 그러나 이제는 공동소송적 보조참가에 대해서도 명문의 규정이 있고, 판결효가 미치는 제3자라고 해서 반드시 피참가인에게 종속하지 않은 상태로 소송을 수행하는 것을 원한다고 볼 수는 없으며, 참가인은 사적 자치의 원칙상 분쟁해결방식에 대한 선택의 자유를 가진다고 보아야 하므로 당사자에게 선택권을 부여하되, 참가인이 참가유형에 따른 지위의 차이를 제대로 인식하지 못하는 경우에는 법원이 석명하여 처리하면 족하다고 생각한다.

Ⅱ. 공동소송적 보조참가가 성립되는 경우

1. 소송담당의 소송에 권리귀속주체가 참가하는 경우(기판력이 미치는 경우)

제3자의 소송담당이 받은 판결의 효력(기판력)은 권리귀속주체(본인)에게 미치는데(218③), 본인을 위한 소송담당(소위 갈음형 소송담당)의 경우에는 권리귀속주체에게 당사자적격이 없으므로 그가 소송에 참가하면 공동소송적 보조참가가 된다. 유언집행자의 소송에 상속인의 참가(민 1101), 선정당사자의 소송에 선정자의 참가(53, 적격상실설의 입장), 관리인의 회생절차상 채무자의 재산에 관한 소송에 채무자의 참가(채무자회생법 78), 파산관재인의 파산재단에 관한 소송에 파산자의 참가(채무자회생법 359), 추심명령을 받은 집행채권자의 추심의 소에 채무자의 참가(민집 227, 229) 등이 이에 해당한다.

2. 판결의 효력이 일반 제3자에게 확장되는 경우(형성력이 미치는 경우)

가사소송, 회사관계소송, 행정소송, 권한쟁의심판, 헌법소원심판청구와 같은 소송에 당사자적격이 없는 제3자가 보조참가하면 공동소송적 보조참가가 된다. 예컨대 회사의 이사선임결의무효확인의 소에서 피고적격자는 회사이고 당해 이사는 피고적격이 없지만 형성력이 미치므로 이때 이사는 본 소송에서 공동소송적 보조참가가 허용된다. 형성소송은 제소기간을 두는 경우가 많은데, 제소기간 내에 공동소송참가를 못한 경우 그 기간이 지난 후에는 공동소송적 보조참가가 가능하다(상 376, 행소 20, 헌재 69).

Ⅲ. 공동소송적 보조참가인의 지위

1. 필수적 공동소송인에 관한 규정의 준용

재판의 효력이 참가인에게도 미치는 공동소송적 보조참가의 경우에는 참가인과 피참가인 사이에 필수적 공동소송에 관한 민소법 67조 및 69조의 규정이 준용된다(78). 따라서 참가인은 피참가인의 행위와 어긋나는 유리한 행위를 단독으로 할 수 있고(76조 2항 배제),[152] 참가인에게 불리한 피참가인의 자백 등의 행위는 참가인의 동의를 얻어야 효력이 있다(67①). 재판의 효력이 참가인에게도 미치는 한, 피참가인이 한 재판상 화해, 청구의 포기·인낙도 확정판결과 같은 효력을 가지므로(220) 참가인의 동의가 없으면 무효이며, 참가인이 제1심에 참가한 후 그 판결에 불복하여 상소를 제기한 경우에 피참가인은 단독으로 상소권포기나 상소취하를 할 수 없다.[153] 피참가인이 상소권을 포기하거나 상소를 취하하면 하급심 재판이 확정되므로 그 재판의 효력이 참가인에게도 미치기 때문이다.

피참가인이 소의 취하를 할 수 있는가에 대해서는 학설의 대립이 있으나, 판례에 의하면 **소의 취하**는 민소법 78조에서 말하는 '재판의 효력'에 속하지 않고, 공동소송적 보조참가는 그 성질상 유사필수적 공동소송에 준한다는 이유로 공동소송적 보조참가인으로부터 동의를 얻지 않고도 자신이 제기한 소를 취하할 수 있다고 본다.[154] 이에 비하여 재심의 소에 공동소송적 보조참가인이 참가한 후에는 피참가인이 그의 동의 없이 **재심의 소를 취하**하는 것은 무효라는 입장으로서, 그 근거로서 재심의 소취하는 통상의 소취하와 달리 확정된 종국판결에 대한 불복의 기회를 상실하게 하여 더 이상 확정판결의 효력을 배제할 수 없게 하는 행위이므로 재판의 효력과 직접적인 관련이 있는 소송행위라는 점을 들고 있다.[155]

---

152) 대법원 1967.4.25. 선고 66누96 판결.

153) 대법원 2017.10.12. 선고 2015두36836 판결; 대법원 1970.7.28. 선고 70누35 판결.

154) 대법원 2013.3.28. 자 2012아43 결정; 대법원 2013.3.28. 선고 2011두13729 판결. 판례가 참가인의 동의 없이 소 취하를 허용하는 논거의 하나로서 공동소송적 보조참가는 유사필수적 공동소송에 준한다는 점을 들고 있는데, 이는 유사필수적 공동소송의 경우에는 어느 한 공동소송인이 소를 취하하더라도 다른 유사필수적 공동소송인이 소송을 이어갈 수 있지만 공동소송적 보조참가의 경우에는 피참가인이 소를 취하하면 공동소송적 보조참가인에게는 당사자적격이 없어 소각하를 면치 못하므로 참가인의 절차보장이 무시되는 점을 간과한 것으로서, 피참가인이 단독으로 소를 취하할 수 있다는 논거로서는 부적절하다고 생각된다.

155) 대법원 2015.10.29. 선고 2014다13044 판결. 그러나 민소법 78조의 '재판의 효력'을 원·피고 사이에 계속 중인 '본소송'이 향후 종결되어 선고 및 확정될 때의 효력을 의미하는 것으로 해

독립당사자참가인의 상소기간은 피참가인과 관계없이 참가인에 대한 판결송달시로부터 독자적으로 계산된다는 점(67① 준용)에서 통상의 보조참가인의 경우와 다르다. 따라서 참가인이 상고를 제기한 경우 자신의 상고이유서 제출기간 내에 상고이유서를 제출하였다면 상고를 제기하지 않은 피참가인의 상고이유서 제출기간이 지났다고 하더라도 그 상고이유서의 제출은 적법하다.[156)]

참가인에 대한 상대방의 소송행위는 참가인의 유·불리를 막론하고 참가인에게 효력이 있으며(67② 준용), 참가인에게 소송절차의 중단·중지의 사유가 발생하면 전체의 소송절차가 정지된다(67③ 준용).

2. 보조참가인으로서의 지위

공동소송적 보조참가는 필수적 공동소송의 규정을 준용하는 외에는 보조참가로서의 성질을 가지고 있다. 따라서 참가인은 소송물을 처분·변경하는 청구의 변경, 반소, 중간확인의 소, 소의 취하 등을 할 수 없고, 참가 당시에 피참가인도 이미 행할 수 없는 소송행위인 실기한 공격방어방법의 제출 등을 할 수 없다(76①단서).[157)] 또한 본소가 부적법 각하되면 공동소송적 보조참가도 소멸한다.

석하는 한 이 판결은 수긍하기 어렵다. 왜냐하면 피참가인의 재심의 소 취하도 재심이라는 본소송이 소급적으로 소멸한다는 점에서 소의 취하와 마찬가지인데, 위 판결은 재심의 소 취하의 경우에는 본소송이 아닌 재심대상판결의 효력을 들어 소의 취하의 경우와 다른 결론을 내리고 있기 때문이다(위에서 본, 피참가인이 상소권포기나 상소취하를 단독으로 할 수 없다는 판례는 '본소송'의 판결이 확정되는 경우이므로 이 판례와 의미가 다르다). 참고로, 공동소송적 보조참가에 관한 독일 민소법 69조는 "민법의 규정에 따라 본소송에서의 재판의 효력이 보조참가인과 상대방과의 법률관계에도 미치는 때에는 보조참가인은 제61조에서 규정하는 주된 당사자의 공동소송인이 된다"고 규정하여 재판의 효력이 '본소송'에서의 그것임을 분명히 하고 있다. 사견으로는 민소법 78조는 공동소송적 보조참가인이 향후 선고될 '재판의 효력'이 자신에게 미치는 경우에 본소송에 참가할 수 있다는 요건을 적시한 것에 불과하고, 일단 참가인이 참가하게 되면 피참가인의 소송행위는 향후 재판의 선고여부와 상관없이 모두 참가인의 동의를 얻지 않으면 그 효력이 없는 것으로 해석하는 것이 타당할 것으로 본다.

156) 대법원 2012.11.29. 선고 2011두30069 판결. 관련 판례로서 대법원은, 공동소송적 보조참가를 한 참가인과 피참가인이 서로 원심에 대해 불복하는 부분을 달리하여 각각 상고하는 경우, '피참가인만이 불복한 부분'에 대하여 참가인은 '상고하지 않은 참가인'의 지위에 있게 된다. 따라서 '피참가인만이 불복한 부분'에 대하여, 피참가인이 상고이유서에서 주장하지 않은 새로운 내용을 참가인이 피참가인의 상고이유서 제출기간이 지난 후에 주장한다면 이는 적법한 기간 내에 제출된 상고이유의 주장이라고 할 수 없다고 판시하였다(대법원 2020.10.15. 선고 2019두40611 판결).

157) 대법원 2015.10.29. 선고 2014다13044 판결.

제3관 소송고지

Ⅰ. 의 의

소송계속 중에 당사자가 소송의 결과에 대하여 이해관계를 가지는 제3자에게 소송계속 사실을 일정한 방식에 따라 통지하는 것을 소송고지라고 한다. 연혁적으로 소송고지는 소송에 이해관계를 가지는 제3자에게 참가의 기회를 부여하기 위한 제도였지만, 현재는 한걸음 더 나아가 피고지자에게 판결의 참가적 효력을 미치게 하는 제도로 기능하고 있다. 소송고지는 단순히 소송의 계속사실을 통지하는 사실의 통지일 뿐 참가를 최고하는 의사의 통지는 아니다.

Ⅱ. 소송고지의 요건

1. 소송계속 중일 것

소송이 법원에 계속된 때에는 당사자는 참가할 수 있는 제3자에게 소송고지를 할 수 있다(84①). 소송계속이란 판결절차, 독촉절차, 재심절차 등의 국내소송을 말한다. 따라서 상고심에서도 소송고지를 할 수 있다. 대립당사자 구조를 가지지 않는 결정절차에서는 소송고지가 허용되지 않지만,[158] 결정절차라고 하더라도 대립당사자 구조를 가지는 경우인 가압류·가처분이의 또는 취소절차는 소송고지가 허용된다고 볼 것이다. 제소전화해절차, 조정절차는 성격상 소송고지가 허용된다고 볼 수 없지만, 중재절차에 대해서는 긍정하는 견해가 있다.[159]

2. 고지자

고지를 할 수 있는 사람은 당사자, 보조참가인 및 이들로부터 고지를 받은 피고지자이다(84). 예컨대 갑이 을로부터 토지를 매수하였는데, 병이 그 토지가 자신의 소유라고 주장하면서 갑을 상대로 토지인도소송을 제기한 경우 갑이 을에게 소송고지를 하자 을은 스스로 참가하지 않으면서 다시 자기의 전매도인 정에게

158) 대립당사자구조를 갖지 못한 결정절차에 있어서는 보조참가를 할 수 없으므로(대법원 1994.1.20. 자 93마1701 결정), 소송고지도 허용되지 않는다고 본다.
159) 정동윤·유병현·김경욱, 1105쪽.

연쇄적인 소송고지를 할 수 있다. 마찬가지로 어음의 최후 소지인 갑이 배서인 을을 피고로 어음금상환청구를 한 경우에 을로부터 소송고지를 받은 배서인 병(을에 대한 배서인)은 다시 전배서인 정에게 소송고지를 할 수 있다.

소송고지를 할 것인지 여부는 고지자의 자유이다. 그러나 고지자가 고지의무를 부담하는 경우가 있다. 추심의 소에서의 채무자(민집 238), 주주대표소송에서의 회사(상 404②), 재판상 대위에서의 채무자(비송 49①, 이 경우는 법원의 직권사항이다), 회사관계소송에서의 공고(상 187), 채권자대위권행사의 채무자에 대한 통지의무(민 405)의 경우가 이에 해당한다. 이 경우에 고지하지 않으면 고지자는 손해배상의무를 부담하고, 채권자대위소송의 경우에는 피고지자인 채무자가 소제기 사실을 몰랐을 때에는 그에게 판결의 효력이 미치지 않는다.[160)]

3. 피고지자

고지를 받을 사람은 소송계속 중인 당사자 이외에 그 소송에 참가할 수 있는 제3자이다. 소송고지는 실제로는 보조참가를 염두에 둔 경우가 압도적으로 많으므로 고지자가 패소하게 되면 그로부터 손해배상·구상청구를 당할 처지에 있는 제3자가 대표적인 피고지자이다. 그러나 피고지자는 보조참가·공동소송적 보조참가를 비롯하여 독립당사자참가·공동소송참가, 소송승계의 경우에 있어서의 참가 가능한 제3자를 모두 포함하므로 반드시 참가적 효력(77)과 결부되어 있는 것은 아니다.

독립당사자참가에 있어서 소송고지의 예를 들어보라.

채권양도가 있었지만 양도인 X는 양도가 무효이므로 아직 자신이 채권자라고 주장하고 양수인 Z는 양도가 유효하므로 자신이 채권자라고 주장하여 자칭채권자가 2명 있는 경우에 양도인 X가 채무자 Y에게 소송을 제기한 때 채무자 Y가 양수인 Z에게 소송고지를 하면 양수인 Z는 독립당사자참가를 할 것이다. 독립당사자참가 후 채무자 Y가 탈퇴하면 소송은 양도인 X와 양수인 Z 사이에 다투어지고 판결의 효력은 탈퇴자 Y에게 미치게 된다(80, 소송탈퇴는 후술). 이로써 알 수 있는 것처럼 독립당사자참가 등 참가인에게 기판력이 생기는 소송의 경우에는 소송고지를 통한 참가적 효력은 배경으로 후퇴하게 된다.

---

160) 대법원 1975.5.13. 선고 74다1664 전원합의체 판결.

Ⅲ. 소송고지의 방식

소송고지는 소송고지서에 의한다. 소송고지서에는 고지이유 및 소송의 진행정도를 기재하여 **법원에 제출**하여야 한다(85①).

소송고지서는 피고지자만이 아니고 상대방 당사자에 대해서도 송달하도록 규정하고 있는데(85②), 이는 상대방 당사자로 하여금 피고지자의 소송참가에 대비시키기 위한 것일 뿐, 고지의 효력은 피고지자에게 적법하게 송달된 때에 발생한다.

소송고지서가 제출되면 법원은 피고지자에 대한 참가요건의 충족여부를 심리하여야 하는가?

소송고지의 신청을 받은 법원은 소송고지서에 대하여 소장심사와 유사한 심사를 할 수는 있지만, 본격적으로 참가의 요건을 충족하고 있는지 여부에 대한 심리는 소송고지에 응하여 나중에 참가가 이루어진 때 및 후소에서 참가적 효력이 주장된 때에 비로소 이루어진다. 즉 소송고지신청의 단계에서는 피고지자가 참가의 요건이 충족되지 않는다는 점을 다투는 방법이 별도로 규정되어 있지 않다. 피고지자는 심문도 받지 않고(문서제출명령에서 제3자는 심문을 받는다. 347③), 고지서가 송달된 단계에서 즉시항고할 수 있다는 규정도 없기 때문이다(보조참가의 허부결정에 대해서는 민소법 73조 3항에 의하여 즉시항고 할 수 있다).

Ⅳ. 소송고지의 효과

1. 소송법상 효과

(1) 피고지자의 지위

참가여부는 피고지자의 자유이며, 고지를 받고도 참가하지 않으면 당사자도 보조참가인도 아니므로 변론기일을 통지하거나 판결서에 이름을 표시하지 않는다.

(2) 참가적 효력

피고지자가 송달받아 참가할 수 있었을 경우라면 참가여부에 상관없이 고지자가 패소한 경우에 민소법 77조의 참가적 효력이 발생하지만(86), 이는 피고지자가 고지자와 공동의 이익으로 주장할 수 있는 경우에 한한다. 따라서 피고지자와 고지자 사이에 이해관계가 대립되는 사항에 대해서는 참가적 효력이 발생하지 않는다.[161] 나아가 판례는 제3자가 고지자를 상대로 제기한 전부금청구소송에서 피고지자가 소송고지를 받고도 위 소송에 참가하지 아니하였지만 고지자가 위 소송에서 제3자로부터 채권압류 및 전부명령을 받기 전에 피고지자에게 채권이 양도되고 확정일자 있는 증서에 의하여 양도통지된 사실을 항변으로 제기하지 아니하여 위 소송의 수소법원이 위 채권압류 및 전부명령과 위 채권양도의 효력의 우열에 관하여 아무런 사실인정이나 법률판단을 하지 아니한 채 고지자에게 패소판결을 하였다면 피고지자는 위 소송의 판결결과에 구속받지 아니한다고 하여,[162] 민소법 86조에 의하여 77조를 적용함에 있어 예외를 인정하였다.

소송고지를 하였으나 피고지자와 고지자 사이에 참가적 효력이 발생하지 않는 사례를 들어보라.

참가적 효력은 피참가인이 패소한 경우에 발생하고 피참가인이 승소한 경우에는 발생하지 않는다. 또한 참가적 효력은 피참가인과 참가인이 공동의 이익으로 주장할 수 있는 사항에 대해서만 발생한다. 예컨대 X가 Y의 종업원 Z의 불법행위로 인하여 손해를 입었다고 주장하면서 Y의 사용자책임을 근거로 Y를 피고로 하여 손해배상청구를 제기한 경우에, Y가 Z에게 소송고지를 하면 그 소송에서 Y가 패소하고 나서 Y가 Z에 대하여 제기한 구상금 청구소송에서 Z는 자신의 불법행위 성립요건에 대하여 Y와의 사이에서 다툴 수 없고 Y로부터의 구상금청구를 거절할 수 없지만, Y에게 사용자책임의 성립요건이 존재한다는 부분에 대해서는 고지자인 Y와 피고지자인 Z 사이에 공동이익으로 주장하거나 다툴 수 있었던 사항이 아니라 오히려 이해관계가 상반되므로(후소인 Y의 구상금청구는 Y가 Z의 사용자라는 사실이 인정되지 않는 한 인용될 수 없는 관계에 있다), 소송고지의 효력이 미치지 않는다.

소송고지제도를 기판력의 확장에 응용할 수 있는가?

소송고지제도를 이용하면 고지자의 패소 후에 고지자와 피고지자 사이의 소송에 참가적 효력을 부여할 수 있으므로 분쟁을 단순화할 수 있다. 그러나 현재는 여기에서 더 나아가 소송고지제도를 응용하여 기판력을 확장시킬 수도 있다는 견해가 주장되고 있다.[163] 예컨대 ① 가사소송에서 피고가 이 제도를 이용하여 다수의 제소권자에게 소송고지를 함으로써 피고가 승소한 경우에 소송에 참여하지 아니한 제소권자가 재차 소제기 하는 것을 막을 수 있다. 왜냐하면 가류 및 나류 가사소송사건의 경우 가사소송법 21조 2항에서, "청구를 배척한 판결이 확정된 경우에는 다른

161) 대법원 1986.2.25. 선고 85다카2091 판결(공사도급계약의 체결여부에 대하여 고지자와 피고지자 사이에 이해관계가 대립되는 경우); 대법원 2020.1.30. 선고 2019다268252 판결.
162) 대법원 1991.6.25. 선고 88다카6358 판결.
163) 김홍엽, 1072쪽; 이시윤, 802쪽; 정영환, 960쪽.

제소권자는 사실심의 변론종결 전에 참가하지 못한 데 대하여 정당한 사유가 있지 아니하면 다시 소를 제기할 수 없다."는 규정을 두고 있는데, 소송고지를 받고도 참가하지 않았다면 참가하지 못한데 대하여 정당한 사유가 있다고 볼 수 없어 다시 소를 제기할 수 없게 되기 때문이다. ② 판례에 의하면, 채권자대위소송에서도 채권자가 채무자에 대하여 고지를 하면 대위소송이 제기된 사실을 알았을 것이므로 기판력이 채무자에게 미쳐 더 이상 신소제기가 불가능하게 된다. 위의 두 경우에는 참가적 효력이 미치는 것이 아니라 기판력의 확장에 해당한다. 이에 대하여, ①의 경우는 피고가 여러 제소권자들에게 반복적으로 시달리는 것을 방지하기 위한 특별규정에 불과할 뿐, 소송고지와 직접적인 관련이 없고, ②의 경우는 참가적 효력도 정식의 소송고지가 있어야 미치는데, 정식의 소송고지가 아니라 채무자가 전화로든 편지로든 고지만 하면 기판력이 확장된다는 판례의 태도는 잘못이라는 견해가 있다.[164)]

2. 실체법상 효과

민법 168조에는 시효중단사유로 소송고지를 규정하고 있지 않으므로 소송고지에 시효중단의 효과를 인정할 수는 없다. 그러나 고지자가 채무이행청구의 의사가 표명된 소송고지를 한 경우에 민법 174조에 의한 최고로서의 시효중단효는 있다고 보는 것이 통설·판례이다. 이때 소송고지에 의한 최고의 경우에는 민소법 265조를 유추 적용하여 당사자가 소송고지서를 법원에 제출한 때에 시효중단의 효력이 발생한다.[165)] 한편, 고지자가 6월 안에 피고지자를 상대로 권리행사를 하지 않으면 시효중단의 효과는 없어지는데(민 174), 판례는 당해 소송이 계속 중인 동안은 최고에 의하여 권리를 행사하고 있는 상태가 지속되는 것으로 보아 6월의 기산점을 당해 소송의 종료 시로 본다.[166)]

---

164) 호문혁, 972쪽.

165) 대법원 2015.5.14. 선고 2014다16494 판결(만일 법원이 소송고지서의 송달사무를 우연한 사정으로 지체하는 바람에 소송고지서의 송달 전에 시효가 완성된다면 고지자가 예상치 못한 불이익을 입게 된다).

166) 대법원 2009.7.9. 선고 2009다14340 판결. 이 판례의 사안은 원고가 책임보험사인 소외 주식회사를 상대로 소송계속 중, 소외 회사의 책임보험한도를 넘는 범위에 대하여는 2005.1.11. 채무를 승인한 피고에게 배상책임이 있다는 취지로 2006.6.1. 피고를 상대로 소송고지신청을 하여 그즈음 피고에게 송달되었고, 2007.1.16. 피고를 상대로 소를 제기하였으며, 원고와 소외 주식회사와의 소송은 2007.8.14. 조정을 갈음하는 결정으로 종료된 사건으로서, 대법원은 소외 주식회사와의 소송이 종료될 때까지 위 소송고지로 인한 최고의 효력이 계속되는 것으로 볼 수 있으므로 그 이전에 피고를 상대로 이 사건 소를 제기할 당시에는 소멸시효가 중단된 상태라고 판시하였다.

제4관 공동소송참가

Ⅰ. 의 의

소송계속 중 당사자 사이의 판결의 효력을 받는 제3자가 원고 또는 피고의 공동소송인으로서 참가하는 것을 공동소송참가라고 한다(83). 당사자로 되어 있지 않은 자가 소송에 참가하면 일반적으로 유사필수적 공동소송이 되는 유형을 말한다. 예컨대 주주 갑이 회사를 상대로 주주총회결의부존재확인의 소를 제기한 경우에 그 판결의 효력을 받는 다른 주주 을이 갑과 공동원고로서 그 소송에 참가하는 경우이다.[167] 다만 예외적으로 항소심에서 필수적 공동소송인의 추가와 같이, 고유필수적 공동소송에 있어서의 당사자적격에 대한 흠을 치유하기 위해서도 이용할 수 있다. 공동소송적 보조참가는 판결의 효력을 받는 제3자가 공동소송인으로서가 아니라 당사자적격이 없어 단지 보조참가인으로서 참가하는 경우임에 비하여, 공동소송참가에서의 참가인은 당사자의 지위에서 소송수행을 한다는 점에서 보다 강한 권한을 가지고 있다.

Ⅱ. 참가의 요건

1. 소송계속 중일 것

소송계속 중이라면 항소심에서도 참가가 가능하다. 다만 상고심에서 공동소송참가를 할 수 있는지에 관하여, 판례는 공동소송참가가 신소제기의 실질을 갖기 때문에 법률심인 상고심에서는 허용되지 않는다는 입장이고,[168] 민사소송 등 인지법 6조 1항에서도 상고심에서 공동소송참가신청에 붙일 인지액에 대하여 규정하고 있지 않다는 이유로 상고심에서는 허용되지 않는다는 견해가 있다.[169] 그러나 다수설은 제3자는 참가하지 않더라도 어차피 판결의 효력을 받을 지위에 있으므로 상고심에서라도 참가하여 원심판결의 법적 판단에 대하여 자기에게 유리한 주장을 할 기회를 주어야 한다는 이유로 상고심에서도 참가가 허용된다고 본다.

---

167) 대법원 2021.7.22. 선고 2020다284977 전원합의체 판결.
168) 대법원 1961.5.4. 자 4292민상853 결정.
169) 김홍엽, 1104쪽.

2. 당사자적격이 있을 것

공동소송참가를 하는 제3자는 별도의 소를 제기하는 대신에 공동소송인으로 참가하는 것이므로 당사자적격을 구비하여야 한다. 추심명령을 받은 압류채권자(추심채권자)가 제3채무자에 대하여 추심소송을 제기하고 있는 때에는 소송을 제기하지 않은 경합채권자(집행력 있는 정본을 가진 채권자)는 그 소송의 원고측에 참가할 수 있고(민집 249②), 제3채무자도 경합채권자가 원고측에 참가하도록 참가명령을 신청할 수 있다(민집 249③). 참가명령을 받은 경합채권자는 참가여부에 관계없이 추심소송의 판결의 효력을 받는다(민집 249④). 따라서 이 경합채권자의 참가는 공동소송참가에 해당한다. 또한 대법원은 채권자대위소송이 계속 중인 상황에서 다른 채권자가 동일한 채무자를 대위하여 채권자대위권을 행사하면서 공동소송참가신청을 한 경우, 양 청구의 소송물(피대위채권)이 동일하다면 소송목적이 원고와 참가인에게 합일적으로 확정되어야 할 필요성이 있으므로 이러한 공동소송참가신청은 적법하다고 판시하였다.[170)]

회사가 주주대표소송에 참가한다면, 이는 공동소송참가인가, 공동소송적 보조참가인가?

발행주식 총수의 100분의 1에 해당하는 주식을 가진 주주는 회사에 대하여 이사의 책임을 추궁할 소의 제기를 청구할 수 있고, 회사가 청구를 받은 날로부터 30일 내에 소를 제기하지 아니한 때에는 위 주주는 회사를 위하여 이사를 상대로 소를 제기할 수 있는데, 이것이 주주대표소송이다(상 403). 판례는 회사가 원고측에 참가하는 경우(상 404①), 이는 공동소송참가이고, 이러한 참가는 중복소송이 아니라는 입장이다. 즉 주주의 대표소송에 있어서 원고 주주가 원고로서 제대로 소송수행을 하지 못하거나 혹은 상대방이 된 이사와 결탁함으로써 회사의 권리보호에 미흡하여 회사의 이익이 침해될 염려가 있는 경우, 그 판결의 효력을 받는 권리귀속주체인 회사가 이를 막거나 자신의 권리를 보호하기 위하여 소송수행권한을 가진 정당한 당사자로서 그 소송에 참가할 필요가 있으며, 회사가 대표소송에 당사자로서 참가하는 경우 소송경제가 도모될 뿐만 아니라 판결의 모순·저촉을 유발할 가능성도 없다는 사정 및 상법 404조 1항에서 특별히 참가에 관한 규정을 두어 주주의 대표소송의 특성을 살려 회사의 권익을 보호하려 한 입법 취지를 함께 고려할 때, 상법 404조 1항에서 규정하고 있는 회사의 참가는 공동소송참가를 의미하는 것으로 해석

---

170) 대법원 2015.7.23. 선고 2013다30301,30325 판결.

함이 타당하고, 나아가 이러한 해석이 중복제소를 금지하고 있는 민소법 234조에 반하는 것도 아니라고 하였다.[171] 이에 대하여 후소의 당사자가 소제기와 같은 실질의 공동소송참가를 하면 중복소송이 되므로 회사의 참가는 공동소송적 보조참가로 보아야 한다는 견해가 있다.[172]

채권자대위소송에서 채무자의 소송참가는 공동소송적 보조참가인가?

'재판의 효력'이 참가인에게도 미친다는 의미에서는 공동소송적 보조참가(78)와 공동소송참가는 동일하므로,[173] 채권자대위소송에서 채무자가 소송에 참가하는 것이 공동소송적 보조참가인지 공동소송참가인지는 채무자에게 당사자적격이 있는지 여부에 의해 결정된다. 다수설은 채권자대위소송이 병행형 소송담당에 속한다고 하므로 채무자는 당사자로서 소송에 참가하는 공동소송참가가 가능할 것 같지만 공동소송참가를 하면 중복제소에 해당하므로 공동소송적 보조참가만 가능하다고 본다.[174] 한편, 채무자가 채권자대위소송이 제기된 사실을 알게 된 때에는 처분권의 상실(민 405②, 비송 49②)로 당사자적격도 상실되므로 이 경우 채무자가 대위소송에 참가하려면 공동소송적 보조참가의 형태가 된다는 견해도 있다.[175] 물론, 채권자대위소송이 소송담당에 해당되지 않는다는 견해도 있는데, 이에 의하면 대위채권자의 판결의 효력이 채무자에게 미치지 않으므로 통상의 보조참가가 될 것이나,[176] 이 견해는 대위채권자가 법정소송담당이라는 통설 및 판례에서 벗어나 있으므로 논외로 한다. 생각건대, ① 채권자대위소송에 채무자가 참가하는 것은 법정소송담당(소위 병행형 소송담당)이라는 점과 채무자 자신의 권리를 보호할 목적이라는 점에서 위에서 살펴본 주주대표소송에 회사가 참가하는 경우와 구조 및 목적이 동일하고, ② 별소를 제기하는 것이 아니라 기존의 계속 중인 소송에 참가하는 경우에는 하나의 판결만 선고되므로 애당초 판결 사이의 모순·저촉이 생길 우려가 없어 중복제소로 규제할 필요가 없으며, ③ 채무자가 채권자대위소송이 제기된 사실을 알게 되면 그 권리의 '처분'과 관련된 한도에서 당사자적격이 상실된다고 할 수 있겠지만, 채무자가 대위소송에 참가하는 것은 자신의 권리를 보호 내지 실현하려는 행위이지 '처분'하려는 행위에 해당되지 않으므로 당사자적격이 상실된다고 할 수 없다. 나아가 ④ 채무자가 대위채권자의 소제기 사실을 알고 있어서 그 판결의 효력을 받는 상황에서 채무자의 이익을 보호하기 위해서는 대위채권자 측에 공동소송참가를 허용할 필요가 있

171) 대법원 2002.3.15. 선고 2000다9086 판결.
172) 이시윤, 796쪽.
173) 공동소송참가는 타인간의 소송의 목적이 당사자 일방과 제3자에 대하여 합일적으로 확정될 경우 즉 타인간의 소송의 판결의 효력이 제3자에게도 미치게 되는 경우에 한하여 그 제3자에게 허용된다(대법원 1986.7.22. 선고 85다620 판결).
174) 이시윤, 820쪽.
175) 김홍엽, 1068쪽.
176) 호문혁, 969쪽.

다 할 것이다.[177] 이를 허용해야 채무자의 동의 없이는 대위채권자가 단독으로 소를 취하하는 등의 채무자에게 불리한 소송행위를 할 수 없게 되기 때문이다.[178] 이와 별도로, 채무자가 권리주장참가 또는 사해방지참가의 요건을 충족하고 있다면 대위채권자와 제3채무자 사이의 소송에 독립당사자참가를 할 수 있음은 물론이다.

선정당사자의 소송에서 선정자가 공동소송참가를 할 수 있는가?

다수설에 의하면 선정당사자를 선정한 자는 당사자적격을 상실한다는 입장이므로 공동소송적 보조참가만 가능하다고 보는 것이 논리적이다. 그러나 적격유지설에 의하더라도 이러한 참가는 중복소송에 해당되므로 공동소송참가를 할 수 없다고 본다.[179] 이에 대하여 선정자가 공동소송참가를 하는 이유는 스스로 당사자가 되려는 것이므로 선정행위의 취소여부를 석명하여 취소의 의사가 없으면 공동소송적 보조참가로 보고, 선정행위를 취소한 것으로 인정되면 참가인에게는 판결의 효력이 미치지 않아 선정당사자와 참가인은 통상공동소송인이 된다는 견해도 있다.[180] 어느 견해에 의하더라도 선정자의 공동소송참가는 허용되지 않는다.

3. 합일확정의 경우일 것

참가하는 제3자는 한쪽 당사자와 합일적으로 확정될 경우여야 한다. 즉 처음부터 그 제3자와 당사자가 함께 공동소송인이었다면 필수적 공동소송이 될 경우가 이에 해당한다. 일반적으로 유사필수적 공동소송관계에 있는 경우이다. 따라서 합일적으로 확정될 필요가 없다면 법률상·사실상의 문제가 공통적이라는 것만으로는 공동소송참가가 허용되지 않는다.[181]

---

177) 판례도 "…채무자에게 고지 등의 방법으로 알게 하여 필요에 따라 소위 공동소송적 참가 기타의 방법으로 그 고유의 권리를 보호할 기회를 주는 동시에 그 기판력도 채무자에게 미치게 하자는데 후자와 같은 해석의 의의가 있고 효용이 있다.…"고 설시하여 이러한 취지를 밝히고 있다(대법원 1975.5.13. 선고 74다1664 전원합의체 판결). 한편, 일본은 2017년 민법 개정을 통하여 그 423조의 5에서, "채권자가 피대위권리를 행사한 경우에도 채무자는 피대위권리에 대하여 스스로 추심 기타 처분하는 것을 방해받지 않는다. 이 경우에는 상대방도 피대위권리에 대하여 채무자에게 이행하는 것을 방해받지 않는다"고 규정함으로써 채무자의 공동소송참가에 적극적 태도를 보이고 있다.

178) 공동소송적 보조참가의 경우에는 피참가인이 참가인의 동의 없이 소를 취하하였다 하더라도 이는 유효하다는 것이 판례의 입장이다(대법원 2013.3.28. 자 2012아43 결정 등). 따라서 채무자가 공동소송적 보조참가를 하고 있더라도 대위채권자는 항소심에서 소를 취하할 수 있는데, 채무자는 재소금지규정을 적용받으므로 자신의 권리실현이 봉쇄된다(대법원 1996.9.20. 선고 93다20177,20184 판결 참조).

179) 이시윤, 820쪽; 정동윤·유병현·김경욱, 1111쪽; 정영환, 909쪽.

180) 호문혁, 975쪽.

181) 대법원 2001.7.13. 선고 2001다13013 판결(이사회결의무효확인의 소는 그 소송의 목적이 당사

필수적 공동소송인 경우 공동소송인을 추가할 때에 제1심의 경우에는 필수적 공동소송인의 추가(68)로 가능하나, 항소심부터는 공동소송참가로 해야 한다.[182] 예컨대 고유필수적 공동소송인 공유물분할청구소송이 항소심 계속 중 당사자인 공유자의 일부지분이 제3자에게 이전되었다면 그 제3자는 공동소송참가를 하여야 하며, 참가하지 않은 상태에서 변론을 종결하였으면 공유물분할소송이 부적법하게 된다.[183]

Ⅲ. 참가절차와 효과

참가신청의 방식에는 민소법 72조를 준용한다(83②). 다만 참가신청은 소의 제기(원고측) 또는 청구기각의 판결을 구하는 것(피고측)이기 때문에 소액사건이 아니라면 소장 또는 답변서에 준하여 서면으로 하지 않으면 안 된다. 원고측에 공동소송참가를 하는 경우에는 일반 소장과 동일한 금액의 인지를 첩부해야 한다는 점에서 보조참가와 다르다.

참가신청은 신소의 제기 내지 이에 준하는 실질을 가지므로 종전당사자가 이의신청을 할 수 없다. 법원은 직권으로 참가의 적부를 심사하여 흠이 있으면 판결로써 각하한다.[184] 다만 흠이 있더라도 단순보조참가 또는 공동소송적 보조참가의 요건을 갖추었으면 후자의 참가로 전환함이 마땅할 것이다.[185]

참가가 적법하다고 인정되면 피참가인과 참가인은 필수적 공동소송인이 되고 그 관계는 필수적 공동소송으로 취급하게 되므로 소송자료의 통일, 소송진행의 통일, 재판의 통일을 요한다.

자 일방과 제3자에 대하여 합일적으로 확정될 경우가 아니어서 제3자는 공동소송참가를 할 수 없다).

182) 공동소송참가는 항소심에서도 할 수 있는 것이고, 항소심절차에서 공동소송참가가 이루어진 이후에 피참가소가 소송요건의 흠결로 각하된다고 할지라도 소송의 목적이 당사자 일방과 제3자에 대하여 합일적으로 확정될 경우에 한하여 인정되는 공동소송참가의 특성에 비추어 볼 때, 심급이익 박탈의 문제는 발생하지 않는다(대법원 2002.3.15. 선고 2000다9086 판결).

183) 대법원 2014.1.29. 선고 2013다78556 판결.

184) 대법원 2012.6.28. 선고 2011다63758 판결(참가인의 공동소송참가신청은 통상의 보조참가에 해당할 뿐 공동소송참가의 요건을 갖추지 못하였다는 이유로 각하한 원심에 대하여 위법이 없다고 판시한 사례).

185) 강현중, 933쪽; 김홍규·강태원, 822쪽; 이시윤, 822쪽; 정동윤·유병현·김경욱, 1112쪽; 정영환, 910쪽; 호문혁, 977쪽. 반대: 김홍엽, 1112쪽.

Ⅳ. 공동소송참가인의 소송상 지위

공동소송참가가 적법하면 참가인은 피참가인과 필수적 공동소송인이 되므로 이들의 관계에는 필수적 공동소송에 관한 민소법 67조가 적용된다. 따라서 공동소송참가는 신소제기 또는 이에 준하는 실질을 가지므로 공동소송참가인은 당사자로서 소송행위를 할 수 있다. 예컨대 참가인은 청구의 변경, 반소, 중간확인의 소 등을 제기할 수 있고, 참가인이 상소를 제기한 경우 피참가인이 상소권 포기 및 상소취하를 하여도 상소의 효력은 지속된다. 또한 참가인이 재심청구를 한 경우 피참가인이 재심의 소를 취하하여도 재심의 소는 취하의 효력이 발생하지 않으며, 피참가인의 소취하, 청구인낙이나 자백에 대하여 참가인이 이의하여 무효화시킬 수 있다.

第5관 독립당사자참가

Ⅰ. 의　의

동일한 권리·법률관계를 둘러싸고 3명 이상에게 다툼이 있고, 이미 그중 2당사자 사이에서 소송이 계속되어 있는 경우에 종래의 당사자 이외의 자가 2당사자 사이의 소송목적의 전부나 일부가 자신의 권리라고 주장하거나 그 소송의 결과에 따라 자기의 권리가 침해된다고 주장하면서 독립한 당사자로서 원·피고 각각에 대하여 소를 제기하거나 다툼 있는 어느 일방 당사자에 대하여 소를 제기하는 것을 독립당사자참가라고 한다(79①).

3명 이상이 서로 대립하는 분쟁도 모두 통상의 2당사자소송으로 처리해야 한다면 심리의 중복에 의한 당사자와 법원의 부담이 증대될 뿐만 아니라, 다수 관계인 사이의 실체관계가 항상 모순 없이 처리될 수 있다고 기대할 수 없다. 여기에서 여러 당사자가 각각 대립하여 당사자로서 관여하는 독립당사자참가소송의 형태가 필요한 것이다. 즉 독립당사자참가는 원고·피고·참가인 3자 사이의 분쟁을 동일 절차에서 필수적 공동소송의 법리에 따라 모순 없이 해결함으로써 소송경제를 도모하는 참가형태이다.

여기에서의 참가인은 '독립'한 지위이므로 당사자 중 한쪽과 연합관계인 공동소송참가와 구별되고, '당사자'로서 참가하는 것이므로 보조참가와 구별된다.

Ⅱ. 구 조

연혁적으로 근대 이후 독일 민소법계에서는 2당사자 대립구조가 소송법률관계의 기본형으로 되어 있기 때문에 종래의 소송당사자인 원·피고와 새롭게 당사자가 되는 참가인이라는 3자의 관계와 그 구조를 설명하는 방법에 대하여 견해의 대립이 있다. 견해의 대립은, ① 3당사자 중 원고의 본소 또는 참가인의 참가신청이 취하·각하되면 나머지 소송법률관계가 2당사자 대립구조로 전환되어 계속 존재하는 것을 어떻게 설명할 것인가의 문제와, ② 민소법이 필수적 공동소송에 적용하는 심리의 특칙을 독립당사자참가에 준용하는 것을 어떻게 설명할 것인가의 문제를 둘러싸고 전개된다.

1. 3개소송병합설

독립당사자참가의 구조를 원·피고간, 참가인·원고간, 참가인·피고간 각 1개씩 3개의 소송관계의 병합으로 보는 견해이다.[186] 따라서 원고의 본소 또는 참가인의 참가신청을 가분적으로 취하·각하할 수 있다고 본다. 다만 이 견해에 의하면 독립당사자참가에 민소법 67조를 준용하도록 규정(79②)한 이유를 설명하기 어려운데, 이에 대하여는 세 당사자 사이에서 동일한 법률관계를 둘러싼 분쟁을 통일적으로 해결할 정책적인 필요성 때문이라고 한다.

2. 3면소송설

독립당사자참가는 전통적인 양 당사자 대립구조의 예외적인 소송형태로서 원·피고와 참가인 3자 사이에 각각 독립한 지위에서 대립되는 3면의 1개 소송관계가 성립된다는 견해로서 다수설이다.[187] 독립당사자참가에 민소법 67조가 준용되는 것은 세 당사자가 3면인 하나의 소송관계에 있으므로 어느 당사자를 제외하고 재판할 수 없기 때문이라고 한다. 그러나 이 견해는 어느 한 소송이 취하·각하되어도 나머지 소송이 계속되는 이유를 설명하기 곤란한데, 이에 대하여는 본소

186) 이시윤, 805쪽; 호문혁, 980쪽.
187) 강현중, 913쪽; 김홍규·강태원, 824쪽; 김홍엽, 1079쪽; 송상현·박익환, 677쪽; 정동윤·유병현·김경욱, 1114쪽; 정영환, 913쪽.

또는 참가신청이 취하·각하되면 단순한 2당사자 소송으로 복귀하기 때문이라고 한다.[188]

3. 판례의 입장

판례는 독립당사자참가소송에서 본소가 적법하게 취하된 경우에는 삼면소송관계는 소멸하고, 그 이후부터는 당사자참가인의 원·피고들에 대한 청구가 일반 공동소송으로 남아 있게 되므로, 당사자참가인의 원·피고에 대한 소가 독립의 소로서의 소송요건을 갖춘 이상 그 소송계속은 적법하며, 종래의 삼면소송 당시에 필요하였던 당사자 참가요건의 구비여부는 가려 볼 필요가 없다고 판시함으로써,[189] 독립당사자참가의 구조는 3면소송이라는 입장이다.

4. 검 토

현행 민소법은 원·피고 중 어느 한쪽만을 상대로 하는 편면적 당사자참가를 인정하고 있는데, 이것을 3면소송이라고 할 수 없으며, 독립당사자참가에 있어서 합일확정의 근거는 3면소송이라는 구조에 바탕을 둔 것이 아니고 양 당사자 및 참가인이 상호 견제하고 있어 각각의 청구에 대하여 모순 없는 판결이 요구된다는 독립당사자참가제도의 취지에서 구해야 할 것이므로 3개소송병합설이 타당하다고 본다.

Ⅲ. 참가요건

1. 다른 사람 사이에 소송이 계속 중일 것

(1) 다른 사람 사이

본소송은 타인간의 소송이어야 하므로 본소송의 당사자가 아닌 자만이 독립당사자참가를 할 수 있다. 독립당사자참가인이 수 개의 청구를 병합하여 독립당사자참가를 하는 경우에는 각 청구별로 독립당사자참가의 요건을 갖추어야 하고, 편면적 독립당사자참가가 허용된다고 하여 참가인이 독립당사자참가의 요건을 갖추지 못한 청구를 추가하는 것을 허용하는 것은 아니다.[190] 보조참가인이 독립당사자참

188) 정영환, 913쪽.
189) 대법원 1991.1.25. 선고 90다4723 판결.

가를 하였다면 그와 동시에 보조참가는 종료된다.[191]

(2) 판결절차가 소송계속 중일 것

판결절차 또는 이에 준하는 절차가 계속 중이어야 한다. 이의신청 후의 독촉절차는 판결절차로 이행하므로 참가가 허용된다. 강제집행절차, 증거보전절차, 제소전화해절차, 중재절차, 공시최고절차는 판결절차가 아니므로 참가가 허용되지 않는다. 판결절차가 소송계속 중이라도 사실심 변론종결 후에 참가신청을 하는 것은 부적법하므로 법률심인 상고심에서는 참가할 수 없다는 것이 판례의 입장이다. 독립당사자참가는 신소제기의 실질을 가지기 때문이라는 것이 그 이유이다.[192] 이에 대하여 당사자 가운데 누구도 상고하지 않아 판결이 확정되는 것을 방지하기 위해서 파기환송되면 사실심리를 받을 기회가 생기기 때문에 일단 상고심에서도 참가가 가능하나, 상고가 각하·기각될 때에는 참가신청을 부적법 처리하여야 한다는 견해도 있고,[193] 법률심인 상고심에 참가하더라도 원심판결을 파기시킬 방법은 없으므로 상고심 자체에서는 참가할 이익이 없고, 참가하려면 환송 뒤에 참가하는 것이 타당하다고 보아 판례를 지지하는 견해도 있다.[194]

2. 참가이유가 있을 것

가. 권리주장참가(79①전단)

권리주장참가는 제3자가 소송목적의 전부 또는 일부에 대하여 자기의 권리임을 주장하는 경우, 즉 참가인이 참가하려는 소송의 어느 한쪽 또는 양쪽을 상대로 하여 원고의 본소청구와 양립할 수 없는 권리 또는 그에 우선할 수 있는 권리를 주장하는 경우에 허용된다.[195] 주로 물권적 청구권을 근거로 한 참가가 이에 해당한다. 예컨대 원고가 피고에게 자기의 소유라고 주장하는 목적물에 대하여, 참가인이 원고에게는 소유권이 없고 자기가 소유권자라고 주장하면서 참가하는

---

190) 대법원 2022.10.14. 선고 2022다241608,241615 판결.
191) 대법원 1993.4.27. 선고 93다5727 판결.
192) 대법원 1994.2.22. 선고 93다43682,51309 판결.
193) 강현중, 914쪽; 김홍규·강태원, 827쪽; 이시윤, 805쪽; 정동윤·유병현·김경욱, 1121쪽; 정영환, 916쪽.
194) 김홍엽, 1080쪽(민사소송 등 인지법 6조 1항에 상고심 참가신청서의 인지첩부에 대한 명문규정이 없다는 것도 하나의 근거로 들고 있다); 송상현·박익환, 679쪽; 호문혁, 981쪽.
195) 대법원 2017.4.26. 선고 2014다221777,221784 판결.

경우이다.[196] 한편, 이중매매에서의 각 매수인 사이 또는 매수인과 시효취득자 사이의 이전등기청구권은 채권적 청구권으로서 서로 양립 가능하므로 권리주장참가가 허용되지 않는다.[197] 다만 참가인이 이중매매를 주장하는 것이 아니라 원고가 주장하는 매매계약의 진정한 매수인이 자신이라고 주장하는 경우[198] 또는 참가인이 원고의 피고에 대한 채권을 양수하였다고 주장하는 경우에는 원고의 주장과 양립 불가능하므로 권리주장참가가 허용된다.[199]

주장자체로서 양립되지 않으면 권리주장참가의 요건이 충족되므로 이후 본안심리결과 양립하는 것으로 판명된다고 하더라도 청구를 기각할 수 있을지언정 소를 각하해서는 안 된다.[200] 그리고 구법과 달리 어느 한쪽 당사자를 상대로 한 편면참가도 가능하다. 실무상 독립당사자참가소송은 사해방지참가보다는 권리주장참가가 많다.

X가 어떤 특정물에 대하여 Y와 Z를 공동피고로 하여 소유권확인소송을 제기한 경우, 이 소송은 통상공동소송인가, 필수적 공동소송인가?

X가 Y와 Z를 공동피고로 하여 소유권확인소송을 제기하는 것은 예비적·선택적 공동소송이 아닌 한 통상공동소송이고 필수적 공동소송이 아니다. 따라서 민소법 67조의 필수적 공동소송 규정이 적용되지 않는다. 그러나 X와 Y 사이의 소유권확인소송에 Z가 독립당사자참가를 하면 민소법 67조가 준용된다(79②).

채권자대위소송에서 채무자가 독립당사자참가를 할 수 있는가?

채무자가 대위채권자의 소제기 사실을 알고 있었다면 채권자대위소송의 판결효는 채무자에게 미친다(218③). 따라서 이러한 경우에는 대위채권자 쪽에 당사자로 참가하여 제3채무자를 상대로 소송을 수행함으로써 자신의 이익을 보호하거나(공동소

196) 대법원 1995.6.16. 선고 95다5905,95다5912(참가) 판결.
197) 대법원 2005.10.17. 자 2005마814 결정; 대법원 1982.12.14. 선고 80다1872,1873 판결.
198) 대법원 1988.3.8. 선고 86다148(본소),149(반소),150(참가),86다카762(본소),763(반소),764(참가) 판결.
199) 대법원 1992.8.18. 선고 90다9452,9469(참가) 판결.
200) 대법원 2007.6.15. 선고 2006다80322,80339 판결(원고가 피고를 상대로 주위적으로 소유권에 기한 의료장비의 인도를, 예비적으로 약정에 기한 의료장비의 인도를 구하였고, 참가인은 그 의료장비가 자신의 소유라는 이유로 원고에 대하여는 의료장비에 대한 소유권확인을, 피고에 대하여는 의료장비의 인도를 구하였는데, 원심이 본안심리결과 원고의 주위적 청구가 이유 없고 이로써 원고의 주위적 청구에만 양립하지 않는 관계에 있는 참가인의 참가 역시 부적법하게 되었다는 이유로 각하하자, 대법원이 권리주장참가의 요건에 대한 법리를 오해한 위법이 있다는 이유로 파기한 사례).

송참가), 대위채권자의 청구와 양립불가능한 주장을 하면서 참가할 수도 있다(독립당사자참가). 후자는 주로 채무자가 대위채권자의 피보전채권의 존재를 다투는 소송이 될 것이다.[201)]

나. 사해방지참가(79①후단)

참가인이 소송의 결과로 인하여 권리를 침해받는다는 것을 주장하면서 참가하는 것을 사해방지참가라고 한다. 예컨대 갑이 을로부터 임야를 매수하였다는 이유로 을을 상대로 소유권이전등기절차의 이행을 구하는 소를 제기하자, 병 종중이 참가신청하면서 갑과 을을 상대로 그 임야에 대한 매매계약무효확인을 구하고 을에 대하여는 명의신탁 해지를 원인으로 소유권이전등기절차의 이행을 구하면서, 위 임야는 을에게 명의신탁해 둔 병의 재산인데, 갑과 을이 이 사실을 알면서도 위 임야를 착복하여 병을 해칠 목적으로 서로 통모하여 소송제기를 한 후 을이 갑의 주장을 모두 인정함으로써 갑이 승소판결을 받도록 획책하고 있다고 진술하는 경우에 사해방지참가가 된다.

(1) 제3자가 소송결과에 따라 권리가 침해된다고 주장하는 경우로서, 권리주장참가와 달리 참가인의 청구가 원고의 본소청구와 양립할 수 있더라도 상관없고 (위의 예에서 갑의 이전등기청구와 병의 이전등기청구는 각각 별도의 원인에 기한 것이므로 양립가능하다), 권리주장참가를 하여 각하된 뒤에 사해방지참가를 해도 기판력이 미치지 않는다.

(2) '권리의 침해'의 의미에 대한 견해들

1) 판결효설

민소법 79조 1항 후문에 의한 참가제도는 사법상 사해행위취소권(민 406), 통정허위표시의 무효(민 108) 주장과 같은 목적을 소송과정에서 인정한 것으로서 사해판결의 사전방지에 있는 만큼 그 요건을 엄격히 해석하여 사해의사의 존재만으로는 부족하고 본소판결의 효력(기판력)이 제3자에게 미칠 경우에 한정해야 한다는 설이다. 예컨대 토지에 대한 소유권이전등기말소소송의 변론종결 전에 피고로부터 저당권설정등기를 마친 자는 말소소송의 당사자로 되지 않은 이상, 말소소송의 판결의 효력을 받지 않기 때문에 참가할 수 없다는 것이다. 이 견해는, 타인간

---

201) 日最判 1973.4.24. 民集 27巻 3号 596面.

의 소송에 대한 판결의 효력이 미치기 때문에 불이익을 받을 염려가 있는 자를 보호하는 수단으로는 공동소송참가(83), 공동소송적 보조참가(78) 등이 있음에도 불구하고 독립당사자참가제도를 별도로 둔 취지에 비추어보면 판결의 효력을 받지 않으면서도 불이익을 받을 자에게 참가를 허용하여야 한다는 점에서 참가인의 허용범위가 너무 좁다는 비판이 있다. 위의 예에서, 피고가 원고와 담합하여 패소를 감수함으로써 피고 패소의 확정판결이 난 후 원고가 저당권자를 상대로 승낙의 의사표시를 구하는 소송을 제기하면, 저당권자는 이해관계자로서 저당권의 말소를 수인해야 하므로(부등 57), 자신의 저당권자로서의 지위가 사실상 위험에 직면하게 되는 불이익을 받기 때문이다.[202)]

2) 이해관계설(권리침해설)

제3자에게 본소판결의 효력이 미치는 경우에 한정할 필요가 없고, 널리 소송의 결과로 권리나 법적 지위를 침해받을 제3자도 여기에 포함시켜야 한다는 설이다. 이 견해에 대하여는 보조참가요건과의 구별이 모호하다는 비판이 있다.

3) 사해의사설

사해방지참가가 프랑스의 사해재심제도에서 유래한 것이라는 연혁에 충실하게, 본소의 당사자들이 당해 소송을 통하여 참가인을 해할 의사, 즉 사해의사를 갖고 있다고 객관적으로 판정할 수 있는 경우에 참가를 허용할 것이라는 견해로서 다수설이다.[203)] 나아가 주관적인 사해의사의 탐구를 버리고 객관적으로 사해적 소송수행이 행해지는 경우에는 사해방지참가의 이유가 있다고 하는 견해도 있다(사해적 소송수행설).

4) 판 례

판례는 사해방지참가는 '사해의사'와 '권리침해의 염려'를 충족하여야 한다고 본다. 즉 원고와 피고가 당해 소송을 통하여 제3자를 해칠 의사(사해의사)가 있다고 객관적으로 인정되고, 그 소송의 결과 제3자의 권리 또는 법률상 지위가 침해될 염려가 있다고 인정되는 경우에는 제3자인 참가인의 청구와 원고의 청구가 논리상 서로 양립할 수 있는 관계에 있다고 하더라도 사해방지참가를 할 수 있다고 하였다.[204)] 사해의사만 인정되고 실제로 권리침해를 초래할 염려가 없는 경우에는

202) 대법원 2001.8.24. 선고 2000다12785 판결.
203) 김홍규 · 강태원, 827쪽; 이시윤, 808쪽; 정동윤 · 유병현 · 김경욱, 1118쪽; 정영환, 920쪽.

참가를 인정할 필요가 없다는 점에서 판례의 입장이 타당하다. 이때 사해의사가 객관적으로 인정되려면 피고가 소극적으로 소송에 대처한 사실 등 충분한 소송활동을 하지 않은 사실이 인정되어야 할 것이다.

채권자·보증인간의 소송에서 보증인이 다툴 사유가 적지 않음에도 불구하고 채권자와 짜고 제1심 재판에서 자백하여 패소한 경우에 주채무자는 항소와 동시에 사해방지참가를 할 수 있는가?

채권자·보증인간의 소송의 기판력은 주채무자에게 미치지 않는다. 그러나 보증인이 패소하면 주채무자는 보증인으로부터 구상소송을 당할 수 있다. 즉 보증인이 패소하면 주채무자는 사실상 불이익을 받을 우려가 있는 것이다. 사안의 경우에 주채무자가 보조참가를 하더라도 종속성으로 인하여 피참가인의 자백 등의 행위를 저지할 수 없기 때문에 주채무자는 사해방지참가를 할 수 있다고 보아야 한다. 다만, 위 판결효설에 의하면 위의 경우에 주채무자에게 사해방지참가가 허용되지 않는다.

당사자 사이에 통모 내지 사해란 구체적으로 어떠한 상황을 말하는가?

통모 내지 사해란 구체적으로 당사자가 준비서면도 제출하지 않고 출석도 하지 않는 경우와 자백이나 청구의 포기·인낙 등 불이익한 소송행위를 하는 경우 및 상소를 하여야 하는 상황임에도 당사자가 이를 하지 않는 경우 등을 말한다.

본소청구의 '원인행위'가 사해행위라는 이유로 그 취소를 청구하는 사해방지참가를 할 수 있는가?

원고가 피고에 대하여 대물변제약정을 원인으로 하여 피고 소유의 건물에 관한 소유권이전등기를 청구하자, 피고의 채권자인 독립당사자참가인이 위 대물변제약정이 사해행위에 해당한다는 이유로 원고를 상대로 '피고와 원고 사이에 별지목록 기재 건물에 관하여 체결한 대물변제예약을 취소한다'는 취지의 사해행위취소를 구하면서 사해방지참가신청을 한 사건에서, 대법원은, "채권자가 사해행위의 취소와 함께 수익자 또는 전득자로부터 책임재산의 회복을 명하는 사해행위취소의 판결을 받은 경우 그 취소의 효과는 채권자와 수익자 또는 전득자 사이에만 미치므로, 수익자 또는 전득자가 채권자에 대하여 사해행위의 취소로 인한 원상회복 의무를 부담하게 될 뿐, 채권자와 채무자 사이에서 그 취소로 인한 법률관계가 형성되거나 취소의 효력이 소급하여 채무자의 책임재산으로 복구되는 것은 아니다. 이러한 사해행위취

---

204) 대법원 2001.8.24. 선고 2000다12785 판결; 대법원 1990.7.13. 선고 89다카20719,20726(참가) 판결; 대법원 2007.8.23. 선고 2005다43081,43098 판결; 대법원 1999.5.28. 선고 98다48552, 48569 판결; 대법원 1996.3.8. 선고 95다22795,22801 판결.

소의 상대적 효력에 의하면, 원고의 피고에 대한 청구의 원인행위가 사해행위라는 이유로 원고에 대하여 사해행위취소를 청구하면서 독립당사자참가신청을 하는 경우, 독립당사자참가인의 청구가 그대로 받아들여진다 하더라도 원고와 피고 사이의 법률관계에는 아무런 영향이 없고, 따라서 그러한 참가신청은 사해방지참가의 목적을 달성할 수 없어 사해소송의 방지라는 사해방지참가로서의 요건을 갖추지 못하였으므로 부적법하다"고 판시하여 독립당사자참가인의 참가신청을 각하하였다.[205)]

3. 참가의 취지가 있을 것

(1) 쌍면참가

참가인이 원·피고 양쪽에 대하여 각각 청구를 하는 경우이다. 청구취지는 같을 수도 있고(원·피고 모두에 대하여 소유권확인이나 계약무효 확인청구를 하는 경우 등), 달리할 수도 있다(원고에 대해서는 채권의 존재확인을, 피고에 대해서는 금전지급청구를 하는 경우 등).

(2) 편면참가

2002년 신법에서 새로이 인정한 참가방식이다. 따라서 종래 판례에서 참가가 불허되었던 ① 원·피고 중의 어느 한 쪽에 대해 청구하고 다른 쪽에 대해 청구하지 아니하거나, ② 참가인이 피고에 대해서만 청구하고 원고에 대해서는 원고 청구의 기각을 구할 뿐인 경우, ③ 종전 당사자 중 양쪽에 대해 청구하였지만 그 한쪽에 대한 청구는 다툼이 없어 소의 이익이 없는 경우에도 참가가 허용된다. 이를 준독립당사자참가라고도 한다. 이에 대하여 사해방지참가는 기존의 당사자가 참가인을 해치기 위하여 공모하여 소송을 하는 것을 막기 위한 참가이므로 이들을 모두 상대로 하여 참가하는 것이 타당하다는 견해도 있다.[206)]

4. 소의 병합요건을 갖출 것

독립당사자참가를 하면 하나의 절차에서 여러 개의 청구를 병합하여 심판하게 되므로 참가인의 청구가 본소청구와 같은 종류의 소송절차에서 심판될 청구여야 한다(소송절차의 공통). 또한 참가인의 청구가 본소청구와 다른 법원의 전속관할에 속하지 아니하여야 한다(관할의 공통).

---

205) 대법원 2014.6.12. 선고 2012다47548,47555 판결.
206) 호문혁, 987쪽.

5. 소송요건을 갖출 것

참가신청은 실질적으로 신소의 제기이므로 일반소송요건, 즉 당사자능력, 당사자적격, 중복소송금지 등과 같은 요건도 갖추어야 한다. 별소를 제기해 놓고 참가하는 것은 중복소송에 해당하여 부적법하다.

Ⅳ. 참가절차

1. 참가신청

참가신청의 방식은 보조참가의 신청에 준한다(79②, 72). 따라서 참가의 취지와 이유를 명시하여 본소가 계속된 법원에 신청한다. 참가신청은 소액사건을 제외하고는 반드시 서면에 의하여야 하며(248), 자기청구에 대해 청구의 취지와 원인을 밝혀야 한다. 소장에 준하는 인지를 붙여야 하고(민인 6①), 당사자가 상소하지 않을 때에는 참가인은 상소제기와 동시에 참가신청을 할 수 있다(이때 참가인의 상소제기는 당사자 사이의 판결이 확정되기 전까지만 허용된다).[207] 참가신청서 부본은 양 당사자에게 송달하여야 한다(72②). 당사자참가를 하면서 예비적으로 보조참가를 할 수는 없다.[208]

민소법 79조 2항은 민소법 73조를 준용하지 않고 있을 뿐 아니라, 독립당사자참가는 실질적인 소제기에 해당하므로 종전당사자는 이의할 수 없다. 참가는 시효중단과 기간준수의 효력이 있다(265). 종전 당사자는 참가인을 상대로 반소를 제기할 수도 있다.[209]

2. 중첩적 참가

일단 독립당사자참가가 있은 후 제2참가인이 자신이 권리자이고, 원고·피고·제1참가인 모두 권리자가 아니라고 주장하는 경우의 소송형태는 무엇인가? 판례는 원고·피고·제1참가인의 3면 소송과 원고·피고·제2참가인의 3면 소송이 중복된 것일 뿐 참가인 사이에는 소송관계가 성립하지 않으므로 법원은 참가인들 상호간에는 판결할 수 없다고 하여 4면 소송의 참가형태를 인정하지 않는

207) 대법원 2006.5.2. 자 2005마933 결정.
208) 대법원 1994.12.27. 선고 92다22473,92다22480 판결.
209) 대법원 1969.5.13. 선고 68다656,657,658 판결.

다.[210] 그러나 이렇게 보면 양 소송의 합일확정결과가 서로 모순·저촉될 수 있고, 참가인들이 모두 승소한 경우에는 그들 사이에 다시 소송을 제기하여야 하는 번잡함이 있으므로 원칙적으로 4면 소송의 중첩적 참가를 인정하자는 견해가 있다.[211]

V. 참가소송의 심판

1. 참가요건과 소송요건의 조사

참가요건은 직권조사사항이다. 참가요건에 흠이 있으면 부적법 각하한다.[212] 다만 참가신청인은 독립당사자참가의 요건에 흠이 있는 경우에 보조참가의 요건에 해당되면 보조참가로 바꾸어서 신청할 수 있다.[213]

참가인의 청구가 소송요건을 갖추었는가도 직권조사사항이며, 흠이 있으면 판결로 부적법 각하한다.

2. 본안심판

원고·피고·독립당사자참가인간에 합일확정이 필요하므로 민소법 67조의 규정을 준용한다(79②).

가. 본안심리

(1) 소송자료의 통일

독립당사자참가의 본안심판에 민소법 67조가 준용된다(79②)는 것은 공동소송인들 사이에 승패를 같이해야 한다는 의미가 아니라 상호 대립·견제관계에 있는 당사자들 사이에 논리적으로 모순 없는 판결을 해야 한다는 의미이다. 달리 말하면, 상호 대립·견제관계에 있는 원·피고와 참가인 중 어느 한 사람 또는 두 사람 사이의 소송행위가 다른 사람에게 유리하다면 그 효력이 발생하지만, 불리하다면 그 효력이 발생하지 않는다. 예컨대 참가인이 주장하는 주요사실에 대해 원고가 다툰다면 이는 피고에게도 유리하므로 설사 피고가 자백하여도 다툰 것으로

210) 대법원 1958.11.20. 선고 4290민상308,309,310,311 판결.
211) 이시윤, 812쪽; 정동윤·유병현·김경욱, 1123쪽; 정영환, 925쪽.
212) 대법원 1993.3.12. 선고 92다48789,48796 판결.
213) 대법원 1960.5.26. 선고 4292민상524 판결.

된다. 마찬가지로, 화해권고결정에 대하여 참가인이 이의한다면 이는 원·피고에게 유리한 행위이므로 이의의 효력은 참가인뿐만 아니라 원·피고 사이에도 미친다.[214] 거꾸로 원고 또는 피고에 의한 청구의 포기·인낙, 상소의 취하, 자백 및 원·피고 사이의 재판상 화해 등은 나머지 1인(참가인)에게 불리한 행위이므로 두 당사자 사이에도 효력이 발생하지 않고,[215] 이는 참가인의 피고에 대한 청구를 피고가 인낙해도 마찬가지이다.[216] 다만 본소만 취하하거나 참가신청만 취하하는 것은 가능하다(후술).

(2) 소송진행의 통일

본안심리에 있어서는 소송진행의 통일이 요구된다(79②, 67③). 따라서 기일을 공통으로 지정해야 하며, 어느 한 사람에 대하여 중단·중지의 원인이 생긴 때에는 다른 두 사람에 대해서도 효력이 발생하여 전체의 소송절차가 정지된다. 한 명이 기일지정신청을 하면 전체 소송에 대하여 기일을 지정하여야 하며, 변론의 분리는 허용되지 않는다. 다만 상소기간은 개별적으로 진행한다.

독립당사자참가소송의 경우, 참가 전의 본소 당사자간의 행위 중에 참가인에게 불리한 행위는 어떠한 효력을 가지는가? 즉 참가인은 참가 전에 형성되어 있는 소송상태에 구속되는가?

참가인은 이에 구속되지 않는다. 구속력을 인정하면 독립당사자참가의 의미가 없어지기 때문이다.

나. 모순 없는 본안판결

법원은 반드시 1개의 전부판결로써 모두에 대하여 동시에 재판해야 한다. 따라서 일부판결은 허용되지 않는다. 판결주문이 누락된 경우에도 추가판결을 할 수 없고 상소하여 판결을 취소 받아야 한다.[217]

---

214) 대법원 2005.5.26. 선고 2004다25901,25918 판결. 이 판결은 원고·피고·독립당사자의 3자 사이에 화해권고결정이 있었으나 독립당사자참가인이 위 결정에 대하여 이의한 사안이므로, 판결의 "…두 당사자 사이의 소송행위는 나머지 1인에게 불이익이 되는 한 두 당사자 간에도 효력이 발생하지 않는다…"라는 언급보다는 본문과 같이 설명하는 것이 더 타당하다고 본다.

215) 대법원 2009.1.30. 선고 2007다9030,9047 판결.

216) 대법원 1968.12.24. 선고 64다1574 판결.

217) 대법원 1991.3.22. 선고 90다19329,19336 판결.

3. 판결에 대한 상소

원고 · 피고 · 독립당사자참가인 가운데 두 당사자가 패소하였는데 그중 한 당사자만 승소당사자를 상대로 상소를 제기하였을 때, 그 상소제기의 효력이 패소한 다른 당사자에게도 미치는가? 상소를 제기하지 않은 자의 판결부분도 상소심으로 이심되느냐(이심설), 분리확정되느냐(분리확정설)가 문제인데, 합일확정을 목적으로 하는 것이 이 제도의 기본적 이념이므로 이심된다고 보는 것이 다수설 · 판례[218] 이다.

이심된다고 보는 경우, 상소제기하지 않은 자의 상소심에서의 지위는 어떻게 되는가? 상소인설(67①준용), 피상소인설(67②준용), 승소자에게는 상소인이 되고, 상소를 제기한 패소자에 대하여는 피상소인이 되는 특수한 지위라는 상대적 이중지위설[219]이 있으나, 상소인도 피상소인도 아닌 단순한 상소심의 당사자에 불과하다고 보는 상소심당사자설이 통설 · 판례[220]이다.

상소심당사자설에 의할 때, 상소를 제기하지 않은 자는 ① 상소취하권이 없고, ② 인지첩부의무도 없으며, ③ 상소심의 심판범위는 합일확정의 필요성이 있는 경우가 아니라면 실제로 상소를 제기한 당사자의 불복범위에 국한되며, ④ 상소비용을 부담하지 않는다.

상소심에서는 합일확정의 요청 때문에 패소하고도 상소를 제기하지 않은 당사자의 판결부분이 상소인의 불복범위의 한도 내에서 유리한 내용으로 변경될 수 있다(불이익변경금지원칙의 배제).[221] 그러나 상소심에서 합일확정을 요하는 경우가 아니어서 굳이 상소심당사자에 대한 제1심판결을 취소하거나 변경할 필요가 없다면 비록 그 부분이 항소심의 심판대상이 되어 이에 대하여 심리 · 판단해야 하더라도 그 청구에 대한 당부를 항소심 판결주문에서 반드시 선고할 필요가 있는 것은 아니다. 주로 상소심에서 상소인의 상소를 기각 · 각하하거나 청구를 기각하는 경우가 이에 해당할 것이나 반드시 이에 한정되는 것은 아니다. 판례는 항소심에서 항소인에 대한 청구기각의 제1심판결이 취소되고 청구가 일부 인용되었으나 항소 또는 부대항소를 제기하지 않은 독립당사자의 청구에 관하여는 제1심판결을

218) 대법원 2007.12.14. 선고 2007다37776,37783 판결.
219) 김홍규 · 강태원, 833쪽.
220) 대법원 1981.12.8. 선고 80다577 판결.
221) 대법원 2007.10.26. 선고 2006다86573,86580 판결.

취소하거나 변경할 필요가 없어 항소심에서 판결 주문이 선고되지 않고 독립당사자참가소송이 그대로 확정되었다면, 취소되거나 변경되지 않은 제1심판결의 주문에 대하여 기판력이 발생한다고 하였다.[222] 나아가 판례는 원고승소의 판결에 대하여 참가인만이 상소했음에도 상소심에서 원고의 피고에 대한 청구인용 부분을 원고에게 불리하게 변경할 수 있는 것은 참가인의 참가신청이 적법하고 합일확정의 요청상 필요한 경우에 한한다고 보아, 원고의 피고에 대한 청구를 인용하고 참가인의 참가신청을 각하한 제1심판결에 대하여 참가인만이 항소하였는데 참가인의 항소를 기각하면서 제1심판결 중 피고가 항소하지도 않은 본소 부분을 취소하고 원고의 피고에 대한 청구를 기각하는 것은 부적법하다고 하였다.[223] 한편, 제1심 판결에서 참가인의 독립당사자참가신청을 각하하고 원고의 청구를 기각한 데 대하여 참가인은 항소기간 내에 항소를 제기하지 아니하였고 원고만이 항소한 경우 독립당사자 참가신청을 각하한 부분은 원고의 항소에도 불구하고 피고에 대한 본소 청구와는 별도로 확정된다.[224]

---

222) 대법원 2022.7.28. 선고 2020다231928 판결. 이 판결의 사안은 다음과 같다. 소외인은 피고와 단독으로 토지매매계약을 체결하고 계약금 1억원을 지급하였으나 위 계약이 무효이므로 1억원을 반환하라는 부당이득금반환의 소를 제기하였고, 원고는 위 계약은 소외인이 아니라 자신이 단독으로 체결하였으니 피고는 자신에게 1억원을 반환하라고 주장하면서 위 소에 독립당사자참가를 하였다. 제1심 법원은 원고와 소외인이 공동으로 토지를 매수하였고 이 사건 매매계약은 무효가 아니라는 이유로 원고와 소외인의 청구를 모두 기각하였다. 이에 대하여 소외인만 항소하였고, 항소심에서 소외인은 제1심판결의 내용을 반영하여 청구취지를 5,000만원으로 감축하였는데, 항소심 법원은 원고의 청구에 대해서는 항소심의 심판범위가 아니라는 이유로 아무런 판단을 하지 않았고, 소외인에 대해서는 제1심 판결 중 패소 부분을 취소하고 소외인의 감축된 청구를 인용하는 판결을 선고하여 그대로 확정되었다(전소). 그 후 원고는 '이 사건 매매계약은 무효이고, 원고는 이 사건 매매계약의 공동매수인 지위에 있으므로 피고는 원고에게 계약금의 1/2인 5,000만원을 부당이득으로 반환할 의무가 있다'고 주장하면서 피고를 상대로 이 사건 소를 제기하자(후소), 후소의 항소심(원심) 법원은 이 사건 소에서의 원고 청구는 전소 확정판결의 기판력에 저촉된다는 이유로 청구를 기각하였고, 원고의 상고로 이 사건 상고심에 이르렀다. 상고심 판단의 주된 논지는 다음과 같다. 원고가 전소 제1심판결에 대하여 항소하지 않았더라도 원고의 5,000만 원 청구 부분은 전소 항소심의 심판대상이 된다. 그런데 전소 항소심이 **소외인의 청구를 인용**하더라도 **원고의 청구는** 전소 제1심판결에서 **기각**되었으므로 판결 결론이 서로 **모순되지 않는다**. 따라서 전소의 항소심은 제1심판결을 취소하거나 변경하여 원고의 5,000만원 청구 부분에 대한 주문을 선고할 필요가 없고, 원고의 후소에 대하여 전소 확정판결의 기판력에 저촉된다는 이유로 기각한 원심 판결은 정당하다.

223) 대법원 2007.12.14. 선고 2007다37776,37783 판결.

224) 대법원 1992.5.26. 선고 91다4669,91다4676 판결.

Ⅵ. 단일소송 또는 공동소송으로의 환원

1. 본소의 취하 · 각하

참가 후에도 원고는 본소를 취하할 수 있고, 법원은 본소의 부적법을 이유로 각하할 수 있다. 본소취하에 있어서는 피고의 동의는 물론 참가인의 동의가 있어야 한다.[225] 참가인의 동의를 요하는 이유는 일반적으로 참가인이 본소 유지에 이익이 있기 때문이라고 설명하는데, 구체적으로는 원고와 피고가 통모하여 소를 취하하고 그 후에 다른 법원에 다시 소를 제기하여 참가인을 배제하고 소송할 위험을 차단하기 위한 것이다. 양자의 동의가 있다면 쌍면참가는 참가인의 원 · 피고에 대한 청구가 일반 공동소송으로 남으며, 편면참가는 참가인과 원고 혹은 피고 사이의 단일소송으로 남게 된다.[226]

2. 참가의 취하 · 각하

참가인도 참가를 취하할 수 있는데, 이때에도 본소 당사자가 본안에 관하여 응소한 후라면 그들의 동의가 필요하다(266②).[227] 쌍면참가에서 모두 취하하거나 각하된 때에는 본소만 남지만 한쪽에 대해서만 취하하면 편면참가로 된다. 판례는 참가인이 취하 또는 각하 이전에 제출한 증거방법은 본소의 당사자가 원용하면 효력이 있으며,[228] 이미 법원이 증거조사를 하였다면 당사자의 원용 없이도 증거자료로 삼을 수 있다는 입장이다.[229]

참가신청을 판결로 각하한 경우에 그 각하판결이 상소심에서 확정될 때까지는 본소에 관한 판결을 미루는 것이 원고 · 피고 · 참가인간의 합일확정을 위하여 필요하다는 견해가 있으나,[230] 판례는 반대이다.[231] 실무에서는 참가의 적법여부에 대한 판결과 본소에 대한 판결을 한꺼번에 하는 것이 일반적이므로 별다른 문제가 발생하지 않는다.[232]

---

225) 대법원 1972.11.30. 자 72마787 결정.
226) 대법원 1991.1.25. 선고 90다4723 판결(이 경우에 당사자참가인의 원 · 피고에 대한 소가 독립의 소로서의 소송요건을 갖춘 이상, 당사자참가요건의 구비여부는 가려볼 필요가 없다).
227) 대법원 1981.12.8. 선고 80다577 판결.
228) 대법원 1966.3.29. 선고 66다222,223 판결.
229) 대법원 1971.3.31. 선고 71다309,310 판결.
230) 이시윤, 817쪽; 정동윤 · 유병현 · 김경욱, 1128쪽; 정영환, 930쪽.
231) 대법원 1976.12.28. 선고 76다797 판결.

3. 소송탈퇴

제3자의 참가로 종전의 '원고' 또는 '피고'가 소송에 머물 필요가 없게 된 때에는 탈퇴할 수 있다(80). 예컨대 채무자 을이 채무의 존재 자체는 인정하지만 진정한 채권자가 원고 갑이 아니라 제3자인 병으로 생각되어 응소하던 중, 병이 참가한 경우에 진정한 채권자가 누구인지에 대해서는 갑·병 사이에서 가리게 하고 자신은 소송에서 탈퇴하는 경우가 이에 해당한다.

소송탈퇴는 원고 또는 피고만이 할 수 있으므로 소송탈퇴의 경우 참가인의 승낙은 필요 없고 상대방의 승낙을 얻으면 된다(80). 참가인의 소송탈퇴서 제출은 참가신청 취하의 취지로 본다.[233]

사해방지참가의 경우에도 탈퇴가 가능하다는 것이 다수설이나,[234] 민소법 80조의 법문상 권리주장참가의 경우만을 규정하고 있으므로 사해방지참가의 경우에는 탈퇴가 불가능하다는 견해가 있다.[235]

소송탈퇴의 법적 구성을 어떻게 할 것인가에 대하여 견해가 대립되어 있는데, 당사자에 의한 조건부청구의 인낙 또는 조건부 청구의 포기로 구성하는 견해가 있다(**조건부 청구의 포기·인낙설**, 일본의 통설).[236] 예컨대 피고 Y가 탈퇴한 경우에 원고 X와 참가인 Z 중 승소하는 쪽에 대하여 Y는 전면적으로 승복하는 것으로 구성한다. 원고 X가 참가인 Z에게 승소한 경우에는 원고 X의 Y에 대한 청구를 Y가 인낙한 것으로 본다. 즉 Y를 피고로 하여 청구인용판결이 난 것과 동일한 효력이 발생한다는 것이다. 반대로 참가인 Z가 원고 X에게 승소한 경우에는 참가인 Z의 Y에 대한 청구를 Y가 인낙하여 청구인용판결이 된 것과 동일한 효력이 발생하는 것으로 구성한다. 다음으로, 원고 X가 탈퇴한 경우에는 원고에 의한 조건부 청구의 포기 또는 조건부 청구의 인낙으로 구성한다. 즉 참가인 Z가 피고 Y에게 승소하면 참가인 Z의 X에 대한 청구를 X가 인낙한 것으로 구성한다. 반대로 참가인 Z가 피고 Y에게 패소하면 X의 피고 Y에 대한 청구를 X가 포기한 것으로 구성한다. 이러한 이론구성은 참가인을 보호하는 효과가 발생하기 때문에 원고 또

232) 김홍엽, 1100쪽.
233) 대법원 2010.9.30. 선고 2009다71121 판결.
234) 강현중, 928쪽; 김홍규·강태원, 836쪽; 김홍엽, 1101쪽; 이시윤, 818쪽; 정동윤·유병현·김경욱, 1129쪽; 정영환, 932쪽.
235) 송상현·박익환, 695쪽; 호문혁, 998쪽.
236) 강현중, 928쪽; 김홍규·강태원, 836쪽; 이시윤, 818쪽.

는 피고가 탈퇴하더라도 참가인의 동의는 필요 없고 상대방 당사자의 동의만 필요한 것으로 규정한 민소법의 태도와 부합한다. 이에 대하여, 소송에서 탈퇴하더라도 탈퇴자에 관계되는 소송계속은 종료되지 않고, 다만 소송수행에 열의 있는 두 당사자에게 소송을 맡기는 소송담당의 성질을 가진 것으로 보는 견해가 있다 **(소송담당설 = 청구잔존설 = 소송신탁설)**.[237] 마치 선정당사자에 관한 민소법 53조 2항과 유사하게 새기는 것이다. 이렇게 이해하면 민소법 80조에서는 상대방의 승낙이 소송탈퇴의 요건으로 되어 있지만 이론적으로 상대방은 불이익을 입지 않으므로 승낙이 필요 없다고 할 수도 있다. **판례**는 참가승계에 있어서 탈퇴하면 그 소송관계는 적법하게 종료된다고 하여 조건부청구의 포기 · 인낙설을 취하는 듯하다.[238]

조건부 청구의 포기 · 인낙설에 대한 비판은 무엇인가?

민소법 80조는 '판결'의 효력이 탈퇴한 당사자에게도 미친다고 되어 있으므로, '청구의 포기 · 인낙'으로 구성하는 조건부 청구의 포기 · 인낙설은 문언에 맞지 않는다는 점이다. 또한 이 구성으로는 포기 또는 인낙이 발생하지 않는 공백부분이 생긴다. 예를 들면 피고 Y가 탈퇴한 경우에 Z의 X에 대한 청구포기의 때(X승소) Z의 Y에 대한 청구는 통일적인 해결로 보면 기각되어야 하지만 그것과 같은 효과가 생기는 청구의 포기를 하는 자는 Z이고 탈퇴피고 Y가 할 수는 없다. 그리고 원고 X가 탈퇴한 경우에 Z가 Y에게 패소한 때 Z의 X에 대한 청구는 기각되어야 하지만 그것과 동일한 효과는 Z의 청구의 포기에 의해 생긴다고 해도 Z의 청구포기를 탈퇴원고 X가 할 수는 없다는 문제점이 지적된다.

판결의 효력은 탈퇴자에게 미친다(80단서). 그 효력이 무엇인가에 대해서, ① 참가적 효력설, ② 기판력설, ③ 기판력 및 집행력설(집행력포함설)이 있는데, ③설이 통설이다. 따라서 판결서에 본소의 사건번호와 사건명 및 탈퇴당사자를 표시하되 옆에 괄호하여 '탈퇴'라고 표시하고, 승소자의 탈퇴자에 대한 청구가 이행청구인 경우 판결주문에 탈퇴자에 대한 이행의무를 선고하여 집행권원이 되도록 하

237) 김홍엽, 1102쪽; 정동윤 · 유병현 · 김경욱, 1131쪽. 한편, 소송탈퇴의 의미를 당사자로서의 적극적인 행위를 하지 않겠다는 의미로 파악하여, 소송절차에서 잠재적 당사자로 계속 인정하여 본소의 당사자 사이 및 참가인과 탈퇴자 사이의 청구가 잠재적으로 잔존하는 것으로 보는 견해도 있다(잠재적 당사자설, 정영환, 935쪽). 이 견해는 탈퇴자가 법원에 복귀의 의사표시를 하면 바로 복귀할 수 있음을 근거로 한다.

238) 대법원 2011.4.28. 선고 2010다103048 판결.

여야 한다.[239)]

제5절 당사자의 변경

소송계속 중 당사자를 추가하거나 교체하는 것을 당사자의 변경이라고 한다. 여기에는 소송계속 중에 기존당사자의 의사에 의하여 당사자를 변경시키는 임의적 당사자변경과 실체법적 법률상 지위 내지 법률관계에 변동이 일어나서 그에 따라 당사자가 변경되는 소송승계가 있다.

임의적 당사자변경에는 피고의 경정과 같은 교환적 당사자변경과 필수적 공동소송인의 추가, 예비적·선택적 공동소송인의 추가와 같은 추가적 당사자변경이 있다.

소송승계에는 실체법 규정상 당연히 발생하는 포괄적 승계로 권리주체가 변경되어 당사자의 지위가 교체되는 당연승계와, 당사자의 법률행위로 인하여 실체법상 법률관계의 주체가 바뀌어 당사자도 변경되는 특정승계가 있는데, 특정승계는 다시 참가승계와 인수승계로 구분된다.

제1관 임의적 당사자변경

Ⅰ. 의 의

소송계속 중 당사자의 의사에 의하여 종전의 원고나 피고에 갈음하여 제3자를 가입시키거나(교환적 당사자변경), 종전의 원고나 피고에 추가하여 제3자를 가입시키는 것(추가적 당사자변경)을 말한다. 교환적 당사자변경에는 피고의 경정 등이 있고, 추가적 당사자변경에는 필수적 공동소송인의 추가, 예비적·선택적 공동소송인의 추가 등이 있다.

임의적 당사자변경에서는 기존 소송주체자의 지위가 승계되지 않는다는 점에서 소송승계와 다르다.

또한 임의적 당사자변경은 변경 전과 변경 후에 당사자의 동일성이 인정되지

---

239) 법원실무제요, 『민사소송(Ⅰ)』, 399쪽.

않는다는 점에서 이것이 유지되는 당사자표시의 정정과 다르다.

Ⅱ. 입법의 태도 및 명문이 없는 경우 허용성에 대한 판례·학설

1. 입법의 태도

임의적 당사자변경과 관련하여 가사소송 · 행정소송 등에서는 일찍부터 명문으로 피고의 경정을 인정하고 있었는데(가소 15, 행소 14), 1990년의 민소법 개정 및 2002년 신법을 통하여 당사자 교체의 형태로서 피고의 경정(260)을, 당사자 추가의 형태로서 필수적 공동소송인의 추가(68) 및 예비적 · 선택적 공동소송인의 추가(70①, 68)를 도입하였다.

2. 판 례

판례는 위와 같이 민소법에 명문의 규정이 있는 경우를 제외하고는 임의적 당사자변경을 허용하지 않는다.[240] 임의적 당사자 변경은 변경 전 · 후 당사자의 동일성이 인정되지 않는 경우를 말하므로, 동일성이 인정되는 경우에 당사자의 표시를 정정하는 것은 판례도 허용하지만 이는 임의적 당사자변경과는 무관하다.

요컨대 판례는 당사자의 동일성이 인정되지 않는 원고에 대한 당사자표시정정신청은 임의적 당사자변경에 해당하므로 허용될 수 없다는 입장이다.[241] 당사자 추가의 경우에도 마찬가지이다.[242] 다만 판례는 사망한 사실을 몰랐거나 사망한 사실은 알고 있었지만 상속인이 누구인지 몰라서 사망자를 피고로 표시하여 제소하였다가 피고를 상속인으로 정정하는 경우[243] 및 교육시설에 불과한 학교를 피고로 내세웠다가 학교법인으로 바꾸는 경우[244]와 같이 원래 표시된 당사자가 객관적으로 당사자능력 또는 당사자적격이 없음에도 있는 것으로 오해하는 등의 이유로 당사자를 잘못 지정한 경우에는 **당사자표시의 정정**을 허용한다.[245]

240) 대법원 1998.1.23. 선고 96다41496 판결(회사의 대표이사가 개인 명의로 소를 제기한 후 회사를 당사자로 추가하고 그 개인 명의의 소를 취하함으로써 당사자의 변경을 가져오는 당사자추가신청은 부적법한 것이다).

241) 대법원 2003.3.11. 선고 2002두8459 판결.

242) 대법원 1991.6.14. 선고 91다8333 판결.

243) 대법원 2006.7.4. 자 2005마425 결정; 대법원 2011.3.10. 선고 2010다99040 판결.

244) 대법원 1975.12.9. 선고 75다1048 판결.

245) 다만 판례는, 원고가 당초 "삼척시교육장"을 피고로 표시하여 소를 제기한 후 당사자를 명확히 하라는 제1심법원의 석명에도 불구하고 "삼척시교육장"이 정당한 피고임을 거듭 밝힌 이상 피

3. 학 설

통설은 소송경제 및 소송진행 중에 밝혀진 상황에 맞춘 탄력적인 소송수행을 위하여 명문의 규정이 없는 경우라도 폭넓게 임의적 당사자변경을 허용해야 한다는 입장이다. 이에 대하여, 명문의 규정이 없음에도 임의적 당사자변경을 자유로이 허용한다면 소송절차의 진행에 혼란을 초래하고 상대방의 방어권 행사에도 지장을 줄 우려가 있으므로 명문에 없는 임의적 당사자변경은 원칙적으로 허용되지 않는다고 보아야 한다는 반대론도 있다.[246] 어쨌든 현행법은 통설의 주장을 부분적으로 받아들여 피고의 경정(260, 261)과 필수적공동소송인의 추가(68) 등을 입법화하였으므로 이 범위 내에서의 임의적 당사자변경은 적법하다.

Ⅲ. 성 질

1. 신소제기 · 구소취하설(복합설)

교환적 당사자변경은 신당사자에게는 신소의 제기, 구당사자에게는 구소의 취하라는 두 가지 소송행위가 복합되어 있으며, 추가적 당사자변경은 신소의 병합제기로 보는 견해이다(다수설).[247] 그러나 이렇게 보면 신소제기는 심급의 이익을 위해 제1심에서만 허용된다고 해석해야 하므로 항소심에서의 임의적 당사자변경을 허용할 수 없는 결과가 되고, 신 · 구 당사자간에 소송의 연속성이 끊긴다는 비판이 있다.

2. 특수행위설(소송속행설, 독자제도설)

임의적 당사자변경은 다른 제도를 빌려 설명할 필요 없이 나름대로의 독자적인 요건과 효과를 가진 제도로서, 기존 당사자의 의사에 따라 당사자를 변경시키는 단일한 행위로 보는 견해이다.[248] 이 견해에 의하면 구당사자의 소송수행의 결

고는 삼척시교육장으로 확정되었다고 보지 않을 수 없어 항소심에 이르러 피고를 "삼척시"로 바꾸는 것은 당사자의 경정에 해당되어 허용될 수 없다고 하였다(대법원 1991.8.27. 선고 91다19654 판결).

246) 김홍엽, 1113쪽.

247) 강현중, 935쪽; 김홍규 · 강태원, 848쪽; 김홍엽, 1114쪽; 이시윤, 825쪽.

248) 정동윤 · 유병현 · 김경욱, 1153쪽; 정영환, 966쪽; 호문혁, 1003쪽.

과가 신당사자에게 미치므로 원칙적으로 항소심에서도 당사자변경이 가능하다고 보게 되나, 항소심에서 당사자를 변경하게 되면 새 당사자가 자기와는 관계없이 진행된 기존 소송의 결과를 그대로 받게 되는 문제점이 있다는 비판을 받는다.

3. 소(청구)변경설

소송은 당사자, 소송물, 법원 등 세 가지 요소에 의하여 이루어지기 때문에 당사자의 변경을 소의 변경의 일종으로 파악하는 견해이다. 당사자변경을 소변경으로 보면 종래의 소송이 새 당사자에 의하여 계속 수행되고 절차를 반복할 필요가 없다는 장점이 있으나, 새 당사자는 구 당사자의 소송수행의 결과를 받게 되는 단점이 있고, 민소법 262조는 당사자를 그대로 두고 청구, 즉 소송물을 변경하는 것을 예정한 규정이므로 임의적 당사자변경에 이 규정을 적용할 수는 없다는 비판이 있다.

4. 검 토

민소법은 필수적 공동소송인의 추가는 제1심에서만 가능한 신소제기임과 동시에 종전의 공동소송인의 불리한 소송행위는 신당사자에게 효력이 없다고 규정하고 있고(67, 68), 피고를 잘못 지정한 것이 분명한 때에는 제1심 법원에서 피고의 동의하에 경정할 수 있으며(260), 이 경우에 종전의 피고에 대한 청구는 취하된 것으로 본다고 규정하고 있으므로(261④), 신소제기·구소취하설(복합설)의 입장에 있다고 봄이 타당하다. 따라서 민소법상 허용되는 당사자의 변경을 기준으로 한다면 다른 학설들은 연혁적 의미가 있을 뿐이다.

Ⅳ. 피고의 경정

1. 일 반

민소법에서 인정하는 임의적 당사자변경은 당사자 교체의 한 형태인 피고의 경정(260)과 당사자 추가의 한 형태인 필수적 공동소송인의 추가(68) 및 예비적·선택적 공동소송인의 추가(70①)뿐이다. 모두 원고의 신청에 의해서만 당사자를 변경할 수 있게 하였고, 제1심 변론종결 전까지만 허용한다. 피고의 경정은 피고를 잘못 지정한 것이 분명한 경우에 동일한 소송물의 범위 내에서 신청할 수 있다.

2. 요 건

가. 원고가 피고를 잘못 지정한 것이 분명한 경우일 것

피고의 경정은 피고의 동일성을 바꾸는 것이므로 동일성이 있는 범위 내에서 표시를 바로 잡는 당사자 표시정정과 다르다. 여기에서 '피고를 잘못 지정한 것이 분명한 경우'란 소장의 청구취지나 청구원인의 기재내용 자체로 보아 판단하여야 할 사항이지, 증거조사를 거쳐 사실을 인정하고 그 인정사실에 터잡아 법률판단을 하여 보니 피고를 잘못 지정한 것으로 확인된 경우에는 여기에 포함되지 않는다.[249] 물론 피고경정이 불가능하더라도 예비적·선택적 공동소송인으로 추가할 수 있는 요건을 충족한다면 그 방법을 통하면 된다.[250]

원고 갑은 당초 수급인이 을이라고 하면서 을을 피고로 하여 소를 제기하였으나 을이 공시송달 중인 상태에서 을의 보조참가인 병이 자신이 수급인이라고 답변하자 갑은 피고를 병으로 경정신청을 구하였다. 허용되는가?

민소법 260조 1항은 피고를 잘못 지정한 것이 명백한 경우에만 피고의 경정을 허용한다. 따라서 사안에서와 같이 을이 공시송달 중인 상태에 있는 경우에는 피고로 되어야 할 자가 누구인지에 대한 판단은 증거조사를 거쳐 사실을 인정하고 그 인정된 사실에 터잡아 법률판단을 해야 가능하므로 '피고를 잘못 지정한 것이 명백한 경우'에 해당하지 않아 갑의 경정신청은 허용되지 않는다.[251]

나. 변경 전후의 소송상 청구가 같을 것

당사자를 변경함으로써 소송상 청구(소송물)의 내용이 달라진다면 전혀 다른 사건일 뿐이다. 따라서 이러한 경우에는 굳이 기존의 절차를 이용한 당사자변경을 허용할 필요가 없다.

다. 피고의 동의

피고가 본안에 관하여 준비서면을 제출하거나, 변론준비기일에서 진술하거나 변론한 뒤에는 피고의 동의를 요한다(260①단서). 2주 이내에 피고의 이의가 없으면 동의한 것으로 본다(260④).

---

249) 대법원 1997.10.17. 자 97마1632 결정.
250) 김홍엽, 1115쪽.
251) 대법원 1997.10.17. 자 97마1632 결정.

라. 제1심 변론종결 전에 신청할 것

새 당사자의 심급의 이익을 위하여 항소심에서의 피고의 경정은 허용되지 않는다(260①). 명문의 규정에도 불구하고 신·구당사자의 동의를 얻으면 항소심에서도 변경을 허용할 것을 주장하는 견해가 있으나,[252] 입법론에 불과하다.[253] 다만 가사소송법 및 행정소송법에서 피고의 경정은 제1심에 국한되지 않는다(가소 15①, 행소 14①).

3. 신청 및 허가여부의 결정

피고의 경정은 서면으로 신청하여야 한다(260②). 경정신청서는 종전의 피고에게 아직 소장 부본이 송달되기 전이면 송달할 필요가 없으나, 소장 부본이 송달되고 난 뒤라면 송달하여야 한다(260③). 종전의 피고가 아직 소장 부본을 송달받지 않았다면 그에게 경정신청의 존재를 알릴 필요가 없기 때문이다. 경정신청에 대한 허부결정의 송달 또한 마찬가지이다(261①). 경정신청을 허가하는 결정을 한 때에는 그 결정의 정본과 소장 부본을 새로운 피고에게 송달하여야 한다(261②). 신청을 허가하는 결정에 대하여는 동의권을 가진 종전의 피고가 이에 대한 동의가 없었다는 사유로만 즉시항고를 할 수 있다(261③).

4. 효 과

가. 시효중단 및 기간준수의 효력발생시기

경정에 의한 시효중단 및 법률상 기간준수의 효력은 경정신청서를 법원에 제출한 때에 생긴다(265). 종전의 피고에 대한 소는 취하되고 신·구피고 간에 동일성이 없기 때문이다(261④).

피고표시정정의 경우에는 시효중단 및 기간준수의 효력발생시기가 언제인가?

피고의 경정은 신·구피고 간에 동일성이 없지만 피고표시정정의 경우에는 동일성이 인정되므로 시효중단 및 기간준수의 효력발생시기도 피고의 경정과 달리 소제기시부터 효력이 유지된다. 참가·인수승계의 경우에도 소제기시를 기준으로 그 효력

---

252) 이시윤, 826쪽; 정영환, 968쪽.
253) 김홍엽, 1117쪽.

이 발생한다.

나. 구피고에 의한 소송수행의 효력

피고의 경정에 있어서 종전의 소송수행의 결과는 새로운 피고에게는 원칙적으로 효력이 없다. 이 점에서 피승계인과 승계인 사이의 소송상태에 구속되는 참가·인수승계와 다르다. 따라서 종전 피고의 소송수행의 결과를 소송자료로 하기 위해서는 새로운 당사자가 이를 원용하여야 한다. 다수설은 여기에서 한걸음 더 나아가 새로운 피고가 경정에 동의한 때, 새로운 피고가 실질상 구소송절차에 관여하여 왔고 구 당사자의 소송수행이 새로운 피고의 그것과 동일시될 때(예컨대, 법정대리인을 본인으로 교체한 경우, 당사자능력이 없는 단체의 내부기관을 단체 자체로 변경한 경우 등), 즉 사실상 절차보장이 이루어진 때에는 새로운 피고의 원용이 없어도 소송수행의 결과는 그에게 미친다고 본다.[254]

Ⅴ. 필수적 공동소송인의 추가

1. 의 의

고유필수적 공동소송인 중 일부가 누락된 경우 누락된 원고 또는 피고를 추가하는 것을 필수적 공동소송인의 추가라고 한다(68). 고유필수적 공동소송에서 공동소송인이 될 당사자를 누락시킨 경우에는 당사자적격의 흠결로 그 소는 부적법하여 각하되어야 하고 원고는 누락된 당사자를 필수적 공동소송인으로 묶어 새로 제소해야 하는데, 이러한 불편을 해소하기 위하여 입법화한 것이다.

2. 요 건

고유필수적 공동소송의 경우에 한한다. 따라서 유사필수적 공동소송[255] 및 통상공동소송에는 이 규정의 적용이 없다. 이러한 소송의 경우에는 일부를 빠뜨려도 당사자적격의 흠이 있다는 이유로 각하되지 않기 때문이다.

공동소송의 요건을 갖추어야 한다.

원고측이든 피고측이든 추가될 수 있다. 다만 고유필수적 공동소송을 제기하

---

254) 김홍엽, 1119쪽; 정동윤·유병현·김경욱, 1157쪽, 정영환, 970쪽.
255) 대법원 2009.5.28. 선고 2007후1510 판결.

는 측에서는 공동원고의 의사의 합치가 당연한 요청이므로 원고의 추가는 추가될 사람의 동의를 받은 경우에만 허용된다(68①단서).

필수적 공동소송인의 추가는 원 · 피고 및 추가될 제3자 중에서 누구든지 신청할 수 있는가?

민소법 68조 1항의 법문상 필수적 공동소송인의 추가는 원고만 신청할 수 있다.

3. 신청 및 허가여부의 결정

추가신청은 서면으로 하여야 하며, 그 서면에는 추가될 당사자의 이름 · 주소와 추가신청의 이유를 적어야 한다(규 14). 추가는 제1심 변론종결시까지 하여야 한다. 다만 가사소송에서는 항소심 변론종결시까지 할 수 있다(가소 15①).

법원은 원고의 추가신청에 대하여 결정으로 그 허가여부를 재판한다(68①). 허가결정서는 모든 당사자에게 송달하여야 하고, 추가될 당사자에게는 소장부본도 송달하여야 한다(68②). 허가결정에 대하여는 원칙적으로 불복할 수 없으나, 이해관계인은 추가될 원고의 동의가 없는 경우에는 즉시항고를 할 수 있는데(68④), 이는 피고경정의 경우와 같다(261③). 한편 추가신청의 경우에는 불허 시에도 즉시항고를 할 수 있으나(68⑥), 피고경정의 경우에는 이를 이유로 한 즉시항고는 허용되지 않는다.

4. 효 과

공동소송인이 추가되면 처음 소가 제기된 때에 추가된 당사자와의 사이에 소가 제기된 것으로 보므로 소급하여 시효중단 · 기간준수의 효과가 발생한다(68③). 이는 새로운 피고로 경정신청한 때에 시효중단 · 기간준수의 효과가 발생하는 피고경정의 경우와 다르다.

필수적 공동소송인을 추가한 것이므로 민소법 67조 1항에 의하여 종전의 공동소송인의 소송수행의 결과는 유리한 소송행위인 범위 내에서 새로운 당사자에게도 효력이 미친다.

5. 예비적 · 선택적 공동소송인의 추가에 준용

민소법 70조에서 예비적 · 선택적 공동소송을 신설하면서 민소법 68조를 준용하도록 하였으므로 당사자적격자가 불확실한 경우에는 소송계속 중에 다른 사람을 원·피고로서 예비적 또는 선택적으로 추가할 수 있다(전술).

제2관 소송승계

Ⅰ. 총 설

소송계속 중에 소송의 목적인 권리관계의 변동으로 새로운 사람이 종전 당사자가 하던 소송을 인계받는 것을 소송승계라고 한다. 소송계속 중에 실체관계가 변동된 결과 당사자가 적격을 상실하면 더 이상 그 당사자와 소송을 진행해도 분쟁이 해결될 수 없고, 새롭게 당사자적격을 가진 자와 소송을 할 필요가 있다. 이러한 경우에 대처하기 위하여 소송승계제도가 마련되어 있다.

소송승계에는 당사자의 사망으로 인한 상속과 같이 포괄적 승계가 발생하여 당사자도 당연히 변경되는 당연승계와 소송물 또는 계쟁물의 이전으로 당사자가 변경되는 특정승계가 있다. 특정승계는 다시 승계인이 스스로 기존의 소송에 참가하는 참가승계와 기존 소송의 당사자가 승계인으로 하여금 그 소송을 인수하도록 하는 인수승계로 나누어진다.

승계인(신당사자)은 피승계인의 소송상 지위를 이익·불이익을 막론하고 승계하므로 종전의 변론준비, 변론, 증거조사, 재판, 시효중단, 기간준수의 효과가 승계인에게 그대로 미친다.

소송계속 중에 실체관계의 변동이 있어 당사자가 적격을 상실한 경우에 새로운 당사자적격을 가진 제3자를 찾아 그를 상대로 새로 소송을 제기하게 한다면 어떠한 문제가 있는가?

어느 일방 당사자로 하여금 이러한 제3자를 찾아 그를 상대로 새로 소송을 제기하게 한다면 그때까지 소송수행의 노력이 무위가 되어 소송경제에 반하고 그 일방 당사자에게 불공평하다. 민소법은 이러한 상황을 방지하기 위하여 소송승계제도를 두어 새로운 당사자가 그때까지의 소송상태를 인계받도록 한 것이다.

Ⅱ. 당연승계

1. 의 의

당연승계는 실체법상 포괄적 승계원인이 있을 때에 법률상 당연히 소송당사자가 승계인으로 변경되는 것을 말한다.

포괄적 승계와 소송절차의 중단은 다른 개념이다. 포괄적 승계가 있으면 소송절차가 중단되는 것이 보통이지만, 포괄적 승계가 있더라도 절차가 중단되지 않는 경우도 있고(소송대리인이 있는 경우, 238), 절차가 중단되더라도 포괄적 승계가 발생하지 않는 경우도 있다(당사자가 소송능력을 상실하거나 법정대리권이 소멸하는 경우, 235).

2. 원 인

① 당사자의 사망(233), ② 법인 등의 합병에 의한 소멸(234), ③ 당사자인 수탁자의 임무종료(236), ④ 일정한 자격에 기하여 당사자가 된 자의 자격상실(237①), ⑤ 선정당사자의 소송 중에 선정당사자 전원의 사망 또는 그 자격의 상실(237②), ⑥ 파산의 선고 또는 파산절차의 해지(239, 240) 등이 당연승계의 원인이다.

3. 소송상 취급

가. 소송절차의 수계

당연승계의 원인이 생긴 때에는 법원은 소송절차를 중단시키고 수계절차를 밟아 중단된 절차를 속행한다. 수계신청은 승계인 자신이나 상대방이 한다(241).

수계신청에 대해서는 법원이 직권으로 조사하여 수계신청이 이유 없다고 인정한 때에는 결정으로 신청을 기각하여야 한다(243①). 판례는 수계신청이 부적법하면 수계재판을 취소하고 신청을 각하하여야 한다고 판시한 적이 있으나,[256] 이는 일본 민소법 128조 1항에서 신청을 결정으로 각하하도록 규정한 것을 무비판적으로 인용한 것으로 보인다.[257]

---

256) 대법원 1981.3.10. 선고 80다1895 판결.
257) 김홍엽, 1123쪽.

당사자가 사망하였음에도 이를 모르고 수계절차 없이 판결한 경우에는 그 판결도 일단 유효하지만, 대리권 흠결을 이유로 상소 또는 재심으로 취소를 구할 수 있다는 것이 판례의 입장이다.[258)]

제1심에서 유언에 의해 유증을 받았다고 주장하는 자가 소송수계신청을 하였으나 법원은 이에 대하여 명시적인 재판을 하지 않은 채 적법한 소송수계인으로 취급하여 소송절차를 속행한 후 그 유언이 무효임이 밝혀지자 소송수계신청인의 청구를 기각하였고 항소심에서도 소송수계신청인의 항소를 기각하였다. 이러한 판결은 적법한가?

유언에 의해 유증을 받았다고 주장하는 자가 소송수계신청을 하였으나 그 유언이 무효임이 밝혀졌다면 그 **신청을 기각**하고 제1심으로서는 소송절차를 중단한 채 상속재산관리인의 선임(민 1053①)을 기다려 그로 하여금 소송을 수계하도록 하여야 한다. 제1심에서 이러한 절차를 취하지 않고 소송수계신청인을 적법한 소송수계인으로 취급하여 소송절차를 속행한 다음 유언이 무효임을 이유로 그의 **청구를 기각**하였고, 항소심에서는 제1심을 그대로 유지하여 소송수계신청인의 항소를 기각하였다면 그 자체로서 이유가 모순되고 소송절차의 진행을 잘못한 위법이 있으므로 항소심과 제1심은 파기 및 취소를 면할 수 없다. 이 사건에서 대법원은 원심판결을 파기하고 제1심판결을 취소하며 소송수계신청인의 소송수계**신청을 기각**하고 이 사건 소송이 중단된 채 제1심에 계속되어 있음을 명백히 하는 의미에서 사건을 제1심 법원에 환송하였다.[259)] 이러한 처리는 민소법 243조의 수계신청에 대한 재판과 관련된 것으로서, 아래에서 보듯이 민소법 81, 82조와 관련하여 **특정승계**에서 승계신청을 한 경우 그 승계적격의 흠결이 명백하면 신청을 각하하고, 명백하지 않으면 일단 그 신청을 인용하여 본안심리를 진행한 후 승계인에 해당되지 않으면 청구기각의 본안판결을 하면 되는 것이지 참가신청을 각하할 것은 아니라는 판례[260)]와 구별하여야 한다.

나. 소송대리인이 있는 경우

소송대리인이 있는 경우에는 당연승계사유가 있어도 그 대리인이 구 당사자의 이름으로 소송을 계속 수행할 수 있다(238). 이 경우에 강제집행을 하기 위해서는 승계집행문을 발부받아야 한다. 다만 판결 전에 승계사실과 승계인이 판명되었을

258) 대법원 1995.5.23. 선고 94다28444 전원합의체 판결.
259) 대법원 2002.10.25. 선고 2000다21802 판결.
260) 대법원 2005.10.27. 선고 2003다66691 판결; 대법원 2014.10.27. 선고 2013다67105,67112 판결.

때에는 따로 수계절차를 밟을 필요 없이 판결에 승계인을 당사자로 표시하여야 한다('망 ○○○의 상속인 ○○○'의 형식).

소송대리인이 있으면 그 소송대리인은 상속인들 전원을 위하여 소송을 수행하게 되는 것이며, 그 사건의 판결의 당사자 표시가 사망자 명의로 되어 있다 하더라도 그 판결은 상속인들 전원에 대하여 효력이 있다는 것이 판례의 입장이다.[261)]

Ⅲ. 특정승계

1. 소송물 양도의 입법례

소송이 계속되어 있는 동안에 소송물 또는 계쟁물이 양도된 경우에 이를 소송에 어떻게 반영시킬 것인가에 대하여 두 가지 입법례가 있다. 하나는 **당사자항정주의**(독일)로서 실체법상 양도는 자유롭게 허용하되, 양도로 인하여 당사자는 바뀌지 않고 양도인인 당사자는 양수인의 소송담당이 되어 소송을 수행함으로써 판결의 효력을 승계인에게도 미치게 하는 입법례이고, 다른 하나는 **소송승계주의**로서 양수인이 종전 당사자의 소송에 승계절차를 통하여 참가함으로써 당사자의 지위를 승계하며, 만약 양수인이 승계절차를 밟지 않으면 종전당사자가 진행하여 받은 판결의 효력을 승계인에게 미치지 않게 하는 입법례이다.

우리의 경우는 소송승계주의를 따르고 있으나(81, 82), 타인이 승계한 것을 모르고 소송을 진행한 경우의 문제점을 보완하기 위하여 추정승계인제도를 두어, 당사자가 변론종결 전에 승계사실이 있었음을 진술하지 아니하면 승계인은 변론종결 후에 승계가 있는 것으로 추정하여 그에게 판결의 효력이 미치도록 하고 있다(218②).

이외에도 실무적으로는 건물인도청구의 경우에는 점유이전금지가처분을, 소유권이전등기청구나 소유권이전등기말소청구의 경우에는 처분금지가처분을 이용하여 피고적격을 항정(恒定)시킬 수 있다. 즉 가처분 이후 본안에서 승소판결을 받은 자는 다툼의 대상(계쟁물)에 대한 점유이전금지가처분 이후에 점유를 이전받은 제3자를 상대로 승계집행문을 부여받아 그 제3자의 점유를 배제할 수 있고,[262)] 처분금지가처분 이후에 경료된 제3자 명의의 소유권이전등기 등에 대해서는 말소신

261) 대법원 1995.9.26. 선고 94다54160 판결; 대법원 2011.4.28. 선고 2010다103048 판결.
262) 대법원 1999.3.23. 선고 98다59118 판결.

청을 할 수 있다. 다만 가처분의 피보전권리는 원고만이 주장할 수 있으므로 피고측에서는 이 제도를 이용할 수 없다는 한계가 있다.

2. 소송물 양도의 의미

여기에서 소송물의 양도란 소송계속 중에 소송물에 관한 당사자적격이 특정적으로 제3자에게 이전됨으로써 소송을 인계받게 되는 경우를 말한다. 이를 특정승계라고 하므로 소송승계의 원인 가운데 당연승계가 아닌 것으로 정의할 수도 있다. 소제기 전의 권리관계의 변동은 소송물의 양도라 할 수 없으며, 이때에는 소송승계의 문제가 생길 수 없다.[263)]

소송물의 양도에는 매매 · 증여 등 임의처분, 금융위원회의 계약이전결정(금융산업의 구조개선에 관한 법률 14②) 등 행정처분, 경매에 의한 취득 · 전부명령 등의 집행처분, 변제자대위 등 법률상 당연이전을 포함한다. 소송물의 전부양도만이 아니라 일부양도도 포함하며, 소송물 자체가 제3자에게 특정승계된 경우뿐만 아니라 소송물의 목적물건, 즉 계쟁물의 양도도 포함한다.

3. 승계인의 범위

(1) 이에 대하여는 학설이 나뉘어 있다. **신소송물론 · 적격승계설**에서는 소송승계와 변론종결 후의 승계의 관계에 대하여, 전자의 경우에는 "생성 중인 기판력"을 승계인에게 미치게 하는 것이고, 후자의 경우에는 "완성된 기판력"을 승계인에게 미치게 하는 것으로 보아 통일적으로 이해함과 동시에, 계쟁물 승계의 경우에도 변론종결 후의 승계인의 경우와 마찬가지로 실체법적 권리의 성질을 고려하지 않고 모두 승계적격자임을 인정하여야 한다는 입장이다. 다만 이 입장에서는 소송승계가 분쟁주체의 지위를 승계하는 것이라는 점을 강조하여 구당사자는 당사자적격을 잃고 신당사자는 당사자적격을 얻는 경우(이전적 승계 내지 교환적 승계)뿐만 아니라 분쟁의 당사자가 추가되는 경우(설정적 승계 내지 추가적 승계)에도 소송승계를 인정하는 것이 일반적이다. 예컨대 소유권이전등기말소청구의 소가 제기된 부동산에 관하여 피고로부터 저당권설정등기를 받은 경우, 건물철거소송에서 피고로부터 그 건물을 임차한 경우, 중첩적 채무인수 등의 경우에 그 저당권자, 임차인, 중첩적 채무인수인에게도 소송승계를 인정하자는 입장이다. 그 이유로서

263) 대법원 1983.9.27. 선고 83다카1027 판결.

소송물이 달라지는 경우에도 분쟁주체의 지위를 부담하게 된 자에게는 소송승계를 인정할 필요가 있고, 소송승계인은 변론종결 후의 승계인에 비하여 절차보장이 넓게 인정되며,[264] 이를 불허하게 되면 원고는 새로운 피고적격자를 상대로 별도의 소를 제기하고 기존의 소송에 변론병합을 시키는 불편을 감수해야 하기 때문이라고 한다.[265]

(2) **구소송물론 · 적격승계설**에서도 소송물 이전의 경우에 소송승계와 변론종결 후의 승계를 통일적으로 이해하는 점에서는 신소송물론 · 적격승계설과 동일하다. 그러나 구소송물론 · 적격승계설은 설정적 승계 내지 추가적 승계를 허용하지 않고, 계쟁물 승계의 경우에 물권적 청구권에 기한 소송 중 계쟁물을 취득한 자는 승계인에 포함시키지만, 채권적 청구권에 기한 소송 중 계쟁물을 취득한 자는 승계인에 포함시키지 않는다는 점에서 신소송물론 · 적격승계설과 차이가 있다.[266]

(3) **판　례**

1) 판례는 소송물이 달라지는 경우에는 승계를 인정하지 않으므로,[267] 설정적 승계(내지 추가적 승계)를 허용하지 않는 입장으로 보인다. 다만 소송의 목적물인 권리관계의 승계라 함은 소송물인 권리관계의 양도뿐만 아니라,[268] 당사자적격 이전의 원인이 되는 실체법상 권리 이전을 널리 포함하는 것이므로 신주발행무효의 소가 계속 중 그 원고 적격의 근거가 되는 주식이 양도된 경우에 그 양수인은 제소기간 등의 요건이 충족된다면 새로운 주주의 지위에서 신소를 제기할 수 있을 뿐만 아니라, 양도인이 이미 제기한 기존의 위 소송을 적법하게 승계할 수 있다고 한다.[269] 주식이 양도되면 실체법상 권리(관리처분권)가 이전되는 것이고 이는 곧 당사자적격의 이전을 의미하므로 승계가 허용된다는 논리이다.

2) 또한 소송물 자체의 이전이 아니라 계쟁물이 이전된 경우에, 판례는 “피고

---

264) 강현중, 942쪽; 정동윤 · 유병현 · 김경욱, 1140쪽; 정영환, 982쪽.
265) 송상현 · 박익환, 706쪽; 이시윤, 837쪽.
266) 김홍엽, 1129쪽.
267) 대법원 1971.7.6. 자 71다726 결정(소송의 목적된 채무인 건물철거채무와는 전혀 별개의 채무인 본건 건물에 관하여 경료된 등기의 말소채무의 이행을 구하기 위한 소송인수신청은 부적법하다).
268) 대법원 2019.5.16. 선고 2016다8589 판결(배당이의 소송 제기 전에 채권양도가 있었고, 그 대항요건을 배당이의 소송계속 중에 갖추었다면, 대항요건을 갖춘 이후에야 비로소 채권양수인으로서는 배당이의 소송에 승계참가하여 채권양도인의 승계인으로서 배당받을 권리가 있음을 주장할 수 있다).
269) 대법원 2003.2.26. 선고 2000다42786 판결.

회사에 대한 **채권적 청구권**에 기한 이건 부동산 소유권이전등기청구의 소송계속 중 그 소송목적이 된 피고 회사의 위 부동산에 대한 이전등기이행의 채무자체를 승계함이 없이 단순히 위 부동산에 대한 소유권이전등기(또는 근저당설정등기)가 피고 회사로부터 상대방 앞으로 경료되었다 하여 이를 가지고 민소법 82조 1항 소정의 그 소송의 목적이 된 채무를 승계한 때에 해당한다고 할 수 없고 이와 같은 상대방에 대하여 위 경료된 상대방들 명의의 각 등기의 말소를 구하기 위한 소송의 인수는 허용되지 않는다"고 판시함으로써,[270] 기본적으로 구소송물론 · 적격승계설의 입장과 동일하다.

3) 생각건대 소송승계주의 하에서는 당사자가 항상 반대당사자(피승계인) 쪽에 실체법상 권리의 변동이 있는지 여부를 주의 깊게 관찰하여 적시에 승계절차를 밟아야 하고, 만일 그러한 변동이 있었음에도 이를 알지 못하여 승계절차를 밟지 못하였을 때에는 종전 당사자를 상대로 하여 소송수행을 한 결과로 받은 판결은 당사자적격을 상실한 사람에 대한 것이므로 쓸모없는 것이 되어 승계인을 상대로 하여 다시 소를 제기하여야 하는 부담을 안고 있는데,[271] 판례는 여기에서 한걸음 더 나아가 채권적 청구권에 기한 소송의 경우에 전소의 상대방 당사자가 주의를 다하여 확인한 결과 반대당사자 쪽에 계쟁물의 이전이 있음을 알아내어 인수신청을 하였음에도 이를 허용할 수 없다는 입장이다. 이러한 판례의 태도는 승계의 상대방 당사자의 입장에서는 그때까지 들인 노력과 비용, 시간을 허비하게 할 뿐만 아니라 법원의 입장에서도 무용한 재판을 양산한다는 점에서 부당하다.

민소법 81조, 82조에서의 승계인과 218조에서의 승계인을 일치시켜 이해할 필요가 없다는 견해의 근거는 무엇인가?

민소법 218조의 변론종결 후의 승계인은 이미 변론이 종결된 후에 소송물이나 계쟁물을 승계하였으므로 더 이상 재판에 관여할 수 없는 자이다. 그럼에도 이들에게 전소의 기판력을 넓게 인정하면 승계인의 재판받을 권리가 침해될 우려가 있다. 이에 비하여 민소법 81조, 82조의 승계인은 소송계속 중에 승계가 이루어지므로 이후

270) 대법원 1983.3.22. 자 80마283 결정. 같은 취지로는, 대법원 2019.2.28. 선고 2016다255613 판결(주택재건축사업 시행자가 조합 설립에 동의하지 않은 토지 또는 건축물 소유자를 상대로 매도청구의 소를 제기하여 매도청구권을 행사한 이후 제3자가 매도청구 대상인 토지 또는 건축물을 특정승계한 경우, 사업시행자가 제3자로 하여금 매도청구소송을 인수하도록 신청할 수 없다) 참조.

271) 민소법 218조 2항의 추정승계인제도가 있지만 이 제도만으로는 근본적인 해결책이 될 수 없다.

의 심리절차에 직접 참여하는 자이어서 재판받을 권리가 보장되기 때문에 그 범위를 넓게 인정해도 무방하다는 것이다. 이러한 이유로 민소법 218조의 변론종결 후의 승계인에는 당사자적격의 이전이 있는 경우(이전적 승계 내지 교환적 승계)로 한정하고, 민소법 81조, 82조의 승계인에는 설정적 승계인 내지 추가적 승계인도 포함하자고 주장한다.[272] 그러나 사견으로는 민소법 218조에서의 변론종결 후의 승계인의 범위와 민소법 81조, 82조에서 인정되는 승계인의 범위는 동일하게 설정하는 것이 논리적 일관성에 부합한다고 본다. 왜냐하면 연혁적으로 변론종결 후의 승계인 개념은 소송계속 중의 승계인 개념으로부터 도출된 것이기 때문이다.[273] 또한 설정적 승계 내지 추가적 승계를 인정하면 소송계속 중에 당사자를 추가함으로써 통상공동소송이 되는 상황을 무제한으로 허용하는 결과가 되어 민소법이 규정한 소송계속 중 공동소송인의 추가 및 각종 소송참가에 관한 법체계가 붕괴된다. 따라서 여기에서의 승계는 동일한 소송물에 대한 당사자적격의 이전이 있는 경우, 즉 이전적 승계 내지 교환적 승계에 한하고 그 외의 경우에는 민소법에 규정된 공동소송인의 추가 및 각종 참가제도를 활용하는 것이 타당할 것으로 본다(승계인의 범위에 대한 사견은 앞의 '기판력의 주관적 범위' 중 '구체적인 승계인의 범위' 부분 참조).

4. 승계의 방식과 절차

참가승계는 승계인 자신이 자발적으로 소송에 가입하는 방식이고, 인수승계는 당사자가 승계인을 강제로 소송에 끌어들이는 방식이다.

(1) 참가승계(81)

1) 의 의

소송계속 중 소송목적인 권리·의무의 전부나 일부의 승계인이 독립당사자참가신청의 방식으로 스스로 참가하여 새로운 당사자가 되고 소송을 잇는 것을 참

---

272) 정동윤·유병현·김경욱, 1141쪽; 정영환, 982쪽; 上田徹一郎, 『民事訴訟法(第7版)』, 法学書院, 2011, 587面.

273) 부연하면, 우리 민소법이 채택한 소송승계주의의 모법은 일본의 민소법이다. 일본 민소법은 원래 소송계속 중 소송물이 양도된 경우에 승계인을 소송절차에 참가시키는 규정만 존재하였다. 다만 채무자가 변론종결 후 소송물을 양도하는 방법으로 강제집행을 면탈하는 것을 방지하기 위하여 일본 민사집행법에 변론종결 후에 소송물을 양도받은 자에 대하여도 채권자는 승계집행문을 발부받아 강제집행을 할 수 있다는 규정을 두고 있었다(현행 일본 민사집행법 23조 1항 3호). 그 후 변론종결 후의 승계인에게 기판력을 미치게 하면 분쟁을 미연에 방지할 수 있다는 점에 착안, 1926년에 민소법을 개정하여 기판력의 주관적 범위에 변론종결 후의 승계인을 추가하게 된 것이다(현행 일본 민소법 115조 1항 3호). 따라서 연혁적으로는, 소송계속 중 소송물이 양도된 경우의 승계인의 범위와 소송물의 양수로 인하여 승계집행문이 발부될 자의 범위 및 기판력이 미치는 변론종결 후의 승계인의 범위는 동일하다.

가승계라고 한다(81, 79). 예컨대 갑이 을을 상대로 소유권에 기한 건물인도청구 소송 중에 갑이 그 건물을 병에게 양도한 경우 병이 승계를 신청하여 새로운 원고가 되는 경우를 말한다. 권리승계뿐만 아니라 의무승계도 가능하므로 피고의 채무를 승계한 자도 자신이 참가함으로써 승소의 가능성이 있다면 참가할 수 있다.

2) 요 건

참가승계는 다른 사람 사이의 소송계속 중에 소송목적인 권리 · 의무의 승계가 있다고 주장하는 경우에 독립당사자참가신청의 방식, 즉 보조참가신청의 방식으로 한다(81 → 79② → 72). 참가승계신청은 상고심에서는 허용되지 않는다.[274)]

3) 효 과

참가신청을 하면 참가의 시기에 관계없이 당초의 소제기 시에 소급하여 시효중단 · 기간준수의 효력이 발생한다(81, 법문상 시효중단 또는 법률상 기간준수의 효력이 생기는 시점을 '소송이 법원에 처음 계속된 때'라고 규정하고 있으나, 소제기 시로 보는 것이 통설이다). 물론 종전당사자의 소송상 지위가 승계되므로 기존 소송의 진행결과도 그대로 이어받는다. 다만 일단 승계참가가 이루어진 이상, 기존의 청구와의 사이에 청구의 기초에 변경이 없는 한 상대방에 대한 자기 고유의 권리를 주장하는 것도 무방하지만, 민소법 81조의 시효의 중단 또는 법률상 기간준수의 효력이 처음 소가 제기된 때에 소급하여 생긴다고 한 부분은 권리승계를 주장하는 청구에 한하여 적용된다.[275)]

참가승계와 인수승계의 차이는 무엇인가?

일반적으로 참가승계와 인수승계는 제3자가 자발적으로 참가하는가(참가승계), 아니면 기존 당사자 쪽에서 제3자를 강제로 끌어들이는가(인수승계)에 있을 뿐 나머지는 차이가 없다고 설명한다. 그러나 현행법의 규정을 보면 그렇지 않다. 첫째로, 참가승계의 경우에는 독립당사자참가의 규정을 전면적으로 준용함에 비하여(81), 인수승계를 규정한 민소법 82조는 소송탈퇴만 준용하고 독립당사자참가의 나머지 규정(79)은 준용하고 있지 않다. 즉 현행법은 참가승계에서는 필수적공동소송인 67조로 규율하고, 인수승계는 통상공동소송인 66조로 규율한다고 할 수 있다. 둘째로 참가승계에서는 독립당사자참가에 관한 규정에서 보조참가신청의 방식(72)만을 준용하고 있을 뿐, 신청에 따른 법원의 재판절차(73)는 준용하지 않는다(다만 판례는 승계참

274) 대법원 1995.12.12. 선고 94후487 판결; 대법원 2001.3.9. 선고 98다51169 판결.
275) 대법원 2012.7.5. 선고 2012다25449 판결.

가신청은 일종의 소의 제기에 해당하고 참가요건은 소송요건에 해당하므로 참가요건에 흠이 있는 때에는 변론을 거쳐 판결로 이를 각하하여야 한다는 입장이다[276]). 이에 비하여 인수승계에서는 신청에 대하여 당사자와 제3자를 심문한 후 결정으로 허부결정을 하도록 별도의 규정을 두고 있다(82②). 참가승계로 할 것인가 아니면 인수승계가 되는가의 문제는 우연한 당사자의 의사에 의하는 것인데, 이처럼 규율을 크게 달리하는 것은 합리적이지 못하다고 본다.

(2) **인수승계**(82)

1) 의 의

소송계속 중 소송의 목적인 권리·의무의 전부나 일부의 승계가 있는 때에 종전 당사자의 인수신청에 의해서 승계인인 제3자를 새로운 당사자로 소송에 강제로 끌어들여 잇게 하는 것을 인수승계라 한다. 예컨대 갑이 을을 상대로 소유권에 기한 건물인도청구소송 중에 을이 병에게 건물의 점유를 승계시킨 것이 밝혀져 갑의 신청에 의하여 병을 새로운 피고로 소송에 끌어들이는 경우이다. 주로 채무승계인이 승계적격자가 될 것이나 권리승계인이 패소를 우려하여 참가하지 않는 경우도 있을 수 있으므로 이러한 경우에도 인수승계가 허용된다.

2) 요 건

(가) 다른 사람 사이의 소송이 계속 중일 것

인수승계는 소송계속 중에서도 사실심의 변론종결 전에 한하므로 상고심에서는 허용되지 않는다. 왜냐하면 사실심 변론종결 후에는 민소법 218조에 의하여 소송인수를 하지 않아도 판결의 효력이 미치기 때문이다. 물론 미리 가처분을 해두었으면 사실심 변론종결 전이라도 승계인에게 소송인수를 시킬 필요가 없다.

(나) 소송의 목적인 권리·의무의 승계

인수승계는 원칙적으로 제3자가 면책적 채무인수를 한 경우처럼 신청구와 구청구가 같아야 할 것이나(교환적 인수), 앞에서 본 바와 같이 추가적 인수를 인정하자는 견해도 있다. 예컨대 토지소유자가 피고를 상대로 자기 땅 위에 지은 가건물철거청구소송을 진행하던 중 피고가 그 건물에 제3자를 입주시킨 경우에 그 입주자도 피고로 삼아 그에 대한 퇴거청구를 하기 위한 인수신청, 원인무효를 이

276) 대법원 2007.8.23. 자 2006마1171 결정; 대법원 2012.4.26. 선고 2011다85789 판결.

유로 한 이전등기말소청구에서 피고가 제3자에게 다시 이전등기를 하였을 때 제3자도 피고로 삼을 수 있도록 인수신청을 인정하자는 견해이다. 인수신청을 허용한다면 인수승계인에 대해 청구취지·청구원인을 새로 추가하여야 할 것이다. 앞에서 보았듯이 판례는 이를 허용하지 않는다.[277]

3) 인수승계의 절차

종전당사자가 인수승계를 신청하여야 한다. 따라서 전소의 당사자 또는 그 상대방이 신청인이 된다(82). 인수승계의 신청이 있으면 법원은 신청인과 제3자를 심문한 후 결정으로 허가여부를 재판한다(82②). 신청각하결정에는 항소할 수 있으나(439), 인수승계를 명하는 결정은 중간적 재판이므로 불복이 있으면 본안에 대한 종국판결과 함께 상소할 수 있을 뿐이다.

4) 인수승계의 효과

인수한 신당사자는 구당사자의 소송상 지위를 그대로 물려받게 되며, 유리·불리를 불문하고 구속된다(소송상태 승인의무). 당초의 소의 제기에 의한 시효중단·기간준수의 효과도 인수인인 신당사자에게 소급적으로 미친다(82③). 한편, 인수승계결정 후에 심리결과 인수인을 상대로 한 청구가 허용되지 않거나 승계사실이 인정되지 않으면 본안판단으로 청구를 기각하면 되는 것이지 인수참가신청 자체를 각하할 것이 아니다.[278]

승계인에게 소송이 승계되기 전 당사자와 상대방 사이의 중간판결도 신당사자와의 소송에 효력이 미치는가?

승계되기 전의 변론, 증거조사의 결과, 시효중단·기간준수의 효력뿐만 아니라 중간판결과 같은 재판도 모두 신당사자에게 효력이 미친다. 나아가 구당사자가 소송상 할 수 없었던 행위, 예컨대 자백에 반하는 주장·실기한 공격방어방법 등은 신당사자도 할 수 없다.

---

277) 대법원 1971.7.6. 자 71다726 결정.

278) 대법원 2005.10.27. 선고 2003다66691 판결; 대법원 2014.10.27. 선고 2013다67105,67112 판결.

5. 종전당사자의 지위와 소송탈퇴

(1) 탈퇴의 경우의 소송관계

원칙적으로 종전당사자는 당사자적격이 없어지므로 상대방의 승낙을 얻어 탈퇴할 수 있다. 그러나 탈퇴에도 불구하고 판결의 효력은 탈퇴한 당사자에게 미친다(82③, 81, 80). 판례는 제1심에서 원고가 승소하였으나 항소심에서 원고에 대한 승계참가가 이루어지고 원고가 적법하게 탈퇴하였음에도 승계참가인의 청구에 대한 판단 없이 단순히 피고의 항소를 기각한 원심판결은 직권파기사유라고 하였다.[279]

(2) 불탈퇴의 경우의 소송관계

종전당사자가 소송에서 탈퇴하지 않는 경우로는, ① 종전당사자가 승계의 효력을 다투는 경우, ② 종전당사자가 승계의 효력을 다투지는 않지만 상대방이 탈퇴를 승낙하지 않은 경우, ③ 소송목적인 권리·의무의 전부나 일부가 승계되었지만 종전당사자가 승계의 효력을 다투지도 않고 탈퇴하지도 않은 경우, ④ 설정적 또는 추가적 인수의 경우(판례는 불허용) 등을 들 수 있다. 판례는 위 ③ 중 권리승계형 참가승계의 경우에 원고와 참가승계인의 청구 사이에는 필수적 공동소송에 관한 민소법 67조가 준용되어 합일적으로 확정되어야 한다고 판시함으로써, 원고와 참가승계인의 청구는 통상공동소송의 관계에 있다는 기존의 판례[280]를 폐기하였다.[281] 생각건대, 법문에 충실하게 해석하려면 종전당사자가 탈퇴하지 않은 경우에 참가승계에서는 권리승계든 의무승계든 독립당사자참가의 규정이 준용되

279) 대법원 2004.1.27. 선고 2000다63639 판결.
280) 대법원 2004.7.9. 선고 2002다16729 판결 등.
281) 대법원 2019.10.23. 선고 2012다46170 전원합의체 판결. 이 사안은 원고의 피고를 상대로 한 정산금 청구(11억 9,000만원)의 소송계속 중 정산금의 일부(9억 5,000만원)에 대하여 채권압류 및 전부명령을 받은 자가 승계참가를 하였는데, 제1심에서 정산금 총액이 축소 인정(4억 5,000만원)됨으로써 원고에게는 청구기각, 승계참가인에게는 일부인용의 판결이 선고되자 승계참가인과 피고만 항소하고 원고는 항소하지 아니하였으며, 항소심에서 피고는 승계참가인의 채권압류 및 전부명령은 압류의 경합으로 무효라는 취지의 항변을 하였고, 그제서야 원고는 자신이 피고로부터 정산금을 지급받기 위하여 부대항소를 제기하였는데 그 적법여부가 쟁점이었다. 만약 원고와 승계참가인의 청구가 통상공동소송의 관계에 있다면 원고는 항소하지 않았으므로 분리 확정되어 위 부대항소는 부적법하지만, 필수적 공동소송의 관계에 있다면 승계참가인과 피고의 항소로 인하여 원고에 대한 판결도 확정이 차단되고 사건 전체가 항소심에 이심되므로 부대항소는 적법한 것이 된다. 대법원 2022.6.16. 선고 2018다301350 판결도 같은 취지.

므로(81), 필수적 공동소송에 관한 민소법 67조의 규정(79②)에 의한 합일확정이 요구되지만, 인수승계에서는 권리승계든 의무승계든 독립당사자참가의 규정(79)이 준용되지 않기 때문에 통상공동소송에 관한 민소법 66조가 적용되어 합일확정이 요구되지 않는다고 보아야 할 것이다.

(3) 소송탈퇴와 시효중단

권리를 양도한 원고가 소송에서 탈퇴한 후 법원이 인수참가인의 청구의 당부에 관하여 심리하여 그 청구를 기각하거나 소를 각하하는 판결을 선고하여 판결이 확정된 경우에는 원고가 제기한 최초의 재판상 청구로 인한 시효중단의 효력은 소멸한다. 다만 소송탈퇴는 소취하와는 성질이 다르며, 탈퇴 후 잔존하는 소송에서 내린 판결은 탈퇴자에 대하여도 효력이 미치므로 인수참가인의 소송목적 양수의 효력이 부정되어 인수참가인에 대한 청구기각 또는 소각하 판결이 확정된 날부터 6개월 내에 탈퇴한 원고가 다시 탈퇴 전과 같은 재판상 청구 등을 한 때에는, 탈퇴 전에 원고가 제기한 재판상 청구로 인하여 발생한 시효중단의 효력은 그대로 유지된다.[282)]

282) 대법원 2017.7.18. 선고 2016다35789 판결.

판례색인

[대 법 원]

[하 급 심]

[헌법재판소]

사항색인

ㄱ

ㄴ

ㄷ

ㅈ

ㅊ

ㅌ

ㅍ